China Publishing Group Corporation

YEARBOOK

中国出版集团公司

年鉴（2017）

中国大百科全书出版社

图书在版编目（CIP）数据

中国出版集团公司年鉴．2017/中国出版集团公司年鉴编委会主编．—北京：中国大百科全书出版社，2019.2

ISBN 978－7－5202－0395－1

Ⅰ．①中… Ⅱ．①中… Ⅲ．①出版工作－中国－2017－年鉴 Ⅳ．①G239.2-54

中国版本图书馆 CIP 数据核字（2018）第 285028 号

责任编辑： 盛　力

封面设计： 润一文化传媒有限公司

责任印制： 魏　婷

中国大百科全书出版社 出版

（北京阜成门北大街 17 号　邮政编码：100037　电话：010－68315606）

网址：http：//www.ecph.com.cn

北京杰瑞腾达科技发展有限公司排版

小森印刷（北京）有限公司印制

开本：880 毫米×1230 毫米　1/16　印张：38.75　字数：1038 千字　彩插：27 页

2019 年 2 月第 1 版　2019 年 2 月第 1 次印刷

ISBN 978－7－5202－0395－1

定价：168.00 元

2016 年 8 月 24 日，中国出版集团公司总裁谭跃出席 2016 国际出版企业高层论坛暨“国际出版网”上线仪式并讲话。

2016 年 12 月 29 日，中国出版集团公司总裁谭跃出席译见大数据峰会并讲话。

2016 年 1 月 5 日，中国出版集团公司党组书记王涛出席集团公司第四届经销商大会并讲话。

2016 年 5 月，中国出版集团公司党组书记王涛视察青海扶贫点。

2016年2月25日，中国出版集团公司党组成员、副总裁刘伯根出席集团公司专题会议并讲话。

2016年6月6日，中国出版集团公司党组成员、中国出版传媒股份有限公司副总经理李岩出席“中国图书对外推广计划”工作小组第12次会议并讲话。

2016年8月18日，中国出版集团公司党组成员、副总裁潘凯雄出席“中版精品阅读”客户端上线发布会并讲话。

2016年1月7日，中国出版集团公司党组成员、中国出版传媒股份有限公司副总经理樊希安出席《信仰的力量——“双枪老太婆”邓惠中传奇故事》首发式并讲话。

2016 年 4 月 23 日，中国出版集团公司党组成员、中国出版传媒股份有限公司副总经理孙月沐出席中华书局读者开放日并讲话。

2016 年 3 月 28 日，人民文学出版社成立 65 周年茶话会举行。

2016 年 12 月 11 日，《杨绛：永远的女先生》新书发布会举行。

2016 年 12 月 23 日，《当代》年度五佳长篇小说获奖作品颁奖会举行。

CERTIFICATE

The most popular dictionary
is the Xinhua Dictionary
currently published by
The Commercial Press, China
which is estimated to have sold
400 million copies
from its first edition in 1953 to 2004
and has been verified to have sold a further
167,007,232 copies
to 28 July 2015

OFFICIALLY AMAZING

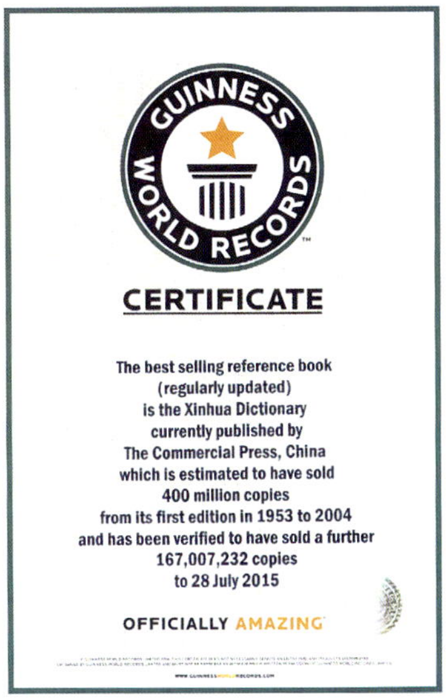
CERTIFICATE

The best selling reference book
(regularly updated)
is the Xinhua Dictionary
currently published by
The Commercial Press, China
which is estimated to have sold
400 million copies
from its first edition in 1953 to 2004
and has been verified to have sold a further
167,007,232 copies
to 28 July 2015

OFFICIALLY AMAZING

2016年4月12日，《新华字典》获评世界上“最受欢迎的字典”和“最畅销的书（定期修订）”两项吉尼斯世界纪录。

2016年5月21日，“中华现代学术名著丛书”第二批出版座谈会暨第三批专家论证会举行。

2016年8月26日，商务印书馆与英国牛津大学出版社、中国社会科学院语言研究所举行《新华字典》《现代汉语词典》汉英版合作协议签约活动。

2016 年 4 月 23 日，中华书局举办以“亲近经典 致敬读者”为主题的第二届读者开放日活动。

2016 年 5 月 31 日，宋云彬古籍整理出版基金成立大会举行。

2016 年 12 月 22 日，《中华传统文化经典百篇》出版座谈会召开。

2016 年 6 月 7 日，《中国大百科全书》第三版出版学科编委会成立大会召开。

2016 年 6 月 28 日，中国大百科全书出版社举办“践行雷锋精神 做合格共产党员——纪念建党 95 周年暨‘两学一做’学习教育专题讲座”。

2016 年 9 月 8 日，《中华文明史话》俄文版新书首发式暨中俄文化交流论坛在第 29 届莫斯科国际书展中国展区举行。

2016年5月20日，中国美术出版总社第一届社店战略合作联席会召开。

2016年9月19日，“人美美育学堂”启动仪式举行。

2016年12月3日，首届“书法中国”全民书法大赛颁奖暨优秀作品展举办。中国出版集团公司总裁谭跃（右一）出席。

2016 年 2 月 29 日，人民音乐出版社期刊中心荣获“全国三八红旗集体”称号。

2016 年 8 月 11 日，人民音乐出版社《普通高中课程标准试验教科书·音乐》修订工作启动。

2016 年 9 月 12 日，人民音乐出版社“中国当代音乐家”项目启动暨《野火——郭文景作品选》专辑首发式举行。中国出版集团公司党组成员、中国出版传媒股份有限公司副总经理李岩（左二）出席。

2016年1月16日，《三联生活周刊》举办复刊20周年庆典活动。

2016年5月8日，生活·读书·新知三联书店举办全国新华书店战略合作伙伴业务培训班。

2016年12月31日，“文化：中国与世界”三十年暨“现代西方学术文库”出版三十年纪念讨论会召开。

2016 年 6 月 27 日，中国对外翻译有限公司代表团出访联合国纽约总部和国际货币基金组织。

2016 年 8~9 月，中国对外翻译有限公司完成“中宣部外宣出版物采购项目”专项评审工作。

2016 年 11 月 18 日，中国对外翻译有限公司正式迁址北京市石景山区中铁建设大厦。

2016年6月27日，东方出版中心纪念中国共产党成立95周年暨“七一”表彰大会举行。

2016年6月29日，纪念汤季宏百年诞辰座谈会举行。

2016年12月7日，东方出版中心承办中国出版集团公司开拓创新 融合发展“十三五”数字集团建设推进会。

2016 年 1 月 8 日，2016 全国馆社高层论坛举行。

2016 年 4 月 22 日，新华书店总店组织在职党员、预备党员和入党积极分子赴西柏坡参观学习。

2016 年 8 月 24 日，2016 国际出版企业高层论坛暨“国际出版网”上线仪式举行。

2016年2月19日，国家新闻出版广电总局副局长吴尚之（右二）到中国图书进出口（集团）总公司调研。

2016年8月26日，中国图书进出口（集团）总公司举办北京国际图书博览会30周年答谢会。中国出版集团公司党组成员、副总裁刘伯根（左二）出席。

2016年11月16日，《青铜葵花》罗马尼亚语版权签约仪式举行。

2016年3月22日，荣宝斋接待联合国教科文组织亚太地区非物质文化遗产国际培训中心代表团。

2016年6月22日，“中国出版集团公司电商销售渠道工作会”举行。中国出版集团公司总裁谭跃（左五）、中国出版集团公司党组成员、中国出版传媒股份有限公司副总经理樊希安（左六）出席。

2016年9月30日，《中华老字号》大型系列微电影之《荣宝斋》创作座谈会举行。

2016 年 1 月 8 日，《一盒巧克力》新书发布会举行。

2016 年 5 月 17 日，现代教育出版社组织全社职工赴怀柔第一党支部纪念馆开展党性教育活动。

2016 年 7 月 1 日，现代教育出版社《语文专项》选题研讨会召开。

2016 年 1 月，阅文悦读·悬疑社品牌发布及推广活动举行。

2016 年 2 月，中国民主法制出版社领导为年度优秀员工颁发获奖证书。

2016 年 10 月 22 日，中国民主法制出版社组织全社员工秋游。

2016 年 4 月 12 日， 第 45 届伦敦书展上揭晓了第三届国际卓越奖。中国出版传媒商报社为第 45 届伦敦书展国际卓越奖获奖公司颁奖。

2016 年 5 月 23 日，中国出版传媒商报社举办 2016 全国书业教装文创多元经营展订研讨会。

2016 年 12 月 17 日，中国出版传媒商报社举办 2016~2017 年度中国书画·工艺美术市场年度研判与发布峰会。

2016年6月，中译出版社组织党员赴狼牙山五壮士爱国主义教育基地重温入党誓词。

2016年8月23日，《"一带一路"中国情，那些难忘的中国故事》丛书介绍及签约仪式举行。

2016年11月，中译出版社组织员工参加奥林匹克森林公园健步走活动。

2016 年 9 月 13 日，世界图书出版有限公司北京分公司举办《偏执狂》《父性》作者鲁格·肇嘉心理学讲座。

2016 年 7 月 13 日，庆祝建党 95 周年——世界图书出版广东有限公司党支部参观“翰墨光影·颂党恩争先锋”摄影展。

2016 年 5 月 29 日，世界图书出版上海有限公司大型文献纪录片《绿色大业》开播座谈会举行。

2016 年 11 月 4 日，世界图书出版西安有限公司《机器人泌尿外科手术学》签售活动举行。

2016年1月8日，《大国不易》新书发布会举行。

2016年8月5日，华文出版社党总支组织全体党员、团员及入党积极分子赴革命圣地西柏坡及冉庄地道战纪念馆开展党性教育活动。

2016年12月2日，华文出版社2017年度选题会召开。

2016 年 1 月 7 日，《凤凰卫视这些年》新书首发式举行。

2016 年 1 月 7 日，《走近孔子》新书首发式举行。

2016 年 1 月 8 日，蔡志忠《田园的微笑：〈菜根谭〉解密》和《开悟者的微笑：禅解密》签售活动举行。

北京中新联科技股份有限公司

2016 年 3 月 17 日，北京中新联科技股份有限公司光学研发团队参加 2016 慕尼黑上海光博会。

2016 年 7 月 19 日，北京中新联科技股份有限公司党总支组织全体党员和入党积极分子赴抗日战争纪念馆开展党性教育活动。

北京中版联印刷物资有限公司

2016 年 7 月，北京中版联印刷物资有限公司党员“两学一做”专题学习会举行。

2016 年 12 月，中国出版集团公司 2016—2017 年度纸张采购评标会举行。

中版集团数字传媒有限公司

2016 年 7 月 22 日，中版集团数字传媒有限公司举办 2016 漫像文化年会。

2016 年 8 月 24 日，《十字军骑士》中文版阅读会举行。

中版教材有限公司

2016 年 7 月，中版教材有限公司半年工作总结会召开。

2016 年 10 月，中版教材有限公司举办 2016 年华文版小学书法教材培训会。

北京新华印刷有限公司

2016年3月1日，北京新华印刷有限公司2015年度述职会召开。

2016年6月24日，北京新华印刷有限公司组织党员和各部门主要负责人赴革命圣地西柏坡，开展庆祝建党95周年暨“两学一做”学习教育活动。

中版文化传播（北京）有限公司

2016年6月18日，“诗词中国”最具影响力诗人颁奖典礼举行。

2016年7月26日，那拉提景区“诗词中国创作基地”授牌仪式举行。

出版说明

《中国出版集团公司年鉴》是真实记录中国出版集团公司改革发展历程，系统反映集团公司战略举措、出版主业、基本建设等方面情况的资料性工具书。编写年鉴，对于全面真实保存集团公司历史资料、深入研究把握集团公司各项工作规律、全面宣传集团公司的整体形象，具有重要意义。

《中国出版集团公司年鉴》（2017）采用记述文体，客观记载集团公司自 2016 年 1 月 1 日至 12 月 31 日期间发生的事情。全书采用篇目、栏目、条目三级结构体例编纂，设置了"特载""工作综述""重大活动""重大项目"等 11 个篇目，篇目下设栏目，栏目下设条目；各栏目之中，根据不同内容和情况，分别按照时间、单位次序或人物姓氏笔画等不同标准，对条目进行排序。正文后编制了条目汉语音序索引。

《中国出版集团公司年鉴》（2017）的编辑出版工作得到了集团公司各部门和各有关单位的大力支持。各级领导高度重视，联络人、供稿人高度负责，确保了收录内容的权威性、系统性和丰富性。中国大百科全书出版社承担了本次年鉴的编辑出版任务，编辑人员在稿件收集和编辑加工方面付出了大量心血。在此，编委会办公室谨向参与本书编写的全体工作人员表示诚挚的谢意！

由于编辑经验不足，本书疏漏错误之处在所难免，恳请广大读者批评指正。

《中国出版集团公司年鉴》编委会办公室

2018 年 12 月

目　录

特　载

领导关怀

重要活动

集团公司领导讲话

工作综述

重大活动

战略发展

上市工作

出版工作

营销活动

“走出去”工作

会展工作

人力资源工作

经营管理

文体活动

公益活动

党群工作

重大项目

国家级重大项目

集团公司重大项目

集团公司所属单位重大项目

人事任免

规章制度

集团公司部分重要规章制度

集团公司所属单位部分重要规章制度

媒体关注

部分重要媒体对集团公司的报道

部分重要媒体对集团公司所属单位的报道

公司荣誉

获奖（荣誉）

获奖（荣誉）名单

出版人

2016年获得高级职称人员名单

2016年去世编审简介

资料统计

编辑、出版、发行

特　载

SPECIAL ISSUE

领导关怀

刘云山参观第23届北京国际图书博览会

2016年8月24日，中共中央政治局常委、中央书记处书记刘云山参观第23届北京国际图书博览会。中共中央政治局委员、中宣部部长刘奇葆陪同参观。刘云山强调，要深入学习贯彻习近平总书记系列重要讲话精神，坚持社会主义先进文化前进方向，坚定文化自信、大力改革创新、多出精品力作，加快实现我国由出版大国向出版强国迈进。

当天上午，刘云山来到中国国际展览中心新馆，参观国内出版单位展区和国家出版基金成果展，与出版机构负责人就图书出版发行、国际合作、数字出版等问题进行交流。刘云山对近年来出版业发展和图书“走出去”取得的成绩给予肯定，希望牢固树立正确出版导向和价值取向，坚持把社会效益放在首位，正确处理经济效益和社会效益的关系，巩固和发展出版业的良好态势。

刘云山指出，推动文化大发展大繁荣，出版战线责任重大。要把建设出版强国作为一项战略任务，加快改革发展步伐，调结构、补短板、重质量，不断提升我国出版业的整体实力、市场竞争力和国际影响力。坚持内容为王、突出思想内涵，加强出版规划和选题策划，宣传好党中央治国理政新理念新思想新战略，传播好博大精深的中华文化。深化出版体制机制改革，加快促进传统出版和数字出版、网络出版融合发展，做强做优做大一批出版企业。拓展图书“走出去”的渠道，突出中国视角、国际表达，注重本土化运作、差异化推进，推出更多外国读者喜看爱看的图书精品。

中东欧16国是本届北京国际图书博览会的主宾国，刘云山来到主宾国展区观展，与有关国家文化和出版机构负责人交谈。刘云山说，出版是人文交流的桥梁、民心相通的纽带，希望合作方抓住“一带一路”建设的机遇，不断扩大出版合作领域，拓展人文交流内涵，为深化中国中东欧合作、促进“一带一路”建设做出积极贡献。

北京国际图书博览会由国家新闻出版广电总局、科技部、北京市人民政府、中国作家协会、中国出版协会共同主办。本届北京国际图书博览会共吸引86个国家和地区2407家中外出版商参展。

（王玉梅）

刘奇葆到中国图书进出口（集团）总公司调研

2016年10月20日，中共中央政治局委员、中央书记处书记、中宣部部长刘奇葆到中国图书进出口（集团）总公司（以下简称“中图公司”）调研视察“走出去”工作情况。中宣部常务副部长、中央精神文明建设指导委员会办公室主任黄坤明，中宣部副部长、国务院新闻办公室主任蒋建国，中宣部副部长、国家新闻出版广电总局局长聂辰席，中宣部副部长庹震，国家新闻出版广电总局副局长吴尚之一同调研。中国出版集团公司总裁谭跃陪同调研。

中图公司总经理张纪臣汇报了公司“走出去”的整体情况。通过视频汇报、现场演示、主题展板、实物展示等形式，张纪臣突出介绍了实物出口成绩与海外网络建设情况，现场演示了中国电子书国际交易服务平台“易阅通”与中国图书全球按需印刷体系的工作流程，展示了北京国际图书博览会发展业绩和中图海外出版成果、按需印刷精品图书及文创产品，全面呈现了实物出口、数字出口、全球按需印刷、国际会展、海外出版发行五大“走出去”业务板块取得的成果。

调研期间，刘奇葆详细了解当前“走出去”工作的发展现状及面临的挑战，与中图公司员工频繁互动，气氛十分热烈。刘奇葆对中图公司以政府为主导、以企业为主体、通过市场化运作的“走出去”工作方式给予了肯定，尤其对图书博览会的发展和中图公司在打造国际权威数字中盘、构建全球按需印刷体系等创新“走出去”渠道方面所做的尝试、取得的成绩表示赞许。

刘奇葆指出，国际市场对中国图书的需求日益增长，中国图书“走出去”仍有很大潜力。面对中国图书“走出去”客观存在的困难，要加强国别研究，针对各国读者不同的阅读需求和喜好，细致策划、精准定位，真正实现一国一策、一书一策。一方面，要在多元化的基础上，提高中国出版“走出去”的产业集中度，做大规模，增强国际竞争力；另一方面，要更加重视“走进去”，借助海外实体机构和国际主流平台，通过本土语言和本地化运营真正实现中国图书走进当地主流社会。

刘奇葆强调，中图公司要继续发挥国有文化企业的担当和作用，要“继续努力，做好做大，做大做强”。要在现有优势基础上，认真研究、加快部署，力争在“十三五”期间打造具有品牌影响的数字出版中盘、成为数字出版“走出去”的领头雁和主力军，不断提升北京国际图书博览会的国际影响力，努力为中国出版“走出去”做出更大贡献。

调研期间，刘奇葆还就进一步加强工作提出要求。

截至2016年10月，中图公司“走出去”工作覆盖200多个国家和地区，形成了实物出口、数字出口、全球按需印刷、国际会展、海外出版发行五大“走出去”业务板块。2015年，共出口48万种次、666万册/份出版物，占全国出版物出口总量的31.87%；“易阅通”平台聚合了30多万种中国电子书，跻身世界级数字中盘行列；全球按需印刷服务体系实现了中国图书186个国家和地区24小时直供；由中图公司创办并承办的北京国际图书博览会跃居世界第二大书展；代理输出1000种图书版权，实现200种中国主题图书海外出版。“十三五”时期，中图公司将加快推动数字化转型，基本建成“数字中图”，打造中国图书“走出去”旗舰中盘，助力中国出版“走出去”并真正“走进去”。

（姜天翔）

傅自应到中国图书进出口（集团）总公司调研

2016年9月19日，中纪委驻中宣部纪检组组长傅自应到中国图书进出口（集团）总公司（以下简称“中图公司”）调研。中纪委驻中宣部纪检组副组长陈桂林，中国出版集团公司党组书记王涛及集团公司直属机关党委常务副书记兼纪委书记姜红新等一同调研。中图公司部分领导班子成员、纪委书记、党办主任等参加座谈。

傅自应一行首先参观了中图外文书店、出版物保税仓库、中图文化室以及“920”工作室，随后听取了总经理张纪臣代表公司领导班子所做的工作汇报以及与会公司副总们的补充情况介绍。会议简短务实、气氛热烈，取得了很好的效果。

张纪臣详细汇报了公司党委在党风廉政建设中如何落实两个责任、把握运用监督执纪“四种形态”做好廉政风险防范，以“两学一做”为契机加强党员干部廉洁自律意识、坚决贯彻落实中央八项规定精神等方面的做法；概括介绍了中图公司的历史发展、行业作用以及近年来在确保社会效益、切实保障国家文化安全的前提下，如何在“引进来”“走出去”方面积极拓展，在传统进出口业务提质增效等方面所做的努力。在总结分析“十二五”发展成果和问题的基础上，张纪臣简要介绍了公司在“十三五”发展中加快实施“五型发展”战略、着力建设“数字中图”的总体思路和工作设想。随后，公司各位副总分别结合所分管工作，汇报了各自对党风廉政主体责任和“一岗双责”要求的理解认识和具体做法。

王涛对中图公司的工作表示了肯定和支持，同时希望中图公司在转型发展过程中不断完善机制，注意廉政风险隐患的有效防范，保障经营工作健康有序开展。

傅自应对汇报内容给予了充分肯定和高度评价，并不时地插话、提问。傅自应指出，中图公司是一个特殊的文化企业，一直把政治任务放在首位。过去，中图公司冲破国际政治、科技、经济的封锁，引进了大量国外先进的科技文献资料，为我国现代化建设做出了很大贡献；现在，中图公司在国家文化建设中仍然有着不可替代的作用。公司目前规模经营，主营业务有了长足的发展，社会效益和经济效益方面都取得了不错的成绩，是一个健康发展的企业。对今后发展，傅自应提出了三点意见和要求：

一是牢固树立四个意识，确保正确的政治方向。中图公司是一个有政治责任担当的文化国企，领导班子要在政治方向把关方面时刻保持清醒，在企业经营管理中始终牢固树立四个意识；二是坚守责任担当，把主体责任扛在肩上。要严格执行“一岗双责”，完善内部管理制度，用制度管人、管事，确保政治上不出现问题，确保党员领导干部安全用权和企业安全经营；三是把纪律和规矩挺在前面。领导班子要严于律己、做好表率，重大决策做到事前请示汇报，一切遵照程序，不允许越权办事。同时要重视管理，带好队伍，对问题隐患和苗头倾向真抓真管、严抓严管。

傅自应希望中图公司在行业发展和党风廉政建设方面继续起到示范带头作用，希望党员领导干部在信仰、信念、纪律、担当方面严格自律，不忘初心，带领公司继续发展前进。（李　红）

吴尚之到中国图书进出口（集团）总公司调研

2016年2月19日，国家新闻出版广电总局副局长吴尚之到中国图书进出口（集团）总公司（以下简称“中图公司”）调研，国家新闻出版广电总局进口管理司司长蒋茂凝、副司长张泽辉、赵海云等一同调研。吴尚之一行参观了中图公司出版物专用保税库、中图公司数据中心、数字发展中心、中图外文书店等，并与中国出版集团公司党组书记王涛及中图公司班子成员等进行了座谈。调研期间，吴尚之认真听取了中图公司总经理张纪臣代表班子做的情况汇报，深入了解了出版“走出去”和“引进来”的难点与成效，对中国出版集团公司和中图公司在这两方面所做的大量工作给予了充分肯定，对进一步加强有关工作提出了要求。吴尚之指出，过去一年，中图公司在六个方面做出了突出贡献。第一，着力服务国家外交大局，配合总局和其他中央部委做了大量工作。第二，着力办好国际书展中国主宾国活动，再一次验证了中图公司的整体水平和实力。第三，着力提升北京国际图书博览会的国际影响力，取得持续逆势增长的良好成绩。第四，着力推动中国新闻出版“走出去”，做到了思路开阔、成效显著。第五，着力提高进口出版物管理能力，做到了制度健全、方法创新、成效明显。第六，着力加强队伍建设，树立了出版“国家队”的良好品牌、树立了文化骨干企业的模范。

吴尚之强调，中图公司是中国了解世界的桥梁，是世界认识中国的窗口，是中国新闻出版"走出去"的主力军，也是维护意识形态和文化安全的主阵地。中图公司稳定，全国出版物进口的半壁江山就稳定。因此，国家新闻出版广电总局高度重视中图公司工作，将进一步加强管理、加大支持力度。

对进一步规范进口流程、重视管理创新、加强队伍建设，认真落实中央对意识形态管理提出的新要求，吴尚之提出具体要求。他强调，政治安全一直排在各项安全的首位，必须认真分析新形势、新要求，切实做到加强管理。他说，中图公司60多年来的发展已经证明，我们拥有好的传统和科学的管理。下一步，要继续发扬优良传统，稳定开展传统业务、稳妥推进新兴业务，努力把中图公司打造成百年老店。

王涛指出，中图公司过去为推动国家科技进步做出突出贡献，现在拥有完整的产业链布局，在"引进来"方面，有制度、有方法、有队伍；在"走出去"方面，有资源、有渠道、有优势；在"数字化"方面，有思路、有步骤、有进展，认真扶持中图公司，可以为中心工作做出更大贡献。

（王玉梅）

周慧琳到中华书局古联数字传媒科技有限公司调研

2016年6月3日，国家新闻出版广电总局出版管理司司长、全国古籍整理出版规划领导小组办公室主任周慧琳，国家新闻出版广电总局出版管理司古籍处处长章隆江，全国古籍整理出版规划领导小组办公室秘书处周杨一行到中华书局古联数字传媒科技有限公司调研。中国出版集团公司党组成员、中国出版传媒股份有限公司副总经理李岩，中国出版传媒股份有限公司出版业务部主任刘祚臣、科技与数字出版部主任赖雪梅等陪同调研。

中华书局总经理徐俊、总编辑顾青、副总编辑尹涛、古联数字传媒科技有限公司副总经理洪涛就古籍数字化统筹、中华优秀传统文化教材、《海外中文古籍总目》和《民国出版物总目录》等进展情况做了汇报。

李岩提出，中华书局可借鉴书法教材的工作模式，先形成人大或政协提案，论证中华优秀传统文化教材编写的必要性和现实性，再向教育部提交专题报告，以推进传统文化课程化进程。

周慧琳肯定了中华书局的工作思路，并指出，大型、长期项目对企业兼顾社会效益和经济效益是个考验，希望中华书局增强紧迫感，主动推进工作，国家新闻出版广电总局出版管理司也会尽力扶持有重大文化战略意义的优秀项目。周慧琳要求中华书局面向全国古籍出版社做好古籍数字化工作模式和收益模式的说明工作，提出可数字化古籍整理图书目录与具体的措施建议，争取通过行政手段和市场手段相结合的方式，推动协调版权聚集工作，并且要加快速度，加强力度，在发展中争取中央财政资金支持。周慧琳还介绍了各地推进中华优秀传统文化教材的工作经验，鼓励中华书局积极推进。

周慧琳强调，此次调研涉及的四个项目都与传承和弘扬中华优秀传统文化有关，大家都要深入理解党和政府在"十三五"期间对于文化建设及发展的总体要求，以极高的责任感推动文化企业的业务发展。项目的推进速度还需要加快，趁热打铁，以前瞻意识找出解决问题的思路，突破发展瓶颈，在"十三五"期间取得成效。（刘 溦）

重要活动

图书“走出去”工作座谈会召开

2016年10月20日，图书“走出去”工作座谈会在中国出版集团召开。中共中央政治局委员、中央书记处书记、中宣部部长刘奇葆出席会议并做重要讲话。他强调，要深入学习贯彻习近平总书记系列重要讲话精神，准确把握国外受众需求和图书传播规律，突出思想内涵，坚持创新发展，不断提升国际出版能力，让更多体现中国精神中国价值的优秀图书走向世界。

刘奇葆指出，图书“走出去”是文化走出去的重要组成部分。要围绕服务党和国家工作大局、提高国家文化软实力这个总要求，突出讲好中国故事、塑造良好国家形象这个根本任务，处理好整体推进与重点突破、数量规模与质量效益、中国内容与国际表达、政府主导与企业主体的关系，推动图书“走出去”实现新突破。要坚持把内容建设放在第一位，突出思想内涵，生动体现当代中国价值观念，全面反映当代中国发展进步，大力传播中华文化精髓，生动展现中国老百姓现实生活，让海外读者通过中国图书了解历史中国、现实中国和文化中国。

刘奇葆强调，要坚持与时俱进，创新图书“走出去”的渠道方式，加大合作出版力度，从作者选择、内容策划、文字翻译、发行推广的各个环节，加强与国外出版机构的联合开发、务实合作。要推动数字出版“走出去”，支持国内出版发行企业在海外加快本土化发展，推动图书“走出去”工作再上新台阶。

刘奇葆在会议召开前视察了中国图书进出口（集团）总公司，听取贯彻实施新闻出版“走出去”战略的工作汇报，中国出版集团公司总裁谭跃陪同；随后，刘奇葆在中国出版集团公司参观了图书“走出去”成果展示，并听取了中国出版集团公司党组书记王涛关于中国出版集团图书“走出去”的情况介绍。

中宣部常务副部长、中央文明办主任黄坤明主持会议。中宣部副部长、国务院新闻办主任蒋建国，中宣部副部长、国家新闻出版广电总局局长聂辰席，中宣部副部长庹震出席会议。国家新闻出版广电总局副局长吴尚之、中国出版集团公司总裁谭跃、中国少年儿童新闻出版总社社长李学谦、安徽出版集团董事长王民、北京时代华语图书股份有限公司董事长朱大平、中国翻译协会常务副会长黄友义在座谈会上交流发言。

（陈丽壮　袁思源）

《三联生活周刊》20周年庆典活动举行

2016年1月16日，《三联生活周刊》在北京三里屯太古里橙色大厅举办复刊20周年庆典活动。此次庆典活动以“未来·生活”为主题，倡导创新、创造与创业的时代精神，会聚改造世界、改变未来的新思维。庆典活动由窦文涛先生主持。

中国出版集团公司总裁谭跃、生活·读书·新知三联书店总经理路英勇分别致辞。生活·读书·新知三联书店原副总编辑潘振平、《三联生活周刊》名誉主编朱伟做现场对谈。中国科技出版传媒集团董事长柳建尧祝贺致辞。执行主编李鸿谷以“《三联生活周刊》的未来”为主题发表演讲。

活动中，《三联生活周刊》邀请了科学、艺术、文化、国际战略等领域专家做主题演讲，包括天文与空间科学家李淼、艺术家徐冰、文化学者戴锦华、中国外交部外交咨询委员会委员吴建民。活动还邀请了著名公益人士、静语者家园理事长窦一欣发表公益演讲。活动最后，佳士得拍卖公司中国区总裁蔡金青、小米公司副总裁陈彤、美图秀秀创始人吴欣鸿、车米网创始人姚学文、经济学家马光远进行跨界对话，畅谈未来生活方式的种种可能。（李　伟）

人民文学出版社成立65周年茶话会举行

2016年3月28日，人民文学出版社成立65周年茶话会在北京国际饭店举行。中国出版集团公司党组成员、中国出版传媒股份有限公司副总经理李岩，离休干部代表屠岸，退休干部代表何启治，社长管士光出席大会并致辞。领导班子成员，部分退离休同志及全体在职员工出席。会议由总编辑刘国辉主持。

值此65周年华诞之际，黄永玉、王蒙、贾平凹、邓贤、雪漠等知名作家纷纷题词作画表示祝贺。过去65年，艾青、叶圣陶、臧克家、启功、周汝昌、丁聪、刘旦宅、戴敦邦、孙其峰等很多著名作家、学者、书法家、画家都曾为人民文学出版社题词作画，茶话会当天，人民文学出版社展出了这批珍贵的字画，与大家一起回顾65年的发展历程。

人民文学出版社作为国家级专业文学出版机构，始终坚持以国家文化建设为己任的出版宗旨，坚持以主流文化为主导、兼容并蓄的文化态度，坚持精益求精、开拓创新的工作精神，坚持以高素质的人才队伍作为事业之本，坚持走整体化经营、积极参与市场竞争的发展之路。先后荣获“全国优秀出版社”“全国百佳出版单位”等诸多荣誉，在国内外知名作家和读者中享有良好口碑。（顾　乡）

第三届“诗词中国”传统诗词创作大赛启动仪式暨“诗词中国”影响力诗人发布活动举行

2016年6月18日，第三届“诗词中国”传统诗词创作大赛启动仪式暨“诗词中国”影响力诗人发布活动在人民日报社新媒体大楼举办。中国出版集团公司党组书记、中国出版传媒股份有限公司总经理王涛，人民日报社编委委员、秘书长王一彪，中宣部文艺局理论文学处处长彭云，中国出版集团公司党组成员、副总裁潘凯雄，中国移动通信集团副总裁沙跃家，人民网总裁牛一兵、总编辑余清楚，中华书局总经理徐俊，中央电视台科教频道副总监梁红，中华诗词研究院副院长杨志新，中华诗词学会副会长范诗银等主、协办方及支持单位领导出席本次活动。

“诗词中国”系列活动由中华书局发起，自2012年至今已举办两届，累计接受原创投稿作品15万首，通过移动互联网方式直接参与大赛的用户累计突破5000万，“诗词中国”同名APP下载量突破2000万次。

第三届“诗词中国”由中国出版集团公司、

《光明日报》、中央电视台、中华书局、中华诗词研究院、中华诗词学会、人民网共同主办，中国移动通信集团协办。第三届“诗词中国”基本延续了前两届大赛的赛制，利用新媒体技术征集、评选、传播当代优秀的原创古典诗词作品，让古典诗词插上现代科技的翅膀，同时辅以采风、诗会等丰富多彩的落地活动。2016年，“诗词中国”还成立了“诗词中国”云科技联盟，为诗词爱好者和诗词机构提供更加专业的网络科技服务。全国政协委员、全国行政体制改革委员会副主任周文彰受邀担任“诗词中国”云科技联盟主席并现场致辞。此外，组委会加强了与中国移动通信集团的合作，在咪咕平台举办“诗词中国”咪咕咖秀大赛，将时下流行的原创音视频及动漫元素与传统诗词相融合。同时，本届“诗词中国”还将着力突出国际化特色，提升活动品牌的海外影响力。第三届“诗词中国”已与吉尼斯世界纪录公司达成协议，挑战“最大规模的诗词竞赛”这一称号。活动当天，吉尼斯世界纪录认证官在启动仪式现场宣布挑战开启。

当天，来自日本汉诗组织的学者及各省诗词学会负责人，分别就“传统诗词与新媒体”“传统诗词的海外传播”，以及“诗词文化的继承与发扬”三个主题进行研讨，中央文史研究馆馆员、中国书协顾问、著名诗人、学者、书法家林岫，日本汉诗组织代表以及各地诗词学会主要负责人，分别就相关问题展开了深入探讨，为传统诗词的传播与发展献计献策。

第三届“诗词中国”自2016年6月18日开始征稿，用户可通过“诗词中国”官方网站、“诗词中国”手机APP、“诗词中国”微信公众号（shicizg）、卓望365微公益平台、短信、飞信、邮箱等渠道上传作品。作品分为绝句、律诗、词、古风四个组别，经过初审、复审、终审三个环节，评选出四个组别的月度及年度创作奖。

本届大赛吸引了媒体和大众的广泛关注，中央电视台《新闻联播》、北京电视台、新华社、《人民日报》、光明网、《中华读书报》《北京日报》《北京青年报》等20余家媒体进行了现场报道。

（张颖潇）

人民美术出版社成立65周年纪念活动举行

2016年9月19日，人民美术出版社（以下简称“人美社”）成立65周年暨“人美美育学堂”、“大红袍”名家新作展启动仪式在中国美术出版大厦举行。国家新闻出版广电总局副局长吴尚之，全国政协常委、副秘书长，民进中央副主席，中国教育学会副会长朱永新，中国出版集团公司总裁谭跃，中宣部出版局巡视员刘建生，中国书法家协会主席苏士澍，中国美术家协会分党组书记徐里，教育部基础教育课程教材发展中心副主任张国华等出席活动，中国美术出版总社党委书记周伟在会上致辞，“人美美育学堂”试点学校代表、“大红袍”作者代表和人美社员工代表分别发言。活动由中国美术出版总社总编辑林阳主持。

中国出版集团公司党组成员、中国出版传媒股份有限公司副总经理李岩主持了“人美美育学堂”启动仪式。“人美美育学堂”是人美社为响应国家全面加强和改进学校美育工作的号召，提升人美品牌影响力的一项重要创新工作。按照“人美美育学堂”计划，“十三五”期间，人美社计划投入2000万元，在全国中小学建设100所“人美美育学堂”，将其打造成著名美育品牌。朱永新为北京市第二中学授牌，苏士澍为中央工艺美院附中艺美小学授牌，全国政协常委、北京画院院长王明明为天津市第五十一中学授牌，教育部基础教育课程教材发展中心副主任张国华为陕西省宁强县青木川镇九年制学校授牌。“人美美育学堂”试点学校代表青木川镇九年制学校校长周寒冰发言。

“大红袍”名家新作展是人美社成立65周年纪念活动的重要部分。“大红袍”是业界对人美社编辑出版的《中国近现代名家画集》和《中国当代名家画集》两套大型系列画集的美誉。因其宏大的选题规模，精湛的编辑、设计、印制水平，加之其函套外表是庄重的中国红色，久而久之被我国美术界称之为“大红袍”。本次展览共有65位“大红袍”作者，100余幅作品参展，这是第一次集中展示“大红袍”艺术家近年新作。

国家新闻出版广电总局副局长吴尚之代表国家新闻出版广电总局对人美社成立65周年表示祝贺，并提出三点期望：一是牢固树立精品意识，出版更多优秀作品。二是牢固树立创新意识，推动事业繁荣发展。三是牢固树立人才意识，加强出版队伍建设。最后希望人美社以建社65周年为新的起点，再创新的辉煌，为我国社会主义文化强国建设和实现中华民族伟大复兴的中国梦做出更大的贡献。

中国出版集团公司总裁谭跃在讲话中指出，65年来从人美社走出了一代又一代出版家、美术家，《中国美术全集》等标志性出版物构筑起了中国美术出版的高端平台。人美社是共和国美术出版的重镇，是许多美术人憧憬艺术盛景的园地，是一块难能可贵的金字招牌。他对人美社提出五点要求：一是定位美术出版“国家队”，聚力导向管理。人美社作为国家级美术出版机构，要发扬美术出版物图文并茂、贴近群众的优势，积极组织策划优秀美术主题出版物，弘扬社会主义核心价值观。二是定位美术出版精品，聚力内容创新。要努力促进美术出版物精品的持续涌现，要为国民素质教育中的审美眼界和情趣境界多起引领、倡导的作用。要增强创新意识，特别是要加强美术教材的创新，努力将质量水平提高到全国一流。三是定位新型文化企业，聚力机制创新。要努力建设具有文化特色的现代企业制度，始终把出版的社会效益放在首位，实现社会效益与经济效益的统一，充分调动干部员工的积极性和创造力，充分激发内容创新能力、艺术传播能力和市场竞争能力。四是定位融合发展，聚力数字出版。加大对人美社优质数字内容资源的集聚力度，建设中国美术大数据运营平台，实现传统美术出版与数字出版的深度融合。五是定位做强做大，聚力资本融合。要注意研究调结构、强动力，借助资本发力，借助科技起飞，策划重大项目，实施有效投资，努力实现“十三五”时期经济实力的快速提升，打造名副其实的美术出版“国家队”。

中宣部出版局巡视员刘建生在讲话中说，65年来的人美社成就辉煌，贡献巨大，人才辈出，队伍精壮，尤其是“中正大雅，朴真至美”的人美精神传承。人美社举办的简约隆重的五大活动和七个方面的策划是对65年实实在在的回顾和总结，是对以后视野最踏实的展望和预期。“中正大雅，朴真至美”是65年人美社历届领导班子、历代员工的精深造诣，而人美社倡导的“编创合一”的优良传统，是对人美精神的具体化体现。

中国美术家协会分党组书记徐里表示，人美社65年来始终遵循党的出版方针，着力打造美术品牌，为共和国美术出版事业做出贡献，也深刻影响着中国现当代美术发展进程，形成了社会公认的品牌和学术影响力。中国美术家协会作为党和国家联系美术界的桥梁和纽带，始终与人美社保持密切联系，期待将来与人美社更深层次、更广范围的合作，合力助推中国美术家勇攀艺术高峰。

周伟重点强调了65年来形成的“人美精神”。“人美精神”就是体现崇高出版品格和独特价值判断的“中正大雅，朴真至美”之精神，始终贯穿于坚持正确导向、坚持专业立社、坚持贴近时代、坚持服务宗旨之中。展望“十三五”，人美社将全面贯彻集团公司“两调四强”的战略要求，坚持正确导向，专业立社，市场兴社，围绕六条产品线，做强六个经济增长点，把中国美术出版总社打造成集美术出版、期刊经营、艺术会展、美术教育、艺术品电商于一体的行业领跑者。到2020年实现在美术专业出版领域综合实力和集团公司内出版单位综合实力进入前列，把中国美术出版总社建设成为名副其实的美术出版“国家队”。在做强美术专业出版的前提下，坚定不移调结构，适应读者和市场需求，实施中国连环画振兴计划和书法碑帖普及计划；“十三五”

期间，人美社响应中央加强美育教育的号召，在全国投资建设“人美美育学堂”，同时组建新的教材编辑中心，形成从学前教育到高等教育全覆盖的美术教育出版板块；建设好中国美术大数据运营平台，发挥品牌和资源优势，再造一个网络版的人美社。实施人才梯队建设计划和中青年艺术家培养项目。展望未来，人美社将按照习近平总书记提出的关于增强文化自信的要求，脚踏实地，不图虚名，奋力实现“十三五”战略目标。

人美社教材编辑中心刘竞艳作为员工代表发言，通过讲述自身经历的形式，以一名编辑成长的视角，回顾了新老编辑间的精神传承和与作者、读者间温暖人心的故事，用朴素的语言阐释了人美社员工脚踏实地的工作态度。

人美社 65 周年社庆期间，还举办有“人民美术出版社出版成果展”和“人民美术出版社职工书画作品展”，前者全面介绍人美社发展历史与未来规划，陈列展示获奖重点图书，展示出版成果，弘扬人美精神，打造人美品牌；后者征集曾在人美社工作过的职工及在职职工优秀书画作品百余件进行展示，展现人美社职工风貌、艺术创作水平和人美社编辑的优良传统。（赵军平）

首届“书法中国”全民书法大赛颁奖暨优秀作品展举办

2016 年 12 月 3 日，首届“书法中国”全民书法大赛颁奖暨优秀作品展在人民美术出版社美术馆举办。

首届“书法中国”全民书法大赛，由中国出版集团公司、人民美术出版社主办，中国移动通信集团、民生中国书法公益基金会协办，中国出版集团公司所属中版文化传播（北京）有限公司承办。大赛秉承“高规格、大规模、全媒体”的特性，共收到投稿作品 23096 幅，投稿范围遍及全国 31 个省市自治区和直辖市。

“书法中国”的全部投稿以及主要的评审工作，都是通过互联网进行的。大赛通过官网、手机网站、微信征集稿件，并建立了流程完备的评审后台。拍照就能投稿参赛，随时查看作品状态，评委在后台双向匿名评审，而最重要的真实性鉴定，则采用了视频认证的方式。

正是基于这种便捷的投稿方式和信息交流方式，大赛也吸引了很多从来没有参加过大赛的普通爱好者积极参与。中国美术出版总社总编辑林阳表示：“参赛者中，有一位高位截瘫的病人，以练习书法作为每天的主要活动，这次鼓足了勇气来参加大赛；也有从退休之后才在老年大学开始接触书法的老人，还有一些在上小学的孩子……他们的笔法可能不够纯熟，但是从他们的故事中，我们感受到了书法艺术生生不息的传承力量。”

据悉，在颁奖结束后，大赛产生的 168 幅获奖作品将在人民美术出版社美术馆面向公众进行展览。同时展出的还有大赛顾问沈鹏、林岫、评委苏士澍、李刚田、刘守安、李胜洪、杨广馨、王家新、余清楚、叶培贵、萧丽、郭志鸿等当代书法名家的得意之作。中国出版集团公司总裁谭跃、中国出版集团公司党组成员、中国出版传媒股份有限公司副总经理孙月沐、中国美术出版总社党委书记周伟、中国美术出版总社总编辑林阳、人民网总编辑余清楚、人民网副总裁宋丽云、中国移动通信集团公司市场经营部营销管理处副经理石强等主、协办方和支持单位的领导出席了启动仪式。新华网、人民网、光明网、中国文明网、《中国青年报》《北京晨报》、腾讯网等进行了报道。

（张颖潇）

集团公司领导讲话

扩大文化影响　打造数字集团　保持稳健增长

——关于"十三五"时期中国出版集团公司发展的基本思考

中国出版集团公司总裁　谭跃

（2016 年 9 月）

"十三五"时期是我国全面建成小康社会的决胜阶段，是出版业调整产业结构、转变发展方式、加速融合发展、健全市场主体的关键时期，也是中国出版集团公司（简称"集团公司"）继续改革、继续创新、继续发展，打造"三六构想"升级版的重要时期。

一、现实基础

1. 现状分析

"十二五"时期是集团公司发展历程中不平凡的五年。面对复杂多变的产业环境和日趋激烈的竞争格局，集团公司领导班子带领全体干部员工按照"三六构想"这一总体战略布局，紧紧围绕"打造国际著名出版集团"这一战略定位，坚持走具有中版特色的发展道路，通过实施内容创新、品牌经营、集团化、数字化、国际化和人才强企"六大战略"，在迈向现代化、大型化、国际化的国际著名出版集团的征程中实现了新发展，文化影响提升到一个新层次，经济规模迈上了一个新台阶，服务国家大局的能力进一步加强，"国家队"的地位和作用显著提高。通过"十二五"的奋斗，集团公司越来越成为国际出版业聚焦中国出版的标志，越来越接近"国际著名出版集团"的战略定位，在导向管理、大众出版和专业出版、综合经济实力、版权输出、出版物国际贸易、数字化动能、高端人才集中度、品牌影响、图书会展、艺术品经营等十个方面的领先地位进一步确立。

2. 产业分析

"十三五"时期是我国从新闻出版大国向新闻出版强国迈进的关键五年，是初步形成传统出版和新兴出版融合发展格局的重要阶段，也是集团公司调结构、转方式、稳增长、谋突破的重要时期。这一时期，集团公司面临的主要形势是：

从产业政策来看，产业评价更加重视出版导向和社会效益。习近平总书记在系列重要讲话中，强调必须把政治方向摆在第一位，牢牢坚持党性原则，牢牢坚持马克思主义新闻观，牢牢坚持正确舆论导向，牢牢坚持正面宣传为主。"高举旗帜、引领导向，围绕中心、服务大局，团结人民、鼓舞士气，成风化人、凝心聚力，澄清谬误、明辨是非，连接中外、沟通世界"成为新的时代条件下，党的新闻舆论工作的职责和使命。中共中央办公厅、国务院办公厅下发的《关于推动国有文化企业把社会效益放在首位、实现社会效益和经济效益相统一的指导意见》明确指出，文化企业必须始终坚持把社会效益放在首位、实现社会效益和经济效益相统一；要在国企改革大框架下，充分体现“文化例外”的要求，明确社会效益指标考核权重占50%以上，并将社会效益考核细化量化到政治导向、文化创作生产和服务、受众反应、社会影响、内部制度和队伍建设等具体指标中。

从产业发展看，文化产业要在“十三五”时期发展成为国民经济支柱性产业。一方面，今后五年，新常态是我国经济发展的大逻辑和大框架，需要优化经济结构、培育新的经济增长点，需要挖掘内需潜能、走绿色发展之路。另一方面，在居民消费结构发生巨大变化的背景下，文化消费将呈现高速增长。国家“十三五”规划明确提出，文化产业要成为国民经济支柱性产业。2015年我国文化产业增加值达到2.58万亿元，占GDP的3.82%；到2020年，文化产业要成为国民经济支柱性产业，占到GDP的5%以上，相应的增速至少要达到每年15%以上。这就意味着文化产业实现高速发展的要求非常紧迫，“十三五”期间文化产业政策数量会越来越多，出台频次也会越来越高。

从产业趋势看，供给侧结构性改革和融合发展成为产业升级关键词。习近平总书记多次强调，要牢牢抓住供给侧结构性改革这条主线，在适度扩大总需求的同时，从生产领域加强优质供给，减少无效供给，扩大有效供给，提高供给结构的适应性和灵活性，提高全要素生产率，使供给体系更好地适应需求结构的变化。经过“十二五”时期的高速发展，出版产业改革发展的主要任务已经从“又快又好”转变为“又好又快”，已经从“规模扩张”转变为“提质增效”，调结构、转方式的任务更加紧迫。融合发展既是产业发展大势之一，又是结构调整的重要方向。新一代信息技术的广泛应用，带来产业格局的深刻调整，不仅推动传统出版日益成为文化大繁荣大发展的新引擎，也为传统出版实现产业转型升级开拓了新路径。结构调整和融合发展，已经成为“十三五”时期出版产业升级的关键词和主线。

从竞争格局看，出版产业集中度在“十三五”期间会进一步提升。随着出版产业证券化进程的加快，上市出版企业纷纷利用资本优势重新切分市场，兼并重组的力度不断加大，资源集聚能力迅速提高。“十二五”期间，上市出版企业的出版业务在收入和利润增速上，总体高于全国平均水平。从集团公司层面看，2010年末图书零售市场CR10为28.56%，2015年上升至34.88%，增幅为22.13%，产业集中度快速提高的趋势非常明显。但与美国十大出版企业的市场占有率稳定在70%上下、英国八大出版企业的市场占有率稳定在60%左右的集中度相比，我国还有很大的提升空间。

从海外需求看，出版“走出去”工作面临大好机遇。随着中国成为全球第二大经济体，人民币国际化进程明显加快，“一带一路”倡议得到越来越多国家的认同和响应，中国在世界格局中处于越来越重要的位置，海外对中国文化的需求呈明显上升趋势。尤其是“一带一路”倡议的提出，为出版产业打开了新的发展空间。国家新闻出版广电总局在“十三五”规划中提出，要加快实施重点企业海外发展扶持工程，推动实力雄厚、有国际竞争力的国内出版企业以资本为纽带大力发展海外业务，采用合资合作、兼并收购和其他资本运营方式整合国际资源和国际渠道，加快培育若干家具有全球影响力和话语权的一流跨国出版传媒集团。海外市场已成为骨干出版企业的必争之地。

综上所述，集团公司既面临难得的发展机遇，也面对诸多可以预见和难以预见的风险与挑战，但总体看集团公司面临的机遇要大于挑战。“十三五”时期，传统出版产业的结构性矛盾将愈发突出，市场竞争烈度加快上升，可资回旋的余地越来越小，加速升级的紧迫性陡然增加。为此，集团公司必须进一步增强机遇意识和忧患意识，深刻领会中央精神和产业政策，科学把握产业发展趋势，主动适应和积极构建新的商业模式和产业结构，充分利用各种有利条件，集中力量办好自己的事情，在新一轮产业革命中抢占有利位置。

二、指导思想和发展战略

集团公司发展的指导思想是：高举中国特色社会主义伟大旗帜，全面贯彻党的十八大，十八届三中、四中、五中全会精神和习近平总书记系列重要讲话精神，按照“五位一体”的总体布局和“四个全面”的战略布局，牢牢把握“两个巩固”根本任务，坚持创新、协调、绿色、开放、共享五大发展理念，牢记“高举旗帜、引领导向，围绕中心、服务大局，团结人民、鼓舞士气，成风化人、凝心聚力，澄清谬误、明辨是非，连接中外、沟通世界”的职责使命，进一步扩大文化影响，打造数字集团，保持稳健增长，为在“十三五”时期基本建成“国际著名出版集团”不懈努力。

集团公司的发展理念是：创新、融合、协调、开放、共享。创新是引领发展的第一动力，必须把创新摆在发展全局的核心位置，以新发展理念引领集团改革发展，推动建立健全有文化特色的现代企业制度，完善两个效益相统一的考核体系，让创新贯穿一切工作，让创新在集团蔚然成风。融合是产业发展的大势所趋，必须以打造数字化集团为目标，做好“两个＋”的文章，即围绕“互联网＋”加快传统媒体的数字化转型，围绕“文化＋”推动文化与相关产业的融合发展，用互联网思维、市场化方式加快培育新业态、组建新队伍、构建新模式、满足新需求。协调是持续健康发展的内在要求，必须牢牢把握“三六构想”总体战略布局，正确处理发展中的各种关系，重点统筹出版、进出口和艺术品经营，统筹传统出版产业链编印发的各个重点环节，统筹传统出版与数字出版，统筹内部整合与外部扩张，统筹国内竞争与国际拓展，统筹重点企业与一般企业、集团总体与股份公司，不断增强发展的整体性。开放是建设国际著名出版集团的必由之路，必须顺应文化体制改革大势，引进来和“走出去”并重、引资和引技、引智并举，发展更高层次的开放型经济。共享是中版特色发展道路的本质要求，集团公司必须坚持以人为本，发展为了员工、发展依靠员工、发展成果由员工共享，使全体员工在共建共享发展中有更多获得感，增强发展动力。

集团公司的发展道路是：中版特色发展道路。这条道路的基本走向是，集团公司更加侧重对重点板块、新兴板块进行战略性投资，通过适度多元化、稳步资本化、打造新业态，努力成为媒体融合的大型出版传媒集团；股份公司更加侧重具体产品的开发，实现内容生产和营销的更加专业化、更加企业化、更加品牌化，从而有效规模化、更快数字化、逐步国际化，进而实现“三化目标”。

集团公司的战略重点是：按照中央供给侧结构性改革的要求，集团公司以“调速度、调结构、强导向、强质量、强动力、强党建”为战略重点，打造“三六构想”升级版。“两调四强”是“十三五”发展时期战略层面考虑的重点环节。它体现了中央精神和习近平总书记系列重要讲话精神，顺应了宏观经济形势和行业发展的态势，揭示了集团公司在发展的问题上存在的主要矛盾、要害环节和关键举措。调速度的指向，是从容的、协调的、有效的、有质量的发展。调结构的着眼点是形成新的增长能力和竞争能力。强导向，是集团公司的使命责任、价值所在。强质量是集团公司的文化追求、历史担当。强动力，着眼点是形成新的功能、新的发展和新的优势。强党建，则是促进企业健康发展的政治、思想、组织、作风廉政和企业文化建设，这是集团公司强身健体的关键。

集团公司总的发展思路是：明确以导向为核心、以财务为中心的集团化管控模式，明确以出版资源为核心的文化产业投资方向，明确以媒体融合为方向的战略发展重点，明确以兼并重组为主导的规模化发展路径，明确以资源有效整合为重点的集约化发展方式。具体来说：在内容创新战略上，更加强调出版结构的优化、优质资源的占有和营销模式的创新；在品牌经营战略上，更加强调品牌产品的开发、品牌企业的扩张和品牌影响的大众化；在集团化战略上，更加重视内部资源的优化配置、适度多元的探索和资本运作的推动；在数字化战略上，更加重视传统出版与新兴出版的有机融合，使出版物的呈现形态更加丰富、传播更加多样化；在国际化战略上，更加重视主流渠道的开拓、海外并购的尝试和版权输出的稳增；在人才强企战略上，更加重视干部人才结构的优化，创新能力的增强、培养使用和评价激励机制的完善。

三、主要目标

到2020年，基本实现发展方式的“四个转变”，即从规模扩张型向规模和质量效益结合型转变，从资源发展型向资源和创新驱动结合型转变，从速度增长型向速度和协调发展结合型转变，最终实现集团产业从“又快又好”向“又好又快”的协调、可持续发展的转变。通过“四个转变”，在“十三五”期间扩大文化影响，打造数字集团，保持稳健增长，用五年左右的时间基本建成“国际著名出版集团”。具体表现在以下方面：

文化引领作用更加突出。以股份公司为主体促使出版主业更加专业化。主题出版规模和影响进一步扩大，优秀畅销书和常销书数量更多，大众出版市场化程度显著提高，一线作者和版权资源越发厚实，营销模式和渠道建设成效明显，在市场占有率、国家级奖项、国家级重大项目、上榜图书等各类关键指标排名中继续保持领先。

产业发展格局更加开放。以集团公司为主体促进产业格局适度多元化。推动中国出版、中译语通和荣宝斋的上市工作，积极探索在语言服务、影视、金融、物流、物业等业务领域的拓展，通过内生式发展不断提高发展质量，通过外延式并购扩大经济体量，资本运作水平显著提高，产业链更加完整，产业布局更加科学；通过做好“文化＋”这篇大文章，使集团公司经济发展的质量和效益都明显提高。

媒体融合取得明显成效。加快打造数字化集团，推动出版内容开发、生产、管理、营销等各环节的数字化，进一步加强优质版权资源的集聚和开发，加快重点数字平台和专业数据库的基础建设和市场营销，积极推动传统报刊与新媒体的融合，在数字内容生产、数字销售渠道、数字服务水平等方面取得明显成效，数字化收入逐年提高、经济比重明显提升，新业态快速发展，新的商业模式趋于成熟化、可复制，探索出一条集团公司特色的“互联网＋”发展模式。

干部人才结构趋于合理。遵循产业发展趋势和事业发展需求，积极优化干部人才结构，干部人才的年龄结构、知识结构和能力结构能较好满足集团产业升级的需要；建立起梯次合理的后备干部队伍和储备丰厚的专业人才队伍；创新人才引进和使用机制，为各业务板块发展提供坚实保障。

集团化水平显著提高。具有文化特色的现代企业制度基本建立，激励与约束机制不断完善，内部资源实现合理配置，对外兼并重组取得显著进展，重大基建项目取得关键成果，总部本部建设取得实质成效，集团管控能力进一步提升，集约化水平不断提高，所属企业成为更加具有活力的市场主体。

国际影响力显著提升。国际合作取得更多实效，海外传播能力不断增强，版权输出品质和数量可持续提高，国际畅销书和热点书越来越多，在版权、项目、翻译、数字化、人才和机制六个方面取得新突破，在“一带一路”国家战略中发挥文化产业的表率作用。

四、主要举措

1. 围绕提质增效，培植内容创新新动能。一是强化出版导向管理；二是提升产品质量；三是优化出版结构；四是创新营销方式；五是抓好重大项目。

2. 做强经济实力，强化产业竞争新优势。一是推动股改上市；二是加大资本运作；三是优化产业结构。四是抓好重大建设工程。

3. 推动融合发展，打造产业升级新支点。一是建立融合发展市场机制；二是抓好融合发展重大项目；三是加快传统报刊媒体融合转型升级。

4. 服务国家战略，树立国际品牌新形象。一是讲好中国故事；二是拓展国际渠道；三是优化海外布局。

5. 优化人才结构，开创人才强企新局面。

一是创新选人用人机制；二是深化人事分配两项制度改革；三是优化干部人才结构。

6. 推动集团化建设，激发改革发展新动力。一是强化党的建设；二是推进总部建设；三是优化要素配置；四是强化财务管理；五是加强内控建设。

努力使出版“走出去”更扎实更有效

——在图书“走出去”工作座谈会上的发言

中国出版集团公司总裁 谭跃

（2016 年 10 月 20 日）

十八大以来，中国出版集团公司认真贯彻习近平总书记“讲好中国故事”等系列重要讲话精神，按照刘奇葆对集团公司“走出去”工作的重要指示，在中共中央宣传部、国家新闻出版广电总局、北京市国有文化资产监督管理办公室等部门的领导下，召开了国际化战略推进会，明确了“初期做响、中期做开、长期做强、总体做实”的方针，明确了“深化欧美市场、开拓新兴市场、壮大周边市场”的布局，明确了“版权、项目、翻译、数字化、人才、机制”的工作要点，扎实推进成效初显，连续五年版权输出全国第一，连续四年入选“全球出版 50 强”，获第 45 届伦敦书展第三届国际出版卓越奖、阿富汗总统杰出贡献勋章和两项吉尼斯世界纪录，逐步成为世界关注中国出版的标志性企业。

一、选准图书话题是“走出去”的内容核心

传统文化的现代阐释和中国道路的学术表达是我们在国际出版中最大的话语权，也是各国对中国出版最感兴趣的两大话题。我们一是通过现代视角输出传统文化图书 900 种，达 17 个语种、22 个国家和地区。《中华文明的核心价值》输出 15 个语种，《漫画中国历史》《书法》《中华文明史话》输出五个语种。围绕“一带一路”，输出《中印文化交流百科全书》《中古中国与粟特文明》《“一带一路”画册》等 200 多种主题图书，入选国家“丝路书香”工程品种数占全国 11%。二是通过吴敬琏、厉以宁、铁凝、贾平凹、毕飞宇等名家讲中国当代故事。《中国道路与新城镇化》《老生》《推拿》等经兰登书屋、法国阿歇特出版集团等一批著名出版公司进入国际主流渠道；《重启改革议程——中国经济改革二十讲》输出英语、土语版权，《山楂树之恋》输出 20 个语种。《中国近现代文化经典文库》与剑桥、杜克、夏威夷等大学出版社签约出版，拟列入高校阅读书目。《长征》《中国梦·复兴路》《供给侧改革：理论、实践与思考》《生死关头：中国共产党的道路抉择》《决战 2020：拒绝贫困》等已列入了重点译介计划。三是通过海外学者讲好中国话题。地缘政治学家恩道尔撰写《石油战争》《目标中国》《“一带一路”：共创欧亚新世纪》等六种作品，揭露西方国际政治的强权本质，阐释中国和平发展的正当性、合理性，翻译出版达 18 个版本。

近年来，集团公司非汉语学习类图书翻译成 30 多种语言，覆盖近 50 个国家和地区，版权输出从 498 项增至 797 项，年均增长 15%，版权贸易收入大幅提升。

二、构建多元平台是“走出去”的重要支撑

平台决定传播力、影响力和有效性。我们一是搭建翻译平台。通过北京、伦敦四次翻译家恳谈会，签订 60 多个翻译项目，建立百名翻译家名录，集聚了傅高义、顾彬等欧美著名汉学家。创办牛津大学翻译出版中心，集 20 余位翻译人才，有组织地翻译中国图书，拟在伦敦书展年度

发布。“译云”作为全球领先的互联网翻译出版平台，覆盖32个语种，日均访问量达1亿次。二是创新传播平台。“易阅通”作为全球数字图书交易平台，签约国内外出版社、图书馆500多家，覆盖机构用户四万多家，在100多个国家开通了24小时直供的按需印刷系统，已成为国内最大、国际一流的数字出版资源中盘商。三是做大会展平台。在国家新闻出版广电总局直接领导下，第23届北京国际图书博览会的版权输出达3075项，占全国输出量近三分之一。五年来，参展国家和地区从60个增至86个，海外展商从1005家增加到1379家，其规模已成为全球第二。

为推进平台有效运行，我们成立“走出去”工作领导小组，建立总部和各单位协力推进机制，构建选题、翻译、版贸合一的专业出版社，开展海外培训120人次，形成一支包括60名版权经理、310名翻译、800名国际贸易人员在内的国际化人才队伍。

三、区分目标人群是“走出去”的关键环节

通过高校研究机构和汉语学习人群形成传导，是培育海外市场的关键。一是进著名高校。每年召开美欧东亚图书馆会议，《二十四史》《中国大百科全书》《中国美术全集》《中国当代作曲家曲库》等大批图书进入哈佛、耶鲁等30多所大学图书馆，集团版图书的海外馆藏、品种数国内第一。牛津“中国阅览室”引起反响，多家海外大学邀约共同设立。与美国最大实体书店巴诺达成意向，推进中国图书进入大学书店。二是进研究机构。与哈佛—燕京学社联合出版学术丛书100多种，成为海外了解中国当代学术的重要文本。三是进汉语课堂。向全球各类汉语课堂输出汉语教材，其中《汉语图解词典》出版45个语种，市场达100多个国家和地区。

今天刘奇葆同志和各位领导亲临中国出版集团公司，体现了对出版“走出去”的高度重视和对集团公司的鞭策鼓励。集团公司将按照这次会议、特别是刘奇葆同志的重要讲话精神，一是加强海外调研，使“走出去”工作更主动更有效；二是培育原创精品，做响国际图书市场；三是强化“三进计划”，做大海外阅读群体；四是拓展数字传播平台，做强海外文化影响；五是慎推海外并购，做实“走出去”的产业基础，为增强国家文化软实力做出更多贡献！

调结构　强动力　促融合
努力打造数字融合出版集团

——在“十三五”数字集团建设推进会上的讲话

中国出版集团公司总裁　谭跃

（2016年12月8日）

同志们：

这个会，是我们中国出版集团公司（下称“集团公司”）“十三五”发展的一件大事。

岁末年关，集团公司有三件大事：一是加强党建工作。最近四家单位巡视工作接近尾声，将举办两期学习贯彻全国企业党建工作会议精神的培训班，并按“两学一做”要求进行各级领导班子民主生活会。这是贯彻中央精神，也是我们集团公司“强党建”要求的深入推进。二是选题工作正在各单位有序进行。本月21日，集团公司层面还要以专题会的形式集中研究，以进一步贯彻“调结构、强导向、强质量”的要求。第三，就是我们这个会，发布融合发展规划，开展工作交流，搭建融资平台，推动内容与资本的融合。这也是集团公司“调结构、强动力、促融合”要求的贯彻深化。

在岁末年关最繁忙的时候开这个会，说明数字化工作对我们未来的发展十分重要、十分紧迫。与广电报业日新月异、影响显著的数字化相比，出版数字化工作差距很大。与出版业内数字化百舸争流、中原逐鹿的竞争态势相比，我们必须只争朝夕，时不我待。与我们刚刚颁布的融合发展规划相比，我们必须在全局工作中将数字化重起来、再重起来、更重起来，真正成为全局工作的重中之重。抓好数字化是我们调结构的重点、强动力的关键、促融合的必然，关乎当下，关乎未来，关乎全局性的发展。

会上，潘凯雄同志对规划编制做了说明，8家单位的负责人交流了各自的数字融合项目，思路清晰，项目扎实，措施得当，增强了对集团公司数字化工作的信心，希望大家抓好规划落地，抓好项目落实，全力打造数字融合出版集团。

下面，我讲三个方面的问题。

一、集团公司数字化工作的现实基础

集团公司在“十二五”期间，经过不断的探索与实践，一条适合自身融合发展的路径日渐清晰。

这几年，集团公司一是制定战略规划。2012年初，“数字化”战略正式列入发展的主体战略。同年8月，召开了数字化战略推进会，确定了“十二五”数字化工作的基本定位和发展思路，从战略层面上将传统出版与新兴出版的融合置于出版主业的整体框架中，明确了努力实现内容生产数字化、流程管理数字化和传播方式数字化的目标任务。二是完善管理体系。成立了数字化工作领导小组，制定了《数字资源管理办法》等一系列规章制度，实行了重点项目负责制，并将数字化指标纳入“双效”业绩考核，持续召开联席会议推进落实。三是狠抓资源建设。通过“资源总库”建设，加强了管理力度，制定了资源收缴制度，出台了13项企业数字化标准，实现了资源集聚由无序到有序、由粗放到精细，完成了“1251”资源整合计划。四是打造重点平台。“(1＋6)×4”的总体架构逐步呈现。工具书、古籍、进出口、语言服务、电子书阅读、音乐、艺术品交易平台初步建成。五是加大项目投入。2012年到2015年四年间，集团公司对86个项目投入资金3.45亿元。在上市募集资金的12个项目23亿资金中，数字化项目占到10个达21亿元。

通过大家的不懈努力，集团公司数字化工作呈现出了以下几个特点。

一是数字内容的国内强势地位得以确立。“十二五”期间，集团公司的数字化是出版的数字化，而不是其他的什么数字化，核心是内容的数字化。集团公司集聚的优质内容资源总量达到7万种，有2万种核心内容实现数字化运营。同时，还抓住专业内容做文章，实现了结构化、条目化，建成了有代表性的数据库产品集群，实现了内容的深层次开发。商务印书馆、中华书局、生活·读书·新知三联书店、中国大百科全书出版社等一批内容产品和内容平台的开发，扣住了内容数字化的方向，潜藏着数字内容的优势。

二是数字营收的国内强势地位得以确立。集团公司的数字化是立足文化传播的数字化，而不是其他的什么数字化，关键是投入产出，是实现营收，逐步盈利。“十二五”期间，集团公司数字营收平均以40.6％的速度增长，2015年实现销售收入8.77亿元。在增速上，高于全国30％的增长速度。在规模上，占到全国数字出版产值85.9亿元（不含广告、游戏、彩铃等）的10.2％。其中，中国图书进出口（集团）总公司转型快、增长多、贡献大，优势凸显；中译语通公司的“译云”异军突起，呈现出爆发式增长的势头。

三是数字产品规模的国内强势地位得以确立。集团公司的数字化是指向媒体融合的数字化，而不是其他的什么数字化，中心是产品研发，是平台开发。“十二五”期间，集团公司数字产品的建设动能进一步释放，建成了一批国家级、行业级的重点项目，包括数据库、电子书、数字期刊、数字图书馆、数字进出口平台、互联网服务、线上线下互动平台、电商渠道、数字教育、有声书、动漫等。产品种类达到200多种，基本覆盖了数字出版的各种形态。服务对象涵盖个人、图书馆、渠道商、政府机关、企事业单位等全社会领域。数字产品规模名列行业前茅。

四是行业数字服务的国内强势地位得以确立。集团公司的数字化是出版产业链的数字化，而不是其他的什么数字化，本质是产业链的数字化升级，是行业服务的数字化转型。“十二五”期间，“易阅通”着力打造全球最大的数字资源交易与服务平台，推动着传统出版物进出口的数字化升级；“按需印刷系统”以满足个性化、即时性需求为目标，将传统印刷和数字印刷有机融合；“译云”着力语言服务的数字化升级，信息大数据服务的行业领域日益扩大；“荣宝斋在线”一站式服务已初具规模；“顺义物流中心”的智能系统，蕴藏着出版大数据分析的行业服务能力；“新华发行网”致力于全国出版业的数字中盘，创意新，难度大，希望也很大。

这四个强势地位，构成了集团公司数字化现实基础的一个方面，是正面。负面是什么呢？一是数字化程度仍然不高；二是融合发展刚刚破题；三是融资能力亟待增强；四是公司化、市场化水平不高。这四大问题是当前我们数字化工作中突出的主要问题。我们必须更加明确全集团公司“十三五”数字化工作的核心是内容，方向是融合，关键是融资，动力是体制机制创新。

二、国际标杆企业给我们的启示

2012 年 8 月 23 日，数字化战略推进会上，我们曾经对一些典型企业的数字化案例做过分析。经过几年的发展，再来看一下国外标杆出版企业的发展状况。

一是威科。全球三大专业出版商之一，主要从事法律法规、医疗卫生、金融合规、财税会计信息服务。2010 年开始数字化转型，将传统出版的单一知识与传播技术、综合服务结合，为客户提供内容服务和解决方案。它的发展理念是，让企业成为互联网公司，用最高效、最顺畅的方法为用户组织信息；用最权威、最便捷的方式为用户提供相关领域的权威解决方案。

数字内容和信息平台的并重，使得大规模社会化服务成为可能。目前，威科的法律法规服务覆盖全球 10 万多家机构；医疗卫生服务覆盖 150 个国家和地区、1.2 万家机构、1300 万名人士；金融服务覆盖全球 1.5 万多家金融机构；财税会计服务覆盖全球 21 万个机构。2015 年，威科的数字服务收入达到 35 亿欧元，占总收入的 83%，实现了从传统内容提供商向信息解决方案商的转型。

威科成功转型的典型意义在于，牢牢抓住专业出版的海量内容优势，进行深度挖掘和内容重构，形成专业化服务优势，并按照互联网经济的规律，即在线、适时、互联互通等，为专业人士提供信息和解决方案。

二是培生。教育出版的巨头。近 5 年，它的战略目标是利用数字和互联网技术大力发展在线教育，实现从教育出版向教育服务的转型。具体措施是，以学习者为中心，将数字技术与教学服务相结合，开发数字内容课程，并向全球教育机构推广。2015 年，培生的数字服务收入达到 29 亿英镑，占总收入的 65%左右。

培生给我们的启示是，通过数字化手段，贯通了出版内容、学习资源、培训课程和市场服务，形成了有针对性的产品与服务，满足了个性化需求。

三是企鹅兰登书屋。兰登书屋崛起于美国，1998 年被贝塔斯曼收购，2012 年与企鹅合并，组成企鹅兰登书屋，成为全球出版业的超级航母。依托大众图书市场的内容优势，它从读者角度出发，全方位、多渠道开发电子书，在英语国家同步发行。企鹅兰登的电子书有三个特点：一是开源，除了传统出版意义上的电子书，还积极重构内容，将有价值的新闻报道和文章开发成电子书；二是以人为本，不断优化阅读体验；三是广开渠道，借助苹果、亚马逊、谷歌等平台，加强宣传，扩大销路。

面对近年来电子书收入始终徘徊在 20%左右的状况，企鹅兰登开始着力内容资源的多角度利用和多元化开发。有声读物更是它目前和未来重点打造的板块。这是美国出版市场 2015 年增长最快的板块，同比增长高达 37.7%，市场规模约 1.6 亿美元，占总体市场的 1.5%左右，而且基本是来自出版社的收入。此外，企鹅兰登还注重优势内容的深度合作开发，不仅自己制作电影，还与福克斯电影公司联合，计划每年推出两部作品，每部进行2000万美元的适度投资。

通过企鹅兰登的实例不难看出，大众出版不同于专业出版，电子书收入增速放缓，基本保持稳定状态。但基于内容深度开发的新业态，增长正在逐步显现。内容聚合的新领域、内容重构的新策划，以及内容表达的新样式，似乎呈现出大众出版数字化的趋势性特征。

四是亚马逊。Kindle从2007年以来发布了六代，已成为全方位的数字内容在线商店，涵盖电子书、音频、视频、电影、游戏、应用等等，其电子书的商业规模在美国和全球排名第一。2011年5月，亚马逊销售的电子书册数，开始与纸本书持平。2014年，电子书的利润开始超过纸本书。如今，亚马逊每销售100册纸本图书，就能销售近200册电子书，销售额大体相当。

在传统电子书销售模式基础上，亚马逊有三个新特点值得关注：一是原创出版销售比例进一步扩大，占到电子书的16%。二是以会员制模式销售、按阅读页数计费的收入，2016年已占14%。三是在与美国五大出版商和独立出版商的角逐中，五大出版商的市场份额从52%下降到了42%，独立出版商的市场份额则从15%上升到25%。这似乎说明主动拥抱互联网渠道已经成为数字出版的发展方式。

以上专业、教育、大众和渠道四个方面的典型案例，似乎向我们启示着：一是全方位的融合，包括观念、资源、媒体、服务、资本等等要素。二是内容是融合的基础，成功的案例都基于内容的聚合、内容的重构和内容的多媒体呈现。三是海量内容才是融合的优势，因为这个优势，它才满足了个性需求，扩大了用户群体。四是互联网是融合的主要载体，在线则兴，在线则旺，在线才有生命力和影响力。

一句话，数字化的主题是融合，主要是内容与内容的融合，是内容与技术的融合，是内容、技术、资本和渠道的融合，是这些融合要素与体制机制创新、与创新人才的融合，连接点是在线，是网上，是与互联网的融合，离线则衰，脱网则亡。

三、“十三五”集团公司融合发展的战略目标、重点和关键举措

《中国出版集团公司“十三五”时期融合发展规划》（以下简称《规划》）虽然只有万余字，但内容很丰富，我们要学会抓住“牛鼻子”。这就是战略目标、战略重点和关键举措。

（一）战略目标

战略目标，规划里有完整表述，其要点：一是内容上要资源数字化、生产数字化和管理数字化；二是机制上要公司化、股份化、市场化；三是方向上要内容融合、资本融合、媒体融合。

这一战略目标如何量化？大概有三个关键点：一是到“十三五”末，融合发展的总产值要达到65亿元，占集团公司总产值的30%，力争半壁江山。二是成就5～10个收入过亿元的融合发展项目。三是多数单位基本形成融合发展新格局，营收占比显著提升。

集团公司在《规划》中安排了20个重点项目。这些项目涉及重要的业务板块转型，关系到新业态的打造，影响着数字集团的进程。作为这些项目的实施主体，在座的不少同志都是第一责任人，大家一定要切实担负起责任来。集团公司将采取“择优扶重、优胜劣汰、滚动立项”的方法，不搞项目“终身制”，不搞表面文章、文字工程，重项目策划，重投入产出，重融合力度，重体制机制创新，使项目库更充实、更有效、更有带动性和爆发力。

（二）战略重点

一是以资源建设强内核。数字化的内容资源是出版数字化，进而更是媒体融合发展的内核。这个内核不可或缺，是根本，也是核心竞争力。集团公司要继续推进“数字出版资源总库”的建设，到“十三五”末，努力实现“1583”的目标，即有效数字化书目15万种；完整数字化资源总量8万个品种，其中3万个品种可用于商业化上线运营。同时，数字版权签约率努力达到新书品种的60%。坚持以市场需求为导向，开展全方位、多渠道开发运营，以专业化服务为手段，实现内容的深度挖掘和传播，使集团公司逐

步由单一的纸质出版商向内容提供与运营商转变，努力实现内容价值的最大化。

二是以专业平台强突破。“《中国大百科全书》第三版”“中华古籍知识在线”“百种精品工具书”，以及音乐、学术、美术、法律、医学等专业平台，是集团公司相对强势的优质专业资源，具有潜在的行业服务空间和市场的巨大需求。一方面要有恒心，有毅力，坚持常抓不懈；另一方面要顺应市场需求，坚持开发与运营并重，以需求带动运营，以需求引导开发，让内容与消费、与市场融为一体，通过在线服务，寻求市场突破，逐步形成投入产出、再投入再产出、直至盈利的可持续发展模式。

三是以产品运营强影响。电子书、数据库、运营平台等，都可以统称为融合性产品。集团公司的这些产品从数量上看不算少，从特色上看也不弱，但从影响力上看却谈不上响，说不上强。一个重要原因就是运营观念弱，运营手段少，运营能力差。“十三五”期间，要以综合运营平台、数据库运营、电商渠道、数字进出口、在线教育、大数据行业服务、数字发行中盘、IP 内容开发等多种产品形态，实现产品的立体化传播；在运营中改善产品的开发，在运营中扩大市场的影响，从而放大点击量，增强关注度，形成流量、交易量和营销的增量。

四是以行业服务强优势。行业服务是在计划条件下形成的优势。随着市场化的推进，中国图书进出口（集团）公司的进出口、新华书店总店的发行等传统优势都遇到了新情况。但数字化又给我们带来了新机遇。“十三五”期间，集团公司的“综合运营平台”“易阅通”“译云”系列、“新华发行网”“教材采选系统”、按需印刷、物流型出版大数据服务，以及虹桥、蓝桥和新华文化创意园区等，这些几乎覆盖了出版行业全领域，要借数字化之势，把传统优势转化为现实优势，把现实的挑战转化为新的竞争力、新的增长点。

五是以资源转化强融合。内容创新对我们来说，就是一份内容多年度表达；“走出去”对我们来说，就是一份内容多国别表达；而数字化对我们来说，就是一份内容多媒体表达。媒体融合是传统出版的一条新路，是出版产业的发展趋势。我们要通过出版融合，这就是数字化内容的集聚融合、内容与数字技术的融合，从而达到融合出版，也就是多媒体、多介质、融合型的出版。集团公司“十三五”还有 IP 版权转化、松果熊猫、动漫游戏、有声读物、漫像影视等多种业务形态，都面临着一个互联网背景下的资源多方位开发问题。要善于提供创意内容及衍生服务，通过版权运作，实现资源增值，逐步形成融合出版的新型业态。

六是以信息系统强管理。融合出版是建立在数字化、数据化、信息化、网络化基础上的，因而管理的信息化必须跟上，提供支撑。“十三五”期间，我们要积极推动集团公司 ERP 管理平台和出版单位的复合出版平台建设，在集团总部建设集财务、业务、人力、办公为一体的信息化综合管理平台，在条件比较成熟的单位搭建复合数字平台。通过 ERP 与复合出版平台的融合，合理配置和优化内外资源，达到互联互通、提高效率、降低成本、提升管理的目的，促进集团传统出版产业的转型升级。

以上所说的强内核、强平台、强运营、强优势、强融合、强管理，就是“十三五”时期打造数字集团，形成融合出版新业态的战略重点。这“六强”既是战略，更是战术；既是思路，更是实务；既是重点、要点，更是可操作的一个个项目。

（三）关键举措

首先，要牢牢抓住开放融合不放松。互联网的重要特点是开放、共享、跨界和创新，这是融合发展的关键要素。我们讲融合应该是综合性的、全方位的融合，重点是三个方面：一是资源融合。实现内容资源的数字化、数字资源的规模化、规模资源的品牌化。二是资本融合。没有投入就没有融合，没有大投入就没有大融合，要形成多元投入的资本融合模式，特别要注意借助社会资本。通过资本融合，带动资源、技术和人才的融合，倒逼创意、体制和机制的创新，焕发投入产出能力、市场竞争能力和资本增值能力。三是媒体融合。选择有条件的资源与品牌，以新媒体、全媒体手段提供优质内容与服务，打造若干专业水平好、信息容量大、融合程度高、传播能力强、发布机制活的新型媒体。商务印书馆、中华书局、生活·读书·新知三联书店、中国大百科全书出版社、人民音乐出版社、中国美术出版总社等优势资源要率先发力，努力成为从出版融合到融合出版的行业标兵。

其次，要牢牢抓住机制创新不放松。出版融合是最需要也是最能激发体制机制创新的文化产业洼地。没有这种创新，就不会有融合出版新业态的创新。要大力推进公司化、股份化、市场化运营，在公司化中实现投入产出，在股份化中实现资本规模，在市场化中解决具有文化特色的法人治理结构、职业经理人、策划运营能力、团队激励措施等等重大问题，形成创新业态所必需的创新的制度环境、机制环境和文化环境，既有效管理好发展，又有效激励好发展。

再次，要牢牢抓住投入产出不放松。实现数字化集团公司的战略目标，经济指标是发展的杠杆，是有效益发展的指向，也是形成竞争性发展、可持续发展的关键。在这个问题上要抓好三件事：一是融资。在现有专项资金支持的同时，各单位更要通过自筹、融资、参股等多种方式提高融资能力和投入力度。二是集约。在项目建设和运营阶段要提高工作效率，降低经营成本。三是增长。必须把增长作为杠杆、定为指向、成为关键指标。同时，加强风险防范意识，事先做好项目投资回报的预算，事中做好资金使用的监督，事后做好项目营收的分析，实现项目良性的可持续滚动发展，使之成为企业新的利润增长点。一句话，在融合发展的过程中，投入与产出要成为我们始终牢牢盯住不放的两个关键指标。

同志们，“十三五”时期是集团公司产业调整的关键时期，建设数字集团，打造融合出版新业态，是实现集团公司产业发展的必然选择。今天发布的《中国出版集团公司“十三五”时期融合发展规划》，是顶层设计，是战略布局，刚才讲到的“六强三抓”，是战略重点和关键举措。无论是《规划》，还是这篇“讲话”，都是国际出版数字化规律的揭示，都是集团公司各方实践经验的总结，都是大家实干、务虚、试错、前进中的思考结晶。只要我们盯住战略目标，扣紧“六强三抓”，创新务实，敢为人先，不怕挫折，坚持不懈，坚定信心，孜孜以求，我们的《规划》就一定能从纸上谈兵转化为实际发力，从白纸黑字转化为项目、产品和平台，转化为有文化内容的影响，有经济效益的增长。集团公司将谱写“三六构想”的升级版，使“国际著名出版集团”这个战略定位的基础和内涵更坚实、更丰富、更具有时代的意义。

在庆祝中国共产党成立 95 周年暨“两学一做”学习教育座谈会上的讲话

中国出版集团公司党组书记　王涛

（2016 年 6 月 30 日）

同志们：

明天就是中国共产党成立 95 周年的生日。95 年来，中国共产党从无到有、从小到大、从弱到强，历经革命、建设、改革的风风雨雨，克服一个又一个艰难险阻，不断取得中国革命事业和改革开放、现代化建设新的伟大胜利。在不久的将来，中国共产党将带领全国各族人民迈上全面小康社会，实现中华民族伟大复兴的中国梦。我们党之所以取得举世瞩目的辉煌成就，之所以屹立 95 个春秋仍然不断发展壮大，是因为我们党是一个有着坚定理想信念并时刻为之奋斗牺牲的党，是一个勇于修正错误、善于自我完善、敢于担当责任的党。党的十八大以来，从党的群众路线教育实践活动、“三严三实”专题教育到

2016年的“两学一做”学习教育，我们党坚持全面从严治党方针，坚持集中性教育与经常性教育相结合，坚持领导干部“关键少数”与全体党员并重，党在不断自我净化、自我完善、自我提高，党的先进性和纯洁性不断增强，党的凝聚力和创造活力不断迸发。我们党95年的历史经验告诉我们，解放思想、实事求是、与时俱进，不仅是马克思主义活的灵魂，更是我们适应新形势、认识新情况、解决新问题、取得新进步的根本思想武器。

刚才，我们对党工团评选的先进组织和个人进行了表彰，对诗歌征文获奖作者进行了表彰，这一系列活动是“两学一做”学习教育的重要内容，是“两学一做”学习教育的阶段性总结。2016年以来，根据中央统一部署，中国出版集团公司开展了“学党章党规、学系列讲话，做合格党员”的“两学一做”学习教育。中国出版集团公司成立了学习教育领导小组，制定印发了《实施方案》，直属机关党委召开专门会议做了部署。各单位也根据自身情况，制定了工作方案，明确了时间表，并按照计划有序开展学习教育。上半年，中国出版集团公司党的建设以“两学一做”学习教育为抓手，主要做了以下几个方面的工作。

一是领导高度重视，做好示范表率。中国出版集团公司党组制定了学习计划，2016年以来组织了六次集体学习，学习贯彻习近平总书记在中央政治局“三严三实”专题民主生活会、中纪委十八届六次全会、党的新闻舆论工作座谈会、“两学一做”学习教育工作座谈会、哲学社会科学工作座谈会上的重要讲话精神，学习毛泽东同志《党委会的工作方法》和总书记的重要批示，学习党章党规等，强化领导班子思想政治建设，增强了“四个意识”，提高了贯彻落实中央精神和重大决策部署的自觉性。各单位领导班子以中心组学习的形式开展专题学习研讨，带动了支部和党员的学习讨论，形成了学系列讲话、学党章党规的浓厚氛围。七一前，中国出版集团公司和各单位领导干部还安排了在所在支部讲党课。

二是狠抓基层党组织建设，严格党员教育管理。健全基层党组织、从严管理党员，是发挥党支部战斗堡垒作用和党员先锋模范作用的基础，也是“两学一做”学习教育的重要内容。2015年，按照中国出版集团公司统一部署，二级单位党组织基本完成换届改选工作，健全了党委班子。2016年重点布置了各单位党支部进行换届，同时要求规范支部工作制度，特别是“三会一课”、党员评议、组织生活、党员教育管理等制度，使之严起来、实起来，切实把基层党组织的活力激发出来。按照中组部要求，四月份开展了党员组织关系排查工作，认真排查党员身份信息，理顺党员组织关系，建立健全党员档案，历时月余完成2695名党员组织关系的排查工作。六月份开展了基层党组织按期换届情况的专项检查，对基层党组织按期换届情况进行全面排查。六月份开展了党费专项检查工作，下发了《关于进一步规范党费收缴工作的通知》，对党费收缴工作进行自查整改。

三是创新学习教育方式，努力践行“两学一做”。3月28日～4月3日，中国出版集团公司在井冈山红色文化教育学院举办了党群人事干部“两学一做”培训班。6月1日，举办了庆祝中国共产党成立95周年暨“两学一做”学习教育党课，邀请井冈山干部学院和红色文化教育学院的老师为党员讲党课。各单位也采取多种形式创新丰富学习教育方式。中国图书进出口（集团）总公司印发《党言党语 纪言纪语》，制作“两学一做”宣传栏；新华书店总店、现代教育出版社、中国出版传媒商报社、中译出版社、华文出版社等单位开展“党章一日一抄”和“两学一做”学习心得征文活动；北京新华印刷公司在内刊中开辟“两学一做”学习专栏；中版教材有限公司利用微信平台鼓励在外出差党员在线进行交流学习；人民文学出版社邀请中央组织部同志讲党章，中国大百科全书出版社邀请专家讲践行雷锋精神，中国民主法制出版社结合党员纪念座牌发放仪式讲党课，中版文化传播（北京）有限公司邀请北京大学教授为党员讲《矛盾论》《实践论》；人民文学出版社、商务印书馆、新华书店总店、中国民主法制出版社、新华联合发行有限公司等单位组织党员到西柏坡、井冈山、狼牙山、焦庄户等教育基地开展党性教育；荣宝斋在业务一线开展“文明服务窗口”“优秀服务标兵”评比活动，中国民主法制出版社在库房图书整体搬迁中，党员带头克服困难、加班加点，用了22天时间60余辆车，将4600余万码洋的图书搬迁到顺义新华联合物流中心，顺利完成搬迁任务，用实际行动践行“两学一做”。

四是加强督促指导，确保取得扎实成效。根据中央要求，“两学一做”学习教育主要以党支部为基本单位，要给基层党组织结合实际开展学习教育留出空间，发挥党支部自我净化、自我提高的主动性。中国出版集团公司党组和各单位党委主要做好督促指导和检查落实工作。为此，中国出版集团公司党组多次召开会议研究部署工作，督促指导各单位推进学习教育。4月8日，党组召开各单位党政负责人参加的扩大会议，要求各单位及时学习传达中央“两学一做”学习教育工作座谈会精神，完善工作方案，结合工作实际抓好学习教育。6月16日，党组召开“两学一做”学习教育座谈会，研究分析各单位开展学习教育情况，特别是党支部“三会一课”制度执行情况、党员缴纳党费情况，并针对存在问题提出了工作要求。直属机关党委在《实施方案》的基础上，将学习教育工作安排进一步细化到各单位党委，细化到支部，为各单位开展学习教育提供了指导和遵循。同时编写了《“两学一做”学习教育材料选编》，作为学习辅导材料发放给全体党员。直属机关党委还编写了《党群工作文件选编》和《党的十八大以来中央有关精神学习手册》，这两本书正在印制，不日即可下发。

五是加强党风廉政建设，落实“两个责任”。年初，中国出版集团公司召开了签订党风廉政建设责任书会议，我代表中国出版集团公司党组与所属单位、各部门签订了党风廉政建设责任书。责任书把党委履行党风廉政建设主体责任、党委书记履行第一责任人责任和班子成员履行“一岗双责”，通过责任书的形式做出承诺；与此同时，也将党风廉政建设纳入班子考核内容，形成一级抓一级、层层传导压力的工作机制。把握运用好监督执纪“四种形态”，截至目前，中国出版集团公司开展领导干部述职述廉82人次，领导干部任前廉政谈话55人次，纪委书记同下级党政主要负责人谈话12人次，诫勉谈话一人，函询一人。严格执行“三重一大”决策制度，下发了《关于严格执行“三重一大”决策制度的通知》，各单位对执行“三重一大”情况进行了自查，提高了按章办事能力。组织开展了党风廉政建设主体责任落实情况“回头看”和落实中央八项规定“回头看”，各单位层层组织了“回头看”，逐级督促和指导下属部门和单位逐条进行自查，找出存在的不足和问题，逐一提出整改措施，明确整改时限，并落实到人。制定了《中国出版集团公司关于建立与驻部纪检组工作联系的具体对接方案》，使中国出版集团公司和驻部纪检组的工作联系对接更加顺畅，工作更加高效。制定了《中国出版集团公司2016年巡视工作实施方案》，确定了2016年的巡视单位，明确了巡视时间表，确定了巡视工作领导小组和巡视组的成员构成，细化了工作程序，明确了开展巡视工作的方式。

同志们，在全体党员中开展“两学一做”学习教育，是党中央为深化党内教育的一个重要部署。习近平总书记对学习教育高度重视，亲自审议学习教育方案，多次对学习教育做出重要指示。习近平总书记关于“两学一做”学习教育的重要指示精神，从党和国家全局的战略高度，着眼深入推进全面从严治党，深刻阐明了开展“两学一做”的重大意义、目标要求、重点任务、责任主体，为确保学习教育抓到位、见实效，指明了正确方向、提供了根本遵循。从中国出版集团公司整体情况看，各单位“两学一做”学习教育总体情况是好的，但各单位抓的参差不齐，个别单位在学习教育中存在重形式、走过场的现象，有的单位领导到现在还没有讲党课，有的单位还没有将学习教育延伸到全体党员，有些单位到现在还没有领取《“两学一做”学习教育材料选编》，这些存在的问题，都需要我们在今后的学习教育中加以改进。为切实抓好“两学一做”学习教育，推动全面从严治党向基层延伸，加强中国出版集团公司党的建设工作，我再提六点要求：

一是要突出思想政治建设。习近平总书记强调，“两学一做”学习教育是加强党的思想政治建设的一项重大部署，是推动党内教育从“关键少数”向广大党员拓展，是从集中性教育向经常性教育延伸，这体现了党中央持续抓党的思想政治建设的决心。中共中央组织部“两学一做”学习教育《方案》中提出了“五个着力解决”，即着力解决一些党员理想信念模糊动摇的问题，着力解决一些党员党的意识淡化的问题，着力解决一些党员宗旨观念淡薄的问题，着力解决一些党员精神不振的问题，着力解决一些党员道德行为不端的问题。开展“两学一做”学习教育，首先就是要解决党员的思想问题。通过学习党章党规，进一步明确党员的权利义务，明确党纪党规的边界，搞清楚能做什么、不能做什么，增强党员的纪律意识和规矩意识，按照“四讲四有”标准，做一名合格党员。通过学习习近平总书记系列重要讲话，不断提高党员的思想认识和理论水平，坚定理想信念和马克思主义立场，牢固树立“四个意识”，保证全党始终在思想上政治上行动上与党中央保持高度一致。

二是要真学真做。“两学一做”，基础在学，关键在做。中央强调，当前“两学一做”学习教育中，存在“上面热下面冷”“灯下黑”“不到底不到编不到位”“形式主义”等问题。各单位都在强调“两学一做”学习教育，但学习的效果如何，是不是在真学真做，是不是只停留在党委一级，是不是以党员为单位下沉到支部，反正我心里没底。前不久，中央组织部对中央和国家机关的部分领导干部“两学一做”学习情况进行了测验，许多领导干部对“四个全面”“五大理念”“三会一课”“民主集中制的原则”“党章多少章多少条”等基础知识知之甚少。习近平总书记对此做出批示：中央和国家机关存在“灯下黑”的问题。“七一”后，中央组织部将重点对中央和国家机关“两学一做”学习教育进行检查，直接下到基层党支部进行抽查。中国出版集团公司作为中直机关的唯一一家企业，被抽查的可能性还是很大的，各单位千万不要掉以轻心。中国出版集团公司直属机关党委在“七一”后要各单位去调研检查，重点检查“两学一做”学习教育情况。检查不走形式，将直接查阅基层支部“三会一课”记录，组织党员进行基本知识的问答，层层传到压力，督促各单位把学习教育切实落到基层。

在此我强调一下，各单位一定要认真组织学习党章。中央组织部“两学一做”学习教育《方案》明确提出：逐条逐句通读党章，全面理解党的纲领，牢记入党誓词，牢记党的宗旨，牢记党员义务和权利，引导党员尊崇党章、遵守党章、维护党章，坚定理想信念，对党绝对忠诚。党章就是党的根本大法，是全党必须遵循的总规矩。学习党章是“两学一做”学习教育的重要内容，是党要管党、从严治党的前提，全体党员都要唤醒党章意识、党员意识，把党章挺在前面，按照党章的要求去履行党员的职责，履行党员的义务。关于如何学好党章，建议大家学习一下习近平总书记 2012 年 11 月 16 日发表的署名文章，《认真学习党章 严格遵守党章》，以及总书记在不同场合关于党章的重要论述。要深刻把握党章和总书记系列讲话的内在联系，融会贯通，强化党章意识和党的观念，以党章修身、以党章律己，把党章内化于心、外化于行。

三是要强化问题导向。强化问题导向，就要做到“学”要带着问题学，“做”要针对问题改。如果不能解决问题，学习教育就会流于形式、走过场。总书记在“两学一做”学习教育的指示中，列举了基层党组织和党员中存在的问题，中央组织部《关于“两学一做”学习安排的具体方案》中（这个方案四月份已发给了各单位），针对全体党员和县处级以上党员领导干部提出了 10 大类重点解决的问题。这些问题，在我们中国出版集团公司的党组织和党员干部中不同程度地存在，比如贯彻“三会一课”制度问题（定期召开支部党员大会、支部委员会、党小组会，按时上好党课），且不说有多少单位是真正落实了的，就“三会一课”的具体内容，可能在座的许多人都答不上来；比如基层党支部的软弱涣散问题，过去有的党支部一年才开一次会议，支部的战斗堡垒作用发挥有限；比如有的单位民主集中制的执行问题，是不是按照党章中规定的“六条基本原则”来贯彻执行的，“三重一大”决策是不是按照规矩来，等等。以上问题，我们要一一进行对照，通过开展“两学一做”学习教育加以解决。

四是要切实履行主体责任。各级党组织要把抓好学习教育作为一项重要政治任务，主要负责同志要担负起第一责任人的责任，亲自审定工作方案，亲自部署指导学习教育，切实负起从严治党的责任。党员领导干部要以身作则、做好示范表率，学在前面、学深一层，要求要更严一些、更高一些，要坚持中心组学习制度，主动到所在支部与党员一起学习交流，自觉参加双重组织生活，主动在所在支部讲党课。这次学习教育，以基层党支部为单位，既要给支部一定的自主权，也要加强指导和监督，把监督指导的重心放到基层党支部，及时了解掌握支部开展学习教育的情况，及时发现和纠正苗头性倾向性的问题，及时总结推广基层的新鲜经验，为支部开展学习教育创造条件。切实加强支部建设，规范支部工作制度，把支部建设严起来、实起来，健全规范起来，把基层党组织的活力激发出来。各级纪委要强化监督执纪问责，对开展学习教育不力的党组织、违反党纪党规的党员要加强监督，敢于问责，严肃执纪，确保“两学一做”扎扎实实、不走过场，取得实效。

五是要完成规定动作。各单位党委中心组“两学一做”集体学习情况，要及时报直属机关党委；班子成员没有讲党课的，要抓紧时间讲党课；领导班子成员要坚持双重组织生活制度；各党支部要组织党员自学，撰写学习心得体会；每季度召开一次支部党员大会，安排专题学习研讨；创新党课方式，要在七一前后，结合开展纪念建党95周年活动，集中安排一次党课，现在有些单位还没有落实；没有换届的支部要按时换届，健全支部班子；组织党员开展民主评议；年底前召开党支部专题组织生活会；督促党员按月主动交纳党费。以上这些规定动作，都是需要完成的，中国出版集团公司“两学一做”《实施方案》里写得很清楚，我就不多说了，各单位要严格执行。关于党费收缴工作，各单位要高度重视，认真开展自查，做好深入细致的思想工作，该补交的补交。

六是要切实加强党风廉政建设。前不久，中央直属机关纪律检查工作委员会刘斌副书记到集团公司调研，对中国出版集团公司纪检工作提出意见建议，要求中国出版集团公司增加机关纪委编制。现在中央对党风廉政建设的要求越来越严，各单位党组织一定要认清形势，不能再用我们自己过去的标准来要求，要用中央的塞子来抓好党风廉政建设。28日，中共中央政治局召开会议，审议通过了《中国共产党问责条例》。条例坚持问题导向，紧紧围绕坚持党的领导、加强党的建设、全面从严治党、维护党的纪律、推进党风廉政建设和反腐败工作开展问责。对于失职失责造成严重后果、人民群众反映强烈、损害党执政的政治基础的都要严肃追究责任，既追究主体责任、监督责任，又追究领导责任。中国出版集团公司各级党组织都要把自己摆进去，联系实际、以上率下，各级领导干部要把管党治党的责任担当起来，逐级督促和指导下属部门和单位的党风廉政建设，层层传导压力，对落实党风廉政建设不力的要严肃问责，以问责倒逼责任落实。在六月份组织的党建工作座谈会上，各单位汇报了纪检工作现状及存在问题，从各单位情况看，纪检组织和干部的配备情况总体是好的，纪检组织基本健全，纪检工作有专人负责，并配备了专柜和专用电脑，有条件的单位还有专人和专门办公室。但仅有这些还远远不够，各级纪检组织要主动作为，主动发声，贯彻落实监督执纪“四种形态”，坚持抓早抓小，对党员干部出现的苗头性、倾向性问题早提醒、早纠正、早防范，让咬耳扯袖、红脸出汗成为常态。

同志们，开展“两学一做”学习教育是全面从严治党的一项重大战略部署，加强党建工作是中国出版集团公司“两调四强”战略重点之一，我们要坚持“两手抓、两不误、两促进”，扎实有序开展好学习教育，增强基层党组织的战斗力和凝聚力，充分发挥党员的先锋模范作用，以

“两学一做”学习教育提升中国出版集团公司党建工作水平，以中国出版集团公司党建工作促进“两学一做”学习教育，把学习教育成果转化为推进中国出版集团公司“两调四强”战略重点的强大动力，为实现中国出版集团公司“又好又快”发展提供坚强的政治保障，为早日实现“三化”目标、建成国际著名出版集团而努力奋斗。

中国出版集团公司在媒体融合发展之路上的策略与路径

——在2016北京国际出版论坛的演讲

中国出版集团公司党组书记　王涛

（2016年8月23日）

尊敬的各位领导、嘉宾，主持人：

大家上午好！

当前，随着数字技术、信息技术和网络技术的全面普及，以数字化为代表的出版新业态已成为文化创意产业发展新的战略制高点，随着全球传统出版和新兴出版融合发展不断深入，各国在新闻出版技术创新、标准制定、新业态培育等领域的文化软实力竞合将更加明显与激烈。

在中国，媒体融合、“互联网＋”、云计算和大数据已上升为国家战略。习近平总书记指出，要强化互联网思维，推动传统媒体和新兴媒体在内容、渠道、平台、经营、管理等方面深度融合。国家“十三五”规划中也指出：要建设现代传媒体系，加强主流媒体建设，提高舆论引导水平，增强传播力公信力影响力。这也要求我们在积极推进媒体融合的同时，必须要从文化影响力、经济影响力的角度考量，打造强主业、跨行业、多元化的文化企业数字集团，成为下一阶段国有文化企业改革发展的重要目标。

下面我就中国出版集团公司近年在媒体融合发展方面的工作和未来一段时期的发展策略做一个发言。

一、近年来中国出版集团公司的媒体融合发展

早在2011年底，中国出版集团公司将数字化战略作为“六大战略”之一正式纳入发展主体战略。2012年明确了出版主业以“融合发展”为方向，坚持走有集团特色的融合发展之路，不断创新，努力实现内容生产数字化、流程管理数字化和传播方式数字化。到2015年，中国出版集团公司数字化收入达到8.77亿元，同比增长30.74％。

具体归纳起来有如下四个方面：

一是以内容建设为核心，抓住“出版即文化选择”的本质不放松，内容数字化实现新突破。我们针对不同内容资源特点，结合市场需求，突出专业化、精品化特色，打造了一批有代表性的数字化产品：如中华书局的“中华经典古籍库”；商务印书馆的“百种精品工具书”和“民国期刊数据库”；中国大百科全书数据库等。根据专业机构和普通读者的需求开发了APP版、微信版等，扩大了用户的使用范围。中国出版集团公司还集约化运营大众电子图书，目前在运营优质图书资源达到两万余种，形成了自有平台、第三方渠道为一体的综合运营模式。根据市场需求，对内容资源进行专业分类和再加工，形成了具有特色鲜明的中版数字图书馆、中版特色音频资源库等行业渠道产品。上述数字化内容建设，取得了突出的社会效益和经济效益。

二是以平台建设为基础，大力拓展运营渠道，传播能力实现新突破。中国出版集团公司陆续完成了几大综合性传播平台的建设，如以行业资讯、大众图书集约化运营为主的大佳网；面向

海内外图书、期刊进出口交易的“易阅通”平台；服务于专业音乐机构和普通音乐爱好者的“中国音乐数字出版与发行平台”；一站式艺术品在线交易服务的“荣宝斋在线”平台，等等。此外，中国出版集团公司的虹桥创新基地和蓝桥数字产业园建设初具规模。新华书店总店的“新华发行网”和“全国大中专教材采选系统”以及新华联合物流中心配送基地也正在有条不紊地向前推进。

三是以新技术为支撑，积极开展新兴出版的探索与实践，翻译业务数字化和“自出版”实现新突破。中译公司的“译云”平台基于云计算和语言大数据技术，向全球用户提供智能语言服务的互联网平台，成为全球智能机器翻译技术的领导者。“影像中国”项目，探索以原创影像作品的汇聚、交易、定制和出版为一体的复合出版。“诗词中国”项目，以传播中国优秀传统诗词文化为目标，打造了一个即时交互的具有创作、交流、传播等功能的移动终端平台。集团从2015年开始举办“海峡两岸网络原创文学大赛”，推动网络文学有序发展，挖掘具有时代特征的网络精品文学作品。

四是以人才建设为根本，以体制机制创新为保障，推动数字出版工作加速发展。我们积极探索重大项目公司化、市场化和商业化的治理结构。“译云”的快速发展，“中华经典史籍库”的有效推进，都充分体现了机制创新带来的活力。在数字化团队建设方面，我们打破常规的用人机制，通过“三个一百”数字化人才建设，大胆选拔、培养、任用一批德才兼备的年轻干部。同时，扎实做好专业化的培训工作，通过多形式、分层次的专题培训，努力培养一支素质高、业务精、能力强、结构好的数字化专业人才队伍。

几年的实践表明，以优势资源为核心，以新技术为支撑，以平台建设为基础，以产品创新为目的是中国出版集团公司做好数字出版工作的基本思路；创新体制机制，是促进数字出版工作快速发展的根本动力；人才培养，是推进数字出版工作的关键。

二、中国出版集团公司的重点数字化项目

下面我介绍中国出版集团公司的几个重要的数字化项目，包括三个数据库、四个平台。

三个数据库是“中华经典古籍库”“百种精品工具书数据库”“大百科全书数据库”，它们依托中国出版集团公司雄厚的内容资源，产生了良好社会效益和经济效益。

“中华经典古籍库”，它以中华书局核心资源——点校整理本古籍图书为内容，包含古籍整理图书总计869种，五亿余字，涵盖经史子集各部。后期将不断扩充数据量，最终形成中国最权威、最大量的整理本古籍数据库。商务印书馆“百种精品工具书数据库”，收入《新华字典》《现代汉语词典》《新华词典》《现代汉语学习词典》《中国艺术百科辞典》等100余种现代精品中外文工具书，涵盖汉、英、俄、德、法等20多个语种，总字数3.5亿，词目360余万条。“中国大百科全书数据库”经过2001到2011年十年建设，推出图文数据光盘版、在线版、数据库版，2011年底《中国大百科全书》（第三版）由国务院正式立项，立项之初即规划编纂纸质版和网络版，2015年底，编纂平台上线使用，编辑人员开始在线开展编纂工作。

四个平台分别是“中国音乐数字出版与发行平台”“荣宝斋艺术品交易服务平台”“易阅通平台”“译云\译见平台”。这些平台内容为海内外传播提供了便利，具有开放性、社会性、服务性。

人民音乐出版社2016年上半年推出的“中国音乐数字出版与发行平台”，突破传统音乐出版格局，以“互联网+”架构下的音乐大出版为理念，打造与传统音乐专业出版邻近的数字图书馆、在线音乐教育以及适应社会分享潮流的音乐广场三大功能。目前已经上线资源超过三万余件，包括电子书、电子期刊、中外乐谱、教学资源以及大量音频和视频资源。“荣宝斋艺术品交易服务平台”2014年12月正式上线。上线一年内在线销售额近1400万元，企业估值近1.5个亿、翻了七倍。随着移动端APP的上线和新一轮融资的完成，最终形成艺术品交易服务线上线下联动发展的新格局。“易阅通平台”是中国出版集团公司图书、期刊进出口业务的核心运营平台，目前已聚合外文电子书近200万种，国内电子书近30万种，外文电子期刊1万余语种，500多万篇文章，覆盖了海外三万家机构客户，聚合的中文数字内容可覆盖到除非洲地区以外的全世界范围的200多个国家。“译云/译见平台”是中国出版集团公司旗下中译语通公司研发的语言技术平台，译云平台机器翻译日访问量达8000万次，覆盖32个语种，中英机器翻译的质量在2016年已经超越了美国谷歌公司。译见平台是最新推出的跨语言大数据平台，覆盖65种语言，100余个主要国家和地区，已处理高质量数据80亿，是全球首个且唯一的跨语言大数据平台，整合了机器翻译、语音识别、图像识别等认知智能技术。上半年中译语通完成了B轮2.5亿元的融资，估值超过12.5亿元且仍在快速攀升。

三、“十三五”时期媒体融合发展的总体思路和目标

“十三五”期间，我们融合发展的总体思路是：通过五年左右时间，以内容建设为核心，以平台建设为基础，以先进技术为支撑，以优秀人才为保障，以体制机制创新为推动，以建设国家知识服务体系为方向，完成全流程复合出版生产链和多元化产品经营链的建设，打造大众数字出版资源集聚平台和专业数据库集群，建设完成若干支柱型数字化运营与服务平台，实现内容价值最大化。同时，积极创新产品，拓展数字化文化服务手段，构建专业文化服务体系，创新文化服务领域，发挥中国出版集团公司在国家数字文化引领与数字文化担当的作用，实现融合发展，中国出版集团公司品牌影响力和效益不断提升的同时，彰显“出版国家队”的特殊使命。

努力实现以下五个发展目标：

一是利用互联网重塑生产流程。通过出版企业ERP系统改造升级，不断优化生产流程，提高生产经营与管理效率。通过物流中心的建设和运营，进一步提高信息整合能力，打通出版全流程信息，积累自有的生产数据和销售数据，为出版物规划布局与精准营销提供有力的数据支撑。

二是提高信息、数据和知识服务能力。依托优质的内容资源，运用大数据和云平台技术，通过对中国出版集团公司各单位数字出版内容的整合、积累、共享和应用，按照系统化、碎片化，结构化的原则进行资源深度加工并挖掘资源价值，逐步构建权威的科学化的中版特色知识服务体系集群，不断提高信息、数据和知识服务能力，向优质数字内容提供商和服务商进行转型，促进中国出版集团公司整体知识服务能力的转化和提升。

三是增强重点平台运营能力，集团公司数字化运营互联互通。“十三五”期间，中国出版集团公司要加强重点平台建设，快速实现精品电子书的投放和数据库的线上营销，面向社会提供全方位的数字资源服务。要实现以集约化运营为主的大众出版产品运营模式，建设强有力的数字化发行渠道，通过资源集聚运营，产生规模效应，形成与传统出版互补、共促的良性格局。同时，推动中国出版集团公司各平台间开放接口，通过市场化的方式，实现出版内容和行业数据跨平台互通共享。

四是加快传统报刊转型，促进融合发展。发挥报刊在知识信息搜索与传播方面的短平快特点，适应新媒体发展趋势与读者获取信息方式的转变，大力推进以《三联生活周刊》为代表的中国出版集团公司相关报刊进行新媒体研发和运营体系的建设。针对各个报刊自身特点，实施具有针对性的转型策略，通过内部培育、外部引进、并购重组等多种形式，努力创新产品形态，扩展产业链，探索多业并举，延伸品牌价值，快速实现传统报刊转型与跨越式发展。

五是增强集团公司传播能力建设。要确保正确政治导向，在强化内容质量管理，加强数字版权保护的前提下，不断加强数字出版内容相关投送平台的建设和运营，构建技术先进、覆盖广泛、传输快捷的现代优质数字内容传播体系，打造多种主体参与的数字内容投送新格局，培育带动数字出版产业快速发展的骨干平台，这既是中

国出版集团公司实现内容传播的主要渠道，也是掌握话语权的重要阵地。

四、“十三五”时期中国出版集团公司传统出版与新兴出版融合发展的主要措施

一是加强组织领导和能力建设，保障数字化战略顺利实施。从全局高度出发，充分认识融合发展的战略性地位，切实加强对规划实施工作的组织领导。推进各层级规划、管理能力建设，特别要加强领导层和关键岗位上相关负责人的能力建设，明确各方责、权、利。

二是加强技术研发能力，保障项目稳步推进。要加强数字内容存储、数字资源标识与解析、内容信息结构化提取、多终端呈现等技术的应用，要加强资源管理编码化、生产智能化的技术研发，要进一步加强 AR、VR、全息、体感、LBS 等技术的应用，要依托云计算、大数据技术，为内容生产数字化，运营互联网化、服务知识化提供技术支撑。

三是加大资金投入，保障传统业务数字化的顺利转型。中国出版集团公司通过积极争取中央政策和资金支持、上市融资、引入投资等多种融资渠道，进一步加大对数字出版项目的资金支持力度。全面改进过去科技专项发展资金的分配办法，加强对科技与数字出版项目的论证，在资金和有关政策上进行倾斜。各成员单位也要筹集相应的资金和人员设备加以配合。

四是加强体制机制创新，保障融合业务的快速发展。积极推进体制机制创新，通过体制机制创新解决视野和发展效率问题，解决管理机制、商业模式、管理团队、运营能力等根本问题。在融合发展的具体实践中，重大项目推进公司化、市场化与商业化并举的治理结构，同时，借鉴互联网企业项目资金筹集模式，通过融资、并购，实现快速发展。

五是加强人才建设，保障融合发展的稳步推进。以培养融合发展各类人才为目标，统筹抓好领导人才、经营管理人才、专业技术人才，特别是复合型人才与行业紧缺和急需人才队伍的建设。通过培养与引进相结合的方法，在开展各类人才培养的同时，加强人才引进，创新人才激励机制，健全人才选拔机制，完善人才流动机制，把非公有文化机构的人才队伍纳入行业人才建设体系，形成有利于各类人才脱颖而出的体制环境。

六是细化评价管理，保障融合发展目标的实现。为保证融合发展中各项工作推进有利、建设有序，要建立科学的评价考核机制，并实行严格的问责制，确保“规划”保质保量如期落实。要细化考核激励管理办法，细分数字化业务结构，完善考评体系建设，对收入构成进行量化管理。在双效业务考核方面，要根据实际情况调整、更新考核指标，使考核更具有针对性和客观性。

工作综述

WORK SUMMARY

中国出版集团公司2016年工作综述

刚刚过去的2015年，是中央强化意识形态工作责任制、强化落实“两个责任”的一年，是我国经济发展进入新常态的一年，也是在中国出版集团公司受宏观经济影响增速放缓、经营困难加大的一年。这一年，我们认真学习贯彻党的十八大和十八届三中、四中、五中全会精神，认真学习贯彻习近平总书记系列重要讲话精神，认真按照“四个全面”的战略布局，切实贯彻刘云山、刘奇葆的重要指示，扎实开展“三严三实”专题教育活动，坚持正确出版导向，坚持把社会效益放在首位、实现两个效益相统一，积极应对经济运行的复杂局面，知难而进，迎难而上，基本完成全年工作任务，圆满实现“十二五”胜利收官。

下面，我代表中国出版集团公司领导班子做工作报告。

一、2015年和“十二五”时期的工作

2015年，在中央宣传部、国家新闻出版广电总局、北京市国有文化资产监督管理办公室、中央直属机关工委和驻中宣部中央纪委派驻纪检组的关心和支持下，中国出版集团公司深入实施“三六构想”，内容创新、品牌经营、集团化、数字化、国际化、人才强企各项工作取得新进展。

（一）自觉担当，主动作为，做大文化影响

一是服务大局，发挥“国家队”的先锋表率作用。中国出版集团公司主导的“读懂中国”英文沙画形象片，在习主席访美和2015美国书展中国主宾国期间，两次登陆纽约时代广场大屏幕滚动播放，传播中国声音，展示中国形象，获得中央领导同志肯定，海内外1000多家媒体纷纷报道。4·23期间，中华书局“读者开放日”作为党和政府推动全民阅读的重要活动，刘云山和刘延东、刘奇葆等中央领导同志亲临指导；中国出版集团公司主导的“阅读点亮命运”专场访谈首次亮相中央电视台《对话》栏目，三联韬奋书店24小时店开办海淀分店，发挥了行业引领作用，产生了广泛社会影响。顺利推进中国印度两国总理签署的“中印经典和当代作品互译出版工程”，努力承担中央交办的“中国社会科学词条库”的编撰发布任务。精心完成中央宣传部组织的重大主题图书《重读抗战家书》的出版任务，短时间内发行20余万册，社会影响显著。

二是做响主题出版，构建出版物的国家知识体系。围绕纪念中国人民抗日战争暨世界反法西斯战争胜利70周年、新疆维吾尔自治区成立60周年、西藏自治区成立50周年等重大节点，出版了《抗日战争》《何有此生》《美丽新疆》《生命中的兵团》等一批“叫好又叫座”的图书。《三联生活周刊》策划了六期“一带一路”封面故事及抗战专题报道。出台了加强主题出版的意见，主办了首届“主题出版高端论坛”，举办了“长城交响”“历史的回声”两场主题音乐会，在第22届北京国际图书博览会首次设立中国出版集团公司主题出版展区。19种图书入选中央宣传部、国家新闻出版广电总局年度主题出版重点选题，位列全国第一。成立内容建设委员会，建立总编辑例会制度，充实中国出版集团公司审读小组，三次开展编校质量检查，为深化内容创新、加强导向管理提供了机制保障。

确定《中国大百科全书》第三版85个学科的主编，着力构建国家百科知识体系；完成《辞源》百年来的第二次修订，着力构建国家语言工具书知识体系；完成“二十四史及清史稿修订工程”中的《新五代史》《旧五代史》修订，出版《清代秋审文献》《毕沅文集》，启动“海外中文古籍总目”工程，着力构建国家古籍整理知识体系。

三是打造“中版好书”，引领社会阅读潮流。中国出版集团公司图书在实体零售市场占有率为6.87%，保持第一名的领先地位。六种入选中央电视台“2014中国好书”，六种入选国家新闻出版广电总局“2014大众最喜爱的50种图书”，13种入选国家出版基金项目，13种入选国家新闻出版广电总局首届中华优秀传统文化普及图书，18种入选第五届中华优秀出版物奖，以上均名列全国第一。入选《人民日报》微博“20种好书”、《光明日报》“光明书榜”、《中华读书报》“十佳好书”、腾讯·商报“华文好书”等重要年度榜单，入选数名列第一；进入已公布的全国34个榜单157种次，总数位居全国第一。三种期刊入选国家新闻出版广电总局年度“百强报刊”，七种期刊入选年度“中国最美期刊”；荣获中国（武汉）期刊交易博览会17项荣誉，同比增长142%。《抗日战争》《群山之巅》《火印》《孩子：挑战》等七种新书年销量突破10万册；《围城》、哈利·波特系列、《古代汉语常用字字典》等一批常销书当年销量超过30万册；《我们误判了中国：西方政要智囊重构对华认知》《一带一路：全球发展的中国逻辑》《智能：互联网时代的文化疆域》等话题书成为社会热点。中央电视台《新闻联播》《人民日报》《光明日报》等中央主流媒体报道集团公司总数位居行业第一，中国出版集团公司总部、人民文学出版社、商务印书馆、中华书局、生活·读书·新知三联书店、《三联生活周刊》的微信多次位居“全国出版新媒体影响力排行榜”第一。

四是服务“一带一路”，推动中华文化“走出去”。举办首届“一带一路”主题论坛，与阿拉伯出版商协会签署战略合作协议。第22届北京国际图书博览会邀请阿拉伯联合酋长国作为主宾国，中国出版集团公司50%的版权输出“一带一路”国家。《普什图语汉语词典》作者荣获阿富汗总统颁发的杰出贡献勋章，《中华文明的核心价值观》输出俄语、哈萨克语、吉尔吉斯语等11个语种，《丝路文库》出版八种阿拉伯经典。

荣获第44届伦敦书展“国际出版卓越贡献主席大奖”和三个提名奖，获奖数量位居全球第一。第22届北京国际图书博览会吸引82个国家和地区的2302家参展商，参展规模位居全球第二。荣获“2015中国图书对外推广计划”综合排名第一，版权输出实现8%增长。中国图书进出口（集团）总公司圆满承办中非媒体领袖峰会，获得国务院新闻办公室主要领导表扬。与学习出版社合作首发了九个语种的《百年潮·中国梦》影像产品，与杜克、夏威夷、剑桥大学等出版社签署了《中国近现代经典文库》（英文版）战略合作协议。

（二）顶住压力，攻坚克难，巩固经济实力

一是主业增长比较强劲，经济总体稳中有升。2015年中国出版集团公司资产总额为179亿元，增幅18.22%；所有者权益93.79亿元，增幅35.75%；营业总收入90.99亿元，增幅2.62%；利润总额9.24亿元，降幅3.01%。其中，中国出版传媒股份有限公司资产总额为85.19亿元，增幅12.58%；所有者权益45.35亿元，增幅19.16%；营业收入41亿元，增幅18.30%；利润总额6.79亿元，增幅29.08%。

这组数据表明：第一，出版主业保持了比较强劲的增长势头，营业收入和利润总额大幅超越“双八”指标。第二，由于其他经营遭遇宏观经济下行的巨大压力，特别是艺术品经营和大文化贸易下滑明显，中国出版集团公司整体没有实现“双八”增长，但依然顶住了压力，基本实现了稳中有升。

出版主业的强劲增长，得益于我们始终坚持挺拔主业不动摇，坚持“更加专业化”的发展道路不动摇。一方面，各单位加强内容创新，打造畅销精品。如人民文学出版社的《抗日战争》半年内发行近15万套，销售码洋达3500万元；商务印书馆的《新华字典》顶住市场激烈竞争，基本守住了份额；中版教材有限公司在班子变动和市场变化的复杂情况下，将产品推广到28个省，收入同比增长8.2%，利润同比增长13.8%，人均创利220万元。一批年销量超过10万册的常销书发挥了骨干作用，“内容为王、品质至上”的出版铁律再次彰显。《三联生活周刊》在纸媒大幅下滑的行业形势下保持了经营稳定。另一方面，中国出版集团公司加强了营销统筹，设立市场营销部，召开首届营销大会，启动了“中版好书百店千柜工程”，并在深圳、徐州、昆明、宁波等八个城市的重要书城落地，强化了对二三线城市销售渠道的监控。各单位积极组织了“纪念哈利·波特出版15周年”“阅读成长计划”“一社十六店战略合作”“钢琴之旅教程培训”等特色营销活动。一个由集团公司总部统筹谋划、所属单位共同发力的新的营销格局正在形成。

经济总体的稳中有升，还得益于大家在严峻的挑战面前，积极应对，开拓进取。分拆后的中国对外翻译公司依托新技术，探索“互联网+”的新型营销方式，营业收入和利润总额双超分拆前的中国对外翻译出版公司水平。中国图书进出口（集团）总公司在大文化贸易遭遇寒冬的情况下，咬住书报刊进出口业务，开拓新业态，布局新市场，利润逆势上扬，首次在21世纪以来跨过亿元台阶。荣宝斋在艺术品市场惨淡低迷情况下，探索品牌经营和多元化发展，开设南京、桂林两市拍卖公司，拓展艺术品质押融资和电商业务，开辟新的增长点。新华书店总店在消化处理历史遗留问题的基础上，开拓新业务，开发盘活实体资产，实现了营业收入较大增长和利润成倍增长。

2015年，营业收入净增加额排名前十位的单位是：北京中版联印刷物资有限公司、中国对外翻译有限公司、商务印书馆、中版教材有限公司、中国大百科全书出版社、中华书局、生活·读书·新知三联书店、人民文学出版社、北京新华印刷有限公司、人民音乐出版社。利润总额净增加额排名前十位的单位是：商务印书馆、中国图书进出口（集团）总公司、中华书局、东方出版中心、生活·读书·新知三联书店、中版教材有限公司、华文出版社、中国对外翻译有限公司、世界图书出版公司、人民音乐出版社。

回顾2015年6月，在时间过半、营业收入完成不到三分之一、利润完成不到四分之一的严峻形势下，中国出版集团公司领导班子果断采取了系列措施，明确要求中国出版集团公司上下立即行动起来，坚决止住经济大幅度下滑的态势。全年的经营成果表明，在困难和挑战面前，全集团上下一心、团结一致，各单位攻坚克难、开拓进取，展示了中版人的精神，体现了中版人的担当，彰显了中版人的品格！

二是股改上市取得突破，资源配置不断优化。经过近六年持续努力，中国出版传媒股份有限公司完成了上市申报，进入模拟上市公司新阶段；中国对外翻译有限公司完成机构分立，荣宝斋股改方案正在多方论证，中国出版集团公司登陆资本市场“一大二小”的格局初现端倪。资金集中管理成效显著，全年净收益1.2亿元，向所属公司放贷4.78亿元，节约财务费用1010万元。纸张整合销售收入5.62亿元，中国出版集团公司外收入同比增长71%。印务整合初见成效，北京新华印刷有限公司承接的中国出版集团公司内业务同比增长65%。人民文学出版社成功重组知名民企上海九久读书人文化实业有限公司，增强了中国出版集团公司在全国文学市场的品牌竞争力。中国出版创意中心在国家政策调整的背景下，通过了国家机关事务管理局审批，新的规划设计正在按程序推进。中国大百科全书出版社“编辑能力建设”项目、中国美术出版总社美术出版大厦基本完成；荣宝斋顺义产业园顺利奠基；新华联合物流中心项目基地建设接近收尾，物流整合正式启动。

三是数字化收入不断提高，重点项目有序推进。中国出版集团公司数字化收入达到8.77亿元，同比增长30.74%，新的数字出版业态正在孕育。“中华经典古籍库”“百种精品工具书”数据库等一些重点项目，依托优质内容资源、专业研发团队和新技术的有机融合，取得了明显的社会效益和可期待的经济效益，内容数字化正在酝酿新的突破。《中国大百科全书》第三版网络版、“易阅通”“华音”“译云”“影像中国”、大佳网等一批特色平台积极推进，传播数字化正在酝酿新的突破。“译云”的智能翻译日均访问量达3000万次，覆盖32个语种，在全球首创直播视频同步字幕翻译技术；“诗词中国”项目，打造了一个即时交互的创作、交流、传播多功能移动终端平台；中版集团数字传媒有限公司成功举办首届“海峡两岸原创文学创作大赛”，集聚了一批品质较好的网络原创作品资源；翻译业务数字化和“自出版”也正在酝酿新的突破。同时，经过国内外调研，进一步明确了报刊融合发展的思路、重点和举措，《三联生活周刊》的数字转型呼之欲出。

（三）狠抓党建，强化激励，做实改革管理

一是坚决落实“两个责任”，扎实开展“三严三实”专题教育活动。深入学习贯彻习近平总书记系列重要讲话精神，坚决贯彻落实中央各项决策部署。认真贯彻全面从严治党要求，严守党的政治纪律和政治规矩，制定了《党组工作规则》《巡视工作实施办法（试行）》《“两个责任”实施办法》《向纪检组报告工作事项实施办法》等制度，坚持责任逐级下沉，严控风险点，进一步增强了依法治企、依规办事意识。认真开展“三严三实”专题教育活动，集团公司和所属各单位领导班子成员带头讲党课，召开民主生活会，进一步转变了工作作风。召开中国出版集团公司第三次党代表大会，选举产生了中国出版集团公司新一届直属机关党委、纪委领导班子，基本完成了各单位党组织换届选举，进一步加强了党组织建设。

二是干部人才队伍建设整体加强。出台《中国出版集团公司领导干部选拔任用暂行办法》，及时调整补充21家单位领导班子，任免46人次，实现了班子的正常交替；完成12家单位党委纪委换届，任免28人次，为落实从严治党要求配齐配强了队伍。年度考核87名领导干部，启动第二批后备干部遴选工作，补充第二批“三个一百”人才66人。中国出版集团公司网络培训学院正式启动，人力资源信息管理系统覆盖6000多人。49名老同志荣获抗战纪念勋章，加强老干部服务保障工作。认真做好“一报告两评议”、个人有关事项报告及审核、干部档案审核、因私出国（境）证件专项治理、“裸官”清理等干部监督工作，切实做到“凡进必审”“凡转必审”“凡提必审”“凡任必审”。

三是分配激励重点更加突出。根据国家最新政策及集团公司发展实际，修订了《“双效”业绩考核办法》《特别奖励办法》，考核激励工作进一步科学化。举办了首届编辑大会，表彰了40位上榜图书编辑。制定了《强化编辑和营销人员激励的指导意见》，加大了对骨干编辑营销人员的奖励力度。出台了《专业人才引进补贴管理办法》，为引进紧缺人才增强了待遇保障。

四是企业文化建设有声有色。中国出版集团公司首届职工运动会吸引了3000多名干部职工参加，展示了中版人的团队精神和拼搏意志。“香山论坛”主题活动、“书香青年”系列活动、“青年创新圆梦计划”，绽放了中版人的创新意识和青春活力。积极发挥职代会作用，企业民主管理水平不断提升；开展了职工之家活动和职工素质建设工程，服务职工水平不断提升。荣宝斋荣获“第四届全国文明单位”称号，中华书局工会荣获“全国模范职工之家”称号，中版教材有限公司荣获“全国青年文明号”称号，为中国出版集团公司赢得了荣誉。切实履行社会责任，选派干部赴青海对口扶贫，向新疆、西藏、山西、湖南、东海舰队等自治区、省、地区或单位捐赠图书数十万册。

与此同时，中国出版集团公司有关“十三五”规划的制定工作早已启动。经过半年的时间，中国出版集团公司上下群策群力，集思广益，目前已经基本制定完毕，待“十三五”国家文化发展规划和国家新闻出版广电总局出版规划颁布并对表后正式发布。

2015年应对形势不易，努力奋斗不易，取得的成绩也十分不易，为集团公司“十二五”胜利收官画上了较为圆满的句号。

回顾“十二五”，集团公司的出版主业不断

壮大，文化影响日益扩大，国家队“当先锋、扛大梁”的文化引领作用显著增强。国家级大奖获奖总数从“十一五”的111项增加到“十二五”的137项，增长23.42％；版权输出从“十一五”的1044项增加到“十二五”的3338项，增长近220％。年销售10万册以上的图书，从2011年48种上升到2015年82种，增长70.83％。中国出版集团公司在“五个一工程”奖、中国出版政府奖、“中国好书”榜、全国图书零售市场占有率等12项重要出版指标上位居全国第一。5年间，中国出版集团公司连续入选“全国文化企业30强”，排位从全国第8位跃居前4位；连续3年入选“全球出版业50强”，位居全球第15位；连续2年入选“亚洲品牌500强”，由第396位上升到第331位。文化影响由产品延伸到企业，由业内扩大到业外，由国内传播到海外，更好地履行了“文以载道”的国家使命和文化担当。

回顾“十二五”，集团公司的资产总额和销售收入双双翻番有余，利润总额逼近翻两番，综合经济实力显著增强。与“十一五”末期相比，资产总额、销售收入和利润总额的年均增长率分别达到17.97％、14.10％、25.91％。完善了导向把关、内容生产、市场营销、经营管理等各项制度，强化了指标管理体系，设立了出版和经营特别贡献奖，启动了资金集中管理，优化了内部资源配置，加强了出版主业的兼并重组，建成了编印发一体化的出版产业链，加快了重点企业、重点部位的媒体融合，实现了重点板块、重大工程的建设突破。集团公司的出版、进出口、艺术品三大板块茁壮成长，在业内形成了较强的领先优势和影响力，增长模式由产品型、经营型增长延伸到资本型、战略型增长，更好地体现了“商以传道”的企业精神和经济实力。

回顾“十二五”，集团公司加大改革力度，提高创新能力，企业治理能力现代化水平显著增强。认真落实中央巡视组和中央督导组的整改要求，加强了各级领导班子建设，普遍推动竞争上岗，以德为先、德才并举、五湖四海的选人用人格局逐步形成。中国出版集团公司党组管理的干部达125人，比中国出版集团公司成立之初增长近一倍；调整任免干部196人次，涉及25个单位、12个部门，覆盖全部14个成员单位；公开选拔了103名后备干部和300名“三个一百人才”。坚持了薪酬与绩效挂钩的激励原则，奖优罚劣、奖勤罚懒的分配格局逐步形成。累计培训3000多人次，建立了多层次、多主题、涵盖国内外的教育培训体系，结合实际、学以致用的学习格局逐步形成。搭建了以党的建设为核心、以廉政建设为保障、以各类活动为主体的企业文化建设新格局，风清气正、崇廉尚实的气象氛围逐步形成。运营机制由独资企业到股份公司再到准上市公司，发展动力由生产要素的单一驱动转变为资源、人才、品牌、技术、资本的聚合驱动，一套符合现代企业运营的体制机制框架逐步形成，更好地彰显了“创新弘道”的改革意识和企业文化。

一句话，通过“十二五”的奋斗，中国出版集团公司越来越成为国际出版业聚焦的中国出版标志，越来越接近“国际著名出版集团”的战略定位，为实现“三化目标”奠定了坚实基础。这是中国出版集团公司历届、各级领导班子和广大干部员工持续进取、励精图治、同心同德、共同奋斗的结果。在此，我代表中国出版集团公司领导班子向大家表示衷心的祝贺、由衷的感谢和深深的敬意！

回顾这五年不平凡的发展历程，我们有六点突出体会：一是坚持落实中央精神不动摇。我们将中央精神转化为治企之道，将中国出版集团公司实际当作治企之本，在两者的结合中转变了思想观念，激发了奋斗动力。二是坚持战略引领不动摇。以“三化目标”扛举理想之旗，以“六大战略”汇聚群英之力，初步探索出一条具有中版特色的发展道路。三是坚持专业化发展不动摇。立足主业出好书，根植内容强品质，务专而不旁骛，求大而不贪大。四是坚持各单位自主经营不动摇。尊重生产主体的独立法人地位，尊重企业品牌的独特文化禀赋，在整体性目标中强化差异性活力，在集团化运作中支持个性化发展。五是坚持体制机制创新不动摇。始终向改革要红利，向创新要动力，将文化引领和市场运营相结合，努力构建文化特色的现代企业制度。六是坚持班子和队伍建设不动摇。坚持政治强、担当好，人品强、廉洁好，能力强、业绩好的选人用人标准，重视领军人才，更重视团队效能；重视得其时、得其位，更重视得其用、得其为。“十二五”的发展实践使我们深深感受到：坚守正道，担当使命，文化为魂，产业为体至关重要；明确战略，统一意志，争时争位，重点突破至关重要；围绕大局，精诚团结，和合有为，器局格局至关重要；创新创优，求实笃实，贵在精神，人心思进至关重要。这 64 个字，既是回顾以往的理性思考，也是我们各级领导干部和广大员工共同创造的宝贵精神财富。

回顾五年不平凡的发展历程，必须善于抓住存在的主要问题：一是内容创新的持续能力有待提高，特别是对时代主题、当代话题要增强敏锐性和把控力，努力形成当代的文化影响。二是数字出版的创新能力有待提高，特别是适应和支撑新技术发展的体制机制创新要加大力度，努力形成数字出版的新业态。三是企业化集团化的运营能力有待提高，特别是市场方式、绩效水平、开放意识、竞争能力有待加强，集团化的整合和引领作用亟待加强。四是产业发展开拓能力有待提高，特别是产业板块尚需适度多元，经济增长点尚需着重培育，中国出版集团公司的总体经济实力尚需重点提升。五是人才脱颖而出的制度性选用能力有待提高，特别是经营管理人才、数字化国际化人才、策划编辑营销人才还不能完全适应集团发展的需要。六是以党建为核心、有效加强企业文化建设的能力有待提高，特别是“两个责任”和反腐倡廉的真正落实还有许多工作要做。对此，我们要始终充满“忧患意识”，以问题为导向，以常抓不懈、久久为功的坚定意志逐一加以破解。

二、明确“三六构想”新的战略重点

深化集团“十三五”时期的发展思路

未来五年，是我们建成“国际著名出版集团”的决战期。为此，我们首先要认真学习贯彻好党的十八届五中全会精神，将“创新、协调、绿色、开放、共享”五大发展理念作为行动指南；其次要准确研判国内外出版大势，将其作为决策参考；同时还要透彻分析中国出版集团公司现状，将自身优势和短板作为现实的发力点。“三化目标”、“六大战略”，经受了“十二五”发展的实践检验。现在看来，“三六构想”对“十三五”仍然具有战略统领和战略指导的意义。但是，也应该看到，宏观经济形势不同了，我们的经济规模不同了，出版业强弱分化的趋势更加明显了。客观上看，我们已处在一个新的发展阶段。经中国出版集团公司领导班子研究决定，我们应该明确将“调速度、调结构、强导向、强质量、强动力、强党建”作为“十三五”期间深化“三六构想”新的战略重点。

“两调四强”，体现了中国出版集团公司作为政治组织、文化组织和企业组织的基本特点，贯穿了将社会效益放在首位、两个效益相互统一的基本原则，涵盖了做大文化影响、做强经济实力、做实改革管理的基本理念。它的基本逻辑是，通过“调速度、调结构”，更好地实现“强导向、强质量、强动力、强党建”。它的基本目标是，实现发展方式从规模扩张型向规模和质量效益结合型转变，从资源发展型向资源和创新驱动结合型转变，从速度增长型向速度和协调发展结合型转变，最终实现中国出版集团公司产业从“又快又好”向“又好又快”的协调、可持续发展的转变。

这样的思考是建立在对形势研判基础之上的。从宏观经济形势来看，全球经济尚处于疲软复苏期，我国经济增长将经历 L 型状态，中央提出要准备打持久战；从行业趋势来看，全球出版市场基本稳定，我国出版市场增长较快，但产业竞争日益激烈、原创精品总体较少；从中国出版集团公司过去五年的特点来看，在历史禀赋与专业能力的驱动下，出版主业始终保持较为强劲的增长势头，但持续发展的动能不足，而且由于我们产业板块的相对单一，中国出版集团公司经济整体抗风险的能力面临越来越明显的压力。

察形观势、见微知著是我们把握自身发展命

运的基本前提。中国出版集团公司是一个有着自己历史命运的集团，它的“命”就是文化使命。这个“命”既是既定的，又是变化和发展的。这就决定于我们“运”的过程和怎样的“运”。我们既要顺应时势，又要看到自己本身就是形势的一部分，我们的“形”和“势”最终是自己走出来的，我们的“命”主要是自己“运”出来的。把握中国出版集团公司发展命运的核心，就是要十分明确“十三五”期间改革、发展和创新的基本思路，明确中国出版集团公司继续推进“三六构想”的战略重点。“两调四强”正是对这一问题的集中思考和重大揭示。

调速度，是深化“三六构想”的重要条件。速度就是指标。指标既是企业发展的指向，也是它的标高，对于企业发展具有十分重要的意义。“十二五”之初，我们中国出版集团公司是从四十多亿元的经济盘子起步的，这个规模显然与我们的内容资源、人才资源和品牌资源的积累极不相称。“十二五”以来，我们保持了持续高速增长，现在的营业收入已经连续两年稳定地超过了90亿元。一方面，原有的动能在减弱，新的动能尚未培育起来；另一方面，在有了一定的经济规模，持续了数年的高速增长之后，我们应该看到经济发展是有规律的。所谓“企者不立，跨者不行”，正是对这一规律的深刻洞见。为此，我们将中国出版集团公司的发展速度调整为年增6.5%～8%这个有一定弹性的区间，既和国家宏观经济走势相适应，也和2015年确定的8%的指标相衔接。

调速度的基本思想是好字当头、快字随后，基本原则是因企而异、因时而变、能快则快，基本目标是调结构、强质量、强导向，基本方法是扩常销、推畅销、提高单品种效益。需要注意的是，调速度应在保持已有规模基础上的适度增长，而不是放弃经济指标的带动作用。从过去出版产业逆势上扬和2015年中国出版传媒股份有限公司比较强劲增长的情况看，多数出版单位保持中高速增长，经过努力是完全可以做到的。对于中国出版集团公司整体而言，保规模、中高速应该是经济工作的基本追求。

调结构，是深化“三六构想”的主攻方向。金刚石和石墨的构成元素都是碳原子，由于结构不同，两者的硬度也就有了天壤之别。同样资源禀赋的企业组织，由于要素性的结构不同，它们的竞争力也会大大不同。经济结构反映着生产要素配置的比例关系，影响着企业竞争的核心优势，决定着经济增长的质量效益。出版产业供给侧结构性改革的发力点，就是重在推进结构调整，减少无效和低端供给，扩大有效和中高端供给，增强供给结构对需求变化的适应性和灵活性，提高全要素生产率。

对集团公司而言，产品结构是关键，市场结构是基础，投资结构是引擎，产业结构是重点，人才结构是核心。经济结构调得好，效益向上升，风险往下降，反之则亦然。这就要求我们：在扩大现有优势板块的基础上，做大做强新兴产品板块；在巩固现有渠道的基础上，增强线上线下的市场竞争能力；在抓好常规经营管理的基础上，发挥重大项目的战略性增长作用；在中国出版传媒股份有限公司增强专业化发展优势、持续做大文化影响的基础上，中国出版集团公司要积极探索适度多元，培育新的经济板块；在壮大优秀编辑营销管理团队的基础上，要努力建设新领域、新实体、新经济的运作团队。

强导向，是深化“三六构想”的根本追求。习近平总书记强调，无论改什么、怎么改，导向不能改，阵地不能丢。刘云山同志指出，坚持正确政治方向是灵魂和生命线，是第一位的要求。这就要求我们，要始终坚持正确出版方向，增强政治意识，树立看齐观念，坚决与党中央保持高度一致；这就要求我们，要认真落实意识形态工作责任制，“装好闸门再放水”“装好制动再上路”，切实守好出版阵地；这就要求我们，要坚持以人民为中心的工作导向，弘扬主旋律，提振精气神，传播正能量。

导向的维度从来就不是单一的，在政治导向之外，还存在着思想的、社会的、生活的、审美的等多种维度的导向。因此，需要正确处理政治导向的一元性与社会导向多样化之间的辩证关系。导向就是话语权，就是对内容资源的把控，就是对社会群体的影响，就是一代人在出版史上烙下的痕迹。这就要求我们的内容创新，要敏锐地关注时代的话题，而不是游离于时代大潮之外；要有力地回答现实的声音，而不是沉溺于象牙塔之中；要更好地承担我们这代人的历史文化责任，而不是满足于已有成绩。

强质量，是深化“三六构想”的核心指向。导向是横轴，质量是纵标；导向代表方向，质量代表高度。出版质量绝不仅仅是一个技术问题，更是一个具有文化深度与价值高度的境界问题。强出版质量，就是要强出版主业、强内容创新、强文化影响。这就要求我们站在时代的前沿，站在历史的深处，攀登文化的高峰，打造影响当代、传诸未来的时代精品。

这就意味着，我们的选题立意，要更加注重传播时代的真理，引领变革的潮流，推动思想的进步；我们的选题触角，要更加注重敏锐发现生活的新知，积极探索世界的新物，健康引领社会的新风；我们的选题品质，要更加注重激发昂扬的力量，锻造美丽的灵魂，提升当代中国人的精神生活品质。把握了导向就是把握了时代话题，提升了质量就是在时代话题中提升了思想的、文化的、价值的高度。

强动力，是深化“三六构想”的关键举措。动力的先导，是解放思想；动力的关键，是制度创新；动力的要害，是促进内容与市场、内容与科技、内容与资本、内容与产业的融合；动力的重点，是激发内容创新能力、经济增长能力、产业拓展能力和国际传播能力；而动力的核心，是以人为本，是尊重人、关心人、培养人、激发人、造就人。

对我们而言，强动力就是要着力构建促进中国出版集团公司产业科学有序发展的动力系统。一是强化精神性动力，就是要强化服务大局的政治责任感、以文化人的文化使命感，保持引领潮流的敏锐眼光和创造新知的思想活力。二是强化科技性动力，就是要尽快建成具有战略引领性、经济拉动力的新兴业态，实现传统出版与新兴出版的一体发展和共生共荣。三是强化资本性动力，就是要以资本的长剑切割市场版图，以资本的力量增强经济实力。四是强化管理性动力，就是要以集团化加快内部资源的有效整合，以总部建设带动各单位的企业治理水平提升。五是强化制度性动力，就是要深化生产、经营、投资、管理、人事和分配等关键领域的改革，努力完善具有文化特色的现代企业制度，激发人才干事创业的奋斗热情，增强企业持续发展的制度竞争力。

强党建，是深化“三六构想”的政治保障。在现代企业组织中，党建工作仍然是我们重要的政治优势，是国有企业健康良性发展的内在要求，是企业文化建设的核心和灵魂。党建工作的根本在于正人心、聚人气、合人力，为企业的长治久安、基业长青提供强大的思想、政治和组织保障。党的建设包括思想建设、组织建设、作风建设、反腐倡廉建设和制度建设。这就需要我们，在思想上坚定理想信念，补好精神之“钙”；在组织上科学选人用人，增强企业凝聚力战斗力；在作风上严于修身律己，强化干净创业、清爽干事的意识；在反腐倡廉上全面从严治党，营造企业良好政治生态；在制度上严明纪律规矩，提高依法依规治企的能力。

对我们而言，当前要严格按照中央要求，坚决落实党风廉政建设的主体责任和监督责任。各级党组织要落实好组织领导、队伍建设、正风肃纪、规范权力、支持保障、示范表率责任，各级纪检组织要准确运用“四种形态”，发挥好监督、执纪、问责作用。同时，各级群团组织要积极建设具有集团特色的企业文化，凝聚企业发展的思想动力。

“两调四强”是立足“十三五”深化“三六构想”的初步考虑，既需要同志们高度重视，把握关键，认真落实，也需要大家在改革发展的实践中不断总结，不断探索，不断加以丰富和完善。

三、2016 年工作重点

2016 年中国出版集团公司既要为“十三五”开好局，又要为决战“国际著名出版集团”起好步。2016 年工作成效如何，将直接影响到“十三五”时期的整体表现。

做好“十三五”工作的基本遵循是：认真学习贯彻党的十八大和十八届三中、四中、五中全会精神，认真学习贯彻习近平总书记系列重要讲话精神，认真学习贯彻中央各项重要决策部署，认真学习贯彻中央领导同志重要指示精神。

做好“十三五”工作的基本思路是：按照“调速度、调结构、强导向、强质量、强动力、强党建”的战略重点，打造“三六构想”升级版，用五年左右的时间，努力建成“国际著名出版集团”。

2016年工作的基本任务是：以坚持社会效益第一、社会效益和经济效益相统一、内容创新和品质至上并举为前提，不断做大海内外文化影响力；以加强党的建设和强化“两个责任”为保障，不断激发改革创新的澎湃动力；以调整速度、优化结构、创新机制、增强动力为抓手，实现集团“又好又快”发展，不断增强总体实力，提高发展质量。

2016年工作的指导性指标是：年度营业收入和利润同比增长6.5%～8%。

2016年，中国出版集团公司要着力做好以下三个方面的工作：

（一）以强导向强质量为中心，创新内容生产，努力开创出版主业新局面

总的思路是：重导向，强重点，推畅销，升效率，抓营销，减库存；在确保导向安全、做大文化贡献的前提下，调整出版结构，进一步以企业化方式做出版，以市场化方式做内容，以商业化方式做传播。

一是强化导向管理，促进主题出版与重大项目比翼齐飞。认真学习贯彻习近平总书记8·19重要讲话和在文艺工作座谈会上的重要讲话精神、刘云山同志在全国宣传部长会议上的重要讲话精神、刘奇葆同志关于“三个第一位”的重要指示，落实中央制定的党委意识形态工作责任制，强化总裁办公会、党组会专议导向制度，强化导向管理的十二项机制，召开中国出版集团公司重大选题论证会，加大导向管理培训力度。建立内部质量通报制度，确保出版物质量合格。围绕“一带一路”、建党95周年、长征胜利80周年等重大主题，深入研讨主题出版，加大资金精准投放，策划一流原创精品，做强做优主题出版，努力形成主题出版学术化、大众化的风格。

加快推进《中国大百科全书》第三版、“二十四史及清史稿修订”、《中国国际战略丛书》《中国文化丛书》等重点项目，做好“十二五”重大项目的收尾和“十三五”重点项目的启动。提高重大项目的设计、申报和执行能力，力争在各类国家级项目申报中名列前茅。

二是优化出版结构，推动内容创新。坚持“以人民为中心”的出版理念，在基本保持现有出版规模的基础上，创新内容供给，提高选题品质，精准开发，精准营销。巩固工具书等传统板块，扩大强力优势和边际效益；做大做强文学、少儿和经管新兴战略板块，逐步形成单品突出、整体领先的新格局。调整专业书与大众书、畅销书与常销书、新版书与重印书比例，控制丛书、套书、全集等大部头项目出版节奏，压缩平庸低效图书占比，提升单品种创利能力。设立500万元专项基金，支持获取优质版权和畅销书。加强库存监测考核，把控库存率和退货率，确保出版主业“体检健康”。

三是创新经营机制，提升出版效益。品牌社要借鉴同行先进经验，按照“权力下放、责任下沉、动力上升、效益上涨”的原则，立足开发畅销书、热点书，划小生产经营核算单位，探索扁平化、开放式组织结构，激发优秀编辑和团队的创造活力。有条件的品牌单位要按照“补短板、扩资源、重实效、强影响”的原则，提高分支机构运营水平，推动品牌扩张。总结重组上海九久读书人文化实业有限公司的经验，按照吸纳“优质资源、优秀团队、优异企业”的原则，兼并重组民营出版企业。报刊工作要分类指导，以《三联生活周刊》为龙头，推进有条件的报刊实现实体化运营；以品牌报刊为重点，促进报刊资源优化配置，适时召开集团报刊大会，迈出报刊改革实质性步伐。要落实中国出版集团公司加强编辑营销人员奖励的办法，确保过程公开，结果公平，进一步发挥骨干人员“中流砥柱”的作用。健全“双效”业绩考核体系，发挥指标管控作用。

四是创新营销模式，提升文化影响力。充分发挥两个积极性，中国出版集团公司层面加强统筹，成员单位协同发力，做开、做深、做实实体渠道，做大、做强、做精网络渠道，做活、做响、做透媒体渠道。加强与重点经销商合作，推动“百店千柜工程”落户十个新地区，办好中版馆配会，强化对重点门店的销售监控，统一聘用市场信息员，不断提高上架率。加强与三大电商合作，设立集团公司专区，提高网店销量，谋求整体议价权，规范不合理行为。加强三联韬奋24小时书店等自有书店的升级与扩张。探索与优质民营渠道商进行资本合作。抓住热点、名家、事件、节庆等主题，借力权威、主流和新兴媒体，策划有影响、有震动、有效果的宣传促销活动。

五是做响集团品牌，提高国际传播力。与伦敦书展合作，办好莎士比亚和汤显祖逝世400周年纪念活动，落实习主席访英提出的重大文化交流倡议；与法兰克福书展合作，在CEO Talk讲坛上发出中国出版声音。以“一带一路”为主题，办好北京国际图书博览会（BIBF）“东欧十六国”主宾国活动，组织“故事驱动”大会，创办有关学术期刊。扩大《中华文明的核心价值》多语种输出，翻译出版“中国近现代文化经典文库”“中国企业家系列”“中印经典和当代作品互译出版项目”、英国泰晤士和哈德逊合作项目的第一批图书，扩大中华文化在国际主流文化圈的影响力。推动“中国近现代文化经典文库”在国际上进大学、进智库、进图书馆，加强中国图书进出口（集团）总公司分支机构、中国出版东贩股份有限公司等海外实体机构建设，加强“易阅通”平台的数字化输出功能，探索进入巴诺书店、亚马逊网络书店等海外零售渠道。

（二）以调结构强实力为中心，创新发展方式，努力开创产业经营新局面

总的思路是：明确以导向为核心、以财务为中心的集团化管控模式，明确以出版资源为核心的文化产业投资方向，明确以媒体融合为方向的战略发展重点，明确以兼并重组为主导的规模化发展路径，明确以资源有效整合为重点的集约化发展方式。

一是打造数字新业态。颁布《中国出版集团公司传统出版与新兴出版融合发展“十三五”规划》，创新体制机制，建设复合型团队，推动融合发展。在大众出版领域，要以海峡两岸原创文学大赛为基础，集聚优质全版权资源，探索立体运营模式。在专业出版领域，要以重点项目为核心，提高商业运营收益，增强新兴业态的牵引拉动作用。“易阅通”要加快建成中国最大的数字内容进出口平台，“译云”要加快建成中国第一的智能语言服务平台，《中国大百科全书》第三版网络版要加速推进，中国音乐数字出版与发行平台要加快上线；“中华经典古籍库”“商务工具书平台”“荣宝斋在线”等，要加强市场开拓，实现效益新突破。

二是打造上市新公司。要以更加积极严谨的工作作风和理性冷静的心态，做好中国出版传媒股份有限公司上市前各项工作，完善法人治理结构，履行“三会”职责，提升内控质量，加强募投项目建设和管理，努力将中国出版传媒股份有限公司打造成运行规范、运转协调的优质上市公司，进一步构建文化特色的现代企业制度。推动中译语通公司的B轮融资上市和荣宝斋的股改取得新进展，研究探索有条件企业登陆资本市场的新路径。

三是打造共享新平台。优化配置内部资源，努力打造公开透明、接轨市场、增强效益的共享平台。完善纸张印务整合平台，降低生产成本，提高集约效益；建设物流、信息流整合平台，降低发行成本，实现出版物内外联通。加强资金集中管理，模拟运行财务公司，提高收益和效率。加强土地资源的统筹、开发和利用，“中国出版创意中心”要在年内融入首都功能圈规划中取得实质性进展；荣宝斋顺义、蓟县项目要提速推进；中国图书进出口（集团）总公司通州、广州、西安项目要加快启动。

四是打造产业新格局。明确“以出版为核心的文化产业集团”的总定位，积极探索适度多元经营。扩大出版、进出口、艺术品等传统板块的领先优势，增强翻译、数字化、纸张印务等新兴

板块的竞争优势，培育物流、物业、金融等新兴产业增长点。以内容资源为根脉，探索在影视、教育等领域的布局与发展；以品牌资源为依托，吸纳社会资本参与新领域、新板块、新业务的经营与拓展。

五是打造管控新模式。依法依规实施高效有序的分层管控。加强总部本部建设，建设学习型、研究型组织；颁布权力清单和责任清单，既管住风险，又激发活力，探索放管结合、文化特色的现代企业管控模式；推动财务管理由核算型向经营型、专项资金由补贴型向效益型两个转变，全面实施零基预算，增强重大项目的经济拉动作用，提高全集团的投资运营能力；管控经营风险，保障安全生产。

（三）以强党建强动力为中心，推进企业文化建设，努力开创人才强企新局面

总的思路是：深入贯彻中央精神，落实从严治党要求，强化“两个责任”“两个建设”“两项制度”和“五种意识”，激发全集团干事创业的澎湃动力。

一是强化“两个责任”，为改革创新提供政治保障和思想动力。深入学习贯彻习近平总书记系列重要讲话精神，强化中国出版集团公司党组和各单位党委中心组学习，确保政治方向正确。围绕加强思想作风建设，做好“三严三实”专题教育整改工作，开展“两学一做”专题教育活动，组织“双优一先”评选表彰，举办系列专题研讨班，建立以“四型”党组织建设为重点的党建工作考核制度。围绕落实“两个责任”，强化纪检监督，把纪律放在前面，学习贯彻《准则》和《条例》；落实《中国出版集团公司巡视工作实施办法》，开展中国出版集团公司首轮巡视，本着“抓早又抓小、严管即厚爱”的原则，运用监督执纪“四种形态”，对守纪不严、履责不力的单位和党员干部进行严肃问责，为企业发展凝聚拒腐防变、清朗明净的正能量，确保各项事业健康发展、长治久安。

二是强化领导班子、骨干人才两支队伍建设，为改革创新提供人才动力。落实《中国出版集团公司领导干部选拔任用暂行办法》，优化各单位班子能力、年龄、气质和素养结构，提升班子整体效能；完善领导班子和领导干部年度综合考核制，强化考核结果应用，加强提醒、函询和诫勉等日常监督；贯彻中央《推进领导干部能上能下若干规定（试行）》，推动干部能上能下取得突破。完成第二批后备干部选拔，建立中长期培养人才库，加强“三个一百”人才培养，建立跟踪管理制度，通过公开选拔、轮岗锻炼、外部交流、设立总监和助理职位等方式，为优秀中青年人才开辟脱颖而出、稳步培养的成长通道。

三是强化人事和分配两项制度改革，为改革创新提供制度动力。深入推进“改革30条”，激发内部创造活力。设立500万元人才专项资金，鼓励培养和引进急需紧缺型人才，探索实施职业经理人制度。推进中国出版集团公司内部干部交流，探索到外部大型企业挂职。按照“不求所有，但求所用”的原则，建立人才兼职、特聘专家、项目分红等“绿色通道”，吸引外部优秀人才服务中国出版集团公司发展。优化人才培养体系，扩大培训对象，提高课程质量，探索海外实习。健全“双效”业绩分类考核体系，细化领导班子不同职级的考核方式，探索不称职人员的退出机制，强化责、权、利相统一。完善工资总额管理，合理调控用工成本，健全职工福利体系，增强企业发展动力。中国出版集团公司设立老干部处，提高对老同志的服务保障水平。

四是强化“使命、担当、创新、学习、干净”五种意识，为改革创新提供精神动力。以“五种意识”为引领，扣紧中国出版集团公司中心工作，创新活动形式载体，建设中国出版集团公司特色企业文化。以庆祝中国共产党成立95周年为主题，开展歌咏比赛等精神文明创建活动，增强服务大局的使命意识；以“两调四强”为主题，办好第五届“香山论坛”系列活动，召开首届青年创新研讨会，激发“大众创新、万众创业”热情，增强建功立业的担当意识和应时而变的创新意识；以修业、治业、创业为主题，开展“读经典 学新知”读书实践活动，增强开卷有益的学习意识；以廉政文化为主题，开展普法教育活动，增强全员遵纪守法的干净意识。继续

加强工、青、妇、侨等群团工作，推进职工素质建设工程，开展形式多样的文体活动，汇聚众智、积聚众力、凝聚众心。

同志们，“十三五”的帷幕已经拉开，新的发展征程已经起航。我们要认真学习贯彻中央精神，以闻鸡起舞、争时争位的昂扬斗志，以锐意进取、勇于开拓的创新精神，以脚踏实地、步步为营的工作作风，为进一步深化“三六构想”，为建成“国际著名出版集团”而不懈努力！

（谭　跃）

集团公司所属单位 2016 年工作综述

人民文学出版社 2016 年工作综述

2016 年，是人民文学出版社成立 65 周年，也是各项事业稳步发展的一年。在社党委、社领导班子的带领下，全社员工积极进取，勤奋工作，出版主业稳健增长，发货码洋、销售收入均创历史新高，取得了突出的“双效”业绩。

一、社会效益

1. 获奖图书

人民文学出版社有多种图书荣获了国家级奖项，也入选了各种重点媒体的推荐书单。在第六届中华优秀出版物奖获奖图书中，《老生》荣获优秀图书奖，《杨绛全集》荣获图书提名奖。《大写西域》获国家新闻出版广电总局、全国老龄工作委员会办公室 2016 年向全国老年人推荐优秀出版物。《青苔街往事》入选国家出版广电总局向全国青少年推荐的“百种优秀图书”。《复堂师友手札菁华》《恽寿平全集》等获 2015 年度全国优秀古籍图书一等奖。在 2016 年出版的新书中，也有多种图书入选了各种媒体年度榜单，如《匿名》《大写西域》《极花》《北鸢》等入选“中国好书”月度榜单，《北鸢》入选深圳读书月 2016 年十大好书、新浪年度好书等十余个榜单，《长征》(修订版)、《茧》《独药师》《帕斯捷尔纳克传》等近 20 种图书也入选了多个媒体年度、月度好书榜单。

2. 重点图书出版情况

在主题出版方面，重点推出了纪念长征胜利 80 周年的《长征》（修订版）和《红星照耀中国》，阐述“一带一路”文化的《大写西域》等图书。2016 年是红军长征胜利 80 周年，国家新闻出版广电总局公布的五本经典图书中，人民文学出版社出版的《长征》（修订版）和《红星照耀中国》入选。《长征》（修订版）无疑是 2016 年全国长征题材最红的书，印数达 15 万套；董乐山经典译本的《红星照耀中国》，发行也达七万册以上。《大写西域》分别入选了月度“中国好书”、光明书榜、中版好书等榜单，还入围正在评选中的“2016 年大众喜爱的 50 种”图书。人民文学出版社还与中央人民广播电台合作，推出大型连播节目，有效地扩大了《大写西域》的传播范围。

在毛泽东诞辰 123 周年之际，人民文学出版社推出了毛泽东唯一嫡孙毛新宇所著的《毛泽东三兄弟》，以纪实手法、第三人称视角讲述家族传奇。推出的《金钱与抗日战争》《抗战呐喊：民国珍稀史料中的抗日战争》等图书，扩大了对抗日战争的研究，为读者提供了深入和珍贵的历史资料。2016 年也是柳青诞辰 100 周年，人民文学出版社出版了《柳青传》，这是柳青的女儿刘可风积累多年写出来的作品。此外，人民文学出版社还推出了记录中华人民共和国建立前农村老党员经历的著作《见证》；战争年代，他们有的是支前模范、妇救会会长、识字班里的姐妹，和平年代，他们一生躬耕田间，坚守信仰，本色不变。

在原创精品方面，人民文学出版社出版了多部反响强烈的知名作家以及实力青年作家的最新原创长篇小说，从年初王安忆探索人类文明存在和发展的《匿名》，黄永玉叙述抗战期间序子流浪和学习生活的《无愁河的浪荡汉子·八年》，贾平凹直视农村拐卖妇女现象的《极花》，路内描写父辈与工厂生活的《慈悲》，虹影儿童文学作品《米米朵拉》，何建明记录天津大爆炸事件的《爆炸现场》；到年中的张悦然记录八零后精神成长的《茧》，张炜探索中国人生命哲学和回首辛亥革命的《独药师》，吴亮呈现多层次上海生活的探索性文本《朝霞》，再到年底葛亮描写民国各种人物悲欢离合的《北鸢》，可以说丰富多彩、异彩纷呈。这里面不仅有传统实力派作家的作品，也有七零后、八零后青年作家的作品，它们的出版获得了较大的社会影响力和市场影响力。尤其是对路内、葛亮、张悦然等青年作家及作品的发掘和运营上，局面为之一新。

此外，人民文学出版社在原创精品方面也努力进行开拓，除长篇小说外，还出版了很多其他体裁的好书，如收录汪曾祺全部小说的《汪曾祺小说全编》，记录共和国文坛人物命运的《潮起潮落：新中国文坛沉思录》；还有刘建宏《上半场》，记录中央电视台原主持人刘建宏成长经历和生活感悟的传记图书；郭雪筠的《台北女孩看大陆》，记录中国台北女孩对大陆的种种观感。人民文学出版社还出版了很多“网络红人”的散文类作品，如《我不过无比正确的生活》《赐我理由再披甲上阵》《没有办法一直努力的人生》，这也是对人民文学出版社图书板块的拓展。

在外国文学方面，人民文学出版社重点推出了J.K.罗琳创作的超级畅销书《哈利·波特与被诅咒的孩子》，这是“哈利·波特”系列第八个故事；还有纪念莎士比亚诞辰400周年出版的《莎士比亚悲剧五种》《莎士比亚喜剧五种》，日本年轻作家阿部和重的《朱鹮》，杨绛先生生前点校的《名利场·杨绛点烦本》；还有俄罗斯作家德·贝科夫的《帕斯捷尔纳克传》，这是人民文学出版社近年来反响较大的一本引进版图书，入选了《新京报》年度十大好书等多个榜单。

在古典文学方面，出版了古籍资助项目《潘德舆全集》《二知道人集》《苏轼和陶诗编年校注》；“黄皮书”出版《在山泉诗话校笺》《文章辨体序题疏证》新品两种，《文则文章精义》出版修订本，增补了附录资料；文学史方面出版了《明代文学思潮史》；历史人物传记出版了《红尘匹马长安道：中国商人往事》《红袖添香夜读书：北宋文人往事》《吴三桂传》。此外，还出版了《清人诗集叙录》《全校会注集评聊斋志异》等。

在2016年的新书里，发货超过10万册的图书有《哈利·波特与被诅咒的孩子》《俗世奇人（足本）》《极花》《茧》4种（2015年只有《抗日战争》1种）；超过5万册的有《爆炸现场》《匿名》《上半场》《红星照耀中国》《北鸢》等五种（2015年有4种）；超过3万册的有《慈悲》《我不过无比正确的生活》《赐我理由再披甲上阵》《独药师》等4种（2015年有6种）。

在重点项目方面，人民文学出版社已出版的项目有《冯雪峰全集》《20世纪中国新诗理论史》两种“国家出版基金项目”；出版了《匿名》《慈悲》两个“中国文艺原创精品出版工程项目”；《大写西域》、“中国翻译家译丛”等多个集团出版专项资金项目；《长征》（修订版）等中国出版集团公司主题出版项目。古典文学方面国家出版基金项目出版方面，《中国少数民族文学史》五种已陆续发稿。

此外，还出版了社科基金后期资助项目《天津报刊与中国现代文学》《“娜拉”现象的中国言说》《翻译的政治：现代文坛翻译论争与文学、文化论争》《世说新语美学研究》《明代福建文学结聚与文化研究（上、下）》。

人民文学出版社在丛书套书、文集方面也出版了不少。丛书方面包括年初推出的大字本“中国传统文化经典选读”丛书15种，其中线装书五种；“蜂鸟文丛”第一辑，“21世纪年度最佳外国小说·2015”等。全集文集有《契诃夫小说全集》《高尔基全集》《毛姆文集》《马克·吐温文集》《福楼拜文集》《屠格涅夫文集》《斯特林堡文集》《席勒文集》《雨果文集》《果戈理文集》《狄更斯文集》等十余种；国内作家方面有《林斤澜文集》《孙犁全集》《史铁生作品全编》《陈忠实文集》《周大新文集》《蒋子龙文集》等。

二、经济效益

1. 市场占有率及同比

根据北京开卷信息技术有限公司公布的数据显示：2016年，人民文学出版社总体图书的市场占有率为1.14%，市场排名第16位，较2015年排名上升了六位，出版效率2.58。(2015年市场占有率0.97%，市场排名第22位，出版效率2.20）人民文学出版社在文艺图书市场占有率为3.64%，排名第五，比2015年的3.19%上升了0.45%。

年度发稿情况：2015年度新书发稿481种，重印书发稿1365种，2016年新书发稿767种，重印书发稿1496种。同比新书发稿增长59.46%，重印书发稿次数增长9.6%。新书发稿数量同比大幅增长，原因主要是人民文学出版社并购九久读书人文化实业有限公司，丰富了产品结构，提高了发稿数量。重印书发稿的数量同比持平，略有小增，常态发展。

年度出版情况：2015年新书见样书350种，2016年新书见样书610种，2015年重印书见样书564种，2016年重印书见样书536种。同比新书见样书种数上升74.29%，重印书见样书种数同比降低4.96%。2016年度新书出版品种较2015年度新书出版品种同比大幅增长的主要原因也是收购上海九久读书人文化实业有限公司，大幅提高了新书出书品种。

年度选题完成情况：2016年，图书计划选题包括月度论证的选题共计810种（不含上海九久读书人文化实业有限公司选题），截至12月初，已完成发稿482种，实现率达到59.7%，较2015年略有提高。在生产会上，特别对列入“十二五规划”项目、国家出版基金项目等国家级重点图书，以及原创、重组重点书，加大调控力度。

2. 发行情况

2016年是人民文学出版社辉煌的一年，发货码洋再创历史新高。当年的发货总码洋82766.5万，较2015年增长25.49%。截至2016年12月31日，全年清理退货总码洋为5057.12万，当年的退货率为6.11%，退货率依旧保持在10%以下。2016年发货累计超过10万册的有37种，发货码洋3.3195亿，较2015年增长较大（2015年发货超过10万册的有32种，发货码洋2.002亿)。2016年发行部全年回款31044.85万元，销售收入29694.11万。回款和销售收入均创历史新高。

三、参加会展等活动

从2016北京图书订货会到2016上海书展、2016南国书香节、第26届全国图书交易博览会，人民文学出版社积极参与，并组织了丰富多彩的各种活动。

在1月2016北京图书订货会上，人民文学出版社组织了《无愁河的浪荡汉子·八年》《慈悲》《俗世奇人》几本新书发布会，做到了开门红。

8月17～23日，人民文学出版社赴沪参加在上海展览中心举办的2016上海书展暨“书香中国”，并举办了张悦然《茧》的新书发布暨签售会、雪漠《深夜的蚕豆声》《故乡三部曲》《空空之外》签售会、吴亮《朝霞》新书首发暨签售会、安意如古典诗词赏析精装版首发式、路内《慈悲》签售会、刘建宏对谈范志毅：我社的《上半场》、王树增《长征》修订版首发式暨签售会等活动，每场活动都受到了广大书迷的追捧，反应热烈。

8月19～22日，在广州中国进出口商品交易会展馆举办的2016南国书香节暨羊城书展上，邀请美国前总统奥巴马的弟弟马克·奥巴马·狄善九，八零后作家张悦然和体育评论家刘建宏参加读者见面会暨签售会，受到了广大读者的热烈好评。

9月24～25日，人民文学出版社参加在山东济南举办的“齐鲁书香节暨2016山东书展”。9月24日，作家张炜在山东书城二楼活动区与山东师范大学学者顾广梅对谈《独药师》，与广大山东读者互动交流，并举行现场签售活动；9月25日，张悦然携新作《茧》做客山东书城，讲述自己的创作经历，并举行现场签售活动，会场气氛热烈，两场活动均取得圆满成功。

此外，人民文学出版社还与福建安溪县政府合作，在3月举办了黄永玉长篇小说《无愁河的浪荡汉子·八年》首发式暨小说插图展，召开了“黄永玉笔下的安溪——《无愁河的浪荡汉子·八年》作品研讨会”，有效地扩大了图书的社会影响力。

四、报刊工作

2016年，《当代》杂志在刊物的编辑上进行新的尝试，几乎每期都有几部亮点作品，如王刚的《喀什噶尔》、李师江的《非比寻常》、邓贤的《五百年来一大千》、郝在今《延安秘密战》等，在文坛和读者引起很大反响和好评。另外，2016年刊登的两个专辑和专栏也反响不错，其中第四期刊登的“陈忠实纪念专辑”成为作家去世后文坛第一个以专辑形式对他进行纪念的期刊。著名散文家、评论家李敬泽在2016年的《当代》上开辟了专栏“讲谈·小春秋”，第六期刊登“青年作家小说专辑”，也值得关注。

2016年，《当代》杂志的数字化工程取得显著成效，开通了官方网站、官方微信、微博等多种宣传渠道，建立了全面的数字化阅读系统。其中成效最突出的是《当代》官方微信和网络销售渠道。《当代》天猫旗舰店和《当代》微店，已经成为线上销售纸质期刊的重要渠道，并且将《新文学史料》和《中华文学选刊》纳入平台。《新文学史料》加入了“期刊联盟”，积极做刊物宣传推广工作，发行量稳中有升。《中华文学选刊》近几年新设立散文和诗歌栏目，成为国内唯一一家大型的综合类文学选刊。

五、营销工作

1. 重点图书营销工作

2016年，按照统一部署，策划部按照“新书宣传与常销书宣传相结合”“传统媒体与新媒体相结合”“图书宣传与品牌宣传相结合”的工作方针，全年共组织线下活动95场次、线上活动十次，加起来共105次，平均每周2～3次活动。

2016年，宣传营销活动有效地扩大了品牌图书的宣传力度，为王安忆、张炜、方方三位作家召开第一次新书发布会。除参加2016上海书展、2016南国书香节、第26届全国图书交易博览会等活动外，还主动策划组织了王安忆新书发布会、张炜上海书城首发、《哈利·波特与被诅咒的孩子》上海宣传活动，等等。做到了重点作品出版与媒体提前沟通，提前快递杂志或试读本，如《匿名》《极花》快递杂志，《茧》《北鸢》快递试读本，确保重点图书都有大版面报道。对于社里的品牌图书，重点对《汪曾祺小说全编》、汝龙译《契诃夫小说全集》《帕斯捷尔纳克传》进行集中宣传，分别邀请了汪曾祺子女和濮存昕、童道明、刘文飞等参加了活动，大大扩大了人民文学出版社的品牌影响力。

积极与中央人民广播电台、北京人民广播电台、掌阅科技股份有限公司、咪咕数字传媒有限公司建立联系，邀请他们加入媒体微信群和QQ群，使他们第一时间掌握人民文学出版社新书出版的消息，策划部还协助数字出版与科技部促成了多部长篇小说和文化类图书的音频授权，如《俗世奇人》《大写西域》《慈悲》，等等。

2. 新媒体营销工作

新媒体营销工作是人民文学出版社2016年工作的一个亮点。在微信公众号方面，由官方微信公众号和各编辑室微信公众号之间互相配合，形成新媒体营销矩阵。人民文学出版社官方微信公众号影响力长期保持第一的位置，并利用“4·23世界读书日”等契机扩大宣传，效果良好。官方微信公众号关注人数已超过22万人，先后被评为第一届“大众喜爱的微信50个公众号”“中国出版集团优秀微信公众号”等。《当代》杂志微信公众号也成为出版类新媒体和传统文学期刊中最有影响力的公号之一，多次在“出版业新媒体影响力排行榜”上位列第一，此外，当代文学编辑室、外国文学编辑室、古典文学编辑室、《中华文学选刊》《新文学史料》的微信公众号也各有特色，抓住了属于自己的细分读者。策划部还积极尝试新方式，利用“人民文学出版社签名书”微店进行宣传推广，取得良好的双效。

人民文学出版社还努力在音频传播、视频传播方面加大力度。音频传播方面，在喜马拉雅电台开通了自己的电台，并在微信公众号上开通了“人文夜读”栏目，邀请了王安忆、张炜、严歌苓、方方等作家录制了音频片段，利用多个平台进行推广，开始着手扩大在音频传播方面的影响力。视频传播方面，为《哈利·波特与被诅咒的孩子》制作了宣传片，在西单图书大厦轮番播放。另外，在组织活动时，将视频直播作为常用手段，大大扩大了活动传播效果。除了活动直播外，还主动策划了多场视频直播活动，如张悦然“开往童年的火车”、葛亮天津忆旧、腾讯视频直播“探访人文社”、天猫优酷视频直播探访人文社等活动，有效地扩大了图书和品牌影响力。还在北京开卷信息技术有限公司组织的开卷讲堂、中国出版集团宣传工作会上分别做了经验介绍，在新媒体营销方面应该说走在出版界前列了。

六、“走出去”工作

2016年，共完成354种引进图书的版权登记工作，参加了第42届布宜诺斯艾利斯书展、第23届北京国际图书博览会、第68届法兰克福书展等书展。参加第42届布宜诺斯艾利斯书展系列活动，阿乙的作品《下面我该干些什么》西班牙语版权通过授权给更具文学品质和发行能力的AH出版社。参加2016威尼斯“文明的十字路口”国际文学节。组织了第23届北京国际图书博览会的布展、宣传工作，配合文化部主办的“2016中外文学出版翻译国际专家座谈会”，在书展和座谈会期间接待了国际出版人、翻译家，进行了充分的交流。通过与美国纽约书评出版社的大量沟通，策划并制定了格非《隐身衣》美国版的新书发布宣传项目书、并申请中宣部专项项目资助。配合“年度最佳外国小说系列”出版，举办了获奖西班牙作家与人民文学出版社海外签约作家阿乙的文学对谈活动。

积极策划、申报各类国家项目，2016年内，获批中国作家协会主办的“中国作品翻译工程”四个项目，即贾平凹《高兴》英文版，《老生》日文版，《隐身衣》西班牙文版，《张炜短篇小说选》韩文版，资金金额共计56.83万元；“经典中国国际出版工程”获批一个项目：张炜《海边的雪》韩文版，获批资金八万元。

2016年在亚洲地区共计输出18种作品，其中包括：日本1种、土耳其1种、韩国11种以及中国港澳台地区5种。2016年度涉足市场首次包括阿拉伯地区，为迎接2017年阿布扎比书展中国主宾国活动奠定基础。中国当代文学代表作《隐身衣》已于2016年在南美地区最大的高品质文学出版社AH出版，在西语地区产生了很大的反响。同时2016年版权输出阿乙作品《下面我该干些什么》。2016和意大利夜间出版社达成“中意青年作家8＋8”互译项目协议，这一具有创新性的合作，让两国优秀的小说家互相带动，让输出的作品更好地传播。2016年度输出品种约40种。2016新签约及意向签约海外授权作家，包括张悦然、葛亮、鲁敏、江南（《上海堡垒》作者）等。《永远有多远》（泰国语）获得2016年度中国出版集团“走出去”奖；《隐身衣》（法语版）获得了2016年度《出版参考杂志》版权输出奖。

七、数字出版工作

定期整理图书出版合同以及图书基本信息，截至2016年10月底，注明有信息网络传播权的合同（即可直接对外授权使用的合同）共计1257份。2016年1月至10月底出版新书577种，其中拥有信息网络传播权的有287种，签约率49.7%，相比2015年有所下降。从排校部、美编室等部门收集图书数字资源，做好整理、备份、存储，并对可用于电子书运营图书外包加工。截至11月底，合计加工完成普通类电子书317本，比2015年同期增长了68.6%。同时将200多种古籍类图书进行碎片化，用于数据库建设。2016年销售回款274.9万元，支付作者版税86.9万元。销售回款比2015年增加28.7%。取得了良好的社会效益和经济效益。

在面向大众的销售平台中，《白鹿原》5月在亚马逊和掌阅销售共20万元。图书的有声改编权持续受到市场的关注，针对市场人民文学出版社做了一些版权交易，同时还将继续努力利用已有的有声资源，争取收益最大化。

开发制作了自己的移动阅读客户端“文学166”（iOS客户端APP（iPhone版）、iOS客户端APP（iPad版）、Android客户端APP（手机版）、Android客户端APP（平板版）”。其后台管理平台为我们提供了方便的财务管理、版权管理。该平台上线后，受到一致好评，后续需要加强运营。建设完成了“古典文学数字全文检索系统”，共数字化6760万字，为广大读者提供丰富的古籍数字化产品及全文检索服务，为读者检索信息，汲取知识提供便利。为纸书提供增值服务，尝试可听可读的书。为《原来如此的故事》录制音频文件，并在每章后面添加二维码，扫描二维码即可听故事。制作了新的官方网站。新上线的官方网站页面简洁大方，内容丰富，得到大家的一致好评。

八、维权工作及其他

作为京版15社反盗版联盟成员单位，虽因各种原因，近几年来未能参加联盟组织的一些深入地方市场的打击盗版行动和相关的培训，但依然参与了反盗版联盟的相关工作，积极配合各地方新闻出版局参与反盗版鉴定工作，参加了京版15家反盗版联盟组织的辽宁省局战略合作签约会议，参与内蒙古自治区、广东省新闻出版局的“扫黄打非”及反盗版工作交流会。与反盗版联盟签约的阿里巴巴天猫品控部互动较多，参与了12起反盗版图书的鉴定工作；在淘宝平台及客服端投诉7起；为各地方新闻出版局及执法部门提供鉴定书13次。为净化图书市场，为维护权利人及人民文学出版社的合法权益尽最大努力。

2016年9月，发现在浙江淘宝网络有限公司经营的淘宝网上，有多家店铺在销售假冒“马爱农、马爱新翻译”“人民文学出版社出版”的简体中文版《哈利·波特与被诅咒的孩子》。为此，专门召开《哈利·波特与被诅咒的孩子》维权通报会，要求淘宝立即下架和屏蔽侵权图书。会议通过新华社、人民网、凤凰卫视等媒体的报道，有效地打击了侵权图书，同时也有效地宣传了正版图书，对《哈利·波特与被诅咒的孩子》的上市起到充分的铺垫作用。

九、“两学一做”活动和领导班子建设、党建工作

根据中国出版集团公司统一部署，4月8日，社党委组织召开了全社党员和中层干部大会，正式启动“两学一做”学习教育工作，同时与各部门签订了落实党风廉政建设主题责任书。为配合“两学一做”学习教育活动，5月份，社党委组织党员和入党积极分子代表50余人来到五大革命圣地之一的西柏坡参观学习。6月，社党委邀请中组部党员教育和干部测评中心主任、研究员陈燕楠为全体党员做《从党章的历史看中国共产党的发展》为题的讲座培训。7月份，根据《中共中央组织部关于在“两学一做”学习教育中认真学习贯彻习近平总书记在庆祝中国共产党成立95周年大会上的重要讲话精神的通知》，以及集团公司的统一部署，各党支部以领导班子带头讲党课的形式，开展了学习研讨会。8月份，社党委为全体在职党员和离退休党员购买《党建》杂志参加知识竞赛。10月，社党委组织了全体党员及中层以上干部大会，请党建专家张磊为大家上了一堂《关于系列重要讲话的丰富内涵和重要意义》的讲座。11月中旬，集团公司党组下发了《关于学习宣传贯彻十八届六中全会精神的通知》，社党委理论中心组在六中全会刚刚闭幕即结合“两学一做”开展全会精神学习活动，并要求全社各党支部全体党员认真学习六中全会精神和《关于新形势下党内政治生活的若干准则》及《中国共产党党内监督条例》。

社党委换届后，始终把加强党建工作作为党委班子工作中的重中之重。平时党建工作建立常态化机制，形成人人有事做，事事有人管的新格局。截至2016年11月，有3名同志由预备党员转为正式党员。另外，根据集团公司要求开展党员组织关系集中排查工作，并按时上报党员组织关系集中排查的相关表格；按照《关于评选推荐

中国出版集团优秀共产党员、优秀党务工作者、先进基层党组织的通知》的要求，社党委开展“两优一先”推荐工作，并对推荐的人选进行了认真考察。其中，宋强同志被评为中直机关优秀党员；宋强、葛云波被评为中国出版集团优秀党员；朱美凤被评为中国出版集团优秀党务工作者。

10月24日根据集团公司党组的要求，召开了中国出版集团公司党组内部巡视工作动员大会。这次巡视组来人民文学出版社巡视，是对党政班子和全体干部履职情况的一次综合考评，社党委高度重视，积极支持，认真落实好巡视组的各项要求，在巡视期间，党办、人事、财务等部门加班加点的积极配合巡视组的工作，确保了巡视工作的顺利进行。

十、社庆工作

2016年3月28日，人民文学出版社成立65周年茶话会在北京国际饭店举行。中国出版集团公司党组成员、中国出版传媒股份有限公司副总经理李岩，离休干部代表屠岸，退休干部代表何启治出席大会。领导班子成员，部分退离休同志及全体在职员工齐聚一堂，共同见证过去展望未来。

值此65周年华诞之际，黄永玉、王蒙、贾平凹、邓贤、雪漠等知名作家纷纷题词作画对我社表示祝贺。过去65年，艾青、叶圣陶、臧克家、启功、周汝昌、丁聪、刘旦宅、戴敦邦、孙其峰等很多著名作家、学者、书法家、画家都曾为人民文学出版社题词作画，茶话会当天，展出了这批珍贵的字画，与大家一起回顾65年的发展历程。

作为国家级专业文学出版机构，始终坚持以国家文化建设为己任的出版宗旨，坚持以主流文化为主导、兼容并蓄的文化态度，坚持精益求精、开拓创新的工作精神，坚持以高素质的人才队伍作为事业之本，坚持走整体化经营、积极参与市场竞争的发展之路，先后荣获“全国优秀出版社”“全国百佳出版单位”等一系列荣誉，在国内外知名作家和读者中享有良好口碑。

展望未来，全体员工表示继承出版社优秀传统，在对前辈表示敬意的同时创造属于自己的历史。

十一、企业文化建设

积极推进企业文化建设，组织员工的十余幅作品参加集团公司《纪念建党95周年、纪念长征胜利80周年》书画展，部分作品获二、三等奖。“三八”妇女节，举办女工趣味运动会，五项活动共计有155人报名参加，活跃了女工的文化生活，工会对各项活动前五名予以奖励，“三八”妇女节为男、女员工发放了慰问金。积极组织职工参加中直机关、集团举办的征文活动，在集团公司举办的《书香助我成长》演讲比赛中，赵荣荣获一等奖，于壮、王筱盈、佟大尉获三等奖。积极组织员工开展各种文化体育活动。春节前工会组织全社员工参加文体比赛，举办了乒乓球、羽毛球、篮球、跳棋、扑克牌、麻将牌、飞镖、踢毽、跳绳、拖拉机、平板支撑等13项比赛，共计180人参加，工会对获名次的员工和组织者给予了奖励。积极参加集团公司工会组织的职工素质教育工程，为全体员工购买了王府井书店购书券。我们一直把做好帮扶困难职工工作放在重要位置，建立困难职工帮扶档案，坚持走访慰问送温暖制度。元旦、春节期间，社领导和工会走访慰问困难职工，为生活困难的20位在职困难职工和低收入的退休职工发放困补金46000元，平时职工生病、住院，工会都做到第一知情人，购买慰问品及时去医院看望、慰问。员工李明生因病造成大额自费支出，工会及时向集团公司申请给予困难补助，使他非常感动。工会2016年还为四位残疾人各发放7000元慰问金。工会积极参与社区共建活动，响应东城区的号召，为贫困学校捐赠2万元码洋图书，朝阳门街道为部分员工办理北京市工会《京卡》。

十二、天天出版社工作

2016年，天天出版社按照集团公司年度工作会精神，提出了“调速度、调结构、强导向、强质量”的指导思想。2016年1～10月，各项工作均取得了长足的发展，并获得了良好的双效。

（一）图书出版工作

1. 选题实现情况

2016年1～11月，完成选题116个，总体选题实现率为53.46%。其中年度选题147个，完成66个，实现率为44.90%；月度选题70个，完成50个，实现率为71.43%。

2. 选题发稿情况

2016年1至11月，选题发稿总数为481种，其中新书发稿150种，重印书发稿331种。选题发稿总量同比增加了68.18%，新书发稿量同比基本持平，重印书发稿翻了一番还多。2016年4月著名儿童文学作家曹文轩获得了国际安徒生奖，天天社抓住这一有利时机，围绕曹文轩获得国际安徒生奖这一具有广泛影响力的事件和话题，在海内外展开了多角度多形式多层次多阶段的立体宣传促销活动，极大地拉动了曹文轩图书的生产和销售。

3. 图书出版情况

2016年1～11月，天天社图书出版总品种、总码洋和单品种平均码洋，同比均有增长。总码洋首次突破了一亿，同比提高了53.55%；单品种码洋同比增长了33.37%，增幅较大；重印书各项数据同比也呈大幅增长。

重点图书方面，2016年推出了殷健灵儿童小说新作《野芒坡》、王一梅童话新作《红花草原》等国内一线儿童文学作家的优秀原创作品，并在线上、线下及新媒体上展开各种形式的宣传推广活动，这两种新书在推出后半年时间内，销售均超过三万册。此外，首届“青铜葵花获奖”获奖作品《将军胡同》，喜获“中国好书”这一殊荣，截至2016年11月，累计销量达到8.8万册，实现了社会效益和经济效益的双丰收。曹文轩获得国际安徒生奖之后，市场号召力呈爆发式增长，《火印》销售势头持续强劲，截至11月底，累计销量近35万册。

2016年度天天社承担的国家级出版项目有：《火印》入选国家出版基金主题出版资助项目；“曹文轩儿童文学艺术品牌全版权运营”项目，进入新闻出版改革发展项目库；《野芒坡》成为2016中国作家协会重点作品扶持项目长篇小说重点作品（儿童文学7部作品之一）。

2016年，《天天爱科学》杂志发行量比2015年同期增长13%。此外，《天天爱科学》以科学精准的定位、生动翔实的内容、趣味丰富的知识和专业精良的品质，入选国家新闻出版广电总局推荐的60种优秀少儿报刊，成为为数不多的创刊五年之内即获得该称号的刊物之一。

（二）市场营销工作

1. 发行数据

（1）入库码洋：2016年，本版图书入库总码洋1.18亿元，同比增加5348.89万元，提高45.16%；其中新书入库码洋2384.94万元，同比减少1267.54万元，降低34.70%；重印书入库码洋9459.77万元，同比增加6616.43万元，提高232.70%。

（2）发货码洋：2016年，本版图书发货总码洋10795.64万元，同比增加3945.29万元，提高57.59%；其中地面店渠道发货码洋5734.65万元，同比增加1978.93万元，提高45.71%；线上渠道发货码洋5060.99万元，同比增加2146.36万元，提高73.64%。

（3）销售回款：2016年，销售实洋4742.85万元，同比增加1842.49万元，提高63.53%；销售总回款2504.46万元，同比增加782.26万元，提高45.42%；其中地面店渠道回款1321.24万元，同比增加153.93万元，提高13.19%；线上渠道回款1183.22万元，同比增加628.33万元，提高113.24%。

（4）库存及退货：2016年，库存总码洋6336.81万元，同比增加1379.25万元，提高27.82%。退货811.14万元，同比增加128.84万元，提高18.88%；退货率7.51%，同比减少3.69%，降低32.95%。

2. 重要作家及重点新书营销推广

天天出版社在2016北京图书订货会、第六届中国童书博览会、2016上海书展、第23届北京国际图书博览会、第四届上海国际童书展、第22个世界读书日期间等举办了多场宣传推广活动，集中力量对天天出版社重点作家及重点新书进行宣传推广，全年重点营销项目有两个系列：

（1）曹文轩作品立体宣传活动

围绕曹文轩获得国际安徒生奖这一具有广泛影响力的事件和话题，在海内外展开了多角度多形式多层次多阶段的立体宣传营销活动，不仅极大地提高了曹文轩中心的影响力，增强了中心的品牌效应，同时也提升了天天出版社在业内的影响力和品牌形象，并带动图书生产与销售大幅增加，真正实现了双效统一。曹文轩系列宣传活动，得到《人民日报》《光明日报》《CHINA DAILY》、新华社、中新社（网）、中央电视台等中央媒体报道24次，其中《新闻联播》报道三次，北京卫视、江苏卫视等电视报道七次，业内媒体及各省大众媒体报道近百次。天天出版社微信平台全网首发获奖新闻，阅读量破十万并得到近300百家新媒体平台转发；在国际安徒生奖新西兰颁奖现场，通过“腾讯直播”，让国内读者同步了解活动进程，提升了天天出版社的公众知名度和品牌影响力。

（2）殷健灵最新原创作品《野芒坡》系列宣传活动

围绕这部作品，天天出版社共开展活动36场（包括进校园活动），活动先后邀请了上海市委宣传部原副部长朱英磊，上海作家协会副主席、党组书记汪澜，上海作家协会副主席孙颙先生、孙甘露等领导以及梅子涵、刘绪源、沈石溪、曹文轩、秦文君等十余位文学家、评论家出席。业内著名阅读推广人李岩、李一慢等也参加了活动。图书自4月上市以来，受到各级各类报道60余篇次，其中《人民日报》书评推荐此书，人民网、光明网、中新网、《中华读书报》《中国新闻出版广电报》、澎湃新闻等主流媒体报道20余次。《野芒坡》还被纳入2016中国作家协会重点作品扶持项目，列入中国国家图书馆少儿馆2016优秀新书目，登上《中华读书报》月度好书榜、中国出版集团公司“中版好书榜”，得到中国图书对外推广网推荐等。

2016年，天天出版社共开展各类线下活动150余场（包括进校园活动），多次被中央电视台《新闻联播》《新闻直播间》《文化十分》栏目以及北京卫视、江苏卫视等电视台报道。在天天出版社的积极联络下，中央电视台《读书》栏目为曹文轩制作了专题节目，对天天出版社的品牌、签约作家以及图书都做了很好的宣传。此外，《人民日报》《光明日报》《CHINA DAILY》、新华社、《中国新闻出版广电报》等十余家主流媒体、行业媒体以及全国30余家省市的大众媒体也多次报道天天出版社各类活动及重点书，近300家新媒体平台转发了天天出版社发布的图文消息。立体化的媒体矩阵使天天出版社、“曹文轩儿童文学艺术中心”以及天天出版社品牌图书在读者和媒体中的知名度和美誉度得到大幅提升。

（顾　乡）

商务印书馆2016年工作综述

2016年是“十三五”开局之年，在国家经济发展新常态的形势下，商务印书馆认真贯彻中央各项政策精神，以集团公司“三六构想”战略目标及“两调四强”战略思路为指导，围绕商务印书馆“十三五”规划制定的总体工作目标，全体员工戮力同心，攻坚克难，着力破解出版主业面临的结构性问题，在“十二五”期间销售收入和利润都几乎翻两番的高平台上，又基本实现了稳中增长。可以说，商务印书馆的“十三五”开局是稳健的，也是充满后劲的。主要成绩分为以下八点：

一、学习贯彻中央精神，深入开展“两学一做”

为了贯彻落实党中央关于全面从严治党的战略部署，巩固和扩大“三严三实”专题教育成果，持续深入推进党的思想政治建设和作风建设，2016年，在广大党员特别是中层以上领导干部中大力开展了“两学一做”学习教育实践活动：认真落实主体责任，严格执行“三会一课”、民主评议党员等制度，继续强化四风建设，着力提高党员队伍素质，组织馆领导、中层干部、各党支部支委共39人到革命圣地井冈山接受党史党性教育和理想信念教育，提升党性修养和经营管理能力。同时，通过馆领导上党课的形式，认真贯彻学习习近平总书记的系列重要讲话，积极推动党内教育从“关键少数”向广大党员拓展。党建工作谋划安排细心，组织实施精心，践行落实积极。

2016年有三名党员荣获中国出版集团公司优秀共产党员称号，商务印书馆党委和人力资源支部荣获先进基层党组织称号，是入选数最多的单位。

二、严把出版导向关，确保图书的思想性

一直以来，商务印书馆把保证出版安全放在所有工作的首位，强调出版导向，注重出版质量。年内，制定了商务印书馆书号申领制度；强化了收稿三审制，通过多环节实施三审制保障出版安全和出版质量；积极安排编辑、校对人员专题培训，增强全体员工的导向意识；严格执行重大选题备案工作等。

从根本上说，出版是一种文化，出版的文化特性有三方面：一是个人需求层面上，图书产品塑造的是人本身；二是社会经济层面上，以图书出版为核心的文化产业最重要的作用是产生积极的社会影响力；三是国家民族层面上，出版肩负着塑造民族精神的重要使命，影响社会良好风尚的形成，出版在整个文化产业中具有源头性的作用，是其他产业和产品无法替代的。基于此，编辑所从事的出版工作的核心就是自觉地确保图书内容的思想性，思想内容的优劣是图书产品最基础最头等的评价标准，任何选题都要首要体现出正确的思想导向，同时体现时代知识、时代精神。图书的内容思想性是出版从业者的基本功，在新时代我们要更加全神贯注，更加精益求精，更加勤学苦练，严把出版导向关，确保图书的思想性。

三、以供给侧改革促进内容创新，图书出版势头良好

2016年，按照中央供给侧结构性改革的要求，商务印书馆着力破解出版主业面临的结构性问题，以供给侧改革促进内容创新，努力做大做强主题出版，在坚持学术精品出版的同时，积极拓展大众文化产品线，优化产品结构，提升单品效益。积极开发全媒体出版项目，以纸电同步为基本出版形式，推进电子书、数据库、APP等数字产品的开发，奠基以内容服务为基础的全媒体生产运营平台项目，积极向融合出版迈进。

全年列选选题1622种，比2015年增长25%；发稿989种，出版图书2132种，较上一年增长21%，其中新书930种，重印书1407种，重印品种较上一年有大幅度的提升。全年生产码洋17.44亿元，比2015年增长近22%；发货码洋15.17亿元，比上一年增长约20%；销售收入8.08亿元，利润2.3亿元。总体来看，新书品种基本稳定，重印书品种连续几年有大幅增长，积累型产品种类增加，图书内容效益显著增强，整体经营活力增强。

在内容创新方面，在以下五个方面取得了新进展：

（一）着力创新主题出版，取得新突破

主题出版的学术化和大众化是商务印书馆近年来的突破口，商务人意识到，主题出版将成为中国国家知识体系建设当中的重要组成部分，将成为人类智慧的重要组成部分。年内，先后推出了《数说“一带一路”》《“一带一路”年度报告：从愿景到行动（2016）》《世界是通的：“一带一路”的逻辑》《“一带一路”大数据报告（2016）》等图书，并聚合“一带一路”百人论坛的智库力量，成立了“一带一路百人论坛研究院”。经过近几年的努力，除“一带一路”题材已形成一定规模的产品集群外，其他如“中国梦”题材的“国际文化版图研究文库”“依法治国”题材的“国家治理丛书”“中国法律文丛”、《简明中国法治文化辞典（公民读本）》、“弘扬优秀传统文化”题材的“国学经典规范读本（彩图典藏版）”，以及兼顾“走出去”和主题出版的“微观系列”之《微观杭州》（汉英版）等，都是体现商务印书馆学术水准的主题出版图书。《供给侧改革：理论、实践与思考》一书还入选了中宣部、国家新闻出版广电总局2016年主题出版推荐读物。

（二）以国家级重点大项目为核心带动发展

2016 年，商务印书馆以国家级重点大项目为核心，继续巩固工具书优势地位，勉力推进重要产品线的建设进程，重点项目成果丰硕，品牌影响日益扩大。

1. 继续巩固重点辞书优势地位

推出了《现代汉语词典》（第 7 版），在改版压力巨大、时间紧迫的情况下，编印发各部门通力合作，又一次完成了不可能完成的任务，再一次检验和证明了商务印书馆在辞书出版方面的专业水准。此外，还先后推出了《全球华语大词典》、《古汉语常用字字典》（第 5 版）、《牛津中阶英汉双解词典》（第 5 版）、《牛津高阶英语词典》（第 9 版）、《综合英汉科技大词典》（第 2 版）。推出的《普什图汉语词典》《精选汉语波斯语词典》《精选葡汉汉葡词典》《葡汉词典》《汉语波斯语分类词典》等小语种外语工具书，以及《汉语图解词典》《汉语图解小词典》各 19 个小语种版，主要涉及吉尔吉斯斯坦、乌兹别克斯坦等“一带一路”沿线国家，对国家“一带一路”倡议的推进起到语言辅助作用。

2. 勉力推进重要产品线建设

“汉译世界学术名著丛书”第十五辑共计 50 种将全部出版；“中华当代学术著作辑要”推出《逻辑的观念》《理性化及其限制》《柏拉图诗学和艺术思想研究》（修订版）、《思辨的张力》《道德失范研究：基于制度正义视角》等；“国际文化版图研究文库”推出《记忆的战略：国家认同建构中的修辞维度》《美感论：艺术审美体制的世纪场景》《法国在非洲的文化战略：从 1817 年到 1960 年的殖民教育》《思想的锁链：宗教与世俗右翼如何改变美国人的思维》《好莱坞如何征服全世界：市场、战略与影响》《作为武器的图书：二战时期以全球市场为目标的宣传、出版与较量》《莫斯科的黄金时代：苏联建立的传媒帝国如何在文化冷战中落败》等；“中国方言文化典藏（EP 同步版）”的 20 种图书进入出版程序；“世界著名游记丛书”（第一批十册）先后推出；《地理科学三十年：从经典到前沿》等书作为“2016 国际地理大会”（北京）用书适时出版，得到学界广泛赞誉。

同时，《剑桥二十世纪政治思想史》《德国天才》《汉学书评》《希腊史》《宗教改革史》（上下卷）、《罗马革命》《作为武器的图书》《最后的乌托邦：历史中的人权》《蓝海战略》（扩展版）、“中国道路丛书”之一《中国道路与简政放权》《文化的选择：中国文化发展的战略路径》等一批著作新书也先后出版。自然博物系列图书继续成为产品线建设的一大亮点，《发现最美的鸟》《发现最美的昆虫》《发现瑰丽的植物》《桃之夭夭：花影间的曼妙旅程》《野草离离：角落里的绿色诗篇》《中国常见植物野外识别手册》（四种）、《花与树的人文之旅》《怎样观察一棵树》等壮大了商务印书馆自然博物系列队伍，使这支极具活力的新兴产品线日益成熟。

3. 国家级重点大项目成果丰硕

2016 年，国家出版基金项目“中华现代学术名著丛书”第二批、《中国当代设计全集》（全 20 卷）、《辞源》（第三版）和《钱锺书手稿集·外文笔记》顺利结项，成绩优秀。另有“中国方言文化典藏（EP 同步版）”和《中华科技大词典》两个项目入选国家出版基金项目。

此外，“商务印书馆全媒体生产运营平台”项目等多个项目分别入选中央文化企业国有资本经营预算支出项目、国家新闻出版广电总局出版改革发展项目库和北京市音像、电子、网络出版物奖励扶持专项资金等。

（三）获奖图书众多，取得良好社会效益

众多好书在 2016 年的各类评选中取得佳绩。其中，《花与树的人文之旅》获中国出版协会 2016 年度中国好书奖；《里尔克诗全集》《德国天才》（全四册）、《汉学书评》和《文明中的城市》4 种图书入选深圳读书月十大好书评选前 30 名；《长歌行》入选《法治周末》2016 年十大法治图书；《德国天才》（全四册）、《汉学书评》《作为武器的图书：二战时期以全球市场为目标的宣传、出版与较量》入选中国出版集团“中版好书 2016 年度榜”学术文化 20 大好书；《剑桥二十世纪政治思想史》《西方儿童史》《失落的天书：〈山海经〉与古代华夏世界观》（增订本）、

《最后的乌托邦：历史中的人权》《林纾家书》《希腊史：迄至公元前322年》等书入选百道网好书榜、《中华读书报》好书榜、《新京报》年度好书榜、《北京青年报》好书榜、新浪好书榜月度、年度榜单；《黑格尔全集》（第17卷）获中国社会科学院优秀科研成果奖三等奖；《法治的观念与体制：法治国家与政党政治》获第六届钱端升法学成果三等奖；《草木缘情：中国古典文学中的植物世界》《树的秘密生活》《猿猴家书》《自然老师没教的事：100堂都市自然课》《种子的故事》《舍不得读完的书》入选2016“农家书屋”。

尤为值得一提的是，2016年《新华字典》荣获了世界上“最受欢迎的字典”和“最畅销的书（定期修订）”两项吉尼斯纪录，吸引了中国与世界的目光。同时，商务印书馆还被评为深圳读书月年度致敬出版社、2015～2016北京老字号优秀企业，并被中国出版集团公司推荐参评中国出版政府奖优秀出版单位。

（四）文化类选题图书渐成气候

近年来，商务印书馆在文化类选题的开发方面逐渐形成了自己的特色，从文化研究、大众文化、乡土文化到关于文化与中国软实力建设方面的学术研究和成果、艺术类图书等，都是新时代商务人顺应时代潮流、回应时代要求的体现。

其中，最有代表性的当属“国际文化版图研究文库”。艺术类图书从翻译西方艺术经典的“艺术史名著译丛”“未来艺术丛书”开始，到介绍古琴、紫砂、折扇等的“心赏系列”等，既从内容设计上取得了良好的视觉效果，同时又结合中国传统文化推出具有艺术普及的图书，将文化艺术与中国文化有机结合起来。而自然博物丛书逐渐呈现出立体化开发的思路，既有“自然文库”等偏重思想性学术性的图书，也形成了图文并茂，既有思想性、文化性又具观赏性的图书。乡土文化方面的选题也是近年来商务新的开发路径，从《徐州简史》被列为徐州市中小学教科书开始，“衢州文库”“泉州文库”、《船政志》《山西省国家级非物质文化遗产代表性项目名录图典》等，都开辟了对地方和乡土文化传承和普及的新思路，将中国独特的文化遗产保护和传承下去，是商务人对文化时代的精彩回应。

（五）“走出去”工作又有新收获

在做好引进、输出两方面图书版权经营工作的基础之上，2016年版权输出取得了实质性的进展。第23届北京国际图书博览会（BIBF）期间，举办《新华字典》《现代汉语词典》英文版合作协议签约仪式、商务—剑桥战略合作协议签约仪式、《牛津中阶英汉双解词典》（第5版）发布、“国家治理丛书”签约仪式、新加坡名创教育《全球华语大词典》签约仪式等。其中，商务—牛津合作的《新华字典》《现代汉语词典》英文版项目和商务—剑桥缔结战略合作伙伴关系引起广泛关注。其中，经过几年的努力，商务印书馆与牛津大学出版社达成一致，计划共同开发《新华字典》和《现代汉语词典》的英语版本，未来还将对其进行多语种开发。这意味着《新华字典》和《现代汉语词典》这两部代表中国最高水准的汉语工具书，也将成为和牛津的英语词典相媲美的重要工具书，对于汉语及中国文化在世界上的影响和传播将起到至关重要的作用。

四、以图书内容为核心，新的产品结构正在形成

在面临信息化数字化的文化新时代背景下，以商务印书馆对未来的发展定位和发展方向为目标，规划出未来发展的新方向是以传统的纸介质出版为圆心，以全媒体出版为半径，画一个文化产业的大圆。这就意味着，我们要从只出版纸质图书的出版企业，向全媒体出版企业和知识服务企业转型。新的产品结构包括以纸质图书产品为核心的传统产品结构，新兴的全媒体出版和数字知识服务的产品结构，以及以文化创意为核心的文创产品结构。

2016年，全媒体数字化出版业务依托丰厚的图书资源储备，在PC端和移动客户端的各类产品日益丰富，逐渐成为新的经济增长点。“百种精品工具书数据库”、《牛津高阶英汉双解词典》（第8版）APP、《东方杂志》全文检索数据库等在上线比例、用户范围覆盖和实现销售等方

面有较大提升；新出版的电子书，建设中的数据库、语料库等都不断取得新成果；《新华字典》《现代汉语词典》APP 正在紧锣密鼓研发中。同时，在向平台企业发展的转型过程中，人文社会科学年度报告数字服务平台、中国语言资源知识服务平台和教育服务平台等，都在不同程度的进展和规划当中。可以说，商务印书馆在积极推进构建媒体融合出版新模式方面不断进行着有益的探索。

同时，在试水文创产品方面，经过几年的思考，2016 年推出的《生肖日历：2017 锦鸡吉祥》《佛历》《丁酉记事》以及《教学记·周记本》和其他各种小创意，形成了独特的商务文创产品的开篇之作。年内还开展了商务印书馆文创产品创意大赛，各部门积极参与，收到了许多富有想象力和创造力的文化作品，不少可以逐渐转化为产品形成销售。在中国产品缺乏创意和文化的现实情况下，如何利用商务印书馆的文化资源、品牌资源、作者资源、内容资源，打造与这些内容相匹配的文创产品，将成为商务未来实现打造新型文化企业目标的关键所在。

五、分馆图书佳作迭出，多元经营地缘优势凸显

经过多年的建设，分馆分公司在多元经营理念指导下成果开始显现，主要体现在：

一是图书成为商务产品品牌的延伸。年内，商印文津文化（北京）有限责任公司、北京涵芬楼文化传播有限公司、商务印书馆（上海）有限公司、商务印书馆（太原）有限公司等已陆续形成自己的特色产品线，多部图书入选“2016 商务印书馆人文社科十大好书”前十或前二十。其中，北京涵芬楼文化传播有限公司《里尔克诗全集》、商务印书馆（上海）有限公司《文明中的城市》还同时入围深圳“年度十大好书”前三十；商印文津文化（北京）有限责任公司《供给侧改革：理论、实践与思考》不但入选中宣部、国家新闻出版广电总局 2016 年主题出版推荐读物，还同时入选中版好书榜第四期榜单；其另一本图书《中国改革与发展热点问题研究（2017）》一开年就入选最新的中版好书榜单。

二是分馆经济效益有大幅提升。商印文津文化（北京）有限责任公司 2016 年发货码洋达到 2700多万元，销售收入近千万元，利润 200余万元。北京涵芬楼文化传播有限公司、商务印书馆（成都）有限责任公司等在经济规模和效益上增长比较突出。可以说，分馆双效显著的优质图书在种类、数量上较往年有大幅提高，分馆的积累已经到达了蓄势待发的阶段。

三是投资成立的商务印书馆（南京）有限公司正式开业揭牌，为商务分馆分公司队伍又添一员大将。商务印书馆（南京）有限公司将依托扬州报业集团控股的扬州国书文化传播公司，致力于以线装书、国学文创产品大规模的开发和出版为主的经营。2016 年还投资成立了涵芬楼（上海）文化创意发展有限公司，开设商务印书馆阅读体验店。商务印书馆的分馆建设除在图书出版方面表现突出且各具特色外，在发挥所在地的地缘优势，积极开展多元开发、混合发展方面亦做了有益的尝试。今后还将借助分馆地域特色鲜明的多样态的发展模式与总馆形成互补，最终实现商务生产结构的优化，形成全馆生产经营层面的良性生态。

六、营销模式持续创新，品牌影响力日益提升

2016 年，商务印书馆顺应新时代的文化特性，着力推动“价值挖掘计划”，在“需求分析、价值挖掘、资源整合、文化服务”四个环节加大投入，努力将“图书营销”升级为“文化服务”，不仅取得了促进带动经济增长的效果，还极大地提升了商务印书馆在社会各个领域中的品牌影响力。

年内的公益阅读推广活动主要有三个方面：一是“乡村公益阅读中心”的落地建设。3 月 23 日，首家“商务印书馆乡村阅读中心”在河北省武安市阳邑中心学校揭牌；10 月 19 日，安徽省绩溪县上庄毓英学校举行“商务印书馆乡村阅读中心”揭牌。9 月 8 日，“宁夏乡村教学名师”图书阅读室捐赠活动在银川市兴庆区大塘中心小学举行，同时，宁夏回族自治区首批 25 名乡村教学名师在清华大学进行了第一阶段集中培训，

25个“乡村名师”工作室也基本建立；5月31日，中央电视台新闻中心播音部、内蒙古自治区新华发行集团和商务印书馆联合举办主题为“放飞梦想的翅膀”之“书香七进”内蒙古自治区公益行动的活动。将文化公益活动辐射、拓展至最基层的乡镇，努力实现“从阅读开始改变乡村、改变乡村教育”的企业公益理想。二是积极推进“商务印书馆阅读体验店”的建设。继山西大学阅读体验店后，2016年又成立了华东师范大学阅读体验店，清华大学阅读体验店也在试运营中。三是有计划地开展核心城市文化中心的建设。将商务的品牌与各个城市的地方文化相结合，影响和引领社会各领域的文化建设。

此外，在微信公众号等新媒体运营水平方面也有所提升，探索将新媒体发展为沟通销售渠道和读者的重要途径。2016年发布微信700篇，总用户数10.3万人，微信阅读人次634万；发表微博6500条，与微信联动，日均阅读数超30万人次，年阅读量超一亿人次。商务微信公众号被评为首届“大众喜爱的50个阅读微信公众号”和中国出版集团公司“优秀微信公众号”。商务印书馆被评为“中国出版集团公司2015年度优秀信息宣传单位”。

七、经营管理工作形成新举措，品牌经营收到成效

在经营管理工作中，首先是开展品牌维权工作，全面梳理商务印书馆品牌内容资源，年内启动了《新华字典》商标维权诉讼，积极落实品牌保护、商标注册工作，努力形成横向版权引进、输出，纵向版权梳理、保护的立体化版权经营体系。二是实施体制机制创新，修订和重新颁布了《商务印书馆规章制度汇编》；创新管理机制，设立时空文化、先醒教育、涵芬国学三个骨干编辑工作室，拓宽产品线、发掘员工潜力、调动员工创新积极性，为商务机制创新带来新的活力。三是继续加强财务一体化管理工作，尤其是加强对分馆分公司财务工作的指导与管理力度，组织开展对财务制度和管理制度的培训，为商务印书馆的经营管理工作提供根本的保障。

八、启动落实120年馆庆各项筹备工作

2017年商务印书馆将迎来创立120年纪念。为此，相关部门为馆庆系列纪念活动进行了紧锣密鼓的筹备工作。120年馆史、120年大事记、120年书目、百年书影的出版工作，120年馆庆征文活动，120年纪念品制作等馆庆筹备工作已陆续启动落实。其中，已向国家邮政局申请发行“商务印书馆”纪念邮票及首日封，邮票已完成设计，正在开发相关邮品；馆庆工服、馆庆纪念币等各类纪念品、文创产品的征集和制作工作接近尾声。全馆上下为120年馆庆活动做好充足准备，热烈迎接商务印书馆暨中国现代出版创立120年华诞。

（冯　雪）

中华书局2016年工作综述

2016年是中华书局的营销工作全面提升年，编辑、印制、发行全流程营销意识得到进一步增强，营销队伍及配置进一步优化，生产运营和市场营销调控能力进一步提高，发货码洋突破六亿元，规模再上台阶。在主营收入增长的强势带动下，营业收入完成了中国出版集团公司下达的任务指标。但由于中华书局利润构成的特殊性，在涉及其他业务收入的几个主要因素上，未能做到有效控制，包括重点项目布局不均衡、进度调控不理想，以及业界普遍形成的网上书店销售策略导致实际折扣率下降等，各种综合因素致使未能完成利润任务指标。

一、双效业绩概述

（一）社会效益

2016年，中华书局获中国出版集团公司颁发2015年度经营特别贡献奖，当选中国出版集团公司2015年度优秀信息宣传单位。中华书局入选中国出版传媒商报社、中国文化“走出去”协同创新中心、中国文化“走出去”效果评估中心课题组联合主办的2016中国图书海外馆藏影响力出版100强。在2016上海书展上，中华书局被评为“最有号召力的十佳出版社”，这是自

2010年以来连续第七年入选。

中华书局《重读抗战家书》《晚明大变局》入选国家新闻出版广电总局2015年度大众喜爱的50种图书目录，《中国文化的根本精神》入选国家新闻出版广电总局2016年度向全国老年人推荐优秀出版物目录，《重读抗战家书》入选国家新闻出版广电总局2016年度向全国青少年推荐百种优秀出版物目录。

《一本书读懂中国史》（泰语）、《向庄子借智慧》（韩语）、《文史中国》（俄语）获国家新闻出版广电总局图书版权输出奖励计划重点奖励。《重读抗战家书》《中国古代物质文化》获第六届中华优秀出版物（图书）奖。"中华经典古籍库"获第六届中华优秀出版物（音像电子游戏出版物类）提名奖。《晚明大变局》《百年斯文：文化世家访谈录》《给曾国藩算算账：一个清代高官的收与支》《京都古书店风景》《故宫营造》获第十一届文津图书奖推荐图书。《中国古代物质文化》《奢华之色：宋元明金银器研究》被评为2015年度全国文化遗产十佳图书。在2016年度全国优秀审读报告评比中，《中华民国时期外交文献汇编1911—1949》获二等奖，《法兰西学院汉学研究所藏清代殿试卷》获优秀奖。在中国出版协会古籍工作委员会主办的第31届全国古籍出版社社长年会暨2015年度全国优秀古籍图书评奖会上，中华书局多种图书获奖。《旧五代史》（修订本）《新五代史》（修订本）《酉阳杂俎校笺》《秦文字编》获2015年度全国优秀古籍图书一等奖，《杭州凤凰寺藏阿拉伯文、波斯文碑铭释读译注》《美国图书馆藏宋元版汉籍图录》《吕留良全集》《殷虚书契五种》《清宫颐和园档案·营造制造卷》《唐诗品汇》《皮锡瑞全集》《辛弃疾集编年笺注》《庄子补正》《周礼正义》获2015年度全国优秀古籍图书二等奖，"中华经典指掌文库"（第一、二、三辑）获2015年度全国优秀古籍图书普及读物奖。

（二）经济效益

1. 编务统计数据

2016年出版图书2249种，其中新书719种，重印书1530种，重印书所占比例为68.03%。发稿2456种，其中新书发稿930种，重印书发稿1526种，重印书发稿所占比例为62.13%。选题立项1042种。

2. 生产经营数据

2016年图书发货5.42亿元，回款2.02亿元。图书生产用纸共计22.19万令。

3. 市场占有率排名情况

2016年中华书局总体排名第43名，市场占有率为0.60%。

二、出版主业情况

（一）重点出版板块稳步发展

1. 主题出版、重大项目出版卓有成效

主题出版项目《重读先烈诗章》《马背上的共和国》《中华传统文化经典百篇》等取得强烈的社会反响和较好的经济效益。重大出版项目也有重要产品问世，如《辽史》（修订本）《海外中医珍善本古籍丛刊》《中华民国时期外交文献汇编1911—1949》等。2015年年底出版的《重读抗战家书》，在2016年合并完成52万册的销售业绩。

2. 优势板块稳步增长

古籍、学术板块稳步增长，古籍出版中心发货保持在两亿元平台上。基础图书分社实现连续四年发货过亿元，2016年以"中华经典藏书"升级版带动，突破1.5亿元。"中华经典藏书"升级版改型成功，年发货码洋近5000万元。共同聚焦传统文化，以专业水准为不同层次的读者提供中国古代优秀传统文化的基本书，这一理念越来越得到市场的认可。

3. 大众普及板块有亮点

以大众图书分社，人文图书、园田、典雅、心耕工作室及上海聚珍文化传媒有限公司构成的大众板块，继续保持在人文思想和传统文化选题方向的创新优势，《中国文化的根本精神》《资治通鉴与家国兴衰》《龙与鹰》《掌故》《古迹》等图书，广受读者欢迎。日历类图书集中出版，中华书局在文创类产品方面的市场潜力得到了有效尝试。"一本书备考"系列接续2015年的尝试，取得较好销售成绩的同时，逐渐形成系列品牌。

4. 期刊工作总体稳定

中华书局期刊板块，在维护品牌的同时，提高质量，转变经营，取得一定成效。

5. 数字出版成为工作亮点

古联数字传媒科技有限公司加大“中华经典古籍库”产品的系列开发，形成局域网机构版、在线版、微信版及微信 VIP 版，分期上线新增资源，积累用户，扩大合作范围，进入融资准备阶段，在学术界反响热烈，在古籍出版界形成了集聚优势，业绩可期。

6. 子公司考核明确任务指标，基本实现扭亏为盈

中华书局对子公司实行单独核算，对培育期满三年的以出版业务为主的子公司，明确各自营业收入、利润指标。2016 年上半年二级企业亏损严重，从下半年开始，中华书局对长期亏损的子公司根据实际情况采取不同措施，使子公司实现扭亏为盈。

（二）营销全面提升年方向明确，品牌推广活动提升社会影响力

中华书局实施营销全面提升年计划，助力落实中华书局“十三五”发展目标，推动整体业务健康、稳定和持续发展。2016 年上半年，中华书局对营销中心进行了内部调整；下半年，成立营销工作领导小组，实施监控及发起发印、重印工作的监控协调，搬库、备货各项准备，工作成效显著。

中华书局品牌推广活动有声有色。每月一期的“伯鸿讲堂”被着力打造成为服务读者、回馈社会、推进全民阅读的线上、线下相结合的公益平台，引发社会极大关注，进一步提升了中华书局的品牌影响力。此外，第二个“4·23 中华书局读者开放日”、第二届伯鸿书香奖颁奖典礼、宋云彬古籍整理出版基金理事会成立、“中华经典古籍库”微信版上线、“中华之星”国学大赛启动等活动也顺利举行。

此外，2016 年底，伯鸿书店实现试营业，成为中华书局靓丽的窗口，与“4·23 中华书局读者开放日”“伯鸿讲堂”，以及线上旗舰店、微店，共同形成立体的中华书局形象名片，扩大和延伸书局在读者中的触角，凝聚和服务读者，并实现自营店效益的突破。

三、管理工作情况

2016 年取得的各项成绩，和全局强调管理、提升执行力密不可分。

（一）改革管理体制和运行机制，提升各环节执行力

1. ERP 系统管理规范，实现业务全流程贯通

中华书局 ERP 管理规范，实现设计功能，编辑、印刷、发行、财务四大模块贯通运行，财务管理全面提升。中华书局以此为契机，规模考核逐渐向利润考核过渡。

2. 财务管理不断深化

中华书局从营业收入、营业成本、期间费用、利润等数据入手，对新书、重印书成本采用对比分析法，对库存图书成本采用因素分析法，对各编辑室及二级公司毛利分析采用结构分析法等多维度统计分析，找出存在的问题，提出解决办法，形成一系列财务分析报告，有针对性地解决出现的经营问题，实现企业价值最大化，也是向更为科学的利润考核逐步推进。

3. 不断深化体制机制改革，完善制度，规范管理

中华书局人事管理改革形成新举措。在岗位薪酬制度化管理方面迈出坚实一步，员工岗位与职位变动都及时在薪酬上体现升降，将岗变薪变落到实处。

采取切实措施提高员工福利待遇：医疗基金正式使用，使员工在基本医疗和补充医疗之外有了更多一层保障，并可对员工大病重病支出进行补助。转制员工企业年金中人补偿于 9 月份实现正常发放，为集团公司内率先实现全类型人员发放的单位，标志着转企改制待遇衔接相关工作进入收尾阶段。

严格干部档案审核与监督管理，重视领导干部个人有关事项报告与核查、因私出入境管理等相关工作。积极推进集团公司统筹的人力资源信息化系统管理工作，获得集团公司评比第一名。

为加强导向管理，确保正确的发展方向，中

华书局对编辑委员会进行了重组，更加严格地按照产品战略，引导选题结构调整优化。重新梳理重大选题报备流程，要求从责任编辑、二审、三审到总编辑，每一环节都有明确的审稿意见，进行重大选题报备。

（二）党建工作及企业文化建设有生气

中华书局高度重视党建工作。2016年，在中华书局党委领导下，全面学习贯彻党的十八届四中、五中、六中全会精神和习近平总书记重要讲话精神，结合“两学一做”学习教育，在工作中自觉增强“四个意识”。多次召开专题会议，认真学习和贯彻落实习近平总书记系列重要讲话以及中共中央宣传部、国家新闻出版广电总局和中国出版集团公司有关会议精神。此外，还举办“读经典 学新知”读书征文活动，组织全体党员及中层干部参观中央档案馆“两学一做”专题展览等。

中华书局党委认真组织中心组学习，认真对照检查，开展批评与自我批评，召开班子民主生活会。号召各支部开展形式丰富的活动，认真组织讨论，交流学习心得。根据中组部文件精神，按照集团直属机关党委的统一部署，党群工作部、人力资源部、计划财务部等相关部门通力合作，完成了中华书局在职党员党费收缴计算工作。

中华书局团委积极组织“香山论坛·分论坛”及征文比赛，组织团员及青年员工开展读书会、青年沙龙活动。

中华书局工会紧紧围绕中心工作，积极发挥企业工会组织优势，维护员工权益，有效开展“送温暖”工作。2016年，工会探望生病住院员工20余人次，为患病员工申请病困难补助4万元；女工委设立爱心妈妈小屋。此外，参与五四青年节公益环保、“春风送暖”社会捐助、集团女工委“恒爱行动——百万家庭亲情一线牵”编织毛衣活动等，展现员工的社会关怀。（梁　彦）

中国大百科全书出版社 2016年工作综述

2016年，中国大百科全书出版社深入贯彻落实党的十八大和十八届二中、三中、四中、五中、六中全会精神，紧密围绕集团公司“两调四强”的战略部署，结合本社实际情况，全力推进出版社改革发展和各项工作，各项工作取得新进展。

一、2016年工作基本情况

（一）调动各方面力量，积极推进《中国大百科全书》第三版工作

完善组织架构，加强内容中心人员配给。成立了工作顾问小组、审读室、质检室，配备内容总监、美术总监；内容建设方面，103个执行学科全面开展工作，其中94个学科已经确定主编人选，有85个学科已召开第一次编委会会议或预备会议，工作流程和体例文件逐步完善；编纂平台建设和具体运营方案同步进行。

（二）服务大局，做好主题出版工作，有效推进国家重大出版工程

中国大百科全书出版社为纪念长征胜利80周年策划推出了APP出版物《红军长征英雄谱》，供读者免费下载，取得了良好的社会效益。加强重大项目管理，完成了《中国军事百科全书》（第二版合卷本）的出版工作，《台湾百科全书》和“中印经典和当代作品互译出版项目”“中国社会科学词条库”有序推进。

（三）围绕品牌，出版一系列优秀作品奉献社会

继续加强百科全书系列化工作，出版了《广州百科全书》等系列产品；儿童百科领域系列化工作推向深入，出版了《中国儿童数学百科全书》《中国儿童视听百科：飞向太空》以及《DK儿童科学百科全书》《DK儿童地图百科全书》等新品；在教育工具书领域完成了《韦氏高阶英汉双解词典》《学生规范词典》《现代汉语详解字典》等多种图书；学术文化类有《中国船政文化史》《南亚研究丛书》《跨文化方法论丛书》等；科普读物出版了《科学与未来》《探索发现之门》《我有一只霸王龙》等新品。

（四）积极落实集团公司“调结构”“强动力”的精神

全社出版工作侧重自主选题，侧重市场选

题，不断向市场化产品倾斜。重点发展儿童原创百科、DK百科、教育工具书、社科、学术、科技科普读物等核心、优势和特色项目；在发展中调整优化选题结构，打造核心产品，加强重点产品线建设，出版好书精品图书，不断提升百科社的市场竞争力和品牌影响力。

（五）加强市场营销工作，促进全员营销观念

以创新的姿态狠抓新媒体营销，逐步理顺编辑部门和发行部门在营销、宣传和发行上的衔接工作；市场营销部加快流程再造，提高服务意识、水平和能力；加强三个渠道建设，发好核心产品、重点产品，为产品线建设提供支持和保障。

（六）发展数字出版，加快推进媒体融合

将数字出版运营部新组建为新媒体中心，依托《中国大百科全书》第三版编纂建设，负责规划全社的数字出版工作，打造整体数字出版流程，为全社搭建维护数字运营平台和技术支持。利用百科资源开发的《中国军事百科全书数据库》即将上线运营。不断尝试将多媒体数字技术与纸质出版进行融合，强化“纸质图书＋数字内容”的出版模式，出版了《中国儿童数学百科全书》《中国儿童视听百科：飞向太空》等富含音频、视频、动画、AR等多媒体形态的复合出版物，深受青少年读者喜爱，取得了良好的市场效果。

（七）拓展国际传播渠道，继续推动“走出去”战略

积极开展对外版权贸易与合作，2016年，输出版权65种，引进版权62种。中共中央对外宣传办公室采购《中国传统故事美绘本》（中英文双语版）1500套，“经典中国国际出版工程”项目《中华百科全书》和《民族百科全书》（英文版）也即将出版。

（八）加强人才队伍建设，推进人才机制创新

结合集团公司“三个一百人才计划”，加强引进、选拔优秀人才；结合《中国大百科全书》第三版工作特别加强培养数字出版、网络运营、新技术、国际合作、经营管理等急需人才。坚持导师制度，加强编辑业务培训学习，重视青年职工的交流与相互学习，为青年职工提供发展平台。

（九）党建工作，企业文化建设有声有色

党委和全体党员认真学习贯彻十八届六中全会精神暨习近平总书记系列重要讲话，牢固树立政治意识、大局意识、核心意识、看齐意识，并落实到百科各项工作中。加强党组织建设，圆满完成各党支部换届选举工作。继续加强“两学一做”的日常学习，邀请雷锋战友冷宽将军进行“践行雷锋精神，做合格共产党员”的讲座；参观“英雄史诗，不朽丰碑——纪念中国工农红军长征胜利80周年”主题展览；创新活动载体，创办融支部建设、职工小家建设以及精神文明建设的“三项建设”活动；举办以“发扬长征精神，凝聚智慧力量，走好百科道路”为主题的38周年社庆纪念日活动，加强企业文化建设，为全社发展凝心聚力。

（十）提前布局，完成“十三五”发展规划的制定

按照集团公司“十三五”时期的发展理念以及“两调四强”的战略部署，认真总结“十二五”以来取得的成绩、基本经验和存在的不足，认真研讨改革发展中面临的重点、难点、热点问题，制定了全社“十三五”时期的发展规划，制定了工作措施，明确了发展目标。在规划期内，做好《中国大百科全书》第三版的编纂建设工作，强化品牌建设，围绕核心优势产品打造重点产品线，做强数字出版，加快媒体融合，努力把出版社建设成为具有较强内容创新和传播能力的文化企业。

二、2016年经营工作情况

（一）生产经营情况

2016年，全社图书印制品种共2628种，其中新书682种，重印书1946种；营业收入23581.74万元，利润总额为2781.36万元。

（二）获奖情况

2016年，中国大百科全书出版社获得多项荣誉奖励。2016年获得商务部、中宣部、财政部、文化部、国家新闻出版广电总局联合颁发的

“2013～2014 年度国家文化出口重点企业”；获中国版权协会颁发的第三届中国版权最具影响力企业奖；获全国新闻出版标准化技术委员会授予的“全国新闻出版标准化先进单位”称号；获中国出版集团公司 2015 年度优秀信息宣传单位、2015 年度财务报告先进企业；被北京市科委、北京市科协授予 2016～2018 年“北京市传媒类科普基地”；被北京市新闻出版广电总局印刷发行处、北京印刷协会联合推荐为“北京绿色印刷工程优秀出版单位”；获第六届中华优秀出版物奖（音像电子游戏出版物）提名奖的是《中国历史百科地图》（DVD－ROM 版）；入选国家新闻出版广电总局 2016 年向全国青少年推荐百种优秀出版物的是《中国历史百科地图》（DVD－ROM 版）；获得国家科技部 2016 年全国优秀科普作品奖的是《中国儿童视听百科：飞向太空》；第九届中国社会科学院优秀科研成果奖评选中《中国传播学 30 年（1978～2008）》获得三等奖；由中国版协国际合作出版工作委员会、中国新闻出版研究院、出版参考杂志社联合主办的“第十五届输出版、引进版优秀图书评选活动”中有两种图书获奖，分别是《中华文化百科丛书》获输出版优秀图书，《看得见的文明史》获引进版优秀图书奖；获中国出版集团公司表彰的 2016 年度出版特别贡献奖的一种出版物是《中国历史百科地图》（DVD－ROM 版）；中国出版集团公司 2016 年度中版好书榜评选中，《中国军事百科全书》（第二版）、《我们三代人》《中国儿童数学百科全书》三种出版物入选年度榜单。个人获奖有：滕振微获“中直机关优秀共产党员”、中国出版集团公司“2015 年度优秀编辑”；获得“中国出版集团公司优秀共产党员”的是：滕振微、姜燕、陈义望。此外，还有十个出版项目（七个图书，三个电子）入选国家“十三五”重点出版物规划。

（尹添铭）

中国美术出版总社
2016 年工作综述

2016 年，中国美术出版总社（以下简称“总社”）在中国出版集团公司的领导下，认真学习贯彻习近平总书记系列重要讲话和党的十八大及十八大三中、四中、五中、六中全会精神、推进开展“两学一做”学习教育，学习贯彻全国国有企业党的建设工作会议精神，全面落实集团公司“两调四强”的工作要求，坚持正确的出版导向，围绕六条产品线，做强六个增长点，落实六项主要措施，突出重点，狠抓落实，推动“十三五”开局之年工作取得新进展。2016 年总社共实现营业收入 21389.55 万元，较 2015 年（18589 万元）同比增加 2800.55 万元，增幅 15.07％；实现利润总额 2000 万元，较 2015 年（1600 万元）同比增加 400 万元，增幅 25％，较好完成了集团公司年初下达的任务指标。职工人均收入 14.91 万元，较 2015 年（13.71 万元）同比增加 1.19 万元，增幅 9％。三个主要指标的较大幅度上升，反映了总社经济运行的良好态势。

一、抓好“两学一做”，加强党建工作

（一）深入开展“两学一做”学习教育

总社党委高度重视“两学一做”，3 月，制定了“两学一做”学习教育方案。召开学习动员大会，传达了习近平总书记“2.19”讲话精神，全社中层干部、党员及全体编辑参加，使政治学习更加自觉，制度建设更加规范，政治意识、大局意识、核心意识、看齐意识不断增强。树立清风正气，严守政治纪律、政治规矩。党委书记周伟以“开展‘两学一做’，弘扬工匠精神，做合格出版人”为题在编辑三支部讲党课，集团公司党组书记王涛来社指导，同时党委组织各支部进行认真学习。

（二）学习贯彻企业党建会议精神，结合实际加强基层党建工作

习近平总书记强调，坚持党的领导、加强党的建设，是我国国有企业的光荣传统，是国有企业的“根”和“魂”，是我国国有企业的独特优势、中国特色现代国有企业制度，“特”就特在把党的领导融入公司治理各环节。要坚持党对国有企业的领导不动摇，发挥企业党组织的领导核心和政治核心作用。根据中央要求，我们在工作

实践中不断加强党的建设。一是保证党和国家方针政策、重大部署在国有企业的贯彻执行。对中央的各项要求，特别是关于意识形态工作，出版工作的部署，我们及时组织了党委中心组和支部学习，落实到具体工作中去，落实到坚持正确出版导向的具体措施中去。二是坚持服务生产经营不偏离，以企业改革发展成果检验党组织的工作和战斗力。在生产经营工作中，坚持党员带头，支部带头，体现党组织的引领、组织和服务作用。教材支部获得中直机关先进党支部就突出体现了党建工作和业务的融合发展。三是坚持建强国有企业基层党组织不放松，为做强做优做大国有企业提供坚强组织保证。2016 年，总社部分职能部室和编辑工作岗位调整落实后，各支部党员有所变动。在党委指导下，各支部严格按照《党章》规定，程序规范，组织有序，开支部党员大会，完成了换届改选工作。加强支部的建设，强化组织保障，健全了党支部工作制度，落实"三会一课"制度，按照党章的要求，督促党员及时、足额、主动缴纳党费。四是坚持完善工作机制，把企业党组织内嵌到公司治理结构之中。启动党委换届工作，目前党委委员候选人已经过"两上两下"，报集团公司直属机关党委审批。在日常管理中，明确党委副书记负责党委的日常工作，人力资源部和党群工作部合署办公，由同一位社领导分管。这些做法符合中央精神，有利于在具体工作落实党的领导。

（三）加强廉政建设，落实"三重一大"制度

总社与所有部室负责人都签订了《总社落实党风廉政建设主体责任书》，明确了各部室负责人在本部门履行党风廉政建设工作的过程中所担负的主体责任，规定了应履行的各项职责，层层落实责任。两节期间总社领导严格执行廉洁自律规定，带头正风肃纪，严禁出现违规发放补贴或福利。在总社数字项目和库房搬迁等招标工作中，加强纪委的监督。制定专项规定，紧抓"三重一大"工作，梳理经营工作中的风险点，涉及资金 20 万元以上的项目都要经社办公会议研究决定。在干部选拔上严格按照中央要求和集团公司规定，采取民主推荐和竞争上岗相结合的办法进行。按照出版集团公司的统一要求，完成了"三重一大"自查工作。同时，总社新制定了《总社经营合同审批表》《总社图书工艺及用纸标准》《职位体系和岗位津贴》《书籍设计管理办法》《出版作品报酬管理暂行办法》《劳务费管理暂行办法》《美术馆藏品管理办法》等 26 个制度文件。将制度汇编成册，以《员工手册》形式发给每位员工，力争做到以制度为依据，按制度办事。

二、制定"十三五"规划，明确发展目标

为深入贯彻落实《中华人民共和国国民经济和社会发展第十三个五年规划纲要》《中国出版集团关于做好集团"十三五"规划编制工作的通知》和《中国出版集团"十三五"发展规划》等文件的精神，推进中国出版集团"六大战略""三化目标"的最终实现，结合美术出版业升级转型的实际需要，总社制定了"十三五"规划。规划正文由现状与发展环境、"十三五"规划发展目标、发展动力、保障措施四部分构成，确立了总社六条产品线的结构，力争打好教材发展与数字化两个战役，落实六大保障措施，实现"十三五"期间在美术专业出版领域综合指标和集团公司内出版单位综合排名双双进入前五名的目标。

三、坚持正确导向，调整图书出版结构，做优专业出版

2016 年入库的图书 495 种，其中本版图书 333 种（初版图书 199，重印图书 134 种），合作图书 162 种。印数 223.57 万册（本版图书 150 万册，合作图书 73.57 万册），码洋 28273.75 万元（本版图书 9830 万元，合作图书 18443.75 万元）。自 2015 年起，截至 2016 年底，合作书品种逐年大幅下降，从一个侧面反映了调结构取得的成效。

（一）图书出版的主要特点

1. 以社会效益为先，提高图书获奖含金量

《唐宋家具寻微》获评中国图书评论学会

2016 年度“中国好书”；《〈髹饰录〉与东亚漆艺：传统髹饰工艺体系研究》获第六届中华优秀出版物（图书）奖图书提名奖，正在进行公示；《藏身于物的风俗故事》《中国书法批评史》、绘本《西游记》故事三种图书被评为 2016 年度中版好书；在 2016 年第 25 届“金牛杯”优秀美术图书评选中总社出版的“外国名家精品集”系列获得银奖。

2. 注重出版导向，主题出版成果丰厚

配合红军长征胜利 70 周年，孙中山诞辰 150周年等党和国家的重大纪念日，出版了《长征·1936》《地球的红飘带》《伟大的先驱：纪念孙中山先生诞辰 150 周年连环画集》《图说社会主义核心价值观：最美的中国人》《杨靖宇》《一个人的长征》等主题图书。

3. 坚持专业立社，做精美术专业出版

总社在 2016 年出版了“人美文库”丛书（27 种）、《李苦禅全集》（8 卷）、《梧柿楼集》系列（10 种）、《中国书法批评史》《极简中国古代雕塑史》《陆俨少课徒画稿》系列（5 种）、《新编牛津艺术词典》等美术专业类图书，增强了总社在出版行业和美术专业两方面的影响力。

4. 严守学术规范，打造有特点碑帖系列

《中国最具代表性碑帖临摹范本丛书》预计出版 48 个品种，碑帖品种依照教育部《中小学书法教育指导纲要》推荐的碑帖品种选编，对《纲要》实现全覆盖，在此基础上补充完善新的碑帖名品，在广大中小学生中推广与弘扬中国的传统书法文化。编辑经过大量的网络、实地调研和集体讨论，将《中国最具代表性碑帖临摹范本》定位为具有扎实学术研究基础的普及型碑帖，为之制定了严格的编辑体例和标准，尤其注重知识的准确性、提要的规范性，尽量杜绝不经考订的“以讹传讹”现象，力争做成普及类书法图书的精品。年内已出版 32 种。

5. 维护传统品牌，连环画出版保持优势

为庆祝建社成立 65 周年，出版《人美连环画家画库》。着力打造高端产品线和普及类产品线，如《中国连环画名家名作系列》《中国连环画经典故事系列》《北京小学生连环画》等。持续丰富常销连环画图书体系，顺利出版刘继卣《闹天宫》《武松打虎》等连环画，提升了本版图书竞争力。

（二）成立“大红袍”编辑委员会，体现公开、竞争、择优

颁布了新的《“大红袍”作者遴选办法》。新办法对“大红袍”编辑委员会的组成进行了新的改革。“大红袍”编辑委员会由社外聘请专家编委与社内领导、编辑室主任共同组成专家库，每年召开两次选题论证会，在专家库中随机抽取不少于 11 名编委（社外专家编委不少于一半）参加评审，票数过三分之二者视为初审通过，初审通过作者名单，报总社办公会审定。目前，总社已召开了第一次编委会，共有 29 名评委参加了评审。新的遴选办法以公开、竞争、择优的原则，努力使“大红袍”系列画集真正成为艺术界最高水平的风向标。

（三）整合期刊资源，构建内容互补的期刊结构

总社所属的十种期刊长期以来呈现出同质化、小众化、作坊化的特点。对期刊的结构调整是落实集团公司“两调四强”战略关于“调结构”的一个重要举措，也是期刊发展的一个基础性工作。2016 年在期刊方面做出了较大的调整，一是成立期刊集团，对期刊进行统一管理，明确管导向、管内容、管经营；二是《中国美术》《中国艺术》《书法教育》《油画》四本美术专业期刊合并办公，分别由社领导担任主编，加强领导，提高办刊质量；编辑人员由期刊集团总编办统一管理，下设特稿组、评论组、史论组、绘画组、书法组和新媒体组，统一安排选题和组稿，通过多媒体发布，实现“一次策划，一次组稿，多个产品，多元发布”，打造期刊编辑的“中央厨房”；三是支持教材工作，在教材中心办好《中国中小学美术》的基础上，新创办杂志《幼儿美术》，为幼儿美术教材服务；四是成立中国美术杂志社有限公司，探索扩大对外合作经营的新路子；五是创新用人机制，改革薪酬标准，吸引社会人才。取消期刊主编的行政级别，适当提高薪酬标准，逐步建立市场化选人用人的办法。

目标是打造一个结构合理、资源互补、市场细分的，有较强经济实力和社会影响力的期刊群，为集团公司期刊发展做出我们的探索和贡献。

（四）“走出去”成绩突出

版权工作方面，2016年审核出版合同390项；办理版权引进备案80项；版权输出77项，年度版税收益22万余元人民币。申报奖项方面，申请并获得中华图书特殊贡献奖一人；获得2015年图书版权输出奖励计划重点奖三项（《水浒传》法文版、《漫画中国历史》韩文版、《荷花回来了》韩文版），并申请2016图书版权输出奖励计划重点奖三项；申请第15届输出版引进版优秀图书推介五项，《南京的陷落》（韩文版）、《漫画中国历史》（繁体版）获输出版优秀图书奖；申请中共中央对外宣传办公室回购两项并获得一项（《白求恩在中国》）；申请中国之窗105项；申报翻译资助两项并跟进已获得资助的三个项目；组织北京国际图书博览会会展和洽谈工作，参加阿联酋沙迦书展版权配对活动，配合七项国际书展派员派书；接待了蒙古国、法国、印度、新加坡、巴西、罗马尼亚等多国同行来访。

四、抓好教材工作，保证市场稳中有进

（一）教材市场稳中有进

经过教材市场推广部门的努力，全年收款1.34亿元，同比上年（9983.12万元）增长约34%，利润4977万元，较上年（3159万元）增长1818万元，增幅58%。市场份额与2015年基本持平。

2016年作为国家下放教材定价的第一年，各地教材定价政策的制定将对教材出版单位造成直接影响，社领导带领教材市场推广部门深入近20个省份进行调研，派专人负责收集各省有关教材定价文件。最终大多数省份维持不变，定价政策的下放并未对我们的经济效益造成太大影响。

经过努力，地方教材等新产品实现了重点突破：一是2016年秋季《写字》（一至九年级）列入辽宁省教材评议目录并在部分区域使用，此项目全年增加码洋1100余万元；二是陕西美术练习册增加两万套左右，增加码洋近200万元；三是四川初中书法教材经过审定并列入四川省中小学教材用书目录，2017年秋季将在四川省全省选用。

（二）高中《美术》教材修订工作积极推进

2016年9月13日，总社成立教材编辑中心。设立了中小学、幼儿和大中专教材编辑室，以及《中国中小学美术》《幼儿美术》两个期刊，形成从学前教育到高等教育，覆盖全学龄段的美术教材产业链。通过对教材生产部门的重新划定，为教材产品结构调整提供有力保障。为配合教育部的高中教材修订工作，总社于9月28～29日召开了修订工作编委会启动会议，由美术界和教育界极具知名的领军人物、具有教材编写经验的教育专家和具有教学经验的一线教师等三方面专家组成编委会。会议针对如何贯彻新课标精神进行了研讨，既以专家的学术高度深入，又结合实践经验浅出；既能够以美术教育专家的专业性和权威性保障教材质量，又体现鲜明的时代性和广泛的适用性。总社对此次教材修订提出三点要求：一要紧紧围绕新课标指导思想“核心素养”进行修订；二要突出重点，处理好繁与简的关系；三要借鉴吸收其他优秀美术教材案例和经验，有所创新。

（三）启动“人美美育学堂”建设

2016年9月19日，人民美术出版社在建社65周年之际，“人美美育学堂”启动仪式举办。“人美美育学堂”计划在全国中小学建设100所，是提高美育质量、提升审美素养的重要举措。它在响应国家高度重视美育教育的大背景下诞生，旨在推动深化学校美育改革，强化美育的育人功能。

五、全社通力合作，营销工作取得新成绩

2016年，营销中心全年回款4521万元，2015年同期回款3713万元，较上一年年同期增长22%；发货码洋1亿3568万元，2015年同期发货码洋9215万元，同比增长47%。

（一）开拓新渠道，开发新项目

2016年营销的重点工作主要是放在渠道和

项目的开展上，开拓了一些新的渠道，也启动了一些项目。总社在农家书屋、馆配方面取得了较大的成绩，2016 年总社农家书屋采取直供的形式在贵州、广西、重庆、湖南、河北等地相继中标，码洋达到几百万元。

（二）召开第一届社店战略合作联席会

为了更好地做大、做强出版发行产业，召开了“第一届社店战略合作联席会”。会议邀请到全国 23 家新华集团发行公司高层负责人，主要目的是建立高层直接交流机制，沟通情况，增进友谊，深化合作。总社与 23 家新华发行集团公司签署《社店战略合作协议书》。双方从责任和义务以及出版合作方式、战略保障与举措多个方面进行规范和协议，在原有合作基础上更加紧密、更加全面地深化合作，共同提高总社图书的社会影响力和市场占有率。

六、一手抓开源，一手抓节流，成本控制初见成效

（一）大力引进资金，开展新项目建设

总社的发展离不开重点项目的支持，而充足的资金是项目运转的血液。2016 年，总社共引入外部资金 3000 万元，其中政府资金支持近 2000 万元，社会资金 1050 万元。为了鼓励吸引社会资金，总社出台了《特别奖励办法》，对引进社会资金成效突出的个人进行奖励。外部资金的注入，为总社进一步扩大生产经营、各项改革措施和新建项目的落实提供了坚实的经济保障。

（二）采取有力措施，有效降低图书成本

2016 年总社采取了一系列措施降低图书成本。一是重新制定了以单印张成本下降比例作为依据的考核指标，将成本控制与出版部员工指标任务挂钩。二是制定了《图书工艺及用纸标准》《书籍设计管理办法》《劳务费管理暂行办法》《出版作品稿酬管理暂行办法》《图书开本等有关问题规定》，从编辑、设计、印制等多个环节控制图书生产成本。三是成立朝花书画社制版中心，有效控制制版费用。出版部还对纸张库存进行了调查清理，截至 2016 年年底，各印厂共消耗库存用纸 5000 余令。据初步测算，单印张成本下降 24%，2016 年共节省图书印制成本约 500 万元。

（三）规范内部运营，降低管理费用

本着“必须、合理、节约”的原则，总社出台了《业务招待费管理办法》《会议费管理办法》《劳务费管理暂行办法》《快递、邮件管理办法》等内控管理制度，从细部节约，在实行定额制的同时对内部管理费用加强预算与审批。办公用品的购买和领用、邮件的寄送等都实行了统一管理，新建立的职工食堂也承担起部分业务招待的职能。2016 年办公费、业务招待费、会议费、邮汇费、劳务费等管理费用总计下降 70 万元。

七、紧跟时代要求，启动数字化与新媒体建设

数字化转型是为未来发展大计。2016 年总社正式启动了数字化与新媒体建设，具体来说采取了如下措施：

（一）探索新机制，建设“中国美术大数据运营平台”

“中国美术大数据运营平台”是总社数字化建设的重点项目，共分为数字出版、期刊出版、艺术家在线、在线教育和艺术品营销五个平台。在集团公司的支持下，“中国美术大数据运营平台”申报的财政部的扶持资金已经到位。2016 年筹备建立人美新媒体科技有限公司，成立新公司，关键是引进新机制，是做好这项工作的根本保证。

（二）抓住重点，制定“人美教材数字发展计划”

为契合教育部关于《教育信息化“十三五”计划》，跟上信息化技术对教育改革的影响和要求，教材编辑中心草拟了《人美教材数字发展计划》方案，提出围绕人美美术教育，以教材为基础，以在线教育平台为核心数据，从业务层面涵盖教材、培训及由教材延伸的数字课堂三部分，实现微信公众号、APP 和 PC 端三类产品，为全国中小学美术教师和学生提供在线学习、交流的有力内容和服务支撑。

（三）改革微信公众号，入口建设初见成效

时下微信不仅是通信工具和交流平台，更凭

借其绑定的用户数量成为数字化平台最重要的入口。用两个月的时间，通过改进微信公众号的内容编辑、产品推荐、新闻发布等工作，已聚集粉丝近9000余人，比两个多月前增加2000余人。人美商城、人美教育、人美艺术等版块作为微信平台的重要部分，正在陆续上线。

八、发挥跨部门团队协作精神，完成重大活动

（一）庄重务实，成功举办65周年社庆活动

2016年适逢人民美术出版社成立65周年，总社本着庄重、务实、节俭的原则举办了纪念活动和系列展览。9月19日上午，纪念活动在人美新大楼举行，中宣部、新闻出版广电总局、中国出版集团公司、中国美术家协会、中国书法家协会、中国出版协会等上级领导机构和行业组织机构领导参加纪念活动，并对总社工作给予充分肯定。同时举办了“人美美育学堂”启动仪式，人美出版成果展、“大红袍”名家新作展和职工书画展，《人美连环画库》《人美文库》等社庆图书同时出版。在整个活动中，各部门通力配合、积极参与，不仅锻炼了队伍，更增强了全社职工的凝聚力。“中正大雅、朴真至美”的人美精神更加深入人心，激励全社职工共同奋进，打好三大战役，迎接“十三五”新的挑战。

（二）团结一致，高效有序完成搬迁工作

总社的房产和搬迁问题一直是领导班子和全社职工的一块心病。自2012年底迁入富力中心周转办公以来，望着一街之隔的人美新办公楼却迟迟无法入驻，让每个总社职工的内心都无法感到安定。“无恒产者无恒心”，面对即将拉开的“十三五”大幕，“临时”住所带来越来越多的问题，严重阻碍着总社的发展，解决办公用房问题已是迫在眉睫。一是经过艰苦谈判，签订《补充协议》。经过反复周旋和艰苦深入的谈判，在《框架协议》的范围内，与华润公司签订了《补充协议》，最大限度地保障了总社的各项权益。二是不畏困难，加班加点，上下团结完成搬迁。作为有着65年历史的老社和在富力中心为期三年的周转办公，总社的物品繁杂众多，加之优士阁仓库数量庞大的档案资料，搬迁成为一件极为艰巨的任务。总社抽调多个部门相关人员组成搬迁工作小组，周密制定了搬迁方案和工作计划并迅速筹备足量的打包物品。搬迁开始前，总社召开了动员大会，将精心编制的《搬迁手册》发放各部室，把每位员工调动起来，让大家做到心中有数、心中有责、行动有指南。3月22日起，搬家工作正式启动，搬迁工作小组夜以继日的辛苦工作，各部室、全社员工通力配合，3月28日各部室陆续恢复办公，整个搬迁任务在短短一周内高效有序地完成。三是仔细善后，尽可能降低搬迁损失。为了保证珍贵档案资料的安全，资料物品被逐件登记造册、并由专人跟踪运输。搬迁工作小组几次对富力中心办公地进行巡视扫尾工作，对遗留样书、设备进行清点登记并按规定处理，降低搬迁损失。

（三）确保资产安全，顺利完成库房搬迁

2016年7月，根据集团公司要求和库房的实际情况，总社发行库房由大兴搬迁至顺义新华联合物流中心，本次搬迁图书码洋达1.68亿元。营销中心制定了详细的搬迁方案，组织人力对库房图书进行清点，本着厉行节约、高效有序的精神将库存大部分图书安全完整地搬迁至新库房。

（四）用好品牌资源，美术馆向社会免费开放

整合社会资源，用好人美品牌资源，美术馆向社会免费开放。举办了“《2016美术日记》年度新作展”“‘大红袍’名家新作展”“人民美术出版社出版成果展”“庆祝人民美术出版社成立65周年职工书画展”“‘书法中国’获奖作品展”等公益性展览，社会反响良好。

九、精简职能部门，优化干部结构

（一）公开选拔干部人才，优化干部队伍结构

按照《党政领导干部选拔任用条例》和有关规定的要求，我们采取民主推荐与竞聘选拔相结合，严格履行民主推荐、公开竞聘、班子研究、民主测评、组织考察、班子决议、任前公示、任前谈话、发布任职通知的程序和要求，坚持“公

开、平等、择优”的原则，做到岗位公开、程序公开、结果公开，坚持任人唯贤，人尽其才，才尽其用，合理配置人才资源，实现干部与工作岗位的优化组合。坚持按章办事，严格程序。一是优先抓经营部门干部建设。将营销中心、出版部等急需的干部配置到位。二是重点抓教材编辑队伍建设。教材编辑中心通过竞争上岗，把优秀编辑吸引到教材工作岗位上。三是探索市场化选人用人。期刊部门采用社内外公开招聘方式选拔人才，取消期刊主编的行政级别，作为业务岗位管理，拓宽了选人用人渠道，引进了一批优秀编辑。

（二）精简职能部门机构和人员，提高运行效率

长期以来，总社职能部门多达 10 个，但是部门多并不意味着力量大，反而容易造成推诿扯皮的情况发生。具体表现在服务意识差、责任不清、效率低、费用大。为整合力量，明确责任，提高工作效率，总社在六月份完成了职能部门的整合，将行政部和资产管理部并入办公室，将版权部、数字部、设计室并入总编室，将人力资源部和党办合署办公。调整后，职能部门精简至 4 个，分别是办公室，总编室、财务部和合署办公的人力资源与党群部。新的机制初步形成，工作效果初步显现。

（三）完善职位体系，调动职工积极性

为合理设置职位，规范和加强职位管理，明确岗位职责，并为员工职业生涯提供发展和晋升空间，根据本单位的实际情况，制定并落实《总社职位体系和岗位津贴试行办法》，完成了新的职位体系和岗位津贴的套改，遵循多劳多得的原则，调整了不同岗位收入的结构层次，激励了职工工作积极性。

十、改善职工生活，提高职工素质

（一）发挥工会作用，保障职工权益

随着转企改制工作的深入，工会也在逐渐转变工作职能。一方面积极推进企业民主管理建设，推进职代会工作，2016 年在总社进行的一系列改革措施和重要选人用人工作中，职代会发挥了民主监督作用，并提出了重要建议，对推进企务公开、维护职工政治权利起到了积极作用。另一方面总社工会还从职工切身利益出发，组织多项活动，丰富和改善职工生活。如开展“读经典、学新知”读书实践活动；女工委组织的为新疆维吾尔自治区少数民族家庭小学生编织毛衣、帽子、围巾活动。此外，工会还为女职工建设了“妈咪小屋”、专门辟出了“职工书屋”和“职工之家”活动室，为职工健身提供场地和器械。

（二）办好职工食堂，改善职工生活

2016 年由办公室牵头筹建了总社职工食堂。食堂建设工作小组专项负责本次筹建工作，小组成员走访了多家企事业单位，学习先进管理经验，并对多家餐饮公司进行了调研。九月职工食堂正式运营，营养搭配的饭菜、干净整洁的备餐用餐环境、细致周到的服务得到了社内职工的好评，用餐人数明显上升。为解决部分职工晚间加班误餐、没有时间做晚饭的实际困难，总社食堂开展了晚餐外卖服务。无添加剂的食品受到社内职工的欢迎，食堂预定供不应求。为了规范食堂、餐卡管理，办公室还出台了《员工餐厅管理办法》，力争食堂经营管理规范、卫生、高效、节约、公开透明。

（三）开办“人美学院”，提高职工素质

为了完善职工教育培训工作，提高员工各项素质，2016 年“人美学院”正式开学。“人美学院”邀请业内知名学者和专家对社内员工进行相关业务的培训，向新入职员工开展系列讲座，提高新员工的专业素养、创新意识和创新能力，使新员工更深入了解人美社的历史文化、企业精神，帮助他们更快、更顺利地投入到工作中。本年度“人美学院”共开展集中培训 14 次，吸引了众多职工参与学习。

（四）加强沟通交流，做好老干部工作

总社离退休人员较多，现有老干部 208 人。老干部对总社发展和动向十分关心，本次搬家过程中，总社特派专人负责与老干部沟通交流，随时汇报工作进展，听取他们的建议。总社每年都组织召开“老干部茶话会”、逢年过节举办活动

或走访慰问，今后总社还将继续热情接待老干部来信、来访，力争把工作做得更细更好。

（赵军平）

人民音乐出版社 2016年工作综述

2016年，人民音乐出版社（以下简称“人音社”）认真学习贯彻党的十八大和十八届三中、四中、五中、六中全会精神，认真贯彻领会习近平总书记系列重要讲话精神，扎实开展“两学一做”学习教育，坚持导向，开拓进取，各项工作在“十三五”开局之年取得明显成效。

一、双效业绩卓著，品牌影响力与竞争力持续提升

2016年，人音社坚持正确的出版导向，重拳打造中国民族音乐文化的重大出版工程，取得了良好的社会效益和经济效益，不断增强经济实力，有效地提升了品牌影响力与竞争力，有力地展示出音乐出版“国家队”的责任担当、文化贡献与专业实力。

（一）生产经营情况

出版图书996种，其中新书215种，重印书781种；出版电子音像制品49种。期刊42种；印制光盘270万片。

2016年，在义务教育课本进入全面循环使用，学生用书数量大幅下降的情况下，仍然取得了来之不易的经营成绩：资产总额6.34亿元，增幅9.25%；全年营业收入2.3亿元，同比下降6.18%。

（二）获得的奖项和荣誉

《童声传递中国梦》入选中宣部、国家新闻出版广电总局2016年度主题出版重点出版物；《抗战歌选》和《中国军乐》获第六届中华优秀出版物奖·提名奖；《古乐之美》和《抗战歌选》入选韬奋基金会、中国图书馆学会等联合评选的“出版界图书馆界全民阅读好书榜”50种年度重点推荐图书；《古乐之美》《幸福少年》《小朋友们的拜耳》三种图书入选2016“中版好书”年度榜；《古乐之美》还入围2016年度国家新闻出版广电总局“大众喜爱的50种图书”，入选中国出版协会“中国30本好书”、《光明日报》光明书榜、中央电视台《读书》栏目“好书推荐”等多个榜单。《抗战歌选》《中国军乐》还双双获得集团公司2016年度出版特别贡献奖。

人音社荣获中国版权协会“中国版权最具影响力企业奖”；社党委荣获集团公司“先进基层党组织”，社工会荣获中直模范职工之家，期刊中心荣获“全国三八红旗集体”，团支部荣获集团“五四红旗团组织”称号。张伯平同志被评为中直工委“优秀共产党员”，周群等四位同志分别荣获集团公司“优秀党务工作者”和“优秀共产党员”称号；郭贵明同志一家获得中直工委“文明家庭”称号，张淑英等四名同志被评为集团优秀工会工作者、优秀工会积极分子。

二、出版主业再创佳绩，业务板块协调发展

人音社始终牢记“国家队”的责任使命，以重点项目为抓手，进一步做大、做优、做精书刊音像出版主业，深入挖掘原创经典选题，一批重大项目和优秀精品出版物相继策划出版，实现了社会效益和经济效益的双赢。

（一）图书音像亮点突出

在2015年划分十大图书板块、明确业务定位的基础上，2016年进一步明确产品定位，细分为“重大、重点、儿童教育、院校教育、市场自选、引进、输出、包销、创新”等九大出版方向，图书策划和出版更具针对性。音像业务抓大放小，在重大项目策划、媒体整合营销上，抓住了重点，积极地探索。

多个产品入选国家和集团公司的重点项目。《中外舞蹈知识百科词典》入选国家出版基金项目；《中国近现代音乐史料汇编》《中国传统礼俗仪式音乐》《中国民族乐器文化》《中国琴学研究丛书》《弦乐·中国》《中国舞蹈史图典》《音乐中国》七个项目入围国家“十三五”重点出版物，其中《中国近现代音乐史资料汇编》入选国家重大出版工程规划；《中国艺术研究院图书馆馆藏》成功中标文化部重点资助项目和中国艺术

研究院重大音像出版项目；《鸿雁》等四种图书入选中共中央对外宣传办公室回购类项目，音像《音乐中国》入选任务类项目。

《中国近现代音乐史料汇编》等八个项目入围集团公司“十三五”规划重点图书；《古乐之美》等三个项目获集团主题出版项目资助；《嘹亮军歌：庆祝中国人民解放军建军90周年优秀军事题材歌曲选》《国家大剧院原创剧目典藏集（第三期）》两个项目获集团公司出版专项资金项目资助。

历时十余年，国家“十一五”重点出版项目，2013～2025国家辞书编纂出版规划项目《中国音乐词典》（增订版）终于得以完成，囊括了30年来国内主要的专业学术成果；历经10年后，完成了国家“十二五”重点出版项目、中国近现代音乐研究的重要学术著作《马可选集》。

完成了中宣部“四个一批”项目、中国共产党中央委员会对外宣传办公室《音乐中国》项目、文化部第四批向全国推荐少儿歌曲专辑《歌声伴着我成长》，以及《中国高等艺术院校管弦乐器系列教程》《快乐阳光：李幼容作词幼儿歌曲》专辑的重点音像出版工作。

经过努力，取得了中国音乐家协会第二大考级项目《电子琴考级作品集（第五套）》独家出版权；引进了奥地利《小小演奏家》系列、芬兰《“彩色弦”小提琴教学法》系列，以及《钢琴之旅表演秀系列》《“钢琴+”：钢琴集体课教程》，正式出版了但昭义《新路径钢琴基础教程》《约翰·汤普森简易钢琴教程》。

这些项目充分体现出较高的专业性、原创性、独特性和集成性，将对人音社图书和音像出版的社会效益、品牌效益、经济效益产生深远影响。

（二）教材出版逆势而上

2016年教材市场面临严峻挑战，适龄儿童人口基数下降，义务教育课本进入全面循环使用，学生用书数量大幅下降。为了巩固和发展人音社的经济支柱，教材中心与发行二部不断开拓新的模式、新的产品、新的市场，精耕细作各省市场：1.在力保稳定的基础上，把教材工作推向了新的高度，新增三市三县一区的市场份额，使2016年成为教材市场份额同比增长最多的一年；2.多媒体教学光盘、教学挂图、教学音像资源包、教师用书资源套装，都实现了骄人的销售业绩；3.我们进一步强化服务意识，将培训工作细分到县一级，并成功举办“全国音乐教材培训及经验交流会”，实现了全年53个地市、120多场、近6000名教师的培训任务；4.根据教育部高中教科书编写修订与送审的工作要求，9月份全面启动了六本高中教材的编写修订工作，仍在紧张有序地进行中，务必在半年内完成。

（三）期刊出版稳中求进

在纸媒持续下滑的行业态势下，四种社办期刊继续保持经营稳中有升，保持着高精尖的学术地位，用质量聚资源、向品牌要效益，分别策划、参与举办了“丝绸之路与当代音乐学术”高端论坛、第七届“人音社杯”高校学生音乐书评征文、第三届全国钢琴教师师资培训、全国钢琴教学研讨会暨《钢琴艺术》创刊20周年庆、2016年高校教育专业钢琴教学研讨会、全国高师声乐教学理论与实践工作会、西安国际音乐艺术节、“新丝路新童歌”第12届中国少年儿童歌曲卡拉OK电视大赛全国总决赛、“阳光宝贝·快乐的歌”第二届幼儿歌曲演唱大赛等24项大型培训和赛事活动，赢得业界广泛好评。

（四）数字出版力促转型升级

“中国音乐数字出版与发行平台”是积极探索数字化转型的重大举措，经历近五年的建设和曲折，2015年通过工程验收、完成募投方案，2016年初实现了上线试运行。平台内容资源的加工和导入工作初见成效，目前已集成4.5万首乐谱、260本电子书、6900篇期刊文章、3500首音频、3400个教学视频以及18套义务教育音乐教科书课程，正在朝着音乐教育、音乐出版最迫切的需求方向精准发力。

（五）国际业务助推“走出去”

在巩固传统版权贸易的同时，不断开拓多种模式的国际合作业务，大力推进“走出去”战略。有5种图书音像产品入选2016中央外宣办的采购项目，28 种图书输出美国、德国、俄罗斯等国家以及中国台湾地区；利用第 23 届北京国际图书博览会、上海国际乐器展览会等机会，精心设计展台，遴选重点产品，强化品牌宣传。英皇考级合作出版产品增加到 57 种，发货码洋 1044 万元，同比增长 21%；销售收入 600 万元，同比增长 19%。

三、优化生产经营模式，品牌推广多元融合

以主业为龙头，大力推进品牌建设。2016 年，各部门调整工作思路、工作重心和业务方向，深度参与营销活动，创新营销模式，探索新的业务增长点，推动产业链的进一步拓展，推进文化传播实力的进一步提升。

（一）业务部门协同发力

编辑人员市场意识显著提高，构建自媒体平台和渠道，大力策划营销活动，带动提升市场销售。《古乐之美》先后举办七场专题讲座与读书分享活动，促进销售 5000 册以上，受到媒体关注与读者好评；音像中心的整合营销，带来直接的图书和专辑销售 100 多万元。

校对人员在时间紧、任务重的情况下，两个月完成《中国音乐词典》3 个校次、近 200 万字的校对任务；全年工作量同比增长了 36%，完成了 195 种图书、7 个品种上百本教材的校对工作，以及 360 万字的期刊责校工作。

美编人员完成新书设计 164 种，其中期刊 42种；设计音像和宣传产品 46 种，全年工作量同比增长 23%；印制人员明确市场定位，积极探索新工艺、新业务，为保障印刷质量、控制生产成本做出了贡献。

大力推进生产流程信息化建设，启动云因重印系统的研发工作，完成了重印书申报电子流程系统，实现了流程管理的网上操作，缩短了发稿时间和工作流程，提高了效率。

发行人员在努力维护原有渠道的基础上，进一步拓展网络渠道，成效显著，网络平台的全年图书发货码洋同比增加 72%；京东自营旗舰店正式上线，在架品种 2344 种，涵盖全部常销品种，成为人音社图书产品陈列推广的重要窗口。他们还和编辑人员、营销部门一道，通过主渠道开发、系统采购、培训推广等多种形式，努力完成了销售任务。

2016 年，人音社发挥大局意识、集团意识，社委会统筹指挥协调，员工们克服巨大困难，各个部门想方设法、团结协作，党员干部冲在前面、以身作则，按时高效地完成了集团公司交予的库房搬迁任务。配合集团“中版好书百店千柜工程”和图书捐赠活动，在海南、上海、广州、新疆等省、市、自治区挂牌 12 站，向各省区市的大中小学校及三沙驻军捐赠图书 1.39 万册，码洋 46.5 万元，体现了我们的文化使命和责任担当。

（二）立体运营凸显成效

2016 年，通过赛事活动、新媒体运营、展会营销、媒体宣传等方式多管齐下，加大了宣传力度。通过人民音乐出版社官微、“人音教育”公众号、“人音教育”微课堂以及微信群、QQ 群等平台，及时报道重大活动，推送重点产品，提升品牌运营。针对课外音乐教育市场，我们积极推动以课程为核心的“人音教育学院”，形成了七个板块、32 项课程、30 多家单位参加的初步规模；积极建设以用户为核心的“人音教育教师联合会”，目前入会教师达 2700 人。通过钢琴之旅等各类培训，实现培训收入 87 万元，并显著带动了《菲伯尔钢琴基础教程》《“1+1”古筝基础教学法》《陶笛入门教材》等面向一线教师的图书销售。

人音社联合美国菲伯尔研究院，开展国际钢琴教学水平考试，搭建教师学生的展示平台，探索“出版＋培训＋赛事＋交流”的立体出版模式；通过引进芬兰“彩色弦”小提琴系列教材，获取中国独家授权培训资质，携手西贝柳斯音乐学院，有效推动项目在国内院校的落地；我们与广州珠江钢琴集团强强联手，成立了教材研发与课程推广中心，探索“琴书联袂”的合作共赢模式。

四、狠抓制度建设，管理水平有效提升

围绕发展战略及年度目标，2016 年人音社

狠抓制度建设与规范管理，完善内控体系和管理流程，有效克服了人手少、任务重、时间紧等困难，促进了全社管理水平、生产效率和执行力的进一步提升。

（一）出版管理常抓不懈

始终把导向管理和质量标准放在出版工作的首位。尽管稿件量猛增，我们仍然坚持三审三校、出书前清样质检、编校互补与校次互补，坚持严把导向关与质量关，图书质量合格率同比增长 8 个百分点，有力地保证了出版品质。

（二）队伍建设进一步加强

深化人事管理与人才培养制度改革，为人才成长营造良好的环境。严格选人用人程序，出台了《中层干部选拔任用工作暂行办法》；引进专业技术型人才，充实了业务骨干队伍；按照“严把三关”（动议提名关、考察考核关、重大事项审查关）的程序和要求，有五名同志入选集团公司第二批后备干部。在积极参加集团网络培训学院、社长总编辑培训班、编辑室主任培训班、集团“三个一百”人才培训班的基础上，还组织中层编辑骨干到印厂蹲点调研，组织编辑出版人员到西南物流图书库房参观学习。

（三）内控建设日趋完善

根据事业需要和集团公司要求，完成了《人民音乐出版社“十三五”规划》的起草制定，做好上市尽职调查、年鉴编写以及各类企业证照的年检、变更工作。建立了人音社商标档案管理体系，制定了相关管理规定，使人音社商标资产的维护、使用和开发步入了更加规范有序的新阶段；出台了《关于进一步加强用印盖章管理工作的通知》，对办文办事的程序加以强调和规范。按照国家规定与上级要求，顺利完成了年度财务预算、决算及各项审计工作，切实落实了增值税退税返还、专项资金申报和结项工作。修订了《考勤休假管理规定》和《出差与差旅费开支管理规定》。通过这些工作，我们健全了规章制度，完善了管理体系，对全社提高效率、防控风险发挥了积极的作用。

（四）工作待遇不断改进

2016 年，对转企改制时期事业编制人员进行精准测算，制定了《关于转制后退休人员待遇支付标准实施方案》和《企业年金待遇支付办法》，员工福利进一步得到保障。对楼道绿植进行调整，对办公库房与办公设施进行改造，工作环境得到进一步改善。我们还坚持慰问生病住院员工、生育员工及家属，及时传递组织的关爱与温暖。

五、从严从实抓党建，企业文化建设汇聚向心力

在社党委的领导下，以“两学一做”专题教育为抓手，全面落实从严治党，牢固树立“四个意识”，以党建工作促进企业文化建设和精神文明建设，进一步激发广大员工的创造性和凝聚力，为人音社改革发展提供了有力的思想、组织和纪律保证。

（一）着力加强党组织的领导核心和政治核心作用

严格落实中心组学习制度，切实强化领导班子“四个意识”，尤其是核心意识和大局意识。各支部认真安排和落实专题学习计划，深化党章党规党纪的学习，通过领导干部讲党课，推进学习交流；利用换届契机，建好基层党建队伍。结合指标完成、库房搬迁、教材修订等重要工作，发挥党员示范作用，提高党员队伍的凝聚力和战斗力。根据集团部署，切实做好党员组织关系排查、党费收缴等专项工作；严格做好党员的管理和发展，一名优秀青年同志加入了党组织，有三人向党组织递交了入党申请书。

（二）认真落实党风廉政建设

坚持党要管党、从严治党的原则，制定了《党委党风廉政主体责任清单》《纪委党风廉政监督责任清单》，突出重点，细化责任，深入落实党风廉政建设责任制。社党委与部门负责人分别签署了党风廉政建设责任书，明确责任主体，强调问责机制。我们还进一步健全了纪检机构，设立纪检办公室，各支部设立纪检委员，加强了纪检工作向支部延伸的力度；结合重要节点的廉政风险防范，形成《人民音乐出版社廉政风险点及防控措施》，层层传达压力，严堵漏洞、严防风险，维护了人音社风清气正的工作氛围。

（三）大力推进特色企业文化建设

2016年，以企业文化和精神文明建设为抓手，坚持服从大局、服务大局，紧紧围绕中心开展群团工作，努力营造团结向上的文化氛围，不断激发干事创业的精神动力。

开展了丰富多彩的活动，举办“影像春节摄影作品展”，提升员工的归属感和向心力；组织“职工艺术沙龙”展示员工的专业才艺；组织参观中译“语通”科技有限公司，跨界交流开阔视野；举办“回归自然的教育”交流活动，增强员工修业、治业、创业的意识。积极参加了集团公司“读经典、学新知”读书实践活动、第二届集团职工足球赛。在集团公司“党在我心中”诗歌征文活动中，人音社七首作品获奖，并有一首作品获得中直工委三等奖；在集团公司“创新·圆梦”青年优秀创新项目活动中，人音社“英皇国际合作出版项目”获得提名奖。（潘小磊）

生活·读书·新知三联书店 2016年工作综述

过去的一年，我国经济发展呈现缓中趋稳态势，继续在新常态下艰难运行。传统出版增长乏力，业态转型还未释放出推动产业发展的巨大能量，出版企业的经营面临成本投入不断增加、利润空间不断缩小的困难局面。生活·读书·新知三联书店认真学习贯彻习近平总书记系列重要讲话精神，在中国出版集团公司的正确指导下，扎实开展“两学一做”教育活动，牢固树立“四个意识”，大力实施“三六构想”和“1+3”战略，以“两调四强”为重点，以“品牌产品年”活动为抓手，积极推进媒体融合发展，上下齐心协力，迎难而上，社会效益和经济效益均取得了良好成绩，各项工作都有新的进展。

一、坚持正确导向，打造精品力作，一大批图书获奖或入选各种好书榜

2016年，在坚持正确出版导向的前提下，生活·读书·新知三联书店围绕大局，服务中心，结合纪念中国共产党成立95周年、中国工农红军长征胜利80周年等，推出了一批“双效”俱佳的主题出版图书。其中，《生死关头：中国共产党的道路抉择》入选中宣部和国家新闻出版广电总局“2016年主题出版重点出版物选题”；《北上：党中央与张国焘斗争始末》《生死关头：中国共产党的道路抉择》《董必武家书》入选中国出版集团公司“中版好书2016年度榜·主题出版十大好书”。

《中华文明的核心价值：国学流变与传统价值观》《1944：腾冲之围》《谢觉哉家书》三种图书获得“第六届中华优秀出版物奖”，《平生六记》获得“第六届中华优秀出版物提名奖”。在全国单体社中，就图书奖而言，是名列第一位的。此外，《1944：腾冲之围》《奇妙的尘埃》《疯狂实验史II》《童年哲学》《八道湾十一号》入选“第十一届文津图书奖推荐图书”，其中《1944：腾冲之围》还获得“2015年度中国30本好书”“中国新闻出版广电报2015年度好书”。《楚亡：从项羽到韩信》入选“2015中国好书”。《东西建筑十讲》《败在海上：中国古代海战图解读》《生死关头：中国共产党的道路抉择》《大都无城：中国古都的动态解读》《海昏侯刘贺》分别入选中国图书评论学会2016年1～2月、4月、8月、11月、12月“中国好书”。《重庆“棒棒”：都市感知与乡土性》《被困的治理：河镇的复合治理与农户策略（1980－2009）》《超社会体系：文明与中国》获得“2016中国社会学会年度推荐好书”。《我们的中国》（全4册）获“2016年度中国30本好书”，《光明日报》2016年度“光明书榜学术类图书推荐”以及2016年度“腾讯·商报华文好书·人文社科类好书奖”；《生死关头：中国共产党的道路抉择》获《光明日报》2016年度“光明书榜特别推荐”；《一百年漂泊：台湾的故事》《大都无城：中国古都的动态解读》获2016年度“腾讯·商报华文好书·评委会特别奖”。《逃避统治的艺术：东南亚高地的无政府主义历史》入选《经济观察报》“2016年度十大好书”；《无悔：陈明忠回忆录》《我们的中国》（全4册）入选《北京青年报》“青阅读年度好书TOP15”；《火枪与账簿：早期

经济全球化时代的中国与东亚世界》入选“21世纪年度好书（2016）”。《寻归荒野》获首届“大鹏自然好书奖·五十册自然好书”。《我们的中国》（全4册）《从历史中醒来：孙机谈中国古文物》《大都无城：中国古都的动态解读》《一百年漂泊：台湾的故事》《以蓄满泪水的双眼为耳》入选中国出版集团公司“中版好书2016年度榜”；《枪林弹雨中成长》获中国出版集团2016年度畅销书奖。

另外，《何处是“江南”：清朝正统观的确立与士林精神世界的变异》（韩文版）、《中国建筑史》（英文版）、《中国雕塑史》（英文版）荣获中国版协国际合作出版工作委员会等机构联合举办的“第十五届输出版优秀图书”。《武梁祠：中国古代画像艺术的思想性》获“2016年版权引进优秀奖”。

二、资产总额保持稳定增长，结构性增长出现较大变化

截至2016年12月31日，生活·读书·新知三联书店资产总额比上年年末增长约11%，保持稳定增长势头。从结构性增长来看，图书板块，收入和利润继续保持高速增长；期刊板块，期刊发行量同比有所增长，广告收入显著减少；书店板块，韬奋书店实现收入同比增加约20%；数字出版板块，电子书实现赢利，周刊新媒体收入也有明显增长。

净资产的增加，说明国有资产得到保值增值；图书板块高开高走，说明出版主业挺拔有力；电子书、新媒体收入同比翻番，说明新业态正在成为新的经济增长点。但也要注意到，期刊广告收入大幅减少，个别下属公司出现严重亏损。期刊广告收入减少固然可以说是与国内大的经济环境有关，但有的单位出现亏损，则应引起高度警觉。另外，新媒体投入增加，而当年未能实现盈利，也是导致利润下滑的主要原因之一。投资新媒体，在当前业态转型环境下，无疑是一种战略投资行为，但同时也提醒在新媒体建设中要切实把握好投入与产出的关系。

三、开展“品牌产品年”活动，推动生产机制创新，品牌效益进一步彰显

按照品牌化战略部署，生活·读书·新知三联书店把2016年确立为“品牌产品年”。年初召开了动员会，确立了开展“品牌产品年”活动的目标、原则，设定了品牌产品的具体标准和运作方式，全年签署品牌产品重点营销项目制运作协议5批共25种，其中年内销售超过2万册的图书有：《北上：党中央与张国焘斗争始末》38783册；《我们的中国》34470套；《一百年漂泊：台湾的故事》29120册；《独立日3：日出之食》28889册；《独立日2：用电影延长三倍生命》25772册；《从历史中醒来：孙机谈中国古文》24467册；《生死关头：中国共产党的道路抉择》20503册。而上面提到的获奖图书和入选各种好书榜的图书，大多是列为品牌产品的图书。2016年生活·读书·新知三联书店签约并已出版的品牌产品共计13种，由原市场推广部牵头，会同编辑部等相关部门共同策划组织了其中八种产品的整体营销推广活动共34场；8种品牌产品目前共被传统媒体、门户网站报道近400余家/次，新媒体推送超过200余家/次，总阅读量超过800万。开展“品牌产品年”活动的成效绝不仅仅体现于销售数量的扩大，更重要的是，通过这一活动进一步彰显了三联图书特色，使得三联品牌在读者心目中的地位更加稳固。

“品牌产品年”活动的开展为做好“走出去”工作打下了良好基础。2016年共实现版权输出40个，涉及15个语种、20多个国家和地区；其中3种图书获得中国图书对外推广计划，5种图书获得丝路书香重点翻译工程，5种图书获得经典中国国际出版工程，累计获得资助316万元。此外还获得国家新闻出版广电总局给予的版权输出奖励12万元。

四、创新营销方式，加大回款力度，确保图书销售收入稳定增长

生活·读书·新知三联书店图书营销中心成功举办了社店战略合作新春联谊会、首届社店战略合作伙伴培训班、第六届社店战略合作联席会。在第26届全国图书交易博览会、2016上海书展、2016南国书香节期间，组织了作者报告会、新书发布会等活动；生活·读书·新知三联书店在2016上海书展上被评为“十佳出版社”。在实体经济低迷下滑、整体图书销售不乐观的大背景下，在店内整体新书品种减少、没有超级畅销书销售支持的情况下，图书营销中心顶住巨大的回款压力，整体实现销售总额稳中有增。其具体措施有：深入基层店调研，改变发行方式、稳妥地扩大客户数量、抓大不放小，销售重心下沉，同时做好全国大书城和二三线城市的销售等。

生活·读书·新知三联书店原市场推广部全年共策划执行重点营销推广活动38场/次，比上年同期增长23%。三联韬奋书店配合举办了“书店里的大学公开课”四季共12场；2016上海书展期间成功举办了“书店里的大学公开课”上海书城专场。新媒体运营方面，2016年“三联书情”微信公众号发展迅速，目前关注读者13.7万余人，比上年同期增长96%；目前公众号WCI指数在“出版机构新媒体影响力排行榜”（240家出版社）中长期位列微信公众号前十名，2016年7月还入选首届“大众喜爱的50个阅读微信公众号”。

三联韬奋书店借助三联的品牌优势和政府的资金扶持，原有店面整体上保持了平稳经营，同时积极推进“五年十店”建设。2016年4月23日，三联韬奋书店北京政务中心分店开业；10月，与四川省成都市青羊区政府、成都文化旅游发展集团有限责任公司合作，积极推进三联韬奋书店成都分店的前期筹备工作。第45届伦敦书展期间，“三联韬奋24小时书店”参评全球最美书店，荣获提名奖。

五、推动机制创新，促进媒体融合，转型发展取得了可喜进展

2016年，《三联生活周刊》形成了以内容生产、品牌影响、原创思想为支撑，以文化产品为主导，以生活品质提升为目的的总体布局，提升了自身发展活力和竞争力。《三联生活周刊》连续两年被评为“中国最美期刊”；入选“2016年度中国期刊海外发行百强排行榜”“2016期刊数字影响力100强”（大众类期刊）。通过有效内容运营，《三联生活周刊》在线上积累了大量的用户群体，影响力不断扩大。新浪微博粉丝数达到1249万，保持同类媒体粉丝数量前三名；微信官方公众号粉丝数达到150万，荣登微信官方发布优秀案例榜，被评为2016年首届“大众喜爱的50个微信阅读公众号”；在国内公共图书馆数字阅读、党政机关数字阅读方面都位居第一。

《三联生活周刊》利用“互联网+”开发了从线上到线下的新媒体产品、生活方式领域的共享平台——“松果生活”APP，目前下载量已经突破50万，在同类软件中遥遥领先。由于良好的市场反响，“松果生活”入选“全国报刊媒体单位融合创新案例20佳”和“第三届中国创意工业创新奖·新营销奖金奖”。2016年1月16日，在北京三里屯太古里橙色大厅举办了主题为“未来·生活”《三联生活周刊》复刊二十周年庆典活动；2016年12月31日～2017年1月2日，“松果生活”在三里屯太古里举办了2016松果“生活家年华”活动。另外，新近开发的“熊猫茶园”APP，已于2016年10月上线运营。

通过优质电子书、数据库等积极开拓数字出版新业态。生活·读书·新知三联书店荣获亚马逊（中国）颁发的“2016年度电子书精进奖”、“2016年度最佳合作伙伴奖”；当当网颁发的“高速增长奖”；以及京东集团授予的“2016年度读者最喜爱品牌”称号。“三联书店历史期刊全文数据库（1932～1949）”入选“十三五”国家重点图书、音像、电子出版物出版规划以及中国出版集团重点资助项目。在“走出去”数字产品方面，生活·读书·新知三联书店申报的“丝路学术国际化数据库建设”项目获得国家新闻出版广电总局、中共中央宣传部立项，并资助270万元。

六、深入开展“两学一做”学习教育活动，为企业发展培育强劲精神动力

生活·读书·新知三联书店党委深入开展

"两学一做"学习教育活动。认真做好党员组织关系排查与党费收缴专项工作。为严防"四风"反弹，店纪委设立举报信箱及电子邮箱。在中共中央直属机关、中国出版集团公司和生活·读书·新知三联书店"双优一选"评选表彰活动中，四名党员被评为生活·读书·新知三联书店优秀共产党员，两个支部被评为生活·读书·新知三联书店先进基层党组织，两名党员被评为集团公司优秀共产党员，一名党员被评为中共中央直属机关优秀党务工作者；参加集团公司举办的"党在我心中"诗歌征文活动，两名党员获中共中央直属机关奖励；组织党员参观英雄史诗不朽丰碑——纪念中国工农红军长征胜利80周年主题展览；组织党员和中层骨干赴遵义、赤水等地重走长征路。

2016年，生活·读书·新知三联书店积极推进精神文明和企业文化建设。总经理（党委）办公室做了大量组织协调工作，工会在中国出版集团公司下拨职工素质工程建设补贴的基础上，加大投入，为职工购买图书券，并参加集团公司组织的"读经典、学新知"读书实践活动。积极发挥群团组织、工会的桥梁和纽带作用，组织职工春游、看电影，为职工发放生日券；积极参加集团公司举办的各项比赛和活动。生活·读书·新知三联书店羽毛球俱乐部和集团公司三家兄弟单位进行了羽毛球交流赛。中直机关文明办在对2012～2014年度中共中央直属机关文明单位进行抽查时，对生活·读书·新知三联书店的精神文明创建工作给予了好评。

2016年的工作成绩是主要的，但也存在一些问题。这些问题主要有：一是出版物的导向和质量仍存在隐忧。2016年通过生活·读书·新知三联书店自查，发现了多种存在导向、质量问题的稿件。二是"品牌产品年"活动虽取得了一定成效，但综观全年，有高原无高峰的现象并未得到根本改善，2016年店内只有一种销售五万册以上的产品。三是图书生产流程时现阻滞，致使生产效率降低，出书品种尤其是新书出版品种与上年相比大为减少。四是在推动业态转型方面，不能很好地处理投入与产出的关系，再加上受到客观因素的影响，《三联生活周刊》新媒体融资计划未能实现，影响了全店经营目标的完成。五是个别下属公司管理不善、经营不利、创新不足，出现严重亏损。这些问题虽然主要是发展中的问题，但必须引起高度重视，采取有效措施尽快予以解决。

（路英勇）

中国对外翻译有限公司 2016年工作综述

2016年是"十三五"规划开局之年。中国对外翻译有限公司认真学习、贯彻落实党的十八届五中、六中全会精神，紧紧围绕集团公司"三六构想"战略目标，积极落实"两调四强"战略思路，努力推进各项工作。在中国出版集团公司的指导和支持下，在公司领导班子的领导下，全体职工团结一心，奋力拼搏，推动公司在品牌影响力和经营能力等方面取得了长足的进步。

一、总体经营情况

2016年营业总收入2.93亿元，同比增长83.13%，完成集团公司下达利润指标的169.83%。

二、主营业务情况

（一）总部方面

1. 联合国语言服务业务

2016年，中国对外翻译有限公司承接联合国文件翻译业务量增长稳定，全年完成联合国大会第71届会议文件、国际麻醉药品管制局2016年报告等文件翻译共计1035万字，向联合国海外机构外派译员两人次。在保证现有联合国机构和专门组织的文件翻译服务的同时，积极加强与联合国海外机构的合作洽谈与沟通，圆满完成了联合国日内瓦办事处英、法、俄、西四语种笔译业务的投标工作；顺利通过了世界知识产权组织为期九个月的合作试用期，进入稳定合作阶段；恢复了与联合国内罗毕办事处的业务合作。

2016年6月，中国对外翻译有限公司领导率团走访了联合国总部和国际货币基金组织，并与相关负责人就全面深入合作进行了充分交流。为提高翻译工作效率、深化与联合国机构的业务合作，中国对外翻译有限公司通过组织培训、技术支持、加强联系等方式，积极推进联合国系统在线翻译软件 eLUNa（联合国自主研发的计算机辅助翻译软件）的推广应用。

2016 年，中国对外翻译有限公司在升级联合国语言服务培训课程的基础上，依托多年深入参与国内翻译行业资格认证考评体系［“全国翻译专业资格（水平）考试”］的优势，研发了针对该考评体系的应试培训课程。同时，通过自有新媒体平台及行业媒体合作平台，建立立体营销渠道，积极推广公司产品，拓展目标市场，不断提升公司品牌影响力及附加价值。

2. 国内市场语言服务业务

（1）客户开发

2016 年，中国对外翻译有限公司通过积极维护和深度开发国内市场翻译业务已有客户，努力开发新客户，较好地完成了经营指标。全年新增客户 70 余家。

国内市场业务充分发挥在社科文化领域的优势，进一步加强了与社科文献出版社、新星出版社、外文出版社、中国建筑工业出版社、学习出版社、《当代财经》杂志等国内知名出版机构的交流与合作，并在出版物翻译领域取得了长足的进展。

（2）重要项目中标

金融类业务稳中有升。除各大上市银行的董事会会议文件、定期报告等常规项目外，新增了众多海外机构翻译项目。

（3）重要翻译项目

2016 年，累计完成了国内知名出版社的 60 余本系列丛书翻译工作，并承担了中宣部对外推广局 20 多个语种共计 300 多部外宣出版物评审工作。此外，还承接了包括故宫博物院、韩美林艺术馆等展览展出及北京奥运城市发展促进会“奥林匹克运动会交通指南、住宿指南、赛事服务指南、奥运村指南”的翻译工作。

（二）中译语通科技（北京）有限公司业务

作为中国对外翻译有限公司控股子公司，中译语通科技（北京）有限公司（以下简称“中译语通”）在 2016 年超额完成经营指标。通过构建语言能力、大数据分析能力和认知智能识别能力三大核心能力层，顺利完成由语言服务企业向大数据公司的转型。同时，在语言服务能力快速提高的基础上，进一步升级优化“译云”等线上平台产品，稳步推进技术研发专利、著作权申请及项目申报工作。借助资本和技术的力量，中译语通在 2016 年不仅实现了自有机器翻译技术的长足进步，更有效推动研发成果向核心产品的有效转化，7 月 30 日正式发布“译见”跨语言大数据平台，并引起市场高度关注。此外，中译语通在核心产品迅速占领国内市场的同时，不断推进跨语言大数据新业务模式的全球市场推广，进一步加速了企业经营国际化进程。

三、公司治理

（一）完善绩效考核制度，健全业务流程及管理制度

公司通过梳理、调整和完善各类业务流程，并先后制定《翻译业务手册（2016 年）》《人力资源发展手册（2016 年）》《导师制管理办法（草案）》《实习生工作手册》等制度文件，在规范员工从业要求、岗位职责及考核办法的同时，提高了人力资源管理效率及效力。

（二）完善人才培养计划

根据中国出版集团公司《推动所属企业劳动用工和收入分配制度改革 30 条》指导意见，公司制定了建立专业技术、经营岗位序列的首席专家制度，培养造就企业专家型人才，拓宽员工晋升通道。

（三）全面推动以控股企业——中译语通科技（北京）有限公司为主体的股改上市工作

2016 年，中国对外翻译有限公司圆满完成了中译语通 B 轮及 B+轮股权融资达四亿元，顺利推进公司境内翻译业务重组并购及上海中版翻译有限公司（以下简称“上海中版”）股权转让工作。

（四）完成 2015 年度中国对外翻译有限公司领导班子年度考核及新选拔任用中层正副职测评工作

（五）完善公司管理体系，提高企业治理水平

2016年，中国对外翻译有限公司充分结合自身实际，不断健全、完善公司内部管理体系，通过组织实施ERP（企业资源计划）系统和OA（自动化办公）系统等管理平台的试运行，进一步提高公司治理水平治。

公司通过持续推进规章制度“废、改、立”工作；建立内控体系自评价机制；完善绩效考核制度；确立干部选拔任用办法，完成中译语通科技（北京）有限公司核心管理团队建设工作，并落实针对高级管理人才的激励保障措施等一系列举措，有效增强了公司治理的规范化、现代化水平。确保公司顺利完成ISO9001质量管理体系第三方再认证监督审核，并再次获得质量管理体系认证资格。

此外，公司还完成了2016～2017国家文化出口重点企业申报工作，并获得国家资金奖励。

（王　超）

东方出版中心 2016年工作综述

2016年，在中国出版集团公司领导、关心和支持下，东方出版中心坚决贯彻落实中国出版集团公司关于“两调四强”（调速度、调结构，强导向、强质量、强动力、强党建）的战略部署，紧密结合东方出版中心实际，紧紧咬住目标任务，贯彻“亮旗扭亏增效、亮牌创新开拓、亮剑规范发展”的发展目标，推进落实各项举措，团结带领干部员工全力以赴做到：亮旗更要出彩，亮牌更要增光，亮剑更要发力。2016年，东方出版中心各项任务指标落实情况好于预期，各项工作取得较好进展。

一、图书出版主业规模、效益和影响力全面提高

东方出版中心坚决贯彻中央关于供给侧结构改革相关精神，坚决落实中国出版集团公司工作部署和要求，坚持正确出版导向，通过强化内容建设和质量监控，加强选题开发，增加编辑力量，健全部门设置，完善考核机制，优化产品结构，推进产品线建设，调整营销队伍，开拓发行渠道等组合措施，工作效率有效提高。全年图书无任何导向方面的问题，在主题出版和高品质出版方面取得了较好成绩，产品线建设持续推进，产品结构明显改善，收入、利润比以往有明显增长，社会影响力不断提升。在中国出版集团公司2016年度工作会议上，中国出版集团公司领导专门表扬了四家市场占有率提升较快的成员单位，其中，东方出版中心居于首位。

（一）导向和质量管理不断加强

东方出版中心坚持高举主业旗帜，确保导向安全，狠抓政治导向和编校质量不放松，严格执行“四审三校”流程，严格执行党的政治纪律、宣传纪律、出版纪律，坚决落实中国出版集团公司《关于进一步加强导向管理的若干意见》以及相关规定，坚持领导班子管导向、抓导向，坚持每月导向管理工作例会制度，不断完善导向管理各项制度规定。认真行使出版物质量管理小组的工作职责，严格执行出版物质量标准，大力推进内部成书质量检查工作，努力提高编校质量，千方百计出优质、精品图书回报读者，确保导向正确、出版安全、工作落实、主业发展。

（二）产品结构调整见效明显，重大项目成绩良好

东方出版中心坚持注重优质零出版，贡献文化价值，积极推进出版产品结构的调整，加大重点项目的开发生产和管理，取得显著成效。在维护好常销图书的同时，认真抓好主题出版和重点图书出版工作，尤其是全力抓好重大选题项目和重点出版项目落实工作。2016年，多部图书入选各类好书榜单及畅销书榜单、各类政府评选项目。

（三）图书产品线建设有序推进

坚持适度拓展规模，实现效益增长，致力于加强人文社科板块，做好文学板块，发展财经板块，提高少儿板块。以适度规模发展的策略推进图书出版主业“亮旗扭亏增效”。2016年内，多部图书入选各类政府评选项目、各类好书榜单及

畅销书榜单。出版的图书社会反响良好，社会效益显著。重点主要有：

一是狠抓基本图书品种的建设。在研究文化生产和文化消费的基础上，坚持主题出版产品线建设并举、畅销书和常销书并重、前沿性和时尚性追求、影响力和引导力并重，力争完成基本品种建设。严控低端平庸品种，确保走市场图书的单品平均年销量突破 1 万册。

二是全力推进四条产品线的建设。着力调整图书出版主业产品线布局策略，正式确立文史哲、艺术与人文、文学与青少年读物、经济与管理四条重点基础产品线。推出一批具有学术水准和人文价值的新书好书，在学界和读者中应起反响，产生较好的社会效益和经济效益。

（四）编辑出版队伍建设进一步加强

东方出版中心完善图书出版主业部门配置，调整工作节奏，优化编辑分工，严抓生产进度和任务落实，工作效率和市场反应的灵敏度进一步提高。2016 年内，编辑部门引进副主任一名，提拔副主任三名、主任助理两名，新任干部在各自岗位上发挥积极作用。编辑的导向意识、市场意识、精品意识和效率意识明显增强。

（五）优质作者队伍建设不断加强

东方出版中心努力开发有亮点、有影响、有效益的出版项目，有针对性地扶植重点图书，出版新人和优秀作者，使作者资源、内容资源和人才资源尽快转化为优秀产品；从作者建设做起，围绕优质作品逐一攻克、逐一突破，积小胜为大胜，提升图书在市场中的销售品质和在读者中的影响力。

（六）营销、发行工作努力加强

2016 年 9 月，策划营销部正式成立，建设反应灵敏、实施快捷、行之有效的营销工作体系。通过探索图书发行新模式，在较短时间内以较小的投入，使图书营销工作有了很大起色，图书品质和发行质量稳步上升。2016 年内，《人民日报》《光明日报》《文汇报》《澎湃》《南方周末》《新京报》等重大媒体对东方出版中心图书多次报道。据统计，各类媒体报道共有 450 多篇，平面媒体报道 180 多篇，对扩大图书影响，提增图书发行量起到了积极作用。积极拓宽发行渠道，在继续注重传统新华发行渠道的同时，在民营、馆配、网店、直销等方面下功夫，图书发行量稳步上升。

二、房产租赁、园区建设“集效增值”

（一）房产经营、物业管理运营良好

2016 年，东方出版中心加强房产物业经营管理，在推进建设、改造硬件的同时，积极寻求上海东方虹桥国际创意出版产业基地建设的文化集聚效应，探索多媒体复合发展模式。通过体制创新、人才吸引、资本运作、技术引进、建园招商并举、遴选定位招商等措施，使原本单一、平面化的房产租赁模式，变成可转换、可增值、可扩容、可延伸、可复制的立体化、长链条、多维度的文化创新基地。2016 年，房产经营出成绩，园区建设见效果，东方出版中心经营工作呈现良好局面。

（二）产业园建设取得阶段性成果

一是制版楼改建工程加速推进。2016 年 3 月开始，制版楼外立面修缮工程启动，2016 年 9 月底，通过上海市长宁区建设工程质量监督站的竣工验收，制版楼外立面修缮工程顺利完成，制版楼改建工程取得阶段性成果。同时，东方出版中心抓住时机，开展相关改建和修缮工作，为下一步改建工作创造有利条件。2016 年 12 月，制版楼室内装修施工启动。2016 年年底，制版楼已部分实现招商收益。

二是上海东方虹桥国际创意出版产业基地有力亮牌。2016 年，东方出版中心在东方维京大厦 9 层创建了智能服务平台及“云享客”创客空间，提供智慧办公服务，成效明显。

2016 年 9 月 22 日，上海市长宁区区长顾洪辉带领上海市长宁区相关委办局负责人一行六人专程到东方出版中心实地考察上海东方虹桥国际创意出版产业基地建设，并结合上海对长宁地区的发展定位，现场调研推进支持产业园区建设工程相关事项。对产业园区和新业态建设给予高度肯定，表示要加强服务支持，吸引更多更优秀的文化创意企业。2016 年 12 月上旬，中国出版集团公司领导实地考察东方出版中心产业园区建设新貌，给予高度赞扬。

三、新媒体运营“拓展见效”

东方出版中心新业态的拓展推进主要分三个方面：“影像中国”复合出版播控系统、富媒体自助出版系统和新旧媒体融合出版工程的建设。2016年年内，建立了全面技术平台，为真正融合出版提供服务支撑；与主业传统出版实现融合发展，真正实施“出版＋新媒体”。

（一）扎实推进“影像中国”集团募投项目

“影像中国”募投项目的核心是一套基于“地理位置、信息移动、个性服务”定位的站点出版传播系统。该系统通过地理位置定位，以影像建站的方式，挖掘服务需求，创建“体例标准”，实现适应影像阅读的复合出版融合出版。截至2016年末，“影像中国”项目共完成H5数字影像地标建站4100个，累计访问超过3000万人次。

（二）全力打造富媒体自助出版系统

东方出版中心创新构建能支撑互联网、移动终端为代表的新型数字出版载体，并能充分与传统出版载体互动、聚合、集成创新的数字影像出版平台。通过迭代开发，形成epub360自助设计制作系统、图游自助出版系统、微卡自助分发系统。富媒体自助出版系统在H5制作等移动、复合出版传播支持上发挥独特作用。

（三）积极探索融合出版之路

一是“影像中国”地标日历系列丛书成效显著。2016年，完成覆盖全中国的地标签约，并建成站点4000多个。2016年内，共出版《“影像中国”地标日历2017》系列丛书11种。“影像中国”融合出版系列（包括日历、旅行、手杖书等）、数字服务、平台支撑传统出版转型融合出版系列在市场热销，广受欢迎。

二是“长三角城市群‘主题＋体验’系列旅游产品”成为新的增长点。东方出版中心致力于将“长三角”旅游融合出版的位置做全、主题做强、品种做多、服务做细、知识体系和生态体系的结合做好，并将其与“影像中国”地标日历融合出版的资源共享、应用对接、服务延伸，使其成为“影像中国”平台的重要支撑。通过“图游”平台，制作“主题＋体验”旅游产品数字化内容，通过自媒体广泛传播，扩大影响，树立品牌，先后出版一系列新媒体与传统出版相结合的融合出版旅行图书。

三是《新多元系列丛书》再次实现产值和利润双增长。东方出版中心与上海新多元教育图书教育有限公司深度合作。对《多元整合幼儿园教育活动资源包》产品线不断修订，持续推出新产品。将二维码和H5技术全面融合进重大主题出版，为融合出版全面探索提供技术和经验支持。

四、内部管理、队伍建设“再上台阶”

（一）持续推进年度目标责任书签约

2016年4月，东方出版中心召开第一季度运营工作会议暨经济责任签约仪式。会议举行法人代表与十个经营部门、单位的目标责任书签约仪式，约定2016年全年业绩指标。完善各部门（单位）的考核指标体系，使生产任务层层分解，加大对编辑、出版等部门的团队考核力度，提升工作效率与质量。

（二）积极探索干部选拔新渠道

为保障工作顺利开展，通过一系列干部选拔规范程序，共选拔任用16位中层干部，其中，正处级一名，副处级八名，助理四名，无行政级别部门负责人三名。新提拔干部大多为七零后、八零后中心业务骨干，扩充了干部队伍，有利于形成人才梯队。2016年年内，通过社会招聘、内部推荐等方式，共招聘录用九名新员工，其中，中高级管理人才三名。

（三）完善适应公司上市发展的文化企业管理和内控机制

东方出版中心注重完善适应公司上市发展的文化企业管理和内控机制，强化企业管理，健全自我约束机制，保障东方出版中心和中国出版集团公司经营发展战略目标的实现。

五、党建、企业文化建设“抱团挺进”

（一）扎实推进“两学一做”学习教育

按照中国出版集团公司党组部署，制定“两

学一做”学习教育实施计划，发放“两学一做”学习教育提示，组织三次领导干部专题党课、十二次专题学习，三次专题辅导、四次专题党支部书记会议、四次党支部专题组织生活会；“七一”前夕，组织庆“七一”重温入党誓词宣誓仪式，引导党员干部模范践行“对党忠诚、个人干净、敢于担当”要求，在争做合格共产党员、称职党员干部中当好排头兵。

（二）有效构筑创先争优新格局

东方出版中心组织开展迎接中国共产党建党95周年“凝心亮旗迎开局，聚力亮剑助发展”主题实践活动之“承诺大家晒、诗歌大家写、党课大家听、纪律大家守”活动；组织召开纪念中国共产党成立95周年暨“七一”表彰大会暨“党在我心中”诗歌朗诵活动。2016年，在上级各类评奖和竞赛中，多名党员、职工获得佳绩，收获颇丰。

（三）进一步夯实基层党建基础

东方出版中心坚持规范管理，顺利完成各党支部换届改选工作，不断加强党支部班子建设；根据中共中央组织部《在“两学一做”学习教育中开展党费收缴工作专项检查的通知》文件要求，对照《关于中国共产党党费收缴、使用和管理的规定》文件，加强对党费收缴、使用、和管理，对党员收缴党费工作进行专项自查，全数完成党费补缴工作；以《新常态下创新国有文化企业党建工作的思考与对策》为题，扎实开展调研，注重理论提升和成果转化。

（四）不断深化精神文明建设、企业文化建设

东方出版中心坚持加强对各部门（单位）精神文明创建活动的指导和督查，修订2016《东方出版中心精神文明建设（文明部室、单位）考评细则》，组织开展精神文明创建“流动红旗”评比，取得良好成效；党工团整合资源、形成合力，不断深化企业文化建设和精神文明创建活动，组织开展五四青年节参观考察，青年编辑沙龙、徒步健步赛竞赛等多项活动。在上级组织的各类活动中，多名职工获得佳绩，提振了精气神，传递了正能量，弘扬了企业文化精神，提升了精神文明创建水平。

（五）切实加强党风廉政建设

东方出版中心组织党员干部认真学习党的十八届三中、四中、五中、六中全会精神，深入学习党章党纪党规，学习习近平总书记系列重要讲话精神，抓好党委理论（中心组）学习；组织召开党风廉政建设大会及“守纪律、讲规矩、作表率”集中纪律教育月活动。中共东方出版中心纪律检查委员会分别与各分管部门进行党风廉政建设责任书签约仪式。引领广大党员干部积极践行“三严三实”“两学一做”要求，扎实工作、勇猛冲刺、积极作为，为完成各项任务指标勇创佳绩。

（金洁蓉）

新华书店总店2016年工作综述

2016年是国家“十三五”开局之年，新华书店总店（以下简称“总店”）认真学习贯彻习近平总书记系列重要讲话精神和党的十八届三中、四中、五中、六中全会精神，牢固树立大局意识、政治意识、核心意识、看齐意识，在中国出版集团公司（以下简称“集团公司”）的领导下，全体干部员工围绕总店“盘活存量资产，推进产业转型”的发展战略，改革创新，攻坚克难，奋发有为，创造了较好的社会效益和经济效益，实现了“十三五”的良好开局，为总店转型发展打下了坚实的基础。

主要工作

（一）开源节流抓效益，经营业绩创新高

在国家整体经济下滑的形势下，经过全体同志共同努力，总店2016年营收及利润再创新高。营业收入17759万元，较上年营业收入15041万元，增长2718万元，增幅为17.64%，完成集团任务指标的110.86%；利润总额1553万元，较上年利润总额759万元增加794万元，增幅104.61%，完成集团公司任务指标的258.83%。应付账款减少7151万元，计提减值2000万元，缴纳税款2371万元。

2016年总店在岗员工平均收入比上年增长

38%。在2015年基础上再次为离退休老同志每月增加生活补贴100元，每人每年达到2900元。

（二）谋篇布局抓长远，战略规划有创新

为做好总店“十三五”时期发展规划，我们到北京、广东、福建等省新华发行集团了解行业发展情况，向中国交建集团等世界500强企业学习先进的管理理念和制度，深入阿里研究院、乐视、凤凰网、京东等互联网企业了解行业发展趋势。根据国家、新闻出版行业、集团公司的“十三五”时期发展规划，在充分调研、征求意见的基础上，制定了《新华书店总店“十三五”时期发展规划（2016—2020）》，经集团公司审批后发布施行。

总店“十三五”时期发展规划明确了战略定位、战略目标、主体战略，明确了经营指标、重点项目、储备项目、人才建设目标、党建目标，研究规划了一批项目。中国新华发行网、全国大中专教材采选系统入选集团公司“十三五”重点项目。

（三）砥砺前行抓落实，重点项目有进展

一是加强合作，创新模式，中国新华发行网建设全面推进。组建了专业团队，引进了一批技术和管理人才。完成与全国各省市新华书店一对一项目宣讲、合作洽谈工作，截至2016年底已签约10家省市新华书店，17家省市新华书店正在走内部审批程序。与国家图书馆、上海图书馆、首都图书馆、化学工业出版社、学习出版社等单位达成合作意向。通过公开招标确定了平台建设技术服务商，中标方北京易华录公司对项目成长性看好，承诺在平台运营后将对中国新华发行网投资3000万元，形成技术开发和运营利益共同体。目前，平台开发进展总体顺利。根据互联网公司特点设置与先进互联网企业相适应的组织机构、岗位，建立了符合互联网企业特点的管理制度及与市场接轨的人事管理制度。

二是发挥优势，稳步推进，全国大中专教材采选系统进入试运营。通过公开招标确定平台开发商，完成平台一期开发和内部测试。通过公开招聘引进核心技术和业务骨干，特别是引入了北大方正公司技术团队加强了技术实力。分别与9家公司就采选系统建设规划与技术需求进行交流沟通完善技术方案；组织召开技术专家、高校校长、业务专家参加的不同形式的专题论证会。拓展院校与经销商渠道，与郑州大学等7所高校、江西新文化教育等五家经销商签订战略合作协议，与教育部教育管理信息中心、陕西省教育厅等达成战略合作意向。积极争取政策支持，成功申报“宣传文化发展专项资金”。

三是盘活存量，推进有力，新华文化创意产业园一期工程基本完工。积极协调北京市政府、西城区政府等政府部门获得园区开工许可证，积极协调院内原租户劝退清理，有力推动与合作方框架协议的落实。经过各方共同努力，新华文化创意产业园一期主体工程已基本完工，共改造改建面积12694平方米。积极配合合作公司进行招商工作，北京市文化投资发展集团有限公司确定入驻园区，推动中国共产党党史美术馆建设。

（四）媒体融合抓创新，国际布局有亮点

一是创办《国际出版周报》，助力中国文化“走出去”。《国际出版周报》于2016年6月27日正式创刊。国际出版商协会执委、中国出版协会副理事长、中国教育出版集团原董事长李朋义应邀担任编委会主席，中国出版集团公司党组成员、中国出版传媒股份公司副总经理李岩，英国麦克米伦原总裁白德信应邀担任编委会副主席。国际出版商协会主席理查德·查金、中国出版协会理事长柳斌杰、中国出版集团公司总裁谭跃、党组书记王涛以及美国出版商协会主席、圣智学习集团公司总裁等国际国内著名出版人士为《国际出版周报》创刊题写贺信贺词，行业内外的专家学者担任编委会成员，为《国际出版周报》国际化运营打下了坚实基础。11月，总店邀请国际出版商协会主席、《国际出版周报》编委理查德·查金访问北京并举办“国际出版沙龙”，展示了总店国际形象。

二是创办“国际出版网”，构筑信息传播新渠道。在第23届北京国际图书博览会（BIBF）期间，举办了隆重的“国际出版网”上线仪式。作为《国际出版周报》复合媒体平台，“国际出版网”聚焦国际文化出版产业，为行业及时提供全方位的产业信息，为国际出版合作、中国出版企业“走出去”，特别是全球出版信息传播创建了一个新的渠道。

三是创办“国际出版企业高层论坛”，搭建国际交流平台。在第23届北京国际图书博览会（BIBF）期间，以“‘一带一路’上的国际出版”为主题，联合国际出版商协会、中国出版协会举办“2016国际出版企业高层论坛暨‘国际出版网’上线仪式”，国家新闻出版广电总局副局长阎晓宏、中国出版集团公司总裁谭跃、国际出版商协会秘书长、埃及文化部副部长等海内外近200位嘉宾出席论坛。论坛得到了国际出版商协会及与会嘉宾的高度认可，将成为国际出版商协会、中国出版协会联合主办，新华书店总店、《国际出版周报》承办的经常性论坛。

（五）品牌运营抓合作，传统业务有突破

一是会展活动更加成熟，影响力更加深远。新华国采教育网络科技有限责任公司、新华互联电子商务有限责任公司分别策划举办了2016年全国馆社高层论坛、全国少儿阅读峰会、出版界图书馆界全民阅读年会、南京馆藏图书展销会高层论坛、在线教育创新发展峰会暨《中国高等教育教材信息化发展报告》发布会等行业活动，得到了社会高度评价。“全国高等教育教材峰会”已成功举办六届，“2016年全国优秀教材经销商”和“2016年全国大中专教材金牌编辑”评选活动已经形成品牌。与“一点资讯”合作，召开全民阅读兴趣论坛，发布“全民阅读兴趣报告”，取得良好效果。

二是传统业务营销不断创新，市场反馈效果良好。《全国大中专教学用书汇编》营销有较大突破，《图书馆报》积极开展新媒体运营，《科技新书目》创新栏目，拓宽发行渠道。联合中国书刊发行协会推出《发行界》等新产品。《国际出版周报》《图书馆报》与中国移动阅读基地手机报业务进行了资源对接，将纸质资源转化为可视可听的数媒手机报。

（六）管理运营抓细节，企业治理有提升

一是建立现代企业制度，完善公司法人治理结构。进一步完善两级法人管理制度，总店治理更趋规范。所属各公司发展方向明确，根据业务特点、市场需求确定了各自的管理制度。

二是建立现代薪酬制度，完善考核体系。加强考核激励力度，建立员工工作日报制度，加强个人及部门月度、季度考核，考核结果与薪酬紧密挂钩。制定《所属公司营业收入和利润超额奖励办法》，所属公司班子成员全面实行年薪制，向做出突出贡献的班子成员给予物质奖励。对于急需的技术岗位，参考市场价位，实行协议工资制。

三是上线办公自动化（OA）管理系统，实现信息化管理。建立信息化OA管理平台，所有审批程序均在线完成，提高了管理效率。不断更新信息化管理体系和企业资源信息管理系统，以风险管理为导向，流程化办公为基础，夯实基础管理工作，使经营管理、日常办公进入高效、快捷、可控的轨道。

四是完善法律顾问制度，确保无重大法律风险。把依法治企要求融入总店决策运营各个环节，贯穿各业务领域、各管理层次、各工作岗位。完善法律顾问制度，发挥法律顾问在经营管理中的法律审核把关作用，实现了全年无重大法律风险。新华出版物流通公司积极破解难题，通过谈判协商和法律手段相结合解决历史遗留问题，与西城区法院66宗诉讼原告进行多轮谈判，逐一解决了多年未决的诉讼案件，实现了马连道大楼和公司账号解封，配合了集团公司马连道项目的开发。

（七）人才强企抓结构，团队建设成梯队

一是围绕中心工作，优化人才结构。2016年新引进员工41人，平均年龄29.4岁，其中本科占73%，硕士占22%，博士占5%。通过公开招聘选拔任用中层干部九名，硕士占56%，博士占25%。总店及所属公司在岗员工平均年龄33.8岁，与上年同期相比下降了三岁；中层干部平均年龄41岁，与上年同期相比下降五岁。入选集团后备干部一人，入选国家文化名家暨“四个一批”人才一人。

二是创新用人机制，努力实现“能上能下，能进能出”。制定《新华书店总店领导干部选拔任用工作暂行办法》。严格拟聘中层干部的报备、核查、信息比对、公示程序，确保干部选拔程序公开透明。建立中层干部试任期制度；探索职业经理人制度，严格岗位绩效考核，用业绩作为“能上能下，能进能出”的主要指标。

三是创新人才培养机制，逐步建立人才梯队。创新应届毕业生入职培养方式，对应届生集中管理，列席总经理办公会，参与重点项目工作，既开阔了视野，又锻炼了实践能力，尽快融入总店，实现职业化转变。2016 年先后有六名大学生到事业部进行集中培养。为想干事、能干事的员工提供平台，委派办公室、财务部、人力资源部七人兼职所属公司对口岗位相关工作，提升了职能部门管理实践能力。培养复合型经营管理人才，总经理助理兼任所属公司法人代表，抓经营，扛指标，锻炼提升了经营管理能力。选拔任用的九名中层干部均到公司负责经营管理工作，通过市场锻炼培养了一批懂经营、善管理的人才。

（八）“两学一做”抓关键，党群工作上台阶

一是坚持党的领导，加强党的建设。加强思想建设，落实全面从严治党。党委履行党风廉政建设主体责任，纪委履行监督责任。深入开展“两学一做”学习教育，严肃“三会一课”，教育党员干部坚定理想信念，增强依法合规经营意识，营造风清气正、干事创业的良好氛围。加强党的组织建设，充分发挥党的领导作用。完善基层组织建设，实现党组织建设全覆盖。创新离退休支部选举方式，以“上门投票”方式改选离退休党支部。加强制度建设，确保党组织发挥政治核心作用。努力通过建立现代企业制度，将党组织的机构设置、职责分工、工作任务纳入企业的管理制度、工作规范，使党组织发挥政治核心作用组织化、制度化。加强群团建设，完成团委换届，选举产生新一届团委领导。新一届团委领导班子积极参与集团重点项目献言献策，团结广大青年，为总店的发展贡献青年的力量。

二是以企业文化建设为抓手，凝聚改革发展文化力量。在全体员工的积极参与下，形成了“克勤于邦，止于至善”的核心理念。组织全体党员、入党积极分子参观西柏坡；组织员工参加“恒爱行动”公益活动；组建了总店合唱队，组织集体读书交流活动，分享读书心得，让员工更加爱店、爱岗。深入开展“送温暖”工作，让困难职工真正感受到组织的温暖与关怀。用好、管理好总店帮困基金，2016 年共有 30 名职工提出了申请，使有困难的员工得到了帮助。

三是以人为本抓服务，老龄工作更贴心。让离退休内退人员共享改革成果，通过多种形式征求、听取老同志对总店改革发展意见。看望老同志、老党员，关心老同志身体健康，组织离退休老同志参加体检。定期寄送《新华书店总店通讯》，让老同志及时了解总店工作动态。

（刘　健）

中国图书进出口（集团）总公司
2016 年工作综述

2016 年是中国图书进出口（集团）总公司（简称“中图公司”）按照“五型发展”战略布局、着力实施数据驱动战略的一年。面对挑战，中图公司认真学习贯彻中央精神和习近平总书记讲话精神，积极落实集团公司“三六构想”战略目标和“两调四强”战略要求，紧密围绕中图“五型发展”战略和“深化改革　融合发展”的年度工作主题，开启了“数字中图”建设的数据元年，为实现“十三五”时期三个 50％的战略目标奠定了基础，为集团公司打造“数字化集团”和建成“国际著名出版集团”贡献了力量。

2016 年全年实现营业总收入 47.61 亿元，较上年同比增长 12.09％，整体经营情况稳定，呈现良性运营状态。

这一年，我们积极践行国有企业社会责任，得到中央领导和各级领导的高度重视和关怀，到访领导规格之高、规模之大均达历史之最。10 月 20 日，中共中央政治局委员、中央书记处书记、中宣部部长刘奇葆专程赴中图公司调研视察，黄坤明、蒋建国、聂辰席、庹震、吴尚之等中宣部、国家新闻出版广电总局五位部级领导一同调研，中国出版集团公司总裁谭跃陪同调研。

刘奇葆对中图公司以政府为主导、以企业为主体、通过市场化运作的“走出去”工作方式给予了肯定，尤其对图书博览会的发展、打造国际权威数字中盘、构建全球按需印刷体系等创新“走出去”渠道方面所做的尝试、取得的成绩表示赞许，要求中图公司“继续努力，做好做大，做大做强”，并殷切期许中图：加快打造数字出版旗舰中盘，打造中国版亚马逊；做大做优北京国际图书博览会，打造国际第一书展品牌。此外，中央纪委驻中宣部纪检组组长傅自应、中共中央宣传部副部长庹震、国家新闻出版广电总局副局长吴尚之、中国出版集团公司总裁谭跃等各级领导分别专门到中图公司调研，为中图公司未来的发展指明了方向，提供了指导。

一、完成体制机制改革收尾工作，全面激活五型发展潜力

数字化和国际化新趋势下，中图正面临日益激烈的市场竞争和跨界挑战，公司内部跨部门合作不断增多，传统的金字塔结构管理产生的信息传递层次过多、流程冗余等问题，越来越不能满足现有业务快速发展的需求。在2015年产品线改革设计、按业务流程设立业务中心部室、重新划分各中心部门职能的基础上，全面开展总公司各部门定岗定编，高效完成干部竞聘到位，实现公司干部年轻化和专业化；中高层干部平均年龄仅44岁。结合顺义物流搬迁和业务系统开发工作，整合发行配送环节，实现由板块经营向流程运营转型，增强部门协作能力和信息透明度，以扁平化管理全面提升经营效率，圆满完成体制机制改革收尾工作，全面激发了企业经营活力，为“五型发展”战略实施提供了动力保障。

二、着力深化集团一体化经营，主营业务各板块成效初显

（一）以一体化经营做大市场份额，进口业务稳固增长

全年实现出版物进口销售收入24.37亿元，同比增长8.54%。从各业务板块来看：数字进口实现销售8.9亿元，同比增长15.72%；图书销售7.32亿元，同比增长22.85%，其中教材一体化成果显著，全年实现销售收入2.22亿元，同比增长36.6%；大报刊有效遏制了大环境下行趋势，进口音像电子出版物同比增长22.47%。

（二）以一体化经营做强市场竞争力，实现主营业务提质增效

教材业务，广州公司增长187%，上海公司、大连公司增长超过120%；音像业务，上海公司增长118%，深圳公司增长55%。此外，总公司以第一名成绩中标“高校图书馆数字资源采购联盟（DRAA）第三次代理商招标”，上海图书馆将Elsevier出版社所有的产品集中到中图公司，中国地质图书馆将所有书刊数据库产品集中到中图公司。

（三）以一体化推动新业务、新模式布局，为开拓数字业务和进军大众市场奠定基础

总公司加快易阅通、按需印刷、物流中心等行业独有优势项目的建设进度，加深与分支机构共享合作力度，调动分支机构独有的地缘优势和资源优势，全面推动集团数字业务和大众市场开拓力度，为“十三五”数字化转型和进军大众市场奠定基础。

三、以数据驱动战略实施夯实五型发展基础，开启“数字中图”建设数据元年

（一）元数据和马克数据等数字资产实现倍增，为建成大数据和知识服务能力夯实基础

进一步提升编目数据、元数据服务能力，推动相关数字资产倍增。全年新增编目22.2万条、报刊元数据261.64万条、图书元数据56.4万条。同时，为NSTL配送元数据近70万条，聚合中国版本图书馆国内出版信息190万条，最终形成上千万的书目数据、文摘数据、马克数据，为建成大数据中心和专业智库奠定基础。

（二）聚合上线资源实现突破，市场精准化服务能力增强。新聚合外文电子书13万种、外文电子刊576种，以本地化服务满足国内客户要求更加快捷多样的新需求；新聚合版权清晰的中文数字资源12万种、有声书2.7万小时，资源

类别丰富多样，内容结构合理，已覆盖全国 528 家出版社，覆盖率超过 90%。全年策划产品集 54个，其中一级学科 40 个、专题产品集 14 个，涉及图书 21 万种，有效提升数字产品的细分市场服务能力。

（三）易阅通销售实现新突破，行业品牌影响力凸显。针对易阅通平台整体设计制作宣传材料，加强线上线下立体营销推广，开发 DDA 等功能，以双平台合作、出版社组合销售、纸电捆绑、定制化产品等模式带动营销，实现全年销售新突破。全年销售收入 5672 万元。三月，易阅通平台成功与 CASHL（中国高校人文社会科学文献中心）合作，为全国高校图书馆联合采购数字资源提供本地化存储和平台服务；此外，先后作为唯一数字内容提供商进入秘鲁、老挝“中国馆”。

四、建成“走出去”全方位服务体系，“走进去”能力实现新突破

（一）有效拓展国际主流营销渠道，实物出口能力得到提升

开拓了美国哈佛大学燕京图书馆、芝加哥大学东亚图书馆、斯坦福大学东亚图书馆，形成涵盖北美前 12 名大学的主流机构客户全覆盖的渠道网络。同时，开拓了新西兰奥克兰大学图书馆、澳大利亚 CAVAL 图书公司等澳洲主流市场，开拓了秘鲁若望二十三世秘中学校等南美主流市场，并与北美大学图书馆、中国香港地区公共图书馆等建立新的业务合作。图书博览会期间，“中文图书馆配区”扩容升级，集中展示三万多种精品中文图书，实现实物出口码洋 200 多万元。此外，“中国出版物采选平台”上线运营，得到海外客户高度好评，被哈佛大学燕京图书馆盛赞为“最好用的选书平台”。

（二）创新数字出口渠道，“走进去”成效日益凸显

易阅通海外版自图书博览会上线以来，加州大学九所分校购买，十个国家 26 个客户开通试用；美国亚马逊中文电子书店项目已实现上线电子书 1.6 万册，使美国 Kindle 上的中文电子书数量增长了四倍，有效进入了海外主流渠道。

（三）加强市场调研和海外出版工作，着力提升“走进去”服务能力

承办中宣部关于国内出版机构“走进去”调研工作，调研覆盖全国 580 家出版单位，形成国内比较全面的“走出去”情况调研报告。全年实现版权输出 109 种，其中完成海外图书出版 13 种。打造秘鲁中国馆和老挝中国馆，承接澳大利亚、新西兰专家调研团项目、厄瓜多尔主流书店展销活动、出版交流周、图书博览会翻译咖啡馆建设项目，为国内 70 家出版社提供了全方位“走出去”服务。

五、强化文创融合战略实施，向打造国际第一书展品牌迈出一大步

（一）以功能创新带动规模拓展和社会效益提升，图书博览会跃居世界第二大书展

第 23 届北京国际图书博览会展览面积达到 7.86 万平方米，参展国家和地区 86 个，海外展商 1379 家，达成版权贸易 5018 项，其中版权输出 3075 项，引进输出比为 1∶1.58；展示中外精品图书 30 多万种，参观人数 30 万人次。

（二）圆满完成中拉媒体峰会及主宾国等重大政府项目，形成中国出版业走出去重要品牌

配合习近平总书记出访，圆满承办中拉媒体领袖峰会；圆满承办印度新德里世界书展和第 22 届罗马尼亚国际图书与教育博览会，为中国出版业进入拉美、印度和罗马尼亚主流图书市场开辟了新思路、新起点。完成包括俄罗斯、伊朗、匈牙利等“一带一路”沿线国家在内的海外书展组团参展项目 12 个，组织 400 余名中国出版界代表赴海外参展，达成版权贸易合同 200 余项。此外，承办了中阿媒体对话会、第二届中俄媒体论坛等政府项目，为进一步拓展会展业务打下了基础。

（三）开发“北京国际图书博览会＋”系列展会，创新拓展卫星子品牌和地方展会项目

圆满完成首届丝绸之路（敦煌）国际文化博览会和第五届亚欧博览会的书展承办工作，为开拓地方“走出去”业务提供了发展机遇。此外，

上海公司圆满举办第八届上海国际音响影音视听展，广州公司成功承办2016南国书香节“中国出版集团馆”及“国际馆”，湖北长江圆满完成中国（武汉）期刊交易博览会，深圳公司完成2016香港书展、广州国际音响唱片展组展工作。集团公司会展业务全年销售9685万元，同比增长31.3%。

（四）多角度拓展文创业务，实现产业链有效拉长

2016年，深圳公司启动了跨境电商项目，大连公司建设了中图绘本馆，数字国际推出了多种文创产品，外籍部拓展了ROBI机器人等业务，有效聚集了非遗文创产品、童书出版及周边产品、按需印刷文创产品、新型智能文创产品，着力开拓国际文创贸易市场，延伸了产业链。

六、强化多元协同战略实施，为经营规模稳定增长提供强力支撑

（一）完善规范项目监管，大文化贸易稳步做大做强

数字国际公司全年实现销售2.39亿元，是上一年的2.68倍；上海公司实现销售2.39亿元，同比增长81.38%。两家公司大文化贸易业务的销售突破，为集团营收增长和主营业务快速发展提供了有力支撑。

（二）着力打造区域特色文化品牌，形成多元转型发展新增长点

版图公司启动了“中版库存”自有销售平台建设项目，成为中国出版集团公司以及国内出版界去库存、降成本、实现收益的有效途径。上海公司着力开拓大众市场，实施现代书店连锁布局，同时教材业务实现新突破。西安公司稳步实施西郊“‘一带一路’国际文化传播西部中心”项目。广州公司着力打造教育品牌，初步形成产业化和资本化拓展的教育培训模式。深圳公司跨境电商项目，依托“互联网+”和深圳区域优势，着手打造国际文创贸易知名品牌。大连公司立足转型发展，着力打造“中图精粮”和“中图绘本馆”两大品牌。湖北会展圆满完成中国（武汉）期刊交易博览会主运营商工作，并积极拓展“2016马来西亚湖北新闻出版广电传媒周”项目等新增长点。

（三）着力加强资本运营，资本市场初显成效

成功入股中译语通，开启大数据战略合作。加强上下游数据加工企业、海内外实体书店等可供兼并收购项目的调研、评估，推动主营业务生态圈建设。“易阅通+按需印刷+全产业链融合发展”项目入选出版集团公司首轮“十三五”重大项目。

七、以重大项目为带动，有效拉动企业多元化增长

（一）易阅通平台集群初步成型

易阅通海外版发布上线，进一步推动双语智读平台建设，部署按需聚合、纸电捆绑、本地托管，资源聚合量实现新突破。OA移动阅读平台完成部署测试，实现44万篇OA资源到位。中图教育平台一期完成立项和开发，《雅思11》微信平台及网站已绑定超过1.8万用户、1.7万微信粉丝，为打造在线教育服务领先品牌奠定基础。

（二）按需印刷服务体系初步建成

现代化按需印刷生产基地结合图书博览会举办按需印刷之旅，接待中外宾客332人次。组建技术开发团队，自主研发“一书e码”核心技术；自主开发完成与英格拉姆的接口，加快了按需印刷全球布局；建设完成在线订单系统、印前自动化系统等按需印刷线上服务平台。加强了与国内外出版社的单品按需印刷合作，自8月份投入运营以来，销售订单近500个，印刷近50万册图书，全年实现销售近3000万元。

（三）物流中心建设工作有序推进

初步完成顺义物流中心厂房施工和设备安装工作，基本建成3.5万平方米的现代化物流服务中心，已完成台湖仓库等部分库房搬迁工作，同时积极做好保税库、样本室、教材业务、大众业务、音像业务、大报刊业务、出口业务、图书业务的搬迁准备工作。

（四）业务管理系统开发初步完成

2016年来，由班子成员统筹、部门负责人

牵头、部门业务骨干和技术人员全程参与，各部门通力协作、攻坚克难，基本完成开发并开始测试，向真正实现智能化管理、有效控制成本、提高效率迈出了重要一步。

（五）入股中译语通

以资本投资带动大数据战略合作，启动与中译语通在大数据、云计算、机器翻译等领域的合作，推动了中图数字化转型和大数据服务能力建设。

（六）西安西郊“‘一带一路’国际文化传播西部中心”项目稳步推进

总公司班子会高度重视、仔细研讨基建项目相关重大问题，西安公司精心筹划、认真修订项目立项报告，6月获得政府项目立项备案批复文件，8月拿到项目道路红线图与土地测量成果表。项目已进入控规审批工作，各项工作稳步推进。

（七）“一带一路”资源中心专项工程启动

积极响应国家“走出去”和“一带一路”倡议号召，一方面，积极引进“一带一路”国家优秀科技文化成果，打造多语种、全覆盖的“一带一路”文献资源库，通过实施农科院合作项目、实施中科院合作项目、举办“一带一路”专题展、打造“一带一路”专题目录等举措，全方位服务国内图书馆、科研中心、出版社等。另一方面，着力向“一带一路”国家输出中国科技文化、中国道路、中国理论等优秀出版物，通过实施与匈牙利孔子学院合作项目、向尼泊尔和罗马尼亚等“一带一路”国家输出《中华文明史话》系列、曹文轩作品、余华作品等举措，实现中国文化走进“一带一路”国家主流渠道。

八、强化党建和企业文化建设，为战略实施提供思想保证

（一）从严治党，加强党纪工团建设

认真学习贯彻中央精神，制定了《关于在全体党员中开展“两学一做”学习教育工作方案》《2016年度中图公司党委中心组学习计划》《党言党语　纪言纪语》等学习资料，组织“两学一做”开展情况报告、“三会一课”制度执行情况报告等专项学习活动，组织全体党员观看《永远在路上》《榜样》《西方民主怎么了》《西方新闻自由只是传说》，并进行专题学习研讨。规范党员档案管理和党费管理工作，召开领导班子民主生活会和支部组织生活会，组织党员开展民主评议。组织党员学习讨论。逐级签订党风廉政责任书，梳理部门廉政风险点，实行党员领导干部谈话常态性，采取多种形式开展党风廉政宣传教育活动，重视员工信访举报工作，坚决查处各种违纪行为。

（二）配合完成巡视组检查工作

按照集团公司党组统一部署，巡视组从10月24日起正式对中图公司进行巡视检查。公司上线严格按照巡视组的安排部署，实事求是汇报情况，客观真实反映情况问题，积极配合和确保巡视工作顺利开展。

（三）加强企业文化建设，增强企业凝聚力

不断加强基层组织建设，完成52名新入职员工加入工会工作。积极组织送温暖活动，元旦春节走访慰问退休老领导、老员工和困难员工。落实关心女职工工作，完善“妈妈小屋”管理，开展妇女常见疾病预防讲座，开展第三次恒爱工作等。积极开展推优评优活动、读书实践活动、健身月活动等一系列文体活动，丰富员工生活，营造良好企业氛围。建立宣传机制，形成通讯员队伍，利用《中图人》等平台强化交流、凝聚人心。

（张纪臣）

荣宝斋2016年工作综述

2016年荣宝斋的艺术品市场的严重萎缩，给经营工作造成了前所未有的巨大压力。面对艰难形势和经营困境，荣宝斋领导班子理性分析市场局势，以果断的应变能力和创新能力带领全体干部职工迎接挑战，圆满完成集团公司下达的任务指标。据统计，荣宝斋2016年合并口径营业总收入8.1亿元，利润总额5242万元，总资产25.4亿元。

一、重点工作完成情况

（一）以学术立品牌，引领书画经营工作

面对市场结构的急剧变化，荣宝斋确立了

"以学术引领市场"的发展新思路。通过邀请名家开办荣宝斋大讲堂及举办具有学术高度的公益和商业展览活动等方式，策划了一系列学术讲座和当代名家书法年度提名展。不仅提升了荣宝斋品牌的学术含金量，也为书画爱好者搭建了交流平台，得到了社会和业界的普遍认可，强化了荣宝斋品牌的学术价值。

同时荣宝斋在注重同重点画家维系合作的基础上，挖掘和培养中青年画家储备人才并开拓新市场，全年举办了多场高水准展览活动，如"荣宝斋中国画双年展·2016""范曾迎新画展""岭上云·荣宝斋当代篆刻名家邀请展""经典之路——荣宝斋签约特聘画家崔晓东山水画展"等，均取得了不俗反响。

（二）严把质量关，树立荣宝斋保真拍卖品牌

北京荣宝拍卖有限公司在新班子的带领下，勤勉奋进，严把质量关，取得了不俗的业绩。2016年正值荣宝斋（上海）拍卖有限公司成立五周年，拍品较往年种类更多元，更加具备收藏价值，现场高潮迭起。同时济南、桂林和南京三家拍卖公司也都着重在拍品质量上下功夫，交出了满意的答卷。

（三）继续推进改制工作，以可转债方式引入战略投资

在中国出版集团公司的大力支持下，荣宝斋在2016年继续梳理业务和投资结构，有序推进改制工作，并成功实现与招商局中国基金的深入合作。融资的成功极大地缓解了企业现金流窘迫的现状，为实现经营目标创造了条件。

（四）两块土地合作开发有序推进

出于资金和专业性的考虑，荣宝斋领导班子选择合作开发的方式推进荣宝斋顺义文化创意园和荣宝斋蓟县文化创意产业园两个项目的建设。一方面积极办理开工手续，避免土地闲置造成损失，并取得了开工证；另一方面寻求合作开发，对两个项目采取邀标的方式初步筛选了合作伙伴并进行细节谈判，陆续进入实质操作阶段。

（五）适度多元化发展，坚持围绕艺术品经营主业，向大众文化消费领域倾斜

2016年，荣宝斋合理规划产业布局和适时调整经营策略，确保日常经营有序开展。包括设立荣宝斋商贸（北京）有限公司从事商品进出口业务、设立北京荣宝斋教育科技有限公司，进军普及类艺术培训市场、设立荣宝斋雕塑院从事城市雕塑和空间造型艺术相关产品的研发、生产和销售。荣宝斋在线交易平台在厘清产品线和商业模式的基础上，丰富交易方式，拓展经营范围，实现了收入大幅增长。未来还会考虑荣宝斋画院、书法院、雕塑院和北京荣宝斋教育科技有限公司的整合发展，拓宽发展思路。

（六）对分店布局进行战略调整

经中国出版集团公司批准，荣宝斋完成了香港分店的重组，在保持荣宝斋控股地位的前提下，引入新资金，增强了企业实力的同时，实现了品牌收益。同时与山东出版集团签订战略合作协议，推进济南分店与山东新华书店的业务合作，推出"齐鲁水墨十家"活动，探索分店业务转型发展。

二、生产经营工作情况

（一）书画经营工作

面对严峻的市场形势，荣宝斋将艺术品的学术价值和经济价值相结合，果断开拓经营思路，扭转经营困境。

1. 书画经营一部

书画经营一部全年成功举办了"荣宝斋·2016迎新春名家书画展""世纪的背影——荣宝斋藏近代京派绘画展""春润京华——马海方古都风情人物画展""呦呦鹿鸣——李延声中国画作品展""秋风吟·荣宝斋藏近现代名家画菊展""范曾迎新画展"。同时配合其他部门和分店需要，提供书画作品展览及销售。

2. 书画经营二部

书画经营二部保持了良好的发展态势，社会效益显著，管理工作进一步加强。全年举办了"丙申开岁·近现代名家书画展""墨鸳鸯——荣宝斋藏近现代名家楹联作品展""东风引·荣宝斋当代名家书法邀请展"。

未来将继续收购在近现代历史上有重要艺术价值的书画家的作品，满足消费者需求。同时加

强宣传，充分发挥互联网及自媒体的优势，借助荣宝斋的品牌价值，实现盈利。

3. 书法馆

书法馆在“学术引领市场”思路的指引下，积极筹划并调整营销思路，在传统的经营模式下力争有所突破，为书法馆以后的长远发展奠定基础。全年举办“迎新春名家书法精品展”“正心·藏锋·内美——刘彦湖讲座及书法品鉴会”“刘涛讲座及书法品鉴会”“荣宝斋2016当代名家书法年度提名展·纯空书法展”“岭上云·荣宝斋当代篆刻名家邀请展”“南北——刘彦湖、白砥书法作品展”“荣宝斋2016当代名家书法年度提名展·魏哲书法作品展”“文房拾贝·刘正成翰札书法品鉴会暨刘正成学术讲座”“丁谦书法精品展”及“平畴远风·吴悦石书房联书法作品展”。同时继续顺应市场潮流，采用“互联网+”的销售模式，利用各种媒体（包括微信、网站、报纸、期刊等）及时并详细介绍书法名家作品及展览等情况，拓宽销售与宣传渠道。

4. 当代艺术馆和沉香堂

当代艺术馆充分发挥品牌优势，全年工作围绕中青年油画家推介计划、当代中青年艺术家推介签约计划、代表中国当代艺术最具影响的艺术家签约项目而展开。借助荣宝斋平台的影响力，做好学术支持。全年举办“迎新春名家油画展”“闫平——心有飞鸟油画展”“爱的记忆——忻东旺艺术回眸”“水云游——高毅作品展”“荣宝斋当代中青年写实油画家推介展”“荣宝斋中青年艺术家推介展——张洪源作品展”“经典之路——荣宝斋签约特聘画家崔晓东山水画展”。

沉香经营方面按照年初制定的方案，重点定位销售中高端沉香线香，充分发挥荣宝斋品牌影响力，打造荣宝斋品牌线香，逐步占领市场。

（二）文房用品经营部

文房用品经营部结合市场需求的变化，盘活库存，优化商品结构，开发多类型商品来满足不同群体的消费需求。此外与时俱进，利用“互联网+”方式，拓展销售渠道并增加了电子支付等功能，满足年轻群体的消费需求。

（三）木版水印工艺坊

木版水印工艺坊创新经营模式，提升经营服务能力。包括同步开展线上线下促销活动，促进销售；研发名家新作并细化产品结构，满足不同顾客群体的需求；与大师合作，推出定制业务，提升商品价值。

借助荣宝斋老字号得天独厚的优势，积极参加各项宣传活动，发扬传统文化。包括为庆祝荣宝斋木版水印技艺入选国家级非物质文化遗产名录十周年，举办“木版水印申遗十周年回顾展”，参加“第二届京津冀非物质文化遗产联展”“第23届北京国际图书博览会”“首届丝绸之路（敦煌）国际文化博览会”等。圆满完成各项接待展览任务，让更多人了解品牌文化和品牌价值，推动中国文化“走出去”。

（四）木版水印中心

木版水印中心继续推进新品种研发，分别完成了大型工笔花卉诗笺巨著《百花齐放》、黄永玉先生《释猴》、蔡澜先生书法作品《用心》，电子商务订活齐白石《葫芦》《虾》、吴昌硕先生《神仙贵寿》《寿者相》、齐白石先生《九秋图》、陆俨少先生《云瀑图》、白雪石先生《千峰竞秀》、徐悲鸿先生《大群马》《四喜图》、吴悦石先生和范曾先生的2017年度贺岁新作《富贵大吉》《海日初升》。

同时积极参与非物质文化遗产技艺的推广宣传，如参与“走进机关，走进校园系列活动第一期——暨‘匠心铸奇术 妙手拓丹青’首届中联部国家级非物质文化遗产巡礼大讲堂”“文明对话论坛及中华节日嘉年华暨‘和美麦家’中外居民圣诞联欢活动”等，展示了传统技艺的独特魅力。

（五）装裱修复中心

装裱修复中心在配合其他业务部门做好作品的裱件服务基础上，积极拓展外部业务。如2016年4月受山西煤矿集团委托，装裱李学功巨幅（25米×6米）山水大画片。全体同志克服困难，团结协作，顺利完成任务，得到对方高度赞赏。同时落实授徒培训计划，为装裱修复技艺的传承和业务扩大打下基础。

（六）出版中心

2016年，荣宝斋出版社完成出版总种数120种。其中新书90种，重印书30种。年度出版总印数27.53万册，总印张2722.94千印，总码洋2290万元。

荣宝斋出版社在编辑出版过程中始终坚持对品牌的弘扬与维护，着力打造文化含量高的专、精、特、新产品，于2016年度获得了多种奖项和荣誉：第25届“金牛杯”优秀美术图书评奖会上，荣宝斋出版社出版的《陈云书法选》获得金奖，《荣宝斋藏册页》获得银奖，《秦汉简牍具名与书手研究》获得铜奖，《岭上云·荣宝斋当代篆刻名家邀请展作品集》获得优秀装帧设计奖；《世纪的背影·丹青卷：荣宝斋藏近代京派绘画展作品集》获厦门市政府颁发的2016海峡两岸书籍装帧设计邀请赛一等奖；《荣宝斋》和《艺术品》杂志获得“2016最美期刊”称号；荣宝斋出版社获得“中国版权最具影响力企业”荣誉称号。

“走出去”方面，积极响应中国出版集团公司号召，宣扬传播中国优秀的传统文化。与俄罗斯、乌克兰、印度等国家的出版机构建立版贸合作关系。参与国际书展及国内外重要版贸活动十余项，接待国内外出版机构、媒体、交流团体版贸洽谈30余次，揽获多项国家级版权奖项，版贸合作成果颇丰。

版权获奖和资助情况如下：

①2016年《荣宝斋珍藏》《荣宝斋画谱清山水》均入选国家新闻出版广电总局2015年“版权输出奖励计划”并获奖励。

②荣宝斋出版社获得中国版权协会颁发的“中国版权最具影响力企业”称号。

③中共中央对外宣传办公室采购图书一批。

国际版权工作情况如下：

①与日本创河集团、日本彩流社公司签订“荣宝斋国画技法”系列丛书版权合作协议。

②与英国Thames & Hudson出版公司签订《墨花墨禽》系列丛书版权合作协议。

③与俄罗斯WAHC（尚斯）国际出版（集团）有限公司签订版权合作协议。

④与乌克兰汉学协会结成友好合作关系，现已达成一期合作协议。

⑤与印度GBD出版机构开展多次深层会谈，准备签署版权合作协议。

图书数字化工作方面，进一步加强数字化资源的整理和商业模式的开发进度，多方联系加强合作，不断扩充数字资源，提高数字版权签订比率。合作落实数字出版项目，在2016年合作的基础上，出版社新增了11家合作单位，多家已成功签约。

（七）新产品研发中心和礼品店

2016年，新产品研发中心进行了荣宝斋官网的管理和升级改造、荣宝斋APP终端的开发推广应用、荣宝斋官方微信平台功能拓展、荣宝斋公共WIFI维护运营等工作。业务方面，根据目前艺术品市场需求，结合新产品研发中心现有的复制技术能力及当前的印刷技术水平，承接各项复制项目。特别是荣宝斋制作生产的《万山红遍》，得到大家的普遍好评。

礼品店进行了店面的整理规划并加强员工的服务技能培训。为了进一步丰富礼品店的产品内容，计划开发荣宝斋紫砂文化系列产品。

（八）展览部

2016年，展览部全年共承办“曹俊义迎春绘画展”“南韵北声书画联展”“温镶山水画展”“工笔六绝作品展”“倪越绘画作品展”“六合同春名家作品展”“张晖中国画作品展”“郭晓图书画作品展”“吴门风韵张继馨书画展”“陈雄立绘画作品展”等展览十场。

（九）外贸部

2016年外贸部积极开拓图书进口渠道，图书进口业务稳中有升。累计完成进口图书七批次，共计700种，7624册，实洋4.8万美元。同时积极拓展文化贸易代理业务，协助木版水印工艺坊，文房用品经营部及荣宝斋出版社向荣宝斋香港分店出口木版水印作品、文房用品及荣宝斋书籍等荣宝斋商品计800余件，货值港币8万元。

（十）荣宝斋北京咖啡屋

荣宝斋北京咖啡屋自2015年8月开业至今，

取得了较好的社会反响。在北京市西城区举办的特色阅读空间专家考核评比活动中，荣宝斋北京咖啡屋在西城区16家阅读空间中取得了第四名的好成绩，无疑是对咖啡屋经营模式和服务理念的高度认可和鼓励。

三、所属公司经营情况

（一）拍卖业务

北京荣宝拍卖有限公司始终以业务发展为核心，以为客户提供优质服务为根本，巩固老客户，发展新客户。面对拍卖行业整体拍品数量与成交量同比下滑的现状，对减量增质这一市场情况进行了一定的思考，并提出相应对策，如调整拍品设置、扩大自媒体宣传渠道及加强对员工的专业培训等。2016年8月，北京荣宝拍卖有限公司完成了经营班子的调整。新班子为应对市场的低迷之势大胆革新，带领全体员工在扩大拍品征集、严控拍品质量、深挖拍品价值等方面下大力气，取得了很好效果，拍品质量和数量都大幅提升。全年共进行了三场艺术品拍卖会，特别是秋拍一举扭亏为盈，取得了不俗的业绩。

2016年恰逢荣宝斋（上海）拍卖有限公司成立五周年，全年共举办春秋两场艺术品拍卖会。11月7日，在五周年庆典艺术品拍卖会上，公司精心筹备，结合当下艺术市场发展趋势，为藏家奉上特别专场及市场难得一见，高性价比的佳品，借此机会邀请藏家共赏艺术之美，感谢大家五年来对荣宝斋（上海）的关注和支持。此外，荣宝斋（上海）拍卖有限公司荣获两项“青花奖”大奖——综合类“年度十佳企业”及专项类“年度运营效率奖”。证明了艺术品交易市场对上海拍卖公司的肯定。

荣宝斋（济南）拍卖有限公司本年度举办了春季和秋季两场拍卖会。依托荣宝斋总部的品牌优势、投入与大力支持，在严峻的形势下，取得了良好的经济效益，公司的影响力不断扩大，同时也引起了更多业内人士的广泛关注。

荣宝斋（桂林）拍卖有限公司本年度举办了春季和秋季两场拍卖会。同时于六月在桂林漓江大瀑布饭店二楼设立美术馆，主要功能是承办公司拍卖品的展出以及展览书画家的个人作品，为配合公司接洽业务及艺术品收藏提供交流平台，博得一片赞誉。

荣宝斋（南京）拍卖有限公司在面临市场疲软的现状下，克服困难，迎难而上。全年举办两场拍卖会。未来将团结一致选准新的经营方向，把握经营特色，保证在具备核心竞争力的前提下，实现可持续发展。

（二）分店业务

香港分店为扩大品牌影响力，多次参加各项艺术活动。同时扩大经营项目，包括设立“荣宝学堂”及增设紫砂壶业务。2016年香港分店根据当地市场偏好，成功举办“辉煌足迹——沪港澳纪念长征胜利八十周年书法篆刻邀请展”“天行造境——林天行彩墨画展”等十次大型展览、两次公益讲座、两次大型的艺术博览会及两个教学项目。

天津分店延续以展览推动人气、以活动拉动消费的工作思路，举办了“静守溪山·中国国家画院程大利工作室‘溪山五隐’山水画作品展”“回顾经典——荣宝斋非物质文化遗产木版水印展”“荣宝雅集——名家书画扇面及扇骨精品展”等展览，带动了商品销售。此外分店积极与其他机构洽谈合作业务，拓宽盈利渠道。

呼和浩特分店结合内蒙古自治区书画市场的特点及需求，持续调整商品结构，在原有商品类别基础上，完善各类别内容，同时增加文玩瓷杂产品，丰富商品可选层次。全年举办了包括“什袭珍藏——当代名家书法展”“吴冠中木版水印专题作品展”“仰山樵古——中央美院第二届兰亭书法班临摹书法作品展”等在内的多场展览，扩大品牌知名度。

长沙分店本着一切为客户服务、提高企业知名度和利益最大化的宗旨，全体员工充分发挥吃苦耐劳的精神，积极上进，努力工作，经济效益和社会效益都在稳步增长，为荣宝斋的发展做出了有益的贡献。一方面通过举办展览增加销售，另一方面通过开办讲座及鉴赏会提升分店在当地的影响力，取得了良好的经济效益和社会效益。

济南分店全年举办了“沈光伟花鸟画展”

"古法今韵——赵长刚扇面册页书法作品展""法印心缘——赵长刚书法展（在杭州举办）""价值发现·与古人谈——陈宏年水墨作品展"等展览。充分利用荣宝斋在线、齐鲁美术研究院等平台的优势，面向市场，多渠道扩大书画、文房四宝及木版水印的销售。

广州分店结合岭南地区独特的艺术市场氛围，持续加强与当地书画家的紧密联系，并依据当地艺术偏好推出对应的商品及举办展览。包括"荣宝品鉴——近现代名家书画品鉴会"在内的多场展览受到广泛关注及好评。

洛阳分店全年举办"李铁生画展""相约洛阳寄情神都——赵准旺彩墨作品展""十分春色（第二回）——当代艺术名家画牡丹精品展"等多场画展，受到广泛关注。在完成日常生产经营任务的同时，洛阳分店十分注重塑造良好的企业文化和企业形象。2016 年 8 月 21 日，"情系裴岭——当代艺术名家作品义卖展"在荣宝斋洛阳分店开幕，本次义卖所得善款用于改善当地贫困家庭儿童的受教育条件，为贫困家庭和艺术家、企业家搭建专项扶贫平台，获得高度赞誉。

青岛分店一年来致力于依据当地艺术市场偏好，开展形式丰富的各类活动。全年举办了"经典之路——崔晓东山水画展"等多场展览，好评如潮。进一步扩大了分店在青岛书画市场的知名度和关注度，树立强大的品牌形象和影响力。为萎靡的书画艺术品市场注入强心剂。

湖北分店在 2016 年开展了大量卓有成效的工作，推动业务发展。包括以下几个方面：一是与湖北当地艺术界建立了广泛而深入的联系。二是全年举办了包括"倒置的海——杨培江写生作品展"在内的多场高水准画展。三是组织笔会品鉴会等多种形式的活动。四是举办各类艺术培训。五是积极开展宣传活动。上述举措在当地引起广泛反响，进一步扩大荣宝斋品牌在武汉的知名度。

宁波分店积极加强与北京总部的联络，邀请王登科、李采姣、陈启元、陈海良、刘树勇、徐仲偶、胡朝霞、林绍灵等专家学者开展艺术大讲堂活动，并成功举办"南北——刘彦湖、白砥书法作品展"及学术对话活动，充分挖掘当地书画市场潜力，展示荣宝斋品牌特色，传达百年老店的企业精神。

淄博分店在当地已形成了书画、古玩、珠宝玉器等三大经营业态聚集发展的新局面，准确的市场定位，拉动了市场发展和业户经营，实现了可持续发展。为进一步提升品牌知名度，积极参与淄博市书画艺术品博览月活动，并通过加大多媒体宣传，展现荣宝斋品牌魅力。

（三）荣宝斋文化投资有限公司

荣宝斋文化投资有限公司在全面推进书画质押融资业务的同时，拓宽业务范围，并与保险机构商谈艺术品保险的操作模式，适时开展艺术品保险业务。

（四）荣兴艺廊

2016 年，荣兴艺廊全体工作人员不断加强自身建设、提高服务质量，从而保证了艺廊科学有序地经营管理。在日常工作中严格执行各项管理规定，为整体运营提供了良好的环境，得到了广大商户和相关部门的肯定。

（五）荣宝斋画院有限责任公司

2016 年在大的经济环境影响下，整个文化市场是一个调整期，对画院整体运营也带来新的挑战。画院在这种新的形势下，对内加强教学管理，提升学术含量。对外加强交流与互动，使画院教学理念与学术含量能够带动面更广，影响力更大，也使画院在书画界更能突显自身的学术品位与艺术走向。

（六）北京荣宝电子有限公司

2016 年，北京荣宝电子有限公司的运营管理逐步进入正常轨道，业务取得了快速持续发展，为公司未来的发展奠定了坚实基础。具体包括：不断强化"文房及衍生产品"和"书画原作"这两大板块的业务；平台持续升级改版，PC 端、移动端数据同步；丰富交易方式，拓展经营范围；加大同荣宝斋实体合作力度，实现线上线下紧密互动；积极借力新媒体，加强品牌传播力度；加强人才队伍建设，打造真正的互联网企业。未来将进一步完善互联网平台产品的开发，优化平台用户体验，加强互联网产品的竞争力。

（七）荣宝斋茶文化（北京）有限责任公司

荣宝斋茶文化（北京）有限责任公司全年精心策划了“吴泽浩、谢志高·画家迎春茶会”“‘刀行墨舞’木版水印·茶会”“品一盏冬日的暖阳——紫玉金砂·茶友会”“茶会：紫砂壶私人订制”等茶室活动。同时大力拓展新项目，不仅与其他企业合作展示宣传公司产品，同时采用众筹的模式推出新品，引起广泛关注。全年共接待各类参观几十次，极大地提升品牌影响力。

（八）北京荣宝燕泰印务有限公司

北京荣宝燕泰印务有限公司以艺术图书的设计、制版和印刷加工业务为主，是北京市书刊定点印刷企业。公司组建了专为荣宝斋服务的经营团队，保质保量完成荣宝斋的各种制作、印刷任务。

四、党群工作和精神文明建设

荣宝斋党委按照工作部署，在不断完善自身建设的基础上，进一步明确工作职能，改善工作方式，为促进荣宝斋改革发展提供强大的精神动力和服务保障。

在强化党建过程中，积极落实“两个责任”，促进党风廉政建设：一方面发挥党委主体责任，深入学习党中央、习近平总书记关于党风廉政建设的重要讲话精神，严明党的政治纪律和政治规矩，开展自查；另一方面落实纪委监督责任，选派纪检干部参加集团公司组织的党风廉政建设教育大讲堂等座谈会。

在培养党员意识过程中，积极组织党员干部深入学习中央各项文件，进一步推动“两学一做”主题教育的落实。通过开展主题党课学习和组织干部参加专门的培训班与研讨会、组织党员干部参加“党在我心中”诗歌征文、支部书记“两学一做”培训班、中直集团“两学一做”报告会、六中全会精神宣讲会等各种形式的活动在实践中加强党员管理，通过开展“文明服务窗口”和“优质服务标兵”创建活动树立党员责任意识和服务意识。同时鼓励已退休的党员干部为党委建设献计献策，增添正能量。

将党建工作落到实处，坚持做到送温暖工作制度化、常态化，关爱退休老职工和困难职工。同时积极参加各种公益活动，回馈社会。提升荣宝斋品牌的社会价值，维护企业良好形象，体现了荣宝斋作为三百年老字号企业的人文精神。

（武若杨）

现代教育出版社 2016 年工作综述

2016 年，现代教育出版社（以下简称“现教社”）认真学习贯彻党的十八大、十八届三中、四中、五中、六中全会精神和习近平总书记系列重要讲话精神，紧紧围绕集团公司“两调四强”、打造“三六构想”升级版的战略部署，以坚持社会效益第一、社会效益和经济效益相统一、内容创新为前提，积极打造强有力的人才队伍，积极寻求新型营销模式，推进深度战略合作，加快“现代教育”品牌的树立，以扩大在教育出版和教育领域的知名度。2016 年的主要工作和成绩汇报如下：

一、2016 年基本工作情况

（一）制定现代教育出版社“十三五”发展规划

2016 年是“十三五”的开局之年，现教社为制定切实可行的五年发展规划，以落实中央精神和集团公司“两调四强”、打造“三六构想”升级版的战略部署为指导，在各部门调研、研讨的基础上，于 2016 年 9 月，完成了“十三五”规划的制定工作。规划从五个方面的工作阐述了“十三五”期间的主要目标和重点工作。

（二）调结构，优化部门结构、促进发展

经过一年的实践摸索，结合现教社未来产品线发展的目标，按照图书的内容及读者对象，将原六个编辑部门优化为四个编辑部，分别为：儿童教育中心、基础教育中心、高等教育中心和国学中心。

其次，为了加强现教社党群建设，在管理中心专设党群办公室，由专人负责现教社党群工作和老干部工作。

（三）加大培训力度，提高业务水平

针对现教社编辑、发行人员整体年轻化，在工作经验上的不足、业务上的不熟练、原始积累少等现状，提升人才队伍的综合素质、业务能力变得尤为重要。2016 年，员工培训是现教社重点工作之一，分别从图书零售市场、编辑修养及编校质量、主题出版等方面对编辑、发行人员进行了五场业务培训。另外，现教社也鼓励编辑人员参加国家新闻出版广电总局、编辑学会等举办的各类培训学习。

（四）加强业务数据分析，提高出版效率

2016 年，现教社每月召开一次生产经营会，主要围绕出版数据、财务数据、经营数据汇报上月主要工作内容及需解决的问题。通过每月经营会的召开，加强了现教社各部门负责人的业务数据分析的能力，便于我们及时掌握经营进度，从而提高出版效率。

（五）社会效益方面

现教社围绕集团公司“十三五”的总体布局和中心目标，以教育为主线，围绕“一主四板”推进内容生产建设，出版了一系列取得良好社会效益的图书。如《我不想一个人睡》入选 2016 深圳读书月“年度十大童书”30 强；《克利的世界》入围 2016 年度“中版好书榜”少儿类前 30 名。《中华瑰宝》（2016 年 7 月刊）入选 2016“中国最美期刊”。

（六）调产品线建设，使产品结构趋于合理

“十三五”期间，现教社的发展道路是：以“现代教育”为品牌核心，实现“一主四板”的产品建设。“少儿、教育”图书为现教社的产品主线，在此基础上，不断加强少儿教育、学校教育板块，重点研发家庭和社会教育板块，寻求合适资源蓄力发展数字化板块，同时维护好现教社传统文化板块，促使现教社在少儿、教育图书板块更加专业化。

2016 年，现教社紧紧围绕“少儿、教育”图书两大产品主线，逐一对图书选题进行了梳理。在梳理过程中，现教社结合现状，加强了选题论证会建设。通过定期召开选题论证会，剔除与现教社产品线不相符的产品，为现教社做强教育类图书提出了新的要求。

（七）围绕“一主”积极申报国家、集团公司出版资金等项目

2016 年，现教社共申报三项出版资金项目，一是《清代教育档案文献长编》申报了国家出版资金项目；二是《现代少儿教育》产品系列，申报了中国出版集团公司出版资金项目；三是《泰中双语版中华文化启蒙读本》申报了中宣部 2017 年“丝路书香工程”重点翻译资助项目、中国出版集团公司“一带一路”主题出版重点出版物，同时也是现教社“走出去”项目主打产品之一。

（八）调规模，加大资本运作，增强竞争力

2016 年，现教社在公司规模上，注册资本金由 255 万元增到 1035.5426 万元；在经营范围方面，新增了出版物经营许可、期刊出版许可、杂志广告许可三项资质。

在资本运作方面，按照集团公司的工作部署，有条不紊地开展与中版教材公司的整合事宜；积极探索与教育类相关的各行业间的联合发展整合，努力实现与新华书店总店关于大中专教材整合的战略合作。另外，现代教育出版社还得到集团公司营销宣传奖励及调结构、产品线奖励。

（九）加强渠道建设，创新营销推广模式，扩大品牌影响力

2016 年，现教社在浙江、江苏、宁波等省市的各种馆配会和政府项目上，实现发货码洋约 94万元。通过参加童书博览会及浙江省店的少儿活动，少儿类图书实现销量码洋达 24 万元。

在寻求推广模式上有了新尝试，与凯声文化公司合作，将少儿绘本《疯狂的猫咪》《倒霉的鸭子》《快点，慢下来吧》等书纳入“凯叔讲故事”栏目。

（十）2016 年重点产品

1. 儿童教育方面

2016 年，现教社在儿童教育方面主要以出版儿童绘本为主，在延续原有品牌“牛津童书馆”“国际大师绘本”“企鹅童书”等基础上，新出版了“小红车尤塔”系列图书、“克利的世界”系列图书、《带我微笑》《动物王国》等图书；在

少儿理财方面，出版了《三只杯》。

其次，现教社还尝试将图书内容与AR技术融合，计划出版儿童百科读物“我的动物园”系列（共四册）。

另外，在幼儿园教育方面也小有成效。与中版教材公司合作出版的《幼儿安全小卫士》，得到了幼儿园老师和家长的好评，其中上册在湖南郴州地区平均发行量为1.5万套；与中科院及中科院幼儿园就“幼儿科学”课程的出版建立了合作关系。

2. 学校教育方面

2016年，现教社在学校教育方面，主要以学生教育产品为主，教师教育产品为辅，其中学生教育产品主要以“作文”板块为主，其他辅助读物为辅。主要产品有：

①“作文”板块共出版了三个品牌，即芒果作文、时间岛作文、志鸿优化作文，共五个系列产品，总计33本图书。

②“沸腾英语”系列图书，共出版30个品种，产生了良好的市场品牌效应。

③为了巩固和扩大现教社的“教育”品牌形象和提高市场占有率，现教社与学而思教育集团、志鸿集团联手打造了一系列的辅助读物。如《学而思秘籍》系列图书、《同步学考优化设计系列》（小、初、高）等合计356个品种。

④创建“现代教育名师书系”品牌。2016年，该项目已经启动，收录了三位名师的著作。

3. “国学类”产品

国学类产品，除维护原有59个品种之外，还通过市场调研，计划将大部头图书《图说全译本二十四史》改造成适合大众阅读的小系列图书《图说全译本史记》。至2016年12月底，审校完成《图说全译本史记》图文版书稿，完成列传系列五册图书（70卷，55印张，约135万字）的调版、调图、调印张、分册定型成书的工作，通读及三审完毕，封面设计完成。

4. 动漫游戏系列

2016年，现教社在动漫游戏类选题方面有了新尝试。与腾讯公司合作出版了《地下城与勇士官方职业设定集》《英雄联盟瓦洛兰图志·卷一》，共创造利润约27.29万元。

5. 2016年6月，《中华瑰宝》杂志正式创刊发行

（十一）数字出版方面工作

数字出版部主要负责现教社数字资源上缴工作，截至2016年12月底，共收到上缴书号对应数字资源520本，完成资源整理520本，距集团公司要求的合格率仍有差距。另外，2016年上半年，数字出版部还承担着与排版公司对接的工作和图书文件黑马校对。

（十二）“走出去”工作小有成效

2016年，现教社共组织员工参加了两个国际书展和一个国际活动，主要有第45届伦敦书展、第23届北京国际图书博览会和前往泰国参加中国出版集团公司“一带一路”沿线国家文化交流活动。在展会期间，现教社编辑积极寻求与“少儿”“教育”相关的选题合作，挖掘出版资源，加快国际合作的步伐。在泰国文化交流活动中，现教社“走出去”项目——《泰中双语版中华文化启蒙读本》得到了良好宣传效果。2016年，该项目已签署完成《委托翻译合同》和《委托顾问合同》，翻译工作开始启动。

（十三）党群工作

1. 党务方面

2016年重点围绕着“两学一做”开展了各项工作，主要有：①按规定，为党员购买了《习近平总书记系列重要讲话读本（2016年版）》和《党章》，并组织学习；将集团公司印制的《“两学一做”学习教育材料选编》下发给每位党员进行学习。②5月，组织全体党员赴怀柔第一党支部纪念馆开展党性教育活动。③11月，组织全体党员集中观看《榜样》。④按照“两学一做”要求，计算党员所需补缴的党费明细。

其次，为加强各支部业务水平，现教社党委为各支部购买了《党支部工作手册》《党费工作手册》《党支部书记实用手册》；为党群办公室购买了《党务工作者实用手册》《党组工作手册》。另外，现教社参加了集团公司举办的党支部书记培训班；社领导参加了集团公司组织的“香山论坛”，并发表演讲《关于“如何做开中国出版集

团教育出版”的思考》。

2. 工会方面

组织员工积极参加集团公司的足球比赛；在社内组织“爱摄影、爱生活”摄影比赛，收到作品72张并颁发奖品；按集团公司“读经典 学新知”读书实践活动要求，为全社员工购买了《老子》《乞力马扎罗的雪》，为部门负责人购买了《如果高中棒球队女子经理读了彼得·德鲁克》，收到读书征文28篇。

3. 女职工方面

组织员工参加“恒爱行动”活动，上交的作品有22件。

4. 团支部方面

组织“绿植”领养活动。

5. 改善员工办公环境

完成走廊的清理工作，共打包图书和稿件421箱、清理柜子31个。在集团公司的帮助下，现教社的办公面积由原来的448.62平方米增加至709.41平方米，之后，社内进行了简单装修，调整了部分办公室房间，并按时间节点完成了新会议室的装修、布置工作，使2017年选题工作会如期举行。

6. 改善员工生活

购置冰柜解决了全社员工的午餐事宜。其次，在2016年7月，补发了社里亏欠的2014年员工奖金；按相关规定，为全社职工发放了2016～2017年度的供暖补贴。

二、2016年现教社经营工作情况

截至2016年12月底，全社图书出版品种数为1697种，其中新书1419种、重印书278种，重印率为16.38%。总资产为4811.51万元，营业收入7034.72万元。

（一）财务数据

2016年，现教社资产总额4811.51万元，资金池可用资金1871万元，存货净额达到2605万元，固定资产42万元，负债总额3901万元。

（二）出版数据

2016年，现教社发稿品种数为1419种，发稿字数总计559154.70千字。出版品种数为1697种，按出版类别分：少儿类图书52种、教辅类图书1391种、社科类图书37种、大中专教材类图书93种、学术专著类45种、艺术环境类图书15种、文学类图书18种、其他类图书46种。

（三）经营数据

1. 纸张库存情况

2016年5月，现教社纸张库存为271.94万元（不含环球、正合、嘉业、科达），截至2016年12月，现教社纸张库存为232.45万元，共消耗纸张库存39.48万元。

2. 发货、退货及库存数据

截至2016年12月，现教社发货码洋为26997万元，其中网络发货码洋为127万元；销售实洋为7948.42万元；库存码洋为2858万元。下降和增长的主要原因也是因为《同步书法练习册》。

3. 现教社排名数据

依据北京开卷信息技术有限公司统计，截至2016年12月，现教社在零售情况的总体排行为279，同比上升64位；实体店销售的总体排行为176，同比上升107位；网店销售的总体排行为328，同比上升29位。（杨 静）

中国民主法制出版社 2016年工作综述

2016年是国家“十三五”规划开局之年，是中国出版集团公司建设“国际著名出版集团”的关键一年，也是中国民主法制出版社（以下简称“出版社”）迎来重大发展机遇、逐步走向媒体融合发展的一年。为深入贯彻落实中国出版集团公司和出版社“十三五”规划战略部署，中国民主法制出版社按照集团公司“两调四强”的发展要求，奋力拼搏、攻坚克难，各项工作取得了可喜的成绩。

一、2016年工作成绩

“两调四强”是中国出版集团公司深化“三六构想”的战略部署，其基本目标是实现发展方式从规模扩张型向规模和效益结合型转变，从资源发展型向资源和创新驱动结合型转变，从速度增长型向速度和协调发展结合型转变，最终实现产业“又好又快”地增长。出版社正是按照“两调四强”的部署，在党的建设、工会工作、生产经营、图书出版、产品销售、媒体融合、员工待遇等方面取得了长足进步。

（一）践行“两学一做”，党委和工会工作得到加强

习近平总书记指出，坚持党的领导、加强党的建设，是我国国有企业的光荣传统，是国有企业的“根”和“魂”，是我国国有企业的独特优势。2016年，出版社党委坚决贯彻实施“两学一做”学习教育，在思想、组织、制度建设上完善了相关机制建设。在思想建设上，抓“两学一做”学习，学习中央有关文件和习近平总书记系列重要讲话；在组织建设上，规范党员发展的各项程序，如事先谈话、规范流程、起草决议、审批意见、进行公示等；制度建设上，建立了党委、纪委传阅文件机制和党委议事程序等。社领导班子成员、党委委员讲授专题党课，引导党员领导干部在领会“两学一做”学习教育核心要义上下功夫。党委组织全体党员、入党积极分子赴狼牙山学习考察，参观北京焦庄户地道战遗址纪念馆；全体党员重温入党誓词；新党员抄写党章；全体党员共抄一份党章；党委为每位党员制作“党员纪念座牌”、为全社党员制作发放《中国共产党党员党费证》；组织开展党章知识测试答题等。同时利用参加全国“两会”、出版社库房搬迁的时机，开展“我是党员我带头”主题活动，发挥党员的先进模范作用。在党风廉政建设方面，为充分落实全面从严治党，党委、纪委同各行政部门和业务部门以及各党支部签署党风廉政责任书。这一系列举措加强了党的领导、加强了党的建设，切实保证全面从严治党。

在党委的领导下，工会充分发挥桥梁和纽带作用，先后组织“全员读书、终身学习”的读书征文活动，“三八”节期间以“学法律法规、做职业女性”为主题的女职工法律知识竞赛活动；加强与成员兄弟单位的交流，与兄弟单位举办联合篮球比赛活动；为丰富职工的业余生活组织篮球、足球、羽毛球等多项文体活动。通过开展各项活动，使员工的凝聚力得到加强、精神面貌得到提高，工作的干劲更足。2016年，出版社获得“2011～2015年全国法治宣传教育先进单位”，中国出版集团公司先进基层党组织、模范职工之家等殊荣。刘海涛、赵卜慧等多人获集团公司先进个人称号。

（二）生产经营效益明显，年度任务指标超额完成

实现集团公司确定的发展目标，首先是经营上的增长。出版社工作重点是进一步调整及优化收入结构，通过打造畅销书、增加政府采购项目来提高图书在整体收入中的比例，增加营业利润。同时充分利用出版社现有资源，积极探索合作业务新模式，拓宽业务范围。通过全社员工近一年的共同努力，2016年完成收入总额8808万元，其中主营业务收入8662万元，其他业务收入146万元，同比增加2935万元，完成任务指标的126%。累计实现利润874万元，同比增长81万元，完成任务指标的111%。从产品结构看，图书收入4935万元，占收入总额的56%，同比增长1104万元。非图书收入3873万元，占收入总额的44%，同比增长1831万元。从利润结构看，2016年出版社改变以往营业利润为负值的不良状况，实现营业利润524万。尽管面对不利的市场环境和任务压力，出版社通过采取切实可行的措施，增加营业收入，减少库存及负债压力，出色地完成了中国出版集团公司下达的任务指标。

（三）图书产品结构清晰，主题出版亮点频现

在图书出版方面，出版社突出人大类图书和法律类图书的专业特色，优化选题结构，减少印量偏低品种，强化品牌意识，提高出版质量，努力实现两个效益的有机结合。“调结构”是中国出版集团公司提出的供给侧结构性改革的关键，出版社努力在“调结构”上想办法，在产品立项、出版过程把控方面效果明显。2016年，出版社共出版图书515种，较上年同期增

长9.34%；出版新书309种，较上年下降9.65%；重印图书206种，较上年增长59.69%。新出版的图书中，印数在3000册以下的图书124种，较上年增长6.9%；印数在一万册至三万册的图书54种，较上年增长80%。重印图书和印数在一万册至三万册的图书大比例增长，印数在3000册以下的图书大比例下降是“调结构”取得的显著效果。正是在“调结构”方面的出色表现，得到集团公司十万元的奖励。2016年得到集团公司“调结构”奖励的单位仅有四家。从出版图书的品种上看，新书中人大类图书45种，法律类图书187种，社科类图书77种；重印书中，人大类图书37种，法律类图书138种，社科类图书31种。从结构上看，人大类图书、法律类图书占总出书品种的79.03%，社科类图书占20.97%。产品线稳定、成型，出版社不仅稳固了原有的出版资源和渠道，主题出版方面有新进展。2016年，集团公司重点“6+1”项目《中国梦·复兴路》（三卷本）正式出版、“中国国际战略丛书”推出《银发中国》《“一带一路”：全球经济的互联与跃升》《中东观察》等。《完善中国特色社会主义法律体系研究》入选国家新闻出版广电总局“2015年主题出版重点出版物选题”；《决战2020：拒绝贫困》入选中宣部、国家新闻出版广电总局“2016年主题出版重点出版物”“中华人民共和国重要法律知识宣讲系列”之一——《老年人权益保护》入选国家新闻出版广电总局、全国老龄工作委员会“2016年向全国老年人推荐读物”。《田纪云文集》入选中版好书榜年度榜单。在国家“十三五”重点图书规划项目中，八个项目入选，位居集团公司前列。

（四）新产品不断推出，营销销售业绩提升

2016年，出版社重点推出的《田纪云文集》引起社会各界普遍关注，赢得了好评，销售过万套。利用地方人大换届选举工作契机，适时推出《县乡两级人大代表换届选举工作手册》《县乡人大换届选举宣传挂图》《〈中华人民共和国全国人民代表大会和地方各级人民代表大会选举法〉释义及问题解答》《地方组织法、选举法、代表法释义》等十余种图书，为换届选举工作及时提供了科学规范和智力支持。《没有上帝的宗教》《法官裁判文书写作指南》《商业保理理论与实务》《企业股权激励实务操作指引》“七五普法系列图书”（以案释法版）均取得良好销售业绩。《全球并购 中国整合》《决战2020：拒绝贫困》《毛泽东张闻天和长征胜利》《“一带一路”：共创欧亚新世纪》《海昏侯的生前身后》、“法治民生系列丛书”（18册）、“中国古代大案探奇录”系列、“红色经典电影连环画”系列等社科图书在市场上表现较好。

营销加大宣传力度，不断渠道下沉，并开设出版社天猫商城旗舰店，开辟拓展线上线下渠道，加大了产品营销的力度。2016年，出版码洋为10962万元，发货码洋8856.25万元，较上年同期增加34.2%；营销中心退货码洋425万元，较上年同期下降4.34%。发货超三万册图书12种，超万册动销图书98种。

另外，为积极配合全国人大常委会关于实行宪法宣誓制度的决定，出版社积极推出文创产品——宪法宣誓台和宪法宣誓本，成为人大文化创意的新产品，销售势头旺盛。

（五）媒体融合与数字出版速度加快，发展模式创新

2016年，中国民主法制出版社在媒体融合发展方面进行了大胆的探索和实践。在集团公司的支持下，出版社成立了山东分社，走出了跨地域发展的第一步。山东分社以聚集优质IP为主要方向，为成立中版昆仑公司打基础，进行内容全媒体开发。山东分社出版了被阅文集团定义为顶级IP的《神藏》、被柳传志推崇的《枭臣》等。《枭臣》未出版已经被江苏凤凰发行集团包销3万套。山东分社除积累IP资源外，在开发地方资源上也有一定成绩，获得了烟台市政府资助项目“烟台印象——绘家出版项目”。

数字出版方面，出版社实现了电子图书“走出去”。目前，近400个电子书在全世界300多个渠道运营，这些渠道包括亚马逊、谷歌、Apple公司和美国的Overdrive、巴诺书店等。2016年12月28日，申报的“数字影音互动科技与标

准重点实验室”入选首批新闻出版业科技与标准重点实验室名录，使出版社数字出版和多媒体融合发展又跨出重要一步。

（六）关爱员工成长，薪资和待遇平稳有增

现代企业管理需要提升员工素质能力，并创新人力资源用人和激励机制。这些是推动公司战略发展目标的重要方面。2016 年，在人员聘用上，尝试新的用人模式，以人大分社为试点，与其他公司合作成立的事业部，不仅在解决工资总额的困境上提出了新办法，还在人员能进能出方面积累了经验。同时，创新激励机制，首次设立“社长基金”，对表现突出的员工进行奖励。从员工待遇上看，人均年收入为 13.72 万元，2015 年与 2016 年全年在岗员工同期同口径人均年工资收入上涨 16%。在用工成本与员工福利方面，本年度出版社为员工缴纳社会保险 181.93 万元，公司为员工缴纳住房公积金 69.03 万元，公司为员工缴纳企业年金 31.78 万元。6～9 月的防暑降温费 1000 元/月，供暖费继续实现全员发放，本年度员工福利费用达 24.84 万元。每年按年限安排员工参加国际书展，开阔视野。重视员工成长，提供培训机会，员工在通过业务考试后，所有培训费用给予报销。

二、2016 年有待解决的问题

回顾 2016 年，出版社取得了一系列成绩。但是从实际出发，我们面临一些现实问题，还有待进一步解决：第一，出版社努力在调整产品结构，寻找新的产品增长点，但是低销量的产品有所降低，高销量的畅销图书却没出现，出版社缺乏畅销书和业内叫得响的图书。第二，图书策划能力仍需加强，创新型的项目带头人才缺乏。编辑图书策划的能力偏弱，在实现全媒体融合转型过程中，缺乏能起带头作用的项目领头人，编辑队伍整体对新型业态的发展、分析和了解不够。第三，项目完成计划性不强、成本和项目推进方面管控不足。在重点项目的推进过程中，缺乏科学的项目管理经验，对项目整体设计、调整和成本管控等方面缺乏应对方案，最终影响项目完成时间。第四，现代企业制度管理需要加强，制度建设需要完善。在出版社不断发展的情况下，对总部和分支机构的管理要逐步梳理，完善各项规章制度、逐步探索企业管理的方式，创新管理机制、探索有效的人才引进和培养方法，为出版社发展配备精锐的干部职工队伍。

总结不足是为了积累经验，是为了更好地筹划未来的发展。从 2016 年的发展看，我们应当看到，只有勇于创新才能闯出一条新路。当然，在开拓新路的时候，我们需要保持清醒的头脑，一方面我们需要大胆地闯、大胆地试，另一方面我们需要有对创新行为和努力的包容。这就是要有“试错之勇”“容错之胸怀”和“纠错之支持”。要从创新试错、容错、纠错的机制出发，为改革创新加油鼓掌、为改革创新保驾护航。

（邵　力）

研究出版社 2016 年工作综述

2000 年 10 月，研究出版社成立，由中央政策研究室主管主办。成立以来，一直肩负着为中央政策研究室提供出版服务的重要任务，出版了一批宣传和阐释党的路线、方针、政策的专著，以及涉及国际国内政治、经济、文化等方面调查和研究最新成果的图书。2014 年 12 月，顺应国家文化体制改革潮流，中央政策研究室与中国出版集团公司举行研究出版社重组签约仪式，自此拉开了研究出版社战略重组、全面改制的序幕，也为中国出版集团公司增添了一位新的成员。2015 年 3 月，由集团公司直属现代出版社代管，合署办公。

2016 年，研究出版社坚持社会效益和经济效益相统一，努力推出思想精深、艺术精湛、制作精良的优秀出版物，力争突出研究出版社特色，树立品牌意识，提高出版质量。

一、生产经营状况

截至 2016 年年底，出版图书 79 种，其中，新书 66 种，重印书 13 种。出版总码洋 575.9 万元，发货总码洋 452.1 万元。

二、出版内容丰富

2016年，研究出版社组织策划了“中国领导力提升丛书”“细读国学经典丛书”“励志经典书系”“‘蔡东藩历朝通俗演义’系列”“新编公文写作丛书”等出版物。（张 璐）

中国出版传媒商报社 2016年工作综述

2016年是“十三五”的开局之年，对于《中国出版传媒商报》（以下简称《商报》）而言，又是转型发展和三年绩效考核的起承转合的关键年。围绕媒体融合背景下平面媒体特别是专业媒体的未来命运，在继承前十年“五化”“五结合与五转变”等办报理念，“既要最好，又要更好”的核心价值，以及“同心同德、共创共赢”的企业文化理念基础上，《商报》在“十三五”规划中明确提出了“组织再造、制度创新、资源集聚、活力释放”的总方针，确立了适度规模化、融媒现代化、拓新国际化的“三化”目标，规划了专业咨询、阅读推广、文化创意、成长教育四个立体化的业态架构，强化了价值延伸、品牌传播、营销服务的立身之本。2016年各项工作全面铺开，开局势头良好。

一、对标集团公司“十三五”战略，明确《商报》五年规划与开局

深入分析综合类时政报业、都市报业近几年广告经营断崖式下跌的态势，行业报自身的优势，以及融媒转型所带来的机遇与挑战，《商报》班子提出了未来发展和综合运营的“四三二一”战略——“四个定位”，即价值提升、行业话语、公共服务、国际拓展；“三个转型”，即从新闻资讯报道向专业咨询服务转型，从广告载体发布向品牌营销服务转型，从受众传播对象向资源集聚整合转型；处理好“二维关系”，即专业化与社会化两个取向的关系；“一个关键”，即媒体融合。

2016年初，在充分研判国内外出版大势、透彻分析集团现状的基础上，中国出版集团公司将“两调四强”（调速度、调结构，强导向、强质量、强动力、强党建）作为“十三五”期间深化“三六构想”的新的战略重点。

结合中国出版集团公司“十三五”规划战略部署，按照“两调四强”核心任务，《商报》进一步修订了“十三五”规划的思路与目标，即在“十三五”规划完成之际，《商报》要切实完成融媒背景下的组织业态再造和赢利模式重塑两大任务。同时，要求各所属部门、中心同步思考并规划“十三五”的发展愿景，通过媒体融合的技术创新，整合资源，夯实基础，延伸价值，实现发展方式转变和可持续发展能力构建。

《商报》确定的2016年年度主基调是：深耕管理、以聚促融。通过项目、产品、平台、服务的立体拓展，延伸报纸的报道价值，增强报社的品牌营销服务，以资源整合和借力合作探索媒体融合的技术与平台构建，以期在媒体融合大背景下，夯实和重塑《商报》的立体赢利模式。

截至2016年9月底，《商报》营业收入与利润总额均实现同比增长8%以上的目标。其中，会议论坛收入同比增长80%以上，新业务拓展增长100%，尤其是支撑报社生存发展的广告在艰难中保持了稳中有升的状态，十分不易。尽管如此，《商报》仍面临着移动互联时代转型发展、提质增效的根本隐忧和深刻挑战，迫切需要沉下心思、扑下身子，谋战略，抓落实，以只争朝夕的紧迫感，推进各项固本筑基、革新再造的工作。

二、打破资源单一桎梏，“4+1”立体化业态架构初具雏形

《商报》发挥自身优势，把脉行业需求，确立了以强渠道为根本，将所有的渠道资源（新华、民营、文创等）作为品牌传播、营销服务和价值延伸的“空间”，将促进“社店对接”作为永恒主题，将O2O的“融媒跨界”作为永恒主题，将内容营销和品牌传播作为永恒主题，2016年在专业咨询、阅读推广、文化创意、成长教育、产学研结合（商学院）五个方面全面布局，

强力推进，新品质、强渠道、推品牌、兴项目、拓文创、开家教，“4＋1”立体化业态架构初具雏形。

1. 专业咨询

一是以强导向为生命线，优化采编流程，确保出版导向和质量，并在专题报道、深度报道等常规动作上，由宣传报道向专业资讯咨询服务的二次多次开发转变。二是以新媒体为突破口，强化“第一中国出版传媒网＋商报官方微信＋商报官方微博”组合推送力度，打造“官方微信＋传媒中国周报＋营销周报微信＋文创周报＋又成教育＋第一发布＋大师绝艺”微信矩阵。三是将渠道作为《商报》价值延伸的首要载体，深度介入实体书店与实体渠道、电商渠道的业务链条和营销服务，打造O2O的全新营销服务与专业咨询的新模式。四是打造行业交流平台，聚拢业内外人脉与资源，以聚促融。

2. 阅读推广

持续扩大中国读友读品节、腾讯·商报华文好书、与新华网合作年度中国影响力图书、北京阅读季以及中国童书博览会、全国出版集团报刊联盟等平台影响，深度夯实并拓展与上海书展、北京阅读季、江苏书展（苏州书展）、深圳读书月等全民阅读推广活动品牌的合作，树立《商报》在全民阅读的品牌形象。

3. 文化创意

2015年创新对外合作模式，以《商报》提供创意策划、资源整合服务，获取项目合作及项目分成的模式，成功拓展了“创色云”（全国首家综合性文化创意设计与服务电商平台）项目。在此基础上，2016年《商报》文创中国书画艺术研究院项目初步落地。下一步，将继续深化合作，寻求战略投资和项目可持续发展。

4. 成长教育

2015年在集团公司支持下，《商报》注册成立又成教育公司，专注家教幼教等作家资源与图书推介。2016年又成教育面上布局，线上推进，点上开花，向出版行业、用户终端以至政府层面深入推进专业咨询服务。一是推出中国品牌教辅TOP榜，并以此为拉动，依托大量教辅企业采访及信息调研形成《中国品牌教辅及市场发展调研报告》，实现销售。二是打造教辅发展专业论坛。

5. 商学院

2016年，商报商学院继续在推进产学研结合、加强行业智库建设方面发力。如与国家新闻出版广电总局科数司就CNONIX宣传推广进行合作。2016年在国家新闻出版广电总局数字出版司指导下，举办优化产业供给·优控图书库存峰会。

三、深度打造国际传播影响力平台

“十三五”《商报》确立了适度规模化、融媒现代化、拓新国际化的“三化”目标，并对标集团国际化战略，与伦敦书展、法兰克福书展及《书商》杂志等国际媒体合作取得突破性进展，不断打造商报国际影响力，并为集团公司“走出去”搭建新平台。

①创新与伦敦书展合作方式，《中国出版传媒商报》冠名国际教育学习资源奖。

②与国际书业媒体加深合作，联合英国《书商》杂志、德国图书信息中心、澳大利亚《图书与出版》杂志等机构共同发布国际出版报告。

③“中国图书海外馆藏影响力研究报告发布礼”成为影响力品牌。

④与法兰克福书展合作的“中国创意工业创新奖报告发布暨颁奖礼”持续打造联结中外创新工业推送平台。特别值得一提的是，本届推选进一步聚焦出版传媒领域，突出内容核心产业的特色与特点。未来，还将对包括影视、游戏、动漫、设计等在内的创意设计产业单独评奖，以凸显其行业特征。

四、融媒背景下《商报》探索赢利模式重构

融媒转型，不是为了融合而融合，不是为了技术应用而盲目跟风，而是要将媒体融合放到服务行业、整合资源和赢利模式重构的有机统一体之中。《商报》2016年启动了视频项目，拟开发专家、作家等深度访谈视频资源；推行“商报头条精华包”推送、《书业参考》内刊、导读导购

资源包等增值服务。

关于媒体融合的转型和构建，《商报》的落脚点是——

①结合社情、报情、行情，加快《商报》从纸媒向融媒全媒的技术改造和传播应用的跃升。将通过争取国家新闻出版广电总局科数司、国家新闻出版总署信息中心等支持，作为项目试点，以及外联合作方式，解决资金和技术投入的短板问题，力争尽快实现商报采编、广告的媒体融合技术应用平台升级。

②以项目和可持续发展为根本，力争在行业标准、市场信息、舆情监测、社科科技项目选题库开发等方面，占领制高点，构建新型的核心竞争力。目前，已经与国家新闻出版广电总局信息中心、中启公司等就开发舆情监测、文创产品信息监控平台等达成初步合作。

③以全国书业新华渠道为基础，构建全国书业新媒体联盟，开展社群营销；打造“全国书业教装文创多元协作平台”，开展产品与品牌营销 OTO服务，并推送导读导购资源包项目。

④以与北京阅读季合作为切入点，开展全民阅读效果指标体系测评和策划推广服务，已经与掌阅等达成开发在线阅读产品意向。目前，已经开通“读书女孩”网，需要进一步深化项目合作与推送。

⑤以优教优辅社群为基础，拓展面向全国中小学师生的教辅和家教幼教绘本阅读服务，覆盖中小学教育资源。同时，尝试建立全国最大的青少阅读社交平台。

五、以“两学一做”为抓手，加强党的建设和职工队伍建设

2016 年《商报》党委的工作主要围绕中共中央、中国出版集团公司开展的“两学一做”学习教育工作展开。报社党委带领各个党支部加强党的思想政治建设、推动全面从严治党。全体党员深入学习习近平总书记系列重要讲话精神，进一步增强政治意识、大局意识、核心意识、看齐意识。落实党风廉政建设责任制，党委负主体责任，纪委负监督责任的“两个责任”，正风肃纪，做到守土有责、守土尽责。《商报》开展“两学一做”学习教育活动，突出针对性，面对当前传统媒体面临的严峻形势，以及报社业务工作繁忙、年轻员工多的特点，有意识地加强引导，提高全体党员的党员意识、党章意识，在本职岗位做示范、做表率。

活动开展以党支部为基本单位，以“三会一课”等党的组织生活为基本形式。党支部结合实际开展学习教育，带着问题学，针对问题改，坚持学用结合。同时继续开展“我是党员我带头”活动，把党员身份亮出来，把党员先锋模范作用发挥出来，做到平常时候看得出来，关键时刻冲得上去，真正体现了党员的先进性。报社党委在学习教育活动中，除了做好自身的学习教育，还对各支部进行指导和监督检查，抓好落实。

1. 学习成为 2016 年报社党委、党组织的重要活动之一

2016 年初，报社党委召开扩大会暨党委理论中心组学习会议，认真学习贯彻习近平总书记在党的新闻舆论工作座谈会上的重要讲话精神。一年中，党委理论中心组和各个党支部又采取召开会议、自学、参观等不同形式，组织全体党员学习毛泽东同志《党委会的工作方法》《中国共产党章程》《习近平总书记系列重要讲话读本》、坚持不忘初心、继续前进——习近平总书记在庆祝中国共产党成立 95 周年大会的讲话精神、李保国同志先进事迹等。

2. 请专家为全体党员、全体员工上了党课

7 月 1 日，《商报》与华文出版社、现代出版社、新华联合发行有限公司联合举办了庆“七一”红色党课。邀请国家保密局、金城出版社专家杨世保做专题讲座。

3. 在“两学一做”活动中，支部会议与报社业务发展紧密结合

围绕党员如何在承担各中心经营任务指标中发挥带头作用，进行了全面、深入的讨论。讨论内容从经营角度切入，并拓展至与经营发展密切相关的常规报道、人才建设等核心层面，从日常感受到深度思考，从思路到实操，切实起到了聚气鼓劲、集思广益的作用，激发了党员在工作考

验与挑战中冲锋陷阵的精神与热情。

4. 各支部还积极开展特色活动

有的支部组织参观中国国家博物馆，回顾中国共产党领导全国各族人民争取民族独立人民解放、国家富强人民幸福的光辉历程，了解红军长征精神，交流体会和感想。有的支部结合党员发展工作，召开专题会议提升年轻党员对党的忠诚度。报社还在全体党员中开展“我是党员，手抄党章”活动，唤醒党员党章意识，重新认识党员作用，引导党员在本职岗位做示范、做表率。

5.《商报》党委在全体党员中建立了微信学习交流平台

很多党员在“商报共产党员”微信群等新媒体平台上，分享自己认为好的学习文章，交流体会。在报社党员中营造了浓厚的学习氛围，大家真学、真信、真用，效果很好。

6. 2016 年党委换届后，确定重心下沉、激发党支部战斗力和活力的基本思路

2016 年《商报》3 个党支部陆续进行了换届工作。新上任的支部书记和支部委员都是年轻人或者业务骨干，大局意识、服务意识都比较好，做好党建工作的热情非常高，各个支部的工作也按照 2016 年年初制定的计划扎扎实实地开展起来。报社党委理论中心组的学习，都要求各支部书记、委员共同参加，交流想法，沟通体会，解决问题。

（郭　虹）

中译出版社 2016 年工作综述

2016 年，是中译出版社分立后独立运营的第一年。2016 年，中译出版社认真贯彻党的十八大以及十八届三中、四中、五中、六中全会精神，紧紧围绕集团“两调四强”做文章，打造“三六构想”升级版，“为建成国际著名出版集团而努力奋斗”的精神，开展体制机制创新，加快“五大平台”建设，重点推进国际化项目，实行岗位竞聘和绩效考核管理，做强做开教育、少儿、社科、外语等各大板块，各项工作取得了长足进步。

一、体制机制创新

①成立了社科文学出版分社、外语出版分社、少儿出版分社、教育出版分社各分社作为独立的经营实体，承担主要的经营任务，2016 年各项经营指标都有了显著提升。

②实体化运营中国作品对外翻译推广中心和对外汉语出版中心，两个中心承担主要的国际化任务中心同时兼顾国内市场开发，也要承担相应的经营指标；中心还要承担翻译部职能，负责口笔译项目开发。

③成立了“李虹工作室”主要开发双效俱佳的图书，2016 年策划了《小学生必背古诗词》双语音乐版，出版了“杨红樱爱的教育童话”两册（双语版）。

④成立了中译出版社“西北营销中心”全年发货码洋、回款比 2015 年翻一倍。

二、国际化与“五大平台”建设

2016 年，中译出版社紧紧围绕集团公司的国际化战略和“五个平台”建设，不断夯实、提升业务团队，在全力打造国际化图书产品的同时，充分利用各类国际书展开展务实合作，推动图书多语种版权输出、纸本书出口、电子书国际授权、国际组稿、国际项目合作、国际并购等一系列国际化举措。

2016 年，中译出版社重点参与、策划、组织了集团公司在一些重要国际书展的活动，包括第 23 届北京国际图书博览会、2016 年印度新德里世界书展、第 53 届意大利博洛尼亚国际童书展、第 45 届伦敦书展、第 35 届沙迦国际书展、第 29 届伊朗德黑兰国际书展、第 68 届法兰克福图书展、第 11 届布加勒斯特国际书展等，海外宣传推广取得丰硕成果。

2016 年，输出版权 88 种，正在洽谈的 94 种，涉及 19 个国家和地区的语种。其中，五彩丛书（第一辑 5 种）正在逐步实现海外多语种的推广，已经签署并洽谈中的有蒙古语、法语、阿拉伯语、印地语、保加利亚语、罗马尼亚语、印度尼西亚语、僧伽罗语 8 个语种。

中译出版社推出的外国人写作中国计划——“一带一路中国情，那些难忘的中国故事”丛书，得到国家新闻出版广电总局和中国出版集团公司的高度评价，《中国新闻出版广电报》为此在头版头条发表了专门文章，中国出版集团公司总裁谭跃也做了专门批示，在中宣部对外出版采购项目评选中以入选19种的成绩得到谭跃批示表扬。

2016年，中译出版社入选国家多个翻译资助项目的图书已达30种，包括国家新闻出版广电总局“丝路书香”翻译出版工程11种、国家新闻出版广电总局经典中国国际出版工程一种、中国作家协会百种经典原创作品翻译出版工程一种、少数民族翻译出版工程八种，入选中宣部对外出版采购项目19种，入选CBI中国图书对外推广计划九种，已获得批复的资助总额共计588.33万元。

“中国报告”英文版和原创系列（From Inside China）从2013年启动开始到2016年底，已经和正在翻译出版的图书达到三辑26种，其中包括原创版《南京大屠杀》《十年徒步中国》等多部重要作品。这些图书多以纪实文学文体，从多个侧面和维度描述当代中国的发展与变化，得到世界多个国家出版商和读者的青睐，已输出多个语种数十种版权。

“五彩丛书”（英文版及多语种授权）截至2016年12月31日，已出版和正在翻译的作品达到五辑24种。这些图书有小说、散文和诗歌等多种体裁，内容耐读动人，为多个国家的出版商所喜爱，已输出多个语种的版权。

《简明中国历史读本》（英文版及多语种授权）以中译出版社英文版《中国通史》（六卷本）为蓝本，将中国历史置于世界史背景的参照之下，对该书进行章节导读并压缩为一卷本。我们致力于将本书单卷本打造成向世界普及中国历史知识的《简明中国历史读本》，该书具有向世界多语种授权的潜力。

“中国故事·长江书系”“中国故事·黄河书系”申报了2014年中宣部“中国当代作品对外翻译出版工程”，其中《生命册》《誓鸟》《湖光山色》已于2016年出版了英文版。

《民族文学》杂志汉蒙、汉朝、汉哈、汉维、汉藏丛书。2016年是《民族文学》杂志成立35周年，推出五种汉语与少数民族语言对照的丛书，此书可作为建党95周年主题图书；同时，该系列计划报送中国作家协会2016年少数民族对外翻译项目。

并购法国友丰公司的工作。2016年在中国出版集团公司领导的大力支持和指导下，中译出版社对并购友丰公司做了大量调研工作，目前，已经启动并购法国友丰公司项目的尽职调查工作，为2017年完成并购打下了基础。

电子书国际销售。中译出版社英文版电子书已经在美国亚马逊上线销售，迈出了中译出版社电子书国际销售的重要一步。

三、做强少儿板块

少儿出版分社2016年完成全年发货码洋2694万元，回款657万元。与2015年全年发货码洋940万元，回款286万元相比，分别增长了186.6%和129.7%。

①少儿英语启蒙产品线已经出版9大套系，212个单品图书。2016年引进了培生教育集团的一套儿童英语分级阅读，除了出版与英文原版差异不大的分级读物《培生少儿英语阶梯阅读》供零售图书市场销售，还在原有内容的基础上开发出了适合幼儿园教学的教材版本，提出了“读故事，学英语”的全新教学理念。这系列教材的学生用书包括12～14本原版英文故事书＋趣味练习＋阅读指导＋中文对照译文、一张外教讲故事DVD。学生用书已经出版，已进入渠道推广和试水阶段。还在制作过程中的教学资源包将包括故事大书/故事挂图、故事PPT课件、分课教案、“读故事、学英语”教学法讲义、教学卡片等内容，预计2017年出版。

②精品绘本产品线已经出版15个套系（单本），99个单品图书。2016年中译出版社开始关注原创绘本，“乐乐的中国名画奇遇”项目，从2014年开始有初步想法到2015年正式立项，经历了两年的反复打磨，已经进入编辑阶段，在第35届沙迦国际书展版权经理配对会上，好几家

出版商对展示的其中三本的图文版本表示出兴趣，还有两家出版商当时就签订了购买版权的意向书。

③《宝贝学常见词》系列当年发货近两万套。

④杨红樱系列（汉英双语）在与儿童文学畅销书作家杨红樱进行深度合作后，出版了《杨红樱爱的教育童话》两册。

四、做好教育出版

①《中小学海洋意识教育》《法治教育》《心理健康教育》《少先队活动》的出版和发行这四个系列产品是中译出版社基础教育教材的重要产品，2016 年在巩固已有销售渠道的基础上，新开发了黑龙江、河北两省发行渠道。

②2016 年新出版了《走进海洋世界》系列图书（六册），《图说海洋强国梦》（中文版、英文版）列入 2016 年国家新闻出版广电总局的主题出版书目。

③昂秀实用外语学习图书这个品牌已经拥有 50 余种常销图书，需进一步加大营销策划力度，做大做强这一品牌。

五、现有产品线全面开花

除了教育、少儿板块，中译出版社原创社科文学作品产品线、外语学习系列等图书系列也日趋成熟。经典图书如“世界文学名著英文版”“伟大的思想”“双语名著无障碍阅读丛书”、朗文经典、《许渊冲英译毛泽东诗词》《热词新语翻译谭（二）》《非文学翻译理论与实践》多次加印，《从黄浦江到莱茵河》、世界英文名著原版第六辑、智胜大学英语四六级真题解析、“百年潮·中国梦”（英文版）、《海归者说》《漫画大学》《赤脚医生往事》《翻译美学教程》等图书市场反应良好。

六、数字出版和媒体融合项目

中国古诗词（中英双语）国际化传播和学习项目是中译出版社与“优宇通”公司合作开发的项目，该项目顺应数字化趋势，结合当下提升全民文化素养的文化复兴规划和海外少年儿童学习汉语和中国文化而建设的出版转型项目。该项目以图书出版为核心，借助手机、pad 等各终端的介质特性，结合语音识别技术、图像识别技术，为诗歌学习提供立体化、个性化和交互式的学习体验。

海洋教育出版教学平台中译出版社于 2015 年 8 月出版《中小学生海洋意识教育》教材，以此为基础，中译出版社将以海洋课程及知识在线学习平台为核心，充分利用已有的图片及视频资源，联合海洋局宣传教育中心、全国少年儿童海洋教育促进会、象山影视基地、海洋局二所科考队，制作海洋动画、海洋纪录片等，为中小学提供全媒体教育及内容服务解决方案。联合海洋局、各省教育部门，适时在全国举行中小学生海洋知识大赛。

中译杯青少年口译大赛项目 2016 年是青少年口译项目发展关键的一年，3 月，中译出版社启动了第二届中译杯青少年口译大赛，同步进行教材、参赛手册、数字产品、培训等立体开发，还先后与美国国际教育交流中心、CYDP 中国少年发展项目、美国国务院教育、British council 等多家单位或机构达成战略合作，力争实现较好的双效益。

七、营销创新

2016 年，营销中心与各分社紧密合作，加强网络营销，开发了更多的微信公众号渠道营销中心；同时调动各分社的积极性，发挥经营主体的能动性，实现营销新的突破；各分社有经营自主权，自主开发新渠道，取得良好经营业绩的单位和个人，享受与营销人员同等的奖励。

中译出版社还配合中国出版传媒股份有限公司“中版好书百店千柜工程”，做好实体店的全年营销计划，实现跨越式增长，自办发行发货码洋超过一亿，在途实洋 3500 万，回款实洋 2300 万，同比增长 100%、77%和 50%。

八、职能部门协作

2016 年，中译出版社继续开展出版物编校质量检查，按时完成中国出版集团公司 2015 年社会效益考核申报工作、中国出版集团公司上市募投项目、图书许可证的年检材料申报工作，组织报送第四届中国出版政府奖、中宣部优秀儿童文学推荐、第15届输出版引进版优秀图书奖、第七届优秀理论读物、第六届中华优秀出版物奖图书奖、首届土家族文学奖、向全国老年人推荐优秀出版物、向全国青少年推荐百种优秀图书等多个奖项，同时申报了中国出版集团公司出版专项资金项目、改革发展项目库、中国文艺原创精品出版工程项目、国家出版基金、中国图书对外推广项目、经典中国国际出版工程、中国当代作品翻译工程、丝路书香工程重点翻译资助项目、北京市科普课题项目等多个重点项目。

2016年，经过行政部、财务部等部门的努力，房产契税免税、增值税返还等工作顺利完成，房产证产权分割工作也提交到北京市不动产登记中心进行审核。

九、完善组织机构，构建企业文化

2016年，中译出版社重新修订并印刷了《中译出版社有限公司规章制度汇编》，成立中译出版社工会和团总支，参加中国出版集团公司“党在我心中”诗歌征文活动、中直机关庆祝中国共产党成立95周年和纪念中国工农红军长征胜利80周年的书画展、“读经典、学新知”读书实践活动、集团公司足球比赛、篮球比赛、恒爱行动等一系列活动，加强业务技能培训，组织职工每周打羽毛球，组织全体员工赴狼牙山参观学习，开展奥林匹克森林公园健步走等活动，这些活动不仅提高了员工的业务能力、增强了身体素质、丰富了业余生活，而且加强了员工的主人翁意识，增进了员工之间的团队协作力。（茹　慧）

中版国际传媒有限公司 2016年工作综述

2016年，中版国际传媒有限公司继续着眼于服务国际外交大局和文化“走出去”，认真承办第45届伦敦书展、第68届法兰克福书展，组织协助集团内各出版社在书展期间开展版权贸易、会晤合作伙伴、参加专业出版论坛以及投资并购洽谈等多项任务。在版权输入输出，合作关系维护以及参与国际出版事务方面均取得了可喜的成绩。

一、第45届伦敦书展会展工作

第45届伦敦书展于2016年4月12日开幕。来自124个国家和地区的两万余名参展者汇聚一堂，共享这一全球文化和出版界的饕餮盛宴。中国图书成为书展的一大亮点。中国出版集团的14家出版单位带来了全面反映当代中国经济、政治、法律、文化发展变化的图书，共计390种、600余册，受到读者的欢迎。在本届伦敦书展中国出版集团创下中国出版业的“六个第一”：第一次在IPA大会上发表主题演讲；第一次向英国中学赠书；第一次在伦敦大学举办纪念汤显祖讲座；第一次获得吉尼斯世界纪录；第一次在牛津大学设立冠名阅览间；第一次组织大规模纪念汤显祖的出版文化活动。这代表着中国出版集团在国际化道路上通过多项创新展现出的中国声音、中国风采和中国力量。

（一）国际舞台传递有力声音

2016年4月10日，中国出版集团代表出席国际出版商大会，总裁谭跃作为中国刚刚加入IPA后首次亮相的出版人代表，对中国出版集团如何成为一家全球出版商及开拓国际市场的战略进行了概要阐述，并参与了现场对话环节，与来自德国、印度、冰岛的出版同行一起讨论全球化等问题，这对于中国出版企业加强与国外同行的相互了解、并与国际接轨具有开创性的意义。

（二）主题活动新颖丰富

为落实习近平总书记2015年访英期间提出的重大文化交流倡议，中国出版集团公司以“纪念汤显祖莎士比亚逝世400周年”为第45届伦敦书展参展主题，组织了多场别开生面的文化活动，不仅让中版品牌传播到国际舞台，更让读者切实感受到了中国文化的魅力。

（三）2016年4月13日，中国出版集团在牛津大学图书馆举办了“纪念汤显祖莎士比亚逝世400周年图书版本展”，展览共展出中华书局、人民文学出版社、商务印书馆等出版的包括汤显祖《牡丹亭》线装笺谱、《邯郸记》、“莎翁全集”等在内的共150种图书精品，现场还播放了共同纪念两位剧作家的视频短片。同时，中国出版集团公司在牛津大学图书馆中国中心专门设立由中国出版集团公司冠名的“汉学资源阅览室”，这也是中国文化企业、中国出版机构首次在牛津大学设立阅览室。该阅览室陈列了中国出版集团公司赠送的《二十四史》《资治通鉴》《中国美术全集》《中国大百科全书》（第二版）《中国当代作曲家曲库》等共212种精品图书。据统计，牛津大学图书馆共收藏中国出版集团公司图书一万余种。

（四）2016年4月12日在第45届伦敦书展现场，著名文化学者于丹教授应中国出版集团公司邀请，参加了伦敦书展在纪念莎翁专区组织的六种语言诵读《十四行诗》的文化活动，精彩的表现吸引了现场很多参观者，有热情的粉丝与她合影，请她给图书签名，还有出版商找她商谈购买版权。同日，于丹教授到伦敦大学金史密斯学院，为该校百名师生做了一场“让梦想照进现实”的讲座，这是中国出版集团公司第一次邀请业界名家在伦敦大学举办纪念汤显祖讲座，不仅传播了中版品牌，更让外国读者深入感受了中国文化。

（五）2016年4月12日，中国出版集团公司向英国博航特中学赠送了汤显祖莎士比亚作品中英对照图书，以及汉语教材、工具书、青少年读物、中国历史文化类图书，共一百余册，这也是中国出版企业第一次向英国中学赠书。

（六）2016年4月12日，吉尼斯世界纪录高级副总裁马克·弗里加迪正式确认《新华字典》是世界“最受欢迎的字典”和“最畅销的书（定期修订）”。截至两项纪录统计的计算时间（2015年7月28日），《新华字典》全球发行量共达5.67亿本。总裁谭跃认为，《新华字典》获两项吉尼斯世界纪录，不仅是中外文化交流的一个缩影，还从微观层面反映了汉语国际影响力的提升。

中国出版集团公司在本届伦敦书展期间国际评奖斩获颇丰。

1. 2016年4月4日，我国著名儿童文学作家曹文轩荣获有“儿童文学的诺贝尔奖”之称的国际安徒生奖，实现了华人在该奖项上零的突破。曹文轩在获奖后表示，中国出版集团公司所属的“人民文学出版社、天天出版社在他本次参评及获奖的过程中起到了特殊而重要的作用，功不可没。”从2014年1月开始，曹文轩与中国出版集团公司所属人民文学出版社、天天出版社共同成立了“曹文轩儿童文学艺术中心”，是国内第一家以一位儿童文学作家为核心的“全版权”运营机构。

2. 2016年4月12日，伦敦书展与英国出版商协会共同主办的第三届“国际卓越奖”评选结果揭晓，中国出版集团成员单位中国图书进出口（集团）总公司荣获“市场焦点成就奖”，三联韬奋24小时书店入围“全球最佳书店奖”候选名单，中国出版集团公司成员单位《中国出版传媒商报》冠名“国际教育学习资源奖”，并向获奖的波兰一家公司颁奖。这些成就不仅彰显了中国出版集团公司所属成员单位在全球出版业的实力，也代表着国际同仁对中国出版集团公司的一种认可。

在本届伦敦书展期间中国出版集团公司的版权贸易也取得了丰硕成果，共实现版权输出134项，版权引进88项。除了版权贸易，中国出版集团公司还广泛联系英国出版业，开展了大量深入的业务洽谈。集团领导与外方进行了14场密集的会见会谈。从汉学家、译者，到重点出版社、渠道和读者，在路径探索、项目开发、长期交流合作机制建设上，均取得一系列合作成果，为中国出版集团公司“十三五”国际化发展、为中国文化“走出去”取得实效，打下坚实基础。

二、第68届法兰克福书展会展工作

2016年10月18日，在中版国际传媒有限公司组织下，中国出版集团公司所属单位人民文学出版社、商务印书馆、中国大百科全书出版社等13家出版社参加第68届法兰克福书展共展出图书393种596册，较为全面地反映了当代中国经济、政治、法律、文化的发展变化。商务印书馆的电子词典，中译出版社的“中国报告”系列、“当代中国文学”系列等在现场受到了国外出版商的广泛关注。

（一）版贸洽谈活动准备充分成果显著

人民文学出版社策划部主任宋强与“哈利·波特”系列作者J.K.罗琳的版权代理商布莱尔合伙人公司相关负责人进行了对谈，就即将出版的《哈利·波特与被诅咒的孩子》以及电影剧本《神奇动物在哪里》的进度进行了沟通，两者分别将在十月底和11月出版发行。

商务印书馆版权与法务部副主任郭朝凤在中国出版集团公司展台接待前来拜访的日本创价学会国际涉外局长长冈良幸（Yoshiyuki Nagaoka）等一行四人，洽谈了池田大作作品中译本出版与营销相关事宜；她还接待了前来展台拜访的德国电子词典出版公司Acolada GmbH的代表和代理，洽谈电子词典合作事宜。郭朝凤还拜访了英国泰勒弗朗西斯集团、Transaction Publishers、法国色伊出版社、英国牛津大学出版社、德国苏尔坎普出版社、葡萄牙LIDEL出版社等多家机构合作，在社科图书和教材合作上取得不小的进展。

中国大百科全书出版社对外合作中心主任马丽娜与英国DK、美国梅里亚姆－韦伯斯特公司、意大利Guiti、印度Macaw等欧美及“一带一路”沿线国家的30多家出版社进行了版权贸易洽谈。引进方面重点在与DK、Usborne等知名出版机构合作，以延伸扩展百科社在少儿科普板块的影响力，达成数十种引进意向。输出方面，原创《中国幼儿美绘启蒙百科》达成阿拉伯语和法语输出意向，《中华文明史话》波兰文、印地语达成输出意向，《南亚研究丛书》系列达成印地语输出意向。

中译出版社总编辑助理刘永淳表示，中译出版社的“中国报告”系列、“当代中国文学”系列作品等在现场受到了国外出版商的广泛关注。第68届法兰克福书展期间，中译出版社先后与印度（印地语、泰米尔语、Malayalam语等不同语种的出版社）、孟加拉国（孟加拉语）、印度尼西亚（印度尼西亚语）、波兰（波兰语）、伊朗（波斯语）塞尔维亚（塞尔维亚语）、希腊（希腊语）、阿根廷（西班牙语）、土耳其（土耳其语）、加拿大（英语）、西班牙（英语、西班牙语）、英国（英语）、德国（德语）、美国（纸本书发行）、法国等国家的出版社、代理人、发行商等进行了20余场富有成效的会谈，就中译社重点图书（少数民族作家系列“五彩”丛书，藏族青年作家系列、当代中国文学经典系列、中国报告系列、六卷本《中国通史》）达成了数十种版权输出意向，涵盖“一带一路”重要国家和英美发达国家。

中国民主法制出版社陈曦根据集团公司为出版社制定的三条主产品线：法律、政治、国学普及，精心挑选了30种44本外向型图书参展。参展图书包括《敦煌》《开元悬疑录》《战襄阳》《青花瓷》等弘扬中国传统文化的图书，还包括《田纪云文集》《科学立法民主立法——全国人大及其常委会十年立法实例选》等反应中国特色社会主义法律体系建设成就的图书，以及《大国转型》《中国重组》《国魂》等宣传中国道路、中国特色社会主义核心价值观的作品。

生活·读书·新知三联书店孙玮以版权经理的身份与来自世界各地的出版社代表广泛接洽，工作成果如下：《中华文明的核心价值》签约法语版并与印度尼西亚出版商达成印尼语签约意向；与以色列达成《败在海上》希伯来文签约意向；《重启改革议程》签约白俄罗斯文；《毛泽东阅读史》签约韩文版；与麦克米伦签约了《缝隙中的改革》英文版；与施普林格达成《中古中国与外来文明》和《大都无城》英文版签约意向。

世界图书出版上海有限公司与STM（科学、技术、医学）出版商保持着长期的良好的合作关系，这次书展期间与Lippincott、Oxford、Wiley等出版商签署了急重症治疗、麻醉、护理学引进图书协议，引进国内相关学科知识点。走出去方面，儿童分龄喂养、中医育儿、玩瓷拼图等受到法国和德国出版代理的青睐和关注。

世界图书出版西安有限公司即将出版一套英文版国际针灸学图书，由世界针灸联合会的专家主导编写，旨在传播中医针灸技艺和文化，为国际上培养能获得资质认证的针灸医师，从而惠泽更多患者。相信这套书的出版将会对弘扬我国博大精深的中医文化发挥积极的推动作用。本次书展期间，世界图书出版西安有限公司与相关外国出版商进行了出版进度的沟通。

世界图书出版北京公司与美国 Barron 公司签订引进 3 本 SAT 考试系列图书协议，与《世界科学》出版就科技图书引进达成初步意向，与 Springer 就科技图书与期刊出版进行了良好的沟通。世界图书北京公司与美国 DC 漫画达成引进 30 余本漫画协议，与美国 IDW 漫画、黑马漫画、Image 漫画公司就数十种漫画达成初步引进意向。此外，与比利时 Casterman 出版社，法国 Solei、远途罗布力、达高漫画、Akaman、Humanoids 等出版社达成引进十几种欧洲漫画协议。

（二）展团人员参展感受和收获

1. 技术引领革命　数字出版大趋势

3D 打印、VR 技术、人工智能等令人眼花缭乱甚至不可思议的出版业技术革新引领着潮流的发展。数字出版方面，我们可以看到展馆里的 google play 等技术公司的活跃，也可以看到 wiley 的教育系统的火热展示，可以说在新技术面前，不能否认视觉体验的优势。

2016 年展会最大的亮点是被称为“艺术＋”的“展中展”，展示并探讨艺术和出版的数字化。当人们走进“艺术＋”展区时，会发现谷歌等科技企业的身影，许多人也许会怀疑这是电子展还是书展？数字技术的发展正在给出版业和艺术创作带来前所未有的改变，也孕育着新的商业模式。

2. 整体不景气　童书较强势

在全球经济不太景气的状况下，国外很多中小型出版社没能参展；而很多出版集团的展位规模也在一定程度上缩小了。但人们对书的热情却丝毫不减。六号馆主要是英语区的图书，也最热闹，可见语言的红利不仅体现在经济上，也体现在文化上。比较而言，亚洲展区的四号馆就显得有点门庭冷落。

展馆里最突出的两家出版社是企鹅兰登和施普林格，规模最大，展台洽谈人数最多。企鹅兰登当然还是以纸质书为主，施普林格最强大的一块就是自然科学的数据库发展，由于 2015 年麦克米伦将 Palgrave 品牌卖给施普林格，这无疑加强了施普林格的人文社科的学术地位。纸质图书和数据库的大规模订购，让施普林格在全球科研领域影响力遥遥领先。

本届书展依然体现了童书主题的生命力。和国内的出版发展脉络基本一致，童书几乎是版权成交量最大的一个类别。独立的童书馆也是此次书展最为热闹的场馆。镂空、抽拉、立体、拼贴等工艺也让人大开眼界。

在中国的展区可以明显地发现儿童文学、科普类图书有长足发展，但低幼图书、原创绘本、动漫图书等尚未达到高水准开发阶段，还处于上升期。在儿童馆展场内国际国内两个市场已经形成融合，“走出去”多样化、多元化，资本和实体“走出去”已经随处可见。中国少儿出版的发展，需要进一步参与到国际少儿出版的交流舞台上，才可以更好地融入世界少儿出版的总体格局中。

3. 中国需要世界　世界需要中国

中国在世界出版界的角色越来越重要。首获“雨果奖”的刘慈欣受邀来到本届法兰克福书展，各家媒体竞相采访，讲座和论坛更是座无虚席，在书展上高耸的大型广告牌上也随时能看到他的“身影”。这是我们中国人的骄傲，也是让中国出版工作者引以为傲的时刻。中国已经成为世界上最大的图书出版国家，中国图书市场具有巨大的潜力。中国的出版商也不再满足于将国际的流行书籍带入中国市场，而是更加重视将中国的图书带入国际的市场。中国出版的中心已经从“引进来”变为“走出去”，扩大了市场，同时通过国际交流提高了创新能力，并且随着综合国力的提高，世界对中国的关注越来越多，宣扬中国文化、展示中国形象也是我们每个中国出版行业工作者的职责所在。

随着中国在世界影响力的不断加大，世界对中国的了解需要也从孔子、龙、故宫、长城、中国菜、中国功夫等符号化的内容，逐步转向中国经济腾飞的原因、中国企业的成功之道、中国人的生活方式以及来中国旅游甚至居住发展的相关信息。相应地在参展图书的选择，乃至外向型图书选题开发上，少一些一厢情愿，多一些针对性研究，在想方设法让世界了解中国之前，先更好地了解世界，了解国际市场的需求，掌握其输出、引进的一般规律。相信在不久的将来，随着大批图书的“引进来，走出去”，中国道路终将获得世界的了解与认可，中国故事更将传遍世界。

（李　鹰）

世界图书出版公司 2016 年工作综述

2016 年，世界图书出版公司（以下简称“世图公司”）在集团公司的正确领导下，认真学习贯彻党的十八大、十八届三中、四中、五中、六中全会精神和习近平总书记系列重要讲话精神，根据集团公司“两调四强”战略重点和世图公司实际，扎实推进“十三五”规划各项建设和“两学一做”学习教育，较好地完成了各项工作任务，经济运行态势总体平稳。

一、认真学习贯彻中央精神，抓好党建工作，进一步履行全面从严治党主体责任

一是加强领导班子思想政治建设。领导班子始终把学习总书记系列重要讲话精神作为一项重要政治任务，党委中心组全年共组织六次集体学习，重点学习了习近平总书记关于遵守党的政治纪律和政治规矩及新闻出版导向的重要论述、“2·19”重要讲话、在中国共产党成立 95 周年大会上的讲话等，并结合世图公司实际进行研讨，增强了班子的政治意识、大局意识、核心意识、看齐意识。十八届六中全会召开后，党委中心组及时进行了学习研讨，同时以支部为单位组织党员干部进行学习，特别是对《关于新形势下党内政治生活的若干准则》《中国共产党内监督条例》逐条进行学习讨论，撰写学习心得，增强了党员干部的党性意识、纪律意识。

二是扎实开展“两学一做”学习教育。世图公司党委按照中央和集团公司要求精心组织，创新学习方式，积极开展党员活动。年初制定了“两学一做”学习教育工作方案，各支部也制定了学习计划。为党员发放了《中国共产党章程》《习近平总书记系列讲话 2016 版》《习近平严明党的纪律和规矩论述摘编》《中国共产党问责条例》《关于新形势下党内政治生活的若干准则》《中国共产党内监督条例》和集团公司编写的学习资料。以“三会一课”为载体，各支部组织党员采取自学与集中学习相结合的方式加强政治理论学习。在庆祝中国共产党成立 95 周年之际，组织党员参加中组部专家陈燕楠以“从党章的历史看中国共产党的发展”的党课，增强了党员党性。利用视频网络组织全体党员收看了《榜样》《西式民主怎么了》《西方新闻自由只是传说》警示片，使广大党员进一步认清了资本主义弊端，从而坚定了中国特色社会主义的道路自信、理论自信、制度自信、文化自信。结合“七·一”党的生日，组织世图公司在北京全体党员赴革命圣地西柏坡接受党性教育，重温了毛主席“两个务必”的讲话，坚定了党员不忘初心，继续前行的信念。根据集团公司统一部署，加强党员教育管理，开展了党员组织关系排查，理清了组织关系，建立了党员信息档案。开展党费收缴工作，制定了世图公司党费收缴工作办法，组织党办、财务部门对 2008 年 4 月以来党员交纳党费情况进行核算，基本完成党费补缴工作。

三是加强党风廉政建设，落实“两个责任”。在年初与集团公司签订党风廉政建设主体责任书的基础上，与各子公司主要负责人分别签订了《责任书》，形成了一级报一级，层层传导压力的责任机制。利用节假日等重要时点，认真贯彻执行中央八项规定精神，有效防止“四风”反弹。加强监督执纪，在全公司开展廉政风险排查工作，对廉政风险点进行认真梳理，制定了有效防控措施。

二、坚持社会效益第一，狠抓导向质量管理，社会影响力进一步提升

一是严把出版导向和图书质量关。世图公司

总部严格执行相关出版规定，年初下发了《关于加强出版导向和出版质量管理的规定》，就如何加强出版导向和出版编校质量工作提出了具体要求。坚持选题论证制度，“三审三校”制度和重大选题备案制度，做到层层把关，责任到人。总部监督各子公司设立审读室，充实审读力量，权威质检队伍，开展内部质量抽检，定期对重点项目、重点图书，以及养生、教辅、少儿等图书进行专项抽检。

北京公司要求所有图书在印前必须交由审读室进行质检；同时由审读室负责对编辑的培训、辅导。长春公司成立专门质检部门，聘请权威专家进行专业性把关，强化图书质量。西安公司坚持社会效益第一，从选题和三审的各个环节对选题严格把关。由于重视导向把关和质量把关，消除了导向隐患，公司全年没有出现导向问题。

二是推出一批重点图书和重点出版项目。科文音像出版社《虞美人·琴歌》获中华优秀出版物音像电子游戏出版物提名奖。广东公司《20世纪越南文学发展研究》等29种图书获得第三届中国外语非通用语优秀学术成果奖。西安公司《民族百科全书》被国家出版基金办评为优秀项目。

广东公司《中国壮族谚语》获得广西第14次社会科学优秀成果奖一等奖。西安公司《老陕这一年2015》获陕西省省委宣传部宣传创新工作一等奖，《影绣长安》获第16届中国平遥国际摄影大展“优秀画册奖”，《千年国医百病寻根》被中国版协评为“2016年度十大健康好书”。北京公司《希姆莱兄弟》列入中国影响力图书推展第三季历史类榜单。北京公司《送孩子去常春藤》《奥斯维辛集中营的志愿者》《穿越孤独》《燃烧的影像》，西安公司《元气神机：先秦中医之道》《小发明家汤姆全球大冒险》先后入选中版好书榜；其中《奥斯维辛集中营的志愿者》入选中版年度好书榜。

科文音像出版社《中国民族音乐原声资料抢救与发掘出版工程之民族器乐篇》获国家出版基金项目支持。上海公司《中国中药图志》及“口腔颌面外科学”系列入选集团公司“十三五”规划重点图书项目，《突面畸形的正畸治疗——哲理与策略》入选集团公司2016年度专项资金项目。广东公司《东南亚研究》（第三辑）申报了国家出版基金项目。西安公司《秦岭昆虫志》《国际针灸学》已组织申报国家出版基金。

科文音像出版社《古琴数据库》电子出版物获北京市奖励扶持专项基金。长春公司陆续推出“红墙图志系列丛书”，其中《红墙图志：毛泽东》已出版，获得市场广泛认可。上海公司六集大型文献纪录片《绿色大业》在中央电视台10套科教频道播出。西安公司由集团公司专项资金支持的《中国传统文化微读本》已全部出版。

三是“走出去”工作稳步推进。西安公司《读心术：一见穿心》《中国秦岭常见药用植物图鉴》（上下册）《中国秦岭经济植物图鉴》（上下册）《中国秦岭野生观赏植物图鉴》（上下册）等十种图书与韩国出版机构达成版权输出意向。北京公司《梦回仲夏：夏梦的电影和人生》正与中国香港地区洽谈版权输出。

三、以创新促发展，以营销推品牌，进一步促进企业健康稳定发展

一是企业经济效益基本保持平稳。全年通过强化出版流程和编务管理，确保了世图公司出版业务的平稳推进。2016年出版图书3850种，新书1504种，重印书2346种，重印率达到60.94%。实现主营业务收入27785万元，实现利润724万元。

二是线上线下形成合力，新媒体营销不断创新。在巩固传统发行渠道的同时，积极拓展线上网销渠道，加强与当当、京东、亚马逊以及其他第三方网络书店的沟通合作。加大新媒体营销宣传力度，变“自上而下”为“自下而上”，利用微博、直播等营销平台，创新大众化营销模式，营销能力进一步提升，效果进一步显现。

三是新媒体融合初现端倪，多元化经营崭露头角。广东公司借力“一带一路”“亚投行”国家战略政策，进一步扩大东南亚研究项目出版规模，并着手建设“东南亚学术资源数据库”，推动传统出版与新媒体的融合发展；推出“非通在线”小语种网络教育平台，目前正在开发第二期

手机 APP 项目，整合录播课、合作慕课、微课等资源，形成教学资源库。上海公司积极推进“中版教育云平台 V1.0”建设，加快区域市场的布局工作和内容资源建设。长春公司进行了“互联网+”项目的初尝试，与云码、题谷等技术公司合作，向教辅书中添加微视频课程，创建维信公号、微店等；与中文在线深度合作，寻求优质电子书资源。西安公司《中国民族百科全书》（数据库版）完成了论证。北京公司在 2016 年成功举办的德国心理学大师海灵格来华工作坊项目，创收上千万元，利润近百万元。

四、加强人才队伍建设，完善体制机制，进一步增强企业活力

一是做好人才培训，提高员工业务水平。世图公司总部 2016 年针对编辑基本知识、技能开展了社内培训和社外学习，多次邀请专家做专题讲座。各子公司通过业务流程管理，图书质量考核，社内外培训等多种形式，增强了编辑的责任心及业务能力。同时，加强了线上编辑培训的工作，建立世图公司编辑群。针对各产品线特点，审读老师不定期对编辑进行线上专题培训、辅导，形成了线上互动学习，线下广泛交流，在公司内部形成良好学习氛围。

二是完善考核分配制度，提高内在发展动力。北京公司修订完善了新的编辑绩效考核制度，一方面通过编辑分岗，发挥各自所长；另一方面编辑的考核由造货码洋改为净发货码洋，引导编辑走向市场，注重经济效益。

三是加强企业文化建设，营造良好氛围。积极组织干部职工参加集团公司举办的“党在我心中”诗歌征文活动，其中 2 篇获二等奖，1 篇获三等奖。组织干部职工参加集团公司举办的第二届职工足球赛，在女职工中开展了“恒爱行动——百万家庭亲情一线牵”活动。利用元旦春节等重要节日期间开展职工慰问活动，帮助解决困难职工实际困难。在集团公司的“双优一先”评选中，北京公司编辑部主任刘小芬被评为集团公司优秀共产党员，西安公司党总支被评为集团公司先进基层党支部。

（陈　蕾）

华文出版社
2016 年工作综述

2016 年，华文出版社在中国出版集团公司的领导下，贯彻党的十八届六中全会精神，认真学习和实践《关于新形势下党内政治生活的若干准则》《中国共产党党内监督条例》《关于在全体党员中开展“学党章党规、学系列讲话，做合格党员”学习教育方案》等，开展“两学一做”，坚持“四个全面”的战略布局。

2016 年是“十三五”工作的开局之年，华文出版社按照集团公司“两调四强”的战略方针为指导，坚持社会效益第一、社会效益和经济效益相统一、内容创新和品质至上并举为目标，不断做大影响力；以加强党的建设和强化“两个责任”为保障，不断激发改革创新的动力，以调整速度、优化结构、创新机制、增强动力为抓手，实现“又好又快”发展，增强实力，提高出版质量。

一、认真学习中央精神，结合实际贯彻落实

贯彻落实党的十八届六中全会精神，认真学习《关于新形势下党内政治生活的若干准则》《中国共产党党内监督条例》。积极征求党员群众意见，组织筹备 2016 年度民主生活会；在党员干部中积极开展“两学一做”学习教育活动；贯彻落实“三会一课”精神，让班子成员带头讲党课，开展“党章一日一抄”等活动；2016 年 8 月，组织在职全体党员、团员及入党积极分子赴爱国主义教育基地——西柏坡及冉庄地道遗址参加学习。

建立健全党群组织，经报中国出版集团直属机关党委 2016 年 2 月（中版直党字〔2016〕5 号）文件批复《关于中国共产党华文出版社有限公司党总支委员会选举结果的报告》，同意张力慧、李红强、李庆、方明亮、张德新等五名同志为第一届党总支部委员会委员，张力慧同志为党总支书记。继而成立两个党支部；成立工会组织，选举李庆、刘新颢、陆虹宇、张德新、张立茹为第一届工会委员会委员，李庆同志为工会主席。

开展团队活动，促进企业文化建设。开展生动丰富的集体活动，提升全体员工文化素养和职业形象。积极组织开展“员工文化沙龙”、员工拓展培训活动、青年团建等各种形式的培训活动，使企业文化建设呈现出新面貌。

二、夯实基础，做好出版经营工作

1. 经营指标

2016 年，华文出版社总印制码洋 1.5 亿元，比 2015 年增加 5042.13 万元，增长 50%。销售收入 2682 万元，比 2015 年（3319）增加 - 637 万元，降低 19%。利润 - 1243 万元，比上年降低 448%。全年共出版图书 282 种，其中新书 134 种，新书生产码洋 4919 万元，重印图书码洋 10139 万元。

2016 年，华文出版社出版了一批优秀图书，“丝路文库”丛书、“统一战线基本丛书”入选“十三五”国家重点出版物出版规划。《鲁迅全传》《讲述西藏》《当代中国社会大事典（1978—2015)》入选 2016 年度国家出版基金资助项目。《鲁迅全传：野草梦》入选“中国好书”9 月份榜单、《中国新闻出版广电报》优秀畅销书榜社科类分榜（10 月）。《鲁迅全传》《中国纪行》《总司令的长征》《大国不易》《静观日本》分别入选中国出版集团公司“中版好书榜”2016 年月度榜单。《鲁迅全传》入选“中版好书榜”2016 年度榜单，并获中国出版集团公司营销案例奖。《总司令的长征》《大国来了》荣获中国出版集团公司主题出版资助。《宫崎滔天家藏民国人物书札手迹》荣获中国出版集团公司 2016 年重点宣传图书资助。

2. 工作中的亮点

(1) 2016 年，华文出版社调整编辑思路，选题结构越来越清晰，主营业务更加明确。制定了《华文出版社第十三个五年计划》和《华文出版社产品发展战略》，重新明晰了定位、方向和目标愿景。与此相适应，对产品线的任务、目标做了明确规定。将“具有统战特色的传记文学出版社”作为基本定位和方向，把原有产品线进一步压缩，聚焦到宗教、统战、传记文学方向，撤销了原人文教育分社，将原有骨干编辑充实到传记部门；将原传记文学出版中心拆分为中国传记、外国传记和民国传记三个编辑部，目的是使各条产品线更加专注、专业地运作；重新定义国际部职能，将版权引进作为其重要任务之一。一系列举措都彰显了华文出版社做本版书的信心和决心，做大做强出版社的信念。

(2) 数字出版获得重大突破，并取得了良好的社会效益和经济效益。2016 年，数字出版业务销售收入比 2015 年增长 21%，这样的收入也坚定了华文出版社深入、持久地做好数字出版的信心。除持续做好业务外，还在不断开发移动端销售，制作音频、出版“永不下架的经典”系列等有声读物 20 多种。

(3) 市场营销中在渠道、宣传建设上有新突破。2016 年，华文出版社在渠道建设上趋向着重开发新华书店、机场书店以及网络书店等零售渠道。各省新华书店着重向三四线城市书店下沉，三四城市书店上架的产品数量、品种也得到提高，销售也比往年有了明显增长；三大网店的开拓呈现新局面，2016 年的全年的回款比 2015 年增长 10%；全国机场和高铁书店渠道的开拓，为出版社增加了市场的占有率，同时提高了社会效益和经济效益；在宣传建设上，根据出版社的产品特点，组织了几十场的新书发布会、作者分享会、签售等落地销售活动，推动了纸质产品的销售，同时也促进了数字业务出版部门的销售工作。全年传统媒体和新媒体共发表书讯、书评百余篇，很好地宣传了华文出版社的品牌和产品。

(4) 在“走出去”方面。2016 年，华文出版社在对外宣传项目申报工作中表现突出，《曲终人在》（德语版）获 2016 年中国当代作品翻译工程、获得 2016 年“经典中国国际出版工程”项目资助。《我们误判了中国——西方政要智囊重构对华认知》《大国不易》《鲁迅全传：会稽耻》（阿拉伯语版）、《鲁迅全传：野草梦》（阿拉伯语版）、《鲁迅全传：怀霜夜》（阿拉伯语版），获 2016 年“丝路书香”工程重点翻译资助项目资助。

华文出版社在 2016 年内完成了 17 个品种的输出，分别是：《大国不易》（阿拉伯语版）、《群书治要 360》（阿拉伯语版）、《我们误判了中国——西方政要智囊重构对华认知》（阿拉伯语版）、《鲁迅全传：会稽耻》（阿拉伯语版）、《鲁迅全传：野草梦》（阿拉伯语版）、《鲁迅全传：怀霜夜》（阿拉伯语版）、《讲述西藏：变迁的西藏》（阿拉伯语版）、《讲述西藏：传承的西藏》（阿拉伯语版）、《讲述西藏：宗教的西藏》（阿拉伯语版）、《爱你两周半》（阿拉伯语版）、《城的灯》（阿拉伯语版）、《生命册》（阿拉伯语版）、《春天的二十二个夜晚》（阿拉伯语版）、《羊的门》（阿拉伯语版）、《野草根》（阿拉伯语版）、《静观日本》中国香港繁体字版、《毛泽东与中国作家》中国台湾繁体字版。

（5）综合办公室（总编室）的工作在 2016 年取得了较大的进步，工作流程越来越清晰，工作计划性越来越强，书号的申领与发放、书稿的审读流转、各种评奖材料的准备、填写及申报，重大选题备案等各项工作都有条不紊地进行，有力地保障了图书生产更加顺利地进行。

三、2016 年工作经验总结

2016 年工作取得了一定的成绩，但还存在一些不足，需要不断调整和改进。这就要求在今后的工作中，进一步加强思想认识，强化导向意识，自觉担负起出版人的文化使命，不断地加强政治学习，坚持正确的出版导向，坚持按照集团公司“两调四强”的战略为重点，坚持社会效益第一、社会效益和经济效益相统一。华文出版社的优势资源在于先后隶属中共中央统一战线工作部和中国出版集团公司这样的平台，有了这样的优秀标签，可以在涉及统战、宗教、各类人物的敏感话题资源时，将其转化为优势资源，然后将优势资源转化为真正的内容积累。华文出版社在掌握和积累为我所拥有的优秀精品内容上，在全面理解统战内涵的开拓创新上，在内容建设上，密切与各方关系，不断涌现出统战、传记、宗教等优秀产品。

展望未来，华文出版社争取努力全面把握统战的内涵和外延，不断追求创新，在书法教材、主题出版、主题教育读本、“走出去”等方面再创佳绩。立足已有的产品品牌优势，关注新市场的需求，进一步拓展新市场需求的新选题，用产品回应新市场的需求，逐步由积累型向效益型和规模型不断转变；坚守责任与担当的企业精神，进一步加强执行力，这是未来发展的关键所在。

总之，2016 年是华文出版社“十三五规划”开局的第一年，同时也是华文出版社再发展的开局年。在华文出版社成立 30 年之际，全社齐心协力，继续拼搏，为华文出版社 30 年的荣耀贡献力量。

（宋志军）

现代出版社 2016 年工作综述

2016 年，对现代出版社来说是不平凡的一年。这一年，出版了很多好书，也荣获了重要奖项；这一年的销售收入超过了 7000 万元，净利润超过了 500 万元，都达到了历史的最高水平；业务领域上有所开拓，出版了历史上规模最大的图书《诗经集校集注集评》。出版了出版社历史上第一套音像制品《中国通史》光碟版，并广受社会好评。

2016 年现代出版社全年码洋 1.33 亿元，上年同期 1.30 亿元，同比增加了 2.31%；发货总码洋 1.65 亿元，上年同期 1.55 亿元，同比增加 6.45%；经营性现金总回款 6454 万元，上年同期为 5829 万元，同比增加 11%。其中发行部的销售回款 4967 万元，上年同期 4027 万元，同比增加 23%，数字出版回款 295 万元，上年同期 592 万元，同比减少 50%，减少的原因是中国移动手机阅读业务发生了重大调整，代理的合作伙伴收入大幅减少，而现代出版社自身的收益却不降反升；合作出版回款 998 万元，上年同期 814 万元，同比增加 23%；补贴性收入 194 万元，上年同期 396 万元，同比减少 51%；净利润 511 万元，上年同期 455 万元，增幅为 12.31%，完成了中国出版集团公司任务的106.2%；实现销售收入7006万元，上年同期为6485万元，同比增加521万元，增幅为8.04%，完成中国出版集团公司任务的101.44%。

2016年，出版了一批好产品。高质量地完成了多个国家级项目，如15卷本的《诗经集校集注集评》、权威专家完成的《马克思主义哲学智慧》《日本近现代史·现代卷》等；高质量地出版了音像产品《中国通史》光碟版。此外，还高质量地出版了一批优秀的市场书，如几米的《我的世界都是你》《四季》，蔡志忠的“解密系列”后三种，日历《一日一禅》、蔡志忠笔记本。汪兆骞“民国清流”系列的第三卷、第四卷，“环球人物十周年珍藏本系列”、《人生总会有办法》、“2015年文学年选”、《蒋介石心传》《张作霖大传》《走进孔子》《心若淡定 便是优雅》《凤凰卫视这些年》《暗黑医疗史》等。这些图书和音像制品的出版，扩大了现代出版社的品牌影响力，不仅做实了既有产品线，还开拓了新的产品类型。

2016年，现代出版社有一批图书得到了社会认可。《忘记亲一下》入选“文津图书奖”推荐图书，《马克思主义哲学智慧》登上了中国图书评论学会主办的“中国好书”8月份榜单，《我的世界都是你》获中版好书奖，《中国漫画史》获得第六届中华优秀出版物提名奖，《心若淡定，便是优雅》《最怕你一生碌碌无为，还安慰自己平凡可贵》等获集团公司“出版特别贡献奖”，《先生们》《驯狮少年》《凤凰卫视这些年》《孩子的性格由妈妈决定》等入选中版好书榜榜单，《中国精神家园》（14册）获第25届上海市中小学、幼儿园优秀图书评选活动三等奖。

国家出版基金申报工作显著。2016年现代出版社共申报国家出版基金项目三种，获得资助2种，预计资助金额350万元以上。这对出版社2017年的现金流是大有好处的，也让我们的经营工作更加从容。另外，现代出版社为研究出版社申报的项目也有一项获得通过，对研究出版社未来的发展将大有裨益。

选题报备工作也有不错的成绩。2016年现代出版社共报备选题31种，获批选题11种，很好地配合了图书生产工作的顺利进行。

2016年，现代出版社的发行工作成绩突出。尽管年初人员调换较大，一定程度地影响了工作的正常开展，但发行部的同志们克服了重重困难，不断开拓渠道，盯上架，控折扣，年底也取得了不错的成绩。除了销售收入达到了近5000万元外，折扣相比于上年还上升了两个多百分点，而这两个多百分点，对应的则是300万元的利润。

数字出版工作在逆境中前行，超额完成了出版社下达的销售收入指标。面对中国移动手机阅读业务所做的重大调整，数字出版部的同志不畏艰难，想了很多办法，弥补中国移动手机阅读业务调整带给出版社的损失。他们积极与腾讯、亚马逊、掌阅等公司开展合作。这些新的合作项目业绩增长迅速，为出版社数字业务未来的发展准备了充足的资源。

企划工作开展得蓬蓬勃勃，既扩大了现代出版社的品牌影响力，又有力地配合了销售工作的进行。2016年企划部共组织多类营销活动34场，发稿2000余篇，组织了30余次专访。此外他们还很好地维护了现代出版社微信官方公共账号，参与了出版社门户网站的更新等工作。

印务工作是出版社工作的重要环节。2016年现代出版社的印务工作也取得了很好的成绩。一是无明显的质量事故；二是遵照社领导的指示充分地使用存纸，减轻了社里的现金流压力；三是有效地控制成本，新书成本率相比上年下降了1%，这既有涨价因素，也与印务同志的努力分不开。重印书成本率下降了2.3%，降幅明显。

财务部在资金运筹和使用上为社领导起到了很好的参谋作用，并给予把关。对于现代出版社这样处于成长期的出版社而言，做好资金运筹，保证出版社经营工作的顺利进行，是非常重要的工作。而在资金使用上严格管控和把关，也使得现代出版社的现金流始终处于畅通状态，这也是非常重要的。党务、人事和行政工作是现代出版社2016年工作的重要组成部分。近年来中央对国企党的工作提出了更高的要求。现代出版社

2016年党的工作内容丰富，形式新颖。认真组织开展了"两学一做"学习和教育活动，请专家讲党课，让领导干部讲党课，取得了很好的学习效果；组织支部进行了换届选举，产生了新一届支部书记和支委，发展了一名新党员；组织全体党员参观焦庄户地道战革命遗址，深入实地对党员进行革命传统教育；建立健全党员和积极分子培养程序，强化"三合一课"制度，严肃党内制度，优化内部环境；建立"光明巷"微信群，形式多样的开展学习；清理组织关系，认真落实党费补缴工作。

人事工作2016年也取得了很好地成绩。人员结构不断优化，人员素质不断提升，有力地推动了现代出版社的人才队伍建设，为现代出版社的业务发展提供了人力上的有力支持。

2016年现代出版社工会工作开展得蓬蓬勃勃，对员工开展了送温暖活动，为每位员工办理了生日卡和多次福利。此外，积极推动员工进行大众健身活动，并组织了现代出版社业余足球队，参加了集团公司比赛，取得了很好地成绩。

（陈丽壮）

新华联合发行有限公司 2016年工作综述

2016年，是新华联合发行有限公司发展历程中具有特殊意义的一年，物流中心正式交付使用，集团公司蓄势十年的物流业务整合在这一年终于亮剑。公司各条战线上的员工同心协力，全力保障生产运行，打赢了一场攻坚克难的翻身仗。

一、物流中心竣工验收并交付使用

自2014年4月物流中心正式开工建设以来，公司克服建设资金压力和各种被迫停工因素，通过精心组织，追赶工期进度。本着尽快实现投产的原则，年内分批组织各专业工程的验收，成熟一项验收一项，重点完成了强电工程和消防工程验收，为各专业设备联合调试提供了基础环境，并为试运行扫除了最大的障碍。最终于2016年10月顺利通过20万平方米整体工程竣工验收备案，为物流中心土建工程画上圆满的句号，也为年内实质推进物流整合奠定了坚实基础。

二、物流业务整合正式进入实施阶段

集团公司物流业务整合自2005年提出动议，此后经过反复研判论证，整合方案几经调整，于2009年确定整合架构，但又受制于缺乏整合所必需的物理空间，直至2016年20万平方米物流中心落成投产，物流业务整合方迈出最具实质性意义的一步。

自2016年5月起，先后组织完成中国民主法制出版社、华文出版社、中国美术出版总社、天天出版社、中译出版社、人民音乐出版社、人民文学出版社、中国少年儿童新闻出版总社八家出版社图书物流业务进驻，已搬迁出版社数量占所有纳入整合范围的出版社数量的47%。为降低搬迁工作对出版社正常生产经营的不利影响，公司制定了一系列预案，尽力确保收发货和退货处理与搬迁工作同步进行。此外，中国图书进出口（集团）总公司租用的3.5万平方米存储空间也于年内完成库内改造和设备安装调试，其进出口图书物流业务也将陆续迁入，是国内目前规模最大的进出口图书流通港。可以说，物流中心规模效应已经初步显现。

三、生产运营状况日益改善

自5月份中国民主法制出版社进驻开始，保发货始终是我们立下的生死状，也是我们的生命线。随着人民美术出版社、人民音乐出版社，特别是人民文学出版社等大社的进驻，订单量骤增，无论是系统层面还是现场作业层面都承受了巨大压力，设备系统故障频现，发货差错率较高，订单积压现象严重。为解决这些问题，一方面公司管理层下到生产一线，主动发现问题，不断改进业务流程，组织现场管理，破解制约效率提升的瓶颈。另一方面加大技术力量投入，持续进行系统优化。年底前，主要问题得到有效解决，发货状态趋于平稳。截至2016年12月底，物流中心共实现收货码洋约10亿元，接收订单

数 2.8 万余个，打包件数约 30 万件，发货码洋约 3.6 亿元。

四、信息化建设主要子系统陆续投入使用

仓储管理系统已于 2016 年内上线运行，在系统调试与生产作业同步进行的情况下，系统持续得到优化改进。收货流程总体稳定，完成了订单批次改造，拣货和退货操作优化，相较系统设计之初效率明显提升。

WCS 系统完成对输送线、分拣机、托盘立库、箱式立库等设备的控制。对于上线后穿梭小车无线信号问题，箱式立库的网络问题，WMS 和 WCS 弹出口的数据交换问题，WCS 对打包台的任务量的合理分配的问题，经过加大技术力量投入，反复进行研讨，解决了技术难点，最终确保 WCS 系统平稳运行。

TMS 系统完成了整个系统微服务架构的搭建以及承运商管理、线路管理、计费管理、用户管理等模块的开发。对取货交接模块，发货单合单逻辑等，都根据实际业务需求，做了较大调整以适应现场操作。新增统计分析模块，可查看出版社发货量报表，承运商运输报表和客户收货量报表。

信息服务平台完成了物流接口的上线和社店通接口的试运行。先后完成中国民主法制出版社、华文出版社、天天出版社、人民美术出版社、连环画出版社、中译出版社、人民音乐出版社、人民文学出版社、中国少年儿童新闻出版总社共 9 家出版社的接口上线及运维工作。实现与 WMS、TMS 的对接，完成信息查询服务、统计分析等功能的开发和试运行以及精编数据的对接、匹配等功能的开发与上线。

此外，基础网络环境保障有力。机房及弱电工程、物流中心服务器、操作系统和数据库系统集成项目等都扎实推进，切实保障了园区整体网络系统的安全与顺畅。

五、物流中心市场推广成就喜人

伴随着物流中心投产运行，物流中心的项目推广成为 2016 年经营工作的重点。我们通过网络系统、微信公众号、纸媒等多种方式积极宣传企业品牌，并与中国出版传媒商报社通过广告、专题等方式传播企业的招商信息。同时，利用政府资源协助项目推广，吸引了韩国 SK 集团、博士伦、菜鸟、京东、郑明冷链、凌致服装等多家知名品牌客户的关注。年底前，京东正式进驻 C 库、E 库，包括此前已入驻 D 库的中国图书进出口（集团）总公司，物流中心在建成第一年便实现全部仓储空间对外出租。

在业内推广方面，与多家出版社进行了接洽，包括接力出版社、中国少年儿童新闻出版总社的低幼中心等，其物流业务于 2016 年 11 月进驻物流中心。

六、基本运营保障工作扎实有力

1. 财务保障有力，多措并举保工期保生产

一是在资金紧张，银行贷款程序烦冗的情况下，灵活调整融资渠道，及时启动股份公司资金池委贷借款。2016 年从股份公司分四笔取得总金额 2.1 亿元的委贷资金，保证了公司建设及运营的基本需要。

二是财务核算能力、财务筹划能力进一步增强，实现了对在建项目、费用项目和往来科目的支出情况进行实时统计。在股份公司对成员单位月度和季度财务数据报出时间、数据质量、分析质量评比中，财务中心取得了全年 A 级的评分。

2. 人事保障有力，基本满足全年生产计划需求

一是全方位拓展人员招聘渠道，综合利用人才市场、网络平台、微信平台、校园招聘、猎头机构等形式招贤纳士，并灵活运用劳务外包、在校实习生作为常态用人形式的补充。全年新招录人员 127 人，其中管理与职能序列人员 11 人，生产及生产辅助人员 116 人。截至 2016 年底，公司共有员工 150 人，其中管理职能人员 29 人，专业技术人员 7 人。作业人员合计 102 人，平均年龄 30 岁，男员工 48 人，女员工 54 人，本区域劳动力 71 人，外埠劳动力 31 人。

二是人员培训形式多样，培训经费投入大幅增长。初步建立了包括企业介绍、员工手册、行业介绍、企业运营情况介绍的入职培训体系，年

内实现了对73人次的入职培训。员工拓展培训、Office办公软件等专题培训相继推出，并结合业务需求，先后派出20余人次参加外部公开课培训，丰富了培训的类型，为员工的技能提升提供了学习平台。全年培训经费支出7.13万元，较2015年增加6.28万元。

三是人员淘汰机制获得具体的落实。2016年通过试用期考核、员工信用管理等方式淘汰不符合企业要求的三名员工，包括管理人员两名。

3. 后勤保障有力，园区运行平稳，工作环境不断改善

基建项目分批完成各专项工程的验收移交，安全隐患和设计缺陷得到及时排查与整改。完成物业公司招标与进场工作，园区安全与卫生秩序得到有效保障。职工餐厅、宿舍、更衣室或已投入使用，或已配备相关设备设施，职工工作环境日益改善。物业管理有措施，有力度，确保了各项检查的顺利通过，对入驻园区的客户形成了有效的管理约束。（沈致金）

北京中新联科技股份有限公司 2016年工作综述

一、经营情况

2016年初，总经理办公会在讨论2016年预算时，判断光盘加工量将继续下降，预计大约比2015年减少15%左右。在光盘市场低迷的情况下，公司采取的措施是，加大光盘销售力度和回款力度，根据光盘销售情况进行资源配置，减少不必要的浪费，比如缩减车间生产面积以降低能耗，精简人员以降低人力开支；同时抓紧时间，在光盘彻底退市前，成功打开新的发展领域，充分利用现有资源，做到低投入快产出。

（一）重点工作

除了光盘加工的主业外，公司的工作重点主要放在房屋租赁业务和新产品项目开发两个方面。

①房屋租赁业务。公司石景山厂区能产生收益的房产面积已达1万平方米，年租金收入约1100万元，实现了多元化经营。房产经营已成为公司比较重要的经济支柱，也是公司生存发展的基本保证。通过几年的不懈努力，石景山厂区1100平方米北厂房终于取得了房产证，但厂房内尚有闲置的电池生产设备和一部分电池库存。经过请示集团公司，公司总经理办公会研究决定着手处理电池生产设备，使这部分房产得以利用或出租，充分挖掘闲置资产的潜力。

②新产品项目开发。鉴于投资锂电池项目不成功的经验教训，公司在决策投资新产品项目过程中，突出了对风险的控制和初期规模的控制，强调充分利用现有资源，项目本身要有足够的技术先进性和良好的发展前景。经过反复论证和调研，参考国内外光盘厂转型成功的经验，公司决定重点在光学微加工领域投入力量。光学微加工的产品可用于光学成像、防伪保护、工业用传感器光栅部件等广阔应用领域。这个项目的优势在于能够充分利用现有的光盘的光雕刻机和注塑机等昂贵设备，大大降低投资花费。

（二）工作内容和成果

2016年，公司围绕着集团“三六构想”的战略目标，积极落实“两调四强”的战略思路，奋力拼搏，攻坚克难。面对严峻的经营形势，公司领导班子并不是束手无策地消极应对，也不是不顾后果地蛮干乱上，而是稳住阵脚，仔细分析研究，认为必须着力先解决生存这个关键问题。如果没有了生存空间，转型和发展将无从谈起。针对公司自身特点，公司制定了确保生存、谨慎转型试探的策略。

①确保生存。确保生存主要体现在两个方面，一是瘦身，减少无效消耗；二是挖掘闲置资源，把资源尽可能都变成现钱。

公司2016年关闭了三个暂无经营业绩的子公司，由于历史原因，当初设立三个子公司本意是创造平台吸引人才，为公司转型做准备，子公司取得了数十个专利和特种经营许可，但2008年起逐渐恶劣的经营环境使公司扩大经营范围的举措显得力不从心，微薄的待遇难以留住高端人才，长期的加工市场萎靡让投资失去信心。公司决定，先关闭掉子公司，实现瘦身，如果将来经营环境改善，需要发展平台可以考虑再建。

2016 年公司下决心搬迁石景山厂区的电池生产设备，尽管工作量巨大，在干部和员工艰苦努力下，成功出租 1100 平方米厂房，实现每年 120 万元的房租收入，对公司的生存和转型提供了重要保障。

公司空前加大回款力度，确保资金充沛，只要资金不断链，就有生存空间和发展机会。

②转型试探 经过人才引进、设备改造、人员培训、技术路线和工艺路线确定等大量工作后，公司的微光学加工中心投资购置了原子力显微镜和膜厚仪等必要的检测设备以及激光切割机等生产设备。公司已制作出优质的样品，在业界得到了专家的认可。生产的衍射光学产品在 2016 年十月参加中山照明展销会，已按计划形成小批量销售，确定了一定的客户群，目前正准备产品库，进一步了解市场的需求，并根据市场完善自己的产品线。

③经验教训。公司在当年年初制定预算计划时，对光盘订单量下滑估计不足，致使相应资源配备没能及时调整，光盘业务收入减少，亏损加大。这也给我们敲响警钟，做计划一定要实事求是，顺应市场，争取在有限的空间里实现最大化的利益保证。

二、党建工作

按照中央办公厅和中国出版集团公司党组《关于在全体党员中开展“学党章党规、学系列讲话，做合格党员”学习教育实施方案》的通知要求，公司积极组织落实，认真贯彻党中央部署，在全体党员中坚持学用结合，围绕中心，大局服务，自我净化，自我提高，同步跟进。

（一）建立和完善学习教育机制

在“两学一做”教育学习中，把党员干部的理论学习放在重要位置，发扬党的优良传统，确保党员队伍的团结和活力，提高党员干部的思想觉悟和政策理论水平。建立和完善党支部工作的监督机制，把支部工作纳入干部群众的监督之下，使各项工作规范起来。严格执行“三会一课”制度、党员联系群众制度及民主生活会制度等。坚持按时召开支委会、支部大会和开展党课学习，从而有力地促进了支部各项工作的开展。

（二）精心组织学习教育活动，增强党组织的凝聚力和战斗力

公司党总支主要是围绕“两学一做”的学习教育，使党的建设工作深入到公司各个层面。公司认真制定“两学一做”实施方案和学习计划，分发给每名党员人手一份，组织引导大家讨论发言。购买了《党章》、习近平总书记系列讲话 2016 版，要求每名党员进行自学，熟读领会，履行共产党员的基本权利和义务，做合格党员。

传达党中央关于清查党费缴纳执行情况的精神，学习并对照《党费工作手册》的要求，对每名党员党费缴纳比例进行了排查，按核定后的比例按期缴纳党费，提高了党员履行党员义务的自觉缴纳党费的意识。

组织全体党员和入党积极分子参加“党的知识测试题”活动，对照党章党规，通过答题的方式使党员在自学党章党规的学习教育中，提高了学习自觉性，也加深了党的知识的认识深度，取得良好效果。

（三）加强党风廉政建设，严把选人用人关

落实党风廉政责任，坚持做到“一岗双责”，公司主要领导每年签订党风廉政建设责任书，构建领导有力、职责明确、分工清晰、全员参与的目标责任制，形成了自上而下一级抓一级，层层抓落实的工作格局。

在选人用人方面，公司严格按照有关制度，在容易出现问题的关键节点实施重点监控，对重大人事安排，党总支严格把关。2016 年以来公司虽无重大人事变动，但人才培养、人才发展是当前和未来几年的重要工作任务，建立公司后续发展的人才梯队，培养具有现代企业经营管理知识的经营管理人才的队伍，是企业长久发展的生命线。为使公司管理队伍逐步年轻化，循序渐进梯次发展，公司重视从管理、经营、专业技术等几个方面发现人才、使用人才、考察人才，培养人才。作为“十三五”期间党总支的工作重点，在公司重要岗位、重点部门发现和培养一批政治可靠、技术过硬、业务精湛、具有开拓创新能力、丰富的经营管理经验、素质高、执行力强、

有发展动力的人才队伍等方面发挥重要作用。

（张春雨）

北京中版联印刷物资有限公司2016年工作综述

2016年，北京中版联印刷物资有限公司（以下简称“中版联公司”）紧紧围绕集团公司“三六构想”，立足“两调四强”的战略思路，多措并举，开拓市场，不断激发企业改革创新的动力，企业发展态势稳中有升，总体实力增强。

一、主营业务情况

（一）主要经济数据

2016年实现销售收入7.27亿元，集团公司内全年总采购金额为3.76亿元，同比增长13.6%。依托纸张整合平台形成的价格优势，集团公司以外纸张销售收入稳步增长，集团公司以外销售收入实现3.51亿元，同比增加41.53%。

（二）2016年纸张采购实现全面招标，价格平均下降幅度150元/吨左右，预计为出版单位降低出书成本近千万元

所有集团公司出版单位纸张采购一盘棋，实行不同单位同款纸张同等价格，全年固定统一。实行招标以后，纸张采购价格下降明显。

（三）依托价格优势，集团公司外市场份额提升

依托纸张整合平台形成的价格优势，集团公司外纸张销售收入稳步增长，销售收入实现3.51亿元，同比增加41.53%。

（四）电商销售收入实现零突破

2016年7月份，中版联公司与电商印刷家进行合作，在其网络平台开设网店，主营铜版纸，开启互联网销售模式的尝试。7～10月，共实现网络销售收入1100万元。未来，电商销售将成为中版联公司新的经济效益增长点，前景可期。

二、党建工作情况

（一）深入开展“两学一做”专题教育活动

2016年4月中旬，中版联公司制定“两学一做”学习计划、实施方案。6月7日，召开专题会议对“两学一做”进行了动员部署。7月1日，组织员工观看中共中央在人民大会堂召开的建党95周年庆祝大会，对员工进行爱国主义教育。7月7日、7月21日、8月23日，以讲党课与集体学习的方式，组织全体员工学习了“两学一做”内涵、党章、《中国共产党问责条例》《中共中央组织部关于印发刘云山同志在部分地区和部门“两学一做”学习教育工作座谈会上的讲话通知》。8月中旬，公司为全体党员发放了《党群工作文件选编》《两学一做学习材料选编》以及《党的十八大以来中央有关精神学习手册》等学习资料，倡导党员同志自主、自发学习。

（二）开展党风廉政建设主体责任落实情况“回头看”

9月份，中版联公司对照《关于进一步落实党风廉政建设主体责任的意见》《中国出版集团各级党组织落实党风廉政建设主体责任和监督责任实施办法（试行）》和《中国出版集团公司贯彻落实“八项规定”及实施细则的具体措施》要求，认真开展“回头看”活动，逐一自查，寻找不足，认真整改。

（三）签订党风廉政责任书，对廉政风险点进行防控

1. 落实党风廉政建设责任制

与每位领导干部签订《党风廉政建设责任书》，按照领导个人分工负责相结合，谁主管、谁负责，一级抓一级、层层抓落实的原则，建立了分工明确、任务具体的责任机制。用责任制度把反腐倡廉工作落实到责任人头上，使每个环节都贯穿着廉政责任。

2. 抓好廉洁自律教育

认真学习中央颁发的廉政政策，从源头上治理腐败。教育党员干部必须注意自重、自省、自警、自励，牢固树立共产主义世界观、人生观、价值观，使广大党员干部真正提高了遵纪守法的自觉性，增强了抗腐拒变的能力。

3. 对廉政风险点进行防控

按照集团公司部署寻找公司风险防控点，鼓励广大员工就风险点防控措施献计献策，并对公

司风险点防控措施落实情况进行监督。

（四）完成党费补交测算工作

按集团公司统一部署，对公司全体党员缴纳党费情况进行摸底、测算。对每位党员公告应补缴数额，并对下一步党费补缴做了安排部署。

三、工会工作情况

（一）加强政治理论学习，提高工会干部素质

深入学习党的十八大以来中央有关精神，学习与工会工作相关的政策法规及集团公司下发的指导性文件，进一步强化工会干部政治意识、创新意识、群众意识、责任意识、服务意识，加快工会干部理论化、知识化、专业化进程，提高工会干部综合素质。

（二）参与企业经济建设，发挥桥梁纽带作用

中版联公司工会同志多为兼职人员参与企业各项管理工作，围绕稳定与发展，发挥工会桥梁纽带作用，使广大职工明白公司的发展方向，树立危机意识、竞争意识，转变工作态度，激发职工的聪明才智，为公司持续、稳定发展寻找对策，为企业领导决策提供依据，使集团公司更好地抓住机遇，迎接挑战；开展献计献策活动，广纳良言，为企业发展征集好建议、好点子，推动公司持续健康发展。

（三）做好工会工作计划，发展新会员，加强工会自身建设

在工作中大家深深地体会到，要把企业做大做强，必须培育一支政治素质高、业务技术精的员工队伍，实现这一目标，最有效的途径就是组织企业工会，上半年，共吸纳新入会会员 1 人，为集团公司工会输送了新鲜血液，依靠工会组织的特殊作用，为企业的稳步、健康、快速发展，起到了保驾护航的作用。

（四）积极推进职工素质教育，提升职工整体竞争力

中版联公司响应集团公司“读经典、学新知”号召，组织建立了读书角，购进一批文学经典、名著以及与经营业务密切相关的书籍，充分调动员工的阅读积极性，提升了员工的创造性。实现了“内修素质、外强竞争力”的目标，员工的业务知识熟悉程度和业务操作能力以及沟通协调能力明显提升。

（五）落实“关心”两字，维护员工切身利益，增强企业凝聚力

工会干部以关心员工生活，为群众办好事实事为己任，工会委员把关心做到“家”，认真了解员工家庭的生活、工作状况，努力为员工排忧解难。春节、中秋节、“六一”儿童节、“三八”妇女节发放节日慰问品；春节、中秋节、重阳节向退休老干部发送祝福信息；夏季及时发放防暑降温费；雾霾天气发放口罩；组织单身青年联谊；职工参加家长会的给予半天假期等，将组织的温暖送到职工心坎里。这些工作既维护企业的整体利益，又维护了员工的具体利益。

（六）响应集团号召，积极参与慈善事业

中版联公司历来是社会慈善事业的支持者，2016 年相应集团公司号召，中版联总经理兰本立同志赴青海省泽库县参与扶贫考查并沟通相关扶持事宜，响应工会联合会“恒爱行动——百万家庭亲情一线”捐送活动通知，60％以上职工参与爱心编织活动，对社会慈善事业做出了自己的贡献。

（付潇潇）

中版集团数字传媒有限公司 2016 年工作综述

2016 年，在中国出版集团公司的领导下，在全体员工的齐心协力下，按照年初确立的各项经济指标，中版集团数字传媒有限公司采取有效措施，对内强化经营管理，对外积极开拓市场，开源节流，勇于创新，取得了较好的成绩。

截至 2016 年 12 月底，中版集团数字传媒有限公司实现主营业务收入 2859 万元，完成预算收入目标 1000 万元的 285.9％，实现利润总额 71.6 万元的 119.3％。

一、做好资源集聚与入库，为运营打下基础

资源是数字化工作的基础，按照中国出版集团公司要求，中版集团数字传媒有限公司高效地

完成集团公司的资源集聚工作。2016 年，共收集集团公司各出版单位资源 4645 种，完成全年集聚新出版品种任务（5942 种）的 78.17%。在 17家成员单位中，5 家成员单位上缴率达到 100%。有 4 家成员单位上缴率达到 95%以上。其余成员单位也均达到 90%以上。截至 12 月底，集团公司资源库共有资源 64841 种。集团公司各成员单位均完成了集团公司下达的上缴资源指标任务。

在开展资源集聚的同时，中版集团数字传媒有限公司还开展了对资源的有效管理，包括查重、元数据管理、资源文件的整理、书目资源的整理规范和资源入库工作，为下一步运营打好基础。

二、提升版权经营层次，加大原创版权签约力度

做好资源的签约工作，才能实现数字资源的运营。2016 年中版集团数字传媒有限公司共签约一般电子书 25462 种，其中集团公司内部出版社 3903 种、集团外部单位共 21562 种，原创资源 2446 种。

2016 年，除了持续增加签约数量之外，中版集团数字数媒有限公司各产品线都在提升版权经营层次。提升版权经营层次指的是对作品附属版权的关注与经营，比如影视改编权及拍摄权、戏剧改编权等都是作品的附属版权，近几年来的影视 IP 热让附属权颇受关注。

中版集团数字传媒有限公司的原创资源都是通过第二届海峡两岸网络文学原创大赛获取的全版权资源，比第一届海峡两岸网络文学原创大赛获取作品大幅提升。第二届海峡两岸网络文学原创大赛举办期间，宣传推广与版权运营已经在紧锣密鼓地开展。其中，《龙战》成为中国作家协会重点作品扶持项目，扶持资金 2 万元。《邓家铺子》《守望》获得“北京市 2016 年向读者推荐优秀网络文学原创作品活动”名单。10 月 31 日，中版集团数字传媒有限公司还组织举办了以第二届海峡两岸网络文学原创大赛为主的版权推荐会，向影视公司、游戏公司等推荐版权，开展合作。

2016 年，中版集团数字传媒有限公司重点签约了无限飞腾的《疯狂的房子》，获得该作品改编成数字作品、连载漫画、图书、动画、小说、电影、游戏等形式作品及形象开发成周边产品等占有为 5%的收益权利。截至 12 月底，该作品的影视改编正在洽商中，桌游产品已经投放市场。

另外，还独家签约林敏作品《鬼王钟馗》为期 5 年的独家信息网络传播权、复制权、发行权、电子书出版权、影视改编权、游戏改编权、有声读物改编权、纸质图书出版代理权、衍生产品开发权，以及第三方转授权。在腾讯动漫更新 44 章回，人气 3257.9 万，收藏人数 27024 人。

三、强化移动运营优势，开辟机构运营渠道

版权价值的实现有赖于运营，中版集团数字传媒有限公司的运营渠道有两类：以中国移动咪咕阅读、中国联通的沃阅读、腾讯的 QQ 阅读、京东阅读、亚马逊（中国）Kindle 阅读、掌阅 iReader 等为代表的第三方运营渠道，和以去听、漫像、中版数字图书馆、中版民国文献库等为代表的自运营平台。

①在第三方运营渠道上，中版集团数字传媒有限公司与中国移动咪咕阅读的合作渐入佳境，全年运营收入达到 220 万元，占到整个第三方渠道运营收入的 80%以上。

②着力开辟机构运营，取得了较大的成绩。比如 B2B 项目有：中国民营企业数字图书馆建设项目（125 万元）、海南特色音频资源库项目总金额（205 万元）、广西特色音频资源库（90.3 万元）、国家行政学院图书馆项目（49.60 万元）等。B2E 项目有中国民营企业在线教育培训系统建设项目（75 万元）。项目的运营为中版集团数字传媒有限公司 2016 年打造的中版数字图书馆和中版民国文献库两个平台开拓了机构用户市场，积累了丰富的运营经验。

③加强自有平台运营。漫像用户端更新了 2.0 版本，同时新推出了画家端的安卓版和苹果版。用户端的使用界面更加清晰，新增加了专

题、秒杀、优惠券等功能，优化了搜索、画家画室、服务展示、作品展示等功能。新增加的画家端的移动操作平台，让画家的注册签约和作品上传更加便捷。截至 12 月底，漫像用户端的可统计下载量为 34213 次；画家端下载量 3478 次；注册画家数为 514 位，用户数为 11117 人；共产生 123 笔订单，收入 19849.47 元。

“去听”客户端 2016 年共计完成国际战略系列、少儿读物系列、文学名作系列等有声书 138 部，1189.67 小时；申请 ISRC 录音制品编码 271 部；申请 ISRC 音像出版号 167 部。

大佳书城上线一大批优质精品图书供读者选读，并通过举办大赛等活动来拉动自有渠道的销售。

四、打造数字化综合运营平台，实现公司转型

2016 年，在集团公司领导的关心下，中版集团数字传媒有限公司重点打造了数字化综合运营平台项目，该平台将以互联网与大数据思维贯穿始终，以市场为导向，以标准化、规范化、规模化的资源为基础，以互联网营销为依托，将不同架构的产品，分批次、分层次集聚融合；借助资源大数据分析、用户行为大数据分析、行业发展大数据分析等实现精准化服务，进而形成稳定的内容和产品销售渠道、成熟的用户消费体系、海量出版行业大数据模型、灵活的数字服务商业模式，将数字化的综合运营能力输出给集团和市场，面向社会提供综合数字化解决方案。

该平台目标为：通过 2～3 年的运营，聚集 1500 万目标用户，收回项目投资，实现盈利。项目五年预计投入累计 1.3 亿元，收入累计 4.8 亿元。到“十三五期”末达到 6000 万目标用户，真正建立起完整的 B2B、B2C、B2E、B2G 的服务体系。

可以说，平台的建设与运营是中版集团数字传媒有限公司“十三五”时期的业务核心，公司将以此为契机，完成向出版行业数字化综合运营服务商的转型。

以此为基础，中版集团数字传媒有限公司 2016 年还加强对融合发展的研究，设计了一大批有市场前景的优秀项目，积极进行申报，获取国家和集团资金的支持，包括中国出版集团公司有声资源库建设与运营项目、面向机构的移动互联网阅读服务平台建设项目、基于移动互联网的中国图书走出去项目、中版有声创作推广平台项目等。

五、多平台服务，打造中版特色文化服务宣传矩阵

①完成 CBI 中英文网站改版建设，网站功能更完善，界面更友好，能够更好地服务于集团公司各单位和中国图书“走出去”。

②集团网、股份公司网及英文网的相继上线，三网站从各自定位分别发挥宣传作用，坚持正确导向，提升文化影响，配合股改上市，推进出版“走出去”，成为集团公司实现社会效益与经济效益双丰收的助推器和展示平台。

③微信公众号推广效果好。经过一年多的摸索与实践，集团公司微信公众号已找准定位，稳固了阅读受众，通过与集团公司办公室和集团网站的配合，在新闻宣传和信息推广方面都有长足进步。其中曹文轩荣获 2016 国际安徒生奖、第 45 届伦敦书展暨纪念汤显祖·莎士比亚逝世 400 周年、连续六期的中版好书榜以及校园招聘等微信均实现阅读量上千甚至上万，达到了良好的推广效果。

④集团公司微博、中版好书榜微博与集团公司网站的信息更新同步，并与集团公司各单位微博进行互动，在新书发布、重要会议等活动宣传方面都能给予第一时间转发。

六、加强管理，加强绩效考核及优化业务流程

2016 年中版集团数字传媒有限公司进一步完善了各项规章制度，通过优化业务流程、加强绩效管理推动公司建设稳步发展。

1. 完善绩效考核管理，提升工作效率

为最大限度地发挥绩效考核的激励作用，2016 年公司严格实施了绩效考核机制，与各部门沟通完成新的绩效方案，对每个月的考核情况进行总结，对需要完善的内容汇总、修正，不断改进绩效，以便适合各部门的绩效管理要求。同时，推行任务指标责任制，部门的任务指标与绩效、薪酬挂钩，提升了干部、员工的自我管理能力与公司管理效率。

2. 优化业务流程，提高管理效率

2016年以来，通过加强流程管理、控制成本等方面工作，大大提升了管理效率。重新梳理了各部门职责，界定部门职责范围；重新设计各部门岗位及职数，形成岗位说明书；修订公司各项管理制度，重新出台了目标任务考核责任书。

同时，配合股份公司上市要求，有序、有效的开展了内部控制工作的修订、补充工作。

（李　铃）

中版教材有限公司 2016年工作综述

2016年，中版教材有限公司（以下简称“中版教材公司”）认真学习中国出版集团公司“十三五”规划，围绕企业改革发展大局，贯彻落实集团“两调四强”战略部署，结合中版教材有限公司的实际情况，励精图治，砥砺前行，克服诸多内、外部的困难和挑战，取得了一定的成绩，促进了各项事业发展。

2016年，中版教材有限公司研究制定了“十三五”时期发展规划，强化教材营销工作，提高经济效益，加强市场终端控制能力，全国营销网点建设初具规模，围绕企业生产经营中心工作，加强内部管理、领导班子建设、党的建设和企业文化建设，为企业未来健康良性可持续发展奠定了较为坚实的基础。

发展目标和工作思路

2016年是中版教材有限公司进行“二次创业”的第二年，也是实施“十三五”规划的第一年，公司以市场为导向，以市场为基础，以公司“二次创业”发展远景为目标，制定公司的年度规划。

（一）研究制定了中版教材有限公司“十三五”时期发展规划

2016年初，公司领导班子按照集团公司编制“十三五”规划的统一部署，总结公司“十二五”时期发展情况，分析公司面临的发展环境和比较优势、劣势，在继承原有发展成果的基础上，根据集团公司提出的新要求、教材教辅市场不断发展的新形势、公司逐渐暴露出的深层次问题，进行了调查研究和深入思考，提出了公司“十三五”时期公司发展规划、主要指标、实施战略和保障措施。“十三五”期间，公司上下要解放思想、志存高远，综合发展、多方位开拓，力争经济效益持续增长，建立健全现代企业制度，实现从单一教材的发行向教材研发全面发展的转变，在充分论证的前提下，探索开办教育期刊、教育培训和咨询业务。在数字化、网络化产品上狠下功夫，建立开放式的数字化教育平台。通过各类业务的发展和积聚，初步构建以教育出版为核心的教育服务产业链。“十三五”规划的制定，为企业发展指明了方向和道路。

（二）强化教材营销工作，努力提高经济效益

2016年市场竞争更加激烈，各大出版社、其他出版集团都加大了对教材教辅市场的重视和争夺，八项规定、教材教辅政策变动、教育系统人员更迭等，加大了公司营销工作的难度。2016年教材营销工作在多个地区出现了严峻的形势，公司营销业务人员直面市场，知难而上，积极发挥创造性，开动脑筋，想方设法，增加业务量和品种范围，经过奋斗拼搏，实现全年营业收入4.2亿元，实现利润1.05亿元，并在全国举办了数十场学科教学研讨会、骨干教师培训会等，取得了较好的社会影响。

此外，针对经营产品比较单一的遗留问题，公司加强了产品的研发和整合力度，解决发展的后顾之忧。一是将其他家的产品通过商务谈判整合起来，包括集团内和集团外的资源；二是密切跟踪国家教育政策和最新动态，自主开发相应的新产品。2016年，经过多次探索，不断尝试，自主研发了一套中小学《诗词吟诵》系列教材，

配合中小学语文教育，适用于小学一年级至高中三年级学生使用。包括教材23册（小学一年级至高中三年级，除高三全一册外，其余为上下册），配套光盘23张。

（三）加强市场终端控制能力，全国营销网点建设初具规模

2013年，根据公司经营和发展情况，计划在全国建设一批营销网点。旨在整合当地教育出版资源，深挖网点省份市场潜力，更好地把控和掌握终端市场。该项目申请国有资本预算支持金额1000万元，自筹资金1000万元。近两年，我们加大了网点建设力度，至2016年11月底，8个营销网点办公用房购置完毕，有的装修改造完成，已投入使用。公司将以网点为依托，积极探索在当地较好的盈利模式：一是国家教材、地方教材、实验教材及配套教辅、非配套教辅的推广发行；二是大中小学图书馆装备项目；三是农家书屋装备项目；四是薄弱学校改造项目；五是与当地新华书店系统、优质民营书商合作推广集团出版社普通图书；六是整合当地教育出版资源合作开发地方教材、校本教材、专题教育读本并推广发行等，为公司市场营销创造新的利润增长点。

（四）申请创办《中国书法教育》杂志，填补中小学书法教育学科指导空白

2013年，教育部颁布《中小学书法教育指导纲要》；从2015年开始，书法在小学阶段成为与音乐、美术、体育同样重要的国家课程。

由中版教材公司研发，华文出版社出版的中小学《书法》教材，从2011年秋季开始在全国七个省市实验使用，目前实验使用省市达17个，每年使用学生数量超2000万人，使用教师数量超过15万人。着手创立的《中国书法教育》杂志，立足华文版中小学《书法》国家教材的成功运营基础，旨在弘扬书法文化，服务一线教学，切实推动中小学书法教育的发展。期刊主要面向群体为国内外一线书法教育工作者、在校师生和广大书法爱好者，能够填补市场空白和学科空白（中小学各国家课程都有对应的学科指导杂志，目前书法学科还没有），预期能够带来较大的社会效益和经济效益。

（五）加强数字化网络建设，成功开发《书法》教材APP项目

该项目以传播中国书法文化配合华文版《书法练习指导》及华文版书法地方教材和中国优秀传统文化之为目标，以移动互联技术为主要技术支撑，以移动互联网和各种移动终端为主要传播平台，打造一个用户可以随时随地通过各种客户端口对中国书法文化、其他优秀传统文化进行浏览交流活动的互联网移动终端平台。内设四大模块。该项目的开发，为用户提供一个优质的书法类第三方应用程序软件，满足了用户的核心需求和最大体验度；填补了当前市场空缺，公司在数字化、网络化产品上取得的突破性成果，2016年11月15日通过了有关部门的项目验收。

（六）积极参加中国出版集团公司“书法教育援疆工程”，为文化援疆做贡献

2016年，中版教材有限公司承担了中国出版集团公司“书法教育援疆工程”，该工程作为集团公司文化援疆的一个项目，得到集团公司领导的大力支持。中国出版集团公司总裁谭跃在视察喀什地区疏附县托克扎克镇中心小学，向学校捐赠价值20万元图书，考察学校“华文书法教室”建设，中国出版集团公司党组书记王涛出席“书法教育援疆工程”签约仪式，为乌鲁木齐市八一中学全国首家“华文书法教室”揭牌。中国出版集团公司党组成员、中国出版传媒股份有限公司董事、副总经理、中版教材有限公司董事长李岩多次赴疆，与区教育厅签署合作协议，深入磋商工程实施事宜。该工程计划用3～5年时间，投入1000万元。希望通过这项工程的实施，促进新疆维吾尔自治区各民族中小学生“五个认同”、推进双语教学，从根本上打牢团结和睦的思想感情基础，为加强民族团结和维护社会稳定、实现长治久安做出了一定的贡献。

（七）围绕企业生产经营中心工作，加强内部管理、领导班子建设、党的建设和企业文化建设，为企业未来健康良性可持续发展奠定了较为坚实的基础

一是修订补充完善规章制度，2016年底前

修订成册，印发执行，维护良好的工作秩序；

二是修订完善《薪酬绩效考核办法》，研究制定更加科学的市场营销资金管控方案，使之更加公平、合理，进一步调动员工的工作积极性；

三是切实加强党风廉政建设。组织团员青年赴“首都文明单位标兵”和“首都文明村”韩村河学习考察；组织党员干部、入党积极分子赴延安，接受革命传统教育；发展了一名中共预备党员。认真开展“两学一做”学习教育，听取领导干部带头讲党课。认真学习贯彻党的十六届三中全会精神，强化党员干部核心意识和看齐意识，用全会精神为指导，开创公司各项事业健康发展的新局面；

四是加强企业文化建设，坚持以人为本，绿化办公区域，设置乒乓球台和“读书一角”，购置了各类图书供大家阅览，从2016年10月起，为员工提供工作午餐，努力为员工创造和谐良好的人际氛围和舒适方便的工作环境。

（武一格）

北京新华印刷有限公司2016年工作综述

2016年，是“十三五”规划的开局之年，是中国经济下行压力较大的一年，也是印刷行业受宏观经济和环保新政影响，增速放缓、经营困难加大的一年。这一年，北京新华印刷有限公司坚持以邓小平理论和“三个代表”重要思想为指导，深入贯彻落实科学发展观，认真学习贯彻党的十八大、十八届三中、四中、五中、六中全会精神和习近平总书记系列重要讲话精神，紧紧围绕集团公司“十三五”规划的总体要求，坚持把社会效益放在首位、实现两个效益相统一，积极应对经济运行的复杂局面，知难而进，迎难而上，顺利完成全年工作任务。

一、服务大局，提高企业社会效益

（一）圆满完成重点图书印制任务

2016年，公司作为国家印刷行业的骨干企业及国家级重点书刊印刷企业，是中央国家机关、中直机关、北京市政府采购定点印刷单位。3月，各部门齐心协力，圆满完成全国人民代表大会、中国人民政治协商会议文件和“十三五”规划纲要的印制工作，这已经是新华印刷连续44年服务全国两会。两会之后同时配发的政治印件也在最短时间内交货，赢得了相关领导的高度认可。此外，公司先后完成《“两学一做”学习教育问答》《“两学一做”学习教育辅导》《中国共产党章程 中国共产党廉洁自律准则 中国共产党纪律处分条例》《习近平总书记系列重要讲话读本》《朱镕基讲话实录》《关于新形势下党内政治生活的若干准则》《中国共产党党内监督条例》辅导读本等众多政治印品，成为一年来生产经营的一大亮点。领导人著作方面除了《毛泽东选集》《邓小平文选》的继续加印之外，9月份圆满完成了《胡锦涛文选》的印制工作。2016年，印制的主要政治印件共计2496万册，纸令7.85万令，社会影响显著。

（二）品牌影响力不断提升

2016年，公司社会效益捷报频传，收获颇丰。

1月，获得北京质量协会印刷分会“2015年度印刷出版物优质品金奖”。3月，荣获北京印刷质量协会颁发的“2015年度北京印刷知名品牌企业”荣誉称号；《孙中山全集》1～16卷荣获“2015年度质量大奖”；公司印制的609种印品被评为“2015年度北京出版物印制优质产品”。6月，获得华北、东北八省市区印刷协会“第六届精密达杯印后装订明星企业称号”。

9月，公司组织员工积极参与北京市第十七届印刷行业职业技能大赛，获得优秀组织奖。肖相远和关锋分别取得印刷工种第二名和装订工种第二名的好成绩。

10月，公司顺利通过国家保密局审核，将国家秘密载体印制资质由乙级升级为甲级，可在全国范围承担秘密级、机密级和绝密级国家秘密载体印制业务。

11月，因采取有效措施，公司不裁员、少裁员，稳定就业效果显著，获得亦庄开发区人事劳动和社会保障局给予稳岗补贴奖励7.3万元。

12月，公司荣获推进绿色印刷标兵企业。

（三）推进绿色印刷和清洁生产

新华印刷勇挑国有企业社会重任，将绿色环保和清洁生产作为企业可持续发展的战略理念，将企业利益与国家利益相结合，环境效益与经济效益相接轨，以实现环保事业与市场经济的双赢为目标，做到绿色发展、循环发展、低碳发展，争做绿色印刷领跑者。截至 2016 年 12 月，公司印制的中小学教科书、教材教辅及青少年读物全部实现了绿色印刷。同时，公司积极响应并落实政府环保号召，做好各项环境治理工作，认真贯彻“创新、协调、绿色、开放、共享”的五大发展理念，坚定“绿色化、融合化”的发展方向，脚踏实地，稳步向前，实现企业的可持续发展。

二、攻坚克难，实现企业经济效益

在领导班子及全体员工的共同努力下，公司全面贯彻落实科学发展观，创新经营机制，探索市场运营模式，圆满完成了年初制定的各项经济指标。

（一）整体资产质量良好

截至 2016 年末，公司资产总额 42369.35 万元，负债总额 8369 万元，资产负债率为 20%。所有者权益 33968 万元，同比增加 265 万元，增幅 0.78%。可以看出，公司的资产和财务状况处在一个逐年优化和健康运行的良性态势。

（二）主要经济指标超额完成

2016 年初，集团公司给新华印刷下达的主要经济指标是：全年实现营业收入 25079 万元，实现利润 72 万元。公司经济指标的实际完成情况是：营业收入 25959.78 万元，同比增加 2411 万元；实现利润 349 万元，同比增加 239 万元。

这组数据表明：虽然印刷行业遭遇宏观经济下行和环保新政的巨大压力，但我们始终坚持挺拔主业不动摇，坚持“更加专业化”的发展道路不动摇，完成了集团公司“双增 6.5%”的目标，实现了稳中有升。全年的经营成果表明，在困难和挑战面前，公司员工上下一心、团结一致，各部门攻坚克难、开拓进取，展示了新华人的精神，体现了新华人的责任！

三、印务整合初见成效

印务整合工作开展以来，公司苦练内功，积极响应，扩大现有出版合作单位的规模，并与集团系统内多家出版社恢复了业务往来。

从数据中看出，集团公司所属出版单位 2016 年的订单金额同比增加 108%，加工产值同比增加 112%，其中商务印书馆和人民文学出版社的订单增幅均超过 150%，印务整合工作初见成效。

四、重点项目有序推进

“双纸路印刷”“色彩管理体系”“薄纸印刷业务”“新购骑马订联动线”等一些重点项目，依托优质客户资源、现有机器设备、专业研发团队和新技术的有机融合，取得了明显的社会效益和良好的经济效益。其中黑白轮转的“双纸路”项目将车间生产效率提高一倍，同时大幅降低装订的错贴、少贴事故率。

五、团队建设有了新成果

一是建立科学的培训管理体系，通过“走出去”和“请进来”，各层次、多方位对员工进行培训，提高员工的综合素质和职业技能。二是进一步优化人力资源结构，选拔和引进专业技术人才，组织了中层干部选聘工作，聘任了 10 名中层正职和 18 名中层副职，进一步加强了技术人才和干部队伍建设。三是职工流动率继续下降，职工队伍稳定，团队彰显活力。

六、管理水平持续提升

2016 年，公司各个环节管理水平持续提升，企业软实力增强。一是重新细化客户资料、半成品运转、成品交货、外发管理、样书制作五大板块交接流程，完善了公司业务生产管理，使生产运营达到良好状态，实现可控、高效、有序生产。二是降本增效成果显著，各部门成本意识显著提高；费用管理到位，逐年下降；全员劳动生产率提高。三是为加强质量管理、提升产品质量、增强员工质量意识，公司开展“安全质量月”活动，通过宣传条幅、《安全质量》答卷、质量问题展览等活动让各部门对安全生产活动和产品质量自检自查，找出薄弱环节，针对存在的问题，制定出改进办法和措施，并在实际工作中有效落实。四是安全生产常抓不懈，全年没有出现重大安全生产事故。（胡文娟）

中版文化传播（北京）有限公司 2016 年工作综述

2016 年，是中版文化传播（北京）有限公司（以下简称“中版文化公司”）运营第二年。第二年我们遇到了移动行业降费提速、大额流量赠送等政策性调整，是十分艰难的一年。原定与电信企业进行的基于流量分成的项目合作方式，因对方的行业性政策调整全部取消。新的合作模式尚未成型。因此，诗词中国的业务发展方式面临一定程度的调整。

即便如此，2016 年在平台搭建上下了功夫，做得比较快，现在，三个项目的平台搭建已经全部完成，有两个项目的朋友圈集聚工作做得比较提前，已经比较成熟。因此，在面临移动通信行业政策调整之时，我们具备了一定的抗打击能力，依靠自身力量准备过关。在大家的共同努力下，2016 年中版文化公司实现收入仍比上一年增长 21%。诗词中国项目基本可以实现盈利，书法中国项目开始进入投入期。

2016 年做了以下几项工作：

一、诗词中国 APP 完成建设升级，推向应用市场，内容建设更加丰富

“诗词中国”客户端是中版文化公司的核心产品，诗词中国二期丰富了产品的功能，增加了《全唐诗》内容，改善了诗词大全的主题搜索功能，增加了诗人档案、诗意生活馆，增强了以诗会友的社区互动性，客户端轮播图主题文章已然形成了自己的风格。

为减少以后客户端开发升级的工作量，在二期改造中，尽量空壳化客户端，将里面的模块用 H5 的方式开发，这样，既能够实现集大赛、微店、论坛、存档、搜索、格律检测、视频播放等全方位的服务功能，又可以方便随时修改，降低成本。截止到 2016 年底，APP 下载总量为 2400 万，已成为全国性、大规模、线上线下服务相结合的诗词爱好者互动平台。

二、启动第三届“诗词中国”大赛，建立了“全国诗书科技联盟”，赢得诗友好评

2016 年 6 月 18 日，第三届大赛在《人民日报》新媒体大楼启动，11 月底截稿，参与人数和投稿数量均创新高，本届大赛投稿数量达 23 万首，有三万多海内外诗人一起写诗投稿。短信及自媒体平台覆盖人群 1.2 亿，本次大赛正在申请吉尼斯世界纪录。

三、升级并改进诗词中国微信功能，增加微店，阅读量和活跃程度均有大幅度提高

“诗词中国”公众号已经成为诗词爱好者喜爱的公众平台，2016 年，共推送文章 109 篇，《中国诗词大会》专访三个，粉丝累计增长近十万人，平均日阅读量超过一万，周阅读量超过三万，2016 年 2 月，以“我有一壶酒”发起的续诗活动阅读量超过 300 万，续诗人数约三万人，“小时候背的唐诗都有什么用”阅读量十万+。（本次春节期间，由于《中国诗词大会》的热播，推文阅读量快速上升，出现了一次五万，一次三万。）

微信形成了系统的双周选题策划机制，包括专题策划、线上活动、评论及消息管理、用户答疑等，建立了“小诗妹”形象作为公众号代言人，基本掌握了公众号文章的推送规律及用户使用习惯。本年实现了自媒体平台广告收入，其中碧桂园广告 31 万元，临时广告 7000 元。

四、首届书法中国全国书法大赛及作品展完成，已经初步形成书法爱好者的圈子

大赛致力于通过内容、渠道、技术等方面的强强联合，将国粹书法艺术与新媒体的传播环境加以结合。从 2015 年 10 月 30 日启动至 2016 年 4 月 30 日 24 时截稿，组委会共收到电子版参赛作品23096幅。

组委会共采集到有效票数20万票。2016年8月21日，终审评议会圆满举行。共有168幅优秀作品脱颖而出，分获各组别一二三等奖。根据中国移动数据统计，中国移动通信集团各渠道及省公司推广覆盖用户数9662万人。并于2016年11月举办了首届书法中国颁奖典礼。

书法中国还启动了公益活动，发放书法成长包。为贫困地区的中小学生提供一个接触书法、亲近传统文化的机会。组委会首批捐赠已经完成，河南省开封市尉氏县大桥乡孔家小学和安徽省宿州萧县官桥镇赵楼小学两所学校已收到“书法成长包”。

“书法中国”微信公众号2016年是运营的第一年，在微信红利减少，竞争激烈的情况下，仍使粉丝增至12507人，共发文章122篇，单篇最高阅读量为7640次，并且承接微信广告一个。

通过“书法中国”活动的举办，丰富了“诗词中国”主线的品种，团结了与诗词中国相关联的一批书法爱好者。对于之后公司整体项目联动起到了促进作用。

五、诗人档案模块不断完善，“中华诗词网”和“中华诗词论坛”稳定发展

一面坚持丰富诗友的体验，一面坚持社会效益第一的原则。在日发帖近三万，总发帖量3300万的情况下，通过组织论坛版主引导监控、组织优秀管理员支持配合，及时把控了帖子的政治倾向，没有发生敏感的政治、民族、宗教问题。

六、“中华国学读书汇”平台搭建完成

作为国学图书馆整体项目的一部分，2016年建立了“中华国学读书汇”大众国学平台，以传统文化图书作为媒介，将所有喜爱或者希望了解传统文化的人聚集起来，以微信公众平台为支撑，组织活动、推荐内容、辅助交流。

七、国学培训视频课程部分录制剪辑完成

与学而思平台的乐学高考签订了内容合作协议，以分成方式获取了乐学高考的十余种视频课程播放权，正在洽谈合作成立公司事宜，争取形成从内容合作到资本合作的转型。我公司视频平台建设初步完成，这是我公司的一项新的展示平台，目前准备工作完成，尚未投入使用。

八、与中华世纪坛联合举办“诗意中国”中秋诗会

2016年“诗意中国”中秋原创诗会以“月亮”为线索，分为“把酒共赏月、望月怀故乡、邀月共团圆、天涯共婵娟”四个篇章，分别从赏月、怀乡、团圆、寄情四个层次阐释中秋意蕴。来自全国各地的诗人代表，首都军人、学生、聋哑儿童、诗词爱好者、企业代表和美好家庭代表，中华世纪坛会员及合作教育机构代表等共700余人欢聚一堂，北京电视台、北京文艺广播等多家媒体进行了转播。

九、“诗词中国”与著名景区合作，在全国范围内建立创作基地

“诗词中国创作基地”是“诗词中国”组委会于2016年开始大力推进的文化项目，旨在弘扬中华诗词文化、为广大诗友创造更便利的采风和创作条件，并带动当地旅游文化事业发展。2016年度，“诗词中国”分别与黑龙江省长白山风景区、新疆维吾尔自治区那拉提风景区和广州市蓬江区政府合作，建立了三家诗词中国创作基地，以及三家定点合作单位，为下一步采风和主题旅游活动打下基础。

（包　岩）

中版昆仑传媒有限公司 2016年工作综述

2016年11月，中版昆仑传媒有限公司注册成立，12月正式展开工作，成为中国出版集团公司旗下的又一生力军。中版昆仑传媒有限公司是由中国出版传媒股份有限公司控股、国内多家影视文化公司参股的文化传媒公司。

公司的主营业务包括文学作品的影视开发孵化，广播电视节目制作，电影摄制发行，纪录片摄制发行，版权代理经营业务，中国故事海外传播，动漫设计制作，游戏开发及投资，组织文化艺术交流，演艺经纪，广告设计、制作、代理及发布，影视产业园及文化综合体开发，影视产业基金及公益基金管理等。

作为中国出版集团的所属公司，中版昆仑承担着对集团现有 IP 资源进行整合的职责。在中国出版业日益呈现出数字化、网络化、信息化态势，版权经营无可争辩地成为出版业核心竞争力的今天，中版昆仑传媒有限公司将与时俱进、开拓进取。

版权经营方面，中版昆仑传媒有限公司将最大限度地发挥自身优势，作为中国出版集团所有版权 IP 的唯一出口，充分利用集团公司每年拥有 18000 余种图书出版物的丰富资源进行 IP 版权输出，并与集团外许多优秀出版社有着长期的战略合作关系。2016 年 11 月，公司团队亮相第四届北京剧本推介会，充分展示了在影视传媒领域的优势资源，扩大了在行业里的知名度，同时，参与制作的纪录片《大漠疑案》已于 2016 年 11 月 28～30 日在中央电视台纪录频道播出，其他参与制作的影视剧也已进入拍摄或已完成阶段。作为集团公司版权 IP 的出口，公司将进一步掌握更大一批版权资源特别是核心版权资源的特点，做大做强版权经营业务，使之成为公司新的利润增长点。

中版昆仑传媒有限公司的愿景目标是，不忘初心，砥砺前行，开拓进取，打造文化传媒公司的“国家队”，不断提升公司的社会美誉度和业内影响力，成为中国优秀 IP 的孵化基地、文学经典作品的开发高地、海外影视传播的重地、讲好中国故事、传播中国声音的场地、全版权经营和全媒体整合的目的地。（诸琦睿）

重大活动

MAJOR EVENTS

战略发展

中国出版集团公司多个产品获“丝路书香”工程重点翻译资助

2016年1月，中国出版集团公司加强重视翻译资助申请，组织落实申请工作，与相关单位密切沟通协调，多种高质量“走出去”产品在各主要翻译资助申请中不断获得好成绩，特别是申报2016年“丝路书香”工程重点翻译资助项目中，取得了丰硕成果。

8月1日，在国家新闻出版广电总局发布的名单上，中华书局、中国大百科全书出版社、生活·读书·新知三联书店、华文出版社、中译出版社等5家集团公司所属出版单位50个品种、近60册图书入选，资助总额达666.98万元。入选单位和入选种类的全国占比分别为6.2%和11%。与2015年相比，入选品种增长362%，资助金额增长3235%。

“丝路书香”工程始于2015年，面向“一带一路”沿线国家，资助翻译出版一批讲好中国故事、展示中国形象的重点出版物。中国出版集团公司从工程筹备之初即参与了相关调研工作，并提交了整体方案。在第一年申请中，中国出版集团公司实现13种图书入选，包括中国大百科全书出版社的《中华文明史话》十种，中华书局《论语译注》印度语、土耳其语版本，以及天天出版社《草房子》。

2016年，按照国家新闻出版广电总局要求和中国出版集团公司领导部署，从年初就开始调研并组织落实相关申报工作，与国家新闻出版广电总局和“丝路书香”工程承办单位中国新闻出版研究院保持了密切联系和沟通。中国出版传媒股份有限公司副总经理李岩在专项工作会上亲自动员，推动申报工作顺利开展。中国出版集团公司共有中华书局、中国大百科全书出版社、生活·读书·新知三联出版社、中国民主法制出版社、华文出版社、中译出版社等六家出版单位、149种图书申报，入选率接近50%。

此外，在2016年“经典中国国际出版工程”翻译资助申报中共有11个项目入选，其中生活·读书·新知三联书店五项，商务印书馆、中国大百科全书出版社、华文出版社、人民文学出版社、中译出版社、中华书局各一项。在“中国图书对外推广计划”（CBI）两个工程资助申请中，中国出版集团公司连续多年保持好成绩，2015年两个项目获得资助金额达637.1万元，并在2016年上半年以较大领先优势荣获全国“走出去”中国出版集团公司单位综合考评第一名。

（林成琳）

现代出版社“十三五”时期发展规划制定完成

2016年1月，现代出版社制定并完成了“十三五”规划（以下简称《规划》）。《规划》指出，“十二五”期间，现代出版社取得了很多成绩，一是人才队伍建设已初见成效，各岗位人员配置整齐。二是用人机制灵活，人才队伍优化。三是干部能上能下，时时充满紧迫感、危机感。四是传统出版业务每年的增长幅度都在10%以上。五是产品线布局更加清晰明确。六是畅销书出版成为亮点，如《那些年，我们一起追的女孩》发行量超过70万册，“作家文摘”系列发行量超过60万册。七是社会效益和品牌建设成效显著。八是数字出版发展迅速，收效良好。九是企业文化建设效果显著。

《规划》还对“十三五”期间中国出版业的大势做了判断，并结合现代出版社自身特点，提出了现代出版社“十三五”规划要点。一是主营业务快速发展，以规模化带来利润的最大化。二是以产品线发展催生分社，实现快速增长。三是数字出版快速发展，成为传统出版的有效补充。四是尝试进入相关产业，谋求企业更大发展。五是整合民营出版资源，聚拢民间出版资源。六是尝试进入专业教材出版领域，做大出版规模。七是加强管理，从管理要效益。

《规划》指出，“十三五”期间，现代出版社将随着规模的增长、完成从小型出版社向中型出版社转变，也将随着业务、管理的创新，完成从传统出版企业向现代出版企业的转变。“十三五”期末，一定能够成为一个具有较强的市场竞争力、产品特征明显、体质机制灵活的现代出版企业。

（陈丽壮）

中版教材有限公司“十三五”时期发展规划制定完成

2016年1月，中版教材有限公司领导班子按照集团编制“十三五”规划的统一部署，总结公司“十二五”时期发展情况，分析公司面临的发展环境和比较优势、劣势，在继承原有发展成果的基础上，根据集团公司提出的新要求、教材教辅市场不断发展的新形势、公司逐渐暴露出的深层次问题，进行了调查研究和深入思考，提出了公司“十三五”时期公司发展规划、主要指标、实施战略和保障措施。“十三五”期间，公司上下要解放思想、志存高远，综合发展、多方位开拓，力争经济效益持续增长，建立健全现代企业制度，实现从单一教材的发行向教材研发全面发展的转变，在充分论证的前提下，探索开办教育期刊、教育培训和咨询业务。在数字化、网络化产品上狠下功夫，建立开放式的数字化教育平台。通过各类业务的发展和积聚，初步构建以教育出版为核心的教育服务产业链。

（武一格）

中国出版集团公司党组成员、中国出版传媒股份有限公司副总经理李岩率队到中译出版社调研

2016年2月24日，中国出版集团公司党组成员、中国出版传媒股份有限公司副总经理李岩率队来中译出版社调研。在听取了中译出版社领导和各部门的工作汇报后，李岩充分肯定了中译出版社在2015年取得的工作成绩，指出中译出版社要立足国际化，做中国出版集团公司“走出去”的窗口，既要发挥现有人才的积极性，也要多方面引进人才，集团公司国际部也会对中译出版社给予支持并对部分项目进行对接。李岩希望中译出版社能够整合好资源，立足于国内市场份额，关注并走向国际市场，成为中国出版集团公司“走出去”的生力军。集团公司出版部、国际部也参加了调研并对中译出版社的工作提出意见和建议。

（茹　慧）

中国出版集团公司党组成员、中国出版传媒股份有限公司副总经理李岩率队到现代教育出版社调研

2016年3月2日，中国出版集团公司党组成员、中国出版传媒股份有限公司副总经理李岩率队到现代教育出版社（以下简称“现教社”）开展了“产品线结构”的专题调研。中国出版传媒股份公司出版业务部主任刘祚臣、处长杜宇和曹永平，国际部处长贾兵伟陪同调研。现教社领导班子成员、相关部门主任参加调研会。会上，现教社副社长陈琦代表出版社进行了发言。

李岩在听取现教社领导班子成员及部门主任的发言后，做了重要讲话。李岩对现教社产品线结构的发展提出了三点意见：一是产品线建设一定要做到差异化；二是要加大主题出版工作，尤

其是少儿类、教育类的主题出版工作；三是全员上下要有营销意识、市场意识，编辑在注重质量的同时要做好选题开发。（杨 静）

中国出版集团公司
中版研习会动员会召开

2016年3月4日，中国出版集团公司召开中版研习会动员会。中国出版集团公司总裁谭跃出席会议并讲话。中国出版集团公司党组成员、副总裁刘伯根出席会议，中国出版集团公司党组成员、中国出版传媒股份有限公司副总经理孙月沐主持会议。中国出版集团公司总部本部各部门主任，中版研习会全体成员共60余人参会。

谭跃肯定了大家踊跃报名中版研习会的积极态度，指出这项工作符合中央和习近平总书记要求，符合总部本部基本定位的要求，符合总部本部的干部成长成才的要求。他指出，中版研习会工作要开展得务实有效，需要遵循“五主五重”的基本原则：自学为主、研讨为重；问题为主，成果为重；实际为主，实践为重；养德为主，成才为重；学养为主、学识为重。同时学习要突出6个特性：针对性、举措性、政策性、创新性、前瞻性和时效性。强调长期开展好这项工作要把握3条方针：第一，三分虚、七分实。学习既要务实，更要立足集团实际，开展对策研究。第二，三分领导、七分群众。领导要带头组织好学习，重点调动广大员工的学习热情，增强问题意识。第三，三分六零后，七分七零后、八零后。学习对象主要是总部本部的中青年。他最后强调，开展好研习会学习活动的关键在于促进和带动个人自学，促进学习和工作紧密结合。要组织好每一次季度专题活动，领导班子要尽量全部参加。这也是将“群众路线”“三严三实”“两学一做”等专题教育活动跨年度打通，落实在中国出版集团公司的改革发展上，落实在总部本部的建设上。

刘伯根提了三点具体要求：第一，高度重视，认真开展好日常学习和季度学习。第二，用好平台，努力做到学以致用、以用促学。第三，认真履职，将学习活动定好计划、落到实处。孙月沐阐述了中版研习会的工作方案和工作规则，宣读了各专题小组组长名单，介绍了中版研习会活动方式、保障机制和成果转化机制，强调了学习纪律。

会上，相关部门主任围绕活动经费支持、人才队伍建设等话题发言，专题小组组长围绕确立研究目标、开展实践调研、加强学习与业务工作的结合等方面谈了体会决心。

中版研习会成立于2016年1月，中国出版集团公司党组书记王涛任领导办公室主任，刘伯根、孙月沐任领导办公室副主任，各部门主任担任领导办公室成员。研习会设有形势分析、出版营销、数字化、国际化、经营管理、资本运营、品牌建设、深化改革、党建和企业文化、日常运营等十个专题小组。各组成员都是自愿报名，总部本部共51人报名参加，报名人数占总部本部人数的75%；共108人次报名不同小组，每人至少参加两个以上专题小组的学习。活动将组织四次季度论坛，年底将开展优秀小组和优秀成果评选。（罗娴静）

中国出版集团公司总裁谭跃
到中版集团数字传媒有限公司调研

2016年3月18日，中国出版集团公司总裁谭跃、副总裁潘凯雄到中版集团数字传媒有限公司围绕“十三五”期间数字出版工作进行调研，并对2016年工作提出指导性意见。集团公司科数部周辉陪同调研。

调研会由副总裁潘凯雄主持。会上，中版集团数字传媒有限公司总经理赖雪梅汇报了公司定位于数字资源集聚中心、产品研发中心、市场推广与运营中心的精品数字内容综合服务商。通过努力，在“十三五”期末发展成为行业精品数字内容综合服务商，并逐步将中版集团数字传媒有限公司打造成为国际知名的精品数字内容综合服务商，夯实集团公司成为国际知名出版企业的基础。

谭跃对赖雪梅的汇报内容给予了肯定，他指出：中版集团数字传媒有限公司“十二五”期间数字资源集聚为公司“十三五”数字出版工作打下了良好的基础。“十三五”期间将是集团公司数字出版发展动能最强的阶段，集团公司上下要将动能转化为动力。中版集团数字传媒有限公司要做好内容资源的集聚，完善重点平台的指导、协调、定位和推进，为集团公司数字化工作起到底盘的作用。

谭跃强调，“十三五”期间，集团的数字化工作要在投资、项目、市场、产业和产品结构上、人才的培养、使用和选拔上、媒体融合（新媒体的开发利用和传播）这六个方面重起来。并进一步从机制、战略、重点三方面对中版集团数字传媒有限公司2016年的工作提出了要求。

调研会最后，潘凯雄做总结发言，要求中版集团数字传媒有限公司要学习谭跃提出的“六个重起来”，深入研究机制、战略、重点这三方面的内容，专题讨论“各出版社出版加工整合”和“IP运营”两个课题。（李　铃）

《新华字典》获两项吉尼斯世界纪录

2016年4月12日，《新华字典》吉尼斯世界纪录发布仪式在英国伦敦吉尼斯总部举行。中国出版集团公司总裁谭跃、商务印书馆总经理于殿利等出席仪式。吉尼斯世界纪录有关负责人正式确认《新华字典》是世界“最受欢迎的字典”和“最畅销的书（定期修订）”。截至两项纪录统计的计算时间（2015年7月28日），《新华字典》全球发行量共达5.67亿册。

发布仪式上，中国出版集团公司总裁谭跃表示，《新华字典》获评世界上“最受欢迎的字典”和“最畅销的书（定期修订）”，是中外文化交流的一个缩影，从微观层面反映了汉语国际影响力的提升。商务印书馆总经理于殿利认为，《新华字典》获得吉尼斯两项纪录印证了《新华字典》品牌的国际影响力。

《新华字典》是共和国第一部现代汉语字典，由商务印书馆出版。60多年来，《新华字典》伴随着几代人的成长，也影响了亿万民众的语言生活，先后荣获国家图书奖荣誉奖、国家辞书奖特别奖、出版政府奖等多项国家级大奖，并被党和国家领导人作为国礼赠送国外宾朋，在海内外享有极高声誉，已成为中华文化的标志性符号。两项世界纪录的确认，是对《新华字典》这一著名品牌国际影响力的提升，更是汉语世界文化影响力和中国文化软实力的进一步彰显。（王永康）

中国出版集团公司总裁谭跃到人民文学出版社调研

2016年4月26日，中国出版集团公司总裁谭跃到人民文学出版社调研。集团公司财务、人事、出版部负责人，人民文学出版社领导班子成员、部分中层干部及天天出版社部分领导班子成员出席会议。调研会由李岩主持。

首先，管士光代表领导班子做工作汇报。他分别从落实中央精神、集团公司年度工作会议精神情况，“十三五”规划制定情况，第一季度经营情况几个方面进行汇报。党委书记张贤明就做好党群工作，服务出版主业，副社长李春凯就做好图书发行工作，寻找新的增长点，副总编辑应红就重点图书的出版工作和作家群体趋于年轻化等问题先后发言。

谭跃在调研会上强调，第一，要学会用企业的方式做文化，就是明确要求每个年度要达到的标高；第二，要学会用市场的方式做内容，市场的方式就是要讲投入和产出；第三，要学会用商业的方式做传播，商业的方式就是共创、共享机制。但不管怎么做，最终的目的是做文化，“三化”最终目标是企业化，以此激发动力。具体来说，要着重于对自有板块的建设。当代文学编辑室、天天出版社、上海九久读书人文化实业有限公司都可列为人民文学出版社的重点板块。不仅要将更多的资金投入到板块建设中，还要善用人才，注重干部培养。激活内部资源，抓住外部资源，全面实现数字化、精品化、国际化。板块做得好，对出版社必有积极的影响。最后，中国出版集团公司党组成员、中国出版传媒股份有限公司副总经理李岩做了总结讲话并对人民文学出版社提出具体的要求。（顾　乡）

中国出版集团公司总裁谭跃到中国图书进出口（集团）总公司调研

2016年4月28日，中国出版集团公司总裁谭跃、中国出版集团公司党组成员、中国出版传媒股份有限公司副总经理樊希安、总部财务部主任徐凤君，中国出版传媒股份有限公司本部财务部主任赵东、人力资源部主任李红文一行到中国图书进出口（集团）总公司（以下简称“中图公司”）调研一季度经营工作情况，与中图公司班子成员深入探讨“走出去”、数字化等重大经营问题。

会上，中图公司总经理张纪臣代表班子介绍中图公司“十三五”时期的战略规划，汇报了2016年一季度经营情况、深化体制机制改革的成果、年内将实现的11项业务突破和重大项目的进展，分析了中图公司正面临的传统业务进入微利时代、国家进出口政策发生重大调整、西安公司受世界图书出版公司分立影响亏损愈发严重等制约发展的关键问题，并向集团公司提出了进一步加强与集团公司内出版单位数字业务合作等建议。

谭跃认真听取了汇报，对中图公司在数字化方面取得的成果、“走出去”方面即将采取的措施给予充分肯定和具体指导，并细致询问、深入了解了中图公司目前经营工作遇到的具体困难和问题，做出两点指示：

第一，严格贯彻集团公司决议精神，按照一事一办的原则，抓紧落实中图西安公司和世图西安公司分立工作。

第二，集团公司支持将内部出版资源整合到最有效率的专业单位，支持中图公司加强和出版单位之间的业务融合发展，也希望中图公司能主动推动该项工作，积极整合集团公司内部各方面的资源。

谭跃进一步指出，“十三五”是关乎中图公司命运的关键时期，必须有明确的战略规划和发展目标，必须坚定地推动改革创新，加强国际化、数字化建设，努力提升市场份额，为中国出版集团公司营业收入提升和数字化、国际化发展做出更大贡献。就如何加强改革创新，他提出四点要求：一是不断深化体制机制改革。积极推动企业化管理，结合体制特点更好地发挥中图公司的规模优势，不断提高企业的专业化程度；二是坚定推动数字化转型。数字化是中版集团公司和中图公司加快发展的必由之路，也是一条短期内难见成效、需要长期培育的艰难道路。必须坚决贯彻推行、不断研判形势，结合互联网和大数据，在数字资源聚集的基础上形成有核心竞争力的产品；三是积极打造亮点，做响国际化。要加强在国际公共平台的活动策划，加快培养专业的译介队伍，积极配合国家战略策划重大话题、重大活动。四是加强人才队伍建设。年轻人才是做好数字化工作的关键因素，但流动性较强，要通过好的机制解放思想、激发活力，最大限度发挥青年人的创造力。（姜天翔）

中国出版集团公司总裁谭跃到中版集团数字传媒有限公司专题调研

2016年5月6日，中国出版集团公司总裁谭跃，中国出版集团公司党组成员、副总裁潘凯雄到中版集团数字传媒有限公司专题调研“集团数字出版综合运营平台”项目。中版集团数字传媒有限公司总经理赖雪梅与项目组成员一道向谭跃汇报了最新情况。

谭跃对该项目给予充分肯定，并对如何进一步深入研究该项目做出明确指示：第一，要进行出版领域大数据的分析，包括阅读内容的大数据、阅读行为的大数据、阅读趋势与行业服务的大数据，理清楚什么是我们的大数据、大数据与我们的关联以及展望大数据条件下我们可以做什么等问题。第二，在一段时间抓住一个话题集中研究，数字化是年轻人的事业，年轻人要将个人力量融入集体力量，数媒公司要有决心做好这个项目。第三，集团公司这个项目的建设也是数字传媒公司的建设，不是单纯的宣传展示，而是涉及“十三五”期间数媒公司走向的关键点，项目建设的同时也是学习建设、专业化建设的过程，要加强骨干力量培养，数字化过程中允许探索与失败，中国出版集团公司胆子要再大些、步子要再快些。同时，谭跃也对中国出版集团公司的年轻团队表示了热切的关怀，告诫年轻人要有恒心、有理想、有抱负、有方向感，适时从外部寻找压迫感，这样才能抓住机遇，获得成功。

（史　政）

中国出版集团公司党组书记王涛到新华书店总店调研

2016 年 5 月 10 日，中国出版集团公司党组书记王涛到新华书店总店（以下简称“总店”）调研，座谈会上听取新华发行网项目情况汇报。中国出版传媒股份有限公司法律与证券事务部主任刘禹、科技与数字出版部主任赖雪梅陪同视察并一同听取汇报。新华书店总店总经理茅院生，党委副书记柏万良，副总经理张雅珊、陈新，总经理助理戴昕、汪春荣及新华发行网项目组全体成员参加座谈会。

王涛强调，新华发行网定位要高，要围绕建立统一、开放、竞争、有序的大市场、打破行业壁垒、推进全民阅读等国家战略，要将项目打造成全民阅读的推广平台，要有效解决从选题开发到阅读评论的全产业链相关问题。

茅院生指出，王涛书记从定位、商业模式、市场及资本运营等方面对中国新华发行网项目提出了新的要求，强调了项目建设重点，为今后的工作指明了方向，总店班子和项目小组一定按照王涛书记的指示精神抓好贯彻落实，努力把中国新华发行网建设好、运行好。

座谈会结束后，总店召开总经理办公会，学习贯彻落实王涛书记指示精神，对中国新华发行网下一步的工作做出部署：一是贯彻落实好王涛书记的指示精神，梳理出工作重点，进一步完善方案；二是进一步加快与全国各省新华书店的合作谈判；三是在集团公司领导下做好内部资源的整合；四是做好资本运营的计划，引入社会资本；五是进一步加快平台建设；六是进一步加快人才引进，努力尽快实现项目的建设目标。

（张　倩）

中国出版集团公司总裁谭跃到中国图书进出口深圳公司调研

2016 年 5 月 12 日，中国出版集团公司总裁谭跃一行到中国图书进出口深圳公司进行调研考察，并与深圳公司领导班子及中层干部座谈。

深圳公司总经理林宏雄代表班子成员汇报了企业经营情况，特别对 2012 年谭跃首次考察后出现的新变化和新发展做了详细介绍。林宏雄重点介绍了公司 2016 年正在开展的跨境电商项目，并现场登录正在调试的“全球文化产品跨境交易平台”网站，对其中的文创产品、文化交流、中图文化节、非物质文化遗产、文化众筹等栏目专区进行了演示说明。

谭跃对深圳公司的新变化、新发展、新成就，以及面对挑战和困难时积极寻求新方向、做出新思考、得出新思路、实施新项目给予充分肯定。他指出，互联网提供了巨大的发展机遇，关键是如何找到自己的定位和特色，进而找到自己的优势所在。在这方面，深圳公司表现出积极进取的态度，发展意识强，竞争意识强，充分体现了“深圳精神”。

就跨境电商项目建设，谭跃提出三点建议：第一，深圳公司要对项目做进一步的分析论证，研究项目的发展愿景、投入产出比、可行性以及优势所在。中国图书进出口（集团）总公司和中国出版集团公司的相关部门要积极参与，通过对上述问题的论证研究，进而从集团公司层面考虑项目的可行性。第二，要在“十三五”数字化发展的大背景下思考深圳公司的发展方向，提前预估发展过程中可能遇到的风险和困难，坚定地推进重点项目并把握好发展方向。第三，要在思考、总结中找到切合实际的方法，整合现有资源、挖掘潜在资源，在竞争中找到自己的特色和优势。

在深圳期间，谭跃还到广东自贸试验区前海蛇口片区（前海深港现代服务业合作区）调研，跨境电商项目将在该试验区运营。（潘莉华）

中国出版集团公司总裁谭跃到中国美术出版总社调研

2016年5月18日，中国出版集团公司总裁谭跃，中国出版集团公司党组成员、中国出版传媒股份有限公司副总经理李岩一行到中国美术出版总社开展（以下简称“美术总社”）调研，并围绕集团化建设、品牌社如何进一步做大做强做优以及美术总社“十三五”规划提出指导性意见。李岩主持会议。

谭跃认真听取了汇报，细致了解了相关具体情况，并发表重要讲话。他首先谈到了听取汇报以后的新感想。一是美术总社新一届领导班子制定的战略有思路、有项目、有举措、有保障。二是举措详尽、务实，蕴含机制性的思考，有新气象、新希望。三是尊重传统、尊重品牌、敢于创新、敢于超越。他还对美术总社在“十三五”期间的发展提出了三个要求：一是要在专业美术出版领域进入前五名；二是在集团公司的综合排名中进入前五名；三是要“五个着力”，一要着力筑牢教材出版高地。这虽是优势，但不够优；虽是强处，但还不够强；虽是经营盘子中的一大块，但还不够大。二要着力打通数字出版通道。这是制高点，既是未来竞争的制高点，更是未来新的粮仓所在，是未来所有发展的主要依据。三要着力谋求资本运作平台。要运用资本的形式考虑手上的内容，既要站在内容的基点上去抓资本，又要站在资本的基础上去扩内容。内容的更加专业化是立社和集团立生之本。四要着力走开品牌经营的道路。要整体考虑品牌和经营的深度融合。可以探索成立以品牌为基础的公司，拓展京外市场。五要探索新的增长机制。要着力研究分配机制、管理机制、经营机制、生产机制、人才脱颖而出的机制。

李岩围绕内容生产问题指出，要从出版、国际化的角度发力，提高认识，做到有效传播。提出两头要做好，一是高精尖，要发挥品牌影响力，加强重大工程出版，加强核心竞争力。二是加强文化影响力，提高教材出版的核心竞争力，重视一般市场。同时，指出抓两头带中间的观点，做到编辑与发行的有效沟通。注意文化导向与当下生活的联系，从鉴赏和审美方面，强调做好生活导向类图书。之后还就总社美术数字化的平台建设和策划建社65周年、第23届北京国际图书博览会、书市活动等问题分别发表了意见。

美术总社党委书记周伟代表领导班子就美术总社2016年以来的经营出版工作概况、“十三五”规划和做好“十三五”规划的具体举措以及未来要着力解决的问题等做了总体介绍和汇报。总社领导班子其他成员也分别汇报了各自分管领域的工作，并谈了各自的看法。中国出版传媒股份有限公司出版业务部刘祚臣、杜宇，国际部刘忠、孙牧，财务部赵东、王飞，集团公司办公室许维华等陪同调研。（郝　赫）

中国出版集团公司总裁谭跃到中版集团数字传媒有限公司听取“中版集团以大数据带动综合运营”项目汇报

2016年5月25日，中国出版集团公司总裁谭跃、中国出版集团公司党组成员、副总裁潘凯雄到中版集团数字传媒有限公司调研，听取“中版集团以大数据带动综合运营”项目汇报。中国出版传媒股份有限公司科技与数字出版部主任助理周辉、集团公司办公室许维华列席会议。

中版集团数字传媒有限公司总经理赖雪梅与其带领的“数字出版综合运营平台”项目研究组成员针对什么是出版大数据、大数据在出版行业应用以及大数据对综合运营平台驱动作用三大问题进行了专题汇报。

谭跃在听完汇报后，给予中版集团数字传媒有限公司以及综合运营平台项目很高的期望，希望能够通过该项目建成为中国出版行业服务的最全面、最权威的综合性大数据中心。针对出版大数据，谭跃提出四项指示：第一，大数据在出版行业的应用需要反复论证，不同领域的技术可以借用到出版领域，要善于从技术上解决困难课题。第二，出版大数据与综合运营平台是一个问题的两个角度，同时出版大数据也是综合运营平台的底层引擎和未来支柱，要将大数据思维贯穿项目建设。第三，提供大数据服务的前提是有数据，而数据量是大数据建设的关键，不仅要整合集团内部数据，还要挖掘集团外数据。第四，相较于法律、医学等专业资源易碎片化、市场稳定等特性，大众出版的知识服务大数据实用性不强，与用户习惯不一定匹配，要从需求者角度研究产品数据。同时，针对综合运营平台，谭跃提出三个要求：第一，集团公司内容丰富，实现资源的再利用，需要综合运营平台来解决，平台建设需要先明确平台定位与自身优势，目标用户与提供的产品服务，发展目标与发展空间等问题。第二，数字传媒公司在项目建设时要把握两个点，一是立足集团，做好集团数字化的整体设计师，二是提高数字传媒公司自身单体作战的能力，用产品研发的思维寻找突破点，提高产品和服务的有效性和可盈利性。第三，要将本次汇报内容和结论融入综合运营平台项目，两周之内形成立体的、综合的方案，于6月6日上报总裁办公会讨论。

潘凯雄认为本次汇报项目研究组经过了认真用心思考。他指出，鉴于大数据本身的不可呈现性，要将大数据思维具化到项目中去，根据学科特色进行差异化运营。项目研究组要将本次汇报内容作为理论支柱来支撑运营平台方案。

（李　铃）

中国出版集团公司出版流程数字化现场工作会暨数字化工作联席会2016年第一次会议召开

2016年5月26日，中国出版集团公司召开了出版流程数字化现场工作会暨数字化工作联席会2016年第一次会议。中国出版集团公司党组成员、副总裁潘凯雄出席会议并讲话，会议由中国出版传媒股份有限公司科技与数字出版部主任赖雪梅主持。各单位数字化工作分管领导、数字化部门负责人和业务骨干、集团公司数字化研习小组成员和科技与数字出版部人员共90余人参加会议。

潘凯雄表示：商务印书馆流程数字化工作的思考和实践既有理论深度、也有务实性，集团公司通过现场工作会的方式，让大家身临其境感受这样一种全媒体的出版方式，对于推动集团公司整体数字化出版流程再造这一基础性工程具有很强的示范意义。他指出：未来的出版一定是全媒体出版，全媒体出版必须建立在以新技术为支撑的生产方式上，重点在于选题策划、编辑生产、销售流通等各出版环节的重新定义。对于下一步工作，潘凯雄要求：一是要进一步认清流程数字化是提高内容生产和传播能力、丰富出版产品业态的重要手段，其出版本质和使命并没有变化；二是要注重理念、视野和顶层设计，要以融合发展的思路设计出符合本单位特点的复合出版流程；三是要加强复合型编辑队伍建设，编辑人员在出版全流程中始终要有多形态出版的认识和素质。潘凯雄还就集团公司“十三五”时期媒体融合规划、重大项目建设、海峡两岸原创大赛、数字化经营联席会以及集团数字综合运营平台建设等2016年重点工作进行了部署和安排。

商务印书馆总经理于殿利在会上就商务印书馆出版流程数字化做主题报告。会议还通过讲解和实例对纸电同步出版战略工作思路、工具书协同编纂平台建设思路进行了充分务实的讲解和演示。

（史　政）

中国对外翻译有限公司控股子公司——中译语通科技（北京）有限公司协办第八届亚太翻译论坛

2016年6月17日，第八届亚太翻译论坛于西安开幕。中国对外翻译有限公司（以下简称“中译公司”）控股子公司——中译语通科技（北京）有限公司（以下简称“中译语通”）作为协办单位，深度参与论坛各项工作。中国外文局副局长王刚毅先生做主旨发言，中国翻译协会常务副会长黄友义先生主持“翻译人才发展高峰论坛”。中译公司总经理、中译语通董事长黄松与诸位领导共同启动陕西省“一带一路”语言服务及大数据平台。

本届论坛以“亚太地区翻译的明天”为题，旨在分享亚太地区翻译界在区域合作深化和“互联网+”的大背景下，在人才培养、技术应用、标准化、理论和模式创新等方面面临的机遇与挑战，并探索如何加强交流，为亚太地区经济文化的进一步繁荣与发展提供基础性支撑。（赵 桐）

中国出版集团公司总裁谭跃听取新华书店总店“十三五”重点项目汇报

2016年6月22日，中国出版集团公司总裁谭跃，中国出版集团公司党组成员、副总裁刘伯根、潘凯雄以及集团公司财务部等相关部门负责人听取了新华书店总店（以下简称“总店”）“十三五”重点项目的汇报。新华书店总店总经理茅院生、副总经理张雅珊、陈新及新华发行网项目组、全国大中专教材采选系统项目组全体人员就两个项目的经营指标测算、融资计划进行了重点汇报。

谭跃在听取了项目的汇报后，肯定了中国新华发行网、全国大中专教材采选系统项目，指出，这两个项目都有创新，都值得期待，将促进中国出版业的发展。下一步要把这两个项目提升至集团公司层面进行研究推进，通过内部路演的方式，重点就项目的定位、现代互联网格局下的发展方向、市场的需求、创新点和商业模式、财务风险梳理及风险化解预案等内容向集团公司有关领导和部门汇报，听取多方面意见，进行可行性和不可行性研究。谭跃对总店和项目组提出如下要求：一是明确两个目标。首先是经营指标的目标，分别明确保守目标、理想目标、奋斗目标；其次是制定未来发展目标，重点是制定资本市场上市目标，考虑独立上市还是集团公司主业上市公司吸收上市。二要制定“三个计划”。制定投、融资计划、品牌建设计划、立足于大数据的平台构建。三要考虑行业服务。基于服务数据的积累运用大数据，引领大话题，起到服务行业作用。

刘伯根、潘凯雄分别肯定了两个项目的整体构想和工作进展，并就进一步完善两个项目做出指示。集团公司财务部卢妍妍、股份公司财务部赵东参加了会议，对平台运营与融资过程中的问题给予了非常有益的建议。（张 倩）

中国出版集团公司总裁谭跃、党组书记王涛到现代教育出版社调研

2016年6月30日，中国出版集团公司总裁谭跃、中国出版集团公司党组书记王涛、中国出版集团公司党组成员、中国出版传媒股份有限公司副总经理李岩一行来到现代教育出版社（以下简称“现教社”），围绕现教社未来发展、如何做大做强进行调研。中国出版传媒股份公司出版业务部主任刘祚臣、财务部主任赵东、人力资源部主任李红文陪同调研。李岩主持调研。现教社领导班子成员、相关部门主任参加调研会。会上，现教社社领导班子成员陈琦、仇正伟、沈悦苓及相关部门主任分别汇报了工作。

在听取发言后，王涛指出，对于“现代教育”理念的思考都很好，要充分利用好这个资源来发展。同时对现教社的发展提出要按二个规律来办事：一是按出版的规律办出版的事儿；二是按教育的规律来办教育出版。

谭跃指出，现教社的汇报定位明朗、重点突出、思路清晰、项目丰富。对现教社未来发展提出三点意见：一是要围绕“两调四强”，准确定位现教社“十三五”期间的发展方向，做大做强“现代少儿教育”板块。二是要符合图书市场的需求、要符合集团公司关于出版战略的思考，要符合集团公司“调结构”的发展需求。三是要认清产品定位和产品线定位是否正确，具有差异化；要认清具体产品项目的论证；要认清同步开展的营销方案制定是否可行；要认清投入与产出的测算；要认清双方的经济责任；要认清机制创新的突破。（杨 静）

中国出版集团公司发布“十三五”时期发展规划并召开规划实施大会

2016年7月14～15日，中国出版集团公司在北京召开“十三五”规划实施大会，正式发布“十三五”时期发展规划。中宣部出版局局长郭

义强、国家新闻出版广电总局出版管理司司长周慧琳出席会议并讲话。中国出版集团公司总裁谭跃就规划涉及的重大问题及规划落实工作发表重要讲话，党组书记王涛主持会议并做总结讲话，副总裁刘伯根介绍了规划编制情况。集团公司领导班子成员李岩、潘凯雄、樊希安、孙月沐出席会议。集团公司所属各单位领导班子成员及集团总部本部处以上干部150余人参加会议。

郭义强对集团公司规划给予了充分肯定，认为规划体现了作为出版“国家队”的使命和担当，同时，他也对规划实施提出了具体要求。周慧琳重点介绍了国家“十三五”重点出版物出版规划的原则、重点和特点，对规划实施工作提出了明确要求，并对集团公司及各成员单位下一步如何做好规划增补工作提出了具体建议。

谭跃就集团公司规划涉及的重大问题做了说明。他指出，规划思考的要点有四：一是集团公司今后改革发展重要的现实基础，集中体现为“两个越来越”和“十个进一步”；二是对形势所做的五个方面的分析；三是集团公司在六个方面存在的主要短板；四是今后五年的主要发展思考。谭跃强调，要紧紧抓住规划的“两调四强”战略重点，把握好三对主要关系：一是速度与动力的关系，二是导向和党建的关系，三是质量和结构的关系。

谭跃重点强调了落实规划的精神支点，指出要落实好规划提出的各项目标，关键在人，关键在思想，关键在精神。他通过对“好好学习，天天向上”“发展才是硬道理”“抓铁有痕，踏石留印”“智者重因，凡夫重果”“打铁还须自身硬”“学习雷锋好榜样”等六句话进行深入浅出的解读，强调大家要充分发扬向上向前的精神、发展开拓的精神、稳健弘毅的精神、创新探索的精神、廉洁奉公的精神和乐于奉献的精神，在“十三五”时期更好地把社会效益放在首位，实现社会效益和经济效益的统一，一笔一画、一时一刻、一天一月、一年逐年地写好“十三五”规划这本大书。

王涛在会上要求，集团公司所属各单位要深入学习领会集团公司“十三五”规划精神，比对规划指标和重大项目，修订、调整好本单位的“十三五”规划，在集团公司未来发展的大棋局中找准定位、找准坐标。

刘伯根在会上对规划编制过程进行了说明，指出规划尽量体现了中央精神和国家相关规划精神，尽量体现了行业形势和集团实际，尽量体现了方方面面的意见和建议。

集团公司所属各单位主要负责人围绕集团公司规划，结合本单位发展的目标、问题和规划重点做了交流研讨。（史　政）

现代教育出版社参加中国出版集团公司“十三五”实施大会

2016年7月14～15日，现代教育出版社参加中国出版集团公司召开的“十三五”实施大会。

会上，现代教育出版社副社长陈琦，围绕集团公司“十三五”规划内容及现代教育出版社实际情况，进行了关于“如何做开中国出版集团公司教育出版”的发言。发言内容主要有三部分内容：一是集团公司教育出版的现状和机会；二是集团公司所属现代教育出版社的功能与角色；三是做开集团公司教育出版的思路与设想。其中，就做开集团教育出版的思路与设想中又提出三个思路及措施：一是“筑巢引凤”，就要打造好“现代教育”品牌，让其成为具有高度专业性和品牌认知度的公众形象；二是“自我生发”；三是“跨界融合”。（杨　静）

中国出版集团公司党组书记王涛到中国图书进出口（集团）总公司专项调研

2016年7月27日，中国出版集团公司党组书记王涛一行到中国图书进出口（集团）总公司（以下简称“中图公司”），就“两学一做”学习教育开展情况进行专项督查并召开了专题调研座谈会。中图公司党政领导班子成员及党支部书记代表汇报相关工作，党委书记、副总经理吴伟主持会议。

会上，吴伟就公司党委中心组专题学习情况、公司领导讲党课情况、各党支部“三会一课”和党员活动开展情况、支部设置和换届情况、党员发展和党费缴纳情况等做了汇报，并详细介绍了中图公司“三重一大”制度落实情况、中央八项规定落实情况、党风廉政建设责任书签订落实情况以及廉政风险点防控成效。集团公司领导现场检查了相关会议纪要和记录资料。

总经理、党委副书记张纪臣就“选人用人”方面的情况做了汇报。他重点汇报了中图公司实行干部公开竞聘上岗的情况，能上能下的非领导职务“调研员”通道的设置，以及公司目前处以上干部较为合理的年龄结构比例情况。他提到，人才干部队伍的相对稳定，为公司改革发展提供了重要的基础保障。

纪委书记、副总经理林佳红介绍了公司纪委组成和专兼职纪检干部配备情况，着重介绍了廉政风险点防控措施落实，“四种形态”尤其是“诫勉谈话”运用等方面的工作成绩。

公司其他领导班子成员也分别在各自分管的业务板块和支部活动开展方面做了汇报。党群工作部主任李红和人力资源部经理曹庆宁作为支部书记代表发言，分别介绍了党群、人资两个党支部的基本情况和“两学一做”学习教育开展的实际情况。

王涛高度肯定了中图公司在党建工作方面的优良传统和先进经验。他指出，“两学一做”是从关键少数到普通党员的延伸，是从严治党的关键举措，党支部、党小组作为“两学一做”的抓手，发挥的作用非常重要。他强调，支部活动要注意避免“两张皮”，要紧密结合中心工作来开展；领导干部讲党课，要当成是在党员同志们面前接受党性和理想信念的监督检验的过程；“三重一大”是对程序正义的保证，也是对领导干部的保护。他强调纪检工作必须挺在前面，要求公司党政领导对纪检工作继续给予高度重视和支持。

中国出版集团公司直属机关党委常务副书记、纪委书记、党群工作部主任姜红新强调了三点要求，一是领导班子要重点抓好“三重一大”，二是党支部要重点抓好“三会一课”，三是干部选拔要重点抓好“三考一会”。

中国出版集团公司人力资源部主任聂静对中图公司在企业管理及干部选拔任用方面的工作水平和成绩表示了肯定，对干部管理提出三点工作要求，一是要贯彻中央精神；二是要符合企业特点；三是选人用人要坚持“一合三正”——即“选拔任用是否合规、导向是否端正、是否正能量、风气是否清正”。在选人用人方面，她强调要关注三个方面：一是是否违反规定程序；二是是否执行了“凡提必审、凡提必核、凡提必听、凡提必查”；三是要防止带病提拔。

吴伟代表公司党委表示，中图公司党委工作将坚持做到“不抢位，不缺位”，坚持围绕中心服务大局，抓住“两学一做”学习教育的机会，争取百尺竿头更进一步，将党建和党风廉政建设工作做得更好。（刘　洋）

中国图书进出口（集团）总公司“十三五”时期发展规划制定完成

2016年7月28日～29日，中国图书进出口（集团）总公司（以下简称“中图公司”）2016年分支机构总经理会议在深圳召开。会议主题是深入学习中国出版集团“十三五”规划，围绕中图公司“十三五”规划进行高层战略研讨，研究中图公司重大战略发展问题，理清发展思路、明确实施路径，统一思想，确保规划贯彻落地。总公司领导班子成员及分支机构负责人出席会议，总经理张纪臣做专题报告，党委书记吴伟主持会议并做总结发言。

张纪臣做了题为“中图集团‘十三五’发展思路”的报告，传达了中国出版集团“十三五”规划精神以及对中图公司的要求，总结了中图公司“十三五”规划的核心内容，指出了贯彻落实规划的九项重点工作。他强调，“十三五”时期，中图公司将以出版物进出口、文创会展、金融地产为“三驾马车”，以云计算、大数据、物联网和移动互联为“四轮驱动”，通过实施“五型发展”战略（即以数据驱动为基础，以内容聚合为核心，以服务创新为引领，以文创融合为拓展，以多元协同为支撑，基本建成“数字中图”），力争实现总资产、营业收入、利润三个指标再翻一番的目标，实现数字业务收入占出版物进出口贸易量的50%以上、出版物按需印刷率达50%以上、全球数字资源聚合率达到50%以上。

围绕中图公司“十三五”规划，11家分支机构负责人分别做专题发言，并对中图公司“十三五”时期的发展进行了高层战略研讨。吴伟在总结讲话中，充分肯定了本次会议取得的成效。

会议期间，总公司与各分支机构签订了2016年度绩效任务书，总公司计财部汇报了上半年经营情况。

（姜天翔）

“译见”全球首款跨语言大数据产品发布

2016年7月30日，全球首款跨语言大数据产品“译见”在北京正式发布。这是一款概念超前、技术领先的跨语言大数据产品，由中国出版集团公司所属中国对外翻译有限公司控股子公司中译语通科技（北京）有限公司（以下简称“中译语通”）推出。“跨语言大数据”是中译语通在技术研发和海量数据积累基础上首度提出的新概念。来自出版、互联网等众多领域的200多位嘉宾要人出席了发布会，共同见证这一前沿大数据产品的全新面试。

（赵　桐）

中国出版集团公司开展生产经营情况系列调研活动

2016年8月9～12日，中国出版集团公司总裁谭跃、副总裁刘伯根，中国出版集团公司党组成员、中国出版传媒股份有限公司副总经理李岩，中国出版集团公司副总裁潘凯雄，中国出版集团公司党组成员、中国出版传媒股份有限公司副总经理孙月沐，深入集团公司所属企业进行调研。调研活动围绕上半年经营情况及稳增长、促发展的近期和长远措施，累计召开调研会七场，涉及单位25家。集团公司财务部、出版部等相关部门同志参加调研。

谭跃在调研时指出，2016年是“十三五”的第一年，面对经营中的各种困难，各单位要进一步明确发展思路，认真研究各类问题，创新思路办法，拿出务实举措，迎难而上、攻坚克难，努力实现“十三五”的良好开局。他强调，要进一步学习中央精神，对“调结构”和“强动力”要有新理解，不能为“调结构”而调结构，要以“强动力”为指向，要“知其外，守其内”，“知其成，守其新”，“知其远，守其近”。他指出，“调结构”的主线是人才，“十三五”目标实现的根本在于人才，要抓好内部、外部人才的融合；“强动力”的关键在创新，要依靠创新型人才，创新项目、平台、技术，为“调结构”探索新路径，为“强动力”集聚新动能。针对传统出版业务，他要求各单位要解放思想、创新机制，解决好产品、板块、投入、营销、分配等方面的结构问题，在保持业内原有优势的基础上，持续培植新的发展动力。针对新兴数字板块业务，要加强研究融合发展问题，既要看当前、又要看长远，争取通过三至五年的努力，基本建成数字出版集团。针对艺术品经营板块，要对发展趋势做出正确判断，准确把握当前问题的主要症结，着力解决好经营中的结构问题，提升抗风险能力。针对集团化整合问题，物流、纸张、印务等资源整合事关集团公司工作大局，要处理好各种问题，注意防范风险，在业界争先竞位，用市场的方式为行业做好服务，在服务主业上寻找新的增长点。

调研期间，各单位汇报了上半年经营工作中的成绩和问题，认真分析了影响本单位发展的内外部因素，制定了一系列稳增长、促发展的有效措施，并表态有信心有能力完成年度各项任务和指标。针对调研中发现的问题，集团公司相关部门将协调有关单位进行专题研究，为推动各单位持续健康发展、实现“十三五”开门红保驾护航。

（孙照海）

中国出版集团公司党组成员、中国出版传媒股份有限公司副总经理孙月沐一行到荣宝斋在线调研期刊媒体融合工作

2016年8月9日，中国出版集团公司党组

成员、中国出版传媒股份有限公司副总经理孙月沐到荣宝斋在线调研期刊媒体融合工作。中国出版传媒股份有限公司出版业务部副主任曹永平、出版业务部姜锐刚，荣宝斋总经理办公室主任、出版社副社长曲刚参加了调研。

孙月沐首先传达了集团公司总裁谭跃关于集团媒体融合工作的指示精神。在认真听取荣宝斋在线期刊媒体融合及公司整体发展思路的工作汇报后，孙月沐对荣宝斋在线人才队伍建设给予了充分肯定，并提出了几点建议。希望未来荣宝斋在线平台利用和线下资源互动的整体效能，进一步发挥“专业＋垂直”的定位优势，创造更大价值。（李春林）

中国图书进出口（集团）总公司第23届北京国际图书博览会组委会会议召开

2016年8月15日，第23届北京国际图书博览会（以下简称“图博会”）组委会会议在中国图书进出口（集团）总公司（以下简称“中图公司”）召开。国家新闻出版广电总局副局长吴尚之、中国出版集团公司副总裁刘伯根、中国作家协会书记处书记、作家出版社社长吴义勋、中宣传出版局局长郭义强、中国出版协会常务副理事长兼秘书长刘建国、北京市新闻出版广电局副局长王野霏，中图公司总经理张纪臣以及国家新闻出版广电总局、中宣部、国务院新闻办公室、中国出版协会、中国作家协会、外交部、海关总署、北京海关、北京市新闻出版广电局、中国出版集团公司、中图公司等组委会成员单位的代表出席了会议。

会议首先听取了承办单位中图公司汇报第23届图博会筹备情况；组委会成员就下一步工作重点及需要协调解决的问题进行了讨论。吴尚之副局长主持会议。

中图公司总经理张纪臣做了关于图博会筹备情况报告。报告从本届图博会的特点与筹备进展、面临的挑战与采取的应对措施、下一步工作重点三个方面对前期筹备工作做了简明扼要的介绍。张纪臣在报告中指出，图博会目前各项筹备工作进展顺利，基本就绪，紧密围绕“提高国际化、增强专业化、促进产业化、完善公益化”这一目标，认真总结以往经验、吸取国际先进办展理念，积极打造全产业链的国际会展平台，着力四个方面的提升：提升版权贸易功能、出版交流功能、文化传播功能、融合发展功能。目前图博会面临的挑战来自三方面：展会安保形势严峻；国际同业竞争激烈；主宾国参展协调难度大。

围绕张纪臣的报告，参会代表逐一发言。大家对本届图博会的筹备工作表示了肯定，认为本届图博会办展水平有了很大提升。图博会已经成为展示中国出版成就，展示中国文化形象的重要平台，同时也表示将全力做好各项协调工作，配合支持办好本届图博会。

吴尚之做总结发言。他指出，图博会至2016已经创办30年，越办越好，越办越成功，本届图博会是进一步转型升级的起点。吴尚之从三个方面对本届图博会各项工作做了具体要求：第一，把握形势要求，明确工作目标；第二，抓好重点活动，创新工作亮点；第三，要加强协调，做好工作保障。

吴尚之表示，希望大家共同努力，团结一心，办出一届高水平的图博会。并再次感谢中央各部门及国家新闻出版广电总局各司局、直属单位的大力支持。（朱烨洋）

中国出版集团公司举办“2016国际出版企业高层论坛”

2016年8月24日，由中国出版协会、国际出版商协会联合主办，中国出版集团公司《国际出版》周报承办的“2016国际出版企业高层论坛”在北京举行，中外出版产业人士共同探讨“一带一路”上的国际出版合作与创新。这是中国出版协会加入国际出版商协会后，与国际出版商协会第一次联合主办国际性行业论坛，同时也是国际出版商协会第一次在中国主办活动。来自中国、英国、美国、德国、埃及、黎巴嫩、摩洛哥、阿联酋等国家和地区的200余位海内外出版业高层人士参加论坛。

全国人大教科文卫委员会主任委员、中国出版协会理事长柳斌杰发表书面致辞。国家新闻出版广电总局副局长阎晓宏，国际出版商协会秘书长 José Borghino，阿拉伯国家出版商协会秘书长巴沙尔·谢巴鲁，伦敦书展主席杰克斯·托马斯发表致辞。中国出版集团公司总裁谭跃、埃及出版商协会主席阿德尔·艾尔马斯里、中国教育出版传媒股份有限公司总经理于春迟、剑桥大学出版社首席执行官康子、江西省出版集团公司董事长赵东亮、麦克米伦教育出版集团原总裁白德信、河北出版传媒集团有限责任公司董事长杜金卿、新华文轩出版传媒股份有限公司董事长何志勇等做主旨演讲。

柳斌杰在书面致辞中指出，论坛以“一带一路上的国际出版”为主题，契合当前国际经济和文化发展趋势，顺应国际合作与交流潮流，是增进跨文化交流的重要举措。阎晓宏在致辞中指出，论坛邀请来自世界各地的出版行业领导人共同探讨“一带一路上的国际出版”，对于推进“一带一路”全面建设，推进文明交流互鉴和人文合作，推动各国文化交流与出版合作，都具有重要的现实意义和深远的历史意义。谭跃在主旨演讲中指出，中国出版集团公司不断加强与“一带一路”国家的出版合作，“一带一路”方向的文化交流已经成为中国出版集团公司国际化发展的战略重点。

各位嘉宾高度认同“一带一路”构想，认为这一战略构想将有助于打造国际产业合作新模式，促进相关国家相互融合、优势互补，推动国际贸易发展，促进不同文明更好地交流。海外嘉宾不仅期待与中国出版界的更多深层次合作，更期待“一带一路”倡议构想在未来取得更大成就。

本次论坛还举行了“国际出版网”上线仪式。中宣部出版局副局长张拥军、中国出版集团公司总裁谭跃、中国出版协会副理事长李朋义、埃及文化部副部长海赛姆·艾尔哈加里、José Borghino 秘书长、白德信等出席启动仪式。“国际出版网”是《国际出版》周报的媒体融合平台，《国际出版》周报于 2016 年 6 月 27 日创刊，由中国出版集团公司主管，新华书店总店主办。

（林成琳）

中国图书进出口（集团）总公司承办第 23 届北京国际图书博览会

2016 年 8 月 24～28 日，第 23 届北京国际图书博览会（以下简称“图博会”）在中国国际展览中心新馆举办。作为“十三五”开局之年的重要文化展会，本届展会认真贯彻落实习近平总书记系列重要讲话精神，努力提升服务质量和服务水平，积极创新招展办展模式，深挖市场潜力，在国家新闻出版广电总局等主办单位的领导下，以“提高国际影响、增强专业交流、创新国际传播、助推全民阅读”为目标，积极打造融版权贸易、出版展示、专业研讨、国际合作、文化交流、阅读体验为一体的综合性文化展会。

本届图博会各项核心指标持续稳定增长，展馆总数 6 个，比上届增加 1 个；展览面积 7.86 万平方米，比上一年增加 1.26 万平方米，增长 19%；参展国家和地区 86 个，比上一年增加 4 个；展商总数 2407 家，比去年增加 105 家，增长 4.6%；海外展商 1379 家，比上一年增加 74 家，增长 5.7%；中东欧 16 国联合担任主宾国。5天时间里，共展出中外精品图书 30 多万种，举办了 1000 多场文化交流活动，参展参观人数近 30 万人次，吸引了 1000 多名记者到场报道。从展会量化数据看，北京国际图书博览会已成为仅次于法兰克福书展的全球第二大国际书展，展览面积是伦敦书展和美国书展的六倍以上，参展国家和地区是伦敦书展和美国书展的两倍以上。

本届图博会呈现出五大成效。

第一，受到中央领导高度重视和亲切关怀。8 月 24 日，中共中央政治局常委刘云山，中共中央政治局委员、中宣部部长刘奇葆参观调研图博会，刘云山做重要讲话。8 月 23 日，中共中央政治局委员、国务院副总理刘延东出席第十届中华图书特殊贡献奖颁奖仪式，并为获奖者颁奖。8 月 25 日，全国人大常委会副委员长、民进中央主席严隽琪参观调研图博会。8月23日，全国政协副主席、民进中央常务副主席罗富和出席2016北京国际出版论坛并做主旨演讲。中央领导的高度重视和重要指示，为图博会指明了发展方向，提供了根本遵循。

第二，国际影响持续提升。本届图博会参展国家和地区总数再创新高，海外展商数量占展商总数的57%，共有50多位中外部长级领导和外国驻华大使出席展会活动。具体表现为：一是积极落实“一带一路”倡议，中东欧16国联合担任主宾国，成为图博会历史上首个联合主宾国，参展面积1200平方米，其中爱沙尼亚、保加利亚、捷克等十个国家为首次参展，塞尔维亚、匈牙利等七个国家的10位部长级领导出席展会，参展出版机构69家，参展出版人、翻译家、插画家、艺术家200多人，设立中国—中东欧互译成果展，展出互译精品1000种。二是加大沿线国家和周边国家招展力度，共有35个沿线国家参展，比2015年增长13个，占66个沿线国家的53%，印度尼西亚首次设立国家展台，越南、马来西亚、印尼、新加坡、菲律宾五国共同设立东盟儿童联合展台。三是国际大型出版企业参展踊跃，全球出版十强中有九家参展，全球50强中有30家参展，新增海外知名参展企业74家，如美国最大的连锁书店巴诺书店旗下的斯特灵出版社、英国知名生活类图书出版商卡托出版集团、韩国最大出版商熊津出版集团等。

第三，专业展示与研讨聚焦中国出版成果和国际出版前沿热点。本届展会以专业展示促进专业交流，以专业研讨深化专业合作。一是做好有品质、有分量的中国出版成果展示，全国500多家出版企业集体亮相，均围绕纪念建党95周年和长征胜利80周年及优秀传统文化推出了一系列重点图书。首次设立国家出版基金成果展，展出图书500种、8000多册，通过重大主题、学术精品、文化传承、中外交流四个专题板块分类展示国家出版基金资助项目精品成果。二是注重发挥产业风向标和助推器作用，专业活动汇聚众多国内外出版人，共同研讨出版业面临的机遇和挑战，促进出版产业的国际化发展。如2016北京国际出版论坛主论坛聚焦“融合发展的新前景”，分论坛分别聚焦“全球视野下的少儿出版”和“互联网＋时代的科技出版与知识服务”，IDPF@BIBF国际数字出版论坛则聚焦“数字出版创新与实践”。三是持续打造童书教育馆，集合中外童书出版企业，集中展示中国原创童书，设立童书国际版权贸易专区，积极推动中国原创童书“走出去”。四是在传统出版和数字出版产品展示的基础上，实现展会对内容生产、版权贸易、版权IP开发、按需印刷、文化金融、图书馆服务、电商营销等出版和文化的全产业链覆盖。

第四，打造立体国际传播平台。本届展会着力集聚产业资源，打造立体国际传播平台。一是做精做细版权输出。继续制作版权图书英文腰封，首次设立展商之旅，组织海外展商，尤其是“一带一路”、中东欧等国的新展商分别参观国内综合、学术、少儿出版企业，开展面对面交流；首次开展走进中国出版业培训，向海外新展商介绍中国出版业情况，参观国内出版企业和书店；继续打造版权中心，邀请更多版权经理人参展。二是做精版权研讨。第二届世界童书（北京）论坛、北京国际图书博览会国际版权贸易高级研修班、出版人“10＋10”圆桌会议、东盟出版市场与合作新前景研讨会、翻译咖啡馆等聚焦童书、学术、版权贸易新趋势、“一带一路”和东盟出版合作、文学翻译等不同主题，进一步增强了版权输出品种和输出区域的针对性。三是做大实物出口和数字出口。实物出口方面，中国图书海外馆配区由2015年的1000平方米增加到1500平方米，精选国内300多家出版单位的四万种图书，同时邀请了50多位东亚图书馆馆长和馆员现场采选，并以“中国学术出版与海外馆藏建设”为主题，举办海外图书馆界与中国出版界高端论坛；数字出口方面，举办“中国出版数字资源国际交易平台与海外合作签约仪式”等活动，积极做好中国数字资源的海外推广。

第五，打造全民阅读重镇。本届展会着力增强阅读体验功能，增强展会对大众的吸引力和社会影响。一是国际绘本展由2015年的1500平方米扩大到2000平方米，除展示十多个语种的国际获奖绘本外，还首次与国家图书馆合作推出“中国原创绘本100”，举办少儿阅读之旅活动，邀请凯叔、阿甲、横田顺子等国内外阅读推广人与读者进行互动交流，邀请300多位中国插画家和儿童共同现场创作。二是首次设立阅读体验馆，首创“Reading to Living”概念，引入优秀生活类图书及其衍生产品，将阅读与生活的方方面面有趣结合。其中，美食美酒区邀请多位米其林大厨与读者分享阅读与美食。三是文学沙龙以“永不完结的故事”为主题，邀请2016年国际安徒生大奖获奖人曹文轩、2015年诺贝尔文学奖获奖人阿列克谢耶维奇等50多位国内外著名作家、翻译家在展会现场和三联书店等文化场所举办沙龙讲座。

自1986年创办，北京国际图书博览会整整走过30年。30年来，图博会由小到大，由弱到强，国际影响力和对外宣传功能不断提升，参展国家和地区从最初的35个增加到86个，增长了2.5倍；展商总数从228家增加到2407家，增长了10.5倍；海外展商从165家增加到1379家，增长了8.4倍；版权贸易数量从最初的只有97项，增长到2016年的5018项，增长了51.7倍，且自2009年以来一直保持顺差，2016年实现输出3075项，引进输出比为1∶1.58。

“十三五”时期，北京国际图书博览会将以打造国际一流书展平台为目标，进一步发挥中国“家门口”“走出去”的重要版权贸易平台、外宣平台和外外交流平台作用，为中国出版业的发展和中外文化交流以及推动中华文化“走出去”做出重要贡献。

（王玉梅）

华文出版社“十三五”时期发展规划制定完成

2016年8月，华文出版社“十三五”时期发展规划编制完成。此项工作从2015年开始筹备，期间举办过多场专题座谈会，曾邀请中央统战部研究室主任张健，中央统战部二局副巡视员武强、中央统战部四局副巡视员张奇等多位专家学者就华文出版社“十三五”规划的编制工作给予指导。华文出版社领导班子成员、各部门负责人参加了系列座谈会。

本次规划制定了新的《华文出版社产品发展战略》，战略重点和发展思路是：在产品战略上，立足统战优势，以传记文学为主攻方向，着力打造并努力形成以中国人物传记、外国人物传记、民国人物传记为主要产品线，以统战文化、宗教文化为鲜明特色的产品体系；在管理机制上，进一步建立健全现代企业制度，形成产权明晰、责权明确、管理科学的管理体制，建立依法经营、独立核算、自主经营、自负盈亏和科学的决策、执行、监督、激励、约束机制；在人才强企战略上，加强人才引进机制建设，重视干部人才结构的优化，建立健全创新能力机制和激励评价体系。在数字化战略上，大力推动传统出版和新媒体出版融合发展，实现内容产品多形式、多介质开发；在营销战略上，积极打造“大营销”理念，提升整体营销水平，优化绩效分配体系。

（戴明敏）

中国出版集团公司“十三五”首批重点项目启动大会召开

2016年9月18日，中国出版集团公司召开“十三五”首批重点项目启动大会，中国出版集团公司总裁谭跃出席会议并讲话，党组书记王涛主持会议，集团领导刘伯根、李岩、潘凯雄、孙月沐参加会议。集团公司所属31家企业的领导班子成员及集团总部本部相关部门负责人参加会议。会议确认了集团“十三五”时期首批九个重点项目。

谭跃在讲话中指出，这批项目重结构调整、重动力培育、重规模效应、重投入产出、重机制创新、重目标责任，是集团公司在“十三五”期间持续稳健发展的重要支撑。

王涛在总结讲话中指出，当前集团公司形势是挑战与机遇并存、机遇大于挑战，各单位要按照“两调四强”战略和会议精神，看到希望、看到机遇，狠抓创新、狠抓落实。潘凯雄通报了1～8月份集团整体经营和财务情况，要求各单位采取有效动作和举措，努力完成全年预算目标。

会议以调结构、强动力、重效益为指向，确认了“译见”大数据人工智能生态系统、“易阅通＋按需印刷”全产业链融合发展项目、中版数字化综合运营平台、中国音乐数字出版与发行平台、中版少儿产品线建设项目、中版教育云服务平台等九个项目作为集团“十三五”首批重点项目并颁发项目确认证书。中译公司、中国图书进出口（集团）总公司、中版集团数字传媒有限公司等项目承担单位做了交流发言。人民文学出版社就其生产经营情况和营销活动做了经验介绍。

（史　政）

新华书店总店两项目入选中国出版集团“十三五”首批重点项目

2016年9月18日，在中国出版集团公司召开的“十三五”重点项目启动大会上，新华书店总店中国新华发行网和全国大中专教材采选系统入选首批重点项目。

“中国新华发行网络电子商务平台”（简称“新华发行网”）是贯彻落实国家“互联网＋”战略与全民阅读计划，推进传统发行行业转型发展，创新“新华书店”红色品牌，以资本为纽带，整合全国新华书店14000家实体门店、仓储配送物流网络与传统出版物“进销存退”优势资源，打造出版物全产业链服务的文化消费O2O电子商务平台。总店将与各省市新华书店、全国著名出版机构、大中型图书馆共建新华发行网，实现协同、共享。

“全国大中专教材网络采选系统”是以中国大学、中、高职教育的在校师生为服务对象，以推动中国教育信息化建设、教育出版数字化转型为目标，构建集教材信息发布、纸质教材与数字教材选购、教材分析评价为一体的网络信息服务平台。以互联网、云计算和大数据技术为基础，借助新华书店总店30多年积累的独一无二的核心教育数据资源《全国大中专教学用书汇编》，搭建教材编写、出版、发行、高校师生之间的教材信息化、数字化桥梁。

（张　倩）

现代教育出版社“十三五”时期发展规划制定完成

2016年9月，现代教育出版社讨论并制定《现代教育出版社有限公司“十三五”发展规划》（以下简称《规划》）。

《规划》从五个方面的工作阐述了“十三五”期间现代教育出版社指导思想、主要目标和重点工作。《规划》指出，“十三五”期间，现代教育出版社将以“现代教育”为品牌核心，打造“一主四板”产品线，以“少儿、教育”为产品主线，不断加强少儿教育、学校教育板块，重点研发家庭和社会教育板块，寻求合适资源蓄力发展数字化板块。在中国出版集团公司的正确领导下，“十三五”期末，现代教育出版社一定能够成为一个具有较强市场竞争力、产品特征明显、体制机制灵活的出版企业。

（杨　静）

国家新闻出版广电总局出版管理司副司长李一昕、古籍处处长章隆江到华文出版社调研

2016年10月19日，国家新闻出版广电总局出版管理司副司长李一昕、古籍处处长章隆江赴华文出版社调研。华文出版社社长宋志军、副社长李庆、副总编辑方明亮参加调研会。

李一昕听取汇报并做指示。他指出，主题出版是华文出版社的重要出版领域，对相关人员的政治性、业务上的全面性要求很高，出版社人员要深入了解国家政策，了解当今中国社会。华文出版社虽然规模上是小社，但策划出版了一批有分量、有社会影响的图书，要积极争取项目支持，树立品牌，争取更大的社会效益。如“走出去”方面，可以积极申请中宣部外宣资金，文学性的作品可申报文艺原创工程。项目申报时要规范简介和价值表述，尤其是主题出版，要将专家信息、有别于其他选题的特点等重要信息表述

透彻。

此次调研，体现了国家新闻出版广电总局层面对华文出版社的关心，也是出版管理部门对华文出版社主题出版和文化“走出去”等方面所做努力的肯定。通过这次交流，使华文出版社更清晰地了解了国家对重大出版项目的支持方式和具体要求，对今后更有针对性、策略性地做好主题出版，服务统战事业，发挥更大社会效益具有积极意义。（李　化）

中国出版集团公司认真传达学习图书“走出去”工作座谈会精神会议召开

2016年10月23日，中国出版集团公司召开总裁办公会，全面传达学习图书“走出去”工作座谈会精神，提出贯彻落实的基本要求。集团公司总裁谭跃主持会议，集团领导班子成员刘伯根、李岩、潘凯雄出席会议，总部和本部各部门负责人列席会议。

会议认为，刘奇葆的重要讲话全面总结了中国图书“走出去”的历史经验，肯定了成绩，分析了问题，规划了“十三五”时期图书“走出去”的目标、任务和举措，体现了习近平总书记“讲好中国故事”的要求，体现了十八大以来文化强国的要求，体现了增强国家文化软实力的要求，为我们进一步做好“走出去”工作指明了前进方向，提供了思想指南，各级领导班子要认真学习、领会、落实。

会议认为，中国出版集团公司要从五个方面贯彻落实刘奇葆重要讲话精神：一是要加强海外调研。根据“一带一路”倡议和集团公司“走出去”布局，开展对重点国家和区域的市场需求、著译者资源、出版业状况、渠道资源、合作潜力的专题调研。二是培育原创精品。围绕传统文化的当代阐释和中国道路的学术表达两大话题，成立“中国当代主题”“文学艺术”“社科人文”“辞书工具书”“对外汉语”“少儿”专题策划小组，积极策划原创精品，力争一批书海外热销。三是强化“三进计划”。继牛津大学合作之后，探索在哈佛、尼赫鲁、布加勒斯特等大学图书馆设立“中国图书阅览室”；推进与牛津、剑桥、斯普林格、博睿等合作；加强与中国文化中心、孔子学院合作。四是拓展数字传播平台。探索建立版权交易和翻译的在线推介平台，完善与“译云”“易阅通”平台的对接机制。五是稳妥推进海外并购。加强中版东贩公司、美国公司的经营管理工作，推进对法国、美国有关出版机构的并购工作。

会议强调，在落实中要抓好三个要点：第一，抓项目化、市场化，设计一批重点项目；第二，抓重点、抓亮点，加强内容题材建设；第三，抓渠道、抓融合，创新形式手段。

会议决定，近期召开专题会议，确定一批“走出去”的重点图书名单，研究做强做大海外数字中盘的具体举措。

2016年11月8日，集团公司召开专题会，从加强海外调研、培育原创精品、强化“三进计划”、拓展数字传播平台、稳妥推进海外并购五个方面，实施共计16个“走出去”重点项目，扎实推进集团“十三五”“走出去”工作。每个项目都明确了负责部门和单位，明确了实施举措和方式，明确了时间进度和框架。副总经理李岩出席会议，集团公司国际合作部、科技与数字出版部，各单位分管“走出去”和国际化工作的负责人、版权部或国际合作部门主任60余人参加会议。（罗娴静）

中国出版集团公司2016年信息宣传工作会议召开

2016年10月27～28日，中国出版集团公司召开2016年信息宣传工作会议，中国出版集团公司党组成员、中国出版传媒股份有限公司副总经理孙月沐出席会议并讲话。各单位分管宣传工作的领导、办公室负责人、通讯员、新媒体运营负责人，总部本部各部门通讯员，中国出版集团官方网站、《中国出版集团报》《中国出版集团年鉴》、中国出版集团官方微信公众号运营人员等约140人参加了会议。

孙月沐做了2016年集团信息宣传工作报告。

他指出，2015年以来全集团认真落实习总书记系列重要讲话精神，特别是在新闻舆论工作座谈会上的重要讲话精神，坚持正确舆论导向，抓主动权、打主动仗、扬主旋律，很好地服务于集团出版主业和各项工作，为持续推进品牌经营战略和持续扩大集团影响力做出显著贡献。他强调，下一步宣传工作要做到“四个加强”：一是加强宣传创意，着力创新方法手段，推进融合发展；二是加强新媒体建设，学会在新媒体的平台上讲出好故事，成为全媒型人才；三是加强协调互动，加强集团内部互动，形成宣传合力；四是加强信息宣传人才队伍建设，积极创造条件，加大宣传工作的政策保障和支持力度。

会议通报了2015年以来信息宣传工作总体情况，并做了2015年信息宣传工作情况评奖说明。根据各单位2015年在《人民日报》、中央电视台等重点媒体的发稿情况，授予中国图书进出口（集团）总公司、商务印书馆、人民文学出版社等十家单位“优秀信息宣传单位”称号；根据各单位2015年微信公众号的点击量排名，授予“中华书局1912”“人民文学出版社”等4个微信公众号“2015年优秀微信公众号”；大会表彰了汪武、刘兰等12名优秀通讯员。

会议分别以集团宣传平台、宣传策划、新媒体建设为主题组织了分组讨论。会议还邀请了中国共产党中央网络安全和信息化委员会办公室和澎湃新闻文化频道的专家分别做了题为“把握时度效，提高新闻传播力”和“新闻写作如何结合社会热点话题”的讲座。

2015年以来，中国出版集团公司品牌宣传举措亮点频频。在美国书展中国主宾国活动和习主席九月访美期间，“读懂中国”沙画形象片先后两波登上纽约时代广场大屏幕。“4·23”期间，刘云山同志亲临中华书局“读者开放日”现场。中央电视台《对话》栏目主动制作了集团公司专场访谈。集团公司和各单位的重点图书和重点活动多次被中央电视台《新闻联播》《读书》报道和专题推介。中国出版集团公司微信公众号在全国出版业新媒体排行榜前20强中，入选总数也居全国第一。

（罗娴静）

商务印书馆（南京）有限责任公司成立

2016年11月10日，商务印书馆（南京）有限责任公司举行揭牌仪式。商务印书馆总经理于殿利、副总经理王齐、总经办主任叶军，扬州报业传媒集团原党委副书记陈剑锋、副总经理徐扬，扬州国书文化传播有限公司董事长王皓，商务印书馆（南京）有限责任公司总经理陆国斌，南京大学哲学系教授赖永海、社科处处长王月清，以及南京分馆全体员工参加揭牌仪式。

于殿利在揭牌仪式上表示，商务印书馆南京分馆在民国时期就是一家大型出版机构，做出了辉煌的成绩，现在再次成立南京分馆意义重大，商务人孜孜不倦、努力开拓的精神将得到延续。他希望南京分馆结合自身优势多开发有特色、有意义的图书，实现经济效益和社会效益的双丰收。

揭牌仪式后召开了“中华现代佛学名著”丛书选题论证会，与会专家学者围绕该丛书的选编范围、编辑原则、丛书体例等展开热烈讨论。

商务印书馆（南京）有限责任公司由商务印书馆与扬州国书文化传播有限公司共同出资成立，分馆将结合商务印书馆的学术出版与扬州国书文化传播有限公司在古籍制作方面的独特优势，以中国传统文化和学术类出版物为主要出版方向和产品定位。

（白中林）

中国图书进出口（集团）总公司承办秘鲁国家工程大学“中国馆”落成启动仪式

2016年11月21日，由中国国务院新闻办公室主办，中国图书进出口（集团）总公司（以下简称“中图公司”）承办的秘鲁国家工程大学“中国馆”落成启动仪式在秘鲁首都利马隆重举行。中共中央宣传部常务副部长、中央文明办主任黄坤明，国务院新闻办公室对外推广局局长张雁彬、国际联络局局长张福海、中央文明办三局局长杨笑山，秘鲁工程大学校长豪尔赫和秘鲁各界人士、秘鲁工程大学师生代表等200多人出席了落成启动仪式。中图公司自主研发的“易阅通”平台作为唯一数字内容提供商进入“中国馆”，承担为该校及秘鲁其他学校师生提供知识信息服务的主要任务。

秘鲁国家工程大学是秘鲁最著名的学府之一，具有400多年的悠久历史。此次“中国馆”的落成，时值APEC峰会和习近平总书记访问秘鲁的特殊时期，受到包括校方在内的秘鲁知识界、教育界和文化界的高度重视。“中国馆”位于秘鲁国家工程大学图书馆地下一层，面积137.5平方米。落成启动仪式结束后，黄坤明与豪尔赫一行参观了“中国馆”，并特别听取了“易阅通”平台的介绍。

为更好地服务秘鲁“中国馆”，“易阅通”充分结合当地的需要，提供了来自中华书局、中国社会科学出版社等上百家中国出版商超过8万种优质数字资源，涵盖中、西、英三种语言，包括《习近平谈治国理政（中、西、英三语）》等重点主题类图书以及历史、文化、政治、经济和理工科技等其他学科图书，方便秘鲁读者全方位、多角度了解中国社会风貌，近距离感受悠久的中国历史文化和最新发展。此次伴随“易阅通”平台走进秘鲁的《中国大百科全书数据库》，可检索浏览超过78000条权威百科词条、50000张权威百科图片和1000张地图资源。平台丰富的资源、便捷的服务、先进的技术受到了校方及师生代表的赞叹。学校图书馆馆长安尼塔表示：“‘易阅通’平台的资源新、知识新，为我们了解中国当代政治经济文化提供了便利。通过这个平台，我们更加感受到中国数字化的飞速发展以及高水平的专业服务水准。”

“易阅通”数字资源交易与服务平台，集资源聚合、搜索、荐购、访问与管理等功能于一身，目前已经与国内400余家出版商深度合作，聚合30万种中国多语种优质电子书，涵盖人文、社科、理工、农医等全学科，覆盖海外四万家机构客户市场。秉承“一个平台，海量资源，全球服务”的宗旨，“易阅通”平台已经向美洲、欧洲、大洋洲和亚洲的众多机构用户提供专业的数字内容服务。进入秘鲁国家工程大学后，还将向秘鲁众多图书馆持续输送中国优质内容，助力中国图书走进海外主流阅读市场。（段　然）

中版昆仑传媒有限公司成立

2016年11月，中版昆仑传媒有限公司注册成立，12月正式展开工作。中版昆仑传媒有限公司由中国出版传媒股份有限公司控股、国内多家影视文化公司参股的文化传媒公司，是中国出版集团公司旗下的又一生力军。

主营业务包括文学作品的影视开发孵化，广播电视节目制作，电影摄制发行，纪录片摄制发行，版权代理经营业务，中国故事海外传播，动漫设计制作，游戏开发及投资，组织文化艺术交流，演艺经纪，广告设计、制作、代理及发布，影视产业园及文化综合体开发，影视产业基金及公益基金管理等。

作为中国出版集团所有版权IP的唯一出口，中版昆仑传媒有限公司将最大限度地发挥自身优势，充分利用集团公司每年拥有18000余种图书出版物的丰富资源进行IP版权输出，进一步掌握更大一批版权资源特别是核心版权资源的特点，做大做强版权经营业务，使之成为公司新的利润增长点。（诸琦睿）

中国出版集团公司“十三五”数字集团建设推进会召开

2016年12月7日～9日，中国出版集团公司“十三五”数字集团建设推进会在上海举行。中国出版集团公司总裁谭跃、党组书记王涛和副总裁潘凯雄出席会议，会议由王涛主持。各单位主要负责人、分管数字化工作负责人和部分数字出版部门负责人，集团总部本部有关部门负责人等共70余人参会。

谭跃代表总裁班子在会议上做了《调结构强动力 促融合 努力打造数字融合出版集团》的报告。报告明确了集团公司“十三五”时期融合发展的战略目标，即：内容上要资源数字化、生产数字化和管理数字化；机制上要公司化、股份化、市场化；方向上要内容融合、资本融合、媒体融合。同时，他还指出，实现数字融合出版集团的战略目标，战略重点和关键举措在于落实“六强三抓”，即：以资源建设强内核、以专业平台强突破、以产品运营强影响、以行业服务强优势、以资源转化强融合、以信息系统强管理，牢牢抓住开放融合不放松、牢牢抓住机制创新不放松、牢牢抓住投入产出不放松。

此外，谭跃还对会议期间发布的《中国出版集团公司“十三五”时期融合发展规划》重点内容进行了解读。潘凯雄就规划的出台背景、编制情况和重点内容进行了说明。

会议期间集团公司还组织召开了首批重点项目推介会，包括招商局、文化产业投资基金、皖新传媒、招商银行等在内的约30家投资机构40余位代表与会。中译语通C轮融资、荣宝斋文化有限公司股改战略投资、新华书店网上商城、松果生活、中版集团数字传媒有限公司·漫像、中版集团数字传媒有限公司·去听、中版昆仑传媒有限公司融资项目等12个重点项目在会上介绍了各自项目基本情况和融资计划，获得了诸多投资机构的高度关注，并就后续进一步沟通、商谈工作进行了安排。

会议还就提升集团数字化运营能力安排了商务印书馆、中华书局、东方出版中心等八家单位进行了专题研讨和交流发言。与会代表还调研、考察了阅文集团和沪江网，并就相关合作事宜交换了意见。 （史　政）

东方出版中心“十三五”规划实施大会举行

2016年12月14日，东方出版中心“十三五”规划实施大会举行。东方出版中心总经理、党委副书记李智平出席会议并做重要讲话。东方出版中心党委书记、纪委书记、副总经理董玲主持会议。东方出版中心各部门、单位正副职，工会、团总支负责人，处级干部、副高专业职称人员共40余人参加会议。

会上，东方出版中心党委书记董玲传达中国出版集团公司《关于东方出版中心“十三五”时期发展规划的批复意见》。党政办公室以PPT的形式对东方出版中心“十三五”规划要点进行解读。

李智平指出：东方出版中心“十三五”规划是经过全体干部职工集思广益、共议公认的行动纲领。重点是确定“三个指标”、“五项任务”。李智平提出三点要求：一是到位落实集团批示，用心对接集团战略。二是细化、完善分类执行的子规划。三是认定目标，问题导向，不断完善，直到干成。

东方出版中心总经理李智平强调：全体干部职工要坚持目标冲刺毫不松懈，全力以赴做出各自贡献。年终考核、岗位推优要在导向、格调、规范前提下，坚持向岗位贡献、工作实绩倾斜，坚持在岗位见效、岗位贡献上体现“两学一做”学习教育的成效，做好冲刺收尾工作，为2016年顺利圆满收官、2017年平稳良好开局尽到责任。 （金洁蓉）

中国出版集团公司学习贯彻中央经济工作会议精神专题会议召开

2016年12月20日，中国出版集团公司召开总裁办公会扩大会议，传达中央经济工作会议精神；12月21日，中国出版集团公司召开各单位领导班子专题会议，进一步传达中央经济工作会议精神，就学习贯彻提出要求，就2017年工作做出部署。中国出版集团公司领导班子成员、总部和本部各部门负责人、各单位班子成员等约100人参加了会议。中国出版集团公司总裁谭跃传达了习近平总书记在中央经济工作会上的重要讲话精神，党组书记王涛传达了李克强总理的重要讲话精神。

谭跃指出，习近平总书记的重要讲话分析了当前国内国际经济形势，总结了2016年和十八大以来的经济工作，明确提出了2017年经济工作的目标任务、方针政策和原则要求，是指导我们做好明年工作的科学指南和行动纲领，全集团务必要认真学习，深刻领会，坚决执行。

谭跃强调，全集团要从三个方面深入学习领会中央工作精神：一是要坚持稳中求进工作总基调；二是要结合出版行业特点，转化为工作指导方针，坚持稳增长、促改革、调结构、促融合，深化供给侧结构性改革，促进出版产业融合稳定健康发展；三是要落实到2017年具体任务目标中。他指出，要在具体落实中保持“稳中求进，奋发有为”的工作状态，做到四个“稳”：一是导向要稳，前提是严。各单位年度选题会上，要强调用更严的眼光，用放大镜、显微镜看待导向问题。二是投资要稳，重在效益。要考虑投入产出，重视发展前景。三是经营要稳，把住库存。要从去库存方面着手，降低仓储物流成本，提高市场灵活性，推动企业经营科学发展。四是发展要稳，注重统筹。适应经济新常态，坚持以提高发展质量为中心，将企业党建、社会效益和经济增长综合统筹考量。

谭跃强调，2017年是实施“十三五”规划的重要一年，是各项改革的深化之年。要实现“稳中求进、奋发有为”的目标，就必须找准中央精神与企业发展的结合点，尤其是在四个“结合点”上狠下功夫、抓出实效：一是在供给侧结构性改革上，要研究“三去一降一补”；二是振兴实体经济，深化国企改革；三是深化文化交流，扩大开放领域。要把握“一带一路”倡议中图书出版“走出去”的契机；四是加强和改善党对经济工作的领导，以优异成绩迎接党的十九大召开。

（罗娴静）

中国出版集团公司 2017年度选题计划论证会召开

2016年12月23日，中国出版集团公司召开2017年度选题计划论证会。中共中央宣传部出版局局长郭义强，国家新闻出版广电总局出版管理司司长周慧琳，国家出版基金规划管理办公室副主任祁德树，中国出版集团公司总裁谭跃、中国出版集团公司党组成员、中国出版传媒股份有限公司副总经理李岩出席会议。中国编辑学会、中国图书评论学会等单位的专家参加论证。本次选题论证工作自11月7日启动以来，各出版单位已累计举办论证会、座谈会20余场，论证选题8873个。

郭义强要求集团公司进一步增强自觉服务大局、追求卓越、创新求变、严格自律、品牌提升和勇挑重担的意识，在抓质量提升、践行“三个第一位”、走优质高效之路方面带好头、做示范，坚定不移地严格学术规范，保持内容的高品位、高格调，着力理想信念、突出中国当代、注重“双创”并做好长远规划。周慧琳要求集团公司选题计划与国家新闻出版广电总局重点出版项目、出版工程规划相衔接，坚持正确出版导向，注重原创和专业化出版，加大供给侧结构性改革力度，压缩品种、提质增效。祁德树建议集团公司申报基金项目时注重传统、发挥优势，不求大、要求新，并把握好出版时机与相关政策的契合。

谭跃指出，本次选题论证工作很认真、很扎实、有成效，学术文化类选题保持了分量，主题出版类选题越来越重起来了，大众读物类选题逐步形成了一定的温度和一定的效益。他要求各单位在2017年的出版工作中，一是认清形势，把握好“稳中求进”这个总基调，把握好国际上“变”、政治上“严”、文化上“优”、经济上“稳”、资金上“紧”等特点；二是抓住要害，要“把导向”，多过过筛子，勤用放大镜，拉紧责任制，在导向问题上主要领导是第一负责人、总编辑是主要负责人，要“调结构”，重点抓住内容结构、投入产出结构、生产营销的机制性结构和业态结构调整；三是明晰方向，坚持以文化人、追求真善美，要强调“三重”、追求“三性”、提高“三种质量”，即要把重大题材、重要作者、重大影响放在突出位置，追求选题的文化性、学术性和知识性，着力提高出版物的编校质量、装帧质量和印制质量。针对当前出版行业存在的引进比重大、民国话题“热”等现象，他要求各出版单位要既尊重文化贡献，又不盲从市场和少数人的吹捧，要做“心里面有主张”的出版社。

李岩对集团公司2016年内容建设和2017年度选题计划论证工作进行了总结。他指出，2016

年集团公司出版选题计划落实良好、导向管理整体平稳、质量管理总体良好、主题出版成果显著、重大出版工程有序推进、内容建设委员会工作积极推进、结构调整成效初显，2017年度选题工作规划意识明显增强、结构意识明显增强、产业链意识明显增强、主题出版亮点突出、重点项目亮点突出、畅销潜质选题亮点突出。

（孙照海）

中国出版集团公司入选中国品牌500强列第29位

2016年12月28日～30日，由亚洲品牌网联合中国亚洲经济发展协会、中国商报社、澳门商报社等单位共同主办的“2016第11届亚洲品牌（澳门）盛典”在澳门隆重举行。中国出版集团公司入选“2016中国品牌500强排行榜”并名列第29位，是唯一入选的出版企业。中国工商银行、华为技术有限公司、中国移动通信集团有限公司、阿里巴巴网络技术有限公司、大连万达集团股份有限公司、中国出版集团公司、恒大地产集团有限公司等入选“2016中国品牌500强”前30强。

亚洲品牌（澳门）盛典被誉为中国品牌走向亚洲的“第一站”，旨在贯彻习近平总书记提出的“中国制造向中国创造转变、中国速度向中国质量转变、中国产品向中国品牌转变”的重要讲话精神，以“培育工匠精神 发挥品牌引领”为主题。评选标准包括八个一级指标，如品牌文化承载力、质量和服务水平、创新引领性、品牌领导力、客户关系强度、品牌稳定度等。

品牌经营战略是中国出版集团公司发展的“六大战略”之一。2014年，中国出版集团公司召开品牌经营战略推进会，提出“品牌是我们的核心竞争力”，着力“做响品牌产品、做强品牌企业、做优品牌技术和服务”，大力推进品牌与品质、内容、科技、市场、资本的“五个融合”。中国出版集团公司近年来在推进品牌经营上取得丰硕成果。商务印书馆在全国建立了16家分支机构，在太原、南宁、上海等地建立阅读体验店；三联韬奋书店在北京开设了三家24小时书店；中华书局、人民音乐出版社在上海开办了分公司；中图外文书店、现代书店、涵芬楼书店等特色书店品牌成为城市文化新地标；荣宝斋完成“五年十店”的品牌扩张计划；中国对外翻译公司探索“互联网+”的新型营销方式，开拓语言服务技术新领域。各单位推出《长征》《群山之巅》《极花》《带灯》等一批品牌产品热销市场。中国出版集团公司“读懂中国”沙画形象片登上纽约时代广场，进一步提升海内外影响力。

2016年，中国出版集团公司连续第八年入选“全国文化企业30强”；连续四年入选“全球出版业50强”；连续两年入选“亚洲品牌500强”；荣获2016中国经济新领军企业，是出版界唯一一家获此殊荣的企业；连续荣获每两年举办一次的“首都文化企业30强”；首次进入中华英才网中国大学生最佳雇主TOP50榜单。

（罗娴静）

中国出版集团公司组织评选出“中版好书2016年度榜”榜单

2016年12月，中国出版集团公司组织评选出“中版好书2016年度榜”榜单，包括主题出版十大好书、学术文化20大好书、文学艺术十大好书、少儿十大好书四类共50种图书入选。

中版好书2016年度榜的评选历时近两个月，分为初评与复评两个环节。初评委由集团公司所属20多家出版单位的相关负责人构成。经过初评，80种图书进入复评书单。复评环节邀请中国社科院近代史所研究员雷颐、中国编辑学会副会长乔还田、中国图书评论学会副会长杨平，止庵、谢玺璋、绿茶等书评人，中央电视台《读书》栏目制片人李潘以及《人民日报》《光明日报》《中国新闻出版广电报》《中华读书报》《中国出版传媒商报》等多家媒体总编辑或书评版主编担任评委。现场对进入复评书单的80种图书进行评议，并同时将入围初评的其他153种图书作为参考候选，最终经过分类投票，选出《重读先烈诗章》等主题出版十大好书、《中国文化的根本精神》等学术文化20大好书、《古乐之美》等文学艺术十大好书、《哈利·波特与被诅咒的孩子》等少儿十大好书共50种图书进入“中版好书2016年度榜”榜单。

中版好书2016年度榜呈现出以下四个特点：一是分类推荐、榜单厚重。2016年中版好书年度评选首次进行分类评选、分类推荐，主题出版、学术文化、文学艺术、少儿四大类50种好书，体现了集团公司作为出版“国家队”的体量以及中版好书的丰富与厚重。二是市场表现突出。上榜图书中多种图书销售达十万册以上，部分图书累计发货已近50万册。三是读者广泛关注。在初评会和复评会之间开通网上和微信投票通道，微信投票上线三天共有数十万人参与投票。四是业界高度认可。在评选评议过程中，多位评委认为中国出版集团公司各出版单位出版的图书学术水平高、内容品质好，“中版好书”已经成为引领中国出版界好书出版的航标，最终评出的四大类50种好书更是彰显出“中版好书”的品质。

（姜锐刚）

中国出版集团公司入选 2016年度社会媒体图书推荐榜单 总量居全国各出版集团第一

2016年12月，2016年度各类社会和媒体图书推荐榜单陆续出炉。中国出版集团公司在统计的32个推荐榜单中，累计获得152个奖次，总量居全国各出版集团第一。

在由中国出版协会主办的第六届“中华优秀出版物奖”中，中国出版集团公司的《重读抗战家书》《中华文明的核心价值》等21个项目获奖，比第五届获奖数量增加了三项。在由国家新闻出版广电总局组织评选的2016年“大众喜爱的50种图书”中，集团公司的《大写西域》《世界是通的：“一带一路”的逻辑》等六种图书入选。集团公司还在“光明书榜2016年度20大好书”评选中入选12种，在“《中华读书报》2016十佳图书”评选中入选3种，在“《中国新闻出版广电报》2016年度好书20种”评选中入选五种。

人民文学出版社的《北鸢》、商务印书馆的《花与树的人文之旅》、中华书局的《中国文化的根本精神》、中国大百科全书出版社的《我们三代人》、生活·读书·新知三联书店的《我们的中国》、天天出版社的《野芒坡》等图书上榜较为集中，广受社会各界关注。这些上榜图书都有较高的品质与内容，体现了中国出版集团公司作为出版“国家队”的理想与使命。

近年来，中国出版集团公司多措并举持续推进内容创新战略，在集团公司上下形成争出好书的浓厚氛围。这些举措主要包括：一是表彰奖励年度优秀编辑。多次召开优秀编辑座谈交流会，对上榜图书编辑进行表彰奖励。二是实时监控各类图书推荐榜单。在《出版信息》月报中发布图书上榜情况，引导各出版单位关注、重视媒体评选。三是积极组织各出版单位参评参选。重视中国图书评论学会“中国好书”等各类评选，组织各单位做好申报工作。四是加大“中版好书”宣传力度。扩大“中版好书榜”入选品种、开展分类宣传，推介成效显著。五是创新“中版好书”年度评选。邀请社会评委参与评选，开展微信和网络投票，榜单发布受到社会广泛关注。

（姜锐刚）

上市工作

中国出版传媒股份有限公司第三届首都文化企业30强30佳申报工作完成

2016年12月，中国出版传媒股份有限公司证法部向北京市国有文化资产监督管理办公室提交了第三届“首都文化企业30强30佳”评选活动的申报材料，其中包括装订成册的文字材料和视频材料。北京市国有文化资产监督管理办公室为贯彻落实《中共北京市委关于发挥文化中心作用加快建设中国特色社会主义先进文化之都的意见》的精神，宣传近年来北京改革发展取得的成果，在全社会进一步营造发展文化创意产业，推动社会主义文化大发展大繁荣的良好氛围，促进首都文化企业做大做强，推进全国文化中心建设，于2014年、2015年举办了两届“首都文化企业30强”和“首都文化企业30佳”评选活动。中国出版集团公司在第一届、第二届评选中均获得了“首都文化企业30强”的荣誉称号。（宛晶晶）

中国对外翻译有限公司中译语通B轮及B+轮融资工作完成

2016年7月，中国对外翻译有限公司启动境内翻译业务重组并购及旗下全资子公司上海中版翻译有限公司（简称“上海中版”）股权转让工作，并于12月30日完成公司境内翻译业务交割工作。公司计划以2017年1月31日为基准日，正式启动中译语通科技股份有限公司（以下简称“中译语通”）股改工作。截至2016年12月31日，中译语通顺利完成B轮及B+轮股权融资四亿元，跻身2013～2016年全国人工智能企业融资额前五名的企业之列，迈出了向“文化+科技+资本”方向发展的十分重要且坚实的一步，为顺利推进股改上市工作奠定基础。

（赵　桐）

出版工作

话剧《北京法源寺》座谈会召开

2016年1月12日，生活·读书·新知三联书店《读书》编辑部组织了话剧《北京法源寺》座谈会。田沁鑫、戴锦华、黄纪苏、朱伟、沈林、陶庆梅、张志强、江湄、王炎、尚思伽、张翔、余韶文、李舫、赵忱等嘉宾出席了会议。座谈会由《读书》执行主编祝晓风主持，总编辑翟德芳致辞。

从李敖的原著小说，到田沁鑫导演的舞台改编，《北京法源寺》引起了社会广泛关注，已成为文化界、学术界热议的话题。座谈会上，各位来宾围绕在以民族复兴为目标的当下，应该如何重新叙述一百多年前的历史、如何看待历史上的思想论争；进而又应该以怎样的历史观重新进入中国历史，乃至以怎样的文明史视野进入世界史的叙述等，展开了对话剧《北京法源寺》得失的评判与讨论。（卫　纯）

姚奠中先生系列书法丛书出版首发式暨学术研讨会举行

2016年1月16日，由商务印书馆、中国书法家协会、山西省文学艺术界联合会、山西大学主办的姚奠中先生系列书法丛书出版首发式暨学术研讨会在商务印书馆举行。国际儒学联合会会长、中共中央政策研究室原主任滕文生，全国政协常委、教科文体卫主任、中国文联原党组书记胡振民，全国政协常委、中国书法家协会主席苏士澍，全国政协书画室副主任赵学敏，新华社原副社长何东君，国家行政学院原副院长周文彰，中国出版集团公司党组成员、中国出版传媒股份有限公司副总经理李岩，以及胡抗美、赵长青、吴悦石、王岳川、孙明君、卢永璘、方铭、尚学峰、方宁、李世俊、梅墨生、金运昌、师帅、张根虎、赵望进、张铁锁、刘毓庆、贾起家、梁归智、解小青、白景峰、刘锁祥、张瑞田等来自清华大学、北京大学、山西大学、中国书法家协会、中国艺术研究院、中国国家画院、故宫博物院等单位的专家出席了活动。商务印书馆总经理于殿利致辞，副总编辑陈小文主持会议。

姚奠中是国学大师章太炎的研究生，是中国学界的当代鸿儒。在教育事业上，他毕生传承国学，桃李遍天下；在国学界，他博通精专，极富灼见；在艺术领域，他德艺双馨，曾获中国文学艺术界联合会颁发的“中国书法兰亭奖终身成就奖”与“中国造型艺术成就奖”。商务印书馆此次出版姚奠中先生84岁以后创作的五本册页、手卷，均为姚先生晚年创作的鸿篇巨制。这些作品兼备各体，笔意洒脱，精神流贯，浑厚古拙，是先生“雄才博学百年身”的直接写照。

（曹　源）

“2016中青年语言学者沙龙”暨《语言战略研究》创刊号首发式举行

2016年1月17日，由中国社会科学院语言研究所、北京语言大学、商务印书馆联合主办的“2016中青年语言学者沙龙”暨《语言战略研究》创刊号首发式在商务印书馆举行。北京语言大学党委书记、《语言战略研究》主编李宇明，北京大学教授陆俭明，中国社会科学院语言研究所所长刘丹青，商务印书馆党委书记肖启明、总编辑周洪波，以及来自中国社会科学院、教育部语言文字应用研究所、北京大学、清华大学、北京师范大学、中国人民大学、北京语言大学、南开大学、香港中文大学等高校和科研院所的中青年语言学者70余人参加了会议。此次沙龙的议题为"'一带一路'的语言问题"。

会议邀请中共中央对外联络部当代世界研究中心副研究员赵明昊、中国传媒大学教授邢欣、宁夏大学教授王辉、外语教学与研究出版社副总编辑章思英分别做主题发言。与会学者呼吁语言学界重视语言研究、语言教育对"一带一路"倡议实施的重要意义，担负起自己的责任，为国家"一带一路"倡议实施尽一己之力。中国社会科学院语言研究所所长刘丹青从"一带一路"倡议下语言学家的使命，了解语言国情、建立语言和文化的双向性交流的重要性，以及"一带一路"给语言研究带来的机遇等方面进行了总结发言。

沙龙上，我国第一份以语言政策和语言规划为主要内容的专业学术期刊《语言战略研究》创刊号进行了首发。商务印书馆总编辑周洪波介绍了《语言战略研究》的出版情况。

"中青年语言学者沙龙"始于2006年，在语言学界的影响不断扩大。（俞必睿）

《当代》长篇小说论坛召开

2016年1月18日，"《当代》长篇小说论坛"在北京召开，来自全国的作家陈桂棣、春桃、张者、李清源、崔曼莉，评论界专家李敬泽、陈晓明、白烨、孟繁华、贺绍俊、陈福民、李云雷等，以及在北京各大出版机构和媒体机构的负责人齐聚华侨饭店，见证并参与了这项已经坚持多年的文学界重要活动。

人民文学出版社社长管士光在致辞中，对作家和文学界内外朋友、对于人民文学出版社、《当代》杂志的支持表示由衷感谢。白烨等先后对2015年长篇小说的创作状况进行了综述和具体点评，并当场提出了自己心仪的作品。此次活动经全国上百家媒体、各地作家协会、出版社、杂志社推荐，从中遴选出30部候选作品，均为2015年出版、刊登的中文长篇小说。在活动之前，《当代》杂志在官方微信和人民文学出版社官方微信平台组织读者投票，共有近十万读者参与。在现场投票评选的环节，到场作家、评论家等本着完全公开透明、现场计票唱票的原则，评选了2015"年度五佳"及"年度最佳"长篇小说作品。迟子建的作品《群山之巅》荣获年度最佳，与周大新的《曲终人在》、弋舟的《我们的踟蹰》、张者的《桃夭》、陶纯的《一座营盘》共列年度五佳。

《当代》杂志主编周昌义表示，《当代》杂志自1979年创刊以来就是中国现实主义文学重镇，以其厚重而充满责任感的办刊风格，"文学记录中国"的理念而受到了广大读者和业界内外的广泛好评。2015年，《当代》举办了创刊35周年纪念大会，入选了2015年中国最美期刊和国家新闻出版广电总局"百强期刊"，也荣获了第七届中国出版集团公司奖综合奖。（顾　乡）

生活·读书·新知三联书店举办2016年新年作者聚谈会

2016年1月19日，生活·读书·新知三联书店在雕刻时光咖啡馆举办了2016年新年作者聚谈会。吴泰昌、王玮、李零、闻一、孙歌、李猛、许宏、李尧、赵珩、黄大慧、张绪山、黄乔生等100多位三联作者和朋友应邀参加。生活·读书·新知三联书店为来宾们准备了有代表性的三联版好书和笔记本作为礼物，还附赠了为此次活动编写的《2015·三联这些事》，让来宾们更加清楚地了解了生活·读书·新知三联书店一年来的发展和成绩。聚谈会上，大家共叙友情，交流思想，为新书筹谋。（邵慧敏）

中国科学文化音像出版社有限公司2016年度出版工作会议召开

2016年1月25日，中国科学文化音像出版社有限公司召开2016年度出版工作会议。

会议分析了当前音像出版行业的现状及面临的挑战，明确了公司2016年度各项目标任务，重点强调出精品、占市场、坚持双效统一的核心发展战略。会上，各部门负责人紧密结合科文社实际，围绕数字化出版、主题出版、营销发行、绩效考核机制完善等议题各抒己见，共谋发展。通过总结经验、剖析问题，为如何做好2016年工作的思路和打算，提出了许多中肯的意见和建议。（李　娟）

《中国大百科全书》第三版各学科、分支工作会议召开

2016年1月～11月，《中国大百科全书》第三版各学科、分支工作会议在各地举办，一百二十余场会议涉及力学、土木工程学、哲学、矿冶工程学、农业工程学、宗教、中国历史、公共管理学、物理学、核技术、公安学、信息与通信工程、控制科学与工程、语言文字、地质学、图书馆学、大气科学、生物学、化学、体育、中医药、民族学、科学技术史、戏曲等几十个学科，《中国大百科全书》第三版各项工作正在有条不紊地全面开展。

其中出版学科作为从《中国大百科全书》第一版起就设置的学科，计划将在一版的790条和二版的315条的基础上大幅增加条目数量，推陈出新。为此，2016年6月7日，《中国大百科全书》第三版出版学科第一次编委会在中国大百科全书出版社召开。全国人大常委会原副委员长许嘉璐担任该学科主编。中宣部出版局巡视员刘建生、中国出版科学研究院院长魏玉山、北京印刷学院副校长许文才等20多位出版界的专家、学者以及中国大百科全书出版社的领导、编辑等相关人员出席了会议。此次会议重点讨论了出版学科的框架体系、分支设条的主要方向和编纂工作方案，标志着《中国大百科全书》第三版出版学科的编纂工作正式启动。

中国大百科全书出版社社长刘国辉在讲话中向与会专家、学者及出版界同仁表示欢迎感谢，出版社一定全力做好各方面的服务工作，期望《中国大百科全书》第三版出版学科能尽快完成，成为编纂示范性学科。出版学科副主编刘建生介绍了《中国大百科全书》第三版出版学科前期工作的准备情况。编委会会议第二阶段由出版学科副主编、中国新闻出版研究院院长魏玉山主持。《中国大百科全书》第三版内容中心主任蒋丽君讲解了《中国大百科全书》第三版网络版的设条原则和编纂注意事项。（尹添铭）

《歌唱艺术》杂志承办“高等院校音乐教育专业声乐理论建设研讨会”

2016年3月2～5日，由中国教育学会音乐教育分会和广东国际科技贸易展览公司主办，人民音乐出版社《歌唱艺术》杂志承办的“高等院校音乐教育专业声乐理论建设研讨会”在广州举行。中国教育学会音乐教育分会副理事长兼秘书长莫蕴慧，副理事长肖黎声、杜永寿，中国教育学会音乐教育分会高师声乐学术委员会主任俞子正以及来自全国各高等院校声乐专业的专家、教师六十余人，就高等音乐教育专业声乐理论建设的构想与实施、高等音乐教育专业声乐教学方法与教学内容的设计与推广以及“第四届全国高校音乐教育专业声乐比赛”的总结与第五届声乐比赛的规划等内容展开相关讨论。（李华盛）

中国美术出版总社2016年上半年期刊选题论证会举行

2016年3月3日，中国美术出版总社召开2016年上半年期刊选题论证会，总社领导班子、各期刊编辑部全体编辑和部分图书编辑室主任参加了会议。

《中国美术》《中国艺术》《艺术沙龙》《中国中小学美术》《连环画报》五种期刊主编分别就本期刊2016年上半年期刊选题情况做了汇报，详细介绍了各期刊的栏目设置及专题内容等，如《中国美术》注重走学术路线，加强与中国美术家协会、中国美术馆的合作，对栏目进行了优

化。《中国艺术》一期一个专题，关注当代艺术，尝试扩大读者群。《艺术沙龙》定位于为艺术家在杂志上办展览的杂志，逐步探索新媒体融合和互联网“微拍”的经营模式。《中国中小学美术》更关注于基层的美术教师。《连环画报》则采取多种方式为广大读者朋友服务，弘扬主题、贴近生活。

党委书记周伟用“有变化、有差距”六个字对期刊半年来的情况进行了概括。变化主要体现在内容比以前丰富，差距主要表现在定位不够清晰、内容不够吸引读者、差异化不明显等。就出版导向管理问题，周伟反复强调，要按照中国出版集团公司要求，认真学习习近平总书记的“2·19”讲话，在实际编辑出版工作中落实习近平总书记对党的新闻舆论工作的要求。对下一步期刊发展提出了三点要求：一是要找准定位，加强内容建设，注重差异化发展。二是要贴近读者，体现权威性、可读性。三是要探索新媒体融合发展，要求各期刊对总社的期刊数据平台建设工作积极配合，争取早日上线。

总编辑林阳强调了期刊导向管理、主题出版选题、书刊互动和新媒体等方面的问题。副总编辑欧京海、胡建斌、总编辑助理王远出席会议并发言。（郝　赫）

中译出版社参加中国出版集团公司少儿出版座谈会

2016年3月9日，中译出版社参加中国出版集团公司少儿出版座谈会，介绍中译出版社少儿出版的发展、业绩以及未来思路，汇报了李虹工作室立足于国内原创的工作方向以及现有主要项目，并向集团提交了项目初步方案。（茹　慧）

《无愁河的浪荡汉子·八年》首发式暨作品研讨会举行

2016年3月18日，由人民文学出版社与安溪县联合举办的黄永玉长篇小说《无愁河的浪荡汉子·八年》首发式暨小说插图展在安溪文庙举行。并于当天下午召开了黄永玉笔下的安溪——《无愁河的浪荡汉子·八年》作品研讨会。

黄永玉先生的儿子、香港画家黄黑蛮，人民文学出版社副总编辑应红，《人民日报》高级编辑、鲁迅文学奖获得者、《黄永玉传》作者李辉，文学评论家、沈阳师范大学中国文化与文学研究所副所长贺绍俊，《收获》杂志编辑部主任、作家、评论家廖增湖，集美校友总会永远名誉会长任境波，陈嘉庚纪念馆馆长、集美校友总会会长陈呈，安溪县领导，著名作家、评论家安溪采风团全体成员等出席活动。

首发式上，安溪县县委副书记刘林霜，作者李辉，黄黑蛮分别致辞。应红介绍《无愁河的浪荡汉子·八年》一书的出版情况，代表人民文学出版社向安溪县图书馆赠送《无愁河的浪荡汉子·八年》图书。

在研讨会上，贺绍俊、复旦大学中文系教授张新颖、湖南社科院文学研究所所长、文学评论家卓今，《收获》杂志编辑部主任叶开等分别发言，对黄永玉此书独特的内容和艺术形式给予高度肯定。

黄永玉与安溪素有渊源，关系密切。抗日战争时期，由著名华侨领袖陈嘉庚创办的集美学校曾内迁安溪办学。当时就读集美中学初中部的黄永玉先生，在安溪度过两年多美好的青少年求学时光，安溪的历史文化、风土人情和一草一木，也在他的青春岁月中留下深刻的印象。（顾　乡）

“国家文化传播战略的方向与路径暨‘国际文化版图研究文库’”出版研讨会举行

2016年3月19日，由北京大学国家战略传播研究院与商务印书馆共同主办的“国家文化传播战略的方向与路径暨‘国际文化版图研究文库’出版研讨会”在北京大学举行。

与会学者围绕“国家文化传播战略的方向与路径问题”展开讨论，对美、法、俄、日等国的国家文化发展战略、当前中国文化国际传播所面临的问题、大众传媒如何更好地发挥在国家文化国际传播中的作用等问题，进行了重点研讨。

中华民族在人类文明史上谱写了无数壮丽篇章，在新的历史时期，随着经济发展和综合国力的提升，如何提升自身的文化软实力，提高文化国际传播能力，成为摆在我们面前的时代课题。“国际文化版图研究文库”以“全球视野、国家战略、产业指南、公民读本”为基本宗旨，力图全面而系统地译介人类历史进程中主要发达国家和发展中国家有关文化发展的重要著作，为我国的文化发展提供决策的依据和参考，为文化产业提供可资借鉴的经验，为文化学和文化产业研究的学科发展提供基础性的参考文献。同时，作为公民读本，希望借以唤醒人们的文化自觉意识。

该丛书以《主流：谁将打赢全球文化战争》为始，陆续出版了《论美国的文化》《战后美国在日本的软实力》《美国文化中心》《造假的知识分子》《法兰西道路》《被美国化的英国》《论文化帝国主义》《作为武器的图书》《莫斯科的黄金时代》等共20种，从不同侧面揭示了世界主要国家在国际文化版图中的地位、文化战略与战术，对于提升中国的文化传播力具有积极的借鉴意义。（刘瑞龙）

杨红樱童书馆项目汇报及研讨会召开

2016年3月22日，杨红樱见面暨杨红樱童书馆项目汇报及研讨会召开。中国出版集团公司总裁谭跃、中国出版集团公司党组成员、中国出版传媒股份有限公司副总经理李岩和中国出版传媒股份有限公司出版业务部主任、国际部主任以及中译出版社总编辑张高里、副总编辑吴良柱出席研讨会。集团公司和股份公司领导首先确定了杨红樱童书馆项目的总体思路，在集团公司的明确指示和强有力的支持、推进下，经与杨红樱反复协商，最终确定创建杨红樱作品对外翻译推广基地暨杨红樱童书馆并完成《杨红樱作品对外翻译推广基地暨杨红樱童书馆总体策划方案》《杨红樱作品对外翻译推广基地暨杨红樱童书馆三年投资规划方案》《杨红樱作品对外翻译推广基地暨杨红樱童书馆书目》等方案。（茹 慧）

《钱锺书手稿集·外文笔记》出版座谈会召开

2016年3月24日，“《钱锺书手稿集·外文笔记》出版座谈会”在商务印书馆召开。国家出版基金规划管理办公室主任陈亚明，中国出版集团公司党组成员、中国出版传媒股份有限公司副总经理樊希安，中国社会科学院文学所所长陆建德、外文所所长陈众议，商务印书馆总经理于殿利等出席会议并讲话。黄宝生、郭宏安、朱虹、罗新璋、杨慧林、丁宏为、曹丽、马海良等各大高校、研究机构的专家学者做了主题发言。商务印书馆副总编辑陈小文主持座谈会。

2013年，《钱锺书手稿集·外文笔记》经国家新闻出版广电总局立项，国家出版基金资助，由商务印书馆组织承担。2015年底，《钱锺书手稿集·外文笔记》（全四十八册，附一册）全部出版。与此同时，历经15年，涵盖72卷册的《钱锺书手稿集》也终成完璧。全书出版后，《人民日报》《文汇报》《光明日报》《解放日报》《北京日报》及中国新闻网、凤凰网等媒体刊载报道和书评十余篇，在学术界和读者中引起了强烈反响。

座谈会上，商务印书馆总经理于殿利介绍了《钱锺书手稿集·外文笔记》的出版情况。与会专家对《外文笔记》的学术价值、出版意义给予了高度评价，充分肯定了其在珍贵文献保存、优秀文化遗产传播中的重大作用。本次座谈会也受到多家媒体的关注和报道。（陈 洁）

《美国文学大辞典》新书发布及研讨会举行

2016年3月26日，我国首部大型原创性国别文学工具书《美国文学大辞典》新书发布及研讨会在上海外国语大学举行。上海外国语大学党委书记姜锋，上海外国语大学文学研究院院长郑体武、副院长周敏，《美国文学大辞典》主编虞建华，商务印书馆党委书记肖启明等出席研讨会。

研讨会上，肖启明介绍，美国不仅是当今世界的第一经济强国，也有着丰富的人文资源，其社会形态、思想进程、学术成就，是学界乃至全社会各阶层人士普遍关注的焦点和热点。出版《美国文学大辞典》这样一部大型文学工具书，为读者和研究人员提供全面权威的参考，体现了商务印书馆对于美国文学以及文学理论研究的重视和关注。上海外国语大学的专家作者团队与商务印书馆的出版团队回顾了该书立项、编写、出版的全过程，讨论了其对于学术界和大众文化发展的影响与意义。会上，商务印书馆还向与会者人员介绍了中国出版集团和商务印书馆的出版定位、宗旨理想和文化追求，以期深化双方合作，推动高校学术研究和出版的繁荣发展。

《美国文学大辞典》共收录词条2079个，内容包括作家、批评家、文学理论与文史学家、相关的文化人、新老经典作品、文学刊物、文学组织与流派、文学运动与事件、文学奖项和批评指南共十大类，词条覆盖不限于主流文学，也顾及有影响的通俗文学。（杨　冀）

《“一带一路”年度报告：从愿景到行动（2016）》发布暨百人论坛专家峰会举行

2016年3月28日，由“一带一路”百人论坛和商务印书馆主办的《“一带一路”年度报告：从愿景到行动（2016）》发布暨百人论坛专家峰会在商务印书馆举行。来自商务印书馆、中国社会科学院、中国国际问题研究院、中国人民大学、中国一东盟商务理事会以及相关智库和企业的百余位专家学者出席峰会。国家发展与改革委员会西部司巡视员欧晓理、中央党校国际战略研究所教授赵磊分别做主旨发言。

会上，与会嘉宾围绕“一带一路”智库建议、企业视角、学者声音三个主题进行研讨，系统梳理“一带一路”关键词，包括“全球转型”“贸易支点”“自贸区商机”“走出去发展”“共同现代化”“企业非市场风险”“国际化企业”“中国‘心’实力”“产能合作”“人民币国际化”“中国智谷”“国际趋势”“世界是通的”“西行漫记2.0”“利益共同体”“全球治理创新”“政治风险”“民企上路”等词语，总结了“一带一路”在中国学者心目中的逻辑线索。

总编辑周洪波和赵磊教授共同为《“一带一路”年度报告：从愿景到行动（2016）》揭幕。作为国内首份“一带一路”年度报告，本书旨在提供最接地气的学术成果，深度剖析“一带一路”倡议所带来的现实机遇，并对所面临的具体问题与挑战提出务实建议。（戴军明）

第二届海峡两岸网络原创文学大赛举行

2016年3月，中版集团数字传媒有限公司举办“第二届海峡两岸网络原创文学大赛”。其目的与全国各重点省市作家协会、全国高校文学社团联合会、各大网络文学平台以及媒体合作，实现投稿作品数量和质量的大幅提升，扩大网络文学的视野与边界，为网络文学的健康发展做出自己的贡献。截至11月1日，大赛共收到参赛作品2446余部。其中，《龙战》获得中国作家协会重点作品扶持项目；《星星亮晶晶》等四部作品参加2016年北京市音像、电子、网络出版物奖励扶持专项资金申报项目；《邓家铺子》《守望》入选“北京市2016年向读者推荐优秀网络文学原创作品活动”名单。同时，中版集团数字传媒有公司做好优秀网络原创文学作品的推荐和立体化经营活动，参加“北京电视节目交易会”“中国国际文化产业博览交易会”“文学作品专业推荐会”等活动进行大力宣传，并与16家影视公司及版权交易平台进行直接交易，实现了网络原创文学IP运营的突破。（李　铃）

曹文轩摘得2016年国际安徒生奖

2016年4月4日，2016年国际安徒生奖在意大利博洛尼亚国际儿童书展上公布，天天出版社作家曹文轩最终折桂，成为我国第一位获此殊荣的作家。曹文轩以《草房子》《火印》等众多作品被读者熟知。国际安徒生奖评委会主席帕奇·亚当娜在宣读结果后说道，“曹文轩的作品书写关于悲伤和苦痛的童年生活。他的作品也非常美丽，他的作品树立了孩子们面对艰难生活的挑战的榜样，能够赢得广泛的儿童读者的喜爱”“用诗意如水的笔触描写原生生活中一些生活中真实而哀伤的瞬间”。

国际安徒生奖被誉为“儿童文学的诺贝尔文学奖”，是世界儿童文学领域的最高荣誉。曹文轩此番获奖对提升中国儿童文学的世界地位有重大意义。“曹文轩儿童文学艺术中心”副主任张昀韬说：“国际安徒生奖将全世界的儿童用文学这样美好的方式连接在一起，让儿童从文学、从图书中了解其他国家的孩子的生活和文化；既让他们感受丰富的美好，也让他们了解曾经和现在依旧存在的贫困、病弱和不同。曹文轩先生获得国际安徒生奖，将让中国的故事、思想和生活，越过国与国的边界，走进无数个小小的家庭。”

国际安徒生奖由国际少年儿童读物联盟（IBBY）于1956年设立，在全球拥有巨大的影响力，每两年评选一次，旨在奖励世界范围内优秀的儿童文学作家和插画家。国际安徒生奖为作家奖，一生只能获得一次，表彰的是该作家一生的文学造诣和建树。

曹文轩现为天天出版社“曹文轩儿童文学艺术中心”主任，他的重要作品天天出版社均曾出版过。

（顾　乡）

商务印书馆第三届编辑大会召开

2016年4月18～20日，商务印书馆召开第三届编辑大会。本届编辑大会主题为“以专业化和商业化的有效融合进一步解放生产力”。全体中层管理人员、全馆编辑及相关部门业务骨干等200余人参加。

开幕式上，商务印书馆总编辑周洪波首先做了大会动员，他回顾了2012年第一届编辑大会以来编辑转型的成果，编辑的五种新意识对生产的促进作用，希望编辑能通过大会，将学习成果落实到工作中，转换成实际生产力。

商务印书馆总经理于殿利做主题报告。他以编辑的专业能力和商业能力引入，分别从如何通过专业化与商业化的结合促进内容创新，如何通过书名、装帧、定价的重新定义来重估价值、实现有效供给，以及出书之后如何通过对市场的把握、对周边产品的开发来更好地进行营销等三个话题展开论述，强调了现阶段编辑融合专业化与商业化以提升生产力的迫切性。

会议还邀请中信出版集团副总编辑卢俊和亚马逊中国Kindle内容总监王飞分别就阅读产品的策划和数字阅读发展做了讲座。（刘　芳）

《红楼梦大辞典》修订研讨会举行

2016年4月20～21日，人民文学出版社《红楼梦大辞典》修订研讨会在中国石油天然气运输公司北京会议中心召开。中国红学会会长张庆善，中国艺术研究院胡文彬、吕启祥研究员，北京大学陈熙中教授等红学专家共十人参加会议，人民文学出版社社长管士光出席研讨会并讲话。会议由编委会执行副主编张庆善主持。

《红楼梦大辞典》是由冯其庸先生、李希凡先生主编，众多知名红学专家共同编撰的兼具知识性、学术性和工具性，堪称集大成式的《红楼梦》百科辞典，也是学者、读者研究学习和欣赏《红楼梦》的必备工具书。2015年11月11日，人民文学出版社与中国红学会联合举办座谈会并正式启动了修订工作。

本次研讨会上，大家回顾讨论了大辞典1990年版、2010版在体例、文字、结构、引文等方面存在的大量问题，汇报了各自承担部分的工作情况，就存在的疑难问题提请大会讨论解决；并根据新发现的资料和新研究成果，就需增补的红学人物、红学书目、红楼衍生艺术（包括影视、戏曲、曲艺、绘画、工艺美术）等展开了讨论。会议进一步明确了辞典修订各部分的具体分工和进度。与会专家表示，将会“努力为学界以及红学爱好者们带来一部更加完备的《红楼梦》百科工具书”。人民文学出版社古典文学编辑室葛云波、徐文凯也参加了会议讨论，并就相

关问题提出了建设性的意见。（顾　乡）

2016年百部优秀少儿影片及连环画进校园专项工作培训研讨会举行

2016年4月20日，2016年百部优秀少儿影片及连环画进校园专项工作培训研讨会在北京东四九条小学报告厅举行。北京教育科学研究院德育研究中心百部优秀少儿影片及连环画进校园项目负责人秦廷国、冷雪玲，教育部基础教育司德育处原处长及课程教材中心办公室原主任周长祐，人民美术出版社连环画编辑室主任何玉麟，中国美术家协会少年儿童美术艺术委员会副主任龙念南，以及来自17个区县项目负责人、学校德育干部和教师约150人参加了研讨会。2016年百部优秀少儿连环画进校园活动以《北京市教育委员会关于开展连环画阅读工作推进小学培育和践行社会主义核心价值观的通知》（京教函〔2015〕16号）为指导，以落实《中共教育部党组关于教育系统深入开展爱国主义教育的实施意见》（教党〔2016〕4号）为目标，着眼于对连环画的实际应用，使连环画作者与小学生面对面，充分发挥连环画对学生的教育引导作用。

2016年也是人民美术出版社连环画编辑室第三年与北京市教委基础教育一处联合北京教育科学研究院德育研究中心合作，参与优秀少儿影片及连环画进校园系列活动。在2014年和2015年的活动中，连环画编辑室已向北京市各中小学配送了274册和200册优秀的连环画作品，2016年预计还将配送书目180册。

这些书目从海量的经典连环画作品中筛选而出，凝聚了每一位连环画编辑对小读者的用心。2016年为了将连环画与中小学各学科紧密结合，更好地为教学服务，编辑们在筛选书目时特意翻阅了九年义务教育的各科课本，并就书目与北京市教科院德育中心、基教研中心的老师们多次开会研究，充分听取一线教师的意见，最终达成一致共识，确定了2016年的配送目录。（金　姗）

中国出版集团公司第二届编辑大会举行

2016年4月27～29日，中国出版集团公司举办第二届编辑大会，深入研讨集团公司“十三五”出版规划，推进落实2016年度重点出版工作。中共中央宣传部出版局巡视员刘建生、国家新闻出版广电总局出版管理司副司长许正明，国家出版基金规划管理办公室主任陈亚明出席会议并讲话。中国出版集团公司总裁谭跃出席会议并做总结讲话，党组书记王涛出席会议并致辞，副总裁刘伯根主持大会开幕式，中国出版集团公司党组成员、中国出版传媒股份有限公司副总经理李岩做大会出版专题报告。中国出版集团公司党组成员、中国出版传媒股份有限公司副总经理樊希安、孙月沐以及各单位领导班子和总编室主任、编辑室主任、骨干编辑300余人参加会议。

谭跃强调要进一步学习贯彻中央精神，树立正确的政治观、文化观、国家观，要坚定以人民为中心的导向，要看世界、明格局、懂世情，要用企业的方式做文化、用市场的方式做出版、用商业的方式做传播。王涛指出，举办编辑大会是集团公司挺拔出版主业、推动内容创新的重要举措，集团公司呼唤政治素质过硬、职业品质优秀、文化情怀深厚、市场眼光敏锐的优秀编辑人员不断涌现。李岩向大会通报了集团公司“十二五”出版主业的发展情况以及以“十三五”出版规划的设想和2016年度的重点工作安排。

会议邀请了北京大学教授楼宇烈、著名文化学者余秋雨、中国人民大学教授金元浦三位专家，分别以中国文化的根本精神、出版的终极价值和定位、当前文化创意产业的最新发展为主题做大会报告；会议还邀请了中信出版集团公司总裁王斌、浙江少年儿童出版社副社长孙建江两位业界专家，以战略思维与内容创新、出版产业链中的儿童文学为主题，与大家分享了他们的从业思考。

人民文学出版社、商务印书馆、中华书局等单位的十位编辑获评集团公司2015年度优秀编辑，大会予以了隆重表彰。他们从自身经验出发，向大会介绍了怎样挖掘大时代的大选题，怎样创新选题策划、提升编校质量，怎样维护作者资源、为作者提供更好的服务等诸多经验。会议还着眼集团公司“十三五”出版规划，安排了两次分组讨论并举办编辑论坛，请13位业务骨干分别代表文学、艺术、学术、大众、工具书、经管、少儿、教育、主题出版等板块，结合自身工作畅谈对“十三五”出版规划的思考和建议。

（孙照海）

东南亚历史与《东南亚各国史纲》编纂学术讨论会召开

2016年5月7～8日，由世界图书出版广东有限公司与北京大学东南亚学研究中心共同主办的“东南亚历史与《东南亚各国史纲》编纂”学术讨论会在北京大学英杰交流中心星光厅举行。参加会议的有来自北京大学、中国人民大学、中山大学、厦门大学、云南大学、对外经济贸易大学、云南民族大学、广西民族大学、广东外语外贸大学、国际关系学院、中国社科院等单位近50名学者。会议由北京大学东南亚中心秘书长金勇副教授主持，中心主任包茂红教授从历史学的学术和社会功能以及国际东南亚史研究的范式转换等方面阐述了本次会议的重要意义，世界图书出版广东有限公司副总经理卢家彬介绍了公司出版《东南亚各国史纲》丛书的缘起和进程。

与会专家在研讨中国与东南亚国家关系上、史学史和史学理论、现当代东南亚历史与政治等议题后，特别围绕《东南亚各国史纲》编纂中遇到的诸多问题展开讨论，各国史纲编写小组汇报了各自编撰工作的进度，并就史纲编写过程中遇到的体例、分期、文体等问题基本达成共识。

（卢家彬）

“自然法青年学术论坛”举行

2016年5月14～15日，商务印书馆举行“自然法青年学术论坛”，以加强与青年学者的学术交流。论坛邀请了30余位在自然法、法哲学与政治哲学研究领域术有专攻，且已在各自的研究领域崭露头角的青年学者，就“自然法的研究路向”以及“自然法名著译丛”“政治哲学名著译丛”“法哲学名著译丛”的选题规划进行了深入讨论。商务印书馆总编辑周洪波、副总编辑陈小文、政法编辑室主任王曦参加会议。

“自然法名著译丛”自2013年在商务印书馆立项以来，陆续推出了《实践理性的第一原则》《法概念与法效力》《圣托马斯·阿奎那与自然法传统》等一批经典名著，在学界收获了良好口碑，已经成为商务印书馆法学类名著的全新产品线。

与会学者一致认为，中国法律的核心问题，甚至在未来很长一段时间内的核心问题不仅仅只是建立一套完善的制度，而是首先要确立一整套支撑这套制度并为其提供合法性根据的思想。

（王　曦）

《中国少数民族古籍总目提要·满族卷》专家座谈会召开

2016年5月18日，中国大百科全书出版社《中国少数民族古籍总目提要·满族卷》（以下简称“《满族卷》”）专家座谈会在北京召开。古籍整理研究室副主任李晓东主持会议，《满族卷》牵头省辽宁省民委副主任施光磊、《中国少数民族古籍总目提要》主编张公瑾、中国第一历史档案馆满文部主任吴元丰、中国大百科全书出版社社科人文分社社长滕振微以及有关同志参加了会议。

会上，李晓东代表古籍整理研究室介绍了《中国少数民族古籍总目提要》整理出版的总体推进情况以及2016年重点工作安排。她指出，做好少数民族古籍工作是深入贯彻落实中央民族工作会议精神，推动少数民族优秀传统文化保护传承的重要举措。国家民族事务委员会对《满族卷》的编纂工作十分重视，并寄予厚望。此次提交的《满族卷》书稿质量较高，辽宁省的编纂工作做得扎实有效。在今后的工作中，古籍整理研究室将会同中国大百科全书出版社、辽宁省民委加快推进《满族卷》的出版工作，严把标准关、质量关，力求打造精品。

施光磊介绍了《满族卷》的编纂工作情况，他指出，辽宁省民委党组对《满族卷》编纂工作高度重视。在古籍整理研究室的有力领导和协作省区的大力支持下，《满族卷》编纂工作基本完成。辽宁省民委作为《满族卷》牵头省区对指导、帮助、关心《满族卷》编纂工作的领导、专家学者表示诚挚感谢。

会议最后同意将《满族卷》书稿交付中国大百科全书出版社，进入编辑出版程序。（尹添铭）

《慈悲》研讨会召开

2016年5月20日，中国作家协会重点作品扶持办公室、上海市作家协会、人民文学出版社共同主办的路内长篇小说《慈悲》研讨会在北京召开。中国作家协会党组成员、副主席李敬泽，中国出版集团公司副总裁潘凯雄，上海作家协会党组书记、副主席汪澜出席会议并讲话。雷达、吴秉杰、胡平、梁鸿鹰、施战军、白烨、孙甘露、郜元宝、王鸿生、金宇澄、陈福民、杨扬、张柠、张莉、吴亮、郭艳、赵萍、杨庆祥、李伟长、丛治辰、马小淘、走走等专家到会。研讨会由人民文学出版社副总编辑应红主持。

《慈悲》从国营工厂时代说起，纵向讲述了一个人五十年的生活，从一个切面剖析展现了大时代对普通人的影响。与充斥着青春气息的追随三部曲等作品相比，《慈悲》显示出精准节制的文本特色，以及另一番开阔与厚重的小说景象。

（顾　乡）

“中华现代学术名著丛书”第二批出版座谈会暨第三批专家论证会举行

2016年5月21日，“中华现代学术名著丛书”第二批出版座谈会暨第三批专家论证会在商务印书馆举行，至此丛书第二批100种全部出版。国家出版基金规划管理办公室主任陈亚明、中国出版集团公司党组成员、中国出版传媒股份有限公司副总经理李岩出席会议并讲话，商务印书馆总经理于殿利介绍了丛书的出版宗旨和具体特色，汝信、楼宇烈、陈祖武、邓小南、葛晓音、陈平原、张帆、黄兴涛、渠敬东、叶坦等50余位学者到会，对丛书的学术价值与出版意义给予了高度评价。座谈会由商务印书馆副总编辑陈小文主持。

论证会上，专家学者共同回顾了中国现代学术发展进程，梳理学科经典，并为丛书第三批选目出谋划策。他们参与各学科的分组讨论，对丛书文学、史学、哲学、政治、法律、经济等学科的初选书目做了梳理和增删，并对选本进行甄选讨论，提出宝贵建议。

近年来，随着中国综合国力和国际地位的提升，中国的发展模式受到举世关注。这一切是中国人近百年来持续不断努力的成果，其理路深植于中国传统文化和现代思想之中。“中华现代学术名著丛书”正是希望通过对中国现代学术系统而全面的梳理，重新审视中国本土的思想资源与文化根基。

（陈　洁）

“空间与感知——胡抗美《中国书法章法研究》再版座谈暨学术研讨会”举行

2016年5月21日，荣宝斋出版社主办的“空间与感知——胡抗美《中国书法章法研究》再版座谈暨学术研讨会”在荣宝斋大厦召开。研讨会由中央美术学院副教授于洋、北京大学副教授祝帅共同主持。来自各个领域的20余位学者从不同角度围绕书法章法问题展开深入探讨。

胡抗美先生所著《中国书法章法研究》将理论与实践紧密相连，对书法章法问题进行了较为深入的研究和思考。该著作由荣宝斋出版社出版后，引起较大关注和反响，同时入选2015年度“中版好书榜”25强，并于2016年2月修订后再版。

研讨会上，荣宝斋副总经理、荣宝斋出版社社长唐辉和荣宝斋出版社副总编辑崔伟对该书再版缘起做了简要介绍并对其意义进行肯定。其后，来自首都各大高校的专家学者就书法创作等

话题展开讨论。最后，胡抗美先生在致辞中对荣宝斋出版社鼓励和扶持学术出版事业表达了赞赏与感谢。（武若杨）

《中国大百科全书》第三版专题工作会议召开

2016年5月26日，《中国大百科全书》第三版（以下简称“三版”）工作小组召开专题工作会议。中国大百科全书执行总主编杨牧之，中国大百科全书执行副总主编、中国大百科全书出版社社长刘国辉，出版社副总编辑刘杭等领导，以及三版各职能部门负责人参加了会议。

刘国辉首先传达了中宣部、中国出版集团领导对三版工作的要求，强调要建立好规章制度，保证工作效率。希望打通出版社与三版项目的工作关联，形成良性互动，通过三版项目提升出版社的各方面工作。刘杭就三版项目的内部管理提出了具体要求，并汇报了就三版编纂平台建设工作与平台中标建设单位东软集团专门召开的协调工作会的情况。最后杨牧之对下一步三版工作提出了具体要求，积极努力使三版工作与出版社工作互相协调，打通融合，全社共同努力把三版工作做好。

2016年8月26日，三版全社专题工作会议召开。中国大百科全书执行总主编杨牧之、中国大百科全书出版社社长刘国辉、中国大百科全书出版社副总编辑刘杭，出版社老领导、老专家石磊、王德友、田胜立、孙关龙等，以及本社职能部门负责人、各编辑部门、三版各部门全体人员参加了本次会议。会议由副总编辑刘杭主持。

会议传达了中央政治局常委、中央书记处书记刘云山同志在“关于《中国大百科全书》第三版编纂工作的情况汇报”上的主要批示，以及中宣部、国家新闻出版广电总局领导对三版工作的指示精神。

刘国辉在讲话中首先强调了三版工作的重要性。随后从内容建设、数据整理、平台建设等方面介绍了三版各部门的工作进展。最后提出四点工作思路和设想。杨牧之回顾并梳理了三版工程从立项到目前的工作历程，介绍了党中央、国务院对于《中国大百科全书》第三版的关注、重视及支持。最后强调了做好三版工作需要注意和加强的四个重要环节。

会上，杨牧之、刘国辉为三版工作咨询顾问颁发了聘书。（尹添铭）

宋云彬古籍整理出版基金成立暨首届理事会召开

2016年5月31日，国内首个私人捐资奖励古籍整理和出版的公益基金——宋云彬古籍整理出版基金成立，并在中华书局召开首届理事会。

会议确定了理事会组织架构，北京大学教授安平秋，中华书局原副总编辑程毅中、熊国祯，上海古籍出版社社长高克勤，齐鲁书社原社长宫晓卫，中华书局总编辑顾青，人民文学出版社社长管士光，凤凰出版社社长姜小青，中国出版集团公司党组成员、中国出版传媒股份有限公司副总经理李岩，宋云彬长孙宋京其、外孙李平，中华书局总经理徐俊，中华书局原编辑俞筱尧，中央文史研究馆馆长袁行霈，国家图书馆原馆长詹福瑞及上海古籍出版社原总编辑赵昌平任基金会理事。会议通过表决，一致同意由袁行霈任理事长，宋京其、徐俊任副理事长，中华书局副总编辑尹涛任秘书长，中华书局古籍出版中心兼文学编辑室主任俞国林任副秘书长。

会议同时通过了《宋云彬古籍整理出版基金章程》，讨论了第一届宋云彬古籍整理奖、青年奖的评奖办法以及推荐委员会名单。此项评奖每两年举办一届，第一届将于2016年7月正式启动，面向海内外征集候选作品和候选人。

国家新闻出版广电总局出版管理司司长周慧琳出席首届理事会并致辞。他表示，宋家后人将宋云彬旧藏的80余件书画作品悉数捐出拍卖，用以成立国内首个私人捐资奖励古籍整理和出版的公益基金——宋云彬古籍整理出版基金，推动古籍点校工作，鼓励古籍整理人才，如此慷慨义举，令人敬佩动容。徐俊表示，该基金旨在继承和发扬宋云彬致力古籍整理出版事业的高尚精

神，鼓励原创优质古籍整理作品出版，奖励优秀古籍整理人才和优秀古籍整理成果。（梁　彦）

天天出版社图书入选中共中央宣传部、中国作家协会重要项目

2016年6月1日，中共中央宣传部发布了2015年“优秀儿童文学出版工程”入选推荐图书，全国共七种图书入选。其中两种为天天出版社图书：《将军胡同》《父亲变成星星的日子》。

《将军胡同》《父亲变成星星的日子》均为首届“青铜葵花儿童小说奖”获奖作品。首奖作品《将军胡同》曾被评为“2015中国好书”年度好书。

天天出版社最新出版的图书《野芒坡》入选中国作家协会2016年度重点作品扶持项目（共104项），为入选的50部长篇小说之一。

（顾　乡）

《沈家本评传》（增补版）出版座谈会举行

2016年6月19日，《沈家本评传》（增补版）出版座谈会在北京大学法学院凯原楼召开。本次座谈会由中国民主法制出版社联合中国文化书院、北京大学法学院、北京大学近代法研究所共同主办。会议的主题为：致敬中国法治理念开启之人，探索“依法治国”历史实践。中国民主法制出版社总编辑刘海涛、副总编辑赵卜慧，《战略与管理》执行主编郭琼虎等出版界、传媒领域专家学者出席了座谈会。出版方介绍了中央部署“依法治国”大的背景下《沈家本评传》（增补版）一书的出版情况，并就沈家本思想研究及中国近代法律思想史相关问题展开深入生动的学术研讨。作者李贵连先生，系北京大学法学院教授，中国法律史学会常务理事，北京大学近代法研究所所长、华中科技大学特聘法学教授，是我国研究沈家本和中国法律思想史的学术权威人物。跨文化研究大家乐黛云，思想史专家王守常，哲学史学家李中华，著名法学学者杨一凡、张守文、许章润、贺卫方，以及青年法律史学者胡永恒、陈新宇、李启成等专家学者都积极发言，对本书予以高度评价，并对本书所引申出来的“以法治国”“礼法合治”等中国传统法律文化以及现代化进程中诸多重大学术课题予以了深入广泛的探讨。

（邵　力）

《世界是通的：“一带一路”的逻辑》出版座谈会召开

2016年6月30日，《世界是通的：“一带一路”的逻辑》出版座谈会在商务印书馆召开。来自商务部、外交部、国家发展与改革委员会、中联部、国务院参事室、中国社会科学院、中国人民大学、光明日报社等单位的25位专家学者参加会议。会议由商务印书馆总编辑周洪波主持。

座谈会上，王文、魏建国、吴思科、王辉耀、张燕生、黄平、邢广程、胡昊、韩锋、王斯敏等专家学者做主旨发言。与会学者认为，《世界是通的：“一带一路”的逻辑》继《“一带一路”：机遇与挑战》之后，更深入地分析了“一带一路”及其所承载时代的逻辑、“一带一路”所透视的中国智慧与世界智慧。

《世界是通的：“一带一路”的逻辑》是中国人民大学王义桅教授创作的又一部关于“一带一路”的力作。该书顺应“一带一路”的思想逻辑，提出世界是“通的”，补充甚至超越了世界是“平的”的全球思维定位。书中指出，西方主导的全球化让强者更强、弱者更弱；但“一带一路”所倡导的互联互通，正在帮助发展中国家实现弯道超车、变道超车和共同复兴，开创包容性全球化的新格局。

该书出版后，商务印书馆还联合中国察哈尔学会、中国人民大学重阳金融研究院举办了多场学术研讨会。

（戴军明）

人民音乐出版社中小学音乐教材审读清查修订工作顺利完成

2016年6月，人民音乐出版社启动对中小

学音乐教材教辅的全面审读、清查、修订工作，以保证切实做到教材符合国家相关教材的法律法规。

北京教育科学研究院印发通知，要求对所有北京市使用的中小学教材进行审读与清查。为认真贯彻落实中央精神，按照教育部和北京市委、市政府要求，配合北京教育科学研究院基础教育课程教材发展研究中心工作，编委会首先确定工作人员构成及工作方式，随后相关人员进行审读，汇总修改意见，最终于六月底完成所有报送报表及所有样书包装，做好修订送审工作。七月，北京教育科学研究院根据报送的审读清查工作报告，提出修订建议。人民音乐出版社认真落实和执行审查工作，科学制定修订方案，将修订报告及时报送北京教育科学研究院基础教育课程教材发展研究中心。八月初，将新修订教科书一式五份进行报送。（孙　昆）

新版《约翰·汤普森简易钢琴教程》出版

2016年6月，人民音乐出版社（上海）有限公司新版《约翰·汤普森简易钢琴教程》出版。该书是世界公认初学钢琴的权威性教材，在儿童钢琴基础教材领域始终位列世界销量前三位。其针对学琴者程度高低配有不同的曲目训练，每一册教材都具相对独立性，旨在为钢琴初学者提供一种最简单、最易理解的钢琴学习方法。新版教程在原版的基础上进行了诸多创新和改编，在一定程度上提升了这套教材的应用价值。教程利用移动互联网技术将每一条曲目配以指导老师慢速和原速的视频弹奏演示。只要用手机扫一扫每条曲目上的二维码，就能将老师的演奏随时呈现眼前，随时演示和示范，非常实用便捷。新版教程还为每首乐曲增加了伴奏的视频弹奏演示。通过手机扫一扫即可实现与教师的合奏，既有利于提高学习兴趣，又培养了学习中的配合意识与合作能力，让每首乐曲听起来都更加丰满，可突出培养孩子的音乐表现力。（周　洲）

自制栏目《我的书》改版

2016年6月，《我的书》栏目组调整栏目风格，将30分钟左右的对话类图书访谈模式，改版为以短视频为主、访谈与创意短片为辅的业务模式。改版后的《我的书》栏目，先后专访了“赤脚医生”孙立哲、儿童文学作家张之路、法国绘本大师贝内迪克特、歌唱家龚琳娜、连环画界泰斗姜维朴、青年思想家余世存、考古学家霍宏伟等。其中《毛丹青：一份充满希望与勇气的抗癌手记》，讲述了前日本NHK女主播黑木奈奈的抗癌故事，特别版短片在九月日本鹿儿纪念活动中播出，反响强烈。（李　铃）

商务印书馆“菊生学术论坛”系列活动举办

2016年7月，商务印书馆与北京大学人文社科研究院联合举办“菊生学术论坛”系列活动。根据论坛主题，活动分为“中华学术名著工作坊”和“汉译名著工作坊”两个系列。2016年“菊生学术论坛”共举办两期活动。

7月21～22日，“菊生学术论坛”第一期“近代中国的社会思潮与国家建设跨学科研讨会”在北京大学举行。来自北京大学、日本京都大学、香港科技大学、中国社科院社会学所、近代史所、中国政法大学、中央党校、中央民族大学、华东师范大学等高校和科研机构的20位中青年学者参加了会议。这些学者部分为“中华现代学术名著丛书”的导读作者，部分为“汉译世界学术名著丛书”译者。本次论坛主要有两个主题：第一场以中华学术的近代转型为讨论对象，同时探讨了民国时期的社会思潮；第二场则以学术和社会思潮的变迁为前提，讨论了近代中国不同阶段的国家政权建设。

8月7～8日，“菊生学术论坛”第二期“西方现代性的诸思想传统跨学科研讨会”在北京大学举行。来自北京大学、中国人民大学、中国社科院哲学研究所、中国政法大学、中央党校、首都师范大学、北京外国语大学、中国青年政治学院、中国传媒大学、华东政法大学、上海大学、中国社会科学杂志社等高校和科研机构的22位中青年学者参加了会议。这些学者部分为“汉译世界学术名著丛书”译者，部分为哲学社科、政法类新书译者。本次论坛围绕政治与哲学、英国早期现代的思想传统、作为后来者的法国和德国思想等内容展开讨论。

“菊生学术论坛”是商务印书馆建立学术交流平台的新举措，既可以充分掌握社科领域的学术发展趋势，推动围绕“汉译世界学术名著丛书”“中华现代学术名著丛书”产生新的学术成果，又能够加强与优秀青年学者的交流，培养稳定的作译者队伍。（白中林）

现代教育出版社“语文专项”选题研讨会召开

2016年7月1日，现代教育出版社召开“语文专项”选题研讨会。现代教育出版社社领导、受邀专家、编辑部代表及山东志鸿教育集团的领导、语文教研专家团、资深作者等20余人参加了会议。

会议首先由副社长陈琦发言，就举办这次研讨会的背景、初衷、希望做了阐述，并结合中国出版集团公司领导在现代教育出版社进行调研的成果，介绍了现代教育与志鸿教育的合作已被列入到现代教育出版社“十三五”规划发展战略的重点合作板块中，这一举措也得到集团公司领导的一致肯定。

山东志鸿教育集团董事长任志鸿及与会专家学者就语文专项命题也做了精彩的发言。最后，陈琦就研讨会做了总结性发言。编辑一直从事案头工作，在选题策划上确实很难接触到一线的老师，专家给编辑们上了一堂生动的教学课。在研讨会的整个过程中很多地方对我们很有启发，与一线的教师还有专家一起探讨一个话题、一个项目对于我们来讲就是一次学习。近期我们在社内外，广泛征集大家对现代教育理念的认识，探讨这个理念与产品下一步怎样有机地结合起来，充分吸收群众建议，打造出符合现代教育前沿、前卫、前瞻特点的产品。（李　硕）

《中国中小学美术》杂志编委会2016年年会举行

2016年7月6日，《中国中小学美术》杂志编委会2016年年会在中国美术出版总社大厦举行。来自全国28个省市自治区、直辖市的美术教育专家、中小学美术教研员及特级教师汇聚一堂，共商《中国中小学美术》杂志的未来发展，并被授予编委会成员聘书。教育部体育卫生与艺术教育司副巡视员万丽君、教育部基础教育课程教材发展中心处长李斌莅临出席，对《中国中小学美术》杂志给予充分肯定，并对今后发展提出具体要求。中国美术出版总社党委书记周伟、总编辑林阳、副总编辑欧京海、党委副书记兼副社长高世屹、工会主席兼教材分社社长赵国瑞和教材分社有关人员出席会议。

周伟在会议致辞中首先对与会者表示欢迎和感谢。周伟强调，做优做强美术教育出版是总社“十三五”期间的工作重点，《中国中小学美术》杂志是中国美术出版总社着力打造的全系列教育品牌的关键所在。中国美术出版总社本着“为教学服务、为教师服务、为教材服务”的“三为”办刊方针，希望各位编委会成员就如何办好杂志、如何创新教材编写多提宝贵意见，让杂志和教材都做到有创新、合规范、接地气。（赵军平）

中华书局2016年上半年编辑工作会议召开

2016年7月12日，中华书局召开2016年上半年编辑工作会议。会议由中华书局副总编辑李占领主持。中华书局编辑部门、营销中心和营销工作领导小组办公室全体成员参加会议。

会上，中华书局副总编辑尹涛介绍上半年编务数据及校对工作中的存在问题和对策。尹涛从新书的结构和规模、出版计划执行率、生产周期数据分析入手，提醒大家重视原创新书。另外，中华书局校对工作面临严峻形势，校对人力不能满足生产需求，已提出短期措施和中期目标。

中华书局总编辑顾青着重分析编辑工作中存在的三大问题，即导向隐忧、质量下滑、创新不足。顾青强调导向问题是一条红线，不允许触碰，编辑工作一定要提高责任意识、政治意识，警钟长鸣。高质量书刊是立局之本，通过实行全流程管理，让每个环节都要担负起相应的岗位职责。顾青针对原创图书不足的现状提出，只有不断创新、突破自我、创造精品，才是编辑永恒的追求，也是发展动力的源泉。

中华书局总经理徐俊在总结时指出，“十三五”期间，宏观经济的上升趋势不变，中华书局在市场规模、经营效益上要为发展争取上升空间。上半年，中华书局在内容生产和市场营销两方面都保持了稳步上升的态势，但下半年工作压力较大，问题开始凸显，还要面临搬库，完成营业收入和利润的任务艰巨。徐俊要求要着重解决包括产品结构、新旧书比例、营销前置与编辑部参与等相关问题，全局应该各尽其责，保证每一板块的发展，从而确保中华书局的整体运行态势。

（梁　彦）

“林纾书画展暨林纾与近现代中国文化转型学术研讨会”举行

2016 年 7 月 26 日，由商务印书馆、福建工程学院、北京大学 20 世纪中国文化研究中心、福州三坊七巷美术馆联合主办的“林纾书画展暨林纾与近现代中国文化转型学术研讨会”在商务印书馆举行。来自北京大学、清华大学、福建工程学院、国家图书馆、人民美术出版社、商务印书馆、中华书局等学术文化机构的专家学者及林纾后人等 60 余人出席活动。

开幕式上，商务印书馆总经理于殿利在致辞中回忆了林纾与商务印书馆长达 113 年的缘分：林纾是商务印书馆最重要的作者之一。他在商务印书馆出版著译作 140 余种，双方合作打造的“林译小说丛书”是商务印书馆影响最大的小说丛书之一。

百年来，林纾一直是中西文化交流碰撞中保守派最重要的代表人物之一。书画展汇集来自闽沪京等地的收藏家、林家后裔、地方文化教育机构、商务印书馆等处的林纾书画作品 50 余幅，及林纾印签、家书、著译作等珍贵文物十数件。这是时隔 90 年后林纾书画首次展出。

“林纾与近现代中国文化转型学术研讨会”上，与会专家分别就“林纾的书画艺术”“林纾与大学教育”“林纾与商务印书馆及其他”三个主题进行了研讨。研讨会的举办不仅让学界、书画界重新认识作为“书画家”的林纾，也发掘出林纾思想对当今中国传统文化的继承、发展与创新的重要时代价值。

本次活动也拉开了商务印书馆创立 120 年系列文化活动的序幕。

（刘　芳）

“学术商务与学术中国”出版座谈会举行

2016 年 7 月 29 日，“学术商务与学术中国”出版座谈会在第 26 届全国图书交易博览会上举行。“古典文明译丛”主编、首都博物馆馆长郭小凌，内蒙古师范大学党委宣传部部长张宝成，商务印书馆党委书记肖启明、副总编辑陈小文等出席座谈会。

与会专家围绕商务印书馆在学术奠基和在推动“学术的中国”方面所起的作用进行了深入探讨。肖启明表示，商务印书馆自 1897 年创立至今，竭力继承中华文化，积极传播海外新知，创造了中国文化出版事业的辉煌，被誉为“学术出版的重镇”，他介绍了自 2016 年开始，商务推出的“中华当代学术著作辑要”，这套丛书主要收录改革开放以来中国大陆学者、兼及港澳台地区和海外华人学者的原创名著，是继“汉译世界学术名著丛书”“中华现代学术名著丛书”之后的另一重要接续和发展。陈小文副总编辑介绍了“汉译世界学术名著丛书”和“中华现代学术名著丛书”的出版主旨和出版进展。郭小凌教授表示，商务印书馆出版的“汉译世界学术名著丛书”荟萃了世界学术史上具有里程碑意义的经典著作，是经过时间检验的好书，代表着“人类精神文化的高度”。张宝成教授表示，文化学术上的“高楼大厦”，只能一砖一石地去垒。这就意味着要把中国的人文社会科学架构到一个更高的层次和水平，要打造自己的话语体系，还有很长的路要走。（李　霞）

“2016 海内外中国语言学者联谊会——第七届学术论坛”举行

2016 年 7 月 30 日，由中国社会科学院语言研究所、北京语言大学、中国语言学书院、商务印书馆联合主办的“2016 海内外中国语言学者联谊会——第七届学术论坛”在商务印书馆举行。论坛议题为“全球华语视角下的汉语语言学研究”。来自北美、欧洲、日本、韩国、中国香港、澳门和内地的 43 位语言学者、中国语言学书院的 60 余名师生参加了此次论坛。

会议邀请美国威斯康星大学教授张洪明、挪威卑尔根大学教授赵守辉、日本同志社大学教授沈力、华中师范大学教授汪国胜分别做了“对外汉语教师为何需要语言学训练”“北欧汉语教学特色之一二”“日语视角下的汉语语言学”“全球华语语法研究的若干问题”的主题发言。与会学者分别从汉语如何走向世界、大华语概念的界定、对外汉语师资培养、汉语教学方法的探索、华语教材的编纂、华语语言政策的制定等方面对主题展开了深入讨论。中国社会科学院语言研究所所长刘丹青做总结讲话，将此次论坛的意义概括为三点：第一，“全球华语”的提出和强调是恰逢其时的；第二，从全球华语视角对汉语语言学研究所做的讨论，充分展现了华语传播和教学的多样性；第三，汉语从业者在全球华语这一大背景下，须明确自己的任务、目标和价值取向，做好每一项具体的汉语语言学研究工作。

（俞必睿）

中版教材有限公司自主研发中小学《诗词吟诵》系列教材出版

2016 年 7 月，中版教材有限公司自主研发了一套中小学《诗词吟诵》系列教材，配合中小学语文教育，适用于小学一年级至高中三年级学生使用。包括教材 23 册（小学一年级至高中三年级，除高三全一册外，其余为上、下册），配套光盘 23 张。

此套教材模块编配图插画充分考虑了学生的年龄特征和心理特点。精选诗词覆盖了教育部规定的所有必背篇目，与现行教材紧密衔接，并在此基础上根据学生年龄、认知程度和对应的审美能力由易到难，由简到繁的原则选取诗词，题材丰富，题材分布均匀。（武一格）

《普通高中课程标准试验教科书·音乐》修订工作启动

2016 年 8 月 11 日，人民音乐出版社《普通高中课程标准试验教科书·音乐》修订工作启动。根据 2016 年教育部颁布的高中音乐课程新标准，教科书主编赵季平、莫蕴慧，副主编杜永寿，分册主编龚晓婷、海震、张立军，分册副主编刘大巍、郁文武、韩瑾、郭春峰与责任编辑等教材编写人员认真研读《高中音乐课程新标准》听审意见修改稿，畅谈修订工作的初步思路、调整内容、工作模式，听取各自急需解决的问题，确定初稿和终稿时间。2016 年 8 月 23 日，各模块编写人员完成初稿框架，开始着手具体内容的编写。2016 年 9 月 27 日，教育部第二次发布听审意见稿，全体编写人员根据新的课程标准精神探讨编写的可实施办法，全面落实高中教科书修订工作。此后数月，分别召开不同模块教材会议，深入进行教材修订工作。（孙　昆）

中国出版集团公司党组成员、中国出版传媒股份有限公司副总经理李岩等同曹文轩共同参加国际儿童读物联盟世界大会

2016 年 8 月 18 日，新西兰当地时间第 35 届国际儿童读物联盟大会在新西兰奥蒂亚（Aotea）中心盛大开幕，来自世界各地的一千多名作家、

插画家、出版人和阅读推广人参加了开幕仪式。中国出版集团公司党组成员，中国出版传媒股份有限公司副总经理李岩，人民文学出版社、天天出版社社长管士光、天天出版社副总编辑张昀韬与曹文轩一行参加了开幕仪式。曹文轩作为此次大会尊贵的客人，在台上接收了“碰鼻礼”的欢迎仪式。

8月20日，国际安徒生奖颁奖典礼于奥克兰皇后码头10号大棚（Shed 10）二楼大厅盛大召开。中国首位国际安徒生奖得主曹文轩在世界各国媒体和创作、出版界精英们的注目下，从评委会主席帕齐·亚当娜女士手中接过国际安徒生奖的金质奖章和奖状，并发表领奖致辞，讲述了自己的童年生活和创作理念。

李岩、管士光、张昀韬共同赴会，与中国出版同人一起见证了中国儿童文学的荣耀时刻。

（顾　乡）

“青铜葵花图画书”颁奖典礼举行

2016年8月24日，由中国出版集团公司、人民文学出版社、天天出版社举办的“青铜葵花图画书奖”颁奖典礼举行。中国出版集团公司党组书记王涛，中国出版集团公司党组成员、中国出版传媒股份有限公司副总经理李岩、樊希安，人民文学出版社、天天出版社社长管士光等领导出席。《中秋节快乐》《那只打呼噜的狮子》《奇怪的团子》三部作品从十部入围作品中脱颖而出，分别获得金、银、铜三个奖项，另有三部作品获得“潜力作品奖”。（顾　乡）

《鲁迅全传》出版

2016年8月，《鲁迅全传》由华文出版社正式出版发行。该书是一部建立在丰厚史料积累、秉承科学实证、借鉴鲁迅思想研究成果等基础上的集大成之作；是记录大时代背景下鲁迅生平经历、复杂的生命精神、呈现鲁迅真相的一部鲁迅全传；也是一部可以尊崇、可以辩驳富有时代精神的史诗性著作。全书选取鲁迅一生的早、中、晚三个点，分为《会稽耻》《野草梦》和《怀霜夜》三部，字数总计一百多万字。

2016年是鲁迅逝世80周年。鲁迅研究专家张梦阳构思数十年、历时十三载撰写的《鲁迅全传》，获得2016年国家出版基金资助，并入选“中国好书榜”2016年9月榜单。（黄珊珊）

中国美术出版总社成立教材编辑中心

2016年9月13日，中国美术出版总社成立教材编辑中心，并通过竞聘上岗和双向选择的方式在全社范围内确定教材编辑中心管理和编辑岗位人员。

教材出版是中国美术出版总社传统出版的支柱产业，是最大的“粮仓”。人美版教材在口碑和市场占有率方面凭借传统积累具有一定优势。为巩固和加强优势，适应广大师生与教材市场的新需求、新变化，中国美术出版总社决定进一步调整教材产品结构，细分教材生产线，着手组建的教材编辑中心，分别设立中小学、幼儿和大中专教材编辑室，以及《中国中小学美术》《幼儿美术》两个期刊编辑室，通过对教材生产部门的重新划定为教材产品结构调整提供有力保障。

（赵军平）

《新华字典》汉维版、汉哈版出版座谈会举行

2016年9月24日，由新疆人民出版社、新疆科学技术出版社和商务印书馆联合举办的《新华字典》汉维版、汉哈版出版座谈会在乌鲁木齐举行。新疆维吾尔自治区民族语言文字工作委员会主任迪木拉提·木沙，新疆人民出版总社社长雪合来提·买买提尼牙孜，新疆人民出版社社长买买提江·马合木提，新疆科学技术出版社党委副书记、常务副总编辑地力夏提·巴吾东，商务印书馆总经理于殿利、副总经理王齐等近百人出席本次座谈会，新疆人民出版社党委书记、总编辑邢建刚主持会议。

与会人员认为，《新华字典》民汉双语版在

加快民族地区国家通用语言文字普及，维护国家统一、促进民族团结和社会发展中发挥了重要作用，成为民族团结的重要纽带。多个少数民族都编译出版了本民族文字的《新华字典》，曾出版蒙古文版、朝鲜文版等少数民族文版，现在又增加了汉维、汉哈双语版，使新疆维吾尔自治区双语教育更加焕发生机。

《新华字典》汉维版由新疆人民出版社出版、汉哈版由新疆科学技术出版社出版。（余桂林）

《高中美术》教材修订工作编委会会议举行

2016年9月28～29日，中国美术出版总社召开《高中美术》教材修订工作编委会会议。教育部基础教育课程改革美术课标组组长、首都师范大学教授尹少淳，中国美术家协会理论委员会主任、中央美术学院教授薛永年，中国民间文艺家协会主席、山东工艺美术学院院长潘鲁生等12位美术教育专家出席会议。会议由教材编辑中心总编辑李滢主持，社领导周伟、欧京海和教材编辑中心全体编辑参加了会议。

2016人美版《高中美术》教材修订工作编委会总主编由薛永年、潘鲁生、吴为山担任，代大权、陈平、李力加、高天民、李泓、董占军、尚荣、徐扬等人担任编委。编委会专家团队由三方面的人员组成：一是在美术界和教育界都极具知名度的领军人物；二是具有教材编写经验的教育专家；三是具有实践教学经验的一线教师。以此结构组成编委会，目的是使此次教材的修订能够做到既以专家的学术高度深入，又结合实践经验浅出，真正做到“上连天线，下接地气”；既能够以美术教育专家的专业性和权威性来保障人美版高中教材修订版的质量，又能够使教材具有鲜明的时代性和广泛的适用性，能够被更多地区和不同教育水平的教师和学生所接受。

周伟对本次教材修订提出三点要求，一是要在保证基本知识和基本技能教学的基础上，重点围绕新课标所提出的指导思想“核心素养”进行修订；二是要根据实践运用中发现和总结出的问题，处理好简与繁的关系，突出重点内容；三是吸收其他优秀美术教材案例和具体实践中的好经验，取其精华，有所创新。

周伟和欧京海在会议开始时，向与会的各位专家颁发了聘书。（王　玥）

《神奇的一年》获2016“我最喜爱的童书”银奖

2016年10月17日，天天出版社出版的《神奇的一年》在2016“我最喜爱的童书”评选中获得儿童文学组银奖。本次评选由深圳少年儿童图书馆等全国十四省市的图书馆联合举办，评选历时十个月，9位海内外专家、全国257所学校参与其中。《神奇的一年》是“国际获奖大作家”系列中的一种，为2014年纽伯瑞银奖作品。

（顾　乡）

《红军长征英雄谱》新媒体作品发布会举行

2016年10月19日，中国大百科全书出版社出版的新媒体作品《红军长征英雄谱》在中国人民革命军事博物馆举行发布会。

中国大百科全书出版社副总编辑刘杭介绍，《红军长征英雄谱》内容主要来源于《中国大百科全书》（第二版），共收录108位长征英雄人物，以百科条目形式，记录和展示人物的丰功伟绩。作品共计15万字，100余幅图片，总数据量约50M。作品以APP形式发布在互联网上，支持在安卓系统和苹果系统和平板电脑，面向全球免费传播。

“作品旨在让年轻一代、让全世界都能读到这些中国故事，认识这些中国人物，被中国奇迹所感动。”刘杭表示，《红军长征英雄谱》是一部新媒体作品，在红军长征胜利80周年之际发布，旨在用新媒体来记录长征历史，用新手段来刻画长征英雄，用新技术来讲述长征故事，用新形式来阐释长征精神。

发布会上，北京市新闻出版广电局党组成

员、副局长张苏介绍说，中国大百科全书出版社策划、编创《红军长征英雄谱》这部作品，是对长征精神很好的阐释，是对先辈们深情的怀念和尊重，是对红色文化的传承传播，作品出版很有意义。（尹添铭）

第三季“百年学脉——‘中华现代学术名著丛书’系列讲座”举办

2016年10月22日～12月3日，商务印书馆与首都图书馆联合举办的“百年学脉——‘中华现代学术名著丛书’系列讲座”第三季，为读者奉上一系列学术盛宴。

本季讲座延续了前两季的模式，邀请各个学科的知名学者讲述中华现代百年学术经典名著，共举办四讲：第一讲为“举袂朝阳作凤鸣——我所知道的余冠英先生”，主讲人是余冠英先生的家人、首都师范大学教授刘新风；第二讲为“中西融汇，古今贯通——雷海宗的治学生涯”，主讲人为雷海宗先生的关门弟子、世界史学者、南开大学教授王敦书；第三讲为“宗白华与二十一世纪中国美学”，主讲人为宗白华研究专家、北京大学哲学系教授章启群；第四讲为“陈焕章与儒家经济思想巨著《孔门理财学》”，主讲人为《孔门理财学》译者、国家图书馆研究馆员韩华。

讲座受到读者欢迎，每场平均上座人数为200余位。同时，商务印书馆通过微博直播和微博大屏幕互动的方式，将讲座与更多场外的读者分享。通过举办该系列讲座，商务印书馆希望能够和读者一起重返中西文化碰撞的现场，探究数代学人在激荡潮流中的所思所想，其中必然闪耀着属于中华文化的独特光芒。（陈　洁）

蓝海战略与供给侧结构性改革高峰论坛暨《蓝海战略》（扩展版）出版座谈会举行

2016年10月25日，“蓝海战略与供给侧结构性改革高峰论坛暨《蓝海战略》（扩展版）出版座谈会”在上海复旦大学举行。会议由商务印书馆、复旦大学EMBA、复旦大学东方管理研究院、游读会等共同主办。

论坛上，商务印书馆总经理于殿利高度评价了《蓝海战略》及《蓝海战略》（扩展版）出版的意义，指出蓝海战略理论对统治战略管理领域近30年的竞争战略提出挑战，令人耳目一新，无论政府、企业和个人都能通过使用蓝海战略的框架和工具受益。《蓝海战略》（扩展版）有针对性地增加了战略协调、更新蓝海、避免红海陷阱等章节，以回应近年来经济的新变化。中国经济正在谋求从制造业大国到制造业强国再到创造强国的转变，蓝海战略在这一过程中为政府制定发展规划、调整经济结构提供了重要的战略支撑。

《蓝海战略》（扩展版）作者W. 钱·金教授认为，中国正在寻求的供给侧结构性改革面临的挑战是，既要降低无效的供给，又要提供高质量的产品。消费者追求物美价廉，因此需要在提供产品差异化的同时保持低的成本结构，这正是蓝海战略的真谛，也是蓝海战略能为供给侧结构性改革做出的贡献。

与会专家一致认为，在中国发展模式转型的当下，运用蓝海战略进行创新与变革，势在必行，且大有可为。（范海燕）

生活·读书·新知三联书店（上海）有限公司2017年度选题论证会召开

2016年10月27～28日，生活·读书·新知三联书店（上海）有限公司（简称“上海公司”）2017年度选题论证会召开。生活·读书·新知三联书店总编辑翟德芳及上海公司全体员工参加了会议，会议由上海公司总经理王秦伟主持。

王秦伟代表上海公司对2016年图书生产、选题申报、选题储备情况进行了回顾，对2017年上海公司选题思路及产品线规划进行全面汇报。副总经理麻俊生对2017年重点策划选题进行了分析和阐述。编辑中心、营销中心具体介绍了2017年出版计划及营销计划。全体编辑结合各自专业背景及市场分析，从出版形式、营销方式、作者资源拓展等不同角度提出了对于公司2017年图书出版和选题策划的新思路，并提出各自的选题方向及具体选题项目，共同进行分析论证。

翟德芳传达了中国出版集团公司关于2017年图书出版的总体要求；并针对上海公司2017年重点选题及编辑选题方向提出六点具体意见：一是认识自我优势，完善出版结构，开辟创新道路；二是面向市场，明确发展方向；三是坚持出版导向不动摇；四是增强发展动力，消除发展阻力，拓展外部合作模式；五是提高图书质量，加强编辑培训、推动能力提升，聚焦选题资源；六是出版精品，充分利用三联书店品牌优势提升市场影响力。（洪江龙）

《中国艺术》《中国美术》期刊研讨会举行

2016年10月28日，中国美术出版总社召开《中国艺术》《中国美术》期刊研讨会。《美术》杂志主编尚辉、中国文化传媒集团《艺术市场》杂志执行主编续鸿明、《三联生活周刊》主编助理曾焱等13位媒体和艺术领域的专家学者参加会议，共商《中国艺术》《中国美术》两本杂志改版及未来发展问题。党委书记周伟、总编辑林阳、期刊工作领导小组办公室主任王远、《中国艺术》和《中国美术》全体编辑及相关营销、宣传人员出席，会议由党委副书记、副社长高世屹主持。

周伟就中国美术出版总社期刊工作的整体布局、改革情况和面临的问题做了介绍。中国美术出版总社各刊物的定位正在逐步明确，同质化问题正在逐步解决，改版工作也在有条不紊地进行。但《中国艺术》和《中国美术》两本刊物未来发展的课题仍在积极探索阶段。他强调，定位问题攸关生死，如何明确定位、做强内容，如何建设渠道和如何拓展等经营问题是本次研讨会的重点。

会上，各位专家分别发言，就两种期刊的发展提出了宝贵意见。第一，在期刊定位方面，要立足既有资源优势，深入分析纸媒刊物的特点和美术出版特色，做好市场调查，避免定位不清和同质化倾向。第二，在内容建设方面，要加强自采选题的比重，充分发挥期刊的平台作用，在扩充信息量的同时更要将内容做深做透。第三，在经营方式上，要积极促进纸刊与新媒体的融合，利用新媒体对纸刊的延伸作用，扩大刊物影响力。第四，在团队建设方面，不仅要有专业的学术力量，更要培养编辑队伍的主动策划和采写能力，提高自采稿件的比重。此外，与会专家还分别对期刊的封面设计、栏目设置、出版周期等方面问题提出了建设性意见。（郝　赫）

《现代音响技术》杂志与中国音乐家协会电子音乐学会举行签约仪式

2016年10月30日，第13届北京国际电子音乐节闭幕式在中央音乐学院举行。在闭幕式的现场还举行了《现代音响技术》杂志与中国音乐家协会电子音乐学会举行签约仪式。世界图书出版上海有限公司总编辑陆琦和中国音乐家协会电子音乐学会会长张小夫分别代表双方签署了该协议。

《现代音响技术》杂志由中国出版集团公司主管，世界图书出版上海有限公司出版，该杂志于1995年诞生于上海，是一本兼具技术与艺术品位的大型影音刊物。杂志以报道国内外音乐、音响影视业动态、技术发展，分享音乐、音响赛事、活动，教授电子音乐软件应用知识，介绍名器、名碟，评析销售市场，辅以发烧入门知识，提高音响、音乐爱好者鉴赏能力为主导方向。在全力促进民族音响工业发展的同时，注重推介专业院校的科研成果和青年才俊的作品成绩。

杂志辟有五个软、硬件栏目，每期以大量篇幅测试、评介国内外优秀的消费类音响、音乐电子产品和音像制品，跟踪业内最新动态和最新技术。同时杂志还不定期地推出专题栏目对近期市场的热门产品、热点问题进行深入全面的分析。（王　纯）

“一带一路”百人论坛研究院成立暨学术研讨会举行

2016年11月5日，“一带一路”百人论坛与商务印书馆联合举办“‘一带一路’百人论坛研究院成立暨学术研讨会”。中国保监会原副主席周延礼，商务印书馆总经理于殿利，“一带一路”百人论坛召集人、中央党校教授赵磊等出席会议并致辞。国家发展与改革委员会西部开发司巡视员欧晓理、北京语言大学党委书记李宇明、中联部当代世界研究中心副主任胡昊、国家开发银行研究院副院长曹红辉等30余位专家参加会议，并就“一带一路”的若干前沿问题展开了深入交流。

“一带一路”百人论坛研究院由“一带一路”百人论坛和商务印书馆合作成立，愿景是希望助益“一带一路”的智慧对接、舆论对接、行动对接，使命是加强“一带一路”倡议的学术研究、理论支撑、话语体系建设。研究院的主要工作有图书出版、主办会议及推动国际交流等事项。

研究院由《“一带一路”年度报告》编委会成员和“一带一路”百人论坛研究院研究员两部分人员组成。编委会成员由国内有影响力的、在“一带一路”理论建设方面卓有成就的知名专家担任；研究院研究员由持续专注于“一带一路”研究的八零后中青年骨干学者担任，研究院将在学术会议、出版、调研等方面为他们提供便利，以增强“一带一路”的学术梯队建设。（戴军明）

中国大百科全书出版社2017年度选题工作会议召开

2016年11月8～10日，中国大百科全书出版社（以下简称“出版社”）在北京召开2017年度选题工作会议。中国出版集团公司党组成员、中国出版传媒股份有限公司副总经理李岩，中国出版传媒股份有限公司出版业务部主任刘祚臣、国际合作部主任刘忠、出版部项目处处长杜宇，《中国大百科全书》执行总主编杨牧之，中国出版集团公司内容建设委员会委员、中共中央党校教授谢春涛，以及出版社社委会成员及各部门正副职、首席编辑、营销编辑、市场营销部人员共计70余人参加了会议。

会议首先由出版社总编室、市场营销部介绍了全社有关选题、发稿、市场表现等整体情况。随后在分部门会议上，各分社、中心、编辑部对2016年1～9月本部门工作整体情况及本年度选题计划落实情况、对本部门相应板块的市场调研情况进行了分析和总结，并介绍了2017年度本部门重点选题计划安排情况。分组讨论中，大家对于“各部门如何结合自身特点和优势，规划本部室有影响力的产品线并突出重点”等议题纷纷发表了意见和建议。

在社委会成员发言阶段，出版社社长刘国辉代表社委会在总结讲话中结合《中国大百科全书》第三版的工作对出版社选题工作提出了具体要求。他希望大家树立自信心，强化专业专心的编辑精神，不断提升面对市场的能力和水平。

李岩代表集团公司对出版社未来的选题工作提出了几点期望：一是在图书质量管理问题上，要加大力度，严格把关；二是在主题出版上，百科社要凭借丰富的资源有更大的作为；三是要做好产品线的延伸，加强内容资源的有效应用并与市场充分结合。（尹添铭）

生活·读书·新知三联书店2017年度选题论证会召开

2016年11月9日～11日，生活·读书·新知三联书店召开2017年度选题论证会。生活·读书·新知三联书店领导班子全体成员、各分社及各下属公司负责人，相关职能部门中层干部、部分编辑共60余人参加了会议。中国出版集团公司党组书记王涛，中国出版传媒股份有限公司出版部副主任曹永平、对外部处长贾兵伟参加了会议。会议还邀请了安徽新华传媒股份有限公司副总经理王焕然与会作专家点评。

会上，生活·读书·新知三联书店副总经理张作珍做2016年图书状况及发行情况分析报告。

副总编辑舒炜、郑勇分别做“学术图书出版及选题建设”和“文化出版、选题建设与作者维护”的发言。各分社、各下属公司负责人分别提出需要论证的若干选题，与会人员有针对性地发表了具体的意见及建议。

王涛指出，三联书店要做好选题工作，必须做到：第一，要调整出版结构。第二，要放下身段，和民营的、有潜力的工作室进行深度合作。第三，要把维系作者作为一个系统工程来实施。第四，要在文化复兴和文化自信这些方面更多着力。生活·读书·新知三联书店总经理路英勇以“坚守”“创新”“融合”来概括此次选题论证会，并强调了会上达成的共识“调结构”“强动力”。总编辑翟德芳对选题出版工作提出四点希望：在坚持导向的前提下出版更多精品；在继承传统的基础上努力寻求创新；丰富特色产品线，但要更紧密地贴合国家战略；立足国内图书市场，但要更好地兼顾国内国外两个市场、纸介质和电子介质这两种介质。

会议还传达了中共中央宣传部召开的关于加强进口图书和引进版权管理座谈会的会议精神。

（张嘉薇）

中国出版集团公司2016年度报刊工作会召开

2016年11月18日，中国出版集团公司（以下简称“集团公司”）召开2016年度报刊工作会，集团公司党组成员、中国出版传媒股份有限公司副总经理孙月沐出席会议并讲话。各单位分管报刊的领导、总编室主任，以及相关报刊的主编、副主编共60余人参加了会议。

孙月沐在会上以“推进集团报刊整体向好稳健发展”为题做了工作报告。他首先指出，集团公司2016年参展2016中国（武汉）期刊交易博览会的出色表现以及近两年集团公司报刊呈现出的稳健发展势头，是集团公司领导高度重视、集团公司出版业务部和各单位强化管理、报刊从业人员努力工作的结果。同时，集团公司出版业务部和各出版单位、报刊单位进一步加强了对报刊工作的认识和管理，重视程度和管理力度空前增强。在总结集团公司九月份参展2016中国（武汉）期刊交易博览会工作时，他表示，刊博会上集团公司报刊的表现和成绩，是集团公司报刊整体工作的一个缩影。同时他对集团公司报刊近两年取得的成绩做了总体梳理。

孙月沐结合集团公司报刊“十三五”期间发展规划，对下一步工作提出六点要求：一是加强导向管理和内容建设。二是推进报刊实体化经营、市场化运作。三是加强绩效管理，在发展上下功夫。四是培育新媒体典型。五是加强报刊专业人才队伍建设。六是做好“十三五”发展规划和明年工作计划。他希望各单位以这次报刊工作会为契机，重点抓好调整结构、绩效管控、融合发展和体制机制创新，在抓导向、强管理、谋改革、保发展、调结构、壮品牌、促融合、扩影响等方面统筹推进，整体推进，巩固和发展报刊整体向好局面，实现集团公司报刊媒体的品牌增值和稳健发展。

会议由中国出版传媒股份有限公司出版部主任刘祚臣主持，副主任曹永平及报刊宣传处有关同志参加了会议。

（姜锐刚）

中国美术出版总社成立中国美术期刊传媒集团

2016年11月21日，中国美术出版总社成立中国美术期刊传媒集团，对期刊进行统一管理，明确管导向、管内容、管经营。《中国美术》《中国艺术》《书法教育》《油画》四本美术专业期刊合并办公，分别由社领导担任主编，加强领导，提高办刊质量；编辑人员由期刊集团总编办统一管理，下设特稿组、评论组、史论组、绘画组、书法组和新媒体组，统一安排选题和组稿，通过多媒体发布，实现“一次策划，一次组稿，多个产品，多元发布”，打造期刊编辑的“中央厨房”；三是支持教材工作，在教材中心办好《中国中小学美术》的基础上，新创办杂志《幼儿美术》，为幼儿美术教材服务；四是成立中国美术杂志社有限公司，探索扩大对外合作经营的新路子；五是创新用人机制，改革薪酬标准，吸引社会人才。取消期刊主编的行政级别，适当提高薪酬标准，逐步建立市场化选人用人的办法。目标是打造一个结构合理、资源互补、市场细分的，有较强经济实力和社会影响力的期刊群。

（孙建虎）

现代教育出版社 2017 年度选题工作研讨会召开

2016 年 11 月 29 日，现代教育出版社召开 2017 年度选题工作研讨会。会议由副总编辑沈悦苓主持，副社长陈琦、社外专家所广一、常汝吉及相关部门负责人出席会议。中国出版传媒股份有限公司出版业务部主任刘祚臣、处长杜宇，国际部主任刘忠、处长贾兵伟应邀参加。

会上，副社长陈琦对全社 2016 年的工作进行了总结并简要整理 2017 年度全社发展规划思路，阐述了产品线建设的相关情况。各编辑部负责人围绕“少儿、教育”图书产品主线介绍了本部门 2017 年度的选题计划。出席会议的集团公司领导及社外专家在听取各部门报告后分别对各类选题进行了点评，整个会议进行的有条不紊。

（杨　静）

“历代画谱类编”系列丛书编辑出版

2016 年 11 月，《历代画谱类编·山水》的 1 至 18 卷及《历代画谱类编·石》的 1～3 卷作为重点图书相继出版。第一作者冯晓林先生系北京师范大学教育学博士，中国艺术研究院美术史博士后访问学者，中国社会科学院高级编审，学苑音像出版社执行社长、总编辑，中国国家画院高级访问学者。“历代画谱类编”系列丛书精选自北宋《宣和画谱》至民国后 20 年石印画谱等 150余种可见画谱，按照传统中国画的题材样式分科分类习惯和实际运用中的方便，分为《历代画谱类编·山水》《历代画谱类编·名胜》《历代画谱类编·花鸟》《历代画谱类编·百兽》《历代画谱类编·人物》《历代画谱类编·仙佛》《历代画谱类编·仕女》《历代画谱类编·兰》《历代画谱类编·梅》《历代画谱类编·竹》《历代画谱类编·菊》《历代画谱类编·博古清供》《历代画谱类编·石》《历代画谱类编·扇面》共 14 种。是难得的资料性文库，极具出版价值。

（武若杨）

《宫崎滔天家藏民国人物书札手迹》（第一卷）（第二卷）出版

2016 年 11 月，由中国宋庆龄基金会研究中心编辑的《宫崎滔天家藏民国人物书札手迹》（第一卷）（第二卷）由华文出版社出版。该书共八卷，收录资料非常丰富，绝大多数史料为首次面世。这些资料不仅涉及大量与日本相关的近代中国历史人物，如孙中山、黄兴、宋教仁、胡汉民、张继、戴季陶等，而且涵盖了信函、题词书画、照片、报刊等诸多种类。对于研究孙中山及辛亥革命、研究中国近代史和民国历史人物具有重要价值；而且资料均为众多民国历史人物亲笔手书，许多堪称书法精品，同时具有重要的艺术价值和文化价值。

该书出版纪念会于 2016 年 11 月 12 日在北京宋庆龄故居举行。中国宋庆龄基金会常务副主席杭元祥在讲话中说，2016 年 11 月 12 日是孙中山先生诞辰 150 周年，在这样一个重要的日子，我们相聚在宋庆龄故居，共同见证《宫崎滔天家藏民国人物书札手迹》的出版，以此缅怀孙中山先生的丰功伟绩和革命精神，回顾孙中山先生与宫崎滔天的真挚友谊和并肩奋斗的历史，具有特殊的意义。

（黄珊珊）

中华书局 2017 年度选题工作研讨会召开

2016 年 12 月 2～3 日，中华书局召开 2017 年度选题工作研讨会。中共中央宣传部出版局局长郭义强，国家新闻出版广电总局出版管理司司长周慧琳，中国出版集团公司总裁谭跃，中国出版集团公司党组成员、中国出版传媒股份有限公司副总经理李岩出席，中华书局总经理徐俊，总编辑顾青，党委书记、副总经理周清华，副总编辑尹涛，副总编辑李占领，原副总经理余喆及各编辑、营销部门负责人，部分行政和生产部门负责人参加。会议由顾青主持。

李占领对中华书局 2017 年度选题及出版计划做了整体介绍。各编辑部门负责人借助 PPT 形式，对本部门 2016 年度工作做了小结，对 2017 年度选题计划和重点选题做了介绍。营销总监王军做了 2016 年营销工作总结及 2017 年营销工作展望，计划财务部主任刘宏做了 2016 年财务工作报告。

徐俊在总结中强调了六点内容：认清形势，提升优势；实现产品发展战略是发展的根本保障；从国家文化战略、社会大势观照传统文化需求的态势；从历史、现实和未来观照自身品牌核心；从传统文化的实际需求观照中华书局经营安排；从产品格局的高度观照工作执行情况。

谭跃肯定了中华书局的营销战略思路，并对中华书局 2017 年度出版工作提出三点期望：按照上级要求，核心是习近平总书记十八大以来的系列讲话精神；认清定位，了解需求；加强古籍出版，传承中华风范。谭跃还向与会者分享了他关于出版工作的心得。

周慧琳在肯定中华书局工作的同时，特别指出，筹划 2017 年度工作应该围绕国家“十三五”重点出版规划进行；注重原创出版，避免跟风模仿；在作者资源上要进一步开阔视野；注意导向问题；重视传统出版和新兴出版业态的融合发展。

郭义强在讲话中肯定了中华书局取得的成绩，并对中华书局 2017 年度出版工作提出六点期望：在深化“双创”上下功夫；在有效传承上下功夫；在普及上下功夫；在面向重点读者对象上下功夫；在发挥引领作用方面下功夫；在选择性弱化上下功夫。（梁　彦）

华文出版社 2017 年度选题会召开

2016 年 12 月 2 日，华文出版社年度选题会在人民音乐出版社会议室召开。全国工商联副主席、中央统战部副秘书长兼研究室原主任庄聪生，中央社会主义学院统战教研部主任李金河，团结出版社原总编辑、出版家唐得阳，《今日中国》（阿文版）原主编、阿语翻译家王复等社外专家，中国出版集团公司党组成员、中国出版传媒股份有限公司副总经理李岩，华文出版社社长宋志军，中国出版集团传媒股份公司出版部副主任曹永平，华文出版社副总编辑张力慧，副社长李庆，副总编辑方明亮等领导出席会议。

华文出版社外国传记文学编辑部、中国传记文学编辑部、民国传记文学编辑部、宗教文化编辑部、统战文化编辑部、小吴工作室分别汇报 2017 年度选题计划；国际合作部、数字出版部汇报 2017 年度工作计划；市场营销中心作 2016 年度图书市场分析。各分管领导对分管工作做总结性点评。

李岩肯定了华文出版社的选题工作，认为这次选题会已经形成了一定规模，显示出了华文出版社清晰的产品战略。并对华文出版社下阶段工作做了四点指示：第一，要抓重点，突出特点，围绕核心优势，做一批有影响的图书；第二，要下功夫，实现图书形式和内容的统一；第三，要培养骨干，凝聚力量，补足自主研发产品不足的劣势；第四，要吸收挖掘重要的作者资源。他表示，对于华文出版社发展中面临的困难，集团公司层面也会一如既往地支持，帮助解决。

（黄珊珊）

茅盾诞辰 120 年入职商务印书馆 100 年图片文献展暨茅盾·商务印书馆·中国现代文化转型高端论坛举办

2016 年 12 月 5 日，由中国作家协会、中国出版协会、中国茅盾研究会、商务印书馆联合主办的“茅盾诞辰 120 年入职商务印书馆 100 年图片文献展暨茅盾·商务印书馆·中国现代文化转型高端论坛”在商务印书馆举办。中宣部出版局局长郭义强，中国作家协会副主席李敬泽，国家新闻出版广电总局原副局长邬书林，国家新闻出版总署原副署长桂晓风，中国出版集团公司党组书记王涛，中国出版协会常务副理事长刘建国，中国茅盾研究会会长杨扬，北京师范大学文学院教授钱振纲，中国人民大学文学院教授孙郁，中国社会科学院文学研究所研究员陈福民，《人民文学》杂志主编施战军，茅盾家人代表，胡愈之和张仲实的后人胡序威、张复，以及来自北京语言大学、中国现代文学馆、中共四大纪念馆、茅盾故居、《中华读书报》等学术和文化机构的专家学者40余人出席图片展开幕仪式。

从20岁到30岁，茅盾在商务印书馆度过了他最宝贵的青春时光，这十年，是他文学和革命起步的十年。图片文献展共分为“从小镇走出来的有志青年”“起步的十年——茅盾在商务印书馆”“树起现代文学的丰碑”“共和国的文坛保姆”四个单元，全面立体地展现了茅盾由一个进步青年成长为一代文学巨擘的奋斗历程。其中第二单元展示了他在商务印书馆的十年足迹，审视了其编辑生涯、对中国现代文化转型的贡献，以及投身革命运动的思想萌芽。

开幕式当日还举办了“茅盾·商务印书馆·中国现代文化转型高端论坛”，与会专家研讨议题包括“茅盾与上海”“茅盾在商务印书馆”“茅盾研究的回顾与展望”“略谈茅盾的文学批评”“茅盾五四时期的妇女观”“商务十年与茅盾文学风格的确立”等。论坛发言从编译工作、文学写作、友人交往等多个方面，立体生动地呈现了茅盾的诸多生命细节，是对茅盾研究史料的补充，也为拓展研究方向提供了思路。

由商务印书馆出版的《起步的十年：茅盾在商务印书馆》一书也在论坛当日首次与读者见面。

（刘　芳）

生活·读书·新知三联书店举办2017年新年作者聚谈会

2016年12月27日，生活·读书·新知三联书店在雕刻时光咖啡馆举办了2017年新年作者聚谈会。吴泰昌、王学泰、赵珩、李伯重、李开元、李零、舒昌善、孙歌、王干、闻一、黄乔生、张鸣、余世存、杨浪、赵京华等150多位三联作者和朋友应邀参加。生活·读书·新知三联书店为来宾们准备了有代表性的三联版好书和笔记本作为礼物，还附赠了为此次活动编写的《2016·三联这些事》，让来宾们更加清楚地了解了生活·读书·新知三联书店一年来的发展和成绩。聚谈会上，来宾们交流思想，筹谋新书，共叙友情，祥和迎春。

（仇　辉）

“文化：中国与世界”编委会成立30周年纪念会召开

2016年12月31日，近60位当代学术思想界的老中青三代学者在三联韬奋图书馆齐聚一堂，纪念在20世纪80年代影响广泛的“文化：中国与世界”编委会成立30周年，同时也庆祝生活·读书·新知三联书店恢复独立建制30周年。中国出版集团公司和生活·读书·新知三联书店的相关领导、“文化：中国与世界”编委会的部分编委和作者、译者代表，以及北京各大学和研究机构的部分中青年学者出席了会议。

会议开幕式由生活·读书·新知三联书店总编辑翟德芳主持。中国出版集团公司党组成员、中国出版传媒股份有限公司副总经理李岩，生活·读书·新知三联书店总经理路英勇，“文化：中国与世界”编委会主编甘阳分别发表致辞。开幕式结束后，“文化：中国与世界”编委会的部分编委和作者、译者代表进行了座谈。三场中青年学者论坛分别围绕“西学与现代中国思想”“现代西方与中国传统”以及“学术传统与思想的未来”进行主题发言，甘阳做会议总结。

经过近十个小时的讨论，会议回顾了过往30年中国学术思想的历程，展望了未来30年学术思想的可能，取得了圆满成功。

（冯金红　王晨晨）

“中国非通语网络教育平台”上线运营

2016年12月，中国非通用语网络教育平台

（“非通在线”）上线运营。平台通过良好的高校师资资源和新媒体技术的成熟应用，构建网络化、数字化、个性化、终身化的非通用语教育体系，建设“人人皆学、处处能学、时时可学”的学习环境。内容涵盖语言文化、各国常识、民俗民情、新书推荐、非通用语资讯等，是国内专业的非通用语在线学习平台，首期课程覆盖泰语、越南语、缅甸语、老挝语、印尼语、马来语、波斯语、阿拉伯语等多种语言，上线课程30多门，近200小时。“非通在线”上线运营为广大非通用语学习者大开方便之门，为扩大我国多语种人才培养提供了广阔空间。（卢家彬）

营销活动

商务印书馆开展北京阅读季·书香机关、书香企业系列活动

2016年1月，商务印书馆积极推动书香进机关进企业活动，通过线上和线下相结合的形式，组织筹划书香中国·北京阅读季·书香机关、书香企业活动，开展了一系列阅读推广活动。

2016年4月，举办“北京市直机关青年公务员读书大讲堂”“市直机关领导干部系列文化讲座”“书香机关青年读书沙龙”等活动，通过讲座、赠书加推荐图书等形式，让机关职工在沐浴书香中得到提升。其中“北京市直机关青年公务员读书大讲堂”共举办了三场讲座，北京市约600名公务员聆听了讲座，主办方为在场的青年公务员赠阅图书600余册。同时，开创“公务员读书”微信公众号、“书香领秀”微信群，为机关职工提供更丰富的阅读内容和服务。系列活动和服务的开展，为书香机关氛围的形成打下了坚实的基础。

商务印书馆针对北京市企业开展了形式多样的“书香企业”阅读推广活动，积极推进阅读推广，营造了浓厚的读书氛围。其中，“书香企业”领读者培训活动，通过系统性培训，实现各企业的“领读者”从一般志愿者到阅读骨干的转变，进一步加强了基层阅读推广队伍建设；“书香企业征文”活动，以“读书与企业创新”为主题，收到征文稿件500余篇，评选60篇获奖作品。此外，还举办了主题为“情定书缘”的青年阅读会、主题为“我给爸妈讲故事”的亲子读书会、主题为“书伴影随”的摄影大赛、读书沙龙“好书评选”等，丰富了“书香企业”的系列活动，产生了一系列良好的社会影响，将促进书香企业建设、带动企业员工的阅读兴趣和热情落到了实处。

（唐　敏）

中国出版集团公司第四届经销商大会召开

2016年1月5日，以“推进深度战略合作、积极谋求营销创新”为主题的中国出版集团第四届经销商大会暨营销创新论坛，在北京通州台湖北发大酒店隆重举行。中宣部、国家新闻出版广电总局、中国出版协会、中国书刊发行业协会等上级管理部门及行业协会领导，各省店、城市店、电商、天猫重点经销商和美术、音乐、少儿等专业板块重点经销商的主要领导、负责采购业务的副总经理、采购经理、业务员代表，中国出版集团公司党组书记王涛，副总裁潘凯雄、中国出版集团公司党组成员、中国出版传媒股份公司副总经理孙月沐等以及集团公司所属各出版单位领导、发行业务人员，媒体记者共300余人参加了会议。集团所属商务印书馆、中华书局、生活·读书·新知三联书店、人民文学出版社、人民美术出版社、人民音乐出版社、中国大百科全书出版社等23家出版单位携千余种重点新书悉数到场亮相。会议由中国出版集团公司党组成员、中国出版传媒股份公司副总经理樊希安主持。

此次经销商大会，集团公司以创新办会主题，策划举办了“营销创新论坛”；签署了“中版好书百店千柜工程”落地书城合作协议；表彰了一线门店、采购经理、出版社营销员和营销金案；推出了“中版好书 2015 年度榜”；推介了 2016 年度中版集团重点图书；介绍了中版物流整合布局，进一步推进社店物流实务对接等六大主题活动，还设立了中国出版集团公司重点图书展示区，便于社店直接业务对接交流。既有营销研讨、新书推荐，也有合作签署、表彰激励，更有现场展示、业务交流，中国出版集团公司正在不断创新、丰富每年一届的经销商大会的参与形式与会议主题，以更接地气的项目签约和好书推荐、更具实效的营销互动、更加便捷的现场对接，强合作促拓展，推进营销创新。

第 12 届全国人民代表大会教育科学文化卫生委员会主任委员、中国出版协会理事长、国家新闻出版总署原署长柳斌杰出席会议并做重要讲话；中国出版集团公司党组书记王涛做大会致辞；中宣部出版局正局级巡视员刘建生，浙江省新华书店集团董事长王忠义，安徽新华传媒股份有限公司副董事长、总经理翟凌云，凤凰出版传媒股份有限公司副总经理金国华，深圳出版发行集团总经理尹昌龙，中国出版集团公司党组成员、中国出版传媒股份有限公司副总经理樊希安等嘉宾分别在“营销创新论坛”上发表主旨演讲。

此次会议是在 2015 年 6 月 29 日，经中央宣传部批复同意，中国出版传媒股份有限公司设立市场营销部之后召开的，本次大会集团公司以宣传社会主义核心价值观、贯彻十八届五中全会精神为主线，以强化渠道合作、探索模式拓展、深化营销创新为重点，与全国发行集团、经销商加强交流、共谋发展、合作共赢的一次盛会；也是集团不断强化“以精品好书引领全民阅读”理念，服务读者，推进全民阅读，持续强化营销创新实践的成果展示与检验；更是通过举办首次营销创新论坛的开创之举，集聚众多发行集团大咖，搭建交流观念，碰撞智慧的“创意秀场”，引领书业营销风潮，共推书业营销拓进。

（王欣新）

《回首一笑七十年》新书首发会举行

2016 年 1 月 6 日，生活·读书·新知三联书店出版的一代武侠影后郑佩佩自传回忆录《回首一笑七十年》新书首发会在上海市星云文教馆举行。时值郑佩佩 70 岁寿辰当日，其家人及众多演艺界、文化界朋友齐聚一堂，共贺郑佩佩生日及新书面世。诸多来自文艺界的友人均侃侃而谈，一述自己心中的郑佩佩。媒体人甘鹏作为此书的第一批读者之一，认为其为中国电影史留下了第一手资料，同时也是一段段好看的故事，从中能认识一个个不一样的明星。签售环节中，郑佩佩为读者和影迷签名留念，发布会圆满结束。

（洪江龙）

《凤凰卫视这些年》新书发布会举行

2016 年 1 月 7 日，现代出版社在凤凰卫视成立 20 周年之际，推出新书《凤凰卫视这些年》，以传记的形式揭秘一个传媒巨头崛起二十年的成长史。凤凰卫视著名主持人许戈辉、阮次山出席了在中国国际展览中心召开的新书发布会，这是他们 20 年来首次同台，与观众和读者们畅谈了他们二十年的媒体生涯路。

“凤凰卫视给了我们每个人一片天地，这片地就是脚踏实地，这片天就是一颗不设屋顶的、想飞的心，凤凰让我们每个有理想的媒体人，在这里找到了心灵的自由。”提起自己在凤凰卫视 20 年的从业经历，许戈辉在现场有些动情。

从三个人到 3000 人，凤凰卫视一步步成为业界翘楚。它成功的秘密在哪里？一群不同国籍、不同教育背景、不同政治观念的华人置身凤凰，产生了怎样的火花？“在凤凰卫视，主持人不需要通过普通话等级考试上岗，观众们在凤凰卫视听到的是南腔北调、不标准的普通话，我们感谢观众的包容。同时，我们也让中国和世界听到了最真实的语言和不同的声音”，阮次山说。

（李　昂）

《走近孔子》新书发布会举行

2016年1月7日，《走近孔子》新书发布会在北京举行。出席本次活动的嘉宾有韬奋基金会理事长聂震宁，中国图书进出口（集团）总公司原总经理吴江江，《光明日报》国学版主编梁枢，首都师范大学教授孟繁华，首都师范大学教授周桂钿，现代出版社社长臧永清以及本书作者王恩来。

《走近孔子》作为一本阐扬中国儒家学派创始人孔子思想的国学著作，得到了著名国学大师饶宗颐的高度认可。饶宗颐亲笔题写本书的书名"走近孔子"。

该书是一部力图将历史与当代现实接轨，系统解读和还原孔子思想的哲学随笔著作。作者王恩来对承载孔子儒学思想的《论语》等著作进行深入探索，挖掘其中所蕴含的人生价值、生活哲理和伦理道德。从对自身的心灵探索到对外界的社会探索，此书呈现了孔子思想中务实的处世奥秘。孔子所提倡的礼仪，其目的不是压抑人性而恰恰是为了保持俗世的规则，保障人人获得幸福和快乐的权利。世事的圆满在于人心，幸福和快乐才是人生的终极追求。随着社会竞争加剧以及生活节奏加快，人们的各种压力感大增，但幸福感却不断下降，国民心理建设和心灵关照亟待加强，从经典中获得心灵的力量，才是我们今天重提圣贤的价值所在。（李　昂）

《中国传统绘画史纲——画脉文心两征录》新书发布会举行

2016年1月8日，人民美术出版社在中国国际展览中心召开了《中国传统绘画史纲——画脉文心两征录》一书的新书发布会。发布会由人民美术出版社总编辑助理、艺术教育编辑室主任王远主持，参会的嘉宾有中央美术学院教授、作者杜哲森，中国美术馆研究员、中国美术家协会理论委员会副主任刘曦林，人民美术出版社副总编辑欧京海。

《中国传统绘画史纲——画脉文心两征录》是杜哲森先生的一部新著，由人民美术出版社于2015年1月出版，全书50余万字，始自秦汉，终于清末。全书共分六章，59节，兼有引论、结语及附录，配图近500幅。（赵军平）

《一个巧克力》新书发布会举行

2016年1月8日，《一盒巧克力》新书发布会亮相2016北京图书订货会。该书作者为九岁女孩蔡亦青，由现代教育出版社作为儿童原创文学重点推出，书中的人物形态各异，性格鲜明，是一部充满励志和正能量的作品。在作品里她展开奇妙的想象力，并结合幽默风趣的网络新鲜语言，尽显"00后"的活跃思维。

《一盒巧克力》是蔡亦青历时一年零两个月完成的长达18万字的作品。发布会上，蔡亦青及其家长介绍到，这本书传递出来自儿童世界中纯粹的美，有游戏的美、有想象的美、有价值的美，还有书写的美。这四种美，是儿童内心世界的真实表现，每一个要了解儿童所思所想所作所为的成人，这本书将成为不得不认真对待的作品。现代教育出版社副社长仇正伟在发布会上表示，此书是该社推出的优秀儿童原创文学作品中的第一部，今后他们将陆续推出系列儿童原创精品图书。（杨　静）

《海归者说：我们的中国时代》首发新闻发布会举行

2016年1月8日，中译出版社、中国与全球化研究中心共同主办的"《海归者说：我们的中国时代》首发新闻发布会"在中国国际展览中心举办。本书主编、中国与全球化智库（CCG）联合创始人兼执行秘书长苗绿，知名律师，美国德杰律师事务所管理合伙人陶景洲与麦可思数据有限公司创始人、总裁王伯庆出席了首发式。

这部原创社科图书，以丰富的细节与场景，披露了40位当代海归精英鲜为人知的人生故事。全书围绕大时代背景下的个人选择和人生际遇，细致完整地呈现了他们的留学经历、个人奋斗和家国情怀，展现了他们在大时代下砥砺前行的生命历程。书中作者分布在政商学媒各领域，包括林毅夫、王辉耀、施一公、饶毅、洪晃、袁岳、高晓松、田溯宁、张亚勤、徐小平等一批知名的政府智囊、学者、媒体人、企业家、律师、公益活动家等，是近 30 年来海归这一特殊人才群体的时代缩影。书中 40 位精英海归人物大都崛起于改革开放之后，留学与回国时间集中在 20 世纪末到 21 世纪初，他们乘着改革的春风远行，在海外学习最先进的技术、理念、商业模式，而后，又迎全球化的东风回归故国，用自己的所学在社会变革中成就一番事业。

《海归者说：我们的中国时代》通过这一特殊的群体看待个体的发展历程，反思个人与社会和国家的关系，评估当今社会发展面临的种种问题，把脉中国未来的发展方向，在中国当前面临新的历史转折关口，此书的出版有着重要的意义。

本书脱胎于东方卫视热播纪录片《海归中国》。该纪录片由中国与全球化智库（CCG）与上海文广集团（SMG）联合策划，播出后获得观众的热烈反响。这部纪录片以独特的视角全景式展示了当代海归精英群体精彩的人生故事，以及他们关注国家族群在全球化背景中前行的深切情怀。

（茹　慧）

蔡志忠《田园的微笑：〈菜根谭〉解密》《开悟者的微笑：禅解密》出版

2016 年 1 月 8 日，著名漫画家、畅销书作家蔡志忠携最新作品《田园的微笑：〈菜根谭〉解密》和《开悟者的微笑：禅解密》亮相 2016 北京图书订货会。

此次出版的两部新书，和 2015 年 9 月出版的《菩提树下的微笑：〈金刚经〉解密》和《智慧彼岸的微笑：〈心经〉解密》，是蔡志忠首次尝试用文字的形式来解读经典。与以往幽默、禅意的漫画作品不同，解密系列中，蔡志忠亲笔撰写了大量浅显易懂的文字，阐述自己对于经典和禅宗的理解，并配以生趣盎然的漫画和意味深长的小故事，多维度向读者阐释。

现今社会，青年人的生活压力非常之大，身心每天都处在超负荷运转中。人与人之间的关系被社交软件异化。去除浮躁，静下心来，用更多的时间去做自己喜欢的事，是当下青年人最急迫的内心诉求之一。

“一个人不忘初心，走在自己所选择的人生道上，不要被沿路的名利左右走错路，牢记初心就不会随波逐流”是蔡志忠在书中提到的理想状态。蔡志忠希望青年读者能通过这两部书，获得一些启示，在轻松愉悦的阅读中洗涤身心，活出自己的天地。

（李　昂）

《大国不易》新书发布会举行

2016 年 1 月 8 日，《大国不易》新书发布会在 2016 北京图书订货会中国出版集团展区举行。中国出版集团公司党组成员、中国出版传媒股份有限公司副总经理樊希安与该书的作者胡锡进亲临现场，与读者共话《大国不易》。

《大国不易》作为华文出版社“大国系列”图书之一，由环球时报社总编辑胡锡进著述而成，全书分为九个部分：中国自信；大国太极；共赢新思维；多元之和；自由的背面；“一带一路”；谁在南海搞小动作；文化有硬度；舆论是个场。作者为第一线记者出身，对世界和时政有着独特的眼光和判断，给出的论点犀利、到位。他以一位资深外媒体人和观察者的独特视角，分析和梳理了当下世界的格局，论述了中国处于一个怎样风云变幻的世界格局之中，抛出了中国作为大国，目前所面临的问题，并给出了犀利的答案。通过这本书，读者可以看到一个有自信，有情怀的大中国。

（黄珊珊）

《中国漫画史》首发式举行

2016 年 1 月 8 日，现代出版社出版漫画理论家陈维东主编的《中国漫画史》在北京举行了首发式。在首发式上，中国美术家协会会员庞邦本、中国图书评论学会副会长杨平等人就该书的编纂过程、出版意义进行了细致的讨论。

近二三十年来，漫画发生了较大的变化，逐渐成为文化产业化中的一支新生力量。出版方介绍，目前，市面上没有系统整理中国漫画发展史的著作，《中国漫画史》作为第一部全景式总览中国漫画历史的典籍，填补了这个空白。

“过去的漫画史著作中，漫画和连环画是分开的，《中国漫画史》则以‘大动漫’的概念作为全书写作的起点和基点，吸收了绘本、插画、新媒体形式中的漫画作品，以及cosplay漫画等多种多样的新形式。”主办方现代出版社表示，全书对于一些在传统媒介上没有得到认可，而在其他媒介红火的作品也以开放的姿态全面接收，力求史料的全面性。

陈维东也介绍了《中国漫画史》的编著过程。他表示，该书由专家班底编著，历时四年。成书过程中，不仅海量搜集报纸、杂志、年鉴、网络等途径上的资料，大量参考已出版的漫画史类著作，同时，还对杂志主编、网站主编、手机动漫运营公司项目负责人、各动漫协会和漫画协会负责人，以及图书发行商等从业者进行了专业细致的采访。（李　昂）

新华书店总店承办 2016全国馆社高层论坛

2016年1月8日，由中国出版集团公司、新华书店总店、北京图书订货会组委会主办，《图书馆报》《新华书目报》、北京社馆直通车科技有限公司承办的“2016全国馆社高层论坛”（以下简称“论坛”）在北京成功举办。中国出版协会常务副理事长、国家新闻出版广电总局原副局长邬书林，文化部公共文化司巡视员、中国图书馆学会副理事长刘小琴，中国出版集团公司党组成员、副总裁潘凯雄，中国书刊发行业协会理事长艾立民出席论坛并致辞。新华书店总店总经理茅院生主持论坛。来自全国各地的图书馆界、出版界、馆配商、数字内容及设备提供商等各领域的400余位代表出席了论坛。

论坛以颁奖仪式、主旨报告、嘉宾对谈、现场互动等方式，以“创新发展与文献资源建设”为主题，就“馆配电子书的前路”“纸电融合趋势下出版社如何应对”等行业热点问题进行广泛深入的探讨，为业界奉献了一场思想盛筵。

“全国馆社高层论坛”举办十年以来，已经成为北京图书订货会乃至馆配行业信息交流与研讨的重要平台，堪称“中国馆配行业风向标”。2016“全国馆社高层论坛”弘扬主旋律、聚焦正能量、展示出版新成果、推动全民阅读，再次被北京图书订货会组委会评为“十佳文化活动”。

（梁晓龙）

《里尔克诗全集》新书发布会举行

2016年1月10日，由商务印书馆出版的《里尔克诗全集》新书发布会在北京举行。里尔克法语诗译者何家炜，中国人民大学文学院教授王家新，北京大学比较文学与比较文化研究所所长张辉，中国人民大学驻校诗人多多，诗人、摄影师王寅等出席发布会。

里尔克被认为是20世纪最伟大的德语诗人之一，对中国白话诗创作具有非常大的影响。《里尔克诗全集》为汉语世界首部里尔克诗全集，由陈宁与何家炜依据德语国家研究者通行的底本译出，收录里尔克毕生创作的2000余首德语诗和400余首法语诗，包括“生前正式出版诗集”“原初与未刊诗集”“逸诗与遗稿”和“法文诗全集”四卷，共十册。与会专家对《里尔克诗全集》已故德语诗译者陈宁表达了敬意，并认为其在对里尔克诗的解读、语调、用词、翻译风格等方面均体现了高度的严谨。（廖　玥）

世界图书出版上海有限公司与贵阳两所学校签约使用中版教育云平台项目

2016年1月18日、8月16日，世界图书出版上海有限公司分别与贵阳六中、贵州省农科院附属中学签约中版教育云平台项目。

团队工作人员到各个学校进行考察并进行前

期硬件部署，除了常规的平台操作、师生培训，还根据教师的授课习惯和学科特点对老师进行一对一的指导，力求将平台技术与学科特点深入融合。通过培训，老师都可以达到常态化应用平台教学的水平，他们通过平台提供的多种方式与学生互动，实时掌握学生的学习情况，使得课堂更加活跃、有效率。

骨干教师也使用平台上了公开课，向大家展示技术与课程的融合。公开课后，老师们都积极观摩学习并相互探究和学习。（王　纯）

中华书局首期“伯鸿讲堂·光明讲坛”举办

2016年1月24日，中华书局与光明日报社联合举办首期“伯鸿讲堂·光明讲坛”，主题为《晚明——中国与世界的对话》，讲座嘉宾为复旦大学历史系教授樊树志。

樊树志指出，晚明社会之所以会发生历史大变局，既有外部的动因，也有内部的动因。从外部来讲，15世纪末至16世纪初，世界进入大航海时代，世界与中国的贸易和交流激增。从内部来讲，16世纪以来的江南，本来就颇为发达的经济更是突飞猛进，甚至出现了“过度商业化”的情况。在内外两种因素的影响下，改变故步自封的“海禁—朝贡”体制，实行对外开放，已是大势所趋。樊树志指出，随着在经济上融入世界，晚明社会也开始了与世界文化接触、融合的历程。以利玛窦为代表的耶稣会士带来的先进西学，大大开阔了中国士大夫的眼界。中国涌现出第一批放眼看世界的知识人，如瞿汝夔、徐光启、李之藻、杨廷筠、方以智等。与之相伴的，还有思想解放的浪潮、言论空间的开拓等现象。讲座后，樊树志还回答了现场读者的提问。

“伯鸿讲堂”是中华书局为践行国企责任，承继陆费逵书业报国之理念，面向社会，与主流媒体合作的一项公益性活动。2016年以前，伯鸿讲堂是中华书局对员工进行内部培训的讲坛，从2016年开始，中华书局将把伯鸿讲堂打造成为服务读者、回馈社会、推进全民阅读的公益平台，推动优秀传统文化走向大众。（梁　彦）

“中版好书百店千柜工程”首家“中版精品店中店”落地仪式举行

2016年1月30日，中国出版集团公司携手海南凤凰新华出版发行有限责任公司，在海口解放路新华书店隆重举办了“中版好书百店千柜工程”的落地仪式，双方强强联合，积极倡导“用精品图书引领全民阅读”新风尚。这也是“中版好书百店千柜工程”2016年落地的首家书城，也是首次以“中版精品店”的形式落地，开该工程全新合作模式的“先河”。海南省委宣传部、海南省文化广电出版体育厅等有关部门领导的高度重视。省委宣传部副部长林光强、省文体厅副厅长柳松华及集团公司所属各出版单位的多位领导出席了落地仪式，正式拉开了“中版好书百店千柜工程”在海南地区全面推进的序幕。

（王欣新）

“诗词中国”组委会开展品牌营销

2016年2月，由“诗词中国”参与策划、出题、选手征集和海选的《中国诗词大会》第一季播出，取得了不俗的收视成绩和社会各界的广泛好评。作为节目的合作伙伴，“诗词中国”微信公众号在节目播出前后策划并实施了“在线百人团报名”“‘诗词大会’擂主竞猜”“百人团选手解密‘诗词大会’”“‘诗词大会’样题竞答小游戏”等形式多样的活动，并将其与节目导师及明星选手的签名图书、“诗词中国”春节红包等捆绑联动，充分利用《中国诗词大会》的热度助力“诗词中国”的品牌营销。

2016年11月，“诗词中国”组委会受《中国诗词大会》导演组邀请，在“诗词中国”微信公众号上继续为第二季节目征选百人团选手。最终，第二季共有七位诗友通过“诗词中国”的推荐入选百人团参与节目录制，三人从百人团突围战中胜出晋级个人追逐赛，而曾经获得“诗词中国”传统诗词创作大赛一等奖的煤田灭火员彭红宾则晋级了擂主争夺战。经过与两届《中国诗词大会》的合作，“诗词中国”积累了一批年轻的“诗词偶像”资源，公众号累计增长粉丝达到七万余人，其中大多数为80、90乃至00后的年轻的诗词爱好者，并且形成了千余人的核心活跃粉丝群，极大提升了“诗词中国”品牌在大众心目中的知名度和影响力。（张颖潇）

首届“哈利·波特图书之夜”活动举行

2016年3月12日，在人民文学出版社办公楼内召开了中国首届“哈利·波特图书之夜”活动。线下活动以“哈利·波特城市寻宝”为主题，召集了50余位来自全国各地的忠实哈迷积极参与。三个小时的探索之旅，引领大家重温这套魔幻经典，回味青春岁月，发现身边的点滴之美。活动更是通过线上直播平台，向未能来京参加线下活动的哈迷们实时发布各组的“寻宝”进程。而在当晚八点，400余位哈迷、文学爱好者、翻译人员又在线上与“哈利·波特”系列译者之一马爱农展开了讨论。议题从“哈利·波特之最”到外国文学，再到文学作品的翻译与创作。线上交流活动持续了两个多小时，深得大家的认可，甚至在次日亦引发了不断的讨论。

中国首届“哈利·波特图书之夜”不仅是“哈利·波特”系列推广上的尝新，也是品牌图书整合营销的又一次探索。这次活动将图书宣传从传统的大众传播向人际间的口碑传播延伸，增进了定向读者群的黏性。（顾　乡）

《爆炸现场》新书发布会举行

2016年3月22日，人民文学出版社编辑出版的何建明纪实新作《爆炸现场》新书发布会在北京华侨饭店举行。社长管士光、副总编辑应红、作者何建明及评论家李建军、李朝全和消防英雄王刚、周倜、连天琪等出席新书首发式。管士光代表人民文学出版社给来自天津的消防英雄赠送了《爆炸现场》，并表达了对他们的敬意和祝福。

天津“8·12”大爆炸是共和国史上最严重的爆炸事故，《爆炸现场》是对它独一无二的真实记录，书写了天津大爆炸这个亿万人关注的重要事件，呈现出爆炸中千丝万缕的问题，将读者带回到漫天火光的现场，也将灾难中的诸多真相呈现给读者。

何建明是目前为止唯一一位通过采访一个个幸存的消防队员及牺牲消防队员的亲人并诉诸文字的作家，亲情、友情、爱情及自我存在的各种复杂隐秘的情感在灾难面前、在生死临界点面前一一尽显。同时，该书也是图文并茂，配有100多张照片，有许多是独家而震撼的。（顾　乡）

2016年首场“克勒门大讲堂”举办

2016年3月22日，2016年首场“克勒门大讲堂”在上海市临港大学城上海电机学院举行。此次活动由生活·读书·新知三联书店和克勒门文化沙龙共同主办，上海电机学院、上海海洋大学、上海海事大学及建桥学院协办。此次讲堂主题为“静候花开——张爱玲传奇人生（上半出）”，主讲人为交响音乐作曲家、上海音乐学院教授陈钢和中国作家协会会员、张爱玲研究专家淳子。上海电机学院党委副书记宦秀芳，中国出版集团公司驻上海办事处办公室主任、上海中版图书有限公司副总经理崔俊友，生活·读书·新知三联书店（上海）有限公司总经理王秦伟，上海海事大学宣传部长杨大刚等嘉宾出席了活动。

宦秀芳做开场致辞，简要阐明了张爱玲对海派文化的深远影响，并希望现代大学生要加强对传统文化的重视。淳子则为观众讲述了张爱玲的传奇前半生，并在问答和签售环节中与观众进行互动，收到良好效果。（徐旻玥）

《牡丹情缘：白先勇的昆曲之旅》新书首发式举行

2016 年 3 月 27 日，台湾作家白先勇新作《牡丹情缘：白先勇的昆曲之旅》在北京举行首发式。仪式上，白先勇向现场读者讲述了他与昆曲的缘分，以及近十年推广昆曲尤其是青春版《牡丹亭》的经历，解析自己挚爱昆曲、全身心投身制作青春版《牡丹亭》的原因，并介绍了他的昆曲推广计划。

《牡丹情缘：白先勇的昆曲之旅》由商务印书馆出版。该书主要包括“我的昆曲缘由——忆梅兰芳与俞振飞”“让《牡丹亭》重现昆曲风华”“牡丹亭上三生路——制作青春版的来龙去脉”“《牡丹亭》还魂记”“面对世界——昆曲与《牡丹亭》”“关于《牡丹亭》的青春问题——李文儒访白先勇”“传统与现代——从青春版《牡丹亭》及新版《玉簪记》的制作讲起”等内容，并收录了与余秋雨、许倬云等人的访谈。

自 2004 年起，白先勇策划制作的青春版《牡丹亭》开始各地巡演，至 2012 年共演出 200 场，成为这一时期的文化现象，推动了昆曲在中国国内以及欧美等国家的传播。其间，白先勇形成并表述了其独有的昆曲理念，不仅在众多访谈中披露青春版《牡丹亭》的制作过程，还提出了“昆曲新美学”的概念，认为当代人应把昆曲的青春生命召唤回来。（曹　源）

《米米朵拉》新书发布会举行

2016 年 4 月 5 日，人民文学出版社编辑出版的虹影《米米朵拉》新书发布会在北京怡亨酒店举行。中国社会科学院近代史研究所雷颐，鲁迅文学院院长邱华栋，作者虹影，总编辑刘国辉出席发布会并讲话。发布会由责任编辑赵萍主持。

《米米朵拉》是虹影的首部奇幻作品，这部小说耗时五年反复打磨，故事一开始，主人公米米朵拉的母亲就不见了，这样的情况一直持续到了小说即将收尾的部分。十岁的米米朵拉在小说中历尽各种奇遇和惊险，只为寻找母亲。这是一部寻找小说，也是一部成长小说。

《米米朵拉》与虹影之前的作品相比在风格上有很大突破。虹影用米米朵拉向读者展示了她创作中恒常的一面，也通过这部作品向读者展示了她驾驭多种题材的能力。（顾　乡）

中国大百科全书出版社围绕恐龙科普图书专题举办多场讲座及公益活动

2016 年 4 月 6 日，由中国大百科全书出版社主办的“大头妈妈讲故事——赵闯和杨杨的恐龙物语”讲座在北京市西单图书大厦举办。“大头妈妈讲故事”公众号的作者马腾在现场演绎由杨杨特意为《恐龙大王陪伴模型：搪胶恐龙》产品撰写的“霸王龙的故事”和“小三角龙的故事”。讲故事活动结束后，小读者们积极参与恐龙明信片涂色活动。现场的孩子们和家长对恐龙大王的其他产品也很是期待。

2016 年 4 月 24 日，国际知名科学艺术家赵闯和知名童话作家及青少年成长教育研究者杨杨受邀对清华附小学生进行了一场“毕业修远课程——赵闯和杨杨的霸王龙”恐龙科普讲座，与同学们面对面交流创作经验及古生物科学知识。在讲座现场，清华大学附属小学校长窦桂梅也发表了生动的讲话，本次活动由中国大百科全书出版社和清华大学附属小学联合主办。这次演讲中，赵闯和杨杨通过粉笔手绘的方式，以地球生命史为框架，生动的古生物故事为骨肉，为同学们讲述了自地球诞生以来在这个世界上出现过的神奇生物。同日，中国大百科全书出版社还向清华附小图书馆赠送了《PNSO 恐龙儿童百科全书》系列图书和《恐龙大王陪伴模型：搪胶恐龙》，便于同学们阅读体验。

2016 年 6 月 30 日，中国大百科全书出版社联合微尘基金、青岛市崂山区育才小学、青岛河西小学，分别举办了两场由艺术家赵闯主讲的

“恐龙的秘密”主题讲座。此次主题讲座为2016年青岛市的科普教育工作增光添彩。本次活动后，青岛市也极有可能成为赵闯科普讲座的固定巡讲城市之一，定期开展讲座活动，为市民们带来更多的科普教育服务活动。

同时，为了响应青岛市政府关爱新市民子女的号召，微尘基金捐赠出由中国大百科全书出版社出版的《PNSO儿童百科全书》100套。中国大百科全书出版社和微尘基金希望能把最优秀的科普作品带给青岛新市民的子女们，关爱新市民子女的成长，为他们创造更好的条件，共同见证青岛市优质科普教育活动的蓬勃兴起。（尹添铭）

《中华民国时期外交文献汇编1911—1949》新书出版座谈会举行

2016年4月9日，由中华书局主办、中国社会科学院近代史研究所协办的《中华民国时期外交文献汇编1911—1949》新书出版座谈会，在中国社会科学院近代史研究所学术报告厅举行。来自中国现代国际关系研究院、北京大学、中国人民大学、北京师范大学、外交学院、中国第二历史档案馆、首都师范大学等单位的专家学者，以及《光明日报》《中国新闻出版报》《中国社会科学报》《中华读书报》人民网、新华社、《人民日报》(海外版)、澎湃新闻、《图书馆报》、搜狐网、新浪网、凤凰网、腾讯文化、《北京青年报》《新京报》等多家媒体代表应邀出席座谈会。

座谈会由中华书局副总编辑尹涛主持。中华书局总编辑顾青介绍了《中华民国时期外交文献汇编1911—1949》一书的出版情况。中国社会科学院近代史研究所所长、本书主编王建朗介绍了本书的编纂过程及主要内容。季志业、陈谦平、吴义雄、王奇生、郭双林、朱汉国、张连红、李育民等专家学者在座谈会上发言，对《中华民国时期外交文献汇编1911—1949》的学术价值、文献价值给予高度评价，并围绕本书就近代中外关系史的研究创新与外交文献的整理利用展开讨论。

座谈会上，中华书局分别向北京大学、南京大学、中山大学、中国人民大学、北京师范大学、外交学院、湖南师范大学、首都师范大学、南京师范大学九个高校赠送一套《中华民国时期外交文献汇编1911—1949》。（梁　彦）

《宝宝分龄喂养指导》读者签售会举行

2016年4月10日，世界图书出版上海有限公司编辑出版的《宝宝分龄喂养指导》读者签售会及“让你的孩子吃得营养和健康”育儿讲座在南京市新街口书店举行。

活动中，本书的作者，南京医科大学附属南京儿童医院营养医师刘长伟就儿童营养、饮食方面的内容向读者进行了科普，并回答了读者关心的问题。该书的时间跨度从孕期开始直至儿童七岁，将不同月（年）龄的孩子家长所关心的家庭膳食安排、营养搭配、饮食习惯、健康饮食细节等进行专业的解读。本书以年龄段为线索，围绕孩子的生长发育特点，结合家长最关心的喂养问题，系统地把科学育儿的喂养知识囊括其中。书中引用了作者在门诊中遇到的案例，让家长能更加全面地了解在不同阶段、不同健康情况下孩子的饮食、营养等相关知识。（王　纯）

《宋慈大传》新书首发式举行

2016年4月13日，由中译出版社、中共南平市建阳区委、南平市建阳区人民政府主办，福建新华发行集团、中共南平市建阳区委宣传部承办，当代文学家、著名学者王宏甲《宋慈大传》新书首发式在福建省南平市建阳区政府小礼堂举行。

《宋慈大传》是宋慈传记与小说的合本，传记严格追觅史实，小说中宋慈履历均依据宋慈大事年表展开，书中断案知识源自《洗冤集录》。因而这是依据宋慈生平，形象地演绎阐释《洗冤集录》经典的一部《宋慈大传》，是作者王宏甲“发掘与历史性地再现宋慈”前后达37年的结晶。这样一部作品也正是与中译出版社的出版品味和需求相符合，也是出版人践行“全民阅读”的实际行动，是奉献给广大读者的精神食粮。

（范　伟　茹　慧）

《极花》新书发布会举行

2016年4月14日，贾平凹最新长篇小说《极花》新书发布会在北京召开。著名评论家、北京大学教授陈晓明，著名作家梁鸿，人民文学出版社社长管士光，副社长李春凯，副总编辑应红参加发布会。活动由中央人民广播电台主持人贺超主持。

《极花》描写了一个从乡村到城市的女孩胡蝶，从被拐卖到出逃、最终却又回到被拐卖乡村的故事。虽然作品是从拐卖人口的事件入手，但真正的着眼点却是当下中国最为现实的贫困农村男性的婚姻问题，是城市不断壮大农村迅速凋敝的问题，具有震撼人心的现实冲击力。《极花》不仅保持了作家的既有水准，而且在写作方法上推陈出新，是贾平凹创作中又一特色鲜明的作品。

（顾　乡）

“人音版”音乐教材培训及经验交流会举行

2016年4月15日，“人音版”音乐教材培训及经验交流会在四川成都举办。人民音乐出版社社长莫蕴慧、副总编辑赵易山，人民音乐出版社原社长吴斌和中国人民解放军军乐团副团长张海峰等“人音版”教材培训专家与近400名省级、地市级教研员，一线教师一起就“人音版”音乐教材展开对话和交流。专家们为教师们带来了四场各具特色、精彩纷呈的讲座。

莫蕴慧结合教材详细说明了“练声曲”的设计思路和教学要求，提出声乐学习虽然是一门技能，但更要加强理论修养，打开音乐殿堂的“钥匙”包括技能和素养两方面要求。赵易山围绕“眼见不为实”“什么决定乐谱”“乐谱记录些什么”等方面展开，指出乐谱要传达给人们结构、呼吸、表情、力度、音色和情绪。吴斌就大家广泛关注的音乐基础教育的质量评估标准和现行教材的编写思路进行了说明。张海峰介绍了中国人民解放军军乐团的发展历史及重要地位，就军乐团（管乐团）的编制和军乐指挥手势等话题回答了老师们提出的问题。他们结合实际课例，展开解释，为一线教师对于教材的使用提供了教学指导意见。

与会教师对培训内容反响热烈，与专家互动积极，就教材使用和教学思路上展开更深入的学习和探讨。希望通过此次培训，将专家们在各自领域的研究和探索成果融会到自己的课研与教学中，真正成为推动教材发展和教学研究的新动力。

（孙　昆）

《无悔：陈明忠回忆录》新书首发式及研讨活动举行

2016年4月15日，生活·读书·新知三联书店出版的《无悔：陈明忠回忆录》新书首发式在北京市台湾会馆举行。此次活动由中华全国台湾同胞联谊会（简称：台联会）和生活·读书·新知三联书店联合主办。陈明忠携夫人冯守娥出席，台湾地区方面多个统派和左翼组织的负责人专程前来赴会；大陆方面，全国台联会会长林毅夫、党组书记苏辉、副会长纪斌和杨毅周，中央统战部副部长林智敏，国务院台湾事务办公室副主任李亚飞，中国出版集团公司党组成员、中国出版传媒股份有限公司副总经理李岩、中国出版传媒股份有限公司出版业务部主任刘祚臣，生活·读书·新知三联书店总经理路英勇、总编翟德芳等领导出席了活动。此书的策划、校订及台湾版出版者吕正惠以及编辑整理者李娜等也参加了活动。活动由杨毅周主持。会上，苏辉、李岩、李娜、吕正惠及台湾地区“立法机构”民意代表高金素梅、台湾劳动党主席吴荣元、中华两岸和平发展联合会会长蓝博洲等先后致辞，陈明忠做回应性发言并向有关方面赠书。

当日下午，《无悔：陈明忠回忆录》出版研讨会在北京市台湾会馆举办，主题为“传承台湾统派精神，促进祖国和平统一”。清华大学教授王中忱，夏潮联合会会长徐育嘉、评议长陈福裕，台湾地区劳动人权协会会长罗美文、总干事王武郎、委员黄秋香，台湾地区政治受难人互助会会长蔡裕荣，中华基金会名誉董事长、中国统一联盟原主席王津平，台湾地区劳动党副主席王娟萍等先后发言，就该书的价值、台湾地区历史、两岸和平统一等话题发表了各自的见解。

（隋　行）

“第一中国出版传媒网”开通

2016年4月，由中国出版传媒商报社主办的“第一中国出版传媒网”PC端与手机端（www.cpmj.com.cn/www.cbbr.com.cn）正式上线开通。“第一中国出版传媒网”来自于中国出版传媒商报网站，它的前身《中国图书商报》网站创建于2004年。十多年来，该网站依托《中国出版传媒商报》（中国图书商报）深度产业研究能力和国内外出版传媒业广泛及时的信息，在业内享有盛名，它的内容成为我国著名网站人民网、新华网、中国网、新浪网、搜狐网、网易网以及中国出版网、大家网等媒体的重要资源。近年来，鉴于我国传统媒体与新媒体融合力度加大，读者对行业资讯与产业研究成果要求提高，获得方式改变，中国出版传媒商报社网站积极申报，于2015年6月30日获得国家互联网出版资质，网站运载范畴大大扩延。同时，网站酝酿改版升级。经过半年多的设计和反复修改，“第一中国出版传媒网”PC端与手机端终于成型。与传统的《中国图书商报》旧网站相比，新网站不再是简单的电子报的叠加。除了保留原有报纸版内容和PDF版之外，这次新上线的“第一中国出版传媒网”增加了令人耳目一新的板块内容，包括成长教育、文创中国、阅读文化、读书女孩、商学院等。

（郭　虹）

中国大百科全书出版社举办“数学百科的奥秘”和“少年未来智慧星”讲座

2016年4月16～17日，中国数学玩具和游戏研究第一人、北京玩具协会益智玩具委员会主任、中国科普作协会少儿委员会学术秘书余俊雄、中国著名儿童文学作家袁家勇分别以“数学百科的奥秘”和“少年未来智慧星”为主题在北京市朝阳书市举办讲座。

在4月16日的讲座中，余俊雄结合中国大百科全书出版社出版的《中国儿童数学百科全书》书中的知识，通过多种益智游戏引导现场读者的思维拓展，告诉大家学习数学并不枯燥，只要点燃兴趣的火焰，一切难题都会迎刃而解。活动现场读者们与专家踊跃互动，赢得阵阵掌声。《中国儿童数学百科全书》是中国第一套由一线数学专家、数学老师专门为6～15岁儿童打造的原创彩图版数学百科全书。书中植入了二维码，通过扫二维码就能看到与数学相关的小视频，让儿童对数学有了直观感受，使儿童克服对数学的恐惧，从而感受数学之趣，激发儿童探索数学的好奇心，促进儿童逻辑思维的发展。

4月17日，袁家勇通过讲述中国大百科全书出版社出版的《少儿未来智慧星》丛书中的故事，启发读者如何用智慧的密钥打开思维之门，告诉读者经常读故事、发现故事，能更深刻地品味人生真谛。《少儿未来智慧星》丛书精选儿童所喜爱的小动物为主人公，以拟人化写法激起孩子们对阅读的兴趣，使孩子们在阅读当中懂得道德、礼义、科学、文明、智慧，促进他们从书中学会为人处事的道理。

（尹添铭）

暗夜行路：从“二二八”到今日台湾的政治生态——陈明忠与学者汪晖对谈活动举行

2016年4月16日，“暗夜行路：从‘二二八’到今日台湾的政治生态”——陈明忠与学者汪晖对谈活动在北京三联韬奋书店（美术馆总店）举办。冯守娥、吕正惠、李娜、蓝博洲、高金素梅、陈福裕、张俊杰、陈志平、陈建仲等人出席了活动，活动由生活·读书·新知三联书店总编辑翟德芳主持。陈明忠以亲身经历，介绍了从日据时期开始，历经“二二八”、白色恐怖直至近年来“统独之争”的台湾地区现代历史，表露出强烈的爱国统一的民族主义立场和建立人人平等的社会制度的渴望。汪晖对陈明忠所著的《无悔：陈明忠回忆录》一书价值给予了高度评价，并系统阐述了台湾地区历史与现实中诸多重大问题的脉络及关键所在。吕正惠和蓝博洲对一些具体问题进行了补充和说明。活动中，对谈嘉宾与现场读者进行了互动交流。（隋　行）

中国出版集团公司与海南省三沙市共建三沙图书馆

2016年4月19日，中国出版集团公司及所属部分成员单位的领导到海南省永兴岛，就共建我国目前最南端的海上岛屿图书馆——“三沙图书馆”与三沙市政府签署合作协议，并向三沙市政府捐赠了首批30万元码洋精品图书。三沙市所辖范围是我国现有行政建制最南端的领土区域，永兴岛是西沙、南沙、中沙三个群岛的政治、军事、文化中心，是三沙市政府所在地，现有1000多名居民。永兴岛居民为维护国家主权和海洋权益做出了特殊贡献。因受永兴岛地理位置及交通不便等因素的制约，当地的文化建设和全民阅读工作相对滞后，一些新书、好书尚不能有效及时地提供给广大驻岛居民。此举旨在为永兴岛居民的日常生活带来更多书香，为中华民族文化在海上边陲的传承、发扬做出贡献，也有力地推进全民阅读在三沙市的传播与推广。

此次公益活动受到了中宣部新闻局、出版局、国家新闻出版广电总局领导和海南省委、省委宣传部、文体厅等有关部门领导的高度重视，海南省委副书记李军还专门做出重要批示。国务院参事、中国出版传媒股份有限公司副总经理樊希安，三沙市委书记、市长肖杰，市委宣传部及当地驻军领导、居民代表，中国出版集团所属单位商务印书馆党委书记、副总经理肖启明，中华书局党委书记、副总经理周清华等主要出版单位的社领导出席活动。此项活动还受到了中央电视台、《光明日报》《中国新闻出版广电报》《中国出版传媒商报》等中央媒体、行业媒体和海南电视台等地方重要媒体及新华网、人民网、新浪等众多新媒体的关注。（王欣新）

《30＋熟龄化妆术》《30＋逆龄美肌术》推广活动举办

2016年4月20～21日，由南京新华书店主办，世界图书出版上海有限公司筹办，AMZ碧柯丽（中国）化妆品有限公司协办的，主题为“自然美肌，妆点美人！都市美容美妆分享会”活动，在南京滨江小学和高淳供电局举行。

《30＋熟龄化妆术》《30＋逆龄美肌术》这两本书是日版引进书，其作者分别是美容领域和美妆领域的佼佼者，通过她们的专业讲述，为33～55岁的女性介绍美容、护肤、保养的技巧，传授放松身心、均衡膳食、使用专业的美容手法，倡导天然、安全、环保的生活理念。

此次活动运用“3＋1”的新模式，将书店的终端客户资源、出版社的内容出版资源及协办企业相应的知识服务资源紧密地结合在一起，探索图书阅读新模式，也积极践行全民阅读的倡议，通过经验知识的分享和互动体验，使多方资源的应用变得更有意义。（王　纯）

“中版好书百店千柜工程”——文化援疆落地仪式举行

2016年4月23日，在第21个世界读书日当天，中国出版集团公司携手新疆维吾尔自治区新闻出版广电局，在新疆维吾尔自治区新华国际书城隆重举行“中版好书百店千柜工程”落地仪式。该项工程同时在乌鲁木齐市新华书店落地。此举旨在用实际行动积极倡导“用精品图书引领全民阅读”新风尚，探索创新文化援疆模式，加大文化援疆力度，为增进民族团结和民族稳定做出新贡献。

此次活动受到了中宣部新闻局、出版局、国家新闻出版广电总局领导和新疆维吾尔自治区、乌鲁木齐市有关部门领导的高度重视。新疆维吾尔自治区副主席田文，新疆维吾尔自治区党委宣传部领导，中国出版集团公司党组成员、中国出版传媒股份有限公司副总经理樊希安，新疆维吾尔自治区新闻出版广电局党组书记安思国，局长古力先·吐拉洪，北京大学著名教授、著名儿童文学作家曹文轩先生，新疆维吾尔自治区新闻出版广电局副局长王跃平、王志成，新疆维吾尔自治区新华书店党委书记徐晓涛，总经理热甫卡迪江·黑力力，乌鲁木齐市新华书店总经理毛建新、副总经理吴卫东及中国出版集团所属单位商务印书馆党委书记、副总经理肖启明、中华书局党委书记、副总经理周清华、中国大百科全书出版社党委书记、副社长刘晓东等主要出版单位的社领导、广大读者等百余人出席了活动。

新疆维吾尔自治区副主席田文，中国出版传媒股份有限公司副总经理樊希安，新疆维吾尔自治区新闻出版广电局党组书记安思国，局长古力先·吐拉洪，北京大学著名教授、著名儿童文学作家曹文轩先生等领导嘉宾为落地书城揭牌，正式拉开了“中版好书百店千柜工程”在新疆维吾尔自治区全面推进的序幕。

这也是该工程首次在同一地区两店同时启幕，显示了中国出版集团公司对新疆维吾尔自治区文化建设和全民阅读工作的高度重视，中国出版集团公司一直通过多种方式积极推动“文化援疆”，为能更全面的深化与新疆维吾尔自治区多民族的文化交往、交流和交融，加快民族融合，增进民族团结，全力推动新疆维吾尔自治区广大读者的文化素质提高和新疆维吾尔自治区文化事业建设，传递正能量，搭建新平台，拓展新渠道，实现文化援疆新高度，通过不断创新文化援疆新模式与内涵，努力践行出版“国家队”的文化使命和社会责任。

（王欣新）

《深夜的蚕豆声》新书发布暨读者见面会召开

2016 年 4 月 23 日，人民文学出版社在王府井书店举办了“雪漠《深夜的蚕豆声》新书发布暨读者见面会”。党委书记张贤明以及作者雪漠出席现场。活动由教材出版中心主任陈彦瑾主持。

发布会上，张贤明首先向雪漠新书问世表示了祝贺，同时向现场读者，尤其是近半数从外地远道而来的读者表示感谢。他在致辞中指出了当日发布会召开的三个“好”：第一个“好”是好日子。在世界读书日这样一个文化氛围浓厚的日子，召开一本书的新书发布会，具有别样的意义；第二个“好”是好书。雪漠的作品是非常耐读的，对读者极具启发意义；第三个“好”是好作者。雪漠从事文学创作多年，有多个“三部曲”问世，每一部作品都深深感染了一批又一批的读者。雪漠无疑可以称为当代西部文学的领军人物之一。

雪漠还在发布会上阐述了《深夜的蚕豆声》书名的由来，表示了自己对于已经不同往昔的家园与往事的怀念。同时阐述了“故乡三部曲”中《野狐岭》《一个人的西部》与《深夜的蚕豆声》关于“故乡”概念的关联，以及每部作品不同的创作特点。为了能够更深入了解《深夜的蚕豆声》以及雪漠的文学创作与精神追求，很多读者赶赴北京大学诗歌研究院旁听了当日下午的“雪漠‘故乡三部曲’与西部写作”研讨会。

（顾　乡）

“2016 读书论坛暨《中国教育报》2015 年度推动读书十大人物揭晓仪式”举行

2016 年 4 月 23 日，“2016 读书论坛暨《中

国教育报》2015年度推动读书十大人物揭晓仪式”在商务印书馆举行。活动由《中国教育报》、商务印书馆主办，中国语言资源开发应用中心协办，中国教育学会中学语文教学专业委员会学术支持。来自教育部、中国出版集团公司、《中国教育报》、中国教育学会中学语文教学专业委员会的领导、专家，与来自全国各地的校长、教研员、一线教师等参加论坛。会上，《中国教育报》揭晓了“2015年度推动读书十大人物”。商务印书馆“民国经典国文课”丛书举行了新书发布仪式，并向学校代表赠书。

本次读书论坛的主题是“寻找中国的阅读传统”，厦门大学教授苏新春和苏州大学博士管贤强分别做了题为“感受民国小学语文教材的人文性”和“走进民国中学语文”的主旨演讲。与会专家、教师分别从自身工作出发，就校园阅读、乡村阅读的开展，分享了各自的经验，探讨了共同关心的话题，积极为阅读活动的深入开展建言献策。

（吕海春）

中华书局举办“4·23读者开放日”活动

2016年4月23日，中华书局举办以“亲近经典，致敬读者”为主题的“4·23读者开放日”活动。502位读者网上预约，628位读者来到现场参加各项活动。

中华书局总经理徐俊在致读者欢迎辞中表示，出版本身从来不是一个封闭的自足的行业，作者、编者、读者，三者合一，才构成出版的整体。促进作者、编者、读者之间的深度交流，正是中华书局举办开放日的本意。

在读者开放日上，中华书局为读者准备了中华书局民国出版物展、阅读《论语》推荐图书展、“走出去”成果展、中华书局2015年精品书刊展、“国史是怎样炼成的”——修订本《五代史》《辽史》修订书稿档案展、汤显祖逝世400周年专题展和中华书局百年局史展等七个主题展览。

由中华书局和桐乡市人民政府发起，联合光明日报社、人民网共同主办的第二届“伯鸿书香奖”在读者开放日上揭晓，并举行颁奖典礼。继局域网版和在线版后，“中华经典古籍库”微信版也于当日正式上线。面向中小学生的“中华之星”国学大赛在当日举办新闻发布会暨启动仪式。伯鸿讲堂在这一天也安排了两场讲座。中华书局总编辑顾青全天候在线上与线下进行读者接待。

新华社、中央电视台、北京电视台、《人民日报》《光明日报》《中国新闻出版广电报》《中华读书报》等重要媒体对当天的活动进行了报道。

（梁　彦）

“人音·宫协钢琴之旅”菲伯尔骨干教师北京站培训讲座举办

2016年4月25～27日，由人民音乐出版社携手共青团中央直属的中国青少年宫协会联合主办，由北京兴华智源文化传播有限公司承办，北京铭华钢琴艺术研究院协办的“人音·宫协钢琴之旅”菲伯尔骨干教师北京站培训讲座举行。

此次活动邀请到来自美国菲伯尔骨干教师米展麦（Michael James Rice），中央音乐学院著名教授常桦、盛原，首都师范大学音乐学院教授高平对钢琴基础教学进行了精彩的教学讲解，来自全国27个省市自治区的400余位优秀钢琴教师参加了此次培训。米展麦对畅销世界的《钢琴之旅——菲伯尔钢琴基础教程》的教学方法进行了趣味性、互动性十足的讲解，中央音乐学院教授常桦进行了主题为“提高手指基本训练的标准，让日常联系更有效”的免费讲座，中央音乐学院教授盛原进行了“儿童钢琴基础训练专题”讲座，首都师范大学音乐学院教授高平进行了“中外儿童钢琴作品讲析”的专题讲座。人音教育培训结束后，老师们纷纷表示收获颇丰。

（张健慧）

中版教材有限公司举办2016年全国高中历史教学研讨会

2016年4月27～30日，由中版教材有限公司联合人民出版社、人民版高中历史教材编写组主办的“2016年全国高中历史教学研讨会”在四川成都举行。研讨会就进一步推进高中新课程改革实验工作，特别是为高中历史课程标准修订后的特色和适用，以及如何引导一线广大教学研究人员和教师钻研新课标和新教材等问题进行了深入的探讨。

开幕式由中版教材有限公司常务副总经理姚劲华主持。中国出版集团公司党组成员、中国出版传媒股份有限公司副总经理、中版教材有限公司董事长李岩、人民出版社常务副社长任超、四川省教育科学研究所副所长刘建国分别在开幕式上致辞。教材编委会主要成员、历史学科专家及各省市教研室负责人、历史教研员、骨干教师160余人参加会议。

本次研讨会以学术讲座、示范课、专家评课、座谈交流等形式展开。人民版高中历史教材主编朱汉国教授、编委郝瑞庭教授、王子今教授分别以《新版普通高中历史课程标准的新意》《历史课程目标的转换与测评——从三维目标到核心素养》《秦统一意义的再认识》为专题做了精彩讲说，杨钧文老师以《专制下的启蒙》为主题的示范课带动了参会专家、教研员、教师的讨论。就如何提高历史教学技能、如何充分利用历史教材等问题进行了讨论。（董姗姗）

“菲伯尔骨干教师培训”活动举行

2016年4～12月，由人民音乐出版社主办，全国近20个省级培训机构承办的“菲伯尔骨干教师培训”活动在全国展开。培训特邀来自韩国的美国菲伯尔研究院亚洲事务总管、高级讲师乔安娜·金（Joanna Yeji Kim），美国的菲伯尔研究院的高级讲师米展麦（Michael J. Rice），中央音乐学院教授常桦、盛原，中国音乐学院教授傅红等进行了精彩的教学讲解。他们讲课深入浅出，活泼有趣，理论与教学实例相结合，给与会老师带来一场钢琴完美教学的盛宴。

此次活动旨在培养一批中国的钢琴之旅骨干教师，将菲伯尔先生“音由心生，乐从乐起”的钢琴教学理念和“情景式、游戏式”的教学方法传递给全国各地的钢琴老师，通过这些钢琴老师来改变孩子们枯燥无味的学琴现状。共有来自陕西、北京、安徽、广西、山东、河北、广东、黑龙江、辽宁、吉林、河南、湖北、浙江、江苏、福建等15个省、市、自治区的一线教师、音乐学院老师和培训中心、琴行教师共3000人参加了培训活动。（张健慧）

世界图书出版有限公司北京分公司举办2016年度韩国语教育教学研讨会

2016年4月，由世界图书出版有限公司北京分公司、韩国延世大学韩国语学堂联合主办的2016年度韩国语教育教学研讨会在多地举行。

本年度韩国语教育教学研讨会，跨山东、上海、吉林三地省市，邀请韩国延世大学韩国语学堂孫聖喜（손성희）教授、趙珇善（조현선）教授、金濟烈（김제열）教授三位顶级教育专家，来自三地省市的百余所大专院校、培训机构的一线韩语教师参会。

2016年恰逢世界图书出版有限公司北京分公司与韩国延世大学韩国语学堂合作的新教材《延世韩国语阅读》出版，延世大学韩国语学堂的教授们围绕韩国语教学中的教学手法和授课技巧做了专题讲座，与参会教师们分享了自己的韩国语教学经验和教学成果。《延世韩国语阅读》系延世大学权威系列教材中的一套，与《延世韩国语》及《延世韩国语活用练习》等教材形成完整教学系统，以风格活泼、知识点丰富、教学逻辑严谨著称。

世界图书出版有限公司北京分公司自2006年引进出版了延世大学韩国语学堂编著的经典、权威教材《韩国语教程》，并于2014年引进出版了新版《延世韩国语》，成为国内韩国语教材市场上经久不衰的拳头产品之一。2014年底，“延世韩国语”系列已收入“中国出版集团公司首批品牌名录”，累计销量近百万册。（朱利伟）

人民文学出版社作家签名书店开张

2016年5月4日，人民文学出版社作家签名书店正式营业。书店不以营利为目的，旨在通过与人民文学出版社微信公众号的关联，为15万读书爱好者提供作家签名版图书，从而优化公众号的社会服务功能。

店铺开张当日，20套由贾平凹亲笔签名最新长篇小说《极花》、人民文学出版社65周年纪念帆布包与读书笔记本组成的“166开店福袋”在30秒之内全部售空，广大读者纷纷留言要求增订。截至5月14日，所售20套福袋全部回款，并且获得读者一致好评，收入总计3320元。

5月10日，配合刘建宏新书《上半场》发布活动，30套由刘建宏亲笔签名图书《上半场》《上半场》配套帆布袋和人民文学出版社65周年纪念笔记本组成的福袋作为第二期产品在店铺上架，再次获得了读者的热情欢迎，当天售出22套，预计总回款3240元。（顾　乡）

《米米朵拉》对话会举行

2016年5月6日，作家虹影携新作《米米朵拉》来到北京师范大学图书馆三层报告厅，与传记和随笔作家止庵、文学院教授张国龙一起，围绕“如何用幻想的笔来描写冷漠的现实”和北师大学子展开了深入对话。

活动以虹影一段颇富特色的重庆腔调的朗诵开始，迅速将现场听众带入到《米米朵拉》的想象世界当中。虹影表示，《米米朵拉》是她为女儿创作的一本故事书，同时又不仅仅是写给孩子们看的童话，是她重新用孩子的眼睛打量生命成长过程的一次尝试。张国龙强调《米米朵拉》的复杂性，认为它融奇幻、童话、神话、成长小说等因素为一炉，是糅合了各类故事文体的“杂拌儿”，既难以被简单概括，又有可无限延展的空间，这种巨大的包容性正是虹影文学创作的一大魅力。同为重庆人，止庵则更关注虹影创作中的地域特色，详细梳理出从《饥饿的女儿》到《米米朵拉》的重庆基因。

在最后的互动环节，同学们争相举手提问，与作家虹影就母女体验、儿童阅读等问题进行了交流和讨论。该活动是北京师范大学第九届读书文化节“金声玉振文化论坛”的一部分，由北京师范大学文学院学生会、党委宣传部新闻中心与人民文学出版社联合举办。（顾　乡）

《上半场》新书发布会举行

2016年5月7日，中央电视台著名体育主持人刘建宏《上半场》的新书发布会在中国人民大学八百人大教室举行。这是他首次出版图书。刘建宏的众多圈中好友到场祝贺，包括新书发布会主持人、京城著名出版人老六以及白岩松、水均益、黄健翔、陈晓卿、杨葵、李响、棋哥、贺炜等人。一些未能到场嘉宾，包括中央电视台著名主持人张斌、足球评论员段暄以及众多现役球员，如郑智、孙祥、郜林、曾诚、冯潇霆、于汉超、周海滨、黄博文、丁海峰等人，也通过视频、短信表示祝贺。人民文学出版社副社长李春凯及在北京的媒体80多人参加了这场新书发布会。

刘建宏，1990年毕业于中国人民大学新闻系，入职石家庄电视台。1996年3月底参与创办中央电视台体育经典栏目《足球之夜》，2000年参与创办另外一档经典节目《天下足球》。2014年解说完巴西世界杯后挥别中央电视台，出任乐视体育首席内容官。

《上半场》落笔最多的仍是足球，书中从刘建宏的足球启蒙开始写起，将自己与《足球之夜》的故事第一次完整地与读者和球迷分享，对其体育解说生涯做了一个整体的回顾。同时从一个媒体人的角度，讲述18年来中国足球乃至中国体育的点滴。（顾　乡）

生活·读书·新知三联书店举办全国新华书店战略合作伙伴业务培训班

2016年5月8～13日，生活·读书·新知三联书店在中国传媒大学举办全国新华书店战略合作伙伴业务培训班。生活·读书·新知三联书店总经理路英勇，中国传媒大学出版社社长王巧林，媒体人、书业实战型培训专家三石，中国传媒大学文化发展研究院党总支书记卜希霆，当当网副总裁兼图书出版事业部总经理陈立均，苏州凤凰投资管理有限公司执行董事、CEO 邓明华，分别就三联品牌战略规划、“互联网＋”背景下的数字出版转型思考、实体书店革命——顶层设计和爆品思维与文化营销、实体书店的现代化转型与创意营销、“互联网＋”时代——电子商务平台的图书营销与创新、新时期实体书店的经营与管理等话题做了专题辅导。来自广东、山西、江苏、山东、湖北等省市新华书店和大书城的总经理、副总经理、业务主管 20 余人参加了培训。

本次培训班的举办是生活·读书·新知三联书店 2016 年打造“品牌产品年”战略规划中的重要一环；生活·读书·新知三联书店高度重视社店关系，认为只有稳定畅通的社店关系才能最终成就出版企业的品牌价值。本次培训班使学员们达成对三联品牌、三联品牌产品的认同，学员的业务素质得到普遍提高。（方　菲）

“博物之旅”丛书新书发布会举行

2016 年 5 月 14 日，商务印书馆出版的“博物之旅”丛书之《发现最美的鸟》《发现最美的昆虫》在上海书城全国新书发布厅第九期发布会上与读者见面。发布会上，上海市新闻出版局副局长彭伟国和商务印书馆总经理于殿利，从不同角度肯定了这套丛书的出版价值和重要意义。

丛书主编薛晓源、上海著名主持人曹可凡以及上海博物馆原馆长陈燮君就“博物之旅：天地大美”这一话题展开了深入讨论。曹可凡从艺术的角度对“博物之旅”丛书中收录的西方博物绘画进行了赏评，认为每一幅图都值得凝神贯注，反复回味。陈燮君从博物学的角度肯定了博物绘画对博物学知识传播的贡献，并且普及了我国古代花鸟画中的一些博物学知识。薛晓源则从回归自然、回归古典和博学通识三个方面阐述了“博物之旅”丛书的出版目的，呼吁读者静下心来欣赏天地之美，认识自然，理解自然和敬畏自然。薛晓源还介绍了杨振宁、莫言和范曾三位大师对这套丛书的推荐，以及“博物之旅”后续要出版的图书。（蔡长虹）

“薪尽火传”——刘浦江与《辽史》修订本出版座谈会举行

2016 年 5 月 15 日，由中华书局主办的“薪尽火传”——刘浦江与《辽史》修订本出版座谈会在北京大学中国古代史研究中心会议室召开。点校本“二十四史”修订工程工作委员会主任杨牧之，审定委员王曾瑜、刘凤翥、陈智超、宋德金、崔文印，北京大学历史学系、中国古代史研究中心教授张帆、荣新江、邓小南、王小甫、罗新、朱玉麒、陆扬、党宝海，中华书局总经理徐俊、总编辑顾青，部分宋辽金元学界学者和刘浦江生前好友，以及《辽史》修订组和编辑组人员参加座谈会。

会上，邓小南、徐俊先后致辞，王曾瑜、刘凤翥特别表达了对刘浦江及修订组工作成绩的肯定，杨牧之特别感谢了参与修订工作的学者和给予支持的高校与科研单位。在修订组代表介绍《辽史》修订工作情况后，与会学者自由发言，总结《辽史》修订本的成绩和修订经验，缅怀《辽史》修订主持人刘浦江。荣新江在总结发言中表达了对《辽史》修订组和中华书局的祝贺。

《辽史》修订本的出版引起媒体的重点关注。《中华读书报》《文汇学人》《东方早报》在 2016 年 5 月初分别做了大版面集中报道，《人民日报》、新华社、《光明日报》、中央电视台、人民网、《中国新闻出版广电报》《中华读书报》《新京报》《北京青年报》《北京晨报》《北京晚报》《中国出版传媒商报》《图书馆报》、澎湃新闻、腾讯文化、搜狐文化等近 20 家媒体对《辽史》修订本出版座谈会做了现场报道和采访，从多个角度向公众推介这一重大学术成果的面世。

（梁　彦）

中国美术出版总社“第一届社店战略合作联席会”召开

2016年5月20日，中国美术出版总社召开“第一届社店战略合作联席会”。会议邀请到中国出版集团公司党组成员、中国出版传媒股份有限公司副总经理樊希安，国家新闻出版广电总局印刷发行司发行处副处长安乐和全国23家新华集团发行公司高层负责人。中国美术出版总社党委书记周伟、总编辑林阳、副总编辑胡建斌出席大会，中国美术出版总社党委副书记、副社长高世屹主持会议。

会议举办主要目的是建立高层直接交流机制，沟通情况，增进友谊，深化合作。面对图书出版发行业竞争日益激烈的现实局面，加强战略合作是实现供销双方共赢的重要举措；面对跨界经营和融合发展的未来态势，加强战略合作也是推动出版发行业持续健康发展的重要选择。

会议促成重要成果——中国美术出版总社与23家新华发行集团公司签署《社店战略合作协议书》。双方从责任和义务以及出版合作方式、战略保障与举措多个方面进行规范和协议，在原有合作基础上开展更加紧密、更加全面地深化合作，发挥各自优势，为对方提供更优质、更优惠的服务，多出好书、多发好书，共同提高总社图书的社会影响力和市场占有率，共同提升合作双方的综合竞争力。

本次会议中的多方共同决定：以2016年5月战略协议签署为发端，“中国美术出版总社社店战略合作联席会”将每年召开一次，研究两方或多方进一步深化合作的方向、项目和措施，解决合作中存在的问题。（赵军平）

新华书店总店所属公司项目推介交流会举行

2016年5月20日，新华书店总店（以下简称“总店”）组织召开所属公司新项目推介交流会。总经理茅院生、党委副书记柏万良、副总经理张雅珊、陈新，总经理助理戴昕、汪春荣，总店及所属公司全体中层干部参会。新华出版物流通有限公司副总经理戴云波、北京新华数创传媒科技发展有限公司副总经理牛海龙、北京文博物业管理有限公司副总经理高峰分别就本公司近期规划的重点项目进行了汇报推介。柏万良主持会议。

茅院生认真听取了各公司的项目介绍并做总结讲话。茅院生指出，通过推介会，看到了总店在发生可喜的进步，看到了大家都在认真思考，看到了信心和决心，感受到了总店今非昔比的变化。所属公司的几个项目都是自我革命，围绕生存发展勇于创新；调查研究，围绕开拓市场找机会；谋篇布局，围绕资源共享做文章。茅院生对各公司项目实施提出要求，一是要以问题为导向，进一步严谨科学论证项目；二是要做好项目投入产出测算，做好风险评估；三是要抓住商业模式这个关键，充分整合资源、资本和人才，善于借势借力，创新体制机制；四是要努力与科技相结合，在“互联网＋”环境下与时俱进。

柏万良要求各公司进一步细化完善项目方案，切实抓好项目的落实。张雅珊指出要改变营销思路，在充分做好市场调研的基础上，完善项目实施。陈新要求进一步做好项目论证，注意整合各方的效益点。

总店及所属公司中层干部分别就上述各公司项目的设计方案、盈利模式等问题进行了探讨，并提出有益的建议和意见。（梁晓龙）

世界图书出版上海有限公司中版教育云平台展示厅启用

2016年5月20日，世界图书出版上海有限公司中版教育云平台展示厅在广东省深圳TCL科学园国际E城正式启用。

平台以“教育服务”为宗旨，倾力打造人人可体验的未来课堂真实场景，让更多人体验传统教育从未有过的表现方式，与更多人分享“互联网+教育”的成果。

运营首日，深圳市教育局相关领导、教育专家及大批一线教师前来参观。通过介绍，帮助大家了解中版教育云平台；通过互动演示操作，帮助大家体验互联网技术为教学带来的便利。

（王　纯）

《子宫内膜异位症自我管理：改变你的饮食和生活方式》读书沙龙举办

2016年5月21日，世界图书出版上海有限公司出版的《子宫内膜异位症自我管理：改变你的饮食和生活方式》一书在上海举办读书沙龙。

本书的作者亨丽埃塔·诺顿是一位营养学家，同时也是一位罹患子宫内膜异位症的患者。她从自己的求医经历讲起，用深入浅出的语言介绍子宫内膜异位症，解释鸡尾酒式的、混合存在的化学物质如何影响了女性的健康，并提出了快速启动机体净化排毒的方案。告诉女性如何通过科学的饮食和生活方式的改变，以及对身体健康的管理改变子宫内膜异位症的症状，让自己生活得更健康。她指导女性如何掌控自己的子宫内膜异位和自然缓解这一疾病的症状。

此次读书活动采取了微信直播的形式邀请了该书的主要译者——同济大学附属东方医院妇产科主任徐冰授课，除了来到现场的人，还有全国各地的患友聚集在徐冰的患者微信群“花园里的荆棘”，分享本次聚会的信息。（王　纯）

2016全国书业教装文创多元经营展订研讨会举行

2016年5月23～25日，中国出版传媒商报社携同苏州新华书店有限责任公司、苏州凤凰投资管理有限公司，在江苏苏州共同举办了“2016全国书业教装文创多元经营展订研讨会”。秉承《中国出版传媒商报》“拓展渠道，多元经营”的主旨，会议进一步深化了书店、供应商、媒体之间的实务对接，为书业多元经营的转型升级开启了资源整合、建立长期有效对接机制大门，开启了快速发展的通道。在本次会议上，中国书业教装文创多元经营联盟首届执委会成员名单产生，中国出版传媒商报社社长伍旭升任执委会主任，山西新华书店集团有限公司副总经理、山西新华现代传媒股份有限公司总经理张治端，凤凰出版传媒集团有限公司发行分公司副总经理孙刚任副主任。由中国出版传媒商报社建立、中国书业教装文创多元经营联盟支持的“全国书业教装文创多元展订协作平台”正式亮相。会上，《中国出版传媒商报》联合中国书业教装文创多元经营联盟，评选出年度教装文创多元经营“十佳示范基层店”“十佳标杆大书城”“十佳创新领军人物”“十佳营销金案”；发布了《2015年度全国实体书店教装文创多元经营调查报告》。来自全国23个省、自治区、直辖市的250多位渠道嘉宾，以及30多家供应商齐聚一堂。相比2015年的150位渠道嘉宾、20多家供应商，2016年的会议规模有了爆发式增长。实际上，《中国出版传媒商报》于2015年5月召开的全国书业非书品展订研讨会，是非书品经营在书业扮演愈发重要角色背景下的商报首创之举，而本届会议将会议名称中的“非书品”改为“教装文创多元经营”，则进一步凸显了教装在书店多元经营中的重要位置。

（郭　虹）

《绿色大业》开播座谈会举行

2016年5月29日，世界图书出版上海有限公司参与拍摄的六集大型文献纪录片《绿色大业》开播座谈会在全国人大常委会办公楼举行。全国人大环境与资源保护委员会原副主任委员张文台、求是杂志社原总编辑王天玺、中国出版集团公司党组成员、副总裁潘凯雄到会讲话。各位专家就习近平总书记提出的如何贯彻当前我国生态文明建设的形势与任务问题进行了讨论。

张文台认为，《绿色大业》被纳入中央发展战略和理念，财税、科技等配套政策强力扶持，法律法规不断完善，群众既盼金山银山，又盼绿水青山，中国生态文明进程的战略和行动受世界瞩目，因此“发展绿色大业、实现生态文明的春天已经到来”，《绿色大业》的播出正逢其时。

潘凯雄表示，中国出版集团公司参与投拍《绿色大业》，体现了文化央企的使命感和责任担当，世界图书出版公司作为中版集团唯一的科技出版单位，参与主创并推出相关图书和数字产品，也是集团公司“十三五”在数字出版、媒体融合和产业结构调整方面做出的有益尝试。

会上还进行了授牌仪式，世界图书出版上海有限公司总编辑陆琦代表公司接受纪念奖牌。

（王　纯）

《让你的孩子更健康：中医儿科专家解读育儿保健》新书发布活动举行

2016年5月29日，以“怎么养才能让孩子更健康”为主题的儿童健康公益讲座暨新书发布活动在上海书城（五角场店）举办。

本次活动基于世界图书出版公司上海有限公司出版的《让你的孩子更健康：中医儿科专家解读育儿保健》一书，邀请了知名儿科专家、本书作者夏以琳教授，以及本书副主编王俊女士亲临现场，就孩子日常保健方面为家长答疑解惑。

《让你的孩子更健康：中医儿科专家解读育儿保健》总结了作者多年临床经验后，把对儿童的饮食营养、常见疾病以及日常保健的诊断和建议整理成文，配以漫画问答的形式呈现，使专业的内容深入浅出，让读者更易接受。

活动中，夏老师从儿科医生视角，针对家长最为关心的话题，结合自己多年的临床经验，从中医角度分析不同情况孩子的健康问题：十种不同体质特征的易患疾病，应该如何调养；“冬病夏治”的正确方法；孩子生病了，家长如何应急处理，等等。她主张将科学的育儿观念渗透到育儿生活的点滴之中。随后，王俊主编向读者们分享新书创作的初衷与历程，并介绍了本书特色。

（王　纯）

《社会主义核心价值观少儿声乐套曲》发布会举行

2016年5月31日，由中国音乐家协会、北京市文联、北京音乐家协会主办的《社会主义核心价值观少儿声乐套曲》发布会暨光盘赠送仪式在北京中关村一小党校部学区举行。中国音乐家协会分党组书记韩新安，北京市文联党组书记沈强，北京市文联党组副书记刚杰，中国音乐家协会分党组成员、副秘书长王宏，北京音乐家协会秘书长赵金波，人民音乐出版社副总编辑赵易山及词作家车行，作曲家戚建波、李昕共同出席发布会。

发布会上，韩新安和沈强先后致辞，主创团队介绍了创作初衷及对少年儿童传唱并发扬社会主义核心价值观的美好寄愿。北京中关村一小的小朋友在钢琴伴奏下，现场演唱了套曲中的三首作品。随后，沈强和赵易山向学生赠送了套曲光盘。35家媒体进行了现场采访和报道。

《社会主义核心价值观少儿声乐套曲》根据社会主义核心价值观“富强、民主、文明、和谐，自由、平等、公正、法治，爱国、敬业、诚信、友善”24个字创作的，包括《富强歌》《民主歌》《公正歌》等12首。其目的是以音乐的形式向广大少年儿童传播社会主义核心价值观，使他们在演唱的同时，感悟和学习社会主义核心价值观的精神实质，以更好地继承和发扬中华优秀传统文化和传统美德。（钟斌斌）

第七届“北京外国语大学－《英语世界》杯”翻译大赛举行

2016年5～10月，为推动翻译学科的进一步发展，促进中外文化交流，商务印书馆《英语世界》杂志举办第七届“北京外国语大学－《英语世界》杯”翻译大赛。本届大赛由中国翻译协会社科翻译委员会、中国英汉语比较研究会英汉翻译研究学科委员会，以及四川、上海、广东、湖北、陕西、江苏翻译协会等单位协办。

本届大赛有诸多创新：一是在往年“英译汉”比赛的基础上增加“汉译英”比赛类别，更加完整。二是开启与高等院校外语院系合办大赛的模式，分别与北京外国语大学英语学院合办“英译汉”比赛，与暨南大学翻译学院合办“汉译英”比赛，提升了大赛的影响力，同时邀请高校教师参与评审提升了大赛的权威性。三是从重数量到重质量，本届大赛采取少量收费的模式适当控制参赛规模，结果使得好译稿的比例大幅提升，质量得到提高。

本届大赛评委由陈德彰、林巍、张威、吴文安、韩子满、杜争鸣、武波、邢三洲担任。投稿逾1600份，经过数轮评审，两个比赛类别分别评出一等奖一名，二等奖二名，三等奖三名，优秀奖35名，另有10余家单位获优秀组织奖。大赛得到众多高校、企事业单位和翻译爱好者的响应，成为2016年中国翻译界深具影响力的活动，也实现了“给力英语学习，探寻翻译之星”的办赛宗旨。

（邢三洲）

《中国儿童视听百科·飞向太空》新书发布会举行

2016年6月7日，由中国大百科全书出版社主办，北京天文馆协办的《中国儿童视听百科·飞向太空》新书发布会在北京天文馆举行。中国出版集团公司党组成员、中国出版传媒股份有限公司副总经理樊希安、中国大百科全书出版社社长刘国辉、中国大百科全书出版社副总编辑马汝军出席本次活动。中国月球探测工程月球应用首席科学家、中国科学院院士欧阳自远，国家天文台博导、国际天文学联合会会员李竞，中国航天报社原总编辑、航天科普作家石磊，北京师范大学天文系教授何香涛，北京大学地球与空间科学学院教授焦维新，中国科学院国家天文台项目首席科学家王俊杰，北京天文馆馆长朱进等科学家作为本书编委代表出席本次活动。

北京中学生天文联盟和北礼士路一小的学生们和家长参加了活动。活动中同学们积极思考，争先恐后向专家学者们提问，也得到了认真耐心的解答。发布会现场气氛达到高潮。

发布会上，刘国辉特别强调，《中国儿童视听百科·飞向太空》是一套为中国孩子自己编纂的原创百科全书。为了让本书贴近中国小读者，把中国的“航天梦”和中国的航天发展知识内容作为重点，设计了东方红一号卫星、神舟飞船、天宫一号等主题页，详细介绍中国载人航天发展历程，让中国梦、太空梦的火种经久不息、薪火相传。

（尹添铭）

《朦胧城市》作者见面签售会举行

2016年6月12日，人民美术出版社出版《朦胧城市》系列图书的作者首次来华，在北京举行“朦胧的城市”见面签售会。活动由人民美术出版社主办，CASTERMAN出版社协办。人民美术出版社市场部主任尹然主持，图书编辑张茜琳现场翻译。现场两位欧洲顶级图像小说巨匠冯索瓦·史奇顿 François Schuiten 和贝涅·彼特 Benoît Peeters 与读者们进行了互动，和读者们分享了自己的成长和创作故事，最后现场进行了签绘活动。

（赵军平）

《独药师》新书发布会举行

2016年6月15日，由人民文学出版社、腾讯文化和当当网主办的张炜《独药师》新书发布会在华侨大厦举行。中国作家协会副主席、著名评论家李敬泽，《人民文学》杂志主编、著名评论家施战军，北京大学中文系教授、教育部长江学者、著名评论家陈晓明，社长管士光，副社长李春凯，当代编辑部主任赵萍，新书责任编辑胡玉萍等嘉宾出席发布会并讲话。发布会由副总编辑应红主持。

自《你在高原》于2011年获得茅盾文学奖之后，张炜的最新长篇小说《独药师》由人民文学出版社推出。这部小说讲述了19世纪末20世纪初，中国正经历“数千年来未有之变局”，基督教登陆东部半岛，教会学校及西医院初步兴起，半岛地区首富和养生世家的季府面临空前挑战。季府主人、“独药师”第六代传人季昨非陷入长生、革命、爱欲的纠缠之中，苦闷又彷徨。

（顾　乡）

《宋慈：读书与人生意义》专题讲座举行

2016年6月15日，王宏甲携新书《宋慈大传》在中国人民公安大学团河校区，为在校师生们奉上了一场名为《宋慈：读书与人生意义》的专题讲座。此次讲座由人民出版社读书会、中译出版社、中国人民公安大学团委宣传部联合主办。

讲座按照“寻找宋慈的足迹”“生长在山河破碎的乱世”“我为什么会去研究宋慈”“悠久的中国古代刑侦检验学”“公正廉明的大法官”五个部分层层递进，王宏甲用诙谐风趣的语言将一位关心民瘼、敢于洗雪冤假错案的大法官形象演绎得淋漓精致。引来到场同学们的掌声。

除了宋慈在世界法医学上重要的历史意义，王宏甲还重点讲到了宋慈的精神，他认为宋慈有很多精神值得青年人，特别是在校大学生们去学习和发扬：依法治国、清正廉洁、以民命为重、志向高远以及热爱读书等精神。“若没有阅读，就没有宋慈，更没有《洗冤集录》这部世界法医学的集大成者。”王宏甲希望通过《宋慈大传》一书，可以把宋慈热爱阅读的精神传递给同学们，呼吁同学们学会读书，多读书，读好书，在读书中丰富自己的品格、培养自己的正义感和使命感，用知识去丰富自己的人生，在将来可能从事的公安机关各部门工作岗位上发光发热，捍卫祖国和人民的利益。

讲座上，王宏甲还与同学们分享了自己研究宋慈的契机以及随后长达37年研究宋慈的心路历程，鼓励同学们能够在求学阶段就认清自己的志向、确定自己的志向、并矢志不渝地坚持自己的志向和理想，从而成就一个精彩而有意义的人生。

讲座结束后，王宏甲与公安大学的同学们进行了互动交流，回答了同学们提出的问题并现场签名售书。

（张　旭　茹　慧）

中国出版集团公司新媒体营销工作会议召开

2016年6月17日，中国出版集团公司新媒体营销工作现场会议在荣宝斋在线召开。中国出版集团公司党组成员、中国出版传媒股份有限公司副总经理樊希安、荣宝斋副总经理李学焦出席会议。中国出版传媒股份有限公司市场营销部负责人乔先彪主持会议，集团公司各单位营销部门负责人及有关工作人员等参加了会议。

会上，荣宝斋在线执行董事李春林及其他相关工作人员介绍了荣宝斋在线艺术品交易服务平台的发展历程、经营业绩、市场推广、技术开发等整体情况。人民文学出版社出版策划部主任宋强、生活书店出版有限公司总编辑助理李娟分别分享了本单位在新媒体营销上的经验做法。

李学焦对荣宝斋在线在互联网运营方面的探索给予肯定，表示将在木版水印的定制等业务上进行更多创新尝试，进一步加大对荣宝斋在线的支持力度。

樊希安听取汇报后，充分肯定了荣宝斋在线取得的成绩，并对未来集团公司各单位的市场营销工作迈上新台阶寄予厚望。（李春林）

“诗词中国”最具影响力诗人颁奖典礼举行

2016年6月18日，“诗词中国”影响力诗人颁奖典礼在人民网一号演播厅举行，共有23位诗人代表参加活动。施议对、李树喜、曹旭、熊东遨、张海鸥、宋彩霞、林峰等七位诗人荣膺“公众影响力诗人”，来自云南大理的乡村小学厨师段丽珍、八零后励志诗人黄莽等九位民间诗人获得“网络影响力诗人”称号，余秀华、伊沙、郑小琼、陈先发则作为“新诗贡献诗人”的获奖代表和《中国诗词大会》第一季明星选手陈更、裘江、王子西等也参加了颁奖典礼，现场表演了配乐诗朗诵。

91岁高龄的语言教育家、作家、诗人刘征先生，90岁高龄的诗人、清华大学教授欧阳鹤先生，89岁高龄的诗人、厦门大学教授蔡厚示先生从两位不足十岁的小朋友手中接过了“卓越贡献诗人”的纪念证书。巨大的年龄反差，象征着诗词传统的薪火相传，也寄寓着中华优秀传统文化未来发展的无限希望。时年93岁高龄的叶嘉莹先生，以及全日本汉诗联盟石川忠久会长，也通过视频表达了对“诗词中国”的支持。

（张颖潇）

“你一定要知道的无痛分娩”丛书巡回签售会举行

2016年6月18日、6月19日和6月22日，“你一定要知道的无痛分娩”丛书巡回签售会分别在上海、南通、嘉兴三市举办。

No Pain Labor & Delivery（无痛分娩中国行）发起人兼总领队、2011年世界麻醉研究会杰出教学成就奖得主、美国西北大学芬堡医学院胡灵群教授携书签售，并为产房医疗人员答疑解惑。

“无痛分娩中国行”由胡灵群医生于2008年发起和组织的大型公益性活动，旨在推动全天候、全产程、人性化、安全有效的分娩镇痛。从2008年起，他每年组织来自美国各地的产科麻醉医生、产科医生、产科护士以及翻译等志愿者，一周七天、全天24小时进驻产房，全方位多学科地指导临床实践。至2016年，这项公益活动惠及母婴人数已达100万。

“你一定要知道的无痛分娩”丛书由世界图书出版公司上海有限公司出版。该书由浅入深地向准妈妈及专业人士介绍了无痛分娩的发展与现状，已经成为中美两国的产房全体医护人员以及准妈妈们的交流之桥，有力地推动着中国围产医学的深化和发展。

（王　纯）

荣宝斋在线召开“中国出版集团公司电商销售渠道工作会”

2016年6月22日，荣宝斋在线召开“中国出版集团公司电商销售渠道工作会”。中国出版集团公司总裁谭跃、中国出版集团公司党组成员、中国传媒出版股份公司副总经理樊希安出席会议，商务印书馆党委书记肖启明、中华书局党委书记周清华、人民文学出版社副社长李春凯、中译出版社总编辑张高里、荣宝斋副总经理李学焦、现代教育出版社社长助理张晓春、天天出版社市场部主任艾立德等参加了会议。

会上，荣宝斋在线执行董事李春林汇报了荣宝斋在线艺术品交易服务平台的发展历程、定位目标、经营业绩、核心团队组建等整体情况。荣宝斋副总经理李学焦代表荣宝斋领导班子感谢集团公司领导对荣宝斋在线的肯定，表示荣宝斋将继续发挥实体资源优势，加大对在线平台的支持力度。

人民文学出版社、商务印书馆、中华书局、中译出版社、现代教育出版社、天天出版社等六家单位领导在汇报中，也都提出要准确把握市场发展趋势，深化与逐步规范同电商的合作。

樊希安希望各单位再接再厉，推动市场营销工作进一步发展壮大。中国出版集团公司总裁谭跃充分肯定了荣宝斋在线成立一年来取得的成绩，希望未来能够在专业化领域做深做透。

（李春林）

世界图书出版有限公司北京分公司举办海灵格“新家族系统排列”免费公开课

2016年6月24日，由德国海灵格学校主办、世界图书出版有限公司北京分公司承办的海灵格“新家族系统排列”免费公开课在北京青年宫举行。本次公开课的主讲人为91岁高龄的家族系统排列创始人伯特·海灵格、家族系统排列师索菲·海灵格（伯特·海灵格的妻子），以及欧洲国际治疗协会认证治疗师沃尔夫冈·多伊瑟和企业家族系统排列师阿方索·马尔皮卡。

在此次公开课中，海灵格夫妇向大家介绍了新家族系统排列的基本理念，并现场做了个案演示。沃尔夫冈·多伊瑟向大家介绍了新家族系统排列的基本要素以及如何成为家族系统排列师的途径。阿方索·马尔皮卡展示了家族系统排列理论在企业中的应用，为听众对家族系统排列的理解提供了新的思路。

海灵格很推崇中国老子的思想，他曾说：他的“家族系统排列”是借助“道的力量”，遵从了“中国老子的智慧”，当运用这门学问来帮助咨询者时，所有心理学家必须关注老祖宗的智慧，去整合发现问题。

海灵格著述颇丰。2003年，世界图书出版有限公司北京分公司首次翻译出版了海灵格的《谁在我家》一书，其后又陆续引进出版他的《在爱中升华》《心灵之药》《成功的序位》等八部专著。2016年6月，海灵格的新书《洞悉孩子的灵魂》由世界图书出版有限公司北京分公司出版。

（朱利伟）

《中华瑰宝》杂志创刊首发式暨“小书架进课堂”公益活动举行

2016年6月27日，《中华瑰宝》杂志创刊首发式暨“小书架进课堂”公益活动启动仪式在北京香山举行。中国文联、中国作家协会、中国期刊协会、韬奋基金会、中国戏剧家协会、中国电影家协会、中国美术家协会、中国民间艺术家协会、中国书法家协会、中国榜书艺术研究会等单位的领导、专家、学者和首都各新闻媒体近百人出席首发式，共同见证《中华瑰宝》杂志正式创刊。《中华瑰宝》杂志主管单位和主办单位的领导，顾问代表，编委会主任等嘉宾分别致辞并讲话。

自筹备以来，经过近两年的努力，2015年12月24日该杂志获得国家新闻出版广电总局批准，中国出版传媒股份有限公司主管，现代教育出版社有限公司主办、出版，创刊号将于2016年6月28日起正式在国内外公开发行。

《中华瑰宝》杂志自创刊之日起，自觉肩负起弘扬中华优秀文化的社会担当，策划并发起“小书架进课堂”活动，将通过公益捐赠的形式，让优秀、精美的国学经典走进教室，让孩子们自幼“与圣贤同行，与经典为伍”。此次，《中华瑰宝》杂志现场向河南省长葛市古桥乡中心学校共40个班级捐赠了由现代教育出版社有限公司出版的，价值两万元人民币的有关中华优秀传统文化的精美图书。

（杨　静）

世界图书出版上海有限公司中版教育云平台参加贵州凯里教育信息化推进会

2016年6月29日，由贵州省凯里市教育局和科技局组织的全市教育信息化推进会在凯里二中举行，凯里市教育局局长、分管信息化工作的副局长以及95所中小学校校长悉数莅临观摩。

世界图书出版上海有限公司中版教育云平台作为本次凯里市教育信息化推进会的唯一展示平台，为到场的专家和领导们上了一堂英语公开课。课上，罗忠芬老师将教学思想与平台的应用巧妙结合，让在场来宾亲身感受到信息技术为教学带来的便利。

公开课结束后，工作人员对平台进行了专题介绍。介绍中不仅对本节公开课的内容及环节做了整体剖析，并且对平台在教学过程中为师生、家长及管理者带来的帮助及服务做了一一讲解。

通过本次教育信息化推进会，大家切身体会到：教师合理运用平台的功能，提高了工作效率，达到了因材施教的效果；多样式的学习方式，提高了学生的学习兴趣，有效地调动学生学习的积极性。

（王　纯）

《屠岸诗文集》（八卷）出版座谈会暨图书首发式举行

2016年6月30日，著名诗人、作家、翻译家屠岸的创作文集——《屠岸诗文集》（八卷）

出版座谈会暨图书首发式在人民文学出版社四楼会议室召开。

邵燕祥、骆寒超、金波、聂震宁、吴思敬、杨匡汉、杨匡满、刘福春、北塔、高昌、何启治、莫文征、李晋西、刘莲丽等作家、学者，屠岸的老诗友、老朋友们参加了座谈会。会议由社长管士光主持，与会嘉宾发言，大家对屠岸的人品、诗品给予了高度的评价，围绕《屠岸诗文集》的出版，充分肯定了屠岸在文学创作和翻译领域的卓越成就，特别是对当代中国诗坛的积极影响。大家祝福屠岸老当益壮，在真善美的诗文中永远年轻。（顾　乡）

世界图书出版上海有限公司中版教育云平台参加济南第十一中学产品推介会

2016年7月3日，世界图书出版上海有限公司中版教育云平台参加了济南十一中学产品推介会，并对学校的领导和老师展示了信息化教学解决方案及成果。

首先，工作人员从项目背景、解决方案、平台优势以及项目成果全方位向领导和老师展示了解决方案。平台借助互联网技术，结合专家教研团队多年实践研究，打通管理者、教师、学生、家长等各个环节，深度解决用户在“教与学”中的痛点。随后，工作人员对平板师生互动操作进行了演示。演示中，贯穿融入了“双主教学”和“四个驱动”的教学理念。“双主教学”指在教学过程中发挥老师的主导作用，学生的主体作用。“四个驱动”分别为：导学任务单驱动学生自主学习，层级式问题驱动学生合作探究，学习数据分析驱动教师按需教学，课堂及时测评驱动学生知识内化。

活动结束后，老师对“双主教学”和“四个驱动”教学理念进行了探讨和分析，并表示认可，希望能进一步开展合作。（王　纯）

《钢琴艺术》杂志“第二届全国钢琴基础教学师资培训班”举办

2016年7月4～8日，由人民音乐出版社《钢琴艺术》杂志和中国音乐家协会钢琴学会共同主办，苏州市钢琴学会与杭州翰博文华艺术策划公司分别承办的“第二届全国钢琴基础教学师资培训班”在苏州、杭州两地举行。本次活动邀请了国内外著名钢琴教育家、资深钢琴教授盛原、常桦、韦丹文、孙鹏杰和托马斯·鲁门斯塔等专家进行授课，他们为江苏省和浙江省的钢琴教师介绍了最新的钢琴教学理念，传授富有实效的钢琴教学方法，提供不同程度的钢琴课程设计，对常用钢琴教材进行深度研究与分析，将理论付诸实践，从而提高广大钢琴教师的教学水平。（李华盛）

《担当：程万琦回忆录》中文简体版全球首发式举行

2016年7月8日，华文出版社在北京国家会议中心举行《担当：程万琦回忆录》中文简体版全球首发活动。

《担当：程万琦回忆录》是程万琦博士的第一部口述史，也是一部可以看，可以听的口述史，书中每篇章节均设有二维码，手机扫一扫，即可进入程万琦博士与本书作者程桂芳先生的对谈现场，可谓是开创了口述史类传记作品可读、可听、可看的先河。全书循迹程万琦70多年的风雨人生路，其传奇而曲折，其辉煌而壮阔，其轻名利，其敢担当，其赤胆忠心的民族气节，着实令人赞叹，谱写了中华儿女的不朽传奇。

（黄珊珊）

《燃烧的激情》首发式暨出版发行座谈会举行

2016年7月9日，人民文学出版社与中远船务联合在上海图书馆首发新兴产业工人诗词作品集《燃烧的激情》，并召开出版发行座谈会。社长管士光、上海图书馆党委书记叶汝强、北京大学著名教授韩毓海、上海市作家协会副主席杨扬、上海《文学报》原社长陈歆耕、浙江文艺出版社上海分社社长、翻译家曹元勇、中国散文学会副秘书长宁新路，中国远洋海运集团党委工作部部长刘海涛、中远船务党委书记马智宏等领导、专家学者出席了首发活动并参加座谈。

中远船务是中国船舶工业及海洋工程装备行业的领军企业。《燃烧的激情》是该公司基层干部员工以诗言志的诗词作品选集，分“创业发展”“劳动号子”“蓝海筑梦”“吉祥平安”“寄怀祝愿”“青春作伴”六个章节，或抒发激昂的创业豪情，或描绘火热的生产场景，或赞美员工的辛勤奉献，或祈愿美好的明天，或礼赞党和祖国，真实记录了新时期工人阶级艰苦创业、砥砺奋进“中国梦”的心路历程。

活动最后，举行了简朴的图书捐赠仪式。管士光和马智宏代表《燃烧的激情》的出版发行方给上海图书馆捐赠图书，叶汝强代表上海图书馆接受图书并颁发了捐赠证书。（顾　乡）

“国际三大音乐教学法在中国小学音乐课堂教学中的应用——教法融合全体系培训”举行

2016 年 7 月 13～19 日，由《中国音乐教育》杂志与深圳市上外拓天教育咨询有限公司共同主办的“国际三大音乐教学法在中国小学音乐课堂教学中的应用——教法融合全体系培训”在北京举行。此次培训依托“人音版”小学一二年级教学内容为载体，通过精选的教学课例为参与者做了生动的教法融合展示。

“国际三大音乐教学法在中国小学音乐课堂教学中的应用——教法融合全体系培训”旨在使国际三大音乐教学法与我国现行教材相融合，为国际三大音乐教学法落地我国中小学音乐课堂打开大门。本次培训活动吸引了来自全国各地三百余名中小学音乐教师和部分高校师生的参与。主办方邀请了来自台湾地区的四位音乐专家进行课例展示，同时还特邀国家音乐课标培训专家组成员担任助讲嘉宾，结合专家课例进行现场解读。该培训活动的创办，亦是为了进一步严格贯彻落实教育部《义务教育音乐课程标准（2011 年版）》的要求，提高中小学音乐教师的思想素质和业务水平，加强音乐教师队伍建设，并提高中小学音乐教育教学质量。（王春力）

“为中国未来而读——2016 阅读行动论坛”举行

2016 年 7 月 14～15 日，“为中国未来而读——2016 阅读行动论坛”在四川成都举行。论坛由中国教育学会中学语文教学专业委员会主办，商务印书馆、四川师范大学教育科学学院承办，成都树德中学（光华校区）协办。来自中国教育学会中学语文教学专业委员会、四川省教育界、商务印书馆的领导、专家，与来自全国各地的校长、教研员、一线语文教师等 600 余人参加了本届论坛。

本届论坛主题是“阅读与核心素养”，邀请北京师范大学教授王宁、北京大学教授刘华杰分别做了题为“语文核心素养与语文综合活动”“博物教育漫谈”的主旨报告。

在“公开课＋课例研究工作坊”环节，来自北京、成都、郑州等地教师组成的教研团队，分别从博物、文学等领域进行多文本阅读的课例展示，这是打破传统教学模式，让阅读行动真正发生的一次有力尝试，新颖的课例研究工作坊形式和四堂精彩生动的公开课得到与会教师的积极反馈，现场互动热烈。在论坛交流环节，教育部中小学语文课程标准研制组核心专家陆志平研究员做了“走出误区，探索传统文化教育新路径”的主题发言。何立新、吴泓、邓虹、蔡可、张媛、李政等专家名师、一线教师分享了各自在阅读推广、读本编写和教学实践中的心得体会。

（吕海春）

中国出版传媒商报社举办中外童书出版特训营课程

2016 年 7 月 14 日，中国出版传媒商报社举办中外童书出版特训营课程，来自中国少年儿童新闻出版总社、接力出版社、湖南少年儿童出版社、禹田文化等出版机构的童书出版部门主任、编辑以及插画创作者70余人参会。此次特训营，策划方对课程进行了精心设置，涉及绘本创作、出版、阅读推广等多个维度，中外名家纷纷上阵。著名阅读推广人、多部英美经典绘本译者阿甲系统介绍了世界图画书历史与中国原创图画书的发展及现状；西班牙著名漫画出版社 Editorial Norma 出版社（哥伦比亚分社）儿童与青少年文学部主管 Fanuel Hanán Diaz Acosta，向学员分析了插画和文字的关系，并给出了如何辨别好童书的秘籍；图画书作家、阅读推广人姬炤华通过多个经典案例的赏析，让学员领略到了绘本里埋藏着的艺术；国际儿童读物联盟执委、中国少年儿童新闻出版总社国际合作部主任张明舟则以其推动中国图书"走出去"的经历，提出了中国图书"走出去"过程中存在的，过于强调中国特色、过于强调"走出去"、以买促卖的谈判理念、片面理解民族的也是世界的误区，提供了走出误区的建议；罗马尼亚作家 Victoria Patrascu 和插画师 Christiana Radu 组合，向学员介绍了其如何用童书创造有趣的参与性游戏帮助孩子们爱上阅读的经历，并介绍了罗马尼亚如何推广儿童书籍；中信出版集团副总编辑、小中信创始人卢俊以"童书出版的变与不变"为题，讲述其对内容策划和运营的创新心得，受到了学员的广泛好评。

（郭　虹）

中国美术出版总社在第六届书香中国·北京阅读季·中国童书博览会举办连环画专场活动

2016年7月15日，在北京展览馆举办的第六届书香中国·北京阅读季·中国童书博览会上，人民美术出版社、连环画出版社在A活动区举行了连环画专场活动，活动由连环画编辑室主任何玉麟为在场小观众讲述"连环画是什么"，生动而不失活泼，现场小观众热情高涨，积极举手参与互动。讲座的同时在活动区进行"你来画，我送书——'我的小人书'即兴绘画"比赛和现场绘制肖像画两项精彩绘画活动，许多小朋友都踊跃参与其中，活动气氛十分热烈。

讲座结束后，由中国美术家协会少年儿童美术艺术委员会副主任龙念南为参加"我的小人书"即兴绘画比赛的三十余幅作品评奖，其中一等奖一名，二等奖二名，三等奖三名，并在活动现场为获得一、二、三等奖的小朋友颁发精美连环画奖品。其余参加比赛的小朋友均获得了一本"小人书"作为纪念奖。

（全　姗）

《野芒坡》出版系列活动举行

2016年7月16日上午，由人民文学出版社、天天出版社和上海市作家协会共同举办的"《野芒坡》作品研讨与阅读推广"会议在上海作家协会召开。人民文学出版社、天天出版社社长管士光，上海市委宣传部原副部长朱英磊，上海作家协会副主席、党组书记汪澜，上海作家协会副主席孙甘露等领导出席活动。梅子涵、刘绪源、沈石溪、曹文轩、秦文君、彭懿等十余位著名文学家、评论家以及丁筱青、李岩、李一慢、周其星等九位著名阅读推广人、阅读老师共同出席了会议。会议由天天出版社副总编辑张昀韬主持。

16日下午，《野芒坡》读者沙龙在上海著名的文化地标思南文学之家举行。曹文轩、刘绪源以及著名配音表演艺术家曹雷齐聚一堂，与本书作者殷健灵一起深入探讨这部作品所表现出的艺术之美和人性之美。天天出版社副总编辑张昀韬主持了活动。活动吸引了老、中、青、少数百位文学爱好者参加，现场座无虚席。

（顾　乡）

"人音教育—卡丹萨国际钢琴竖琴音乐节"举行

2016年7月18日，人民音乐出版社与北京卡丹萨文化艺术有限共同举办"人音教育—卡丹萨国际钢琴竖琴音乐节"。本次活动邀请来自中国、美国、瑞士、加拿大等国际优秀音乐家、教育家，设有小、中、大提琴及钢琴、竖琴的专题讲座和国际大师课。为推动与促进中国青少年室内乐教育事业的发展、创建弦乐学习者和爱好者的交流平台，弘扬室内演奏的协作精神，提升钢琴竖琴音乐学者的演奏水平，从个别学习中走出来，开阔视野、陶冶情操。活动同时有十余家国内外媒体跟踪报道，全国各地几百名学员前来，“人音教育”品牌得到有力推广，成效显著。

（张健慧）

《董必武家书》出版座谈会召开

2016年7月18日，由生活·读书·新知三联书店下属生活书店出版有限公司推出的《董必武家书》出版座谈会在中国出版集团公司举行。中共中央宣传部出版局巡视员刘建生、国家新闻出版广电总局出版管理司副司长许正明、中国出版集团公司党组书记王涛、生活·读书·新知三联书店总经理路英勇出席会议并发言。董必武之女董良翚及丈夫张力理，本书编者、董必武长孙董绍壬，以及“延安五老”的家人后辈，湖北红安干部学院院长毛卓水，中共中央党史研究室原室务委员、秘书长黄小同，中共党史学会党领导文化建设史专委会顾问刘涓迅，南开大学马克思主义学院延安五老研究中心秘书长吴润泽等出席座谈会，共同怀念这位德高望重的长者。会议由中国出版集团公司党组成员、中国出版传媒股份有限公司副总经理李岩主持。

2016年是中国共产党建党95周年，也是董必武诞辰130周年。《董必武家书》通过家书展现家风，传承了老一辈革命家的精神风骨。

（生活书店）

2016漫像文化年会举行

2016年7月22日，2016漫像文化年会在北京会议中心召开。本次年会由中版集团数字传媒有限公司主办，中国动漫集团、中国美术出版总社、生活·读书·新知三联书店、北京歌华有线数字媒体有限公司支持，千龙网·中国首都网协助举办。国家新闻出版广电总局规划发展司副司长李建臣、中国出版集团公司党组成员、副总裁潘凯雄、中国美术家协会漫画艺委会主任徐鹏飞等领导与嘉宾出席并致辞。来自国内25个省市的100余位漫像画家以及在北京的多家出版社、动漫公司、媒体参加了年会。

年会期间，中版集团数字传媒有限公司与中国动漫集团就平台互通、资源共享签订合作协议；与中国美术出版总社就漫像比赛及优秀漫像作品的杂志连载签订合作协议；与生活·读书·新知三联书店就漫像画册的全媒体出版和立体营销签订合作协议；与千龙网·中国首都网就漫像专题建设与网络媒体宣传签订合作协议；与北京歌华有线数字媒体有限公司就漫像的电视网渠道传播签订合作协议。通过漫像年会的举办，正式确立了漫像的行业品牌地位。

（李　铃）

首家“诗词中国创作基地”落户新疆维吾尔自治区伊犁哈萨克自治州那拉提

2016年7月26日，首家“诗词中国创作基地”落户新疆维吾尔自治区伊犁哈萨克自治州那拉提景区，并于当日在那拉提景区举行授牌仪式。诗词中国组委会代表、中版文化传播有限公司副总经理沈昊，中华诗词论坛站长张驰及中华诗词论坛首席版主代表，那拉提景区干部职工、旅游企业业主等总计50余人出席了授牌仪式。

会上，那拉提景区党委书记赵孝林感谢“诗词中国”对那拉提景区文化建设工作成绩及对哈萨克民俗文化的认可，同时为促成双方友好合作，凡是到那拉提景区观光创作的诗词中国诗友会会员，均可享受门票八折、协会酒店入住八折的优惠。

“诗词中国”组委会成员、中版文化传播有限公司副总经理沈昊与那拉提景区党委书记赵孝林共同完成了授牌仪式。沈昊充分肯定了那拉提景区为创建“诗词中国创作基地”所做的卓有成效的工作，并代表“诗词中国”组委会对那拉提景区成为首家“诗词中国创作基地”表示祝贺。同时，也希望景区今后充分挖掘和利用本地底蕴深厚、内涵丰富的哈萨克民俗文化资源，打造文化景区，“诗词中国”将利用自身资源提供最大的支持。

“诗词中国创作基地”是“诗词中国”组委会于2016年开始大力推进的文化项目，旨在弘扬中华诗词文化、为广大诗友创造更便利的采风和创作条件，并带动当地旅游文化事业发展。

（吴　捷）

第一届“中国网络语言文明论坛”举行

2016年7月27日，“第一届中国网络语言文明论坛”在商务印书馆举行。论坛由国家互联网信息办公室网络社会工作局指导，中国文化网络传播研究会、商务印书馆、北京语言大学、千龙网共同主办。教育部语言文字信息管理司司长田立新，中国文化网络传播研究会副会长、秘书长金海峰，商务印书馆总编辑周洪波，以及来自语言学界、网络传媒界、文化教育界的专家学者120余人出席论坛。

北京语言大学党委书记李宇明、教育部语言文字应用研究所所长张世平、语文出版社社长王旭明、中国传媒大学互联网信息研究院副院长李未柠作为学者代表，中国文化娱乐行业协会常务副会长刘金华、央广网副总编辑伍刚作为社会组织和网络媒体代表，做了主旨演讲。

论坛汇聚各界智慧，以“文明网络语言，共建清朗空间”为主题，立足推动中国网络语言文明，增强网络语言健康正确使用的导向意识，营造清朗的网络空间，促进文化界、社科界和互联网等领域的深入交流，构筑权威性、高层次的网络语言交流平台。

（余桂林）

中国出版集团公司第九届读者大会举行

2016年7月28日，由中国出版集团公司发起，国家新闻出版广电总局、内蒙古自治区政府、中国出版集团公司联合主办的第九届“读者大会”在内蒙古自治区包头市举行。国家新闻出版广电总局副局长阎晓宏，全国政协委员、中国出版协会常务副理事长邬书林，中宣部出版局副局长张拥军，内蒙古自治区政协主席任亚平、自治区副主席刘新乐，中国出版集团公司总裁谭跃，以及集团公司领导李岩、潘凯雄、樊希安出席大会。余秋雨、阎崇年、蔡志忠、周大新、曹文轩等名家应邀到会，参与演讲、访谈等环节并与读者互动交流。国家新闻出版广电总局各司局领导，全国各省出版局、出版集团近百位业界同人，40余家媒体记者，近千名内蒙古自治区各界读者参加了大会。

阎晓宏在致辞中指出，作为书博会上读者最期待、最欢迎的活动，“读者大会”体现了“读者至上”的精神，体现了尊重知识、尊重创造，以创作为出版源泉的精神。要感谢作为出版事业根基的读者，感谢为满足大众的精神文化需求而创作的作家，感谢多年来秉承着“为读者服务，社会效益第一”原则的中国出版集团公司，希望“读者大会”播下阅读的种子，并在美丽的包头、美丽的草原生根开花结果。

谭跃在致辞中充分肯定阅读的重要意义，并强调在推动全民阅读、构建书香社会中，中国出版集团公司始终秉承老一辈出版家的精神，始终坚持以人民为中心的出版理念，始终牢记出版“国家队”的使命和责任，不断为读者、为社会提供有用之书、可读之书。

在名家演讲环节，余秋雨以“阅读的意义”为主题，谈到阅读关乎民族的命运、人类的尊严。在名家访谈环节，中央电视台主持人李潘与知名作家阎崇年、蔡志忠、曹文轩、周大新以及包头籍作家段立欣展开对话，就作家们的个人阅读经历、阅读习惯的养成、应该读什么书等话题精彩对谈，赢得现场读者阵阵热烈掌声。大会现场，中国出版集团公司还以“读者之家”名义向包头市、乌海等地区的大中学校、图书馆等基层单位捐赠了价值110万元的图书。

本届读者大会与往届相比有多个创新之处，

一是表现形式更加多样化，在名家访谈环节之外特别增设了名家演讲环节，同时配以多个具有内蒙古民族特色的节目穿插其间；二是读者参与覆盖面更广，本届大会的读者观众来自当地各行各业和大中小学，现场与名家互动更加热烈，读者在多个精彩之处都报以持续掌声；三是宣传报道更加精准化，建立媒体微信群用以前期预热和后期报道跟进，同时本届大会还特别增加网上视频直播，同时在线观看的读者高达12万人。

（姜锐刚）

《长征·1936》《地球的红飘带》新书发布会举行

2016年7月28日，中国美术出版总社所属连环画出版社出版的著名连环画家沈尧伊新创作的大型连环画《长征·1936》，再版经典长征题材连环画《地球的红飘带》，在第26届全国图书交易博览会上举行新书发布会。国家新闻出版广电总局副局长阎晓宏、中国出版协会常务副理事长邬书林、中国出版集团公司党组成员、中国出版传媒股份有限公司副总经理樊希安出席发布会并讲话。两部宏篇巨制的绘画作者、中国美术家协会连环画艺术委员会主任沈尧伊亲临现场为广大读者签名售书。

长征史诗连环画《地球的红飘带》根据著名作家魏巍同志的同名长篇小说由王素改编，沈尧伊绘画，共926幅，由中国连环画出版社在1989年出版第一册至1993年五册全部出齐。自出版至今，发行总计35000多套、总印数约18万册。在纪念长征胜利80周年之际，连环画出版社2016年合集出版《地球的红飘带》24开单册本。大型连环画《长征·1936》由沈尧伊独自创作、编绘，表现了1935年10月到1936年10月期间的长征史实，是连环画《地球的红飘带》的姐妹篇，共614幅。《长征·1936》分为《奠基礼——中央红军到陕北》《大回旋——红二方面军征战湘黔滇》《大会师——中国工农红军一、二、四方面军大会师》三个章节，分别描写了红一方面军到陕北后举行直罗镇战役、红二方面军回旋乌蒙、巧渡金沙江和三大红军主力在会宁会师等事件。自2012年起，沈尧伊历时3年完成《长征·1936》。

国家新闻出版广电总局副局长阎晓宏指出，这两部大型连环画主题宏大、艺术精湛，很好地弘扬了伟大的长征精神，是一套艺术水准高、能够在广大读者中产生广泛影响的优秀普及读物。希望全国出版发行界以各种有效形式，把这套优秀主题出版连环画宣传好、发行好，为弘扬社会主义核心价值观做出新的更大贡献。

中国出版集团公司党组成员、中国出版传媒股份有限公司副总经理樊希安指出，在今后工作中，中国出版集团公司将一如既往地支持中国美术出版总社的连环画主题出版工作，推动我国连环画出版事业健康快速发展。（赵军平）

《孔萌小悟：我听爸爸讲论语》读者见面会举行

2016年7月28日，“《孔萌小悟：我听爸爸讲论语》读者见面会”在包头市举办。该书由中译出版社于2016年1月出版，将孔子的学说以及经久不衰、历久弥新的儒家文化，以亲切的口吻、深入浅出的话语，向读者讲述出来。

中译出版社社科文艺分社社长于建军介绍：作为一本原创社科图书，该书的亮点之一是，作者是一位九零后女孩，“她从一个青少年的视角出发，学习论语、理解论语并阐释和运用论语，带动更多人一起学习论语”。同时，作为包头本地作家，该书作者孔萌吸引了众多粉丝，现场还组织了与读者“对论语”的互动活动。此外，此次活动还邀请到本地书画家刘法旌进行书写《论语》的现场表演。《孔萌小悟：我听爸爸讲论语》精选出《论语》原著中近200条专门针对当今青少年现实问题的语段，是专门为青少年写的一部《论语》。书中的“心解”部分，是孔萌父亲几十年来丰厚人生阅历的凝结，句句都出自他个人真切的体验，而不是空谈大道理。“心解”即从心性的角度对论语进行了深刻解读，观点新颖独到。“小悟”是孔萌听爸爸讲论语后对生活和学习中点滴小事的感悟，情真意切，极易引起青少年的共鸣。《孔萌小悟：我听爸爸讲论语》是对《论语》这部品德教育范本的全新阐释，是教导年轻人如何为人处世的《论语》的现代应用的解读本。（茹　慧）

八零后的精神成长——张悦然《茧》新书发布会举行

2016年7月29日，作为第六届书香中国·北京阅读季名家大讲堂系列活动之一，由人民文学出版社、北京阅读季、尤伦斯当代艺术中心、腾讯文化、当当网联合举办的“八零后的精神成长——张悦然《茧》新书发布会”在尤伦斯当代艺术中心举行。张悦然与著名作家余华、梁文道就此话题展开深入对谈，活动由八零后批评家、中国人民大学教师杨庆祥主持。

《茧》采用了双声部的叙事结构，通过主人公李佳栖和程恭各自的讲述，为读者讲述了两个家庭三代人之间的缠绕恩怨。评论家认为张悦然在《茧》中关于历史创伤的追溯，使得关于当代历史深思的座席上，有了新的发言人和新的延伸思考。《茧》这种直接对话历史的创作，让我们在重新思考历史的血脉，如何辗转在几代人身上流淌的同时，也开始重新认识观念意义上的八零后创作。无疑，这是一部标志着八零后写作新质地和新方向的重要作品。（顾　乡）

“第六届奥尔夫音乐艺术教育国际认证师资培训班”举行

2016年8月8～13日，由《中国音乐教育》杂志与深圳上外拓天教育咨询有限公司共同主办的“第六届奥尔夫音乐艺术教育国际认证师资培训班”在深圳举行。此次培训分为Level 1和Level 2。Level 1为初级班，为时六天，其教学内容包括教学法、配器法、技能和即兴、歌唱、直笛、律动和舞蹈，以及奥尔夫教学法在中小学课堂教学中的应用。最后一天为延续三届的“高峰论坛”、结业考试以及精彩的团队展演。Level 2为中级班，日程安排与初级班基本相同，教学内容较Level 1更为专业化。师资培训中30%～40%的素材选自本土童谣、歌曲及音乐，其中与课堂结合部分的作品选自现行教材中使用范围最广的“人音版”教材，活动的设计同时兼顾“新课标”和师资培训的要求。在本届培训小组合作创作的考核中，学员们展示了自身的音乐素养及合作能力，展现了积极地创造意愿，通过舞蹈的形式表现出了与音乐恰当的契合。奥尔夫音乐艺术教育体系是从人本性角度出发的教学理念，此次培训旨在为一线音乐教师们传递奥尔夫教学法的精髓，达到师生共同分享创作与参与音乐的快乐的目的。（王春力）

《杭州一瞥》（HANGZHOU AT A GLANCE）新书发布会举行

2016年8月17日，杭州市旅游委员会和商务印书馆在杭州中国丝绸博物馆举行《杭州一瞥》（HANGZHOU AT A GLANCE）新书发布会。杭州市旅游委员会副主任赵弘中、中国丝绸博物馆馆长赵丰、商务印书馆副总经理胡中文等出席发布会。

《杭州一瞥》是G20峰会重点图书，由商务印书馆《汉语世界》杂志组织外国记者用英文创作撰写、由国际化团队合力打造、面向来华外宾和海外读者的原创精品，是一次讲好杭州故事、传播杭州声音的新突破，是近年出版的最具人文情怀的杭州旅游图书。该书主编Tyler Roney在发布会现场朗诵了马可波罗赞颂杭州的美文。该书入选2016年G20峰会新闻中心赠书，被誉为“一本与时俱进的英文旅游书”。（储丹丹）

“东升杯”全国连环画征稿大赛启动仪式举行

2016年8月17日，“东升杯”全国连环画征稿大赛启动仪式在2016上海书展举行。国家新闻出版广电总局印刷发行司司长王岩镔，中国出版集团副总裁潘凯雄，中国美术家协会连环画艺术委员会副主任叶雄，广州大学艺术学院院长、著名连环画家汪晓曙，中国美术家协会连环画艺术委员会副主任兼秘书长李晨，中国美术出版总社党委书记周伟，中国美术出版总社党委副书记、副社长高世屹等出席启动仪式。中国美术出版总社总编辑林阳主持活动。

征稿大赛由人民美术出版社、连环画出版社主办，面向全国征集2000年1月至2016年11月期间创作的连环画（包括绘本）作品。邀请老一辈连环画专家姜维朴、王弘力、洪斯文、汪观清等七位组成顾问团队，以冯远、沈尧伊、胡博综、秦龙、庞邦本、卢延光、高云、陈玉先、李晨、叶雄、汪晓曙等26位年富力强的连环画专家组成评委团队。评委们将以无记名打分的方式，评选出主题作品奖和创作奖两大类总共一百件优秀作品，对获奖作品将颁发给奖杯、奖状和总额102万元的大奖。（赵军平）

《把未来交给未来的我》读书分享会举行

2016年8月17日，中译出版社在2016上海书展首日举办了《把未来交给未来的我》读书分享会，该书译者、旅日作家毛丹青出席活动并向现场读者娓娓道来一位坚强、善良、美丽、严谨的女性在面对死亡时所展现出的勇气和力量。

《把未来交给未来的我》的主人公黑木奈奈，2014年初经过重重选拔后成为NHKBSI《国际报2014》新闻主播，前途一片光明，但一场突如其来的胃疾让她不得不接受已经身患胃癌的事实。在家人和朋友的鼓励下，她勇敢地与癌症宣战，进行胃部手术；为了实现重返主播台的目标，决定接受化疗治疗。同时，公开自己的病情，充分发挥其主播的身份，怀着“同龄的职场女性在遭受癌症困扰时，或许能从中得到帮助”这一信念，以手记的形式讲述了宣布患癌后的心境。

“活在当下，把未来的事交给未来的我去做!”黑木奈奈用平实的语言道出心底的所思所想，对于生命她有了新的理解和感悟。这正像毛丹青在译后记中写道：“我希望读者更多了解一下像草根一样弱小而坚强的生命，有的时候，私人的写照也许能颠覆宏观的叙述。”

本书真实、客观地披露了黑木奈奈在治疗胃癌及化疗恢复过程中的点滴心路，并介绍了黑木奈奈从学生时代到成为主播的成长历程，文字真实生动，把乐观、自信、顽强的黑木奈奈展现在读者面前。

遗憾的是，黑木奈奈已于2015年去世，但是她曾经说过的话依然深深感动着毛丹青——我的职业是传播新闻，虽然我得了绝症，但我传播的责任不能放弃，我现在传播的是生命和勇气。毛丹青表示，翻译并出版这本书，也是他对黑木奈奈的最后告慰。（茹　慧）

《颅颌面与牙齿发育异常》新书预售会举行

2016年8月17日，《颅颌面与牙齿发育异常》新书预售会在西安曲江国际会展中心召开的丝绸之路国际口腔医学论坛暨丝绸之路国际口腔器材设备展览会举行。预售活动由世界图书出版西安有限公司主办，世界图书出版西安有限公司副总编辑马可为出席了活动。《颅颌面与牙齿发育异常》一书介绍了颅颌面发育异常的相关知识，对临床工作具有较强的指导意义。参会专家对该书给予高度评价，认为该书的出版对提高临床医生的理论水平有较大帮助。

（马元怡　郭　静）

“中版好书百店千柜工程”首次落地民营书店

2016年8月18日，中国出版集团公司携手上海钟书实业有限公司，在上海芮欧百货举办“中版好书百店千柜工程”的落地仪式。

上海钟书阁书店是“中版好书百店千柜工程”中第一家参与落地的民营书店，具有重要意义。它标志着中国出版集团公司的“百店千柜工程”从与新华书店合作，拓展到与优秀民营书店合作，由此发展到一个新的高度和广度，并进入到一个新阶段。（王欣新）

《微观杭州》（汉英版）新书发布会举行

2016年8月19日，由浙江科技学院和商务印书馆联合主办的《微观杭州》（汉英版）新书发布会在杭州图书馆举行。浙江省委宣传部副部长来颖杰、杭州市委宣传部副部长龚志南、浙江科技学院党委书记王建华、商务印书馆总编辑周洪波出席发布会并致辞。该书作者和译者团队现场分享了创作心得。该书在G20峰会前夕推出，以428个微故事和192个微镜头，向读者讲述真实而动人的杭州。杭州电视台、《杭州日报》等多家媒体进行了报道。（刘玥妍）

《走自己的路》新书发布会举行

2016年8月19日，现代出版社出版龚琳娜的新书《走自己的路》在2016上海书展举行发布会，这是继《自由女人》后，龚琳娜的又一新作，也是她首次和老锣合著的新书。这本书不同于以往龚琳娜所著的《自由女人》讲述的龚琳娜一个人的故事，《走自己的路》是以龚锣两人的双视角来撰写的，每一件事情都是从两个角度来看待，有两个人不同的看法，不同的想法。

龚琳娜表示，自己原本并没有想过把自己12年的音乐探索之路用文字的形式记录下来，因为自己根本就没有时间回望过去的路。而她的丈夫老锣也认为他自己是做事的人，全部的精力都放在音乐和未来上，更应该考虑的是音乐的创新和制作。直到他们俩在2014年的时候遇到了香港三联书店的老板，她觉得龚琳娜和老锣之间的故事很有意思，而他们坚持走的中国新艺术音乐之路的过程更加值得让更多的人看到，所以才决定写此书。（李　昂）

首届“书法中国”全民书法大赛终审评议会举行

2016年8月21日，首届“书法中国”全民书法大赛终审评议会在中国美术出版总社大厦举行。人民美术出版社总编辑林阳，“书法中国”大赛顾问林岫，评委李刚田、刘守安、李胜洪、杨广馨等著名书法家出席。

首届“书法中国”全民书法大赛由中国出版集团公司、人民美术出版社共同主办，中国移动协办，中版文化传播（北京）有限公司承办。大赛致力于书法艺术的全民普及，并创造性地提出了“美善自然”的书写风尚。据悉，这次大赛的部分获奖作品将公开展出，并由人民美术出版社结集出版。

据了解，首届“书法中国”自2015年9月28日启动，征稿历时六个月，共收到投稿作品23096幅。这次大赛设有青少组和成人组两大组别，其中青少组按年龄分为6～12岁，13～15岁，16～18岁三个组别，成人组则按照书体分为篆、隶、草、行、楷五个组别。经过初审、复审、投票等诸多环节，共有319幅作品成功入围终审候选名单；在21日的现场评议后，共有168幅优秀作品脱颖而出，获得了各组别的一二三等奖。（赵军平）

《中印情缘》发布会举行

2016年8月22日，由印度汉学家和知名学者狄伯杰教授所著新书《中印情缘》的英文版和汉语版由中译出版社正式发布。

2016年中华图书特殊贡献奖的19位获奖人和牛津大学图书馆中国中心中文部主任邵玉书、印度汉学家狄伯杰、宁夏智慧宫总经理白鑫、越南丽芝文化有限公司总经理阮丽芝等20余位嘉宾应邀参会。中国出版集团公司总裁谭跃，中国出版集团公司党组成员、中国出版传媒股份有限公司副总经理李岩，中国出版集团公司党组成员、中国出版传媒股份有限公司副总经理孙月沐等近50余人参会。

《中印情缘》是《“一带一路”中国情，那些难忘的中国故事》丛书的第一本。该系列计划出版20册。选取“一带一路”沿线具有代表性的20位汉学家或与中国渊源极深的人作本系列图书的主人公和创作者。讲述他们自己的家庭、成长经历，自己国家的民族、生活、经济文化和美丽风光；如何开始关注、了解并爱上中国。通过他们讲述和照片故事等，把在中国求学、工作、生活中曾经的那些人、那些地方、那些美食、那些情感展现在读者面前、讲述他们与中国的不解之缘。这些故事或美丽或动人，或有趣或伤感，最后把一切都化作对中国的眷恋。以他们切身的经历来告诉读者，自己国家与中国的关联，与中国在经济、文化和政治方面的相似与不同，通过民心相通，达到国与国、民于民更为深切地理解与融通。

这些真情实感的故事和讲述，可以消除隔阂、增强互信、加强融通，以达到真正的民心相通。该系列将以汉语、英语及作者母语出版。

该系列图书除已签约作者格鲁吉亚汉学家玛琳娜和土耳其汉学家吉莱，其他学者分别是罗马尼亚汉学家鲁博安、埃及汉学家白鑫、越南汉学家阮丽芝和知名波兰汉学家卡伊丹斯基。

（范　伟）

《鲁迅全传·苦魂三部曲》读书会举行

2016年8月22日，“张梦阳《鲁迅全传·苦魂三部曲》读书会”在左联会址纪念馆举办。活动由华文出版社和左联会址纪念馆联合举办。

张梦阳是著名鲁迅研究专家、国家图书奖得主。《苦魂三部曲》是张梦阳沉潜“鲁学”四十余年、历时十三载撰写的近百万字的文学作品。作者在全面、系统、深入地掌握史料的基础上，用不同以往的细腻、凄美、诗性的文学笔调刻画出“近于真相”的既是稀有天才又是真实的人的鲁迅。

（黄珊珊）

《静观日本》读者见面会举行

2016年8月22日，华文出版社《静观日本》在上海国际展览中心一层举办了作者徐静波与读者见面会。

该书是一位在日本生活20余年的中国学者对“日本真相”的认知和发现。其对日本的真实呈现以及对中日关系辩证理性的分析，获得日本各界有识之士的认同，日本前首相村山富市、鸠山由纪夫为该书作序，鸠山由纪夫给予作者“既了解中国，又深知日本，始终保持不偏不倚的观点与立场”的高度评价。

（黄珊珊）

《牛津中阶英汉双解词典》（第5版）新书发布会举行

2016年8月24日，在第23届北京国际图书博览会上，商务印书馆和英国牛津大学出版社联合举行《牛津中阶英汉双解词典》（第5版）新书发布会。中国出版集团公司副总裁潘凯雄，牛津大学出版社牛津英语教学部数字产品开发经理珍妮弗·布拉德伯里，北京大学资深教授、教育部国家基础教育课程教材专家咨询委员会委员胡壮麟，商务印书馆总编辑周洪波出席并致辞。发布会由商务印书馆党委书记肖启明主持。

《牛津中阶英汉双解词典》是牛津词典的重要成员，它和《牛津高阶英汉双解词典》《牛津初阶英汉双解词典》一道，构成了一个完整的学习型词典系列，一直是英语辞书类的畅销书。《牛津中阶英汉双解词典》（第5版）在学习型功能上有了更大的创新，充分满足中阶学习者各方面的需要。它既可以用来学英语，也适合以英语为媒介学习其他学科，还提供针对雅思等英语考试的具体指导。插图丰富是第5版的一大特色。正文和书末的插图，用直观的方式阐释多达

1200个词语，涵盖了多个主题。该词典的另一特色是对写作的重视。书中的《牛津写作指南》和配套光盘 Intermediate iWriter，用“范文”和“写作”两种模式具体解说11种英语文体的写作技巧。

北京大学资深教授、著名语言学家胡壮麟为本词典撰写了序言，盛赞它“继承了牛津词典系列的一贯优点，诚为一部不可多得的英汉词典，教学皆宜”。（刘　彤）

2016国际出版企业高层论坛暨“国际出版网”上线仪式举行

2016年8月24日，由国际出版商协会、中国出版协会主办，新华书店总店《国际出版》周报发起并承办的“2016国际出版企业高层论坛暨‘国际出版网’上线仪式”在北京举行。200余位国际国内出版行业高层人士出席，共同探讨“一带一路”上的国际出版合作与创新。本次论坛因探讨主题之重大，出席重磅嘉宾之众多，中外互动之热烈，规格高，规模大，形式别具一格，而受到广泛关注。

本次论坛以“‘一带一路’上的国际出版”为主题，契合当前国际经济和文化发展趋势，得到了“一带一路”沿线国家出版领域高层的高度重视，来自英国、埃及、黎巴嫩、摩洛哥、阿联酋等国的行业领导和出版企业领导专程参加本次论坛。

会上，中外嘉宾高度认同“一带一路”构想，认为“一带一路”倡议构想将有助于打造国际产业合作新模式，促进相关国家相互融合、优势互补，推动国际贸易发展，促进不同文明更好地交流。海外嘉宾不仅期待与中国出版界的更多深层次合作，更期待“一带一路”倡议构想在未来取得更大成就。

“2016国际出版企业高层论坛”是中国出版协会加入国际出版商协会后，与国际出版商协会联合主办的第一个国际性行业论坛，同时也是国际出版商协会第一次在中国主办的活动。该论坛旨在为出版产业铸就一个集思广益、凝聚智慧的国际高端智库平台、资源共享的交流平台、推进合作的信息平台。（梁晓龙）

《琴颂诗经》新书首发式与“琴颂”音乐会举行

2016年8月25日，人民音乐出版社《琴颂诗经》新书首发式与“琴颂”音乐会于第23届北京国际图书博览会现场中国国际展览中心新馆（顺义）举行。人民音乐出版社副总编辑赵易山、《琴颂诗经》主编杨青、曹雅欣参加了此次发布会，活动由人民音乐出版社大众编辑部副主任刘滢主持。

《琴颂诗经》将《四库全书》中的“诗经”琴谱改编、打谱而成为16首可演唱的“诗经”，用古琴演绎出来，将中国最古老的诗歌“活化”，让原本艰深的国学经典和古琴艺术完美结合。本次活动分为上下半场。上半场新书首发式首先由赵易山致辞，杨青和曹雅欣分别介绍本书古琴曲谱的由来及16篇《诗经》文化解读美文的写作初衷。下半场“琴颂”艺术音乐会，作者团队的四名艺术家在现场演出了《般》《东门之杨》《桃夭》《关雎》等书中四首经典名篇。本次活动受到现场观众的喜爱，反响热烈。（钟斌斌）

第三届中国创意工业创新奖报告发布暨颁奖礼举行

2016年8月25日，由中国出版传媒商报社、法兰克福书展、法兰克福学院联合主办的“第三届中国创意工业创新奖报告发布暨颁奖礼”在中国国际展览中心（新馆）中国出版集团公司展区举行，旨在向中外业界展示中国创意工业最新发展成就与趋势，为文化创意产业发展提供解决方案。中国出版集团公司党组成员、中国出版传媒股份有限公司副总经理孙月沐，国家新闻出版广电总局规划发展司副司长李建臣，法兰克福书展副总裁司马明，德国图书信息中心主任龚迎新，北京市文化创意产业研究中心主任、北京市社会科学院传媒研究所所长郭万超，中国出版传媒商报社党委书记任江哲等到会致辞，并为获奖单位代表颁奖。2014、2015年连续两年举办的“中国创意工业创新奖报告发布暨颁奖礼”，推选出100余家代表性机构，并向国际推介主报告及评选结果，受到业界广泛关注。该奖项2016年迎来了第三届。在本届评选中，继续设立新产品、新营销、新商业模式、新技术、新管理模式、新手六大奖项，分别授予来自出版、传媒、发行、社群电商等领域的70余家企业。人民文学出版社的新媒体三维运营、商务印书馆《东方杂志》期刊全文检索数据库、中国对外翻译有限公司控股子公司中译语通公司开发的“译见”等榜上有名。孙月沐表示，“中国创意工业创新奖”的举办，体现了《中国出版传媒商报》作为中国出版传媒业第一全媒体（群）的责任和担当，这一活动逐渐成为推动创意工业价值创新、寻找创意经济商业逻辑、发现文化创意产业“黑马”的重要平台。现场发布的《2015～2016中国创意工业创新奖主报告》显示，在中国“十三五”开局之际，中国出版传媒业创新发展呈现五大趋势：一是出版与科技融合，转型进入深水区。二是社群经济驱动商业创新。三是泛娱乐撬动IP产业链。四是资本催动业态跨界融合。五是阅读空间兴建精神地标。（郭　虹）

《跬步千里》中文版授权发布会举行

2016年8月25日，罗马尼亚总统自传《跬步千里》中文版授权发布会在第23届北京国际图书博览会上举行。中国出版集团公司党组成员、中国出版传媒股份有限公司副总经理李岩、中译出版社总编辑张高里、北京罗马尼亚文化中心主任鲁博安以及众多嘉宾参加了本次活动。

李岩表示，在第23届北京国际图书博览会成功召开之际，中国出版集团公司获得的《跬步千里》中文版授权，既是集团公司扩展海外交流与合作的又一里程碑意义的成果，也是将“国际著名出版集团”的战略定位和“现代化、大型化、国际化”的战略目标进一步贯彻落实的集中体现。作为中国出版业的“国家队”，中国出版集团公司积极发挥“当先锋、扛大梁”的文化引领作用，肩负起促进中外交流合作的重任，与众多海外知名出版社、文化机构与文化人士建立了长期友好的合作关系。

张高里高度赞扬了该书原出版商的智慧和勇气，他认为该书的中文版落户中译出版社离不开中罗两国深厚的友谊。

罗马尼亚总统特使认为该书是罗马尼亚总统的全面反映，没有过多的粉饰和哗众取宠，真实反映了罗马尼亚现阶段的挑战和解决方法，同时也展示了总统对国家的期待，特别是在教育和文化方面。她认为，该书成功地将罗马尼亚文化带到了中国，从而增强了两国文化的交流。据该书罗马尼亚方主编介绍，《跬步千里》已翻译成了匈牙利语、保加利亚语，不久德语版也将面世。

（范　伟）

中版教材有限公司人民版初中《道德与法治》一年级新教材培训会举办

2016年8月25～31日，中版教材有限公司应葫芦岛市教育局要求，在葫芦岛市的建昌县、南票区、兴城市、绥中县、龙港区、连山区、东戴河新区共七个区县开展了为期七天的人民版初中《道德与法治》一年级新教材培训会，市级及各区县的教研员、学科带头人、一线骨干教师共600余人参加了这次培训。

本次教材培训特邀教育部基础教育课程教材专家工作委员会专家、教材审定委员、教育部《品德与生活》课程标准组核心成员、国家课标《道德与法治》执行主编赵士英老师，吉林省德育委员会理事、吉林市教育学院教研员、人民初中《道德与法治》教材编写组成员李沫寒老师，吉林省学科骨干教师、东北师范大学附属小学高级教师、人民《道德与法治》教材编写组成员丁秀娟老师做专题培训。

本次培训中，三位专家主要从课程标准解读、修订教材解析和教学实施建议三个方面与各位老师分享经验，帮助教师理清课标内容，了解教材变化，把教材修订精神和修订内容落实到课堂教学中。（赵　翔）

《送孩子去常春藤：20位常春藤妈妈的教育手记》新书发布会举行

2016年8月26日，世界图书出版有限公司北京分公司《送孩子去常春藤：20位常春藤妈妈的教育手记》新书发布会在第23届北京国际图书博览会举行。该书作者张连英、亓宏博、杜梅、石卫、张晨晖以及世界图书出版有限公司北京分公司原总编辑郭力，与现场众多关心孩子教育的家长分享了她们的教育理念。

郭力作为出版方介绍了这本书的编辑出版经过。“常春藤妈妈”分别从自身教子经历出发，多角度地阐述了妈妈这一角色如何在孩子成长过程中发挥最大作用。她们还谈到本书的作者们将会把所有版税收入全部投入教育公益事业。

《送孩子去常春藤：20位常春藤妈妈的教育手记》一书的20位作者分别是科研人员、大学教授、企业高管、作家、媒体人等，她们既是事业有成的独立女性，又是教子有方的优秀母亲，每个人都有自己独到的教育心得。书中通过一个个生动感人的故事，既展现了孩子们走进美国常春藤高校的精彩纷呈的经历，又讲述了妈妈与儿女之间温暖相伴、共同成长的美好情感。

此次活动吸引了众多媒体记者、教育领域从业者、出国留学方面的从业者和关心家庭教育的普通读者。在现场，有读者表示：“这本书看起来典雅精致，又不失活泼，内容方面也是以故事的形式表现，画面感强，可读性很高。”

（朱利伟）

《一个对外汉语教师的手记》新书发布会举行

2016年8月26日，世界图书出版有限公司北京分公司《一个对外汉语教师的手记》新书发布会在第23届北京国际图书博览会举行。

作者刘志刚毕业于北京语言大学，并在该校取得课程与教学论硕士学位。他先后在厦门大学汉语国际推广南方基地、新东方教育集团上海新东方学校、北京寰语学院、北京德国使馆学校等教育教学机构任教，曾出版中国首部对外汉语题材漫画书籍《麻辣汉语 爆笑漫画》。他讲课幽默、风趣，具有很强的课堂驾驭能力，且能和学生进行跨文化交流互动，与学生打成一片。

刘志刚介绍，《一个对外汉语教师的手记》是《麻辣汉语 爆笑漫画》的姊妹篇，根据他在教学中随手记录的新鲜语料和学生的写作素材而成书，记录了九个班级17个学生学习汉语的趣事。书中有课堂内外发生的趣闻趣事，有学生的奇思妙问，学生的佳作以及与他与学生之间的点滴回忆。他说：“我希望这部作品能为读者走进精彩的汉语世界开启一扇窗户。”（朱利伟）

《这是谁的脚印?》新书发布和创作分享会举行

2016年8月26日，天天出版社主办的“《这是谁的脚印?》新书发布和创作分享会”在第23届北京国际图书博览会举办。中国图画书发展领军人物之一、国际安徒生奖提名、插画家熊亮，天天出版社副总编辑张昀韬，本书绘者崔莉，新锐插画家、凭借《辫子》一书荣获BIB金苹果奖的黑眯悉数到场，畅谈原创图画书的发展现状与生态绘本的创作。对本书的出版予以重要支持的自然保护工作者何兵、山水自然保护中心合作与发展总监于璐也作为嘉宾参与了活动，表达了各自对于动物和生态环境保护的看法。

（顾　乡）

《中国新古体诗选》首发式暨新古体诗创作研讨会召开

2016年8月30日，《中国新古体诗选》首发式暨新古体诗创作研讨会在北京举行。该书由樊希安、丁国成主编，现代教育出版社出版，这是我国第一本正式出版的新古体诗诗选，共收集190位诗人的470首作品，为我国近代以来新古体诗作品集大成者。

该书的出版得到了诗界的高度关注，并引发关于新古体诗创作的讨论。92岁高龄的诗坛泰斗贺敬之打来电话表示祝贺。90高龄老诗人刘征为会议发来贺诗书法："千古诗骚一脉传，红牙铁板唱新天。春潮卷起连云雪，不息长河滚滚前。"老诗人欧阳鹤，高龄诗人、书法家沈鹏，全国人大华侨委员会副主任令狐安，中国作家协会副主席、《诗刊》原主编高洪波等发来贺信、贺诗。国务院参事、中国出版集团公司党组成员、中国出版传媒股份有限公司副总经理樊希安现场宣读了贺诗、贺信。中央办公厅原副主任、国家行政学院原党委书记、常务副院长、第十一届全国政协常委陈福今，司法部原纪检组长、少将岳宣义，全国政协委员、书画家、诗人汪国新，中华诗词学会原副会长、《诗刊》常务副主编丁国成，人民文学出版社党委书记张贤明、现代教育出版社副社长仇正伟、中国出版集团公司团委书记温存等嘉宾出席了研讨会。现代教育出版社副社长陈琦主持首发式，仇正伟介绍诗选出版情况。

（杨　静）

新华书店总店《图书馆报》承办2016全国少儿阅读峰会

2016年8月31日，由中国图书馆学会主办，新华书店总店《图书馆报》与河南省少儿图书馆承办的2016全国少儿阅读峰会在郑州成功举办。

新华书店总店副总经理、《图书馆报》总编辑张雅珊在致辞中表示，全国少儿阅读峰会已经成功举办了四届，五年来，各界同仁为"推广少儿阅读"这个美好愿望而聚在一起，在大家共同努力下，全国少儿阅读峰会这个横跨图书馆界、出版界、绘本馆界的交流平台，已经受到业界的广泛关注与高度认可。

《图书馆报》在全国范围内组织开展了"全国最美绘本馆""全国最美绘本馆主""全国最美绘本""最受图书馆欢迎少儿出版机构"四项评选活动。经过专家委员会的评选，最终评选出"2016全国最美绘本馆主"十位，"全国最美绘本馆"15家，"全国最美绘本"50种，"最受图书馆欢迎少儿出版机构"15家。

（梁晓龙）

《朝霞》读书会举行

2016年9月4日，人民文学出版社在尤伦斯当代艺术中心举办了著名作家吴亮长篇新作《朝霞》读书会，《朝霞》被看作是20世纪六七十年代上海城市边缘人敏感与自觉心灵的精神史。现场，吴亮与画家陈丹青、作家格非等人从"成年人的失乐园"与"少年人的理想国"两个角度展开对话。

陈丹青表示，"大家说起上海，立刻会想到30年代，好像上海只有这一点。我在他的作品里会看到一种我们记忆中的上海，就是70年代及之前的上海"。格非更是盛赞吴亮写出了一本"伟大的小说"，格非说，"当代文学有很多优点，但是有一个根本的缺点就是它的视野不是太宽阔，缺乏力量感，现在的小说越写越好看，越写越精致，越写越甜蜜，而且文学最重要的即我们需要在外部来打量内部的世界这样一个习惯被永久性的改变了，文学的作家开始处在社会生活的内部，他在内部来跟大众保持某种调情关系来互相沟通，它缺乏一种在外部冷静的力量来穿透作家和读者之间存在的东西。我从吴亮的作品里找到一种很长时间没有看到的素质，这种素质我觉得就是一种巨大的力量，一种特别重要的、'野蛮'的力量，我觉得他的写作是一种野蛮的写作，给读者带来震撼。"

（顾　乡）

《朝霞》做客崔永元口述历史研究中心

2016年9月6日，作家吴亮携其人民文学出版社新作《朝霞》做客崔永元口述历史研究中心，与崔永元对谈特殊年代下的日常生活。对谈由人民文学出版社策划部主任宋强主持，吴亮与崔永元共同回忆了七八十年代的读书趣事，两位老师的风趣对谈引发现场阵阵掌声，气氛十分热烈。此次对谈还在腾讯文化频道进行同步直播，近万人在线收看直播。（顾　乡）

“带你逛人民文学出版社，探秘共和国文学出版开始之地”视频直播活动举行

2016年9月9日，腾讯文化发起的“带你逛人民文学出版社，探秘共和国文学出版开始之地”视频直播活动走进人民文学出版社。直播小组在人民文学出版社策划部主任宋强的带领下，参观了人民文学出版社的办公楼、二楼会议室以及诸多名家都曾借宿过的人民文学出版社后三楼，听人民文学出版社社长管士光介绍了出版社的历史，并参观了郭沫若、茅盾、巴金、老舍、曹禺、何其芳、周扬、钱钟书、朱光潜等名家的手迹。人民文学出版社老编辑何启治还介绍了《白鹿原》的诞生过程，展示了与陈忠实先生的通信原件，“哈利·波特”系列责任编辑王瑞琴、译者马爱农则分享了《哈利·波特与被诅咒的孩子》中文版的出版进度。（顾　乡）

《中国文化的当下精神》出版座谈会召开

2016年9月10日，中华书局与中央民族大学联合举办牟钟鉴新作《中国文化的当下精神》出版座谈会。中央民族大学校长黄泰岩、副校长殷会利，中华书局总经理徐俊、副总编辑李占领等出席。钱逊、张学智、张践、班班多杰、郭沂等近20位学者与作者牟钟鉴共聚一堂，共同探讨中国文化的当代价值，反思中国传统文化的优劣得失，寻求如何创造性地传承中国文化精神。徐俊在会上发言，对《中国文化的当下精神》的出版表示祝贺。人民网、新华网、新浪读书、腾讯等20余家媒体进行了报道。（梁　彦）

“中国当代音乐家”项目启动暨《野火——郭文景作品选》专辑首发式举行

2016年9月12日，人民音乐出版社“中国当代音乐家”项目启动暨《野火——郭文景作品选》专辑首发式隆重举行。中国出版集团公司党组成员、中国出版传媒股份有限公司副总经理李岩，人民音乐出版社社长莫蕴慧，本专辑作者、著名作曲家、中央音乐学院作曲系主任郭文景，中国传媒大学教授、一级录音师李大康，副社长杨伯勋，党委副书记周群等出席仪式并为新书首发揭幕。来自首都高校的40余位师生参加了本次活动。首发式由人民音乐出版社副社长杨伯勋主持。

活动由专辑首发式和高端访谈两个部分组成。在首发式上，李岩发表了讲话，他回顾了自己与郭文景先生的多次接触，对“中国当代音乐家”项目以及音乐社与郭文景的持续合作给予了高度肯定并充满了期待。莫蕴慧在致辞中向来宾介绍了人民音乐出版社和“中国当代音乐家”项目，并重点对该专辑以及由音乐社发起的“郭文景教授全国高校系列讲学活动”做了推介。郭文景在发言中回顾并历数了与人民音乐出版社多年来的合作成果，言语间充满对“人民音乐出版社”这一品牌的敬意。高端访谈由《三联生活周刊》记者王诗婷主持，在近一小时的访谈中，郭文景和李大康先后回答了主持人、各界媒体和多位现场来宾的提问，现场气氛热烈。

人民音乐出版社“中国当代音乐家”项目已入选国家新闻出版广电总局的“十三五重点音像规划项目”。根据项目规划，“十三五”期间，音乐社将与国内著名音乐家合作，共同打造“中国当代音乐家”系列音像专辑。项目包括歌唱家系列、演奏家系列和作曲家系列三个子系列，计划出版30张专辑。（潘小磊）

世界图书出版有限公司北京分公司举办鲁格·肇嘉心理学讲座

2016年9月13日，由世界图书出版有限公司北京分公司发起，北京师范大学心理学院和长安街读书会支持，当代心理分析家、前国际分析心理学会主席鲁格·肇嘉博士在北京师范大学，为400余位北师大师生带来了有关“偏执狂”这一概念及其在人类重大历史事件中所扮演的角色的心理学讲座。

讲座前，北京师范大学心理学院邀请鲁格·肇嘉博士和世界图书出版有限公司北京分公司原总编辑郭力女士参观了心理学院刚刚落成的心理健康服务中心，北京师范大学心理学院书记、学院心理健康服务中心主任、临床与咨询方向总负责人乔志宏代表北京师范大学及学院致欢迎词和发聘书，特聘鲁格·肇嘉博士为北京师范大学心理学院（中国心理学排名第一的学院）的客座教授和心理健康服务中心的顾问，也感谢世界图书出版有限公司北京分公司将这位国际心理分析大师的作品引进到国内出版。

在讲座中，鲁格·肇嘉博士通过对西方文化史的梳理和专业的心理分析后认为，大多数人的心理或多或少存在偏执的因子，而轻度的偏执与妄想，是日常生活中的常见之物。偏执狂作为一种人格倾向就像地心引力一样令人无法抗拒，尤其是在这个竞争激烈的时代。肇嘉博士拥有宏大的格局，善于从历史中去寻觅“偏执狂”的心理机制对现今社会及个人的影响，这从他的作品中可窥一端。（朱利伟）

“诗词中国”与中华世纪坛合作举办“诗意中国”中秋原创诗会

2016年9月14日，“诗词中国”传统诗词创作大赛组委会与中华世纪坛联手举办的“诗意中国”中秋原创诗会在世纪坛南广场精彩上演，来自全国各地的诗人代表，首都军人、学生、聋哑儿童、诗词爱好者、企业代表和美好家庭代表，中华世纪坛会员及合作教育机构代表等共700余人欢聚一堂，共迎中秋佳节。

诗会以“月亮”为线索，分为把酒共赏月、望月怀故乡、邀月共团圆、天涯共婵娟四个篇章，分别从赏月、怀乡、团圆、寄情四个层次传递中秋意蕴。以诗歌为核心，采用朗诵、演唱、舞蹈、演奏、情景表演、杂技等多种表演形式多维度呈现。著名演播艺术家雅坤，著名老艺术家谢芳、张目，中央电视台节目主持人朱迅，京剧表演艺术家储兰兰，青年演员蒋小涵、孙茜等作为表演嘉宾助阵诗会。（张颖潇）

《哈利·波特与被诅咒的孩子》中文版预售活动举行

2016年9月20日，《哈利·波特与被诅咒的孩子》中文简体字版开始全面预售，当当、京东、亚马逊、博库、文轩天猫官方店和人民文学出版社天猫官方店等各大网上书店开始接受预订，网上书店预订的图书限时、限量附赠霍格沃茨魔法学校信封信笺套装。全国各大城市实体书店从9月26日开始接受预订。此书正式上市时间为10月29日，全国各大书店统一开始销售。《哈利·波特与被诅咒的孩子》是“哈利·波特”系列第八个故事，它分为彩排版和正式版，英文彩排版于7月31日在全球同步上市。《哈利·波特与被诅咒的孩子》中文简体字版仍由人民文学出版社出版，译者仍由马爱农担任。（顾　乡）

《理想家：2025》新书发布会召开

2016年9月20日，生活·读书·新知三联书店下属生活书店出版有限公司（简称：生活书店）与松果生活、理想家联合举办了“2025年，你想怎么住？”主题论坛暨《理想家：2025》新书发布会。活动由《三联生活周刊》副主编李菁主持，日本设计师原研哉在现场与华黎、青山周平等知名建筑师以及影像艺术家曹斐、城市史学者王军进行了一场跨界对话，讲述他们各自对于“家”的憧憬与理想，并从建筑、人文、艺术、城市研究等方面深度探讨未来十年建筑与居住的种种可能。生活·读书·新知三联书店总编辑翟德芳、副总编辑郑勇等人参加了本次发布会。翟德芳开场致辞，肯定了《理想家：2025》的出版以及生活书店与松果生活的亲密合作，也谈到了未来家居与每个人的关系。最后，李菁与各位建筑师进行了一场精彩的问答，从中可以发现更多建筑设计背后的文化之魅。

（苏　毅　庍　芮　赵庆明）

“此情可待成追忆——葛亮《北鸢》新书发布会”举行

2016年9月22日，由人民文学出版社、当当网、北京阅读季、腾讯文化联合主办的“此情可待成追忆——葛亮《北鸢》新书发布会”在古色古香的西华书房举行。作家葛亮与著名学者止庵、著名编剧史航就小说中的“民国书写”展开了深入对谈，活动由作家蒋方舟担任嘉宾主持。人民文学出版社副总编辑应红参加活动并讲话。

新作《北鸢》是葛亮书写近代历史、家国兴衰的“南北书”之“北篇”，历时七年，是继上一部《朱雀》之后的最新长篇小说。葛亮在小说自序里写道：“小说题为《北鸢》，出自曹沾《废艺斋集稿》中《南鹞北鸢考工志》一册。曹公之明达，在深谙‘授人以鱼不如授人以渔’之道。字里行间，坐言起行。虽是残本，散佚有时，终得见天日。管窥之下，是久藏的民间真精神。”

（顾　乡）

中版教材有限公司人民版初中《道德与法治》教材培训会举办

2016年9月23～25日，中版教材有限公司联合湖北省十堰市教育局开展了全市范围的人民版初中《道德与法治》教材培训会议，各区县教研员、一线骨干教师共185余人参加了此次培训。

教材培训会在十堰市堰丰酒店会议中心举行，会议由十堰市教材培训中心肖正基主任主持，培训会特邀南京大学附属中学高级教师、人民版《道德与法治》核心编委曹金龙教授做专题讲座。曹教授在道德与法制教学方面有着丰富的经验，对课标把握准确，对学生道德观培养有着独到的见解，在此次培训中就“立德树人，培育现代公民”的主题与各位老师进行分享，为老师们在未来教学中培养学生的道德观提供指导。培训过程中，曹教授谈着重讲解了此次道德与法治修订的新视角、新材料、新观点，为老师们后期的教学提供参考。

（刘庆礼）

“江苏当代作家研究资料丛书”首发式举办

2016年9月24日，由江苏省委宣传部、江苏省作家协会、江苏当代作家研究中心、人民文学出版社等单位联合主办的“江苏当代作家与中国当代文学研讨会开幕式暨‘江苏当代作家研究资料丛书’首发式”在北京中国现代文学馆隆重举行。中国作家协会主席铁凝，江苏省委常委、宣传部部长王燕文，中国作家协会党组成员、书记处书记阎晶明，中国作家协会书记处书记、作家出版社社长吴义勤，人民文学出版社社长管士光，江苏省作家协会主席范小青，江苏省作家协会党组书记韩松林，江苏省作家协会副主席汪政，江苏当代作家研究中心常务副主任张王飞，以及来自北京、江苏两地几十位著名的文学评论家、媒体记者出席。

在开幕式上，江苏向全国整体性推出赵本夫、范小青、黄蓓佳、苏童、叶兆言、周梅森、储福金、毕飞宇、鲁敏、叶弥等10位活跃于当代中国文坛前沿，也是被人们公认的“文学苏军”领军者的著名作家，这是中国文坛的一件大事、盛事。而作为江苏当代作家研究中心重点项目之一的“江苏当代作家研究资料丛书”，共16卷、560万字，由人民文学出版社历时三年精心编制完成，书中收录了陆文夫、陈白尘、胡石言、高晓声、张弦等有突出文学成就和影响的16位江苏作家的研究资料。此举也是江苏文坛前所未有的一项开拓性、建设性文学举措，在全国省级文坛尚属首例。它为高等院校、科研院所的当代文学研究者开展江苏当代作家作品研究和江苏乃至中国当代文学史的写作，提供了难得的第一手参考资料和艺术评价的参照。为此，主办单位分别向北京大学、中国人民大学、北京师范大学、南京大学、南京师范大学等国内著名高校及研究机构赠送“江苏当代作家研究资料丛书”。

管士光在会上致辞，对于江苏省委宣传部、江苏省作家协会和江苏当代作家研究中心能够发起这样一个体量庞大、意义非凡的浩瀚工程，致以深深的敬意。他指出：“在中国当代文学版图中，新时期江苏作家群实力雄厚，阵容强大，作家数量多，作品影响大，老中青三代作家中均有领军全国文坛甚至引领创作潮流的写作者，因此，江苏作家群可以说是当代文学作家群中最强劲的一个方阵，对江苏作家群的研究，也构成了中国当代文学研究的重要内容。”而“江苏当代作家研究资料丛书”则是“20世纪以来江苏作家群研究成果的首次宏观梳理和整体展示，具有重要的文学价值和文献价值。”相信这套丛书不仅将为江苏作家群的研究添砖加瓦、树立标杆，也必将推动中国当代文学研究和创作的繁荣与发展。

（顾　乡）

“曾在天津看落晖——随《北鸢》探访天津”视频直播活动举行

2016年9月25日，人民文学出版社举行“曾在天津看落晖——随《北鸢》探访天津”视频直播活动，携作家葛亮奔赴天津，与冯骥才先生、王振良先生一起畅聊天津的历史文化，走访了五大道、梁启超故居等古迹。葛亮最新长篇小说《北鸢》里写到天津的寓公—文笙曾居住在天津，这次走访，小说与现实，虚构与非虚构，抚今追昔，带给人们的不仅仅是回忆。此次活动在腾讯文化频道同步直播，频道内有1.5万人在线收看，活动反响热烈。

（顾　乡）

世界图书出版上海有限公司中版教育云平台参加贵阳第二实验中学产品推介会

2016年9月27日，世界图书出版上海有限公司中版教育云平台走进贵阳第二实验中学，为学校的领导和教师展示了信息化教育整体解决方案，共同感受了中版教育云平台和信息化教育的魅力。

首先，平台从“做了什么”“贵阳地区学校需要什么”“我们能给学校带来什么”三方面进行了交流。随后，工作人员用平板为大家演示了课前、课中和课后如何实现教师的教学思想。演示结束后，老师也亲自使用平板感受师生互动功能，并与工作人员就平台与教学过程如何结合展开了深入的讨论。

（王　纯）

中版教材有限公司2016年亳州市人民版七年级《道德与法治》教材培训会举办

2016年9月27日，由亳州市教育局组织、中版教材有限公司和人民出版社《道德与法治》教材编写组承办的“2016年亳州市人民版七年级《道德与法治》教材培训会”在亳州市一中举行。来自亳州市所属各县区的近400名担任七年级《道德与法治》学科教学的全体教师参加了此次培训会。

培训开幕式由亳州市教育科学研究所所长刘光杰主持，亳州市教育局基教科科长王永超代表市教育局讲话，中版教材有限公司副总经理蒋志臻代表出版方做了《立足新起点，为亳州德育教学再上新台阶贡献力量》的致辞。

开幕式结束后，安徽省教育科学研究院政治教研员丁学武老师做了题为《坚持正确导向，做好新教材的培训教研工作》的报告。随后，上海师范大学教育学院教授、人民版《道德与法治》

教材副主编刘次林结合教材从五个方面讲授了《道德与法治》课程教学的基本原理和方法。下午的培训，南京大学附属中学高级教师、《思想品德课程标准》（2011 年版）解读编写组成员、人民版初中《道德与法治》教材核心编委曹金龙对教材的具体修订做了说明，并详细讲解了国家对本课程的新要求。接着，蒙城六中初中部负责人、省优质课一等奖获得者王建乐老师做了《着眼评价，快乐教学》的分享交流报告。

此次培训，全面落实了《安徽省新编义务教育道德与法治、语文、历史学科 2016 年教材培训方案》提出的各项要求，确保亳州市人民版七年级道德与法治全体科任教师培训任务的“全覆盖、真落实”。（张造顺）

《中华老字号》大型系列微电影之《荣宝斋》创作座谈会召开

2016 年 9 月 30 日，由中国电影家协会、中国商业联合会和中国广播电影电视报刊协会共同主办，北京李艳秋文化艺术工作室有限公司承办的《中华老字号》大型系列微电影《荣宝斋》创作座谈会在荣宝斋大厦三层会议室召开。荣宝斋常务副总经理范存刚、副总经理唐辉、荣宝斋总经理办公室主任曲刚、荣宝斋美术馆馆长王兴家、荣宝斋文房用品部经理李春林、荣宝斋出版社社长助理徐鼎一以及《中华老字号》项目承办公司董事长李艳秋、导演丁荫楠等创作团队 20 余人参加了此次座谈会。

会上，范存刚介绍了荣宝斋的历史和发展情况。“诚信为本，荣名为宝”是荣宝斋的核心价值观，而“诚信、和谐、传承、创新”又是荣宝斋新时代下坚持的理念，是荣宝斋生生不息的活力之源。他表示，荣宝斋会积极配合拍摄，并预祝此次拍摄取得圆满成功。唐辉通过“德、诚、能、才”四个方面介绍了荣宝斋人的精神，并总结这是支撑荣宝斋百年不衰的关键点。

李艳秋表示，文艺工作者要响应习近平总书记号召，多创作符合时代特征及充满正能量的文艺作品，传承和弘扬中华民族优秀的传统文化，履行文艺工作者的责任。丁荫楠导演说荣宝斋作为中国文化的代表，非常珍惜此次创作机会。

（武若杨）

《马背上的共和国》出版、播出发布会举行

2016 年 10 月 12 日，中华书局召开纪念长征胜利 80 周年座谈会暨《马背上的共和国》出版、播出发布会。中国人民解放军国防大学校长张仕波、政委刘亚洲，中共中央宣传部出版局局长郭义强，国家新闻出版广电总局副局长阎晓宏，中央党史研究室副主任张树军，中国出版集团公司总裁谭跃，中国出版集团公司党组成员、中国出版传媒股份有限公司副总经理李岩，中华书局总经理徐俊、副总编辑李占领等出席。与会者普遍认为，由中国人民解放军国防大学政治部主任李升泉创作的《马背上的共和国》一书史料丰厚、撼人心扉，既有认识高度、思想深度和情感厚度，又能严格客观、真实细腻地还原历史，体现了中国人民解放军国防大学和中华书局对重大历史题材的敏锐感知和责任意识。（梁　彦）

中版教材有限公司 2016 年昭通市、曲靖市人民版初中《道德与法治》、中华书局版初中《历史》教材培训会举办

2016 年 10 月 12～14 日，由当地市教育局组织、中版教材有限公司和教材编写组承办的“2016 年曲靖市人民版《道德与法治》、中华书局版初中《历史》教材培训会”和“2016 年昭通市中华书局版初中《历史》教材培训会”分别在曲靖一中和昭通实验中学举办，近千名教师参会。

人民版《道德与法治》和中华书局版初中《历史》的两位教材编委分别对课程教学的基本

原理和方法进行了介绍，对教材的具体修订进行了说明，并详细讲解了教育部对本课程所提出的新的要求。同时，听课教师也向专家进行了提问，各位编委根据教师的问题一一做出了解答，并进行了拓展性的讲解和说明。

与此同时，当地教育局也将获得“一课一名师，一师一优课”奖的教师请到了培训现场，并请来学校的七年级学生，一同为当地的教师进行了示范课的展示。在会议过程中，老师学生积极互动，课堂氛围热烈。课后，培训专家为老师的示范课进行了点评，提出了一些进一步提升老师上课质量的中肯意见。（胡玉峰）

“探秘哈利·波特，走进人民文学出版社”主题直播活动举行

2016年10月14日，人民文学出版社联合天猫图书、博库网、优酷“学渣总攻会”栏目组发起以“探秘哈利·波特，走进人民文学出版社”为主题的直播。本次直播在人民文学出版社策划部主任宋强的带领下，以做任务的游戏形式，参观了人民文学出版社，介绍了人民文学出版社的历史，分享了很多作家的趣味趣事。直播过程中，摄制组邀请人民文学出版社读者服务部吴洁梅介绍了书店的情况，并现场演示了邮购订单的寄书流程；在《当代》杂志，杨新岚讲解了当代杂志社与很多知名作家的深厚渊源以及人民文学出版社老编辑们的趣闻；摄制组还特邀请“哈利·波特”系列的责任编辑王瑞琴、译者马爱农分享了“哈利·波特”系列的更多故事、咒语的翻译问题，以及《哈利·波特与被诅咒的孩子》中文版的出版进度。在脚印工作室，摄制组请脚印介绍了脚印工作室的情况，并讲解了王树增的“战争”系列作品与人民文学出版社多年的渊源；在人民文学出版社古典部，请胡文骏讲编辑古籍的历程与心得，还现场朗读了人民文学出版社出版的红楼梦古抄本。最后，摄制组还参观了郭沫若、茅盾、巴金、老舍、曹禺等文学大家的手迹。（顾　乡）

《台北女孩看大陆》读者沙龙举办

2016年10月15日，人民文学出版社在北京西单图书大厦举办了作家郭雪筠的随笔集——《台北女孩看大陆》读者沙龙。活动现场，郭雪筠讲述了自己在台湾地区和北京市的日常工作、学习生活，并就两岸年轻人的交流谈了自己的看法。此次活动由策划部主任宋强主持。对谈结束后，郭雪筠还现场进行了图书签售，与读者进行了交流。

郭雪筠创作了“台北女孩看大陆”系列豆瓣日记合集。郭雪筠自2010年从中国台北来到北京，就读北京大学中文系，毕业后留在北京工作，2013年底以“爱台北”为名在豆瓣网发表“台北女孩看大陆”系列日志，引起巨大反响，在网易云阅读等门户网站亦开有专栏。这一系列的豆瓣日记以邻家女孩般诙谐有趣、现身说法的方式善意探讨两岸现状各层面的差异，观点公允、眼界开阔，对时事热点话题保持追踪，深得网友欢迎。（顾　乡）

《北冥有鱼：人类学家的田野故事》新书发布暨研讨会举行

2016年10月15日，《北冥有鱼：人类学家的田野故事》新书发布暨研讨会在商务印书馆举行。

该书由中国社会科学院社会文化人类学研究中心研究员罗红光策划，社会人类学者郑少雄和李荣荣主编。编者在长达3年的征稿编选过程中，共征集到海内外人类学者的110余篇文章，本着多样性、代表性、可读性的原则，最终遴选出75位学者的98篇短文，汇编成这本饱含着当代人类学者情感与人文情怀的“田野故事”。作者来自人类学多个不同分支，故事发生地遍及亚洲、欧洲、非洲、美洲，时间跨度达半个多世纪，真实再现了人类学者在田野工作中独特的个体经历。

研讨会上，来自北京大学、中国社会科学院、中央民族大学、中国政法大学、商务印书馆

及凤凰卫视的专家学者围绕该书出版与当代人类学田野工作的相关课题展开讨论。多位学者表示，《北冥有鱼：人类学家的田野故事》打破了学术派别的界限，将人类学研究以生动有趣的方式呈现出来，是当代人类学界普及读物出版的可贵尝试。与会学者还就田野工作方法、影视人类学、田野工作伦理等与现场读者进行了对谈交流。（李智初）

“古代诗词典藏本”丛书首批图书发布座谈会举行

2016年10月16日，商务印书馆在涵芬楼艺术馆举办“提高学术水平，服务当代社会——经典的当代价值暨‘古代诗词典藏本’发布会”座谈活动，中国社会科学院文学所教授刘跃进、首都师范大学教授左东岭、北京师范大学教授李山等古代文学专家出席，并就相关话题与读者进行交流。

近年来，随着“国学热”的持续升温，作为国学重要组成部分的古典诗词亦受到越来越多人的青睐，商务印书馆策划出版的这套“古代诗词典藏本”丛书，邀请国学大家、中央文史研究馆馆长袁行霈担任主编。丛书计划出版20种，2016年已出版《诗经选》《王维诗选》《李白诗选》《晚唐五代词选》《柳永词选》《李清照诗词选》六种。（厚艳芬）

庆祝人民美术出版社成立65周年《中国艺术》邀请当代中国画名家交流座谈会暨创作笔会举行

2016年10月17日，“庆祝人民美术出版社成立65周年《中国艺术》邀请当代中国画名家交流座谈会暨创作笔会”在中国美术出版总社大厦举行。当代著名国画家李宝林、张江舟、纪连彬、王平，史国良、邢少臣、于文江、李晓军、盛鸣等与人民美术出版社领导、编辑一起畅谈中国美术事业的发展，并对美术创作、美术出版以及未来的合作进行了深入的交流。座谈会后，画家现场挥毫作画，祝贺人民美术出版社65年的辉煌成果。

座谈会上，各位艺术家分别结合自身在艺术实践的体会，在选题方面和国画专业方面提出了不少有创新性的建议，也充分肯定了人民美术出版社这65年来为中国美术事业所做出的贡献，特别是近些年来人民美术出版社作为中国美术出版业领头羊，在美术出版的系统性、科学性、前瞻性方面取得的成就。

座谈会后艺术家集体创作了两幅大型中国画，张江舟、纪连彬、史国良、于文江合作《高原春早》画面表现高原人们生活场景，象征着艺术工作者，在艺术高原不断耕耘，开拓更美好的明天。老艺术家李宝林、邢少臣、李晓军、王平、盛鸣共同创作了《三友图》象征着共和国艺术事业长青不老，基石坚固。这两幅国画精品将珍藏在中国美术出版总社。（赵军平）

中国对外翻译有限公司承接联合国开发计划署英、中同传项目

2016年10月18～20日，中国对外翻译有限公司承接联合国开发计划署秦皇岛会议同声传译项目。此次会议由联合国项目事务办公室、秦皇岛市人民政府和国际招标信息中心合作举办，旨在为中国专家和行业领先的医疗供应公司提供平台，促进国内行业机构和企业深入的了解联合国采购流程执行的标准和要求，进而提高其在联合国采购市场的竞争优势。

中国对外翻译有限公司派出同声传译团队，为大会全程提供了优质的翻译服务，赢得了各方代表的一致好评。（全文茜）

新华书店总店承办“在线教育创新发展峰会暨《中国高等教育教材信息化发展报告》发布会”

2016年10月19日，由中国高等教育学会主办，新华书店总店、新华国采教育网络科技有限责任公司承办的“在线教育创新发展峰会暨

《中国高等教育教材信息化发展报告》发布会”在成都召开。此次峰会是“高校实践教学改革与人才培养模式创新系列活动暨第48届全国高教仪器设备展示会”的主题论坛之一，吸引200余名高等教育专家、学者参与。

峰会以“教育出版助力教育改革”为主题，围绕在线教育平台创新发展、在线教育优秀案例、《中国高等教育教材信息化发展报告》的发布等进行研讨，在高校与在线教育等机构之间搭建起沟通与互动的新平台。

本次峰会是新华国采公司与中国高等教育学会的初次合作，是公司向高等教育领域渗透的重要举措。中央电视台特别就新华国采公司发布的《中国高等教育教材信息化发展报告》进行了专访，对公司品牌建设、产品推广产生有力推动，为公司向高等教育领域深入发展打开良好的开端。

（梁晓龙）

人音·珠江——教材研发与课程推广中心合作项目签约仪式举行

2016年10月26日，“人音·珠江——教材研发与课程推广中心合作项目”签约仪式在上海举行。此项目由人民音乐出版社与广州珠江钢琴集团股份有限公司共同举办。人民音乐出版社副总编辑赵易山以及珠江钢琴集团副董事长、总经理李建宁出席了本次活动。“人音·珠江——教材研发与课程推广中心合作项目”启动后，双方将共同建设教材研发与课程推广中心，共同研发珠江钢琴集团旗下音乐教育课程项目，包括教育课程设计、师资培训体系设计、图书出版规划、数字出版规划等事宜。重点打造“音乐秀”的理念，力争将中心建设为国内一流的音乐教育课程研发中心，促进研究、教育、乐器产业的协调发展。

（张健慧）

“人音教育菲伯尔国际教学水平考试”启动仪式举行

2016年10月26日，人民音乐出版社“人音教育菲伯尔国际教学水平考试启动仪式”在上海举行。本次活动由人民音乐出版社主办，北京律动乐器有限公司承办。人民音乐出版社社长莫蕴慧、副总编辑赵易山、北京律动乐器有限公司总经理侯百春等嘉宾出席了此次活动。赵易山在致辞中强调人民音乐出版社是国内最大、最顶尖的出版社，希望通过此次菲伯尔钢琴教育项目的推广，给所有热爱钢琴的孩子提供一个展示的平台，同时也给所有教师提供一个检验的平台。此次活动还通过天猫、映客、优酷、花椒等平台进行了直播，近数万人观看。

（张健慧）

新华书店总店承办2016年中国图书馆年会第18分会场

2016年10月27日，由美国俄亥俄州克利夫兰市公共图书馆主办，赛阅公司（Over Drive，Inc.）和新华书店总店《图书馆报》承办的中国图书馆年会第18分会场在安徽铜陵举办。本次分会场的主题为“图书馆在数字时代的变迁及未来发展”。新华书店总店副总经理、《图书馆报》总编辑张雅珊主持论坛。通过主旨报告、嘉宾发言、现场互动三个环节，国内外图书馆的馆长，以及在国际数字出版和数字图书馆领域深耕多年的杰出企业代表围绕这一主题畅所欲言，为图书馆事业的未来发展，特别是图书馆在数字时代将要发生的变迁发表真知灼见。

本次活动是《图书馆报》第四次承办中国图书馆年会分会场，得到了中图学会、合作方、参会代表的高度赞扬。他们表示，将持续关注图书馆在数字时代的变迁及其未来发展，期待图书馆在未来有更大的作用、更好的发展。通过该活动，《图书馆报》媒体平台的作用得到了进一步彰显。

（梁晓龙）

《哈利·波特与被诅咒的孩子》中文简体字版首发式暨三强争霸赛举行

2016年10月29日，人民文学出版社联合北京阅读季、繁星戏剧村、腾讯文化、核桃网举行“《哈利·波特与被诅咒的孩子》中文简体字版首发式暨三强争霸赛”。人民文学出版社副社长李春凯、“哈利·波特”系列责任编辑王瑞琴、“哈利·波特”系列翻译之一马爱农参加了活动，现场的150位哈迷一起联欢，庆祝“哈利·波特”第八个故事的出版。

首发式由人民文学出版社策划部主任宋强主持，活动开始李春凯代表人民文学出版社向到场的全部哈迷表示感谢，王瑞琴和马爱农则分享了哈利·波特故事出版和翻译过程中的趣事；随后，由资深哈迷郭鹤鸣主持哈迷的“三强争霸赛”，全体哈迷一起参与了“头顶干锅”“5972往哪儿开”“复方汤剂”的活动，哈迷们纷纷表示“哈利波特系列故事陪伴着他们成长，接下来还会陪伴着他们的孩子成长”。这是一场属于哈迷的盛宴，会后，李春凯和王瑞琴、马爱农为“三强争霸赛”获奖哈迷颁发奖品。（顾　乡）

《我和草原动物朋友》《这是谁的脚印?》作家见面会举行

2016年10月30日，人民文学出版社“我们的动物朋友——《我和草原动物朋友》《这是谁的脚印?》作家见面会”在第二书房金中都馆顺利举行。儿童文学作家格日勒其木格·黑鹤，阅读推广人孙慧阳和自然主义绘本作家崔莉三位嘉宾出席。现场的50多位观众与观看直播的五千多读者共同参与了活动。

这两部新作取材于自然，《我和草原动物朋友》用150张精美图片和流畅的文字记录了黑鹤与草原动物生活的点滴，饱含温情，并且能够引发读者对自然与生命敬畏和的尊重。《这是谁的脚印?》是熊亮、崔莉和何兵团队历时一年完成，作者们曾两次深入藏区，通过观察、分析，妙趣横生地演绎了水獭妈妈和宝宝的一次散步经历，故事兼具趣味性和知识性。

孙慧阳对两部作品给予了高度评价，她强调了自然题材作品对孩子成长的积极影响，并讲述了有效亲子阅读的方式方法。（顾　乡）

2016商务印书馆人文社科“十大好书”评选活动举行

2016年11月2日，2016商务印书馆人文社科“十大好书”评选活动在商务印书馆举行。图书评论家止庵、《中华读书报》总编辑王玮、《光明日报》智库研究与发布中心副主任王斯敏、《北京晚报》人文版编辑孙小宁、凤凰网读书频道主编严彬、北京大学经济系教授苏剑、北京大学哲学系副教授李超杰、中央美术学院人文学院副院长李军、中央电视台《读书》制片人李潘、《人民日报》文艺部副主任李舫、中国图书评论学会副会长杨平、中国社会科学院文学研究所副研究员杨早、优酷土豆文化节目中心总制片人姚文坛、首都博物馆馆长郭小凌、北京航空航天大学法学院教授赵明、《人民日报》高级编辑袁晞、《绿茶书情》主编绿茶、图书评论家解玺璋、《光明日报》评论部主任蔡闯作为本次好书评选活动的现场评委出席。

本次活动共有134本图书参选，各编辑室向与会专家学者介绍了本部门的参选图书。经过激烈角逐，评选产生了商务印书馆年度“十大好书”与“十大入围好书”。“十大好书”是《里尔克诗全集》《剑桥二十世纪政治思想史》《德国天才》《汉学书评》《文明中的城市》《希腊史：迄至公元前322年》《李希霍芬中国旅行日记》《存在与时间》《怎样观察一棵树》《中国乡约制度》；“十大入围好书”是《北冥有鱼：人类学家的田野故事》《宗教改革史》《文明的滴定》《十字军史》《作为武器的图书》《罗马革命》《林纾家书》《当代艺术的哲学分析》《最后的乌托邦》《莫斯科的黄金时代》。（刘　兰）

“全国社店营销实务对接会2016年会”举行

2016年11月3～5日，由中国出版传媒商报社主办、北京发行集团、新华联合发行有限公司协办的“全国社店营销实务对接会2016年会”在北京北发大酒店举行。来自全国各地社店近200位嘉宾与会，共话营销实务对接。中国出版传媒商报社自2014年起，连续三年举办社店营销实务对接会，并持续推进三大“对接”，即信息对接、资源对接、服务对接。2016年的对接会注重“创新”，即培训创新、推展创新和交流创新；值得关注的是本次会议发起“全国书业渠道新媒体”联盟。在2016年的对接会上，中国出版传媒商报社邀请来自政府、出版社、书店、电商、业外等不同层面的嘉宾，从数字时代书业发展聚焦，到国内外出版概况介绍，到互联网下图书线上线下营销策略的创新，到门店升级改造的“设计力”，再到VR与书业结合的可能，既有高端层面的出版大势解析、书业前景探路，又有实操层面的营销创新与转型，还有新技术下的跨界融合。　　（郭　虹）

《机器人泌尿外科手术学》视频教材首发式举行

2016年11月4日，《机器人泌尿外科手术学》视频教材在天津梅江会展中心召开的第23届全国泌尿外科学术会议上举行首发与签售活动。该活动由世界图书出版西安有限公司主办，世界图书出版西安有限公司编辑参加首发仪式。首发仪式上，与会专家对该书给予极高的评价。在此次会议上，对相关图书《格林泌尿外科学》和《机器人泌尿外科手术学》进行了联动销售。

世界图书出版西安有限公司的“泌尿外科手术”系列出版物对相关学科进展进行了立体化展示，通过纸质图书、视频等形式展示所有标准化腹腔镜和机器人辅助手术步骤，指导泌尿外科医生的临床实践。　　（马元怡　郭　静）

《母爱的界限》新书分享读书会举办

2016年11月5日，《母爱的界限》新书分享读书会在三联韬奋图书馆举办。出席活动的嘉宾包括全国政协委员、《中国艺术时空》主编贾宝兰，北京市新闻出版广电局公共服务处处长王亦君，《北京晚报》副刊部主任、文艺评论家满岩，北京四中特级教师刘葵，北京四中学生家长代表李青龙以及此书作者零露。到场参与分享活动的主要是来自北京四中的家长代表以及各界媒体朋友。各位嘉宾就子女教育问题进行了分享与对谈。现场读者也与嘉宾进行了交流互动，话题包括习惯的培养、子女出国留学的选择、独立性格的养成等。

《母爱的界限》由生活·读书·新知三联书店下属生活书店出版有限公司出版，内容为作者写给妹妹珮嘉的书信集，共收入书信九十余封。作者深入观察，理性对比，阐述了关爱的尺度与教育的真谛。　　（郝建良　庍　芮）

《茧》新书分享会与签售会举行

2016年11月11～13日，张悦然携新书《茧》前往新疆维吾尔自治区、陕西省，举办新书分享会与签售会。

11日，在乌鲁木齐职业大学八钢校区，张悦然与乌鲁木齐人民广播电台主持人围绕“历史相遇后的灵魂重塑”这一主题对谈。12日，于BEN的书店，张悦然与书店创始人班文翔就《茧》一书的故事与情节进行了深入的交流，在场读者中有许多追随张悦然多年的读者，他们纷纷表示，感谢张悦然来到新疆维吾尔自治区，为大家呈现了这一部精彩的作品。12日晚于新疆医科大学，张悦然与常乐、班文翔就阅读、创作与生活展开精彩对话，到场的大学生们也针对自己当下面临的困扰，向三位嘉宾提出了问题。《乌鲁木齐晚报》11月14日对张悦然的新疆之行进行了专题报道，题为《十年，破茧》。

13日，张悦然在西安嘉汇汉唐书城举行签售会，西安许多热心读者早早来到书店排队，并当面向悦然表达了自己对其作品的喜爱。13日，在西安石油大学，张悦然与《西安晚报》资深文化记者、“长安悦读”公益活动主持人贾妍就“时间的果实——写作与成长”这一话题，展开精彩的对话。对话结束后，到场的大学生也就自己阅读遇到的问题与两位嘉宾进行了交流。

两个城市，48个小时，五场活动，累计听众700余人。张悦然此行所到之处反响热烈，读者对新书《茧》也给予了十分积极的评价。

（顾　乡）

《阿拉兔幸福素食堂·升级版》新书见面会举行

2016年11月11日、11月13日，世界图书出版上海有限公司《阿拉兔的幸福食堂·升级版》在上海、长沙两市分别举行了新书见面会。

作者韩李李亲临现场，与大家近距离交流自己的素食环保理念，从事环保、动物保护推广的初衷，以及如何身体力行地做到素食&零垃圾生活。活动中，韩李李还和嘉宾一同向读者介绍了他们在动物保护、环境保护方面的行动，分享了在长江源水生态环境保护站做志愿者时的所见所感。

《阿拉兔的幸福食堂·升级版》通过手绘的方式向读者介绍了74道简单又容易操作的素食谱，分享作者身体力行的健康、环保理念。

（王　纯）

尹达先生诞辰110周年——中国史学史学科建设与发展座谈会暨《增订中国史学史》新书发布会举行

2016年11月12日，商务印书馆举行“尹达先生诞辰110周年——中国史学史学科建设与发展座谈会暨《增订中国史学史》新书发布会”。会议由商务印书馆与中国社会科学院历史研究所联合主办，来自北京大学、北京师范大学、中国人民大学、南开大学、山东大学等高校的30余名学者参加会议，共议中国史学史学科的建设与发展。

历史学家尹达于20世纪60年代创立了中国社会科学院历史研究所史学史研究室，他主编的《中国史学发展史》是中国社会科学院成立以来，在史学史学科建设方面推出的第一部代表性专著，为中国史学史的起步和建设做出了重要贡献。中国社会科学院历史研究所研究员谢保成师从尹达先生，长期致力于中国史学史研究，并在创新中传承，其所著四卷本《增订中国史学史》是一部史学通史，系统展示了从“史”的产生到20世纪中叶中国史学发展历程和概貌。

商务印书馆总经理于殿利表示，中国史学史是20世纪20年代由梁启超等倡导的学科，立足于兴盛发达的中国史学和富饶的史学史资源。《增订中国史学史》的出版既是新时期对史学史的研讨，同时也是对尹达先生诞辰110周年最好的纪念。

（曹　源）

北京·上海“双城记”——“中国好书”作者对话活动举行

2016年11月19日，由天天出版社举行的“北京·上海‘双城记’——‘中国好书’作者殷健灵、史雷关于文学·城市·历史的对谈”活动在第四届上海国际童书展举办。天天出版社总编辑张昀韬出席此次活动，活动由《将军胡同》责任编辑王苗主持。

殷健灵的《野芒坡》与史雷的《将军胡同》均为历史题材儿童文学作品，分别以旧上海和老北京为创作背景，描写了中国特殊历史时期城市儿童的成长经历和他们眼中的历史画面。活动现场，两位作家就城市、历史、文化展开对谈，为现场读者带来作品之外的遐想与感受。

谈到历史题材儿童文学作品的现实意义时，殷健灵认为史实虽是冰冷的，但文学确是有温度的。通过遥望与拉回使人们在深邃的历史中触摸人性中共通的东西，从而获得当下读者的喜欢。史雷也提到文学是抵抗遗忘的方式，优秀的历史题材文学作品可以帮助孩子获得间接体验，树立良好的人生观和世界观。这也正是当下的儿童文

学作品需要具有的引领示范意义。（顾　乡）

《哈利·波特与被诅咒的孩子》读者新书分享活动举行

2016年11月19～20日，人民文学出版社应邀参加《哈利·波特与被诅咒的孩子》上海读者新书分享活动。“哈利·波特”系列责任编辑王瑞琴和译者马爱农亲临活动现场，为上海哈迷介绍了该书的翻译心得与出版过程，并与哈迷们亲切互动，分享与交流读书心得。

此次上海活动共包含三场，每一场活动根据主题与受众的不同而呈现出不同特点。中国上海国际童书展舞台区读者交流活动以向儿童读者讲述读书与学习、成长的关系为主；西西弗书店新书分享会的读者以成年资深哈迷为主，活动着重同他们交流对人物、情节与创作的分析和探讨；上海现代书店魔法学堂突出亲子性，引导家长与孩子通过共同读书获得共同成长。

上海哈迷在见面活动中展现出极大的参与热情，不仅人数场场爆满，活动时间场场延长，哈迷们更在交流中通过有深度、有视角的提问表现出对图书的深刻认识与思考。（顾　乡）

“丝绸之路与当代音乐学术”高端论坛举办

2016年11月19日，由人民音乐出版社、安徽师范大学主办，《音乐研究》编辑部、安徽师范大学音乐学院承办的“丝绸之路与当代音乐学术”高端论坛在芜湖铁山宾馆举办。开幕式上，人民音乐出版社社长莫蕴慧和安徽师范大学党委常委、纪委书记程度分别致辞。《音乐研究》杂志副主编、中央音乐学院教授陈荃有主持论坛。上海音乐学院教授赵维平、萧梅、中央音乐学院教授张伯瑜、西安音乐学院教授李宝杰、陕西师范大学教授张君仁、福建师范大学音乐学院教授王州、石河子大学文学艺术学院教授张寅和副教授张弓臣、中国音乐学院副教授任方冰、华侨大学音乐舞蹈学院副教授贾怡、安徽师范大学音乐学院副教授余鑫等专家学者参加了此次论坛。为期一天的论坛议程紧张有序，13名与会代表立足不同学科的站位视角、提列不同类型的材料举证，就“丝绸之路音乐学术研究”这一宏阔命题进行音乐事象、文献考证、文化传播、学科理论等层面的阐发。各方学者各抒己见，交流分享，所呈现的阶段性成果进一步充实了丝绸之路音乐文化研究的内涵，呼应了专栏初设的初衷，为主题的深入进展引发了更多的思考。

（李一茜）

《钱路书法集》《钱路篆刻集》《钱路书法·篆刻集（珍藏版）》新书发布会举行

2016年11月20日，由商务印书馆（南宁）有限责任公司主办、涵芬楼艺术馆承办的《钱路书法集》《钱路篆刻集》《钱路书法·篆刻集（珍藏版）》新书发布会暨“金玉其心——钱路书法篆刻展”在涵芬楼艺术馆开幕。作者钱路，西泠印社理事、浙江开明画院副院长张耕源，浙江省书法家协会篆刻委员会主任、宁波市书法家协会副主席蔡毅，著名策划人张赤兵，中央美术学院副教授蒋华，商务印书馆总经理于殿利、党委书记肖启明等出席活动。

近30年来，钱路对不断发现的战国文字进行了全面系统的研究整理，并上溯西周金文，将五大系战国文字熔为一炉，力图建立一套自己的篆书文字体系。钱路篆刻，正是建立在这种独特的篆书文字体系之上，吸取战国文字中简约、方折、劲健、高古、长枪大戟之意味，并参悟古建营造法式中的空间应力观念，而形成曲直交错、正欹聚散、大疏大密之印风。

商务印书馆推出钱路书法、篆刻作品集，既是对传统的继承，也是对现今国学出版的新拓展，而“金玉其心——钱路书法篆刻展”也为爱好书法、篆刻的读者提供了近距离欣赏钱路作品的机会。（张艳丽）

中国出版传媒商报社“出版业供给侧结构性改革解决之道·优化供给优控库存2016年度峰会”举办

2016年11月20日～22日，中国出版传媒商报社联合中南出版传媒集团在长沙召开“出版业供给侧结构性改革解决之道·优化供给优控库存2016年度峰会”，旨在探讨“优化产品供给、有效管控库存”之道，为行业共享业界先进经验。国家新闻出版广电总局数字出版司副司长冯宏声、中国书刊发行业协会理事长艾立民莅临峰会，就出版产业新政、发行行业态势作主旨演讲。来自人民出版社、中南出版传媒集团、江西新华发行集团、青岛出版传媒集团等出版单位的领导就财务管控、滞销图书销售、物联网新技术应用、新媒体营销等话题，从产业的上游如何策划优秀产品，中游如何进行图书信息采集和合理分发，到下游的营销、销售等进行了经验分享。湖南新华书店集团、化学工业出版社、北京中启智源数字信息技术有限公司的领导就借助CNONIX（中国出版物在线信息交换标准）实现信息互通、优化供给进行现场对谈。

（郭　虹）

《海外中医珍善本古籍丛刊》新书发布会举行

2016年11月22日，由中华书局主办的《海外中医珍善本古籍丛刊》新书发布会在人民大会堂举行。国家新闻出版广电总局、国家出版基金规划管理办公室、国家中医药管理局、中国中医科学院、中国出版集团公司等相关单位领导出席发布会。国家图书馆、北京大学图书馆等十余家图书馆代表及中医学界专家代表参加发布会。发布会由中华书局总编辑顾青主持。

会上，《海外中医珍善本古籍丛刊》主编郑金生和中华书局总经理徐俊分别介绍了《海外中医珍善本古籍丛刊》的编纂情况和出版情况。中国中医科学院院长、工程院院士张伯礼，国家新闻出版广电总局出版管理司副司长李一昕，国家中医药管理局科技司司长曹洪欣，国家出版基金规划办公室副主任祁德树，中国出版集团公司党组书记王涛分别讲话，对《海外中医珍善本古籍丛刊》的出版表示祝贺，并充分肯定了本书在中医文献整理和域外汉籍回归两个方面的示范作用。来自图书馆界和中医学界的专家代表也对《海外中医珍善本古籍丛刊》的出版给予高度评价，认为该书的策划出版是近年来中医文献领域的一个标志性成果，也是当代海外汉籍回归工作具有示范性的成果。

《海外中医珍善本古籍丛刊》是2014年度国家出版基金项目、“十二五”国家重点图书出版规划项目，主编为医史文献学家、中国中医科学院中国医史文献研究所原所长郑金生。自20世纪90年代以来，郑金生及其团队先后赴日本、德国、法国、英国等国进行文献调查，历时20年，基本摸清了海外中医古籍存藏情况，并复制回归大量散佚海外的古医籍，《海外中医珍善本古籍丛刊》即是该团队多年工作成果的集中展现。全书收录散佚海外的珍稀中医古籍427种，其中有宋版8部、元版11部、明版214部、清版40部、近代抄本7部，另有和刻本18部、日本抄本113部、朝鲜刊本16部，多为国内已经失传或存藏极少的珍稀版本，具有极高的版本价值和文献价值。中华书局将之影印出版，成书403册。《海外中医珍善本古籍丛刊》的出版，对于中医药文献的发掘和整理、中医药理论的研究和应用、中医药诊疗经验的传承和弘扬，都具有重要意义。

（梁　彦）

世界图书出版上海有限公司与重庆市第110中学共同举办首届中版教育云平台教学开放周启动仪式

2016年11月24日，世界图书出版上海有限公司与重庆市第110中学共同举办“融合创新云平课堂”首届中版教育云平台教学开放周启动仪式。

仪式上，北京师范大学教育技术学院院长武法提作为活动主讲人为学校领导和教师介绍了教育政策以及信息化教育发展趋势，并对中版教育云平台做了一个深度的介绍。通过分享各个试点学校的使用成果，大家了解了信息化教学的优势以及先进性。武教授着重介绍了平台特有的“双主教学，四个驱动”的教学模式，强调“四驱模式”不是简单地做一个底层数据库和模块，而是研究整个教育思想如何实现，并且不断升级、完善，通过与师生的磨合发现问题，逐一解决问题。

讲解结束后，武教授对参会人员提出的问题做了详尽的解答，并与大家展开了积极的讨论。

（王　纯）

《汉语世界》创刊十周年庆典暨“中国最美期刊”设计艺术展举行

2016年11月25日，商务印书馆《汉语世界》杂志创刊十周年庆典暨“中国最美期刊”设计艺术展在涵芬楼书店举行。国家汉语国际推广领导小组办公室副主任夏建辉、中国出版集团公司党组成员、中国出版传媒股份有限公司副总经理孙月沐、商务印书馆总编辑周洪波、中国期刊协会《中国期刊年鉴》主编段艳文等出席。

《汉语世界》用外国人的视角、地道的英语讲述当代中国普通人正能量的故事，把握“中国故事国际表达”的脉搏。杂志承载着“讲好中国故事，发出中国声音”的重大社会责任，十年一心。

同期举行的“中国最美期刊”设计艺术展精选了《汉语世界》创刊十年来近80张杂志内页。从2006年的创刊号到2016年最新一期，生动展现了一本默默无闻的杂志如何发展为一个拥有百万海外读者的优质期刊品牌，以高质量原创“中国故事”助力汉语国际传播事业的历程，以及未来《汉语世界》杂志全媒体发展的蓝图。

（储丹丹）

荣宝斋（上海）拍卖有限公司五周年庆典艺术品拍卖会举办

2016年11月27日，荣宝斋（上海）拍卖有限公司于上海富豪环球东亚酒店举办“荣宝斋（上海）拍卖五周年庆典艺术品拍卖会”。此次五周年艺术品庆典拍卖会，共分四个专场，分别为金梅花室——郭若愚藏钱币专场、金梅花室——郭若愚藏金石书画文房雅玩专场、中国书画、古董珍玩专场，总计拍品959件，得到了广大藏家的鼎力支持。

（余　磊）

中国美术出版总社承办首届“书法中国”全民书法大赛颁奖暨优秀作品展

2016年12月3日，首届“书法中国”全民书法大赛颁奖暨优秀作品展在人民美术出版社美术馆举办。中国出版集团公司总裁谭跃、中国出版集团公司党组成员、中国出版传媒股份有限公司副总经理孙月沐、人民美术出版社党委书记周伟、人民美术出版社总编辑林阳、人民网总编辑余清楚、人民网副总裁宋丽云、中国移动通信集团公司市场经营部营销管理处副经理石强等主、协办方和支持单位的领导出席启动仪式。

作为一届以“高规格、大规模、全媒体”为特色的书法大赛，“书法中国”在启动之初就得到了诸多书法大家的鼎力支持。饶宗颐、冯其庸、李铎、沈鹏、林岫领衔的顾问团阵容强大，苏士澍、王家新、李刚田、李胜洪、李世俊等一大批当代书法名家的加入，则为“书法中国”的专业品质提供了有力的保障。

大赛产生的168幅获奖作品已在人民美术出版社美术馆面向公众进行展览，同时展出的还有沈鹏、林岫、评委苏士澍、李刚田、刘守安、李胜洪、杨广馨、王家新、叶培贵、萧丽、郭志鸿等当代书法名家的得意之作。

首届“书法中国”全民书法大赛，由中国出版集团公司、人民美术出版社主办，中国移动通信集团、民生中国书法公益基金会协办，中版文化传播（北京）有限公司承办。大赛秉承“高规格、大规模、全媒体”的特性，共收到投稿作品23096幅，投稿范围遍及全国31个省市自治区和直辖市。（赵军平）

英雄联盟艺术分享沙龙举行

2016年12月3日，在英雄联盟艺术分享沙龙上，中央美术学院宣布由现代教育出版社出版的《英雄联盟瓦洛兰图志卷一》游戏画册成为中央美术学院的参考教育用书。活动现场，来自拳头游戏的英雄联盟美术师Oliver Chipping、肖茂楷、腾讯英雄联盟运营团队UI设计师蔡春林、帅强与中央美术学院的老师和同学们进行了一场关于英雄联盟美术设计的艺术分享沙龙。

（杨　静）

《帕斯捷尔纳克传》新书发布会举行

2016年12月4日，《帕斯捷尔纳克传》的新书发布会在三联书店韬奋图书中心举行，著名翻译家、《日瓦戈医生》译者蓝英年，著名诗人、中国人民大学教授王家新，《帕斯捷尔纳克传》译者王嘎在现场分享了对帕斯捷尔纳克及《帕斯捷尔纳克传》的解读。活动由人民文学出版社副总编辑肖丽媛主持。

这部传记篇幅宏大，文体驳杂，几乎涉及所有文学体裁，内容则远远超出文学范畴；其中的引文十分繁密，全书所引用诗句超过三千行，传记作者的思维也极具跳跃性，而且不带任何注解，只有若干个增添行文难度的按语。数年间，除了完成传记正文的翻译，译者王嘎为此书添加了一千三百多个译注，力求每句引诗均有出处，并查明准确的创作时间，相关知识背景也着力加以详解。

《帕斯捷尔纳克传》的翻译出版，引起了文学界与学术界的广泛关注。王家新撰文指出，王嘎带有研究性质的翻译揭示了帕斯捷尔纳克早期诗中的诗性感受力和隐喻才能，使其“对一个诗人的‘天赋’有了新的、几乎是无穷尽的发现”。

（顾　乡）

《共享型社会：拉丁美洲的发展前景》新书首发会举行

2016年12月8日，中国大百科全书出版社出版的《共享型社会：拉丁美洲的发展前景》新书首发会在京师学堂举行，本书作者秘鲁前总统亚历杭德罗·托莱多先生应邀出席并发表演讲。

在《共享型社会：拉丁美洲的发展前景》这本书中，托莱多为实现理想中的共享型社会勾画了蓝图，不仅拉美人民整体会更富裕，拉美特殊的生态系统也将得到保护。托莱多认为，拉美领导人必须具备非凡的视野、决心和胆识，带领拉美民众走上可持续发展之路。

托莱多的新书《共享型社会：拉丁美洲的发展前景》作为“新兴市场文库”的研究成果之一，同时在国内出版。“新兴市场文库”是北京师范大学新兴市场研究院及其合作方美国新兴市场论坛的研究人员在新兴市场和发展研究方面的最新研究成果。（尹添铭）

“2016全国钢琴教学研讨会暨《钢琴艺术》杂志创刊二十周年庆”举行

2016年12月9～12日，“2016全国钢琴教学研讨会暨《钢琴艺术》杂志创刊二十周年庆”在上海师范大学音乐学院举行。著名钢琴家、教育家、上海音乐学院博士生导师周薇，著名钢琴家、教育家周铭孙，美国堪萨斯大学的钢琴教授、全美音乐教师协会主席、全美音乐证书考试主席、上海师范大学音乐学院客座教授斯考特·史密斯等专家学者参与了本次研讨会。本次钢琴教学研讨会共分为专家讲座、论坛和音乐会三个板块，包括五场讲座、三场研讨会和两场音乐会。

本届研讨会为全国高校钢琴教育营造一个开放的学术交流平台，不仅对当代钢琴教育所面临的机遇与挑战进行了探讨，也对未来发展方向提出了期望和规划。大家对前沿的钢琴教学理念、新时代背景下钢琴教育发展的方向以及当代钢琴教育中存在的问题进行了探讨，为今后各校的钢琴教学指明了前进方向。钢琴教学研讨会给予了国内外专家学者分享交流教学经验与教学理念的机会，加强了各区域的合作，对于推动新时代钢琴教育的革新有着积极而现实的作用。（潘小磊）

《南京大屠杀》出版

2016 年 12 月 13 日，是第三个南京大屠杀死难者国家公祭日，中译出版社正式出版当代著名报告文学作家何建明的新书《南京大屠杀》。1937 年 12 月 13 日，日本侵略者攻破南京，制造了惨绝人寰的大屠杀，残暴地屠杀了已经放下武器的中国官兵和普通市民 30 余万人，在每个中国人心中留下了一段永远难以愈合的伤疤。

作者在查阅了 4000 余万字的历史档案，采访了南京城那些年长的幸存者和诸多研究专家后，用 770 余万字，详细地书写了南京大屠杀的前前后后、点点滴滴。作者将许多未曾公开披露的详尽事实和一手资料，以及诸多不为人知的历史真相披露于世。

在该书中，作者向读者传递着这样一个信息：要想取得和平与安宁的幸福生活，就永远不能忘记历史和苦难。和平是我们永远的追求，牢记历史教训、防止悲剧重演，是我们不能动摇的信仰。曾经的南京大屠杀，关乎每一个中国人。只有了解，我们才有机会给世界一个真相；只有铭记，才是对亡者最好的祭奠。

该书的阿拉伯文版目前正在翻译中，并计划在 2017 年南京大屠杀 80 周年之际于埃及发行。此外，英国、法国、俄罗斯、哈萨克斯坦等其他国家的海外出版商也对此书表现出了浓厚的兴趣，预计在不久的将来，该书会进入更多国际读者的视野。（茹慧 范伟）

中版教材有限公司华文版《书法》教材培训会举办

2016 年 12 月 14 日，中版教材有限公司联合江门市教育局在江门市紫茶小学举办华文版《书法》教材全员培训，来自四市三区的 500 多名书法教师参加学习。

该活动以促进江门市小学书法教师更好地把握华文版《书法》教材，掌握正确有效的书法课堂教学方法为目标。中版教材有限公司总经理杨伯勋、副总经理蒋志臻、华文版中小学《书法》教材编委、西北师范大学书法文化研究院院长李逸峰、中央美术学院硕士、北京光明小学书法专职教师戴茜进行讲解培训。

受邀专家从理论到实践给参会教师做了针对性的培训指导。杨伯勋对华文版《书法》教材编写意图和使用方法做了说明，同时高度赞扬了作为“侨都”的江门侨乡文化源远流长，并希望能于近期在江门市建设高品质的“华文书法教室”，营造优良的学习环境，激发孩子们的书法学习兴趣，为江门市的书法教师队伍提供专业的书法培训，创办一份属于书法教育界人士的专业杂志，努力打造一个分享交流的平台。

李逸峰以“古人笔法”引入毛笔写字的注意事项和运笔方式，展示书写示范，并传授书法经验。他指出书法学习者普遍存在的问题，并通过基本笔法、字法结构和集字创作三个方面提出书法写作技巧及教学的方法。他还创造性地借数学坐标，形象地解释了字的结构写法。

戴茜则从中小学书法教学中的技法、艺术、文化提升入手，进行了生动的《双人旁的写法》书法教研示范课讲授，并做了说课和经验介绍，展示了传统书法课堂中的创意书法教学方法，拓展了书法教学思路，为江门市的书法教育事业添了一把火。

江门市自 2015 年开始使用华文出版社出版的《书法》教材。该教材除了教学生如何写毛笔字外，还设置有碑帖赏析、知识拓展等模块，另外增加书法家的小故事，注重对学生传统文化的熏陶。

（田中原）

中国出版传媒商报社 2016—2017年度中国书画·工艺美术市场年度研判与发布峰会举办

2016年12月17日，中国出版传媒商报社与成泉资本联合举办2016—2017年度中国书画·工美艺术市场年度研判与发布峰会。来自业界的近百位专家学者、书法家、画家、工美艺术家、策展人、评论家，以及来自经济机构、金融机构的相关负责人等，在行业闭环中，多维度探讨2016年书画及工美艺术市场的发展并对2017年的趋势进行研判。会议发布了“2016年度10大创新博物馆”“2016年度最受瞩目10位书画评论家”“2016年度10大创新艺术机构”3大榜单，并对工艺美术家、最具升值潜力中青年书法家及画家进行了推介，以此探索艺术、评论、市场、金融之间新的价值链。2015年12月，成泉资本与中国出版传媒商报合作推出了“文创中国书画艺术研究院”，以“媒体金融机构”的新模式，以艺术评论为引导，以艺术品金融孵化为方向，覆盖艺术研究全产业链，此次峰会正是书画艺术研究院平台落地的初步尝试。中国出版传媒商报社社长伍旭升在致辞中提到：“过往，艺术家往往处于独立运作的状态，艺术与评论、市场脱节，艺术、评论又与金融脱节。此次峰会汇集艺术家、评论家、藏家，以及来自经济机构、金融机构的相关负责人，就是要化解行业内条块分割、产业链断裂的突出问题，打造艺术、评论、市场、金融共存的新平台，探索新的价值链条。”

（郭　虹）

“殷健灵：土山湾是一座故事的富矿”直播活动举办

2016年12月18日，人民文学出版社联手腾讯文化频道，特策划了“殷健灵：土山湾是一座故事的富矿”直播活动，由本书作者殷健灵女士作为向导，带领观众参观上海土山湾博物馆，一步步还原《野芒坡》中的真实场景。

以清末民初上海土山湾孤儿院为原型创作的《野芒坡》，是殷健灵的最新倾情力作。小说塑造了少年幼安的心灵成长史以及中国孩子和外国修士的鲜活群像，是一个关于在黑暗中寻找光亮、寻找自我的故事。作品首次以文学的形式关照上海土山湾尘封的历史，让其重新回到读者眼前。此书荣获第三届“上海好童书”称号，被选为2016长春市民阅读推荐书目并入围中版好书年度图书的角逐。

（顾　乡）

《棔柿楼集》读者见面会举行

2016年12月18日，人民美术出版社在三联韬奋书店，举办《棔柿楼集》读者见面会，作者扬之水与青年艺术史学者黄小峰共话“文物与文学”，探寻扬之水实践沈从文先生首倡的“名物新证”之法时，怎样在“科学的清醒”和“诗思的摇曳”间转换，探讨名物学的成果怎样被其他学科使用以及其他学科从名物学可以获得哪些启示。

扬之水先生说，“文物”之“文”，是文明，也是文化，此中自然包括文学。“文物”之“物”，它就是古代物质文化遗存：出土的，也包括传世的。换句话说，它是过去生活中使用的器物，也是屡见于诗词歌赋戏曲小说中的物象。文物与文学本来就是联系在一起，甚至说是无法分割，这是我们今天为了研究的方便给它割裂开来，其实人家本来就不分的。就在文物与文学的题目下面，就意味着一面是在社会生活史的背景下对诗文中“物”的推源溯流；一面是抉发“物”中折射出来的文心文事。比如可以在文物中看到“翠钗金作股，钗上蝶双舞”中的“钗”，文物与文学互相找到对应，仿佛回到了古人生活的当时情景，这种寻找对应关系的“解谜”过程特别令人着迷。

《棔柿楼集》（扬之水作品系列）共12卷，

是扬之水目前最完整，最精雅的系列出版品，所有文字或是经过调整修订，或是新初编就，书后附有全文索引，便于查阅。每册还附赠扬之水亲笔手书12篇蝇头小楷、宣纸印制的小卷，读者可以别裁镶框，作为纪念。书籍设计名家宁成春用心研创。（赵军平）

“汉语盘点2016”揭晓

2016年12月20日，由商务印书馆、国家语言资源监测与研究中心、人民网主办的“汉语盘点2016”揭晓仪式在人民日报社新媒体大楼1号演播厅举行。

自活动启动以来，共得到10000余条网友推荐字词，投票阶段点击量达587万，微博相关话题阅读量上亿次。最终，“规”“小目标”“变”“一带一路”分别当选年度国内字、国内词、国际字、国际词。2016年度十大流行语、十大新词语、十大网络用语同时发布。

中央电视台著名主持人敬一丹主持揭晓仪式，当代著名作家、学者王蒙对活动进行了总点评。教育部语言文字信息管理司司长田立新、人民网总裁牛一兵、北京语言大学党委书记李宇明、商务印书馆党委书记肖启明以及金灿荣、雷颐、王立群、于丹、王旭明、李鸿谷、沈阳等专家学者现场揭晓并点评年度字词。许嘉璐、楼宇烈为活动泼墨题字。新华社、中新社、中央电视台、中央人民广播电台、《人民日报》《光明日报》《中国青年报》等近40家媒体到会并做了报道。（刘　兰）

“第四届名师大讲堂暨音乐欣赏教学研讨会”举行

2016年12月20～24日，“第四届名师大讲堂暨音乐欣赏教学研讨会”在福建省福州市举行。本次活动由《中国音乐教育》杂志、中国教育学会音乐教育分会主办，福建省普通教育教学研究室、福建省教育学会音乐专业委员会承办，福建师范大学附属中学协办。活动为期三天，分为名家讲座、课例展示、交流研讨三个议程，共有800多名各省市教研员和音乐教师参与交流。

本次研讨会邀请到了中央音乐学院副院长、音乐美学家周海宏，上海音乐学院副院长、音乐学家杨燕迪和中央音乐学院副教授、中国爱乐乐团常任指挥夏小汤三位专家。他们分别为参会教师们带来了三场精彩的主题报告，拓宽了与会教师们的视野，更新了很多理念认知，也为以后的教育教学工作指明了新的努力方向。同时，会议安排了四节课例展示课和专家教学点评环节，为一线教师最为的课堂教学实践提供了借鉴，打开了思路。会议研讨环节分为小学和中学两个组别进行，围绕“音乐体验的多种方式、音乐欣赏教学中的语言表达、音乐作品欣赏中学术性与普及性的关系”三个议题展开，在现场的交流和探讨中，促进了中小学音乐教师的专业的水平和质量。

本次研讨会前后持续三天，期间采取多种形式高效率、立体化的传递了音乐教育前沿的最新动态、理念与成果，显现了国际音乐教育的异彩纷呈、蓬勃发展。（王春力）

《中华传统文化经典百篇》出版座谈会举行

2016年12月22日，由国务院参事室、中央文史研究馆和中华书局联合主办的《中华传统文化经典百篇》出版座谈会在中央文史研究馆召开。来自中共中央宣传部、教育部、中共中央党校、国家行政学院、中国出版集团公司等单位的领导及十余位专家学者出席会议。会议由国务院参事室主任王仲伟主持。

会上，中央文史研究馆馆长袁行霈，中共中央宣传部文艺局局长汤恒，国家行政学院社会和文化教研部主任祁述裕，中国出版集团公司党组成员、中国出版传媒股份有限公司副总经理李岩，中华书局总经理徐俊分别发表讲话。国家图书馆馆长韩永进、北京师范大学教授瞿林东、中国社会科学院文学研究所党委书记刘跃进、中央文史研究馆馆员赵仁珪、国务院参事刘燕华、北京大学教授刘玉才、教育部社科司副司长徐青森等七位专家学者就《中华传统文化经典百篇》的选目、体例、注释、意义等发表了自己的看法。

《中华传统文化经典百篇》由袁行霈领衔主编，集十余位知名专家学者之力，经过一年多紧张有序的工作，确定选目，精选底本，细注详析，经过九审三校，于2016年10月由中华书局正式出版发行。全书所选作品，既是历代名著名作的精粹选本，也是中华民族优秀传统文化的一个较小体量的缩影。（梁　彦）

新华书店总店承办“全国大中专教材金牌编辑”评选活动

2016年12月22日，由《全国大中专教学用书汇编》编委会主办、新华书店总店所属新华国采教育网络科技有限责任公司承办的“2016年全国高等教育教材峰会”前期评选活动之“全国大中专教材金牌编辑”评选终评会在新华书店总店召开。人民出版社社长、中国出版协会副理事长黄书元，中国编辑学会常务副会长胡国臣，中国编辑学会副会长兼秘书长乔还田等参加了此次会议，新华书店总店副总经理陈新主持了终评会。

本次“全国大中专教材金牌编辑”评选共有近百家出版社的多位编辑通过出版社推荐、编辑自荐等形式报名参与评选。经组委会初步遴选，初选67人入围终评环节。终评会议上，本着公正、公平、公开、公益的原则，专家们经过慎重讨论，以政治导向、代表作品、选题策划能力、编辑组稿能力、营销能力、科研能力等方面，结合初选结果，最终评选出“金牌编辑”40强。

“金牌编辑”颁奖仪式将于2017年1月11日召开的“2016年全国高等教育教材峰会”上举行，部分“金牌编辑”代表将在论坛现场进行主题演说。（梁晓龙）

《人美连环画家画库》新书发布暨签售会举行

2016年12月25日，由人民美术出版社、连环画出版社主办的“《人美连环画家画库》新书发布暨签售会”在北京图书大厦举办。人民美术出版社副社长、党委副书记高世屹、连环画艺术家赵隆义、童介眉、关景宇，老艺术家家属任梦龙、王维澄、郭青参加了本次新书发布暨签售活动。

人民美术出版社建社至今，已有65年。65年来，伴随着人民美术出版社连环画事业的发展，一批专家学者脱颖而出，在他们勤奋不息的创作实践中，涌现出大量的连环画艺术精品，极大地推动了连环画艺术的发展。值此社庆之际，人民美术出版社特将诸位老艺术家的连环画佳作进行选编，汇集成这套《人美连环画家画库》奉献给读者，用这样一部部精品力作，再次彰显了一代连环画编绘者们对艺术精益求精的态度和对品牌的追求。

活动中，到场嘉宾通过亲身经历，介绍了这套连环画丛书的艺术价值和历史情怀，并就关于连环画传承与收藏的问题谈了自己的见解。座谈会后，举行了《人美连环画家画库》新书签售会。现场嘉宾中有些虽然年岁已高，但仍然热情地一一为观众签售。签售会进行了约一小时，受到在场观众的欢迎。（金　姗）

2016松果“生活家年华”活动举办

2016年12月31日至2017年1月2日，《三联生活周刊》旗下新媒体品牌“松果生活”与三里屯太古里联合主办了“生活家年华”活动。“生活家年华”活动是松果生活打造的大型年度生活节，由展览、市集、演讲与体验四部分组成。

2016年12月31日晚，松果“生活家年华”在太古里橙色大厅举行了简短的开幕式与颁奖仪式。中国出版集团公司总裁谭跃，中国出版集团公司党组成员、中国出版传媒股份有限公司副总经理李岩，中国出版集团公司党组成员、中国出版集团公司副总裁潘凯雄，生活·读书·新知三联书店总经理路英勇、副总编辑常绍民等领导出席了活动，分别揭晓了年度艺术推荐、年度剧场推荐、年度生活空间推荐、年度活动推荐以及文化生活机构等各类奖项的获奖名单，并为获奖者颁奖。潘凯雄、路英勇、《三联生活周刊》主编李鸿谷分别致辞。

活动期间，橙色大厅集合了30个美食美酒与设计品牌；体验区内，手作、木工、插花等课程轮番举行；松果生活共邀请了14位生活家，连续举办了三场“松果LIFE＋”演讲，分别以文化艺术、生活方式、设计美学为主题。

（魏一平）

中版集团数字传媒有限公司推进数字化综合运营平台建设

2016年12月，中版集团数字传媒有限公司重点打造了数字化综合运营平台项目，该平台将以互联网与大数据思维贯穿始终，以市场为导向，以标准化、规范化、规模化的资源为基础，以互联网营销为依托，将不同架构的产品，分批次、分层次集聚融合；借助资源大数据分析、用户行为、大数据分析、行业发展大数据分析等实现精准化服务，进而形成稳定的内容和产品销售渠道、成熟的用户消费体系、海量出版行业大数据模型、灵活的数字服务商业模式，将数字化的综合运营能力输出给集团公司和市场，面向社会提供综合数字化解决方案。

（李　铃）

“走出去”工作

《六祖坛经》（11 个语种）出版座谈会召开

2016 年 1 月 19 日，由华文出版社出版的《六祖坛经》（11 个语种）出版座谈会在全国政协文史馆召开。十届全国人大常委会副委员长许嘉璐出席。全国政协外事委副主任、察哈尔学会主席韩方明，中国出版集团公司党组成员、中国出版传媒股份有限公司副总经理李岩，广东六祖寺方丈释大愿法师，以及俄罗斯、日本、韩国、泰国、斯里兰卡、缅甸等国佛教界、学术界权威专家以及佛教文化爱好者参加。此次座谈会由华文出版社、广东省天柱文化慈善促进会联合主办，察哈尔学会承办，广东四会六祖寺协办。

《六祖坛经》（11 个语种）由华文出版社最新出版。在此之前，广东四会六祖寺组织邀请了相关权威人士，历时三年完成了《六祖坛经》11 个语种的翻译及解读工作。未来三年，将陆续在 11国发布相应的各个版本。

华文出版社联合各文化单位隆重推出这一重大文化成果，旨在配合国学文化伟大复兴和中国文化“走出去”的国家战略，充分彰显这部旷世经典的重大价值，以利于世界文化界、学术界、宗教界进行比较研究。《六祖坛经》（11 个语种）的发布，不仅是一项庄严的佛教仪式，更是我国对外进行宗教外交的重要举措。通过佛教经典的对外传播，促进各国佛教界人士间的交流和互动；进而以宗教为桥梁，推动文明间的交流与对话，促进各国人民化解分歧、建立共识，增进“一带一路”国家的“民心相通”。（黄珊珊）

人民音乐出版社 4 种图书入选中央宣传部外宣出版物采购项目

2016 年 1～12 月，人民音乐出版社 4 种图书入选中宣部外宣出版物采购项目，采购码洋 37 万余元。获选的四种图书为《九天》《大提琴独奏 鸿雁（管弦乐队版）》《大提琴独奏 鸿雁（钢琴伴奏版）》和《大提琴独奏 丽江恋》。人民音乐出版社的出版物连续多年、多次入选中宣部对外推广局外宣出版物。（王　浩）

中国图书对外推广网（CBI 网站）完成改版上线工作

2016 年 2 月，中版集团数字传媒有限公司对中国图书对外推广网（CBI 网站）完成改版上线工作，网站紧跟与出版“走出去”相关的各类活动，及时推出专题报道。在“纪念莎士比亚汤显祖逝世 400 周年”活动，网站推出全英文专题“莎士比亚遇到汤显祖”，在英文网站上推广；策划了“聚焦‘一带一路’倡议下的中国出版‘走出去’”系列专题。主动协助所属成员单位报道“走出去”活动，展现单位风貌。在大型活动中，与成员单位形成互动，例如第 45 届伦敦书展，独家报道各家活动等。

上半年，网站以专题和视频为主要形式，推出了两档专栏类专题：立足于出版业的网络高端视频访谈节目——“CBI 会客厅”和聚焦于海外

书业热点的资讯类专栏——"CBI 观察"。下半年 CBI 网站以推荐精品版权图书为切入点，发力版权运营。（李　铃）

联合国教科文组织亚太地区非物质文化遗产国际培训中心代表团访问荣宝斋

2016 年 3 月 22 日，联合国教科文组织亚太地区非物质文化遗产国际培训中心代表团一行 40余人走进百年老字号荣宝斋，观摩考察了"木版水印"和"装裱修复"两项国家级非物质文化遗产项目，并参观了荣宝斋其他展览。荣宝斋党委书记朱涛、副总经理张大卫陪同参观。

代表团一行首先来到荣宝斋工艺坊。工艺坊副经理王云霄向来宾详细介绍了木版水印勾描、刻板、印刷、装裱的全过程，并讲解了《簪花仕女图》《韩熙载夜宴图》《百花齐放》等木版水印代表性作品。代表团成员赞叹不已。随后代表团一行还参观了文房用品经营部、书画经营二部、美术馆、茶文化公司，感受和体验了中国传统书画艺术及茶道文化。

联合国教科文组织亚太中心是中国政府与联合国教科文组织合作成立的非物质文化遗产领域的国际专业机构，通过开展非物质文化遗产领域的国际培训，积极搭建区域性、国际性交流与合作平台，为亚太地区乃至全球的非物质文化遗产保护事业做出贡献。

作为拥有两项非物质文化遗产技艺的百年老店，荣宝斋始终以弘扬中华民族传统文化为己任，高度重视非物质文化遗产技艺的保护传承，积极参与各项文化活动。（武若杨）

中国图书进出口（集团）总公司承办第二届中俄媒体论坛

2016 年 3 月 25 日，由中宣部和俄罗斯总统办公厅主办、中国图书进出口（集团）总公司承办的第二届中俄媒体论坛在北京钓鱼台国宾馆举办，来自两国相关政府部门和 48 家媒体的负责人近 200 人出席会议。会议围绕"'一带一盟'对接与中俄媒体交流合作"主题，深入交流中俄媒体在"一带一盟"对接中肩负的责任和使命，共同探讨两国媒体深化合作互信、推进交流合作的思路和举措。

中央政治局委员、中央书记处书记、中宣部部长刘奇葆和俄罗斯总统办公厅主任伊万诺夫出席开幕式并做主旨演讲。

刘奇葆在题为《深化媒体合作互信　助推"一带一盟"对接》的主旨演讲中指出，第二届中俄媒体论坛的举办，标志着中俄媒体领域高层次对话交流机制初步形成。2016 年是两国元首确定的"中俄媒体交流年"的开启之年，在推动"一带一盟"对接中，中俄两国媒体要发挥更加积极的作用，必须深化合作互信理念，把握中俄友好的前进方向，坚持互利共赢的原则要求，树立面向国际的宽广视野，构建务实合作的渠道平台，以良好的合作助推"一带一盟"建设取得新的更大成就。

两国媒体同人进一步增强了深化务实合作的信念和决心。中宣部副部长、国务院新闻办公室主任蒋建国在主题发言中表示，中俄关系处于历史最好时期，两国战略互信不断加深，为双方媒体合作奠定了坚实的政治基础；"一带一盟"合作为双方媒体合作开辟了新天地、搭建了新舞台；近年来双方新闻主管部门互访不断，媒体对口交流频繁，务实合作成果丰硕，为双方媒体合作积累了经验、探索了机制；全媒体时代的到来，为双方媒体合作共同增强国际传播力、全球影响力提供了有利契机和实现途径。

论坛期间，还举行了中俄媒体合作签约仪式。本届论坛继首届中俄媒体论坛签署九项合作协议后，再次签署十项合作协议，包括联合采访、合作拍摄、共同办展、合作出版专刊特刊、项目建设等内容，涵盖了报纸、广播、电视、新媒体等业态。

此次论坛自明确任务至会议举办只有 18 天。在中宣部国际联络局的领导下，中图公司高度重视筹备工作，调配会展中心精干力量，在短时间内完成了近 200 人的会场布置、会务安排、会议

组织、会议材料制作等工作，切实保障了论坛的举办，得到了中宣部领导的高度肯定。（刘　婷）

乌克兰汉学协会代表团访问荣宝斋

2016年3月28日，在“中国文化对外翻译与传播研究中心”国际合作部负责人曹亚楠、张景颐的陪同下，乌克兰汉学协会会长Viktor Kiktenko先生和秘书长Yevheniia Hobova女士一行多人访问荣宝斋，与荣宝斋出版社深入洽谈版权合作事宜。

荣宝斋副总经理、出版社社长唐辉陪同访客参观木版水印工艺坊、书画经营二部、文房用品经营部等多个部门。荣宝斋出版社总编办主任王紫贤向汉学专家们详尽介绍了荣宝斋展示的珍贵藏品以及围绕藏品相关的中国传统艺术信息。

乌克兰汉学协会会长Viktor Kiktenko先生表示，乌克兰是中国建设丝绸之路经济带的支持国家，因此极为重视此次与荣宝斋出版社之间的合作关系。此次交流洽谈为荣宝斋出版社与乌克兰汉学协会在艺术展览、出版活动、学术交流等方面的战略合作开启了新思路。未来希望能够加深双方在文化艺术研究领域的合作并助力传播中国传统文化。（武若杨）

《中国出版传媒商报》首度冠名“国际教育学习资源奖”

2016年4月12日，第45届伦敦书展上揭晓了第三届国际卓越奖，来自全球的多家企业勇夺各类大奖，为业界树立了代表领先力量及创新精神的行业标杆。中国共有中国图书进出口（集团）总公司、接力出版社、高等教育出版社、三联韬奋24小时书店和纸托邦公司五家企业入围复选名单，入围数量在全球各国中与美国并列首位。中图公司、接力出版社分别荣获“市场焦点成就奖”和“国际儿童及青少年出版商奖”，展现出中国出版业在全球版图中的前沿水平和重要位置。而《中国出版传媒商报》作为首家冠名国际卓越奖的中国媒体，在颁奖典礼上，向“中国出版传媒商报国际教育学习资源奖”获奖单位——波兰的Super Memo World sp. zo. o.颁奖。获得此次冠名源于《中国出版传媒商报》与伦敦书展多年来的密切合作。作为中国出版行业的权威媒体，《中国出版传媒商报》多年来一直保持着与国际重要书展的联系，伦敦书展作为国际第二大书展，每年的展会也成为《中国出版传媒商报》报道的重点。2015年8月，《中国出版传媒商报》与伦敦书展的合作取得了新突破，双方签订了战略合作协议，并决定共同开展多层次合作。《中国出版传媒商报》成为伦敦书展国际卓越奖媒体伙伴并参与到此次国际卓越奖活动中就是双方合作的一个体现，《中国出版传媒商报》被列为国际卓越奖的冠名赞助机构之一，为国际卓越奖推荐中国地区的参评名单，负责协助并组织有实力的中国参评单位撰写及提交申报资料等相关事宜，最终取得了中国获奖单位冠亚全球的佳绩。这不仅彰显了中国出版业在国际舞台的实力与魅力及伦敦书展强大的平台功能，也充分体现出《中国出版传媒商报》作为中国行业权威媒体的巨大效能。（郭　虹）

荣宝斋代表团访问联合国总部

2016年4月19日，荣宝斋代表团访问联合国总部，应邀参加联合国中文日庆祝仪式，举办书画展览和木版水印现场制作演示活动。联合国中央规划司司长马雪松先生，中国驻纽约总领馆参赞徐永吉先生到会并讲话。荣宝斋艺术总监雷振芳，荣宝斋艺术总监（书法）、书法院院长张旭光出席了上述活动。联合国中文教学组组长何勇博士，联合国中国书会会长温学军先生，以及荣宝斋书画名家代表团、中国企业代表人士与联合国官员共同出席了活动。

庆祝活动中，荣宝斋书画名家代表团携木版水印16件作品举办专题展览，并由国家级非物质文化遗产代表性传承人高文英、肖刚现场演示了木版水印制作技艺，受到了各国朋友的欢迎。

4月21日，荣宝斋艺术总监雷振芳，荣宝斋艺术总监（书法）、书法院院长张旭光先生应邀参加纽约华美协进社主办的中国艺术系列活动"荣宝斋之传奇"讲座。讲座结束后，张旭光先生还特别题写了"自谦、自信、务实、超越"的书法作品。雷振芳、张旭光、陈羲明等20余位艺术家与商务孔子学院学生及部分联合国官员联合进行了书法创作。（武若杨）

联合国纽约总部会议出版司副司长傅鹏辉访问中国对外翻译有限公司

2016年4月28日，联合国纽约总部会议出版司副司长兼逐字记录处处长傅鹏辉应邀到访中国对外翻译有限公司，并与公司副总经理张晶晶就联合国翻译业务现状及未来合作趋势进行了深入交流。傅鹏辉对中国对外翻有限公司长期为逐字记录处提供的大力支持表示了感谢，并高度肯定了中国对外翻有限公司的专业、高效、优质的语言服务，希望双方今后在更广泛的领域进一步开展交流与合作。（全文茜）

中国出版集团公司主办"海外中文古籍资源建设论坛"

2016年5月19～21日，中国出版集团公司主办、中华书局和中国图书进出口（集团）总公司联合承办"海外中文古籍资源建设论坛"在北京召开。集团公司总裁谭跃、国家新闻出版广电总局出版管理司副司长李一昕出席仪式并讲话，中国出版集团公司党组成员、中国出版传媒股份有限公司副总经理李岩出席了开幕式。来自北美地区的13家东亚图书馆负责人参加了开幕式。中华书局总经理徐俊、中国图书进出口（集团）总公司总经理张纪臣、美国哈佛大学哈佛燕京图书馆馆长郑炯文先后致辞，13位海外专家获颁"《海外中文古籍总目》编纂委员会"委员聘书。

本次论坛的主要议程之一是"海外中文古籍总目研讨会"。来自哈佛大学、柏克莱加州大学、斯坦福大学等北美地区13家大学东亚馆的负责人及山东大学的文献专家参加会议。专家学者就项目的总体规划、实施进度，以及总目编纂体例、编纂方式等进行了讨论和深入交流。此项工作得到中宣部、全国古籍整理出版规划领导小组领导的高度重视，列为"十三五"期间古籍整理出版工作的五大重点工作之一。

中华书局与海外各馆就其他衍生项目达成合作意向，包括柏克莱加州大学图书馆的《赵元任档案》《赵元任年谱长编》、哥伦比亚大学东亚馆的《唐宋元明别集叙录》《民国时期仁和纸店年画集》、华盛顿大学和不列颠哥伦比亚大学东亚馆的《未编珍善本图录》、多伦多大学东亚馆的《六壬图像》、洛杉矶加州大学东亚馆的《殿试卷及各种试卷图录》等。这些项目对海外中文古籍的回归，以及海外所藏中国历史文献的挖掘、整理具有重大意义。

此外，海外专家一行还走访了中国图书进出口（集团）总公司总部并做业务交流。中国图书进出口（集团）总公司总经理张纪臣向到访嘉宾介绍了公司总体情况，数字中心和出口中心的负责人介绍了专业化特色服务，现场实现纸本出版物销售额近百万元人民币。同时确定委托中国图书进出口（集团）总公司代理洽谈采购中国大百科全书出版社数据库、中华经典古籍库等电子产品，并积极要求开通试用易阅通平台海外版和中国出版物采选平台。（刘　忠）

中国对外翻译有限公司完成菲律宾南海仲裁案舆论外宣翻译项目

2016年5月，中国外交部办公厅以正式公函形式通知中国出版集团公司，委托中国对外翻译有限公司完成菲律宾南海仲裁案舆论外宣翻译项目。

2013年初，菲律宾就中菲有关南海"海洋管辖权"争端提起强制仲裁，在国际社会引起轩然大波。在外交部的组织安排下，国内有关研究机构和专家学者撰文著述，发表了一系列中文舆论引导文章，阐明中国政府在仲裁案上的立场，并对相关法律进行解读。

面对这一具有重大政治意义的翻译项目，中国对外翻译有限公司迅速做出响应，搭建译员团队，广泛查找参考资料，确定核心词汇、重要文献的译法；并发扬求真务实、不畏艰辛的工作作风，圆满完成翻译任务。（金文茜）

中国出版集团公司荣获第12届“中国图书对外推广计划”“走出去”综合排名第一

2016年6月6～8日，第12届“中国图书对外推广计划”（CBI）工作会议在成都举行。集团公司以98分的成绩，以较大领先优势、第5次荣获全国“走出去”集团单位综合考评第一名。2015至2016年度，在申报“中国图书对外推广计划”（CBI）两个“走出去”项目资助工程中，中国出版集团公司在申报数量、入选率、结项率等方面，均取得了良好成绩。

（张　旻）

中国对外翻译有限公司代表团赴联合国纽约总部和国际货币基金组织进行工作访问

2016年6月27日～7月1日，中国对外翻译有限公司（以下简称“中译公司”）总经理黄松、副总经理张晶晶、第一翻译部副主任郭学娟及高级口译员陈怡全一行四人，对联合国纽约总部和国际货币基金组织进行了工作访问。

此行，中国对外翻译有限公司代表团与两大机构的相关部门主管及具体业务负责人进行广泛接触、深入交流，听取意见和建议，促进了各方对今后合作前景及未来发展方向的认识。

（金文茜）

《国际出版》创刊

2016年6月27日，《国际出版》创刊。该刊由中国出版集团公司主管、新华书店总店主办，新华互联电子商务有限责任公司、中译语通（北京）科技有限公司联合运营。

国际出版商协会主席Richard Charkin、中国出版协会理事长柳斌杰、中国出版集团公司总裁谭跃、党组书记王涛以及麦克米伦、圣智学习集团等国际国内著名出版集团的董事长或总经理，为《国际出版》创刊题写贺信贺词。中国教育出版集团原董事长、中国出版协会副理事长李朋义应邀担任编委会主席，麦克米伦原总裁白德信，中国出版集团公司党组成员、中国出版传媒股份公司副总经理李岩应邀担任编委会副主席，国际国内著名出版集团和科研机构领导及专家担任编委。

《国际出版》致力于打造全球出版产业交流与合作平台，提供国际出版产业经营与发展信息，邀约全球产业专家撰写深度分析评论文章。开设环球出版资讯、深度观察、出版管理、出版财经、出版科技、交流与合作、版权贸易、产业评论等栏目，将广泛联络国际出版商协会、世界各国出版商协会、发行协会及国际知名出版发行及科技机构，以全球特约记者和专栏撰稿人为依托，以互联网科技和大数据为手段，通过《国际出版》纸媒、网站、APP平台，建构内容整合与多元传播的媒体融合新模式。“国际出版网”24个频道将让世界第一时间听到中国出版的声音。

（梁晓龙）

《泰中双语版中华文化启蒙读本》入选中国出版集团公司2016年“一带一路”主题出版重点出版物

2016年6月，现代教育出版社的《泰中双语版中华文化启蒙读本》入选中国出版集团公司2016年“一带一路”主题出版重点出版物。该书作者是国学教育编写组，译者是黄璧蕴博士、许爱联博士，顾问是丘永春博士、魏清博士，泰方出版机构是泰国乌汶大学中文系。

该图书将“中泰一家亲”作为主题，寻找中国与泰国文化的交融点，从泰国文化中寻找中国元素，探索中泰两国“亲”的文化根源。内容以中国传统蒙学精华为线索，以孩子的视角去挖掘中泰文化传统的共性，以孩子的成长为落点，图文并茂地展现中华传统文化的鲜活魅力，它是一套让泰国少年儿童感兴趣的书，让他们为泰国文化自豪的同时也爱上中国文化的图书。截至2016年底，该项目已签署完成《委托翻译合同》和《委托顾问合同》，翻译工作开始启动。

（杨　静）

曹文轩参加第35届国际儿童读物联盟并进行出版推介

2016年8月18～21日，第35届国际儿童读物联盟（IBBY）大会在新西兰奥克兰举行，作家曹文轩赴会领取2016年国际安徒生奖。

曹文轩与中国出版集团公司党组成员、中国出版传媒股份有限公司副总经理李岩，人民文学出版社、天天出版社社长管士光、天天出版社副总编辑张昀韬及澳大利亚出版商协会项目主任尼克女士、澳大利亚企鹅兰登公司国际版权经理内莉·威尔女士、澳大利亚童书独立出版商哈迪版权部主任安娜贝尔女士等六家专业儿童出版商一起进行会谈，双方就如何更深入地进行儿童文学的交流进行了介绍和讨论。

李岩表示，希望澳大利亚的品牌出版社能把曹文轩的书出版，进行更多的出版推介。管士光指出，曹文轩作品中独特的哲学维度使他的作品具有了被世界接受的基础。曹文轩儿童文学艺术中心执行副主任张昀韬女士则介绍了曹文轩作品的翻译情况。

（顾　乡）

中国出版集团公司与牛津大学图书馆合作成立翻译研究出版中心

2016年8月22日，中国出版集团公司在北京与牛津大学图书馆签署意向协议，合作成立中国翻译研究出版中心。

牛津大学图书馆拥有400年收藏中国图书的历史，收藏与中国有关图书五万种，其中中文古籍6000多种，包括一些中国古老的出版物和瑶族出版物手稿，其中一些甚至是孤本。

牛津大学图书馆有丰富的中文图书馆藏资源，中国出版集团有丰富的编辑出版资源和内容资源，双方希望充分整合这些资源，乃至整个英国的相关资源，将翻译研究出版中心打造成为一个以英国为基地、以中国为主题的图书策划中心、翻译创作资源整合中心、版权代理中心、书探中心以及学术交流中心。

（林成琳）

现代教育出版社参加中华图书特殊贡献奖嘉宾恳谈会

2016年8月22日，现代教育出版社国学中心主任聂金星等参加了中国出版集团公司举办的中华图书特殊贡献奖嘉宾恳谈会。会上，现代教育出版社编辑与外方专家、学者热情交流，认真请教、听取意见，并详细介绍现代教育出版社及有特色的图书，使现代教育出版社的国际品牌影响力得到进一步提升。

（杨　静）

《中印情缘》（中、英文版）发布和作家签约仪式举行

2016年8月22日，在中国出版集团召开的中华图书特殊贡献奖嘉宾恳谈会上，中译出版社举行了"'一带一路'中国情·那些难忘的中国故事"丛书第一本《中印情缘》（中、英文版）发布和作家签约仪式。活动由中国出版集团公司党组成员、中国出版传媒股份有限公司副总经理李岩主持，法国巴黎友丰书店潘立辉先生等20余位历届获奖者受邀参加，中国出版集团公司总裁谭跃、中国出版集团公司党组成员、中国出版传媒股份有限公司副总经理孙月沐出席。

中译出版社总编辑张高里介绍了该系列图书的开发背景和思路。2015年8月，在中国出版集团组织的第二届中外出版翻译恳谈会上，中译出版社提议出版以"一带一路"汉学家个人经历来反映中外文化交流、融通为主题的系列出版物。该提议得到了各国汉学家的响应，中译出版社随后与来自印度尼赫鲁大学的汉学家狄伯杰、格鲁吉亚汉学家协会主席马琳娜和土耳其青年汉学家吉莱签订了协议。

首批签约的狄伯杰先生在其华裔妻子王瑶和两个可爱的儿子的大力支持和配合下，推掉了很多项目和活动，利用周末的时间专心致志写作自己的个人传记—《中印情缘》，他用温馨的文字回顾了自己的家乡—《大唐西域记》曾经记载的库鲁地区的历史和民俗，中印两国的历史交往与友谊，他自己的求学之路以及与中文和中国文化的不解之缘，他在中国的求学经历与爱情，他对中印两国当下与未来发展的研究与探索等等非常有意思的话题。马琳娜与吉莱刚刚获得2016年的中华图书特殊贡献奖，他们的传记也在写作之中。他们对此投入了极大的热情与精力，因为他们深知他们的作品不仅仅是个人传记，还承载着民心融通的重要责任。（张高里）

中译出版社与美国阿尔伯特·惠特曼出版公司建立长期战略合作伙伴关系

2016年8月23日，中译出版社总编辑张高里与美国最大童书出版社之一的阿尔伯特·惠特曼出版公司John Quattrocchi总裁、Patrick McPartland副总裁达成协议，两社将建立战略合作关系，互为版权主要输出伙伴，阿尔伯特·惠特曼将携手中译社合作开发中国童书市场，同时将与中译社共同开发介绍中国文化的童书，在美国出版发行。

阿尔伯特·惠特曼出版公司是世界著名的童书出版社，至今已有98年历史。阿尔伯特一直秉承做有品质的童书的出版理念，关注儿童心理成长和教育，并在该领域一直处于世界领先地位。虽然阿尔伯特·惠特曼出版公司已经有许多优秀童书在中国取得巨大成功，但是，面对蓬勃发展的中国童书市场，John Quattrocchi总裁认为以往版权输出过于分散，无法全面而且集中反映其出版理念，因此希望在中国物色战略合作伙伴，倾力打造阿尔伯特·惠特曼的品牌。作为中国童书领域迅速崛起的新军，经过市场调研，中译社凭借良好的国际合作声誉和完整的市场营销方案打动了John Quattrocchi总裁，双方一拍即合，达成协议，并当场敲定两套阿尔伯特·惠特曼优秀童书的版权引进。John Quattrocchi总裁表示，他们也非常愿意将中译出版社优秀图书的版权输出到美国，为中美文化交流和儿童双语教育搭建桥梁。中译出版社此次与阿尔伯特·惠特曼出版公司建立战略伙伴关系，既“引进来”，又“走出去”，充分展现了中国出版集团的国际化龙头企业形象。（范　伟）

“剑桥大学出版社·商务印书馆战略合作协议签约仪式”举行

2016年8月24日，在第23届北京国际图书博览会现场，商务印书馆与英国剑桥大学出版社联合举行“剑桥大学出版社·商务印书馆战略合作协议签约仪式”。中国出版集团公司总裁谭跃到会祝贺，商务印书馆总经理于殿利、剑桥大学出版社首席执政官彼得·菲利普斯先后致辞。剑桥大学出版社学术出版亚洲区总监黄凤儿、亚洲学术销售主管那荣起、大中华区学术出版合作出版经理王鑫光，商务印书馆副总经理王齐、学术编辑中心主任郑殿华、版权与法务部主任张仲彬等参加签约仪式。商务印书馆副总编辑陈小文主持仪式。剑桥大学出版社和商务印书馆的合作由来已久，在文化发展、出版转型的新时期，双方展开深度的战略合作，能巩固在互信、互利基础上的合作关系，发挥双方优势和特长，更好地促进知识的传播和版权的高效输出对接，有着重要的学术价值和文化意义。（张　琳）

《“一带一路”：共创欧亚新世纪》新书发布会及多语种输出签约仪式举行

2016年8月24日，在第23届北京国际图书博览会中国出版集团展区，中国出版集团公司所属中国民主法制出版社和中译出版社举办了《“一带一路”：共创欧亚新世纪》新书发布及多语种输出签约仪式。美国著名地缘政治学家、畅销书作者威廉·恩道尔，中国出版集团公司党组成员、中国出版传媒股份有限公司副总经理樊希安，中译出版社总编辑、中版国际传媒有限公司总经理张高里，中国民主法制出版社总编辑刘海涛、副总编辑赵卜慧以及来自法国、埃及等国的出版社代表出席活动。活动由刘海涛主持。在新书发布会上，恩道尔先生就《“一带一路”：共创欧亚新世纪》的内容和他一直热衷并研究的地缘政治发表演说。之后，恩道尔先生、张高里总经理和法国、埃及等地的出版单位就《“一带一路”：共创欧亚新世纪》的法语、阿拉伯语和印地语版权输出举行了签约仪式。（邵　力）

商务印书馆与英国卢德里奇出版公司签订“商务印书馆－Routledge‘国家治理丛书’项目”合作协议

2016年8月25日，在第23届北京国际图书博览会上，商务印书馆和英国卢德里奇出版公司签订了“国家治理丛书”项目合作协议。“国家治理丛书”是继2015年双方签约合作“汉语语言学丛书”之后的又一次联手。卢德里奇公司敏锐地注意到中国的成长以及国际社会了解中国发展现状的需求，致力于出版中国发展主题的学术著作。“国家治理丛书”紧扣时代脉搏，坚持国家站位，树立全球视野，致力于发掘“国家治理”的科学内涵、传承优秀传统文化、诠释我国的发展成就，是一个系统总结国家治理经验、探索治理创新的好项目，也是一个引导国际社会全面客观认识中国的好窗口。丛书项目的合作出版，将有助于在世界范围内分享中国的建设经验，让中国的管理理论和实践成为人类管理智慧的重要组成部分。（张　琳）

《群书治要360》和《讲述西藏》阿拉伯文版图书签约仪式举行

2016年8月25日，第23届北京国际图书博览会期间，华文出版社《群书治要360》和《讲述西藏》阿拉伯文版图书签约仪式举行。这两个项目的签约将成为中国传统文化“走出去”工程的新篇章，也将成为华文出版社出版历史上的里程碑。

对于本次签约，双方的高层都非常重视，都给予了极大的支持，分别派出主要领导参加，并发表了重要讲话。中国出版集团公司党组成员、中国出版传媒股份有限公司副总经理李岩在签约仪式上致辞，希望加深加大中国出版集团公司层面与阿拉伯国家的深度合作，更希望有更多更好的中阿互译成果展现给中阿读者。阿拉伯出版方代表——埃及文化部副部长海赛音·艾尔哈加里发表讲话，并转达了埃及文化部部长对中阿合作的关怀，部长表示非常看重这本书，并责令印刷3000～5000册，由埃及图书总局发行；他还亲自带来了已经出版的阿文版《群书治要360》，希望转交给国家新闻出版广电总局副局长吴尚之。

仪式上，华文出版社社长宋志军介绍了近几年华文出版社重点开拓阿语地区市场的进展，并就未来与阿语地区合作的计划做了简要介绍。他提到，过去四年，华文出版社引进并出版了以人物传记为主的“丝路文库”系列图书16种，未来两年将达到100种；与此同时，已向阿拉伯出版机构输出近50项阿文版权，未来两三年希望超过100种图书。（黄珊珊）

《学习牛津3000词》APP发布

2016年8月26日，商务印书馆和英国牛津大学出版社在商务印书馆礼堂共同发布了《学习牛津3000词》APP。商务印书馆党委书记肖启明，牛津大学出版社牛津英语教学部数字产品开发经理珍妮弗·布拉德伯里先后致辞，商务印书馆总经理于殿利、牛津大学出版社（中国）有限公司总经理丁锐共同为《学习牛津3000词》APP揭幕。发布会由商务印书馆副总编辑李平主持。发布会上，商务印书馆英语编辑室编辑杜茂莉演示了《学习牛津3000词》APP的诸多功能和人性化设计。

“牛津3000词”是牛津大学出版社组织语言专家和富有经验的教师，根据英国国家语料库和牛津语料库精心挑选出来的3000个单词，涵盖了英语中最常用、使用范围最广、英语使用者最熟悉的单词，覆盖了一般英语文本中85%的单词。《学习牛津3000词》APP内容丰富、设计人性化，其目的是为了帮助英语学习者真正掌握牛津3000个核心词。APP将英语学习中的两个需求结合起来，一个是查询功能，即APP里的“词典”部分，另一个是互动功能，即APP里的“测试”部分。APP包含大约15000道测试题，由经验丰富的英语教师专门为英语非母语的英语学习者精心编写。

商务印书馆与牛津大学出版社在改革开放初期就建立了合作伙伴关系，双方在纸质图书方面的出版合作已近40年。商务印书馆于2014年推出《牛津高阶英汉双解词典》APP，自此双方开始在数字出版领域开展合作，《学习牛津3000词》APP是双方合作的又一成果，也是商务印书馆在英语学习数字出版领域的首次尝试。

（杜茂莉）

《全球华语大词典》海外出版发行协议签约仪式举行

2016年8月26日，商务印书馆与新加坡名创教育出版集团在第23届北京国际图书博览会上举行了“《全球华语大词典》海外出版发行协议”签约仪式。中国出版集团公司党组成员、中国出版传媒股份有限公司副总经理李岩、商务印书馆总经理于殿利、新加坡名创教育出版集团总经理兼出版发行总监林玉玲出席签约仪式并致辞。

《全球华语大词典》是国家“十二五”出版规划重点出版项目，编纂出版历时六载，汇聚了语法学、词汇学、词典学等多个领域的专家，依托全球各地十余个编写组五十余人的编写团队编纂完成。书中共收录华语通用词语和特有词语88000多条，收录范围包括中国大陆、中国港澳、中国台湾、新加坡、马来西亚、印度尼西亚、菲律宾、泰国、老挝、柬埔寨、缅甸、印度、日本、欧洲和北美等国家和地区。这部词典同异兼收，在展示丰富多样的华语词汇的同时，描绘华语在全球范围内的语言生态，可供世界各地华人和华语学习者使用。它不仅仅是一部语言类工具书，还是华人社会交流、发展的时代缩影和文化载体，具有在世界范围内广泛传播的价值和土壤。

（余桂林）

《新华字典》《现代汉语词典》汉英版合作协议签订

2016年8月26日，商务印书馆与英国牛津大学出版社、中国社会科学院语言研究所在北京签订《新华字典》《现代汉语词典》汉英双语版合作协议。商务印书馆总经理于殿利、牛津大学出版社亚洲教育部出版运营总监马塞洛·赞能、中国社会科学院语言研究所所长刘丹青出席并代表各方签订协议。

作为中国辞书的典范之作，《新华字典》《现代汉语词典》因其权威性、科学性、规范性，成为中小型汉语工具书的“母典”，并担纲广大中小学生母语学习以及汉语学习、研究的首选，对全民教育、文化普及起到重要作用。这两部辞书是中国辞书的代表性杰作，也是与时俱进、不断发展的，所以它们既是文化的沉淀，又是文化的更新。随着全球对汉语学习、对汉语词典、对汉语好词典的需求越来越强，在此时机推出汉英双语版，有利于让国内久经市场、读者考验的精品词典走向世界，让更多人共享优秀词典的便利，帮助更多国家和地区的人民了解和学习汉字和汉语，领略中国语言文化，有利于促进国际文化交流和文明融合。

（余桂林）

中华书局赴荷兰莱顿和瑞士苏黎世进行业务访问

2016年9月3～9日，中华书局总编辑顾青、对外合作部主任王瑞玲赴荷兰莱顿和瑞士苏黎世进行业务访问。在莱顿，顾青一行对中华书局战略合作伙伴博睿学术出版社进行正式访问，受到了博睿学术出版社总裁贺博文、副总裁彼得、出版总监乔德·埃利希、资深编辑何世泰等接待，双方就业务合作进行深入交流。顾青一行访问莱顿大学人文学院汉学研究所，与伊维德教授、魏希德教授交流，了解荷兰汉学的发展、中文图书和数据库的使用，参观并调研汉学研究所图书馆和莱顿大学图书馆的古籍藏书情况。7～8日，顾青在苏黎世大学东方学院召开的欧洲汉学图书馆年会上对中华书局正在进行的《海外中文古籍总目》项目做了简要介绍，并与英国、美国、德国、法国、丹麦、瑞典、捷克等国家公立或大学图书馆的中文馆负责人交流中文藏书情况，落实《海外中文古籍总目》的编写和出版。

（刘　潋）

《南京的陷落》韩文版获第15届输出版引进版优秀图书输出版优秀图书奖

2016年9月，在第15届输出版引进版优秀图书推介活动中，连环画出版社《南京的陷落》韩文版获输出版优秀图书奖。

本套连环画根据1987年周而复（1914～2004）撰写的长篇小说《长城万里图》（共六部，380多万字）之第一部《南京的陷落》改编，将52万字浓缩成400余幅长篇连环画，由朱振庚（1939～2012）历时5年创作完成。

朱振庚擅长革命历史画创作，从当时抗战的高层领导人物、各路将官到普通的士兵和老百姓，从日本法西斯的罪魁祸首到凶残成性的大小刽子手，在方寸之间，朱振庚无不着力刻画人物的性格特点，以不同人物的动态、手势、眼神等表情，表露出不同的内心世界。线的勾勒和墨的皴染，都非常精确，恰到好处，而墨色的细致层次，既表现出质感，又烘托着不同的气氛和时代特点，无不显现这部篇幅浩瀚连环画作品的宝贵。

（金　姗）

《漫画中国历史》繁体版获第15届输出版引进版优秀图书输出版优秀图书奖

2016年9月，在第15届输出版引进版优秀图书推介活动中，连环画出版社《漫画中国历史》繁体版获输出版优秀图书奖。

《漫画中国历史》（48卷）是连环画出版社2011年出版的漫画形式的历史普及读物。该书作为国家出版基金优秀完成项目，当年获中国文化艺术政府奖最佳动漫出版物奖。

该书作者孙家裕，系中国台湾漫画家，创作的漫画作品已达百部，多次入选台湾地区畅销书排行榜。代表作有《孙老爹讲古》《七十二变》《芝麻狐》《秦时明月》等。其作品被译成意大利、法国、美国、西班牙、韩国等国文字出版。

本书以正史为参照，由历史、中文两方面专家学者组成编委会担任编创把关，选取每个历史时期最有代表性的事件和人物精细勾画，用漫画形式分朝代全景展现了中国历史上的著名事件和重要人物。全套书包含了432个历史故事，从上古世纪盘古开天辟地的传说开始，至清朝结束，其中描绘的人物和故事，都是历史上广为流传的，有的至今影响着中国人的处世哲学。全书客观表现史实，是学习中华历史、培养民族自豪感的首选图书，亦可作为海外读者学习汉语的辅助读物。

（金　姗）

中国对外翻译有限公司完成"中央宣传部外宣出版物采购项目"评审专项工作

2016年9月，受中共中央宣传部对外推广局和中国出版集团公司共同委托，中国对外翻译有限公司承接"中央宣传部外宣出版物采购项目"评审专项工作。该项目对国内40余家出版社的300余本图书进行语言质量评定，涉及20余种语言，涵盖政治、经济、文化、教育、军事、历史、宗教等领域。

中国对外翻译有限公司在极短的时间内组织了一支涵盖各语种、各领域经验丰富的译审、副译审团队，严密监控工作流程及时间进度，定期召开评审质量碰头会，从各个环节对质量进行把控，圆满完成了评审工作，获得了中宣部相关负责人的高度赞誉。

（金文茜）

《中国出版传媒商报》连续11年推出法兰克福书展英文专刊

2016年9月，《中国出版传媒商报》精心策划、编写了32个版的第68届法兰克福书展英文专刊（Frankfurt Special），在书展现场向来自全球的书业同人发放，受到国际出版人、版权人员及其他书业同仁的高度认可。该英文专刊从2015国际出版趋势报告、2016年中国作家曹文轩首获国际安徒生奖、中国出版人如何走出国门开拓国际市场、2015中国出版业发展趋势、中国Top 50的出版社及畅销书、数字出版及移动阅读的发展、中国尚未被译介到德国的中国文学大家、中国在版权保护方面的新进展及中国引进图书市场等多角度呈现，旨在为全球书业人士提供一个了解中国市场及寻找合作机会的窗口，也为有意开拓国际市场的中国出版社和作家搭建一个沟通合作的桥梁。2016年，是《中国出版传媒商报》连续11年推出法兰克福书展英文专刊。

（郭　虹）

亚美尼亚音乐家代表团访问人民音乐出版社

2016年10月9日，亚美尼亚共和国作曲家协会主席阿兰姆·萨蒂安（Aram Satian）、副主席斯维特拉娜·阿列克桑雅（Svetlana Aleksanyan）和伊万·乔岩（Ievon Tchaouchyan）一行莅临人民音乐出版社（以下简称“人音社”）参观访问。人民音乐出版社社长莫蕴慧，党委副书记周群，副总编辑赵易山、杜永寿及相关部门负责人参加会见。

阿兰姆·萨蒂安详细介绍了亚美尼亚音乐创作的历史现状与发展情况。莫蕴慧介绍了人民音乐出版社的发展历程。她提到，人音社具有音乐出版国家队的行业地位，在项目开发、资源整合、国际合作等方面具有独特优势，在弘扬传承、鼓励原创等方面一直发挥着引领作用。人音社一直注重与全球音乐出版界的沟通、交流，既向国际音乐舞台推介中国作曲家的优秀作品，也重视引进不同国家和民族的经典作品，与包括亚美尼亚在内的国外出版社建立了良好的合作关系，出版了很多对中国音乐有影响的书籍。

会谈中，双方还就中、亚两国的音乐教育与音乐教材工作进行了深入探讨。双方表示今后将深入合作、加快落实，相互组织力量翻译出版一批优秀的、有市场潜力的音乐作品。人音社希望通过此次交流，引进和输出更多优秀的作品，促进中亚音乐事业的深入合作。

（潘小磊）

现代教育出版社参加中国出版集团公司“一带一路”沿线国家文化交流活动

2016年10月18～22日，现代教育出版社副社长陈琦和国学中心编辑王薇随中国出版集团公司代表团赴泰国进行了文化交流及出版考察。在泰国文化交流活动中，访问了泰国Jamsai出版社、曼谷Think Space B2S书店和朱拉隆功大学孔子学院。同时，在2016年中泰翻译出版交流座谈会上，现代教育出版社详细介绍了《泰中双语版中华文化启蒙读本》项目。通过这次文化交流活动，现代教育出版社践行“一带一路”倡议，在推动版权输出与文化“走出去”方面开启了新的篇章。

（杨　静）

中国图书进出口（集团）总公司落实图书“走出去”工作座谈会及贯彻刘奇葆同志重要讲话精神专题会举行

2016年10月20日，中宣部召开图书“走出去”工作座谈会，刘奇葆发表重要讲话。会前刘奇葆还专程到中国图书进出口（集团）总公司（以下简称“中图公司”）调研，仔细询问中图公司业务情况，多次做出明确指示，要求中图公司“继续努力，做好做大，做大做强”。10月23日至11月9日，中图公司先后召开三次专题会，组织学习刘奇葆重要讲话精神，并要求中图公司各部门专题研究贯彻落实方案，明确了下一步工作重点和具体举措。

一是加快打造数字出版旗舰中盘，超越亚马逊。以现有“易阅通”数字平台为基础，推进国内优质出版资源聚合，每年投资6000万元，计划2020年底建成覆盖国内所有出版社总量的90%以上，向大多数国际主流电子书平台输送优质中国版电子书50万种以上，海外图书馆、大学等机构用户数量超过四万家、个人用户数百万，覆盖全球100多个国家和地区。

二是做大做优北京国际图书博览会，打造国际第一书展品牌。这是刘奇葆提出的明确要求，也是中图公司向刘奇葆做出的庄严承诺。通过配套实施“图博会+”提升计划，打造版权、阅读、融合、文学、教育、儿童系列子品牌，显著增长展会规模。实施“一带一路”国家及拉美地区参展资助项目，大幅提升参展国家、海外展商数量。设立国际顾问委员会、国际图书大奖、国际媒体北京国际图书博览会之旅、中国图书版权贸易交易平台等，进一步提升专业性和影响力。中图公司还将每年专项投资3000万元，力争“十三五”期间实现参展国家和地区达到110个、展览面积达到十万平方米，在规模指标和影响力方面超越法兰克福书展。

三是建设国际主流销售渠道。依托现有26家海外分支机构，“十三五”期间每年投资3000万元，建成壮大自有国际发行网络。加快与美国巴诺书店等西方主流书店和“一带一路”沿线国家谈判，打通国际主流发行渠道。

四是构建中国图书全球按需印刷服务体系。充分发挥按需印刷一本启印、低运费、无库存、个性化定制等技术优势，每年投资2000万元，完善中国图书186个国家24小时直供服务，逐步打造自有的五大洲24小时直供渠道，实现无国界的中国图书“走出去”和“走进去”。

五是优化进出口结构，加强海外图书进口审读把关工作。优化进出口比例，在目前每年进出口图书品种比1∶1.26（38∶48万种）的基础上进一步扩大顺差。在年进出口册/份比1.95∶1（1300∶666万册/份）的基础上进一步缩小逆差，实现1∶1持平。对进口出版物坚持“全员、全品种、全语种、全内容、全流程”五全审读原则，每年增加经费1000万元，加强和完善内容审读委员会、内容审读中心等保障机制，加大审读队伍培养培训力度，严格落实“八步审查制度”“三级审查制度”“互审制度”，切实做到“守土有责，守土尽责”，确保国家文化安全。

中图公司还决定成立专门组织机构确保实施方案落地。一是项目领导小组，加强项目实施联系协调；二是总体规划小组，由翻译家、出版家和信息技术、图书情报、国际会展专家等组成；三是项目实施小组，负责各个工程实施；四是风险监控小组。下一步，各小组将按照总体安排提出工作时间表、路线图，推动各项工作按要求进度落到实处。（罗娴静）

想象读者——中-罗作家关于作品与读者的深度对话暨曹文轩作品《青铜葵花》罗马尼亚语出版签约仪式举行

2016年11月16日，由中国出版集团公司、天天出版社、中国图书进出口（集团）总公司共同举办的“想象读者——中-罗作家关于作品与读者的深度对话”暨曹文轩作品《青铜葵花》罗马尼亚语版权签约仪式在第23届罗马尼亚高迪亚姆斯国际图书与教育展举行。2016年国际安徒生大奖获得者曹文轩与罗马尼亚儿童文学作家就“读者、作品、作家与出版之间的关系”进行探讨。国家新闻出版广电总局司长李军、中国图书进出口（集团）总公司总经理张纪臣、天天出版社常务副社长张弋辉出席了本次活动。张弋辉从作品与市场的角度参与了讨论，活动由天天出版社财务主任王超主持。

活动中，两国优秀的儿童作家从文学创作角度与观众分享了对作品和读者的思考，作家们一致认为优秀的作品能够伴随读者的成长。中方出版人代表张弋辉以及罗马尼亚出版方也借由此平台，相互交流了出版现状和市场经验。

座谈结束后，曹文轩、罗马尼亚RAO出版社、中国图书进出口（集团）总公司、天天出版社共同签署了《青铜葵花》罗马尼亚语出版协议。此部作品是曹文轩海外输出国家和语种最多的作品，罗马尼亚语版也将成为第七种外国语版本。李军为签约仪式致辞。

此次罗马尼亚高迪亚姆斯国际书展上，天天出版社携“曹文轩文集”“青铜葵花小说奖”系列中长篇小说、“中国种子世界花”系列图画书、《野芒坡》《小雨后》等近 40 套精选作品参展，吸引了大量罗马尼亚媒体和当地读者的兴趣，博得一致好评。（顾　乡）

人民音乐出版社荣获“中国版权最具影响力企业”

2016 年 11 月 25 日，中国版权协会主办的第九届中国版权年会在北京召开。国家新闻出版广电总局副局长、国家版权局副局长、中国版权协会理事长阎晓宏，中国文联副主席李前光，全国人大常委会原委员、著名音乐家谷建芬以及来自相关领域的代表 300 余人出席了年会。本届年会举行了中国版权卓越成就者奖、中国版权最具影响力企业奖颁奖仪式，人民音乐出版社荣获“中国版权最具影响力企业”。全国共有 19 家企业、中国出版集团公司所属三家出版社获此殊荣。该奖项用于表彰在版权的创造、运用、保护、管理、国际宣传、版权贸易等方面做出突出贡献并产生较强行业竞争发展能力，对我国版权产业的发展和“走出去”工作具有明显推动作用、产生重大影响力的企业。（孙曼均）

人民音乐出版社向欧美及亚洲地区合作伙伴输出 28 本图书版权

2016 年 11 月，人民音乐出版社分别与俄罗斯、美国、德国、瑞士、新加坡等国及中国台湾的出版社签订 28 本书的版权输出合同。其中包括《中国合唱精品（活页）系列》（金巍）《中国钢琴作品精选》《剧院运营管理——大剧院模式构建》《中国名歌选集》等图书。（王　浩）

中国出版集团公司出访“一带一路”沿线国家总结报告会举行

2016 年 12 月 15 日，中国出版集团公司（以下简称“集团公司”）召开出访总结报告会，总结交流合作进展和调研体会。中国出版集团公司党组成员、中国出版传媒股份有限公司副总经理李岩、孙月沐、樊希安出席会议并讲话，六团组全体成员参加。会议听取了各团组代表发言，并就进一步推动集团公司在“一带一路”沿线国家文化交流和出版合作做出了部署。2016 年集团公司进一步加强“一带一路”沿线国家调研和布局，全年安排了一批重点出访和调研，特别是 2016 年下半年以来，连续六个团组出访中东欧、西亚、东南亚、西欧等 10 多个国家。

集团公司领导在总结讲话中指出，下一步“一带一路”方向的工作有四个重点：一是大力推广互译出版工程，与沿线国家广泛开展双方文化经典互译和出版；二是在重点国家的重要大学和图书馆推动成立“翻译出版和文化交流中心”，依托中心聚集翻译家汉学家资源，梯次建设专业中文翻译队伍；三是选择沿线国家大学、图书馆、研究机构等，设立集团公司图书专柜、专架，精准面向读者受众；四是配合国家经贸外交出访活动，承办相关文化交流活动，开展出版合作洽谈，中国图书进出口（集团）总公司要更加积极地发挥作用。集团公司领导还对下一步“走出去”的具体工作，包括第 45 届伦敦书展、东京国际书展和阿布扎比书展中国主宾国、作家团出访、书目编制等，提出了明确具体要求。

对出访的中东欧国家包括罗马尼亚、匈牙利、捷克、波兰、塞尔维亚等五国。两个团组全面了解了五国基本国情、出版业发展趋势，参与中国主宾国活动，与政府机构、重点出版单位、出版商协会、图书馆、大学、翻译协会等广泛交流，聚集翻译家汉学家资源，洽谈出版项目，与匈牙利罗兰大学孔子学院签订了共建“翻译出版中心”协议，取得了一批合作成果。会议一致认为，集团公司与中东欧国家合作空间广阔，潜在需求有待激活，版权交流大有可为，要与国家外交战略紧密结合，形成良性互动；在注重文化交流的同时，也要采用商业化的运作手段，文以载道、商以传道也是出版国际化的基本遵循；翻译和出版资助是影响版权输出的重要因素；要加强外方翻译人才培养和使用，破解翻译瓶颈。

出访西亚的团组，参加了阿联酋沙迦书展，顺访斯里兰卡。与阿联酋文化部、沙迦书展组委会、阿布扎比书展组委会等会谈，赠书迪拜大学孔子学院，深入了解阿联酋乃至西亚阿拉伯国家出版业和图书市场。集团公司获得沙迦书展版权配对活动八个免费名额，达成版权输出意向 71 个。

出访泰国和越南的团组，举办书展，赠书朱拉隆功大学孔子学院，走访相关出版发行单位，同时详细考察了当地出版市场状况。团组成员体会到，一定要深入了解当地需求；图书形式和内容质量同等重要；每个出版人都要透彻理解自己的产品和经营理念。

集团公司在 2016 年第 68 届法兰克福书展上，共展出图书 393 种 596 册，全面反映当代中国经济、政治、法律、文化的发展变化。本次参展，版权输出引进并重，取得圆满收获。商务印书馆的电子词典，中译出版社的"中国报告"系列、"当代中国文学"系列等受到广泛关注。《中华文明的核心价值》签约法语版并与印尼出版商达成印尼语签约意向。（林成琳）

会展工作

中国出版集团公司
参加2016北京图书订货会

2016年1月7～9日，北京图书订货会在中国国际展览中心隆重举行，中国出版集团公司携6000余种图书精彩亮相，其中新书2000余种，特别重点推荐图书200余种。中国出版集团公司及各成员单位还在集团公司公共展区、相关新闻场馆举办了40余场出版文化活动。（王欣新）

商务印书馆参加2016北京图书订货会

2016年1月7～9日，在2016北京图书订货会上，商务印书馆的一大批新书集中亮相。在这批新书中，“汉译世界学术名著丛书”第十五辑50种，“中华现代学术名著丛书”第五、第六辑共70种陆续出版；《钱锺书手稿集·外文笔记》历经多年整理终于面世；《尼采著作全集》已出版五卷；汉语世界首部《里尔克诗全集》推出，全集收录了里尔克毕生创作的全部诗歌；深受读者喜爱的“博物之旅”丛书《发现最美的鸟》印制精美，取材丰硕，是极好的博物知识与博物艺术的书；“国际文化版图研究文库”推出广大读者期待已久的《作为武器的图书》《莫斯科的黄金时代》两部最新力作；“一带一路”系列的《数说“一带一路”》等书也首次亮相。订货会上，商务印书馆为《作为武器的图书》《莫斯科的黄金时代》《科学中的政治》《里克尔诗全集》等图书召开了新书分享会，多位重量级专家出席，与读者一起分享读书感想和体会。

（唐　敏）

中华书局参加2016北京图书订货会

2016年1月7～9日，中华书局参加在中国国际展览中心举办的2016北京图书订货会。1月5日，中华书局举办《重读抗战家书》捐赠活动，并获得2016北京图书订货会十佳文化活动称号。1月7日，《赵无极中国讲学》《佳偶天成》新书发布会举行。其中，“名家对谈：追思1985年赵无极中国讲学”——《赵无极中国讲学》新书发布会出席嘉宾为赵无极讲习班学员孙建平教授和《赵无极小传》作者、作家康弘；《佳偶天成》新书发布会出席嘉宾为香港中华文化促进会主席李焯芬，香港文化学者、《佳偶天成》作者李美贤和中国敦煌吐鲁番学会副会长柴剑虹。中华书局总编辑顾青主持上述两场发布会。

（刘　激）

中国大百科全书出版社
参加2016北京图书订货会

2016年1月7～9日，2016北京图书订货会在中国国际展览中心举行。中国大百科全书出版社作为中国出版集团公司的品牌单位携百余种精品图书在重点展位参展，参展图书包括2015年12月至2016年年初出版的新书。

在订货会前期的中国出版集团公司经销商大会上，集团公司评选出了2015年中版集团十大优秀营销案例，《DK家庭医生》营销推广双效突出，荣获“集团公司年度优秀营销案例”奖，市场营销部盖乐同志获中国出版集团年度优秀营销员荣誉称号。

中国大百科全书出版社重点书《中国军事百科全书》（第二版）受到众多经销商的关注。同时，在本届订货会中，中国大百科全书出版社采用码堆、立体书模、书封展板方式展示了中国儿童百科全书系列、DK图书系列、百科学术系列、学生工具书、《孩子生病怎么办》《韦氏高阶英汉双解词典》《中国儿童试听百科全书·飞向太空》《PNSO儿童恐龙百科全书系列》等重点图书。除传统的图书展示外，在本届的订货会中，中国大百科全书出版社采用了多媒介宣传的模式将图书中的二维码视频搬上荧幕展现给大家，让大家以多媒体的方式对图书有进一步的了解。订货会期间，来自全国各地的新华书店、图书馆等渠道方纷纷与中国大百科全书出版社进行洽谈，寻求合作。中国大百科全书出版社的图书亦受到了媒体的广泛关注。（尹添铭）

人民音乐出版社参加2016北京图书订货会

2016年1月7～9日，2016北京图书订货会在中国国际展览中心举行。每年一度的图书订货会是出版社图书发行工作的重要平台之一，它不仅是出版社展示产品和形象重要窗口，更是对发行团队的与客户交流沟通的重要渠道。

此次展会，人民音乐出版社共设12个展位，展出了包括图书、教材、期刊和音像制品等在内的200余种新产品。其中不仅有长销的经典练习曲丛书、考级丛书，还有新近出版的新书和重点图书30余种。其中，以包括《抗战歌选(1931—1945)》《正义之声》《纪念中国人民抗日战争暨世界反法西斯战争胜利70周年交响管乐作品精选》《中国军乐——纪念中国人民抗日战争暨世界反法西斯战争胜利70周年阅兵曲》等多种主题出版物尤为引人注目。

在本届订货会期间，人民音乐出版社与参会经销商的交流更加频繁，接待客户近200人次，并成功举办了旨在与重点经销商深入探讨的社店交流会，为下一年度的发行和市场推广工作打下了良好的基础。（刘　培）

生活·读书·新知三联书店参加2016北京图书订货会

2016年1月7～9日，2016北京图书订货会在中国国际展览中心举行。生活·读书·新知三联书店在此次展会上展示图书共500多种。其中影响较大的，如《一百年漂泊：台湾的故事》《洄澜：相逢巨流河》《人歌人哭大旗前：毛泽东时代的旧体诗》《世界秩序与文明等级：全球史研究的新路径》《东方照相记：近代以来西方重要摄影家在中国》等名家新作；《中华文明的核心价值：国学流变与传统价值观》《秦崩：从秦始皇到刘邦》《楚亡：从项羽到韩信》等常销精品；黄仁宇作品系列、陈寅恪集、北岛作品集、“三联经典文库”“中学图书馆文库”等系列精选。（李　旭）

中国图书进出口（集团）总公司参加2016北京图书订货会

2016年1月7～9日，2016北京图书订货会在中国国际展览中心举行，中国图书进出口（集团）总公司（以下简称“中图公司”）负责中国港澳台地区展区的招展和展品相关工作。此届展会共设20个港澳台地区展位，展出3200多种出版物。其中，台湾地区展位16个，香港澳门地区展位四个。台湾发行协进会以“台湾好读”为主题，共组织了包括秀威、五南、台湾商务印书馆等75家出版社参加本届北京图书订货会。

订货会上，台湾地区13家主要出版社负责人与中图公司副总经理林键就进一步加强合作，尤其是如何拓展大众市场问题进行了深入的交流探讨。台湾地区业者对中图公司“十三五”发展规划给予了充分的肯定和极大的兴趣，表示愿意与中图公司继续积极合作，共同开发大陆市场。

（张　宇）

现代教育出版社参加 2016 北京图书订货会

2016 年 1 月 7～9 日，2016 北京图书订货会在中国国际展览馆召开。现代教育出版社领导、经营中心全体人员以及编辑参加了本次订货会。在订货会上，现代教育出版社重点推介了儿童文学读物——《一盒巧克力》、传统文化类图书及少儿类图书绘本“牛津经典童书系列丛书”等 200 余种图书。

1 月 8 日，举办了《一盒巧克力》新书发布会，现代教育出版社副社长仇正伟，该书作者九岁女孩蔡亦青以及其家长一同出席了新书发布会。

（杨　静）

现代出版社参加 2016 北京图书订货会

2016 年 1 月 7～9 日，现代出版社参加了 2016 北京图书订货会。会展期间，现代出版社举办了著名漫画家、畅销书作家蔡志忠《田园的微笑：〈菜根谭〉解密》《开悟者的微笑：禅解密》、王恩来《走近孔子》《凤凰卫视这些年》以及漫画理论家陈维东主编的《中国漫画史》四场新书发布会。活动达到了预期效果。

1 月 8 日，蔡志忠还参加了【大佳面对面】现场访谈，与读者共同分享他的新作《禅解密》中禅文化的智慧。在解密系列中，蔡志忠先生亲笔撰写了大量浅显易懂的文字，阐述自己对于经典和禅宗的理解，并配以生趣盎然的漫画和意味深长的小故事，多维度向读者阐释。（陈丽壮）

中国出版集团公司参加第 24 届印度新德里世界书展

2016 年 1 月 9～17 日，第 24 届印度新德里世界书展举行，中国是本次书展主宾国。中国出版集团公司党组成员、中国出版传媒股份公司有限副总经理李岩带队参加书展，精心策划组织了 9 场交流活动，版权合同和意向达成 161 项，名列参展集团之首。

书展期间，与印度执政党最大的智库印度辨喜基金会联合举办了《苏尔诗海》中文版首发仪式，在印度政界、学界、文化界产生了广泛影响。《苏尔诗海》是最重要的印度经典之一，是中国大百科全书社出版的“中印经典和当代作品互译出版项目”的第一种。国家新闻出版广电总局副局长孙寿山，中国出版传媒股份有限公司副总经理李岩，中国大百科全书出版社社长龚莉，印度人民党议员维杰，印度前陆军参谋长、辨喜基金会主席维吉等出席，印度学界代表也参加了首发式。该项目是继《中印文化交流百科全书》之后又一个由中印两国领导人确定的重大文化交流与合作项目，计划出版 50 种，每年中印双方将遴选对方 5 种图书进行翻译出版，为期 5 年。

另一个重点活动是中华书局《论语译注》印地语版首发式。国家新闻出版广电总局进口管理司巡视员、副司长陈英明参加了活动，印度国会议员、印度政府外务部咨询委员会委员特里帕蒂，该书译者、尼赫鲁大学中国与东南亚研究中心教授狄伯杰，印度 Prakashan Sansthan 出版社社长海昌德等印方代表参加活动。《论语译注》印地语版列入国家新闻出版广电总局的“丝路书香工程”，由著名学者杨伯峻先生编著。

人民文学出版社、天天出版社举办了曹文轩的图画书国际合作项目“中国种子世界花”活动。该项目是目前国内影响力较大的图画书国际合作项目，曾在博洛尼亚、塞尔维亚、美国、瑞典等国的书展上亮相，已出版《小野父子去哪儿了?》等六种图画书。此次印度站的活动，汇集了中印两国著名儿童文学作家、艺术家和出版商，受到出版社和读者的欢迎。曹文轩的《远方》《风吹到乌镇时累了》已成功输出印地语版。

此外，中国大百科全书出版社承办“中印文化交流图片展”并主办中印学者沙龙，中译出版社举办《根本利益》印地语版新书首发仪式和《空山》英语版推介会，天天社围绕插画家熊亮举办《梅雨怪》绘画技巧展示，商务印书馆举办《汉语世界》杂志现场推广活动，均引起了反响。中国出版集团公司和中国驻印度大使馆一同与中国作家团座谈联谊，探讨如何通过文学作品讲好中国故事、传播中国声音。

书展期间，中国出版集团公司与印度国家图书公司签署了“中印童书互译项目”合作备忘录，并完成第一批图书的选目工作。（张　旻）

中国图书进出口（集团）总公司承办第24届印度新德里世界书展中国主宾国活动

2016年1月9～17日，中国作为主宾国参加了第24届印度新德里世界书展。本次主宾国活动由国家新闻出版广电总局主办，中国图书进出口（集团）总公司（以下简称“中图公司”）承办。

在为期9天的书展上，中国主宾国活动以“文明复兴　交流互鉴”为主题，共举办了包括67场出版文化交流活动。由81家出版单位255人组成的中国代表团现场展览展示了5000多种、10000多册中国优秀出版物，与国外出版商达成588项版权协议和172项合作意向，是新德里世界书展有史以来主宾国参展规模最大、活动最为丰富的一次。

《习近平谈治国理政》一书是此次新德里世界书展中国主宾国活动重点推介的图书。《习近平谈治国理政》研讨会、《平易近人：习近平的语言力量》英文版首发式等活动引来印度读者的广泛关注，一大批讲述中国故事、中国梦、中国经济和“一带一路”内容的主题图书受到印度出版商热捧。中国出版集团公司各成员单位积极借助主宾国活动平台，举办各种形式的出版交流活动，取得良好实效。中译出版社在书展开幕前两天，便与印度多家出版社达成近20个版权输出项目；商务印书馆汉语学习杂志《汉语世界》现场销售火爆；中华书局《论语译注》印地语版首发式成功举办，标志着中印出版合作正朝着互利共赢的方向持续深入。

文学交流是本届中国主宾国活动中亮丽的风景线。刘震云、曹文轩、麦家、舒婷、西川等9位中国知名作家，在新德里尼赫鲁大学、德里大学、印度国家文学院、加尔各答国家图书馆举办了“中印作家交流座谈会”“中印文学翻译研讨会”“中国作家泰戈尔之旅”等多场文学交流活动，两国作家围绕文学的世界性、文学译介、文学创作的民族特色等话题进行了卓有成效的交流，使印度读者近距离感知了中国当代作家风貌和文学精品，推动了中国当代文学和作家走进印度、走向世界。

印方高度重视中国主宾国活动，印度人力资源发展部部长斯姆里蒂·祖宾·伊拉尼，秘书长维奈·希尔·奥拜罗，印度国家图书基金会主席巴尔德奥·巴伊·沙玛等众多印度官方代表都亲临现场，参加了包括中印部长会见、中国主宾国开幕式、中印文学交流论坛在内的8场重大活动。

自2007年以来，中图公司在国家新闻出版广电总局和中国出版集团公司的领导下，已经连续举办13个海外书展中国主宾国活动。实践证明，中国主宾国活动已经成为让世界更好地读懂中国的重要平台，对服务国家外交大局、服务中国出版业“走出去”、服务集团公司国际化战略发展起到了积极的促进作用。（朱烨洋）

中华书局参加第24届印度新德里世界书展

2016年1月9～17日，中华书局参加第24届印度新德里世界书展。中华书局党委书记、副总经理周清华，中华书局对外合作部主任王瑞玲受邀参加书展开幕式、主宾国开幕式、《苏尔诗海》（中文版）首发式等一系列文化交流活动，并在印度新德里书展12号印度馆和7号外商馆中国主宾国活动区举行《论语译注》（印地语版）图书首发式。国家新闻出版广电总局进口管理司巡视员陈英明，中国出版集团公司党组成员、中国出版传媒股份有限公司副总经理李岩，印度国会议员印度政府外务部咨询委员会委员特里帕蒂，汉学家、印度尼赫鲁大学中国与东南亚研究中心教授狄伯杰，印度出版社社长海昌德莅临仪式并发表讲话。

（刘　澂）

中译出版社参加第24届印度新德里世界书展

2016年1月9～17日，第24届印度新德里世界书展在普拉盖提·马丹国际展览中心开幕。中国出版集团公司携成员单位展示了集团公司的重点外向型图书并举办了多场出版与文化交流活动，很好地诠释了“文明复兴·交流互鉴”这一主题。

中译出版社作为中国出版集团公司国际化的重要力量，在此次书展中带去了包括《中国报告》“五彩丛书”“藏族青年作家丛书”“中国故事长江·黄河书系”第一部《空山》等数十种优秀英文图书，不但吸引了众多普通读者长时间驻足翻阅，更见证了印度出版商看到这些图书时的那种欣喜。

中译出版社这次带来的全部是高质量的英文版图书。无论是关乎中国国情的纪实文学还是纯文学作品，无论是古代的唐诗、宋词还是商务汉语，中译出版社图书从选题、翻译水准到装帧设计，都与国际市场高度契合，几天时间里先后与印度AAKAR、Vani Foundation、GYAN Books、Prakashan Sansthan、GBD Books等多家知名出版社达成超过20种图书的印地语版翻译出版、电子书销售、原版书销售及英文原版引进等合作意向，关于当代中国的“中国报告”系列图书尤其得到欢迎。

（茹　慧　刘永淳）

《空山》第一部英文版发布会举行

2016年1月11日，中译出版社出版、中国知名作家阿来作品《空山》第一部英文版在第24届印度新德里世界书展上举行发布会。中译出版社张高里总编辑、Prakashan Sansthan出版社社长哈里斯·沙玛先生、知名汉学家尼赫鲁大学教授狄伯杰先生出席该活动。《空山》系列作品共分六卷，由中国当代著名作家，茅盾文学奖史上最年轻获奖者阿来所著，描写了20世纪50年代末期到90年代初期，发生在一个名为“机村”的藏族村庄里的故事。此次推出的英文版是该系列的第一卷，由中译出版社策划翻译、英国欧若拉出版公司出版。讲述了在一场森林大火中，巫师多吉看到“文化大革命”中，周围世界发生的种种变化。

中译出版社总编辑助理刘永淳主持发布会。狄伯杰先生首先全文翻译了阿来特地为印度读者写来的一段话，然后从阿来的创作、中国的文学、文化及两国交流方面进行了精彩的演说。最后张高里向在场部分观众赠送了《空山》一书，反响极为热烈。

在随后与出版商的交流中，哈里斯·沙玛先生对阿来的《空山》和《尘埃落定》（印地语版）都表现出了浓厚兴趣，为这两部中国当代文学重要作品的印地语出版奠定了基础。

在这次书展上，印度读者和出版商对不断发展和进步的中国表现出了极大关注与热情，借着“一带一路”倡议的重大推动作用，两国文化和出版交流必将在今后产生飞跃。

（茹　慧　刘永淳）

中国图书进出口（集团）总公司承办中阿媒体对话会和中伊媒体对话会

2016年1月18～22日，为配合习近平总书记国事访问活动，营造良好的舆论氛围，由中央宣传部、国务院新闻办公室主办，中国图书进出口（集团）总公司承办的中阿媒体对话会和中伊媒体对话会分别在埃及首都开罗、伊朗首都德黑兰举办。

中宣部副部长、国务院新闻办公室主任蒋建国出席了两次活动，并发表讲话。在中阿媒体对话会上，蒋建国指出，中阿媒体对话会的举办适逢中国国家主席习近平即将对中东三国进行国事访问，也是中阿外交关系开启60年之际，中阿媒体要共同做好相关报道，合力营造良好的舆论氛围。蒋建国还就中阿媒体作为时代的记录者和变革的推动者提出四点思考，即共同传播和平与发展的普遍心声、共同描绘中阿合作共赢美好愿景、共同推动中阿璀璨文明交流互鉴、共同夯实双方传统友谊民意根基。在中伊媒体对话会上，蒋建国表示，举办中伊媒体对话会，加强两国新闻界的交流，深化合作共赢的认识，将使中伊媒体交流合作迈上新台阶，推动中伊媒体的合作共赢向全方位、宽领域、多层次发展。伊朗伊斯兰文化指导部部长贾纳提、阿盟媒体产品及国际合作处处长娜斯玛·西利特和中国驻埃及大使宋爱国出席会议并发表讲话。

会议期间，《人民日报》、新华社等12家中央媒体负责人分别以“开创中阿媒体合作共赢新时代”和“开创中伊媒体合作共赢新时代”为主题，与来自阿盟13个国家的30家媒体单位代表和伊朗25家媒体单位代表展开了对话。中外媒体代表交替发言，沟通了合作成果，交流了媒体数字化、内容编辑和新媒体发展过程中的经验做法，表达了交流与合作的强烈意愿。

此外，在伊朗媒体对话会举办当天上午，在伊朗国家图书馆举办的“美丽中国”图片展也拉开帷幕。“美丽中国”图片展以“自然禀赋”“天人合一”和“世界遗产在中国”为主题，精选了70幅精美图片，让伊朗观众感知中国的大好河山、悠久历史和发展现状。

此次中阿媒体对话会和中伊媒体对话会是继中俄媒体领袖峰会和中非媒体领袖峰会后，由中国图书进出口（集团）总公司承办的重要中外媒体交流活动。（卢正阳）

荣宝斋举办“2016迎新春名家书画展”

2016年1月26日～2月25日，荣宝斋书画经营一部举办“2016迎新春名家书画展”。展出齐白石、张大千、李可染、王雪涛、李苦禅、徐悲鸿等近现代名家作品100余件。包括齐白石《虾》《芙蓉花》《塘草三蟹》，张大千《仿石涛山水》《松荫高士》《采荷图》，李可染《三牛图》《牧童》，王雪涛《玉兰》《五蜂花卉》《荷塘翠鸟》《枝雀图》，李苦禅《红梅》《鹌鹑竹石图》，徐悲鸿《柳荫骏马图》等。在春节长假期间，为广大书法爱好者提供一场别开生面的精神盛宴。

（刘　岑）

荣宝斋举办“丙申开岁·近现代名家书画展”

2016年1月26日～2月25日，荣宝斋书画经营二部举办“丙申开岁·近现代名家书画展”。主要展出近现代名家作品，如吴昌硕《美意延年》、徐悲鸿《奔马》、齐白石《寿酒》、李苦禅《松鹰》等。展现了书画经营二部作为高端画廊，所具备的丰厚的藏品资源，并以此为依托，继续保持荣宝斋一贯的“诚信为本，货真价实”的经营理念，全方位地提高服务质量，扩大影响力。

（吕思旭　张　蕊）

荣宝斋举办“迎新春名家书法精品展”

2016年1月26日～2月25日，荣宝斋书法馆举办“迎新春名家书法精品展”。本次展览展出于右任、郭沫若、赵朴初、林散之、启功、沙孟海等众多名家的精品力作，本次展览参观者不仅可以观赏到郭沫若等文人学者的作品，也可领略林散之、启功等大师的精妙笔法。此次展览是书法馆秉承“学术引领市场”经营思路的重要举措，为广大书法爱好者提供了交流平台。

（宋　涛）

荣宝斋举办“迎新春名家油画展”

2016年1月26日～2月25日，荣宝斋当代艺术馆举办“迎新春名家油画展”。本次画展展出戴泽、钟涵、罗尔纯等多位近年来在油画界享有盛誉的画家精品力作数幅，这些作品通过色彩和笔触的运用，生动展现出画家的精神世界。他们用丰富的想象和敏锐的观察，为我们呈现艺术的美好。表明当代艺术馆能够在准确把握当前艺

术品市场形势的基础上，根据市场的新环境，积极转换经营思路并创新经营模式。（孔 燕）

中国图书进出口（集团）总公司举办2016年国际课程教材＆儿童读物展示交流会

2016年3月10～11日，中国图书进出口（集团）总公司（以下简称“中图公司”）教育教材中心在北京举办“2016年国际课程教材＆儿童读物展示交流会”，展出品种达2000余种，向广大从事国际教育的教师提供了最新教育、教材及读物资讯。

展示交流会特别邀请了College Board王湘波博士、Cambridge International Examination李娜分别就AP课程体系和CIE剑桥考试课程体系进行了主题讲座。总公司联合Cambridge，CENGAGE，e-future，Harper Collins，Hodder Education，Houghton Mifflin Harcourt，Macmillan，Marshall Cavendish，McGraw-Hill，Oxford，Pearson，PubLink，Scholastic，Taylor，Wiley，TI德州仪器、陆陈汉语、Blackboard，HP惠普、环宇英联、信诺出版服务有限公司等优秀国际教育教材出版社和机构共同进行教材、读物及教学产品展示和演讲活动。会上，各出版社的国际课程培训师为参会者提供了课程体验活动或模拟课程，分享了丰富的最新国际教育资讯。

此次活动吸引上百位从事国际教育的教师和领导前来参会，增进了中图公司、出版机构与终端客户的交流沟通，加强了对中图公司教材业务和儿童读物业务的宣传和展示，获得参会各方的一致肯定。（张 宇）

荣宝斋举办“正心·藏锋·内美——刘彦湖讲座及书法品鉴会”

2016年3月26日，荣宝斋书法馆举办“正心·藏锋·内美——刘彦湖讲座及书法品鉴会”。当天的讲座中刘彦湖先生为大家讲解笔法与书写技巧的问题，并亲笔示范和解答广大书法爱好者的疑惑。展厅内悬挂的多幅书法作品，使广大书法爱好者能够更加全面地感知刘彦湖先生的书法艺术。（宋 涛）

中国图书进出口（集团）总公司承办亚洲研究学年会和东亚图书馆学会年会

2016年3月28～4月3日，亚洲研究学会年会（简称“AAS年会”）和东亚图书馆学会年会在美国西雅图同期召开。中国出版集团公司代表团一行六人赴美参加两个年会，并开展多项业务交流活动。在中国出版集团公司各级领导的高度重视和大力支持下，中国图书进出口（集团）总公司（以下简称“中图公司”）精心筹备、落实到位，圆满完成出访工作。

此次中国出版集团公司赴美出访充分展现了集团公司作为中国出版航母的卓越风采，全面彰显了集团公司的综合实力，巩固加深了集团公司与北美东亚研究学者和图书馆界的友谊和业务合作，推动集团公司数字产品“走出去”取得实质性进展，出访活动亮点频频。

成功举办客户大会，展现中国出版集团公司卓越实力。3月31日上午，中国出版集团公司客户大会隆重召开。百余位东亚研究专家学者及北美东亚图书馆代表出席会议，哈佛燕京图书馆、普林斯顿葛思德图书馆、芝加哥大学东亚馆等知名东亚图书馆负责人悉数到场。中国出版集团公司党组书记王涛以《中国出版集团学术出版资源的数字化和应用》为主题，着重介绍了中版集团学术资源数字化的建设思路，以及现有的特色数字产品。中华书局总编辑顾青、商务印书馆副总经理胡中文分别介绍本社的数字资源和数字出版情况，中图公司现场推介“中国出版物采选平台”和“易阅通”平台，均引起参会专家学者的极大兴趣，表示希望保持长期联系，及时获取集团公司所属各单位的重点出版信息。

积极开展业务交流，深化与北美学界和图书馆界的合作。代表团拜访了西雅图华盛顿大学东亚图书馆，并将《辞源》（第三版）等180余种中国出版集团公司精品力作赠送该图书馆。就《经典文库》海外翻译出版项目，代表团特别邀请知名学者崔志杰及北美排名前十名的东亚图书馆馆长进行了初步的沟通与交流，为《经典文库》在北美地区的翻译推广搭建平台。

汇集中国出版集团公司精品力作，吸引专家学者关注。根据北美东亚研究学者关注的主题及图书馆的馆藏需求，中图公司提前筹划，全面负责 AAS 期间举办的亚洲图书展览会参展工作，共展出集团公司所属出版社近两年出版的学术精品图书 200 余种，在宣传推广、现场预订方面取得良好收效。

作为承办单位，中图公司重点推广专业服务，在拓宽海外发行渠道、增进与客户黏合度方面取得新进展。哈佛大学燕京图书馆、芝加哥大学东亚图书馆等客户明确表示，将与中图公司就采购中文图书业务展开实质性合作；美国国会图书馆、加州伯克利大学东亚图书馆、德国国立图书馆等客户纷纷提出“易阅通”平台及数据库产品的试用申请。（刘　丽）

中国出版集团公司参加 2016 博洛尼亚书展和第 45 届伦敦书展

2016 年 4 月 5～14 日，中国出版集团公司总裁谭跃、中国出版集团公司党组成员、中国出版传媒股份有限公司副总经理李岩，率团参加 2016 博洛尼亚书展和第 45 届伦敦书展。参展期间，中国出版集团公司认真贯彻刘云山同志、刘奇葆同志指示，通过具有创新性的国际化传播方式，弘扬主题，拓展渠道，深入读者，聚集资源，调研市场，收获了丰硕成果，在“走出去”工作中起到了“当先锋，扛大梁”的作用。

主动服务大局，举办“共同纪念汤显祖、莎士比亚逝世 400 周年”主题活动。为落实习近平总书记 2015 年访问英国期间提出的重大文化交流倡议，伦敦书展期间，中国出版集团公司以“纪念汤显祖、莎士比亚逝世 400 周年”为主题组织系列纪念活动，在牛津大学图书馆举办了共同纪念图书版本展，展出人民文学出版社、商务印书馆、中华书局等出版的 150 种图书精品，现场还播放了纪念短片，陈列了宣传册。在书展现场，于丹教授应邀参加了在纪念莎翁专区组织的六种语言诵读十四行诗活动，还到伦敦大学金史密斯学院做了一场“让梦想照进现实”的讲座。集团公司向英国博航特中学赠送了汤显祖、莎士比亚作品中英对照图书，以及汉语教材、工具书、青少年读物和中国历史文化类图书，共 100 余册。

争取国际话语权，在国际出版商大会上发出中国声音。4 月 10 日，谭跃出席了国际出版商大会。他提出，中国文化在世界上有两大话语权，即传统文化的现代阐释和中国道路的学术表达，引起了国际媒体的关注。英国《书商》杂志对谭跃进行了专访，美国《出版商周刊》、德国《出版视角》等重点报道了集团公司国际化战略思路。

积极拓展渠道，首次进入欧美主流大学图书馆。集团公司在牛津大学图书馆设立冠名阅览间，这是中国文化企业、中国出版机构在牛津大学第一次设立阅览间，阅览间陈列了集团公司赠送的《二十四史》《资治通鉴》《中国美术全集》《中国大百科全书》（第二版）《中国当代作曲家曲库》等 212 种精品图书。双方还达成合作协议，为中国学术著作“走出去”拓宽了渠道。

深入接触西方读者，在英国博航特中学设立图书专架。集团公司在赠送图书基础上，与博航特中学达成协议，设立中国出版集团图书专架，常年供中学生阅读和参考。通过与博航特中学建立长期交流和合作关系，集团公司进一步推动了海外汉语教学的普及，同时开展对外汉语教学需求调研，为开发相关出版市场找到了立足点。

广泛联系海外作者译者，举办首个海外翻译恳谈会。4 月 11 日集团公司组织召开英国汉学家座谈会，通过在海外举办恳谈会，集聚翻译资源，调研中国学术著作海外市场。会议提出了三个问题，一是翻译在哪里，二是翻译什么书，三是翻译资源怎么整合。

参与国际评奖，数个国际奖项进一步扩大了集团公司品牌和中华文化的国际影响力。4 月 4

日，曹文轩荣获有“儿童文学的诺贝尔奖”之称的国际安徒生奖，实现了华人在该奖上零的突破。曹文轩在获奖后表示，“人民文学出版社、天天出版社在本次评奖获奖中起到了特殊重要的作用”。第45届伦敦书展期间，商务印书馆《新华字典》累计5.67亿册发行量得到吉尼斯世界纪录公司认证并对外发布，反映了汉语国际影响力不断提升。伦敦书展国际出版卓越奖评选中，中国共五家单位入围，集团公司两家入围。最终两家中国企业获奖，集团公司所属中国图书进出口（集团）总公司获得“市场焦点”奖，三联韬奋24小时书店进入“全球最佳书店”复选名单。集团公司所属《中国出版传媒商报》首次冠名“教育学习资源”奖项。（林成琳）

中国对外翻译有限公司参加语言大数据联盟理事会第一次会议

2016年4月9日，语言大数据联盟理事会第一次会议在青岛隆重召开，语言大数据联盟联席主席、中国翻译协会常务副会长黄友义，语言大数据联盟联席主席、中国对外翻译有限公司总经理黄松等20家单位代表出席了本次会议。

此次会议主要针对语言大数据联盟的规章制度及语言大数据开放计划的执行方案等事项进行协商、讨论。（赵　桐）

荣宝斋举办“世纪的背影——荣宝斋藏近代京派绘画展”

2016年4月9～28日，荣宝斋书画经营一部举办“世纪的背影——荣宝斋藏近代京派绘画展”。展览以组成民国时期中国画学研究会的京派画家的作品为主体，透过他们的作品来展现近现代中国文化人的风骨和学识。展出了包括汪慎生、陈东湖、陈少梅、陈衡恪、胡佩衡、金城、马晋、秦仲文、溥伒、陈半丁、吴镜汀、萧谦中、徐操、徐宗浩、周肇祥等15位书画家在内的100多件作品。并且还就艺术传承与创新问题举办了学术研讨会。展品同时收录在画册中出版发行，以飨广大书画爱好者。（刘　岑）

中国图书进出口（集团）总公司举办墨尔本社区图书馆中国图书音像巡展

2016年4月10～20日，中国图书进出口（集团）总公司（以下简称“中图公司”）在澳大利亚成功举办“墨尔本社区图书馆中国图书音像巡展”，并顺利推广数字产品与服务，取得显著效果。

巡展活动由中国图书进出口（集团）总公司与墨尔本长城图书公司合办。活动期间，1000多种、3000余册中国精品图书及音像制品在墨尔本六家较大的社区图书馆集中展览。为扩大活动效果，中图公司在当地媒体进行了广泛宣传，并积极联络当地客户及周边近20家社区图书馆到场采购。

现场气氛热烈，图书馆员纷纷表示，希望中图公司每年举办一次大型书展，为他们全面了解中国最新出版的精品图书提供平台，并为推广中国文化开展更多合作。对中图公司出版物出口业务的综合实力，以及MARC数据及上架前的专业服务，他们也都表现出浓厚兴趣。

活动期间，中图公司出口业务人员还分别走访了澳洲国立图书馆等重点客户，积极推广公司自主研发的“易阅通平台”“中国出版物采选平台”及相关服务；与澳大利亚国立图书馆在数字化项目上达成初步合作意向；墨尔本大学图书馆将与中图公司开展上架前服务合作；六家图书馆开通试用“易阅通”，多家图书馆表示开通使用“中国出版物联合采选平台”的意愿，“数字中图”理念获得众多客户的认同。（李　怡）

现代教育出版社参加第45届伦敦书展

2016年4月12～14日，现代教育出版社参加了第45届伦敦书展。此次书展在伦敦奥林匹亚展览中心举行，现代教育出版社学术中心副主任李硕及人力资源部杨静携带重点图书“国学百家讲坛系列”图书、《白话精华二十四史》《清·孙温绘全本红楼梦》、“国宝书法系列”图书等百余种图书参展。这次书展不仅让海外出版社进一步了解了现代教育出版社，也同国外作者、出版社有了良好沟通，一同对家庭教育类图书进行了交流和探讨。（杨　静）

荣宝斋参加“第六届中国画节·第二届中国（潍坊）民间艺术博览会·第九届中国（潍坊）文化艺术展示交易会”

2016年4月17～21日，“第六届中国画节·第二届中国（潍坊）民间艺术博览会·第九届中国（潍坊）文化艺术展示交易会”在山东潍坊鲁台会展中心举办。本届中国画节，荣宝斋推出国家级非物质文化遗产木版水印作品展、荣宝斋藏品荣宝制作艺术品展、荣宝斋茶文化展示。一系列艺术精品的展览，让书画爱好者可以近距离领略到书画国宝的魅力，更好地传承和弘扬中国传统文化。（简　琼）

“纪念中国工农红军长征胜利80周年沈尧伊作品十年汇选”开幕

2016年4月28日，“纪念中国工农红军长征胜利80周年——沈尧伊作品展十年汇选（2005～2015）”在中国美术馆开幕。展览由中国美术馆、中国美术家协会、中国美术出版总社、中国人民大学艺术学院和北京美术家协会共同主办，也是中国美术馆庆祝中国共产党建党95周年系列展之一。

本次展览集中展示了沈尧伊先生十年辛勤耕耘的艺术成就，还有他历时三年创作的《地球的红飘带》姊妹篇《长征1936》，这套书同时面世，该书也入选了国家“十三五”重点图书。本次展览是2005～2015年沈尧伊作品的一次成果展，也是长征胜利80周年的纪念展。展览分为三个部分，一是《长征交响组画》油画展，二是《长征·1936》连环画选展，三是风景画和风俗画。展览将持续至5月10日。（赵军平）

中国图书进出口西安公司参加第二届陕西丝路图书交易博览会

2016年4月29日～5月3日，第二届陕西丝路图书交易博览会在西安大唐西市举办，本届丝博会围绕“一带一路”倡议，以“三秦书月”活动为中心，旨在倡导全民阅读氛围、激发公众读书热情。

作为中国图书进出口（集团）总公司在西部地区唯一的子公司，西安公司秉承“为孩子构建国际化阅读视野”的宗旨，在展示原版少儿读物的同时，还积极宣传了快速发展的中图会展业务。西安公司通过参加本届书博会对陕西地区进口少儿读物市场有了进一步的了解，而且也为更好地服务家长与儿童奠定了基础。特别是家长和读者提出以会员制的形式建立中图少儿阅读俱乐部的建议，更使西安公司对多年来的坚持充满了信心。下一步，西安公司将通过形式多样的展示展览和阅读推广活动，为本地区的少年儿童提供多方位的全球化同步的阅读体验。（郭　洋）

荣宝斋举办“墨鸳鸯——荣宝斋藏近现代名家楹联作品展”

2016年4月29日～5月15日，“墨鸳鸯——荣宝斋藏近现代名家楹联作品展”在荣宝斋书画经营二部成功举办。

楹联，又称对联、对偶、桃符等。其发端于古代诗文辞赋之对偶句，扎根于中国传统哲学之思想。它是中国人特殊思维方式和民族文化积淀的产物，是中国传统文化的重要组成部分。近半个世纪以来，荣宝斋收藏了大量清代直至民国以来的名家楹联作品，其中有名家重臣、经师大儒、书画巨擘之墨迹，亦有科第、世家、各地名流之手泽。此次展览共展出包括左宗棠、翁同龢、吴昌硕等在内的近现代名家楹联作品60余件。同期邀请了专家、学者召开学术研讨会，并发行精美画册以飨广大读者。（吕思旭　张　蕊）

荣宝斋举办"春润京华——马海方古都风情人物画展"

2016年5月1～7日，荣宝斋书画经营一部举办"春润京华——马海方古都风情人物画展"，这也是马海方先生连续六年在荣宝斋举办个人画展，本次画展展出马海方先生近作百余幅。画展作品延续马海方先生京味艺术创作风格。以没骨入画，适度勾线，在强调造型准确的基础上对人物作适度夸张，且设色巧拙明亮，不拘一格。在继承传统水墨的同时巧妙融入西画的一些技法，以现代的方式表达老北京风俗形象，极具审美性。

（刘　岑）

中国图书进出口（集团）总公司举办第十届中国图书文化展暨第七届全球百家华文书店中国图书联展

2016年5月7～22日，第十届中国图书文化展暨第七届全球百家华文书店中国图书联展在加拿大温哥华列治文市LANSDOWNE CENTRE举办。本次书展一大特点是将"全球百家华文书店中国图书联展"和"中国图书文化展"合并举办，以期将更多中国高品质、有影响的优秀出版物推送至加拿大当地市场和主流渠道，讲好中国故事，传播好中国声音，进一步提升中国文化影响力。展销活动由中图公司和加拿大新华书店共同举办。

加拿大温哥华地区拥有十几万华人，是北美地区对中文图书需求最大的区域，列治文市民中有六七成居民为华人，在该地区举办中国图书展具有得天独厚的优势。书展场地LANSDOWNE CENTRE地处商业中心，人流量非常可观。

中国图书进出口（集团）总公司（以下简称"中图公司"）与加拿大新华书店精心选择了9大类、3000多种、1万多册2015年6月以来出版的精品书和热门畅销新书，涵盖语言学习、儿童读物、中国文化、现当代文学小说等多个种类。其中，中版集团公司所属出版社的图书达500余种。2015年诺贝尔文学奖得主阿列克谢耶维奇的作品《二手时间》《锌皮娃娃兵》，名人传记《屠呦呦传奇》，名家经典都是本次展会的热销图书。"热点书推荐"板块成为本次书展的一大亮点，国际安徒生奖得主曹文轩的儿童文学作品、汤显祖专题书、杨绛专题书在展场焦点位置陈列，很多读者慕名而来，有的书因副本量有限无法满足现场购买需求，很多读者纷纷留下联系方式进行预订。书展现场的特色文房四宝和工艺美术用品也为展销活动带来了充足的人气。

值得一提的是，书展开幕首日，加拿大新华书店请来了当地及周边城市的大学图书馆、公共图书馆、中文学校等机构的中文研究员和采购人员助阵，这些专业人士对展品评价很高。商务印书馆出版的《辞源》（第三版）、中版集团出版的中英文双语版《大中华文库》、中华书局出版的《筹办夷务始末》系列丛书等学术力作都受到极大关注。

此次活动进一步提升了中版集团在当地市场的影响力，更好宣传了中图公司及加拿大新华书店的业务，吸引了更多中国文化爱好者。

（钱　洁）

中国出版集团公司参加第12届深圳文博会

2016年5月12日，第12届深圳文博会在深圳会展中心开幕，中国出版集团公司作为主宾团盛装亮相7号馆新闻出版展区。中国出版集团公司高度重视此次参展工作，中国出版集团公司总裁谭跃亲自率队，中国出版集团公司党组成员、中国出版传媒股份有限公司副总经理樊希安及部分单位的相关人员组团参展。本次参展集中展示了中国出版集团公司"十二五"期间在精品出版、数字化探索、"走出去"拓展和营销模式创新等方面的多元发展成果，体现了出版"国家队"的实力和风范。

展会期间，中宣部副部长孙志军和国家新闻出版广电总局副局长阎晓宏等领导亲临中国出版集团公司展区视察，充分肯定中版集团丰富多彩的展示活动。

同期，谭跃代表中国出版集团公司出席中宣部召开的“以创新发展理念引领文化改革发展”座谈会。会上发布了第八届“文化企业30强”名单，中版集团公司再次入选，并以连续六年入选的佳绩，展现了出版“国家队”在确保社会效益第一的原则下，经过近年不懈的努力，在总体规模实力、产业发展水平、市场综合竞争力、实际盈利能力和创新发展方面取得的累累硕果。

（王欣新）

《2016美术日记》年度新作展开幕

2016年5月15日，由中国美术出版总社主办的“《2016美术日记》年度新作展”在人美美术馆开幕。活动由中国美术出版总社主办，朝花书画社承办。

“《2016美术日记》年度新作展”集中展示了《2016美术日记》作者作品，集专题出版、艺术品交易、美术教育品牌推广于一体，每年举办一次。《2016美术日记》收集的226位作者捐赠画作将在展览期间销售，售后款项将用于在全国范围内选择中小学捐资建设“人美美育学堂”。

（赵军平）

荣宝斋举办“刘涛讲座及书法品鉴会”

2016年5月21日，荣宝斋书法馆举办“刘涛讲座及书法品鉴会”。刘涛自1985年以来，从事中国书法史、书法技法的教学和研究。发表论文四十余篇。著有《书法谈丛》（中华书局）、《中国书法史·魏晋南北朝卷》（江苏教育出版社）、《书法鉴赏》（台湾文津出版社有限公司）、《中国书法》（香港三联书店有限公司）、《极简中国书法史》（人民美术出版社）。

刘涛先生以《动作与形态》为讲座题目，探讨书法用笔与形态的关系。讲座同时还展出刘涛先生书法精品20余幅。

（宋　涛）

“荣宝斋中国画双年展·2016”举行

2016年6月8日，由荣宝斋与中国美术家协会共同主办的“荣宝斋中国画双年展·2016”在中国美术馆开幕。出席开幕式的有：中国文联副主席、书记处书记左中一，中国出版集团公司党组成员、副总裁刘伯根，中国美术家协会主席刘大为，荣宝斋常务副总经理范存刚，中国文联美术艺术中心主任丁杰，中国美术馆常务副馆长马书林，中国国家画院常务副院长卢禹舜，中国美术出版总社原社长、荣宝斋总经理部宗远，中国画学会副会长杜滋龄，中国国家画院一级美术师詹庚西，中国艺术研究院艺术创作院艺委会主任吴悦石，北京画院一级美术师田镛，美术史论家刘曦林，厦门大学教授郑百重，中国艺术研究院教授赵建成，中央美术学院教授苏百钧，中国国家画院一级美术师邢少臣，中国国家画院一级美术师梅墨生等。

开幕式由荣宝斋副总经理唐辉主持。中国出版集团公司党组成员、副总裁刘伯根，中国美术家协会主席刘大为，荣宝斋常务副总经理范存刚致辞。荣宝斋中国画双年展组委会名誉主任马五一致电祝贺。

中国画双年展自举办以来，主办方征集的参展作品形式多样、风格各异，基本反映了当代中国画创作的最新成果与精神高度。本次展览共展出187件作品，题材多样，有人物、山水、花鸟、工笔、写意，多为近年来艺术家创作的精品佳作，展览对于发掘新生代优秀青年画家起到重要的推动作用。

（武若杨）

荣宝斋举办“呦呦鹿鸣——李延声中国画作品展”

2016年6月11～20日，“呦呦鹿鸣——李延声中国画作品展”在荣宝斋书画经营一部举行。李延声，第十、十一、十二届全国政协委员，中国国家画院院委，国家画院国画院艺委会主任，国家一级美术师、研究员，原中国美术家协会理事，中国艺术研究院研究员，北京文史馆馆员，享受国务院特贴专家。主要作品有《智者》《神工》《山中的太阳》《魂系山河》和《孙中山》巨幅画卷。李延声曾用两句话概括自己的艺术追求，一句是“搜尽万像写意传神”，另一句是“笔墨当为时代立传”。既反映了画家的爱国情思，同时也传达了人与自然和谐相处的美好祈愿。

（刘　岑）

中华书局参加第31届全国古籍出版社社长年会暨2015年度全国优秀古籍图书评奖会

2016年6月13～15日，第31届全国古籍出版社社长年会暨2015年度全国优秀古籍图书评奖会在广西桂林召开。本届年会由中国出版协会古籍出版社工作委员会（以下简称“古工委”）主办，广西师范大学出版社集团有限公司承办。国家新闻出版广电总局原副局长、中国出版协会常务副理事长邬书林，中国出版协会副秘书长兼办公室主任陈宝贵，广西师范大学党委书记王枬，广西壮族自治区新闻出版广电局党组副书记、副局长黄著诚，桂林市委常委、副市长毕克新，桂林市文化新闻出版广电局局长李滨出席。中华书局总经理徐俊，党委书记、副总经理周清华代表中华书局参加年会。会议讨论了西泠印社、云南人民出版社、崇文书局申请加入古工委的相关事宜。经过各理事单位的充分讨论及最后无记名投票，西泠印社和云南人民出版社达到规定票数，成为观察员单位。

6月13日下午，古工委召开“十三五”规划研讨会。36家理事单位的负责人围绕“十三五”国家重点出版物出版规划，就进一步做好古籍整理出版工作展开交流与研讨。

6月14日，2015年度全国优秀古籍图书评奖会举行，共评出一等奖44种、二等奖56种、普及读物奖12种。中华书局《旧五代史》（修订本）《新五代史》（修订本）《酉阳杂俎校笺》《秦文字编》获2015年度全国优秀古籍图书一等奖，《杭州凤凰寺藏阿拉伯文、波斯文碑铭释读译注》《美国图书馆藏宋元版汉籍图录》《吕留良全集》《殷虚书契五种》《清宫颐和园档案·营造制造卷》《唐诗品汇》《皮锡瑞全集》《辛弃疾集编年笺注》《庄子补正》《周礼正义》获2015年度全国优秀古籍图书二等奖，“中华经典指掌文库”（第一、二、三辑）获2015年度全国优秀古籍图书普及读物奖。

6月15日，2016年全国文史图书订货会在桂林金龙珠国际大酒店开幕，来自全国近40家出版社、50家书店及20多家图书馆共300余人参会。中华书局总经理徐俊致辞并宣布开幕。

（刘　潋）

世界图书出版上海有限公司参加2016第五届东方麻醉与围术期医学大会

2016年6月17～19日，由上海市医学会麻醉科专科委员会（SSA）主办的2016第五届东方麻醉与围术期医学大会在上海跨国采购会展中心举行。世界图书出版上海有限公司医学分社携麻醉医学类图书参加了此次大会。

大会每年召开一次，内容围绕麻醉与围术期医学。本次会议主题是探讨如何提高麻醉患者的安全与质量。会前医学分社的同事以整合资源、宣传产品、开发作者为目的进行了积极的准备工作，将2014～2016年麻醉与重症医学的原版图书目录制作成宣传页面，并制作了重点图书的宣传易拉宝，与“医学分社”的微信公众号联动宣传。

（王　纯）

荣宝斋举办“闫平——心有飞鸟油画展”

2016年6月20～28日，荣宝斋当代艺术馆举办“闫平——心有飞鸟油画展”。画家闫平出生于山东省济南市，现任中国人民大学教授、研究生导师，中国美术家协会理事，中国油画家学会理事，中国美协油画艺委会委员，中国美术馆学术委员会委员。本次展览展出了闫平近年来出国写生创作的40余幅作品，表达对生命意蕴的理解。

（孔　燕）

“木版水印技艺”荣获国家级非物质文化遗产十周年作品展举行

2016年6月30日，荣宝斋“木版水印技艺”荣获国家级非物质文化遗产十周年作品展在荣宝斋木版水印工艺坊开幕，本次展览持续到7月10日。活动期间展出了荣宝斋甄选的大量水印精品，并有多位传承人现场表演。

木版水印是中华民族的传统技艺。荣宝斋在继承与保护这项文化遗产过程中付出不懈的努力，同时赢得了广泛的关注和赞誉。2006年5月，“木版水印技艺”正式被国务院列为“国家级非物质文化遗产”。

开幕式由荣宝斋副总经理李学焦主持，荣宝斋常务副总经理范存刚、木版水印技艺国家级代表性传承人高文英致辞。中国非物质文化遗产保护协会会长马文辉，中国非物质文化遗产保护协会副会长、永新华韵文化产业集团董事长李永军，北京市文化局非物质文化遗产保护处相关领导出席开幕式。中央电视台新闻频道的《朝闻天下》与北京电视台的《都市晚高峰》栏目分别对本次开幕式进行了翔实报道。（陈　目）

人民音乐出版社参加第二届北京音乐生活展

2016年7月1～3日，由中国乐器协会、上海国际展览中心有限公司主办的第二届北京音乐生活展（Music&Life）在北京展览馆顺利举办。人民音乐出版社本着“从教立德”的文化教育理念，应邀参加了“乐学”馆的展出。展会期间，通过内容丰富、简单明快的音乐教育分享活动，集中向现场观众阐释了“人音教育”专业性、多元化教学追求。组织了人音教育嘉年华之“小小演奏家——我的首场秀”“小提琴课堂讲演”“戏曲进校园主题展示”等活动，通过这些立体的讲学活动，帮助现场观众深刻理解人民音乐出版社品牌理念，将自身品牌与活泼欢快又不乏经典传承的特色主题活动完美地融合在一起。通过互动传播，让人们对人民音乐出版社的品牌有了更加直观的了解，为品牌的持续发展注入活力。

（王　凡）

现代教育出版社参加第二届中国童书博览会

2016年7月8～17日，现代教育出版社参加了第二届中国童书博览会。此次展会在北京展览馆举行，现代教育出版社社领导、经营中心全体人员及编辑参加了本次展会。在展会上，现代教育出版社为小朋友们带去了很多优秀的绘本图书和学习用书等200余种图书，少儿绘本方面主要有“牛津经典童书系列”新书——《带我欢笑》《克利的世界》、“我的小红车尤塔系列”、英语启蒙游戏书《动物王国》和少儿理财图画书《三只杯》等；学习用书方面有“一看就会写课堂作文系列”“名师教你写系列”等。现场气氛热烈，人气高涨，广大小朋友们和家长参与其中，这些图书深得大家的喜爱。（杨　静）

世界图书出版上海有限公司携中版教育云平台参加重庆地区产品说明会

2016年7月27日，世界图书出版上海有限公司中版教育云平台参加重庆地区产品说明会。重庆市教委领导与一线教师一同参加了活动。

活动中，中版教育云平台团队的工作人员向各大家介绍了平台的整体情况、设计理念出发，并基于平板电脑进行了互动演示。在互动期间领导及教师对平台尤其是在课堂互动环节，展开了讨论。

通过本次产品推荐，重庆市教委领导及一线教师对本次活动给予了高度评价，对平台表示认可，并希望能开展进一步合作。（王　纯）

中国出版集团公司参加第26届全国图书交易博览会

2016年7月28～30日，第26届全国图书交易博览会在内蒙古自治区包头市举办，集团公司统一组团参展。集团公司在此次“读者嘉年华”的盛会上，隆重推出6000余种新书、600余种重点图书和9项精彩纷呈的营销活动，全力促进中版好书营销推广，扩大中版图书、品牌的影响力与凝聚力。（王欣新）

商务印书馆参加第26届全国图书交易博览会

2016年7月28～30日，商务印书馆携新书、重点书参加第26届全国图书交易博览会，此次参展商务印书馆共展出图书近400种。其间，“学术商务与学术中国”出版座谈会在第26届全国图书交易博览会期间举行。与会专家围绕商务印书馆在学术奠基和在推动“学术的中国”方面的作用进行了深入探讨。（唐　敏）

中国大百科全书出版社参加第26届全国图书交易博览会

2016年7月28～30日，第26届全国图书交易博览会在包头举行。中国大百科全书出版社参展并推出一大批精品新作，以飨鹿城读者。

本届书博会正值八一建军节来临之际，中国大百科全书出版社特别推出军事科学研究领域扛鼎力作《中国军事百科全书》（第二版）为建军献礼。2016年7月28～29日，第26届全国图书交易博览会期间，中国大百科全书出版社举办《中国军事百科全书》（第二版）出版发行恳谈会和《中国军事百科全书》（第二版）出版见面会两场活动，为全国各省市新华书店以及关心《中国军事百科全书》（第二版）出版的读者和媒体，从不同角度详细介绍了《中国军事百科全书》（第二版）的编纂、出版发行、销售情况。中国出版集团公司党组成员、中国出版传媒股份有限公司副总经理樊希安、中国军事科学院主任金立昕、中国军事科学院研究员武军、中国大百科全书出版社社长刘国辉等嘉宾领导出席此次活动。

此外，百科社的特色产品线“百科史学”系列也格外引人关注，其中《蒋纬国口述自传》一书尤其抢眼。本书系20世纪八九十年代，台湾地区“中央研究院”《口述历史丛书》的计划项目之一，由著名史学家刘凤翰先生根据对蒋纬国的访谈记录，经数年时间整理和补访而成。百科社“口述历史系列”旨在跨越两岸之间的历史局限，保留两岸共同的历史记忆，正视中国近现代史的真实面貌，为中国近现代史的研究填补提供必要的条件。（尹添铭）

人民音乐出版社参加第26届全国图书交易博览会

2016年7月28～30日，第26届全国图书交易博览会在内蒙古自治区包头市国际会展中心举办，此次展会设乌海市、乌兰察布市两个分会场。人民音乐出版社（以下简称“人音社”）党委副书记周群带队，出席了包头主会场的活动并代表人音社参加了中国出版集团公司主办的读者大会。展会期间，人音社派出多名工作人员配合中国出版集团公司相关部门，顺利完成了各项服务工作。

本次读者大会的一项重要内容是中国出版集团公司向内蒙古自治区下辖的包括学校、机关、公益团体等在内的九家相关单位捐赠图书。作为中国出版集团公司的重要成员单位，人民音乐出版社对此次捐赠活动积极响应，认真准备；精心挑选了一批适合大众阅读、欣赏、学习的普及型音乐出版物进行捐赠，共计3680册，码洋近9万余元。并严格按照捐赠要求，按时、保质、保量的将捐赠图书送达，受到受捐单位的一致好评和感谢。（刘　培）

现代教育出版社参加第26届全国图书交易博览会

2016年7月28～30日，现代教育出版社参加了在内蒙古包头市举行的第26届全国图书交易博览会。现代教育出版社紧密结合内蒙古特殊的地域文化特点，为包头读者展出了一年来出版的百余种图书，主要有传统文化的现代诠释类图书《国学百家讲坛》以及少儿类图书“牛津经典童书系列”“我的小红车尤塔系列”、《动物王国》《三只杯》等优秀图书，同时还有学校教育类图书“一看就会写课堂作文系列”和“名师教你写系列”等。（杨　静）

荣宝斋举办“岭上云·荣宝斋当代篆刻名家邀请展”

2016年8月6～21日，在荣宝斋大厦多功能厅举办“岭上云·荣宝斋当代篆刻名家邀请展”。本次展览遴选了70余位在印坛上具有广泛影响的篆刻名家的作品，以期充分展示当代篆刻艺术创作的最新成果。

开幕式上，荣宝斋常务副总经理范存刚、中国艺术研究院中国篆刻艺术院院长骆芃芃、中国书法家协会副主席王丹先后致辞。熊伯齐、崔志强、阴凤华、冷旭、蔡大礼、朱培尔、邹涛、范正红、冯宝麟、高庆春、张公者、徐海等几十位当代篆刻名家及数百位篆刻爱好者参加了开幕式。“岭上云·荣宝斋当代篆刻名家邀请展”学术研讨会随后举办，与会专家对此次展览给予了极大肯定。荣宝斋出版社出版的《岭上云——荣宝斋当代篆刻名家邀请展作品集》也同期出版发行。（宋　涛）

荣宝斋举办“荣宝斋2016当代名家书法年度提名展·纯空书法展”

2016年8月6～14日，荣宝斋书法馆举办“荣宝斋2016当代名家书法年度提名展·纯空书法展”。此次展览共展出了纯空法师创作的60余幅书法精品，作品以草书为主，兼收行书、绘画作品。气息古雅，笔法精到，内容丰富，装裱精致。清晰呈现出纯空法师独特的书法艺术风格。同期举办的学术座谈会上，与会专家给予其作品极大的肯定，也为广大书法爱好者近距离观摩学习提供了难得的契机。（宋　涛）

荣宝斋举办“爱的记忆——忻东旺艺术回眸展”

2016年8月7～14日，荣宝斋当代艺术馆举办“爱的记忆——忻东旺艺术回眸展”。忻东旺曾任清华大学美术学院教授、中国美协会员、中国油画学会理事。主要代表作有：《诚城》《早点》《装修》等。作为一位极具创造意义的当代油画家，他以独特的绘画视角反映其“深刻而平常”的人生论调。该展览既是对忻东旺的怀念，同时旨在呈现艺术对生命的延续。（孔　燕）

中国出版集团公司参加2016上海书展

2016年8月17～23日，以“我爱读书，我爱生活”为主题的2016上海书展暨“书香中国”上海周在上海展览中心举行。中国出版集团公司党组成员、副总裁潘凯雄、中国出版集团公司党组成员、中国出版传媒股份有限公司副总经理樊希安率领所属20多家出版单位38位局级领导，共400多人组团参加本次盛会。

书展期间，国家新闻出版广电总局副局长童刚，中央党史研究室副主任高永中，中共上海市委常委、宣传部部长董云虎，上海市人民政府副市长翁铁慧，中宣部出版局局长郭义强，国家新闻出版广电总局印刷发行司司长王岩镔，上海市委副秘书长、宣传部副部长朱咏雷，上海市人民政府副秘书长宗明，上海市新闻出版局局长徐炯，上海市新闻出版局副局长彭卫国等领导到集团公司展区视察指导，对集团公司的参展工作和精品出版物给予高度评价。

中国出版集团公司在此次上海书展上，展出6000余种新书、600余种重点图书和50多场精彩纷呈的营销活动，全力促进中版好书营销推广，全力推进全民阅读，扩大中版图书、品牌的影响力与凝聚力。

（王欣新）

人民文学出版社参加2016上海书展

2016年8月17～23日，人民文学出版社赴上海参加在上海展览中心举办的2016上海书展暨“书香中国”，并举办了张悦然《茧》的新书发布暨签售会、雪漠《深夜的蚕豆声》《故乡三部曲》《空空之外》签售会、吴亮《朝霞》新书首发暨签售会、安意如古典诗词赏析精装版首发式、路内《慈悲》签售会、刘建宏对谈范志毅：我们的《上半场》、王树增《长征》修订版首发式暨签售会等活动，每场活动都受到了广大书迷的追捧，反应热烈。（顾　乡）

天天出版社参加2016上海书展

2016年8月17～23日，2016上海书展期间，天天出版社举办了三场作家见面会，沈石溪、殷健灵、谢倩霓三位名家携各自新作亲临活动现场，与广大读者亲切交流。

书展首日，被誉为“动物小说大王”的沈石溪老师携“中西动物小说大王金品共读系列”与广大读者见面。被誉为“成长摆渡人”的殷健灵老师亦携新作《野芒坡》亮相本届书展。《野芒坡》是殷健灵耗时六年成就的作品，以清末民初上海土山湾孤儿院为原型，塑造了男孩幼安的心灵成长史以及中国孩子和外国修士的鲜活群像。谢倩霓的新作《梦田》则对刚步入“青春期”的初中生群体的生活进行了生动而细致的刻画，生动展现了“梦想”照进生活的那一刻，青少年所迸发出的成长活力，真实呈现了青少年不得不面对的众多成长问题。（顾　乡）

商务印书馆参加2016上海书展

2016年8月17～23日，商务印书馆参加“2016上海书展暨‘书香中国’上海周”图书展示，包括中国出版集团零售区和馆配图书展区，共展出1000余种图书。其间，举办了“21世纪新全球化宣言——世界是通的”主题讲座暨新书签售会、2016王建苏扇作品集首发式《如是清凉》新书发布会、东西方文明的碰撞与融汇《文明的滴定》新书发布会、“意义与无意义：关于艺术和艺术家的谈话”活动、“经典英伦——品读英文阿加莎”活动、“影响世界的中国植物《花与树的人文之旅》”新书发布会、“学牛津教程，练英语语法”活动、“‘发现最美自然’当我们谈论博物时，我们在谈论什么”新书发布会、“我们心中都有一个孙悟空——《西游记风情谭》”新书发布会等多场活动。（唐　敏）

中华书局参加2016上海书展

2016年8月17～23日，中华书局参加2016上海书展。书展上，中华书局先后举办《中国文化的根本精神》新书首发仪式、《掌故》新书发布暨签售会、点校本“二十四史”修订本《辽史》读者见面会暨两《五代史》平装本首发式、《烟云过——张伯驹传》《画未了——林风眠传》新书签售会、《无为与逍遥——庄子六章》新书分享会、《词学胜境》新书发布暨签售会、《古迹》新书发布会、《龙与鹰的帝国》新书分享会、《殊方未远——古代中国的疆域、民族与认同》新书发布暨签售会等。

中华书局入选2016上海书展“最有号召力的十佳出版社”，这是自2010年以来连续第七年入选；《中国文化的根本精神》《重读先烈诗章》入选中共中央宣传部和国家新闻出版广电总局确定的2016年向广大读者推荐的120种重点主题出版物。（刘　淼）

中国大百科全书出版社参加2016上海书展

2016年8月23日，2016上海书展暨“书香中国”上海周在上海展览中心举行。中国大百科全书出版社（以下简称“百科社”）在本届书展上举办了讲座、签售活动，场场人气爆满，备受书迷热捧。

2016年8月18日，百科社在上海书展举办

“寻找清凉，走近雪漠”——雪漠作品签售会。这也是雪漠第三次参加上海书展。读者们仍以热情真诚表达了对这位来自西部作家的尊重与认可。百科社带去的几百本新书《空空之外》全部销售一空。

2016年8月19日，“丁玲与上海——《丁玲传》读书分享会”在上海展览馆第三活动区召开。《丁玲传》作者李向东、王增如夫妇围绕丁玲在上海时期的社会交往、个人写作等多方面与读者分享交流。

2016年8月23日，85岁的学者乐黛云压轴亮相书展，她以“汤氏一门三代知识分子的传承和守望”为题，解读丈夫汤一介的遗作《我们三代人》。《我们三代人》是汤一介遗稿，经整理后首次出版。乐黛云围绕《我们三代人》一书，向读者分享了汤家三代知识分子的故事。

除人文社科重点书之外，本次书展上百科社对优势产品线——DK童书系列也做了全面展示。2016年8月19日下午，百科社及英国DK公司在上海展览中心西阳光蓬活动区召开了相关座谈会及销售活动，百科社社长刘国辉、DK公司中国及东南亚销售主管彭恺玲（Caroline Purslow）、新阅读研究所副所长、爱阅团发起人“故事爸爸”李一慢作为主要嘉宾出席了座谈会。座谈会以“DK儿童百科系列在中国销量突破120万册”为主题，讲述了高品质百科全书出版及销售背后的故事，通过问与答的形式实现了读者与专家的互动，为广大小读者和家长们带来了一场百科图书观旅。（尹添铭）

人民音乐出版社参加2016上海书展

2016年8月17～23日，2016年上海书展暨“书香中国”上海周活动在上海展览中心举行。上海书展是重要的文化互动交流和品牌宣传平台，为配合上海书展以面向读者销售为主的办会特点，人民音乐出版社精心挑选组织了一批适销的音乐出版物参展。除了畅销多年的精品图书，还包括《新路径钢琴基础教程》（1～4）《“钢琴＋”钢琴集体课儿童教程》（1～2）《小提琴ABC》这些为广大的琴童和初学者专门编写出版的入门教材，以及《中国音乐词典（增订版）》这样的理论专著和工具书、“大众流行合唱”“黑山爵士音乐系列第三辑”等流行音乐作品，为广大的音乐工作者和爱好者提供了更多、更好的阅读学习选择。（刘　培）

生活·读书·新知三联书店参加2016上海书展

2016年8月17～23日，上海书展在上海展览中心举办。生活·读书·新知三联书店在此次书展上展示图书共300多种，其中新书100余种，常销图书200余种。其中重点新书包括《我们的中国》《从历史中醒来——孙机谈中国古文物》《百年旧痕——赵珩谈北京》《张充和诗文集》、巫鸿作品系列、妹尾河童作品系列等，其中《我们的中国》《从历史中醒来——孙机谈中国古文物》入选“中国出版集团公司主题出版推荐书目”，受到广泛关注。重点常销书包括黄仁宇作品系列、王世襄作品集、林达作品集、“新知文库”“闲趣坊”系列等。

书展期间还举办了多场营销活动。8月20日，《从历史中醒来——孙机谈中国古文物》新书发布暨讲座活动在上海书城（福州路店）举办；《秦崩——从秦始皇到刘邦》《楚亡——从项羽到韩信》作者李开元与《大都无城——中国古都的动态解读》《何以中国——公元前2000年的中原图景》作者许宏在上海书城举办讲座暨签售活动。此外，生活·读书·新知三联书店（上海）有限公司组织举办了“听玻璃电台 看花开花落”克勒门文丛读书分享会以及《回首一笑七十年》读者见面会。此次2016上海书展期间，生活·读书·新知三联书店的图书销售再攀新高，销售实洋达20多万元。（李　旭）

现代教育出版社参加2016上海书展

2016年8月17～23日，2016上海书展在上海展览中心举办。现代教育出版社为此次书展准备了200余种图书，其中2016年的重点图书成为本次书展的亮点，如《带我欢笑》《克利的世界》《动物王国》《三只杯》以及一些作文类图书“一看就会写课堂作文系列”等。书展期间，现代教育出版社图书吸引不少读者前往参观阅读，受到大家的喜爱，也加大了“现代教育”的品牌影响力。

（杨　静）

世界图书出版上海有限公司参加2016上海书展

2016年8月17～23日，世界图书出版上海有限公司参加2016上海书展。书展期间举办了6场活动。

“癌症预防：我们能做到”科普讲座暨《癌症预防》图书签售会上，龙华医院肿瘤科朱莹杰主任上了一堂具体生动的防癌科普讲座，并现场回答大家的问题。

“生态文明建设下的资源战略活动”通过回顾西方文明史与资源掠夺状况、西方战略中的资源权重，梳理我国改革开放以来的资源状况、生态文明建设下的资源战略，反思生态文明建设与中国文化，介绍生态文明建设新理念。

“健康美人——《30＋逆龄美肌术》《30＋熟龄化妆术》”新书发布会暨美容保养现场体验会活动根据新书内容分享健康美肌生活方式，教授熟龄化妆技巧，并邀请读者现场体验。

“毛丹青旅日30年分享会”暨《来日方长》新书发布会上，由毛丹青写的中日双语随笔集（手绘插图版）首次亮相。活动中，他向大家描述旅居日本30年的异域文化体验。同时，他还和吴四海之间开展一番对谈和碰撞。

《彩色圆珠笔创意画》创意绘画课活动上，插画师安安给大家带来一堂彩色圆珠笔手绘课，教授大家圆珠笔手绘的小诀窍。每一位参与的观众在老师的指导下，亲手完成一幅自己的手绘作品。

“玩味童心，归真于瓷——从孩子的角度‘拼’‘折’中国传统文化”（《小小艺术家·玩瓷拼图》《小小艺术家·玩瓷折纸》）活动，作者蔡暄民和大家分享了他的传统美学与国学知识，活动现场还组织小朋友参加拼图游戏。（王　纯）

中国出版集团公司参加2016南国书香节

2016年8月19～25日，2016南国书香节在广州举行，中国出版集团公司统一组团参展，中国出版集团公司党组成员、中国出版传媒股份有限公司副总经理樊希安率团参展，所属各出版单位十余位局级领导参展。中共广东省委常委、宣传部部长慎海雄，广东省副省长蓝佛安，广东省新闻出版广电局局长白洁等一行领导莅临“中版馆”视察指导。樊希安就集团公司参展情况向慎部长做了详细介绍。慎海雄高度肯定了中国出版集团公司的弘扬社会主义核心价值观出版物的系列出版，并对中国出版集团公司参与南国书香节进行品牌宣传营销和推广全民阅读，给予了高度的评价和鼓励。

开幕当天，在广东省新闻出版广电局副局长钱永红等省市领导、商务印书馆党委书记肖启明等集团出版社领导、高雄市图书出版事业协会理事长苏清足等港澳台地区同行以及多位媒体朋友的共同见证下，樊希安代表集团公司与广东新华发行集团董事长肖开林共同签署了“产业供应链信息对接系统战略合作”协议，双方将实现出版企业和发行企业的数据共享与信息对接，整合产品、信息、市场、营销资源，提高出版发行产业供应链的商流、物流、信息流、资金流的效率，通过加强互联网思维，实施信息化技术合作，促进媒体融合发展，深化中版集团与广东新华的合作共赢。

（王欣新）

人民文学出版社参加2016南国书香节

2016年8月19～25日，2016南国书香节暨羊城书展在广州中国进出口商品交易会展馆举办，人民文学出版社邀请美国总统奥巴马的弟弟马克·奥巴马·狄善九，八零后作家的先锋人物张悦然和著名体育评论家刘建宏与众多读者共享阅读盛宴。《走进肯尼亚：一个人和一个家族的奋斗》《茧》和《上半场》读者见面会暨签售会受到了广大读者的热烈好评。（顾 乡）

中国美术出版总社参加 2016 南国书香节并举办多场连环画活动

2016 年 8 月 19 日～25 日，2016 南国书香节暨羊城书展在琶洲广交会展馆 B 区举行。中国美术出版总社在本次书展举办多场连环画活动。

8 月 19 日，连环画《一个人的长征》新书发布暨签售会举行。中国出版传媒股份有限公司副总经理樊希安、广东省新闻出版广电局党委副书记、副局长钱永红、中国美术出版总社党委副书记高世屹等出席本次活动。同时，本书绘画作者汪晓曙，脚本作者罗宏，老一辈连环画家洪斯文也应邀出席。

南国书香节期间，中国美术出版总社在包括江门分会场的不同场馆举办了多场连环画主题讲座及“你来画，我送书”的连环画即兴创作活动。连环画编辑细致深入地向现场小朋友介绍了连环画是什么、连环画的发展历史以及怎样欣赏、创作连环画。讲座通过大量的连环画经典故事赏析和图片欣赏将连环画的前世今生娓娓道来，吸引了许多小朋友和家长朋友的关注。小朋友积极地参与讲座中的提问互动，并借助手中的画笔描绘出他们心中奇幻的人物或故事。讲座结束后，由编辑对孩子们的现场创作进行评奖，并分别为获奖小朋友颁发精美连环画图书。

（金 姗）

生活·读书·新知三联书店参加 2016 南国书香节

2016 年 8 月 19～25 日，2016 南国书香节在广东省广州市琶洲会展中心举办，生活·读书·新知三联书店在此次书展上展示图书共 280 多种，并开展了一系列营销活动。书展上，三联展区把杨绛先生的作品集中摆堆重点促销。《从历史中醒来——孙机谈中国古文物》《我们的中国》等新书，黄仁宇作品系列、林达作品集等常销重点图书也都悉数陈列。此外，针对广东地区读者的阅读习惯，生活·读书·新知三联书店带来了大量有关生活休闲、饮食文化以及潮汕地方文化内容的图书，受到欢迎。

书展期间，生活·读书·新知三联书店在广州购书中心举办了两场大型营销活动，郑佩佩的《回首一笑七十年》读者见面会和李开元的《秦崩——从秦始皇到刘邦》《楚亡——从项羽到韩信》讲座暨签售会分别在琶洲会展中心与广州购书中心（南国书香节分会场）举行。（李 旭）

荣宝斋举办“水云游——高毅作品展”

2016 年 8 月 20～27 日，荣宝斋当代艺术馆举办“水云游——高毅作品展”。高毅 2001 年回国，任教于中国人民大学艺术学院，现为中国人民大学艺术学院副教授，中国美术家协会会员。本次展览共展出高毅近年创作的 40 幅精品。展览分为两部分：云端系列和物味系列。旨在通过水墨画的表现形式，反映其对中国文化本质的探索。

（孔 燕）

中国出版集团公司参加第 23 届北京国际图书博览会

2016 年 8 月 28 日，由中国出版集团公司所属中国图书进出口（集团）总公司承办的第 23 届北京国际图书博览会（以下简称“图博会”）落幕。集团公司所属 19 家出版社统一参展，参展面积 575 平方米，展出图书 2000 余种，输出版权 415 项，举办活动 30 余场。重点展出“重读系列”“家书系列”《长征》等主题出版精品、王树增战争系列等畅销精品、《草房子》《火印》《中国少儿百科全书》等少儿出版精品，以及《中华文明的核心价值》《中华文化的根本精神》等“走出去”精品图书。集团公司通过组织策划一系列重大活动，聚焦“一带一路”，落实重大国际合作，借助图博会这一重要的国际化平台，全面提升国际影响力。

8月24日，中共中央政治局常委、中央书记处书记刘云山视察图博会，首先来到集团公司展区，中国出版集团公司总裁谭跃全程陪同并介绍重点图书及参展情况。刘云山希望，作为“国字头”的出版集团，作为“国家队”，中国出版集团要做中国出版界的“排头兵”。对集团公司各社所出主题图书和精品出版物取得较好市场业绩表示赞赏。中共中央政治局委员、中央书记处书记、中央宣传部部长刘奇葆一同视察。一同视察的还有中宣部常务副部长黄坤明，中宣部副部长、国家新闻出版广电总局党组书记、局长蔡赴朝，党组副书记、副局长兼中央电视台台长聂辰席，国家新闻出版广电总局党组成员、副局长吴尚之，北京市委常委、宣传部长李伟，中宣部出版局局长郭义强等有关方面负责人。中国出版集团公司党组书记王涛，中国出版集团公司党组成员、中国出版传媒股份有限公司副总经理李岩，中国出版集团公司党组成员、副总裁潘凯雄，中国出版集团公司党组成员、中国出版传媒股份有限公司副总经理樊希安、孙月沐等领导出席。8月25日，全国人大常委会副委员长严隽琪、中纪委驻中宣部纪检组组长傅自应等，也先后视察了中国出版集团公司展台。

8月24日，集团公司所属新华书店总店承办了由中国出版协会和国际出版商协会主办的“国际出版企业高层论坛”，论坛嘉宾以“‘一带一路’上的国际出版”为主题，深入广泛地交流国际出版发展的经验和思路。总裁谭跃在论坛上指出，近年来中国出版集团不断加强与“一带一路”国家的出版合作，“一带一路”这个方向的文化交流已经成为集团国际化发展的一个战略重点。

集团公司与美国巴诺集团达成合作，借助其800家连锁书店，助力中国出版物走进国际主流渠道。集团公司与牛津大学图书馆决定共建翻译研究出版中心，该中心将成为一个以英国为基地、以中国为主题的图书策划中心、翻译创作资源整合中心、版权代理中心、书探中心以及学术交流中心。商务印书馆和英国剑桥大学出版社签署战略合作协议，剑桥大学出版社获得“中华现代学术名著”丛书中的《中国文化与中国的兵》和《中国救荒史》授权，商务印书馆在哲学、历史学、法学、政治学等多个学科领域获得剑桥60余种图书的授权。商务印书馆还与英国卢德里奇出版公司签约合作出版“国家治理丛书”。

集团公司抓住曹文轩获得“国际安徒生奖”的有利契机，在本届书展上推出“青铜葵花奖”。集团公司所属《中国出版传媒商报》、中国图书进出口（集团）总公司连续第五年发布“中国图书海外馆藏影响力报告”，得到了海外图书馆界的高度认可。中华书局、商务印书馆、人民文学出版社等在历届海外馆藏数据中，多次名列前茅，尤其是中华书局在海外馆藏历年总数据一直排名第一，2016年中华书局、商务印书馆、人民文学出版社的海外馆藏数据比之2015年有大幅度的上升。

图博会期间，集团公司领导还先后会见了阿拉伯出版商协会、美国韦氏公司、剑桥大学出版社、英国泰晤士和哈德逊出版公司、西班牙LID出版集团等国际知名出版企业和协会负责人，进行了广泛的合作交流。

2016年是中国图书进出口（集团）总公司承办图博会第30年，30年来，图博会由小到大，由弱到强，国际影响力和外宣功能不断提升。从展会量化数据看，图博会已成为仅次于法兰克福书展的全球第二大国际书展，展览面积是伦敦书展和美国书展的六倍以上，参展国家和地区是伦敦书展和美国书展的两倍以上。国际大型出版企业参展踊跃，本届图博会上，全球出版10强中有九家参展，全球50强中有30家参展。

（林成琳）

商务印书馆参加第23届北京国际图书博览会

2016年8月24～28日，第23届北京国际图书博览会在中国国际展览中心（新馆）举行，商务印书馆参加此次展览，共设3个展位，260余种图书参展。其间举办重要活动6场，包括

“剑桥大学出版社·商务印书馆战略合作协议”签约仪式、与牛津大学出版社联合举行《牛津中阶英汉双解词典》（第5版）新书发布会、与英国卢德里奇出版公司签订“商务印书馆—Routledge‘国家治理丛书’项目”合作协议；与新加坡名创教育出版集团举行“《全球华语大词典》海外出版发行协议”签约仪式；与牛津大学出版社共同发布《学习牛津3000词》APP；与牛津大学出版社、中国社会科学院语言研究所举行“《新华字典》《现代汉语词典》汉英双语版合作协议”签约仪式；开展版权洽谈43场，输出《汉越词典》等版权。其中，商务印书馆和英国剑桥大学出版社成功缔结战略合作伙伴关系，成为剑桥大学出版社在中国大陆地区唯一的战略合作伙伴；而与牛津大学出版社合作开发的《新华字典》《现代汉语词典》汉英双语版，在版权贸易史上具有重要意义。（张　琳）

中华书局参加第23届北京国际图书博览会

2016年8月24～28日，第23届北京国际图书博览会在中国国际展览中心（新馆）举行。中华书局共有100多种图书参展，均为近两年的最新出版成果，内容涉及历史、哲学、文学、艺术和文化类，如《中华文化十万个为什么》《大名人小故事》《文物中国史》《论语译注》《曲院风荷》《论语48篇》等。本次书展中华书局推出三项重大项目，包括2016年出版的点校本“二十四史”修订工程之修订本《辽史》、“十二五”国家出版规划重点项目《海外中医珍善本古籍丛刊》和首次刊布出版的《中华民国时期外交文献汇编1911—1949》。博览会期间，中共中央政治局常委、中央书记处书记刘云山等领导在中国出版集团公司总裁谭跃的陪同下视察中国出版集团公司精品图书展区时，中华书局《重读先烈诗章》作为重点图书，向领导做重点介绍。此外，中华书局还举行了《另一个世界——中国记忆1961—1962》新书首发式和“中华经典名著全本全注全译”系列丛书繁体版签约仪式。（刘　湬）

中国大百科全书出版社参加第23届北京国际图书博览会

2016年8月24～28日，第23届北京国际图书博览会（BIBF）（以下简称“图博会”）在中国国际展览中心（新馆）举行。中国大百科全书出版社在会展期间有条不紊地开展各类工作，进一步加大与国内读者的互联互通，加强与国际合作伙伴的交流协作，将本社的国际化战略向前推进。

本届图博会中国大百科全书出版社遴选200多种图书参展，配合中国出版集团公司“走出去”精品展区等进行展示，得到了各方人士的关注和好评。图博会开幕首日，中共中央政治局常委、中央书记处书记刘云山视察了中版展区。中国出版集团公司总裁谭跃向刘云山同志介绍集团重点图书时，专门介绍了中国大百科全书出版社的《中国军事百科全书》《中国儿童百科全书》等。

版权洽谈、版权贸易依然是本次博览会的工作重点。首先，版权贸易和洽谈实现了引进来、“走出去”的有机结合和良性互动。版权经理积极与各国出版社、各类版权代理机构商谈，安排会谈50多场。其次，多方面推动图书“走出去”，既有坚守，也有突破，实现了不拘一格的版权“走出去”贸易新格局。

展会期间中国大百科全书出版社还举办了两场作者见面会。活动得到了新浪网、中华网等多家媒体的关注和报道，现场互动气氛热烈。

（尹添铭）

中国美术出版总社参加第23届北京国际图书博览会

2016年8月24～28日，第23届北京国际图书博览会在中国国际展览中心（新馆）举办。2016年是中国美术出版总社第16次参加北京国际图书博览会书展。同以往相比，本次书展是2016年6月份总编室整合成立以来第一次国际书展，此次参展样书展品的选取和搭配更丰富，人员参与更多元，促进了总编室内部的交流互通和工作融合。

书展期间共安排了11场洽谈，并在洽谈空档时段及时接待了来展台的观众，接待的客户和观众涉及中国台湾地区，韩国、英国、日本、新加坡、波兰、越南、美国等国家。针对曾引进版权的客户，了解其项目进度，并根据项目执行情况和偏好，推荐介绍我们新出版图书，与韩国、越南客户初步达成了多项合作意向。除版权洽谈外，书展期间还与相关艺术机构、出版协会探讨艺术及出版现状，调研其市场情况并探讨其他合作方式。引进项目方面，书展期间为编辑部门提供翻译服务，协助编辑与国外出版社沟通正在执行的项目进度。 （金　姗）

人民音乐出版社参加第23届北京国际图书博览会

2016年8月24～28日，人民音乐出版社参加了第23届北京国际图书博览会。本次博览会共遴选了100余种图书，通过举办重点图书的推广活动，推动出版社外向型图书的宣传和集团公司国际化发展战略。博览会期间，人民音乐出版社分别与法国、日本、美国、印度、英国及斯洛伐克等国家的8家出版公司就版权输出等事项进行了深入洽谈。 （王　浩）

生活·读书·新知三联书店参加第23届北京国际图书博览会

2016年8月24～28日，第23届北京国际图书博览会在中国国际展览中心举行。生活·读书·新知三联书店在此次会展期间参加并主导了30多场版权洽谈，与多个国家达成10个签约意向，包括《中华文明的核心价值：国学流变与传统价值观》的西班牙文版、日文版、马来文版，《何以中国：公元前2000年的中原图景》《大都无城：中国古都的动态解读》《中国茶密码》的俄文版，《缝隙中的改革：黄宗汉与北京东风电视机厂的破冰之旅》《民主四讲》的英文版，《世界秩序与文明等级：全球史研究的新路径》的韩文版。

生活·读书·新知三联书店于此次会展首日举办了两场书展活动。8月24日上午，生活·读书·新知三联书店联合俄罗斯尚斯国际出版集团东方图书出版中心举办了《福建土楼——中国传统民居的瑰宝》（俄文版）首发式暨新书签约仪式。这是生活·读书·新知三联书店第一本版权输出至俄罗斯、并由其本土译者和汉学家共同翻译完成的作品，也是两家出版机构合作的开端。中国出版集团公司党组成员、中国出版传媒股份有限公司副总经理李岩、生活·读书·新知三联书店总经理路英勇以及东方图书出版中心代表连娜出席并致辞。8月24日下午，生活·读书·新知三联书店联合施普林格出版集团举办了《中华文明的核心价值——国学流变与传统价值观》（英文版）签约仪式，这是两家出版机构的首次合作。路英勇与施普林格集团代表米丽娅姆（Myriam）交换签署了合作协议，生活·读书·新知三联书店总编辑翟德芳与米丽娅姆分别致辞。 （孙　玮　曾　恺）

现代教育出版社参加第23届北京国际图书博览会

2016年8月24～28日，现代教育出版社参加了第23届北京国际图书博览会。现代教育出版社参展图书百余种，种类涵盖了文学、历史、少儿、社科、教材等，其中既有学术著作，也有大众读物，既有品牌图书，也有新锐产品，既有原创图书，也有外向型图书。此次博览会让更多读者知道了现代教育出版社，达到了预期效果。 （杨　静）

荣宝斋举办“南北——刘彦湖、白砥书法作品展”

2016年8月27日～9月4日，荣宝斋书法馆举办“南北——刘彦湖、白砥书法作品展”。8

月 27 日，刘彦湖、白砥老师在荣宝斋书法馆与广大书法爱好者、收藏家进行学术对话，网友可在线与两位老师进行实时互动。此次展览通过他们各具风格的书法作品，展现两位老师的精神世界与艺术追求。（宋　涛）

中华书局参加第 29 届莫斯科国际书展

2016 年 9 月 6～11 日，中华书局随中国出版集团公司代表团赴俄罗斯参加莫斯科国际书展，中华书局党委书记、副总经理周清华应邀参加。在书展上，中华书局与俄罗斯东方文学出版社就俄文版《孟子译注》版权合作签约；与俄罗斯尚斯国际文化公司进行了业务洽谈；与圣彼得堡大学出版社进行了业务洽谈，并向该校捐赠了中华书局出版的相关图书。（刘　潋）

中国大百科全书出版社参加第 29 届莫斯科国际书展

2016 年 9 月 6～11 日，第 29 届莫斯科国际书展在全俄展览中心 75 号馆举办。国家新闻出版广电总局组织了中国 50 多家出版机构带来了千余种图书参展。

9 月 8 日，由中国大百科全书出版社和俄罗斯东方图书出版社联合举办的《中华文明史话》系列图书俄文版新书首发式暨中俄文化交流论坛在中国展区举行。出席此次活动的领导和嘉宾有国家新闻出版广电总局进口管理司司长蒋茂凝、中国出版集团公司党组书记王涛、俄罗斯出版商协会副主席莫诺夫·奥列格·瓦西里耶维奇、俄联邦新闻出版与大众传媒署报刊图书出版印刷管理局长利特维涅茨·妮娜·谢尔盖耶夫娜、俄罗斯东方文学出版社总经理阿尼克耶娃·斯维特拉娜·米哈伊洛夫娜、俄罗斯尚斯国际出版集团总编格拉西莫夫·罗曼·米哈伊洛维奇等中俄出版界、翻译界众多知名专家、学者。活动由中国大百科全书出版社副总编刘杭主持。

国家新闻出版广电总局进口管理司司长蒋茂凝、中国出版集团公司党组书记王涛、俄罗斯出版商协会副主席莫诺夫·奥列格·瓦西里耶维奇分别为《中华文明史话》俄文版的出版发行致辞。在中俄文化交流论坛中，俄罗斯著名汉学家华克生、著名翻译家白嗣宏分别就中俄文化交流对两国关系的促进以及俄罗斯汉学家在中俄文化交流中的作用发表了精彩演讲。

此次活动不仅吸引了很多正在展场选购图书的读者，也引起了俄罗斯出版商报等多家俄罗斯当地媒体的关注，纷纷对活动进行了报道，中国出版集团公司党组书记王涛接受了俄罗斯电视台的现场采访。（尹添铭）

荣宝斋举办“当代中青年写实油画家推介展”

2016 年 9 月 17～23 日，荣宝斋当代艺术馆举办“当代中青年写实油画家推介展”。展出包括蔡杰、陈承卫、戴平均、郭凯亮、李华琪、苏新、唐诗、吴剑伟、张卫强、钟鸣峰在内的多位青年油画家的作品。本次活动旨在通过展览的形式，选拔一批兼具学术能力和市场潜力的油画家，助力其成长，体现荣宝斋作为“艺术家之家”的责任与使命。（孔　燕）

中国图书进出口（集团）总公司承办第二届中国－亚欧出版博览会

2016 年 9 月 20～25 日，第二届中国－亚欧出版博览会在新疆维吾尔自治区国际会展中心举行。本届出版博览会是第五届中国亚欧博览会的重要组成部分，由新疆维吾尔自治区人民政府主办，新疆维吾尔自治区新闻出版广电局、中国图书进出口（集团）总公司（以下简称“中图公司”）承办。

展会共达成输出意向 12 项，签署输出协议 12 项，达成合作出版意向 15 项，签署合作出版协议一项。此外，新疆音像出版社、新疆青少年出版社、新疆人民出版社还分别与香港百利唱片、哈萨克斯坦美莱出版社、哈萨克斯坦梅列克出版集团达成合作协议。

展区展品体现新疆特色和中国特色，放射中国文化魅力。本届出版博览会以“文化互动、出版合作、人文交流”为主旨，展览面积共1300平方米，分为主题图书展区、新疆出版成果展区、亚欧电影展区、国内精品图书展区、国际绘本展区、国际图书展区六部分，集中展示新疆和其他地区近年来的出版成果、“一带一路”沿线国家和周边国家的精品图书5000多种。

作为承办单位，中图公司十分重视本次出版博览会，邀请了国内外知名出版社参展。其中，中国出版集团公司、中国国际出版集团、北京出版集团、江苏凤凰出版传媒股份有限公司、中南出版传媒集团、北京大学出版社等20多家国内出版企业的60多位代表参会；俄罗斯、印度、蒙古、波兰、埃及、斯里兰卡、约旦、英国、法国等14个国家和地区的20多家出版企业和图书馆参展，参展国家和代表均超过2015年。

为加强与“一带一路”沿线国家人文交流合作，充分发挥出版在实现与“一带一路”沿线国家民心相通方面的独特优势，承办单位专门举办了出版合作论坛等多场活动，主题活动增进中外人文交流，专业活动务实高效。

9月21日，举办第二届中国—亚欧出版博览会出版合作论坛，以“共同开创丝绸之路合作出版新未来”为主题，国家新闻出版广电总局副局长吴尚之、中国出版集团公司总裁谭跃、美国纽约大学全球出版中心项目总监罗伯特·本奇、哈萨克斯坦梅列克出版集团有限公司总裁梅列克·库里克诺夫等嘉宾参会并发表演讲。与会代表围绕发展繁荣出版业，加强中国与世界、新疆与周边国家的出版文化合作交流等问题进行广泛深入的讨论，为中国与丝路国家的出版合作提出了具有建设性的意见。此外，中图公司还组织了两场专业活动：中外版权经理人对话和“走进中国出版业”讲座，在帮助海外出版商了解中国出版业的同时，进一步加强与中国业者的交流合作。

（莫　莹）

荣宝斋参加首届丝绸之路（敦煌）国际文化博览会

2016年9月20日，首届丝绸之路（敦煌）国际文化博览会在甘肃敦煌开幕。敦煌文博会是目前唯一以“一带一路”国际文化交流为主题的综合性博览会，为各国文化合作搭建了沟通平台。中国国家主席习近平致贺信，对敦煌文博会的召开表示热烈祝贺。国务院副总理刘延东出席开幕式并发表主旨演讲。

本次文博会，荣宝斋携珍藏近现代书画精品和国家级木版水印制作技艺亮相。并精选近现代名家虚谷、任伯年、吴昌硕、陈师曾、齐白石、黄宾虹、徐悲鸿、张大千、傅抱石、石鲁等书画珍品30幅参展，作品包括徐悲鸿《奔马》、齐白石《寿酒》、张大千《雪衣女》、李可染《万山红遍》等。木版水印精品20幅同时展出，包括1943年开始印制的张大千《敦煌供养人》、1979年印制完成的木版水印巅峰之作《韩熙载夜宴图》、齐白石《九秋图》等。木版水印技艺传承人肖刚、高文英、赵慧萍等现场演示技艺流程并与来宾互动。在参观荣宝斋珍藏作品和木版水印技艺展演后，刘延东对荣宝斋积极参与本次文博会给予肯定。

（陈　目）

世界图书出版上海有限公司参加2016全国脊柱外科年会

2016年9月22～25日，由中国医师协会骨科医师分会（CAOS）主办的2016全国脊柱外科年会在西安召开。世界图书出版上海有限公司医学分社协助赵定麟教授宣传他的专著《现代脊柱外科学》（第三版），并参加了此次大会。

大会邀请了国内外著名专家学者进行专题演讲，围绕脊柱脊髓损伤基础研究与国际前沿、临床创新技术应用以及相关转化医学等专题进行深入交流。集中体现脊柱外科领域一年来所取得的研究成果、最新技术和临床进展。

9月24日，赵定麟教授在2016西安国际骨科高峰论坛上发表了题为“我国颈椎外科的现状与未来”的演讲，发言中提到的许多案例都收录在他所主编的《现代脊柱外科学》（第三版）中。该书共6卷百余章，500余万字，包含6000余幅图片，由骨科泰斗赵定麟教授主编，邀请全国脊柱外科学领域的百余位专家撰写，以脊柱外科临床医师为核心读者，反映当今脊柱外科学的新进展，在疾病诊断、鉴别诊断、治疗和并发症处理等方面理论联系实际，是具有一定深度和实用性的大型参考书。（王　纯）

中国出版集团公司参加 2016中国（武汉）期刊交易博览会

2016年9月23～25日，2016中国（武汉）期刊交易博览会举行。中国出版集团公司再次强化“报刊方阵”整体形象，所属单位56种报刊全阵容参展，持续打造中版报刊的品牌力与影响力。参展前，中国出版集团公司总裁谭跃、党组书记王涛对参展工作及报刊改革发展做出明确指示，中国出版集团公司党组成员、中国出版传媒股份公司副总经理李岩和副总经理孙月沐对参展工作做了具体部署。

集团公司期刊在本届刊博会上斩获多项殊荣。《汉语世界》《荣宝斋》《三联生活周刊》《艺术品》《中国美术》《中华瑰宝》等6种期刊入选2016年“中国最美期刊”；《百科知识》《当代》《读书》《汉语世界》《三联生活周刊》《文史知识》《英才》等7种期刊入选“2016期刊数字影响力100强”；《三联生活周刊》入选“2016年中国邮政发行报刊百强排行榜”中的“期刊50强”。

集团公司展位在功能设计上做了多项创新。一是以“分类期刊”（文学·艺术、文化·生活、少儿·教育三大类）和“主题社”（人文、商务、中华、三联、美术、人音六家社）两种方式展示期刊；二是新设新媒体体验区，主要展示《三联生活周刊》所属的新媒体产品，包括三联节气APP、《三联生活周刊》移动客户端APP、松果生活APP等。值得一提的是，“松果生活”刚刚入选了国家新闻出版广电总局组织评选的全国报刊媒体创新案例30佳、全国报刊媒体创新典型案例20佳。

《三联生活周刊》主编李鸿谷在“2016中国期刊媒体国际创新发展论坛”上以“融合与创新”为主题发表演讲，分享了新媒体产品集群的发展经验。《当代》杂志副社长杨新岚在“全国文学期刊主编高峰论坛”上以“文学是另一种理想的现实”为题做主题演讲，介绍了《当代》的文学坚守历程。

集团公司报刊与业界同行在参展期间充分交流，达成部分合作意向。中华书局接洽华艺数位股份有限公司，就期刊数字内容输出海外进行了初步探讨。《当代》《汉语世界》分别与加拿大Press Reader公司进行洽谈，探讨杂志海外电子版权发行的新模式。（姜锐刚）

中国图书进出口（集团）总公司承办 2016中国（武汉）期刊交易博览会

2016年9月23～25日，2016中国（武汉）期刊交易博览会（以下简称“刊博会”）在武汉国际博览中心圆满举办。在中国图书进出口（集团）总公司（以下简称“中图公司”）国际会展中心与刊博会运营单位湖北中图公司共同努力下，本届刊博会以“新理念、新融合、新发展”为主题，共吸引海外51个国家和地区、国内31个省（区、市）的4000多家出版单位参展，展出国内外各类期刊两万种、20余万册（件），展览总面积6.1万平方米。展会举办中大型专业活动280场，签订各类协议490余项，协议金额达15亿元，交易额8.6亿元，展览规模取得新突破。

强调“一带一路”倡议部署，充分发挥资源优势，海外馆国际化特色明显。中图公司充分发挥进出口资源优势，邀请1000多家海外出版社及专业期刊代理机构、数据库集成商参展，共展览展示近万种原版期刊。展出品种涵盖范围广、知名度高，既有高影响因子核心期刊，也有流行期刊，涉及社会科学、法律、军事、经济、体育、文学、艺术等众多领域。

为丰富展览内容、提高展览规格，中图公司还邀请了50多家书刊代理商和出版机构单独参展。其中，国际知名大型商业出版社Elsevier，Springer，Wiley，Emerald，英国物理学会、英国皇家化学会以及美国《国家地理杂志》出版社、英国经济学人智库，数字内容提供商Charlesworth，技术商Publishing Technology等，展示了各自旗下特色的期刊出版物及其电子产品、咨询类产品5000余种，为国内外期刊出版人提供了重要的交流平台。

按照国家"一带一路"倡议指导，本次刊博会海外馆设立了300平方米"一带一路"展区，展出了35个沿线国家的上千种期刊，重点展示沿线国家经济、文化、科技等方面情况，针对重点国家情况举办了专题展览，马来西亚、俄罗斯、印度、斯洛伐克、泰国单独设立展台，为促进中外、外外交流合作提供了文献信息。书展期间，各省图书馆及教育单位、部分科研单位都对参展的期刊表现出浓厚的兴趣，认为展览"非常有利于了解所在国的情况"。

注重阅读体验，首设"儿童绘本展区"和"海外期刊阅读体验区"，提供精品阅读资源。600平方米的儿童绘本展区集中展示了国内原创和翻译出版的3000余种绘本图书，为小读者提供了丰富的阅读资源，深圳公司开办首家校园书店幼儿认知绘本成为亮点，吸引了大量家长和少年儿童参观。展区悦目的装修风格、精美的设计和环保装修为亲子家庭提供了良好的阅读氛围。很多家长反映，对中英文对照以及英文原版绘本的需求正日益增加，希望通过儿童绘本帮助孩子培养英文阅读能力，同时养成良好的生活习惯，希望每届刊博会都能提供这样的阅读体验。

为加深与海外同业交流的深度，进而扩大展会影响力，中图公司首次在海外馆设立"海外期刊阅读体验区"，除展示千余种流行刊物，还提供5000余种军事、经济、体育、文学、艺术、数理化、天文学、生物、医学等专业期刊供读者阅读。三天展会共接待近千位专业读者。

专业论坛提升国际性影响力。展会期间，中图公司组织实施了以"数字出版新趋势和图书馆空间再造"为主题的第四届"海外数字出版与图书馆资源建设高峰论坛"。国内高校和公共图书馆负责人、业内专家学者以及海外知名出版集团和数据服务机构的高管和代表200多人出席论坛。论坛就电子期刊的出版模式、资源利用、OA未来发展、数字阅读以及图书馆服务泛在化和空间再造等方面进行探讨。参会嘉宾表示，这是一次相互学习借鉴的有利契机，对推动全球媒体融合与发展、推动中国期刊"走出去"具有重要意义。

（于　明）

人民文学出版社参加齐鲁书香节暨2016山东书展

2016年9月24～25日，人民文学出版社参加在山东济南举办的"齐鲁书香节暨2016山东书展"。9月24日，作家张炜在山东书城二楼活动区与山东师范大学学者顾广梅对谈其新作《独药师》，与广大山东读者互动交流，并举行现场签售活动，现场读者纷纷反映：这种作者与读者的面对面交流，可以帮助更好地理解书籍内容；9月25日，八零后作家张悦然携其新作《茧》做客山东书城，讲述自己的创作经历，并举行现场签售活动，会场气氛热烈，两场活动取得圆满成功。

（顾　乡）

荣宝斋举办"秋风吟·荣宝斋藏近现代名家画菊展"

2016年10月9～19日，荣宝斋书画经营一部举办"秋风吟·荣宝斋藏近现代名家画菊展"。菊与梅、兰、竹并称"四君子"，由于其象征着君子风范的高尚品格，因而得到众多文人的偏爱，成为绘画选题中不可或缺的主题。在九九重阳节来临之际，荣宝斋特别挑选珍藏的近现代名家"画菊"作品50余件，其中不乏吴昌硕、李苦禅、娄师白等名家珍品，与诸君共赏。

（刘　岑）

荣宝斋举办“魏哲书法展”

2016年10月15～23日，荣宝斋书法馆举办“荣宝斋2016当代名家书法年度提名展——魏哲书法作品展”。魏哲，中国书法家协会理事，草书专业委员会委员，其书法作品多次获奖。本次展览是魏哲先生的第一次个人书法展，共展出书画作品80余幅，作品形式多样、内容丰富。

15日，“魏哲书法作品展学术座谈会”在荣宝斋书法馆二楼举行，与会专家对本次展览给予高度评价。（宋　涛）

荣宝斋举办“经典之路——荣宝斋签约特聘画家崔晓东山水画展”

2016年10月16～23日，荣宝斋当代艺术馆举办“经典之路——荣宝斋签约特聘画家崔晓东山水画展”。现场展示了20余幅艺术家崔晓东近年来创作的作品。崔晓东毕业于中央美术美院，师从李可染、叶浅予、黄胄等诸位先生，是中央美院李琦先生的研究生。

在市场萎靡的现状下，时代呼唤真正的艺术大师。而荣宝斋作为百年老字号企业，责无旁贷。2015年，崔晓东被荣宝斋签约为特聘画家。2016年10月，荣宝斋与崔晓东正式签订了合作协议，全面代理经营崔晓东的艺术作品。此次展览也开启了荣宝斋与艺术家合作的崭新模式。

（孔　燕）

商务印书馆参加第68届法兰克福书展

2016年10月18～24日，第68届德国法兰克福书展举行，商务印书馆派员随中国出版集团公司代表团参加此次书展。其间，商务印书馆在中国出版集团公司展台接待了日本创价学会国际涉外局长长冈良幸先生等一行四人，洽谈了有关作品中译本出版与营销相关事宜；接待德国电子词典出版公司 Acolada GmbH 总经理 Hans Anschütz 先生和代理 Vironika Licher 女士，洽谈电子词典合作事宜；前往芝加哥大学出版社、法国大学出版社、德古意特出版社、维托里奥·克洛斯特曼出版社、柯莱特·考塔出版社、英国泰勒弗朗西斯集团、美国 Transaction Publishers、法国色伊出版社、英国牛津大学出版社、德国苏尔坎普出版社、葡萄牙 LIDEL 出版社等20余家机构的展台拜访，洽谈图书合作事宜，达成多项版权引进和输出意向；还与迪法国际、博达著作权代理公司、姚氏顾问社等代理人会面，就今后可能的合作进行沟通。（张　琳）

世界图书出版上海有限公司参加第68届法兰克福书展

2016年10月18～24日，第68届德国法兰克福书展举行。世界图书出版上海有限公司作为中国出版集团公司所属的出版社参加了此次书展。

世界图书出版上海有限公司与 STMS（Science，Technology，Medicine & Social-science，科学、技术、医学）出版商保持着长期良好的合作关系，这次书展期间与 Lippincott，Oxford，Wiley 等出版商签署了急重症治疗、麻醉、护理学引进图书协议，引进国内相关学科知识点。同时，在“走出去”方面，儿童分龄喂养、中医育儿、玩瓷拼图等图书也受到了法国和德国出版代理的青睐和关注。（王　纯）

人民音乐出版社参加2016中国（上海）国际乐器展览会

2016年10月26～29日，2016中国（上海）国际乐器展览会在上海新国际博览中心举行。人民音乐出版社社长莫蕴慧、副总编辑赵易山及相关工作人员20余人参加了本届展会。展会期间，人民音乐出版社分别与德国、美国、英国、奥地利、澳大利亚、波兰等国家的14家出版社，就版权输出、版权引进、合作出版、原版书销售、乐谱租赁等项内容进行了卓有成效的会谈。同时，与各方探讨了人民音乐出版社引进与合作出版的图书如何在国内进行宣传推广、如何融入“人音教育”品牌并实现共赢等具体工作。在整个展会期间，接待读者逾千人次，销售图书2000余册，实现零售收入近四万元。上海乐器展成为向广大读者和音乐从业者推荐和介绍人民音乐出版社品牌和产品的良好平台。（王　浩）

荣宝斋举办“荣宝斋中青年艺术家推介展——张洪源作品展”

2016年10月27日～11月4日，荣宝斋当代艺术馆举办“荣宝斋中青年艺术家推介展——张洪源作品展”。荣宝斋本着扶植和培养中青年艺术家的出发点，选择了一批有学术高度和市场潜力的中青年画家，作为荣宝斋当代艺术馆的推介艺术家。通过市场和学术双管齐下，助力艺术家的成长，营造青年艺术家持续成长发展的生态系统。（孔　燕）

中国对外翻译有限公司出席第57届美国翻译协会年会

2016年11月3日，中国对外翻译有限公司获邀出席第57届美国翻译协会（ATA）年会。此次会议在旧金山召开，全球共1800余位语言行业翘楚参会。中国对外翻译有限公司控股子公司——中译语通科技（北京）有限公司CEO于洋出席会议并发表主题为“人工智能时代的语言服务”的演讲。他指出，跨语言大数据将打破信息壁垒，提升科研能力，把机器学习融入机器翻译中，使冰冷的机器拥有像人一样的思考力，人工智能技术的最终发展将实现场景化的语言认知应用体验。（赵　桐）

荣宝斋举办“荣宝斋书法讲堂——文房拾贝·刘正成翰札书法品鉴会暨学术讲座”

2016年11月5日，荣宝斋书法馆举办“荣宝斋书法讲堂——文房拾贝·刘正成翰札书法品鉴会暨学术讲座”。这是荣宝斋坚持“学术引领市场”的系列活动之一。刘正成先生就学术议题《挂轴：艺术书写成为书法主流》进行讲解。

值得一提的是本次活动还通过荣宝斋在线微信平台搭建了直播室，启动线上同步专场拍卖活动。来自全国的书法爱好者能近距离感受书法艺术的魅力。（宋　涛）

人民美术出版社参加第23届罗马尼亚高迪亚姆斯国际图书与教育展

2016年11月16～20日，由人民美术出版社承办的“中国连环画经典作品展览暨图书展销活动”在位于罗马尼亚首都布加勒斯特体育中心的第23届罗马尼亚高迪亚姆斯国际图书与教育展中国主宾国系列活动中举行。展览选取了我国著名连环画家刘继卣《闹天宫》《武松打虎》、王叔晖代表作《西厢记》共24幅彩色连环画进行展示。展览期间，不仅吸引了当地人参观，还吸引了许多来自布加勒斯特市外的观众参观。这些艳丽、明快又饱含沉着高雅的色彩和严谨工整的线条勾勒出栩栩如生的人物形象彰显了出浓郁的中国民族特色风情，引来观众的驻足，展出的连环画图书也让观众爱不释手，频频翻阅、品读。

展览期间还举行了“从中国连环画来认识中国”为主题的文化讲座，使罗马尼亚人民对具有“中国独特的文化艺术之花”的中国连环画有了更深入的认识。该讲座受到当地媒体的强烈关注，当地电视媒体TVR等媒体进行了相关报道。（全　姗）

中国图书进出口（集团）总公司承办第23届罗马尼亚高迪亚姆斯国际图书与教育展中国主宾国活动

2016年11月16日～20日，应主办方罗马尼亚国家广播电台邀请，中国首次以主宾国身份参加了第23届罗马尼亚高迪亚姆斯国际图书与教育展。受国家新闻出版广电总局委托，中国图书进出口（集团）总公司（以下简称“中图公司”）承办本次主宾国活动，圆满完成了官方领导会见、中国主宾国开幕式、中罗出版发展高峰论坛、中罗作家交流座谈会等各项活动，取得了丰硕的成果。

在为期5天的书展上，中国主宾国活动以“阅读中国”为主题，展览展示了2000多种、3000余册精品中、英、罗语图书；组织了国内50多家重点出版单位的100多位出版人参展，邀请曹文轩、余华、

西川、蓝蓝、徐则臣五位中国作家赴罗交流，举办了近30场出版交流、作家交流、文化展览等文化活动。

本次中国主宾国活动为中外出版业搭建了沟通合作的平台，进一步促进了中罗出版文化交流。成果主要体现在三方面：一是达成版权交易成果36项，包括版权输出意向12种、输出协议7种。其中，中图公司与罗方出版社共同签署了《习仲勋画传》《活着》《许三观卖血记》《青铜葵花》4种图书的版权输出协议。二是推动中国主题图书在罗马尼亚主流销售渠道展销，由中图公司承办的中国主题图书展示活动在当地人文书店举办，受到罗马尼亚普通读者的欢迎。三是增进了中罗两国的合作与友谊，进一步提升了中国文化在罗马尼亚以及中东欧地区的影响力和传播力，为中罗两国出版文化交流打开了新局面。

本次中国主宾国活动受到各界瞩目和一致好评。罗马尼亚布加勒斯特大学中文系主任、孔子学院院长、翻译家白罗米称赞：“非常高兴能够通过中国主宾国平台，将中国优秀文学作品输出到罗马尼亚，让罗马尼亚广大读者接触到中国文学作品。主宾国也是传播中国文学的重要平台，希望有更多中国图书能够为两国人民架起进一步了解和沟通的桥梁，永葆两国人民的友谊”。作家余华表示，非常高兴能够借助主宾国平台，将自己的作品输出到罗马尼亚，也期待未来有更多的文学作品能够通过中国主宾国平台输出到更多国家，让更多的国外读者了解中国的传统与现代。

此次中国主宾国活动的成功举办，开启了中罗出版交流的新篇章，对于推动中罗图书版权贸易、提升中国图书在罗马尼亚图书市场的影响力和竞争力具有重要意义。（冯芳芳）

荣宝斋书法馆举办“丁谦书法精品展”

2016年11月19～27日，荣宝斋书法馆举办“丁谦书法精品展”。此次展览展出丁谦先生新创作的书法精品70余幅。荣宝斋出版社出版的《丁谦书法精品集》也同期出版发行。

丁谦，字浩文，斋号万籁草堂。中国书法家协会第六届理事，中国硬笔书法协会副主席，中国宋庆龄基金会理事，中国文化艺术界慈善志愿者主席团主席，中国榜书研究会副主席，中日韩书画联谊会副会长，丁谦书法艺术馆馆长。历任部队战士、干事、助理员、教导员、办公室主任、政委等职，大校军衔。

丁谦书法传统功力深厚，笔法遒劲洒脱，结体端庄凝重，章法变换丰富。其作品享誉海内外，被评为20世纪中国硬笔书坛“十大杰出人物”之一。（宋　涛）

中国美术出版总社参加第17届祖国大陆书展

2016年12月5～12日，中国美术出版总社参加了第17届祖国大陆书展。其间举办了“简体字原创绘本100册及经典连环画展”“经典连环画作品展及图书展销”还有文化讲座等一系列推广活动，并与台湾地区出版社初步达成连环画简转繁在台湾地区出版意向。

12月5日，在台湾辅仁大学举办的第17届祖国大陆书展开幕当天，举办了“经典连环画展”主题推广活动。展览选取了《闹天宫》《西厢记》《牛郎织女》《杨家将》共50幅连环画作进行展示，吸引了辅仁大学及周边各大高等院校众多师生。在“共同阅读重温经典”全民阅读论坛上，中国美术出版总社呈现的以《连环画——具有中国独特的艺术之花》为题的演讲，向台湾地区民众介绍了连环画的历史及发展。12月10

日下午，在高雄市立图书馆举办的《连环画是什么》讲座，向在场的小读者及家长介绍了连环画的历史知识，现场还同时举办了“你来画，我送书”的连环画即兴创作活动。通过一系列的活动使台湾地区青少年读者了解并领略了优秀连环画的独特魅力，进一步增强了台湾地区民众对中华文化的认同感。（金　姗）

荣宝斋举办“平畴远风·吴悦石书房联书法作品展”

2016 年 12 月 10～18 日，“平畴远风·吴悦石书房联书法作品展”在荣宝斋书法馆开展，此次展览展出吴悦石先生书房联书法作品 100 件，体例多样，既有古穆朴厚的篆隶书，又有遒逸雅健的行草书，均是吴悦石先生 2016 年创作的精品佳作，同时展览作品配有荣宝斋书画真迹书。《平畴远风·吴悦石书房联书法作品集》由荣宝斋出版社同期出版发行。（宋　涛）

荣宝斋举办“东风引·荣宝斋当代名家书法邀请展”

2016 年 12 月 10～18 日，荣宝斋书画经营二部举办“东风引·荣宝斋当代名家书法邀请展”。受邀作者既有著名的画家、学者，也有普通阶层的代表。反映了艺术回归社会，普罗大众的重大意义。同时就书法艺术领域的诸多问题举行了学术座谈会，与会的代表对展览给予了充分的肯定，并对荣宝斋的文化担当与学术视野给予了高度的评价。（吕思旭　张　蕊）

荣宝斋（香港）有限公司参展水墨艺博

2016 年 12 月 15 日，全球首个以当代水墨为主题的大型国际艺术博览会——水墨艺博 2016（INK ASIA 2016）盛大开幕。本次水墨艺博，荣宝斋（香港）有限公司的展位赢得了来自世界各地的艺术家、收藏家、画廊的高度关注，并取得了骄人的销售业绩。为配合水墨艺博的宣传，分店还推出了《墨语——2016 香港水墨名家十人展》画册，从专业的角度梳理了中国香港特区当代水墨的现状。现场观众对荣宝斋（香港）有限公司所推出的艺术家及其作品给予高度评价。（武若杨）

中国对外翻译有限公司参加 2016 中国语言服务业大会暨中国翻译协会年会

2016 年 12 月 23～24 日，2016 中国语言服务业大会暨中国翻译协会年会在北京举行。中国对外翻译有限公司作为中国翻译协会理事单位应邀出席会议。中国对外翻译有限公司控股子公司——中译语通科技（北京）有限公司作为大会合作伙伴，承办了 12 月 24 日的中国翻译协会年会“大数据与语言的融合发展”分论坛。

在分论坛上，中译语通科技（北京）有限公司副总经理柴瑛发表演讲，对《2016 年译云™语言生态大数据报告》进行了详细阐述。

该报告由中国翻译研究中心和译云™联合发布，基于译云™平台、YEEKIT™工具平台收集、汇总的大数据整理和分析，通过一系列数据图表，从多个维度展示了关于语言服务用户、语言服务提供者的信息，包括用户的地域分布、行业领域、语种需求、语言提供者特征等等。报告彰显了大数据的价值，直观展现了译云™语言服务在一年中的新特征，从多方面呈现了大数据与语言融合发展的趋势，折射出语言行业未来的发展方向。（赵　桐）

荣宝斋举办“范曾迎新画展”

2016 年 12 月 27 日，“范曾迎新画展”在荣宝斋开幕，这是当代大儒范曾先生自 2013 年以来的首次画展，共展出范曾先生书画作品 171 幅，作品题材丰赡，风格隽雅，彰显了范先生丰厚的人文学养和诚淳情怀。《范曾迎新画展作品集》由荣宝斋出版社同期出版发行。

在艺术品市场萎靡不振的当下，范先生以

“激浊扬清、去伪存真”为己任，开办展览，体现了范先生对中国传统艺术的真挚热爱和敢于担当的赤诚之心，也足见范先生对荣宝斋这个民族品牌情有独钟。此次展出的所有作品，全部进行作品防伪认证和备案，每幅作品均由“范曾书画鉴定中心”颁发“范曾书画认证证书”。

（刘　岑）

荣宝斋举办范曾“宇宙无限初心不朽”主题演讲

2016 年 12 月 28 日，荣宝斋特邀请范曾先生举办“宇宙无限初心不朽”主题演讲。范曾先生以其贯通中西的学养，博厚仁爱的胸怀，从人类对宇宙的认识开始，到人类对文明的理解以及对文化的探究，讲到守护“初心”是不为外物所动的“根本善”，我们所面临的不只是全民族精神大厦的建设，同时面临着全世界人心的救赎。劝导大家应该永远铭记与呵护这些在中国文化史上出现的光辉之词：初心、天地精神、根本善、至善、致良知、赤子之心。

中国出版集团公司党组书记王涛，荣宝斋常务副总经理范存刚先后致辞，文化部原副部长、中国艺术研究院名誉院长王文章，全国人大常委、全国人大法律委员会副主任、中国法理学研究会会长徐显明，著名收藏家马未都对范先生的演讲做了精彩点评。演讲由荣宝斋副总经理唐辉主持。

来自各地的收藏家、书画艺术爱好者共 600 余人聆听了范先生的演讲。（刘　岑）

人力资源工作

中译出版社举行“中层干部竞聘上岗竞聘会”

2016年2月2日，中译出版社举办了“中层干部竞聘上岗竞聘会”。会议邀请了中国出版传媒股份有限公司出版业务部主任刘祚臣参加并作为评委与中译出版社领导共同组成七人评委组，现场评分。本次竞聘共有十个岗位，分别是业务部门的正副职位，一共有12多人参加竞聘。竞聘者围绕自己的工作成绩、竞聘优势、未来发展规划等内容进行演讲与陈述。评委们对参加竞聘人员的素质、能力、品德等进行了综合评定，经过充分协商，初步确定了本次竞聘的上岗人选名单。

人力资源部在履行了选人用人的相关手续之后，最终确定了十位竞聘岗位的人选。本次竞聘会是为了进一步推进中译出版社人事制度改革，拓宽选人、用人渠道，造就一支高素质的骨干队伍，实现“人才强企”的战略目标而开展的，对中译出版社实施机制体制创新、选拔优秀人才起到了积极的作用。（茹　慧　符　勇）

中国美术出版总社举办中层干部竞争上岗演讲答辩会

2016年2月20日，中国美术出版总社举办了中层干部竞争上岗演讲答辩会。19位同志参加了六个部门的10个中层管理岗位竞聘。

人力资源部拟定了周密的方案，专门召开了中层干部会进行动员，并通过组织推荐和自荐的方式报名。整个竞聘工作得到各部门员工的积极响应，共有20多位同志报名，经过资格审查，19位同志参加竞争上岗。

演讲答辩会全程由人力资源部聘请的双高志远管理咨询公司作为第三方组织实施，并由该公司针对本次竞聘进行命题、监考和评分统计。答辩会伊始，双高志远管理咨询公司对考官做了培训。考官共有17位，由集团领导、总社领导班子成员、工会主席、社长助理、总编辑助理、各图书产品线负责人、主要职能部门负责人、兄弟单位分管经营工作的领导组成。主考官请中国出版集团公司党组成员、中国出版传媒股份公司副总经理樊希安担任。竞聘人员围绕自己的工作业绩、竞聘优势、对新岗位的认识和对未来工作的设想上台演讲，随后回答一道必答题和一道选答题以及现场评委的提问。整个答辩会在公开有序的氛围中顺利进行。演讲答辩结束后，对有关岗位的人选还将进行深入考察。（郝　赫）

中国出版集团公司党组成员、副总裁刘伯根出席华文出版社2015年度领导班子述职会

2016年3月1日，华文出版社召开2015年度领导班子述职会。中国出版集团公司党组成员、副总裁刘伯根，集团人力资源部主任聂静等出席会议。华文出版社领导班子成员、中层领导、副高级以上职称人员及职工代表参会。

会上，总编辑李红强代表社领导班子做2015年度述职报告。社领导班子成员总编辑李

红强、副总编辑张力慧、副社长李庆、副总编辑方明亮分别做个人述职报告。

刘伯根做重要指示。他指出，班子年度考核是按照集团公司党组既定要求贯彻落实的一项重要工作，既是对班子成员的考核，也是全体同志行使权利的渠道，有重要的意义：第一，领导班子年度考核是加强班子建设和干部管理的重要环节；第二，“一报告两评议”是考察、检验班子的重要举措；第三，由集团公司领导出席考核是述职的重要方式，一方面便于集团公司掌握各单位情况，一方面也会加强集团对各单位工作的支持。他指出，规模小的单位，班子既要掌握发展方向，同时要直接深入经营细部、研究经营发展的方式方法；而创业时期的班子，也比守成时期的班子面临更切实的挑战。华文出版社正处于出版规模、风格逐步形成的上升时期，班子在引领出版社发展方面尤为关键。

他强调，华文出版社正在展现自身特色，“华文”二字可做足文章，华文出版社有做好“中国特色”的禀赋，在展示“华人的风采”、发出“华人的声音”、阐释“华人的道路”、呈现“华人的视角”等方面已经有一定的探索，也有广阔的前景；下一步发展中，华文出版社可以承载华人的共同追求为目标，充分深挖“华文”特色，巩固挖掘统战资源。此外，一定规模是占有市场资源的基础，华文出版社的现阶段要在发挥特色的基础上“又快又好”发展。（黄珊珊）

人民文学出版社组织“开展岗位大练兵、争做优秀出版人”系列讲座第三讲

2016年3月15日，人民文学出版社邀请商务印书馆总编辑周洪波举办“开展岗位大练兵、争做优秀出版人”系列讲座第三讲。社长管士光、党委书记张贤明、副社长李春凯和全体编辑人员、部分发行策划人员参加培训讲座，讲座由总编辑刘国辉主持。

周洪波此次讲座的主题是：《品牌的维护和创新》。他从商务印书馆的宗旨和愿景、辞书的维护、资源的维护，以及队伍建设等四个方面介绍了商务印书馆近年来的出版追求和取得的成就。商务印书馆以“服务教育，引领学术，担当文化，激动潮流”为品牌定位，坚持做高质量的、自主产权的辞书，打造工具书的王国；用“汉译世界名著”“中华现代学术名著丛书”“中华当代学术辑要”等图书打造学术出版的重镇；用“社科好书”做好大众文化的纽带，用这“三大类产品”思想推动文化发展、社会进步。在资源维护中寻求战略合作伙伴，建立常态交流机制，以扩大品牌影响力；注重对作者队伍的培养，以定期举办沙龙的形式聚拢作者资源；打通海内外等多种途径培养作者队伍，从而带动推广图书产品。

讲座结束后，刘国辉在总结中要求人民文学出版社编辑要向商务印书馆的编辑学习，特别是在品牌维护、产品线确定、维护作者资源等方面，充分借鉴兄弟出版社的经验，提升和创新人民文学出版社编辑工作的水平。（顾　乡）

中国图书进出口（集团）总公司组织机构调整和干部改革基本到位

2016年3月，根据中国图书进出口（集团）总公司自身主业转型和改革发展的需要，确保“十三五”期间全面实施“五型发展”战略，实现“数字中图”的建设目标，总公司进一步调整优化组织结构、业务流程和资源配置，此后，人力资源部会同各部门抓紧开展相关工作，基本做到组织机构调整到位、干部调整基本到位。具体情况如下：

一、职能部门的设置与调整

（一）经理办公室增加战略研究、战略管理和审计职能。

（二）资产管理与审计部更名为投资与资产经营部，审计职能并入经理办公室。

调整后，职能部门有经理办公室、人力资源部（外事部）、计划财务部、投资与资产经营部、党群工作部、行政部共六个部室，另设基建办公室（临）一个临时机构。

二、业务中心的设置与调整

（一）成立教育教材中心，承担原图书进口中心教材业务部市场营销及服务职能，同时开拓培训教育市场。下设市场部、销售部、综合部。

（二）成立发行中心，承担原报刊电子出版物进口中心、图书进口中心、音像部、图书出口中心、外籍非当天到货以及大众市场的发行职能；承担原通关配送部的仓储及机场提货以外的运输职能。下设综合部、仓储部、发行部、配送部。

（三）营销中心增设数字营销部，专门负责易阅通等数字产品推广与销售。原图书进口中心批销业务部的艺术图书馆配业务并入营销中心。

（四）报刊电子出版物进口中心更名为报刊进口中心；外籍人员服务部的报刊进口职能及数字发展中心的进口报刊元数据加工工作并入报刊进口中心，负责公司报刊（含外籍报刊）的进口以及编目、元数据加工和内容审读工作。下设数据部、进口部和综合科。

（五）保留图书进口中心，负责全部图书的进口以及编目、马克加工等工作。下设数据部、进口部、综合科。

（六）保留出版物出口中心，负责公司出口图书、报刊、音像制品、电子出版物等产品的采购、编目及营销工作。下设数据部、采购部、市场营销部及综合科。调整后形成报刊进口中心、图书进口中心、营销中心、数字发展中心、出版物出口中心、国际会展中心、教育教材中心、发行中心、内容审读中心共九个业务中心。

三、业务及保障部门的设置与调整

（一）成立大众市场部，整合统筹电商和零售业务，负责儿童图书、电商和零售业务；与中图外文书店合并运行，实行一套人马，两块牌子。

（二）通关配送部更名为通关业务部，承担原通关配送部通关、保税库及机场提货职能。

（三）海外拓展部更名为国际出版业务部，负责版权贸易合作及海外出版业务。

（四）保留外籍人员服务部，负责外籍客户（含北京和外埠）以及日、韩外籍客户当天到货海外报刊的收订、发行以及酒店、机场等地的代销业务。

（五）保留音像部，负责公司音像制品进口、编目及市场销售工作。调整后形成外籍人员服务部、音像部、大众市场部、国际出版业务部、通关业务部共五个业务及保障部门。

四、相关业务关系说明

（一）报刊进口中心、图书进口中心、数字发展中心、出版物出口中心、音像部等业务进口中心、部门负责所经营产品（服务）的策划、编目、数据加工、进（出）口、采购和国际运输工作，是所经营产品（服务）的成本主控部门。

（二）营销中心、教育教材中心、出版物出口中心、大众市场部、外籍人员服务部、音像部负责市场推广，完成对客户的销售（收订）工作，是所经营产品（服务）的质量主控部门。

（王玉梅）

现代教育出版社举办员工业务系列培训

2016年3～9月，现代教育出版社共举办五场业务培训，内容涉及图书零售市场、编辑修养及编校质量、主题出版等方面，旨在提升我社编辑、发行业务能力，弥补因人员结构年轻存在的经验不足、业务不熟练、原始积累少等现状，以提升人才队伍的综合素质、业务能力。另外，现代教育出版社也鼓励编辑人员参加国家新闻出版广电总局、中国编辑学会等举办的各类培训学习，以提升业务能力。（杨　静）

人民音乐出版社举办“出版策划与品牌影响”专题讲座

2016年4月12日，人民音乐出版社根据中国出版集团公司围绕“两调四强”积极打造“三六构想”升级版的战略部署，为了进一步拓展创新思路、加强业务培训、强化骨干人才队伍建设，特邀中国新闻出版传媒集团有限公司党委委员、董事，中国新闻出版广电报社副总编辑冯文礼做了“出版策划与品牌影响”专题讲座。社班子成员、全体中层干部以及全体编辑参加了讲座，副总编辑赵易山主持讲座。

冯文礼就出版业的发展趋势进行了全面介绍。他指出出版业应抓好几个机遇。一是文化需求要借力“文化消费计划”；二是纸质阅读仍有较大市场需求；三是新型阅读方式增长明显；四是新技术孕育出版新业态；五是跨界融合拓展产业链和发展空间。冯文礼还重点阐述了如何破解出版策划难题。一是策划要既“有意义”，也“有意思”；二是要提高策划力，选题策划时要加强传播力、引导力、影响力和公信力这“四个力”，要运用好凝一个氛围、攥一个拳头、找一个依托、树一个思维、聚一个力量这“五个一”。最后，他对编辑成长、选题策划、业务拓展、媒体融合等方面的工作，提出了坦诚的建议和热切的期待。

通过讲座，全社编辑学到了很多新闻人的经验，并可以有效地转化到出版人的业务工作中。

（李　俊）

生活·读书·新知三联书店举办2016年度编校质量业务培训

2016年4月20日，生活·读书·新知三联书店举办了2016年度编校质量业务培训。培训共四讲，分别邀请店内外专家进行授课。生活·读书·新知三联书店全体编校人员共五十余人参加了培训，并按照店里要求进行了测试及点评。

生活·读书·新知三联书店总编辑翟德芳做开班动员，并主讲“编校质量：问题与对策”，从总体上通报了店内图书编校质量状况、存在问题、解决办法，以及加强质量管理的举措；人民出版社编审吴海平以“忠于职守，提高素质，踏实工作”为题分享了他从事校对工作多年来的切身体会；中国社会科学院语言文字研究所副编审李志江重点讲授了异形词以及语词规范问题；生活·读书·新知三联书店审校中心李阳汇总了店内书稿中常见的编校错误，进行业务交流。

（关丽峡）

中国大百科全书出版社举办“儿童阅读与心理发展”培训讲座

2016年4月29日，中国大百科全书出版社邀请北京师范大学心理学院教授、博士生导师，教育心理与心理健康研究所所长伍新春为出版社员工做了主题为“儿童阅读与心理发展”的培训讲座。

本次讲座的目的在于加深编辑对儿童心理的理解，以期编辑能在儿童书刊的出版中有所收获。伍新春从实际工作角度出发，将自己多年的研究成果与宝贵经验与编辑们分享，结合实际案例，从多方面进行了生动详细地讲解。中国大百科全书出版社三版内容中心等部门七十余名编辑参加了本次培训活动，大家纷纷表示受益匪浅。

（尹添铭）

中国大百科全书出版社举办“怎样审读框架条目表”编辑工作培训讲座

2016年5月6日，中国大百科全书出版社邀请中国大百科全书出版社编审孙关龙为出版社员工做了主题为“怎样审读框架条目表”的编辑工作培训讲座。

本次讲座的目的在于加深编辑们对编制框架条目表重要性的认识，提高年轻编辑对于框架条目表的审读能力。孙关龙从实际工作角度出发，将自己多年工作积累的宝贵经验与年轻编辑分享。从框架条目表的重要性、框架条目表的审阅标准等方面结合具体实例进行了生动详细地讲解。他强调，学科框架条目表是全书的基础，决定全书的质量，一定要编制好，要慎之更慎。中国大百科全书出版社三版内容中心等部门40余名编辑参加了本次培训，大家纷纷表示受益匪浅。

（尹添铭）

中国出版集团公司荣获2015年度“中国人力资源开发与管理优秀企业奖”

2016年5月26～27日，由国家发改委主管的行业协会——中国人力资源开发研究会主办的“2016年人本中国论坛”在北京召开，并公布评选出的“2015年度人本中国奖”，中国出版集团荣获“中国人力资源开发与管理优秀企业奖”。

《2016年人本中国论坛》是由中国人力资源开发研究会主办的最权威、最高端的人力资本论坛，是人力资源领域最高规格、最具规模效应和影响力的行业盛会，2016年是第四年举办。国家发展和改革委员会副秘书长范恒山，海尔集团董事局主席、首席执行官张瑞敏，中国人力资源开发研究会会长刘福垣等作为2016年人本中国论坛特邀嘉宾，出席大会并讲话。

中国人力资源开发与管理优秀企业奖以人力资源开发与管理体系科学、完整、有效，有先进的以人为本的企业文化，企业员工关系和谐，有良好的雇主形象，关注员工的职业生涯发展，员工对企业有着较高的忠诚度，积极承担社会责任，有着良好的企业品牌形象和美誉度作为企业评选的标准。“十二五”期间，集团公司实施“人才强企”战略，并以制度建设为基础，以体制机制创新为突破口，以人才培养为着力点，不断增强企业发展内生动力。2014年印发《中国出版集团公司推动所属企业人事、分配制度改革30条》以来，通过探索与实践，不断深化人事和分配制度改革，建立科学的人力资源管理体系，完善具有文化特色的现代企业制度。此次获奖，有助于提升集团的品牌影响力，树立集团的现代企业形象。（郝玉娟）

新华联合发行有限公司完善企业培训体系

2016年5月，新华联合发行有限公司初步建立了包括企业介绍、员工手册、行业介绍、企业运营情况介绍的入职培训体系。年内实现了对73人次的培训，向参训人员普及了企业的发展情况、业务流程、管理制度等。人力资源部组织开展了企业内部拓展、Office办公软件等专题培训，并结合业务需求，主动寻找和发现适合的管理培训课程，先后派出参加外部公开课培训20余人次，丰富了培训的类型，为员工的技能提升提供了资源。

完善后的企业培训体系，极大地提升了企业的综合竞争力。新员工培训有效增强了刚来到企业的员工对企业的归属感和主人翁责任感；拓展培训则促进了企业与员工、管理层与员工层的双向沟通，增强了企业向心力和凝聚力，塑造了优秀的企业文化；办公软件等专题培训更是提高了员工综合素质，促进生产效率和服务水平提升，增强企业赢利能力。（白　雨）

东方出版中心2016年青年员工培训班举行

2016年6月12日至14日，东方出版中心2016年青年员工培训班举行。东方出版中心党委书记、纪委书记、副总经理董玲出席开班典礼并做动员讲话。

董玲在开班动员时说，全体学员要珍惜难能可贵的培训机会，切实做到：学有所获，不忘初心，继续前进，在推动图书出版主业发展中发挥应有作用。领导讲话提振了信心，为学员更好学习、更快成长提供强大的精神动力。

培训特邀长期工作在出版一线、实践经验丰富、专业技术娴熟的业务骨干组成师资团队。三位骨干以生动丰富的实例分析、生动形象的实战演说，分享出版工作的经验体会，详细介绍图书编、印、发的实用技巧，具有很强的指导性、针对性和启发性。贴近实践的教学，实现了青年员工从“专业知识无形化”到“履职技能有形化”。

培训中，首度尝试开设“头脑风暴”培训课程，并巧用“分组讨论”方法，组织学员就“如何多、快、好、省地做强图书出版主业”主题展开交流讨论。讨论中，学员们集思广益、群策群力，在思想火花无数次的碰撞中，找出更多提振主业的创新思路、方法及举措。（金洁蓉）

人美学院开学

2016年6月29日上午，人美学院开学。中国出版集团公司党组成员、中国出版传媒股份有限公司副总经理李岩以“新时期编辑的文化理想与使命担当”为题做了首次讲座。中国美术出版总社党委书记周伟主持，社领导林阳、欧京海、高世屹出席，中层以上干部、全体编辑100余人参加培训。

开办人美学院，是为了适应美术出版业的发展，推动总社人才培训体系的不断完善，不断提高员工素质。经过多次会议研究，总社决定打造人美学院这一学习品牌，主要举办编辑出版业务、管理和营销培训，开办艺术讲座。计划每两周举办一次培训，每次邀请1～2名资深出版专家或者美术领域的专家学者，讲授有关业务和艺术类方面内容。编辑出版业务包括审稿、编辑加工规范、出版法规、成本核算、市场营销等，艺术讲座包括作品欣赏、美术史论、艺术品市场、中外艺术比较等。努力推动员工培训工作日常化、规范化、长期化，为员工进修学习提供良好条件，不断提高员工的业务水平和艺术修养，培养出一支高水平的人才队伍。

李岩从编辑的文化理想与人文情怀、编辑的职业素养和操守和新媒体环境下的出版及营销创新三个方面做了讲座。（郝　赫）

中国大百科全书出版社举办辞书编辑专题培训讲座

2016年7月25日，中国大百科全书出版社邀请商务印书馆数字出版中心主任孙述学，为社编辑做了题为《商务印书馆辞书数字出版简介》的讲座。《中国大百科全书》第三版、百科全书编纂中心、少年儿童百科全书分社、教育分社、对外合作中心等编辑部门四十余名编辑和技术人员参加了本次讲座。

孙述学紧密围绕编辑工作实际，结合自身工作经验，通过大量案例，从三个部分进行了深入浅出地讲解。第一部分，详细介绍了五个辞书编纂系统。第二部分，从辞书生产数字化的宏观思路、语料库建设、资源库建设、辞书编纂系统、数字产品等几个方面详细介绍了商务印书馆辞书数字出版的相关情况。第三部分，分享了自己对于辞书编纂现代化的思考。

讲座的问答环节，孙述学和出版社编辑进行了积极的互动交流。（尹添铭）

中国大百科全书出版社举办2016年新职工岗前培训

2016年8月15～19日，中国大百科全书出版社进行了为期一周的新职工岗前培训，共有40位新员工参加了本次培训。

本次培训内容丰富，形式创新，采用教学式培训、交流式培训和体验式培训相结合的方式，从多方面设计了培训课程。在印刷厂的参观让新员工亲身感受到书籍的印制过程；拓展训练则让新员工增进了了解，加深了对团队精神的理解。学员们纷纷表示，培训内容充实，收获颇丰。

社长刘国辉在第一堂课即为大家指出方向，呼吁大家要坚定理想，沿着先人的足迹，脚踏实地，勠力前行。本次培训内容涉及社情社史、企业文化、百科全书及其创新、图书市场演变与出版社营销对策、出版法律法规、编校质量及合同管理、百科全书校对方法、稿件的编辑处理、编辑修养以及人力资源管理制度。除此之外，出版社还安排新员工到华联印刷厂进行参观，从印前制版到印后加工，让新员工亲身感受书籍的印制过程，了解一本书诞生的故事。一周的时间，使新员工对编辑工作职业素养有了更深入的了解，对本社的文化、现状、项目情况有了系统而全面的认识，坚定了新职工成为一名合格百科人的信心。（尹添铭）

中译出版社举办2016年度新员工入职培训

2016年8月29日～9月1日，中译出版社举办2016年度新员工入职培训，共有20名新员工参加培训。

在为期3天的培训中，总编辑张高里介绍了中译出版社的现状及未来发展方向，告诫新员工要从基础工作做起，认真工作，积累经验，培养承担重要工作的能力。党委副书记、副总编辑吴良柱同志对新员工进行了职业道德教育，教导新员工在新形势下如何做一名合格的出版人；各部门负责人分别从不同的业务角度对中译出版社的基本情况进行了讲解，课程内容涵盖了人事、财务、编辑、出版、发行等方面。

培训课程结束后，公司召开了培训总结会，各位新员工畅谈了培训的心得体会，同时也对培训的组织工作提出了新想法、新思路。

此次培训使新员工全面了解了公司的发展历史，感受到中译出版社的企业文化，熟悉适应了工作环境，培养了职业归属感，掌握了基本的工作要领和方法，较快地进入岗位角色。

（于文超　茹　慧）

中国大百科全书出版社 2015 年导师制结业典礼暨 2016 年新职工拜师见面会举行

2016 年 9 月 5 日，中国大百科全书出版社 2015 年导师制结业典礼暨 2016 年新职工拜师见面会在一层报告厅举行。2015 届 40 位学员顺利毕业，在自己的专业上向前迈进了一大步；36 位新学员带着前辈的经验与寄托，开始了新的百科开拓之路。

2016 年出版社导师制在原有制度基础上又新成立了“导师评审委员会”，对每位学员递交的论文进行评审，并在结业典礼上把优秀论文的选题思路、论文主要观点及在论文写作过程遇到的问题、解决途径等与大家沟通分享。本次分别选出一、二、三等奖优秀论文共 7 篇。

拜师见面会中，社长刘国辉、党委书记刘晓东分别为 2016 级导师们颁发聘书，学员们也上前对导师鞠躬行拜师礼，并合影留念。新员工王月表示：作为新百科人，刚刚踏上工作岗位，要珍惜向前辈学习的机会，虚心求教，积极学习，严谨敬业，诚心精心。导师代表徐世新提到，百科事业是个薪火相传的事业，年轻人要在老一辈编辑传帮带下慢慢成长起来，希望导师和学员在沟通和交流中教学相长，将百科事业一代代传承下去。

刘国辉在发言中首先祝贺 2015 届学员顺利毕业；其次是感谢学员们一年不断努力获得成长，感谢导师们无私奉献才华，为百科事业继续发光发热。他提出在新的时代要建立新型师生关系，让我们百科全书的精神、学识、技艺、思想一直传承下去。

（尹添铭）

人民音乐出版社举办“回归自然的教育”分享交流活动

2016 年 9 月 13 日，人民音乐出版社举办了“回归自然的教育”分享交流活动，由作品编辑室编辑裴珊介绍赴芬兰参加“彩色弦”培训的收获与体会。本次活动由社党办、团支部举办，党委副书记周群主持，副总编辑赵易山及全体编辑、新入职员工、团员参加了本次活动。

2016 年 8 月，裴珊被出版社派往芬兰参加在东赫尔辛基音乐学院举办的“彩色弦”教学研讨会，获得培训资质认定证书，是首位获得此项证书的中国人。赵易山对裴珊的出访学习给予了充分肯定和高度评价，特别提出“做受人尊重的音乐出版人”和“创造出受人尊重的音乐出版物”是我们每一位人音人都应该坚定的信念和努力的目标，并鼓励大家发挥专业所长，迅速成长为一名在某一专业领域拥有话语权并有创造力的合格编辑。周群希望本次分享交流活动能够促进大家的相互了解和彼此促进。希望通过这些学习实践活动，让员工树立远大的理想，提升员工的综合素质，不要在该奋斗的年纪选择安逸。每一位人音人都应该以敬业精神、专业要求、兴奋状态在各自的岗位上尽职履责，一起维护和光大人音社这块金字品牌。

（黄亚超）

生活·读书·新知三联书店举办 2016 年度新员工入职培训

2016 年 9 月 13 日～11 月 8 日，生活·读书·新知三联书店进行了为期两个月的 2016 年度新员工入职培训，为使新员工了解三联书店的企业文化，掌握工作要领、工作程序和工作方法，尽快进入岗位角色。此次培训采用的形式主要是由多位富有编辑出版工作经验的领导、前辈进行集中授课，培训共 12 讲。

生活·读书·新知三联书店前任领导沈昌

文、董秀玉分别以“三联书店广阔天地——五十年内我在三联所感受到的”“谈谈三联的文化理想”为题，讲述三联书店的历史传承与实践经验；总经理路英勇深入分析了三联书店“十三五”时期的发展规划，总编辑翟德芳着重谈论了出版定位与编辑角色，副总经理张作珍介绍了三联书店经典营销案例，副总编辑舒炜、郑勇、常绍民分别从各自分管的角度讲解了三联书店的学术出版与编辑传统、三联书店的文化出版传统以及三联刊物出版情况。总编室、美编室、出版部以及数字出版与营销拓展中心的负责人分别从其主要负责的工作出发，为新员工讲课。（崔　萌）

中国对外翻译有限公司举办
2016年新员工岗前培训活动

2016年9月13～19日，中国对外翻译有限公司对新入职员工进行为期7天的入职教育培训，11名员工参加了此次培训活动。培训内容涉及企业文化、职业道德规范、公司管理制度等方面。此次引进社会专业人才5人，校园招聘6人，实现100%本科以上学历，为公司的业务发展提供优质人才保障。（赵　桐）

中国大百科全书出版社
举办编辑基础专题培训

2016年9月21日，中国大百科全书出版社邀请中国社会科学院语言研究所李志江，为编辑们做了题为《语言文字知识和图书编校差错分析》的讲座。中国大百科全书三版内容中心、少儿百科分社、教育分社、对外合作中心等编辑部门百余名编辑和技术人员参加了本次讲座。

李志江结合自身工作经验，通过大量的实例，以风趣幽默的语言从字、词、句三个方面为编辑进行了深入浅出地讲解。本社编辑听得极其认真，在练习题环节积极参与其中，李志江也配合大家用心细致地分析了每一道习题。

讲座结束后，一些编辑留下来与李老师进行交流。参加此次培训的员工普遍反映讲座内容非常实用，对提高自身业务素质帮助很大，并希望以后多举办类似的培训。中国大百科全书出版社始终坚持建设“学习型组织”，满足员工需求，持续开展形式多样的每月培训活动，帮助员工全面提高理论功底和业务素养。（尹添铭）

中国出版集团公司举办
“三个一百”人才培训班

2016年10月11～14日，中国出版集团公司在北京举办“三个一百”人才培训班。中国出版集团公司党组成员、中国出版传媒股份有限公司副总经理李岩代表集团公司领导做开班动员，集团公司总裁谭跃发表“争做新时期领军人才”重要讲话。培训班邀请了北京大学哲学系教授楼宇烈，中宣部出版局局长郭义强，国家新闻出版广电总局科数司副司长冯宏生、出版管理司副司长李一昕、出版产品质检中心主任王冰，中央党校国际战略研究所国际关系与台港澳研究室主任赵磊，中国编辑学会会长郝振省，当当网前副总裁王悦等授课，集团公司第一批、第二批“三个一百”人才220余人参加了培训活动。

“三个一百”人才工作目的是为“六大战略”点将、为“三化目标”选才。旨在3～5年内，培养百名优秀编辑人才、百名优秀营销人才、百名优秀数字化和国际化人才，为到2020年基本建成国际著名出版集团提供有用、有力、有效的人才后备军。（李　巍）

中版集团数字传媒有限公司
举办数字化业务培训班

2016年10月19日上午，中版集团数字传媒有限公司举办数字化业务培训班。本次培训由刚刚参加美国佩斯大学数字化专题班归来的资源中心经理刘影和有声事业部经理刘靓授课。总经理赖雪梅、党总支副书记孙竞、中层干部和员工共21人参加。

孙竞在总结发言中指出，两位同志通过20

天的培训、参观、研讨和学习，了解了在新媒体环境下，美国出版业的发展趋势，积极寻求数字化转型的不同路径以及不断实现盈利的成功商业模式。虽然我们国情和市场环境不尽相同，很多模式不能简单移植，但对我们未来如何强化创新意识、主动把握转型机遇，寻求媒体融合发展新模式，努力打造大型的数字化出版公司有着重要意义和深刻启示。（李　铃）

中国大百科全书出版社举办中层干部专题培训

2016 年 10 月 20 日，中国大百科全书出版社领导班子成员和中层干部参加了稻盛和夫（北京）管理顾问有限公司主办的专题培训《阿米巴经营活用一企业如何制定年度计划》。

稻盛和夫被日本企业界尊为“经营之圣”，利用半个世纪打造出京瓷和 KDDI 两家世界 500 强企业，创造了阿米巴经营体系。稻盛和夫（北京）管理顾问有限公司特聘讲师藤井敏辉以“阿米巴三大支柱”为基础从京瓷制定年度计划要点的思路演变、如何用阿米巴经营方式制定年度计划、京瓷制定中期事业计划的思考依据是什么、年度计划和中期事业计划与月度预算的实际运用方式介绍四个方面详细讲解了企业如何制定年度计划。由具有多年阿米巴经营管理经验的过立门先生担任翻译。与会人员在培训讲义中认真记录培训要点，表示回去后要再仔细学习，认真体会，将所学的知识应用于工作实际。（尹添铭）

人民音乐出版社组织中层编辑骨干驻厂学习调研

2016 年 11 月 8～18 日，人民音乐出版社根据中国出版集团公司人才强企的战略要求，为加强对编辑业务骨干的培训，提高编辑人员的综合业务能力，两次组织中层编辑骨干进行了为期四日的驻厂学习调研活动。调研第一站来到北京乐友排版公司，公司负责人向大家详细介绍了他们的生产流程管理体系、乐谱排版和文谱排版的特点和注意事项，并带领大家参观了排版室，让大家更直观地了解了文、谱图书的制作过程。第二站来到北京美通印刷有限公司，公司负责人给大家讲解印前、印刷和装订的全流程，并带领大家走进车间近距离接触了解纸张、传统制版、数码输出、印刷和平装书装订。最后一站来到新华印刷有限公司，为让大家更易理解和接受印装专业知识，公司特别安排每个车间专人负责对各道生产环节进行业务讲解和问题解答。

中层编辑骨干在学习调研过程中积极提问交流，同时结合自身工作进行了思考。大家纷纷表示，为期四天的驻厂交流学习收获良多，会把此次学习实践中的学习成果运用到今后的实际工作当中，进一步优化工作流程，提高成本意识。在调研活动圆满结束后，参加人员均提交了一篇驻厂学习调研的学习体会。（范秋雪）

中国大百科全书出版社举办2016 年“伙伴计划”启动仪式暨2016 年青年论坛活动

2016 年 12 月 14 日，中国大百科全书出版社举办了 2016 年“伙伴计划”启动仪式暨 2016 年青年论坛。

“伙伴计划”是中国大百科全书出版社为新员工组织的正规培训外的一种日常辅助培训与辅导方式，为使新员工能够尽快进入工作角色，熟悉各项规章制度、行为规范、企业文化，同时提高老员工业务知识和工作积极性，充分发挥新老员工潜力，不断为出版社培养德才兼备的优秀人才。本次活动共结成十对“伙伴”，“伙伴”组合的方式也突破了部门的界限、岗位的界限，指导人代表及新伙伴代表纷纷进行了发言，大家对“伙伴计划”充满期望。

青年论坛作为百科社的精品活动，给大家提供了一个分享工作成果、工作感悟面对面交流的机会，借助这个平台充分发挥社里中坚力量的主观能动性，进一步在工作中开拓创新。本次论坛大家积极发言，骨干员工积极发挥主观能动性，充分交流沟通，为以后进一步在工作中开拓创新建言献策。

交流活动后，社长刘国辉首先对“伙伴计划”的启动表示了肯定，其次对于看到大家踊跃交流的行为也深感欣慰。他指出，在百科社深化“项目制”的契机下，希望大家通过“伙伴计划”与青年论坛，提升自身的素质，做到有自信、懂专业、勇于承担责任，尽快能够在各自的领域上独当一面。在每道光束下，绽放自己的色彩。

（尹添铭）

经营管理

人民文学出版社 2015 年年终总结大会召开

2016 年 1 月 19 日，人民文学出版社召开 2015 年年终总结大会。会议由总编辑刘国辉主持，社长、党委副书记管士光代表社务会、社党委做了工作报告。

2015 年，人民文学出版社在全国文艺图书零售市场占有率为 3.18%，排名第 4。在文学市场占有率为 4.65%，排名第 3（数据由北京开卷信息技术有限公司发布）。2015 年人文社发货码洋再创历史新高，发货总码洋近 6.6 亿，较 2014 年增长 30.44%；退货码洋 5407.74 万，退货率为 8.19%，为历史新低，首次降到 10%以下。2015 年发货累计超过 10 万册的品种有 32 种，发货码洋 2.028 亿；与 2014 年相比，增加了 5 个品种，发货码洋增加了 8750 万。2015 年发行部全年回款为 2.68 亿，销售收入 26497.87 万，回款和销售收入均创历史新高。

2015 年，从全年新书发货情况看，新书发货超过 10 万册的有两种，分别是《抗日战争》（1—3）、《群山之巅》，虽然较 2014 年的 6 种有所减少，但总体发货码洋增长较多。同时，人民文学出版社有多种图书荣获了国家级和地方奖项，也入选了各种重点媒体的推荐书单。

会上，管士光还对 2016 年重点工作进行了部署。在 2016 年，要继续保持“风清气正、稳中求进”的总态势，继续加强品牌建设，全面提升人民文学出版社品牌的影响力。要继续挺拔主业、丰富品种，多出精品图书。2016 年是我国“十三五”规划的开局之年，更是纪念建党 95 周年、纪念长征胜利 80 周年、孙中山诞辰 100 周年，我们要提前筹划重点选题的开发和出版工作。要在以往工作基础上，使主题出版的重点亮点图书和影响进一步扩大；针对人民文学出版社常销品种多、板块布局相对分散的特点，要认真调研市场，加大规划力度，充分准备，主动出击。对“语文新课标必读丛书”的升级改造，应尽快启动；抓重点亮点新书《匿名》《极花》《慈悲》《无愁河的浪荡汉子·八年》等的出版和营销工作；抓重大项目，做好《汪曾祺全集》《巴金全集》（修订版）等重大项目的出版工作；以 65 周年社庆为契机，做好企业文化建设。要加强队伍建设，全面提高企业管理水平，继续增强出版社的整体实力和竞争力。

最后，党委书记、副社长张贤明宣读了《关于评定 2015 年度单项奖的决定》，副总编辑应红宣读了《关于评定 2015 年度先进部室、先进员工的决定》，副社长李春凯宣读了《关于表彰 2015 年度先进党支部、优秀党员的决定》，副总编辑周绚隆宣读了《关于第二届“白鹿当代文学编辑奖”评选结果的决定》。（顾　乡）

新华书店总店 2016 年度工作会议召开

2016 年 1 月 28 日，新华书店总店（以下简称“总店”）2016 年度工作会议召开。中国出版集团公司党组成员、副总裁潘凯雄出席会议并做重要讲话，新华书店总店总经理茅院生、党委副书记柏万良、副总经理张雅珊、陈新，总店全体在职人员、所属公司负责人和离退休员工代表参加会议。会议由副总经理张雅珊、陈新主持。

潘凯雄充分肯定了总店在经济环境下行的情况下能够逆势上扬，圆满完成各项工作任务，在经济和社会效益方面都取得了较好的成绩。指出，总店2015年按照既定战略狠抓落实，各项工作令人印象深刻。一是精神面貌好。领导班子有奉献精神，有攻坚克难的能力，员工团结奋进。二是工作落实好。工作目标基本实现，重大项目扎实推进，抓铁有痕，落实有力。三是体制创新好。信息中心顺利实现改制，组建了推进总店转型发展的专业化公司；建立了产权清晰、权责明确的公司治理体系。四是品牌运营好。围绕产业转型和业务创新，扩大总店影响力。五是企业文化好。总店以人为本，改善了工作环境，提高了职工收入，建立了扶贫帮困基金，给全体老同志增加了生活补贴等。六是经营业绩好。营业收入、利润、员工薪酬较上年均大幅提升，人才队伍短缺的发展窘境得到大大改善。

潘凯雄对总店2016年的工作提出五点要求，一是要继续加强学习，巩固和落实“三严三实”教育成果。二是要继续加大改革创新力度，扎实推进落实既定项目。三是继续做好品牌的建设与运营。拓宽壮大总店实力的渠道与途径。要为品牌注入新的元素，使得品牌历久弥新。四是继续抓好队伍与人才建设。培养已有人才，引进外来人才。五是继续加强党的建设，做好企业文化工作。对于央企，加强党的建设，尤其重视廉政建设尤为重要。

茅院生回顾与总结了2015年的工作：一是以盘活存量资产，引入互联思维，打造产业转型新支柱。新华文化创意产业园建设推进有力；全国大中专教材采选系统一期上线；中国新华发行网建设全面启动。二是创新体制，完善制度，塑造依法治企新框架。创新管理体制，建立现代公司法人治理结构；优化资产与业务结构，防范经营风险；完善规章制度，推进依法治企。三是开展品牌运营，搭建交流平台，构建会展经济新格局。四是整合资源，融合媒体，谋划创新发展新产业。立足国际、行业、细分市场及资源整合，谋划《国际出版》《图书馆报》《新华书目报》；立足媒体融合，创建“新华智库1937”。五是两委换届，专题教育，开创党建工作新气象。六是以人为本，创新形式，形成人才强企新文化。深化改革认识，加强企业文化建设；进一步做好扶弱帮困工作，扎实做好老龄工作。

报告总结了2015年取得的成绩和不足。一是经营成效明显提升，员工收入大幅提高。营业收入较上年增长12.9%，较集团公司任务增长18.9%；计提存货减值损失2354万元，经营更加稳健；利润735万元，较上年增长493%，较集团公司任务增长408%；负债下降8531万元。在岗员工平均薪酬较上年增长37%。2016年1月起，为离休、退休、内退人员在2015年基础上每人每年再增加1200元生活补贴。二是员工思想观念变革创新，工作能力显著增强。三是遗留问题有所突破，发展格局初步形成。工作的不足，一是改革创新的意识有待进一步提升；二是攻坚克难的能力有待进一步加强；三是信息沟通反馈机制有待进一步完善。

报告强调，党的十八届五中全会提出创新、协调、绿色、开放、共享的发展理念，也是总店“十三五”期间发展战略的指导理念。贯彻好五大发展理念，一是要深入研究国家“互联网+”战略与总店转型发展的关系，在构建有总店特色、符合出版产业发展方向的电子商务平台上取得明显突破，通过为市场提供独特的服务与价值，在业内外进一步树立起自身的品牌影响；二是要深入研究国家“十三五”规划及文化发展战略与总店改革发展的关系，努力将总店的改革发展融入国家发展规划及文化发展战略中，努力将总店建设的项目提升为国家发展产业项目；三是要深入研究集团公司“十三五”规划及发展思路与总店改革发展的关系，确实将总店建设成集团公司改革发展的生力军，将集团公司建设为国际著名出版集团公司做出我们最大的贡献。报告对2016年的工作做了全面部署：一是进一步改革创新，通过制定“十三五”规划，谋划新蓝图；

二是进一步狠抓落实，通过推进重点项目，夯实总店发展新基础；三是进一步谋划多元，通过会展活动，创造总店发展新机遇；四是进一步细分市场，通过媒体融合，建设转型发展新平台；五是进一步加强管理，通过机制创新，实现改革发展新跨越；六是进一步加强党的建设，通过多种举措，开创人才强企新局面。

2016 年总店的经营目标是：营业收入、利润在 2015 年的基础上各增长 10%，在岗人员薪酬收入平均增长 10%。大会对总店 2015 年度先进个人、先进单位、突出贡献、特别贡献奖进行了表彰，获奖代表做了先进事迹汇报。（赵　煦）

新华联合发行有限公司 2015 年度工作会议召开

2016 年 1 月 28 日，新华联合发行有限公司召开 2015 年度工作会议。会议由副总经理叶冰主持。总经理沈致金出席并讲话，各部门人员参加了会议。

会上，沈致金回顾了 2015 年工作成果，并提出了 2016 年的工作目标：第一，全力确保物流中心如期交付使用；第二，全力推动信息化建设成为企业转型升级的引擎；第三，全力促进企业经营工作开花结果；第四，全面提升企业管理效能；第五，全面加强党群工作建设。

与会人员以自身工作内容为出发点进行了讨论，并对公司发展规划提出了建设性的工作思路和建议。（白　雨）

中华书局 2015 年度工作总结暨表彰大会召开

2016 年 1 月 29 日，中华书局召开 2015 年度工作总结暨表彰大会。大会由中华书局总编辑顾青主持。中华书局总经理徐俊代表局务会做 2015 年度中华书局工作总结，从编务生产经营数据、全局管理工作、主营业务经营情况、营销工作、党群及民生工作、品牌影响力和 2016 年全局工作重点等七方面进行了分析阐述。中华书局副总经理宋志军宣读关于对 2015 年度中华书局、部门、个人所获各项荣誉的通报表扬。中华书局副总编辑尹涛宣读关于对 2015 年度中华书局图书所获各项荣誉的通报表扬。中华书局党委书记、副总经理周清华宣读关于表彰 2015 年度中华书局出版特别贡献奖获得者、先进集体及先进个人的决定。（刘　激）

东方出版中心 2016 年全体员工大会举行

2016 年 1 月 29 日，东方出版中心 2016 年全体员工大会举行。东方出版中心总经理、党委副书记李智平出席大会并做主题报告。大会由东方出版中心党委书记、纪委书记、副总经理董玲主持，东方出版中心副总编辑郑纳新代表东方出版中心领导班子宣读表彰决定。

李智平从“回顾成绩、交流体会、分析不足、分享收获、明确目标”五个部分做主题报告，并感谢广大干部员工一年来的岗位努力。他指出，未来五年目标是：力争做到“三亮”、“三成长”。“三亮”即：亮旗扭亏增效、亮牌创新开拓、亮剑规范发展，切实承担起国有文化企业的使命担当，推进党风廉政建设，确保事业规范、有序、健康发展。

他强调，2016 年，东方出版中心将坚决贯彻中国集团公司关于“两调四强”（调速度、调结构，强导向、强质量、强动力、强党建）战略部署，切实做到：亮旗更要出彩，亮牌更要增光，亮剑更要发力。强化导向和质量管理，优化出版和业态结构，创新经营和人才机制。完善适应上市公司发展的内控机制，加强党建和企业文化建设，促进主题出版与重大项目，推动内容和业态创新，提升出版、园区和新业态效益，增强团队正能量、品牌影响力和文化贡献率，早日实现东方出版中心全体员工共同的“东方梦”！（金洁蓉）

中国出版集团公司升级改造财务信息管理平台

2016 年 1 月，中国出版集团公司财务部会同有关部门启动财务信息管理平台改造升级项目。

经过多年建设，集团公司财务信息管理平台已初具规模，在提升财务管理能力中发挥了重要作用，有关模块曾多次受到财政部相关司局的认可和表扬。改造升级后，财务和有关业务部门能更充分利用财务管理平台，完成经营情况分析、上市公司披露报告、内部资产财务业务管理、国有资产产权业务对接、企业重大投资项目管控及专项资金项目库全流程的监管，进一步提升集团公司科学化管理水平和财务信息应用能力。2016年末，完成了微信模块和上市披露部分的报表升级改造模块建设。（黄　迪）

中国出版集团公司总部实施零基预算

2016年1月，中国出版集团公司总部实施零基预算。集团公司领导高度重视，多次召开专题会议，研究预算编制。根据“节约费用、压缩支出”的总体要求，打破以往年度预算开支的项目、金额基数，依据本年实际项目计划和预计费用进行编制，并多次与部门面对面细致沟通、核定，最终确定并下达了年度部门预算。在预算执行过程中，严格按部门和项目进行比对，有效地控制了费用支出。（黄　迪）

新华书店总店135号院改造改建项目全过程跟踪审计全过程造价咨询开标会举行

2016年2月2日，新华书店总店135号院改造改建项目全过程跟踪审计（招标编号：TC160J03R/01)、全过程造价咨询（招标编号：TC160J03R/02）开标会举行。135号院改造改建项目工作组成员戴昕、汪春荣、王杨、孙向东参加会议，项目纪检工作组成员柏万良、韩杰列席会议。

经评标委员会闭门评议与合法公示，2月6日确定中大信（北京）工程造价咨询有限公司为全过程跟踪审计项目中标人，北京兴中海建工程造价咨询有限公司为全过程造价咨询项目中标人。（赵　煦）

中版教材有限公司2015年度工作总结会召开

2016年2月2～3日，中版教材有限公司2015年度工作总结会议在南宫温泉假日酒店召开。出席会议的人员有中国出版集团公司党组成员、中国出版传媒股份有限公司副总经理、中版教材有限公司董事长兼总经理樊希安、常务副总经理姚劲华、副总经理郭德生、副总经理刘茜、副总经理蒋志臻、各分公司、部门负责人及全体员工，会议特邀嘉宾人民东方（书业）有限公司总经理房宪鹏。郭德生、姚劲华分别主持会议。

樊希安做会议动员，随后刘茜向大家传达中国出版集团2016年年度工作会议总裁谭跃的讲话。樊希安指出，2015年中版教材有限公司收入同比增长8.2%，利润同比增长13.8%，人均创利220万；营业收入净增加额在集团公司排名第四；利润总额竞争在集团公司排名第六；荣获全国青年文明号称号。集团公司对中版教材有限公司2015年取得的成绩给予高度肯定与赞扬。

接着，樊希安从加强领导班子建设和党的建设；明确发展目标和工作思路；规范化日常管理；深化人事制度改革；强化教材营销工作；全面加强任务管理和企业文化建设；全国营销网点建设等几个方面对中版教材有限公司2015年的工作进行了总结，并对这一年大家的辛劳表示感谢、慰问。

樊希安在总结2015年工作经验时讲到，重视、加强领导班子建设是根本保证；战略方向、目标定位准确是指路灯；全体员工发挥大家积极性是依靠；创造公平、公正、公开的工作环境是保障和力量源泉；企业文化建设是凝聚剂。

同时，樊希安也指出目前还存在领导班子对激烈竞争形势认识不够、书法市场营销存在许多问题以及日常管理的一些缺失等问题，需要我们进行解决和纠正，不断改进工作状态，以适应公司二次创业的需要。

随后郭德生宣布了2015年度优秀员工的名单。

各分公司、部门负责人对分公司成立以来工作情况、2016年工作设想进行了细致的汇报和深入的交流。各分公司之间互相借鉴学习营销工作经验。房宪鹏就人民东方（书业）有限公司的工作情况与大家进行了经验交流。

第二日的会议，由蒋志臻担任主持，姚劲华宣布2016年度工作指导思想和工作要点，然后由郭德生、刘茜、蒋志臻分别从财务印务管理、公司品牌形象建设、员工培训谈等方面结合教材营销工作谈了2016年工作重点和主要措施。

最后，樊希安对本次会议进行了总结，他表示这次会议十分成功，在许多方面都有收获，既总结了2015年以来的工作经验，又对公司现存的问题进行了梳理。（武一格）

生活·读书·新知三联书店“品牌文化年”总结暨“品牌产品年”动员会召开

2016年2月23日，生活·读书·新知三联书店在韬奋图书馆召开“品牌文化年”总结暨“品牌产品年”动员会，生活·读书·新知三联书店领导班子成员及全店员工一百余人参加了会议。会议由副总编辑常绍民主持。

会上，副总经理张作珍对“品牌文化年”工作进行全面总结。副总编辑舒炜宣读了对在“品牌文化年”活动中表现突出部门的表彰决定。大众出版分社副社长叶彤、市场推广部主任詹那达、《三联生活周刊》副主编李伟以及三联韬奋书店副总经理曾军四人代表部门发言，畅谈本部门、本单位在活动中的体会与收获。副总编辑郑勇宣读了生活·读书·新知三联书店开展“品牌产品年”活动的通知，对活动的指导思想、目的、具体安排及领导小组等内容进行了部署和解释。总经理路英勇做“品牌产品年”动员报告，布置在活动期间要完成好的三项任务，并强调了开展“品牌产品年”活动要坚持的六项原则，最后提出具体要求。（刘　畅）

新华书店总店2016年工作务虚研讨会召开

2016年2月23～29日，新华书店总店分别召开由各部门、所属公司2016年改革发展工作务虚研讨会。总经理茅院生，党委副书记柏万良，副总经理张雅珊、陈新，总经理助理戴昕、汪春荣参加会议，仔细听取了各部门、所属公司2016年的工作目标、发展思路及落实措施，对发言作了点评，针对工作性质与特点提出了建议。

总经理茅院生对各部门及所属公司2015年的工作给予充分肯定。在全体同仁的共同努力下，2015年，总店在中国出版集团公司领导下，认真践行“三严三实”，围绕“盘活存量资产，推进产业转型”的发展战略，改革创新，开拓进取，团结务实，攻坚克难，在经营管理、资产运营、品牌拓展等方面稳步推进，较好地完成了各项任务，实现了较好的经济与社会效益。

茅院生要求全体同志一是要明确战略目标，进一步细化梳理项目，实现创新发展；二是要有敏锐的市场洞察力，充分整合利用资源；三是要加强工作计划的落实与执行；四是要加强团队建设，科学管理。抓组织创新，实现岗位工作的规划能力、管理能力、运营能力、攻坚克难能力等方面的提升。茅院生强调，各部门各公司要处理好近期生存和远期发展的关系，要有责任意识，改革创新意识，不断开拓新领域。（赵　煦）

新华书店总店与中国书刊发行业协会开展全方位合作

2016年2月26日，中国书刊发行业协会理事长艾立民、副理事长兼秘书长纪宏、副理事长王宏经、副秘书长成永利一行莅临新华书店总店（以下简称“总店”）考察并就相关项目合作进行座谈协商。总店总经理茅院生，副总经理陈新，总经理助理戴昕、汪春荣，新华互联公司副总经理毛艳琴、《新华书目报》副总编辑兼执行主编白玫出席座谈会。茅院生对艾立民理事长一行的到来表示热烈欢迎，对总店的发展战略、改革经验及重点项目进行了介绍。艾立民理事长介绍了中国书刊发行业协会2016年的重点工作和未来发展思路，表达了对总店各项工作的关注。他对于总店联合全国新华书店共同建设新华发行网项目的思路高度认可，表示愿意支持参与项目建设。

经友好协商，双方就联合出版《发行界》《中国书刊发行业年鉴》《全国出版发行机构名录》达成合作意向。中国书刊发行业协会委托总店所属新华互联公司负责这三项出版物的编辑出版、印制发行、营销推广工作，并将向新华互联公司支付启动资金和市场营销支持。

双方还就会展、行业培训、品牌建设、媒体融合等方面的合作进行了深入研究，形成了初步合作方案。（梁晓龙）

中译出版社2016年经营工作会议召开

2016年2月25～26日，中译出版社召开2016年经营工作会议，公司各部门中层以上干部参会。中译出版社总编辑张高里首先介绍了2016年的工作任务、利润指标与发展规划，社长助理周炜介绍2016年度营销工作思路与举措，财务部负责人李焱为参会人员详细讲解了财务数据相关知识。会上，各分社负责人、各事业部负责人与营销中心参会人员对如何完成2016年度工作任务提出想法和建议，并就任务数据与完成计划展开激烈讨论。本次经营会的召开为各部门完成2016年任务指标厘清了思路，为完成公司全年工作任务奠定了良好的基础。（茹　慧）

人民文学出版社领导班子2015年度工作述职会议召开

2016年3月9日，人民文学出版社召开社领导班子和社领导个人2015年度述职会议，中国出版集团公司党组成员、副总裁潘凯雄、人民文学出版社社领导班子成员、中层干部、职代会代表及副高以上职称的员工共50余人参加了会议。会议由社长管士光主持。

管士光首先代表社领导班子做了2015年度述职报告，报告分为三个方面：一、加强理论学习，统一思想认识，提高班子成员的政治敏锐性；二、以科学的发展观统领全局，各项目标任务圆满完成；三、各部门齐心协力，各项工作开创新局面。管士光强调，2016年社领导班子将带领大家共同努力，继续抓主题出版、重点亮点新书和重大项目，在市场占有率、国家级奖项、国家级项目、集团项目、上榜图书等指标和影响力上保持人民文学出版社的领先地位。之后，七位社领导分别做了个人的述职报告，与会人员认真填写了评价表格。

最后，潘凯雄作讲话，他指出，2016年是“十三五”规划的开局之年，在面临宏观经济下行，出版行业竞争日益激烈的形势下，我们应继续实施集团公司的“三六构想”战略，认真落实集团提出的“两调四强”新要求，“两调”即调速度、调结构；“四强”即强导向、强质量、强动力、强党建，他强调要结合实际工作来实施，争取在“十三五”规划的开局之年取得开门红。

（顾　乡）

新华书店总店与北京新华联合发行有限公司共商合作

2016年3月16日，新华书店总店（以下简称“总店”）党委副书记柏万良、副总经理张雅珊和总经理助理、北京新华文博物业管理有限公司董事长、总经理汪春荣带队前往顺义区中国出版集团公司物流中心参观学习，与北京新华联合发行有限公司总经理沈致金等座谈。

总店一行人在新华联合发行有限公司总经理沈致金等陪同下，参观了占地340亩的园区和20万平方米图书物流中心厂房。在座谈交流中，双方就退货图书场地及运营、物业管理、招聘员工、信息流合作等情况进行了沟通，并就有关合作意向达成了共识。

新华联合发行有限公司是中国出版集团公司

为贯彻中央关于深化文化体制改革的精神、由中国出版集团公司于2010年发起设立。目前，主体建筑工程已接近尾声，计划2016年5月投入运营。该中心立足高起点、谋求大跨越，将努力建设成为国内出版领域中功能第一、效益第一、规模第一、形象第一的现代化大型出版物流中心，目标是打造成贯通出版业上下游产业链、具有较大规模和市场影响力的出版物大中盘。

（梁晓龙）

中国对外翻译有限公司通过ISO9001质量管理体系再认证监督审核

2016年3月24日，方圆标志认证集团有限公司专家审核组对中国对外翻译有限公司质量管理体系进行再认证监督审核。中国对外翻译有限公司最高管理者、总经理黄松，管理者代表、副总经理张晶晶及中层正副职干部20余人参与。经过综合评审，审核组专家一致认为中国对外翻译有限公司具有提供满足顾客和适应法律法规要求产品的能力，体系整体运行良好，依据监督审核情况，确认保持认证的结论，公司获得ISO9001质量管理体系再认证证书。（王　超）

中译出版社开展出版物质量专项检查工作

2016年3月，中译出版社按照国家新闻出版广电总局和中国出版集团公司出版物质量管理2016专项检查的通知要求，从选题管理、出版物质量、质量保障体系建设和执行情况三方面开展了出版物编校质量自检自查；本次检查发现了个别部门存在的问题，要求该部门负责人进行整改并严格落实出版流程，对提高中译出版社出版物编校质量、进一步规范出版流程起到了积极的推动作用。

（茹　慧）

中国美术出版总社2016年度经营工作会召开

2016年4月8日，中国美术出版总社（以下简称“总社”）召开2016年度经营工作会，党委书记周伟和全体中层干部出席，会议由副总编辑欧京海主持。会上相关部门负责人签订了《总社绩效考核责任书》，所有部室主任签订了《总社落实党风廉政建设主体责任责任书》。

《总社绩效考核责任书》分别对教材分社、各经营部门、各期刊编辑室、出版部和各图书编辑室确定了新一轮的绩效考核任务指标。特别是对教材分社和包括营销中心、综合编辑室在内的各经营部门提出了更高的要求。经营部门一次签订了三年绩效任务。各期刊编辑室确定了2016年应达到的营业收入和利润指标。出版部作为成本控制中心，以单印张成本下降比例作为考核标准。各图书编辑室也签订了2016年的出版任务，以出版图书的社会效益和经济效益综合计算绩效。此外，总社所有部室负责人签订了《总社落实党风廉政建设主体责任书》，明确了各部室负责人在本部门履行党风廉政建设工作的过程中所担负的主体责任，规定了应履行的各项职责。

周伟在会上总结当前经营情况，对总社“十三五”规划工作要点进行了说明，进一步强调了未来的经营工作重点。他指出：“十三五”时期总社的发展目标是在全面落实集团战略部署的前提下，坚持正确的出版导向，专业立社，市场兴社，围绕六条产品线，重塑六个经济增长点，落实六项主要措施，把总社打造成集美术出版、期刊经营、美术教育、艺术品电商于一体的行业领跑者，实现传统美术出版企业的转型升级，把总社建设成为名副其实的美术出版国家队。这要求我们同时抓好两类产业的发展：一是包括教材、图书、期刊在内的传统经济产业，二是品牌经营、数字化和物业经营三个新兴经济产业。持续扩大总社在中国出版界和中国美术界的“两个影响力”。将六个“两手抓”的保障措施落到实处，特别是做好“一手抓放权，一手抓考核”“一手抓开源，一手抓节流”这两项基本措施。要让总社“十三五”发展规划取得的成果落实到“两个体现”上，即体现在全社综合实力的增强上，体现在员工收入的提高上。

欧京海在分析了2016年一季度的财务和出

版数据后指出：2016 年是总社完成集团公司三年任务指标的关键一年，经营任务很重，各编辑部门在保证质量的前提下要加快图书出版数量的增长，各部门要进一步加强管理和预算，尽快解决削减库存的问题。教材分社、营销中心、综合编辑室三个主要承担总社经营利润指标的部室负责人，和作为利润增长点的期刊工作负责人，在会上分别就如何做好教材、图书、期刊三个传统经济增长点进行了发言。（赵军平）

新华书店总店所属新华国采教育网络科技有限责任公司与教育部教育管理信息中心开展洽谈

2016 年 4 月 14 日，应教育部教育管理信息中心邀请，新华书店总店所属新华国采教育网络科技有限责任公司常务副总经理李漓、首席战略官助理熊伟、战略发展部高级经理金爽一行到访该中心，对“全国大中专教材网络采选系统”及新华国采公司的主营业务进行了全面而深入的介绍，双方就资源整合、项目合作等方面进行了初步探讨，达成框架合作意向。

教育部教育管理信息中心目前筹划在中国教育信息网建设“教育资源平台”。教育部教育管理信息中心网络信息处主管、中国教育信息网总编辑陈思怡认为，新华国采公司实施的“全国大中专教材网络采选系统”是我国重要的中高等教育教材数字化发行平台，为师生提供纸质教材、数字教材“一站式”采选服务，并将为教育行业、出版行业等机构用户提供大数据智力支持，具有资源整合、模式创新的显著价值，此项目与中心筹建的教育资源平台具有同等重要的意义，双方在目标、资源、渠道上均有优势互补、深入合作的基础。中心将报请相关主管部门进行下一步深入合作的具体探讨。（梁晓龙）

东方出版中心 2016 年第一季度运营工作会议暨经济责任签约仪式举行

2016 年 4 月 19 日，东方出版中心 2016 年第一季度运营工作会议暨经济责任签约仪式举行。东方出版中心总经理李智平出席会议并做重要讲话。东方出版中心党委书记、纪委书记、副总经理董玲主持会议并讲话。东方出版中心副总编辑郑纳新出席会议并讲话。各部门、单位正副职、助理，工会、团总支负责人，处级干部、副高专业职称以上人员参加会议。

李智平充分肯定 2016 年第一季度经营业绩和干部员工的精神状态。他指出，第一季度东方出版中心产值和利润指标，基本达到 2016 年全年 1/4 的时序进度，较好于往年。2016 年 10 个单位和部门的责任书已经签署。除了进一步分解目标、落实责任、各司其职，还需要进一步增强大局眼光、整体观念和团队意识，同心协力把握好几个关系。首先是出版主业与房产租赁的关系。第二是新业态与基本业务的关系。第三是目标与机制的关系。第四是文化国企与上市公司的关系。第五是境界与能力的关系。将“两学一做”学习教育与各单位、各部门、各岗位的实际工作和目标责任紧密结合起来，以境界的提升促进能力的增强、能力的发挥、能力的聚合。人人做到：党员合格、干部尽责、岗位贡献；全力实现“十三五”开局之年的目标承诺！（金洁蓉）

中国图书进出口（集团）总公司与国家科技图书文献中心（NSTL）元数据合作签约仪式暨无数据集成研讨会举行

2016 年 4 月 29 日，中国图书进出口（集团）总公司（以下简称“中图公司”）“NSTL 元数据合作签约仪式暨元数据集成研讨会”在北京举行。在“十三五”开局之际，与国家重点科研单位开展元数据合作对加速中图公司数字转型、加大公司在国内数字出版方面的影响力具有重要意义，已经成为中图公司建设“数字中图”的重要抓手。

国家科技图书文献中心（NSTL）主任彭以祺，中国科学技术信息研究所（中信所）所长戴国强，中图公司总经理张纪臣，NSTL 中心副主任吴波尔、沈仲祺，中图公司副总经理林佳红、庞莉莉等出席活动。国内科研机构及高校图书馆代表共110余人参加了研讨会。

张纪臣在致辞中指出，中图公司在数字化转型的过程中，将通过数据驱动和服务创新不断提升公司的数据服务能力，同时将秉承“社会效益第一”的服务宗旨，通过广泛合作、融合发展来助力国内科研机构，为科教兴国事业贡献力量。随后，张纪臣代表中图公司与中国科学技术信息研究所（中信所）、国家科技图书文献中心（NSTL）签署了元数据合作协议。

此次合作，将依托中图公司广泛的海外出版物渠道优势、专业的元数据加工处理技术和服务团队，实现与中国最大的科技资源信息服务机构NSTL，在出版物元数据标准、多来源异构数据集成管理等各层面展开深度合作，在探索开拓元数据合作的新途径、新方法的同时，为国内出版物元数据集成和发现系统建设打下坚实基础。

签约仪式后，国家科技图书文献中心和中图公司共同召开了元数据集成研讨会，就图书馆、信息集成商和供应商、出版社在新环境下对多来源元数据的继承、整合、管理和利用，促进数字资源建设和文献资源共建共享等方面进行共同探讨。研讨会由林佳红主持，中信所信息资源中心主任曾建勋、中图公司庞莉莉等围绕元数据做专题报告，并与在场嘉宾进行了互动交流。

（吴健蓉）

中国出版集团公司接受财政部国有资本经营预算资金专项检查

2016年5月10日，中国出版集团公司接受财政部国有资本经营预算资金专项检查，积极做好组织、协调工作，并就检查中存在的问题与检查组进行及时沟通。在检查过程中，检查组充分肯定了集团公司财务部的组织协调工作，并认可集团公司在专项资金制度建设及日常管理上取得的成绩，同时提出了检查整改意见。（黄　迪）

人民文学出版社召开中层干部会

2016年5月10日，人民文学出版社召开中层干部会。一是通报近期工作，二是为刘国辉举行简短的欢送仪式。社领导班子成员管士光、张贤明、李春凯、应红、周绚隆及刚调任中国大百科全书出版社社长刘国辉，全体中层干部，一级编辑，天天出版社领导班子成员参加会议。

首先，管士光对近期工作进行了总结并简要分析。通报了“十二五”期间遇到的问题和“十三五”规划制定情况，人民文学出版社一直坚持挺拔主业，并要不断创新，整合旧资源。要一直保持不动摇、不懈怠、不折腾的做事态度，最终达到风清气正、稳中求进的目标。接下来，管士光分析了1～3月经营数据，总收入和利润都较同期有所增长，其他各项指标也基本向好，并对接下来的生产经营指标提出要求。通报了4月26日中国出版集团公司总裁谭跃和中国出版集团公司党组成员、中国出版传媒股份公司副总经理李岩来人民文学出版社参加调研会的情况。谭跃在会上提出要人民文学出版社着重当代文学及天天出版社少儿文学这两个板块。李岩对人民文学出版社进一步做好工作室及走出去工作提出明确要求。最后，通报了部分中层干部及领导班子的考核评定情况。

继而，管士光对刘国辉调任中国大百科全书出版社表示祝贺，并对刘国辉在人民文学出版社的工作给予高度评价。刘国辉也发表讲话，他感谢人民文学出版社多年的培养及员工对他工作上的支持，也祝愿人民文学出版社在文学领域永远处于领先地位，成为不断勇于创新的典范。中国大百科全书出版社是人民文学出版社的兄弟单位，同样希望以后两家单位能互相帮助，齐头并进。张贤明、李春凯、应红等社领导也讲了话，希望刘国辉在新的岗位上做出更大贡献。

（顾　乡）

华文出版社全社职工大会召开

2016年5月20日，华文出版社召开全社职工大会，启动企业年金工作，并就新成立的三个编辑部门负责人进行公开竞选。全体在职员工参会。

会议宣布企业年金工作正式启动。办公室负责人就企业年金具体情况进行介绍，由职工自愿填写企业年金个人申请书。

会上，社长宋志军就编辑部门调整情况进行说明。他表示，基于出版社的历史和现状，结合市场情况，华文出版社要建设成立足统战特色、以人物传记为主要品类的专业出版社。按照“十三五”规划，传记市场占有份额要在3～5年内争取发展到位于国内前三。这就要求产品线更好地围绕出版中心展开，做到“人无我有、人有我有、人有我优、人有我特”。编辑部门也因此做出调整，撤销人文教育分社，将传记文学出版中心拆分为外国传记编辑部、中国传记编辑部和民国传记编辑部。三个部门的竞聘人员分别做竞聘演讲，全社员工公开投票选举，并当场公布计票结果。胡慧华、刘超平、谭建芳分别在三个部门负责人竞选中获最高票数。三位同志将经过公示和公示期内进一步考察后正式聘任。

编辑部门调整后，设出版社“基本书目”单，列入“基本书目”的图书，编辑可选择按字数取酬、按效益取酬两种取酬方式，解决编辑因需要承担图书利润风险“想做又不敢做”的后顾之忧。

（黄珊珊）

中国美术出版总社与山东工艺美术学院开展战略合作

2016年5月25日，中国美术出版总社（以下简称“总社”）党委书记周伟、山东工艺美术学院党委书记何思清分别代表中国美术出版总社、山东工艺美术学院在济南签署了战略合作协议。双方将在教材编写、设计类专业书籍出版、“十三五”教材规划、共同创办工艺美术类期刊等方面展开深入合作。

协议签署前，曾与山东工艺美术学院就开展战略合作一事已进行多次协商。总社党委书记周伟、副总编辑欧京海及相关部门负责人与山东工艺美术学院院长潘鲁生，副院长李新、苗登宇等就合作的具体问题达成了一致意见。双方认为，人民美术出版社作为共和国最早成立的国家级美术专业出版机构，具有强大的专业、市场和品牌优势。山东工艺美术学院位于文化底蕴深厚的齐鲁大地，是目前全国31所独立设置的艺术院校中唯一一所工艺美术学院，有着浓郁的地方特色、工艺美术领域的学术资源和人才优势。双方在优势互补、合作互利、共同发展的基础上可以在多个方面建立良好的校企合作关系。一、在教材编写方面，总社目前正在承担包括高校、中小学在内的“十三五”规划美术、设计类教材的编辑出版任务。双方将充分发挥自身优势，在选题、策划和编写等方面展开合作。二、在发挥总社在出版行业的影响力和平台作用的基础上，结合山东工艺美术学院的学科和专业优势，双方将共同出版设计类专业图书和高校教材。三、利用总社期刊资源和山东工艺美术学院在工艺美术领域的学术资源和人才优势，联合中国美术家协会共同创办国家级工艺美术类期刊。此外，总社还将在开发文创产品和共建“产学研基地”等方面与山东工艺美术学院尝试展开合作。

（郝　赫）

中国出版传媒股份有限公司举行三期财务培训班

2016年5月31日，中国出版传媒有限公司召开第一期财务培训班，中国出版集团公司党组成员、副总裁潘凯雄、中国出版集团公司党组成员、中国出版传媒股份有限公司副总经理樊希安出席会议并讲话，财务部主任赵东、副主任陈玉华主持会议。所属企业财务部负责人、办税人员、财务报表编制人员等90余人参会。潘凯雄指出自2015年12月24日股份公司递交上市材料，就成为准上市的公众公司，对信息披露数据的及时性和准确性都有了更为严格的要求，对现阶段财务工作的专业化水平和规范化程度带来挑战；同时强调财政资金应由补贴型向效益型转变，提高财政资金的管理水平。樊希安在讲话中指出一套客观的出版企业评价指标具有必要的作用，可以确定企业的发展方向。股份公司财务部主任赵东通报了2015年度财务决算工作并对2016年半年度IPO补充财务审计工作做了部署。

培训班开展了四方面培训与研讨：2015年决算分析与总结、营业税改增值税政策讲解、财政专项资金管理研讨、“各企业十三五期间主要经济发展指标”规划情况和出版企业评价指标体系建立。

2016年10月13日～15日，中国出版传媒股份有限公司召开第二期财务培训班，恰逢中国会计学会出版分会在郑州举办高级研讨班，因而将股份公司培训嵌入出版分会高研班中举行。所属企业财务部负责人约20人参会。培训班主要研究了资本运作、内部控制、供给侧改革和集团化管控等财务管理专题，了解新闻出版行业经济政策和会计改革发展情况。

2016年12月15日，中国出版传媒有限公司召开第三期财务培训班，中国出版集团公司党组成员、中国出版传媒股份有限公司副总经理樊希安出席会议并讲话，财务部主任赵东主持会议。所属企业财务部负责人、财务报表编制人员等100余人参会。会议强调了2016年决算和2017年预算编制注意事项，并就专项资金管理注意事项及重点项目执行提出了要求。财务部主任赵东做了2016年的工作总结并就2017年工作计划做了部署。股份公司作为准上市的公众公司，财务部拟上线合并抵消模块和中期报表模块，会议中对财务人员进行了培训。（高志南）

中国出版传媒股份有限公司发放图书产品状况评价报告

2016年5月，中国出版传媒股份有限公司根据2016年度总裁谭跃提出的“两调四强”工作要求，中国出版传媒股份有限公司开始对所属企业的存货情况进行摸底调查。从数据的收集，整理到分析耗时两个月完成，完成撰写、发放图书产品状况评价报告。该报告从整体上真实反映了近三年来图书产品的状况，对所属企业调结构、调速度有指导、借鉴意义。（高志南）

伦敦新华书店亚马逊网店正式营业

2016年6月16日，伦敦新华书店网店在亚马逊（英国）网站正式上线，标志着中国图书进出口（集团）总公司（以下简称“中图公司”）在进入英国图书销售主流渠道方面迈出了重要一步。

隶属于中图公司的伦敦新华书店，于2009年在英国注册开业，主要开展中国图书的图书馆馆配业务和当地书店的批发零售业务，客户包括英国高等院校和公共图书馆等。目前，书店已与牛津大学图书馆、剑桥大学图书馆、大英图书馆、伦敦大学亚非学院、曼彻斯特大学图书馆等开展了广泛合作。

以此为基础，伦敦新华书店开始着力开发网络销售。经过与亚马逊的多次商务谈判以及各种前期测试，该网店于6月16日正式上线。首批图书以中国出版集团公司所属各出版社图书为主，辅以文化类相关产品。现在，依托亚马逊的网络销售平台，伦敦新华书店的商品已覆盖德国、法国、意大利、西班牙、北美销售市场。

自此，伦敦新华书店将采用实体书店销售、自身网店销售、亚马逊销售三位一体的销售模式，逐步打开英国乃至全欧洲的中国出版物及中国文化用品市场。到2016年年底，书店力争实现千种产品上线亚马逊网店；到2017年年底，预期商品品种将达三千到五千种，同时借助易阅通平台开发电子图书的网络销售。

伦敦新华书店亚马逊网店的开通，不仅将带动伦敦新华书店的整体销售、加快伦敦新华书店的出版物流通速度、增加总公司出版物出口中心对英国的发货频率，还将使英国各机构客户降低采购成本，在享受同样运费价格的基础上尽早完成订单。

随着中图公司驻英国代表处的不断成长和完善，伦敦新华书店将在中图公司领导下，为实施中国出版集团国际化战略继续做出努力，为实现中国文化“走出去”贡献更大力量。（鹿　鸣）

“中国音乐数字出版与发行平台”（一期）项目结项专家评审会举行

2016年6月21日，人民音乐出版社组织了

“中国音乐数字出版与发行平台（一期）”项目结项专家评审会。人民音乐出版社数字出版中心向评审专家全面介绍了平台的设计、开发、测试、试运行情况，来自音乐、数字出版、网络技术、财务管理等领域专家从用户体验、服务能力、安全运营、财务规范等几个方面对平台进行了全面的评议，审核了文档资料、财务支出凭证等资料。

经过专家们严格的程序评议，专家组对平台建设工作给予了肯定，并进行了全面客观的评价：一是项目建设内容、目标符合项目立项要求；二是项目建设过程制度完善，管理规范，招投标、工程监理、第三方测评、专家评审等环节均符合国家和集团相关管理要求；三是项目平台于2016年4月6日进入实际试运营后，系统运营状态稳定，可供运营的内容已超过六万余件，可满足用户对于音乐数字资源购买与使用的需求；四是财务凭证真实完整、合同齐全，资金使用范围符合财政批复要求，支出流程控制严格规范，账套内独立核算、专款专用，项目文档资料齐全。综合以上评审情况，专家组一致通过该项目的结项评审。平台将进入开放运行阶段，并继续注重用户体验改善，完善技术细节，力争良好的市场成效。（黄亚超）

中国对外翻译有限公司 2016年上半年经营工作会议召开

2016年6月24日，中国对外翻译有限公司召开了2016年上半年经营工作会议。会议总结了公司各部门上半年经营工作的成绩和不足，总经理黄松做总结发言。他指出，公司上半年的经营情况令人欣慰，但下半年要面对的形势依然紧迫，希望大家继续锐意进取，再接再厉，确保公司顺利完成各项任务。（王　超）

东方出版中心2016年年中经营工作会议举行

2016年6月25日，东方出版中心2016年年中经营工作会议举行，专题传达中国出版集团公司2016年年中经营工作会议精神，部署2016年下半年相关工作。东方出版中心总经理李智平、党委书记董玲出席会议。副总编辑郑纳新主持会议。总编助理王祖光、各部门负责人及助理、处以上干部、副高以上职称的骨干人员出席会议。

会议要求全体干部和员工要紧紧把握出版导向不放松，做好图书主业“亮旗”，实现图书出版社会效益与经济效益双丰收；确保2016年年内营业收入和利润增长8%目标实现，为中国出版集团公司做出贡献；抓好“亮旗、亮牌、亮相”，在突出图书出版主业“亮旗”建设基础上，出版产业园区建设要“亮牌”，力求2016年年内实现制版楼改造完工，早日体现经济价值；新媒体要“亮相”，切实抓好项目建设，抓好各地地标日历的落实；处理好调结构与保增长关系，落实好图书出版主业适度规模增长，产业园区建设在调整预算内加快步伐推进，切实做到该投入的按节点要求及时投入，该节约的一定要节约，所有这一切都是为确保增长；扎实开展好“两学一做”学习教育，将学习成果转化到推进东方出版中心发展工作实践中，落实到各项工作中，体现在2016年年度经济和社会效益中。（金洁蓉）

生活·读书·新知三联书店第六届社店战略合作联席会召开

2016年6月27～28日，生活·读书·新知三联书店第六届社店战略合作联席会在黑龙江省伊春市召开。此次社店战略合作联席会增加了山西新华书店集团有限公司、广西新华书店集团股份有限公司两位新成员，会议规模由第一届的“四省一市”扩大到2016年的“十三省四市”，战略合作单位分别是生活·读书·新知三联书店、江苏凤凰出版传媒集团有限公司、安徽新华传媒股份有限公司等18家出版发行单位。经过会议讨论和各方磋商，与会18家单位达成共识，进一步扩大战略合作联盟，并签订了“社店战略合作协议书”。会议期间，各战略合作伙伴与生活·读书·新知三联书店就新一年在图书方面的合作进行了深入交流，取得了不错的效果。生活·读书·新知三联书店总经理路英勇、副总经理张作珍还会见了深圳市委宣传部副部长刘佳晨和深圳出版发行集团总经理尹昌龙，在宏观上达成了进一步扩大与三联品牌深度合作的意向。

（李　旭）

中版集团数字传媒有限公司“明确战略定位，强化工作重点”党政工团干部及员工代表大会召开

2016年6月28日，中版集团数字传媒有限公司（以下简称“数媒公司”）召开党政工团干部及员工代表大会，明确数媒公司“十三五”时期的战略定位，强化工作重点。中国出版集团公司党组成员、副总裁潘凯雄出席了会议并做重要讲话。数媒公司党总支副书记孙竞、产品研发与技术总监杨磊分别从“十三五”工作思考及集团数字化综合运营平台角度做了汇报。会议由数媒公司总经理赖雪梅主持，党政工团干部及员工代表共25人参加会议。

潘凯雄在讲话中指出，2016年是“十三五”的开局之年，集团公司“十三五”规划中有两个重要指标：经济上保持中高速增长，“十三五”期末建成数字化集团。“十三五”期间数媒公司要在集团公司融合发展方面做专业化的工作，要成为集团公司数字化资源的集聚中心、产品研发中心以及市场推广中心，要成为集团公司数字化专业运营机构，并快速成长为在行业有影响力的数字化综合运营服务商。

而实现数媒公司基本定位的重要抓手、战略的重心即是数字化综合运营平台项目。集团公司总裁班子对数字化综合运营平台高度重视，多次开会研究此项工作，谭跃更是多次到数媒公司与大家一起研究功能定位、建设重点，这不仅仅是对媒体融合工作的重视，也是对数媒公司发展的关切与指导。

他进一步强调：第一，数字化综合运营平台是数媒公司“十三五”期间的核心项目，公司上下对该项目要重视，要聚焦。公司的所有业务都要围绕针对这个定位项目进行，集中精力、财力、人力办大事；第二，项目实施过程中，始终明确三个取向：市场取向、投入产出的取向和机制创新取向；第三，要有持续不断的学习探索精神和创新态度。新媒体项目必须要有持续学习和探索的精神，要将学习和探索始终贯彻在项目中，边建设边运营。自我学习的过程中要不断自我否定，自我调整，自我完善。边建设边运营边学习边创新四位一体的结合，是一个没有止境没有终点的过程。

（李　铃）

中国出版传媒股份有限公司落实纸张整合实施方案

2016年6月，中国出版传媒股份有限公司根据《关于印发〈中国出版集团公司关于提高集团化经营水平促进纸张整合的实施方案〉的通知》（中版发［2015］11号）精神，为解决出版企业对北京中版联印刷物资有限公司的逾期纸张欠款问题，中国出版传媒股份有限公司就纸张整合过程中存在的问题提出方案，利用资金集中管理解决内部欠款问题。

（高志南）

中国出版传媒股份有限公司推进物流整合方案

2016年6月，中国出版传媒有限公司召开了出版社迁库工作会议，下发了《关于出版单位库存图书搬库有关问题的通知》。会议及通知中明确了在迁库过程中出版单位和新华联合公司各自的责任，迁库前图书存货清理过程中报废图书的相关程序要求，迁库过程中信息系统数据对接的重要性以及出版社要妥善处理好迁库工作同正常生产经营的关系等方面内容。中国出版传媒股份有限公司财务部实际踏勘了库房建设现场，并在迁库过程中涉及的财务问题提供了咨询和指导意见。

（高志南）

生活·读书·新知三联书店2016年度年中经营工作会及选题工作会召开

2016年7月7～8日，生活·读书·新知三联书店召开2016年度年中经营工作会及选题工作会，对2016年上半年总体经营情况进行总结，并对下半年各项工作尤其是经营工作、重大选题规划及申报工作进行讨论和布置。生活·读书·新知三联书店领导班子全体成员，各分社、下属公司及职能部门中层、助理、副编审职称以上人员等四十余人参加了会议。

总经理路英勇做题为"以打造'品牌产品'为重点力争实现'两超一跨'年度经营目标"的讲话，代表班子成员对全店上半年的经营情况进行了全面总结，对下半年经营工作进行了总体部署。生活·读书·新知三联书店班子成员就各自分管部门上半年的经营情况进行了总结。总编辑翟德芳重点谈到上半年选题与出版中存在的问题，提出要求与建议；副总编辑常绍民对生活·读书·新知三联书店数字出版的前景和各刊物的经营情况、发展方向进行了总结；副总经理张作珍分析了上半年全店的销售情况，并对分管部门的工作进行总结；副总编辑舒炜、郑勇也分别对所分管的分社及职能部门工作进行了总结。

会议期间，总编室会同相关部门负责人召开了2016年第四次编印发联席会。总经理路英勇与学术分社、综合分社、上海公司、生活书店负责人就13种图书签订了重点营销项目制运作协议。

（刘　畅）

中国出版集团公司研究制定《关于提升专项资金绩效的若干意见》

2016年7月18日，中国出版集团公司研究制定了《关于提升专项资金绩效的若干意见》，对项目资金管理、申报管控、资金支持形式（由"补贴型"转变为"投资型"）等事项进行了明确，并在2017年宣传文化发展专项资金项目申报中开始执行。

（黄　迪）

中版教材有限公司2016年上半年工作总结会召开

2016年7月19～21日，中版教材有限公司举行2016年上半年工作总结会议，出席会议的有中国出版集团公司党组成员、中国出版传媒股份有限公司副总经理兼中版教材有限公司董事长李岩、常务副总经理姚劲华、副总经理郭德生、副总经理刘茜、副总经理蒋志臻，各分公司、部门负责人及全体员工。本次会议共举行两天。

7月19日的会议，由各分公司负责人对分公司上半年的工作情况进行总结并规划下半年工作，同时将工作中遇到的问题提出来与大家分享，共同探讨解决方案。

李岩发表讲话，公司2016年的整体形势处于下滑阶段，这是总体基调，正视现实的同时更要振奋精神。一是要沉潜下来，分公司经理、领导班子包括具体的营销员工还要进一步沉潜到市场中去；二是机不可失，2017年的教材改革对公司来说是重要机遇不能错过；三是多头并举，将多元化经营体现在公司的核心产品上，形成一个核心产品群；四是规划人才，教材公司要着重引进营销、产品研发这两方面的人才。

李岩也对领导班子成员提出了三点要求，首先是领导班子应该整体调控分配资源；同时领导班子应成为企业最重要的核心动力，要带领我们的群体向前奋进；最重要的是作为管理层要团结一心、步调一致向前走。

李岩希望大家有紧迫感和压力。这样才能真正使教材公司，在现有的基础上取得更大发展。李岩也表示他对在"十三五"期间再造一个中国出版集团公司的目标十分有信心。

7月20日的会议，由总经理助理兼总经理办公室主任潘健、综合部郭磊、计划财务部主任刘定芳对本部门工作进行总结。各位领导分别从财务、党团工作、培训、产品及各自分管的市场等方面对公司上半年的工作进行了总结，也对公司的产品研发、营销费用管理、制度等方面提出了自己的看法。

此次会议对奖金的分配制度、营销经费的使用、创办教育期刊、办公用房的选址这四项议题进行讨论。在场的每个人都积极地参与到讨论中，你一言我一语，为公司的发展献计献策。

最后，常务副总经理姚劲华对此次会议进行了总结。姚劲华首先向为教材公司发展做出巨大贡献的同事表示衷心的感谢。他指出，公司现在面对的形势比以往是更加严峻，教材市场竞争空前激烈，破除陈规、改良创新是刻不容缓的；另一方面就是要广招贤士。希望大家能团结一心，再接再厉，完成“十三五”期间再造一个中国出版集团的目标。（武一格）

新华书店总店“全国大中专教材网络采选系统”战略合作协议签约仪式举行

2016年7月28日，新华书店总店及所属公司新华国采教育网络科技有限责任公司（以下简称“新华国采公司”）与郑州大学、郑州大学出版社在第26届全国图书交易博览会期间举行“全国大中专教材网络采选系统”战略合作协议签约仪式。中国出版集团公司党组成员、中国出版传媒股份有限公司副总经理樊希安，新华书店总店总经理、新华国采公司董事长兼总经理茅院生，郑州大学出版社社长兼总编辑张功员、党委书记王同毅等出席签约仪式并讲话。

全国大中专教材采选系统以互联网、云计算和大数据技术为基础，在教材作者、编者、师生读者之间，架起教材使用和教材发行的数字化、网络化桥梁，打造基于教材的“知识服务闭环系统”和“教材服务开放生态”。该项目一期全国大中专教材网已于2015年年底上线，二期将于近期上线。“全国大中专教材网络采选系统”作为最大最全的高等教育资源服务平台，将以教材采选网络化、知识获取信息化、教学效果可控化的目标，助力教育信息化发展。郑州大学是国家“211工程”重点建设高校，是国家“中西部高校提升综合实力计划”入选高校，在校学生四万余人。新华书店总店与郑州大学顺应互联网技术发展趋势，通过资源整合，实现教材采选系统落地，将更好地促进教育现代化、数字化、互联网化。（张　倩）

中国出版集团公司开展亏损企业清理工作

2016年7月，中国出版集团公司开展亏损企业清理工作。根据亏损企业数量偏多的问题，在2015年专项清理的基础上，为了加强对各级亏损子企业扭亏增盈工作的管理，层层分解和落实管理责任，强化目标管理和过程评价，形成有效的激励和约束机制，提高整体经营效益和运行质量，中国出版集团公司再次对亏损企业情况进行了专项分析，提出了加强监管的措施，并印发了《中国出版集团公司亏损子企业扭亏增盈管理办法》。（黄　迪）

新华书店总店2016年上半年经营工作会议召开

2016年8月2日，新华书店总店（以下简称“总店”）召开上半年经营工作会议。总经理茅院生出席会议并做总结讲话，党委副书记柏万良、副总经理张雅山、陈新、总经理助理戴昕、汪春荣出席会议并就各自分管工作进行点评。会议由柏万良主持。

茅院生讲话指出，在全体员工共同努力下，总店上半年各项工作取得了较好的成绩：一是经营成效显著。营业收入和去年同期相比增加2011万，增幅32.63%；利润同比增长386万，增幅15倍；负债与去年同期相比减少了6675万。全体员工平均工资同比增长了11.6%。二是重点项目进展顺利。中国新华发行网与全国18个省市店进行合作洽谈，已有14个省市店在进行合作协议内部审批流程。全国大中专教材采选系统完成技术平台的建设招标工作，计划九月底一期纸质教材采选系统上线。新华文化创意产业园已经有四栋建筑物完成改造拆除，预计年底前完成10000平方米左右建筑物改造。三是改革发展深入推进。管理更趋制度化、信息化。上线企业资源管理信息系统，经营性业务均公司化，管理制度进一步细化完善。业务转型更趋市场化。新华国采创新营销手段，重点客户营收指标稳中有升。新华流通公司解决债权债务和开拓市场两手抓，年底有望扭亏为盈。新华文博积极开拓外部市场，同比收入增幅 96%。成都公司上半年教材销售业务稳中有升。新华互联努力开辟新的盈利模式，联合中国书刊发行协会创办《发行界》。媒体融合更趋数字化。《全国大中专教材用书汇编》实现“全国大中专教材发行网”上线运营。整合国际出版市场资源，创办《国际出版》，打造国际出版资源合作与交易平台，“国际出版网”将于 BIBF 活动期间上线。四是团队建设有进步，上半年引进 17 名急需的技术和管理人才。五是党群工作更扎实。六是企业文化有创新，制定了“克勤于邦、止于至善”的企业文化。针对总店上半年工作中的不足，茅院生指出，执行能力、项目创新能力、市场推广能力、盈利能力有待进一步加强。

茅院生对下半年重点工作进行部署安排：一是抓重点项目，力争产业转型有突破；二是抓开源节流，力争经营效益创新高；三是抓战略规划，力争转型发展可持续；四是抓对外合作，力争资本运营开新篇；五是抓项目规划，力争多元经营早布局；六是抓“两学一做”，力争团队建设创一流。

茅院生强调，全体员工都要发扬“创业精神”。要满怀激情、艰苦奋斗，积极向上、拼搏进取，团结合作、相互激励，要求新、求变、求发展，要在思想、观念、个性、意志、作风、品质中体现创新，创造更多更好的市场价值。要满怀必胜的信心和决心，把总店的各项事业推上新的台阶、再创新的辉煌。

柏万良要求总店全体员工以“两学一做”活动为契机，完善工作计划，真抓实干，团结奋斗，攻坚克难，为总店复兴贡献力量。张雅山要求中国新华发行网以及全国大中专教材采选系统加快推进，狠抓落实。陈新就总店 2016 年上半年经营情况做了报告。

各部门及所属公司、重点项目小组分别汇报了上半年工作总结和下半年工作计划。与会人员表示，总店战略清晰、项目明确、经营规范、团队优秀，对未来充满信心。总店及所属公司全体在职员工参加了会议。（赵　煦）

人民文学出版社 2016 年年中总结会召开

2016 年 8 月 8 日，人民文学出版社召开 2016 年年中总结会。社长、党委副书记管士光代表社务会、社党委做了工作报告，领导班子、中层干部及一级编辑参加了会议。

2016 年上半年，人民文学出版社（含天天出版社及上海九久读书人文化实业有限公司）实现营业总收入 13，986.60 万元，完成全年预算的 40.37%；营业总成本 14，064.50 万元，完成全年预算的 44.82%。总体情况良好，各项生产指标较去年同期均有一定增长，这为做好下半年工作打下了基础。2016 年上半年，人民文学出版社总体市场占有率为 1.09%，排名第 18，排名上升 5 位；在文学图书市场占有率为 4.95%，排名第 2。2016 年上半年，人民文学出版社发货总码洋 3.74 亿元，与 2015 年上半年同期 2.86 亿相比，实现同比增长 30.55%。上半年的退货率 9.35%，较 2015 年略有上涨，但依旧低于行业平均退货率。上半年的回款金额 1.29 亿元，销售收 1.23 亿元，与 2015 年上半年相比，同比增长分别实现 27.64%和 35.25%。

从上半年数据看，选题完成情况良好。要抓好月度、年度选题，同时要注重加强对整合重组的大套系选题，及作品集选题的梳理、组织和落实工作，严格控制平庸选题、提高选题质量。

会上，管士光还对 2016 年下半年重点工作进行了部署。在下半年，还要继续“两学一做”学习教育，要求各支部要高度重视，支部书记要履行责任，发挥作用，亲自部署、带头学习，抓好落实。重点强调“三会一课”制度的执行是“两学一做”学习教育中一项重点内容，坚持

"三会一课"制度要注意不断改进内容和形式，注重质量，避免流于形式。

下半年工作的重中之重就是人民文学出版社9月份正式搬库，社领导班子要求搬库期间重点书不能断货，尽量减少搬库的影响，希望全社理解并支持发行部，把搬库期间的矛盾问题大事化小，努力做好搬库工作。抓好下半年重点图书的出版，完成年度选题，加强月度选题管理，加大策划宣传，继续推进出版社事业，把2016年工作圆满完成。（顾　乡）

东方出版中心2016年半年度业务运营工作会议举行

2016年8月12日，2016年东方出版中心半年度业务运营工作会议举行。东方出版中心总经理李智平，东方出版中心党委书记、纪委书记、副总经理董玲，东方出版中心副总编辑郑纳新出席会议并讲话。东方出版中心各部门、单位正副职、助理，工会、团总支负责人，处级干部、副高专业职称以上人员参加会议。

东方出版中心总经理李智平充分肯定上半年经营业绩和干部员工的精神状态，就做好下半年业务运营工作提出要求：坚定目标，始终坚持导向、格调、文化价值不动摇，坚持发展目标、"十三五"规划目标不动摇。有的放矢，在守法合规的前提下，坚持围绕"产值利润双增长"开展经营工作，有的放矢抓重点、抓推进、抓落实。重点激励，持续优化并坚决做到在导向和规范的大前提下，所有的政策、机制向岗位贡献价值倾斜，向干实事、见成效倾斜。引导全体干部、同仁"想做事、会做事、积极做事、能做成事"。两学一做，切实将"两学一做"学习教育与各单位、各部门、各岗位的实际工作和目标责任紧密结合，在"坚持追求，有的放矢，抓住重点，推进落实"中体现出党员干部应有的境界和素养。人人做到：党员合格、干部尽责、岗位贡献。全力实现"十三五"开局之年和规划时期的目标承诺！（金洁蓉）

人民音乐出版社到中译语通有限公司参观学习

2016年8月16日，人民音乐出版社由党委副书记周群带队，数字出版中心全体人员以及各部门代表组成的24人学习交流团前往中译语通科技（北京）有限公司（以下简称"语通公司"）参观学习，学习交流团受到了中国对外翻译有限公司总经理、中译语通董事长黄松、语通公司总经理于洋、副总经理夏建军的接待。

接待活动内容丰富，学习交流团首先参观了语通公司的办公场地，对公司的组织架构和业务职能有了总体的了解。随后，总经理于洋详细介绍了公司的主要发展历程，谈到公司克服了分拆改革的困难、资金链的紧张，把握住了信息翻译时代到机器翻译至语音识别时代的重要发展机遇。此外，还现场演示了"找翻译""译见"平台以及最新研发的产品，也希望未来和音乐社在大数据处理等领域能有密切的合作。

通过认真听取介绍和观看演示，学习交流团为语通公司取得的成绩感到由衷的佩服；被新技术及其带来的大数据统计与趋势预测产生的影响所震撼；对新的先进管理流程和工作标准等一系列现代企业管理模式有了形象和直观的认识。交流结束时，周群同志希望员工通过这次跨行业的学习交流，一方面了解语音识别等技术在人机对话和直接语音翻译领域的应用为我们的工作和生活所带来的革命和便利，一方面学习语通公司从无到有的创业精神，激发奋斗精神，增强危机感和使命感。（黄亚超）

中国对外翻译有限公司与中国社会科学院社会科学文献出版社签署战略合作协议

2016年8月24日，在第23届北京国际图书博览会期间，中国对外翻译有限公司总经理、中译语通科技（北京）有限公司董事长黄松与中国社会科学院社会科学文献出版社社长谢寿光代表双方签订战略合作协议。国家新闻出版广电总局副局长吴尚之、中国出版集团公司党组书记王涛、中国社会科学院科研局局长马援出席签约仪式并发表讲话。

此次签署战略合作协议是为加快推进学术出版数字化与国际化融合发展，构建跨语言学术服务体系。（王 超）

中国出版传媒股份有限公司上线合并抵消模块、中期财务报表模块、出版业务数据模块

2016年8月，中国出版传媒股份有限公司上线合并抵消模块、中期财务报表模块和出版业务数据模块。自2015年12月24日，中国出版传媒股份公司递交上市材料，就成为准上市的公众公司，对信息披露数据的及时性和准确性都有了更高的要求，中国出版传媒股份有限公司财务部为了提高数据的准确性、及时性和完整性，根据《上市公司信息披露管理办法》《公开发行证券的公司信息披露编报规则第15号》等管理办法，参照已上市出版公司披露形式，并与所属企业财务部门人员交流讨论，确立了基本需求，为上市信息披露质量奠定基础。（高志南）

人民文学出版社第二次编辑月会召开

2016年9月2日，人民文学出版社第二次召开了编辑月会。社长、党委副书记管士光，党委书记、副社长张贤明，副总编辑肖丽媛、应红、周绚隆，副社长、纪委书记李春凯和全体编辑人员、策划人员等与会，会议由管士光主持。此次编辑月会，不仅是对新入职编辑人员进行培训的开门课，也是加强编辑队伍建设的再教育课，更是着手设计来年选题规划的预备课。在这个大课堂上，出版社三位副总编辑分别做了报告。他们首先对各自分管的当代文学、古典文学、外国文学编辑室自建社以来的历史进行了回顾，同时也分析了各文学编辑室的现状及在激烈的市场竞争环境下所面临的态势。

肖丽媛以“中国编辑——我们的名字、我们的岗位、我们的荣誉、我们的责任”为题展开。在回顾了从创立外编室到外国文学出版社到现在的四个阶段的历史之后，特别强调了互联网时代背景下对“编辑”角色的思考，提出了编辑应具备的12个“意识”。

应红以“国家文化企业”所应有的担当为题，指出人民文学出版社作为一个专业的国家级文学出版企业，要始终坚持“两个效益”的高度统一。在人民文学出版社图书出版的产品结构布局中，当代文学编辑室承担着努力开发新的原创产品，尤其是长篇小说原创作品的职责。对于人民文学出版社的两个文学刊物《当代》和《中华文学选刊》，要在保持和继承优良传统的同时，还要不断地提升作品质量，发掘、借助新媒体营销等手段不断扩大刊物自身的影响力，扩大读者群，以树立优秀的品牌刊物形象。

周绚隆用纵横比较的形式，讲述了同行竞争状态下，人民文学出版社古典文学的出版历程，分析了同行竞争状态中人民文学出版社的优势与不足。人民文学出版社古典文学出版在未来发展中要始终保持自己的优势，继续做好古籍整理工作，提升专业影响力；同时注重向大众历史类选题开拓，加强古典文学编辑队伍建设，增强编辑及发行人员的营销推广意识。

管士光做了总结发言，再次提到“总结历史，不忘初心”，并对人民文学出版社全体编辑提出要求，强调在坚持抓两个效益的同时，要加强学习，认真研究，了解行业进程，遵守编辑职业操守，提高编辑工作能力，做好来年的选题筹备工作。（顾 乡）

中国大百科全书出版社全社工作会议召开

2016年9月5日，中国大百科全书出版社召开全社工作会议。社长刘国辉代表社委会、社党委新班子成立后对出版社现状的思考和下一步工作设想做了工作报告。会议由党委书记刘晓东主持，出版社全体职工参加。

会上，刘国辉首先结合出版社现状，对“两调四强”（调速度、调结构，强导向、强质量、强动力、强党建）做了解释说明。他强调，无论稳妥和积极的调整，都要有一个追求的目标，这个目标不是数字上的目标，而是“求实做强”四个字。

其次，他从六个方面对出版社下一步工作做了报告。一是《中国大百科全书》第三版的工作，要调动各方面力量，积极推进；二是出版社工作，要以编辑部门为核心，以营销部门为带动，落实全员营销观念和办法，向市场化产品倾斜，逐步打造核心产品，向市场要效益，全力以赴争取完成任务指标；三是加强整体经营理念，形成合力，突出重点；四是职能部门要加强市场意识，企业意识，全力为一线部门提供最优质的服务；五是强党建树社风，提倡奉献精神，争当优秀的百科人；六是与时俱进，全面启动规章制度修订工作。

刘国辉指出，面对信息时代下的市场竞争和透明的市场环境，大家要目标清晰、信念坚定，这样才能成为一支具有战斗力的团队。

最后，党委书记刘晓东要求全社各部门，对刘国辉社长所做的工作报告以及部门的“十三五”规划工作目标进行认真讨论。　（尹添铭）

中国出版集团公司 2015 年度决算报表及快报综合考评出炉

2016 年 9 月 6 日，根据《中国出版集团公司企业年度财务决算报告考评管理暂行办法》（中版发〔2011〕3 号）要求，中国出版集团公司对 2015 年度决算报表及快报进行了综合考核评比。中国图书进出口（集团）总公司、新华书店总店、商务印书馆、人民音乐出版社、东方出版中心、中华书局、中国美术出版总社及中国大百科全书出版社等八户企业被评为“2015 年度财务报告先进企业”；北京中版置业有限公司、中国出版传媒商报社及北京新华印刷有限公司等三户企业被评为“2015 年度财务报告优秀企业”。　（黄　迪）

京沪港三联书店第七届高层年会暨 2016 年三联时空国际文化传播（北京）有限公司董事会召开

2016 年 9 月 8 日，第七届京沪港台三联书店高层年会暨 2016 年三联时空国际文化传播（北京）有限公司（简称：国际公司）董事会在辽宁省丹东市举行。生活·读书·新知三联书店总经理路英勇、总编辑翟德芳、副总编辑常绍民，上海三联书店总经理陈启甸、总编辑黄韬、副总经理陈逸凌，香港三联书店顾问曾协泰、总经理李家驹、总编辑侯明、副总经理詹玲莉，台北三联书店总经理王承惠等十余人参加了会议。会议由路英勇主持。会上，国际公司总经理王博文向公司各董事单位做工作汇报。会议审议了该公司《2015 年度工作报告》、《2015 年度财务决算报告》。董事长路英勇做会议总结。

在随后召开的第七届京沪港高层年会上，与会四家单位分别从图书出版、生产经营及企业文化建设等方面介绍了各自发展情况，并围绕 2017 年生活·读书·新知三联书店 85 周年店庆及 2018 年生活·读书·新知三联书店合并成立 70周年等庆典活动进行了讨论。会议还就合力出版“三联人文经典”丛书、合作建立书店门市及建立福建省永安市三联书店传统教育培训基地等具体问题进行了研讨。

会议期间，京沪港台三联书店与辽宁省丹东市文化管理部门进行了座谈。中共丹东市委组织部部务委员鞠兆喜，丹东市文化广电局局长牛莉、副局长刘晓宇、科长姚卫国参加了座谈。会议由翟德芳主持。牛莉首先介绍了丹东市的基本情况，并希望与会的各家三联书店领导就丹东市开展全民阅读、打造书香城市提出意见和建议。三联书店各位领导在发言中一致指出，丹东市的文化发展应与爱国主义教育相结合。会上，双方达成高度共识，并签订战略合作协议书。

（白　杨）

上海市长宁区区长顾洪辉一行到东方出版中心调研

2016 年 9 月 22 日，上海市长宁区区长顾洪辉一行六人到东方出版中心实地考察“上海东方虹桥国际创意出版产业基地”建设，并结合上海对长宁地区的发展定位，现场调研推进支持“中国出版—虹桥创新基地”建设相关事项。东方出版中心总经理李智平、党委书记董玲、总编辑助理王祖光出席调研活动。

李智平对上海市长宁区领导关心支持“上海东方虹桥国际创意出版产业基地”表示感谢。向上海市长宁区区长顾洪辉一行介绍“上海东方虹桥国际创意出版产业基地”建设初步成效，并就进一步加快完成制版楼改造装修、扶持政策和基地拓展等提出诉求。强调：中央主管部门高度重视中国出版集团公司的创新发展，“上海东方虹桥国际创意出版产业基地”是中国出版集团公司首批九个“十三五”重点项目之一。2012 年 7 月，中国出版集团公司领导班子和上海市长宁区领导班子共同签署联合推进协议，希望上海市长宁区政府支持。

上海市长宁区区长顾洪辉强调，“上海东方虹桥国际创意出版产业基地”的建设与时尚长宁的发展建设密切相关。在中国出版集团公司的领导下，东方出版中心创新发展势头很强。他表示，上海市长宁区政府重视东方出版中心，重视“中国出版—虹桥创新基地”，应加大扶持力度，吸引更多更优秀的文化创意企业。（金洁蓉）

青少年海洋教育联盟授牌仪式举行

2016 年 9 月 27 日，“青少年海洋教育联盟”授牌仪式在北京海洋馆隆重举行，国家海洋局宣教中心、中国海洋学会、海淀教委、北京市联合国教科文组织协会等单位的领导莅临指导。

会上，中译出版社、北京市海淀区八里庄学区管理中心、北京海洋馆、北京市联合国教科文组织协会、新蕾出版社等在海洋教育方面表现突出的单位被授予“青少年海洋教育联盟”的牌匾。

在青少年海洋教育联盟单位召开的第一次会议上，各联盟单位就章程、设想、意见、建议以及发挥各自资源等方面进行了深入探讨。中译出版社教育出版分社社长姜军介绍了中译出版社在海洋图书出版、海洋数字化建设方面的成绩以及未来的一些设想，受到与会专家的高度评价。加入青少年海洋教育联盟，不仅可以为中译出版社的海洋项目储备人才，还提供了优秀的海洋教育实践基地，这必将为中译出版社海洋产品多元化开发提供强劲的助力！（茹　慧）

北京新华印刷有限公司“安全·质量月”专题会召开

2016 年 9 月 28 日，北京新华印刷有限公司领导班子、相关部门负责人召开“安全·质量月”专题会，活动内容主要包括安全质量隐患自查自纠活动、扩大宣传、举办安全质量知识答卷、质量问题展览、质量管理培训、开展职业技能大赛等。

总经理兰本立强调，本次活动以科学发展观为统领，以品牌、质量、安全为重点，以提升质量管理工作和提高产品质量为目的。各部门首先对安全生产和产品质量自检自查，找出薄弱环节，针对存在的问题，制定出改进办法和措施，并在实际工作中有效落实。要通过本次“质量·安全月”活动建立新时期下的责任全覆盖、管理全方位、监管全过程的质量生产管理体系；构建安全生产长效机制，完善和落实安全生产责任、考核机制和管理制度；强化安全生产的职责意识和已制定的操作规程生产，树立全员参与意识和安全防范技能意识，从而全面提高管理水平，推动新华印刷全面、协调、可持续发展。

“安全·质量月”期间，北京新华印刷有限公司先后举办了品质问题展览，邀请行业专业进行“品质管理技能提升”培训，组织员工参加北京市第 17 届印刷行业职业技能大赛等活动。安全方面，安委会要求各部门分别召开了安全会议，针对部门实际开展隐患排查治理工作，对部

门员工进行针对性的培训教育，并进行了有奖知识考核。（胡文娟）

荣宝斋2016年前三季度经营工作会召开

2016年10月9日，荣宝斋召开“2016年前三季度经营工作会议”，总结并部署荣宝斋经营工作。会上，副总经理张大卫通报分析了一至三季度荣宝斋及各所属企业经营情况。荣宝斋各经营部门，十家分店、五家拍卖公司等29家所属企业分别就前三季度经营情况及第四季度的经营举措、预算指标实现等进行了汇报、分析并共同研究措施办法，力争在年底前完成经营目标。

常务副总经理范存刚针对前三个季度的经营工作做了总结，充分肯定了三个季度的经营成果和干部员工付出的努力。他指出，虽然艺术市场的寒冬还在继续，但是，事关荣宝斋未来发展的一些重大问题正在逐步解决，因为有荣宝斋340多年的品牌积淀，有集团公司和社会各界的深切关心，有上一届班子打下的坚实基础，以及全体新一代荣宝斋人的共同努力，一定会迎来崭新的春天。（武若杨）

荣宝斋2016年安全生产工作会召开

2016年10月20日，荣宝斋召开“2016年安全生产工作会”，传达学习中宣部副部长庹震、中国出版集团公司总裁谭跃关于加强安全生产工作的指示精神，分析当前安全生产形势，安排部署下一个时期的安全生产工作。荣宝斋安全生产工作领导小组负责人及各成员共30余人参加了会议。

荣宝斋总监张立民通报了2016年以来安全生产工作情况。党委书记朱涛指出荣宝斋高度重视安全生产工作。并提出三点要求：一要建立健全安全生产工作机制；二要建立健全各项安全生产制度，包括培训制度、检查制度等；三要严格落实监督检查各项措施，认真排查隐患，不能走过场，做到严密细致，将隐患控制在萌芽状态。

最后，常务副总经理范存刚指示全斋上下要认真做好防火、防水、防盗三方面的安全生产工作。安全是企业发展的重要保障，各部门必须牢固树立安全生产理念，毫不放松地抓严抓实抓到位，把握安全生产工作的主动权，切实将安全生产工作放在荣宝斋重要的工作位置上。（武若杨）

人民文学出版社参加2015年中国出版集团信息宣传工作会议

2016年10月27～28日，中国出版集团公司召开2016年宣传工作会议。人民文学出版社由副社长李春凯带队参加了此次会议，听取了中国出版集团副总裁孙月沐的讲话以及中国出版传媒股份有限公司办公室主任胡庆艳通报的2015年中国出版集团信息宣传工作情况。

人民文学出版社策划部主任宋强在大会上做了“以新媒体直播为主题的新媒体运营经验”发言。在2015年度宣传工作的总结表彰环节，人民文学出版社荣获“信息宣传先进单位”，人民文学出版社的微信公众号获评“优秀微信公众号”。（顾　乡）

荣宝斋与山东出版集团、山东齐鲁美术研究院战略合作签约仪式暨“荣宝斋藏品和山东人物画六人展”举行

2016年10月28日，荣宝斋与山东出版集团、山东齐鲁美术研究院战略合作签约仪式暨“荣宝斋藏品和山东人物画六人展”在山东出版美术馆盛大举行。山东省政府部分领导，荣宝斋党委书记朱涛，山东省委宣传部副部长王红勇，山东省新闻出版广电局局长司安民，皖新传媒集团党委副书记、总经理吴文胜，山东省文联副主席姬德君，山东出版集团党委书记、董事长张志华等领导，参加了签约仪式和画展开幕仪式。

同期举办的“荣宝斋藏品和山东人物画六人展”共展出名家名作近120幅。其中不仅有荣宝斋珍藏的近代画派齐白石的原作与徐悲鸿木版水

印作品，同时还展出山东当代六位人物画画家的代表画作。传统与现代的交相呼应为观展者提供了一次难能可贵的视觉盛宴。

双方未来旨在通过增进合作与人才交流，利用各自在出版行业和艺术品交易市场的优势地位，进一步加强资本领域合作。致力于打造新型的全国性文化企业集团联合体，推动中国传统文化产业的创新发展。（武若杨）

中华书局2016年市场分析会召开

2016年10月31日，中华书局召开2016年市场分析会。会议由中华书局副总编辑李占领主持。中华书局编辑部门、营销中心和营销工作领导小组办公室全体成员参加会议。

会上，中华书局党委书记、副总经理、营销工作领导小组副组长周清华向大家通报了营销全面提升年的总体情况和工作安排：上半年，营销中心发行部进行内部调整；下半年，营销工作领导小组成立，强化营运例会和营销例会职能，工作成效显著；品牌营销力度有所加强，推动伯鸿讲堂、自媒体宣传和伯鸿书店筹建等工作。周清华强调，所有的工作最终追求是培养全员营销意识，树立全流程营销理念。

中华书局营销总监王军做市场分析会主题报告——《四看中华图书》，通过“回头看”“低头看”“转头看”“抬头看”和“问题与建议”五方面，系统全面地分析了中华书局图书在市场上的表现、中华书局图书销售持续增长的原因、竞争对手情况、市场最欢迎中华书局什么样的图书、应该着力为市场提供什么样的产品和服务等。

中华书局总编辑顾青在发言时要求编辑专注于传统文化，专注于重点产品、学术界新成果和原创作品，主动组约书稿。还要求各部门突出符合自身产品线的选题，重视选题的创新性，突出年度可完成项目和能产生大的影响和收益的重点项目。强调填报选题时必须严格按照产品线，信息完整，事先多论证多沟通，策划更加完善。

中华书局总经理、营销工作领导小组组长徐俊在总结时高度评价了市场分析会的内容，指出这是中华书局关于营销全面提升的一次具有坐标性意义的会议，编辑部门要重视会议内容，用于推动选题论证和出版工作。徐俊结合市场分析会涉及的一些问题，如规模持续增长，但市场占比没有相应增长，单品种的平均效益减弱；动销品种数倍增，但市场占有率增长不同步；局部增长巨大，但整体增长严重不均衡，等等。指出应回头梳理产品线，找到正确发展方向。

（梁　彦）

荣宝斋成都分店开业

2016年10月31日，荣宝斋（成都）有限公司开业典礼隆重举行。标志着荣宝斋正式落户蓉城。中国出版集团公司党组书记王涛，四川省副省长杨兴平，荣宝斋常务副总经理、荣宝斋（成都）有限公司董事长范存刚，青羊区区委常委、区委宣传部部长邱颖，荣宝斋成都公司总经理韩晓东为开业剪彩。

分店在开业之际举办了“荣宝斋珍藏近现代名家精品展”，展出包括吴昌硕、齐白石、徐悲鸿、张大千、李可染、启功、黄永玉等近现代艺术大师的几十件艺术精品。同时邀请了肖刚、路民、赵慧萍三位木版水印技艺传承大师现场演绎木版水印的独特魅力。展览现场热闹非凡，多名书画爱好者慕名前来观赏巨匠名作，为西南地区艺术品市场注入活力。（武若杨）

荣宝斋雕塑院成立

2016年11月22日，荣宝斋雕塑院正式成立。雕塑家潘松出任首位院长。雕塑院秉承荣宝斋“以文会友 荣名为宝”的宗旨，在立足中国传统文化的基础上，以世界文化视野来发掘具有人文气息的一流艺术家及其优秀作品，打造国内一流的公共艺术作品、立体三维艺术作品以及空间艺术品展销平台，为社会提供更多样化的优质艺术服务。（武若杨）

新华书店总店2016年前三季度经营分析会议召开

2016年11月24日，新华书店总店（以下简称“总店”）召开2016年前三季度经营分析会议。总经理茅院生出席会议做总结讲话，党委副书记柏万良，副总经理张雅山、陈新，总经理助理戴昕、汪春荣出席会议并就各自分管工作进行分析和建议。所属公司负责人分别汇报了各公司前三季度经营情况、存在的问题，下一步的工作计划。

茅院生在总结讲话中对各所属公司的努力充分肯定，同时也对经营中存在的问题进行了分析。茅院生指出，当前国家整体经济形势对总店各项工作都有影响、市场竞争压力大、对外合作阻力多、计划不如变化快等都是现实存在的问题，但是我们也应该看到，目前工作中存在部分干部员工能力和市场竞争不相适应、与产业转型不相适应的问题，在企业定位、产品创新、市场运营、争创效益等方面还存在工作不足。

茅院生要求，所属各公司要以创效增收为中心，创新体制机制，以重点项目为抓手，积极开辟新项目、新市场；要建设知识型、创新型、适应市场竞争的人才队伍，要用工作思路、工作行为、工作业绩检验考评人才。各所属公司要围绕年度工作目标，进一步创新思路，找准问题，狠抓落实，努力完成2016年全年经营工作任务，做好2017年工作规划。

柏万良讲话强调，各公司要以项目为抓手落地；要提高学习能力，并付诸实际工作中；要站在企业的角度，变压力为动力，转变思想认识，加强市场意识，切实做好经营工作。张雅山指出各公司市场定位角色不清晰，要增强新业务拓展能力，调整人员结构，做好转型发展。陈新强调，所属公司要尽快实现体制机制独立，增强生存能力。要进一步提高工作效率，把工作落实到位。

总店各部门负责人及所属公司班子成员参加会议。（赵　煦）

新华书店总店与化学工业出版社合作交流会举行

2016年11月25日，化学工业出版社社长周伟斌、党委书记张婉如、常务副社长刘海星、社长助理郎红旗、办公室主任王婳、推广部副主任周寒等一行莅临新华书店总店（以下简称“总店”）参观考察，与总店就双方全方位合作举行交流座谈会。总店总经理茅院生，党委副书记柏万良，副总经理张雅珊、陈新，总经理助理戴昕、汪春荣，总店中层及所属公司领导班子成员参加座谈。

茅院生介绍了总店一年来围绕“盘活存量资产，推进产业转型”战略所做的工作，并就总店两个重点项目——“全国大中专教材网络采选系统”和“中国新华发行网”提出了全面合作的建议。

周伟斌社长对总店“全国大中专教材网络采选系统”和“新华发行网”项目表示了高度认可，希望能够深入交流，努力实现共建、共进、共赢。新华国采公司常务副总经理李漓、新华互联公司副总经理郑欢分别就“全国大中专教材网络采选系统”项目和“新华发行网”项目做了全面介绍。

双方还就发展战略、经营思路、改革经验等进行了深入交流。茅院生总经理陪同周伟斌社长一行参观了在建中的新华文化创意产业园及总店店史陈列馆。（梁晓龙）

荣宝斋与招商局中国基金有限公司签署战略合作协议

2016年12月7日，荣宝斋与招商局中国基金有限公司在荣宝斋大厦正式签署战略合作协议，双方未来将在股权融资、债权融资、艺术品金融等领域开展广泛合作。荣宝斋常务副总经理、荣宝斋文化有限公司总经理范存刚和招商局中国基金有限公司执行董事王效钉分别代表双方企业签订了战略合作协议。（武若杨）

中国大百科全书出版社2015年度出版物编校质量检查工作总结会议召开

2016年12月22日，中国大百科全书出版社召开2015年度出版物编校质量检查工作总结会议。社长刘国辉、副总编辑刘杭出席会议并讲话，出版社全体编辑人员参加了本次会议。

会议由刘杭主持。首先由总编室主任任其忻向与会人员介绍了2015年度出版物质量检查工作的总体情况以及检查中发现的部分问题，包括错字别字；词语使用不正确、不规范；语句不通；知识性错误；标点符号错误；拼音错误；格式问题等。并针对全社编校质量提升工作提出了具体的措施。

针对2015年度出版物的检查，总编室组织评审小组开会进行讨论，最终确定检查结果并评出编校质量优秀奖八名，同时评出装帧设计质量奖五名；评出印刷装订质量奖三名。

刘杭希望本社编辑加强质量意识，严格执行社内的质量管理措施和流程，在今后的工作中认真审读稿件，严把导向关和质量关。刘国辉在总结讲话时指出，图书质量问题在当前强调经济任务指标的发展前提下愈发凸显。图书质量是出版的生命线，每一位编辑一定要从思想上重视，维护好品牌。他强调：一是思想上重视，行动上落实；二是一手抓效益，一手抓质量；三是从作者入手，把好稿件关；四是编校工作要认真、细致，多查阅资料；五是调结构，本社图书要完成从数量到质量上的转变，力争取得良好的社会效益和经济效益。（尹添铭）

现代教育出版社增加注册资本金及扩充经营范围

2016年12月，现代教育出版社调规模，加大资本运作以增强综合竞争力，将注册资本金由255万元增到1035.5426万元。同时，在经营范围方面，新增了出版物经营许可、期刊出版许可、杂志广告许可三项资质。（杨 静）

现代教育出版社优化部门结构

2016年12月，现代教育出版社结合“一主四板”产品线发展的目标，按照图书的内容及读者对象，优化编辑部门，将编辑们调整为儿童教育中心、基础教育中心、高等教育中心和国学中心。其次，为了加强出版社党群建设，在管理中心专设党群办公室，由专人负责出版社党群工作和老干部工作。

在提高出版效率方面，现代教育出版社每月召开一次生产经营会，主要围绕出版数据、财务数据、经营数据汇报上月主要工作内容及需解决的问题。通过每月经营会的召开，加强了各部门负责人的业务数据分析的能力，便于社领导及时掌握了经营进度，从而提高出版效率。

（杨 静）

新华书店总店与安徽省金寨县签署战略合作协议

2016年12月，新华书店总店与金寨县正式签署共建“全民阅读示范县”暨“书香金寨”战略合作协议。

该项目建设包括六大工程，分别为：公共阅读空间打造工程、“互联网＋阅读”工程、地方文化推广工程、文化名家进老区工程、全民阅读发放工程、中国（大别山）全民阅读论坛。

双方坚持正确导向，积极倡导社会主义核心价值观，用“全民阅读”引领风尚、教育人民、服务社会，共同推动金寨老区的文化建设水平。

（张 倩）

中国图书进出口（集团）总公司与北京崇学文化发展有限公司等签署战略合作协议

2016年12月，中国图书进出口（集团）总公司（以下简称“中图公司”）先后与北京崇学文化发展有限公司、北京华语联合出版有限公司签约战略合作协议，共同推动主题图书“走出去”。

通过合作，中图公司将与北京崇学发挥各自优势共同做好中国主题图书策划和推广活动（如书展等），努力提高全球读者对中国发展成果的认知度；中图公司获得北京华语全部外文版图书的全球独家发行权（政府指定向华语采购的除外）以及重点图书多语种版权输出代理权，负责《习近平时代》等重点产品的海外重点推广，获得华语中、外文图书电子版权在全球范围内的网络出版权、数字出版权及信息网络传播权。

北京崇学文化发展有限公司，主营业务涵盖公共关系服务、教育咨询、文化艺术交流、出版物策划及发行等领域。北京华语联合出版有限责任公司，是由国家新闻出版广电总局批准的首家具有专项出版权的混合所有制企业，出版面向境外销售的多语种政治、经济、文化、学术类出版物。2016 年，北京华语联合出版公司的多语种出版基地项目被总局列为首批新闻出版产业示范项目。 （葛江霞）

中国图书进出口（集团）总公司顺义物流中心基本建成

2016 年 12 月，中国图书进出口（集团）总公司顺义物流中心（以下简称“中图顺义物流中心”）基本建成，目前正在开展整体联调联试，为业务板块搬迁打好基础。

中图顺义物流中心坐落于北京市顺义区国际空港物流园区，总建筑面积 35721 平方米，设计年吞吐图书码洋不低 25 亿码洋（1600 万册）。在功能规划方面，中图顺义物流中心集保税、监管、全品种微库存、现采、馆配等功能于一身；先进的自动化输送和包装设备将极大提高仓储、配送、包装的速度和质量；近 10000 平方米的国内首家进口出版物保税库将大大提高出版物进口通关速度；13000 多平方米的全品种微库存区（共三层，每层 4000 多平方米）可满足多样需求；近 13000 平方米的样本区可提供一站式现采服务；近 3000 平方米的第三方托管区可解决跨境仓储、运输的烦恼；近 5000 平方米的馆配区可快速满足客户的订单需求。

在硬件建设方面，除在各个功能区装配相当规模的中型、重型、阁楼式货架、展示货架等，中图顺义物流中心将重点打造全品种微库存区。该区拥有 153658 个储位，建设有自动化输送线，在全国出版业中首家配备了意大利 CMC Carton-wrap 自动包装设备，可实现对进出货物的全程自动化播种、分拣和包装。该区的电商作业部分可同时处理 480 张订单，每天最大处理订单数量达 5000 单。在系统支持方面，中图顺义物流中心投资建设了自有机房，研发了具有自身业务和管理特点的库房管理系统（WMS），实现了出入库货品的全程信息化管理，可与总公司本部各个业务部门系统无缝对接。

中图顺义物流中心的建成，是中图公司推动传统业务转型升级的重大举措，将进一步打通国内与国外、线上与线下、纸版与电子三大通道，实现 72 小时全球直供，为中图公司传统业务升级插上腾飞的翅膀。 （祁　歆）

文体活动

商务印书馆2015年度工作总结表彰大会暨2016新春团拜会举行

2016年2月1日，商务印书馆举行2015年度工作总结表彰大会暨2016新春团拜会。中国出版集团公司党组书记王涛应邀出席并向全体员工致以新年的祝贺。

总经理于殿利代表商务印书馆馆务会从六个方面对一年工作进行了全面总结。2015年是商务印书馆实行科学化、精细化、标准化管理的第一年，改革促进了发展，解放了生产力。全年各项经济指标和社会影响力指标再创历史新高。

团拜会上，全馆各部门和分馆分公司职工带来了超过20个富有文化内涵和商务印书馆特色的节目，形式多样，包括舞蹈、合唱，沙画、武术、哑剧表演，钢琴、小提琴、马头琴演奏等，气氛热烈，精彩纷呈，展现了多才多艺的商务人风采。

（刘　芳）

中国大百科全书出版社和中国邮政储蓄银行联合举办新职工厨艺大赛暨欢度元宵佳节活动

2016年2月22日，中国大百科全书出版社和中国邮政储蓄银行联合举办“学做一道菜，献上一份爱”新职工厨艺大赛暨欢度元宵佳节活动。

虽然很多新职工刚刚走出校门，但是他们通过网络、向老职工学习等方式，积极学习厨艺，精心准备了各种各样的美味佳肴。还有多名职工参加了现场包饺子比赛，其中两名职工获得二等奖，两名职工获得三等奖。活动现场大家与中国邮政储蓄银行的朋友们一起品评美食，交流经验，欢乐闹元宵，新职工们深切感受到了百科家庭的温暖，也增进了新职工之间的感情。

（尹添铭）

新华书店总店举办元宵联谊会

2016年2月22日，新华书店总店（以下简称“总店”）为了丰富员工文化生活在总店多功能厅举办了2016年元宵节联谊会。总经理茅院生，党委副书记柏万良，副总经理张雅珊、陈新，总经理助理戴昕、汪春荣及总店在职员工参加了联谊活动。

党委副书记柏万良代表总店领导班子向全体员工致以节日的祝福。他指出：面对宏观经济下行的压力，在集团公司领导下，在总店班子的领导下，在大家的共同努力下，总店经营业绩逆势而上，2015年的经营收入比同期增长了12.9%，较集团的公司指标增长了18.9%，在职员工收入同比增长了37%，员工的工作环境焕然一新，员工的用餐问题得到了圆满的解决，为离退休和内退员工每人每年增加了1200元的生活补助费。

总店员工精心编排了丰富多彩的文艺节目，形式多样，精彩纷呈，赢得掌声阵阵。抽奖、有奖竞猜等游戏环节以及互换礼品等活动，员工积极参与，欢声笑语，气氛热烈。

联谊会在总经理室带领大家合唱《团结就是

力量》的歌声中结束。歌声整齐有力，豪情满怀，表达了总店全体同志在新的一年里会更加勇往直前、奋发向上、再创佳绩的信心与决心。联谊会增进了职工之间的交流和感情，增强了总店的凝聚力，营造出良好的企业文化氛围，得到全体员工的一致好评。（赵　煦）

新华书店总店组建成立合唱队

2016年3月3日，新华书店总店组建成立合唱队，开始了第一次训练活动。党委副书记柏万良、副总经理张雅珊与队员们一起进行了首次训练。

活动伊始，柏万良代表领导班子讲话，他说在紧张工作之余，大家可以利用这一两个小时宝贵的时间放松身心，培养兴趣。组织大合唱既可以弘扬爱国主义精神，还增进了员工彼此情感交流，培养集体主义观念，提升合作意识，增强团队精神和责任感。他希望大家好好练习，争取在“七一”建党95周年合唱比赛中取得好成绩。

在辅导老师的耐心指点、队员的积极配合下，大家收获很多。队员们训练非常认真，得到了老师的称赞。（赵　煦）

人民音乐出版社举办职工艺术沙龙

2016年3月11日，人民音乐出版社（以下简称“人音社”）举办职工艺术沙龙。人民音乐出版社社长莫蕴慧、党委副书记周群、中国出版集团公司办公室秘书处处长、女工委主任权舆出席活动，此外，中华书局、中国图书进出口（集团）总公司、中版教材有限公司等兄弟单位的女工委代表受邀参加了本次活动。本次活动由人民音乐出版社工会女工委主办，是“三·八国际劳动妇女节”的一项纪念和庆祝活动，旨在发挥人音人的专业所长，提高全社职工的艺术和文化修养，推动人音社职工素质建设工作。这次职工艺术沙龙为全社职工搭建了展示自我风采的舞台、相互交流学习的平台、辩论学术热点的擂台，是将轻松愉快的形式与专业知识的学习相结合的一次成功尝试，也是将党群工作紧紧围绕主业进行组织的又一次实践。（李　烨）

中图外文书店举办“印刷术探秘之旅”

2016年3月13日，中图外文书店“印刷术探秘之旅”——中国传统印刷术体验活动在北京举办，中图外文书店青少年中国传统文化体验基地系列活动拉开序幕。来自中国印刷博物馆的专家为十余组家庭讲授历史并现场演示，中央电视台著名节目主持人董倩担纲主持。

活动开场，中国印刷博物馆李英先为小听众们讲解了印刷术被誉为“文明之母”的原因，并以仓颉造字、毕昇活字印刷等为基本脉络讲述中国传统印刷术的发展史。在实物操作环节，谭栩炘老师通过刷印选自《典趣笺谱》中的《换鹅》和排印活字版古诗《登鹳雀楼》，演示了雕版印刷术与活字印刷术的刷印过程。在认真观看老师的演示后，小朋友们也纷纷动手，在老师和家长的帮助下制作出了自己的印刷作品。

本次活动得到许多家庭的热烈响应，自活动预告在中图外文书店的微信及微博平台发布后就不断有家长打电话咨询报名。活动结束后，他们表示，希望中图外文书店可以组织更多像这样寓教于乐的青少年中国传统文化体验活动。

中图外文书店青少年中国传统文化体验基地系列活动是中图外文书店在2016年推出的系列主题活动，目的在于利用书店的活动空间，与中国传统文化相关机构组织合作，通过落地式的体验活动，让传统文化走出博物馆、走进书店，让更多的家庭，尤其是孩子可以亲身感受到中国传统文化的魅力。书店正在与相关机构组织联系沟通，计划于四月中旬开展青少年中国传统文化体验基地系列活动第二季。（吴思喆）

中华书局举行首届手机拍书影比赛

2016年3～4月，中华书局举行首届手机拍书影比赛。本次比赛共收到42名员工上传的103幅书影作品，并在中华书局一楼大厅电视中循环播出。5月13日，经评委会全体成员认真评议，评选出一等奖三名、二等奖五名、三等奖十名，以及参与奖若干。其中，陈蓓茹（拍摄《京都古书店风景》）、张可（拍摄《说文解字注》）、徐卫东（拍摄《中国近代史》）获一等奖；赵妮娜（拍摄《西游记》）、李晓霞（拍摄《昨日之河》）、龙飞（拍摄《中华好诗词》）、龙飞（拍摄《笠翁对韵》）、杜清雨（拍摄《说文解字》）获二等奖；杨红（拍摄《中国人应知的文学常识》等）、何连玉（拍摄《一本书备考中华传统文化》）、杨红（拍摄《姥姥语录》）、宋吉（拍摄《龙与鹰的帝国》）、葛莹莹（拍摄“名家书画”系列）、王钢（拍摄《戏曲》）、欧阳红（拍摄《重读抗战家书》）、徐卫东（拍摄《我相信中国的前途》）、葛洪春（拍摄《宝刻丛编》）、王敏（拍摄《钦定学政全书》）获三等奖。（刘　溦）

中国图书进出口（集团）总公司首次户外徒步远足活动举行

2016年4月16日，中国图书进出口（集团）总公司首次户外徒步远足活动在北京奥林匹克森林公园举行，由此拉开了2016年职工5月健身活动月的序幕。

员工们克服路远、交通不便等困难，上午8点准时集合。在书记吴伟带领大家齐声喊出的“快乐工作，健康生活”口号声中，在总经理张纪臣高亢有力的发令声中，大家兴高采烈冲向步道。一路上，大家你追我赶，一边欣赏沿途景致，一边享受徒步远足与挑战自我的乐趣。本次活动要求每位参与职工行走三公里，但大部分员工行走了五公里，超额完成任务。

为满足员工的不同需求，工会不但精心安排了两次奥森公园徒步远足活动，还在总公司多功能厅组织了职工体能测试活动，各部门干部员工积极参与，既锻炼了身体，又收获了快乐。

（吴永利）

中国大百科全书出版社举办2016年离退休老同志春游活动

2016年4月20日，中国大百科全书出版社（以下简称“出版社”）人力资源部和党办组织出版社离退休党员及老同志80余人，参观游览了榆树庄湿地公园。

榆树庄湿地公园坐落于丰台区西部，是当地农民自己建造的仿古休闲公园。公园占地面积768亩，由清华大学建筑学院纪怀禄教授设计。该公园以“文峰塔”为中心展开布局，分四个景区，其塔身下建有地宫，给人的整体感觉是：自然风光与古朴典雅较完美结合，使人流连忘返，依依不舍。

参加此次春游的老同志一致认为：本次活动组织缜密，服务周到，风景优美，效果良好；既增加了老干部之间的亲情，又使老同志心情放松和愉悦，既体现了出版社对老同志的关怀，又发扬了出版社团结向上精神。（尹添铭）

中译出版社参加中国出版集团公司“读经典、学新知”学习读书活动

2016年4月，中译出版社成立“读经典、学新知”学习读书实践活动领导小组，总编辑张高里担任小组组长，全体中层干部为组员。同时，各部门分别成立读书小组。

学习读书实践活动领导小组把员工推荐的必读书目和新知类需选购书目放在公司微信群里，充分讨论，确定需选购的图书，由工会委员统一购买，发到职工手中。10月，职工们根据所读书籍撰写出40多篇心得体会，经过读书实践活动领导小组成员商议评选，选出11篇优秀作品参加了中国出版集团公司的征文比赛。

本次参与中国出版集团公司的读书活动，为中译出版社的青年员工搭建了相互交流思想的学习平台，为全面提高职工队伍的整体素质奠定了坚实的基础。（符　勇　茹　慧）

中华书局2016年度趣味运动会举行

2016年5月20日，中华书局举行2016年度趣味运动会。本届运动会设置了羽毛球、乒乓球、台球双打、拔河、集体跳绳、跳绳、投篮、

飞镖、盘球跑、速叠杯等十个项目，160余名员工踊跃参加。比赛紧张激烈，精彩纷呈，大家热情高涨，努力争先。此次运动会的成功举行，起到了增强员工体质，丰富员工业余文化生活，增强凝聚力，促进企业文化建设的作用。（刘　潋）

中国图书进出口（集团）总公司团委组织开展植树活动

2016年5月20日，在党委书记吴伟率领下，中国图书进出口（集团）总公司（以下简称“中图公司”）团委组织各部门团员青年40余人赴北京怀柔桥梓镇开展植树活动。

本次植树活动共种下47棵松柏树苗，并立下“中图青年林”的石碑。中图公司希望，在为祖国的环境事业尽一份责任的同时，广大青年员工也能像我们栽下的松柏树苗一样，在中图公司这片肥沃的林场中茁壮成长，挺拔向上，争做独当一面的栋梁之材。（刘　洋）

中图外文书店六一国际儿童节系列活动《如何朗读原版英文读物》分享会举行

2016年5月21日，中图外文书店举办六一国际儿童节系列活动《如何朗读原版英文读物》分享会，50位家长小朋友参加活动。活动以教父母如何陪孩子朗读外版儿童读物为重点，通过多媒体演示、现场互动等形式，帮助家长和小朋掌握外语朗读的方法。活动形式新颖、内容充实，并在视觉、听觉、情感方面均对家长和小朋友产生了冲击感，博得了听讲者的一致好评。

主讲师“格子”是加拿大西安大略大学的博士，也是一位七岁女孩的妈妈，她在微信公众号推送的原版英文儿童读物朗读视频备受广大亲子阅读群体的青睐。活动现场，格子和她的小搭档小美朗读了英文书 Elephant and Piggie，并制作了精美的演示课件。朗读结束后，格子与小美和家长、小朋友们一起唱英文童歌，将现场气氛推到高潮，家长们也从中体验到原版读物的趣味性。互动中，格子不仅在朗读上给予建议，更和大家分享了她的人生经验、教育方法和相关案例。

5月28日，中图外文书店举办《如何实现亲子共读英文绘本》分享会，资深教师刘娜引导家长如何陪孩子阅读英文绘本，让孩子享受绘本里暗含的智慧和乐趣。活动中，刘娜以《苍蝇小子》为例，讲解了亲子看绘本、读绘本、玩绘本过程中所出现的一些小问题，并据此提出了一些解决问题的技巧。刘娜认为，英语启蒙的关键不在于学习多少单词和句子，而在于听力辨音的培养，孩子的听力辨音越强、听觉记忆能力就越强。所以，在教育过程中一定要培养孩子听力辨音的能力。在尊重孩子的同时，也要适当引导孩子选择喜欢的书，引导孩子的思维模式。

本次活动既丰富了书店的活动内容，也使原本单一的传统文化活动转变为多元化的中西结合式体验活动，为开展全民阅读提供了新的文化空间。很多家长表示，未来会积极带领小朋友参与类似活动，把原文朗读的好习惯一直保持下去。

（刘粉艳）

商务印书馆举办第二届职工运动会

2016年6月2日，商务印书馆举办第二届职工运动会。全馆分为编辑中心，出版、全媒体、营销中心，职能部门，子公司等四支代表队，共220余名职工参加了七个个人项目和六个集体项目的比赛。

经过近六个小时的激烈角逐，子公司代表队最终获得团体总分第一名，编辑中心代表队，职能部门代表队，出版、全媒体、营销中心代表队分获第二、三、四名。两年一次的职工运动会不仅推进了群众体育活动的广泛开展，促进了企业文化建设，也全面展示了商务印书馆全民健身的风采。（刘　芳）

中国对外翻译有限公司开设“职工之家”

2016年6月，中国对外翻译有限公司工会开设“职工之家”宣传栏，宣传工会各项活动的图片和文字信息，丰富职工精神生活，打造和谐企业文化。多年来，公司工会持之以恒、切实有效地开展建设职工之家的活动，有效促进了公司业务融合、文化融合，推动企业稳定发展。

（赵　桐）

中国对外翻译有限公司开展“读经典、学新知”读书实践活动

2016年6月至11月，中国对外翻译有限公司以深入学习贯彻习近平总书记系列重要讲话为重点，开展“读经典、学新知”读书实践活动。全体干部职工积极响应公司号召，认真参与读书实践活动，切实贯彻真读书、读好书的活动要求。在公司范围内征集读后感68篇，经评选后，推荐15篇报送中国出版集团公司。（赵　桐）

中版教材有限公司、生活·读书·新知三联书店与商务印书馆联合举办羽毛球联谊赛

2016年6月23日，中版教材有限公司与生活·读书·新知三联书店、商务印书馆三家工会联合举办了首届“中版教材公司、三联书店、商务印书馆羽毛球友谊交流赛”。

这次交流赛在北京东四奥林匹克体育馆举行。参赛的领导有：中版教材有限公司副总经理、党总支书记郭德生；商务印书馆党委书记肖启明；三联书店副总编辑、工会主席郑勇；人民东方书业有限公司总经理房宪鹏。中版教材有限公司常务副总经理姚劲华莅临比赛现场，为大家加油助威。

活动先由中版教材有限公司郭德生、郭磊对阵三联书店周铎、余桂林的男子双打比赛作为开场赛，随后比赛正式拉开帷幕。

本次比赛执行的是单局15分制，一局定输赢的淘汰赛赛制。每组人员都面临着一局比赛结束就走下赛场的可能，这使得比赛更加刺激、精彩。

各单位队员纷纷拿出看家本领，一决高低。比赛中，选手们都表现出顽强拼搏的竞技精神，同时也发挥了团队的协作意识。

其中，中版教材有限公司的党总支书记郭德生出手就先声夺人颇具专业水准，他打球快、准、狠，郭磊与他的配合更是天衣无缝，一攻一防，不给对手一丝得分的机会；而三联书店工会主席郑勇、谢九对阵商务印书馆党委书记肖启明、张华斌这一场则恰好棋逢对手，一时间难分伯仲。

通过本次比赛，大家的身体得到了锻炼，同时也增进了与兄弟单位之间的相互了解。

（武一格）

中华书局举办“读经典、学新知”读书征文活动

2016年7～9月，中华书局举办“读经典、学新知”读书征文活动。本次活动共收到30篇征文。12月25日，经评委会全体成员认真评议，评选出一等奖三名、二等奖六名、三等奖十名。其中，范明明（征文题目：《论语译注》读后感）、杨祎（征文题目：从《重读抗战家书》看出版人的时代责任）、傅光地（征文题目：读《论语》四章笔记）获一等奖，赵晨昕、王彤、刘鰓娇、李勉、刘晗、李闻辛获二等奖，刘新、赵一然（两篇）、刘晗、李梅君、靳艳君、许庆江、刘明、李碧玉、梁五童获三等奖。

（刘　潋）

中国对外翻译有限公司工会组织户外拓展活动

2016年7月中旬，为鼓励职工加强体育锻炼、提高身体素质、丰富职工业余生活，努力营造团结、和谐的良好企业文化氛围，中国对外翻译有限公司工会组织职工在京西百花山开展登山活动。

通过此项活动，职工既锻炼了身体，提高了团队协作精神，又增进了沟通和了解，增强了团

队的凝聚力和向心力，展现了职工团结向上的精神风貌。（赵　桐）

中译出版社开展一系列文体活动

2016年9～11月，中译出版社工会开展一系列文体活动，每周组织职工羽毛球活动，定期与兄弟单位开展篮球、足球比赛。

2016年9月27日，中译出版社与中国民主法制出版社、人民文学出版社、商务印书馆四家单位在方庄优肯智能篮球馆举办了为期两天的篮球友谊赛。2016年10月，中译出版社足球队参加了中国出版集团公司工会组织的中国出版集团公司第二届足球赛，在几位主力队员受伤不能上场、比赛成绩不好的情况下，公司领导披挂上阵，坚持参加每场比赛。2016年11月6日，中译出版社还在奥林匹克森林公园开展秋季“健步走”活动，全程五公里，设有起点、终点和中间签到点，为所有参赛者准备了小奖品，共有30多位员工参与此次活动。

（符　勇　茹　慧）

中国出版集团公司第二届足球比赛举行

2016年10月12日～11月4日，中国出版集团公司第二届足球比赛在奥林匹克曲棍球中心举行。中国出版集团公司党组书记王涛，集团公司党组成员、中国出版传媒股份公司副总经理孙月沐出席决赛和开幕式。

本次比赛共有21家单位组成的19支足球队参赛，运动员近300人。经过激烈角逐，中华书局足球队获得冠军，集团公司总部联队获得亚军，商务印书馆足球队获得季军，中国图书进出口（集团）总公司足球队获得第四名，荣宝斋足球队获得第五名，现代出版社足球队获得第六名，中国对外翻译有限公司足球队获得第七名，中国民主法制出版社足球队获得第八名。中国图书进出口（集团）总公司足球队队员张琦以14粒进球获得金靴奖。（顾梓榆）

中国大百科全书出版社参加中国出版集团公司第二届足球比赛

2016年10月12日～11月4日，中国大百科全书出版社派出由15名运动员组成的百科足球队参加中国出版集团公司第二届足球比赛。

本次比赛采取小组循环赛、淘汰赛相结合的赛制，12日与集团总部足球队的对决是百科足球队进行的第一场小组循环赛。中国大百科全书出版社党委书记、工会主席刘晓东参加了开幕式，并全程观看、指导了比赛。（尹添铭）

中国对外翻译有限公司参加中国出版集团公司第二届足球比赛

2016年10月12～11月4日，中国出版集团公司举办第二届足球联赛。中国对外翻译有限公司派出14人的代表队参加了比赛。在比赛过程中，队员们分工明确、配合默契，全心投入、全力拼搏，充分展现了公司良好的精神风貌和永不言败的企业精神。经过激烈的角逐，公司代表队最终取得了集团第七名的好成绩。

（赵　桐）

中国图书进出口（集团）总公司参加中国出版集团公司第二届足球比赛

2016年10月12日～11月4日，中国图书进出口（集团）总公司（以下简称“中图公司”）参加了中国出版集团公司在奥林匹克曲棍球中心举办第二届足球赛。本次比赛，中图公司足球队取得了第四名的好成绩，实现了历史性突破，队长张琦以14粒进球获得金靴奖。

共有21家单位的19支代表队参赛。中图公司工会以足球协会为依托组队参赛，历经小组赛、四分之一决赛、半决赛和季军赛共7场比赛。比赛期间，来自总公司各部门的队员们，克服了新老队员交替、配合时间较短、工作任务繁重等困难，团结协作，奋勇拼搏，赛出了中图人筑梦“十三五”、实现又好又快发展的豪迈精神。

（吴永利）

现代教育出版社参加中国出版集团公司第二届足球比赛

2016年10月12日～11月4日，中国出版集团公司第二届足球赛在奥林匹克曲棍球中心举办，现代教育出版社积极组织员工参加比赛。现代教育出版社副社长陈琦现场为比赛加油助威，为比赛增添了十足的活力和热烈氛围，进一步鼓舞了全体运动员的拼搏精神和奋斗精神。

（杨 静）

新华书店总店举办第二期新华大讲堂

2016年10月19日，新华书店总店（以下简称“总店”）第二期新华大讲堂开讲，上海图书馆馆长、上海科学技术情报研究所所长陈超应邀以“全球科技创新发展态势与启示”为主题做了精彩演讲。总店总经理茅院生、党委副书记柏万良及百余名员工参加了报告会。

陈超在演讲中分析了创新的科学内涵，梳理了科技创新的发展态势，对全球科技创新发展态势带给我们的启示与反思进行了深入讲解。陈超指出，创新不是个别领域和某一方面的创新，而是全面创新，涉及上层建筑与经济基础、生产关系与生产力的全要素、全系统、全方位的改革创新。在全球化和信息化的时代，创新的核心是人，动力是人的需求。21世纪科技创新中心将具备全球创新资源的配置能力，集聚众多教育和研究机构、应用和集成技术创新能力突出、集聚创新企业家和创业资本等。

总店及所属公司全体在职员工，认真聆听了讲座，并与陈超馆长进行了交流互动。大家表示，听取了陈超馆长的演讲，启发了新思维，学习了新知识，提升了科技创新意识。（赵 煦）

华文出版社组织开展员工拓展培训活动

2016年10月28日～29日，华文出版社组织员工在怀柔黄花拓展基地进行拓展培训活动，社长宋志军，党总支书记、副总编辑张力慧，副总编辑方明亮参加。

本次拓展活动分三个小组，进行了“唱队歌”“设计队标”“共同进退”“极速60秒”等多个项目的比赛。活动在活泼紧张的氛围中进行，该活动使员工在紧张的工作之余有放松心情、调整状态。参加人员均表示，这些活动中体现出的相互之间亲密协作、坦诚交流的状态，紧张与快乐同在、竞争与友谊并存的精神，正是企业文化建设的精髓所在，并希望日后能多开展类似活动。（戴明敏）

华文出版社举办“职工文化沙龙”首期活动

2016年11月3日，华文出版社“职工文化沙龙”举办首期活动。党总支书记、副总编辑张力慧，副社长李庆，副总编辑方明亮，各部门负责人及全体编发人员参加了活动。社长宋志军分享在美数字化培训期间所思所想，数字部总监钟卫芳介绍华文出版社数字化工作情况和计划。

宋志军介绍了美国出版现状，他说，从发展较为完善的美国出版物市场来看，图书市场总体规模基本稳定，数字出版所占份额不容忽视，自出版的发展拷问着出版人的价值，按需印刷、区块链和智能合同等具有行业颠覆性的技术方式也显示出强劲态势。宋志军还与大家就“传统出版为什么这么难”的问题展开交流，分享了“基于时代做出版”的构想。在沙龙活动结束时，宋志军以“让我们成为‘有用’的人”作为结语，与大家共勉。

（黄珊珊）

公益活动

新华书店总店参与“博爱送万家”扶贫活动

2016年1月，元旦、春节即将来临之际，新华书店总店（以下简称“总店”）积极参加展览路街道红十字会“博爱送万家”扶贫扶助活动，为辖区内低保户、贫困户、危重病患者等捐助物品。

总店作为辖区内红十字会成员单位，以人为本，大力弘扬“人道、博爱、奉献”的精神，多年来积极响应辖区红十字会的号召捐款捐物，本次为特困人群送去了十桶食用油。为特困居民解决生活困难的同时，更将总店情意传递出去，在寒冷的冬日，将阳光和温暖送到贫困户的手中。

（梁晓龙）

新华书店总店启动帮扶基金

2016年1月，新华书店总店（以下简称“总店”）启动了困难职工帮扶送温暖活动。自新华书店总店困难职工帮扶基金成立以来，有20余位因本人身患大病重病，或家庭有特殊困难的困难职工向总店提出了困难申请。经过基金管理委员会审核、审批，明确了帮扶对象和帮扶标准，于春节前将帮扶送温暖慰问金送到职工手里。帮扶资金虽不能从根本上解决困难职工的实际困难，但凝聚了总店全体职工的力量，传承着互帮互助的精神；让广大职工和家属真切感受到企业的关怀和温暖，从而增强企业凝聚力，促进企业的和谐发展。

（梁晓龙）

中国大百科全书出版社学雷锋——文明乘车志愿者服务活动启动仪式举行

2016年3月2日，中国大百科全书出版社（以下简称“出版社”）举行了学雷锋——文明乘车志愿者服务活动启动仪式。在启动仪式上，新职工了解了出版社文明乘车志愿服务活动的历史情况，表示将继续传承发扬雷锋精神，将雷锋精神带到工作生活点滴中去，共同构建和谐美好的百科大家庭。

2016年3月4日起，出版社共有18名志愿者参与此次活动，几乎均为近一年来加入出版社的新职工。新职工集体参加志愿者服务活动，不但践行了雷锋精神，在活动中得到了锻炼和考验，同时也在志愿活动中加深了对彼此的了解和认识，促进了集体氛围的进一步融合，对以后的工作学习也很有帮助。在为期两周的时间里，他们在阜成门站台为维持站台秩序，构建和谐社会贡献自己的一份力量。文明乘车志愿者服务活动是中国大百科全书出版社坚持14年的社会公益活动。

（尹添铭）

商务印书馆“乡村阅读中心”揭牌

2016年3月23日，全国第一家“商务印书馆乡村阅读中心”在河北省武安市阳邑中心学校揭牌。阳邑中心学校有21所学校、7个中心校，共有近6000名学生。活动中，商务印书馆向该校捐赠最新的工具书、经典阅读著作和“经典名著·大家名译”“中华文化史知识丛书”等普及读物，以及三农类图书近百册，共计1057册。与此同时，该校的“书香伴我行，智慧满人生”读书活动也正式启动。中国教育学会中学语文教学专业委员会阅读推广中心主任孟素琴为阳邑中心学校的200多名教师和家长代表做了题为“阅读与乡村教育发展”的讲座，得到大家热烈欢迎。

10月19日，“商务印书馆乡村阅读中心”——上庄毓英学校图书馆在安徽省绩溪县上庄毓英学校揭牌。这是商务印书馆在安徽设立的首家乡村学校图书馆。揭牌仪式上，商务印书馆向上庄毓英学校图书馆捐赠了最新工具书、学生阅读和农业科技类图书等普及读物1600种6467册。商务印书馆希望通过图书的积累和专家资源的支撑，提升广大师生的阅读能力和水平，从而带动周边村民阅读兴趣的提升，探索一种以学校辐射村镇的乡村阅读推广新模式。（唐　敏）

三联韬奋书店承办2016年国家大剧院五月音乐节公益演出

2016年5月12日，作为2016年国家大剧院五月音乐节系列公益演出活动之一的古典音乐演奏会在三联韬奋书店地下一层学术区举行。此次音乐节特别策划了在政府、企事业单位、大中院校、博物馆、图书馆等地的23场公益演出活动，以期让音乐艺术更加贴近普通大众，为北京建设“世界城市”增添更多的人文艺术魅力。此次在三联韬奋书店演出的艺术团体为萨尔茨堡宫廷室内乐团的羽管键琴三重奏，乐团主要演奏了17世纪到19世纪期间的皇家宫廷音乐。

（白　杨）

商务印书馆“放飞梦想的翅膀”系列公益活动举行

2016年5月31～6月1日，中央电视台新闻中心播音部、内蒙古新华发行集团、商务印书馆联合举办了“放飞梦想的翅膀”之“书香七进”内蒙古公益行动。李修平、贺红梅、长啸、纳森、何岩柯、严於信、章伟秋、苗凯、王音棋等中央电视台著名主持人先后走进中国人民解放军66265部队、内蒙古师范大学、呼和浩特市民族实验学校和四子王旗乌兰花镇蒙古族小学等，与解放军战士、大学生、小学生等一起畅谈读书，推动教育，助力阅读。其间，3家主办单位联合向当地农村、社区、家庭、学校、机关、企业、军营捐赠价值20余万元的精品图书。

9月26日，作为“放飞梦想的翅膀”新疆维吾尔自治区阿勒泰公益行动的一部分，商务印书馆、新疆人民出版社和新疆科学技术出版社举办“放飞梦想的翅膀”新疆阿勒泰公益行动，向阿勒泰市第二中学捐赠图书共计3000册，价值24万元，为阿勒泰教育事业发展贡献一份力量。

继2014年与中央电视台主播开展“放飞梦想的翅膀”秦巴山区公益行动以来，2016年商务印书馆再次联合中央电视台播音部的主播、相关出版文化机构陆续开展了多场公益活动，为乡村的孩子们插上放飞梦想的翅膀。（唐　敏）

世界图书出版上海有限公司向内蒙古自治区捐赠图书

2016年7月28～30日，第26届全国图书交易博览会在内蒙古自治区包头市国际会展中心举办。大会以“阅草原文化，品华夏书香”为主题，设展前活动、展期主题活动、展后活动“三大板块”及相应的文化阅读活动。世界图书出版上海有限公司参加了此次博览会，并向内蒙古自治区捐赠23060元码洋的图书。（王　纯）

人民文学出版社与北京青年报社联合举办“贾英华讲《你所不知道的溥仪》”公益讲座

2016年9月3日，人民文学出版社与北京青年报社联合举办了“贾英华讲《你所不知道的溥仪》”公益讲座。著名晚清史研究学者、中央电视台百家讲坛主讲人贾英华为现场的100余名市民读者带来了一场精彩有趣的讲座，从浩瀚的史料中解析了末代皇帝溥仪一生中的诸多之谜。现场读者积极互动、踊跃提问，其中不乏有常年在故宫担任讲解志愿者的“行家”，与贾老师共同探讨溥仪的历史作用、历史评价等问题。人民文学出版社出版的《你所不知道的溥仪》于八月下旬在《北京青年报》连载。（顾　乡）

华东师范大学·商务印书馆涵芬楼阅读体验中心揭牌

2016年11月8日，华东师范大学·商务印书馆涵芬楼阅读体验中心揭牌仪式在华东师范大学闵行校区举行。华东师范大学党委书记童世骏、商务印书馆总经理于殿利、上海市新闻出版局副局长彭卫国、华东师范大学党委副书记方平、商务印书馆副总经理王齐、中央编译局研究员薛晓源、上海市新闻出版局发行处处长忻愈、上海浦东文化传媒有限公司总经理袁力强、北京涵芬楼书店有限公司总经理王陆军等出席活动，并为阅读体验中心揭牌。

华东师范大学·商务印书馆涵芬楼阅读体验中心，是商务印书馆与高校联手在上海打造的集“阅读体验、讲座沙龙、学术交流、文创开发”等为一体的校园文化综合体，也是商务印书馆在全国落成的第二家高校阅读体验中心。涵芬楼阅读体验中心上架有国内知名品牌出版社的6000余个品种、20000余册的精品图书。这是商务印书馆在建立全国首家高校阅读体验店——商务印书馆山西大学阅读体验店的成功基础上，继续探索出版社与高校合作建立阅读体验中心的新模式，为推广全民阅读做出贡献。（唐　敏）

“朝内166·文学公益讲座”第19讲举办

2016年11月26日，人民文学出版社“朝内166·文学公益讲座”第19讲邀请上海商学院教授李强做了《历史与想象：从范蠡、西施到胡雪岩》的报告。他以对范蠡、西施爱情故事的追索，探讨故事想象的审美价值；以胡雪岩发家史，揭穿了其商业“成功”的想象，探讨了历史书写者须秉持应有的理性与良知。听众提问专业，交流深入。李强是中央电视台《百家讲坛》主讲人，上海市作家协会会员，华东师范大学博士，复旦大学、南京大学博士后。在人民文学出版社出版过《陈桥驿梦：赵匡胤传》，又推出了《红袖添香夜读书：北宋文人往事》《红尘匹马长安道：中国商人往事》。（顾　乡）

党群工作

生活·读书·新知三联书店领导班子“三严三实”专题民主生活会召开

2016年1月12日，生活·读书·新知三联书店领导班子于1月12日召开了民主生活会，落实中共中央纪委机关、中共中央组织部《关于开好“三严三实”专题民主生活会的通知》以及中国出版集团公司党组下发的《关于在全集团各单位中层以上领导干部和总部本部处以上干部中开展“三严三实”专题教育方案》要求。总经理路英勇，党委书记翟德芳，党委委员张作珍、舒炜、郑勇参加会议。翟德芳主持会议。集团公司直属机关党委副书记汪武到会指导并讲话。

民主生活会上，路英勇首先代表生活·读书·新知三联书店领导班子做对照检查。在批评和自我批评环节，路英勇带头做个人对照检查，班子其他成员也都开展了批评与自我批评。汪武对生活·读书·新知三联书店领导班子民主生活会给予了肯定，并对民主生活会后要做的三项工作进行了布置。（白　杨）

人民文学出版社“三严三实”专题民主生活会召开

2016年1月15日，人民文学出版社召开“三严三实”专题民主生活会，中国出版集团公司直属机关党委副书记汪武，人民文学出版社社党委委员，领导班子成员参加会议。会议由党委书记张贤明主持。

首先，社长管士光代表全体班子成员进行对照检查，从“三严三实”专题教育开展情况展开，认真查摆在践行“三严三实”和落实党风廉政建设主体责任方面存在的问题及具体表现，深刻剖析产生原因。

接着，领导班子逐一进行个人对照检查，大家在发言中紧扣“三严三实”主题，对自身思想上和工作上存在的问题进行了深入分析。随后，班子成员相互间开展了严肃认真的批评与自我批评。

最后，汪武对民主生活会进行点评。他说，人民文学出版社召开的民主生活会紧扣主题，聚焦问题，班子成员谈得深入，谈得坦诚。他强调与会同志要把“三严三实”作为自己的行为准则，不能有丝毫懈怠，并对接下来的工作进行了部署。第一，针对民主生活会中的批评与自我批评意见，开展专题研究，抓贯彻落实，进一步补充完善《问题整改清单》并公示，集团机关党委要组织专项检查。第二，紧密结合工作实际、工作制度，以多种形式对《中国共产党廉洁自律准则》《中国共产党纪律处分条例》进行学习，强化责任追究，推动落实全面从严治党主体责任。第三，2016年工作要结合中央组织开展“学党章党规、学习总书记系列重要讲话、做合格党员”活动，深入学习党章，坚决尊崇党章，牢固树立党章党规党纪意识，把管党治党的政治责任落到实处。汪武对人民文学出版社此次民主生活会给予了高度评价，希望出版社认真把握出版导向，做好反腐倡廉工作，勉励班子成员，再接再厉，做好2016年工作。（顾　乡）

商务印书馆“三严三实”专题民主生活会召开

2016年1月20日，商务印书馆召开“三严三实”专题民主生活会，中国出版集团公司党组书记王涛、机关党委副书记姜红新出席，商务印书馆全体领导班子成员参加。此前，为切实找准领导班子存在的不足，开好民主生活会，商务印书馆领导班子召开了四次座谈会，向各部门中层干部代表、民主党派代表、员工代表及老干部代表广泛征求意见建议，共计征集到意见建议25条，涉及经营管理、员工福利、老干部服务等方面。民主生活会上，领导班子对上述意见建议均进行了认真细致的讨论研究。（张华斌）

中国大百科全书出版社全面开展加强“三项建设”的工作

2016年2月，为广泛深入开展创先争优活动，进一步推进精神文明建设工作，结合实际，中国大百科全书出版社制定加强基层党组织建设、精神文明建设和职工小家建设（以下简称“三项建设”）工作方案并全面开展。

成立中国大百科全书出版社“三项建设”领导小组，将加强党的基层组织建设、文明创建活动、职工小家活动三项工作作为一个有机的整体，着力构建一个齐抓共管的工作机制。由党支部统一领导，行政给予支持，工会加强实施，职工积极参与。

开展“三项建设”的总体目标是通过党政工齐抓共管，着力提升党员、群众的基本素质，更好地维护职工群众的合法权益，最大限度地调动广大党员、群众的工作积极性，促进党员、群众在百科建设中创先争优、建功立业，为出版社取得较好的经济效益和社会效益提供保障。

加强“三项建设”，是开展创先争优、加强精神文明建设的有效形式。通过加强“三项建设”，营造出良好的企业文化氛围并使其深入人心，推进中国大百科全书出版社创先争优和精神文明创建工作更广泛更深入地开展，为生产经营工作保驾护航。（尹添铭）

华文出版社党总支部换届选举暨第一次委员会会议召开

2016年2月2日，中国共产党华文出版社党总支部召开选举会议。中国出版集团直属机关党委副书记汪武出席，华文出版社全体党员参会。

张力慧做华文出版社2015年党建工作报告：2015年，华文出版社党员干部加强学习，切实抓好党的思想建设和组织建设；加强作风建设、认真贯彻落实“三严三实”精神；加强领导班子建设，切实解决群众难题；加强企业文化建设，充分发挥工会组织和青年组织的作用。

会上，全体党员根据党章规定，采取无记名投票和差额选举办法进行民主选举，选举张力慧、李红强、李庆、方明亮、张德新五人为第一届党总支部委员会委员。

汪武对选举及华文出版社一年来的党建工作表示肯定，他指出，华文出版社党总支部的换届改选，不仅是出版社全体党员的大事，也是集团党建过程中的重要工作。

当选的党总支部委员会委员召开了第一次委员会，选举张力慧为党总支书记，李红强为党总支部副书记，李庆担任组织委员，张德新担任宣传委员，方明亮担任纪检委员。（黄珊珊）

中国对外翻译有限公司党委中心组专题学习会议召开

2016年2月17日，中国对外翻译有限公司党委中心组召开专题学习会议，集体学习领会习近平总书记在中央政治局“三严三实”专题民主生活会上的重要讲话精神。会议由党委副书记黄松主持，中心组成员张晶晶、于洋、崔立、夏建军、张晓丹参加会议。

会上，中心组成员分别谈了个人学习体会，并对党委组织各支部开展集中学习进行了部署安排。大家一致认为，党委中心组要坚持理论学习，认真解读、正确认识、切实贯彻落实党中央的各项方针、政策、重要讲话精神。作为党的领导干部，要在思想上和行动上自觉向党中央看齐，做政治上的明白人。（王　超）

中国出版集团公司 2016年党群工作会议召开

2016年2月25～26日，中国出版集团公司召开了2016年党群工作会议。集团直属机关党委委员、纪委委员，集团工会联合会委员、女工委员、团委委员、青联常委、侨联委员，各单位党委书记、副书记，纪委书记、副书记，工会主席、副主席，党办主任、工会办主任、女工委主任、团组织负责人近140人参加了会议。

集团公司党组书记王涛出席会议并讲话，集团公司党组成员、副总裁、直属机关党委书记刘伯根传达习近平总书记“2·19”重要讲话精神，代表直属机关党委做工作报告。集团直属机关党委常务副书记、纪委书记姜红新主持会议，传达了中直机关党的工作会议精神。

会上，商务印书馆、新华书店总店、生活·读书·新知三联书店、中国图书进出口（集团）总公司、人民文学出版社、中华书局、荣宝斋、中版教材公司等八家单位分别从党建、纪检、工会和团的工作等方面做了大会交流发言。在分组讨论中，大家结合学习贯彻总书记“2·19”重要讲话精神，对贯彻落实本次会议精神进行了深入研讨。纪委、工会、团委、女工委分别学习传达了上级有关精神，总结了2015年工作，对2016年工作做了安排部署。（顾梓榆）

中国图书进出口（集团）总公司开展系列学习贯彻落实活动

2016年2月27日，中国出版集团2016年召开会议传达习近平总书记关于新闻宣传和舆论导向的重要讲话精神和中宣部有关会议精神之后，中国图书进出口（集团）总公司（以下简称“中图公司”）及时组织学习领会，抓好各项工作部署。大家一致表示，习近平总书记在重要讲话中明确提出文化企业要将社会效益放在第一位，这为我们做好当前和今后工作指明了方向。中图公司将继续加强国家政策研究，辨识当前文化大环境的形势，按照党和国家对国有文化企业的要求，以做好国家文化安全卫士为己任，做到守土有责、守土负责、守土尽责。

2月27日，中图公司临时调整正在进行的中图公司审读培训日程安排，召开干部职工大会，组织学习传达会议精神并布置落实工作。公司领导班子成员和各部门助理以上干部、分支机构领导和部门负责人，以及正在参加审读培训的干部职工，共计240人参加了会议。会议传达贯彻习近平总书记等中央领导关于新闻舆论工作讲话精神及中国出版集团公司有关要求，对深入学习贯彻讲话精神进行了动员和部署。总经理张纪臣提出“十个落实”“四个要求”，强调全体干部职工要以“坚持正确导向，坚定正确政治方向”为引领，强化“社会效益是公司生命线”的经营宗旨，认真学习领会总书记重要讲话精神，做到内化于心、外化于行，确保文化安全。他要求，各级领导班子要高度重视、以上率下，带头把讲话精神贯彻落实到日常工作中；全体员工要认真学习，把讲话精神贯彻落实到业务工作中；各级单位必须拿出具体的落实行动方案。

当日上午，在中图公司进口工作会议上，结合进口一体化经营、进口出版物内容审读、进口品种结构调整三方面内容，张纪臣进一步就贯彻落实中央领导同志讲话精神以及出版集团提出的“坚持导向，确保落实”要求，做出了具体的工作部署。他强调，要切实加强进口出版物的内容审读工作，确保文化安全零事故，真正落实把社会效益放在首位、实现“双效”统一。（丁　燕）

人民音乐出版社期刊中心荣获“全国三八红旗集体”称号

2016年2月29日，纪念“三八”国际妇女节暨全国三八红旗手（集体）表彰大会在北京隆重举行。中共中央政治局委员、国务院副总理刘延东，中共中央政治局委员、国家副主席李源潮接见了受表彰的先进代表。大会表彰了十名全国三八红旗手标兵、300名全国三八红旗手和200个全国三八红旗集体。人民音乐出版社期刊中心荣获“全国三八红旗集体”称号，期刊中心主任李航作为先进集体的代表参加了本次大会。

人民音乐出版社期刊中心主办《音乐研究》《中国音乐教育》《钢琴艺术》和《歌唱艺术》四种刊物，涵盖我国音乐理论、教育和器乐、声乐表演各个学科领域。期刊中心能够获此殊荣，一是离不开四本期刊的精准定位和立体打造，二是离不开大批精英作者和专家团队，三是离不开群策群力和多元发展。期刊中心在办刊同时，探寻多元化发展，定期举办多项大型活动。在期刊中心的努力下，四种期刊已经成为人民音乐出版社业务板块中的重要组成部分，成为音乐教育界对外宣传、举办活动的重要渠道，成为各专业领域研讨交流的重要载体。（李华盛）

生活·读书·新知三联书店全体员工大会召开

2016年2月29日，生活·读书·新知三联书店召开全体员工大会，传达学习习近平总书记在党的新闻舆论工作座谈会上的重要讲话精神，以及中央政治局常委、中央书记处书记刘云山，中央政治局委员、国务院副总理刘延东，中央政治局委员、中央书记处书记、中共中央宣传部部长刘奇葆关于学习贯彻习近平总书记重要讲话精神的工作部署和要求。会议还传达了中国出版集团公司总裁谭跃在中国出版集团公司专题会议上的讲话。（刘　畅）

新华书店总店学习贯彻习近平总书记“2·19”重要讲话精神专题会议举行

2016年2月29日，新华书店总店召开了学习贯彻习近平总书记“2·19”重要讲话精神的专题会议，在职员工、所属公司中层以上人员、全体采编人员参加了会议。总经理茅院生主持会议。

党委副书记柏万良说：2月19日，习近平总书记主持召开了党的新闻舆论工作座谈会，并前往人民日报社、新华社、中央电视台实地调研，发表了重要讲话，对党的新闻舆论工作提出了要求。要推动融合发展，主动借助新媒体传播优势。要加强国际传播能力建设，增强国际话语权，集中讲好中国故事，同时优化战略布局，着力打造具有较强国际影响的外宣旗舰媒体。会上还传达了刘云山、刘延东、刘奇葆关于学习贯彻总书记重要讲话精神的指示要点。

茅院生强调，我们要将总书记重要讲话精神以及刘云山、刘延东、刘奇葆的指示要点，具体落实在以下八个方面的工作上。一是落实在导向管理上，要以讲话精神作为编辑思想；二是落实在内容创新上，坚持三审制度，建立报纸月度选题会议论证制；三是落实改革创新与媒体融合上；四是落实在“走出去”上，提高总店的报纸、品牌、人才的国际影响力；五是落实在班子建设上，坚定不移地把思想政治建设放在首位；六是落实在人才队伍建设上，坚定不移地提高编辑的思想政治水平；七是落实在党的建设上，坚定不移地发挥党组织的政治核心和保障监督作用；八是落实在全年工作安排和“十三五”规划上，坚定不移地推进总店改革发展事业。

（梁晓龙）

生活·读书·新知三联书店学习贯彻习近平总书记在党的新闻舆论工作座谈会上的重要讲话精神系列会议召开

2016年3月1～3日，为全面学习贯彻习近平总书记在党的新闻舆论工作座谈会上的重要讲话精神，生活·读书·新知三联书店召开总经理办公会专题学习会和党委理论中心组扩大会议，生活·读书·新知三联书店班子成员及中层干部参加了会议，交流学习体会。

总经理路英勇在讲话和座谈中强调，生活·读书·新知三联书店要始终把握为人民服务、为社会主义服务这个根本方向；始终坚持正确的政治方向这个根本职责；始终确保正确导向第一、社会责任第一、国家使命第一；始终做到守土有责、守土尽责、守土担责。并要求全店上下把学习习近平总书记的重要讲话精神与实际工作结合起来，为品牌产品年活动注入强大的精神动力，出版更多精品力作。（刘　畅）

中华书局学习贯彻习近平总书记“2·19”重要讲话精神专题会议举行

2016年3月3日，中华书局召开学习贯彻落实习近平总书记在党的新闻舆论工作座谈会上的重要讲话精神以及中共中央宣传部、国家新闻出版广电总局和中国出版集团公司有关会议精神专题大会。中华书局总编辑顾青主持会议。中华书局党政领导班子成员、全体党员、中层干部和全体编校人员等近200人参加会议。

中华书局党委书记、副总经理周清华传达了习近平总书记2月19日在党的新闻舆论工作座谈会上的重要讲话精神，传达了刘云山、刘延东和刘奇葆在中共中央宣传部学习贯彻习近平总书记重要讲话精神专题会上的重要指示，传达了中国出版集团公司就学习贯彻习近平总书记重要讲话提出的指示要求。此前，中华书局党政领导班子成员进行了专题学习讨论，要求认真学习贯彻落实习近平总书记在党的新闻舆论工作座谈会上的重要讲话精神，紧紧围绕中心工作，从严从实全面加强党的建设，严明党的政治纪律和政治规矩，增强看齐意识，加强党风廉政建设，始终自觉地与党中央保持高度一致；结合“三严三实”专题教育，切实抓好落实工作，推进中华书局的发展建设；深入开展“两学一做”学习教育，着力加强基层党组织和党员队伍建设；充分发挥群团组织的积极作用，推进精神文明及企业文化建设，营造蓬勃向上的进取氛围，鼓励员工发挥自己的创造性，多做贡献。

中华书局总编辑顾青传达了国家新闻出版广电总局召开的在北京部分出版社负责人会议精神，国家新闻出版广电总局领导提出深入学习贯彻中央领导讲话、会议精神，提出2016年的重点任务和要求在于做好主题出版、实施精品出版工程，组织全民阅读活动，在出版管理上要有创新举措，密切重视导向问题。随后，顾青传达了中国出版集团公司2016年第一季度总编辑例会暨导向管理及主题出版座谈会要点。顾青强调，习近平总书记2月19日的讲话，是进行新闻出版工作的根本指导，中华书局党员干部尤其是编辑人员要认真学习贯彻，落实在工作上，最重要的就是做好导向管理和主题出版。中华书局2015年虽然没有出现导向问题，但大家要绷紧这根弦，增强政治意识和大局意识，从理论高度、现实高度理解导向问题。从选题开始，梳理和管控风险点，确保导向正确。主题出版是2016年工作重点之一，由于中华书局对自身出版传统文化精品的定位就天然地回应了时代的要求，在工作中，要进一步做到主题出版的日常化、专业化、精品化和制度化。加强质量管理，重新梳理书局的系列质量管理规定，明确一、二、三审的责任，切实在内容质量、编校质量上把好关，出好书。同时，导向管理和质量保障要覆盖书局工作的各环节、各方面，除了书刊，还要包括网络出版、宣传活动、官网、微信微博、广告，等等。都要严格管理，保证不能出现任何导向问题和质量差错。（梁　彦）

人民音乐出版社学习贯彻习近平总书记“2·19”重要讲话精神专题会议举行

2016年3月9日，人民音乐出版社召开专题会议，认真学习贯彻习近平总书记在党的新闻舆论工作座谈会上的重要讲话精神。人民音乐出版社领导班子成员以及全体中层干部、支部书记、支部委员参加会议。

党委副书记、纪委书记周群传达了习总书记2月19日在党的新闻舆论工作座谈会上的重要讲话精神，以及刘云山、刘延东和刘奇葆同志在中央宣传文化单位领导干部学习贯彻习近平总书记重要讲话精神专题会上的重要指示。依据中国出版集团公司关于学习贯彻习总书记重要讲话的指示要求和实施方案和中国出版集团公司2016年党群工作会议精神，介绍了集团2016年党群工作的重点部署。

社长、党委副书记莫蕴慧就全社学习贯彻工作做了部署和动员，对全社深入贯彻落实总书记重要讲话精神提出了进一步的要求。她强调，一是要按照集团的统一部署认真贯彻，从充分认识其重大意义、高度重视其重要地位、努力践行其职责使命、准确把握其根本原则、准确把握其基本方针、积极探索其创新路径、准确把握其根本保证等七个方面，深入领会、学深学透；二是要结合自身实际工作，深化贯彻落实意识形态工作责任制，进一步强化出版导向管理，增强政治意识、大局意识，确保获得实效；要切实加强领导班子和干部队伍的思想建设，增强核心意识、看齐意识，真正把思想和行动统一到讲话精神上来。（胡　健）

中版文化传播（北京）有限公司贯彻习近平总书记“2·19”重要讲话精神专题会议举行

2016年3月9日，中版文化传播（北京）有限公司党支部中心组组织全体党员及积极分子在中华书局图书馆召开专题会议，学习习近平总书记“2·19”重要讲话。

中版文化传播（北京）有限公司立足于新形势下的新媒体传播，党支部书记包岩十分重视“2·19”讲话精神的传达，向全体参会人员说道：“正如习总书记所说，在新的时代条件下，党的新闻舆论工作的职责和使命是：高举旗帜、引领导向，围绕中心、服务大局，团结人民、鼓舞士气，成风化人、凝心聚力，澄清谬误、明辨是非，连接中外、沟通世界。要承担起这个职责和使命，必须把政治方向摆在第一位，牢牢坚持党性原则，牢牢坚持马克思主义新闻观，牢牢坚持正确舆论导向，牢牢坚持正面宣传为主。”

中版文化作为文化传播单位，有自己的微信公众号、手机APP，要利用这些多元化的宣传渠道去为“中国梦”的塑造做出贡献，而不是随风摇摆。党媒姓党，我们要始终坚定中国共产党的领导，代表党发声，引导和组织好群众的文化生活。

与会人员分别发表了自己的学习心得，认为当前形势下，全体党员必须牢固树立“四个意识”，作为基层文化单位更要坚定党的领导，同时要多学习，提高自身的素质，把工作做得更好。（武　瑾）

人民文学出版社学习贯彻习近平总书记“2·19”重要讲话精神专题会议举行

2016年3月23日，人民文学出版社召开了学习贯彻习近平总书记“2·19”重要讲话精神专题大会。社长管士光、总编辑刘国辉、副社长李春凯、副总编辑应红、副总编辑周绚隆参加会议。

刘国辉传达了中国出版集团公司党组关于学习宣传贯彻习近平总书记“2·19”重要讲话精神的实施方案，并带领大家学习了习近平总书记在党的新闻舆论工作座谈会上强调的重要内容，就人民文学出版社实际工作情况必须做到：1. 出版内容必须从党的工作全局出发把握出版导向，做到思想上重视。2. 出版工作坚持党性原则最根本就是坚持党的领导。3. 团结稳定、正面宣传是必须遵循的基本方针。4. 要围绕中心、服务大局牢记社会责任。全体参会人员认真聆听了刘国辉传达的总书记讲话的四个强调内容。管士光在总结中强调：坚持正确方向创新方法手段，落实在多出书、出好书上。（顾　乡）

东方出版中心2016年党建工作会议暨“两学一做”学习教育动员部署会举行

2016年3月24日，东方出版中心2016年党建工作会议暨“两学一做”学习教育动员部署会举行，对开展“两学一做”学习教育进行动员。东方出版中心党委书记、纪委书记、副总经理董玲出席大会并讲话。总经理、党委副书记李智平主持会议。副总编辑郑纳新做“两学一做”学习教育动员部署。全体党员、入党积极分子共计60余人参加会议。

董玲指出，2016年党建工作总体要求是：以党的十八大和十八届三中、四中、五中全会精神及习近平总书记系列重要讲话精神为指导，深入开展“两学一做”学习教育，加强党员队伍建设；以发挥基层党组织政治引领作用为导向，加强基层党组织建设；以践行“三严三实”为要求，在推进事业发展中发挥表率用；以开展主题实践活动为载体，深化“学习型、服务型、创新型”党支部建设；以贯彻党章党纪党规为抓手，深入推进党风廉政建设；以践行社会主义核心价值体系为抓手，深化企业文化建设和精神文明建设，为推动事业发展提供有力保证。

郑纳新指出，从2016年3月开始，在全体党员中开展“两学一做”学习教育。围绕专题学习讨论；创新方式讲党课；开展民主评议党员；立足岗位做贡献；领导干部作表率。全体党员干部要带头学习领会，带头学用结合，确保“两学一做”学习教育取得实效。 （金洁蓉）

中国对外翻译有限公司党委中心组学习贯彻习近平总书记“2·19”重要讲话精神专题会议举行

2016年3月25日，中国对外翻译有限公司党委中心组召开专题会议，集中学习习近平总书记2月19日在北京主持召开党的新闻舆论工作座谈会上的重要讲话精神。党委副书记黄松主持会议，中心组成员张晶晶、于洋、崔立、夏建军、张晓丹参加会议，并结合自身实际谈了学习体会。此外，中心组集中传达了集团公司印发的《关于在全体党员中开展“学党章党规、学系列讲话，做合格党员”学习教育实施方案的通知》要求，并对开展“两学一做”专题学习教育工作进行了全面部署。 （王　超）

中国出版集团公司举办党群人事干部“两学一做”培训班

2016年3月28日～4月3日，中国出版集团公司在井冈山红色文化教育学院举办了党群人事干部“两学一做”培训班。集团公司党组成员、副总裁、直属机关党委书记刘伯根做开班动员和结业讲话，各单位近三年新任党委（总支、支部）书记、副书记，纪委书记、副书记，工会主席、副主席以及集团公司和各单位人事干部共48人参加了培训。

刘伯根在开班动员中指出，举办这次培训班有三个目的：一是贯彻落实中央“两学一做”学习教育的要求；二是落实党风廉政建设“两个责任”的要求；三是落实集团公司“两调四强”战略重点的要求。他强调，参加培训班，一要端正学习态度，明确学习目的；二要严格要求自己，遵守教学纪律；三要加强学习交流，做到共同进步。

培训班上，大家结合习近平总书记系列重要讲话，学习了党的基本理论；结合毛泽东《党委会的工作方法》，学习了党务工作基本知识和方法；结合学习贯彻中纪委十八届六次全会精神，学习了党风廉政建设“两个责任”；结合中央《关于加强和改进党的群团工作的意见》，学习了群团工作知识。大家还通过现场教学、体验式教学以及与革命烈士后代座谈等方式，接受了党史党性教育、理想信念教育和革命传统、爱国主义教育，对井冈山精神和苏区精神有了更加真切深刻的理解。各小组代表还就如何做好党群人事工作进行了交流。 （顾梓榆）

中国出版集团公司党组中心组学习贯彻习近平总书记“两学一做”学习教育重要指示精神专题扩大会议召开

2016年4月8日，中国出版集团公司党组中心组召开专题学习扩大会议，集体学习研讨习近平总书记关于“两学一做”学习教育重要指示精神和刘云山、赵乐际在“两学一做”学习教育工作座谈会上的重要讲话。集团公司党组成员刘伯根、樊希安、孙月沐，集团公司各二级单位党政负责人、集团公司总部本部各部门负责同志共50人参加学习讨论。刘伯根主持会议。

刘伯根受集团公司党组书记王涛委托，代表

党组讲话时强调，抓好“两学一做”学习教育，一是要突出思想政治建设；二是要强化问题导向；三是要区分层次、分类指导；四是要切实履行主体责任。樊希安在发言中指出，抓好“两学一做”学习教育，一是要从加强党的思想政治建设、协调推进“四个全面”战略布局；二是要把“学”和“做”紧密结合起来；三是要把“两学一做”落实到正确出版导向上，落实到发展指标上，落实到各项工作上。孙月沐在发言中指出，抓好“两学一做”学习教育，一是要把导向、规矩放在首位；二是要打造一支坚强有力的干部队伍；三是要通过生产出优秀的产品服务社会，检验学习教育的成效。

张贤明、肖启明、周清华、翟德芳、朱涛等15位各单位负责同志结合中央座谈会精神，畅谈了自己的学习体会。（顾梓榆）

人民文学出版社“两学一做”学习教育动员会召开

2016年4月8日，人民文学出版社召开党员及中层以上干部“学党章党规、学系列讲话，做合格党员”学习教育动员大会。社长、党委副书记管士光出席并讲话，社领导班子成员、中层干部、党支部书记、天天出版社中层干部及全体党员参加。

首先，管士光带领大家共同学习“两学一做”的相关内容。要求每个党员不仅要准确把握学习教育的重点内容，更要明确学习教育的深刻内涵。“两学一做”，基础在学。学习党章党规，重在明确基本标准、树立行为规范；学习系列讲话，重在加强理论武装、统一思想行动。“两学一做”，关键在做。要解决好政治合格问题，把增强政治意识、大局意识、核心意识、看齐意识作为学习教育的一个根本要求；要把合格党员的标尺立起来，树立共产党员先锋形象；要立足岗位发挥作用，发挥党员先锋模范作用。他强调要认真学习领会习近平总书记重要指示精神，紧密结合出版社实际，坚持目标导向和问题导向，把“两学一做”学习教育作为一项重大政治任务，尽好责、抓到位、见实效，把全面从严治党政治责任扛在肩上、落到实处。

最后，管士光与各部门主任签订落实党风廉政建设主体责任书。责任书细化明确了七项主体责任内容，三项责任目标，要求各部门负责人或各支部书记深入履行党风廉政建设主体责任，带头遵守党的纪律，要敢于负责、敢于担当，切实承担起带队伍的责任，严格对本部门党员的教育、管理和监督。而对于落实主体责任不力的、未完成责任目标的责任人，主体责任书也明确了责任追究内容。

下午，人民文学出版社党委紧接着召开了党支部书记会。党委书记、副社长张贤明首先向各支部书记传达了同日上午集团公司中心组关于“两学一做”扩大会议精神，传达了中央座谈会议精神，集团公司领导的讲话精神，并对人民文学出版社做好“两学一做”提出具体要求。党办主任徐怡明进一步讲解人民文学出版社党委关于“两学一做”学习方案内容，并对各支部的学习教育实施方案给予了指导。最后，张贤明在总结中指出，人民文学出版社的全体党员在“两学一做”学习教育中要真学、真做、务求实效，进一步坚定理想信念，增强四个意识，全面提升政治素质，在学习教育中，要牢记“基础在学，关键在做”，以实际行动更出色地做好人民文学出版社的各项工作。（顾　乡）

人民音乐出版社开展“两学一做”学习教育活动

2016年4月11日，为进一步贯彻落实习近平总书记系列重要讲话精神，抓好“两学一做”学习教育，强化主体责任与担当意识，人民音乐出版社召开中层干部会议签订《2016年度部门负责人目标管理责任书》和《落实党风廉政建设主体责任责任书》。社班子成员及全体中层干部参加会议，副社长杨伯勋主持会议。社长、党委副书记莫蕴慧代表社班子与各部门主要负责人分别签订了两份责任书。

同日，召开支部书记和委员会议，对各支部

"两学一做"学习教育的开展进行再布置、再指导。党委副书记、纪委书记周群首先根据集团公司党组中心组专题学习扩大会议的要求，传达了习近平总书记关于"两学一做"学习教育重要指示精神和刘云山、赵乐际在"两学一做"学习教育工作座谈会上的重要讲话，对突出思想政治建设、强化问题导向、区分层次分类指导、切实履行主体责任等四个方面进行了重点解读。同时，针对各支部上报党委的"两学一做"学习计划，周群代表社党委提出了修改建议，尤其对各支部组织专题学习、领导干部在支部讲党课、结合中心工作落实党员示范模范作用等关键环节提出了明确要求，对各支部针对性地解决问题、真正把学习教育成果转化为改革发展的强大动力提出了明确期望。（胡　健）

中华书局"两学一做"学习教育动员部署会召开

2016年4月13日，中华书局召开"两学一做"学习教育动员部署会。中华书局党群工作部副主任梁彦传达了中国出版集团公司关于"两学一做"学习教育的工作安排，介绍中华书局开展"两学一做"的实施方案，并对"党在我心中"诗歌征文的相关工作予以说明。在中华书局开展"两学一做"学习教育的实施方案中，重点内容包括党委理论中心组集中学习研讨；召开中华书局领导班子民主生活会，开展批评与自我批评；各支部组织自学"两学一做"学习教育相关材料，撰写学习心得体会，组织党课，召开党员大会围绕"学党章党规"进行专题学习讨论；各支部召开专题组织生活会，开展批评与自我批评，民主评议党员等。中华书局党委书记、副总经理周清华要求全体党员重视"两学一做"学习教育，各支部开展形式丰富的党课活动，认真组织学习、讨论，并做好记录。（梁　彦）

中国大百科全书出版社"两学一做"学习教育动员部署会召开

2016年4月14日，中国大百科全书出版社召开"两学一做"学习教育动员、部署会。出版社党委书记刘晓东、党办主任宋梅娟、各支部书记参加会议。

会上向大家传达了习近平总书记关于开展"两学一做"学习教育做出的重要指示精神、刘云山在座谈会上的重要讲话精神以及刘伯根在集团公司党组中心组（扩大）学习会议上讲话精神。

刘晓东对本社开展学习教育活动进行了部署。他指出，继党的群众路线教育实践活动、"三严三实"专题教育之后，党中央在全体党员中开展"两学一做"学习教育，体现了环环相扣、步步深入推进全面从严治党的政治定力，是持续加强党的思想政治建设的重大部署，是推动全面从严治党向基层延伸的重要举措，是推动党内教育常态化制度化的重要实践。要将"两学一做"学习教育作为一项重大政治任务抓紧抓实抓好，一是要高度重视，认真抓好贯彻落实。二要夯实"学"这个基础，突出主题，领导带头，灵活多样地在学上下功夫。三要抓住"做"这个关键，严格要求，做一名合格的党员。四要突出"实"这个核心，学以致用，立足岗位做贡献。（尹添铭）

东方出版中心2016年党风廉政建设大会暨廉政责任签约仪式举行

2016年4月14日，东方出版中心2016年党风廉政建设大会暨廉政责任签约仪式举行。东方出版中心党委书记、纪委书记、副总经理董玲出席大会并做重要讲话。总经理、党委副书记李智平主持会议。党委委员、副总编辑郑纳新出席大会。各部门、单位正副职及助理，处以上干部，工会、团总支主要负责人，全体党员60余人参加会议。

董玲指出，党风廉政建设永远在路上。坚持"制度管人"，注重"关口前移"，长抓、细抓、狠抓，抓常、抓细、抓长，真管真严、敢管敢严、长管长严，持续努力、久久为功。通过加强对重要岗位、关键人员的教育、管理，强化对权力运行、经济运营程序过程的监管，完善“不敢腐、不能腐、不想腐”的有效机制。通过精心设计创新活动，使廉政文化内化于心，外化于行，开拓廉政建设新局面。

董玲强调，推进党风廉政建设，各级领导干部必须首当其冲，做到“思想领衔、行为率先”，当好身边党员、职工群众的先锋模范；普通党员是本分所在，必须坚持“思想到位、行为正派”，当好身边职工群众的模范和表率。要常查精神“境界”之缺，常绷思想“境界”之弦，常补行为“境界”之漏，协力开拓责任落实新“境界”，共同开辟廉政建设新“境界”，为推动事业、开创新局面做出积极努力。（金洁蓉）

中国出版集团公司传达中直纪工委有关文件扩大会议召开

2016年4月22日，中国出版集团公司召开直属机关纪委扩大会议。集团公司直属机关纪委委员，各单位、总部本部各部门负责纪检工作的同志参加会议。会议传达了中直纪工委《关于王立健同志严重违纪问题的通报》和《关于罗志先严重违纪问题的通报》，传达学习了《中直机关违犯党纪报批案件和备案案件提前沟通意见的办法》，通报了与驻部纪检组建立工作联系的具体情况。会上还对做好“五一”期间反“四风”防反弹工作进行了专门部署。

会议要求各单位纪检组织要进一步强化责任意识，主动作为，从严执纪。要充分运用好“四种形态”，按照驻部纪检组20条要求，做好咬耳、扯袖工作。要结合本单位实际和“五一国际劳动节”、端午节等法定节假日节点的特点，积极履职尽责，重点加强对“四风”问题易发多发薄弱环节的监督检查，用铁的纪律整治“四风”，扭住问题不放，对不收手、不知止的行为，坚决从严查处。

会议要求，与会同志回去后，要及时向本单位主要领导报告会议精神，做好两个典型案例的通报工作。要在全体党员领导干部中进行传达，以此为契机，进一步加强警示教育，教育引导广大党员干部把对党绝对忠诚作为最主要、最根本的政治要求。进一步增强政治意识、大局意识、核心意识、看齐意识，不断强化纪律意识，始终在纪律和规矩之下行动。（顾梓榆）

新华书店总店组织党员赴西柏坡参观学习

2016年4月22日，新华书店总店组织在职党员、预备党员和入党积极分子赴西柏坡参观学习。

1948年中共中央来到了西柏坡，新华书店总店也跟随党中央来到了平山县。党中央在西柏坡指挥了三大战役，共和国从这里走来。党委副书记柏万良在讲话中说，毛主席在西柏坡第三次为新华书店题写了店名。党员要通过“两学一做”学习教育，进一步提高党性觉悟，牢固树立共产主义理想信念，增强看齐意识，立足岗位，扎实工作，真正做一个“忠诚、干净、担当”的合格党员。

在西柏坡纪念馆和中共中央旧址，大家体会到老一辈革命家对理想信念的不懈追求和对人民的无限深情。在毛泽东同志题写的“新华书店”字体的墙体前驻足参观，大家心中的自豪感油然而起，更多的是责任感和使命感。参观后，大家一致表示要认真学习、深刻领会“西柏坡精神”，传承新华精神，以合格党员的精神面貌，抓住难得的发展机遇，推动企业又好又快创新发展。

（梁晓龙）

新华书店总店举行“两学一做”党课活动

2016年4月26日，新华书店总店（简称总店）举行“两学一做”党课活动，召开全体党员研讨会讲党课。总店党委副书记柏万良做了“党性教育是党员一生的必修课”的主题发言。

在交流中，党员们结合实际，畅谈了“如何做合格党员，如何加强党性修养”的体会，一致强调：党性是党员干部立身、立业、立言、立德的基石，必须在严格的党内生活锻炼中不断增强。要增强党内生活的政治性、原则性、战斗性，使各种方式的党内生活都有实质性内容，都能有针对性地解决问题，坚决反对党内生活中的自由主义、好人主义。全党同志要强化党的意识，牢记自己的第一身份是共产党员，第一职责是为党工作，做到忠诚于组织，任何时候都与党同心同德。

党员们一致认为：要做一名合格党员的基石是要学好党章，全面理解党的纲领，学好系列讲话，深刻理解党的科学理论既一脉相承又与时俱进的内在联系，坚定中国特色社会主义道路自信、理论自信、制度自信。坚持以知促行，做讲政治、有信念，讲规矩、有纪律，讲道德、有品行，讲奉献、有作为的合格党员。（梁晓龙）

中版文化传播（北京）有限公司党支部举行“两学一做”学习教育研讨会

2016年4月26日，中版文化传播有限公司党支部全体党员及积极分子在中华书局707室就“两学一做”学习教育召开研讨会。

开展“两学一做”学习教育，是落实党章关于加强党员教育管理要求、面向全体党员深化党内教育的重要实践，是推动党内教育从“关键少数”向广大党员拓展、从集中性教育向经常性教育延伸的重要举措，是加强党的思想政治建设的重要部署。

包岩书记讲道：开展“两学一做”学习教育，“学”是基础关键。全体党员干部要弄清楚该做什么、不该做什么，能做什么、不能做什么，明白作为一名党员最基本的要求是什么。

首先要学习党章党规。党章党规是共产党从建立之初发展到现在的思想凝练，是党员干部立身、立业、立言、立德的基石。学习党章党规是对党发展历程的回顾，是思想不谋而合的展现，是引领行为的根本。学习党章党规，重在明确基本标准、树立行为规范。

其次要学习习近平总书记系列讲话精神。习近平总书记强调指出，理想信念是共产党人的精神之“钙”，必须加强思想政治建设，解决好世界观、人生观、价值观这个“总开关”问题。学习习近平总书记系列讲话，重在加强理论武装、统一思想行动，重在自觉强化看齐意识，经常、主动向党中央看齐，向党的理论和路线方针政策看齐，向党的发展理念和奋斗目标看齐，开展“两学一做”学习教育，“做”是行动关键。

领导班子成员沈昊认为：“两学一做”，归根结底是要加强思想作风，解决突出问题。通过学习，将教育实践活动和“三严三实”专题教育成果进一步巩固和深化。通过学习，解决一部分党员党性意识弱化、宗旨观念淡薄、组织纪律涣散等问题。引导党员干部自觉坚定理想信念，增强政治意识、大局意识、核心意识和看齐意识。在全体党员干部队伍中形成勇于担当，履职尽责的政治氛围，真正做到权为民所用、情为民所系、利为民所谋。（武　瑾）

荣宝斋开展创建“文明服务窗口”和“优质服务标兵”活动

2016年4月29日，荣宝斋针对艺术品市场持续低迷的严峻形势，在对内外环境深入调研基础上，召开了“文明服务窗口”和“优质服务标兵”创建活动工作动员大会，各部门主要负责人参加会议。会上，活动领导小组办公室对活动实施方案做了情况说明。

为进一步提升荣宝斋服务质量，规范业务管理，提高经营业绩，树立良好形象，维护老字号品牌，荣宝斋新一届领导班子决定自2016年5月起，以“内强素质、外树形象”为目标，在企业窗口部门深入开展“文明服务窗口”和“优质服务标兵”创建活动。（曲　云）

中国对外翻译有限公司开展“两学一做”学习教育活动

2016年4～6月，中国对外翻译有限公司党委根据集团公司直属机关党委的统一部署，结合实际，制定了《“两学一做”学习教育实践活动工作计划和实施方案》，并以为党员购买学习材料、集中学习与自学相结合、举办“两学一做”学习教育专题研讨会和知识竞赛、组织党员群众参观爱国主义教育主题展览等多种形式全面深入地开展“两学一做”学习教育实践活动。

党员群众通过理论学习和实践教育，进一步增强了理想信念，深化了对党规党章的正确解读，明确了新时期做合格党员的具体要求，为公司顺利推进各项工作提供了有力的政治保证和思想保证。（王　超）

现代教育出版社围绕“两学一做”开展系列学习活动

2016 年 4～6 月，现代教育出版社党委组织党员、党支部干部开展自学、集中学习，主要有：一是为党员购买了《习近平总书记系列重要讲话读本（2016 年版）》《党章》和下发中国出版集团公司印制的《“两学一做”学习教育材料选编》；二是为各支部购买了《党支部工作手册》《党费工作手册》《党支部书记实用手册》，为党群办公室购买了《党务工作者实用手册》《党组工作手册》，以加强各支部及党办的业务水平。

2016 年 11 月，按照集团公司党群办公室要求，现代教育出版社党委组织社内党员及广大职工集中观看《榜样》，片中通过典型访谈、老党员现场讲述等形式，生动诠释了中国共产党人坚定信念、实干担当、敬业奉献的精神风采。观看后大家一致认为，要“向榜样看齐，做合格党员”，在成就事业的同时成长自己，用实际行动在平凡的岗位上创造出不平凡的业绩。（杨　静）

新华联合发行有限公司开展“两学一做”学习教育活动

2016 年 4 月，新华联合发行有限公司党支部认真开展“两学一做”教育活动。针对公司目前全面进入物流中心项目工程收尾阶段，开始陆续招聘新员工的现状，认为此时开展“两学一做”教育活动，正当其时，有助于促进公司的党员展示自己的先锋作用，有助于提升公司的凝聚力。党支部先后组织中心组学习，召开党员大会学习，以“两学一做”教育活动的开展，规范党内组织生活，以“三会一课”制度为基础逐渐完善党内经常性教育的组织生活制度。促进全体党员进一步坚定理想信念，提高党性觉悟；强化宗旨观念，勇于担当作为，敢于啃硬骨头，在工作、学习和社会生活中起到先锋模范作用。

（白　雨）

中版教材有限公司团总支组织团员青年赴韩村河考察

2016 年 5 月 4 日，中版教材有限公司团总支组织团员青年和员工，赴京郊双文明第一村——北京市房山区韩村河考察学习。

在韩村河会议中心，举行了团员青年暨广大干部职工弘扬“五四”精神交流会。韩村河镇副镇长陈壮志和韩村河青年创业典型人物代表李佳雪应邀到会。陈壮志同志介绍了韩村河的发展历程，分享了他的工作心得和体会；李佳雪讲述了她在创业方面的成功经验。据介绍，该村由一个泥腿子建筑队逐步发展成拥有国家特级资质的大型建筑企业集团，这其中最重要的经验，是他们有一个好的带头人、一个过硬的领导班子。

中版教材有限公司党总支书记郭德生指出，党员同志一定要起到先锋模范作用，要充分发挥党总支和团总支的功能，弘扬“五四”精神，引导广大团员青年、干部职工争当时代先锋，展现中版教材有限公司团员青年、干部职工积极、健康、向上的精神风貌，增强团队的凝聚力和向心力。

此次活动由中版教材有限公司团总支书记蒋志臻主持。公司党总支书记郭德生、党总支副书记潘健，党总支委员梁震和公司 20 多位团员青年、干部职工参加了考察学习活动。（梁　震）

东方出版中心“两学一做”之“学党章党规”专题学习交流会举行

2016 年 5 月 6 日，东方出版中心“两学一做”之“学党章党规”专题学习交流会举行，深入学习贯彻习近平总书记系列重要讲话精神，重点围绕“学党章党规”，深入交流研讨。东方出版中心党委书记、纪委书记、副总经理董玲主持学习会。东方出版中心总经理、党委副书记李智平出席学习会并做交流发言。东方出版中心副总编辑郑纳新出席会议。党委理论中心组成员，各部门、单位正、副职及助理，各党支部书记、支部委员；工会、团总支主要负责人；处以上干部近40人参加学习交流会。

李智平在发言时说，“两学一做”，基础在学，关键在做。学党章党规，重在明确基本标准，树立行为规范；学系列讲话，重在学习领会党中央治国理政新理念新思路新战略，掌握与增强党性修养、践行宗旨观念、涵养道德等相关的基本要求；做合格党员，重在坚守根本宗旨，坚定与时俱进，坚持以知促行。

董玲指出，开展“两学一做”学习教育，实质在“真学”。落脚点在“实做”。信仰的本色是忠诚。修身的本色是干净。为政的本色是担当。要做到居之不倦、永不懈怠。要明晰重任在肩，切实做到敢担当、勇担当、善担当，讲认真、敢负责、敢较真，守土有责、守土负责、守土尽责，在平凡的岗位上创造出不平凡的业绩，为加快事业发展增光添彩。（金洁蓉）

世界图书出版广东有限公司工会成立

2016年5月12日，经世界图书出版有限公司工会委员会和中国图书进出口广州公司工会委员会同意，广东省直属机关工会批准，世界图书出版广东有限公司工会成立。在5月13日召开的世界图书出版广东有限公司第一次工会大会上，选举产生了以赵志翔为主席、卢家彬、刘正武、刘上锦、康琬娟为委员的工会委员会。工会的成立，为维护公司职工权益，保障职工福利，解决职工困难提供了组织保障。

（卢家彬）

现代教育出版社赴怀柔第一党支部纪念馆开展党性教育活动

2016年5月17日，现代教育出版社组织全社职工赴怀柔第一党支部纪念馆开展党性教育活动。

大家首先参观了纪念馆。纪念馆围绕“红色记忆”和“建设辉煌”两个主题，再现了抗日战争和解放战争时期，怀柔人民英勇抗敌的历史以及改革开放后的发展情况。为落实国家关于“倡导全民阅读，建设书香社会”的精神，现代教育出版社向怀柔第一党支部图书馆捐赠了“中国梦”等图书共80余册。

其次，大家在多媒体教室观看了《庙上党史》等传统革命、廉政教育片，使大家更加直观地感受到了怀柔第一党支部的革命历程。之后，副社长陈琦为大家上了一节以《牢牢掌握意识形态工作领导权和话语权》为主题的党课。他强调，党员要通过“两学一做”学习教育，进一步提高党性觉悟，牢固树立共产主义理想信念，现教社作为出版企业，要做好意识形态工作，要承担起这个职责和使命，必须把正确政治方向摆在第一位，要弘扬主旋律、传播正能量。

最后，现代教育出版社在怀柔第一党支部广场，由党委委员李颖带领全体党员在党旗面前重温“入党誓词”、团支部书记杨静带领团员在团旗面前重温“入团誓词”。（杨　静）

中国图书进出口（集团）总公司举办“两学一做”学习教育党课

2016年5月19日，中国图书进出口（集团）总公司（以下简称“中图公司”）党政领导班子成员、党委委员、纪委委员、总公司科以上干部及全体在职党员、团员共300余人，在北京召开大会。国务院新闻办公室原主任赵启正及总公司党委书记吴伟应邀为大家讲专题党课。本次党课同时也是中图公司按照“两学一做”学习教育要求，组织的一次集体学习活动。大会由吴伟主持。

赵启正的党课深入浅出，风趣幽默，高水平地展现了“中国新闻发言人的典范”和“公共外交领军人物”的风采。他以“讲好中国故事——国家形象和公共外交的价值”为主题，借助丰富而翔实的外交实例以及西方媒体极具代表性的漫画和文章，紧密围绕“中国故事”“中国形象”“公共外交”这三个关键词展开论述。赵启正认为，在全球化时代，国家形象受到各国前所未有的重视，美国、英国、韩国、日本等多个国家都有专门的国家形象研究机构，国家形象已经切实关系到国家命运。在西方主流媒体的报道中，“妖魔化、边缘化、神秘化”中国仍是不言自明的主题。要提升国家形象，就必须要做好公共外交，要从政府和公众两个层面做出努力，主动说明中国发展中存在的问题，让世界了解真实的中国，在增进与国际社会的相互了解中传播真实的中国形象。赵启正强调，开展公共外交，一定要讲好中国故事，讲述中国的发展实际、介绍中国人的生活。中图公司开展国际文化交流，是让世界了解中国的一个窗口和渠道，应该在讲好中国故事方面多想办法，多搭建平台。赵启正的精彩讲述，为中图公司的党员干部和团员上了一堂生动的党课，大家对如何提升中国形象宣传、如何自觉“在党言党”和维护党和国家的形象，有了更为切实的感受。

吴伟以“做合格党员是我们的终生追求”为主题，分别从“什么是两学一做”“什么是合格党员”“怎样做一名新时期的合格党员”三个方面阐述了她对“两学一做”的理解和体会。她强调，开展“两学一做”学习教育，是面向全体党员深化党内教育的重要实践，是推动党内教育从“关键少数”向广大党员拓展、从集中性教育向经常性教育延伸的重要举措。“两学一做”，基础在学，关键在做，也就是说，合格党员是“做”出来的。吴伟从多个角度给出了合格党员的具体标准，指出新时期合格党员的标准是“四讲四有”，即讲政治、有信念；讲规矩、有纪律；讲道德、有品行；讲奉献、有作为。她强调，共产党员必须发扬优良作风，永葆政治本色；共产党员必须与时俱进，改革创新，永远站在时代的前列。

（刘　洋）

中译出版社中国共产主义青年团总支委员会成立大会召开

2016 年 5 月 19 日，中译出版社团总支成立大会暨第一次团员大会召开。中译出版社总编辑张高里、党委副书记吴良柱出席会议，社委会成员及青联委员列席会议，党委办公室主任滕建乡主持会议。

会上，中译出版社党委副书记吴良柱宣读了中国出版集团团委《关于中译出版社有限公司成立团总支并选举的批复》。共青团中译出版社有限公司总支委员会于 2016 年 5 月 4 日经集团公司团委批准成立，是自 2015 年中国对外翻译出版公司分立为中译出版社和中国对外翻译有限公司后，中译出版社新成立的团员组织。大会严格按照《团章》有关规定，以无记名投票方式，选举产生了中译出版社第一届团总支委员会。

选举结果产生后，中译出版社总编辑张高里代表社委会对团总支的成立表示祝贺。他指出，共青团是中国共产党的助手和后备军，团总支要加强对青年的思想政治工作，坚持对青年的教育和引导，充分发挥党联系青年的桥梁和纽带作用，带领青年在经济建设中发挥生力军和突击队作用。中译出版社人员的平均年龄仅为 38 岁，青年人员在全社员工构成中占有很大比例。哪里有青年人，哪里就充满活力，中译出版社的持续稳固发展有赖于青年特别是广大团员的贡献与奋斗。2015 年的中央经济工作会议提出，2016 年的经济社会工作重点为去产能、去库存、去杠杆、降成本、补短板五大任务。在这样的改革形势下，集团公司将 2016 年的企业整体增长目标调整为 6.5%～8%，增速放缓。2016 年也是中译出版社分立后正式单独核算的开局之年，如何在经济新常态下培育新的增长点，依靠创新驱动打造发展新引擎，需要每一位职工特别是青年人充分发挥自己的才干。张高里对青年团员寄予厚望，指出明天的希望在青年人身上，青年员工要在企业创新中发挥优势和活力，以新鲜的思维为企业问题的解决和发展新动能的寻找提供更好的思路。

中国共产主义青年团中译出版社总支委员会成立大会暨第一次团员代表大会完成了各项预定议程，青年团员们表示，这次大会令他们很受鼓舞，大家会以合格的团员面貌，抓住中译出版社难得的发展机遇，推动企业又好又快创新发展。

（范祥镇）

人民文学出版社党委组织党员赴西柏坡参观学习

2016 年 5 月 24 日，人民文学出版社组织党员和入党积极分子代表 50 余人来到五大革命圣地之一的西柏坡参观学习。

首先，在西柏坡纪念馆报告厅举行了赠书仪式。西柏坡纪念馆纪委书记杨宏伟，人民文学出版社社长管士光，党委书记张贤明，副总编辑周绚隆出席仪式。杨宏伟在讲话中首先感谢人民文学出版社对西柏坡捐赠图书，同时希望两家单位形成长期协作关系，希望人民文学出版社在以后的发展中更加辉煌。人民文学出版社张贤明在讲话中首先明确西柏坡精神在中国共产党历史上的重要地位，其次说明人民文学出版社组织党员干部来西柏坡学习参观的重要性、必要性。最后祝愿西柏坡这个革命圣地的精神更加发扬光大，同时也祝愿人民文学出版社在西柏坡精神的推动下越走越好。仪式最后，管士光代表人民文学出版社向西柏坡赠予了《长征》《解放战争》《青春之歌》《林海雪原》等图书，杨宏伟代表西柏坡回赠了带有毛主席在西柏坡留下的珍贵照片的金盘摆饰。赠书仪式结束后，人民文学出版社特意邀请西柏坡纪念馆馆长助理、研究员赵福山为人民文学出版社党员同志授专题党课。通过党课教育，人民文学出版社党员同志深刻体会到西柏坡精神的真谛：西柏坡是中国共产党领导的“解放全中国的最后一个农村指挥所”。在这个时刻，毛主席的两个“务必”应运而生。他时时刻刻在提醒共产党员在胜利面前保持清醒的头脑。西柏坡这个阶段的胜利不过是万里长征的第一步，任重而道远。

随后，人民文学出版社党员们跟随讲解员参观了西柏坡陈列展览馆和中共中央部委旧址，展馆共 12 个展室，陈列主题为《新中国从这里走来》，内容以中共中央在西柏坡时期的活动为主线，以毛泽东、周恩来、朱德、刘少奇等老一辈无产阶级革命家在西柏坡的活动轨迹，为党员们展现了那一幕幕波澜壮阔的历史。接着来到旧址，在这里，毛泽东和他的战友们召开了中国共产党全国土地会议，通过了《中国土地法大纲》，实现了耕者有其田；指挥了辽沈、淮海、平津三大战役，决定了中国的命运；召开了中国共产党七届二中全会，描绘了新中国宏伟的蓝图。

西柏坡的每一处革命旧址、展览馆里的每一件文物都在重现那段革命历史。在毛泽东、朱德等领导人的旧居，党员们感受到了老一辈无产阶级革命家不在乎物质匮乏，房屋陈设简陋，不怕艰难困苦，依然奋勇前进的革命精神。坐在七届二中全会会址里，仿佛看到当时党中央领导人在这里“挥斥方遒、运筹帷幄”的风采。

西柏坡的参观学习，使党员们深深地感受到了革命的艰难曲折，以及拥有当下幸福生活的来之不易，也牢牢地记住了西柏坡精神和毛主席提出的两个“务必”。西柏坡精神对于人民文学出版社的发展同样有深远的意义，人民文学出版社，共和国的文学事业从这里开始。我们同样需要这两个“务必”，在未来的发展中，我们务必要保持清醒的头脑。在市场变化面前，注重学习、注重实践、保持先进性。在困难面前全社员工万众一心，踏破困难。成功与付出，都将成为后来人的坚实基础。

（顾　乡）

中国对外翻译有限公司完成党支部换届选举工作

2016 年 5 月，中国对外翻译有限公司各党支部顺利完成了换届选举工作。各党支部在公司党委的领导下，按期完成了换届选举。通过本次支部换届选举，各党支部班子得到了进一步优化和充实，为持续强化公司党建工作打下良

好基础。（王　超）

中国对外翻译有限公司举办“党在我心中”诗歌征文活动

2016年5月，为庆祝中国共产党成立95周年、纪念中国工农红军长征胜利80周年，中国对外翻译有限公司党委组织开展了“党在我心中”诗歌征文评选活动，广大干部职工积极参与。通过评比选拔，公司推荐八份作品参加中国出版集团公司评比，取得了一个二等奖、三个三等奖、四个优秀奖的好成绩。（赵　桐）

现代教育出版社开展“爱生活·爱集体”摄影展活动

2016年5月，为开展“两学一做”学习教育活动和庆祝出版社成立12周年，进一步展示员工热爱企业、奉献企业的形象和风采，提升员工凝聚力，现代教育出版社党委、工会、团支部联合开展“爱生活·爱集体”摄影展活动。此次活动共收集照片72张，由社内组织员工评选大家喜爱的照片，最终评选出一二三等奖共10人，优秀奖23人。（杨　静）

中国出版集团公司举办庆祝建党95周年暨“两学一做”学习教育党课

2016年6月1日，中国出版集团公司在中国大百科全书出版社报告厅举办“两学一做”学习教育党课。集团公司党组书记王涛，党组成员、副总裁刘伯根，原党组成员、副总裁宋晓红，各单位领导班子成员、新近入党的党员和在职党员代表、老党员代表近300人参加了党课。

王涛在讲话中指出，2016年是中国共产党成立95周年，我们以讲党课和新党员宣誓的形式庆祝党的生日，具有特殊的意义。在推进五位一体总体布局、四个全面战略布局、实现中华民族伟大复兴中国梦的征程中，我们要更好地传承革命先烈遗志，把井冈山精神发扬光大，要在“两学一做”学习教育中坚定理想信念、唤醒党员意识、发挥党员作用，为实现中国梦、建设国际著名出版集团做出贡献。

刘伯根在会上指出，开展“两学一做”学习教育，是中央要求，是推动党内教育从“关键少数”向全体党员拓展、从集中性教育向经常性教育延伸的重要举措。身为党员，要做到爱党、护党、兴党，首先要了解党的历史。今天的党课，使大家对井冈山根据地的历史有了更加深入的了解，对老一辈无产阶级革命家的高尚情怀有了更加直观的感受，大家的党员意识、理想信念有了进一步增强。各单位要在“七一”前后以党支部为单位，集中安排一次党课，领导干部要带头讲党课。要通过讲党课的形式，把党章意识、党员意识激发出来，发挥好党员先锋模范作用，努力做一名合格党员。（顾梓榆）

人民文学出版社第五党支部举行“知识竞答、奥森健走”活动

2016年6月5日，人民文学出版社第五党支部组织党员和入党积极分子在奥林匹克森林公园举行“知识竞答、奥森健走”活动。

首先开始的是“两学一做”知识竞答环节，每位参加问答的党员通过“两学一做”知识竞答，让全体党员对开展“两学一做”学习教育的重要意义有了充分认识。大家纷纷表示，要积极投入到“两学一做”学习教育中来，进一步加强学习党章党规，学习系列讲话，自觉遵规守纪，牢记党的宗旨，勇于担当，乐于奉献，廉洁自律，永葆党员的先进性和纯洁性，争做优秀的共产党员。随后健走活动正式开始。大家根据自己的实际情况，纷纷选择五公里或十公里进行锻炼。活动中，第五支部的党员同志们一边健走一边交流，既加强了锻炼，增进了健康，亦进行了沟通，交流了工作。（顾　乡）

中版教材有限公司“三严三实”专题教育会议召开

2016年6月5日，开展“三严三实”专题

教育工作会议，由党总支书记郭德生进行动员和安排部署，未出差的各分公司、部门负责人及以上领导、党员同志参加了会议。

郭德生阐述了“三严三实”（严以修身、严以用权、严以律己，谋事要实、创业要实、做人要实）的丰富内涵，开展“三严三实”专题教育的重大意义、方法步骤和工作要求。强调要充分认识到“三严三实”专题教育是加强领导班子建设、骨干队伍建设的重要契机，是加强企业管理、推进改革举措、防控各种风险的重要推力。要高度重视，不走过场，将专题教育与新三年双效业绩考核结合起来，与推进公司“二次创业”结合起来，与做好当前各项重点工作结合起来，使专题教育的成效体现在班子作风建设的进一步好转上，体现在公司经济增长、深化改革、队伍建设、企业文化建设等各项工作实效上。

常务副总经理姚劲华与大家交流了对“三严三实”的认识和体会。他认为开展“三严三实”专题教育是为了巩固群众路线教育实践活动成果。“严以修身”，就是要不断提高自身的素养，这方面我们的传统文化有很深的历史积淀，建议大家多看看书，要向古人学习，向别人学习，懂得尊重上级、同级和下级，这都是修身的范畴。“严以律己”，要结合实际，遵纪守法，遵守中版教材有限公司的规章制度。“严以用权”的本质就是要守规矩，权力来自人民，也要服务人民，高层管要代表全体员工的利益。不仅仅是物质待遇的提高，还要关心每个人的健康成长。每一个岗位都有一定的权力，这个权要用来为集体谋利益，为全体员工谋利益。否则，公权当私权用，就会犯错误。“谋事要实、创业要实、做人要实”的基本点就是做人要实，只有做人实，才能真正做到谋事实、创业实。公司要结合“三严三实”加强管理，这符合中版教材公司的眼前利益和长远利益，也是全体员工根本利益的保证。党总支副书记潘健也在会上表示，要带领部门员工认真做好“三严三实”专题教育相关具体工作，稳步推进，取得实效。

（潘　健）

中华书局组织观看学习《国有企业领域典型案例警示教育展》

2016 年 6 月 7～17 日，中华书局组织全体员工观看学习《国有企业领域典型案例警示教育展》。

为更好地开展中华书局党风廉政教育，筑牢拒腐防变的思想道德防线，同时结合“两学一做”学习教育，中华书局党委、纪委与北京市丰台区人民检察院合作举办《国有企业领域典型案例警示教育展》。此次展览包括 16 个典型案例，通过“一把手”“身边人”“小金库”“招投标”“财务管理”“心理防线”等易发腐败的风险点，查找国企体制机制漏洞，介绍国企领域常见的职务犯罪类型和适用的法律法规；用案情介绍、案件点评与图片、漫画相结合的形式制成展板，图文并茂地教育警示国企干部清正廉洁，以案释理、以案说法、以案促廉。这是中华书局开展“两学一做”学习教育与党风廉政教育相结合的一项重点举措。

（梁　彦）

中国出版集团公司党建工作座谈会召开

2016 年 6 月 16 日，中国出版集团公司召开了党建工作座谈会。集团公司党组成员、副总裁、直属机关党委书记刘伯根，中纪委驻中宣部纪检组一室主任王强、干部郑玮，集团各单位党委书记和副书记、纪委书记和副书记、党办主任、纪检办主任、专职纪检干部以及总部本部支部书记共 70 人参加了会议。集团直属机关党委常务副书记、纪委书记姜红新主持会议。

刘伯根就加强集团党建工作提出四点要求。一是要把“学好吃透”作为重要任务。全体党员干部要自觉加强对党章党规和习近平总书记系列重要讲话的学习，在学党章党规中深刻领悟系列讲话的基本精神和实践要求。二是要把带好队伍作为基本要求。各单位党组织要根据自身情况，及时进行换届、增补和调整，按照中组部和集团的要求，对基层组织换届情况进行专项检查。三是要把守好阵地作为自觉追求。要守好个人的思想阵地，在思想上政治上行动上同党中央保持高度一致；要守好党的宣传阵地，坚持正确导向，营造风清气正的企业文化。四是要把强化动力作为基本指向。强党建的目的是强动力，广大员工要做好“三个表率”，把“两学一做”学习教育真正转化为奋斗动力。

王强介绍了中纪委驻中宣部纪检组的工作职责，传达了《中纪委驻中宣部纪检组驻点办公工作实施办法》，并对党费收缴工作提出要求。

（顾梓榆）

新华联合发行有限公司组织党员干部参观焦庄户地道战遗址纪念馆

2016 年 6 月 16 日，新华联合党支部组织全体党员、入党积极分子赴焦庄户地道战遗址纪念馆参观学习。这次活动的主题是“坚定理想信念锤炼严实作风”，将“两学一做”学习教育活动与实际相结合，鼓励大家继承并发扬革命先烈的革命精神和智慧，进一步增强党员的党性修养和党组织的凝聚力，促进企业发展更上新台阶。总经理沈致金，党支部书记、副总经理叶冰，副总经理朱永明参加了此次活动。

参观结束后，沈致金总经理指出，大家身临其境地体会到了在艰苦卓绝的抗战时期老一辈革命家伟大的革命精神，我们要汲取老一辈革命先烈的智慧，特别是在公司物流中心项目处于工程收尾、系统落地及公司战略规划逐渐清晰的关键时刻，更需要在理想信念、思想作风、创新精神这三个方面不断锤炼，党员更应该做到吃苦在前、创新在前，带领广大职工克服困难，努力完成工作任务。

（白　雨）

商务印书馆举办“两学一做”暨中层管理干部培训班

2016 年 6 月 12～16 日，商务印书馆举办“两学一做”暨中层管理干部培训班，组织馆领导、中层干部、各党支部委员共 39 人到井冈山接受党史党性教育和理想信念教育，提升党性修养和经营管理能力。

此次培训形式多样，内容充实，行程紧凑。通过访谈教学、现场教学、体验式教学、分组讨论等形式，深刻领悟“坚定执着追理想、实事求是闯新路、艰苦奋斗攻难关、依靠群众求胜利”的井冈山精神。在井冈山革命博物馆前，总编辑周洪波带领大家重温入党誓词，坚定理想信念，忠实践行入党誓词。通过专家解读，使党员了解到《党章》是我党政治主张的集中表现，是我党理论和实践状况的真实记录和生动体现。通过学习《学习习近平总书记系列重要讲话的立场观点方法》，了解到我党的基本立场是人民大众的立场。《出版企业创新思维与决策》课程，从专业型干部和管理型干部两个角度出发，透彻地分析两种类型干部的思维模式。

结业仪式上，各学习小组代表纷纷表示，要倍加珍惜今天来之不易的幸福生活，今后更要用井冈山精神作为信念支柱，将此次井冈之行所汲取到的革命精神和优良传统运用到今后的工作和学习中。

（张华斌）

东方出版中心“两学一做”专题辅导报告会举行

2016 年 6 月 20 日，东方出版中心“两学一做”专题辅导报告会举行。邀请上海市委宣传部副部长、上海市委宣讲团团长燕爽同志做题为《治国理政新理念、新思想、新战略》专题辅导报告。东方出版中心党委理论中心组成员、各部门负责人及助理、处以上干部、副高以上专业人员、各党支部书记和委员、工会、团总支全体委员参加学习会。

燕爽从《习近平总书记系列重要讲话读本（2016 年版）》出版背景、特点、结构、要点等方面，由浅入深阐述了以习近平总书记为核心的党中央治国理政新理念、新思想、新战略。报告详尽分析中华民族近代 170 余年来从饱受沧桑，受尽凌辱，直到在中国共产党领导下，率领中华民族浴血奋斗推翻半殖民地、半封建社会，建立新中国，开创中国特色社会主义道路实践，为实现中华民族伟大复兴、“两个一百年”奋斗目标提供了宝贵的经验。

东方出版中心党委书记董玲指出，党员干部要进一步树立清风正气，严守政治纪律和政治规矩；进一步强化宗旨观念，勇于担当作为，在东方出版中心图书出版、产业园区建设、日常经营管理和社会生活中起表率作用，担当起出版工作者社会使命和责任，为推进“四个全面”战略布局、贯彻落实五大发展理念提供坚强组织保证。

（金洁蓉）

人民文学出版社举办“两学一做”学习教育党课

2016年6月23日，人民文学出版社党委邀请中央组织部党员教育和干部测评中心主任、研究员陈燕楠为全体党员上党课。副社长李春凯，副总编辑应红，副总编辑周绚隆，集团总部及商务印书馆、世界图书出版公司、中译出版社、中版置业等多家兄弟单位的党员代表，人民文学出版社全体党员共计百余人参加党课学习。党课由党委书记张贤明主持。

陈燕楠以《从党章的历史看中国共产党的发展》为题，分别从四个方面展开论述。一是党章的地位和作用，二是党章的历史沿革，三是党章学习的十个重点，四是严格遵守党章做到五个“牢记”。陈燕楠的讲解重点突出，图文并茂，不仅让我们了解到党章不断完善的过程，深刻理解了党章的重要意义，更是明确了学习的重点，落实在行动上，他号召全体党员要牢记入党誓词，始终践行诺言；牢记政治信仰，始终对党忠诚；牢记根本宗旨，始终为民服务；牢记党的纪律，始终坚守规矩；牢记政治本色，始终积极工作。最后他强调，党章是我们党公开树立起来的鲜明旗帜，是共产党人人生观、世界观、价值观的明确宣示，更是每一个共产党员必须遵守的行为准则。所以我们只有从党章出发，向党章看齐，做一个合格的共产党员。

会上，张贤明要求全体党员在“两学一做”学习教育中要坚持学做结合，以学促做；基础在学，关键在做；要重点把握“学”与“做”的辩证关系，学是做的基础，做是学的体现。他要求各党支部近期召开组织生活会，结合陈燕楠的党课内容及自身的理解展开讨论。

本次“两学一做”专题党课在内容上有深度、有高度，不仅在人民文学出版社党员内开展，同时积极邀请兄弟单位党员代表共同学习，此举既扩大了学习成员的范围，也促进了单位之间的交流。

（顾　乡）

新华印刷厂举行庆祝建党95周年暨“两学一做”学习教育系列活动

2016年6月24日，新华印刷组织党员和各部门主要负责人50余人赴革命圣地西柏坡开展庆祝建党95周年暨“两学一做”学习教育活动。

党员们参观了西柏坡纪念馆和中共中央旧址，并观看了纪录片《新中国从这里走来》。党员们深切体会到西柏坡精神，感受到我们党艰苦奋斗的开拓进取精神和坚持依靠群众、坚持团结统一的民主精神。

副总经理、党委副书记赵树文代表公司党委对广大共产党员和党务工作者，致以节日的问候和亲切的慰问，并宣读了《关于表彰优秀共产党员、优秀党务工作者的决定》，向胡绍宇、董凯玲等同志颁发荣誉证书。在新华印刷党委委员卢向东同志的带领下，组织新老党员进行宣誓仪式，重温入党誓词，践行“两学一做”学习教育活动。

赵树文还结合近期发生的党员干部违纪案例，认真组织大家学习了《中国共产党链接自律准则》《中国共产党纪律处分条例》，从违纪违法案例中吸取教训，引导党员牢记党规党纪，树立崇高的追求。

总经理、党委副书记兰本立在总结讲话中指出，当前新华印刷正面临难得的发展机遇，也面临着严峻的困难和挑战。各位党员要结合“两学一做”学习教育活动，重温党的光辉历史，重温毛泽东在党的七届二中全会上倡导的“两个务必”，以贯彻落实党的十八大精神和十八届四中、五中全会精神为统领，认真贯彻学习习近平总书记关于“创新、协调、绿色、开放、共享”的发展理念，加强党组织建设，增强基层党组织的创造力、凝聚力和战斗力，推动新华印刷更快、更好地发展！（胡文娟）

东方出版中心纪念中国共产党成立95周年党员座谈会暨“重温入党誓词”主题宣誓仪式举行

2016年6月25日，东方出版中心纪念中国共产党成立95周年党员座谈会暨“重温入党誓词”宣誓仪式举行。东方出版中心党委书记、纪委书记、副总经理董玲主持会议并讲话。

与会党员从“当年为什么要入党，如何努力争取入党；入党那一刻及入党这些年如何践行党章，增强党性意识，加强党性修养，争做一名合格共产党员，真正从思想上入党”等方面，结合自身实际，进行交流发言。

会上，“重温入党誓词”主题宣誓仪式举行。在董玲的领誓下，与会党员面对党旗，齐声宣誓重温入党誓词。庄严肃穆的重温入党誓词仪式，激励每一位党员不忘入党初衷，铸牢政治品格，树起先锋模范，奋勇引领争先，做“让党放心、让人民满意”的合格党员，为党旗增辉，为时代添彩。

董玲在讲话中说，理想信念是共产党人精神上的“钙”。要坚持信念立身，道德为基，树起“讲道德、有品行”的示范表率；行为实践是检验党员是否合格的核心关键。要坚持实践当先，践行入党誓词，树起“讲规矩、有纪律”的合格标尺；实干担当是共产党人应有的品格和境界。要坚持实干为要，勇于创新担责，树起“讲奉献，有作为”的先进标杆；引领凝聚是共产党人的必修课。要坚持引领向前，传递向上能量，树起“聚合力、助发展”的红色旗帜。（金洁蓉）

东方出版中心纪念中国共产党成立95周年暨七一表彰大会举行

2016年6月27日，东方出版中心纪念中国共产党成立95周年暨七一表彰大会举行。东方出版中心党委书记、纪委书记、副总经理董玲出席会议并讲话。东方出版中心总经理、党委副书记李智平主持大会。东方出版中心副总编辑郑纳新出席会议。东方出版中心全体党员、申请入党的同志，各部门、单位正副职、助理，工会、团总支全体同志，处以上干部、高级专业职称人员参加会议。

郑纳新宣读东方出版中心党委《关于表彰先进党支部、优秀共产党员的决定》《关于表彰“党在我心中”诗歌征文获奖名单的通报》，东方出版中心领导向荣誉获得者颁发荣誉证书。

全体与会同志观看《凝心亮旗树标杆，聚力亮牌筑堡垒，抱团亮剑谋发展》——党的十八大以来东方出版中心党建成果回顾党建综合片，以“党在我心中”诗歌朗诵的形式抒发对党的事业的坚定信念。

董玲指出，各级党员领导干部、全体党员要紧扣思想建设，提升学习能力。紧扣当前实际，提升实践能力。紧扣问题导向，提升自净能力。紧扣本职岗位，提升工作能力。紧扣中心发展，提升凝聚能力。带头树起“合格”旗帜，带头竖立“先进”标杆，为再创东方出版中心新辉煌、共筑东方出版中心新发展、齐心共圆东方梦添砖加瓦增色！（金洁蓉）

新华书店总店庆祝中国共产党成立95周年暨“两学一做”学习教育党员大会召开

2016年6月27日，新华书店总店（以下简称“总店”）召开“庆祝中国共产党成立95周年暨‘两学一做’学习教育”党员大会，通过表彰优秀共产党员、优秀党务工作者和先进基层党组织及讲党课、在党旗下举行宣誓仪式的方式庆祝党的生日。总店总经理、党委副书记茅院生，党委副书记柏万良，副总经理、党委委员张雅珊、陈新，全体在职党员、离退休党员代表以及入党积极分子参加了会议。

茅院生做总结讲话，要求总店全体党员要进

一步坚定对伟大的中国共产党的热爱与自信。中国共产党是实现中国现代化、实现中华民族复兴的坚强的组织者和领导者，使中华民族得到大翻身、大解放，把中国建成一个真正的大国强国。无论何时我们都要相信党、信任党、热爱党，甘于奉献。要不断加强党性修养，做合格党员。党性是党员干部立身、立业、立言、立德的基石，是党的先进性和纯洁性的体现，每名共产党员都必须自觉加强党性锻炼，增强党性修养。要发挥党员的模范带头作用，将总店建设得更好。要“想总店发展之所想，做总店发展之所做”，认真学、扎实做、学用结合，用工作实践和成绩检验学习成果。（梁晓龙）

中国大百科全书出版社举办纪念建党95周年暨“两学一做”学习教育专题讲座

2016年6月28日，中国大百科全书出版社邀请冷宽以“践行雷锋精神，做合格共产党员”为题，为全体党员、入党积极分子、共青团员举办了一堂生动的学习教育专题讲座。

冷宽是中国共产党十五大中央纪律检查委员会委员，中国人民解放军原海军副政治委员，海军中将，他与雷锋同志在一个团队工作、生活、学习了两年零八个月，既是雷锋成长的见证者，也是雷锋事迹整理的参与者，更是雷锋精神的传播者，雷锋精神影响了他一生。

冷宽以“雷锋留下的十件宝”为线索，生动地讲述了雷锋同志生前的感人事迹，并紧紧围绕雷锋精神的时代特征、学习雷锋精神常态化等内容，进行了精彩的讲解。他认为，雷锋精神是永恒的，是社会主义核心价值观的生动体现。希望大家将雷锋精神贯穿到学习、生活、工作中去，做雷锋那样对社会、对人民有用的人。

来自中国大百科全书出版社、中译出版社有限公司、新华书店总店等单位的近150名党员、积极分子、团员认真聆听了讲座。大家受益匪浅，更加明确了雷锋精神的时代内涵，更加明确了为什么学雷锋、如何学雷锋，更加坚定了学雷锋的信念。（尹添铭）

中译出版社出席“践行雷锋精神 做合格共产党员”纪念建党95周年暨“两学一做”学习教育专题讲座

2016年6月28日，中译出版社部分员工受中国大百科全书出版社的邀请，参加聆听由冷宽主讲的“践行雷锋精神 做合格共产党员”纪念建党95周年暨“两学一做”学习教育专题讲座。冷宽和雷锋是战友，他们共同度过了两年七个月零七天的战友时光，直到雷锋去世，冷宽和战士将雷锋的棺椁抬上汽车的那一刻，结束了他们一起的战友时光。不过在冷宽心中，雷锋从未走远，雷锋精神从未走远。

全体员工在被雷锋精神洗礼的同时更是被冷宽将军的执着所打动，冷宽已经年近80，头发早已花白，可是他仍然饱含深情，语调激昂的讲述雷锋的故事，正是有这样热爱雷锋精神的老一辈，我们才能更好地了解雷锋精神，传承雷锋，才能让雷锋精神在多元化价值观交锋的当下，成为引领人们前行的道德灯塔。（王　烨）

中国出版集团公司庆祝建党95周年暨“两学一做”学习教育工作座谈会召开

2016年6月30日，中国出版集团公司召开庆祝建党95周年暨“两学一做”学习教育工作座谈会。中国出版集团公司总裁谭跃、党组书记王涛讲话，党组成员刘伯根、李岩、潘凯雄、孙月沐出席会议。各单位党政主要负责人、党办主任，集团优秀共产党员、党务工作者、先进基层党组织，以及工会、共青团、“党在我心中”诗歌征文获奖单位和个人代表共130人参加了会议。刘伯根主持会议。会上对集团党工团先进集体和个人进行了表彰。

谭跃从三个方面强调了加强集团党的建设。第一，要充分认识党建工作的重要性。第二，要抓好“两学一做”学习教育的落实工作，加强纪检工作。第三，要加强领导班子建设。首先要加强思想政治建设，把纪律和规矩挺在前面；其次要落实党建工作责任制，把主体责任担起来。

王涛总结了上半年集团公司和各单位开展“两学一做”学习教育的进展情况，对进一步做好学习教育工作、加强集团党的建设提出六点要求。一是要突出思想政治建设，牢固树立“四个意识”；二是要真学真做，把“两学一做”真正落实到基层；三是要强化问题导向，取得扎实成效；四是要切实履行主体责任，做好示范表率；五是要完成规定动作，抓好专题学习研讨、讲党课、“三会一课”、党员民主评议、组织生活会的落实工作；六是要加强党风廉政建设，落实好“两个责任”。（顾梓榆）

人民音乐出版社开展“两学一做”专题教育系列活动

2016年6月，人民音乐出版社根据集团公司关于“两学一做”专题教育的具体要求，按照党委制定的既定时间表，持续深入地推进专题教育。

一是加强中心组学习。6月13日，党委围绕毛泽东同志的《党委会的工作方法》组织了中心组学习。首先，周群介绍了《党委会的工作方法》的历史背景，并和党委和班子同志全文学习了《党委会的工作方法》。莫蕴慧表示，学习与工作不是两张皮，文章对我们的实际工作具有重要的指导意义，体现了中央强调学习原著的高屋建瓴和良苦用心。十二条看似简单而质朴的道理，是《党委会的工作方法》的精髓和要领，更是毛泽东思想的精髓和要领。周群指出，文章对领导班子成员学习掌握政治纪律和政治规矩、学习掌握科学的工作方法和工作艺术等具有重大的指导意义，给我们指出了实践检验的明确方向。杨伯勋、杜永寿、魏振华、胡健都分别结合工作实际、思想实际谈了学习体会。6月20日，党委还召开专题会议传达了集团公司党建工作座谈会上集团公司领导和驻部纪检组一室负责同志的重要讲话精神，同时对深入做好党费自查、使用和管理工作进行了进一步研究部署。

二是顺利完成了支部换届工作。本次换届工作涉及的部门党员调整较大，党委按照换届工作的要求与程序精心统筹，各支部依据党委部署认真组织，六月下旬顺利完成了在职党支部的换届工作。全社由原来的六个在职支部调整为五个，班子同志根据业务分工和工作需要在相应的支部参加活动，各支部委员都是来自各个部门的优秀党员，为进一步结合中心工作落实“两学一做”奠定了良好的组织基础。

三是安排好庆祝建党95周年工作。七一前夕，集团公司党组成员、副总裁、直属机关党委书记刘伯根、集团党群工作部主任姜红新在人民音乐出版社周群的陪同下，走访看望了老社长、老党员张昭华，向他送上了集团公司的亲切问候和诚挚祝福。根据集团公司部署，社党委在七一前集中走访慰问了社里的八位离退休党员，他们中有的是生活困难党员，有的是对社里有贡献的党员，带去了集团公司对老党员的关心和慰问。6月最后一周，党委还启动了支部换届之后的第一轮支部讲党课工作，党委委员立足党章党规党纪党史，结合自身的学习体会与工作心得，制作了PPT、问题互动等多种生动的形式，通过讲党课加强了交流，提高了认识，进一步提升了支部全体同志做合格党员的信念和决心。（胡　建）

人民音乐出版社完成在职支部换届工作

2016年6月，在2015年完成社党委换届的基础上，人民音乐出版社（以下简称“人音社”）完成在职支部换届工作。在职支部换届改选是人音社2016年一项重要的组织建设工作，社党委精心统筹，各支部认真组织，在职支部由原来的六个调整为五个，刘滢、黄志鹏、张伯平、胡健、杨文胜分别当选为支部书记。

本次支部换届改选工作体现了三个特点：一是以“四同步”“四对接”为原则，切实把党的领导落实到党组织发挥领导核心、政治核心作用上，落实到为企业发展提供政治保障上；二是巩固并发扬音乐社党建工作的优良传统和工作优势，切实把政治素质和业务素质突出的骨干干部加强到支部委员的构建中，保证基层党组织战斗堡垒作用充分发挥；三是加强了纪律检查工作向支部延伸的力度，每个支部都增加了纪检委员，支部委员会由支部书记、组织委员、宣传委员、纪检委员四人组成。换届后，党委第一时间给新任支委们发放了最新版的《党支部工作手册》，并组织支部书记参加了集团公司的集中培训，督促指导大家尽快提升岗位认识，不断强化责任意识，切实起到示范作用。（胡　健）

商务印书馆各支部民主生活会召开

2016 年 7 月始，根据中央纪律检查委员会驻中宣部纪检组《关于请对党风廉政建设主体责任落实情况“回头看”的通知》《关于开展落实中央八项规定精神“回头看”的通知》和中国出版集团公司《关于开展党风廉政建设主体责任落实情况“回头看”的通知》要求，结合商务印书馆实际，商务印书馆十个党支部召开了民主生活会。主要内容包括：

一、馆领导带头在支部内以普通党员身份讲党课。

二、各部门、各支部自查主体责任落实情况。通过自查，各部门、各支部认为，中层干部在组织领导方面发挥了干部的表率作用，在工作方法和管理方式等方面都做得较好。

三、民主评议党员。在职的 143 名党员都认真填写了《党员民主评议测评表》和《党员个人自评表》，从遵守党的纪律、履行党员义务、履行岗位职责、发挥先锋模范作用四个方面进行了自评和互评，并针对自身问题提出书面的个人整改措施。

四、自查落实中央八项规定精神情况。各部门、各支部严格贯彻执行中央八项规定精神，未发现违纪情况，在减少形式化的会议、提高工作效率方面卓有成效，在勤俭节约、勤勉工作、以身作则、率领部门同事顺畅和谐地完成工作方面更为突出。

党员们纷纷表示，每个季度一次的民主生活会，起到了很好的提醒作用，让每位党员充分意识到自己是党组织的一员，通过定期学习活动，让各支部成为健康有力的组织。（张华斌）

中华书局组织党员干部参观中央档案馆“两学一做”学习教育专题展览

2016 年 7 月 1 日，中华书局全体党员和中层干部前往中国档案报社参观中央档案馆“两学一做”学习教育专题展览。这项展览是中央档案馆内部展览，通过诸多中国共产党党史资料及文献档案，展示了中国共产党在艰苦卓绝的斗争和社会主义建设时期立党为公、执政为民、廉洁自律的历史，以及众多优秀共产党人不怕牺牲、勇于奉献的感人事迹，参观者深受教育、震撼和启迪。参观后，大家表示一定要以历史为镜鉴，以现实问题为导向，认真开展“两学一做”学习教育，在学习和工作中奋发向上，攻坚克难，为中华书局的持续发展做出自己的贡献。（梁　彦）

生活·读书·新知三联书店庆祝建党95 周年暨“两学一做”学习教育活动举行

2016 年 7 月 1 日，生活·读书·新知三联书店在韬奋图书馆召开全店党员大会，在庆祝建党 95 周年之际对生活·读书·新知三联书店优秀共产党员和先进基层党组织进行表彰，总编辑翟德芳为全店党员讲党课。生活·读书·新知三联书店全体党委委员及党员干部参加了会议。会议由副总编辑郑勇主持。

会上，副总经理张作珍宣读了《关于表彰三联书店优秀共产党员和先进基层党组织的决定》，介绍了受表彰的优秀共产党员及先进基层党组织的事迹，号召各党支部和全体党员以先进典型为榜样，团结带领全店职工，牢固树立“四个意识”，锐意进取，真抓实干，努力奋斗。总经理路英勇、总编辑翟德芳、副总经理张作珍及副总编辑舒炜分别为张荷、张健、刘敏、邹中华四名同志颁发优秀共产党员称号奖状；路英勇和翟德芳为一支部、四支部颁发先进基层党组织称号奖状。随后，翟德芳根据学习党章党规和习近平总书记讲话的重点内容，以及党的十八大以来党建工作的要点等方面，为全店党员讲党课。

（刘　畅）

中国出版传媒商报社等四单位联合举办七一党课

2016年7月1日，值此中国共产党成立95周年之际，中国出版传媒商报社党委、华文出版社党总支、现代出版社党总支、新华联合发行有限公司党总支，联合举办了庆七一红色党课。活动邀请国家保密局、金城出版社专家，曾主编《红色往事：镌刻在党旗上的保密故事》一书的杨世保以“继承党的保密优良传统”为主题做专题党课。中国出版传媒商报社、华文出版社、现代出版社、新华联合发行有限公司全体党员和积极分子70余人认真聆听了这场有着特殊意义的党课。在2016年初中央政治局常委会研究保密工作时，习近平总书记专门回顾了我们党的保密历史，要求继承和发扬党的保密优良传统，坚持党管保密、加强依法治密、加大创新力度、做好综合防范，确保党和国家秘密安全。今天，保密工作形势发生了深刻变化，在成就中国梦的伟大历史进程中，保密依然是最重要的保障。党课结束之后，全体与会党员又一次举起右手，握紧拳头，面对鲜红的党旗宣誓，重温了入党誓言。而四家单位联合举办党课活动，也不失为创新党建活动的一种尝试。对此，四家单位反应热烈，并希望继续保持合作。

（郭　虹）

中版文化传播（北京）有限公司党支部主题日活动举行

2016年7月1日，在建党95周年之际，中版文化传播（北京）有限公司党支部特地组织全体党员及积极分子参观了“两学一做”学习教育主题展览。

观展后，支部组织大家观看了《党的女儿：尹灵芝》电影。面对电影中的一名普通的山村少女最终成长为一名坚定的共产主义战士，并为革命奉献出了自己年轻的生命，许多同志难掩泪水，深刻体会到了“信仰”的力量，体会到了革命成果的来之不易。面对新时代，作为一名共产党员，我们更要坚定的拥护党，密切的联系群众，发挥好基层党组织的战斗堡垒作用。

（武　瑾）

中版教材有限公司组织党员、团员、入党积极分子开展“两学一做”活动

2016年7月3～6日，中版教材有限公司党总支组织公司和控股公司人民东方（书业）北京有限公司的党员、团员、入党积极分子赴延安学习考察，开展“两学一做”活动，接受革命传统教育。公司常务副总经理姚劲华，党总支书记郭德生，党总支纪检委员、团总支书记蒋志臻，党总支副书记潘健参加。

党总支对该活动内容进行了精心的组织安排：一是重温入党誓词；二是请中国延安干部学院教授举办专题讲座；三是参观延安革命纪念馆、杨家岭、枣园等革命旧址；四是赴梁家河村——习近平总书记当年“上山下乡”插队生活过的地方学习。

这些活动安排，得到大家的积极响应。4日上午，大家放下行李，稍做休整，登上宝塔山，在鲜艳的党旗下，高举右手，重温入党誓词。

4日下午，大家来到中国延安干部学院学习，杨延虎教授做了一场题为《中共中央在延安十三年的辉煌业绩》的专题讲座，他从五个方面总结梳理了党在延安十三年的辉煌业绩，脉络清晰：一是领导争取民主独立和人民解放斗争取得决定性胜利；二是实现马克思主义中国化的第一次历史性飞跃，毛泽东思想确立为党的领导思想；三是开创实施党的建设伟大工程，把党建设成为马克思列宁主义的政党；四是全面进行新民主主义整治经济文化建设，积累局部执政的成功经验；五是在革命斗争中培育延安精神。他指出，延安精神核心内容是实事求是、理论联系实

际的精神，全心全意为人民服务的精神和自力更生、艰苦奋斗的精神。延安精神的本质内容是解放思想、实事求是。他的讲课，提高了大家的理论水平，对延安的革命历史地位和功绩有了进一步的理解和认识。

中国延安干部学院教务部副主任王成文向大家介绍了中国延安干部学院的情况。中国延安干部学院是经党中央、国务院批准成立，为国家财政全额拨款的中央直属事业单位，是对党政干部、企业经营管理者、专业技术人员和军队干部进行党性、党史和党风教育的国家级干部培训院校。学院在教学培训方面形成了独特的“延安模式”，在学术研究方面形成“延安学派”，在培训管理方面形成“延安学风”。中版教材有限公司党总支书记郭德生代表公司党总支对中国延安干部学院的精心安排表示感谢，他要求公司各位党员、团员、入党积极分子要认真学习、弘扬延安精神，立足岗位，积极工作，为共产主义奋斗终生。

本次学习考察活动最大的特点是采用了“现场教学”。大家走进毛主席写出《论持久战》《新民主主义论》的狭小、简陋的窑洞里，坐在中央大礼堂斑驳、陈旧的长木椅上，来到毛主席接见安娜·路易斯·斯特朗发表“一切帝国主义都是纸老虎”著名论断的石桌前……每一张照片，每一件物品，每一处旧址，都给大家带来触及心灵的震撼。大家感受到老一辈共产党人对理想的不懈追求，对人民的无限深情，对革命事业的无限执着与忠诚。

5 日，大家前往梁家河村——习近平总书记当年“上山下乡”插队生活过的地方参观学习。习近平总书记当年住在简陋的窑洞，带领社员打坝淤地造良田，修建沼气池，带领村民脱贫致富，由一位懵懂少年成长为思想成熟的青年，培养了坚毅的品格。通过参观学习，大家对“坚定信念、一心为民、艰苦奋斗、实干担当、敢为人先、廉洁奉公”的梁家河精神有了深刻的认识，这是延安精神的延续和体现。

此次活动由中版教材有限公司党总支主办、团总支协办，共 34 名党员、团员、入党积极分子参加。

（武一格）

中国出版集团公司党组成员参加支部“两学一做”学习教育活动

2016 年 7 月 5 日，按照“两学一做”学习教育安排，集团公司总裁谭跃，党组成员、副总裁、直属机关党委书记刘伯根，以普通党员身份参加了集团总部办公室、党群部党支部组织生活，到中央档案馆参观“两学一做”学习教育主题展览。国家档案局副局长、中央档案馆副馆长杨继波陪同参观。

谭跃在学习交流中要求，支部全体党员要认真学习贯彻习近平总书记七一重要讲话精神，用历史和“赶考”的思维，将总书记讲话精神转变为新形势下做好集团公司各项工作的根本遵循，为完成集团公司“十三五”规划和“两调四强”战略重点，推动集团公司又好又快发展，实现建成国际著名出版集团的战略目标而努力奋斗。

6 月，集团公司党组书记王涛，参加了集团公司总部、本部人力资源部党支部组织生活，到焦庄户地道战遗址纪念馆参观学习，并在党旗下重温入党誓词；5 月，集团公司党组成员、股份公司副总经理李岩，与出版部、国际部党支部党员一起，到焦庄户地道战遗址纪念馆参观学习。集团公司党组成员潘凯雄、樊希安、孙月沐，也以各种方式参加所在支部的组织生活，坚持双重组织生活制度，用实际行动践行“两学一做”学习教育。

（顾梓榆）

人民文学出版社各支部开展学习习近平总书记重要讲话专题研讨会

2016 年 7 月 5～8 日，根据《中共中央组织部关于在“两学一做”学习教育中认真学习贯彻习近平总书记在庆祝中国共产党成立 95 周年大会上的重要讲话精神的通知》，以及集团公司的统一部署，人民文学出版社各支部以领导班子带头讲党课的形式，开展了学习研讨会。

社长管士光，党委书记张贤明，副社长李春

凯，副总编辑周绚隆参加所在支部的学习，大家首先通读了习近平总书记在庆祝中国共产党成立95周年大会上讲话的重点内容，社领导就讲话中的关键点进一步深入阐释解读。全体党员认识到，习近平总书记在讲话中深刻总结了我们党的三个历史贡献，有非常深沉的历史使命感，聚焦于党的远大理想和崇高追求，落脚于中国当下所面对的现实。习近平总书记提出的从八个方面出发的“不忘初心、继续前进”，是以习近平为总书记的党中央治国理政新理念、新思想、新战略的进一步总结和概括。

通过开展专题研讨，人民文学出版社党员对重要讲话内容有了更深层次的理解。全体党员也都结合工作实际积极发言，表示要进一步认真贯彻讲话精神，切实做好本职工作。（顾　乡）

中国出版集团公司党组书记王涛参加中国出版集团公司部分单位支部党课活动

2016年7月6日、13日，中国出版集团公司党组书记王涛分别到中国美术出版总社和中国大百科全书出版社，听取美术总社党委书记周伟和中国大百科全书出版社社长刘国辉为所在支部党员讲党课情况。直属机关党委常务副书记姜红新陪同参加。

王涛指出，“三会一课”制度是党的基层组织长期坚持的重要制度，也是健全党的组织生活、严格党员管理、加强党员教育的重要制度，要按照中央要求落实好“三会一课”制度。落实“三会一课”制度，讲党课是重要的一环。集团公司各党支部要继续抓好“三会一课”制度，营造好的氛围，不断提升“三会一课”质量，切实将“两学一做”落到实处。

王涛强调，开展“两学一做”学习教育，目的就是要推动党内教育从“关键少数”向广大党员拓展，从集中性教育向经常性教育延伸。要引导党员进一步增强党员意识、党章意识、党规意识和党纪意识，把学习贯彻习近平总书记七一重要讲话精神作为重大政治任务，在学用结合、学以致用上带好头、做表率。作为出版“国家队”的出版人，要深刻理解文化自信的重要性，以出版人的文化自信和文化自觉，阐述好中华民族5000多年的优秀传统文化，阐述好党和人民伟大斗争中孕育的革命文化，阐述好建设社会主义伟大实践的先进文化，弘扬社会主义核心价值观，弘扬民族精神和时代精神，履行出版“国家队”的使命和责任。（顾梓榆）

人民文学出版社走访慰问离退休员工

2016年7月11日上午，中国出版集团公司总裁谭跃，集团公司机关党委书记姜红新，人民文学出版社党委书记张贤明，老干部服务部主任董积鹏，共同看望了抗战胜利前参加革命的离休干部程文同志。老干部服务部工作人员看望了原总编辑屠岸同志，原纪委书记张三保同志和两位生活困难的老党员，送去慰问品、慰问金，把党对老党员的关心、温暖送到老党员心中。

7月11日下午，中央党校原副校长、中直机关侨联主席李君如，中直机关党群工委部部长马永明，中国出版集团公司党组书记王涛，机关党委副书记姜红新，侨联书记李光夏，人民文学出版社党委书记张贤明和老干处工作人员，共同看望了人民文学出版社退休员工、侨眷、著名译者文洁若同志，并送去慰问品、慰问金，把温暖送到家中。（顾　乡）

东方出版中心第二届职工代表大会第一次会议举行

2016年7月12日，东方出版中心第二届职工代表大会第一次会议举行。30位第二届职工代表大会正式代表和一位第二届职工代表大会列席代表参加会议。会议由东方出版中心工会委员会副主席刘挺主持。

会议首先由东方出版中心党委书记董玲致辞。她说，东方出版中心第二届职代会是在领导班子的关心、支持下，在工会委员会认真辛勤筹备下，在全体员工的积极配合下，顺利完成各项准备工作，今天顺利召开。新当选的职工代表承载着全体职工的信任和嘱托，除了拥有一份光荣和自豪，还要尽更多的努力和责任，不辜负广大员工的信任和组织的期望，尽心尽力尽责行使代表权力。职工代表要在新形势下发挥好桥梁、纽带和维权作用，加强好、提高履职能力，担当起时代的责任，为东方出版中心事业发展做贡献。

大会一致通过《东方出版中心职工代表大会条例》修订案、《东方出版中心职工代表大会提案工作办法》修订案以及提案工作小组成员名单。（金洁蓉）

中国图书进出口（集团）总公司举办“双优一先”表彰大会暨“两学一做”学习教育专题党课

2016年7月12日，中国图书进出口（集团）总公司（以下简称“中图公司”）党委组织党政领导班子成员、党委委员、纪委委员及全体在职党员共300余人，在北京召开了“双优一先”表彰大会暨“两学一做”学习教育专题党课。大会由党委书记吴伟主持。

大会首先宣读了在2015～2016年度党、工、团组织评优中获奖的集体和个人名单，并对丁燕等25名优秀共产党员、李红等7名优秀党务工作者、报刊进口中心党支部等5个先进基层党支部以及杜瑾等12名优秀共青团员、张新星等4名优秀团干部进行了颁奖表彰。

总经理、党委副书记张纪臣以《深入学习贯彻“两学一做”，做合格共产党员》为主题讲党课。本次党课从学习《共产党宣言》和党章党规、学习习总书记系列重要讲话精神以及“中图人”如何增强党性修养、做合格党员三个方面进行。张纪臣指出，《共产党宣言》是共产党的理论源泉，是激励和鼓舞中国共产党人为实现其历史使命而奋斗的精神食粮，学习《共产党宣言》的关键是把握其基本思想和基本观点，随时随地以今天中国的具体条件为转移；党章是党的总规矩，规定了党的重要制度和体制机制，是全党必须共同遵循的根本行为规范，是加强党性修养的根本标准；习近平总书记的系列讲话，提出了许多新思想、新观点、新论断，深刻回答了新的历史条件下党和国家发展的重点理论和现实问题。

张纪臣强调，中图公司党员必须不断增强党性修养，坚持“社会效益是生命线”的企业宗旨，坚持“服务科教兴国的尖兵、保障文化安全的卫士、促进中外交流的桥梁、引领行业发展的先锋”的自身定位。广大党员要发挥模范带头作用，将政治修养、理论修养和政策把握的优势体现在岗位工作的一点一滴中，帮助企业抓住机遇、应对挑战、完成转型、创造新的辉煌。

吴伟在总结发言中讲到，2016年是建党95周年，也是“十三五”开局之年。中国共产党领导中国从一个一穷二白的“烂摊子”，到今天发展为GDP世界第二、平价购买力世界第一的强国，经历了一路坎坷、一路辉煌。但“行百里者半九十”，现在中国正是到了复兴路上的“百里之九十”，中图公司也一样到了攻坚克难的关键时期。中图公司党员必须与共和国、与公司同呼吸共命运，努力发挥先锋模范作用，引领公司永远走在行业前列。（刘　洋）

中国出版集团公司“十三五”规划实施大会暨“香山论坛”大会召开

2016年7月14～15日，中国出版集团公司召开了“十三五”规划实施大会，正式拉启集团公司“十三五”时期发展规划的大幕。集团公司总裁谭跃在认真听取了27家所属单位关于“十三五”的主题发言后，做了重要讲话。他从“十三五”规划的思考要点、战略重点以及精神支点三方面阐述了集团公司“十三五”的总体发展思路。他强调，集团公司要以“两调四强”为战略重点，继续不断提升文化影响、打造数字化集团、保持稳健增长，最终建成国际著名出版集团。

中宣部出版局局长郭义强、国家新闻出版广电总局出版管理司司长周慧琳出席会议并做重要讲话。集团公司党组书记王涛主持并总结会议，副总裁刘伯根介绍了集团公司“十三五”规划编制情况；中国出版集团领导班子、所属各单位领

导班子成员及集团总部、本部各部门领导总计150多人参加会议。（顾梓榆）

中国出版集团公司到新华书店总店督查“两学一做”学习教育情况

2016年7月21日上午，中国出版集团公司直属机关党委常务副书记、纪委书记、党群工作部主任姜红新到新华书店总店（以下简称“总店”）督查“两学一做”学习教育工作。总店党委副书记柏万良汇报了总店“两学一做”学习教育情况。

姜红新在讲话中充分肯定了总店“两学一做”学习教育工作。姜红新指出，总店党委高度重视“两学一做”学习教育，召开专题会议研究部署，下发了工作方案、开设了党员学习微信群和党支部工作园地；党委对各党支部“两学一做”学习教育情况进行督查，对贯彻执行“三会一课”制度和严格党费收缴标准等进行检查和纠正；党委委员结合思想和工作实际带头讲党课；各支部严格按照计划组织开展“两学一做”学习教育，并结合实际，通过丰富多彩的活动，提高了学习教育效果。

柏万良汇报了总店“两学一做”学习教育和选人用人等工作。一是“两学一做”学习教育的总体情况；二是以“两学一做”学习教育为契机，进一步加强党委理论中心组学习；三是以“两学一做”学习教育为抓手，努力把党风廉政建设主体责任落到实处；四是进一步规范党费收缴等规章制度；五是2015年以来选人用人情况；六是“两学一做”学习教育存在的问题。

（梁晓龙）

中版文化传播（北京）有限公司领导班子带头讲党课

2016年7月21日，中版文化传播（北京）有限公司支部在中华书局508室举行第一次季度专题讨论会，党支部书记包岩率先带头讲党课，全体党员及积极分子参加讨论会。

包岩以“井冈山精神——一个革命的幸存者”为主题，以革命家曾志女士的一生为线索，为大家讲授了一堂生动的党课。用鲜活的人物和感人的事例向新时期的党员们再现了井冈山精神的内涵。

全体党员及入党积极分子在会上踊跃发言，主要探讨了艰苦奋斗的作风、坚定不移的革命信念等精神在当今时代的具体表征。大家表示在新的时代背景下，党员依然要坚决拥护党的领导，艰苦奋斗，时刻注意提高党性修养。党员要发挥先锋模范带头作用，时刻走前头、做表率，用党的先进性来影响和引导群众，做好基层党建工作，形成党和人民同风雨共命运的卓越向心力。

（武　瑾）

东方出版中心“两学一做”之“学系列讲话”专题学习交流会举行

2016年7月25日，东方出版中心“两学一做”之“学系列讲话”专题学习交流会举行，深入学习习近平总书记在庆祝中国共产党成立95周年大会上的重要讲话精神，围绕“不忘初心、继续前进”的八个方面及坚持“文化自信”，深入交流研讨。东方出版中心党委书记、纪委书记、副总经理董玲主持会议。东方出版中心副总编辑郑纳新出席会议。党委中心组成员，各部门、单位正、副职及助理，各党支部书记、支部委员；工会、团总支主要负责人；处以上干部参加学习交流会。

董玲说，“四讲四有”要求，是新形势下合格党员的主要标志。共产党员要用理论武装头脑，坚定理想信念，强化政治意识、大局意识、核心意识、看齐意识；不忘初心，继续前进。敬畏组织、敬畏法纪；公正用权、依法用权、为民用权、廉洁用权；以德修身、以德立威、以德服众，坚守“三严三实”，树好标杆；勤于修身，将“不忘信仰之初心”作为“第一”宗旨；提升境界，将“不忘为民之初心”作为“第一”追求；增强能力，将“不忘尽责之初心”作为“第一”准则；公道正派，将“不忘清正之初心”作

为“第一”标准；躬身践行，将“不忘表率之初心”作为“第一责任”，在推动事业发展中发挥引领作用。（金洁蓉）

中国图书进出口上海公司党委学习习近平总书记七一重要讲话专题会议召开

2016年7月25日，中图上海公司党委召开了学习习近平总书记七一重要讲话专题会议，党委书记冯国雄向全体党员传达了讲话精神，并结合公司实际谈了深刻体会。

回顾历史，冯国雄详细解说了中国共产党所经历的三个历史时期、三个伟大贡献和三个伟大飞跃，用中国共产党走过的光辉历程来阐明95年来我党所取得的成就是“中华民族发展史上不能忘却、不容否定的壮丽篇章，也是中国人民和中华民族继往开来、奋勇前进的现实基础。”

会上，冯国雄带领全体党员重温了党的性质、党的基本路线，以及“五位一体”“四个全面”和“两个一百年”的基本内容。作为党员要时刻牢记历史，要不忘初心，才能继续前进。

最后，冯国雄结合公司实际，讲述了中图上海公司从无到有、从小到大的发展历程。31年间，公司的年销售额从最初的60万元增长到2016年的六个亿，实现了跨越性飞跃。冯国雄提到，“不忘初心，继续前进，就是不能忘记要跟上潮流，要有不断创新的信心和信念。”他希望广大党员以习近平总书记七一讲话精神为引领，切实增强政治意识、大局意识、核心意识、看齐意识，不忘初心，砥砺前行，以义不容辞的责任感和时不我待的使命感，自觉践行合格党员标准，在公司新一轮的发展中发挥作用。（胡子春）

新华联合发行有限公司党支部中心组学习习近平总书记七一重要讲话专题会议召开

2016年7月25日，新华联合党支部书记、副总经理叶冰主持召开七月份党组中心组（扩大）理论学习会，专题学习贯彻习近平总书记七一重要讲话精神。

党支部书记、副总经理叶冰指出，学习贯彻习近平总书记七一重要讲话精神，是当前和今后一个时期的重大政治任务，要深入学习领会，认真抓好贯彻落实。一是要按照中国共产党问责条例、党支部的工作方法等党规党纪要求，进一步明确各级党组织职责，增强各级党员领导干部思想政治、作风和能力建设，加强和改善党的领导，解决好新形势、新常态下面临的新矛盾、新问题。二是要始终牢记央企责任，在社会变革时期，始终保持强烈的奋斗精神和创业心态，增强忧患意识，树立问题导向和思维，不忘初心，锐意进取，担负起时代赋予的重任，为集团公司改革发展及公司进一步做强做大贡献力量。

（白　雨）

中国对外翻译有限公司开展学习习近平总书记七一重要讲话专题会议召开

2016年7月26日，中国对外翻译有限公司党委中心组召开专题学习会议，集体学习贯彻习近平总书记在庆祝中国共产党成立95周年大会上发表了重要讲话精神。党委副书记黄松主持会议，党委副书记兼纪委书记张晶晶、党委委员于洋、夏建军、张晓丹参加会议。

会议提出，各党支部要切实学习贯彻总书记七一重要讲话精神，并将其贯穿“两学一做”学习教育全过程，通过支部大会、支委会、党小组会议等方式，认真组织学习研讨，把讲话精神与思想实际、工作实际相结合，使之成为指导我们工作和学习的重要理论，为“十三五”时期的公司发展提供坚强的思想和政治保证。（王　超）

新华书店总店举办新华大讲堂暨“两学一做”专题党课

2016年7月26日，新华书店总店（以下简称“总店”）举办了新华大讲堂暨“两学一做”专题党课。邀请中国出版集团公司党组书记、中国教育出版集团公司党组书记，总经理、中国出版协会副理事长、《国际出版》编委会主席李朋义做“坚定理想信念，补好精神之钙”的报告。总店总经理、党委副书记茅院生主持党课，党委副书记柏万良，副总经理、党委委员陈新，总店全体员工、离退休党员代表参加了学习。

李朋义指出，当其他政治力量纷纷失败的时候，中国共产党能够迸发出翻天覆地的力量，依靠的就是坚定的理想信念。做一名合格党员，必须坚定马克思主义信仰、坚定共产主义信念、坚定中国特色社会主义自信。

茅院生总结讲话指出，总店全体同志要不断加强学习，加强组织建设、作风建设，通过“两学一做”学习教育，进一步坚定信仰、信念、自信，在推进总店转型发展的各项事业中，更加努力、更加具有牺牲精神、奉献精神、战斗精神，为总店的转型发展，为“两个一百年”的奋斗目标，做出自己的努力。（梁晓龙）

荣宝斋举办“两学一做”专题教育党课

2016年7月27日，“两学一做”专题教育党课在荣宝斋举行。50多名党员面对党旗，庄严宣誓，重温入党誓词。荣宝斋党委书记朱涛结合习总书记“七一”重要讲话精神，向第一、二党支部做了《不忘初心 继续前进》的党课讲授。会上，还对“两学一做”活动中评选出的“文明服务窗口”和“优质服务标兵”进行了通报表彰。

朱涛的党课主要从三个方面展开：一是带领大家回顾了党的光荣历程，进一步坚定了跟党走的信心和决心；二是要求全体党员按照“四讲四有”要求，牢固树立“四种意识”，起好模范带头作用；三是要勇于变革、勇于创新，推动荣宝斋事业实现新的发展。（曲 云）

现代出版社组织全体党员赴焦庄户地道战革命遗址参观学习

2016年7月29日，现代出版社党总支组织全体党员赴焦庄户地道战革命遗址参观学习。展馆内珍贵的内容为我们再现了焦庄户在党的领导下同敌人进行英雄斗争的历史画面，使我们体会和学习“众志成城、保家卫国”的地道战精神。在这里大家深深地感受到中国共产党所倡导的“一切为了人民，一切依靠人民”的指导思想是多么的正确。同时，也正是因为有了中国共产党的坚强领导，中国人民团结起来战胜了无数艰难险阻。中国共产党领导人民，人民相信共产党，一个个强大的敌人被打败，一个个人间奇迹被创造出来，一个个伟大的胜利不断到来。（裴 郁）

现代出版社建立党员学习交流群开展学习教育活动

2016年7月，现代出版社党总支针对社年轻党员多的特点，创新学习方式，充分利用新媒体快捷方便的传播能力，在集中学习和小组学习之外增加了“微信学习”的方式。党总支建立党员学习交流群，取名“光明巷”，寓意“道路走向光明、思想充满阳光”。在微信群中，大家每天上传最新的音频、视频和文字的学习材料，开展了“听音频学《准则》”“两学一做固定栏目”“温习党章，每天三条”等活动。同时，大家积极转发“党建微平台”“共产党员网微平台”“人民网微平台”的最新学习内容，保证了全体党员利用碎片化时间，将学习内容全方位、多角度覆盖。（裴 郁）

中国出版集团公司举办党支部书记“两学一做”学习教育培训班

2016年8月3～4日，中国出版集团公司举办了党支部书记“两学一做”学习教育培训班。集团公司党组书记王涛为支部书记讲党课，党组成员、副总裁、直属机关党委书记刘伯根做总结讲话，直属机关党委常务副书记、纪委书记姜红新主持培训，集团公司总部、本部和各单位党支部书记近120人参加培训。

王涛首先总结了集团公司“两学一做”学习

教育的开展情况，并要求集团公司每一个支部要按照党章和“两学一做”学习教育的要求开展活动，充分发挥支部的政治核心作用，真正把支部建成坚强的战斗堡垒。

刘伯根总结了本次培训班的三个特点，即：理论性和操作性相结合、学习党的理论与指导集团工作相结合、交流经验和研讨问题相结合。他强调，做好支部工作，一要持续不断学习，二要加强支部建设，三是要切实履行主体责任，四要加强对支部书记的考核。

培训班上，中央党校洪向华教授讲解了习近平总书记系列重要讲话精神，特别是“七一”重要讲话精神；中央党校薛鑫良教授讲解了如何按照党章党规要求做合格支部书记。各单位支部书记围绕如何做好党支部工作进行研讨，九个集团先进基层党组织做了经验交流发言。大家纷纷表示学习收获很大，提高了对系列讲话和党章党规的理解和认识水平，提高了对党支部和党支部书记地位作用的认识，提高了做好党支部书记的能力。

（顾梓榆）

华文出版社组织党员赴西柏坡和冉庄地道战遗址参观学习

2016 年 8 月 5～6 日，华文出版社党总支组织全体党员、团员及入党积极分子赴爱国主义教育基地——革命圣地西柏坡及冉庄地道战遗址参观学习。

全体成员先后参观了党中央暨解放军总部旧址，毛泽东、朱德、周恩来、刘少奇、任弼时旧居，七届二中全会会址，重温党和国家老一辈领导人坚定的革命信念和艰苦朴素的作风。在西柏坡纪念馆，全体成员认真听讲，了解辽沈、淮海、平津三大战役战场情况。全体党员在党总支书记张力慧同志带领下宣誓，再次铭记入党誓词。在以“抗战奇观，地下长城”为主题的冉庄地道战纪念馆，全体党员深入了解了冀中平原地道的形成、发展、完善及在抗日斗争中发挥的特殊作用，回顾了冀中地道战波澜壮阔的斗争史，体会到了中华民族抗战胜利的来之不易，感受到了人民群众力量的伟大。

这次教育活动，给全体党员、团员、入党积极分子上了爱国主义的重要一课，也为“两学一做”提供了宝贵素材。全体党员都深刻认识到，党在抗战时期、西柏坡时期的理想信念和生活作风，与群众鱼水交融的关系，更是值得我们深入学习和时刻对照反思的。

（黄珊珊）

人民音乐出版社党委中心组专题学习会议召开

2016 年 8 月 10 日，人音社党委召开中心组学习会议，党委委员和班子成员莫蕴慧、周群、杨伯勋、杜永寿、魏振华、胡健参加会议。会议围绕深入领会习近平总书记在庆祝中国共产党成立 95 周年大会上的重要讲话精神、贯彻总书记重要批示学习李保国同志先进事迹以及学习《中国共产党问责条例》《中国共产党的九十年》等四个主题，与会同志开展了认真的学习交流。

周群主持会议并首先发言。她指出，《中国共产党问责条例》（以下简称《条例》）抓住了现阶段的主要问题和主要矛盾，增强了针对性和实效性，不仅释放出党要管党、从严治党、失责必问、问责必严的强烈信号，而且倒逼责任落实，推动管党治党进一步走向严紧硬，更是坚持了问题导向，强调了抓住“关键少数”传导压力和要求。莫蕴慧发言讲到，习总书记的七一重要讲话用“三个伟大历史贡献”“三个伟大飞跃”“三个历史”回顾总结了中国共产党 95 周年的光辉成就和宝贵经验，用“三个长期坚持、永不动摇”充分表达了共产党人推进中华民族复兴伟大事业的高度自信和坚定决心；“不忘初心，继续前进”是我们学习领会讲话精神的一条红线，虽然一代人有一代人的使命，但是每一代人都应该发扬“赶考”精神，不忘对马克思主义真理的信仰之心，不忘对共产主义远大理想和中国特色社会主义共同理想的坚定之心，不忘对为实现中华民族伟大复兴而不懈奋斗的使命之心，不忘对人民群众的赤子之心。《中国共产党的九十年》作为“两学一做”学习教育的一本基本党史教材，对中国共产党90年历史进行了客观解读，坚持了党性和科学性的统一，体现了中国共产党是一个高度重视民族、国家和自身历史的党。杨伯勋、杜永寿、魏振华、胡健也分别结合自己的思想实际，交流了学习体会。

此次党委中心组学习，大家进一步统一了思想，认识到一要总结历史、明确方向，二要不忘初心、坚定信心，三要勇担责任、务实奉献，要始终保持一种“赶考”的精神状态，牢牢掌握改革发展的主动权，向历史和人民交出一份优异的答卷。

（胡　健）

中版文化传播（北京）有限公司党支部举办专题党课

2016年8月10日，中版文化传播（北京）有限公司党支部邀请北京大学韩毓海教授以“毛泽东思想与中华传统文化”为主题讲授党课。讲座地点设在中华书局多功能厅。全体党员及积极分子、中华书局全体党员共同聆听了这场深刻的讲座。

韩毓海是北京大学新锐学者，在思想文化界拥有广泛的影响力。其现实关怀和价值取向，每每引起关心国家命运、关注底层生活的读者的强烈共鸣。

本次讲座，韩教授结合毛泽东《实践论》《矛盾论》等内容讲授毛泽东思想与中华传统文化的结合，讲到了中国共产党拯救中国人民的历史必然性，结合了当今时代的特征，带领大家重温了毛泽东思想，也指出了毛泽东思想对现代的指导意义。

（武　瑾）

世界图书出版上海有限公司党支部开展党课学习

2016年8月11日，为纪念建党95周年，世界图书出版上海有限公司党支部创新党课方式，邀请优秀党员代表和支部书记分别给全体党员上党课。课上，党员通过回顾历史，坚定了共产主义信仰。同时，讲课还结合出版工作实际，提出了“出好书，把好文化关”的要求，通过丰富的案例给全体党员以启发。

（王　纯）

中版教材有限公司“增强党员党性修养提高反腐意识”主题党课学习活动举行

2016年8月18日，中版教材有限公司在公司一层会议室召开以“增强党员党性修养，提高反腐意识”为主题的党课学习活动。此次党课的主讲人为中版教材有限公司党总支书记郭德生。公司全体党员、团员、积极分子及部分员工参与了此次活动。

课上，郭德生先是带领大家逐字逐句地学习《中国共产党章程》的第一章、第六章、第七章。通过集中学习，大家进一步认识到认真学习党章、严格遵守党规，是全体党员的必修课，是“两学一做”学习教育的起点和基础。

接下来郭德生就增强党性修养和提高反腐意识与大家展开交流。郭德生强调，增强党性修养要结合工作实际，提高创新意识，增强工作能力，要做到实事求是。增强反腐意识亦是如此，不能流于形式，要把谦虚谨慎、清廉自律融入工作生活的一点一滴中。

关于教材公司的企业文化建设方面，郭德生建议大家多读文学作品，提高自身修养，优秀的企业文化养成靠的是每一位员工的努力。

最后郭德生为大家播放上海检察院高级检察官张亮的讲话录音——《学习〈准则〉、〈条例〉，加强惩防腐败体系建设》，深化本次党课的主题。

（武一格）

中国出版集团公司直属机关纪委扩大会议召开

2016年8月19日，中国出版集团公司召开直属机关纪委扩大会议。集团公司直属机关党委常务副书记、纪委书记姜红新主持会议，集团公司直属机关纪委委员，各单位纪委书记、纪检办主任、专职纪检干部40余人参加会议。会议传达了《中共中央办公厅关于部分党员领导干部在谈话函询中不如实向组织说明情况典型案件及其教训的通报》和中宣部纪检组《关于三起违反中央八项规定精神问题的通报》《关于认真组织学习中央纪委〈关于七起落实全面从严治党主体责任不力被问责典型问题的通报〉的通知》等文件，重点学习了《中国共产党问责条例》。会议还对即将开展的首轮集团内部巡视工作和近期对15家单位的“两学一做”学习教育专项督查工作做了说明。

姜红新强调，集团公司机关纪委收到的信访件问题线索包括违反中央“八项规定”精神、违反党风廉政建设“六项纪律”、违规“选人用人”、私设“小金库”以及个别单位在会议中还存在喝酒娱乐等公款消费行为，反映出各单位在党风廉政建设工作中仍存在问题。即将开展的首轮巡视将对被巡视单位落实“两个责任”情况进行监督，紧盯党的领导弱化，党的建设缺失，全面从严治党不力等问题。希望各单位从案例中吸取教训、引以为戒，落实好党风廉政建设主体责任和监督责任，切实增强反腐倡廉力度，不断完善党建工作。（顾梓榆）

东方出版中心各党支部进行换届公推直选工作

2016年8月25日，东方出版中心各党支部换届公推直选工作圆满结束。

为切实抓好各党支部换届公推直选工作，东方出版中心党委建立由党委书记董玲同志任组长，党政办公室、纪律检查委员会、人力资源部负责人和各党支部书记为成员的“公推直选”指导小组，负责各党支部“公推直选”工作的组织领导、指导、监督、检查，负责相关工作的具体实施。在制定工作计划、确定实施方案基础上，党政办公室组织召开党支部工作会议，就换届公推直选工作进行动员部署和专题培训，为党支部换届选举工作顺利、有序进行夯实基础。

各党支部严格按照《中国共产党基层组织选举工作暂行条例》规定及东方出版中心《关于基层党支部换届改选公推直选实施方案》要求，紧密结合“两学一做”学习教育，认真组织党员学习党章党纪党规及习近平总书记系列重要讲话精神，认真抓好公推、资格审核、公示、正式选举等重要环节的工作。顺利选举产生党员、群众信得过的新一届支部委员会班子和党支部书记。整个换届选举工作体现公开、公平、公正，真正做到：换届纪律严肃、换届环境清正、换届工作有序。（金洁蓉）

中国对外翻译有限公司党委中心组开展《中国共产党问责条例》专题学习

2016年8月29日，中国对外翻译有限公司党委中心组召开会议，集中学习《中国共产党问责条例》（以下简称《问责条例》）。党委副书记黄松主持会议，党委副书记兼纪委书记张晶晶、党委委员于洋、夏建军、张晓丹参加会议。

会议提出，各支部应结合“两学一做”学习教育工作，认真组织全体党员学习贯彻《问责条例》；号召党员干部将《问责条例》的本质要求与自身工作紧密结合，带头落实责任，切实做到深学、细照、笃行。（王　超）

东方出版中心举办新任党支部书记、委员会培训班

2016年8月30日，东方出版中心举办新任党支部书记、委员会培训班。党政办公室主任丁峰就党支部的地位作用，党支部的职责、工作重点和职能，支部委员会的组成和职责，党员的教育和管理，党员发展，群众工作和纪检工作做详尽解读，就新当选的支部委员会委员如何履职尽责做系统培训。

东方出版中心党委书记董玲对通过公推直选产生的各党支部新一届支部委员会成员表示祝贺。她说，这次各党支部换届选举工作集中体现了党员、群众的意志，选举工作取得圆满成功。新一届支部委员会委员在年龄结构上更显年轻化，为进一步加强东方出版中心基层党支部建设，提升党建科学化水平注入了青春活力和蓬勃

朝气。

董玲要求各党支部要切实做到：立足政治引领，增强党组织的影响力；坚持方向引领，奏响文化企业创新的主旋律；强化观念引领，营造创新环境；注重文化引领，打造软实力；突出感情引领，凝聚人心。她希望新一届支部委员会委员不负领导重托，不负党员信任，不负群众期望，不忘初心，做好人、干好事；继续前行，尽好责、带好队，充分发挥党员先锋模范作用，进一步强化党支部的战斗堡垒作用，为东方出版中心党建上水平、事业上台阶注入强大精神动力。

（金洁蓉）

东方出版中心“两学一做”之“加强宣传思想文化工作”专题学习交流会举行

2016 年 8 月 31 日，东方出版中心“两学一做”之“加强宣传思想文化工作”专题学习交流会举行。深入学习党的十八大以来习近平总书记关于建设社会主义文化强国系列讲话精神及习近平总书记关于“宣传思想文化工作”的重要论述摘编，围绕“倡导全民阅读，以读促学，学有所悟，悟而促行，提升文化软实力”，深入交流研讨。东方出版中心党委书记、纪委书记、副总经理董玲主持学习会。东方出版中心总经理、党委副书记李智平，副总编辑郑纳新出席学习会。党委中心组成员，各部门、单位正、副职及助理，各党支部书记、支部委员；工会、团总支主要负责人；处以上干部参加学习交流会。

董玲就“为何学，学什么，如何学，怎样做”四方面问题做全面阐释。她要求全体党员领导干部要围绕新形势下党中央对宣传思想文化工作的部署，根据中国出版集团公司要求，结合出版文化单位岗位职责，紧咬目标，砥砺前行；弘扬大百科精神，做到：学有所成创业绩，传承文化强自信，不忘初心助前行，在推动图书出版主业发展中发挥示范引领作用，团结、带领党员、群众做到：学有所知、学有所获、学以致用，在本职工作中传播正能量，创出新业绩，营造“想做事、能做事、能做成事”的良好氛围，为事业再创新辉煌、共筑“东方梦”贡献力量！

（金洁蓉）

中国大百科全书出版社举办团支部换届选举大会

2016 年 9 月 20 日，中国大百科全书出版社团支部召开团员大会，进行团支部换届选举工作。副总编辑、党委委员刘杭，党委、工会办公室主任宋梅娟，以及 62 名团员出席了会议。

会议由上届团支部宣传委员主持。大会按照选举办法，选举以无记名投票的方式，差额选举产生五人组成的新一届团支部委员。新一届团支部委员代表做了表态发言，承诺将认真履行组织所赋予的权利和义务，紧紧围绕社党委的工作，带领广大青年团员认真工作、快乐生活，为百科社的改革与发展贡献力量。

会议最后，刘杭做了总结讲话。他充分肯定了上一届团支部委员会的工作成绩，并对新当选的团支部委员表示祝贺。他指出，本社一直以来都很重视共青团的建设，尤其重视为青年职工搭建发挥聪明才智、实现个人价值的平台。希望团支部牢记时代及百科赋予的使命，充分调动起青年的积极性、主动性和创造性，最大限度地发挥青年的聪明才智，团结带领广大团员青年满腔热情地投身到百科社的各项工作中去，一起为百科更加辉煌的明天奋斗。他还向团员青年们提出了三点希望，一是树立终身学习的理念；二是进一步增强创新意识；三是打造共青团品牌活动，助推百科企业文化建设。（尹添铭）

东方出版中心“两学一做”之“认识国家文化安全”专题学习交流会举行

2016 年 9 月 23 日，东方出版中心“两学一做”之“认识国家文化安全”专题学习交流会举行。邀请上海交通大学学术委员会委员、国务院政府特殊津贴专家、中宣部文化发展规划纲要专家组成员、《中国文化评论》（CSSCI）主编胡惠林教授来东方出版中心做题为《学习总体国家安全观，科学认识国家文化安全》专题辅导报告。东方出版中心党委书记、纪委书记、副总经理董玲主持会议。党委理论中心组成员，各部门、单位正、副职及助理，处以上干部，副高以上专业人员，各党支部书记、支部委员；工会、团总支负责人、委员参加会议。

胡惠林从“国家文化安全”提出的背景、基本内容、价值意义、面临形势、维护方法等方面，全面阐述何为国家文化安全，有否国家文化安全，为何重点强调国家文化安全，如何正确认识国家安全形势，怎样有效维护国家文化安全。

董玲指出，从事文化行业的文化人是中流砥柱。作为在文化单位从事出版工作的文化人，要结合“两学一做”学习教育，深入学习、全面领会习近平总书记关于“维护国家文化安全”的系列讲话精神，科学认识国家文化安全，牢固树立国家文化安全观，争做“坚持正确导向、增强文化自信”的排头兵，争当“坚守文化认同、维护文化安全”的实践者，为推动出版主业再上新台阶贡献力量！

（金洁蓉）

中央直属机关纪律检查工作委员会张战强一行到中国图书进出口（集团）总公司检查指导

2016 年 9 月 28 日，中央直属机关纪律检查工作委员会党风教育室副主任张战强，中央直属机关纪律检查工作委员会宣教处处长刘洪明，督查处副处长耿迅，以及中国出版集团直属机关党委常务副书记兼纪委书记姜红新、财务部副主任张西森、审计干部吴襄、党群干部卜晓燕一行到中图公司检查指导落实中央八项规定精神以及纠正“四风”工作。中国图书进出口（集团）总公司（以下简称“中图公司”）总经理、党副书记张纪臣，副总经理兼纪委书记林佳红及总经理助理兼办公室主任曹勇斌、人资部主任曹庆宁、计财部主任张明霞、行政部主任杜树江、专职纪检员田红兵等参加会议。

张纪臣代表公司领导班子重点汇报了中图公司贯彻落实中央八项规定精神的整体情况，以及公司津贴发放、公车使用、公务接待、会议经费及因公出国、出境、出差方面的具体做法。

张战强在听取汇报后，详细询问了各项津贴的发放标准和具体名称，以及公司纪委查处违反中央八项规定行为的具体案例等情况。他强调，八项规定既是精神，也要有配套的制度和细则。各单位应根据自身业务的具体情况，出台相应的细则，让具体行为都做到有规可依。他指出，监督执纪应层层传导压力，对应该发现的问题没有发现的、发现问题没有及时报告和处理的都要严肃问责。

随后，中直纪工委工作检查组采取工作约谈的方式对公司班子成员和部分部门负责人分别进行了专门谈话，并通过查看财务账册及凭证等方式对专项资金的管理使用、公务接待费用支出等财务工作情况进行了检查。公司各部门认真配合中直纪工委检查组，顺利完成了各项检查工作。

（刘　洋）

中国大百科全书出版社各个党支部践行“两学一做” 加强三项建设活动

根据本社《三项建设方案》，为加强党支部建设，提高党员党性修养，增进党员、群众交流，中国大百科全书出版社共十个党支部分别组织了多项充满教育意义的参观活动，其中第一、七、九党支部活动表现尤为突出。

2016 年 10 月 10 日，中国大百科全书出版社第一党支部及三版内容中心员工一行 37 人，赴怀柔区渤海镇北沟村党支部参观学习。北沟村党支部书记王全接待了大家。据了解，截至目前北沟村共获得“全国魅力乡村”“先进基层党组织”“全国文明乡镇”“中国孝心示范村”等国家级荣誉八项，北京市荣誉 20 多项，每年来这里参观学习的人数高达 15000 人次。听了王全书记对北沟村的详细介绍，大家都感到很受启发。随后支部参观了北沟村党员活动室，并向北沟村捐赠图书 339 本。其中，三版内容中心捐赠 210

本，市场营销部捐赠129本。支部全体成员还前往慕田峪长城，参观感受底蕴厚重的中国历史文化。

2016年11月4日，中国大百科全书出版社第七党支部一行22人前往中国人民抗日战争纪念馆、卢沟桥、宛平城参观学习。大家跟随讲解员认真参观了纪念馆，参观完抗日战争纪念馆步行前往卢沟桥畔，仿佛回到了20世纪上半叶那战火纷飞的年代，教科书中展现的一个个事件又一幕幕呈现在眼前。铭记历史、缅怀先烈，勿忘国耻，更好地传承和弘扬中国人民为了追求和平正义、捍卫民族独立自由不畏强暴、不怕牺牲的抗战精神，这是大家最深刻的感受。

2016年9月23日，中国大百科全书出版社第九党支部一行17人前往门头沟区妙峰山镇水峪嘴村参观学习。水峪嘴村是京西古道的第一隘口、"北京最美乡村"。党支部书记胡凤才被评为"全国劳模"和"最美村官领路人"。到达水峪嘴村后，首先与村党支部座谈交流党支部建设经验。座谈结束后，胡书记带领大家参观了新农村民居及古道博物馆。午餐后，支部一行人重走京西古道，感受悠久的历史底蕴。

通过这些活动，各支部成员深刻认识到作为出版社的一分子，在出版社大步发展的道路上，要牢固树立党员的先进性，加强纪律性，做到高标准、严要求、多付出、少抱怨，要多思考多学习，起到模范带头作用，不忘初心，继续前进。

（尹添铭）

中国大百科全书出版社组织党员代表参观《英雄史诗　不朽丰碑——纪念中国工农红军长征胜利80周年主题展览》

2016年10月12日，中国大百科全书出版社组织各党支部党员代表共11人参观中国人民革命军事博物馆展出的《英雄史诗　不朽丰碑——纪念中国工农红军长征胜利80周年主题展览》。

展览以"战略转移踏征程"到"胜利会师开新局"的时间脉络，展示有关长征的图片、雕塑、书画和文物，形式多样，充分反映出红军长征胜利的光辉历史和英雄壮举，旨在弘扬红色传统、传承红色基因，激励全党全军全国各族人民，不忘初心、面向未来、面对挑战、继续前行，走好新的长征路，奋力实现中华民族伟大复兴的中国梦。

党员们深受教育，也为长征期间红军所表现出的对革命理想和事业无比忠诚、坚定的信念，以及不怕牺牲的大无畏精神所折服。展览激发了党员们在新时代继续学习乐于吃苦、勇于战斗、重于求实、善于团结的长征精神，并将其实践在工作中的决心。

（尹添铭）

中国对外翻译有限公司组织党员代表参观《英雄史诗　不朽丰碑——纪念中国工农红军长征胜利80周年主题展览》

2016年10月12日，中国对外翻译有限公司组织各支部党员代表前往中国人民革命军事博物馆，参观《英雄史诗　不朽丰碑——纪念中国工农红军长征胜利80周年主题展览》。

通过参观，大家进一步理解了长征胜利对于中国革命胜利的伟大意义，深刻感受到了长征精神的丰富内涵和感人力量。

（赵　桐）

中国出版集团公司召开党员干部大会传达学习全国国有企业党的建设工作会议精神

2016年10月17日，中国出版集团公司召开党员干部大会，传达学习习近平总书记、刘云山在全国国有企业党的建设工作会议上的重要讲话。集团公司党组书记王涛对学习贯彻会议精神作了部署，直属机关党委常务副书记姜红新主持会议。集团各单位领导班子成员、党办主任、集团公司、股份公司各部门负责人参加会议。

王涛指出，习近平总书记的重要讲话，深刻回答了事关国有企业改革发展和党的建设等一系列重大问题，精辟阐述了加强和改进国有企业党的建设的理论创新和制度创新，是新形势下国有企业坚持党的领导、加强党的建设的重要纲领性文献。各单位党委中心组要按照中央统一部署，有秩序有步骤地推进公司章程修改、企业领导人员调整、基层党组织全覆盖、劳务派遣党员管理、境外机构党组织建设、专职副书记配备等工作，把握政策性，体现政治性。

王涛还就近期党建工作做了部署。一是组织党员干部学习贯彻党的十八届六中全会精神；二是落实基层党建重点任务，特别是党员组织关系排查处理工作、党费收缴工作，做好迎接中央督导调研组督查准备工作；三是深入推进"两学一做"学习教育，把"两学一做""三会一课"作为基础性工作长期坚持下去；四是加强督导检查，建立党委书记党建工作述职评议考核制度，形成层层抓党建、层层传导的党建工作机制。

（顾梓榆）

生活·读书·新知三联书店组织党员赴遵义接受革命传统教育

2016年10月19～22日，为纪念红军长征胜利80周年，深入开展"两学一做"学习教育，生活·读书·新知三联书店党委组织在职党员和部分中层骨干赴遵义、赤水等地进行学习培训，重走长征路，接受革命传统教育。

在学习培训中，生活·读书·新知三联书店党委邀请专家以"遵义会议永放光芒"为题，讲解遵义会议召开的背景内容与遵义会议精神及其历史启示，为党员干部上党课。各支部召开了党员大会，组织党员学习习近平总书记在全国国有企业党的建设工作会议上的重要讲话和《中国共产党问责条例》。随后，赴遵义、赤水等地进行现场教学，参观了遵义会议会址纪念馆、四渡赤水纪念馆等教育基地，重温中国革命发展历程，缅怀红军先烈，感悟长征精神。

（白　杨）

东方出版中心"两学一做"之"三个一百"人才培训专题学习交流会举行

2016年10月20日，东方出版中心"两学一做"之"三个一百"人才培训专题学习交流会举行。围绕参加中国出版集团公司2016年"三个一百"人才培训班的学习体会，深入交流研讨。东方出版中心党委书记、纪委书记、副总经理董玲主持学习会。东方出版中心副总编辑郑纳新出席学习会。党委理论中心组成员，各部门、单位正、副职及助理，处以上干部，副高以上专业人员，各党支部书记、支部委员；工会、团总支负责人、委员参加会议。

会上，董玲传达中国出版集团公司2016年"三个一百"人才培训班上的讲话精神，并做总结讲话。她指出，全体党员干部、业务骨干特别是各级领导干部要结合"两学一做"学习教育，把学习贯彻中国出版集团公司总裁谭跃讲话精神同自身实际结合起来，做到：坚持学习为基，把履职尽责的智慧立起来。坚持导向为魂，把政治信念的标尺立起来。坚持纪律为鉴，把合规干事的典范树起来。坚持实践为要，把合格党员的要求严起来。坚持质量为要，把担当作为的精神提起来。紧咬目标提动力，脚踏实地促前行，树牢"想做事、能做事、能做成事"的合格旗帜，在践行"两学一做"中坚定本真初心，在立足本职岗位中创造良好业绩，为东方出版中心事业再创新辉煌凝聚智慧共识、增添精神动力、提供人才支撑。

（金洁蓉）

中译出版社参加中国出版集团公司党组巡视工作动员会

2016年10月24日，中国出版集团公司党组内部巡视工作动员大会在中国图书进出口（集团）总公司十楼会议室召开。中国出版集团公司党组成员、副总裁刘伯根，第二巡视组组长张蕾，中纪委驻中宣部纪检组副组长、中国出版集团巡视工作领导小组副组长、巡视办公室主任陈桂林出席会议并做重要讲话，中国图书进出口（集团）总公司总经理张纪臣、中译出版社总编辑张高里分别表态发言。中译出版社领导班子成员、全体中层干部、人力资源部与财务部相关工作人员参会。

中国出版集团公司党组成员、副总裁刘伯根在讲话中强调了巡视工作的重要性和必要性，要求全体与会人员要充分认识新形势下巡视工作的重要意义，要准确把握巡视工作的主要任务和总体要求，要严格按照中央要求做好巡视工作。第二巡视组组长张蕾介绍了本次巡视工作的基本原则和政治纪律。

中纪委驻中宣部纪检组副组长，中国出版集团巡视工作领导小组副组长，巡视办公室主任陈桂林同志在讲话中指出，巡视工作要以习近平总书记关于巡视工作的重要讲话精神为指导，以政治自觉性深刻领会巡视工作的重要意义，政治定位上要聚焦全面从严治党，被巡视单位要从讲政治的高度积极支持和配合巡视组工作。

张高里表态：此次巡视是中译出版社近期的一项重大政治任务，是巡视组对中译出版社领导班子及中层领导干部的一次实地考察，也是对中译出版社各项工作的一次检阅，全社上下会积极配合巡视组做好巡视工作。（茹 慧 于文超）

中国对外翻译有限公司党委中心组学习贯彻全国国有企业党的建设工作会议精神会议召开

2016 年 10 月 25 日，中国对外翻译公司党委中心组召开会议，传达学习习近平总书记和刘云山在全国国有企业党的建设工作会议上的重要讲话。会议由党委副书记黄松主持，党委副书记兼纪委书记张晶晶、党委委员于洋、夏建军、张晓丹参加会议。

会议强调，公司党政班子成员必须时刻谨记总书记讲话中提出的对国有企业领导人员的二十字要求，即“对党忠诚、勇于创新、治企有方、兴企有为、清正廉洁”。在推进企业经济发展的同时，党委中心组要负起党建工作的主体责任，坚持党要管党、从严治党，强化问题导向，切实抓好企业发展中党的建设各项工作，认真贯彻落实党中央和集团公司党组的各项方针、路线、精神和要求，推动党建全面加强、全面进步。

（王 超）

东方出版中心第二届职工代表大会第二次会议召开

2016 年 10 月 26 日，东方出版中心第二届职工代表大会第二次会议召开。会议应到第二届职工代表大会代表 30 人，实到第二届职工代表大会代表 26 人。会议由东方出版中心工会委员会副主席刘挺主持。东方出版中心总经理、党委副书记李智平，副总编辑郑纳新出席。

与会的第二届职工代表大会代表听取刘挺对东方出版中心“十三五”规划（草案）的相关说明，经举手表决，全票同意，大会一致通过《东方出版中心“十三五”规划》。

李智平就东方出版中心“十三五”规划（草案）相关内容与与会的第二届职工代表大会代表进行了充分沟通。他指出，当前，东方出版中心创新发展已进入攻坚期，发展每前进一步，就面临更多挑战。他强调，“十三五”是东方出版中心事业发展十分重要的五年，要坚决贯彻落实“十三五”规划部署要求，结合各自岗位实际，紧盯规划目标，协力同心实干，人人做到：党员合格、干部尽责、岗位贡献，以境界的提升促进能力的增强、能力的聚合。全力实现“十三五”期间的目标承诺，为奋进“十三五”凝聚新共识、注入新动力。

刘挺希望全体职工代表不负群众之托，履好代表之职，密切联系群众，提升履职能力，为中心事业发展贡献力量。（金洁蓉）

新华书店总店党委党支部书记会议召开

2016 年 10 月 28 日，新华书店总店党委召开了党支部书记会议，党委副书记柏万良主持了会议。

柏万良在讲话中说，在全党深入开展“两学一做”学习教育之际，党的十八届六中全会于 10 月 24～27 日在北京召开，全会深入研究全面从严治党重大问题，制定新形势下党内政治生活若干准则，修订《中国共产党党内监督条例（试行）》。这是继党的十八届三中、四中、五中全会分别聚焦全面深化改革、全面依法治国、全面建成小康社会之后，开启全面从严治党新征程而召开的一次重要会议，对于习近平总书记提出的“四个全面”理论体系全面形成具有战略性里程碑意义，必将筑牢全面从严治党的政治根基，为中国特色社会主义新的伟大征程保驾护航。

柏万良强调，各党支部要制定学习党的十八届六中全会精神的计划，党支部书记要努力成为“两学一做”学习教育的标兵，成为学习贯彻“六中全会”精神的带头人，带头撰写学习体会、带头进行宣讲。（梁晓龙）

中国出版集团公司召开干部大会传达学习党的十八届六中全会精神

2016年10月31日，中国出版集团公司召开干部大会，党组书记王涛传达了党的十八届六中全会精神和刘奇葆在宣传贯彻落实六中全会精神会议上的讲话，对集团公司学习宣传贯彻六中全会精神提出明确要求。集团公司直属机关党委常务副书记、纪委书记姜红新主持会议，集团公司各单位领导班子成员、总部本部各部门负责人共100余人参加会议。

王涛强调，党的十八届六中全会是在我国进入全面建成小康社会决胜阶段召开的一次具有里程碑意义的会议。全会明确习近平总书记的核心地位、正式提出“以习近平同志为核心的党中央”，这是党和国家根本利益所在，是坚持和加强党的领导的根本保证。学习宣传贯彻六中全会精神是当前和今后一个时期的重要政治任务。各单位要高度重视，加强学习，精心组织党员干部特别是领导干部学习贯彻好全会精神和《准则》《条例》，牢固树立“四个意识”，切实把思想和行动统一到全会精神上来。要按照集团有关要求，严把选人用人关。要严肃党内政治生活，各级领导干部要自觉以普通党员身份过好双重组织生活。要把学习贯彻六中全会精神与主题出版工作紧密结合起来，组织谋划一批与六中全会精神和党的十九大相关的图书选题，把全面从严治党的理论成果转化为出版成果。要按照集团统一要求，组织好六中全会精神的学习宣传贯彻工作。

（顾梓榆）

中国对外翻译有限公司党委中心组专题学习党的十八届六中全会精神

2016年11月1日，中国对外翻译有限公司党委中心组召开会议，传达学习贯彻中共十八届六中全会精神及刘奇葆在宣传贯彻落实六中全会精神会议上的讲话。党委副书记黄松、党委副书记兼纪委书记张晶晶、党委委员于洋、夏建军、张晓丹参加会议。

会议要求，公司各级党组织和全体党员干部要紧密团结在以习近平总书记为核心的党中央周围，全面深入学习贯彻十八届二中、三中、四中、五中、六中全会精神。全面准确把握《关于新形势下党内政治生活的若干准则》（以下简称：《准则》）和《中国共产党党内监督条例》（以下简称：《条例》）的基本要求，不折不扣地执行《准则》和《条例》各项规定，确保全面从严治党各项制度落到实处。（王　超）

东方出版中心开展纪律教育月活动

2016年11月1～30日，东方出版中心开展纪律教育月活动，引导全体党员、党员干部模范遵守纪律、严格执行规定、坚持守住底线，为推进事业良性发展提供坚强有力的纪律保证。

东方出版中心党委、纪委领导班子成员坚持带头学，认真学，扎实学，深入学，结合党的十八届六中全会公报的学习，带头进一步深入学习《中国共产党章程》《关于新形势下党内政治生活的若干准则》《中国共产党廉洁自律准则》《中国共产党纪律处分条例》《中国共产党问责条例》和修订后的《中国共产党党内监督条例》等党纪党规，并带头交流学习体会，带动和指导广大党员、干部遵规守纪、廉洁自律、修身正行，形成上行下效、整体联动的总体效应。

东方出版中心党委要求各党支部围绕“学党章党纪党规”主题，开展学习讨论。在各党支部专题组织生活会上，各级领导干部带头谈认识、讲体会、话感悟，起到了很好的表率作用。全体党员学习认真，思考深入，联系自身思想和工作实际，分享了心得。一致认为：要坚持严字当头，着力从思想认识上理解全面从严治党，着力在实际行动中践行党章党纪党规，着力从根本宗旨上落实六中全会精神，切实把习近平总书记系列重要讲话精神和提出的工作要求落到实处。

（金洁蓉）

中版教材有限公司党总支学习党的十八届六中全会精神专题会议举行

2016 年 11 月 7 日，中版教材有限公司党总支中心组召开专题会议，学习十八届六中全会精神，研究部署下阶段党的工作。总经理杨伯勋参加了会议。

中版教材有限公司党总支书记郭德生主持会议。中心组成员深入学习了集团公司党组《关于学习宣传贯彻党的十八届六中全会精神的通知》、中国出版集团公司党组书记王涛在 2016 年 10 月 31 日集团公司干部大会上就学习贯彻党的十八届六中全会精神所做的重要讲话，以及近期党组织工作的有关文件和材料。

杨伯勋认为，学习贯彻六中全会精神，要和公司实际工作相结合，以实际行动贯彻学习全会精神，中心组所有同志都要以身作则。要以此为契机，对近期党的工作进行梳理，将公司党的工作推向一个新高度。郭德生认为，从严治党，要从基础做起，应尽快理顺党员组织关系、做好党费收缴，使党的工作深入扎实地开展下去。其他与会成员也从加强党员交流沟通、学习活动多样化等方面发表了意见和建议。

会议就下一步党的工作做出了具体安排。

（武一格）

东方出版中心学习贯彻党的十八届六中全会精神专题党委班子学习会举行

2016 年 11 月 12 日，东方出版中心学习贯彻党的十八届六中全会精神专题党委班子学习会举行。

东方出版中心党委班子成员一致认为：党的十八届六中全会是在我国进入全面建成小康社会决胜阶段召开的一次具有里程碑意义的会议。党的十八届六中全会就新形势下加强党的建设做出新的重大部署，明确习近平总书记在党中央的核心地位，审议通过《关于新形势下党内政治生活的若干准则》和《中国共产党党内监督条例》两部重要党内法规，对于深化全面从严治党，全面提高党的建设科学化水平，统筹推进“五位一体”总体布局和协调推进“四个全面”战略布局，推进党的建设新的伟大工程、推进中国特色社会主义伟大事业，实现中华民族伟大复兴的中国梦，具有深远的意义。

会议部署：党委班子成员要把学习领会党的十八届六中全会精神作为当前和今后一个时期的重要政治任务。党委理论中心组要深入学习，专题研讨，发挥好党委理论中心组的示范作用。各党支部要组织全体党员带着问题学，结合实际学，增强学习效果；领导班子成员、党员干部要学在前面、用在前面，带动和指导党员、群众认真学习、深刻领会党的十八届六中全会精神，形成上行下效、整体联动的总体效应，为贯彻落实党的十八届全会精神提供保障。（金洁蓉）

东方出版中心学习贯彻党的十八届六中全会精神专题纪委班子学习会举行

2016 年 11 月 13 日，东方出版中心学习贯彻党的十八届六中全会精神专题纪委班子学习会举行，集中学习《关于新形势下党内政治生活的若干准则》（以下简称《准则》）和修订后的《中国共产党党内监督条例》（以下简称《条例》），交流体会。

大家认为：党的十八届六中全会审议通过的《准则》和《条例》，坚持思想建党和制度治党相结合、继承和创新相统一，是全面从严治党、标本兼治的重大制度成果，对于深化全面从严治党，全面提高党的建设科学化水平，统筹推进“五位一体”总体布局和协调推进“四个全面”战略布局，推进党的建设新的伟大工程、推进中国特色社会主义伟大事业，实现中华民族伟大复兴的中国梦，具有深远意义。

东方出版中心纪委书记董玲指出，党的十八届六中全会明确习近平总书记在党中央的核心地位。加强和规范党内政治生活、加强党内监督，是推进全面从严治党的重要抓手。要坚持严守纪律、廉洁自律，切实增强政治意识、大局意识、核心意识、看齐意识，充分体现事事率先的榜样力量。全体纪检干部要加强学习，确保方向不偏。严明纪律，确保实践不懈。强化监督，确保措施不空。以党的十八届六中全会精神为指导，建设忠诚、干净、担当的纪检干部队伍，为推动事业发展增添动力。（金洁蓉）

人民音乐出版社党委中心组学习会议召开

2016 年 11 月 16 日，人民音乐出版社召开党委中心组学习会议，社长、党委副书记莫蕴慧、党委副书记周群、副总编辑杜永寿、社长助理魏振华参加，周群主持中心组学习。与会人员学习了全国国有企业党的建设工作会议精神、十八届六中全会公报、《关于新形势下党内政治生活的若干准则》《中国共产党党内监督条例》及中组部专题节目《榜样》和中宣部警示片《西式民主怎么了》《西方新闻自由只是传说》。大家结合工作实际畅谈了各自的学习心得和体会。

大家一致认为，要认真学习贯彻国有企业党的建设工作的会议精神，正确认识和看待国有企业的地位和作用，围绕习总书记对国有企业改革提出的“六个力量”来部署和研究工作。要积极全面贯彻落实十八届六中全会精神，结合当前形势进一步增强做好意识形态工作的责任感和使命感。要深入学习并严格遵守《关于新形势下党内政治生活的若干准则》和《中国共产党党内监督条例》。要充分发挥我党在严肃党内政治生活方面的优良传统和政治优势，办好中国的事，关键在党。党的领导干部要强化自我约束，党章就是一面镜子，要经常对照党章检查自己的言行，做到忠诚、干净、担当。希望所有班子成员要着力在贯彻落实中结合实际工作，要注重在工作中加以落实和转化。党委委员、党员干部都要始终不忘初心，继续前进。（胡　健）

东方出版中心开展党的十八届六中全会精神宣讲会举行

2016 年 11 月 17 日，东方出版中心党的十八届六中全会精神宣讲会举行。特邀请上海市讲师团副团长，上海市党建研究会常务副会长，上海市社区发展研究会副会长，上海市委组织部原副部长冯小敏作党的十八届六中全会精神宣讲。东方出版中心党委书记、纪委书记、副总经理董玲主持会议。东方出版中心总经理、党委副书记李智平，副总编辑郑纳新出席会议。党委理论中心组成员，各部门、单位正、副职及助理，处以上干部，副高以上专业人员，各党支部书记、支部委员；工会、团总支负责人、委员参加会议。

冯小敏从党的十八届六中全会的重要意义、坚定不移推进全面从严治党、全面加强和规范党内政治生活、全面落实党内监督责任、突出抓好领导干部特别是高级干部等五个方面，系统阐释党的十八届六中全会的主要精神，深入解读党的十八届六中全会的重大理论观点和重大举措，就怎么看、怎么学、怎么做进行清晰讲解。

董玲要求全体党员要切实做到“学”在深处，牢牢抓住“思想”根本点，确保政治信仰不动摇。“管”在严处，时刻拧紧“纪律”关键点，确保遵守规矩不含糊。“做”在实处，始终突出“实践”着力点，确保担好责任不松懈。带领广

大党员全面完成各项目标任务，为事业健康发展汇聚正能量。（金洁蓉）

世界图书出版广东有限公司成立新一届支部委员会

2016年11月17日，按照中共广东省直属机关工作委员会的统一部署，根据《中国共产党章程》和《中国共产党基层组织选举条例》，经世界图书出版公司委员会和中共中国图书进出口广州公司委员会批准，世界图书出版广东有限公司支部召开全体党员大会，选举产生了以卢家彬为书记、赵志翔、刘正武为委员的新一届支部委员会，为加强支部建设，继续推进“两学一做”提供了组织保障。（卢家彬）

中版文化传播（北京）有限公司党支部学习十八届六中全会精神专题会议举行

2016年11月21日，党支部全体党员及积极分子在中华书局图书馆召开专题会议学习十八届六中全会精神。

党的十八届六中全会，以制定《关于新形势下党内政治生活的若干准则》（以下简称“准则”）和修订《中国共产党党内监督条例》（以下简称“条例”）为重点，专题研究全面从严治党。

作为基层党组织，党支部要把全面从严治党落实到每个党员身上。党员不抓，一盘散沙。把“两学一做”活动开展到每个支部，就是让从严治党的精神真正灌输到党组织的每一个党员中来，把每个党员锻造成党组织在基层的“螺丝钉”，以实际行动体现党的先进性，以自我要求巩固党的纯洁性。要按照党中央部署精心组织开展“两学一做”学习教育，引导党员特别是党员领导干部坚定理想信念、提高党性觉悟，增强政治意识、大局意识、核心意识、看齐意识。通过“两学一做”学习教育，为基层党员提供“造血”功能，让基层党员提高思想觉悟，增强纪律意识。（武　瑾）

东方出版中心各党支部学习贯彻党的十八届六中全会精神专题组织生活会举行

2016年11月25日，东方出版中心各党支部学习贯彻党的十八届六中全会精神专题组织生活会举行。

在党支部专题组织生活会上，各级领导干部带头谈认识、讲体会、话感悟，起到很好的表率作用。全体党员学习认真，思考深入，联系自身思想和工作实际，谈了认识和体会。

综合管理部门党支部的党员一致认为：着力从思想认识上领会党的十八届六中全会精神，着力在实际行动中践行党的十八届六中全会精神，将学习贯彻党的十八届六中全会精神与做好管理、服务工作相结合，全力以赴抓好任务落实，为事业发展提供支持；编辑部门党支部的党员一致认为：要结合实际，将党的十八届六中全会精神认真学习好、深刻领会好、贯彻落实好，坚持正确出版导向，守土有责、守土负责、守土尽责，为图书出版主业良性发展注入动力；出版发行部门党支部的党员一致认为：要坚持严字当头，把习近平总书记重要讲话精神落到实处，站稳政治立场，把准政治方向，更好规范自身言行，为推动图书出版主业迈上新台阶当好支撑；经营单位党支部的党员一致认为：要认真学习贯彻党的十八届六中全会精神，固化纪律意识，从严约束言行，以昂扬的精神状态、务实的作风投入工作，提升服务保障水平，为各项业务平稳、有序运行提供保障。（金洁蓉）

人民音乐出版社开展“两学一做”第三阶段党课学习

2016年11月29日，人民音乐出版社启动了第三阶段党课学习。此次党课围绕“做合格党员”的主题，采取“请进来”的方式，特别邀请中央电视台新闻中心副主任杨华为全体党员干部及员工上了一堂别开生面的党课。党课由党委副书记周群主持，副总编辑赵易山、杜永寿参加。

杨华一直工作在中央电视台新闻一线，是长江韬奋奖获得者。她以《讲好故事 事半功倍》为题，通过中央电视台丰富的新闻视频资料，从讲更真实的中国故事、从百姓身边寻找中国故事、讲好故事要善于设置议题、讲好故事要善于捕捉战机、讲好故事要有均衡眼光等五个方面，与大家坦诚分享了自己在新闻报道工作中，对如何以信得过、看得懂、学得到的典型讲故事，如何摆事实、讲道理、以实事求是的态度讲好中国故事，如何在坚持真实性的同时避免用局部真实代替全部真实，如何直面并正确认识发展中存在的问题等的思考与实践。

周群在党课结束时指出，习总书记在党的新闻舆论工作座谈会上的讲话对新时期的新闻舆论工作提出了更高的目标和要求，这也是对我们出版工作提出的更高要求。这堂党课使我们拓宽了思路，开阔了视野，提高了站位，增强了责任感和使命感。出版工作是党的宣传思想工作的重要阵地，作为出版战线的一员，大家要牢记新闻出版工作者的责任与担当，进一步增强“四个意识”，把做合格党员与做优秀出版人结合起来，切实将习总书记关于新时期新闻舆论工作职责和使命的“48字”工作要求化言为行，努力推出更多传播中国故事、弘扬中国精神、符合时代要求的“三有”好作品。（孙曼均）

新华书店总店组织党员观看“两学一做”教育专题片

2016年11月30日，新华书店总店党委在多功能厅组织全体党员观看《榜样》《西式民主怎么了》《西方新闻自由只是传说》专题片。

《榜样》以“向党员看齐，做合格党员”为主题，展现了全国优秀共产党员、优秀党务工作者、先进基层党组织代表的事迹，诠释中国共产党人坚定理想信念、为民实干担当、勤勉敬业奉献的精神风采。节目把党的崇高理想和先进典型模范事迹结合在一起，既展现共产党人“不忘初心”的执着坚守，又紧贴时代要求，彰显了当代共产党人“继续前进”的昂扬风貌。《西式民主怎么了》《西方新闻自由只是传说》深入揭批了西式民主的“金钱政治”本质和西方新闻自由的虚伪性。

党员们在谈《榜样》观感时，一致表示，在今后的工作中，要以这些优秀党员为榜样，立足本职、爱岗敬业、努力工作、争创佳绩，围绕总店的发展战略和工作目标，在各项工作中走在前，做表率，用实际行动做合格党员。在看了《西式民主怎么了》《西方新闻自由只是传说》后，党员们更加深刻了解西式民主存在本质弊端，认识到民主不能照搬，适合自身国情的才是最好的。事实证明，中国特色的社会主义道路是中华民族复兴的必由之路，我们要倍加珍惜。总店广大党员通过“两学一做”学习教育，进一步增强了中国特色社会主义道路自信、理论自信、制度自信和文化自信。（梁晓龙）

东方出版中心新提任干部任前廉洁谈话会议举行

2016年11月30日，东方出版中心新提任干部任前廉洁谈话会议举行。

东方出版中心纪委书记董玲指出，这次廉政谈话会议，是贯彻党的十八届六中全会精神的重要举措。全体新提任干部要做到：学习好，素质高，作风正，夯实思想基础。坚持固本培元，强化理论武装，坚持道路自信、理论自信、制度自信、文化自信。将党的十八届六中全会精神、《关于新形势下党内政治生活的若干准则》（以下简称《准则》）和修订后的《中国共产党党内监督条例》（以下简称《条例》）铭于心、践于行，增强学习的能力、学习的动力和学习的创造力。思考勤，行为端，作风硬，当好实践先锋。在学习中思考，在反思中进步，在实践中修炼。坚持纪律为本，用《准则》《条例》规范自身言行。做好自觉遵守各项规章制度、内控制度的典范，确保工作有序、合规、顺利运行。业务精，实效高，作风优，创出一流业绩。把学习贯彻党的十八届六中全会精神、贯彻落实《准则》《条例》

落到"干事创业"上。始终不忘初心，忠实履职尽责，在推动事业发展中发挥好示范引领作用，团结、带领党员、群众上下联动，以更严的要求、更坚韧的决心、更强烈的担当，努力在全面完成2016年各项目标任务中交出优异答卷，为奋进"十三五"贡献力量。（金洁蓉）

东方出版中心纪律教育大会举行

2016年11月30日，东方出版中心纪律教育大会举行，组织全体党员干部、骨干集中观看上海宣传系统廉政教育警示片《用纪律筑起第一道防线》。东方出版中心党委书记、纪委书记、副总经理董玲主持会议。东方出版中心总经理、党委副书记李智平，副总编辑郑纳新出席学习会。党委理论中心组成员，各部门、单位正、副职及助理，处以上干部，副高以上专业人员，各党支部书记、支部委员；工会、团总支负责人、委员参加会议。

董玲在讲话中指出，全面从严治党，重在加强纪律建设；落实从严治党，重在加强党员干部纪律教育。全面从严治党、依规治党，把纪律挺在前面，是党赋予基层党组织的一项重要职责。要认真落实党委主体责任和纪委监督责任，忠诚履行党章赋予的神圣职责。对党员干部来说，纪律、底线都是思想和行为应遵循的准则。东方出版中心作为文化出版单位，坚守政治纪律、牢牢把握导向是推动事业发展的关键和根基，弘扬先进文化、传播时代精神是东方出版中心作为文化出版单位应履行的使命和担当。全体党员、骨干、干部要将纪律意识融入思想中，体现在工作中，明纪知敬畏、遵法明底线、守规扬正气，做真正让党放心、群众满意的好党员，带领广大职工遵纪守章，传递守纪正能量。（金洁蓉）

东方出版中心民主党派及党外知识分子座谈会举行

2016年11月30日，东方出版中心民主党派及党外知识分子座谈会举行。东方出版中心党委书记、纪委书记、副总经理董玲主持会议并讲话。

与会同志对东方出版中心党委近年来在推进基层党建工作、精神文明建设、企业文化建设、干部人才队伍建设方面取得的成效给予高度评价，对东方出版中心党委始终如一重视统战工作、关心支持党外人士成长、大力协助民主党派建设给予充分肯定。与会同志就"如何更好推进干部人才队伍建设""如何更好完善人才激励机制""党建工作如何在东方出版中心事业发展中发挥更大作用"等方面积极建言献策，发表了很好的意见。

董玲在讲话中对民主党派成员和党外知识分子始终如一关心、支持中心基层党建工作表示衷心感谢。指出，各民主党派成员、党外知识分子是加速推进东方出版中心改革攻坚、创新突破的中坚力量，对于事业健康发展具有至关重要的作用。要始终做到：抓好学习强素质；发挥优势提水准；凝聚共识聚合力；创新担当有作为；服务奉献助发展。切实把思想和行动统一到顺利完成2016年目标任务和贯彻执行"十三五"决策部署上来，心往一处想，劲往一处使，不忘初心齐奋进，携手同心谋发展，为奋进"十三五"、共圆东方梦画出更大、更美、更好"同心圆"。

（金洁蓉）

华文出版社党总支组织领导班子学习十八届六中全会精神及《关于新形势下党内政治生活的若干准则》《中国共产党党内监督条例》

2016年11月30日，华文出版社党总支组织全体班子成员集体学习《关于新形势下党内政治生活的若干准则》《中国共产党党内监督条例》。领导班子各成员认真学习相关材料，并交流学习心得。

社长宋志军指出，通过这次学习，对十八届六中全会精神的认识更加深刻，确立习近平党内领导核心地位是十八届六中全会的重要成果，通过确立领导核心，有利于加强党的统一领导和党内团结，推动各项工作贯彻落实，增强党的凝聚力、战斗力。未来的一年，我们将迎来十九大的召开，作为出版单位，要把握大形势，做好主题出版，要确立自己的特色，领导班子要带头，把优势资源抓过来为我所用，努力为读者、为社会交出满意的答卷。

副社长李庆表示，要增强四个意识，做好本职工作。副总编辑方明亮表示，要树立四个意识，特别是核心意识、看齐意识，在出版工作中注意导向问题，把握正确出版导向，不忘初心，在工作上做好表率。

党总支书记、副总编辑张力慧分享学习体会并做总结发言。她指出，十八届六中全会的主题是全面从严治党，全会深刻总结了十八大以来管党治党的新经验，制定的《关于新形势下党内政治生活的若干准则》、修订的《中国共产党党内监督条例》，为新形势下加强党内政治生活、强化党内监督提供了新的制度遵循。华文出版社领导班子要把学习贯彻十八届六中全会精神作为当前最重要的政治任务，要把学习同本职工作结合起来，同集团公司的“两调四强”发展战略结合起来，同华文出版社的“十三五”规划目标结合起来，学以致用，以学促做。（黄珊珊）

人民文学出版社社党委中心组与全社党员及中层干部开展学习《关于宣传贯彻十八届六中全会的精神》

2016年11月，中国出版集团公司党组《关于学习宣传贯彻十八届六中全会精神的通知》下发后，人民文学出版社党委理论中心组第一时间开展学习并要求全社各支部全体党员认真学习六中全会精神和《关于新形势下党内政治生活的若干准则》及《中国共产党党内监督条例》。

理论中心组认为，党的十八届六中全会意义重大、影响深远，是党中央在关键时期召开的一次里程碑会议。学习六中全会精神要与学习习近平总书记系列讲话紧密结合起来，要从“四个全面”战略布局，深刻认识六中全会重大而深远的意义。人民文学出版社全体党员要进一步增强“四个意识”，特别是核心意识、看齐意识，与党中央保持高度的一致。社党委要组织党员深入学习好六中全会精神，扎扎实实抓好党建工作。

全社党员在各自支部学习领会了六中全会精神。一致认为，党的十八届六中全会确立习近平总书记的核心领导地位，是全党的高度共识，反映了全党的共同意志，反映了全党全军全国各族人民的共同心声和强烈愿望。大家一致拥护全会对新形势下全面从严治党做出的一系列重大部署。大家表示，一定要继续分专题，分层次学熟学透全会通过的《关于新形势下党内政治生活的若干准则》和《中国共产党党内监督条例》。大家还表示，全面从严治党永远在路上，我们在“两学一做”中要努力走在前列，以卓有成效的工作实绩落实六中全会精神。（顾　乡）

中国出版集团公司举办所属企业负责人学习贯彻党的十八届六中全会和全国国有企业党的建设工作会议精神培训班

2016年12月12～16日，中国出版集团公司在中央党校举办了所属企业负责人学习贯彻党的十八届六中全会和全国国有企业党的建设工作会议精神培训班。集团公司党组书记王涛做开班动员，党组成员、副总裁、直属机关党委书记刘伯根做辅导讲座，集团公司部分所属企业负责人和部门主任约60人参加培训。

王涛在开班动员中强调，学习贯彻党的十八届六中全会和全国国有企业党的建设工作会议精神，是当前和今后一个时期集团公司的重要政治任务。集团公司作为出版“国家队”，是中央直接管理的重点文化企业，贯彻落实两个会议精神对我们有更强的现实意义，是集团公司今后改革发展的指导和遵循。

刘伯根就如何学习贯彻两个会议精神提出意见和要求。他说，要把学好中央精神同统一思想行动结合起来，把加强党的领导与完善公司治理统一起来，把抓好班子和带好队伍结合起来，把全面从严治党与营造改革发展良好政治生态结合起来，把“强党建”和“强动力”结合起来，切实把组织领导落实到党建工作责任制上。

培训班上，大家对十八届六中全会精神和习近平总书记治国理政新理念新思想新战略等基本理论进行了学习；结合《准则》《条例》进行了党性教育；结合全国国有企业党建工作会议精神，解读学习了中央加强国企党建工作的最新精神和要求；大家还围绕贯彻落实会议精神进行了分组讨论，三个小组代表做了大会交流发言。

（顾梓榆）

中华书局2016年度领导班子民主生活会召开

2016年12月30日，中华书局召开2016年度领导班子民主生活会。中国出版集团公司纪委委员、党群工作部张雁，人力资源部龚克到会指导。中华书局党委书记、副总经理周清华主持会议，党委副书记、总经理徐俊，纪委书记、总编辑顾青，副总编辑尹涛、李占领等领导班子成员参加会议。

会上，徐俊代表领导班子做对照检查报告。报告聚焦政治合格、执行纪律合格、品德合格及发挥作用四方面要求，开展党性分析，着重从理想信念、政治纪律和政治规矩、作风、担当作为、组织生活、落实全面从严治党责任等方面查找存在的问题，深刻剖析原因，提出整改措施。

之后，徐俊、顾青、周清华、尹涛、李占领分别做了个人对照检查报告，认真检查了自身存在的问题，深刻剖析了问题的思想根源，并明确了整改方向，制定了努力措施。

张雁对中华书局领导班子民主生活会给予了充分肯定。她说，中华书局领导班子高度重视工作，把民主生活会作为“两学一做”专题教育一项重大的政治任务，作为确保“两学一做”专题教育取得成效的重要举措，尤其彼此间的批评出于公心，既严肃认真，又坦诚恳切，并希望中华书局这个品牌继续做大做强。（梁　彦）

重大项目

MAJOR PROJECTS

国家级重大项目

《中国少数民族文学史》(5卷)

国家“十二五”重点图书出版规划项目，2015年度国家出版基金项目，人民文学出版社2016年12月出版。

本项目将中国少数民族文学分诗歌、小说、散文、戏剧、文学批评五卷进行完整综合的叙述和论析。共5卷（册）。从史的角度论述不同时代产生的作家与作品，同时关注不同时代、民族出现的文学现象与思潮。以作家文学为主，向人们展示从古至今少数民族作家的创作，而不是仅仅以少数民族民间创作为重点。注重综合比较研究，包括汉族文学与少数民族文学之间、各少数民族文学之间以及中国周边国家文学以及跨境民族文学比较研究。

作者由中央民族大学、新疆师范大学等高校的少数民族文学研究专家组成，是目前国内少数民族研究领域最权威、最前沿的学术团队。项目著作权人、主编、“戏剧卷”作者赵志忠教授，现为中央民族大学教授、博士生导师，民族文学研究所所长。并担任中国少数民族文学学会副理事长等职。主要著作有《民族文学论稿》《满族萨满神歌研究》《中国少数民族民间文学概论》《满族民间文学概论》等。其他各卷作者有梁庭望、李云忠、杨春、王佑夫等。

中国历来是一个多民族国家，在数千年的历史进程中，各民族不断更迭、交融，创造了中华民族整体灿烂的文化。中国文学包括汉族文学和少数民族文学。该项目的出版填补了少数民族文学研究、教学领域缺少权威性文学史著作的空白，为弘扬民族文化，增强各民族凝聚力起到积极作用。

（甘　慧　顾　乡）

《慈悲》

中国文艺原创精品出版工程项目，人民文学出版社2016年1月出版。

从学徒工人水生在苯酚厂跟着师傅进工厂开始写起，在和师傅以及师兄根生的相处中，开始了解这家20世纪80年代的化工厂。伴随着水生的结婚，师傅的离世，师兄的事发，化工厂进入到了90年代。在改革的进程中，水生也感受到了企业的败落。为了推销产品，水生一次次出差南下，也渐渐意识到时代的变化，自己在其中由不得自主的随波逐流。一个工人的生活起伏，一家化工厂兴衰，一段社会变革历史的变迁，《慈悲》为读者一一展现。为一卷（册）本。

作者路内，任职于上海市作家协会。2007年在《收获》杂志发表长篇小说《少年巴比伦》而受到关注，至2013年，发表于《收获》和《人民文学》共五部长篇小说：70万字的“追随三部曲”（《少年巴比伦》《追随她的旅程》《天使坠落在哪里》）；长篇小说《云中人》和《花街往事》。《慈悲》曾获2016年度华语文学传媒大奖·年度小说家奖等。

（甘　慧　顾　乡）

《冯雪峰全集》(12卷)

2014年国家出版基金项目，人民文学出版社 2016 年 6 月出版。

本书收入冯雪峰一生创作的诗歌、寓言、散文、杂文等文学作品和文艺理论研究、鲁迅研究等专著、论文等；还收入他 30 年代大量翻译介绍的苏联文艺理论著作和文学作品；另外收入他的书信、日记、为外调而写回忆材料等文字。很多都是第一次披露。由于他的身份及在文学史上的地位，这些文字都是中国现当代文学研究的重要史料。

冯雪峰（1903～1976），诗人、作家、翻译家、文艺理论家、出版家。是中国现代左翼文学运动最杰出的领导者之一。曾任左联党团书记，中共江苏省委宣传部长，江西中央苏区苏维埃政府候补委员，中央苏区党校教务长，副校长。参加二万五千里长征。在政界、军界、文艺界从事革命活动。共和国成立后曾任上海市文联副主席，人民文学出版社社长兼总编、《文艺报》主编、中国作协副主席、党组书记。著作《湖畔》《真实之歌》，译作《新俄文学的曙光期》《新俄文艺政策》等多部。（甘　慧　顾　乡）

《全球华语大词典》

国家“十二五”重点图书出版规划项目、国家出版基金项目，2011 年立项，商务印书馆 2016 年 4 月出版。

《全球华语大词典》是一部反映世界主要华语区当代华语词汇面貌的大型语文辞书，供世界各地华人和华语学习者使用。词典收录条目约 88400条，其中单字条目约 9400 条，多字条目约 79000 条，共计约 500 万字。词典收录了全球各华语社区共用的通用词语和各社区的特有词语，条目内容包括：字头或词目、注音、释义、用例、使用地区和异名词语等。词典特别增补了多类特色条目，包括各华语社区的文化词语、新词新语和科技条目。词典由北京语言大学李宇明教授主编，来自中国大陆、香港、澳门、台湾地区，新加坡、马来西亚、泰国等东南亚地区，以及欧洲、北美等地 50 余位专家学者参与编写。

《全球华语大词典》同异兼收，展示了丰富多样的华语词汇，也描绘了全球范围内的华语生态，不仅能促进不同华人、华人社区之间的交流，也必将成为推广汉语、展示中华文化的有力推手。（朱俊玄）

《综合英汉科技大词典》（第 2 版）

国家“十二五”重点图书出版规划项目。2011 年立项，商务印书馆 2016 年 3 月出版。

《综合英汉科技大词典》（第 2 版）是第 1 版的修订版，由商务印书馆组织修订。此次修订在旧版的基础上进行，词典定位为以求解为主，注重查得率和准确性，为大学生、研究生、科技工作者、翻译工作者在阅读或翻译科技文献时使用的中型工具书。第 2 版由周明鑑、魏向清担任修订主编。周明鑑，曾任科学出版社词典室主任、副总编辑，中国辞书学会副会长兼学术委员会主任。魏向清，南京大学外国语学院教授、博士生导师，双语词典研究中心主任。其余参编人员共 60 余位。

全书收词约 21.5 万条，共约 880 万字，分为 51 个科技学科，包括数学、物理、化学、天文、地质、地理、大气、海洋、生物、动物、植物、真菌、微生物、医学、解剖、生理、遗传、畜牧、机械、土木、公路、铁道、采矿、航海、航天、测绘、电子、计算机、通信等，各学科的收词范围和收词数量也有系统规划，并分别请各科专家负责修订，确保收词的系统性、释义的精准性。（方　铭）

《中华人民共和国标准地名词典》

民政部招标项目，2015 年立项，商务印书馆 2016 年正式启动。

项目在第二次全国地名普查成果基础上，进行成果的整理挖掘（包括资料收集、数据考证等），并编制出版《中华人民共和国标准地名词典》。作为一部以“地名”为主题的国家级工具书，其编制将依托第二次全国地名普查建设的国家级国家区划地名数据库进行，拟采收各类地名词条20万条左右，包括八部分，分5～6卷，字数约3000万字。第一部分为前三卷，第二至第八部分为后三卷。2016年，已完成样条撰写及第一部分前三卷全部词条的采收和审定。

（李　娟）

“丝瓷之路博览丛书”（第二辑）

国家“十三五”重点图书出版规划项目，商务印书馆2016年出版。

整套丛书以丝绸之路沿途风土人情、艺术流变、文化交流、城市变迁及重大历史事件为主线，涵盖了丝绸之路沿途各国政治、经济、文化及军事各个方面，为人们了解丝绸之路的历史，激发建设丝绸之路经济带的热情，提供历史知识的普及。

该丛书由中国社会科学院荣誉学部委员、中外关系史研究专家余太山和历史所中外关系史研究室主任李锦绣担任主编，由国内欧亚内陆史研究的一流学者组成编委会组织实施。2016年第二辑出版了《金钥匙漂流记：古代中西交通猜想》《文明的十字路口：奥斯曼帝国的兴衰》《“胡人”与文明交流纵横谈》《龟兹历史与佛教文化》《青铜与彩陶的对话》《丝绸之路与吐蕃文明》《俄罗斯汉学的太阳：尼·雅·比丘林》《七宝庄严：转轮王小传》《怛逻斯之战：唐与阿拉伯帝国的交锋》《宋元泉州与印度洋文明》《上帝之鞭》《西出阳关：历代亲历西域诗人剪影》《海妖之歌：横跨欧亚的奇幻之旅》《长安与罗马：公元前后三世纪欧亚大陆东西帝国的双城记》《幽冥里的华丽：高句丽壁画服饰的识读、剖析与演绎》等共15种。

（曹　源）

《中国法学史纲》英文版

国家新闻出版广电总局“经典中国国际出版工程”项目，2011年立项，2012年商务印书馆出版中文版，后翻译为英文版，2016年由荷兰威科集团发行。

《中国法学史纲》中文版于2012年12月由商务印书馆出版，是国内目前最系统完整的、专以中国自古以来的法学为研究对象的高水平的专著。作者何勤华教授曾任华东政法大学校长，2015年任中华司法研究会副会长。全书共八章，40万字，分中国古代法学、中国近代法学、中国现代法学三个断代层次，系统阐述了中国法学的发展历程。从法学演变的角度对广博丰富的中国法律文化遗产做了梳理，展现了中国自古以来本土所固有的法学的面貌，明晰了中国古代法学的构成要素、内涵和外延，详细描述了中国古代法学的萌芽、诞生、发达、昌盛、成熟及衰落的完整过程。

该书英文版名为An Outline History Science of Law in China，译者为湖南大学法学院副教授李婧嵘、西北政法大学国际法学院教授潘俊武等，2016年由全球第四大出版公司荷兰威科集团面向全球发行。

（高　媛）

商务百年传统文化资源数字出版工程

2015年中央文化企业国有资本经营预算支出项目，商务印书馆2016年2月启动。

项目主要由辞书语料库、《辞源》数字版开发、文津阁《四库全书》数字版等内容构成。

其中，2016年辞书语料库完成现代汉语语料库引擎系统的开发，入库语料13类15亿字，语料分析工具在字词目提取、例句优选、词汇类聚方面有功能强大的设计，并通过编辑的使用，完成了对引擎系统整体软件全方位的功能测试，并做出了与迭代更新相关的改进建议。《辞源》网络版、优盘版、纸质版同步推出，引起了极大反响，取得了良好的社会效益。《辞源》网络版注册用户数6300人，达到预期目标。文津阁《四库全书》完成460万页图像数据的整理，初步完成了产品需求的设计，大型数据库的开发已正式启动。

（孙述学）

商务印书馆全媒体生产运营平台

2016年中央文化企业国有资本经营预算支

出项目，商务印书馆 2016 年 2 月启动。

该项目旨在推进以商务印书馆为代表的专业出版企业的编辑方式、生产方式、营销方式的变革，以技术改造、流程再造和数字资源库建设等为基础，搭建国际化、专业化的全媒体生产运营平台。

项目计划用两年时间，借助云计算、移动通讯、大数据分析等技术，创建一个以优质的专业化稀缺内容为核心，以全媒体、立体化产品形态为载体，提供多样化、个性化内容并进行主题社群经营的运营平台。实现用户通过网络、各种移动智能终端设备随时随地进行查阅、参考、学习和交流，让作者、专家能够随时直接与读者建立密切联系。优质、专业、丰富的内容是核心。该项目以商务印书馆出版的内容资源为基础，以内容生动而多维度的表现形式满足不同需求；并以内容为核心展开社群经营；对作者和读者展开专业化互动服务；便利地开展电子商务、与国内外知名专业数字内容平台对接、基于平台内容及用户交易交互数据展开大数据分析等都是本项目的重要组成部分。商务印书馆全媒体生产运营平台立足精品化、专业化、国际化，既要支持行业内传统纸质出版业务的发展，更要支持出版业务转向全媒体出版的创新，实现全媒体出版的产品与服务营销。（李　昊）

点校本“二十四史”及《清史稿》修订工程

国家“十一五”重点图书出版规划项目，国家古籍整理出版“十一五”重点规划项目，中华书局编辑出版。

针对中华书局 1959～1977 年间出版的点校本“二十四史”及《清史稿》而开展的一项修订工程。由中华书局立项并组织全国十余所高校和研究机构的 300 余位学者进行修订。

自 1959 年《史记》出版，到 1977 年《宋史》面世，点校本“二十四史”及《清史稿》全部出齐，至今已有 30 多年。由于当时政治、经济、意识形态等客观条件的制约，整体学术水平的限制，各史均存在不同程度的缺点和遗憾。为适应新时代学术发展和读者使用的需求，亟须全面修订。2005 年初，中华书局开始着手点校本“二十四史”及《清史稿》修订的前期调研工作，引起史学界、文献学界的广泛而积极的响应。党和政府对修订工作十分重视和支持。2005 年 11 月，总理温家宝和国务委员陈至立分别对修订工作做出重要批示，要求重视和支持古籍整理出版事业，解决资金和人力问题。2006 年 4 月，“二十四史”及《清史稿》点校本修订工程正式启动，并获得国家专项资金支持。

2016 年，修订本《辽史》出版。此外，点校本“二十四史”及《清史稿》修订工程其他各史继续稳步推进，坚持抓好进度管理、资金管理、信息交流、资料积累各项工作，预计 2017 年出版《魏书》《南齐书》等。（刘　潋）

《龙泉司法档案选编》

2011 年度国家出版基金项目，中华书局编辑出版。

本书收入龙泉地区所藏晚清至民国时期司法档案。上自咸丰元年（1851），下至 1949 年，共计 1.7 万余卷，多达 88 万页，数量极为庞大，多侧面地折射出清代民国时期地方社会的世相百态，是研究清代特别是民国时期的地方司法、日常生活、社会变迁等诸多侧面的珍贵史料。为方便学者查询利用，浙江大学地方历史文书编纂与研究中心将这批档案重新整理，以案件起始时间为序编排，编写提要，附入档案原件。

这批档案具有资料独占、内容翔实和整理细致三大特点。首先，这批档案是目前所知民国时期保存最完整、数量最大的地方司法档案。其次，这批档案一方面清晰记录了中国法律制度和司法实践，从传统到近代变革的完整过程；另一方面也记录了近代地方社会结构、经济形态、家庭婚姻、民众观念等方面的变迁，实际涉及民众生活所有内容。最后，选编工作依据新编的索引目录，将散布于不同卷宗中同一案件的文书集中起来，按时间顺序重新编排，然后从中选取典型案例，以分辑出版。

2012 年、2014 年出版《龙泉司法档案选编》第一、二辑。2016 年，收到第三辑部分来稿，正在进行初步编辑加工。（刘　潋）

《中央档案馆藏日本侵华战犯笔供选编》

2014 年度国家出版基金项目，中华书局编辑出版。

2015 年是纪念中国人民抗日战争和世界反法西斯战争胜利 70 周年，为揭露日军侵华罪行，警醒世人反对战争、珍惜和平，中央档案馆与中华书局合作影印编辑出版《中央档案馆藏日本侵华战犯笔供选编》。本书拟分两辑出版，共选收 800 多名日本侵华战犯的笔供，按战犯人名编录，按照档案号（每人一案一号）顺序排列。每位战犯均收录有身份照片。每份笔供档案前都设有中英文提要，提要包括战犯简介（籍贯、年龄、职历、军历、侵华时间、被俘/被俘时间）及重要罪行的条述。笔供内容包括“笔供”及“补充笔供”（其补充、更正、附言等），除个别直接以中文书写外，均包含当时的中文译文及日文原文，旨在以影印的方式对侵华战犯的自笔供述作无删节修改的全面呈现。包括档案原有的一些疏误，如个别页码排列等，均保持档案原貌，未作改动或说明。其中绝大部分供述为首次公布，具有极大的历史价值。第一辑拟分为 50 册，涉及战犯 327 人，档案超过 26000 页。

日本侵华战犯的笔供，是他们在侵略中国战争中所犯罪行的自供状。通过笔供可以看到，日本侵略者侵华期间，肆意屠杀、抓捕、奴役和毒化中国人民，制造和使用细菌武器、化学武器，进行人体活体试验，进行细菌战、毒气战，建立慰安所，强征“慰安妇”——日军性奴隶，强奸妇女，掠夺物资财物，毁灭城镇乡村，驱逐和平居民，犯下了一系列违反国际准则和人道主义原则、超出善良人们想象和人类道德底线的罪行。

2015 年出版《中央档案馆藏日本侵华战犯笔供选编》（第一辑）。2016 年，《中央档案馆藏日本侵华战犯笔供选编》（第二辑）收到部分来稿，正在进行编辑加工，预计 2017 年出版。

（刘　潋）

《孙中山史事编年》

2016 年度国家出版基金项目，中华书局编辑出版。

以孙中山为枢纽，全面爬梳档案、报刊、日记、函电、书籍等各类资料，经过勘验比较，按照时间顺序，编排孙中山的言行思想，以及与此直接或间接相关的各种人、事的所有史实，大幅度扩充相关史事的层面，还原历史的复杂本相。该书由长江学者、孙中山研究专家桑兵主编，中山大学历史学系孙中山研究所承担编写。全书共 12 卷 12 册，约 555 万字。

全书文献资料来源较为广泛，种类繁杂，所收史料主要由三大方面构成：一是广泛辑录收藏于广东省档案馆、广州大元帅府、中国第一历史档案馆、台北党史馆、中研院近代史研究所档案馆及日本外务省等处的各类未刊档案文献；二是收录藏于各大历史档案馆中的《申报》《大公报》《益世报》《民国日报》《北华捷报》《字林西报》《大阪每日新闻》等多种中文、英文、日文报刊；三是搜集各类已刊专题档案资料集、政府公报、当事人日记、回忆录、学术研究著作等。

2016 年，《孙中山史事编年》已送至上级单位备案，送审通过。预计 2017 年出版。

（刘　潋）

《苏尔诗海》

国家“十三五”重点图书出版规划项目，国家出版基金项目，中国大百科全书出版社 2016 年 1 月出版。

《苏尔诗海》是印度中世纪虔诚诗人苏尔达斯的诗歌集。本诗歌集以颂扬黑天神为主旨，表现了黑天在人世间游乐人生的基本内容。全书各篇包含诗歌数量不等，每首诗歌长短不一。除第十篇外，其他 11 篇的篇幅都相对较小，占全诗总数的五分之一。苏尔达斯（Surdas）是印度中世纪最为著名的虔诚诗人之一，是有形派虔诚文学中最有成就和最有影响的黑天派诗人的代表。印度学者认为："苏尔文学是帕克蒂运动的文化成果。""苏尔达斯不仅在印地语文学史上，而且在整个印度文学史上都占有重要地位。"《苏尔诗海》不仅是诗人创作的最高成就，也是中世纪有形派黑天虔诚文学中规模最大、质量最高的一部诗歌集。它不仅是黑天文学中重要的部分，也是黑天文学得以继续发展的重要凭借，是黑天"现代化"过程中的重要基石。作者苏尔达斯是一个盲人，他既不能写作也不能阅读，他所有的诗歌都是唱出来的，并由别人记录、整理而成。该项目也是"中印经典和当代作品互译出版项目"之一。（尹添铭）

《中华百科全书》（英文版）

2013～2025年国家辞书编纂出版规划项目，中国大百科全书出版社2016年11月出版。

《中华百科全书》（英文版）是一部全面、系统介绍中国古今文化的综合性图文百科全书。全书总规模200万字，包括正文、附录和索引三大部分，总条目数1000余条，随文插图约1000余幅。16开本，硬精装。本书聚焦中国主题，精心选设条目，全面展现中国元素。全书涵盖了历史、地理、哲学、宗教、社会、政治、法律、军事、经济、文学、艺术、文化、教育、自然科学、工程技术等知识大类。着重介绍了1840年鸦片战争以后，尤其是1949年中华人民共和国成立以后中国各方面的情况，以及21世纪以来中国出现的新事物、新情况、新人物等新知识。本书依托百科数据库，由中外团队协作，在百科知识原来的基础上进行二次开发，以崭新的面貌将其呈现出来，内容准确权威，具有可靠的学术价值，同时聚焦中国主题，全英文撰写，易被广大海外读者接受，为本书的版权输出奠定了良好的内容基础。本书作为一本权威而全面的英文版中华百科全书，开辟了百科内容"走出去"的新途径。目前本书已输出至美国，大大提升了国际影响力，取得了良好的社会效益和经济效益。

（尹添铭）

《中国军事百科全书》（第二版）

国家"十一五"重点图书出版物出版规划项目，中国大百科全书出版社2016年7月出版。

本书是系统介绍古今中外军事领域知识的大型百科全书，代表了当代中国军事科学的发展水平，是建设先进军事文化的基础性和标志性工程。本书在继承第一版原有框架和内容的基础上，依据军事实践的新发展和百科编纂的新要求进行的全面创新性修订。与第一版相比，《中国军事百科全书》（第二版）新知识内容增加了75%。这些新增内容突出了党的军事指导理论创新，加大了世界新军事变革的知识比重，大幅增加了军事高新技术知识的条目总数，列选了军事斗争准备方面的条目。本书设置了总领条"军事""军事科学"，其下分为14个知识门类、近百个学科单元，共收条目约三万个，配图约两万幅，释文约3600万字，按知识门类和篇幅辑为18个正文卷和一个附录卷。全书共19卷，16开本，硬精装。由军内外500多家协作单位，一万多名领导干部、专家、学者参与编纂，其中中国科学院、中国工程院院士50余名。（尹添铭）

《图说社会主义核心价值观：最美的中国人》

中央宣传部、国家新闻出版广电总局主题出版项目，2016年立项，连环画出版社编辑出版。

系列连环画。讲述了13位当代模范人物的感人事迹和平凡人物的不平凡故事。共13册，侯心川等改编、毓鑫等绘画，包括《忠魂永驻海天间》《鹤之灵》《一百九十次失败后的成功》《孝老爱亲模范大学生：孟佩杰》《斯人已逝浩气长存》《生命的托举》《美丽的天鹅》《爱的搜索》《美丽的故事》《夜雨中的灯辉》《时代楷模》《吴孟超》《京城"活雷锋"：孙茂芳》。（赵军平）

《李苦禅全集》

国家出版基金项目，2015 年立项，人民美术出版社 2016 年编辑出版。

这套全集系统梳理并展现李苦禅一生创作成就，以年代为序，收录李苦禅绘画、书法作品，以家藏作品为主，以学生收藏及拍卖购得作品为补充，甄选代表不同时期面貌与艺术追求的精品，力求兼顾艺术性与历史文献性，完整再现李苦禅艺术探索过程及其所达到的高度。全部绘画作品和书法手稿共计两千多件。这些作品涵盖了李苦禅先生不同时期创作风格的变化和艺术探索的轨迹，也记录下了他在风云变幻的不同时代的崇高精神追求。

为使作品价值得到多维呈现，全集补充大量李苦禅之子李燕先生按语，对部分作品创作背景进行说明，以期为读者深入解读提供方便。2016 年该书已出版。（赵军平）

《弦乐·中国：中国百年小提琴作品精选》

国家“十三五”重点图书出版规划项目，人民音乐出版社于 2016 年 8 月编辑出版第一册。

该项目按编年体的方式回顾整个中国小提琴创作的百年历程，精选一个世纪以来最具时代特点、演奏频率较高并为大众所接受的代表作，凸显了一定的示范意义和标杆价值。不同时代的作品其选材、写作风格都不一样，经过编委会专家团队多年之功的精心打磨，从几百首作品中认真遴选出了 100 多首中国小提琴作品的经典代表作，按年代排序从而构建出中国小提琴创作历程的发展。从中国近代第一首小提琴独奏曲《行路难》开始至今，以十年为一卷，收录我国近代小提琴作品。每集中选取的作品配以创作背景、乐曲表现、趋势特征、演奏技术特征等介绍。从这套丛书中可以看到中国小提琴创作、发展的基本脉络。通过编年体的编写方式，既展示了作曲家的创作个性，又显现出历史时代的共性，从而全面呈现百年来中国小提琴音乐创作道路的发展历程，可称为中国小提琴作品史上规模最大的梳理工程。为中国音乐界和出版界打造一个艺术质量优秀、学术品牌权威的中国经典小提琴作品集。

（杨济如）

《音乐·中国：中国民族器乐经典》

中华人民共和国国务院新闻办公室委托制作项目，人民音乐出版社 2016 年 6 月出版。

该项目包括合奏篇、协奏篇、独奏篇三张专辑。这是一套外向型专辑，在内容策划方面，精选了中华人民共和国成立以来创作的经典民族器乐曲 66 首，包括独奏曲、合奏曲和协奏曲，涉及的乐器包括：二胡、竹笛、笙、琵琶、古筝、板胡等。专辑中收录的作品皆在国内广为流传，也是国内音乐会上经常上演的佳作，如民族管弦乐《春江花月夜》、二胡独奏曲《二泉映月》《豫北叙事曲》、琵琶独奏曲《十面埋伏》，等等。为了适应国外用户的欣赏需要，专辑文稿采用了中、英、法、西、俄、阿等六种文字。（张颖雪）

《中国当代音乐家系列》

国家“十三五”重点图书出版规划项目，2016 年人民音乐出版社编辑出版。

该项目包括三个子系列，即“歌唱家系列”“演奏家系列”“作曲家系列”。“十三五”期间，该系列由人民音乐出版社联合 30 位在各自专业领域取得优异成绩的 25～30 位青年音乐家共同打造。其中包括演奏家：宋飞（二胡）、陈军（二胡）、戴亚（竹笛）、朱亦兵（大提琴）、范磊（单簧管）、高参（小提琴）等；歌唱家：戴玉强；作曲家：唐建平、张千一、秦文琛等。

截至 2016 年，《中国当代音乐家系列》已经完成“歌唱家系列”《不忘初心 孝行天下》和《带着父母去旅行——刘和刚演唱作品专辑》；“作曲家系列”《野火——郭文景作品选》。其中，《野火——郭文景作品选》已获得第四届中国出版政府奖优秀电子音像出版物奖。

该项目集中了中国一批中青年音乐家和他们的代表作品，如此规模的集中收录也是首次，具有重要意义。同时，将通过海外渠道，面向国际发行，这将为中国原创音乐“走出去”提供优质内容和产品。

（杨济如）

《中国音乐词典》（增订版）

国家“十一五”重点图书出版规划项目，2014年度国家出版基金资助项目，人民音乐出版社2016年编辑出版。

是目前国内唯一专门详述中国音乐的专业音乐词典，由中国艺术研究院音乐研究所组织国内音乐、戏曲、曲艺等各领域专家200余人，在人民音乐出版社1984年出版的《中国音乐词典》和1992年出版的《中国音乐词典（续编）》基础上修订、增补、合编而成，2016年10月由人民音乐出版社正式出版。

该词典篇幅大、涉及面广、涵盖知识点多。收录词条6221个，涉及中国音乐研究的方方面面，包括中国古代、近代、现代及当代音乐史，中国传统音乐（含中国少数民族音乐）和中国音乐美学等。收录词条包括中国音乐的乐律学、创作表演术语，历代的乐种、制度、职官、机构、书刊、人物、作品，以及歌曲、歌舞音乐、曲艺音乐、戏曲音乐、器乐等有关名词术语；选收现代中国的音乐理论家、作曲家、指挥家、歌唱家、音乐教育家、戏曲音乐家、曲艺音乐家及音乐出版家；选收重要的现代中国音乐作品、著述、期刊，重要的音乐机构、团体、学校以及音乐活动。《中国音乐词典》（增订版）的出版为广大音乐工作者和音乐爱好者以及关注中国音乐的中外人士提供了一部可供查阅的优秀工具书。

（邹　璐）

《中外舞蹈知识百科辞典》

2016年度国家出版基金项目，人民音乐出版社编辑出版。

国内第一部综合介绍中外舞蹈知识的百科辞典。本书在现当代舞蹈学科几十年发展及学术研究成果的基础上，以知名、典型、传统为原则，精选了中外舞蹈文化中经典而具代表性的舞蹈或舞种为条目，秉承了学术性、系统性、稳定性、可读性，为舞蹈界贡献了一部内容丰富多元又严谨翔实的工具书，极具学术价值，更为全社会打开了一扇了解中外舞蹈文化姿彩的窗口。

全书分为中国舞蹈和外国舞蹈两大部分。中国部分辞条主要收录了中国古代的各种乐舞思想及乐舞理论精义，当代舞蹈基础理论的诸多概念，中国历代舞蹈特点及具有代表性的乐舞或舞蹈种类，中国古代文物舞蹈图录，中国各地区少数民族舞蹈，中国现当代舞蹈史学家、理论家及舞蹈家介绍等；外国部分辞条主要收录了芭蕾的各种类、发展时期、各流派，国际知名的经典芭蕾名人、名作，现代舞流派及经典名人、名作，西方舞蹈史论研究及舞蹈教育代表人物，西方交谊舞种类，音乐剧舞蹈，外国传统民族舞蹈种类等，共计1400余条。辞典附千余幅文物手绘线描图、文物拓片图、照片等各类珍贵史料图片。全书辞条编写，既纵向追溯源流、挖掘史料，又横向关联渗入姊妹艺术，使读者既能认知不同舞蹈的概貌，又能了解舞蹈背后丰富的文化底蕴及艺术价值。对舞蹈知识普及具有深远意义。2016年开始组织编写。

（杨济如）

《生死关头：中国共产党的道路抉择》

中宣部、国家新闻出版广电总局2016年主题出版重点出版物。生活·读书·新知三联书店2016年出版，2016年签约品牌产品。

本书全面展示中国共产党的诞生、成长以及选择社会主义道路的曲折历程，是95年中国共产党人的心路剖析，是作者不间断思考和研究的总结。从《中华民族是怎样形成的》到《从十二月会议到六届六中全会：抗战初期中共党内的一场风波》按照时间顺序梳理了中国共产党每逢关键时刻的道路选择，尤其是从重大历史事件中折射出中国共产党产生和社会主义道路的必然性。

作者金冲及，全书 294 千字。

本书被评为 2016 年度“中国好书”（中国图书评论协会）、“中版好书”2016 年度主题出版十大好书，入选“2017 年向全国青少年推荐百种优秀出版物”。自出版以来，本书还受到社会各界广泛关注，《人民日报》《光明日报》《中华读书报》《北京日报》《中国图书评论》等均有书评推荐，中宣部理论网站、广电总局网站、人民网、中国出版集团公司网站、中国台湾网、新浪网等均有报道和宣传。（邵慧敏）

文化服务出口项目

中央文化企业发展专项资金项目，中国对外翻译有限公司承担。

中国对外翻译有限公司（以下简称“中译”）是国内唯一一家正式与联合国签约的联合国文件翻译服务承包商。自 1973 年成立至今，中译与联合国纽约总部、日内瓦办事处、维也纳办事处、内罗毕办事处、联合国教科文组织、国际货币基金组织、世界知识产权组织、经济合作与发展组织等机构建立了长期稳定的合作关系。多年来，中译为联合国系统和国际组织翻译了数亿字的文件和出版物，派遣译员赴联合国机构担任翻译和审校工作，累计已达 800 多人次。因始终坚持以优良的翻译质量服务国家、服务社会，并为中国恢复在联合国合法席位后发挥更加重要的国际政治影响力做出了自己独特的贡献，中译自 2009 年起，连续 8 年获商务部、中宣部、财政部、文化部、新闻出版广电总局等多部委共同评定为“国家文化出口重点企业”并获得文化服务出口奖励。（王　超）

中国核心语汇（一期）平台

中宣部“2016 年国际传播能力建设专项资金”项目。2016 年立项，中国翻译研究中心承接建设工作。

“中国核心语汇”平台是一个涵盖中国政治、经济和文化等多领域专业语汇的互联网大数据语料库，它通过权威、标准的多语种翻译与解读方式，向国际社会传递最准确的中国表述和解读。中国对外翻译有限公司控股子公司——中译语通科技（北京）有限公司于 2014 年 8 月成立中国翻译研究中心。第一期工程建设周期为 2016 年 1 月～2017 年 3 月。该项目坚持把“正确导向”放在首位，以正确传播“社会主义核心价值观”为使命，以推动落实中华文化“走出去”战略、传播正确中国声音、促进中国内容出版国际化、引导媒体传播为目标，向公众提供开放、准确的多语言公共服务平台。（赵　桐）

当代视野与中国文学传统研究书系

国家新闻出版广电总局“十三五”规划项目。东方出版中心编辑出版。

该书系推出中国文学研究近十年来的最新重要成果。突出的价值是以当代学术文化视野、理论、方法来展开对中国古典文学及近现代文学的全面深入研究，开拓了众多新途径，体现了多学科交叉研究的新思维，发现并提出了许多重要的学术新问题，形成了一系列可靠的具有重大价值的学术成果，是中国文学乃至中国文化研究的新进展。该书作者罗岗，华东师范大学中文系教授，博士生导师。程光炜，中国人民大学文学院教授，博士生导师，中国当代文学研究会副会长。董乃斌，上海大学文学院首席教授，博士生导师。袁进，复旦大学中文系博士生导师、教授，兼任中国近代文学学会副会长兼秘书长。该书系第一辑包括如下品种：《中国文学的叙事传统研究》（董乃斌）、《中国近代文学的发端与嬗变》（袁进）、《文化视野下的中国现代文学（个案研究）》（罗岗）、《当代文学研究二十题》（程光炜），共 150 万字。该丛书出版以来，受到学术界的极大关注和好评，已经产生并将继续产生极其深远的社会效益。2016 年，东方出版中心进行了选题策划、组稿两项工作。（金洁蓉）

《财政学通论》

国家新闻出版广电总局“十三五”规划项

目。东方出版中心编辑出版。

该书从认知财政学与经济学的起点出发，内容框架依次囊括：财政理论概要、人类社会中现实财政状态的演变、财政收支框架与平衡原理、财政收入、财政支出、预算管理、财政转移支付与基本社会保障、财政政策与宏观调控、国有资产管理体系、政策性投融资体系、财政改革与经济社会转轨、世界文明潮流与财政学术创新等板块，一边翔实陈述重要基础理论，一边紧密联通至中国实践。基础理论层面的内容，集中反映作者对财政学及其相关理论的理解、论述、提炼、升华和反思，依托空间和时间两个维度，紧扣国内外理论及其发展脉络；中国实践层面的内容，则集中反映作者对中国财政实践的参与、思考、评论、探索和创新，沿着中国财政改革的道路，纵贯历史、现在和未来。该书从内容上更加致力于中庸地达成财政学领域通透与现实的结合。该书既可作为教材，又是一部学术专著，填补财政学教材内容的空白，已产生并将继续产生极其深远的社会效益。该项目分上、下卷约1000千字，2017年完成。该书作者贾康，国内资深财政学专家，现任全国政协委员、政协经济委员会委员，国家“十一五”“十二五”“十三五”规划专家委员会委员等职务。2016年，东方出版中心进行了组稿工作。（金洁蓉）

中国出版数字内容国际运营及大众阅读服务平台

2016年度新闻出版改革发展项目库入库项目，中国图书进出口（集团）总公司承建。

中国出版数字内容国际运营及大众阅读服务平台，以促进行业数字化升级共享和全民阅读为目标，积极建设集国内外大众数字内容的聚合、标准化加工、云存储、大众阅读平台、多终端阅读服务和大数据分析与应用为一体的新型大众数字阅读运营模式，并形成与国内外出版社、电信运营商、电商等资源共享、互利共赢的合作模式，为塑造良好的数字内容运营生态做出贡献。

平台将通过先进的技术，辅以创新的商业模式，为国内外大众读者提供海量的国内外优质资源，满足大众市场多样化的阅读需求；为国内外出版社提供一个基于版权保护的数字化内容运营平台，解决出版企业数字化转型中的盈利问题；为下游读者和客户提供一个基于版权保护的内容推广与交易平台。实现六大目标：一、打造海量的数字内容资源库；二、多终端移动阅读的技术标准建设；三、大众数字阅读平台建设；四、商业智能大数据分析及利用；五、行业内和跨行业资源共享机制建设；六、审读系统。（王玉梅）

《没有比泪水更干净的水》（英文版）

中国少数民族翻译出版工程项目，2014年中译出版社立项，英国欧若拉出版公司2016年出版。

本书是普米族诗人鲁若迪基的诗集。诗集分两辑，第一辑叫《小凉山的歌》，第二辑叫《泸沽湖的爱》，是分别写诗人对故乡的眷恋、对故乡女人的眷恋。他的诗没有撕裂疼痛喧嚣疯狂，有的只是关于一个民族的生命与自然的，没有神话的“神话”，不是史诗的“史诗”，纯净和谐如他的普米民族。对于自己的水土和民族，诗人所有的感情，都跟爱情一样美。全书约十万字。作者鲁若迪基，普米族，1967年生于云南省宁蒗县。曾获全国少数民族文学创作“骏马奖”、《人民文学》优秀诗歌奖、首届汉语诗歌双年十佳奖、第三届华语文学传媒大奖年度诗人提名奖等。（范　伟）

《时间悄悄的嘴脸》（英文版）

中国少数民族翻译出版工程项目，2014年中译出版社立项，英国欧若拉出版公司2016年出版。

这是一个新疆玉王的故事。玉王涉嫌故意杀人，逃亡上海，做换脸手术后改名换姓重返新疆玉世界江湖。往昔的亲人、友人、情人和仇人，都显露出他们真实的嘴脸，玉王也终于看清了金钱和时间的嘴脸。他重整旗鼓，干净利落了结昔日与世界的江湖恩怨。由此，玉王重生。全书约16万字。作者阿拉提·阿斯木，维吾尔族，1958年11月11日生，双语作家，中国作家协会会员，鲁迅文学院第十二届中青年作家高级研讨班学员，全国第七次、第八次作家代表大会代表，新疆“德艺双馨奖”获得者，系自治区“四个一批”人才。目前出版中、短篇小说集七部，长篇小说11部。1985年获“萌芽”文学创作奖，1986年获全国少数民族文学评奖二等奖，1990年获“新疆新时期文学奖”，2004年获“天山文艺奖”，有散文选高中教材。（范　伟）

《满巴扎仓》(英文版)

中国少数民族翻译出版工程项目，2014年中译出版社立项，英国欧若拉出版公司2016年出版。

《满巴扎仓》相传，元末明初，元上都被烧，妥欢帖木儿北上应昌后，一部药典从上都大火中被抢救出来，辗转一番到了鄂尔多斯。那部药典起初多年被保管在民间，后来满巴扎仓在鄂尔多斯北部建成后，被移送至此保管。据说那部药典的保管非常严密。然而，对那部药典垂涎三尺者一直不乏其人。那部药典具体存放在什么地方，在谁手里，只有满巴扎仓的住持堪布才知晓。一代住持将老时会告诉下一代住持，那部药典在哪里，在谁手上。但是，上一代住持洛布桑堪布在他53岁那年忽然暴病而去。据说，没来得及给其下一代住持交代那部药典在何处。就这样，满巴扎仓有了一个天大的谜，引起了从内到外形形色色之人的贪念和猜测。全书约13万字。

（范　伟）

《狐狸的微笑》(英文版)

中国少数民族翻译出版工程项目，2014年中译出版社立项，英国欧若拉出版公司2016年出版。

本书是一部生动有趣的纪实文学。作者胡冬林深入长白山原始森林20年，为森林里的美丽生灵深情画像，青羊、熊、紫貂、狐狸、青鼬、星鸦……作者通过对原始森林中动植物、生态环境细致入微的描写，为读者揭开神秘大森林的一角，引发读者对人与自然议题的思考。全书约20万字。作者胡冬林，中国当代著名作家。曾获全国首届环境奖、吉林文学奖、长白山奖，全国优秀儿童文学奖等。创作了大量生态文学作品，长期坚持在长白山林区考察访寻，对当地动植物有着深厚的感情，对长白山生态保护有着深刻的见解。（范　伟）

《生命册》(英文版)

中国当代作品翻译工程项目，2014年立项中译出版社，英国欧若拉出版公司2016年出版。

以主人公吴志鹏从平原农村走向城市的生活和心理转变为主线，勾画出近50年的社会变迁场景，记录了属于很多人的“生命册”。在作者笔下，“乡村与城市、历史与现实、理想与欲望并置，并试图从中摸索出时代与人物命运的关联”。作者通过主人公和“骆驼”等为代表的知识分子在社会转型期做出的大学毕业、进入“体制”工作、辞职、下海经商等一系列人生选择和精神状态的描写，完成了对一代人命运的审视。本书荣获第九届茅盾文学奖。全书约26万字。作者李佩甫，中国作家协会会员，中国作协全委会委员，国家一级作家，享受国务院政府特殊津贴。曾先后获全国庄重文文学奖（1994年）、飞天奖、华表奖、五个一工程奖、人民文学优秀长篇奖、全国"金盾文学奖"、"全国十佳小说奖"等多项大奖。凭作品《生命册》获第九届茅盾文学奖。（范　伟）

《天行者》(英文版)

中国当代作品翻译工程项目，2014年中译出版社立项，英国欧若拉出版公司2016年出版。

以中国20世纪90年代贫乏的乡村教育为背景，讲述了一群在贫苦生活中无私为乡村教育事业做出贡献的民办教师为求转正而发生的辛酸故事，也反映出被人们遗忘已久的乡村民办教师曾有过的艰难历程。本书围绕着西河乡界岭小学三代民办教师转正的故事，以及张英才、余校长、孙四海、万站长、蓝飞和夏雪等人的爱情故事开展起来。这些大故事中穿插着小故事，每个小故事又可以作为下个故事开展的源头，相互交叉汇合，使得小说的叙事精彩纷呈，紧缩而富有张力。全书约 34 万字。作者刘醒龙，现为《芳草》文学杂志总编，华中师范大学客座教授，华中师范大学刘醒龙当代文学研究中心名誉主任。著有《刘醒龙文集》（27 卷）等，散文《抱着父亲回故乡》获老舍散文奖，中篇小说《挑担茶叶上北京》获首届鲁迅文学奖，长篇小说《天行者》获第八届茅盾文学奖。（范　伟）

《湖光山色》（英文版）

中国当代作品翻译工程项目，2014 年中译出版社立项，英国欧若拉出版公司 2016 年出版。

通过楚暖暖和旷开田从贫穷到富裕的经历讲述了一个关于人类欲望的寓言。小说以曾进城打工的乡村女青年楚暖暖为主人公，讲述了她回到家乡楚王庄之后不断开拓进取、进而带领全村创业的故事。暖暖是一个“公主”式的乡村姑娘，她几乎是楚王庄所有男青年的共同梦想。村主任詹石磴的弟弟詹石梯自认为暖暖非他莫属，但暖暖却以决绝的方式嫁给了贫穷的青年旷开田，并因此与横行乡里的村主任詹石磴结下仇怨。从此，这个见过世面、性格倔强、心气甚高的女性，开始了她漫长艰辛的人生道路。小说结构严密，充满悲情和暖意，作家以他对中国乡村生活的独特理解，既书写了当代中国乡村表层生活的巨大变迁和当代气息，同时也发现了当代乡村中国深层结构的坚固和蜕变的艰难。全书约 25 万字。作者周大新，中国当代作家。1979 年开始发表作品，至今已发表小说 600 余万字。曾获茅盾文学奖、全国优秀短篇小说奖、冯牧文学奖等。小说《香魂塘畔的香油坊》改编的电影《香魂女》获 1993 年度柏林国际电影节大奖——“金熊奖”。作品被译为英文、法文、韩文出版。（范　伟）

《石榴树上结樱桃》（英文版）

中国当代作品翻译工程项目，2014 年中译出版社立项，英国欧若拉出版公司 2016 年出版。

这是一部独特与深刻的长篇小说，一幅 21 世纪初的“乡土中国浮世绘”。作者选择农村村委直选与计划生育这两个相互联系的政治性与政策性较强的事件构成小说的中心情节，是需要相应的智慧与勇气的。贯穿全篇的标题“石榴树上结樱桃”，表现了李洱在《花腔》中已成功运用的喜剧美学修辞：反讽与荒诞。全书约 15 万字。作者李洱，中国当代著名作家，著有长篇小说《花腔》《石榴树上结樱桃》，中短篇集《午后的诗学》等。作品被译为英语、德语、意大利语、韩语、日语等多种文字。（范　伟）

《誓鸟》（英文版）

中国当代作品翻译工程项目，2014 年中译出版社立项，英国欧若拉出版公司 2016 年出版。

在大航海时代的宏大历史背景下，一个美丽的中国女子远下南洋，海啸夺走了她的记忆，她在大海里、岛屿上颠沛流离，被欺侮、被抛弃，历经生育、病痛、牢狱之苦，她刺瞎了自己的双目，只为寻找遗失的记忆。她为了寻找自己的过去，甘愿穷尽一生。海盗、歌女、宦官、部族首领、西洋牧师，他们的命运在南洋旖旎的风光里交会。全书约 12 万字。作者张悦然，著名青年作家。1982 年出生于山东济南，其作《陶之陨》《黑猫不睡》等作品在《萌芽》杂志发表后，在青少年文坛引起巨大反响。（范　伟）

中国民族音乐原声资料抢救与发掘出版工程之民族器乐篇项目

2016 年度国家出版基金项目，中国科学文化音像出版社编辑出版。

该项目是对老录音资料修复和再出版的一次大胆探索，实现了珍贵录音资料的长期保存。内容的时间跨度从20世纪30年代至现今，资料来源包括黑胶唱片、钢丝带、开盘带、盒式磁带；涉及乐器种类包括吹奏乐器、拉弦乐器、弹拨乐器、打击乐器、少数民族乐器，具体乐器包括古琴、古筝、琵琶、扬琴、箜篌、玎琴、柳琴、月琴、三弦、小三弦、大阮、中阮、维吾尔弹拨尔、都塔尔、热瓦甫、柯尔克孜族克木斯、哈萨克冬不拉、二胡、京胡、板胡、高胡、线胡、坠胡、擂琴、马骨琴、四胡、小四胡、马头琴；笛子、箫管子、短管、小管、双管、唢呐、呐子、笙、闷子、喇叭、骨哨、埙、直笛、侗笛、苗族蟒笛、夜箫、傣族葫芦丝、筚、巴乌、彝族马布、黎族口箫、哈尼族俄比、里拉罗、壮族横鼓等几十种乐器；音乐形式包括独奏、合奏、民族管弦乐等；音乐种类包括江南丝竹乐、陕西鼓吹乐、新疆鼓吹乐、粤剧、京剧、越剧、秦腔、河北梆子、河南豫剧、河南坠子、潮剧、汉剧、昆曲、婺剧、琼剧、广东文场音乐、客家音乐、南乐及各地民间音乐等类型。

本项目以音乐CD光盘的形式出版发行，分上下册，共计100张CD光盘，963首曲目，曲目及演奏信息文字内容17000字。（李　娟）

《丝路文库》

国家“十三五”重点图书出版规划项目，2016年度中国出版集团公司出版专项资金项目，华文出版社编辑出版。

该丛书基本架构以经典历史著作、人物传记为主，配合传世文学典藏，逐步引进当代优秀作品。引进出版讲述伊斯兰文化故事、反映伊斯兰文学水准、展现中伊文化交流历程的知识性、大众性精品图书。《丝路文库》计划每年引进出版10～15种图书，年度总码洋达到600万。在五年时间内达到60～80种图书规模。2016年已出版《群书治要360（中阿对照）》《君悦文集》《灵魂归来》《仅有爱情是不够的》《回来吧，我的心》《阿里传》《奥斯曼传》《中国纪行》《阿拉伯的智慧：信仰与务实的交融》等九个品种。

（戴明敏）

《统一战线基本丛书》

国家“十三五”重点图书出版规划项目。华文出版社编辑出版。

该丛书是对统一战线发展历史的深度总结，也是对于指导新时期的统一战线工作、促进统一战线的科学发展，具有重要的现实意义。丛书分13种，包括《中国共产党统一战线史》《中国共产党统一战线教程》《民主党派知识简明读本》《西藏知识简明读本》《新疆知识简明读本》《宗教知识简明读本》《台港澳知识简明读本》《民族知识简明读本》《统一战线100个由来》《统一战线实用工作方法》《新中国统一战线大事记》《统一战线人物志》《中国共产党统一战线文献选编》，涵盖统一战线史、基本教程、基本工作方法及民族、宗教等各专门领域，门类较齐全，出版基础好。2016年部分书稿已开始组稿、编辑加工。

（戴明敏）

《讲述西藏》

2016年度国家出版基金项目。中央宣传部、国家新闻出版广电总局纪念新中国成立65周年重点项目。华文出版社编辑出版。

该丛书通过历史档案、写实记录、现场访谈等方式展现西藏是一个藏传佛教、苯教、伊斯兰教和天主教等多种宗教并存的地区，在漫长的历史进程中，各个宗教都经历了漫长的演化，也形成了独特的文化和亚文化，给西藏各族人民的生活打上了深深的烙印，是部有关西藏宗教知识的优秀读本。该项目分为《讲述西藏：变迁的故事》《讲述西藏：传承的故事》《讲述西藏：宗教的故事》三种，遵循了大主题小故事的创作理念，兼具历史感和时代感，既是浓缩的故事，又是今天西藏的真实面貌。表层是一个个真实、生动的故事，而深层是展现西藏和平解放前至改革开放几十年以来的各个领域的发展与进步。书稿

涉及重大选题备案，2016年已完成书稿送审工作。（戴明敏）

《当代中国社会大事典（1978—2015）》全四卷

2016年度国家出版基金项目，华文出版社编辑出版。

该书紧紧围绕完善和发展中国特色社会主义制度，加强社会建设、推荐社会治理体系和治理能力现代化建设的主线，真实记录这一时期社会领域改革发展的演变脉络、重大事件和辉煌成就。全书共四卷，第一卷系统梳理改革开放以来中国社会发展状况、社会结构变迁和社会体制改革、民主法治与社会规范等内容；第二卷收录了中国在收入分配、劳动就业、劳动关系、基本公共服务体系建设等领域所发生的重要事件，各项法律法规；第三卷收录社会保障体系建设、社会保险、食品安全等相关内容与法律法规；第四卷收录了网络社会与信息安全、保障与提高人民生活水平、中国社会发展综合统计、中国社会学发展大事记等内容。《当代中国社会大事典》兼具学术理论创新、实践经验总结、体制制度变迁综述等多方面的特征，并在功能定位、理论视角和研究方法上具有重要创新。该书已于2016年完成编辑加工工作，因涉及重大选题备案，书稿已报审，待批复。（戴明敏）

《鲁迅全传·苦魂三部曲》

2016年度国家出版基金项目，华文出版社2016年编辑出版。

该书记录大时代背景下鲁迅生平经历、复杂的生命精神、呈现鲁迅真相的一部鲁迅全传。全书共分三部，第一部《会稽耻》，第二部《野草梦》，第三部《怀霜夜》，总计近120万字。该项目由鲁迅研究专家张梦阳所著。

2011年7月，第一部《会稽耻》的初稿完成，2014年9月、2015年7月作者又对《会稽耻》进行了润色加工；2015年2月，第二部《野草梦》的初稿完成，2015年7月修订润色完成；2015年7月，第三部《怀霜夜》的初稿完成。2015年7月末，作者将全部书稿交到华文出版社进行审读，之后根据专家、读者意见进行了修改。2015年11月，华文出版社开始编辑校对工作。因每部图书都插有版画，版画绘制工作2016年4月最终完成。2016年7月，全部编校工作完成。2016年8月印刷出版。

《鲁迅全传·苦魂三部曲》出版，受到林非、王锡荣、郜元宝、杨扬、周令飞、朴宰雨等专家学者的好评。《光明日报》《中华读书报》《北京日报》《北京青年报》《中国新闻出版报》《中华英才》《文学评论（香港）》等报刊相继发表文章进行深度报道。《鲁迅全传·苦魂三部曲》出版后，也获得很多荣誉：入选了中国出版集团评选的“中版好书2016年度榜”；《鲁迅全传·野草梦》入选了中国图书评论学会主办的“中国好书”2016年9月榜单；《鲁迅全传·苦魂三部曲》还获得了中国出版集团公司营销案例奖。在“走出去”方面，《鲁迅全传·苦魂三部曲》输出了阿拉伯语，并获得了“丝路书香”资助。

（戴明敏）

《马克思主义哲学智慧》

2016年度国家出版基金项目。现代出版社2016年编辑出版。

以马克思主义的科学世界观和方法论为基本内容，以马克思的哲学革命为总体线索，以“激发思想活力，启迪哲理智慧、滋养浩然之气”为主要目的，系统地阐述了马克思主义的哲学智慧。全书分为八章：第一章阐述了马克思的世界观变革，论证了马克思主义哲学的解放的旨趣和道路；第二章阐述了马克思《资本论》的“资本批判”，论证了《资本论》的哲学智慧；第三章阐述了马克思主义的唯物史观，论证了历史唯物主义的哲学智慧；第四章阐述了马克思主义的辩证法，论证了唯物辩证法的哲学智慧；第五章阐述了马克思主义的认识论，论证了能动反映论的哲学智慧；第六章阐述了马克思主义的哲学观，论证了塑造和引导时代精神的哲学智慧；第七章阐述了当代中国的马克思主义哲学研究，论证了中国学者总结和概括的马克思主义哲学智慧；第八章阐述了马克思主义哲学大众化，论证了作为“学说”“学术”和“学养”的马克思主义哲学智慧。全书一册，600千字，主编孙正聿，现任全国政协委员，国家哲学社会科学专家咨询委员会委员，教育部社会科学委员会委员，教育部学风建设委员会副主任，吉林省社会科学联合会副主席，吉林大学资深教授，博士生导师。2016年编辑出版。（梁毅国）

中版教材有限公司全国发行网络中心建设项目

财政部2013年中央文化企业国有资本经营预算项目，中版教材有限公司承担。

中版教材有限公司根据现有全国营销网络平台情况拟在2013～2014年份分阶段建设教育出版全国营销网点。

2016年中版教材有限公司在广西壮族自治区、湖南省、重庆市、新疆维吾尔自治区等自治区、省、市购置营销网点办公用房。成都、昆明、郑州、海口等市的办公用房进入装修改造阶段，中版教材有限公司全国营销网络平台初具雏形。（武一格）

汉英中国法律词典（复合出版项目）

国家出版基金项目，中国民主法制出版社编辑出版。

本项目依法选词条，借词找例句，以一部法律为基本单位，以条、款、项、目甚至句和段落为最小单位，把所选每部法律，从每条着手，按照法务实践应用，结合法理研究需要，选词择句。词典选编的编者系国际知名学者於兴中教授，多年的海外从业经验使他对汉英法律的翻译词典的需求有深刻认识，历时六年选编精选七大类300余部法律文本，参考现行法律中的190多部有英文版本的法律文本作为编辑蓝本，从中选取近两万词汇，词汇与例句来源均出自最高立法机构公布的中文与翻译文本，从而保证了项目的专业性和权威性。项目属于复合出版项目，同时完成数据库系统的开发及应用，具有检索便利，便于更新，使用方便的特点。（邵　力）

《田纪云文集》

国家出版基金项目。中国民主法制出版社2016年编辑出版。

该书翔实反映了田纪云同志的工作历程，内容丰富，语言生动。文集共三卷，分别为民主法制卷、农业卷、经济改革和对外开放卷。其中，《田纪云文集·民主法制卷》收录作者1993年至2004年期间关于全国人大工作、人大制度建设、民主法制建设等方面的文章、讲话、谈话共44篇。《田纪云文集·农业卷》收录作者1982年至2004年期间关于农业问题所做的报告、讲话、文章等共33篇。《田纪云文集·经济改革和对外开放卷》收录作者1979年至2010年期间关于我国经济改革和对外开放的文章、讲话，以及为纪念十一届三中全会召开30周年所写的回忆改革开放历程的文章共46篇。该书2016年编辑出版。（邵　力）

集团公司重大项目

166原创力丛书

财政部2016年宣传文化发展专项资金项目。人民文学出版社编辑出版。

“166原创力”是一套扶持优秀原创小说的丛书。2016年以来，“166原创力”丛书已出版了长篇小说五部，包括路内的《慈悲》、葛亮的《北鸢》、张悦然的《茧》、王华的《花村》及李师江的《非比寻常》。

2016年度，“166原创力”丛书收录的五种图书的作者分别为：路内，任职于上海市作家协会。2007年在《收获》杂志发表长篇小说《少年巴比伦》而受到关注。至2013年共发表五部长篇小说：70万字的“追随三部曲”（《少年巴比伦》《追随她的旅程》《天使坠落在哪里》）及《云中人》和《花街往事》；葛亮，现居香港，任教于高校，香港大学中文系博士。著有小说《朱雀》《七声》《谜鸦》等，文化随笔《绘色》，学术论著《此心安处亦吾乡》等。部分作品译为英、法、俄、日、韩等国文字；张悦然，当代女作家，至今已出版的小说作品有：《葵花走失在1890》、《张悦然十爱》、《樱桃之远》、《水仙已乘鲤鱼去》、《誓鸟》，主编主题书《鲤》系列等。王华，仡佬族，贵州文学院专业作家，2001年开始发表作品，著有长篇小说《桥溪庄》、《傩赐》、《家园》。作品多次被《小说选刊》《北京文学·中篇小说月报》等转载。李师江，诗人、小说家，在台湾地区出版《比爱情更假》《肉》《她们都挺棒的》等四部作品，内地出版长篇小说《逍遥游》，获得2006年“华语文学传媒大奖”。2007年推出长篇力作《福寿春》。其后出版长篇小说《中文系》，以20世纪90年代中期的大学生活为背景，对大学生活到大学体制以及大学生心灵进行了细致深入的剖析。（甘　慧　顾　乡）

“中国翻译家译丛”

财政部2016年宣传文化发展专项资金项目。人民文学出版社编辑出版。

“中国翻译家译丛”携手中国翻译协会，精选20世纪以来中国最优秀译者的优秀译作，每人一卷，每卷约40万字，分辑出版。本着“古今中外，提高为主”的理念，还将关注一些读者了解相对较少的经典之作。本项目共计20种，约12000千字。2016年大部分稿件已完成核红，待付型出版。（甘　慧　顾　乡）

《瓦里希德汉大词典》

财政部2016年宣传文化发展专项资金项目。2016年立项，商务印书馆编辑出版。

以德国《瓦里希德语词典》为蓝本编译的单卷本德汉词典，收录词条、例证和惯用语逾25万条，共计600万字左右。

本词典收词以语文词汇为主，兼收百科词条，涉及语言学、物理学、化学、经济学、数学、天文学、宗教学、生物学等多个学科领域，涵盖了德语规范用语、习语、俗语、方言、专业术语、外来语等，科学性与科普性兼具。《瓦里希德汉大词典》继承了德文原版的崇高立意，并迅速跟进时代，从实用性上得到加强，是一部综合工具书。商务印书馆组织全国各地高等院校的德语精英加入到词典项目中来，编译和校审团队包括广东外语外贸大学、北京第二外国语学院、西安外国语大学、中国对外经济贸易大学的近30名德语专家。

2016年，联合审校专家分批次完成疑难词条的审校工作，完成词典四校样统校和专项检查工作。（石良燕）

“博物·自然”系列丛书

财政部2016年宣传文化发展专项资金项目，商务印书馆2016年启动。

此项目主要涵盖三类内容：国外优秀博物作品引进；国内原创性作品开发；适合青少年阅读的博物学作品。注重可读性、趣味性、艺术性、科学性，丛书包括《鸟的感官》《羽毛》《探寻自然的秩序》《醉酒的植物学家》《中国常见植物野外识别手册·衡山册》《中国常见植物野外识别手册·祁连山册》《中国常见植物野外识别手册·苔藓册》《中国常见植物野外识别手册·荒漠册》《发现最美的鸟》《发现瑰丽的植物》《发现最美的昆虫》《发现奇异的动物》《昆虫的私生活》《性、植物学与帝国》等14种图书。该系列已出版图书均取得了良好的社会效益和经济效益。（蔡长虹）

商务印书馆《小说月报》全文检索数据库

财政部2016年宣传文化发展专项资金（科技类）项目，商务印书馆2016年启动。

《小说月报》1910年7月创刊于上海，1932年“一·二八”淞沪战争时停刊。先后共出22卷，262期（包括增刊四期），共1088册。《小说月报》五四运动前为鸳鸯蝴蝶派刊物，1921年第12卷第1号起由沈雁冰主编，全面革新内容，成为文学研究会代用机关刊物，是第一个大型新文学刊物。内容主要分为四类：理论、原创、翻译以及文学问题讨论。该刊在建设新文学理论、发展新文学创作、评介外国文学和整理中国古代文学诸方面，都取得卓越成绩。它记录了中国新文学第一代作家艰辛跋涉的足迹，造就和培养了一批新作家，对中国新文学运动的发展做出多方面的贡献，在中国现代文学史上占有重要地位。

《小说月报》全文检索数据库系统的开发，使得用户可以借助计算机的强大功能对于大量期刊史料进行多维度分析。它将为民国史及其相关领域的学术研究提供新鲜的史料资源，满足了学术界日益增长的对民国文献研究的需要。

2016年，初步完成《小说月报》全部原刊资源的采集、甄别、梳理、汇总和编目等工作，以及对于部分缺失资源的搜集工作。（冯建民）

商务印书馆历史资源数字化采集与POD出版项目

财政部2016年宣传文化发展专项资金（科技类）项目，商务印书馆2016年6月启动。

该项目主要是对商务印书馆20000本库存历史资源进行翻拍、扫描及数据加工工作，将历史资源内容进行归档，入商务印书馆数字内容资源库。书影、图书简介、版权信息等元数据上传互联网，结合电子商务在商务印书馆涵芬楼书店设专区，进行O2O特色经营，按需印刷、个性化定制；同时利用已有的各成熟营销渠道（如国内外电子图书馆等），进行销售和长期服务，形成完整成熟的商业模式。（李　昊）

《中华传统文化经典百篇》

财政部2016年宣传文化发展专项资金项目，2016年立项，中华书局2016年编辑出版。

《中华传统文化经典百篇》收入101篇，包括先秦诗歌、辞赋及历代论说、语录、史传、奏议、碑志、杂记、序跋、尺牍等各种文体，涉及哲学、社会科学，还涉及科学技术、中外关系、军事思想等领域，尤其注重关乎修身立德、治国理政、伸张大义、嫉恶刺邪、亲情伦理的传世佳作。从时间上来说，上起先秦，下迄近代，从《尚书·皋陶谟》一直到《少年中国说》，历时数千年，既是历代名著名篇的精粹选本，也是中华民族优秀传统文化的一个较小体量的缩影，更是中华民族精神发展、成长史剪影，可以从各个角度、各个层次反映中华优秀传统文化的面貌和深邃的精神内核。本书对每篇选文，均设置题解、注释、解析三个栏目。题解撮要介绍作者、成书、篇题以及写作背景。注释解释难懂词义、注释生僻字音，串讲文句大意，尤其对典章制度进行详细训解，沟通古今方俗，进行必要转化。解析则从时代精神出发，阐明文章主题，阐发精神内涵。

本书由国务院参事室、中央文史研究馆组织编选。袁行霈、王仲伟、陈进玉担纲主编，冯远、陈来、陈祖武、许逸民任副主编，编委包括李修生、王蒙、孙钦善、杨天石、王宁、陈高华、刘梦溪、白少帆、安平秋、赵仁珪、赵德润、詹福瑞、刘跃进等专家学者。2016年立项并出版。

（梁　彦）

《中国出版史研究》

财政部2016年宣传文化发展专项资金项目，2016年立项，中华书局2016年编辑出版。

《中国出版史研究》主要面向从事中国出版史研究工作的海内外学术界、教育界专家、学者、研究生、大学生，以及出版界从业人员。《中国出版史研究》以承载出版历史、探索出版规律为己任，设专题研究、理论探索、史料钩沉、读史札记四大板块，致力于成为具有学术期刊较高水准的全球学术刊物，崇尚务实严谨的学风，重史料、重史实，有态度，有角度，有观点，旨在打造中国出版史研究的学术前沿平台。《中国出版史研究》是由中国出版集团公司主办、中华书局出版的学术研究性季刊，每季第三月15日出版，杨牧之任主编，全球发行。2016年已出版。

（梁　彦）

《孙中山全集续编》

财政部2016年宣传文化发展专项资金项目，2016年立项，中华书局2016年编辑出版。

《孙中山全集续编》沿用《孙中山全集》的编排体例和校勘规范，继承《孙中山全集》的优良传统，按照时间顺序，辑录30年来国内外出版的有关文献、档案、电文等，约190万字，其中既汇集吸收海内外孙中山资料集的整理成果，还收录了许多个人发表在报刊和著作中的孙中山遗文，并加以考订，厘清了史学界对孙中山著述研究的一些讹误，具有极高的史料价值和学术价值。近现代史研究学者林家有、李吉奎、邱捷、周兴樑、李兴国、张文苑等承担《孙中山全集续编》的编纂工作。2016年出版。

（梁　彦）

《3～6岁中国儿童成长百科全书》

中国出版集团公司2015年度专项资金出版项目，2015年立项，中国大百科全书出版社2016年编辑出版。

本书是根据教育部印发的《3～6岁中国儿童学习与发展指南》而编写的一套集健康、语言、社会、科学和艺术认知于一体的儿童百科全书。全书分为《宝贝，我们一起成长·认知》《宝贝，我们一起成长·安全》《宝贝，我们一起成长·习惯》《宝贝，我们一起成长·传承》四册。它一改往日儿童百科纯说教式的严肃面孔，而是站在儿童早期成长的视角，以跨领域的方式从认知、传承、安全、习惯四个角度详载了儿童在早期学习与发展的具体内容，让孩子爱上学习，快乐成长。培养孩子自我认知、自我管理能力；帮助孩子学会思考，增强自信；培养他们的安全意识，养成良好习惯；同时促使孩子们学习基础知识，树立高尚情操。是亲子阅读、儿童独立阅读以及幼儿园教师课程设计的有力助手。全书分四册，八开本，硬精装。全彩绿色印刷，200张手绘大图，是上百位一线幼教老师呕心沥血之作。

（尹添铭）

《王大伟儿童安全百科绘本：小石头、电饭煲与汽车警察》

中国出版集团公司2015年度专项资金出版项目2015年立项，中国大百科全书出版社2016年编辑出版。

本书是由中国公安大学教授、儿童安全教育专家王大伟创作的安全童话。全书分为《居家安全》《出行安全》《游玩安全》《心理安全》四册，讲述了发生在三岁的田仔身上的一系列故事。全书包含24个安全童话、24首安全童谣、24个安全提示和24句平安英语，随书还附赠“做个安全小警察”相框，对儿童必需的基本安全知识进行梳理、展示和演练，让孩子们在有趣的童话故事中，潜移默化地树立安全意识，从而健康快乐地成长。书中的童话故事全部改编自真实案例，具有高度的典型性。安全童谣朗朗上口，便于记忆。本书为多媒体读物。扫描书中的二维码，可以收听王大伟绘声绘色讲述的24个故事，为小朋友扫除了不识字的阅读障碍；另外还可以看到大伟叔叔亲自表演的安全童操，从而使小朋友多感官吸收安全知识。本书取经于国际先进安全教育理念的“危险测试”，为家长们提前消除安全隐患，极具实操性和前瞻性。全书分四册，16开本。

（尹添铭）

《伟大的先驱：纪念孙中山先生诞辰150周年连环画集》

中国出版集团公司2015年度专项资金出版项目，连环画出版社2016年编辑出版。

该画集讲述了孙中山为近代中国的民族独立、民主自由、民生幸福而奋斗的一生。内容包括《孙中山传》《雾都十三夜》《首任总统》《珠海惊涛》《孙中山与李大钊》共五册。2016年该书已出版。

（赵军平）

《嘹亮军歌：中国人民解放军成立90周年优秀歌曲集（1927－2017）1－9卷》

中国出版集团公司2015年度专项资金出版项目，人民音乐出版社编辑出版。

是一部为纪念中国人民解放军建军90周年而精心策划的一部重大主题出版物。按照编年体方式排序，分为九卷。收入1927年至2017年优秀军旅歌曲1670余首，并配有音像光盘。本套书特别邀请了当下军队文艺创作的顶级专家（作曲家、理论家、音乐评论家等）团队参与编撰。

该书真实记录了我军90年来音乐艺术创作的历史，梳理了军队歌曲的脉络。尤其是第8卷和第9卷，由于时代的变迁和传播渠道的变化，大部分优秀歌曲没有机会发表和传唱，本套书的出版为正能量作品提供了传播的平台。必将成为里程碑式的作品。兼有史料收藏和传播价值。

军队的音乐创作在整个中国音乐创作史上占有重要的位置，其艺术成就之高是令人侧目和肃然起敬的。本套图书无论是在记录音乐还是传承音乐方面，都是一项史无前例的重大工程，能在当代中国音乐史上留下浓墨重彩的一笔，也是对中国音乐界的重大贡献。（杨济如）

《中国当代作曲家曲库·室内乐篇》

财政部2016年宣传文化发展专项资金项目，人民音乐出版社编辑出版。

《中国当代作曲家曲库·室内乐篇》均为原创室内乐作品。为了保证和体现本曲库的权威性和学术性，首选国际、国家级及省级作曲比赛获奖作品，但不排除未获奖的优秀新作。计划出版西洋乐器室内乐、民族乐器室内乐和混合编制室内乐共十部。

该系列作者均为国内各高校及院团的优秀华人作曲家，其中作品主要包括杨立青的《思》、唐建平的《弹歌·尔雅·相和》、郭文景的《晚春》、贾国平的《颓败线的颤动》、郭和初的《雨打芭蕉》、向民的《古典印象》、李滨扬的《六月雪》、叶国辉的《日落阳关》、温德清的《蚂蚁搬家》和杨勇的《八重奏》等。

该系列延续了“中国当代作曲家曲库”的初衷，并将交响乐之外的重要音乐体裁——室内乐融入其中，进一步丰富了“中国当代作曲家曲库”这个项目。坚持高品质、高质量、宁缺毋滥的选曲原则，做到学术质量一流、编校质量一流，力图为中国音乐界和出版界打造出一个艺术质量优秀、学术品牌权威的“中国作曲家曲库·室内乐篇”系列。（杨济如）

《世界秩序与文明等级》

财政部2016年宣传文化发展专项资金项目，生活·读书·新知三联书店2016年编辑出版。

本书收入的多篇文章从不同的角度，对近代形成的文明等级论做出了详细的考察和分析，内容丰富，论证扎实，对中国的读者了解文明论的发展过程和主要内容，反思近代以来现代化进程中关于世界秩序和人类文明进程的诸多定论，将多有启发。本项目由刘禾主编，全书427千字。

（邵慧敏）

金冲及文丛（四种）

财政部2016年宣传文化发展专项资金项目，生活·读书·新知三联书店编辑出版。

本项目作者为金冲及。由4本书组成，分别是《生死关头——中国共产党的道路抉择》（2016年出版，294千字）、《向开国领袖学习工作方法》（2016年出版，101千字）、《第二条战线——论解放战争时期的学生运动》（2016年出版，120千字）、《联合与斗争——毛泽东、蒋介石与抗战中的国共关系》（2018年出版，198千字）。

《生死关头——中国共产党的道路抉择》全面展示中国共产党的诞生、成长以及选择社会主义道路的曲折历程，是95年来中国共产党人的心路剖析，是作者不间断思考和研究的总结。从《中华民族是怎样形成的》到《从十二月会议到六届六中全会——抗战初期中共党内的一场风波》按照时间顺序梳理了中国共产党每逢关键时刻的道路选择，尤其是从重大历史事件中折射出中国共产党产生和社会主义道路的必然性。

《向开国领袖学习工作方法》从不同历史时期介绍毛泽东、周恩来、刘少奇、陈云、邓小平等领导人的工作方法以及价值，工作方法在革命和建设时期极为重视，这些工作方法的价值并不因为时间的流逝和条件的改变而失去，今天我们应该在新的历史条件下充分地挖掘它、使用它、发展它，以推进中华民族的伟大复兴事业，我们也不应该忘记老一辈无产阶级革命家的宝贵遗产，让它们在实际工作中发挥更大的作用。

《第二条战线——论解放战争时期的学生运动》，三联书店2016年签约品牌产品。是作者已经发表的文章中遴选关于第二条战线的篇目结集成书，展现解放战争时期国民党统治区广大爱国学生、工人、市民及其他阶层，在中国共产党领导下，反对美军暴行，反对蒋介石政权的内战、独裁、卖国政策的爱国民主运动。第二条战线的形成，有力地配合了人民解放军军事战场的斗争，对推翻国民党反动统治，解放全中国，发挥了重要作用。作者还以自己的亲身经历，叙述了青年时代入党的经过，是青年学子爱国行动的缩影，反映了波澜壮阔的学生运动。

《联合与斗争——毛泽东、蒋介石与抗战中的国共关系》八年全民族抗战，是决定中华民族生死存亡的重要关头。在这过程中，国共关系虽然波澜迭起、险象环生，但两党合作抗日的局面一直坚持了下来。本书论证了：在国难临头的时刻，同为中华儿女，合则两利、分则俱伤。抗战时期是国共两党合作时间最长的一次。只有全民族联合起来，共同奋战，才能打败凶残的、用现代武器装备起来的日本侵略者，保障民族的独立和解放。（邵慧敏）

联合国语言服务培训（UNTIT）

中国出版集团公司专项资金资助项目，中国

对外翻译有限公司承办。

联合国语言服务培训（United Nations Translation and Interpretation Training，简称UNTIT）项目是联合国翻译业务为基点，从新角度、多层面打造的联合国语言服务衍生产品。该项目结合了中国对外翻译有限公司在翻译行业深远的影响力及丰厚的资源积累，旨在解决翻译服务无法重复创造价值的业务结构性难点。UNTIT项目是首个整合联合国及国内翻译行业专家力量，面向MTI（翻译硕士）及语言类专业在校生、翻译从业者及爱好者，通过市场定向培养和选拔等方式进行的联合国语言服务专业化人才培训项目。

2016年12月，中国对外翻译有限公司“联合国语言服务培训（UNTIT）”项目获评中国出版集团“2016年度青年优秀创新项目”。

（金文茜）

《新常态下的变革：对话37位中国企业家》

中国出版集团公司主题出版重点出版物，东方出版中心编辑出版。

该书通过对马云、马化腾、董明珠、宗庆后、张近东等37位中国知名企业家，在2009～2015年这一重要过程中如何摆脱金融危机、变革经营模式、适应经济新常态等做了深入采访，真实、生动地记录了这一特殊阶段中国企业家们的思考、行动和心路历程。对于更多企业家们如何审时度势，率领企业迎接新常态、创造更大发展空间具有重要启迪。该书作者沈伟民，资深财经管理媒体人。现任《经理人》杂志副主编、浙江大学管理学院品牌顾问委员会委员、美通社特约记者。该书出版以来，受到市场的极大关注和好评，并已输出繁体字版，已经产生并将继续产生极其深远的经济效益。2016年，东方出版中心进行了选题策划、组稿、审稿、编校、出版等工作。

（金洁蓉）

“公司治理与国企改革”丛书

中国出版集团公司主题出版重点出版物，东方出版中心编辑出版。

该书围绕党的十八届三中、四中全会以来，党中央关于依法治国的战略部署，以及深化国有企业改革的重大举措，具有极强的现实针对性和理论开拓性。丛书选题新颖、及时，密切关注中国蓬勃发展的市场经济，特别是中国国有上市公司的治理和改革问题，紧密服务党和政府的中心工作。该书同时反映了中国学者研究公司治理和国有企业改革问题的最新成果，推动这一学科理论在中国的提高、完善和成熟，有利于推动中国经济改革、保障国有企业健康和可持续发展。该书的出版，将填补国内该领域的学术研究空白，有利于发展中国的公司治理和国有企业改革理论、深化公司治理和国企改革实践，促进中国公司，特别是国有企业提升国际竞争力。该书主编高明华，北京师范大学公司治理与企业发展研究中心主任，国家社科基金重大项目首席专家。丛书作者队伍专业水平较高，且长期从事相关领域问题的研究，学术积累深厚，并有多项研究成果出版。该书计划出版20种。2016年，东方出版中心首批推出8种图书。其他图书正在进行选题策划、组稿、审稿、编校、出版等工作。

（金洁蓉）

《中国声音》

中国出版集团公司主题出版重点出版物，东方出版中心编辑出版。

该书收录2011年9月～2014年3月期间，作者与国际人士的谈话、采访稿以及重要会议发言稿，一方面反映了现阶段外国专家、学者、官员对于中国发展有哪些关注点，另一方面通过作者对于这些国际人士提出的问题的回答，展示了中国这一时期的国情、发展进程，介绍了中国目前及未来的重要发展政策及方向。该书作者胡鞍钢，国内知名的国情研究专家，清华大学公共管理学教授、博士生导师，中国科学院——清华大学国情研究中心主任。2016年，东方出版中心进行了选题策划、组稿、审稿、编校、出版等工作。 （金洁蓉）

“易阅通”＋“按需印刷”全产业链融合发展项目

中国出版集团公司国有资本经营预算专项资金项目，中国图书进出口（集团）总公司承建。

“易阅通”＋“按需印刷”全产业链融合发展项目是“十三五”时期中版集团服务我国经济、社会、科技、教育发展的进出口资源核心运营平台，是中国图书进出口（集团）总公司在数字化融合发展时代基于自身基础的一次凤凰涅槃式的再生和转型升级、重塑核心竞争力的重要抓手。项目借助互联网技术，以数字服务降低出版产品的成本、扩大出版产品的覆盖范围，实现出版商、中盘商和消费者的多方共赢，目的是打通中国图书国际传播高速路，打造我国最权威的数字资源交易与服务中盘并构建纸电融合发展的价值产业链，建设中图数字平台集群，建设辐射亚洲的按需印刷生产中心。项目主要包括五个方面，一是打造中图大数据中心，建立中国出版云，服务行业发展；二是实施数字资产倍增计划，建成“数字中图”；三是精准市场服务，打造数字平台集群，实现“易阅通＋”；四是自主研发一体化在线加工平台，建设标准化数据加工体系；五是建立完善全球按需印刷服务体系，构建全品种微库存电商平台，实现“按需印刷＋”。

（王玉梅）

《泰中双语版中华文化启蒙读本》

中国出版集团公司2016年“一带一路”主题出版重点出版物。2016年立项，现代教育出版社编辑出版。

该书以“中泰一家亲”作为主题，寻找中国与泰国文化的交融点，从泰国文化中寻找中国元素，探索中泰两国“亲”的文化根源。内容以中国传统蒙学精华《弟子规》《三字经》《百家姓》等为线索，以孩子的视角去挖掘中泰文化传统的共性，以孩子的成长为落点，图文并茂地展现中华传统文化的鲜活魅力。这是一套让泰国少年儿童感兴趣的书，让他们为泰国文化自豪的同时也爱上中国文化的图书。作者是国学教育编写组，译者是黄璧蕴博士、许爱联博士，顾问是丘永春博士、魏清博士，泰方出版机构是泰国乌汶大学中文系。

截至2016年底，该项目已签署完成《委托翻译合同》和《委托顾问合同》，翻译工作开始启动。

（杨　静）

“口腔颌面诊疗”丛书（第二辑）

中国出版集团公司专项资金项目，世界图书出版西安有限公司编辑出版。

“口腔颌面诊疗”丛书（第二辑）主要介绍口腔颌面相关学科的最新进展与发展方向，对提高我国相关学科诊疗水平、提升我国学界的国际学术地位有很大帮助，具有很高的学术价值。该项目包括《颌面赝复学（下卷）：颜面缺损的修复》《儿童口腔创伤学》《唇腭裂诊断与治疗》《正畸与儿童口腔病例精粹》四种图书，约5000千字，2000余幅图片。

《颌面赝复学（下卷）：颜面缺损的修复》，是国内颌面缺损修复的第一本专著，较详细地介绍了颌骨及腭部缺损修复的基本知识、诊治原则和修复技术。由空军军医大学（原第四军医大学）赵铱民主编，2016年已出版。

《正畸与儿童口腔病例精粹》，全书以“病例引导的教学”为模式，对数十个不同的典型病例进行分析和讲解。由空军军医大学（原第四军医大学）武俊杰与吴礼安担任主译，2016年已出版。

《儿童口腔创伤学》介绍了临床实践中面临儿科口腔创伤问题的逐步解决过程，包括病史、临床检查和诊断，以及治疗计划的制订。由西安交通大学口腔医院儿童牙病科主任郭青玉担任主编，2016年完成组稿工作。

《唇腭裂诊断与治疗》是首部系统介绍唇腭裂诊断与治疗相关知识和理论的专著，由西安交通大学口腔医院正畸科主任侯玉霞主译，2016年完成翻译工作。（马元怡　郭　静）

中版教育云平台

中国出版集团公司上市募集资金项目，世界图书出版上海有限公司承担。

该项目从2011年开始启动，利用世界图书出版有限公司这一科技教育出版社的优势，经过近三年的市场调研摸索，结合国内外教育信息化市场的发展趋势，并整合中国出版集团公司教学资源所确定的融合出版新业态项目。该项目被中国出版集团公司确认为集团“十三五”时期重点建设项目。

截至2016年底，基本完成产品雏形的开发工作。与广东、山东、贵州、湖北、湖南、重庆、四川等省市的教育机构或企业签订了代理机制的合作协议，完成了近十所学校的实施部署，完成软件著作权登记两个，与上海六所联盟学校建立战略合作。（王　纯）

《时代语文：三维阅读互动课堂（1－6年级）》

财政部2016宣传文化发展专项资金项目，华文出版社编辑出版。

该书是由中语会理事长苏立康担纲，由一批北京市的优秀教师、教研员、教师培训者共同编写的。在设计上关注了“教本”与“学本”的有机融合，以全新的架构、新的文本方式展现。一方面能够帮助学校初步确立课外阅读实践课程体系，帮助教师在教学计划中有机融入课外阅读指导，帮助学生将课外阅读列入学习计划，并根据实际需要做出具体安排。该项目不仅能够完善华文出版社的产品线建设、出版结构，而且更能在此基础上形成系列。另一方面，在图书市场中，《时代语文：三维阅读互动课堂》的全新视角和对比张力，将在同类书市场中显现出优势。该书“主题式”的阅读内容、“结构化”的框架体系、“实践性”的学科特点，契合当下语文课改的需求，符合师生的阅读期待。该书可以长期在市场销售，市场前景好。

《时代语文：三维阅读 互动课堂（1－6年级）》属于以创新理念编写的读本，并非美文混编，因其理念新推广阶段会遇到资金压力。一旦推广开来，其理念将会为当前语文教育改革带来重要助力。该项目1－6年级上册已于2016年8月出版，1－6年级下册陆续开始编校，预计2017年完成出版。（戴明敏）

“快乐鸟”少儿名家·画本·精品典藏书系（30种）

财政部2016宣传文化发展专项资金项目。现代出版社2016年编辑出版。

精选中华人民共和国建立以来影响最大的一批著名儿童文学作家的经典代表童话，包括孙幼军、葛冰、金波、洪汛涛、汤素兰、杨鹏、周锐、金近、安武林、殷健灵、苏梅、肖定丽等当代著名儿童文学作家。书系面向6～8岁的低龄儿童读者，配以注音和精美手绘插图，十分适合低幼读者阅读。本项目以注音美绘书的形式在中国大陆主要以纸质图书出版。共计30册图书，每本40千字、20幅图，共计120万字、600幅图，平均首印印量为一万册，单本平均印量将达两万册以上，总印量超过60万册。2016年完成该项目的出版工作。（梁毅国）

新华联合物流中心竣工验收并交付使用

中国出版集团公司专项资金项目。新华联合发行有限公司承建，2016年竣工并交付使用。

新华联合物流中心是中国出版集团公司决策层的战略布局项目，是集团公司集中配置资源，充分发挥财政资金杠杆撬动作用，整合集团公司同质资源以及产业链上下游资源的重要改革实践。项目占地340亩，总建筑面积20.5万平方米，总投资11.5亿元，依托先进的仓储管理系统及贯通出版业上下游的信息服务平台，大规模应用货到人拣选系统、高位立体库、自动传输系统等现代化物流装备，可实现货物配发、包装、质检、路向分拣等环节的信息化和自动化。自2014年4月物流中心正式开工建设以来，新华联合发行有限公司克服建设资金压力和被迫停工的种种困难，精心组织安排，追赶工期进度。本着尽快实现投产的原则，分批组织各专业工程的验收，成熟一项验收一项，重点完成了强电工程和消防工程验收，为各专业设备联合调试提供了基础环境，为试运行扫除了最大障碍。2016年十月新华联合物流中心顺利通过20万平方米整体工程竣工验收备案。（白　雨）

中版少儿三网融合发布平台

中国出版集团公司专项资金重点项目，2016年11月启动，中版集团数字传媒有限公司承建。

该平台结合中国出版集团公司旗下多家出版社丰富的少儿出版物资源打造少儿阅读新模式。实现互联网、电信网、广播电视网三网内容同时更新，电视端、移动端、电脑端三端阅读同步体验。除了看故事、听故事，该平台还将为小读者提供参与故事的体验。小朋友可以通过手机、平板电脑或是遥控器进行操作，制作小动画、完成拼图、解开谜题等等，动手又动脑，让阅读充满创意。（李　铃）

中国出版集团公司有声资源库建设与运营项目

中国出版集团公司专项资金重点项目，2016年1月立项，中版集团数字传媒有限公司承建。

该项目涵盖客户端的技术开发和音频录制及推广运营三大板块。2016年12月，“去听”客户端完成一期建设，包括有声书收听、下载、展示、资讯、销售等。

“去听”客户端内容包括自制和第三方引入，包括名著名译系列有声读物、“京味老舍”系列、“丝绸之路名家精选文库”系列、“不下架的成长经典”系列、波兰文学名著《十字军骑士》和《茶馆》等主题出版物、文学精品、推理悬疑、人物传记等类型，约两万小时。

2016年，与出版社进行纸书合作进行互动营销，由“去听”客户端生成有声读物二维码，印制在纸质图书上，购买纸书的读者可以通过扫描二维码收听有声版；通过举办主播大赛等活动，客户端用户约20万人；与第三方有声平台及数字图书馆等渠道建立了良好的合作关系，如：中国移动运营商、喜马拉雅、懒人听书、蜻蜓FM等，实现销售收入280万元。

该项目提升了中版集团公司所属专业、精品实体书店的品牌影响力，结合集团公司特色，打造专、特、精的品牌有声书网络书店及服务平台，为读者提供更为丰富的阅读文化体验。并通过构建线上线下渠道互动的新型经营模式，大大拓展了这些专业、特色品牌书店的社会影响力，提升其在大众读者中的知名度；拓宽中版集团公司优质图书的销售渠道，对于优质内容的传承意义重大；提升专业、精品实体书店的自我造血能力，对于实体书店的长远发展，打造阅读文化名片影响深远。（李　铃）

面向机构移动互联网阅读服务平台建设

中国出版集团公司专项资金重点项目。2016年2月立项，中版集团数字传媒有限公司承建。

该项目深度融合“云服务”和“云出版”，聚合了国内出版机构与作家的大量作品，代表了国内外全民阅读数字化建设、有效应用和发展的新趋势，机构用户只需每年支付少量使用费用而无须任何硬件投入即可建设以阅读为核心、衔接单位与员工、个人与组织的数字图书馆，使之成为激励健康阅读、专业成长的核心设施，成为广泛传播中华主流文化和主流意识形态的前沿阵地。

面向机构的移动互联网阅读服务平台以支持多家机构及用户同时在线独立开展电子书交易、分发与利用为目标，按照B2B，B2C的服务模式，建设面向机构的电子书联合发行与服务平台，完整覆盖电子书从上传到利用所需的全部核心功能，包括电子书发布、电子书销售、运营管理、电子书采购、文献服务、数字版权管理与移动阅读等，为出版社快速开展电子书发行业务提供“一站式”解决方案。

本项目在设计、建设出版社的整体应用软件和网络平台的同时，实现让所有的软件系统具备标准化、开放性，能支持出版社选择任何其他更加适用的、遵循开放和标准的其他第三方软件，保证今后的任何同样标准、开放的软件系统，能与已建系统对接。

2016 年 12 月，项目入库数据已经达 11 万本电子书，561 本有声书和 800 多个读书视频。项目各项指标达到验收标准，通过专家验收。

（李　铃）

集团公司所属单位重大项目

《现代汉语词典》（第7版）

商务印书馆重点出版项目。商务印书馆2016年9月编辑出版。

《现代汉语词典》（第7版）在第6版的基础上进行修订。本次修订新增词语400余条，增补新义近100项，删除少量陈旧和见词明义的词语，根据读者和专家意见对700余条词语的释义、举例等做了修订。其内容重点关注我国政治、经济、社会、思想文化等各方面的发展和进步，尤其是党的十八大以来中央治国理政的新理念、新思路，注意吸收学术新成果，关注社会发展。

《现代汉语词典》是一部原创性辞书，根据1956年国务院颁布的《关于推广普通话的指示》，为推广普通话和促进汉语规范化编写，开辟了现代词典编纂理论和方法的先河，以科学性、规范性、实用性和创新精神成为我国语文词典编纂的杰出代表，受到社会广泛欢迎和重视，已成为中国的辞书品牌，在海内外享有盛誉、影响深远。

（陈玉庆）

《古汉语常用字字典》（第5版）

商务印书馆重点出版项目。商务印书馆2016年4月编辑出版。

《古汉语常用字字典》（第5版）从字形、注音、释义、书证、体例五个方面进行了修订完善，具体修订内容包括：吸收了2013年8月国务院公布的《通用规范汉字表》的成果，字头及正文的繁简字和异体字根据《通用规范汉字表》做了全面的调整；不少条目增加了音项和义项，部分条目的义项做了调整；更改了部分条目的注音和释义；更换了部分例句；统一了引书格式和释义用语。收单字8000余个，复音词2500余个，总字数约120万。由蒋绍愚担任修订主持人，唐作藩、张万起、宋绍年和李树青参与修订。经过修订，增强了字典的科学性和实用性。

《古汉语常用字字典》（第1版）于1979年出版，由著名语言学家王力、岑麒祥、林焘、戴澧、唐作藩、蒋绍愚等十余位专家学者编写，是学习古汉语的必备工具书。字典出版以来，受到了广大读者的欢迎，至今已印刷100余次，印数达上千万册。曾于1995年荣获首届中国辞书奖一等奖。

（龚　英）

“科学史译丛”（第一辑）

商务印书馆重点出版项目。2016年2月启动，商务印书馆2016年11月编辑出版。

该丛书引介一批西方科学史经典和前沿著作，揭示西方科学技术的孕育和发展过程。丛书主编及译者为清华大学科学史系教授、博士生导师张卜天。选目侧重将科学现象置于西方文明的大背景中，着力揭示科学所植根的哲学、宗教及文化等思想渊源；注重科学与人类终极意义和道德价值的关系；注重对科学技术和现代工业文明的反思和批判；注重西方神秘学传统；借西方科学史研究来促进对中国文化的理解和反思等五个方向。

第一辑包括《文明的滴定：东西方的科学与社会》（李约瑟著）、《科学与宗教的领地》（彼得·哈里森著）、《新物理学的诞生》（I. 伯纳德·科恩著）、《从封闭世界到无限宇宙》（亚历山大·柯瓦雷著）、《牛顿研究》（亚历山大·柯瓦雷著）、《自然科学与社会科学的互动》（I. 伯纳德·科恩著）六种。丛书出版后得到广泛关注。（李婷婷）

中国语言资源知识服务平台

商务印书馆重点出版项目。2016 年 12 月启动。

项目以语言资源为内容核心，以知识服务为产品方向，整合内容资源，聚合作者资源，引导读者资源，打造权威、专业、多元、互动的国内顶级的语言资源知识服务平台。在内容高度结构化和深度解读的基础上，整合、重组商务印书馆语文工具书、语言学著作期刊、语言规范、语言普及等方面的优质资源，经过深度标引的数据处理和逻辑关联，为用户提供高效、系统、专业的语言知识学习和研究服务。该平台是商务印书馆实践全媒体出版战略、实施数字化转型的重大项目。

2016 年项目完成了以《辞源》《故训汇纂》《新华字典》《现代汉语词典》等为代表的 100 种精品语文工具书数据结构化工作，录制了由李瑞英播读的汉语字头词目语音库 5.5 万余条；制作 SVG 格式的汉字笔顺动画库，着手《新华字典》（第 11 版）APP 开发工作，按计划研制创作汉字文化、汉字演变、汉字书法、成语故事等音视频增值资源，加工处理多种语言学著作。内容资源基础建设工作稳步推进。项目预计于 2018 年底完成一期建设，为用户提供服务。（孙述学）

《重读先烈诗章》

中华书局重点项目，中华书局 2016 年编辑出版。

《重读先烈诗章》收录自 1921 年中国共产党成立至 1949 年中华人民共和国建立 28 年间为中国革命牺牲的 100 位先烈写作的诗歌。全书按照烈士牺牲时间先后排序，作者既有李大钊、瞿秋白、恽代英等党的重要领导人，也有余祖胜、古承铄等大批普通的青年革命者，诗歌展现出先烈忧国忧民、舍生忘死的革命精神和愿为革命抛头颅洒热血的崇高境界，彰显出先烈对革命必胜的坚定信念和大无畏的牺牲精神。该书 2016 年已出版。（梁　彦）

《马背上的共和国》

中华书局重点项目，中华书局 2016 年编辑出版。

《马背上的共和国》以中华苏维埃共和国历史为背景，以文学笔触和生动细节，展现出中国工农红军扣人心弦且波澜壮阔的长征历程。作者历时三年、行程万里，沿着当年红军的足迹进行寻访，并参阅大量回忆文章、地方史志及各类研究著作，写出这部纪实性与文学性兼具的作品。作品既忠实于历史，又善于构造情节，同时敢于直面长征中的矛盾和斗争，如关于红一、四方面军分裂、西路军远征河西等，不仅尊重历史细节，更有仰观俯察的公正评价。（梁　彦）

《中国文化的根本精神》

中华书局重点项目，中华书局 2016 年编辑出版。

《中国文化的根本精神》是北京大学教授楼宇烈的最新讲座实录。作者围绕中国文化的心传、中华传统的人文精神、中国人的传统三大主题，回答了在互联网时代如何重拾传统文化的珍宝，怎样才能更加自信地面对世界、面对未来等问题。作者以深厚的传统文化学养，颠覆了民众的习惯思维，恢复了传统文化生长的思想土壤，让读者在轻松氛围中领略到传统文化之美、中华智慧之渊。（梁　彦）

《困学纪闻注》

中华书局重点项目，中华书局 2016 年编辑出版。

是一部以札记文累积结撰而成的著作，涉及范围极为广博，论述包括经学八卷，史学六卷，文学三卷，天文、地理、诸子二卷，杂识一卷，共 20 卷，2000 余条。《困学纪闻注》以清道光五年余姚守福堂刻翁元圻辑注本为底本，以元刊本、清嘉庆本为校本，加以点校整理。书中按卷为单元，逐条加上序号，并为每条文字编拟小标题，又将小标题汇录为索引附于书末，便于读者检索利用。书末还附录自元至清的诸家版本序跋，以资研究者参考。（梁　彦）

《陈梦家学术论文集》

中华书局重点项目，中华书局 2016 年编辑出版。

陈梦家是我国现代著名诗人、古文字学家和考古学家，《陈梦家学术论文集》篇目由陈梦家的学生，中国社会科学院考古研究所研究员张长寿、王世民商定，以陈梦家 1957 年末提供的一份目录为基础，补充其 1957～1966 年发表的文章及部分未刊稿，共 43 篇。其中，陈梦家在世时已发表的论文 35 篇，按发表时间顺序编排；陈梦家在世时未发表的论文八篇，《战国楚帛书考》《叔尸钟镈考》《博古图考述》由王世民整理发表，《中国铜器综録自序》《美国收藏的中国铜器集録自序》由王世民先生整理未发表，《秦刻石杂考》《汉简小学汇考》《汉代铜器工官》为此次编校过程中新整理的陈梦家遗作，分别按写作时间顺序编排。另以附录原样扫描形式收入陈梦家自存带有眉批的抽印本《商王名号考》及资料札记《右辅怀宝留珍札记》。陈梦家早年发表过的，已包含在《殷墟卜辞综述》《西周铜器断代》《尚书通论》《六国纪年》等专著中的论文，则在目录中以存目形式体现。（梁　彦）

《〈资治通鉴〉与家国兴衰》

中华书局重点项目，中华书局 2016 年编辑出版。

清华大学教授张国刚潜心研读《资治通鉴》数十年，以中西文化比较的视野宽度、贯通古今的思维高度，精心选取《资治通鉴》中影响中国历史发展的 20 个关键点，以现代思维总结文化精髓，以生动语言讲解《资治通鉴》里经世治国、修身用人之道，政治得失、世事兴衰之迹。《〈资治通鉴〉与家国兴衰》从《资治通鉴》文本出发，以影响家国大政的关键点为观照，生动而简明地讲述了从春秋前期的三家分晋到大唐盛世的终结的中国历史。书中不仅有忠于原典的历史场景再现、人物言行钩沉，更有作者独到深刻的分析讲论，令一部体量浩繁的古典文献《资治通鉴》变为轻松易读、精辟通达的历史读物。2016 年已出版。（梁　彦）

《中国儿童视听百科：飞向太空》

中国大百科全书出版社重点出版项目，中国大百科全书出版社 2016 年 5 月编辑出版。

本书是一部由中国科学院院士欧阳自远领衔众多天文学家和科普专家联合编撰的多媒体版儿童太空百科全书。全书分为“浩瀚的宇宙”“奇妙的星空”“太阳系掠影”“太阳、地球和月球”“眺望宇宙的眼睛”“飞向太空”“中国航天”七个部分，植入 30 段珍稀天文纪录片视频和六个 3D 增强现实画面。本书兼具科学性、思想性和艺术性，旨在通过准确而生动的太空知识和航天知识，向广大少年儿童传播科学精神和科学思想，培养独立思考和勇于探索的精神，使中国的“太空梦”“航天梦”经久不息、薪火相传。全书 16 开本，硬精装。曾荣获 2016 年全国优秀科普作品奖、第四届少年中国少儿文化作品评选科普类优秀奖。

（尹添铭）

《DK 儿童目击者：预备级》

中国大百科全书出版社重点项目，中国大百科全书出版社 2016 年 1 月编辑出版。

《DK 儿童目击者——预备级》是英国 DK 出版公司为激发孩子们的阅读兴趣而推出的一套丛书。这套丛书由众多著名阅读专家共同参与策划，其中包括曾经当过多年教师并专门从事阅读方面的师范教育专家克利夫·穆恩。他先后为孩子和教师们写过 160 多本书，并编写了 Collins Big Cat 系列丛书。《DK 儿童目击者——预备级》丛书图文并茂，色彩绚丽，精美绝伦，将生动的图画和引人入胜的故事完美地结合起来。丛书中的每一本都旨在提高孩子们阅读能力的同时，抓住他们的兴趣点，增长他们的知识，培养他们热爱读书的好习惯。这套丛书分为五级，分别适应不同年龄儿童的阅读能力，使家长和老师能够准确地为孩子选择最适合他们阅读的图书。本套“预备级”是专为 0～3 岁儿童编写的科普故事读物，文字量、知识深度，以及图片的大小、真实度和色彩等方面的设计，均针对这个年龄段儿童的阅读能力。全书共 20 册，32 开本，硬精装。

（尹添铭）

《我们三代人》

中国大百科全书出版社重点出版项目，中国大百科全书出版社 2016 年 1 月编辑出版。

本书是汤一介的遗稿。全书以三个部分分别叙述了作者的祖父、父亲，以及作者自己的身世经历、人物关系、学术著述等内容，生动而深刻地展现出汤氏一门三代知识分子在中国百年社会动荡变迁中的政治命运和对中国传统文化以及学术的传承守望。汤一介在他的学术思想、哲学思想发展当中有很重要的基础就是三代人的传承，百年来中国政治变革、社会发展、思想文化发展，其实这三代人是中国发展的缩影。在本书中，汤一介以纪实的笔法全面介绍了他的父亲、一代国学大师汤用彤与胡适、钱穆、熊十力、吴宓、傅斯年等人的交往，并客观讲述了汤用彤晚年的思想变化。汤一介以忠厚的立场记载了自己一生的悲欢得失、在理想与现实之间的挣扎沉浮、始终孜孜以求的学术历程。本书自出版以来，得到了学者、媒体和社会的广泛关注，多次登上全国各大图书榜单。

（尹添铭）

“人美文库”丛书

人民美术出版社重点项目，人民美术出版社 2016 年 9 月陆续出版第一辑（27 种）。

将人民美术出版社历史上曾经塑造了共和国美术发展历史，至今仍有丰富的传承价值的出版物，重新编辑、设计，整体规划，分批出版。本次选取的图书主要有两类，一类为《宣和画谱》等经典古代绘画理论，均为启功、黄苗子、王伯敏、薛永年等专家当年校订的版本；一类为近现代美术理论著作，作者为邓散木、于非闇等大家。出版社组织了大量人员通过复制技术再现了当年最经典的版本，尽力原汁原味地呈现这批经典理论图书的面貌。

（赵军平）

《人美连环画家画库》

人民美术出版社重点项目，人民美术出版社 2016 年编辑出版。

本书均为大师们的代表作品。画库包含：徐燕孙的《三打祝家庄》（上、下）、邵宇的《土地》、刘继卣的《鸡毛信》（上、下），以及与姜维朴共同创作的《穷棒子扭转乾坤》、与徐淦合作的《东郭先生》、王叔晖的《西厢记》《杨门女将》、墨浪的《满江红》、卜孝怀与徐淦合作的《李逵闹东京》、吴兆修与费声福联手合作的《风暴》、关景宇与赵宝林绘画的《丹心谱》、陈惠冠的《黄河飞渡》、童介眉的《红珊瑚》、段伟君的《马兰花》、赵隆义的《沧石路畔的战斗》、刘继卣与林锴等大家共同创作的《焦裕禄》、任率英的《钟离剑》。

（赵军平）

《长征·1936》

人民美术出版社重点项目，人民美术出版社2016年编辑出版。

全书以连环画这种传统文化艺术形式真实再现中国工农红军长征这一伟大的历史事件，以全方位、多层次、多角度将长征这一历史事件连贯地展现出来。《长征·1936》三部曲《奠基礼》《大回旋》《大会师》，是长征革命史诗连环画《地球的红飘带》的姐妹篇，共计600余幅，创作堪称沈尧伊先生创作道路上又一史诗般力作。应当说，它既是历史，又是艺术。（赵军平）

《无悔：陈明忠回忆录》

生活·读书·新知三联书店重点出版项目，2016年签约品牌产品，生活·读书·新知三联书店2016年编辑出版。

记述了陈明忠从童年时代开始的经历和心路历程，回忆了他自如何因受日本同学欺侮而认识到自己不是日本人是中国人，从而萌发出强烈的民族主义感情，以及从自己的地主家庭少爷身份体悟到人与人的等级及压迫关系，从而发展出明确的建立平等社会的社会主义思想观念起，到参加“二二八”、在白色恐怖中先后两次坐牢长达21年、假释后参与“党外民主”活动和促进两岸和解等一系列极富传奇色彩的事件，生动地折射出台湾地区数十年来的社会发展进程，是大陆读者了解台湾地区20世纪历史的难得的渠道，具有较高的史料价值和一定的思想价值。作者坚定的立场、顽强的意志以及面临历史转折的巨大困惑与勇敢的思想探索，在他极为鲜明的个性和鲜活的语言的映衬下，得以充分呈现，真实而富有历史感，会给读者留下生动而深刻的印象，全书因而具有较强的可读性。本项目由李娜整理、编辑。全书193千字，50幅图。（邵慧敏）

《从历史中醒来：孙机谈中国古文物》

生活·读书·新知三联书店重点出版项目，生活·读书·新知三联书店2016年编辑出版。

国家博物馆首席研究馆员孙机先生的一部自选集。举凡动物、饮食、武备、科技、佛教艺术，乃至杂项等中国古文物，一一揭示其起源与演变，以复原岁月侵蚀下模糊乃至消逝了的历史场景。所收文章，均为饶有兴味的专题。一器一物，涉笔成趣。内容丰厚，文字简净。书中用到的数百幅线图，皆出自作者手绘，严整精细，画面生动，图文相辅，解说性强。作者孙机。全书287千字，305幅图。

本项目获“京东文学奖·年度传统文化图书奖”，被评为2016年度“中版好书”学术文化类二十大好书、“三联书店2016年度十大好书”、《中华读书报》2016年度之文化·艺术百佳图书等。（邵慧敏）

《我们的中国》

生活·读书·新知三联书店重点出版项目，生活·读书·新知三联书店2016年编辑出版。

《我们的中国》一函四册，是李零有关中国人文地理的著作别集，配有相当数量的实景照片、地图，四册内容各有侧重，分别为：《茫茫禹迹——中国的两次大一统》，关于“中国”地域的总论（解读《尚书·禹贡》），并论述西周、秦汉两次“大一统”的内涵，即“中国”之形成；《周行天下——从孔子到秦皇汉武》，追随孔子、秦始皇和汉武帝的周游巡行路线，踏查先秦秦汉遗迹；《大地文章——行走与阅读》，作者的家乡考古学，考察太行山和山西上党地区的古今变迁，以及刚刚写完的对雍州（甘肃一带）的考察笔记；《思想地图——中国地理的大视野》，对“地学”思想的思考，中国的三山五岳四渎、先秦诸子，从人文地理的层面应怎样理解。作者李零。全书863千字，378幅图。

《我们的中国》获得第八届中国出版集团公司出版奖·综合奖，被评为“三联书店2016年十大好书”，以及“中版好书”2016年度学术文化类二十大好书、中国出版协会2016年度“中国30本好书”。此外，本书还获得诸多媒体好书奖，如：腾讯·商报华文好书 2016 年人文社科类好书奖、《中国新闻出版广电报》2016 年度好书（社科类）、《北京青年报·青阅读》年度好书、《出版人》·北京开卷信息技术有限公司 2016 书业年度评选·年度图书、《东方历史评论》2016 年年度历史好书。 （邵慧敏）

《北上：党中央与张国焘斗争始末》

生活·读书·新知三联书店重点出版项目，生活·读书·新知三联书店 2016 年编辑出版。

红军长征途中，在北上和南下的战略抉择上，党中央与张国焘展开了一场激烈的斗争。毛泽东称之为他“一生中最黑暗的时刻”。《北上：党中央与张国焘斗争始末》细致权威地解读了这段隐晦的历史。本书从长征中红一、四方面军会师讲起，1935 年 6 月懋功会师后，党中央与张国焘的斗争开始，此后历经党内冲突、分裂，红四方面军三过草地，红一方面军到达陕北，会宁会师，西路军失败，西安事变等等关系中国共产党生死存亡的危急时刻。到 1938 年 4 月，张国焘在武汉叛变投敌，他早早地退出了历史的舞台，本书的讲述落幕。毛泽东对当年草地的斗争一直念念不忘，当时的冲突主要集中于红军的战略抉择：张国焘下令南下，毛泽东力主“北上”。后来的历史进程雄辩地证明了，只有“北上”才是富有远见和正确的决断。

本书被评为“中版好书”2016 年度主题出版十大好书。

本书出版后，2016 年 9 月作者刘统在三联韬奋书店地下一层举办了两场“书店里的大学公开课”讲座，主题为“长征：历尽艰辛的求生之路”，按照长征的进程分为两讲：第一讲从第五次反“围剿”到飞夺泸定桥；第二讲从翻越夹金山到陕北胜利会师。通过对长征中一系列重要事件的再现和评述，让听众有机会全面、客观地理解红军当年的艰危处境，理解长征作为中华民族的精神遗产，在今天所具有的不可磨灭的光芒。

（邵慧敏）

《大都无城：中国古都的动态解读》

生活·读书·新知三联书店重点出版项目，生活·读书·新知三联书店 2016 年编辑出版。

本书通过文献和考古材料，对二里头时期到东汉时期中国的都城形态进行了梳理，认为中国的都城形态经历了汉之前的“大都无城”到汉之后的“无邑不城”的转变。突破了以往将“无邑不城”作为中国古代都城显著特色的传统观念。作者许宏。

本书获得华文好书 2016 年度评委会特别奖、第八届中国出版集团出版奖·优秀编辑奖，被评为中国图书评论协会 2016 年 11 月中国好书、“中版好书”2016 年度学术文化二十大好书，被列入“强素质 作表率”读书活动 2017 年推荐书目（中央直属机关工委、中央国家机关工委和国家新闻出版广电总局）。 （邵慧敏）

《一百年漂泊：台湾的故事》

生活·读书·新知三联书店重点出版项目，2016 年签约品牌产品。生活·读书·新知三联书店 2016 年编辑出版。

作者通过一个 100 年前从大陆移居台湾地区农民家族的真实故事，讲述了台湾地区 100 年来从农耕社会到工业、商业社会，以及今天电子时代艰难演变过程。文笔流畅生动，文学品质极高，故事吸引人的情节，也展示了时代变迁中富于启示、引人深思的种种现象。非常有助于加深大陆读者对台湾地区历史及现状种种细节的了解，并可以从台湾地区的社会变化中汲取前车之鉴。作者杨渡。全书 339 千字。

本书被评为“中版好书”2016 年度文学艺术十大好书。 （邵慧敏）

《海昏侯刘贺》

生活·读书·新知三联书店重点出版项目，2016 年签约品牌产品，生活·读书·新知三联书店2016年编辑出版。

这是第一部有关海昏侯及其时代的学术研究专著。在海昏侯墓出土后，江西当地即邀请相关人员撰写了介绍海昏侯的专书。本书以海昏侯生平为纵线，将汉武帝晚年至宣帝年间的诸多重大事件详细解说，同时针对诸如戾太子巫蛊之祸等历史公案，提出自己有别于以往研究的新观点。作者辛德勇。全书210千字，48幅图。

本书被中国图书评论协会评为2016年度"中国好书"，"中版好书"2017年度人文社科二十种好书。（邵慧敏）

《洄澜：相逢巨流河》

生活·读书·新知三联书店重点出版项目，2016年签约品牌产品，生活·读书·新知三联书店2016年编辑出版。

《巨流河》出版后，在华语世界获得广泛的影响。四年来，不断有人撰写评论文章，作者也应邀做了不同主题的访谈，世界各个角落都有读者写信来叙旧、致敬、提问。本书分为评论、访谈、来函三个部分，从千篇文字中精选近百篇，与读者增加交流，向故旧致敬纪念，也为《巨流河》做了很多补充说明。作者齐邦媛。全书220千字。（邵慧敏）

《回首一笑七十年》

生活·读书·新知三联书店重点出版项目，2016年签约品牌产品，生活·读书·新知三联书店2016年编辑出版。

本书是由郑佩佩本人执笔撰写的自传性散文，记述了她70年的成长道路。其中有因父母离异而带来的清冷的童年，有在香港地区银幕上红极一时的辉煌的青年时代，也有旋即远嫁美国的20年婚姻生活，以及经历了携带四个孩子离开夫家面对生存的艰难时刻。作者郑佩佩。全书246千字，113幅图。

（邵慧敏）

《问鼎白宫漫漫路：希拉里和克林顿王朝》

生活·读书·新知三联书店重点出版项目，2016年签约品牌产品，生活·读书·新知三联书店2016年编辑出版。

作者从政治学角度剖析了这位杰出女性是如何一步步登上美国权利之巅的奋斗历程，揭示了她是如何每每能于政治生涯中的关键阶段更进一层，还向我们解读了希拉里是如何从一个父母都是保守的共和党人的家庭环境中逐步地转变为民主党美国总统候选人的。通过追溯希拉里·克林顿的生活道路，从共和党青少年和学生积极分子，到其担任第一夫人、参议员和国务卿，本书详细列举了她所曾支持的政策、对自己产生深刻影响的个性特质以及在其通往权力之路上助益或妨碍她的政治事务。作者詹姆斯·博伊斯（英国），译者吴振泉。全书180千字。（邵慧敏）

"傅雷作品精选"4种

生活·读书·新知三联书店重点出版项目，2016年签约品牌产品。生活·读书·新知三联书店2016年编辑出版。

本项目包括《傅雷书信选》（增订本）、《傅雷谈艺录》（增订本）、《世界美术名作二十讲》、《艺术哲学》4种。

《傅雷书信选》（增订本）傅雷著，傅敏编。全书254千字。全书分"给孩子的信"和"给朋友的信"两部分——前者选自《傅雷家书》，与读者分享关于人生的思考、关于为人处事的原则、关于生活习惯的培养等等，后者展现了傅雷"父亲"之外，作为朋友、作为同事的真诚和热忱。在写给朋友的信里，有许多也是在谈论儿子傅聪，比如给傅聪的岳父、波兰著名音乐家梅纽因的信，给傅聪的钢琴老师杰维茨基的信，给好友成家和、成家榴的信以及给夏衍的信等等。

《傅雷谈艺录》（增订本）本项目作者为傅雷著，傅敏编。全书320千字，九幅图。全书分

“谈文学”“谈翻译”“谈美术”“谈音乐”四个部分，选取了傅雷相关的评论文章40余种，每一部分又附相关文艺书札，集中而全面地分享了傅雷对文学作品的剖析和感悟（如《论张爱玲的小说》《评〈春种秋收〉》等），对翻译工作的经验和心得（如《翻译经验点滴》《与宋奇谈翻译》等），对美术、音乐的梳理和欣赏（如《观画答客问》《艺术与自然的关系》《贝多芬的作品及其精神》《与傅聪谈音乐》等）。新版增补了文章。

《世界美术名作二十讲》傅雷著。全书140千字，46幅图。初稿写于20世纪30年代，那时傅雷只有26岁，刚从法国留学归国不久，受聘于上海美术专科学校。为了教学，他根据留学积累的资料以及多年来钻研的体会，边授课边为学生陆续编写有关世界美术史的讲义，1934年离校后又将讲稿重新整理、补充，写成此书。全书围绕西方文艺复兴以来近20位美术家及其名作展开，细述这样一种艺术的出现与发展。讨论从艺术风格延至人格操守，又涉及时代与环境，并融入了对相关文学、音乐、哲学的感悟，虽浅显通俗，却耐人回味。

《艺术哲学》法国丹纳著，傅雷译。全书341千字，104幅图。《艺术哲学》是“一部有关艺术、历史及人类文化的巨著”，而且，“采用的不是一般教科书的形式，而是以渊博精深之见解指出艺术发展的主要潮流”。作者丹纳是法国史学家兼文学评论家，曾任巴黎美术学校美术史和美学教授，是著名的实证主义者。他认为物质文明与精神文明的性质面貌都取决于种族、环境、时代三大因素，并从这一原则出发，阐扬了意大利、尼德兰和古希腊的艺术流派。（邵慧敏）

《一盒巧克力》

现代教育出版社重点出版项目，现代教育出版社2016年编辑出版。

该书为我们展现了一个爱的立体空间，在这个世界里，没有什么比爱更加珍贵，字里行间都写满了爱。书中的两个主人公的寻家历程坎坷而充满变数和危机，最终他们凭借顽强的毅力，在众多好心人的帮助下终于找到了家。只有经历风雨，才能对友情、亲情更加透彻地体会，他们的意志力、适应能力、处理问题的能力是通过一次又一次的挫折而逐步建立起来的，在不知不觉的行动中实现了自我成长。作者为蔡亦青，九岁。作者从儿童的视角出发，发挥惊人的想象力和写作能力，为孩子们创作的奇幻冒险类长篇小说。该书想象力丰富，语言流畅充满趣味，故事情节跌宕起伏，具有强烈的画面感和场景感，全书共18万字。（杨　静）

“牛津经典童书”系列

现代教育出版社重点出版项目，现代教育出版社2016年6月编辑出版。

该系列分为《带我欢笑》和《克利的世界》。

《带我欢笑》共1册，适合3～6岁孩子阅读，精装。该书以小雪人的视角，讲述了他和小女孩之间如雪般纯洁的友谊、短暂离别时的伤感，以及对下次相聚的期待，故事温馨感人，是一本情商培养并很有力量的成长图画书。本书为环保油墨、原生纸浆印刷。作者安布尔·斯图尔特，是一名来自英国的儿童书作者；作者莱恩·玛洛，是英国著名的作家和绘画师。

《克利的世界》共3册，分别为《毛毛虫去哪里了》《保护蒲公英》《环保自行车》，适合3～6岁孩子阅读，精装。该书通过清新细腻、简洁明了的画风，向孩子们展现了主人公“克利”如何探索未知世界、如何在现实世界中勇敢担当、如何在生活中学会循环再利用的品质，是一套卓越品质养成的经典绘本。本书为环保油墨、原生纸浆印刷。作者夏洛特·米德尔顿是英国著名的作家和插画家。（杨　静）

《动物王国》

现代教育出版社重点出版项目。现代教育出版社2016年6月编辑出版。

本书是一本好玩儿的英语游戏图画书，通过六种游戏的形式，为孩子提供系统学习英语字母的方法，不仅有助于孩子提升英语学习兴趣，还能提高孩子的专注力和观察力。该书被誉为“现代启蒙书的精华”，它给人视觉的享受、想象的空间，适合全年龄阅读人群，精装。作者葛瑞姆·贝斯，是一名澳大利亚优秀的图画书作家，是全球公认的极具威望的超现实幻想大师。

（杨　静）

《我的小红车尤塔》

现代教育出版社重点出版项目。现代教育出版社 2016 年 6 月编辑出版。

《我的小红车尤塔》共 4 册，分别为《货车大狂欢》《急速赛车》《农场历险》《小个子大用途》，适合 3～6 岁孩子阅读，平装，采用环保油墨、原生纸浆印刷。

这套绘本引自澳大利亚的学乐出版社，书中故事情节惊险有趣又充满浓浓的友爱，图画线条干净、色彩靓丽，故事的主人公尤塔勇敢、自信、热心、见义勇为，很值得孩子们学习，是一套充满人性温暖的绘本。书中附送全脑智力开发贴纸、填涂卡和英文原文手册。作者米奇·刘易斯，12 岁纽约少年，是学乐出版社儿童出版部门的成员之一；作者内厄姆·泽斯奇，是澳大利亚著名绘者。（杨　静）

《三只杯》

现代教育出版社重点出版项目。现代教育出版社 2016 年 7 月编辑出版。

该书通过有趣的故事和生动的绘画，讲述了一个真实、精彩的财商故事，向小朋友们传递如何储蓄、消费和献爱心，教会孩子如何管理金钱和生活，在分享中实现财富的价值。本书为环保油墨、原生纸浆印刷，适合 3～12 岁孩子阅读，精装。作者托尼·汤斯利美国知名会计师，是“三只杯”理财计划的实践者。（杨　静）

“芒果”品牌作文

现代教育出版社重点出版项目。现代教育出版社 2016 年编辑出版。

“芒果”品牌下有 3 个系列图书，分别是“一看就会写课堂作文系列”“名师教你写系列”“超级魔方限字作文系列”。作者为博尔，国内教育图书出版专家组，主要成员包括：高长梅，中国语文报刊协会常务理事，中国教育学会中学语文教学专业委员会（俗称“全国中语会”）第九届理事会理事，中国教育学会中学语文教学专业委员会“中学语文学业水平测试与评价”专题组组长。周连杰，中小学作文研究专家、资深图书策划人。

“一看就会写课堂作文系列”共 5 册，包括《小学生课堂作文全优辅导 1－2 年级》《小学生课堂作文全优辅导 3 年级》《小学生课堂作文全优辅导 4 年级》《小学生课堂作文全优辅导 5 年级》《小学生课堂作文全优辅导 6 年级》。这是一套学生学习写作的辅导书，适合 1～6 年级小学生。书中对每一个作文题目都进行了详细深入的分析和讲解，能帮助学生明确写作目标，理顺写作思路。另外，书中还含有多个写作素材，帮助学生丰富自身的素材积累，为写好作文打下坚实的基础。2016 年 5 月出版。

“名师教你写系列”共 10 册，包括《名师教你写小学生好词好句好段》《名师教你写小学生分类作文》《名师教你写小学生获奖作文》《名师教你写小学生满分作文》《名师教你写小学生优秀作文》《名师教你写中学生分类作文》《名师教你写中学生获奖作文》《名师教你写中学生满分作文》《名师教你写中学生优秀作文》《名师教你写中学生作文一本全》。这是一套学生学习写作的辅导书，适合小学生、中学生。这套书将中小学生日常写作题材进行类别细分，每一类从优秀作文中精选的好词、好句、好段，都能使学生的学习与模仿更有针对性，便于提高作文成绩。内容上汇集了中小学阶段各种文体和各种题材的精品作文，书中的结构划分清晰科学，内容选取科学严谨，知识覆盖全面丰富，既有写作技法，又有范文赏析，为学生的作文学习指引方向。2016 年 6 月出版。

“超级魔方限字作文系列”共 7 册，包括

《小学生限字作文200字》《小学生限字作文300字》《小学生限字作文400字》《小学生限字作文500字》《小学生限字作文600字》《小学生限字作文700字》《小学生限字作文800字》。这是一套学生学习写作的辅导书，适合1～6年级小学生。这套书的板块设置及特点分别是：名师辅导，条理清晰地辅导作文技法，举例说明行文思路；分类作文评赏，一线名师点评范文要点，批注典范佳作，让学生知道作文好在哪里，怎样才能把作文写得有特点，让学生了解作文写作过程；超级素材集锦，给学生提供好词妙句，做到最大限度地充实学生的作文资源库；超级训练营，通过芒果师生互动课堂，列出"我"的限字作文写作提纲，便于学生掌控写作布局，最终达到写出好作品、得到好分数的目的。2016年11月出版。

（杨　静）

"志鸿优化"系列

现代教育出版社重点出版项目。现代教育出版社2016年7月编辑出版。

该系列共3册，包括《一起作文 七年级》《一起作文 八年级》《一起作文 九年级》，适合7～9年级的学生。这套书以《语文课程标准》对初中生的写作要求为依据，遵循学生写作成长规律，充分发挥名家名篇的示范和名师的指导作用，以文体写作训练为经线，以作文训练形式以及读写结合训练为纬线组成单元训练板块，力图构建一个科学、易于操作、有效的初中生作文训练体系。主编任志鸿，潜心于中学考试研究，并结合自己教学的实践，策划推出了一套由自己主编的"志鸿优化设计"教辅图书，深受广大教师和学生的喜爱，已成为教育行业内的著名品牌。

（杨　静）

绿色大业

世界图书出版上海有限公司重点项目。2013年立项。世界图书出版上海有限公司2016年编辑出版。

《绿色大业》历时三年多的调研与创造，由全国人大环境与资源委员会、中国出版集团公司、中国广播电视协会纪录片工作委员会、求是研究所及有关新闻单位、部分企业共同拍摄的六集大型文献纪录片。该片于2016年5月30日，在中国中央电视台10套科教频道播出。

该片紧密结合形势，宣传环境资源保护与生态文明建设，全面介绍我国当前生态文明建设面临的重要任务，以大量实例展现了我国资源和环境方面所取得的成就及典型经验。片子播出后得到了全国人大环境与资源保护委员会有关领导的认可及表扬。

（王　纯）

"儿童语言发展障碍"丛书

世界图书出版西安有限公司重点出版项目。世界图书出版西安有限公司编辑出版。

"儿童语言发展障碍丛书"系统介绍了儿童语言障碍的发展与治疗，包括腭裂患儿的语言治疗，促进了语言病理学在国内的发展，填补了专业出版领域的空白。

该套丛书包含《儿童语音障碍治疗家庭读本》《儿童语言发育特点》《儿童语言发育障碍实用手册》《腭裂语音临床治疗指南》，约1000千字，60余幅图片。

《腭裂语音临床治疗指南》已出版，该书介绍了幼儿、儿童期等不同年龄段儿童语音治疗方法，涵盖了医院治疗、家庭治疗等多种治疗方式。由西安交通大学口腔医院马思维主译，2016年出版。

《儿童语音障碍治疗家庭读本》该书向读者解读什么是儿童语音障碍，教会家长如何陪伴孩子克服障碍一起成长。由西安交通大学口腔医院马思维编著。2016年作者完成初稿。

《儿童语言发育障碍实用手册》一书介绍了儿童语言发育障碍常见分类，儿童语言障碍的易操作康复方法。由西安市儿童医院副院长陈艳妮主编，2016年完成组稿工作。

《儿童语言发育特点》一书介绍婴儿、幼儿、学龄前及学龄期正常儿童语言发育的特点，推出针对各年龄段语言发育促进的易操作性方法和我国目前常用的语言测试方法。由西安市儿童医院副院长陈艳妮主编，2016年完成组稿工作。

（马元怡　郭　静）

图说秦腔（上下册）

世界图书出版西安有限公司重点项目。2014年立项。世界图书出版西安有限公司2016年10月编辑出版。

该项目以图文并茂的形式、视听结合的创意，描述秦腔历史渊源的博大精深，展示秦腔舞台的艺术风采，传播秦声秦韵的唱腔之美，彰显秦腔名家名剧的独有魅力。读者通过阅读本书可以感受到丰富多彩、历久弥新的秦腔文化，欣赏到20世纪至今活跃在秦腔舞台上的名家风采，通过扫描二维码，还可以聆听到原汁原味的大秦之声，观赏到秦腔名家名剧意蕴隽永的精彩片段。《图说秦腔》项目分为上下册，由雒社扬、尚洪涛、崔彦编著，字数450千字。

（冀彩霞　郭　静）

筹建新疆维吾尔自治区“华文书法教室”

中版教材有限公司2015年重点项目，2014年立项。

旨在落实教育部《中小学书法教育指导纲要》的工作部署，为边疆中小学书法教育创设更好的教学条件，促进边疆中小学书法教育均衡、深入开展。

为了有效增强华文版《书法》教材的竞争力，使体现出版“国家队”文化援疆的责任与担当，中版教材有限公司计划从2016年起，用3～5年的时间，共投入1000万元人民币，通过搭建立体的书法教学支撑体系，进一步支持新疆维吾尔自治区中小学书法教育事业，更好配合自治区教育厅做好中小学书法教育服务工作。

2016年，中版教材有限公司有8所“华文书法教室”分别在新疆维吾尔自治区不同地区落成。

（武一格）

新华联合发行有限公司信息服务平台

新华联合发行有限公司重点项目，2015年底立项。

新华联合发行有限公司是实现出版社、新华联合发行有限公司、经销商之间物流业务和物流信息的对接，集发行业务数据交换服务、物流业务数据交换、数据存储服务、业务数据统计分析服务、数据交换配置管理于一体的集团大数据中心。

2016年，平台完成部分出版社、书店、物流中心的对接工作，在日常业务可视化监控方面，已经取得了巨大成绩。已实现包括省新华书店、网店、馆配等重量级书店的业务数据对接，完成了供应链流通环节关键节点的业务可视化及数据采集，包括采购、印制、物流、退货、库存、销售等。在此基础上，利用大数据对这些数据进行更紧密的整合与分析，对库存管控做了初步分析，改善集团的库存管理。

信息服务平台的建设，大大优化了集团公司供应链体系，提升了作业效率，从客户需求出发，以出版、发行为核心业务，通过对信息流、物流、资金流的有效整合，出版商、发行商、零售商等连成一体的图书流通供应链，将在行业中起到旗帜作用，对有效缓解供需矛盾、实现行业标准化产生积极影响。

（白　雨）

诗词中国APP 2.0版

中版文化传播（北京）有限公司重点项目，2016年11月在各大应用市场上线。

“诗词中国”APP由中华书局“诗词中国”组委会自主开发，自2014年9月上线以来，应用市场下载量突破2100万，是最受欢迎的全功能诗词学习及社交软件之一。2016年11月，APP发布了2.0版本，在内容、功能、互动等方面进行了全面升级，为用户带来更好的使用体验。

升级的“诗词大全”独创151个诗词应用场

景搜索，通过“爱的表达”“人际交往”等12个一级标签，和“相思”“祝寿”“母亲节”等150多个二级标签将经典诗词作品进行了分类。诗友可以按照自己的心境和需求搜索主题诗词，跨越时空，与诗人心心相印。

加强版的“以诗会友”频道，将头像设置、点赞评论、关注收藏、发表文章、发表话题等网络社区的热门功能一网打尽，还仿照社交软件的“皮肤”设计了不同风格的个性化诗笺供诗友选择。同时，APP上的所有内容及页面都可以实现同微博、朋友圈等时下流行的社交工具间的一键分享。

同时，新版的“诗词中国”APP中，原“诗词自修课”升级为“诗词学院”，不仅丰富了诗词知识的词条内容，更加入了实用的在线格律检测功能，为广大诗友提供一站式的诗词学习的方法。

此外，新版客户端还打通了与中华诗词网“诗人档案”的一键登录，而新增加的“诗意生活”版块是“诗词中国”的国学商城，也将成为“诗词中国”限量纪念品及诸多精美文创产品的聚集地，装点用户的诗意生活。（张颖潇）

人事任免

PERSONNEL MATTERS

中共中央宣传部2016年任免中国出版集团公司干部情况

2016年1月7日，免去龚莉同志中国大百科全书出版社社长职务。

2016年1月7日，免去宋一夫同志现代教育出版社社长、党委书记职务。

2016年1月7日，朱涛同志任荣宝斋党委书记。

2016年1月7日，免去马五一同志荣宝斋总经理、党委书记职务。

2016年4月6日，刘国辉同志任中国大百科全书出版社社长，免去其人民文学出版社总编辑职务。

2016年11月21日，姜军同志任中国出版集团公司副总裁、党组成员，免去樊希安同志中国出版集团公司党组成员职务。

中国出版集团公司2016年任免干部情况

2016年1月6日，免去魏开明同志北京中版联印刷物资有限公司常务副总经理职务，办理退休。

2016年1月6日，免去王宏经同志新华书店总店副总经理职务，办理退休。

2016年1月26日，朱涛同志任荣宝斋上市工作领导小组副组长，马五一同志继续担任荣宝斋上市工作小组副组长职务。

2016年1月26日，范存刚同志任荣宝斋常务副总经理，主持荣宝斋经营工作。朱涛同志任荣宝斋副总经理。

2016年1月27日，聘任沈昊同志为中版文化传播（北京）有限公司副总经理，聘期三年。

2016年2月26日，聘任石悦同志为中版文化传播（北京）有限公司副总经理，聘期三年。

2016年4月6日，宋志军同志任华文出版社社长。

2016年4月6日，免去宋志军同志中华书局副总经理职务。

2016年4月8日，高世屹同志任中国美术出版总社党委副书记。

2016年4月8日，聘高世屹同志为中国美术出版总社副社长，聘期三年。

2016年4月11日，经中央宣传部批准，刘国辉同志任中国大百科全书出版社社长。免去龚莉同志中国大百科全书出版社社长职务，办理退休手续。

2016年4月11日，刘国辉同志任中国大百科全书出版社党委副书记，免去龚莉同志中国大百科全书出版社党委副书记职务。

2016年4月11日，刘国辉同志任中国大百科全书出版社常务副总编，免去龚莉同志中国大百科全书出版社常务副总编职务。

2016年4月11日，免去刘国辉同志人民文学出版社总编辑职务。

2016年4月11日，免去刘国辉天天出版社有限公司执行董事、总经理职务，不再继续担任天天出版社有限公司法定代表人。

2016年4月18日，李岩同志兼任中版教材有限公司董事长、樊希安同志不再兼任中版教材有限公司董事长、总经理职务。

2016 年 4 月 19 日，刘国辉同志任《中国大百科全书》执行副总编，龚莉同志聘任为《中国大百科全书》第三版学术总监。

2016 年 4 月 19 日，高世屹同志任中国美术出版总社纪委书记，免去胡建斌同志中国美术出版总社纪委书记职务。

2016 年 5 月 4 日，宋志军担任华文出版社法定代表人，李红强同志不再继续担任华文出版社法定代表人。

2016 年 5 月 9 日，胡建斌同志任中国出版东贩有限公司总编辑。

2016 年 5 月 27 日，聘任李占领同志为中华书局副总编辑，聘期三年。

2016 年 5 月 27 日，张晶晶同志任中国对外翻译公司党委副书记。

2016 年 5 月 27 日，刘健同志兼任中国出版集团公司投资与资产经营部副主任。

2016 年 5 月 27 日，聘李占领同志为中华书局副总编辑，聘期三年。

2016 年 6 月 22 日，聘任乔先彪同志为中国民主法制出版社有限公司副社长，聘期三年。

2016 年 6 月 22 日，免去张力伟同志“中华字库工程”总体组办公室主任职务，办理退休。

2016 年 7 月 11 日，李晨光同志任“中华字库工程”总体组办公室主任。

2016 年 9 月 5 日，免去杨伯勋同志人民音乐出版社副社长职务。

2016 年 9 月 5 日，聘杨伯勋同志为中版教材公司总经理，聘期三年。

2016 年 9 月 5 日，经研究，聘任曹剑中版昆仑传媒有限公司总经理，聘期三年。

2016 年 9 月 14 日，免去仇正伟同志现代教育副社长职务，办理退休手续。

2016 年 9 月 26 日，经研究，施楠同志确定职级为中国出版集团公司办公室主任科员，承担集团公司党组书记的秘书工作。

2016 年 10 月 28 日，免去马汝军同志中国大百科全书出版社副总编辑职务。

2016 年 11 月 28 日，经研究，免去张西森同志中国出版集团公司财务部副主任级干部职务，办理退休手续。

2016 年 11 月 28 日，经研究，免去李春凯同志人民文学出版社副社长、纪委书记职务。

2016 年 11 月 28 日，经研究，免去汪武同志中国出版集团公司党群工作部主任助理职务。

2016 年 11 月 28 日，经研究，汪武同志任世界图书出版公司党委书记，李春凯同志任世界图书出版公司党委副书记。免去杨辉同志世界图书出版公司党委书记职务，免去梁建瑞同志世界图书出版公司党委副书记职务。

2016 年 11 月 28 日，经研究，李春凯同志任世界图书出版公司总经理、总编辑，免去梁建瑞同志世界图书出版公司总经理、总编辑职务。

2016 年 11 月 28 日，经研究，聘任汪武同志为世界图书出版公司副总经理，聘期三年。免去杨辉同志世界图书出版公司副总经理职务

2016 年 11 月 28 日，聘任杨辉同志为中国美术出版总社副社长，聘期三年。

2016 年 11 月 28 日，经研究，聘任张九国同志为北京中版联印刷物资有限公司副总经理，聘期三年。

2016 年 12 月 6 日，经研究，宋志军同志任华文出版社党总支副书记。

2016 年 12 月 6 日，经研究，陈琦同志任现代教育出版社党委副书记。

2016 年 12 月 6 日，经研究，聘任王祖光同志为东方出版中心副总编辑。

（董　易）

规章制度

RULES AND REGULATIONS

集团公司部分重要规章制度

《中国出版集团公司专项资金项目评审财务专家管理暂行办法》

中国出版集团公司2016年11月4日颁布，自发布之日起实施。为规范集团公司财政专项资金评审专家的管理，确保财政专项资金项目的评审、绩效考评、验收结项工作公平、公正，根据国家有关法律法规和《关于加强专项资金管理工作的指导意见》（中版〔2015〕51号）规定，制定了《中国出版集团公司专项资金项目评审财务专家管理暂行办法》。（黄　迪）

集团公司所属单位部分重要规章制度

《商务印书馆规章制度汇编》（2016 年版）

商务印书馆 2016 年 4 月起颁布实施。《商务印书馆规章制度汇编》（2016 年版）是在 2008 年版的基础上进行修订，由商务印书馆建章立制小组收集修订意见于 2013 年整理成文后，又根据转制上市的要求陆续做出多次调整并讨论通过。

《商务印书馆规章制度汇编》汇集了商务印书馆多年来形成、制定的各项管理制度和规定，从总体上整理汇集了商务生产经营、行政管理等方面的制度流程，是指导和协调商务全馆和各部门工作的纲领性依据。《商务印书馆规章制度汇编》（2016 年版）中不仅加入了企业制度要求的各项内容，还根据机构调整、业务流程、考评办法、上市要求等方面的新变化和新要求，制定了更为详尽的配套制度，形成了新的经营管理体制和运营机制。新的制度汇编是全馆员工共同遵守、坚决执行的行为指南，为实现商务经营管理制度体系化、全面树立各项业务活动规范和员工行为准则等方面带来了巨大的管理效益。

（冯　雪）

《中国大百科全书出版社规章制度梳理与更改》

中国大百科全书出版社 2016 年 12 月 26 日颁布实施。为了使出版社各方面工作更加合法化和规范化，从而进一步提高生产效率，中国大百科全书出版社在选题、组稿、审稿、发稿、稿酬及支付标准、印刷装帧、出版物质量检查及评比、各部门管理流程等诸多方面对七条原规定、细则进行了梳理与更改。

（尹添铭）

《中国美术出版总社出版作品稿酬管理暂行办法》

中国美术出版总社 2016 年 7 月 25 日颁布，8 月 1 日施行。为了维护中国美术出版总社与文字作品著作权人的正当权益、避免版权纠纷，根据 2014 年 9 月 23 日国家版权局和发改委联合下发的《使用文字作品支付报酬办法》的精神及总社实际情况，特制定本办法。

本规定包括基本原则，组织与职责，一般图书稿酬支付方式和标准，美术图书基本稿酬标准，少儿类图书、连环画、漫画稿酬，九年义务教育及高中美术教材稿酬，期刊稿酬，特殊情况稿酬，稿酬支付管理，附则等十章，共 35 条。

（赵军平）

《中国美术出版总社美术馆藏品管理办法》

中国美术出版总社 2016 年 12 月 28 日颁布实施。美术馆藏品是中国美术出版总社宝贵的文化财富，是美术馆开展业务活动的物质基础。为了准确鉴别藏品的历史、艺术和学术价值，加强藏品的保护管理，确保藏品的安全，充分发挥藏品的作用，结合本馆实际制订本条例。

本办法共分为六个章节。分别为总则，藏品的接收、鉴定、登账、编目和建档，藏品库房管理，藏品的提用、注销和统计，奖惩，附则，共19条。（赵军平）

《人民音乐出版社加强用印盖章管理工作规定》

人民音乐出版社2016年8月15日颁布执行。为进一步加强公章管理，规范公章使用，结合人民音乐出版社工作实际制定。本规定对公章范围、需用印文件类型、用印流程及急件用印办法进行了规定，对新版《人民音乐出版社用印申请单》填写方式进行了说明。（潘小磊）

《人民音乐出版社商标管理与使用规定》

人民音乐出版社2016年9月颁布执行。为加强商标使用证据的收集管理，更加有效地使用和保护出版社商标，根据《商标法》的有关规定，结合人民音乐出版社工作实际制定。本规定针对人民音乐出版社所持商标的实际情况，规定了商标管理人员的工作内容和方法，对商标的使用及证据收集方式进行了说明。（潘小磊）

《人民音乐出版社生产环节相关管理办法》

人民音乐出版社2016年8月22日颁布施行。为进一步加强和完善人民音乐出版社出版物的设计、印刷等生产环节的管理，结合人民音乐出版社工作实际制定。本规定由《人民音乐出版社生产环节质量奖惩办法》《人民音乐出版社出版物整体设计管理办法》《人民音乐出版社图书出版急件确认办法》组成，旨在建立健全出版物生产流程的质量管理机制，规范出版物生产秩序，强化各环节人员责任意识，保证产品质量。（潘小磊）

《生活·读书·新知三联书店会议制度规定》

生活·读书·新知三联书店2016年6月21日颁布。该制度规定三联书店实行总经理办公会议、党委会议、总经理办公会暨党委会联席会议、选题论证委员会会议、编印发联席会议和专项会议等会议制度。并对各类会议的基本原则、准备工作、会议内容、会议要求等提出了具体要求。制度的颁布实施旨在为规范三联书店各种会议内容，完善决策机制，提高决策水平，以保障各项工作的高效、协调、有序运转。（刘　畅）

《中国对外翻译有限公司完成“废、改、立”规章制度规定》

中国对外翻译有限公司（以下简称“中译”）2016年12月颁布。中译完成了规章制度“废、改、立”工作，结合实际对公司各项规章制度进行了健全和完善，新增管理制度23项、修订18项，废止8项。通过“废、改、立”工作，进一步优化了大中译整体的组织架构，完善了内控管理机制；同时，借助现代化管理技术和手段，初步建成了覆盖中译、语通、上海和青岛四家公司的自动化办公流程，设计并实施了公司OA和ERP系统，有效提升了内部管理水平。此外，公司通过梳理、调整和完善各类业务流程，先后制定了《翻译业务手册（2016年）》、《人力资源发展手册（2016年）》、《导师制管理办法（草案）》、《实习生工作手册》等制度文件，明确并规范了业务人员的从业要求、岗位职责以及考核办法，进一步健全了业务流程及管理制度，完善了绩效考核体系，提高了业务管理效率及效力。（王　超）

《东方出版中心关于优质图书工作的奖励办法》

东方出版中心2016年1月颁布执行。该办法由2个部分3条内容组成。为全面贯彻落实中国出版集团公司以编辑与营销为核心的要求，坚持出版导向，有效应对市场竞争，进一步贯彻按劳分配的原则，促进东方出版中心图书出版主业的“亮旗”扭亏增效、平稳较快发展，特制定本办法。办法规定在图书开发生产奖方面，设立畅销书奖，奖励具有显著双效图书；大力支持优质图书参评各类奖项，对获大奖图书的直接责任人员予以奖励；在营销宣传奖方面，鼓励职工以各种方式宣传本版图书，对发表本版图书评论及书讯的予以奖励，等等。（金洁蓉）

《东方出版中心关于著作权使用费、设计费及审校费等支付标准及办法的规定》

东方出版中心2016年1月颁布执行。该规定由5个章节22条内容组成。本规定根据国家有关法律法规及东方出版中心实际情况，并参考行业通行情况制定。本规定适用于东方出版中心出版的各类图书出版物及其相关工作。制度对著作权使用费、设计费、插图、审校费等的商定，图书著作权使用费标准，审校费付酬标准，书籍设计付酬标准，支付手续及时间进行了规定。本规定自下发之日起执行，原《东方出版中心图书稿酬执行办法》不再执行。（金洁蓉）

《东方出版中心图书编校出版人员绩效考核暂行办法》

东方出版中心2016年1月颁布执行。该办法由7个章节29条内容组成。根据东方出版中心有关编辑出版工作及薪酬管理制度的基本原则，为进一步调动和发挥图书编校出版人员的积极性，贯彻按劳分配的原则，对原东方出版中心图书编校出版人员绩效考核办法进行修订，特制定本办法。办法明确岗位划分，规定编辑、审读编辑、校对、印刷主管、生产部门管理等岗位年度工作任务及考核办法。本办法自下发之日起执行，原《东方出版中心图书编校出版人员绩效考核办法》不再执行。（金洁蓉）

《东方出版中心关于著作权使用费、设计费及审校费支付的补充规定》

东方出版中心2016年11月颁布执行。该规定由5个要点11条内容组成。为完善著作权使用费、设计费及审校费等的支付流程，明晰流程及环节要求，对著作权使用费、设计费及审校费的开列、审核及支付、回告工作进一步明确，特制订本补充规定。制度对及时开单、及时审核、及时支付、及时回告、不要涂改等5个方面进行规定。本规定自下发之日起执行。（金洁蓉）

《东方出版中心2016年度年终考核和评优实施细则》

东方出版中心2016年12月颁布执行。该细则由4个部分12条内容组成。根据中国出版集团公司有关文件精神，按照东方出版中心有关规定，对照2016年年初各部门（单位）及个人所做的年度工作承诺（工作进度表），东方出版中心将对全体员工进行2016年度工作考核、评选优秀员工等工作，特制定本实施细则。该细则对考核组织机构、年终考核和评优办法、时间安排和工作内容及其他事项等4个方面进行规定。细则自下发之日起执行。（金洁蓉）

《新华书店总店工作日志管理办法》

新华书店总店2016年8月颁布，9月正式实施。共十条。旨在加强管理，培养员工总结与计划的良好习惯，使工作有效推进。办法对范围、组织领导、日志报送、日志内容、日志考核及监督管理等做了明确规定。（刘　健）

《新华书店总店领导干部选拔任用工作暂行办法》

新华书店总店2016年8月颁布。全文共八章42条。对选拔任用条件及资格、选拔程序、公开选拔与竞争上岗、交流回避、免职辞职降职、纪律与监督等做了明确规定，旨在建立健全与现代企业制度相适应的干部选拔任用工作机制。（刘　健）

《新华书店总店所属公司员工招聘实施细则》

新华书店总店2016年8月颁布。共六条。旨在规范总店所属公司人事管理，严格选人用人制度，提高企业选人用人科学化能力和水平，根据《新华书店总店所属公司人事、薪酬福利及考核管理办法》（总店发〔2015〕29号），制定本细则。该细则对适用范围、录（聘）用人员基本资格、流程等做了明确规定。（刘　健）

《新华书店总店人才引进管理办法》

新华书店总店2016年11月颁布。共十三条。旨在更好实施“人才强企”战略，使人才引进工作更加科学规范，为企业发展提供人才支撑。该办法对适用范围、原则、人才类型、基本条件、程序、劳动关系、薪酬待遇、服务期限、绩效考核、严格管理等做了明确规定。（刘　健）

《新华书店总店所属公司营业收入和利润超额奖励办法》

新华书店总店2016年11月颁布。共九条。旨在为促进新华书店总店所属公司发展，实现总店战略目标。该办法对奖励范围、考核内容、奖励对象、奖励办法和标准、违法违纪处理等做了明确规定。（刘　健）

《荣宝斋规章制度汇编》

荣宝斋2016年8月颁布。按照党的“两学一做”学习教育活动要求和荣宝斋现实工作需要对原有规章制度进行了系统化梳理，并根据当前形势进行修订完善，收录新的规范要求，出台了《荣宝斋规章制度汇编》，下发各分支机构及总部各部门，供全体员工学习参考。

收录于该汇编的规章制度，依照内容共分为四大类：综合、财务、人事及党群。“综合”类归纳整理了规范和指导荣宝斋全面工作的制度性文件，其余类别则对应各专项工作制度。力求为广大干部员工的工作开展提供重要依据，并为工作有序运转提供支持与保障。（武若杨）

《现代教育出版社员工薪酬管理办法》

现代教育出版社2016年11月颁布执行。为了规范现代教育出版社员工薪酬管理工作，依据《中国出版集团公司人事、分配制度改革30条》的相关要求，结合出版社实际情况，特制定本办法，并通过本制度保障薪酬管理工作的规范化、制度化。全文共六部分，对薪资构成、定薪标准、薪资调整及试用期和实习期标准等做了详细规定。本办法旨在通过客观地评价员工工作绩效，实现吸引人才、留住人才、激励人才的目的。（杨　静）

《中译出版社中层领导干部选拔任用工作暂行办法》

中译出版社2016年6月制定。该办法提出了要有利于把中层干部建设成为政治坚定，具备促进企业又好又快发展能力，年龄梯次适宜、专业知识配套、经验性格互补，团结坚强的领导集体的要求，明确了选拔中层干部，主要采取组织选拔（包括党委确定的市场性选拔）、公开招聘、竞争上岗等方式进行。（茹　慧）

《中译出版社邮政、快递业务使用暂行办法》

中译出版社2016年6月制定。该办法规定邮政业务和快递业务的邮寄流程和结算方式，明确了特殊情况快递业务的使用要求。（茹　慧）

《华文出版社国家出版基金资助项目管理办法》

华文出版社于2016年5月5日制定实行。本《办法》共有六章（节）共14条，制定本管理办法是为加强国家出版基金专项经费资助项目管理的科学化、规范化、制度化，保证国家出版基金资助项目的顺利实施，根据国家财经法规和《国家出版基金资助项目管理办法》等规定，制定本办法。（黄珊珊）

《华文出版社编辑出版流程及要求细则》

华文出版社于2016年5月10日制定实施。本《细则》共有十大条要求，为提高效率，规范管理，华文出版社就编辑出版流程中重点环节做出以下有关规定：1. 出版流程及要求；2. 签订出版合同；3. 编辑加工；4. 重大选题备案；5. 申报集团选题计划；6. 申请书号、CIP；7. 开具印刷委托书（含加印、重印图书）；8. 开具发行委托书；9. 结算；10. 其他流程要求。

（黄珊珊）

《华文出版社关于调整选题论证制度》

华文出版社于2016年5月10日制定实施。为完善出版流程，提高出版效率，经社委会研究决定，对选题论证制度作如下调整：1. 调整选题会周期。取消月度选题会。选题论证小组由社委会成员、总编室主任、编辑部门负责人、市场营销中心主任、责任编辑及相关人员组成。2. 合作图书审批权限下放，由编辑部主任审核、分管领导审批，无须上会讨论。合作条件：①符合社内出版方向；②确保无导向问题；③确保编校质量达到出版要求；④利润指标以出版社绩效考核办法为准。3. 合作图书出版总量规定：编辑部合作图书控制在30～40种，工作室合作图书控制在15种（含）以内，特殊情况需报社长审批。4. 选题申报需填写《华文出版社选题申请表》。具体要求以《华文出版社编辑出版流程及要求细则》为准。（黄珊珊）

《华文出版社样书管理办法》

华文出版社于2016年9月1日制定实施。其宗旨完善样书管理，节约成本的目的，本管理办法要求如下：1. 样书的缴送与发放；2. 因工作需要额外领用样书规定；3. 样书管理。

（黄珊珊）

《华文出版社关于加强图书出版质量管理的规定》

华文出版社于2016年9月1日制定实施。为保证图书质量，配合出版社编辑出版流程及要求细则，特制定本规定。管理规定坚持编辑部作为出版物质量中心的原则；坚持责任编辑作为直接责任人，编辑部主任承担重要责任，终审或分管领导承担连带责任的原则；处理方式包括：警告、记过、行政降级、工资降档、解聘、罚金；罚金根据严重程度区别金额以及质量的标准。

（黄珊珊）

《华文出版社关于图书选题策划及取酬方式的暂行办法》

华文出版社于2016年11月1日制定实施。为最大限度地发挥社内选题策划力量，积极吸收社外优势资源，拟在选题领域开展多种形式的合作，以期在充分发挥各编辑自身优势特点的基础上，坚持自愿选择、各尽所长、多劳多得的原则，突出效率优先，进一步理顺分配方式，调动生产积极性，力争合作共赢，提高选题策划的质量和效率。特制定本办法。（黄珊珊）

《中版教材有限公司员工招聘管理办法》

中版教材有限公司2016年2月24日颁布执

行。为加强员工招聘工作的规范化管理，保证录用人员的业务和综合素质，为公司发展提供优良的人力资源保障，根据国家和中国出版集团公司的有关规定，结合公司实际，制定本办法。

（潘　健）

《中版教材有限公司〈公司章程〉部分变更的决定》

中版教材有限公司 2016 年 9 月 20 日颁布执行。根据股东会决议，决定中版教材有限公司总经理杨伯勋担任公司法定代表人。故需将公司章程第四章第一节中的第二十条改为“总经理为公司法定代表人”。另据国家工商总局规定，公司章程变更应当向公司登记机关依法申请办理变更登记。（潘　健）

《中版教材有限公司调整员工差旅费开支标准》

中版教材有限公司 2016 年 10 月 18 日颁布执行。根据财务部中央国家机关、事业单位工作人员差旅费开支标准的最新规定，结合教材公司工作实际，对原《关于员工差旅费开支标准》第二条“工作人员出差的交通费和住宿费开支标准”进行调整，适当提高。（潘　健）

《中版教材有限公司关于进一步加强财务管理的规定》

中版教材有限公司 2016 年 12 月 5 日颁布执行。为进一步贯彻执行中共中央关于改进工作作风的“八项规定”及实施细则，落实集团公司相关文件精神，结合教材公司实际，经总经理办公会研究，特制定进一步加强财务管理相关规定。

（潘　健）

《中版文化传播（北京）有限公司中层干部选拔任用管理办法》

中版文化传播（北京）有限公司 2016 年 5 月 9 日颁布执行。为了加强中层干部的管理，建立干部能上能下的竞争、激励机制，优化干部队伍结构，提高干部队伍素质，制定本办法。该办法共 17 条，对聘任条件、聘任程序、培训、考核、待遇等方面做了规定。（熊　涛）

《中版文化传播（北京）有限公司专项资金财务管理办法》

中版文化传播（北京）有限公司 2016 年 12 月 1 日颁布执行。为加强专项资金管理、保证资本金安全、规范使用、提高使用效益，根据《国务院关于试行国有资本经营预算的意见》（国发〔2007〕26 号）和《中国出版集团公司专项资金管理办法》（中版发〔2013〕20 号）等规定，制定本办法。该办法共 12 条，针对专项资金的预算编制、资金的使用与管理、资金的支出范围、审批程序、结项管理等做了明确规定，并严格按照项目管理办法列支。

（熊　涛）

媒体关注

MEDIA REPORTS

部分重要媒体对集团公司的报道

中国出版集团公司举办第四届经销商大会

2016年1月6日《中国新闻出版广电报》的报道。报道称，1月5日，中国出版集团公司第四届经销商大会暨营销创新论坛在北京举行。会议评选出了2015年中国出版集团公司十大优秀营销案例。全国人大教科文卫委员会主任委员、中国出版协会理事长柳斌杰出席大会并讲话。

柳斌杰表示，“十三五”时期是我国从出版大国向出版强国迈进的重要阶段，要进一步深化改革，补强“文化影响力不足、市场开拓能力不强”两个短板，多出引领人类文明发展的精品力作，积极开拓国际市场，大力提高中华文化的国际影响力和传播力。柳斌杰指出，图书出版和发行工作，要适应国家经济发展的新变化，积极围绕“十三五”期间进城落户、体面打工、学前儿童、脱贫人口、养老保障和新增就业等“六个一亿人”，挖掘中国图书的消费市场和读者需求，运用多种手段开拓图书流通渠道，真正做到把好书推送给群众，让读者更容易找到好书。

中国出版集团公司党组书记、中国出版传媒股份有限公司总经理王涛表示，2015年，中国出版集团公司的市场推广工作做得风生水起、有声有色。2016年，中国出版集团公司将进一步创新营销模式，持续做好“中版好书百店千柜工程”，做大中版图书展销订货会、馆配会等展销平台，创新新媒体、众筹和事件推广等营销方式，并加强培育营销人才梯队等一系列营销规划。

在营销创新论坛上，中宣部出版局巡视员刘建生，中国出版集团公司党组成员、中国出版传媒股份有限公司副总经理樊希安，浙江新华书店集团董事长王忠义，安徽新华传媒股份有限公司副董事长、总经理翟凌云，深圳出版发行集团董事长尹昌龙，凤凰出版传媒股份有限公司副总经理金国华等分别发表演讲，共同探讨图书营销创新的新思路、新办法、新举措。

会上，还举行了“中版好书百店千柜工程”项目合作协议签约仪式，向与会经销商代表集中推介了2016年中国出版集团公司重点新书及中版新华联合物流中心项目的运营情况。（孙　俊）

中国出版集团公司捐赠万册《重读抗战家书》

2016年1月11日《光明日报》的报道。报道称，1月6日，中国出版集团公司向机关干部、解放军官兵、大中小学生捐赠10000册《重读抗战家书》。

《重读抗战家书》由中央宣传部宣教局主持编写、中华书局出版。该书编辑整理了收藏于国家博物馆、中国人民革命军事博物馆、中国人民抗日战争纪念馆等单位的32封抗战英烈家书。这些抗战家书是全民族抗战的珍贵记忆，呈现出中华民族浴火重生的历史画面，感人至深、发人深省。该书自2015年12月出版以来，已重印4次，累计印数达26万册。

在捐赠仪式上，中央人民广播电台主持人和

卢沟桥第一小学学生先后深情朗诵了《王孝慈致弟书》《赵一曼致子书》《左权致叔父书》。抗日英烈家属代表王孝慈之女向里南、王雨亭孙女王枫通过对亲人家书的解读，追忆了抗日英烈坚定的理想信念与浓厚的家国情怀。受赠方代表中国人民大学学生刘长青、卢沟桥第一小学大队辅导员隗婉等表示，抗战家书是进行理想信念教育最生动、最有说服力的教材，《重读抗战家书》弘扬了伟大的民族精神和抗战精神，延续了先辈的抗战记忆，警示今天的人们要铭记历史、珍爱和平。

（孙　俊）

中国出版集团公司主业保持强劲增长势头　吴尚之出席中国出版集团公司2016年工作会议并讲话

2016年1月22日《中国新闻出版广电报》的报道。报道称，1月21日～22日，中国出版集团公司2016年度工作会议在北京举行。会议透露，2015年中国出版集团公司出版主业依然保持了比较强劲的增长势头。国家新闻出版广电总局副局长吴尚之出席会议并讲话，中国出版集团公司总裁谭跃做工作报告。

据了解，2015年中国出版集团公司营业收入达91.61亿元，增幅3.32%。其中，中国出版传媒股份有限公司营业收入40.09亿元，增幅17.99%，零售市场占有率近7%，保持了第一名的领先地位。尤其是在股改上市方面取得了突破，中国出版传媒股份有限公司完成了上市申报，进入模拟上市公司新阶段；中国对外翻译公司完成机构分立，荣宝斋股改方案正在多方论证，中国出版集团公司登陆资本市场“一大二小”格局初现端倪。2016年中国出版集团公司工作的指导性指标是：年度营业收入和利润同比增长6.5%～8%。

在精品力作出版方面，2015年在中央宣传部和国家新闻出版广电总局组织开展的中国好书、大众喜爱的50种图书、中华优秀出版物奖、国家出版基金项目等评选推荐资助活动中，中国出版集团公司图书入选数量均名列全国首位。在数字化方面，2015年数字化收入达到8.77亿元，同比增长30.74%，着力打造的“中华经典古籍库”“百种精品工具书”、百科在线、“译云”“易阅通”“诗词中国”等特色数字平台已初见成效。在“走出去”方面，2015年，中国出版集团公司主导的“读懂中国”英文沙画形象片登陆纽约时代广场滚动播放，《中国近代经典文库》《中华文明的核心价值》等一大批优秀图书实现多语种输出，成功举办第二届中外出版翻译恳谈会暨首次“一带一路”主题论坛。

吴尚之表示，2015年中国出版集团公司出色完成了各项工作任务，切实履行了出版“国家队”的使命和担当，中国出版集团公司特色发展道路越走越广。对于中国出版集团公司2016年的工作，吴尚之要求，一是要紧紧围绕党和国家工作大局，做强主题出版。精心策划推出一批学习宣传贯彻习近平总书记系列重要讲话精神的出版物、党中央治国理政新理念新思想新战略主题出版物、社会主义核心价值观主题出版物、纪念建党95周年和长征胜利80周年等重大活动主题出版物。二是要始终坚持以人民为中心的工作导向，多出精品力作。当前要着力抓好“十三五”重点出版规划的制定实施工作，努力在文化传承上有新的突破，在学术水平上有新的超越，使精品力作不断涌现。三是要始终坚持把社会效益放在首位，推进改革发展。着眼形成新的体制改革优势，打造新型股份公司、搭建新型共享平台，把传统出版的影响力向网络空间延伸。四是要切实加强国际传播能力建设，加快“走出去”步伐。翻译出版一批讲好中国故事、展示中国形象的重点出版物，围绕加强周边国家外交和推进“一带一路”建设，因地制宜，推动翻译作品在海外市场有效落地。五是要认真落实意识形态工作责任制，确保正确导向。强化看齐意识，严守党的政治纪律和政治规矩，进一步增强政治责任感，把握方向，守住阵地，管好队伍。

对于“十三五”时期中国出版集团公司工作的基本思路，谭跃提出，要按照“调速度、调结构、强导向、强质量、强动力、强党建”的战略重点，打造“三六构想”升级版，用5年左右时间，努力建成国际著名出版集团。

中央宣传部出版局局长郭义强表示，2015年中国出版集团公司在作为“国家队”主阵地意识、挺拔主业做强内容意识、改革创新融合发展意识、加强党建抓培训强队伍意识方面都进一步增强。他希望中国出版集团公司2016年在转方式、补短板，提高质量、增进效益上带好头做表率，推进集团在更高水平上的可持续发展。中央文化企业国有资产监督管理领导小组办公室主任王家新介绍了中央财政支持文化产业相关情况。

会上还对获得第七届中国出版集团公司出版奖的85种出版物及获2015年度出版贡献奖的出版物进行了表彰。

中国出版集团公司党组书记王涛主持会议。中宣部、总局相关司局负责人，中国出版集团公司、中国出版传媒股份有限公司及所属各单位领导班子成员共160余人参加会议。（孙　俊）

中国出版集团公司对照“四条标准”做好贯彻落实

2016年3月1日《中国新闻出版广电报》的报道。报道称，2月25日，中国出版集团公司召开学习贯彻习近平总书记在党的新闻舆论工作座谈会上的重要讲话精神专题会议。

中国出版集团公司总裁谭跃要求全集团要把学习贯彻习近平总书记的重要讲话精神当作当前突出的重大政治任务，当作今后一段时间指导中国出版集团公司工作的根本追求；要将习近平总书记重要讲话精神具体落实在导向管理、内容创新、媒体融合、走出去、班子建设、人才队伍建设、党的建设以及全年工作安排和“十三五”规划八个方面的工作上，坚定不移地推进中国出版集团公司改革发展事业。会上，中国出版集团公司党组书记王涛全面传达了习近平总书记重要讲话精神，并同时传达了中宣部相关会议的重要指示。

谭跃从六个方面概括了习近平总书记重要讲话精神的核心要义，强调全集团要高度重视新闻舆论工作是治国理政、定国安邦的大事，深刻领会“五个事关”的重要含义；高度重视抓好新闻舆论工作必须把政治方向摆在第一位，深刻领会“四个牢牢坚持”的根本含义；高度重视新时期党的新闻舆论工作的职责和使命，深刻领会“48”个字的根本含义；高度重视抓好新闻舆论工作需要改革创新，深刻领会“九个创新”的根本含义；高度重视抓好新闻舆论工作的关键在队伍建设，深刻领会新闻舆论人才“四个标准”和新闻舆论作品的“三个要求”；高度重视抓好新闻舆论工作要加强和改善党的领导，深刻领会“两大责任”的根本含义。

会议对各单位做好贯彻落实工作提出“四条标准”：第一，要结合已有的年度工作安排，学习好、领会好、对对表；第二，要重贯彻、重结合、重落实，真正在政治、思想和行动上和党中央高度保持一致，真正把政治责任担当起来；第三，要把文化使命放在心里、担在肩上、体现在一本本好书上；第四，要把中国出版集团公司出版工作和改革发展任务做实、做好、做出新成效。

中国出版集团公司党组成员、副总裁刘伯根主持会议。中国出版集团公司所属各单位领导班子成员共100多人参加会议。（孙　俊）

中国出版集团公司向英国广播公司（BBC）中英教育纪录片拍摄学校赠书

2016年4月14日新华社的报道。报道称，中国出版集团公司12日向英国汉普郡博航特中学捐赠莎士比亚、汤显祖作品及汉语教学类书籍。英国广播公司（BBC）2015年播出的中英教育差异纪录片正是拍摄于这所学校。

作为纪念莎士比亚、汤显祖逝世400周年以及伦敦书展系列活动之一，中国出版集团公司12日向博航特中学捐赠一百余册图书，其中包括莎士比亚和汤显祖作品中英文对照版、汉语教材、工具书、中国历史文化和音乐类书籍等。

中国出版集团公司党组成员、中国出版传媒股份有限公司副总经理李岩在赠书仪式上说：“今天我们为博航特的学生们带来了一批有关中国文化和语言学习的图书，希望这些图书能帮助同学们了解中国历史、现状和未来。”

博航特中学校长尼尔·斯特罗格对中国出版集团公司的捐赠表示感谢。他说，要想真正学习一门语言，必须理解这门语言背后的文化。谈到在该校拍摄、曾引发广泛讨论的英国广播公司（BBC）纪录片《我们的孩子足够坚强吗？——中式学校》时，斯特罗格说，通过对比，发现中英教育有很多值得相互学习的地方，期待在未来和中国有更多合作。

博航特基金会董事长雷蒙德·莫顿说：“长久以来我都深信学习普通话是在未来取得成功的关键所在，我希望博航特的学生们将来能通过学习莎士比亚中译本上演一出汉语莎剧，也希望我们的乐队能够演奏中国音乐。”

博航特中学位于汉普郡，是一所公立中学，以浸入式汉语教学为特色，目前在校生约1600人，其中450人在学习汉语。

中国出版集团公司所属单位拥有中华书局、商务印书馆、生活·读书·新知三联书店等一批著名品牌，每年出版图书约1.5万种，位居中国图书零售市场第一。 （孙 俊）

中国出版集团公司与牛津大学图书馆达成合作协议首次冠名阅览间

2016年4月18日新华网的报道。报道称，英国当地时间4月13日，在牛津大学图书馆Weston新馆举办的“中国出版集团公司纪念汤显祖·莎士比亚400周年图书版本展”揭幕仪式暨赠书仪式上，中国出版集团公司总裁谭跃和牛津大学图书馆馆长理查德·欧文顿（Richard Ovenden）代表双方就出版和长期交流机制达成协议并签署了谅解备忘录，理查德·欧文顿表示，该馆400多年来与全球的出版商一直保持紧密合作，他期待未来与中国出版集团公司有更加紧密的合作，并取得丰硕的成果。

据悉，从2016年开始，牛津大学图书馆中国中心中国研究分馆将专门设立由中国出版集团公司冠名的阅览间。中国出版集团公司特别为冠名阅览间准备了一批精品图书，其中包括《二十四史》（中华书局出版，共63本）、《资治通鉴》（中华书局出版，共12本）、《中国大百科全书》（第二版）（大百科全书出版社，共32本）、《中国美术全集》（中国美术出版总社，共60本）、“中国当代作曲家曲库系列”（人民音乐出版社版，共45本），总数达212本。该馆共收藏了中版集团图书总计达1万余种，其中包括人民文学出版社1179种，商务印书馆3617种，中华书局3898种，中国美术出版总社334种。

在牛津大学中文古籍分馆——鲍得利图书馆（Bodleian Library）馆长郝大伟（David Helliwell）、中国中心图书馆馆长邵玉书（Joshua Seufert）的带领下，中国出版集团公司一行先后参观了牛津大学中国中心图书馆、牛津大学图书馆老馆以及Weston新馆的馆藏中国古籍善本和善本修复工作间。郝大伟详细介绍了鲍得利图书馆的历史发展演变、中国珍本古籍图书的修复过程以及通过各种方式获得中国珍贵古籍图书的艰难过程。

理查德·欧文顿表示，400多年来，鲍得利图书馆一直致力于收集在中国出版和中文的图书。在数字化时代，该馆也在加快电子版和数字化馆藏的速度和力度。希望中国出版集团公司今后对鲍得利图书馆继续给予必要的支持，使学者的研究有更大的广度和深度，在学术研究和传播知识方面，帮助来自全球的师生进行学习和研究。

郝大伟是数十年研究中国问题并收集中国珍贵研究资料的专家，作为该分馆的馆长，他表示会通过中国的发行公司、出版商、中国公司等各种途径收集具有永久保存价值的关于中国的研究资料，中国国际图书贸易集团公司（CIBTC），也就是原来的中国国际书店就是他获得最新的研究资料的信息的主要途径之一。该馆以人类学和人文社科为主，我们也收藏科学方面的研究资料，如中国植物志、中国读物志等。目前，该馆共收藏有5万种与中国有关的图书，其中2万种是中文善本。 （孙 俊）

中国出版集团公司与三沙市共建图书馆

2016年4月22日《光明日报》的报道。报道称，在“世界读书日”前夕，中国出版集团公司与三沙市政府签署合作协议，共建我国最南端的海岛图书馆——三沙图书馆，并捐赠了首批30万元码洋精品图书。根据合作协议，中国出版集团公司将通过搭建阅读平台，每年给三沙市捐赠一批最新精品图书，共同举办名人讲座、作者签售等形式多样的文化活动，推动全民阅读在三沙市的全面开展。

签约仪式上，国务院参事、中国出版集团公司党组成员、中国出版传媒股份有限公司副总经理樊希安表示，中国出版集团公司将以共建“三沙图书馆”为载体，切实落实出版“国家队”与地方政府间的文化合作，不断加强三沙市的文化建设。通过共建三沙图书馆，为三沙市广大读者提供便利阅读的条件，充分发挥出图书作为文化精神食粮的影响力和引导力。

三沙市副市长白斌说，相信这批精品图书将推进全民阅读在三沙市的传播与推广，丰富岛礁军民的精神文化生活。

“金钱有价，知识无价，这些捐赠的书籍是我们的精神食粮，是我们的文化‘大餐’。”三沙永兴学校老师肖芳表示，将通过多读书、读好书，不断充实生活、开阔视野，从而更好地投入到三沙的建设和发展中。（孙　俊）

中国出版集团公司展示“国家队”风范年销售10万册以上的图书达82种

2016年5月12日《中国新闻出版广电报》的报道。报道称，在深圳会议展览中心7号馆的新闻出版馆，红色特装的“主宾团”中国出版集团公司的展位格外引人注目。

与其他展位相比，中国出版集团公司品牌形象及精品出版物展示，彰显了中国出版业“国家队”的风范。

《抗日战争（1—3卷）》《曲终人在》《草木缘情：中国古典文学中的植物世界》《将军》以及“百科在线”、“中华经典古籍库”的演示……在本次文博会上，中国出版集团公司的重点图书让人目不暇接。

走进展区，《中国新闻出版广电报》记者从一个个展示牌上看到，中国出版集团公司通过“十二五”的奋斗，出版主业不断壮大，文化影响日益扩大：国家级大奖获奖总数从“十一五”的111项增加到“十二五”的137项，增长23.42%；年销售10万册以上的图书从2011年的48种上升到2015年的82种，增长70.83%。

据了解，本届文博会上，中国出版集团公司还将邀请荣获2016年国际安徒生奖的曹文轩与读者近距离分享自己的获奖感受；邀请长篇纪实文学《长征》《朝鲜战争》《解放战争》的作者王树增带领读者重温现代人类历史上的战争传奇；邀请吕敬人举办“美书：留住阅读”演讲会，等等。此外，中国出版集团公司还将在深圳书城罗湖城、中心城、南山城以及宝安城举办主题书展，展出的500种新书精品九折优惠销售。

（孙　俊）

中国出版集团公司等将设立“中美文化产业发展投资基金”

2016年5月27日《中国新闻出版广电报》的报道。报道称，5月23日，“中美文化产业发展投资基金”发起备忘录签署仪式在上海举行，中国出版集团公司、中国华录集团有限公司、中国文化产业发展集团公司、四川新华发行集团有限公司、海通证券、尼尔·布什中国公司签署合作备忘录，拟共同发起设立“中美文化产业发展投资基金”（暂定名）。

据了解，基金成立之后将推动跨国交流，将坚持市场化、企业化、国际化的经营原则。通过整合国内外优质文化资源和金融资源，力争推动中国文化产业整合，推动中国文化企业开展海外并购和跨行业整合，助力文化软实力的提升。“中美文化产业发展投资基金”总规模200亿元人民币，首期目标规模约50亿元人民币；整个基金存续期约为15年，第一期基金存续期为八年，其中投资期为五年，退出期为三年。基金管理公司拟为“中美文化资本管理有限公司”，注册资本一亿元人民币，由主要发起人之一海通证券控股。

据介绍，“中美文化产业发展投资基金”将以股权投资为主。基金拟从2016年三季度启动募集，期限为三个月。基金管理公司作为基金的管理人，承担基金的管理工作。目前“中美文化产业发展投资基金”的股权架构中，海通证券控股51%。

目前，基金的筹备工作已经开始，前期募资工作与储备项目比较丰厚，得到了发起方、投资方的积极支持。海通证券董事长王开国说，基金成立之后将坚持市场化、企业化、专业化的经营原则，通过整合国内外优质文化资源和金融资源，力争推动中国文化产业整合，推动中国文化企业开展海外并购和跨行业整合，助力文化软实力的提升。（孙　俊）

中国出版集团公司新疆维吾尔自治区书法教育援疆工程启动

2016年6月23日《光明日报》的报道。报道称，三年累计投资1000万元的教育援疆项目——中国出版集团公司新疆书法教育援疆工程，日前在乌鲁木齐市八一中学正式启动。该工程将通过培训各族书法教师、建设华文书法教室和书法教学示范基地、推进书法数字化教育实践以及举办师生书法竞赛等主要措施，在新疆维吾尔自治区全面深入开展中小学书法教育。

中国出版集团公司结合新疆维吾尔自治区地域文化特色，发挥华文出版社全国中小学书法教育专业出版培训基地的独特优势，探索创新文化、教育援疆模式，加大文化、教育援疆力度。

喀什地区疏附县托克扎克镇中心小学、和田市第五中学和阿克苏地区库车县第十小学等13所中小学成为首批援建学校。随后，该工程将实施新疆维吾尔自治区千名中小学书法教育骨干教师培训计划，使每个县市区都有十名左右的书法骨干教师。同时实施少数民族书法教育骨干教师培训百人计划。在乌鲁木齐市八一中学、116中学和第22小学各建一所华文书法教室，在今后五年内为南疆四地州援建十所华文书法教室。

记者在乌鲁木齐市八一中学已建好的华文书法教室里看到，专门设计的书法教学的视频平台有五路视频信号可多视角展示书法教学示范，中国出版集团公司还为每位学生配备了笔墨纸砚等专业工具。（孙　俊）

中国出版集团公司到2020年基本建成国际著名出版集团

2016年7月19日《中国新闻出版广电报》的报道。报道称，7月14日～15日，中国出版集团公司“十三五”规划实施大会在北京召开。会议明确中国出版集团公司“十三五”期间改革发展方向：不断提升文化影响，打造数字化集团，保持中高速增长，到2020年基本建成国际著名出版集团。

会上，中国出版集团公司总裁谭跃从中版集团“十三五”规划的思考要点、发展重点以及精神支点三方面阐述了中国出版集团公司未来五年的谋篇布局。谭跃表示，目前中国出版集团公司越来越成为国际出版业聚焦中国出版的标志，越来越接近“国际著名出版集团”的战略定位，在坚持正确导向、做强主题出版、综合经济实力、文化“走出去”、出版物国际贸易、内容数字化、人才队伍、品牌影响力、艺术品经营、图书会展业务等十个方面进一步确立了领先地位。中国出版集团公司“十三五”期间要以“调速度”“调结构”“强导向”“强质量”“强动力”“强党建”为战略重点，明确以导向为核心、以财务为中心的集团化管控模式，以出版资源为核心的文化产业投资方向，以媒体融合为方向的战略发展重点，以兼并重组为主导的规模化发展路径，以资源有效整合为重点的集约化发展方式。到2020年，基本实现发展方式的“四个转变”，即从规模扩张型向规模和质量结合型转变，从资源发展型向资源和创新驱动结合型转变，从速度增长型向速度和协调发展结合型转变，最终实现中国出版集团公司产业从“又快又好”向“又好又快”的协调、可持续发展转变。

中国出版集团公司党组书记王涛在做大会总结时要求，中国出版集团公司所属各单位要深入领会、对照“十三五”规划精神、目标，修订、调整本单位的“十三五”规划，使自身在中国出版集团公司的大棋局中找准定位、找准坐标。

会上，中国出版集团公司所属单位主要负责人围绕“十三五”发展规划，结合本单位“十三五”发展的目标和规划重点做了交流研讨。

中央宣传部出版局局长郭义强、国家新闻出版广电总局出版管理司司长周慧琳出席会议。

（孙　俊）

中国出版集团公司召开
中华图书特殊贡献奖嘉宾恳谈会

2016年8月23日人民网的报道。报道称，8月22日，中国出版集团公司邀请2016年中华图书特殊贡献奖候选人、牛津大学图书馆中国中心中文部主任邵玉书、法国巴黎友丰书店潘立辉、印度汉学家狄伯杰、越南丽芝文化有限公司总经理阮丽芝以及历届中华图书特殊贡献奖代表等20余位嘉宾，在中国出版集团公司11层多功能厅举行恳谈会。中国出版集团公司总裁谭跃，中国出版集团公司党组成员、中国出版传媒股份有限公司副总经理李岩，中国出版集团公司党组成员、中国出版传媒股份有限公司副总经理孙月沐以及集团所属各出版社领导及版权主管70余人参加了这次活动。

会上，中国出版集团公司的编辑和版权人与外方专家、学者热情交流，认真请教、听取意见，详细介绍特色的图书和文化产品，现场达成翻译、出版、约稿等各类合作意向多个。

李岩在发言中指出，中国出版集团公司2016年来国际影响力不断提升，原因在于始终坚持传承中华优秀传统文化、传播现代文明和知识，在海外致力于推动“传统文化的现代阐释”和“中国道路的学术表达”。中国出版集团公司还将重点关注体现文明交融互鉴、合作互惠共赢精神的“一带一路”，聚焦“多语种、跨文化”，着力推进各国各地优秀文化的翻译出版。

会上，中国出版集团公司与牛津大学图书馆举行了成立中国翻译研究出版中心的签字仪式。中国出版传媒股份有限公司国际部主任刘忠任该中心主任，中译出版社总编辑张高里和牛津大学图书馆中国中心中文部主任邵玉书分别任副主任。签字仪式由副总经理李岩主持，中心主任刘忠和英方副主任邵玉书分别发言。

据悉，牛津大学图书馆拥有400年收藏中国图书的历史，收藏与中国有关图书5万种，其中中文古籍6000多种，包括一些中国古老的出版物和一些瑶族出版物手稿，其中一些甚至是孤本。同时，牛津大学图书馆出版了大量的大众图书和学术著作，具有良好的出版声誉，因此牛津大学图书馆具备与集团合作的出版资源与文化优势。中国出版集团公司和牛津大学图书馆一致认为双方可以不断扩大合作领域，实现利益共享。在此基础上，双方于2016年4月13日于签署备忘录，制定了合作的初步框架。（孙　俊）

中国出版集团公司
近300部作品寻求版权开发

2016年11月9日《中国知识产权报》的报道。报道称，10月31日，中国出版集团公司在北京举行“原创IP、纸书出版、音频、影视版权推荐会”，吸引了众多出版社、影视公司、游戏公司以及版权作者的参与，并达成多部优秀作品的版权合作意向。据悉，这是中国出版集团公司首次举办以网络原创版权推荐为主的活动。

据悉，参加此次版权推荐的作品共有260余部。这些作品中既有第二届“海峡两岸网络原创文学大赛”的优秀作品，如《对决》《邓家铺子》《大北谣》等，也有知名作家的优秀出版物，如人民文学出版社出版的知名作家张炜的最新力作《独药师》、华文出版社出版张宏志的《血色黎明》、第一部描写戈壁滩女兵成长为女将军的

《戈壁女兵班》等。

中国出版集团公司科技与数字部主任、中版集团数字传媒有限公司总经理赖雪梅在接受中国知识产权报记者采访时表示，中国出版集团公司将盘活旗下优质版权内容，同影视公司、游戏公司、动漫公司、有声书制作公司等共筑版权交易平台，将优质作品推荐出去。（孙　俊）

我国最大出版物流通中心落成

2016年12月6日《北京日报》的报道。报道称，日前，位于顺义北小营镇的新华联合物流中心项目工程竣工验收，这是我国最大的出版物流通中心。

该项目位于北小营镇宏大工业园，项目占地340亩，总建筑面积20.5万平方米，总投资11.5亿元，于2014年4月开工建设，2016年10月投入试运行。

项目依托先进的仓储管理系统及贯通出版业上下游的信息服务平台，大规模应用货到人拣选系统、高位立体库、自动传输系统等现代化物流装备，可实现货物配发、包装、质检、路向分拣等环节的信息化和自动化。

目前，在新华联合物流中心6万平方米屋顶，由华电集团实施的分布式太阳能光伏发电项目也在同步进行，预计装机容量可达5兆瓦，是目前北京地区规模最大的屋顶光伏发电项目。项目投产运营后可为物流中心提供持续的清洁能源，有效降低运营成本，形成良好的经济效益与社会效益。

项目建成后将整合中国出版集团公司旗下所有出版社约30亿码洋图书的仓储和配送业务，同时继续吸收北京地区其他出版社图书物流业务，壮大产业集群，达到年配送70亿码洋的产能。同时依托规模优势和强大的信息处理能力，在医药、冷链、家电、日用百货等领域大力发展第三方社会物流，打造国内有强大影响力和辐射力的综合性物流产业平台。（孙　俊　白　雨）

部分重要媒体对集团公司所属单位的报道

老树结繁花　绿枝吐新芽
人民文学出版社65华诞

2016年3月29日《光明日报》的报道。报道称，建社65年来，人文社始终关注原创作品，积极发现代表时代强音的优秀作品，先后推出大量佳作。近年来，人文社相继推出贾平凹、王安忆、张炜、王树增等当代著名作家的多部重要作品，在业内产生了很大影响。正因为对原创作品的重视，人文社是历届国家图书奖、中国出版政府奖、中宣部“五个一工程”奖、中华优秀出版物奖和茅盾文学奖等国家级大奖中获奖最多的出版单位之一。展望未来，人文社将在为读者制作精神食粮的同时，继续创造属于自己的历史。

（李　然）

贾平凹《极花》：沉重的现实关切

2016年1月29日《人民日报》的报道。报道称，文以载道，言近意远，小说止于此，而余韵不止。贾平凹的思考最终回到了文化认同层面。他总在思考“人格理想是什么，如何的积累性、群体性的理想过程，又怎样建构文学中的我的个体”。《极花》所表现的就是个体的一种文化身份认同。胡蝶本应该像祥林嫂般见人就控诉被拐卖后的屈辱和被解救后的伤害，但她终究在黑亮一家的感情中完成了身份与文化认同，控诉也化为了絮絮叨叨。在贾平凹的小说中，有沉重的现实关切，更有人性的温情脉脉。就像金庸笔下的少林寺武学高手每学一门武学绝技，就必须读一本佛经来化解心中的戾气，在当下中国，思考一点理解现实的学理，也需要读一本重新建构认同的小说来平衡我们的欲望、理性和激情。

（李　然）

“哈利·波特”第八个故事问世

2016年11月8日《中国新闻出版广电报》的报道。报道称，《哈利·波特与被诅咒的孩子》以J. K. 罗琳、约翰·蒂法尼和杰克·索恩创作的全新故事为基础，是“哈利·波特”系列的第八个故事，是一部由杰克·索恩执笔的全新剧本，也是第一个被搬上舞台的“哈利·波特”官方故事。

由人民文学出版社出版的《哈利·波特与被诅咒的孩子》中文简体字版，是全球最早译本之一。从9月20日开始，《哈利·波特与被诅咒的孩子》中文简体字版已经开始全面预售。据出版方介绍，截至此书正式上市，首印30万册已经全部发货，目前正在紧急加印之中。

《哈利·波特与被诅咒的孩子》以“爱和友谊”为主题，讲述的是哈利、罗恩、赫敏、德拉科·马尔福和他们的下一代的故事。（李　然）

首家“商务印书馆乡村阅读中心”
在河北武安揭牌

2016年3月29日光明网刊发的报道。报道称，全国第一家“商务印书馆乡村阅读中心”在河北省武安市阳邑中心学校揭牌。阳邑中心学校有21所学校、7个中心校，共有近6000名学生。活动中商务印书馆向该校捐赠最新的工具书、经典阅读著作和各类普及读物、三农类图书，共计1057册。此次成立的全国首家“商务印书馆乡村阅读中心”，将以其雄厚的专家资源做支撑，加强对教师的阅读培训和指导，让乡村的中小学生掌握科学的阅读方法，养成良好的阅读习惯，并探索一种以学校辐射村镇的乡村阅读推广新模式，为推动全民阅读做出贡献。商务印书馆还将派出编辑到乡村阅读中心支教，用教育、阅读和文化带动乡村的发展。（冯　雪）

《新华字典》获“最受欢迎的字典”“最畅销的书（定期修订）”两项吉尼斯世界纪录

2016年4月13日新华社刊发的消息。消息称，吉尼斯世界纪录机构12日在伦敦宣布，《新华字典》获得“最受欢迎的字典”和“最畅销的书（定期修订）”两项吉尼斯世界纪录。消息介绍道，中国出版集团公司旗下商务印书馆出版的《新华字典》是中华人民共和国第一部现代汉语字典，目前已成为中国人乃至全球许多国家和地区汉语学习者的必备工具书。截至两项纪录统计的计算时间2015年7月28日，《新华字典》全球发行量共达5.67亿本。吉尼斯世界纪录机构负责人在正式确认仪式上公布了这一纪录。消息还称，《新华字典》凝聚着几代学人的心血和智慧，伴随着几代人的成长，也影响了亿万民众的语言生活，为中华民族的文化普及和教育事业发展做出了巨大贡献，已成为中华文化的标志性符号。2012年起，《新华字典》被教育部和财政部纳入国家免费提供教科书范畴，超过一亿农村义务教育阶段的学生用上了免费的《新华字典》。因其篇幅小、便于携带、内容丰富和语言平易，《新华字典》还成为各国人民学习汉语和中华文化的得力工具。（冯　雪）

为读者，为时代，做中国好书

2016年4月24日中央电视台《新闻联播》播出的新闻报道。报道综合介绍了以商务印书馆“汉译世界学术名著丛书”“中华现代学术名著丛书”等为代表的中国好书。报道称，被誉为出版“国家队”的中国出版集团公司以百年老字号商务印书馆为代表，将社会效益和内容品质放在首位，不断为读者提供开卷有益的图书，坚持做能够屹立于世界图书之林的中国好书。为中国读书人所熟知的“汉译世界学术名著丛书”从孕育到成熟跨越了一百多年的时间，为中国人推开了世界文化的大门。而以《马氏文通》为始将中国学者的学术著作逐渐集结而成的“中华现代学术名著丛书”，为中国模式和中国道路探寻思想基础和文化根源，并且通过收录中国学者的英文著作和与外国出版机构合作全球发行等方式，让中华优秀文化走向世界。报道还称，不断探索时代所需，与商务印书馆携手同行的是中华书局、三联书店等一批在世界图书市场拥有品牌影响力的中国出版机构，兼顾知识性与可读性，让社会学、自然博物学、历史学以更利于理解和接受的方式走进当代读者，也为这支中国出版的国家队迎来了世界市场的认可。（冯　雪）

加快文化“走出去”　商务印书馆与剑桥大学出版社签约

2016年8月25日人民网·读书频道发布的消息。消息称，第23届北京国际图书博览会（BIBF）上，英国剑桥大学出版社和商务印书馆联合举行“剑桥大学出版社·商务印书馆战略合作协议签约仪式”，双方在已有的合作基础上展开深度战略合作，以促进知识的传播和版权的高效输出对接，是加快中国文化“走出去”步伐中的重要一步。消息提到，剑桥大学出版社和商务印书馆均是有着横跨数世纪历史的人文社会科学出版机构，在出版界享有盛誉。双方的合作更是由来已久。在文化发展、出版转型的新时期，本着发展并巩固在互信、互利基础上的合作关系，优化双方优势和特长的合作目标，双方展开深度的战略合作，不仅为“汉译世界学术名著丛书”的伟大事业注入新的活力，也将为西方了解中国

的发展道路增加一个更为明亮的窗口。（冯　雪）

中华书局《辽史》修订本出版座谈会在北京举行

2016年5月15日《人民日报》《光明日报》和中央电视台等多家媒体发布的报道。报道称，“薪尽火传——刘浦江与《辽史》修订本出版座谈会”在北京大学举行，点校本“二十四史”修订工程工作委员会主任杨牧之，审定委员王曾瑜、刘凤翥、陈智超、宋德金、崔文印，北京大学历史学系、中国古代史研究中心的张帆、荣新江、邓小南、罗新、朱玉麒、陆扬、党宝海，中华书局总经理徐俊、总编辑顾青，部分宋辽金元学界的学者和刘浦江先生的生前好友，以及《辽史》修订组和编辑组的全体成员到场。

北京大学中国古代史中心邓小南教授、中华书局徐俊总经理先后致辞，王曾瑜、刘凤翥等先生在发言中特别表达了对刘浦江及修订组工作成绩的肯定。工委会主任杨牧之特别感谢了参与修订工作的学者和给予支持的高校与科研单位。修订组代表介绍了《辽史》修订工作的情况后，与会学者自由发言，总结《辽史》修订本的成绩和修订经验，缅怀《辽史》修订主持人刘浦江先生。最后，北京大学中古史中心荣新江教授发言，表达了对《辽史》修订组和中华书局的祝贺。

（刘　潋）

中华书局《重读先烈诗章》出版座谈会举行

2016年6月22日《人民日报》发布的报道。报道称，中共中央宣传部出版局、中共中央宣传部宣教局在京联合举办《重读先烈诗章》出版座谈会，强调要以纪念中国共产党成立95周年为契机，结合“两学一做”学习教育，用好用活丰富历史资源和红色传统，更好地发挥先烈诗章、家书等的教育功能，使之成为加强理想信念教育、推进社会主义核心价值观建设的重要载体。

《重读先烈诗章》由中共中央宣传部宣教局组织编写，收录了100位中国共产党革命先烈的遗诗，每篇诗章包括正文、先烈生平和诗文赏析三个方面的内容。该书已由中华书局出版，在全国各地新华书店发行。来自中央文献研究室、中央党史研究室、中国作家协会、《诗刊》杂志社和中华书局的有关负责人，中国人民抗日战争纪念馆的基层干部代表，首都高校的学生代表，围绕“重读先烈诗章 坚定理想信念”进行了座谈交流。

会议认为，《重读先烈诗章》是进行革命传统教育和社会主义核心价值观教育最鲜活、最生动的教材。要把重读先烈诗章作为开展纪念中国共产党成立95周年群众性主题教育活动的重要内容，引导广大干部群众学习党的光辉历史，感悟党的奋斗历程，进一步弘扬红色传统，坚定理想信念，增强政治意识、大局意识、核心意识、看齐意识，把纪念活动激发的精气神转化为决胜全面小康的强大动力。

（刘　潋）

中华书局《中华传统文化经典百篇》出版座谈会在北京召开

2016年12月22日《光明日报》发布的报道。报道称，由国务院参事室、中央文史研究馆和中华书局联合主办的《中华传统文化经典百篇》出版座谈会在北京召开，来自各高等院校与行政机关的二十多位专家学者就该书的阅读、普及推广和当代化运用各抒己见。

历时一年多的审议修订，《中华传统文化经典百篇》由中华书局正式出版发行。全书分为上下两册，精选了101篇经典作品，上起先秦，下迄近代，包括先秦诗歌、辞赋及历代论说、语录、史传、奏议、碑志、杂记、序跋、尺牍等各种文体，不仅涉及哲学社会科学，还涉及科学技术、中外关系、军事思想等领域，尤其注重那些关乎修身立德、治国理政、伸张大义、嫉恶刺邪、亲情伦理的传世佳作。既是历代名著名作的精粹选本，也是中华民族优秀传统文化的一个较小体量的缩影。

“中国历代就有编纂文轩的传统，南朝萧统编纂了《文选》，唐代魏徵等编纂了《群书治要》，宋代李昉等编纂了《文苑英华》，清代姚鼐编纂了《古文辞类纂》，曾国藩编纂了《经史百家杂钞》，即使是距今较近的《经史百家杂钞》出版也已100多年。这段时间，中国和世界都发生了巨变，需要一部新的文选，以当代的眼光，汲取传统文化的精华，借以育人、资政。”该书主编、北京大学国学院院长、中央文史研究馆馆长袁行霈强调了该书出版的当代意义。（刘　溦）

一些原创童书为何受欢迎

2016年8月3日《光明日报》发表的报道。报道凭借《故宫里的大怪兽》作者常怡在故宫里遇到小朋友的经历，提出问题：原创童书缘何引人注目？这些优秀原创童书具备哪些特点？这对我国原创童书发展有何启示？以此引出要重点介绍的几种原创童书及它们成功背后的秘诀。

报道介绍了《故宫里的大怪兽》的故事梗概。并提到作者常怡巧妙地将故宫的历史知识、民俗典故融入其中。为了让故事更加准确，常怡还专门翻查了各种古籍，如《史记》《山海经》《搜神记》等，甚至包括日本的《怪奇鸟兽图卷》。因其内容考究，不仅吸引了小读者，更引来不少家长的关注，至今已经销售25万余册。

报道从《故宫里的大怪兽》的走红，提出传统文化承载着的是民族的精神积淀，将传统文化融进童书，已成为国际上很多优秀童书创作的秘诀。引用浙江师范大学教授、儿童文化研究院院长方卫平的观点，“在中外儿童文学创作的广义语境中，传统文化的影响其实无所不在，也有不少借传统文化的角度、层面等来讲述故事、传递意义的作品。”提出目前我国的原创童书也开始发掘传统文化的宝藏。不仅受到国内市场认可，而且更感受中国传统经典的魅力。随后，报道引用常怡的观点谈论了畅销童书的另一角度，提出以往原创童书不太受欢迎，可能与当时的创作要求有关，即必须富有浓厚的教育意义和知识性。文章中提到，书香与童趣盎然并不矛盾。方卫平分析说，在优秀的童书中，“书香”的体现并非一般理解中的文学精英主义，反而总是与引人入胜的故事、清浅生动的语言、回味悠长的意义结合在一起。因此，今天的原创童书要做的，不是到书香之外去寻找童年的吸引力，而是去努力实践上述童年文学和童年精神的应有风貌。报道举出原创科普童书《我有一只霸王龙》上市后仅一个月销量就超过100万册的成功案例，印证了上文观点。

报道最后总结道，优秀的原创童书要具有较高的艺术价值、文化价值和实用价值，能够吸引孩子的阅读兴趣、拓展他们的阅读视野，这些是优秀的原创童书应该追求的目标。（尹添铭）

《中国现代贵金属币赏析》（第1—5册）即将发行

2016年11月7日新华网发表的报道。报道称，由中国大百科全书出版社出版，中国收藏家协会钱币收藏委员会监制、上海雅昌艺术印刷有限公司承印，中国人民银行原副行长马德伦作序，中国钱币博物馆首任馆长戴志强撰写读后感，中国著名金银币收藏家王世宏主编的《中国现代贵金属币赏析》（第1—5册）即将出版发行。

报道从丛书主编的视角谈及了出版《中国现代贵金属币赏析》的必要性及意义，也阐述了《中国现代贵金属币赏析》的编写过程及细节。强调《中国现代贵金属币赏析》以其独特的学术视角，朴素的叙述文字，多角度、全方位地展示了中国现代贵金属币的选题立项、设计雕刻、工艺制作等过程，同时在文化价值、收藏属性等方面做了较为深入的探讨，是中国现代贵金属币信息资料的百科大全。希望通过本书使广大读者能进一步了解金银币的历史和内涵，提高大家对其艺术价值的赏析能力，以吸引更多的爱好者参与金银币的投资与收藏，逐步扩大金银币的集藏队伍，提高中国金银币的品牌效应和海内外影响力，促进中国金银币事业的更快发展。

报道介绍了该丛书的图书基本信息，全套共

5本，约250万字，累计有近两千余幅图片，收录了1979～2014年中国人民银行发行的所有中国现代贵金属纪念币。同时声明，这套丛书的所有编写费用、管理费用等，全部由热心中国金银币事业的无私奉献者捐赠解决，书价只含出版、印刷、发行等费用。（尹添铭）

《中国军事百科全书》（第二版）面世

2016年7月30日中国新闻网发表的报道。报道称，30日，正在此间举行的第26届全国图书交易博览会上，中国大百科全书出版社出版的《中国军事百科全书（第二版）》面世。

报道强调，《中国军事百科全书（第二版）》编纂工作按照中央军委确定的“全军动手、专业对口、军地结合、分工协作”的编纂方针，在中国军事百科全书编审委员会的统一领导下，由设置在军事科学院的中国军事百科全书编审室组织协调全军各学科主编单位实施。中国大百科全书出版社社长刘国辉介绍说，历时12年编纂的《中国军事百科全书（第二版）》汇集了全军最强的编纂阵容，由中国科学院、中国工程院50多位院士领衔编写，全书包含军事思想卷等19个卷本、14个知识门类、近100个学科单元、3万余个条目、2万余幅图片、3600余万字。据主办方介绍，《中国军事百科全书（第二版）》是在继承第一版原有框架和内容的基础上，依据近20年来军事实践的新发展和百科编纂的新要求进行的全面创新性修订。

报道称，中国军事科学院研究员武军在接受媒体采访时表示，《中国军事百科全书（第二版）》加大了世界新军事变革的知识比重，大幅增加了军事高新技术知识的条目总数，列选了军事斗争准备方面的条目，第一版的条目只有1.1万，而第二部的条目增加至3万。鉴于丛书规模庞大和性质特殊，《中国军事百科全书（第二版）》分批分卷出版，单书单号、套装发行。

（尹添铭）

人民美术出版社展出“大红袍”名家新作迎来65周年社庆

2016年10月30日《光明日报》的报道。报道称，杜滋龄笔下的丝绸古道谱写了新曲；一叫千门万户开的雄鸡出自梅忠智之手；邢少臣将新春的水仙与爆竹并置，妙趣横生；郑百重描绘的天山行亦工亦写，尽显笔意之妙。没有华丽的活动，人民美术出版社日前以展出“大红袍”名家新作等形式迎来65周年社庆。“大红袍”近70位名家作者的百余幅新作，继续夯实“大红袍”品牌的学术价值。

画册外壳使用全红的硬套装帧，画家的烫金黄字封名跃然红套之上。“大红袍”是人民美术出版社编辑出版的《中国近现代名家画集》和《中国当代名家画集》两套大型系列画集的俗称。因为这两套画集以其宏大的选题规模，精湛的编辑、设计和印制水平，加之其函套外表是庄重的中国红色，久而久之被我国美术界称之为“大红袍”。“大红袍”的出版始于20世纪90年代，以“为弘扬中华民族的文化艺术传统，系列展现我国近现代美术名家的代表作品”为宗旨，出版繁简字体双版的《中国近现代名家画集》。编辑过程中，由于多种因素，有些画家未能入选。因此在20世纪初，人民美术出版社又策划推出了“大红袍”的另一个版本《中国当代名家画集》。

65年来，自觉的历史责任感和强烈的时代使命感，使人民美术出版社形成了“中正大雅、朴真至美”的人美精神。在毛泽东同志亲切关怀下，由周恩来同志亲自题写社名的人民美术出版社，是共和国最早成立的美术专业出版社，也是新中国成立后首家编写出版美术教科书的出版机构。65年来，人民美术出版社以逾万种的美术专业书刊，打造出了中国专业美术出版社的品牌，也深刻影响着中国现代美术事业的发展进程。共和国成立初期，人民美术出版社出版了大量的年画、连环画、宣传画，如宣传画《毛主席走遍全国》《开国大典》、连环画《岳飞传》《水浒》《鸡毛信》《我要读书》等。近年来，人民美术出版社承担了一系列国家重大文化工程，推出《中国美术全集》《中国碑刻全集》《中国重大历史题材美术创作工程作品集》等重点优秀图书，创办了《中国美术》《中国艺术》等十种期刊，这些优秀的代表性出版物无不记录着人民美术出版社为繁荣新中国美术出版事业做出的巨大贡献。

在65年的发展历程中，人民美术出版社也培育了一支优秀的人才队伍，中国当代诸多优秀的艺术家，如萨空了、朱丹、邵宇、古元、邹雅、沃渣、曹辛之、徐燕荪、王叔晖、刘继卣、任率英、卢光照、林锴等，都曾在人民美术出版社工作过。 （赵军平）

红沙发访谈：用音乐记录历史　用出版记录音乐

2016年1月15日《中国新闻出版广电报》发表的报道。报道称，人民音乐出版社与中国人民解放军军乐团强强联手打造了《纪念中国人民抗日战争暨世界反法西斯战争胜利70周年交响管乐作品精选》和《中国军乐：纪念中国人民抗日战争暨世界反法西斯战争胜利70周年阅兵曲》这两部作品，前者是国礼书，后者真实地再现了阅兵当日气势宏大的音乐场景，说起这两部作品创作背后的感人故事，参加1月7日下午“红沙发”系列访谈的三位嘉宾滔滔不绝，侃侃而谈。

解放军军乐团副团长张海峰表示，制作音乐作品必须有很多东西是非常专业的，尤其制作国家的军乐出版物，更要严格、严谨、精专。在《纪念中国人民抗日战争暨世界反法西斯战争胜利70周年交响管乐作品精选》里，很多作品都是军乐团经历了若干次的演出、若干次的音乐会、若干次的重大节庆日的磨炼，所以这些作品都是精品，跟一般的音乐CD不一样。解放军军乐团奏出的声音、开的音乐会一定是反映我们民族的、我们军事的，反映我们强军强国的音乐艺术一定是正能量的。

九三阅兵联合军乐团总指挥张治荣表示，为了录制九三阅兵曲，其中有很多作品是重新编配的。因为阅兵是在室外，得考虑到1200人的阅兵音响、声响还有乐队各个声乐排练等问题，所以在此之前他们做了大量的与作曲家沟通的工作，把一些用过的曲子做了比较大的改动，重新配器，让音乐更能够适合于九三阅兵的演奏效果，让音乐作品体现得更丰富、更立体。

人民音乐出版社副总编辑赵易山表示，人民音乐出版社与中国人民解放军军乐团合作是一个凸显军乐方面特别好的亮点，解放军军乐团的水平在国内首屈一指。《中国军乐：纪念中国人民抗日战争暨世界反法西斯战争胜利70周年阅兵曲》和《中国军乐：纪念中国人民抗日战争暨世界反法西斯战争胜利70周年阅兵曲》这两部作品凝聚了军乐团的每一个指挥、每一个演奏员和出版社每一个同志的心血，从排练、录音、整理乐谱到设计再到后来的传播、做音乐会，凝聚了参与九三阅兵每一个人的点点滴滴。从出版的角度来说，人民音乐出版社是国家唯一一家“国家队”的音乐出版社，不单单承担着全民阅读的责任，同时还承担了国家的音乐创作、音乐教育、音乐传播和出版主流音乐作品的任务。（潘小磊）

人民音乐出版社钢琴初级教学培训举办

2016年5月6日《光明日报》、新华网发表的报道。报道称，由人民音乐出版社和中国青少年宫协会联合主办的“2016人音教育钢琴初级法教学培训”日前在北京中央民族大学音乐厅举办。来自美国的Michael James Rice对《钢琴之旅——菲伯尔钢琴基础教程》的教学方法进行了讲解。来自全国27个省市自治区的400余位优秀钢琴教师参加了此次培训。 （潘小磊）

人音教育菲伯尔国际教学水平考试启动仪式举行

2016年11月4日《中国出版传媒商报》发表的报道。报道称，10月26日，由人民音乐出版社主办，北京律动乐器有限公司独家承办的人音教育菲伯尔国际教学水平考试启动仪式在上海乐器展顺利进行。人民音乐出版社社长莫蕴慧、副总编辑赵易山、北京律动乐器有限公司总经理侯百春等出席活动启幕式。

赵易山和侯百春在活动开始前分别致辞。赵易山说：人民音乐出版社是国内最大、最顶尖的出版社，它就像一个阿里巴巴的山洞，里面藏了无数的宝藏。希望通过此次菲伯尔钢琴教育项目的推广，给所有热爱钢琴的孩子提供一个展示的平台，同时也给所有教师提供一个检验的平台。

（潘小磊）

台湾统派陈明忠书写无悔人生

2016 年 4 月 19 日《人民日报》海外版发布的专访（编者：因字数限制内容略有删减）。“常有人对陈桑感叹说，你的人生很传奇。他其实不大喜欢这个词，说我又不是黑道，什么传奇？陈桑选择了这条路，考虑到冷战后两岸的历史处境，这条路就是要提着脑袋走的。”近日，在北京举行的台湾地区社会运动家陈明忠回忆录《无悔》（简体版）新书发布会上，责任编辑李娜说。在回忆录的封面上，这位知名“统左派”（统派加左派）领袖蹙眉沉思的头像旁立着两句话，“‘二二八’事件当事人”“台湾地区最后一个政治死刑犯”。穿越历史风云，活动现场被众人尊称为“陈桑”（日语发音）的耄耋老人陈明忠，在回忆过往时依旧饱含激情。在上台发言时，陈明忠蹒跚的步履不只诉说着岁月，还透露他遭受酷刑的讯息。虽膝盖被酷刑所毁，他的步迈依然坚定。演讲过程中，轮椅上的陈明忠还特意展示预先准备的材料——一本杂志的封面和内页，另有印制好的一叠文档。发布会结束后，陈明忠在受访时说，“台湾地区的发展离不开大陆，希望两岸民众都能增加对彼此的了解，推动两岸早日实现和平统一。”

（张　盼）

文化人的“联络站”——写在北京三联韬奋书店创立 20 周年之际

2016 年 5 月 17 日《光明日报》发布的新闻报道（编者：因字数限制内容略有删减）。4 月 22 日，第 21 个世界读书日的前一天，北京三联韬奋书店新增一处“联络站”——位于北京丰台区六里桥西南角的北京政务中心店开业。至此，与位于美术馆东街的总店和去年世界读书日当天开业的海淀分店一起，北京三联韬奋书店在整体上构建起了“三足”城市文化空间。20 年以来，甚至可以说更久以前，三联韬奋书店对于北京的意义，不仅仅是填补了一个图书卖场的空白，它更是重要的文化交流场所，成为学术界、文化界、艺术界交流的重镇。书店通过举行新书首发式、展览、签名售书、学术讨论会、音乐茶座、讲座沙龙等文化活动，吸引了各地读者慕名而来。风好正是扬帆时。党的十八大以来，开展和推动全民阅读，连续被写入党的十八大报告、政府工作报告和“十三五”规划纲要等多个重要文件。对于未来书店的发展，现任三联书店总经理路英勇充满信心。“24 小时不打烊、引进文创产品、多元化经营、扩大规模——这些都是我们所做的尝试，目前来看是成功的。但是，实体书店如何生存并参与城市文化空间的建构，需要整个行业和社会各界一起努力、探索。在这个过程中，我们期待读者的理解、认同和参与，全民阅读归根到底需要全民参与。”

（刘　彬）

孙机国图开讲《从历史中醒来》

2016 年 8 月 15 日人民网发布的新闻报道。著名文物学家、考古学家孙机先生 14 日就中国古代文物知识在国家图书馆授课开讲。当天，已是耄耋之年的孙机先生坚持站着讲完近两小时的讲座。在演讲中他娓娓道来，就中国古代“图腾”、汉代的宗教信仰、中国玉器、中国茶道文化等问题展开了别开生面地讲述，为读者搭建起了一座通往古代的桥梁，引领听众走进了活的古史。此次讲座恰逢《从历史中醒来》新书首发，这也是继《中国古代物质文化》之后孙机先生的又一力作。在这部新作中，共收录了 50 篇文章，涉及古代先民生活、古代动物世界、中外艺术交流等众多门类。作者立足于古文物的鉴别与欣

赏，强调历史、科学、艺术三重价值，复原岁月侵蚀下消逝了的历史场景，帮助读者通晓中国古代物质文化的常识。（霍冠宇）

中国对外翻译有限公司控股子公司——中译语通科技（北京）有限公司推出全球首款跨语言大数据产品——“译见”（网易、光明、凤凰咨询等媒体转载）

2016年7月30日光明网发布的报道。报道称中国对外翻译有限公司控股子公司——中译语通科技（北京）有限公司在北京召开发布会，正式推出其全球首款跨语言大数据产品——“译见”。

中国出版集团公司党组成员、副总裁潘凯雄、清华大学数据科学研究院执行副院长韩亦舜、万方软件董事长吴广印、ROOBO（北京智能管家科技有限公司）联合创始人兼CEO刘颖博、虎扑体育营销副总裁曹蕾、北京联讯维康科技有限公司CEO王彦、建飞科联科技有限公司（亿点连接）CEO徐岫岫、北京腾云天下科技有限公司（Talking Data）首席金融行业专家鲍忠铁和多伦多约克大学教授王晓刚等重要嘉宾先后登台，分享了对跨语言大数据及其对行业发展的深远影响。（赵　桐）

《一盒巧克力》美妙童声传递

2016年2月1日《中国商报》、新浪网、搜狐网、《中国出版传媒商报》等媒体发表的报道。报道称，现代教育出版社出版了九岁女孩蔡亦青的处女作——长篇童话小说《一盒巧克力》。该书传递出来自儿童世界中纯粹的美，有游戏的美、有想象的美、有价值的美，还有书写的美。这四种美，是儿童内心世界的真实表现，每一个要了解儿童所思所想所作所为的成人，这本书将成为不得不认真对待的作品。（杨　静）

《中华瑰宝》杂志创刊首发式举行

2016年6月28日搜狐网等媒体发表的报道。报道称，传承和弘扬优秀民族传统文化是时代赋予文化期刊的历史使命，旨在“弘扬民族精神、传承中华文化、发掘文化精髓”的《中华瑰宝》杂志在新的形势下应运而生。经过近两年的努力，2015年12月24日获得国家新闻出版广电总局批准，由中国出版传媒股份有限公司主管，现代教育出版社有限公司主办、出版，创刊号将于2016年6月28日起正式在国内外公开发行。

《中华瑰宝》杂志自创刊之日起，自觉肩负起弘扬中华优秀文化的社会担当，策划并发起“小书架进课堂”活动，将通过公益捐赠的形式，让优秀、精美的国学经典走进教室，让孩子们自幼“与圣贤同行，与经典为伍”。此次，《中华瑰宝》向河南省长葛市古桥乡中心学校共40个班级捐赠了由现代教育出版社有限公司出版的，价值两万元人民币的有关中华优秀传统文化的精美图书。（杨　静）

《新藤兼人传》“没有终点的电影人生”文章

2016年3月21日《文汇报》刊发《新藤兼人传》书评文章，文章称，《新藤兼人传》是一本不同寻常的传记。新藤兼人创作的电影剧本超过250部，自编自导49部，每部见其生平缩影。小野民树完全是结合新藤兼人的生活经历，创作剧本和导演作品的历程，来讲述一代电影巨匠的铸造史，回顾日本昭和时代的电影史。小野民树的讲述不停地切换时间和事件，每一章之间也有重叠部分，阅读之时虽显杂乱，但实感新颖，而且也在一定程度上体现了“系统化”。

当今影界，好莱坞模式和商业谍战片泛滥，但是新藤兼人依旧坚守自我，使用自己的方法来表达对现实的思考。作为二战后“独立制片”运动的发起人之一，他的剧本带有强烈的探索性和实验性，融入了象征、抽象、幽默等现代手法，蒙太奇手法运用独树一帜——注重纪实影像与虚构情节的交错。新藤兼人创作60年之久，99岁时编导的封山之作《一张明信片》，描绘了一个士兵的死亡带给家庭的崩溃与重生，也赢得了观众的一致好评。我想作为一名匠人的最大心愿和幸事，应该就是在生命临近终点的时候，创作出人生的巅峰之作吧，这就叫生命与技艺同在。

（朱利伟）

《杨绛，走在小说边上》作者于慈江访谈

2016年5月27日《东方早报》刊发《杨绛，走在小说边上》一书作者于慈江访谈文章“人们都只是在凑杨绛身边的热闹”。文章称，杨绛去世后，《东方早报》记者采访北京师范大学文学博士、《杨绛，走在小说边上》作者于慈江。于慈江在此次采访中表示，这些年社会上对杨绛关注的多是围着她的热闹，也顺带凑凑热闹。现在，杨绛去世，热闹并没有随之消退，反而借势而成各方的“盛宴”，诸如“百岁感言”、人刚走而求全之毁起等。但是除了《我们仨》和各种带有立场的人格评判，人们似乎忽略了杨绛之所以可以成为“先生”，归根结底是由于她自己的学问。她的丈夫钱锺书或许可以为她加码，但不可能从根本上成就她。于慈江希望人们能多谈谈杨绛的作品和学问，而在凑热闹前也至少读过几本书。

（朱利伟）

徐静波告诉你一个真实的日本

2016年7月2日《中国出版传媒商报》的报道。报道称，《静观日本》（华文版）的作者徐静波在北京韬奋书店举行新书签售会，并结合自己旅日20年的认知和体验为现场观众带来一场有关“日本真相”的演讲。徐静波在演讲中说道，书名《静观日本》有两层含义，一为徐静波观日本，二为冷静观日本。他以一种新闻人特有的视角与感觉，用极其细腻而平实的语言展现了一个真实的日本。活动由华文出版社副社长李庆主持。

徐静波，祖籍浙江。曾是台湾女作家三毛的中国大陆著作代理人。1992年赴日本留学，2000年，出任亚洲通讯社社长。此后创办日文报纸《中国经济新闻》和中文网站“日本新闻网”。从1997年开始，连续19年采访了“中国两会”和中共党代会，曾采访过中日两国多位领导人。是日本电视台、东京电视台和凤凰卫视、深圳卫视等的时政评论员、中日问题专家。从2012年起，连续3年获新浪网、凤凰网十大博客博主荣誉。著有日文著作《株式会社中华人民共和国》《2023年的中国》等，译有《一胜九败》《不死鸟》等。自2012年在凤凰网开博至今，点击率已突破一亿。

（黄珊珊）

《宫崎滔天家藏民国人物书札手迹》新书首发式

2016年11月12日新华社的报道。报道称，为纪念孙中山诞辰150周年，由中国宋庆龄基金会研究中心编辑的《宫崎滔天家藏民国人物书札手迹》第一、二卷近日由华文出版社出版。该书出版纪念会12日在北京宋庆龄故居举行，宫崎滔天孙女宫崎蕗冬、宫崎滔天曾孙宫崎黄石、中国出版传媒股份有限公司副总经理李岩、中国宋庆龄基金会常务副主席杭元祥、中国宋庆龄基金会研究中心主任艾多、中国宋庆龄基金会理事孙晓燕、中国中日关系史学会副会长兼秘书长吕小庆、华文出版社社长宋志军、华文出版社副社长李庆等人参加会议。

宋庆龄基金会常务副主席杭元祥在纪念会上介绍，孙中山先生在革命生涯中曾多次流亡日本，许多日本友人对中国革命给予了支持与帮助，宫崎滔天是其中最真诚的支持者之一。宫崎滔天以他的热诚和侠义与孙中山、黄兴、宋教仁等诸多中国革命人士结下了真挚友谊。孙中山先生曾手书“推心置腹”四字横幅赠予他。孙中山先生等中国革命人士与宫崎滔天的深厚友谊为中日两国世代友好奠定了基础。

著名历史学家章开沅教授、杨天石教授和日本学者久保田文次教授分别为该书作序。

该书共八卷，收录的绝大多数史料为首次面世。这些资料不仅涉及大量与日本相关的近代中国历史人物，如孙中山、黄兴、宋教仁、胡汉民、张继、戴季陶等，且涵盖了信函、题词书画、照片、报刊等诸多种类，对研究孙中山及辛亥革命、研究中国近代史和民国历史人物具有重要价值。其中众多民国历史人物亲笔手书堪称书法精品，具有重要的艺术价值和文化价值。

（黄珊珊）

71岁鲁迅研究专家张梦阳沉潜40载写出百万字《鲁迅全传》

2016年7月14日《北京日报》的报道。报道称，张梦阳对他的新作《鲁迅全传》充满了自信，他认为自己写的是“近于真相”的鲁迅——既是稀有的天才，又是真实的人，“在我看来，鲁迅一生都在呼唤人从本能上升到精神，人要做自觉的人、精神的人，而不是本能的人。”

张梦阳写《鲁迅全传》，是基于他几十年的研究。他迄今为止有三大工程：历时九年主持编纂的《1913—1983鲁迅研究学术论著资料汇编》、花费数年撰写的《中国鲁迅学通史》，以及这部《鲁迅全传》。他早在1966年就开始研读1959年版的《鲁迅全集》，1969年10月，他第一次到绍兴“朝拜”鲁迅，1972年完成论文《鲁迅辩证思维方法初探》，这篇文章后以札记的形式发表在《人民日报》上。1979年他又拿出《鲁迅辩证思维方法初探——〈“题未定”草（六至九）〉的哲学分析》，正是这篇论文，敲开了中国社科院的大门。1979年10月，社科院鲁迅研究专家林非等和张梦阳见面，令他们惊讶的是，面前的这位年轻人对《鲁迅全集》了如指掌，鲁迅说过的话，在第几页第几行，他都能快速应答。文学所所长陈荒煤听闻后立马儿拍板：“千方百计把他调来!”谈及往事，张梦阳激动难耐：“陈荒煤如果天上有知，一定会替我高兴，我想他一定会说，我们调张梦阳调对了。”（黄珊珊）

《走近孔子》关注古代哲思与当代现实

2016年1月14日《中国新闻出版广电报》发表的报道。报道称，《走近孔子》是一部力图将历史与当代现实接轨，系统解读和还原孔子思想的哲学随笔著作。该书作者王恩来在发布会上说，孔子的许多认识和主张，在今天读来依然是鲜活的，使我们仿佛穿越了时空隧道，在亲耳聆听这位智慧老人的叮咛。当然，我们既不能寄望于孔子或任何一位往圣先哲能够给我们提供今天或明天所需要的全部东西，也不能奢求他们的全部认识和主张均准确无误并适用于今天和明天。但从他们那里，我们可以看到文明的起步与升腾，并从中汲取营养，获得力量。（李　昂）

几米：游走在流行文化内外的越界者——新作《我的世界都是你》专访

2016年11月12日《新京报书评周刊》发表的报道。报道称，《我的世界都是你》中有很多秘密需要翻很多遍慢慢琢磨，似乎有些挑战大众对绘本浅尝辄止的阅读习惯和惯有认知。几米说：“我的作品大都藏有不少东西，像一场有趣的找宝物比赛。这是我跟读者玩的游戏，我在作品里设下的机关，看读者能不能破解。这是创作吸引我的部分。有时候无意识的举动我自己都没发觉，但却有读者读出来，这时我会像重新发现自己一般感到讶异且惊喜。我总希望大家可以两遍、三遍慢慢地读，找有意思的宝物——一旦找到，那就是你的，作者也拿不回来的。”

（李　昂）

第三届“诗词中国”传统诗词创作大赛启动

2016年6月18日新华社北京专电（记者姜潇），报道称，18日上午，第三届“诗词中国”传统诗词创作大赛在京启动。本届大赛继续秉持“大规模、高规格、全媒体”的特色，引领普通民众重温诗词之美、寻找文化之根。在当日的启动仪式上还发布了“诗词中国”公众影响力诗人、网络影响力诗人、新诗贡献诗人和卓越贡献诗人四大榜单，包括刘征、欧阳鹤、蔡厚示等文化名家在内的23位当代优秀诗人、学者出席并接受了这份荣誉。作为“新诗贡献诗人”的代表，女诗人余秀华还现场为观众朗诵了自己的代表作品。“诗词中国”系列活动由中华书局发起，自2012年起，至今已成功举办两届。两届大赛累计接受原创投稿作品15万首，通过移动互联网方式直接参加大赛的用户累计超过5000万，“诗词中国”同名APP下载量突破2000万次，吸引了广大诗词爱好者的积极参与。

（张颖潇）

诗心已共春花发：以文化自信重建“诗的国度”

2016年4月22日人民网文化频道报道首页发布“诗词中国”总策划包岩撰写的特稿。特稿摘要如下：

2016年2月，有网友在微博改编唐人韦应物的诗，发出“我有一壶酒，足以慰风尘”征集下文的呼吁。“诗词中国”微信公众号即组织诗友参与续诗，众多公号转发互动，一周内阅读量即达到300万，续诗3万余条。有人高呼：“国人诗性未死!”这呼声，是人们重新发现自我的由衷喜悦。

不但大众个体参与诗词创作意识强烈，各类文化单位和媒体也在最近几年开始自觉发起诗词交流活动。这其中，有传统出版单位中华书局发起的“诗词中国”系列活动，有中央电视台推出的《中国诗词大会》，有诗词类自媒体“为你读诗”“诗词世界”等，有民间人士创办的“中华诗词论坛”等等。

诗歌，承载和传递着中国人的哲学思想、伦理道德、审美情趣，更代表着中国人对汉语言最精妙的应用。如今，读诗、写诗，又回到了大众生活当中，传统诗词的热潮在今日重现，其原因是什么呢？在我看来，这是中国人整体文化自信的集中反映。

一个国家、一个民族的强盛，总是以文化兴盛为支撑的。“君子如欲化民成俗，其必由学乎。”以诗化民，以德育人，温柔敦厚，这是传统给我们的启示，是中国文化的遗产，也是中华民族伟大复兴的一个重要文化资源。

习总书记指出，文艺是时代前进的号角，最能代表一个时代的风貌，最能引领一个时代的风气。2016年的春天，人们对诗词所倾注的热情，正是这个伟大时代精神风貌的写照。今天，我们应当树立面向未来的目标，那就是，在中国经济令世界瞩目的大背景下，亦唤起所有国人的文化自信——重建我们“诗的国度”。

（包　岩）

首届“书法中国”在北京颁奖 选手与名家同场挥毫

2016年12月5日人民网文化频道的报道。报道摘要如下：

首届“书法中国”全民书法大赛颁奖暨优秀作品展在人民美术出版社美术馆举办。大赛由中国出版集团、人民美术出版社主办，中国移动通信集团、民生中国书法公益基金会协办，中国出版集团中版文化传播有限公司承办。大赛倡导“美善自然”的书写风尚，通过官网、手机网站、微信征集稿件，并建立了流程完备的评审后台，最终共收到投稿作品23096幅，投稿范围遍及全国31个省市自治区和直辖市。“这次的作品，有很多都是非常高级的，放在专业性的展览中，应当说也是毫不逊色。”在活动现场，中国书法家协会理事、中国书法院原常务副院长李胜洪先生高度评价了“书法中国”的参赛作品。

2015年9月，“书法中国”组委会与民生中国书法公益基金会共同发起了“书法中国·书法成长包”公益捐赠活动，为贫困地区的中小学生提供免费的书法用具和书法教育普及读物。截至大赛结束，组委会陆续收到了20所贫困山区学校，近7000名学生的申请。目前这项公益活动已进行了两站，河南省开封市尉氏县大桥乡孔家小学和安徽省宿州萧县官桥镇赵楼小学的457名学生，已经收到了满载关爱和祝福的“书法成长包”。

颁奖仪式结束后，进行了现场笔会。到场嘉宾和选手即兴挥毫，为当天的活动画上了圆满的句号。据悉，在颁奖结束后，大赛产生的168幅获奖作品将在人民美术出版社美术馆面向公众进行展览。 （张颖潇）

公司荣誉

HONOURS AND AWARDS

获奖（荣誉）

中国出版集团公司财务决算工作连续四年获得通报表扬

2016年8月，在《财政部关于2015年度中央文化企业财务决算工作情况的通报》（财文资〔2016〕15号）中，财政部对109户中央文化企业财务决算工作进行了全面总结和考评，对2015年度工作成绩突出的16家中央文化企业予以通报表扬，中国出版集团公司考核得分排名第三。通报中，对中国出版集团公司“规范制定资产减值准备计提和财务核销工作规则，设定计提、转回和较大资产损失等标准，明确核销的原则依据、审核程序、信息披露、责任和监督等要求”予以肯定。

自2012年以来，中国出版集团公司财务决算和国有资产统计工作已连续四年分别获得财政部和国资委通报表扬。（黄　迪）

获奖（荣誉）名单

2016年度获奖（荣誉）单位

获奖单位	获奖名称	颁奖单位	颁发时间
人民文学出版社	第三届理事会副理事长单位	中国教育装备行业协会、学校图书装备分会	2016年3月
人民文学出版社	“我爱我家·同悦书香”2016亲子阅读活动	全国妇联儿童工作部	2016年4月
人民文学出版社	2015十大数字阅读作品	2016第二届中国数字阅读大会	2016年4月
人民文学出版社	2016年中国图书海外馆藏影响力出版100强	《中国出版传媒商报》、中国文化“走出去”协同创新中心、中国文化“走出去”效果评估中心、国际中国文化研究院、中国图书进出口（集团）总公司	2016年8月
人民文学出版社	2016上海书展暨“书香中国”上海最有号召力“十佳”出版社	上海书展办公室、上海市出版协会、上海市书刊发行行业协会等	2016年8月
人民文学出版社	新媒体三维运营新管理模式奖银奖	中国出版传媒商报社、法兰克福书展、法兰克福学院	2016年8月
商务印书馆	2015—2016北京老字号优秀企业	北京老字号协会	2016年6月
商务印书馆	首届“大众喜爱的50个阅读微信公众号”	中国新闻出版传媒集团、中国全民阅读媒体联盟	2016年7月
商务印书馆	2016中国图书海外馆藏影响力出版100强	《中国出版传媒商报》、中国文化“走出去”协同创新中心、中国文化“走出去”效果评估中心、国际中国文化研究院、中国图书进出口（集团）总公司	2016年8月

续表

获奖单位	获奖名称	颁奖单位	颁发时间
商务印书馆	2015年度财务报告先进企业	中国出版集团公司	2016年9月
商务印书馆	2015年度优秀信息宣传单位	中国出版集团公司	2016年10月
商务印书馆	2015年度优秀微信公众号	中国出版集团公司	2016年10月
中华书局	网络培训学院2015年度学习组织奖	中国出版集团公司	2016年2月
中华书局	2015年度经营特别贡献奖	中国出版集团公司	2016年5月
中华书局	2015年度财务报告先进企业	中国出版集团公司	2016年9月
中华书局	2015年度优秀信息宣传单位	中国出版集团公司	2016年10月
中国大百科全书出版社市场营销部	“《DK家庭医生》优秀营销案例奖”	中国出版集团公司	2016年1月
中国大百科全书出版社	“我爱我家·同悦书香”2016亲子阅读活动	全国妇联儿童工作部	2016年4月
中国大百科全书出版社少儿分社	“模范职工小家”称号	中直机关	2016年4月
中国大百科全书出版社	2015年度优秀信息宣传单位	中国出版集团公司	2016年6月
中国大百科全书出版社党委	“先进基层党组织”称号	中国出版集团公司	2016年7月
中国大百科全书出版社工会	“模范职工之家”称号	中国出版集团公司	2016年7月
中国大百科全书出版社少儿分社党支部	“先进基层党组织”称号	中国出版集团公司	2016年7月
中国大百科全书出版社	“2015～2016年度国家文化出口重点企业”	商务部、中宣部、财政部、文化部、国家新闻出版广电总局	2016年8月
中国大百科全书出版社	2015年度财务报告先进企业	中国出版集团公司	2016年9月
中国大百科全书出版社	第六届书香中国·北京阅读季优秀合作机构奖	北京市新闻出版广电局	2016年10月
中国大百科全书出版社	第三届中国版权最具影响力企业奖	中国版权协会	2016年11月

续表

获奖单位	获奖名称	颁奖单位	颁发时间
中国大百科全书出版社	“全国新闻出版标准化先进单位”称号	全国新闻出版标准化技术委员会	2016年11月
中国大百科全书出版社	“北京绿色印刷工程优秀出版单位”	北京市新闻出版广电总局印刷发行处、北京印刷协会	2016年11月
中国大百科全书出版社	“第四届少年中国少儿文化作品评选”社会责任奖	北京市海淀区委宣传部	2016年12月
百科知识杂志社	2016年度最具影响力机构	《百度知道日报》	2016年12月
中国美术出版总社	公益捐赠先进单位	韬奋基金会	2016年7月
人民音乐出版社	财务决算先进单位	中国出版集团公司	2016年1月
人民音乐出版社期刊中心	全国三八红旗集体荣誉称号	中华全国妇女联合会	2016年2月
人民音乐出版社	模范职工之家	中央直属机关工会联合会	2016年4月
人民音乐出版社	2015年度经营特别贡献奖	中国出版集团公司	2016年5月
人民音乐出版社党委	先进基层党组织	中国出版集团直属机关党委	2016年7月
人民音乐出版社团支部	五四红旗团组织	共青团中国出版集团委员会	2016年7月
人民音乐出版社	中国版权最具影响力企业奖	中国版权协会	2016年11月
生活·读书·新知三联书店	2016上海书展暨“书香中国”上海最有号召力“十佳”出版社	上海书展办公室、上海市出版协会、上海市书刊发行行业协会等	2016年8月
生活·读书·新知三联书店	2016年中国图书海外馆藏影响力出版100强	《中国出版传媒商报》、中国文化“走出去”协同创新中心·中国文化“走出去”效果评估中心·国际中国文化研究院、中国图书进出口（集团）总公司	2016年8月
中国对外翻译有限公司	中央直属机关五一劳动奖状	中央直属机关工会联合会	2016年4月
中国对外翻译有限公司	2015年度经营特别贡献奖	中国出版集团公司	2016年5月
中国对外翻译有限公司原第一党支部	先进基层党组织	中国出版集团公司	2016年7月
中国对外翻译有限公司团委	中国出版集团2015—2016年度五四红旗团组织	中国出版集团公司	2016年7月

续表

获奖单位	获奖名称	颁奖单位	颁发时间
中国对外翻译有限公司	2015—2016年度国家文化出口重点企业	商务部、中宣部、财政部、文化部、国家新闻出版广电总局	2016年8月
中译语通科技（北京）有限公司	第三届中国创意工业创新奖	中国出版传媒商报社、法兰克福书展、法兰克福书院	2016年8月
中译语通科技（北京）有限公司	移动互联网行业最具影响力奖	中国电子商务协会、世界移动互联网大会组委会	2016年9月
中国对外翻译有限公司翻译部工会小组	中国出版集团模范职工之家	中国出版集团公司	2016年12月
中译语通科技（北京）有限公司	北京市诚信创建企业	北京市企业诚信创建活动秘书处、北京信息化协会	2016年12月
联合国语言服务培训项目	2016年度中国出版集团公司优秀青年创新项目	中国出版集团公司	2016年12月
东方出版中心党委	上海市委宣传系统基层党建调研课题优秀成果三等奖	上海市委宣传部	2016年6月
东方出版中心党委	“信仰@你我TA”上海市委宣传系统互联网微党课创作（时政解读类）三等奖	上海市委宣传部	2016年7月
东方出版中心	企业文化优秀成果展示“挚诚为民”奖	上海市长宁区企业联合会	2016年10月
东方出版中心	2016年网络微课大赛优秀组织奖	中国出版集团公司	2016年10月
东方出版中心	2016年人力资源管理信息系统应用优秀奖	中国出版集团公司	2016年10月
东方出版中心	网络培训学院2015年度学习组织奖	中国出版传媒股份有限公司	2016年10月
东方出版中心《人力资源相关问题集锦》	2016年网络微课大赛二等奖	中国出版集团公司	2016年11月
东方出版中心	2016年上海市长宁区党建联建优秀单位	中共上海市长宁区委员会	2016年12月
中国图书进出口（集团）总公司	优秀青年创新项目（三个项目）	中国出版集团公司团委	2016年3月

续表

获奖单位	获奖名称	颁奖单位	颁发时间
中国图书进出口（集团）总公司	青年创新奖章（三人）	中国出版集团公司团委	2016 年 3 月
中国图书进出口（集团）总公司	国际出版业卓越奖颁奖，市场焦点成就奖	伦敦书展、英国出版商协会	2016 年 4 月
中国图书进出口（集团）总公司	北京国际图书博览会获 2015—2016 年度国家文化出口重点项目	商务部、中宣部、财政部、文化部、国家广电总局	2016 年 6 月
中国图书进出口（集团）总公司	中央直属机关五四红旗团委	中央直属机关团工委	2016 年 7 月
中国图书进出口（集团）总公司	2015—2016 年度国家文化出口重点企业	商务部、中宣部、财政部、文化部、国家广电总局	2016 年 8 月
中国图书进出口（集团）总公司	2015 年度优秀信息宣传单位	中国出版集团公司	2016 年 10 月
荣宝斋	北京市优质服务商店	北京市商业联合会、北京市旅游行业协会、北京市私营个体经济协会	2016 年 1 月
荣宝斋	2015－2016 年度北京老字号优秀企业	北京老字号协会	2016 年 6 月
荣宝斋	2016 年度百年功勋企业	中国商业联合会、中华老字号工作委员会	2016 年 11 月
荣宝斋	木版水印《百花齐放》被评为“2016 年度中华老字号二十大经典产品”	中国商业联合会、中华老字号工作委员会	2016 年 11 月
荣宝斋	《“福寿双全”茶礼》荣获“2016 年度中华老字号产品包装时尚创意铜奖”	中国商业联合会、中华老字号工作委员会	2016 年 11 月
荣宝斋	第二届“首都文化企业三十佳”	首都文化产业协会、光明日报社、北京日报社	2016 年 12 月
荣宝斋第六支部	“集团先进基层党组织”称号	中国出版集团公司	2016 年 7 月
荣宝斋出版社	第三届中国版权最具影响力企业奖	中国版权协会	2016 年 11 月
中国出版传媒商报社	2016 年北京图书订货会高层论坛十佳文化活动称号	2016 北京图书订货会组委会	2016 年 1 月

续表

获奖单位	获奖名称	颁奖单位	颁发时间
中国出版传媒商报社	2015 年度经营特别贡献奖	中国出版集团公司	2016 年 5 月
中国出版传媒商报社	2016 年上海书展暨“书香中国”上海周最佳合作奖	2016 上海书展暨“书香中国”上海周组委会	2016 年 8 月
中国出版传媒商报社	中国实体书店创新发展年会 2016 年上海书展暨“书香中国”上海周最佳活动策划奖	2016 上海书展暨“书香中国”上海周组委会	2016 年 8 月
中国出版传媒商报社	CNONIX 国家标准应用研讨会 2016 年上海书展暨“书香中国”上海周最佳活动策划奖	2016 上海书展暨“书香中国”上海周组委会	2016 年 8 月
中国出版传媒商报社	2015 年度财务报告先进企业	中国出版集团公司	2016 年 9 月
中国出版传媒商报社	新闻传媒机构优秀推广奖	书香中国・北京阅读季领导小组办公室	2016 年 10 月
中国出版传媒商报社	2015 年度优秀信息宣传单位	中国出版集团公司	2016 年 10 月
中国出版传媒商报社	行政和人力资源部人力资源管理系统应用优秀奖	中国出版集团公司	2016 年 11 月
中国出版传媒商报社	行政和人力资源部 2016 年微课大赛组织奖	中国出版集团公司	2016 年 11 月
中国出版传媒商报社	2016 年度最具权威艺术媒体	亚洲青年艺术家提名展	2016 年 12 月
世界图书出版有限公司北京分公司	2015 年度优秀信息宣传单位	中国出版集团公司	2016 年 10 月
中版教材有限公司	第一届职工运动会团体 B 组第三名	中国出版集团工会联合会	2016 年 1 月
中版文化传播（北京）有限公司	2016～2017 年度信息宣传工作创新奖	中国出版集团公司	2016 年 11 月
中版文化传播（北京）有限公司《“诗意生活”系列文创产品》	2016 年度青年创新项目奖	中国出版集团公司	2016 年 12 月
中版文化传播（北京）有限公司团支部	2016 年度五四红旗团组织	中国出版集团公司	2016 年 12 月

2016 年度获奖项目

获奖项目	获奖名称	所属单位	颁奖单位	颁发时间
《路遥传 重新开启平凡的世界》	2015 书业年度评选·年度图书	人民文学出版社	《出版人》	2016 年 1 月
《围城》	2015 年度出版特别贡献奖	人民文学出版社	中国出版集团公司	2016 年 1 月
《洗澡之后》	2015 年度出版特别贡献奖	人民文学出版社	中国出版集团公司	2016 年 1 月
《抗日战争》(1—3 卷)	2015 年度出版特别贡献奖	人民文学出版社	中国出版集团公司	2016 年 1 月
《中国新诗编年史》	2015 年度出版特别贡献奖	人民文学出版社	中国出版集团公司	2016 年 1 月
《群山之巅》	2015 年度出版特别贡献奖	人民文学出版社	中国出版集团公司	2016 年 1 月
《无愁河的浪荡汉子·八年》	2015 年度出版特别贡献奖	人民文学出版社	中国出版集团公司	2016 年 1 月
《曲终人在》	中版好书 2015 年度榜	人民文学出版社	中国出版集团公司	2016 年 1 月
《群山之巅》	中版好书 2015 年度榜	人民文学出版社	中国出版集团公司	2016 年 1 月
《抗日战争》(1—3 卷)	中版好书 2015 年度榜	人民文学出版社	中国出版集团公司	2016 年 1 月
《老生》	第七届出版奖·综合奖	人民文学出版社	中国出版集团公司	2016 年 1 月
《杜甫全集校注》(12 卷)	第七届出版奖·综合奖	人民文学出版社	中国出版集团公司	2016 年 1 月
《当代》	第七届出版奖·综合奖	人民文学出版社	中国出版集团公司	2016 年 1 月
《林徽因集》(4 卷)	第七届出版奖·优秀设计奖	人民文学出版社	中国出版集团公司	2016 年 1 月
《相性》	第七届出版奖·优秀校对奖	人民文学出版社	中国出版集团公司	2016 年 1 月
《鲁迅手稿丛编》(1—15 卷)	第七届出版奖·优秀印制奖	人民文学出版社	中国出版集团公司	2016 年 1 月
《亚丁湾的午后时光》	第七届出版奖·优秀校对奖	人民文学出版社	中国出版集团公司	2016 年 1 月
《成长，请带上这封信》	第七届出版奖·优秀选题奖	人民文学出版社	中国出版集团公司	2016 年 1 月
《永远有多远》(泰语版)	第七届出版奖·优秀校对奖	人民文学出版社	中国出版集团公司	2016 年 1 月

续表

获奖项目	获奖名称	所属单位	颁奖单位	颁发时间
《抗日战争》	2015 年度中国 30 本好书	人民文学出版社	中国出版协会	2016 年 1 月
《抗日战争》	国家出版基金专项奖励	人民文学出版社	国家新闻出版广电总局	2016 年 2 月
《抗日战争》	大众喜爱的 50 种图书	人民文学出版社	国家新闻出版广电总局	2016 年 2 月
《曲终人在》	2015 中国好书	人民文学出版社	中国图书评论学会	2016 年 4 月
《抗日战争》	2015 中国好书	人民文学出版社	中国图书评论学会	2016 年 4 月
《青苔街往事》	第 13 届向全国青少年推荐百种优秀出版物	人民文学出版社	国家新闻出版广电总局	2016 年 6 月
《将军胡同》	入选 2015 年“优秀儿童文学出版工程”	人民文学出版社	中共中央宣传部办公厅	2016 年 6 月
《父亲变成星星的日子》	入选 2015 年“优秀儿童文学出版工程”	人民文学出版社	中共中央宣传部办公厅	2016 年 6 月
《曲终人在》	2016 年中国图书海外馆藏影响力图书 20 强	人民文学出版社	《中国出版传媒商报》、中国文化“走出去”协同创新中心、中国文化“走出去”效果评估中心、国际中国文化研究院、中国图书进出口（集团）总公司	2016 年 8 月
《群山之巅》	2016 年中国图书海外馆藏影响力图书 20 强	人民文学出版社	《中国出版传媒商报》、中国文化“走出去”协同创新中心、中国文化“走出去”效果评估中心、国际中国文化研究院、中国图书进出口（集团）总公司	2016 年 8 月
《独药师》《茧》	出版界图书馆界全民阅读好书榜（150 种）	人民文学出版社	中国图书馆学会、韬奋基金会、中国出版集团公司、中国书刊发行业协会、中国新华书店协会	2016 年 8 月
《长征》（修订版）	解放书单之首	人民文学出版社	上海市委	2016 年 8 月
《无愁河的浪荡汉子》第一部、第二部	作为重要文物资料被永久保存	人民文学出版社	泉州海外交通史博物馆	2016 年 9 月

续表

获奖项目	获奖名称	所属单位	颁奖单位	颁发时间
《倒带人生》	2015年度引进版优秀图书奖	人民文学出版社	中国出版协会国际合作出版工作委员会、中国新闻出版研究院、出版参考杂志社	2016年9月
《隐身衣》	2015年度输出版优秀图书奖	人民文学出版社	中国出版协会国际合作出版工作委员会、中国新闻出版研究院、出版参考杂志社	2016年9月
《长征》(修订版)	纪念红军长征胜利80周年专题纪念书目5种之一	人民文学出版社	中宣部、国家新闻出版广电总局	2016年9月
《红星照耀中国》	纪念红军长征胜利80周年专题纪念书目5种之一	人民文学出版社	中宣部、国家新闻出版广电总局	2016年9月
《倒带人生》	2015年度引进版优秀图书奖	人民文学出版社	中国出版协会国际合作出版工作委员会等	2016年9月
《复堂师友手札菁华》	2015年度全国优秀古籍图书一等奖	人民文学出版社	中国出版工作者协会古籍出版工作委员会	2016年9月
《恽寿平全集》	2015年度全国优秀古籍图书一等奖	人民文学出版社	中国出版工作者协会古籍出版工作委员会	2016年9月
《法式善诗文集》	2015年度全国优秀古籍图书二等奖	人民文学出版社	中国出版工作者协会古籍出版工作委员会	2016年9月
《杜甫全集校注》	山东省第30次社科优秀成果奖特等奖并一等奖	人民文学出版社	山东省社会科学界联合会	2016年10月
《杜甫全集校注》	第二届全球华人国学成果奖	人民文学出版社	岳麓书院、凤凰网、凤凰卫视	2016年10月
《大写西域》	2016年向全国老年人推荐优秀出版物	人民文学出版社	国家新闻出版广电总局、全国老龄工作委员会办公室	2016年10月
《2014中国最佳科幻作品》	最佳原创图书银奖	人民文学出版社	第七届全球华语科幻星云奖组委会、新华网、时光幻象、壹天文化	2016年10月
《群山之巅》	2015年度十大好书	人民文学出版社	第十六届深圳读书月	2016年11月

续表

获奖项目	获奖名称	所属单位	颁奖单位	颁发时间
《长征》纪念版签售	2016上海书展暨“书香中国”上海周活动策划奖	人民文学出版社	上海书展暨“书香中国”上海周组委会	2016年11月
《星座号》	2016年第八届傅雷翻译出版奖初评	人民文学出版社	法国驻华大使馆	2016年11月
《大写西域》	2016年1～2月中国好书	人民文学出版社	中国图书评论学会	2016年12月
《极花》	2016年3月中国好书	人民文学出版社	中国图书评论学会	2016年12月
《北鸢》	2016年10月中国好书	人民文学出版社	中国图书评论学会	2016年12月
《匿名》	2016年1～2月中国好书	人民文学出版社	中国图书评论学会	2016年12月
《草木缘情：中国古典文学中的植物世界》	2015年度中国30本好书	商务印书馆	中国出版协会	2016年1月
商务印书馆官方网站	优秀品牌营销平台	商务印书馆	中国出版协会、中国新闻出版研究院	2016年1月
《汉语世界》媒体转型项目	2015年度青年创新项目	商务印书馆	中国出版集团公司	2016年3月
《新华字典》	吉尼斯世界纪录“最受欢迎的字典”和“最畅销的书（定期修订）”	商务印书馆	吉尼斯世界纪录有限公司	2016年4月
《草木缘情：中国古典文学中的植物世界》	2015中国好书（科普生活类）	商务印书馆	中国图书评论学会	2016年4月
《猿猴家书》	第13届向青少年推荐百种优秀读物	商务印书馆	国家新闻出版广电总局	2016年6月
《自然老师没教的事：100堂都市自然课》	第13届向青少年推荐百种优秀读物	商务印书馆	国家新闻出版广电总局	2016年6月
《中国语言生活状况报告（2014）》	2015年度输出版优秀图书奖	商务印书馆	中国出版协会国际合作出版工作委员会、中国新闻出版研究院、出版参考杂志社	2016年9月
《罗马史》	海峡两岸十大最美图书	商务印书馆	2017海峡两岸书籍设计邀请赛组委会	2016年9月

续表

获奖项目	获奖名称	所属单位	颁奖单位	颁发时间
《汉语世界》杂志	2015 年度中国最美期刊	商务印书馆	中国期刊协会、中国期刊交易博览会	2016 年 9 月
《如是清凉》	2016 年度中国最美的书	商务印书馆	“中国最美的书”评委会	2016 年 11 月
《花与树的人文之旅》	2016 年度中国 30 本好书	商务印书馆	中国出版协会	2016 年 12 月
《全球华语大词典》项目组	2016 年度中国出版集团公司优秀青年创新项目	商务印书馆	中国出版集团公司	2016 年 12 月
《德国天才》(全四册)	中版好书 2016 年度榜学术文化二十大好书	商务印书馆	中国出版集团公司	2016 年 12 月
《汉学书评》	中版好书 2016 年度榜学术文化二十大好书	商务印书馆	中国出版集团公司	2016 年 12 月
《作为武器的图书：二战时期以全球市场为目标的宣传、出版与较量》	中版好书 2016 年度榜学术文化二十大好书	商务印书馆	中国出版集团公司	2016 年 12 月
《中国古代物质文化》	首届向全国推荐中华优秀传统文化普及图书	中华书局	国家新闻出版广电总局	2016 年 1 月
《论语译注》(简体字本)	首届向全国推荐中华优秀传统文化普及图书	中华书局	国家新闻出版广电总局	2016 年 1 月
《孟子译注》(简体字本)	首届向全国推荐中华优秀传统文化普及图书	中华书局	国家新闻出版广电总局	2016 年 1 月
《新五代史》(修订本)	中版好书 2015 年度榜	中华书局	中国出版集团公司	2016 年 1 月
《故宫营造》	中版好书 2015 年度榜	中华书局	中国出版集团公司	2016 年 1 月
《京都古书店风景》	中版好书 2015 年度榜	中华书局	中国出版集团公司	2016 年 1 月
《晚明大变局》	2015 年度出版特别贡献奖	中华书局	中国出版集团公司	2016 年 1 月
《史记》(修订本)	2015 年度出版特别贡献奖	中华书局	中国出版集团公司	2016 年 1 月
《建筑的意境》	2015 年度出版特别贡献奖	中华书局	中国出版集团公司	2016 年 1 月
《重读抗战家书》	2015 年度出版特别贡献奖	中华书局	中国出版集团公司	2016 年 1 月

续表

获奖项目	获奖名称	所属单位	颁奖单位	颁发时间
《故宫营造》	2015 年中国好书	中华书局	中国图书评论学会	2016 年 4 月
《重读抗战家书》	2015 年中国好书	中华书局	中国图书评论学会	2016 年 4 月
《晚明大变局》	第 11 届文津图书奖推荐图书	中华书局	国家图书馆	2016 年 4 月
《百年斯文——文化世家访谈录》	第 11 届文津图书奖推荐图书	中华书局	国家图书馆	2016 年 4 月
《给曾国藩算算账——一个清代高官的收与支》	第 11 届文津图书奖推荐图书	中华书局	国家图书馆	2016 年 4 月
《京都古书店风景》	第 11 届文津图书奖推荐图书	中华书局	国家图书馆	2016 年 4 月
《故宫营造》	第 11 届文津图书奖推荐图书	中华书局	国家图书馆	2016 年 4 月
《重读抗战家书》	第 13 届向全国青少年推荐百种优秀出版物	中华书局	国家新闻出版广电总局	2016 年 6 月
《重读抗战家书》	2016 年度出版特别贡献奖	中华书局	中国出版集团公司	2016 年 6 月
《故宫营造》	2016 年度出版特别贡献奖	中华书局	中国出版集团公司	2016 年 6 月
《中华经典指掌文库（一、二、三辑）》	2015 年度全国优秀古籍图书奖普及读物奖	中华书局	中国出版协会古籍出版社工作委员会	2016 年 6 月
《旧五代史》（修订本）	2015 年度全国优秀古籍图书奖一等奖	中华书局	中国出版协会古籍出版社工作委员会	2016 年 6 月
《新五代史》（修订本）	2015 年度全国优秀古籍图书奖一等奖	中华书局	中国出版协会古籍出版社工作委员会	2016 年 6 月
《秦文字编》	2015 年度全国优秀古籍图书奖一等奖	中华书局	中国出版协会古籍出版社工作委员会	2016 年 6 月
《酉阳杂俎校笺》	2015 年度全国优秀古籍图书奖一等奖	中华书局	中国出版协会古籍出版社工作委员会	2016 年 6 月
《杭州凤凰寺藏阿拉伯文·波斯文碑铭辑读译注》	2015 年度全国优秀古籍图书奖二等奖	中华书局	中国出版协会古籍出版社工作委员会	2016 年 6 月
《周礼正义》	2015 年度全国优秀古籍图书奖二等奖	中华书局	中国出版协会古籍出版社工作委员会	2016 年 6 月

续表

获奖项目	获奖名称	所属单位	颁奖单位	颁发时间
《庄子补正》	2015年度全国优秀古籍图书奖二等奖	中华书局	中国出版协会古籍出版社工作委员会	2016年6月
《辛弃疾集编年笺注》	2015年度全国优秀古籍图书奖二等奖	中华书局	中国出版协会古籍出版社工作委员会	2016年6月
《皮锡瑞全集》	2015年度全国优秀古籍图书奖二等奖	中华书局	中国出版协会古籍出版社工作委员会	2016年6月
《唐诗品汇》	2015年度全国优秀古籍图书奖二等奖	中华书局	中国出版协会古籍出版社工作委员会	2016年6月
《吕留良全集》	2015年度全国优秀古籍图书奖二等奖	中华书局	中国出版协会古籍出版社工作委员会	2016年6月
《美国图书馆藏宋元版汉籍图录》	2015年度全国优秀古籍图书奖二等奖	中华书局	中国出版协会古籍出版社工作委员会	2016年6月
《清宫颐和园档案·营造制造卷》	2015年度全国优秀古籍图书奖二等奖	中华书局	中国出版协会古籍出版社工作委员会	2016年6月
《殷虚书契五种》	2015年度全国优秀古籍图书奖二等奖	中华书局	中国出版协会古籍出版社工作委员会	2016年6月
《中华经典古籍库》	新技术奖金奖	中华书局	中国出版传媒商报社、法兰克福书展、法兰克福学院	2016年8月
《曲院风荷》	2015年度引进版优秀图书奖	中华书局	中国出版协会、中国新闻出版研究院、出版参考杂志社	2016年9月
《中日论语四十八篇》	2015年度引进版优秀图书奖	中华书局	中国出版协会、中国新闻出版研究院、出版参考杂志社	2016年9月
《裂变的传承》	2015年度引进版优秀图书奖	中华书局	中国出版协会、中国新闻出版研究院、出版参考杂志社	2016年9月
《陶渊明传》	2015年度引进版优秀图书奖	中华书局	中国出版协会、中国新闻出版研究院、出版参考杂志社	2016年9月

续表

获奖项目	获奖名称	所属单位	颁奖单位	颁发时间
《中国文化的根本精神》	2016 年向全国老年人推荐优秀出版物	中华书局	国家新闻出版广电总局、全国老龄工作委员会办公室	2016 年 10 月
《海豚湾》	2015 年度引进版优秀图书奖	中华书局	中国出版协会、中国新闻出版研究院、出版参考杂志社	2016 年 12 月
《禅宗十五讲》	2016 年十大好书	中华书局	《中华读书报》	2016 年 12 月
《另一个世界》	2016 年十大好书	中华书局	《中华读书报》	2016 年 12 月
《重读抗战家书》	第六届中华优秀出版物图书奖	中华书局	中国出版协会	2016 年 12 月
《中国古代物质文化》	第六届中华优秀出版物图书奖	中华书局	中国出版协会	2016 年 12 月
中华经典古籍库	第六届中华优秀出版物音像电子游戏出版物提名奖	中华书局	国家新闻出版广电总局	2016 年 12 月
古籍数字化与知识工程重点实验室	首批新闻出版业科技与标准重点实验室	中华书局	国家新闻出版广电总局	2016 年 12 月
《中国历史地图绘本》	2015 年度出版特别贡献奖	中国大百科全书出版社	中国出版集团公司	2016 年 1 月
《儿童安全大百科》	2015 年度出版特别贡献奖	中国大百科全书出版社	中国出版集团公司	2016 年 1 月
《学生规范字典》（国际版）	2015 年度出版特别贡献奖	中国大百科全书出版社	中国出版集团公司	2016 年 1 月
《幼儿启蒙美绘百科》	2015 年度桂冠童书（低幼启蒙类）	中国大百科全书出版社	中国版协少儿读物工作委员会、出版商务周报	2016 年 1 月
《中国儿童视听百科——飞向太空》	2016 年全国优秀科普作品奖	中国大百科全书出版社	国家科技部	2017 年 1 月
《丁玲传》	光明书榜 7 月榜、光明书榜 2015 年度十大好书	中国大百科全书出版社	《光明日报》	2016 年 1 月
《我们三代人》	2015 年度影响力图书特别推荐	中国大百科全书出版社	新华网、中国出版传媒商报社	2016 年 1 月
《我们三代人》	2015 年商报腾讯年度原创“华文好书”（社科类）	中国大百科全书出版社	中国出版传媒商报、腾讯文化	2016 年 1 月

续表

获奖项目	获奖名称	所属单位	颁奖单位	颁发时间
《中国历史百科地图》（DVD—ROM 版）	第 13 届向全国青少年推荐百种优秀出版物	中国大百科全书出版社	国家新闻出版广电总局	2016 年 6 月
《红军长征英雄谱》	2016 年北京市网络出版物奖励扶持项目	中国大百科全书出版社	北京市新闻出版广电局	2016 年 8 月
《中国军事百科全书》（第二版）	“出版界图书馆界全民阅读好书榜”50 种重点推荐图书	中国大百科全书出版社	韬奋基金会、中国书刊发行协会、中国新华书店协会、中国图书馆学会	2016 年 8 月
《PNSO 儿童百科全书》	“出版界图书馆界全民阅读好书榜”50 种重点推荐图书	中国大百科全书出版社	韬奋基金会、中国书刊发行协会、中国新华书店协会、中国图书馆学会	2016 年 8 月
《百科知识》	“2016 年期刊数字影响力 100 强”称号	中国大百科全书出版社	中国期刊交易博览会组委会	2016 年 9 月
《中华文化百科丛书》	2015 年度输出版优秀图书	中国大百科全书出版社	中国版协国际合作出版工作委员会、中国新闻出版研究院、出版参考杂志社	2016 年 9 月
《看得见的文明史》	2015 年度引进版优秀图书奖	中国大百科全书出版社	中国版协国际合作出版工作委员会、中国新闻出版研究院、出版参考杂志社	2016 年 9 月
《自然，是最好的老师》	首届深圳读书月“大鹏自然好书奖”五十册自然好书	中国大百科全书出版社	大鹏新区管理委员会深圳读书月组委会办公室	2016 年 10 月
《中国儿童视听百科——飞向太空》	“第四届少年中国少儿文化作品”科普类优秀图书奖	中国大百科全书出版社	北京市海淀区委宣传部	2016 年 11 月
《百科知识》	“2016 年数字阅读影响力期刊 TOP100”	中国大百科全书出版社	期刊网络传播研究院	2016 年 11 月

续表

获奖项目	获奖名称	所属单位	颁奖单位	颁发时间
《DK 儿童科学百科全书》	“2016 年度教师喜爱的 100 本书”	中国大百科全书出版社	《中国教育报》	2016 年 12 月
《中国历史百科地图》（DVD—ROM 版）	第六届中华优秀出版物奖（音像电子游戏出版物）提名奖	中国大百科全书出版社	中国出版协会	2016 年 12 月
《中国历史百科地图》（DVD—ROM 版）	2016 年度出版特别贡献奖	中国大百科全书出版社	中国出版集团公司	2016 年 12 月
《中国儿童动物百科》	第四届“中国科普作家协会优秀科普作品奖”“科普图书类银奖”	中国大百科全书出版社	中国科普作家协会	2016 年 12 月
《多彩中国——中国自然百科》	第四届“中国科普作家协会优秀科普作品奖”“科普图书类银奖”	中国大百科全书出版社	中国科普作家协会	2016 年 12 月
《梧柿楼集·唐宋家具寻微》	2015 年中国好书	人民美术出版社	中国图书评论协会	2016 年 4 月
《儿童漫画》	2016 年全国优秀少儿报刊	中国美术出版总社	国家新闻出版广电总局	2016 年 5 月
《梧柿楼集·唐宋家具寻微》	2016 年度出版特别贡献奖	人民美术出版社	中国出版集团公司	2016 年 6 月
“外国名家精品集”系列	第 25 届“金牛杯”优秀美术图书银奖	人民美术出版社	中国编辑学会美术编辑专业委员会	2016 年 9 月
《会说话的手》	首届图画书时代奖银奖	中国美术出版总社	图画书时代奖评奖委员会	2016 年 11 月
《绘本西游记故事》（1—10）	中版好书 2016 年度少儿十大好书第三位	人民美术出版社	中国出版集团公司	2016 年 11 月
《〈髹饰录〉与东亚漆艺——传统髹饰工艺体系研究》	第六届中华优秀出版物（图书）奖图书提名奖	人民美术出版社	中国出版协会	2016 年 12 月
《梧柿楼集·藏身于物的风俗故事》	中版好书 2016 年度学术文化二十大好书	人民美术出版社	中国出版集团公司	2016 年 12 月

续表

获奖项目	获奖名称	所属单位	颁奖单位	颁发时间
《中国书法批评史》	中版好书2016年度文学艺术十大好书	人民美术出版社	中国出版集团公司	2016年12月
《童声传递中国梦——儿童合唱歌曲精选专辑》	中国出版集团公司2016主题出版重点出版物	人民音乐出版社	中共中央宣传部、国家新闻出版广电总局	2016年5月
《抗战歌选（1931—1945）》	第六届中华优秀出版物图书提名奖	人民音乐出版社	中国出版协会	2016年12月
《中国军乐——纪念中国人民抗日战争暨世界反法西斯战争胜利70周年阅兵曲》	第六届中华优秀出版物音像电子游戏出版物提名奖	人民音乐出版社	中国出版协会	2016年12月
《古乐之美》	2016年中国30本好书	人民音乐出版社	中国出版协会	2016年12月
《古乐之美》	大众喜爱的50种图书	人民音乐出版社	国家新闻出版广电总局	2016年12月
《古乐之美》	中国好书2016年度榜	人民音乐出版社	中国出版集团公司	2016年12月
《幸福少年——社会主义核心价值观少儿组歌》	中版好书2016年度榜学术文化二十大好书	人民音乐出版社	中国出版集团公司	2016年12月
《古乐之美》	中版好书2016年度榜学术文化二十大好书	人民音乐出版社	中国出版集团公司	2016年12月
《小朋友们的拜厄（卡通绘图版）（上、中、下）》	中版好书2016年度榜学术文化二十大好书	人民音乐出版社	中国出版集团公司	2016年12月
《由巫到礼，释礼归仁》	2015书业年度评选·年度图书	生活·读书·新知三联书店	《出版人》	2016年1月
《中华文明的核心价值——国学流变与传统价值观》	2015年度好书	生活·读书·新知三联书店	《中国新闻出版广电报》	2016年1月
《中华文明的核心价值——国学流变与传统价值观》	2015年度中国30本好书	生活·读书·新知三联书店	中国出版协会	2016年1月
《王世襄集》	2015年度出版特别贡献奖	生活·读书·新知三联书店	中国出版集团公司	2016年1月

续表

获奖项目	获奖名称	所属单位	颁奖单位	颁发时间
《我们仨 2014 版》	2015 年度出版特别贡献奖	生活·读书·新知三联书店	中国出版集团公司	2016 年 1 月
《中华文明的核心价——国学流变与传统价值观值》	2015 年度出版特别贡献奖	生活·读书·新知三联书店	中国出版集团公司	2016 年 1 月
《长物——早期现代中国的物质文化与社会现状》	2015 年度“十大好书”	生活·读书·新知三联书店	华西都市报社《当代书评》	2016 年 1 月
《楚亡——从项羽到韩信》	2015 中国好书	生活·读书·新知三联书店	中国图书评论学会、中央电视台科教频道	2016 年 4 月
《中华文明的核心价值——国学流变与传统价值观》	第 11 届文津图书奖推荐图书	生活·读书·新知三联书店	国家图书馆	2016 年 4 月
《童年哲学》	第 11 届文津图书奖推荐图书	生活·读书·新知三联书店	国家图书馆	2016 年 4 月
《疯狂实验史 II》	第 11 届文津图书奖推荐图书	生活·读书·新知三联书店	国家图书馆	2016 年 4 月
《奇妙的尘埃》	第 11 届文津图书奖推荐图书	生活·读书·新知三联书店	国家图书馆	2016 年 4 月
《论语新解》（第 3 版）	第二届伯鸿书香奖之“《论语》经典书单”评选中入选阅读《论语》推荐十大好书	生活·读书·新知三联书店	伯鸿书香奖组委会	2016 年 4 月
《孔子传》（第 3 版）	第二届伯鸿书香奖之“《论语》经典书单”评选中入选阅读《论语》推荐扩展书单十种	生活·读书·新知三联书店	伯鸿书香奖组委会	2016 年 4 月
《生死关头——中国共产党的道路抉择》	2016 年主题出版重点出版物选题	生活·读书·新知三联书店	中央宣传部办公厅和国家新闻出版广电总局办公厅	2016 年 5 月
《楚亡从项羽到韩信》	2016 年度出版特别贡献奖	生活·读书·新知三联书店	中国出版集团公司	2016 年 6 月
“三联书情”微信公众号	首届“大众喜爱的 50 个阅读微信公众号”	生活·读书·新知三联书店	中国新闻出版传媒集团、中国全民阅读媒体联盟	2016 年 7 月

续表

获奖项目	获奖名称	所属单位	颁奖单位	颁发时间
《三联生活周刊》微信公众号	首届“大众喜爱的50个阅读微信公众号”	生活·读书·新知三联书店	中国新闻出版传媒集团、中国全民阅读媒体联盟	2016年7月
《被困的治理——河镇的复合治理与农户策略（1980—2009）》	2016中国社会学会年度推荐好书	生活·读书·新知三联书店	中国社会学会	2016年8月
《重庆“棒棒”——都市感知与乡土性》	2016中国社会学会年度推荐好书	生活·读书·新知三联书店	中国社会学会	2016年8月
《超社会体系——文明与中国》	2016中国社会学会年度推荐好书	生活·读书·新知三联书店	中国社会学会	2016年8月
《回首一笑七十年》签售活动	2016上海书展“书香中国”上海周最挂活动策划奖	生活·读书·新知三联书店	上海书展组委会	2016年8月
松果生活	全国报刊媒体融合创新30佳案例	生活·读书·新知三联书店	国家新闻出版广电总局报刊司	2016年8月
松果生活	第三届中国创意工业创新奖·新营销奖金奖	生活·读书·新知三联书店	中国出版传媒商报社、法兰克福书展、法兰克福学院	2016年8月
《三联生活周刊》	2016“中国最美期刊”	生活·读书·新知三联书店	中国（武汉）期刊交易博览会组委会	2016年9月
《何处是江南——清朝正统观的确立与士林精神世界的变异》（韩文版）	2015年度输出版优秀图书奖	生活·读书·新知三联书店	中国出版协会国家合作出版委员会 中国新闻出版研究院出版参考杂志社	2016年9月
《中国建筑史》（英文版）	2015年度输出版优秀图书奖	生活·读书·新知三联书店	中国出版协会国家合作出版委员会 中国新闻出版研究院出版参考杂志社	2016年9月
《中国雕塑史》（英文版）	2015年度输出版优秀图书奖	生活·读书·新知三联书店	中国出版协会国家合作出版委员会 中国新闻出版研究院出版参考杂志社	2016年9月

续表

获奖项目	获奖名称	所属单位	颁奖单位	颁发时间
《武梁祠——中国古代画像艺术的思想性》	2015 年度引进版优秀图书奖	生活·读书·新知三联书店	中国出版协会国家合作出版委员会 中国新闻出版研究院 出版参考杂志社	2016 年 9 月
《三联生活周刊》	2016 期刊数字影响力 100 强（大众类）	生活·读书·新知三联书店	中国（武汉）期刊交易博览会组委会	2016 年 9 月
《世界之道》	第八届傅雷翻译出版奖初评 12 部作品	生活·读书·新知三联书店	法国驻华使馆文化处	2016 年 11 月
《寻归荒野》	首届大鹏自然好书奖五十册自然好书	生活·读书·新知三联书店	大鹏自然好书奖组委会	2016 年 11 月
《三联生活周刊》	中国期刊海外发行百强排行榜·百强奖	生活·读书·新知三联书店	中国国际图书贸易集团有限公司	2016 年 11 月
《一百年漂泊——台湾的故事》	华文好书 2016 年度评委会特别奖	生活·读书·新知三联书店	腾讯网、中国出版传媒商报	2016 年 12 月
《大都无城——中国古都的动态解读》	华文好书 2016 年度评委会特别奖	生活·读书·新知三联书店	腾讯网、中国出版传媒商报	2016 年 12 月
《我们的中国》	华文好书 2016 年度人文社科类好书奖	生活·读书·新知三联书店	腾讯网、中国出版传媒商报	2016 年 12 月
《北上——党中央与张国焘斗争始末》	中版好书榜 2016 年度主题出版十大好书	生活·读书·新知三联书店	中国出版集团公司	2016 年 12 月
《生死关头——中国共产党的道路抉择》	中版好书榜 2016 年度主题出版十大好书	生活·读书·新知三联书店	中国出版集团公司	2016 年 12 月
《从历史中醒来——孙机谈中国古文物》	中版好书榜 2016 年度学术文化二十大好书	生活·读书·新知三联书店	中国出版集团公司	2016 年 12 月
《我们的中国》	中版好书榜 2016 年度学术文化二十大好书	生活·读书·新知三联书店	中国出版集团公司	2016 年 12 月
《大都无城——中国古都的动态解读》	中版好书榜 2016 年度学术文化二十大好书	生活·读书·新知三联书店	中国出版集团公司	2016 年 12 月
《一百年漂泊——台湾的故事》	中版好书榜 2016 年度文学艺术十大好书	生活·读书·新知三联书店	中国出版集团公司	2016 年 12 月

续表

获奖项目	获奖名称	所属单位	颁奖单位	颁发时间
《中华文明的核心价值——国学流变与传统价值观》	第六届中华优秀出版物（图书）奖	生活·读书·新知三联书店	中国出版协会	2016年12月
《1944：腾冲之围》	第六届中华优秀出版物（图书）奖	生活·读书·新知三联书店	中国出版协会	2016年12月
《东西建筑十讲》	2016年1～2月中国好书	生活·读书·新知三联书店	中国图书评论学会	2016年12月
《败在海上——中国古代海战图解读》	2016年4月中国好书	生活·读书·新知三联书店	中国图书评论学会	2016年12月
《生死关头——中国共产党的道路抉择》	2016年8月中国好书	生活·读书·新知三联书店	中国图书评论学会	2016年12月
《大都无城——中国古都的动态解读》	2016年11月中国好书	生活·读书·新知三联书店	中国图书评论学会	2016年12月
《海昏侯刘贺》	2016年12月中国好书	生活·读书·新知三联书店	中国图书评论学会	2016年12月
《我们的中国》	2016年度中国30本好书	生活·读书·新知三联书店	中国出版协会	2016年12月
《大都市》杂志	2015年上海市期刊编校质量检查优秀奖	东方出版中心	上海市新闻出版局	2016年4月
《新常态下的变革》	2016上海书展书香上海“主题精品类”十大好书	东方出版中心	2016“书香中国”上海周组委会办公室	2016年8月
《供给侧改革十讲》	第三届全国党员教育培训展示交流活动精品教材	东方出版中心	中共中央组织部	2016年12月
《中华民族道德生活史》	2016年中版好书榜年度好书	东方出版中心	中国出版集团公司	2016年12月
《岁月沧桑》	2016年中版好书榜年度好书	东方出版中心	中国出版集团公司	2016年12月
《北洋军阀史》	2016年中版好书榜年度好书	东方出版中心	中国出版集团公司	2016年12月
《岁月沧桑》	2016年“腾讯·商报 华文好书”年度好书人文社科类	东方出版中心	“腾讯·商报华文好书”2016年度评委会	2016年12月

续表

获奖项目	获奖名称	所属单位	颁奖单位	颁发时间
《中国朋党史》	2016 年“腾讯·商报 华文好书”年度好书人文社科类	东方出版中心	“腾讯·商报华文好书”2016 年度评委会	2016 年 12 月
《荣宝斋珍藏 7·齐白石》	2015 年“图书版权输出奖励计划”重点奖励项目	荣宝斋出版社	国家新闻出版广电总局	2016 年 1 月
《荣宝斋画谱（十八）明·山水部分》	2015 年“图书版权输出奖励计划”普通奖励项目	荣宝斋出版社	国家新闻出版广电总局	2016 年 1 月
《荣宝斋画谱（四十五）明·山水部分》	2015 年“图书版权输出奖励计划”普通奖励项目	荣宝斋出版社	国家新闻出版广电总局	2016 年 1 月
《荣宝斋画谱古代部分》	CBI 翻译（推广）资助项目	荣宝斋出版社	中宣部	2016 年 1 月
《黄宾虹文集全编》	“十三五”国家重点图书、音像、电子出版物	荣宝斋出版社	国家新闻出版广电总局	2016 年 5 月
《张大千全集》	“十三五”国家重点图书、音像、电子出版物	荣宝斋出版社	国家新闻出版广电总局	2016 年 5 月
《陈云书法选》	中国出版集团公司 2016 主题出版重点出版物	荣宝斋出版社	中国出版集团公司	2016 年 5 月
《朱德书法选》	中国出版集团公司 2016 主题出版重点出版物	荣宝斋出版社	中国出版集团公司	2016 年 5 月
《黄宾虹文集全编》	中国出版集团公司“十三五”规划重点图书项目	荣宝斋出版社	中国出版集团公司	2016 年 6 月
《张大千全集》	中国出版集团公司“十三五”规划重点图书项目	荣宝斋出版社	中国出版集团公司	2016 年 6 月
《历代画谱类编》	中国出版集团公司“十三五”规划重点图书项目	荣宝斋出版社	中国出版集团公司	2016 年 6 月
《世纪的背影·丹青卷——荣宝斋藏近代京派绘画展作品集》	2016 海峡两岸书籍装帧设计邀请赛·一等奖	荣宝斋出版社	厦门市政府	2016 年 7 月
《陈云书法选》	第 25 届“金牛杯”优秀美术图书·金奖	荣宝斋出版社	中国编辑学会	2016 年 8 月
《荣宝斋藏册页》	第 25 届“金牛杯”优秀美术图书·银奖	荣宝斋出版社	中国编辑学会	2016 年 8 月

续表

获奖项目	获奖名称	所属单位	颁奖单位	颁发时间
《秦汉简牍具名与书手研究》	第25届“金牛杯”优秀美术图书·铜奖	荣宝斋出版社	中国编辑学会	2016年8月
《岭上云：荣宝斋当代篆刻荣宝斋当代篆刻名家邀请展作品集》	第25届“金牛杯”优秀美术图书·优秀装帧设计奖	荣宝斋出版社	中国编辑学会	2016年8月
《荣宝斋》	2016“中国最美期刊”	荣宝斋出版社	中国（武汉）期刊交易博览会组委会	2016年9月
《艺术品》	2016“中国最美期刊”	荣宝斋出版社	中国期刊协会	2016年9月
《中国传统文化艺术扎根乌克兰》	2016年度中国出版集团青年创新项目	荣宝斋出版社	共青团中国出版集团委员会、中国出版集团公司青年联合会	2016年12月
《中华瑰宝》2016年7月号	2016“中国最美期刊”	现代教育出版社	中国（武汉）期刊交易博览会组委会	2016年9月
《我不想一个人睡》	2016深圳读书月“年度十大童书”30强	现代教育出版社	深圳市读书月组委会、深圳市阅读联合会、深圳图书情报学会	2016年11月
《克里的世界》	2016年度“中版好书榜”少儿类前30名	现代教育出版社	中国出版集团公司	2016年12月
《中国民族百科全书》	国家出版基金优秀项目	世界图书出版西安有限公司	国家出版基金办公室	2016年6月
《小发明家汤姆全球大冒险》	2016年年度中版好书	世界图书出版西安有限公司	中国出版集团公司	2016年7月
《临床护理解剖学》	2016年陕西省普通高等学校优秀教材二等奖	世界图书出版西安有限公司	陕西省教育厅	2016年7月
《元气神机：先秦中医之道》	2016年年度中版好书	世界图书出版西安有限公司	中国出版集团公司	2016年7月
《影绣长安：多重曝光构设影像新秩序》	2016年平遥国际摄影大展“凤凰卫视优秀摄影画册奖”	世界图书出版西安有限公司	中国平遥国际摄影大展组委会	2016年10月
《古突厥文献西域史料辑录》	新疆维吾尔自治区第11届哲学社会科学奖	世界图书出版西安有限公司	新疆维吾尔自治区人民政府	2016年11月

续表

获奖项目	获奖名称	所属单位	颁奖单位	颁发时间
《稳定与发展——杨增新治理新疆研究》	新疆维吾尔自治区第11届哲学社会科学奖	世界图书出版西安有限公司	新疆维吾尔自治区人民政府	2016年11月
《千年国医 百病寻根》	2016年十大健康图书	世界图书出版西安有限公司	万卷图书宣传策划中心	2016年12月
《虞美人·琴歌》	第六届中华优秀出版物音像电子游戏出版物奖提名奖	中国科学文化音像出版社	中国出版协会	2016年12月
《总司令的长征》	2016年度主题出版重点出版物	华文出版社	中国出版集团公司	2016年5月
《大国来了》	2016年度主题出版重点出版物	华文出版社	中国出版集团公司	2016年5月
《鲁迅全传：野草梦》	中国好书9月份榜单	华文出版社	中国图书评论学会	2016年9月
“名著名译有声读物系列”	第六届中华优秀出版物音像电子游戏出版物奖	中版集团数字传媒有限公司、人民文学出版社	中国出版协会	2016年12月

2016年度获奖（荣誉）人物

获奖个人	获奖名称	所属单位	颁奖单位	颁发时间
陈虞	市级交通安全优秀管理员	人民文学出版社	北京市交通安全委员会	2016年1月
付如初	中国出版集团十大优秀编辑	人民文学出版社	中国出版集团公司	2016年4月
宋强	2016年中直机关优秀党员	人民文学出版社	中直机关工委	2016年7月
宋强	2016年中国出版集团优秀党员	人民文学出版社	中国出版集团公司	2016年7月
葛云波	2016年中国出版集团优秀党员	人民文学出版社	中国出版集团公司	2016年7月
朱美凤	2016年中国出版集团优秀党务工作者	人民文学出版社	中国出版集团公司	2016年7月
王筱盈	2016年中直机关优秀共青团员	人民文学出版社	中直机关工委	2016年7月
朱韵秋	2016年中国出版集团优秀团干部	人民文学出版社	中国出版集团公司	2016年7月
王筱盈	中国出版集团2015—2016年度优秀共青团员	人民文学出版社	中国出版集团公司	2016年7月
彭蕾	中国出版集团2015—2016年度优秀共青团员	人民文学出版社	中国出版集团公司	2016年7月
丁凤	优秀工会工作者	人民文学出版社	中国出版集团公司工会	2016年7月
张玉娥	优秀女工干部	人民文学出版社	中国出版集团公司工会	2016年7月
宋鑫	工会工作积极分子	人民文学出版社	中国出版集团公司工会	2016年7月
高处寒	“党在我心中”诗歌征文活动二等奖	人民文学出版社	中国出版集团公司直属机关党委	2016年7月
欧阳婧怡	“党在我心中”诗歌征文活动三等奖	人民文学出版社	中国出版集团公司直属机关党委	2016年7月
马林霄萝	“党在我心中”诗歌征文活动三等奖	人民文学出版社	中国出版集团公司直属机关党委	2016年7月
王煜	“党在我心中”诗歌征文活动三等奖	人民文学出版社	中国出版集团公司直属机关党委	2016年7月

续表

获奖个人	获奖名称	所属单位	颁奖单位	颁发时间
段孟现	“党在我心中”诗歌征文活动三等奖	人民文学出版社	中国出版集团公司直属机关党委	2016 年 7 月
王永洪	“党在我心中”诗歌征文活动优秀奖	人民文学出版社	中国出版集团公司直属机关党委	2016 年 7 月
李义洲	“党在我心中”诗歌征文活动优秀奖	人民文学出版社	中国出版集团公司直属机关党委	2016 年 7 月
胡文骏	“党在我心中”诗歌征文活动优秀奖	人民文学出版社	中国出版集团公司直属机关党委	2016 年 7 月
张弋辉	“党在我心中”诗歌征文活动优秀奖	人民文学出版社	中国出版集团公司直属机关党委	2016 年 7 月
付如初	中国编辑学会第 17 届年会学术论坛一等奖	人民文学出版社	中国编辑学会	2016 年 10 月
丁羽	中国图书商报的十大发行英杰	人民文学出版社	中国图书商报	2016 年 11 月
宋强	出版业十佳营销创新能手称号	人民文学出版社	中国图书传媒商报	2016 年 12 月
宋强	中国出版集团青年创新奖章提名奖	人民文学出版社	中国出版集团公司	2016 年 12 月
周洪波	文化名家暨“四个一批”人才	商务印书馆	中宣部	2016 年 1 月
储丹丹	2015 年度青年创新奖章	商务印书馆	中国出版集团公司	2016 年 3 月
包诗林	2015 年度优秀编辑	商务印书馆	中国出版集团公司	2016 年 4 月
安晓露	第十五届输出版引进版优秀图书推介活动优秀版权经理人奖	商务印书馆	中国出版协会国际合作出版工作委员会、中国新闻出版研究院、出版参考杂志社	2016 年 9 月
王欣然	2016 优秀营销人员奖	商务印书馆	中国出版集团公司	2016 年 12 月
王朝晟	2015 年度优秀营销员	中华书局	中国出版集团公司	2016 年 1 月
余佐赞	中直机关优秀共产党员	中华书局	中国出版集团公司	2016 年 6 月
余佐赞	中国出版集团公司优秀共产党员	中华书局	中国出版集团公司	2016 年 6 月
申作宏	中国出版集团公司优秀共产党员	中华书局	中国出版集团公司	2016 年 6 月
赵妮娜	中国出版集团公司优秀党务工作者	中华书局	中国出版集团公司	2016 年 6 月

续表

获奖个人	获奖名称	所属单位	颁奖单位	颁发时间
邝红	中国出版集团公司优秀工会工作者	中华书局	中国出版集团公司	2016 年 6 月
胡彬	中国出版集团公司优秀工会工作者	中华书局	中国出版集团公司	2016 年 6 月
高俊江	中国出版集团公司优秀工会积极分子	中华书局	中国出版集团公司	2016 年 6 月
齐东	中国出版集团公司优秀工会积极分子	中华书局	中国出版集团公司	2016 年 6 月
崔淑华	中国出版集团公司优秀工会积极分子	中华书局	中国出版集团公司	2016 年 6 月
蔡阳	2015～2016 年度优秀共青团员	中华书局	中国出版集团公司	2016 年 6 月
赵妮娜	2015～2016 年度优秀团干部	中华书局	中国出版集团公司	2016 年 6 月
阎晋鲁	“党在我心中”诗歌征文一等奖	中华书局	中国出版集团公司	2016 年 6 月
李天飞	“党在我心中”诗歌征文二等奖	中华书局	中国出版集团公司	2016 年 6 月
熊国祯	“党在我心中”诗歌征文三等奖	中华书局	中国出版集团公司	2016 年 6 月
姜红	“党在我心中”诗歌征文优秀奖	中华书局	中国出版集团公司	2016 年 6 月
申作宏	“党在我心中”诗歌征文优秀奖	中华书局	中国出版集团公司	2016 年 6 月
程毅中	“党在我心中”诗歌征文优秀奖	中华书局	中国出版集团公司	2016 年 6 月
梁彦	优秀信息宣传员	中华书局	中国出版集团公司	2016 年 10 月
盖乐	“2015 年度中版出版物优秀营销人员”	中国大百科全书出版社	中国出版集团公司	2016 年 1 月
滕振微	“2015 年度优秀编辑”	中国大百科全书出版社	中国出版集团公司	2016 年 4 月
滕振微	“中直机关优秀共产党员”	中国大百科全书出版社	中共中央直属机关工作委员会	2016 年 6 月
谌燕	第二十六次（2015 年度）优秀编辑奖评选一等奖	中国大百科全书出版社	中国少儿报刊协会综合性期刊专业委员会	2016 年 6 月
任翔宇	第二十六次（2015 年度）优秀编辑奖评选二等奖	中国大百科全书出版社	中国少儿报刊协会综合性期刊专业委员会	2016 年 6 月
孙怡	第二十六次（2015 年度）优秀编辑奖评选三等奖	中国大百科全书出版社	中国少儿报刊协会综合性期刊专业委员会	2016 年 6 月
滕振微	“中国出版集团公司优秀共产党员”	中国大百科全书出版社	中国出版集团公司	2016 年 7 月
姜燕	“中国出版集团公司优秀共产党员”	中国大百科全书出版社	中国出版集团公司	2016 年 7 月

续表

获奖个人	获奖名称	所属单位	颁奖单位	颁发时间
陈义望	“中国出版集团公司优秀共产党员”	中国大百科全书出版社	中国出版集团公司	2016 年 7 月
宋梅娟	“中国出版集团公司优秀党务工作者”	中国大百科全书出版社	中国出版集团公司	2016 年 7 月
孙超	“中国出版集团公司优秀工会工作者”	中国大百科全书出版社	中国出版集团公司	2016 年 7 月
马蕴	“中国出版集团公司优秀女工干部”	中国大百科全书出版社	中国出版集团公司	2016 年 7 月
谢雪	“中国出版集团公司 2015—2016 年度优秀共青团员”	中国大百科全书出版社	中国出版集团公司	2016 年 7 月
谢雪	“中国出版集团公司优秀工会积极分子”	中国大百科全书出版社	中国出版集团公司	2016 年 7 月
刘阳	“中国出版集团公司优秀工会积极分子”	中国大百科全书出版社	中国出版集团公司	2016 年 7 月
杨晶	“中国出版集团公司优秀工会积极分子”	中国大百科全书出版社	中国出版集团公司	2016 年 7 月
张磐	“中国出版集团公司优秀工会积极分子”	中国大百科全书出版社	中国出版集团公司	2016 年 7 月
黄颖	“中国出版集团公司优秀工会积极分子”	中国大百科全书出版社	中国出版集团公司	2016 年 7 月
陈光	“党在我心中”诗歌征文活动一等奖	中国大百科全书出版社	中国出版集团公司	2016 年 7 月
杨阳	“党在我心中”诗歌征文活动二等奖	中国大百科全书出版社	中国出版集团公司	2016 年 7 月
张爱君	“党在我心中”诗歌征文活动三等奖	中国大百科全书出版社	中国出版集团公司	2016 年 7 月
王宇	“中版书香助我成长”征文活动二等奖	中国大百科全书出版社	中国出版集团团委、青联	2016 年 7 月
马晓丽	“中版书香助我成长”征文活动二等奖	中国大百科全书出版社	中国出版集团团委、青联	2016 年 7 月
王瑜	“第五届韬奋出版人才高端论坛”征文评选活动二等奖	中国大百科全书出版社	韬奋基金会	2016 年 11 月
赵菲	“2016 年中国科技传播论坛”论文评选一等奖	中国大百科全书出版社	中国科技新闻学会	2016 年 11 月
张娇	“2016 年度中版出版物优秀营销人员”奖	中国大百科全书出版社	中国出版集团公司	2016 年 12 月
王远	中国出版集团 2015 年度优秀编辑	中国美术出版总社	中国出版集团公司	2016 年 4 月
赵军平	中国出版集团 2015—2016 年度优秀共青团干部	中国美术出版总社	中国出版集团公司	2016 年 7 月
郭贵明	“文明家庭”称号	人民音乐出版社	中直工委	2016 年 4 月

续表

获奖个人	获奖名称	所属单位	颁奖单位	颁发时间
张伯平	优秀共产党员	人民音乐出版社	中直工委	2016 年 7 月
周群	优秀党务工作者	人民音乐出版社	中国出版集团公司	2016 年 7 月
胡健	优秀共产党员	人民音乐出版社	中国出版集团公司	2016 年 7 月
张伯平	优秀共产党员	人民音乐出版社	中国出版集团公司	2016 年 7 月
高俊卿	优秀共产党员	人民音乐出版社	中国出版集团公司	2016 年 7 月
周群	优秀工会之友	人民音乐出版社	中国出版集团公司	2016 年 7 月
张淑英	优秀工会工作者	人民音乐出版社	中国出版集团公司	2016 年 7 月
李烨	优秀女工干部	人民音乐出版社	中国出版集团公司	2016 年 7 月
黄亚超	优秀工会积极分子	人民音乐出版社	中国出版集团公司	2016 年 7 月
张颖雪	“党在我心中”诗歌征文三等奖	人民音乐出版社	中直工委	2016 年 7 月
孙玮	优秀版权经理人	生活·读书·新知三联书店	中国出版协会国际合作出版工作委员会、中国新闻出版研究院、出版参考杂志社	2016 年 9 月
郭羽	中直机关“公仆杯”羽毛球赛晋级奖	中国对外翻译有限公司	中央直属机关	2016 年 5 月
程国良	中央直属机关优秀共产党员	中国对外翻译有限公司	中央直属机关工作委员会	2016 年 6 月
杨凤仪	“党在我心中”诗歌征文二等奖	中国对外翻译有限公司	中国出版集团公司	2016 年 7 月
夏青	“党在我心中”诗歌征文三等奖	中国对外翻译有限公司	中国出版集团公司	2016 年 7 月
叶梦	“党在我心中”诗歌征文三等奖	中国对外翻译有限公司	中国出版集团公司	2016 年 7 月
王珩	“党在我心中”诗歌征文优秀奖	中国对外翻译有限公司	中国出版集团公司	2016 年 7 月
孙肖	“党在我心中”诗歌征文优秀奖	中国对外翻译有限公司	中国出版集团公司	2016 年 7 月
王祺昊	“党在我心中”诗歌征文优秀奖	中国对外翻译有限公司	中国出版集团公司	2016 年 7 月
王雨馨	“党在我心中”诗歌征文优秀奖	中国对外翻译有限公司	中国出版集团公司	2016 年 7 月
黄松	中国出版集团优秀工会之友	中国对外翻译有限公司	中国出版集团公司	2016 年 7 月
张小琴	中国出版集团优秀共产党员	中国对外翻译有限公司	中国出版集团公司	2016 年 7 月
吕丹	中国出版集团优秀工会工作者	中国对外翻译有限公司	中国出版集团公司	2016 年 7 月

续表

获奖个人	获奖名称	所属单位	颁奖单位	颁发时间
王崇正	中国出版集团优秀工会工作者	中国对外翻译有限公司	中国出版集团公司	2016年7月
王超	中国出版集团优秀工会积极分子	中国对外翻译有限公司	中国出版集团公司	2016年7月
常晓迪	中国出版集团优秀工会积极分子	中国对外翻译有限公司	中国出版集团公司	2016年7月
柏京津	中国出版集团优秀工会积极分子	中国对外翻译有限公司	中国出版集团公司	2016年7月
王祺昊	中国出版集团优秀工会积极分子	中国对外翻译有限公司	中国出版集团公司	2016年7月
任京霞	中国出版集团优秀女工干部	中国对外翻译有限公司	中国出版集团公司	2016年7月
王崇正	中国出版集团优秀团干部	中国对外翻译有限公司	中国出版集团公司	2016年7月
王先哲	中国出版集团优秀共青团员	中国对外翻译有限公司	中国出版集团公司	2016年7月
王雅琦	中国出版集团优秀共青团员	中国对外翻译有限公司	中国出版集团公司	2016年7月
周莹	中国出版集团优秀共青团员	中国对外翻译有限公司	中国出版集团公司	2016年7月
朱懿	中国出版集团公司网络微课大赛二等奖	中国对外翻译有限公司	中国出版集团公司	2016年11月
王语	中国出版集团公司网络微课大赛三等奖	中国对外翻译有限公司	中国出版集团公司	2016年11月
王超	中国出版集团优秀党务工作者	中国对外翻译有限公司	中国出版集团公司	2016年12月
金文茜	2016年度中国出版集团公司青年创新奖章	中国对外翻译有限公司	中国出版集团公司	2016年12月
张芝佳	优秀共产党员	东方出版中心	中国出版集团公司	2016年7月
周幼芒	优秀党务工作者	东方出版中心	中国出版集团公司	2016年7月
董玲	“党在我心中”诗歌比赛二等奖	东方出版中心	中共中央直属机关工作委员会	2016年7月
董玲	“党在我心中”诗歌比赛一等奖	东方出版中心	中国出版集团公司	2016年7月
金洁蓉	“党在我心中”诗歌比赛一等奖	东方出版中心	中国出版集团公司	2016年7月
宋伟峰	“党在我心中”诗歌比赛三等奖	东方出版中心	中国出版集团公司	2016年7月
丁国生	“党在我心中”诗歌比赛三等奖	东方出版中心	中国出版集团公司	2016年7月
姜小明	“党在我心中”诗歌比赛三等奖	东方出版中心	中国出版集团公司	2016年7月
顾渊	“党在我心中”诗歌比赛三等奖	东方出版中心	中国出版集团公司	2016年7月

续表

获奖个人	获奖名称	所属单位	颁奖单位	颁发时间
金洁蓉	“党在我心中”诗歌比赛优秀奖	东方出版中心	中国出版集团公司	2016 年 7 月
李海华	“党在我心中”诗歌比赛优秀奖	东方出版中心	中国出版集团公司	2016 年 7 月
黄骏	“党在我心中”诗歌比赛优秀奖	东方出版中心	中国出版集团公司	2016 年 7 月
顾渊	2016 上海书展最有价值十佳服务明星	东方出版中心	2016“书香中国”上海周组委会办公室	2016 年 8 月
孙德华	2015—2016 年度上海市属文化单位治安先进个人	东方出版中心	上海市公安局文化保卫分局	2016 年 11 月
刘挺	2015－2016 年度优秀工会工作者	东方出版中心	上海市新闻出版工会	2016 年 12 月
傅杰	在线网络培训“学习之星”称号	东方出版中心	中国出版集团公司	2016 年 12 月
丁国生	在线网络培训“学习之星”称号	东方出版中心	中国出版集团公司	2016 年 12 月
王春霞	中央直属机关优秀工会工作者	现代教育出版社	中央直属机关	2016 年 4 月
解慧	2016 年北京图书订货会“十佳新闻报道”称号	中国出版传媒商报社	北京图书订货会组委会	2016 年 1 月
龚牟利	2016 年北京图书订货会“十佳新闻报道”称号	中国出版传媒商报社	北京图书订货会组委会	2016 年 1 月
方菲	2016 年北京图书订货会“十佳新闻报道”称号	中国出版传媒商报社	北京图书订货会组委会	2016 年 1 月
吴静春	优秀共产党员	中国出版传媒商报社	中国出版集团公司	2016 年 7 月
陈爱林	优秀工会积极分子	中国出版传媒商报社	中国出版集团公司	2016 年 7 月
郭虹	优秀党务工作者	中国出版传媒商报社	中国出版集团公司	2016 年 7 月
刘亚	2015－2016 年度优秀共青团员	中国出版传媒商报社	中国出版集团公司	2016 年 7 月
邹昱勤	优秀通讯员	中国出版传媒商报社	中国出版集团公司	2016 年 10 月
龚牟利、倪成	2016 年上海书展暨“书香中国”上海周宣传报道好新闻奖二等奖	中国出版传媒商报社	上海书展暨“书香中国”上海周组委会	2016 年 11 月
梁震	集团优秀工会积极分子	中版教材有限公司	中国出版集团公司工会联合会	2016 年 7 月

续表

获奖个人	获奖名称	所属单位	颁奖单位	颁发时间
郭德生	优秀工会之友	中版教材有限公司	中国出版集团公司工会联合会	2016 年 7 月
张博	优秀工会工作者	中版教材有限公司	中国出版集团公司工会联合会	2016 年 7 月
武一格	“党在我心中”诗歌征文活动优秀奖	中版教材有限公司	中国出版集团公司直属机关党委	2016 年 7 月
张露	“中版书香助我成长”征文一等奖	中版文化传播（北京）有限公司	中国出版集团公司	2016 年 1 月
张颖潇	“中版书香助我成长”征文二等奖	中版文化传播（北京）有限公司	中国出版集团公司	2016 年 1 月
吴捷	“中版书香助我成长”征文三等奖	中版文化传播（北京）有限公司	中国出版集团公司	2016 年 1 月
张露	青年创新奖章提名者	中版文化传播（北京）有限公司	中国出版集团公司	2016 年 12 月

出版人

PUBLISHERS

2016年获得高级职称人员名单

姓名	工作单位	职称类型
徐文凯	人民文学出版社	编审
王永洪	人民文学出版社	编审
刘军怀	商务印书馆	编审
孙述学	商务印书馆	编审
张　稷	商务印书馆	编审
张艳丽	商务印书馆	编审
宋凤娣	中华书局	编审
焦雅君	中华书局	编审
林建敏	中国大百科全书出版社	编审
盛　力	中国大百科全书出版社	编审
邹依庆	中国美术出版总社	美术编审
李春立	中国美术出版总社	编审
杜永寿	人民音乐出版社	编审
吴素莲	华文出版社	编审
姚劲华	华文出版社	编审
于　洋	中国对外翻译	资深翻译
蒋宝春	中国对外翻译	资深翻译
张　晶	东方出版中心	编审
张　晶	现代出版社	编审

（李　巍）

2016年去世编审简介

卢永福（1922～2016） 陕西西安人。编审。中共党员、中国作家协会会员、人民文学出版社专家委员会委员、原外国文学编辑室主任。

卢永福对俄罗斯文学有独到和较深的研究和造诣，一生从事俄罗斯文学的翻译和编辑工作，他在人民文学出版社长期担任外国文学编辑室主任，参与制定了人民文学出版社外国文学《五年出版规划》和“三套丛书”的编辑出版工作，“文化大革命”后参与了《世界文库》等外国文学重大选题的出版工作，用毕生精力将外国文学作品、特别是俄罗斯文学的优秀作品介绍给中国的广大读者，为外国文学的出版事业和人民文学出版社的发展做出了重要贡献。2016年1月30日在北京逝世，享年93岁。 （顾 乡）

陈 森（1929～2016） 江苏南通人，编审。中共党员。

1949年3月参加革命，1952年进入中国人民大学法律系学习，1954年在苏联莫斯科国际关系学院法语专业学习，1960年毕业，同年回国，调商务印书馆编辑部工作。擅长俄、法两种外语，编辑出版《劳动组织》《革命法制和审判》《巴黎公社史料集要》《战争论》（第二卷）《拿破仑法典》《拿破仑文选》《爱弥儿》《国际法》《国际共产主义运动史》《当代世界政治理论》等数十种经典译著，著有《启蒙思想家论文明》，与人合译《论巴贝夫主义》《苏联国际法》《伏尔泰》等，参加翻译《苏联大百科全书》中400余词条。2016年在北京逝世，享年87岁。

（刘 芳）

林 光（1929～2016） 福建连江人，编审。

1949年上半年肄业于台湾省立新竹中学高中二年级。1949年下半年至1950年11月，入北京华北人民革命大学学习。1950年12月起先后在中央出版总署办公厅秘书处、时代出版社、外文出版社工作。1960年12月调入商务印书馆任编辑。自学俄、西、法、英四种语言，独立编写《简明西汉词典》，并于1965年出版。1978年起组织编选西班牙语文学对照注释读物十余种。1983年参与编写《新西汉词典》《袖珍西汉词典》并担任责任编辑。1977年起先后组织编写《葡萄牙语语法》《葡萄牙语会话》《葡汉词典》《简明葡汉词典》，参与校订《英华大词典》（修订本），译著有《斯维尔德洛夫传》、《种族三部曲》（合译）、《聂鲁达散文选》（合译）、《征服新西班牙信史》（合译）等。2016年在北京逝世，享年87岁。 （刘 芳）

傅璇琮（1933～2016） 编审。出版家、学者，第八、九届全国政协委员，九三学社第八、九、十届中央委员会委员。

1958年7月进入中华书局工作，2003年退休，历任文学组编辑、古代史编辑室副主任、副总编辑、总编辑。1983年被评为编审，1991年起享受国务院政府特殊津贴，2008年受聘为中央文史研究馆馆员。曾担任国务院古籍整理出版规划小组成员兼秘书长，全国古籍整理出版规划领导小组成员，中国唐代文学学会会长，中国韵文学会副会长，清华大学中文系古典文献研究中心主任、教授、博士生导师，中国人民大学国学院特聘教授、博士生导师，中国出版集团公司出版工作顾问。参与制定《古籍整理出版规划1982—1990》《中国古籍整理出版十年规划和“八五”计划》《中国古籍整理出版“九五”重点规划》。长期主持或分管中华书局编辑部工作，曾参与《全唐诗》标点，参加点校本“二十四史”编辑工作，参与编辑出版《顾亭林诗文集》《史通》《四库全书总目》《清人考订笔记丛刊》《启功丛稿》《万历十五年》，组织规划出版《全唐五代词》《全明词》《全清词（顺康卷）》及“古典文学研究资料汇编”丛书、“中国古典文学基本丛书”“中国古典文学史料研究丛书”、多卷本《中国文学家大辞典》。主要著作有《唐代诗人丛考》《唐代科举与文学》《李德裕年谱》等。2016年在北京逝世，享年83岁。　（梁　彦）

张曼真（1929～2016）　辽宁省沈阳市人。编审。中共党员。中国大百科全书出版社离休干部，编译情报室副主任，中国翻译工作者协会理事。

1949年3月8日参加工作，1953年9月加入中国共产党，俄语翻译10级。1978年8月调入中国大百科全书出版社编译情报室工作，任副主任。曾先后调研了各国百科全书和有参考价值资料，撰写出《几种外国百科全书的初步调查》约1.5万字和《英国百科全书第15版概貌》约8000字调查报告，此调查报告为中国大百科全书高质量顺利出版打下了良好基础。制定选题10种，近100万字，组稿审稿校对出版了《百科知识丛书》4种，以及《百科全书》《空间探索》《世界教育概览》《环境污染》等图书。组织外国百科条目卡的译制工作；先后组织上百人译制苏联百科全书和不列颠百科全书，累计卡片40余万张，为各学科制定框架作为参考。负责百科全书编辑中的翻译工作；翻译外国百科条目近1000条，翻译《苏联百科全书》2万字等国外图书数十种。组织编译出版了《简明不列颠百科全书》共10卷。组织翻译编辑了《苏联百科词典》，全书840万字。同时还编译出版了《苏联百科词典中译本介绍》和《少年百科全书》等数部著作。1988年7月离休。2016年在北京逝世，享年87岁。　（尹添铭）

资料统计

STATISTICS

2016年度图书编辑指标统计表

项目／单位	选题立项（种）			新书发稿（种）			重印书发稿（种）			发稿总字数（千字）		
	2016年	2015年	2014年	2016年	2015年	2014年	2016年	2015年	2014年	2016年	2015年	2014年
人民文学出版社	1417	383	189	767	481	385	1496	1365	1219	154223	148268	137062
商务印书馆	1622	1298	1458	989	1002	892	0	0	0	521266	368192	345881
中华书局	1042	1150	1034	930	780	737	1526	1370	1072	390683	431240	401932
中国大百科全书出版社	876	732	594	706	864	719	1946	1654	816	812601	186476	132073
中国美术出版总社	545	531	864	419	430	569	127	134	201	22000	21500	28450
人民音乐出版社	161	140	187	201	236	213	806	788	773	26828	30111	35395
生活·读书·新知三联书店	350	363	462	290	390	437	335	344	290	69715	83076	93271
东方出版中心	176	202	210	163	145	123	102	54	79	40596	35242	40399
现代教育出版社	462	310	971	1419	729	734	278	145	237	559155	240731	261466
中国民主法制出版社	576	602	468	319	278	291	206	129	93	132383	113459	113739
中译出版社	439	536	270	569	542	279	690	504	422	132953	114053	61325
世界图书出版公司	1841	1603	2203	1889	1516	1546	2473	1684	1521	1186587	549552	562224
荣宝斋出版社	143	131	142	102	90	103	30	28	9	3187	2267	3676
华文出版社	270	272	231	168	226	169	148	114	142	52980	57176	58966
现代出版社	780	595	588	768	511	509	370	325	310	101590	99510	98805
商务印书馆国际有限公司	207	86	155	215	78	78	5	6	6	72585	82529	69095
天天出版社	162	192	187	171	158	115	335	199	187	63825	23490	23904
生活书店	74	75	73	53	56	36	53	34	7	6471	8979	4906
总计	11143	9201	10286	10138	8512	7935	10926	8877	7384	4349627	2595851	2444118

2016年度出版总规模统计表

项目/单位	出版总种数(种)			总印制册数(万册)			总印制码洋(万元)			总印张数(千印张)			总用纸量(吨)		
	2016年	2015年	2014年	2016年	2015年	2014年	2016年	2015年	2014年	2016年	2015年	2014年	2016年	2015年	2014年
人民文学出版社	1146	914	874	2092.85	1787.16	1491.03	83545.76	66420.77	51247.10	387536.31	329182.91	245622.55	13429.78	12205.00	8718.32
商务印书馆	2132	1756	1259	3685.58	3336.61	1626.80	174400.84	143007.96	104572.94	868778.19	785311.48	562664.36	22338.38	21943.72	15296.48
中华书局	2249	1889	1670	1462.16	1030.95	920.50	71684.00	56753.44	54165.12	283622.00	221858.00	183739.00	8451.19	6607.83	5567.85
中国大百科全书出版社	2628	2381	1691	2456.47	2862.40	2826.73	91120.00	91162.22	90348.13	294758.83	329387.40	298016.21	9825.29	10979.57	9933.88
中国美术出版总社	495	603	820	223.57	744.45	806.43	28273.75	26552.60	31536.77	27655.00	59310.94	61355.07	1878.70	1780.00	3078.29
人民音乐出版社	996	933	929	3308.00	2514.00	2427.34	34319.00	35049.64	35859.65	39710.00	146301.00	148594.60	1180.00	2302.00	1860.00
生活·读书·新知三联书店	591	690	757	708.90	544.20	496.90	28998.00	27688.00	20581.70	92981.00	86350.10	72859.63	3483.00	2909.00	2658.39
东方出版中心	274	196	174	263.00	100.80	124.60	10586.00	5402.00	4326.00	23826.35	13824.00	12508.00	721.40	539.70	505.00
现代教育出版社	1697	971	971	632.33	798.00	612.00	26382.00	20521.00	16552.00	69048.41	78310.00	62436.00	2248.41	2550.00	1988.00
中国民主法制出版社	515	471	384	290.57	293.23	219.00	10962.00	10775.79	7402.00	39881.59	37805.95	25925.00	1298.00	901.00	677.00
中译出版社	1190	809	641	1174.60	1082.00	656.57	25657.12	17047.00	10394.97	96439.35	78673.00	50402.40	3170.00	2274.00	1782.96
世界图书出版公司	3850	2994	2953	1652.55	1532.85	1151.61	42712.00	38689.67	31924.49	171662.04	161538.28	126657.50	5047.91	5590.12	3809.44
荣宝斋出版社	120	104	114	27.53	28.80	23.13	2290.00	2483.02	2813.66	2722.94	3441.03	3283.81	227.00	253.00	309.00
华文出版社	282	297	234	1628.12	869.33	1133.00	15058.00	10015.87	10660.00	86253.39	54772.04	70068.70	3312.24	2084.50	2467.61
现代出版社	1138	1029	683	353.62	419.20	354.52	13789.55	12989.26	10160.71	46246.41	43326.43	34826.08	1387.39	1299.79	1044.78
商务印书馆国际有限公司	347	282	277	329.78	258.13	176.39	14134.00	11429.28	8847.33	67393.24	63488.48	46910.96	2156.49	2152.74	1546.67
天天出版社	269	309	236	474.77	323.81	357.09	11577.00	8025.53	7480.34	40154.13	27101.23	26263.46	1914.55	1166.40	1236.07
生活书店	99	59	49	71.12	67.63	48.43	3393.06	2984.63	1967.87	8687.38	9436.98	6578.25	299.56	324.00	199.30
总计	20018.00	16687.00	14716.00	20835.52	18593.56	15452.07	688882.07	586997.66	500840.78	2647356.56	2529419.24	2038711.58	82369.29	77862.37	62679.04

2016 年度新书出版指标统计表

单位 \ 项目	出版总种数(种)			总印制册数(万册)			总印制码洋(万元)			总印张数(千印张)			总用纸量(吨)		
	2016 年	2015 年	2014 年	2016 年	2015 年	2014 年	2016 年	2015 年	2014 年	2016 年	2015 年	2014 年	2016 年	2015 年	2014 年
人民文学出版社	610	350	362	521.90	311.96	313.77	23849.74	15164.42	13510.29	73141.74	57951.13	45310.88	2179.56	2947.00	2185.68
商务印书馆	930	980	696	497.96	657.56	313.63	29699.75	25743.97	15213.00	129080.03	113666.28	54353.75	3318.96	3701.15	1300.37
中华书局	719	634	600	441.77	318.51	269.49	25860.58	24473.88	28987.56	66079.00	61721.00	53869.00	1968.98	1838.30	1632.40
中国大百科全书出版社	682	727	781	733.04	1104.15	853.56	20445.04	30471.33	30652.77	65734.46	109123.59	79552.37	2191.15	3637.45	2651.75
中国美术出版总社	355	519	619	159.80	319.10	397.63	24104.00	20376.68	26319.93	20437.66	34618.52	39802.04	1388.40	1518.50	2020.66
人民音乐出版社	215	195	187	52.17	223.98	192.46	4088.38	5718.19	4735.98	6134.40	13083.43	11148.00	202.00	393.00	342.00
生活·读书·新知三联书店	236	349	460	185.00	277.10	259.60	9125.70	14401.60	10635.70	29632.00	40490.18	36086.13	765.00	1163.00	1152.42
东方出版中心	172	142	95	83.01	67.99	29.00	3419.30	4499.00	1391.00	9711.47	9556.63	3859.00	287.06	211.20	185.00
现代教育出版社	1419	658	734	620.53	398.00	482.00	16730.33	9304.00	13242.00	67788.82	36542.00	49959.00	2206.11	1200.00	1578.00
中国民主法制出版社	309	342	280	147.41	167.01	114.00	5250.27	7123.54	4985.00	19256.04	20542.24	15064.00	726.00	450.00	393.00
中译出版社	500	342	219	372.00	289.94	147.35	11627.83	6194.22	3225.03	39082.00	24113.00	13124.52	1357.00	744.17	775.77
世界图书出版公司	1504	1310	1315	507.12	566.61	453.41	19495.37	17370.76	15553.53	55805.61	60991.78	54279.21	1747.16	2224.56	1438.20
荣宝斋出版社	90	90	100	21.48	24.50	20.63	1902.34	2181.98	2679.82	2124.45	2997.94	3071.11	182.00	216.50	294.50
华文出版社	134	182	102	55.81	110.36	81.00	4918.83	3821.29	2501.91	10005.44	12155.67	10290.94	349.46	482.72	332.84
现代出版社	757	516	373	228.31	279.67	248.94	9314.57	9048.27	6832.34	31347.62	28876.97	22695.53	940.43	866.31	680.86
商务印书馆国际有限公司	161	91	81	131.54	51.38	47.29	4321.07	2824.47	2231.32	16926.51	13162.77	11089.62	554.74	448.06	351.82
天天出版社	124	132	113	116.02	145.79	185.54	2826.17	3622.15	3888.30	28117.10	10603.17	10590.55	342.50	533.33	494.43
生活书店	54	45	49	43.42	44.39	41.55	1933.56	1880.25	1670.27	3996.13	5757.08	5055.40	117.11	197.00	153.20
总计	8971	7604	7166	4918.29	5358.00	4450.85	218912.82	204219.99	188255.75	674400.47	655953.38	519201.05	20823.62	22772.25	17962.90

2016 年度重印书出版指标统计表

项目 / 单位	出版总种数(种)			总印制册数(万册)			总印制码洋(万元)			总印张数(千印张)			总用纸量(吨)		
	2016 年	2015 年	2014 年	2016 年	2015 年	2014 年	2016 年	2015 年	2014 年	2016 年	2015 年	2014 年	2016 年	2015 年	2014 年
人民文学出版社	536	564	512	1570.95	1475.20	1177.26	59696.02	51256.35	37736.81	314394.57	271231.78	200311.67	11250.22	9258.00	6532.64
商务印书馆	1407	776	563	3187.61	2679.05	1313.17	144708.69	117263.99	89359.94	739698.16	671645.19	508310.61	19018.90	18242.57	13996.11
中华书局	1530	1255	1037	1020.39	687.54	592.06	45823.72	32029.96	24619.67	217543.00	158753.00	125918.00	6482.21	4728.31	3815.70
中国大百科全书出版社	1946	727	910	1723.43	1758.26	1973.17	70674.96	60691.26	59695.36	229024.37	220263.49	218463.84	7634.14	7342.12	7282.13
中国美术出版总社	127	257	201	53.48	425.35	408.80	2875.20	6175.92	5216.84	7217.58	24692.43	21553.02	490.32	19976.50	1057.63
人民音乐出版社	781	738	663	2016.67	2290.02	1820.51	29777.31	29331.45	10938.10	63100.72	51979.00	36558.00	1969.00	1861.00	1467.00
生活·读书·新知三联书店	355	341	297	523.90	267.10	237.30	19872.20	13286.40	9946.00	63349.00	45874.82	36773.50	2718.00	1746.00	1505.97
东方出版中心	102	54	79	180.00	32.84	95.50	7166.70	904.00	2934.00	14114.88	4267.66	8648.00	434.34	328.50	320.00
现代教育出版社	278	313	237	11.80	400.00	130.00	9651.67	11217.00	20521.00	1259.59	41768.00	12477.00	42.30	1350.00	410.00
中国民主法制出版社	206	129	104	143.16	126.22	105.00	5711.73	3652.25	2417.00	20625.55	17263.71	10861.00	572.00	451.00	284.00
中译出版社	690	504	422	802.60	792.46	509.22	14029.29	10853.08	7169.94	57357.35	54577.00	37277.88	1813.00	1529.83	1007.19
世界图书出版公司	2346	1684	1638	1145.43	966.24	698.20	23216.63	21318.91	16370.96	115856.44	100546.50	72378.29	3300.75	3365.56	2371.24
荣宝斋出版社	30	14	14	6.05	4.30	2.50	387.70	301.04	133.84	598.49	443.09	212.70	45.00	36.50	14.50
华文出版社	148	115	132	1571.09	758.97	1052.00	10138.93	6194.58	8158.09	76247.95	42616.37	59777.76	2962.78	1601.78	2134.77
现代出版社	381	516	310	125.31	139.53	105.57	3974.98	3940.99	3328.37	14898.79	14449.45	12130.55	446.96	433.48	363.92
商务印书馆国际有限公司	186	191	196	198.24	206.75	129.10	9148.79	8604.81	6616.01	50466.74	50325.71	35821.34	1601.75	1704.68	1194.85
天天出版社	145	177	123	332.47	178.03	171.55	8751.05	4403.38	3592.04	33373.29	16498.06	15672.91	1572.05	633.07	741.64
生活书店	45	14	7	27.70	23.24	6.88	1459.50	1104.38	297.60	4691.25	3679.90	1522.85	161.77	125.00	46.10
总计	11239	8369	7445	14640.29	13211.10	10527.79	467065.07	382529.74	309051.57	2023817.71	1790875.16	1414668.92	62515.49	74713.90	44545.39

2016年度报纸出版指标统计表

单位＼项目	出版种数(种)			平均期印数(万份)			年总印数(万份)			年总定价(万元)			年总印张(千印张)			年用纸量(吨)		
	2016年	2015年	2014年	2016年	2015年	2014年	2016年	2015年	2014年	2016年	2015年	2014年	2016年	2015年	2014年	2016年	2015年	2014年
人民文学出版社	1	1	1	8.11	7.3	12.44	438.065	463.99	647.23	525.678	556.78	776.68	4380.65	4380.65	6472.30	149.34	158.60	179.00
中国出版传媒商报社	1	1	1	2.7	2.97	3.22	259.2	285.12	315.26	777.6	855.36	936.14	10368	11404.80	12481.90	243.65	268.01	289.59
新华书目报	3	3	3	1.38	1.32	1.44	66.3	63.16	67.00	132.48	126.72	134.00	1647.49	2176.66	2218.90	45.44	56.82	68.00
总计	5	5	5	12.19	11.59	17.097	763.565	812.27	1029.49	1435.758	1538.86	1846.816	16396.14	17962.11	21173.1	438.43	483.43	536.59

2016年度期刊出版指标统计表

单位＼项目	出版种数(种)			平均期印数(万份)			年总印数(万份)			年总定价(万元)			年总印张(千印张)			年用纸量(吨)		
	2016年	2015年	2014年	2016年	2015年	2014年	2016年	2015年	2014年	2016年	2015年	2014年	2016年	2015年	2014年	2016年	2015年	2014年
人民文学出版社	4	4	4	9.34	10.78	9.81	295.38	295.38	253.71	2165.70	2169.70	1945.65	14822.00	7241.20	13682.00	224.10	414.12	303.62
商务印书馆	3	2	2	3.88	3.83	3.57	41.24	37.60	38.20	388.77	347.00	351.80	1907.12	1740.68	2643.22	56.53	55.49	89.34
中华书局	9	24	8	19.49	11.78	19.57	433.86	346.10	474.01	2897.19	1710.00	2785.32	17709.52	11140.00	17587.55	631.13	342.97	640.75
中国大百科全书出版社	4	4	4	9.84	15.06	15.18	302.28	438.60	442.02	1802.88	2176.64	2163.35	11839.00	17022.00	17151.61	455.00	593.46	598.00
中国美术出版总社	9	9	10	1.06	1.83	1.90	141.55	157.62	176.33	1482.41	1612.20	1538.20	4539.71	5142.17	6361.34	186.00	260.00	235.00
人民音乐出版社	4	4	4	0.55	0.57	0.66	26.70	27.32	27.88	446.10	354.12	363.12	1087.10	1124.45	1133.95	46.00	48.00	51.00
生活·读书·新知三联书店	4	4	4	27.59	29.90	31.86	1022.36	1130.69	1208.71	15335.40	13558.44	15058.00	10734.78	11251.71	12935.40	2915.00	3079.29	4102.29
东方出版中心	2	2	2	5.21	0.71	6.60	62.47	8.51	79.22	1796.00	170.20	2310.00	6877.90	872.30	8920.00	157.00	50.00	176.00
现代教育出版社	1	0	0	0.96	0.00	0.00	5.80	0.00	0.00	174.00	0.00	0.00	348.00	0.00	0.00	30.00	0.00	0.00
中译出版社	3	3	2	1.85	0.68	2.00	18.50	22.70	44.20	155.20	433.50	276.25	1517.50	1746.00	4668.00	3.22	4.09	9.86
世界图书出版公司	3	3	2	0.57	0.57	0.65	7.16	5.84	7.80	167.00	261.40	585.00	1042.00	727.80	930.00	49.74	32.10	53.02
荣宝斋	2	2	2	1.14	1.30	1.40	13.70	15.60	16.80	457.50	436.80	470.00	1430.00	1938.00	1946.00	110.30	112.80	124.30
天天出版社	1	1	1	2.00	2.00	2.23	24.00	24.00	26.80	204.00	204.00	227.80	720.00	720.00	804.00	12.96	12.96	14.47
现代阅读	1	1	1	1.00	1.00	1.00	12.00	12.00	12.00	96.00	72.00	72.00	967.20	905.20	892.80	24.65	23.24	13.00
总计	50	63	46	84.48	80.01	96.43	2407.00	2521.96	2807.68	27568.15	23506.00	28146.49	75541.83	61571.51	89655.87	4901.63	5028.52	6410.65

2016年度音像制品出版指标统计表

项目 / 单位	出版总品种（种）			其中新品种（种）	数量（万张/盒）			定价总额（万元）		
	2016年	2015年	2014年	2016年	2016年	2015年	2014年	2016年	2015年	2014年
商务印书馆	29	14	9	20	19.89	11.04	10.54	书配盘	13种书配盘，共41.12	书配盘
中华书局	4	15	16	3	2.61	10.33	18.41	17.50	0.00	3099.20
中国大百科全书出版社	2	2	31	2	0.70	0.90	27.00	0.00	0.00	1190.00
人民音乐电子音像出版社	49	72	37	22	60.27	90.50	38.63	1046.76	1735.83	2095.42
生活·读书·新知三联书店	3	1	3	1	3.10	2.16	2.10	书配盘赠送	书配盘赠送	书配盘赠送
东方出版中心	20	47	68	20	19.10	11.09	45.91	130.00	0.08	1906.00
现代教育出版社	126	6	10	126	0.82	4.35	9.60	书配盘赠送	书配盘赠送	书配盘赠送
中译出版社	86	24	36	55	37.30	11.90	16.50	书配盘	书配盘	书配盘
世界图书出版公司	0	0	46	0	0.00	0.00	17.38	0.00	0.00	5.00
世图音像电子出版社	65	120	81	13	74.31	61.46	39.19	书配盘	书配盘	书配盘
中国科学文化音像出版社	297	449	553	283	118.61	1148.64	1775.87	6762.16	15114.85	15499.15
总计	681	750	890	545	336.71	1352.37	2001.13	7956.42	16850.75	21699.35

2016 年度电子出版物出版指标统计表

项目 单位	出版总品种(种)			其中新品种(种)	数量(万盒/张)			定价总额(万元)		
	2016 年	2015 年	2014 年	2016 年	2016 年	2015 年	2014 年	2016 年	2015 年	2014 年
商务印书馆	40	41	29	14	204.62	156.73	180.84	书配盘	书配盘	书配盘
中国大百科全书出版社	2	0	1	2	0.30	0.00	0.20	18.44	0.00	56.00
人民音乐电子音像出版社	0	书配盘	书配盘	0	0.00	书配盘	书配盘	0.00	书配盘	书配盘
生活·读书·新知三联书店	0	1	1	0	0.00	0.10	0.10	0.00	书配盘赠送	书配盘赠送
现代教育出版社	20	1	4	20	0.10	0.02	6.90	书配盘赠送	书配盘赠送	书配盘赠送
中译出版社	12	14	1	3	1.50	6.50	0.50	书配盘销售	书配盘销售	书配盘销售
世图音像电子出版社	14	12	33	8	4.72	3.53	10.57	书配盘	书配盘	书配盘
中国科学文化音像出版社	24	69	95	11	4.12	130.03	251.35	401.07	1379.55	2445.50
新华书目报	0	0	0	0	0.00	0.00	0.00	0.00	0.00	0.00
荣宝电子	3	13	32	3	0.00	128.00	87.00	0.00	书配盘	书配盘
金版电子	6	6	6	6	2.16	4.50	4.27	书配盘	1.78	1.50
总计	121	157	202	67	217.52	429.41	541.73	419.51	1381.33	2503.00

2016 年度网络出版物出版指标统计表

项目 单位	出版种数(种)		
	2016 年	2015 年	2014 年
中国大百科全书出版社	0.00	0.00	0.00
荣宝电子	0.00	0.00	0.00
金版电子	0.00	0.00	0.00
商务印书馆	650.00	230.00	211.00
合 计	650.00	230.00	211.00

2016 年度图书发行指标统计表—1

项目 单位	入库									发货											
	品种数(种)			册数(万册)			码洋(万元)			品种数(种)			册数(万册)			码洋(万元)			其中网店发货码洋(万元)		
	2016 年	2015 年	2014 年	2016 年	2015 年	2014 年	2016 年	2015 年	2014 年	2016 年	2015 年	2014 年	2016 年	2015 年	2014 年	2016 年	2015 年	2014 年	2016 年	2015 年	2014 年
人民文学出版社	1255	1046	915	2029.40	1744.95	1465.53	80676.41	65682.73	49248.52	4611	4257	3291	2140.69	1851.56	1535.92	82766.51	65967.87	50187.25	28450.71	19457.50	17262.29
商务印书馆	3174	2027	1862	3282.00	2904.00	3066.00	154556.93	132967.00	137198.00	7932	7675	6310	3279.00	2932.00	2570.00	151707.00	126604.00	114467.00	29943.00	21067.00	16718.00
中华书局	2505	1980	1610	1343.34	16015.29	837.64	68993.64	65820.79	49848.50	6327	6977	5160	1404.03	1370.35	780.00	68165.48	58343.00	38872.00	25870.00	17400.00	14370.00
中国大百科全书出版社	1550	1670	1323	2517.93	2743.55	2831.63	91118.88	91597.88	92958.44	3346	3441	3240	2561.77	2700.48	2862.51	93058.00	86810.94	83913.71	13968.00	11790.63	5587.92
中国美术出版总社	336	760	861	154.59	149.88	181.67	9668.00	10876.14	10245.03	4717	3752	3953	27.45	187.90	202.39	11169.00	9214.96	10597.44	1850.00	2371.48	2957.49
人民音乐出版社	1148	1235	829	848.03	1062.56	971.04	23830.45	25420.24	23429.52	2960	2818	2266	907.02	971.62	984.23	24307.05	22902.55	21291.63	1299.00	752.00	778.68
生活·读书·新知三联书店	483	597	580	682.14	473.10	487.86	29748.72	26667.08	24448.80	3310	3455	3139	637.58	440.81	457.85	27182.10	24638.16	22063.91	13997.50	10871.86	9640.51
东方出版中心	247	217	183	262.56	189.00	146.00	10586.25	8102.00	5639.50	1118	932	836	263.41	193.89	144.00	10649.00	7621.99	5598.50	987.00	784.00	517.00
现代教育出版社	1697	971	971	973.61	798.00	612.00	27222.70	20521.00	16552.00	1780	1350	1364	1036.90	765.00	579.00	26997.00	21470.80	16356.00	127.00	252.50	564.00
中国民主法制出版社	537	376	583	358.30	233.00	200.15	11548.17	8127.00	6686.38	1364	1139	1032	401.50	239.40	151.70	8856.25	6600.00	4382.68	580.34	555.90	409.77
中译出版社	908	657	614	862.76	1029.10	693.90	21285.24	16274.04	14567.75	2259	1693	1345	729.95	1058.06	959.92	23041.00	15702.00	14371.77	3495.00	1418.00	1289.49
世界图书出版公司	3878	3348	3191	1595.63	2062.33	1797.43	50313.58	48184.31	25111.24	8692	7995	6406	1918.99	1938.35	1843.44	54343.00	34194.52	39622.41	5691.00	5106.00	4852.34
荣宝斋出版社	106	104	114	23.71	28.79	23.13	2006.00	2483.00	2813.00	700	800	980	21.26	23.40	21.30	1930.00	1833.00	2066.00	600.00	130.00	130.00
华文出版社	120	168	102	48.95	57.47	55.77	1722.70	1913.00	1398.92	330	428	901	44.14	63.68	67.95	1467.77	1762.58	1892.16	330.93	285.00	219.74
现代出版社	838	1029	1083	353.62	419.20	387.90	13289.55	12989.26	11506.60	3946	3681	18656	435.10	519.70	401.50	16429.00	15751.00	12225.31	3207.00	3087.00	2261.52
商务印书馆国际有限公司	253	201	213	297.00	233.20	175.46	14399.00	10664.81	8401.37	899	835	922	280.00	230.51	213.32	12783.00	10136.33	10091.75	3449.00	1627.77	1699.48
天天出版社	341	248	218	460.85	318.00	366.00	11967.37	7584.00	7574.00	983	830	700	452.47	361.00	423.00	11389.00	7950.00	8633.00	5410.00	3320.00	3236.00
生活书店	99	54	54	68.58	68.45	45.63	3781.81	3016.15	2084.65	158	99	54	63.12	63.34	35.19	3300.00	2793.03	1678.94	1565.00	1263.00	957.22
总计	19475	16688	15306	16163.00	30529.87	14169.28	626715.40	558890.43	481310.85	55432	52157	60555	16604.38	15911.05	14019.90	629540.16	520296.73	448219.71	140820.48	101539.64	83451.45

2016 年度图书发行指标统计表—2

项目 / 单位	销售									回款						库存								
	动销品种(种)			册数(万册)			销售实洋(万元)			销售总回款(万元)			其中网店销售回款(万元)			品种数(种)			册数(万册)			码洋(万元)		
	2016 年	2015 年	2014 年	2016 年	2015 年	2014 年	2016 年	2015 年	2014 年	2016 年	2015 年	2014 年	2016 年	2015 年	2014 年	2016 年	2015 年	2014 年	2016 年	2015 年	2014 年	2016 年	2015 年	2014 年
人民文学出版社	6329	6120	5977	1663.31	1600.4	1471.17	29697.71	26497.87	24411.00	31027.82	26804.91	22784.00	10460.23	8623.18	7195.00	8083	4758	3123	780.32	911.61	911.95	32882.58	35567.79	31050.26
商务印书馆	8854	8365	7713	2926.87	2995.23	3243.00	80768.26	81005.05	78967.00	77569.00	79082.00	73471.00	14202.00	11818.00	8188.00	7637	7174	6224	1254.5	1158.00	1149.73	65025.00	60292.00	50500.00
中华书局	6230	6977	5160	988.93	1370.35	780.00	25469.94	33144.28	23692.70	22301.00	20277.00	19384.50	9786.00	8800.00	8583.70	4190	4374	4419	681	651.00	634.61	53834.00	52749.41	50749.30
中国大百科全书出版社	3995	4024	4656	2402.82	2600.6998	2854.86	18076.18	21559.28	18700.58	18846.00	20157.20	18691.30	4088.00	3255.81	2519.05	3082	2024	2057	371.1731	378.18	365.22	17315.00	17690.45	16464.60
中国美术出版总社	4717	3752	3953	227.43	187.9	202.39	4589.90	4944.78	5575.15	4300.00	3712.00	3988.86	859.00	1168.53	1093.99	3971	4100	4215	258.68	323.62	360.68	17668.00	19637.14	18140.05
人民音乐出版社	3508	3648	3013	311.48	948.52	990.41	7302.48	13433.17	12321.50	24505.44	20515.00	11015.76	518.00	355.00	777.00	4125	3590	4096	149.66	262.69	184.19	11043.67	12143.00	8561.57
生活·读书·新知三联书店	3310	3701	3139	585.47	465.34	457.85	14439.97	13103.84	22063.91	14439.97	13103.84	13470.32	6562.15	5951.66	6294.64	3719	5875	1923	356.63	356.44	369.35	16488.60	16531.60	16240.02
东方出版中心	1118	1440	1160	245.04	184.8	138.00	4680.89	3785.42	2968.68	4661.58	3800.00	3004.33	307.00	355.00	265.00	1706	1559	1462	116.5	112.41	109.00	5935.00	5834.00	4952.00
现代教育出版社	1780	1457	1367	4987.77	750	569.00	7948.42	6321.00	6102.00	8086.00	6849.00	4885.00	30.00	83.00	113.00	1018	956	1012	216.5	228.00	270.00	2858.00	3982.00	4202.00
中国民主法制出版社	2383	1742	1041	339.00	274	247.00	6664.00	4247.00	3661.66	3643.60	2704.00	4042.85	203.90	289.50	239.33	1351	951	1013	135	166.50	210.54	5731.30	8267.70	7236.47
中译出版社	2259	1693	1680	729.95	1058.01	935.01	8426.04	6585.25	5651.75	6524.99	4769.00	6337.78	780.00	408.00	468.83	5537	4086	3935	366.73	212.61	219.98	10232.00	5693.00	5496.52
世界图书出版公司	9220	11153	6926	1757.87	2148.09	1311.16	30088.36	19816.10	14749.91	17592.00	12841.69	12567.59	2488.00	2716.30	2634.73	8166	10690	8851	537.9	562.37	618.01	20496.00	20537.18	23610.75
荣宝斋出版社	1700	1833	1980	22.90	23.00	25.00	900.00	1100.00	1400.00	400.00	430.00	580.00	60.00	60.00	98.00	1400	1600	1500	109	101.00	98.00	7000.00	7300.00	7000.00
华文出版社	463	431	168	44.14	64.54	57.47	767.90	1277.58	1913.00	1892.16	510.00	1218.00	92.00	92.00	63.68	472	401	545	47.05	42.29	72.60	1718.34	2868.00	2518.00
现代出版社	3945	3681	2893	396.40	519.7	379.90	7007.76	7875.50	6601.50	5100.00	4029.00	3616.07	1200.00	1170.00	834.68	1260	1565	1259	96.48	182.10	199.30	5436.00	5126.00	5963.00
商务印书馆国际有限公司	970	939	937	246.00	177.59	178.59	4845.00	4124.03	3737.71	4794.00	4196.92	3674.49	1203.00	818.96	871.21	862	1387	1302	187	156.80	142.38	9689.00	7583.22	6526.10
天天出版社	994	835	699	397.75	313	315.00	4868.74	3306.13	3133.00	3693.00	3321.00	3053.00	1697.00	1614.00	1402.00	1000	837	696	295.29	260.02	265.90	6396.00	4775.00	4575.00
生活书店	158	99	54	63.12	63.34	35.19	1567.26	1427.50	953.67	1175.00	767.00	608.93	500.00	283.00	400.50	158	99	54	41.23	17.46	10.44	1878.00	579.00	404.68
总计	61933	61890	52516	18336.2496	15744.5098	14191	258108.8051	253553.7783	236604.72	250551.5626	227869.5625	206393.78	55036.28	47861.9372	42042.34	57737	56026	47686	6000.6431	6083.0982	6191.88	291626.4872	287156.4855	264190.32

2016 年度报纸发行指标统计表

项目 / 单位	发行册数(万册)			发行码洋(万元)			发行实洋(万元)		
	2016 年	2015 年	2014 年	2016 年	2015 年	2014 年	2016 年	2015 年	2014 年
人民文学出版社	358.55	379.83	647.23	525.678	455.80	776.67	266.34	179.51	263.98
中国出版传媒商报社	250.56	275.23	312.05	748.67	822.39	932.41	100.39	166.62	206.83
新华书目报	45.12	47.04	50.40	90.24	10.08	96.00	34.20	35.66	38.20
总计	654.23	702.1	1009.68	1364.588	1288.27	1805.08	400.93	381.79	509.01

2016 年度期刊发行指标统计表

项目 / 单位	发行册数(万册)			发行码洋(万元)			发行实洋(万元)		
	2016 年	2015 年	2014 年	2016 年	2015 年	2014 年	2016 年	2015 年	2014 年
人民文学出版社	248.84	250.24	253.71	2165.70	2170.70	1942.05	623.30	618.80	605.10
商务印书馆	41.24	37.60	38.60	388.77	346.25	358.88	165.65	202.69	201.80
中华书局	391.36	323.66	437.55	2571.48	1622.16	2509.76	1264.00	890.66	1231.05
中国大百科全书出版社	302.28	438.60	442.02	1802.88	2176.64	2163.35	1225.40	488.40	547.60
中国美术出版总社	69.36	80.48	101.87	760.00	1003.00	807.36	490.20	520.00	456.72
人民音乐出版社	22.40	23.30	23.73	370.79	298.09	305.61	219.33	178.85	182.07
生活·读书·新知三联书店	1011.42	1107.69	1161.83	15171.30	13282.44	14433.50	7186.64	7365.85	7673.15
东方出版中心	62.52	8.50	79.22	1795.60	170.00	2310.40	862.00	82.00	1108.00
现代教育出版社	0.48	0.00	0.00	14.40	0.00	0.00	14.40	0.00	0.00
中译出版社	18.50	21.44	44.20	185.00	353.00	425.00	155.20	282.40	297.50
世界图书出版公司	2.99	5.12	7.74	199.00	233.80	347.10	120.00	147.30	125.97
荣宝斋	13.54	15.60	15.10	421.12	436.80	429.80	265.76	297.00	214.90
天天出版社	17.40	16.20	15.00	147.90	137.70	127.50	62.12	55.08	51.00
现代阅读	12.00	12.00	12.00	96.00	72.00	72.00	36.39	35.00	36.00
总计	2214.33	2340.43	2632.57	26089.94	22302.58	26232.31	12690.39	11164.03	12730.86

2016年度音像制品发行指标统计表

项目/单位	发行数量（万盒/张）			发行码洋（万元）			发行实洋（万元）		
	2016年	2015年	2014年	2016年	2015年	2014年	2016年	2015年	2014年
商务印书馆	7.90	10.34	11.84	书配盘	书配盘	书配盘	书配盘	书配盘	书配盘
中华书局	0.11	10.33	0.34	3.84	15种书配盘	53.93	2.49	0.00	35.20
中国大百科全书出版社	0.70	0.90	27.00	0.00	0.00	1190.00	0.00	0.00	90.00
人民音乐电子音像出版社	106.51	111.22	126.96	1750.59	1381.66	2374.26	819.21	653.45	1118.22
生活·读书·新知三联书店	3.10	2.16	2.10	书配盘	书配盘	书配盘	书配盘	书配盘	书配盘
中译出版社	书配盘	书配盘	16.50	书配盘	书配盘	书配盘	书配盘	书配盘	书配盘
现代教育出版社	0.82	4.35	9.60	书配盘	书配盘	书配盘	书配盘	书配盘	书配盘
东方出版中心	0.00	11.09	32.76	0.00	109.03	1525.20	0.00	5.21	915.22
中国民主法制出版社	0.00	0.00	0.00	0.00	0.00	0.00	0.00	0.00	0.00
世图音像电子出版社	74.31	61.46	39.19	书配盘	书配盘	书配盘	书配盘	书配盘	153.13
中国科学文化音像出版社	39.54	189.65	325.73	/	/	/	311.98	503.03	458.90
商务国际	0.05	0.16	0.24	2.64	5.33	10.83	1.00	1.66	4.46
总计	233.03	401.66	592.26	1757.07	1496.02	5154.22	1134.68	1163.35	2775.13

2016 年度电子出版物发行指标统计表

项目 / 单位	发行数量(万张)			发行码洋(万元)			发行实洋(万元)		
	2016 年	2015 年	2014 年	2016 年	2015 年	2014 年	2016 年	2015 年	2014 年
商务印书馆	174.40	152.53	171.80	书配盘	书配盘	书配盘	书配盘	书配盘	书配盘
中国大百科全书出版社	0.30	0.00	0.20	18.44	0.00	56.00	9.22	0.00	0.00
人民音乐电子音像出版社	0.00	书配盘	书配盘	0.00	书配盘	书配盘	0.00	书配盘	书配盘
生活·读书·新知三联书店	0.00	0.10	0.10	0.00	书配盘	书配盘	0.00	书配盘	书配盘
中译出版社	书配盘	书配盘	0.50	书配盘	书配盘	书配盘			书配盘
现代教育出版社	0.10	0.02	6.90	书配盘	书配盘	书配盘	书配盘	书配盘	书配盘
世图音像电子出版社	4.72	3.53	10.57	书配盘	书配盘	书配盘	书配盘	书配盘	66.40
中国科学文化音像出版社	0.75	19.16	35.55	0.00	0.00	0.00	38.76	45.89	72.43
荣宝电子	0.00	128.00	88.00	0.00	书配盘	176.00	0.00	书配盘	书配盘
金版电子	1.60	1.61	1.52	书配盘	9.00	8.60	书配盘	2.10	2.10
总计	181.87	304.95	315.14	18.44	9.00	240.60	47.98	47.99	140.93

财　　务

2016年度财务指标统计表

项目 \ 单位	2016年资产总额（万元）	比上年增长（%）	2016年营业总收入（万元）	比上年增长（%）	2016年营业收入（万元）	比上年增长（%）
中国出版集团公司（合并）	1,831,635.53	2.33	1,023,050.97	12.44	1,021,468.96	12.85
中国出版集团公司（总部）	477,073.46	7.47	3,585.82	-10.88	3,585.82	-10.88
中国出版传媒股份有限公司（合并）	898,385.42	5.46	415,650.17	1.37	415,650.17	1.37
中国出版传媒股份有限公司（本部）	655,371.97	10.50	70.71	137.68	70.71	137.68
人民文学出版社有限公司	48,817.07	3.19	35,234.95	23.76	35,234.95	23.76
商务印书馆有限公司	217,199.21	13.32	82,536.04	5.77	82,536.04	5.77
中华书局有限公司	84,671.58	6.21	27,436.09	6.71	27,436.09	6.71
中国大百科全书出版社有限公司	74,135.31	-1.27	23,581.74	-4.55	23,581.74	-4.55
人民音乐出版社有限公司	63,421.00	9.25	23,040.82	-6.18	23,040.82	-6.18
中国美术出版总社有限公司	30,764.45	18.74	21,389.55	15.07	21,389.55	15.07
中国对外翻译有限公司	64,816.42	214.22	29,348.79	83.94	29,348.79	83.94
生活·读书·新知三联书店有限公司	45,855.15	-1.13	21,926.92	-26.78	21,926.92	-26.78
东方出版中心有限公司	35,425.24	2.89	8,419.54	23.21	8,419.54	23.21
现代教育出版社有限公司	4,811.51	15.02	7,034.72	16.05	7,034.72	16.05
《中国出版传媒商报》社有限公司	1,717.30	-6.47	2,514.18	7.92	2,514.18	7.92
中国民主法制出版社有限公司	11,344.95	88.94	8,807.57	49.96	8,807.57	49.96
华文出版社有限公司	2,746.91	-36.17	2,682.16	-19.18	2,682.16	-19.18
现代出版社有限公司	9,760.83	1.82	7,006.67	8.04	7,006.67	8.04
世界图书出版有限公司	32,990.78	-3.82	28,911.04	-2.69	28,911.04	-2.69

续表

项目＼单位	2016年资产总额（万元）	比上年增长（%）	2016年营业总收入（万元）	比上年增长（%）	2016年营业收入（万元）	比上年增长（%）
中译出版社有限公司	10,302.29	26.42	6,241.19	12.07	6,241.19	12.07
研究出版社	943.53	-13.38	202.42	47.01	202.42	47.01
北京中版联印刷物资有限公司	27,548.19	4.47	72,726.59	25.63	72,726.59	25.63
中版教材有限公司	64,256.40	9.69	42,093.07	-8.71	42,093.07	-8.71
北京中新联科技股份有限公司	5,038.18	-12.94	3,361.33	-15.14	3,361.33	-15.14
中版集团数字传媒有限公司	18,118.87	25.91	2,859.95	204.50	2,859.95	204.50
新华联合发行有限公司	124,729.50	23.08	945.41		945.41	
中版国际传媒有限公司	828.35	-0.90	371.96	7.05	371.96	7.05
北京新华印刷有限公司	42,369.35	-4.13	25,959.78	10.24	25,959.78	10.24
中版文化传播(北京)有限公司	1,846.80	70.72	375.01	23.07	375.01	23.07
荣宝斋	254,482.44	-5.90	80,994.64	65.08	79,412.64	79.10
中国图书进出口(集团)总公司	482,278.43	-8.38	476,116.84	12.09	476,116.84	12.09
新华书店总店	65,928.53	-0.87	17,759.54	18.07	17,759.54	18.07
中版数字设备有限公司	1,623.86	-7.37	0	-100.00	0	-100.00
北京中版置业有限公司	1,062.59	-1.14	324.50	-32.88	324.50	-32.88
中版(北京)科贸有限公司	923.26	23.52	566.73	25.29	566.73	25.29
中华书局古籍印刷厂	13,772.49	-0.85	858.54	3.93	858.54	3.93
上海东方维京文化发展有限公司	39,125.73	-3.70	8,179.20	-5.07	8,179.20	-5.07
上海东昊物业管理有限公司	305.11	18.04	970.81	25.49	970.81	25.49

对外贸易

2016 年度版权贸易指标统计表

单位＼项目	图书		音像制品		电子出版物	
	引进	输出	引进	输出	引进	输出
品种数（种）	未予统计	743	0	0	0	0
人民文学出版社		29	0	0	0	0
商务印书馆		39	0	0	0	0
中华书局		108	0	0	0	0
中国大百科全书出版社		66	0	0	0	0
中国美术出版总社		89	0	0	0	0
人民音乐出版社		27	0	0	0	0
生活·读书·新知三联书店		47	0	0	0	0
东方出版中心		0	0	0	0	0
现代教育出版社		0	0	0	0	0
民主法制出版社		31	0	0	0	0
中译出版社		161	0	0	0	0
世界图书出版公司		28	0	0	0	0
华文出版社		15	0	0	0	0
现代出版社		6	0	0	0	0
商务印书馆国际有限公司		0	0	0	0	0
荣宝斋出版社		95	0	0	0	0
天天出版社		2	0	0	0	0

著作、论文、书评

2016年个人著作

书名	作（译）者	作者单位	出版单位	出版时间
《人性的启蒙时代：古代美索不达米亚的艺术与思想》	于殿利	商务印书馆	故宫出版社	2016年6月
《中国特色马克思主义法学理论研究》	白中林（合著）	商务印书馆	中国政法大学出版社	2016年11月
《〈钱注杜诗〉研究》	李爽	中华书局	上海古籍出版社	2016年9月

2016年个人发表论文

论文名	作者	作者单位	发表刊物	发表时间
《出版业务在上市出版企业中的地位分析》	仝冠军	中国出版集团公司	《出版广角》	2016年2月
《去后谁述出版史，人间痛失藏书楼》	仝冠军	中国出版集团公司	《出版人》	2016年5月
《〈学衡〉：吴宓文化理想与时代碰撞的文化样本》	仝冠军	中国出版集团公司	《中国出版史研究》	2016年6月
《上市出版企业的出版业务发展研究》	仝冠军	中国出版集团公司	《现代出版》	2016年9月
《共享经济的启示——出版行业的新机遇》	郑甜	中国出版集团公司	《出版广角》	2016年7月
“VR阅读”颠覆传统阅读模式	郑甜	中国出版集团公司	《中国出版传媒商报》	2016年9月
《在成为“中国好书”之前》	付如初	人民文学出版社	《出版人》杂志	2016年第8期
《文人传统和编辑的工匠精神》	付如初	人民文学出版社	《出版参考》杂志	2016年第12期
《黎汝清的命运启示录》	付如初	人民文学出版社	《经济观察报》	2016年1月
《为文学的使命和尊严——读S. A. 阿列克谢耶维奇的书》	付如初	人民文学出版社	《经济观察报》	2016年2月
《白鹿原上最好的作家走了》	付如初	人民文学出版社	《经济观察报》	2016年5月
《英雄暮年，百鸟何处朝凤？——〈百鸟朝凤〉的电影和小说》	付如初	人民文学出版社	《经济观察报》	2016年6月
《陆沉者杨绛》	付如初	人民文学出版社	《经济观察报》	2016年6月
《王鼎钧：给历史一份证词》	付如初	人民文学出版社	《经济观察报》	2016年7月
《一个捷克作家的疯狂世纪》	付如初	人民文学出版社	《经济观察报》	2016年9月
《你曾知道一个忧伤的土耳其吗》	付如初	人民文学出版社	《经济观察报》	2016年10月
《当潘金莲遇到比利·林恩》	付如初	人民文学出版社	《经济观察报》	2016年12月

续表

论文名	作者	作者单位	发表刊物	发表时间
为百年品牌创造新价值	于殿利	商务印书馆	《中国社会科学报》	2016年2月
承继百年学脉，探寻中国道路	白中林	商务印书馆	《学术交流》第2期	2016年2月
以供给侧改革促进出版产业市场化现代化	于殿利	商务印书馆	《中国出版传媒商报》	2016年3月
主题出版与时代之需	于殿利	商务印书馆	《中国出版》第7期	2016年4月
杜甫的《赠花卿》是讽刺诗吗？	白彬彬	商务印书馆	《中华读书报》	2016年4月
人性、互联网与媒体融合	于殿利	商务印书馆	《现代出版》第3期	2016年5月
120年，文化发展的时代回响	于殿利	商务印书馆	《中华读书报》	2016年6月
“福柯与法律”研究中的两个问题	白中林	商务印书馆	“法哲学与法社会学论丛”（总第21卷）	2016年9月
“隐身衣”背后的家国情怀	于殿利	商务印书馆	《杨绛——永远的女先生》	2016年12月
我国原创儿童科普百科图书的困境与出路	刘小蕊	中国大百科全书出版社	《出版广角》	2016年3月
永远以读者利益为先	林建敏	中国大百科全书出版社	《中国新闻出版广电报》	2016年5月
中国图书“一升一降”，出版新局考验原创力	盛力	中国大百科全书出版社	《中华读书报》	2016年5月
从出版文化遗产视角看版本的版权信息价值	曾辉	中国大百科全书出版社	《编辑之友》	2016年7月
年度国际出版趋势·日本分报告	盛力	中国大百科全书出版社	《中国出版传媒商报》	2016年8月
全民阅读究竟读什么？——“十三五”规划下的全民阅读和原创图书出版思考	盛力	中国大百科全书出版社	《出版广角》	2016年8月
《“图像学”视野下的水陆画及其文化价值》	赵军平	中国美术出版总社	《中国美术》	2016年6月
《浅析帅础坚的美术教育思想》	赵军平	中国美术出版总社	《美术界》	2016年9月

续表

论文名	作者	作者单位	发表刊物	发表时间
浅谈新环境下编辑与发行的关系	张侠	中国美术出版总社	《科学咨询科技·管理》	2016 年 9 月
从“子孙永保”到“销夏”——清初士大夫书画鉴藏心态的转变	刘亚刚	中国美术出版总社	《中国书法》	2016 年 10 月
《传播中国声音：谈学术与主题出版的“走出去”路径》	孙玮	生活·读书·新知三联书店	《出版广角》	2016 年 1 月
《三联书店：坚持品牌与市场并重，打造中国学术话语体系》	孙玮	生活·读书·新知三联书店	《出版参考》	2016 年 6 月
读者思维是图书数字化营销的关键	潘婕	华文出版社有限公司	《中国出版传媒商报》	2016 年 10 月

2016年发表书评

书评名	作者	作者单位	发表刊物	发表时间
《“你的名字是一个问号”——读严平的〈潮起潮落：新中国文坛沉思录〉》	付如初	人民文学出版社	《经济观察报》	2016年2月
《当春风吹到故乡的时候——读方方和格非的新小说》	付如初	人民文学出版社	《经济观察报》	2016年10月
《曹乃谦的声与调》	马林霄萝	人民文学出版社	《信息时报》	2016年11月
敢将望帝唇边血，化作霞篇彩墨池——记语言学家白维国	厚艳芬	商务印书馆	《中国社会科学报》	2016年2月
重拾传统文化中那个“信”字	白中林	商务印书馆	《法制日报》	2016年6月
《菊花从不教条》	余佐赞	中华书局	《文汇报》	2016年4月
《文人与石》	余佐赞	中华书局	《文汇报》	2016年10月
《前尘梦影里的书香》	贾雪飞	中华书局	《中国新闻出版广电报》	2016年4月
《向大众传授智慧》	贾雪飞	中华书局	《中国新闻出版广电报》	2016年11月
垃圾的衍生及其引发的焦虑——阅读《垃圾之歌——垃圾的考古学研究》	刘晗	中华书局	《中国周刊》	2016年1月
《枕草子》：白头宫女在，闲坐话往昔——清少纳言和她的《枕草子》	刘晗	中华书局	《中国周刊》	2016年2月
《画未了——林风眠传》：听风入眠，不负丹青	刘晗	中华书局	《京华时报》	2016年2月
《匠人》：手艺在机械化时代的复归	刘晗	中华书局	《中国周刊》	2016年2月
中国艺术家眼中的1980年代：先锋宣言的呐喊	刘晗	中华书局	《中国出版传媒商报》	2016年2月
湛蓝色的生命感——从海德格尔看荷尔德林的诗歌《在柔媚的湛蓝中》	刘晗	中华书局	《中国周刊》	2016年3月

续表

书评名	作者	作者单位	发表刊物	发表时间
谷崎润一郎的“非常态”写作之旅	刘晗	中华书局	《文艺报》	2016 年 4 月
《如果房子会说话》：家的建构与演化	刘晗	中华书局	《中国周刊》	2016 年 4 月
《公共事物的治理之道：如何在第三条路上“搭便车”》	刘晗	中华书局	《中国周刊》	2016 年 6 月
《毕加索诗集》：一个立体主义者的文本	刘晗	中华书局	《文艺报》	2016 年 6 月
《隐形生产线》：当“伪装者”浮出水面	刘晗	中华书局	《中国周刊》	2016 年 7 月
《荒原狼》呼唤人性回归	刘晗	中华书局	《广州日报》	2016 年 7 月
《庸见词典》：滥用时代新词，败坏的不仅是生活中的诗意	刘晗	中华书局	《广州日报》	2016 年 7 月
西门庆的“日常生活指南”（从《金瓶梅》看晚明市井生活）	刘晗	中华书局	《广州日报》	2016 年 8 月
《局外人》：“默尔索们”在喧哗中的一场逃亡	刘晗	中华书局	《广州日报》	2016 年 8 月
《海德堡语丝》：海德堡的前尘往事，异乡人的温情呢喃	刘晗	中华书局	《广州日报》	2016 年 8 月
《各在天一涯》：天才成群而来的年代	刘晗	中华书局	《广州日报》	2016 年 8 月
《传记作家的传记——一部小说》：解开作家的私人密码	刘晗	中华书局	《经济观察报》	2016 年 8 月
《孤独小说家》：晦暗与澄明	刘晗	中华书局	《京华时报》	2016 年 9 月
《氍毹留痕》：民国戏曲界的修炼术与台下功	刘晗	中华书局	《北京青年报》	2016 年 10 月
在“Iphone”时代呼唤“I think”	刘晗	中华书局	《北京青年报》	2016 年 10 月
《武州公秘话》：一个人需要隐藏多少秘密才能巧妙地度过一生	刘晗	中华书局	《经济观察报》	2016 年 10 月
《蓝毛衣》：慈善不仅仅是单纯的给予	刘晗	中华书局	《中国周刊》	2016 年 11 月
让连环画回到孩子们身边	刘泽	中国美术出版总社	《北京晚报》	2016 年 4 月
连环画出版焕发新风貌	刘泽	中国美术出版总社	《中国新闻出版广电报》	2016 年 5 月

续表

书评名	作者	作者单位	发表刊物	发表时间
三代人的“小人书”情怀	刘泽	中国美术出版总社	《连环画报》	2016年5月
风雅人物的变奏——读〈风雅序人：中国写实油画十五家〉	张侠	中国美术出版总社	《藏书报》	2016年8月
《纪念高傲而率直的灵魂》	王竞	生活·读书·新知三联书店	《光明日报》	2016年12月

大事记

CHRONICLE OF EVENTS

2016 大事记

1 月

2 日，中国出版集团公司财务部参加财政部组织的专项资金绩效目标审核。

4 日，中版文化传播（北京）有限公司举办“书法中国·书法成长包”公益活动捐赠的书法包裹，抵达河南省开封市尉氏县大桥乡孔家小学和安徽省宿州萧县官桥镇赵楼小学两所贫困学校。

6 日，中国出版集团公司主办，中华书局协办的《重读抗战家书》赠书仪式在中国出版集团公司举行，赠书数量为 10000 册。

6 日，广西新华书店集团股份公司董事长谢向阳、常务副总经理周伟勤一行到新华书店总店参观考察。

7 日，中国经济网读书频道刊发世界图书出版有限公司北京分公司出版的《星球大战：前传三部曲》《星球大战：正传三部曲》和《星球大战：传承》出版新闻：《星球大战：原力觉醒》同名漫画《星球大战》系列中文版面世。

7 日，作者王恩来携新书《走近孔子》参加 2016 北京图书订货会，该书是系统解读和还原孔子思想的哲学随笔著作。

7～9 日，商务印书馆参加 2016 北京图书订货会。

7～9 日，中华书局参加 2016 北京图书订货会。

7～9 日，人民音乐出版社参加 2016 北京图书订货会。

7～9 日，中国图书进出口（集团）总公司参加 2016 北京图书订货会。

7～9 日，现代教育出版社参加 2016 北京图书订货会。

7～9 日，中译出版社参加 2016 北京图书订货会。

7～9 日，中版集团数字传媒有限公司参加 2016 北京图书订货会。大佳网以“大佳面对面”直播间方式，共举办 14 场访谈对话。

8 日，人民美术出版社举办《中国传统绘画史纲——画脉文心两征录》新书发布会。

8 日，中国出版集团公司、新华书店总店、北京图书订货会组委会主办，《图书馆报》《新华书目报》承办的主题为“创新发展与文献资源建设”的 2016 全国馆社高层论坛举行。

8 日，现代教育出版社举办《一盒巧克力》新书发布会。

8 日，著名漫画家、畅销书作家蔡志忠携最新作品《田园的微笑：〈菜根谭〉解密》和《开悟者的微笑：禅解密》亮相 2016 年北京图书订货会。

9 日，生活·读书·新知三联书店出版的杨渡著《一百年漂泊》在北京首发。

9～17 日，中国图书进出口（集团）总公司承办第 24 届新德里世界书展中国主宾国活动。

10 日，《里尔克诗全集》新书发布会举行。

10 日，中华书局参加第 24 届印度新德里国际书展。

11 日，东方出版中心数字工作专题会议召开。

11日，《中国文化报》第6版刊发世界图书出版有限公司北京分公司出版的《星球大战》系列图书出版新闻：《星球大战》电影同名系列漫画中文版面世。

11日，《中国新闻出版广电报》刊发世界图书出版有限公司北京分公司出版的《星球大战》系列图书出版报道：《星球大战》同名漫画借势电影推出。世界图书出版有限公司北京分公司出版的《奥斯维辛集中营的志愿者》入选2016年第一期中版好书榜。

13日，新华书店总店颁布《新华书店总店关于提高离休、退休、内退人员生活补贴的办法》。

15日，人民文学出版社召开“三严三实”专题民主生活会。

15日，中华书局工会组织乒乓球代表队与北京市西城区第一文化馆进行友谊比赛。

15日，中译出版社召开中层领导干部会议，安排领导干部个人有关事项填报工作。

15日，大佳网发布世界图书出版有限公司北京分公司出版的《星球大战》系列图书出版报道：《星球大战》系列漫画中文版面世。

15日，澎湃新闻发布世界图书出版有限公司北京分公司出版的《奥斯维辛集中营的志愿者》书摘：奥斯维辛卧底竟死于同胞之手？

16日，“姚奠中先生系列书法丛书”出版首发式暨学术研讨会举行。

16日，生活·读书·新知三联书店举办《三联生活周刊》复刊20周年庆典活动，新媒体品牌“松果生活”APP正式上线。

17日，“2016中青年语言学者沙龙”暨《语言战略研究》创刊号首发式召开。

17日，《北京晨报》版刊发世界图书出版有限公司北京分公司出版的《燃烧的影像》书评：有一个打不垮的中国。

17日，《北京晨报》版刊发世界图书出版有限公司北京分公司出版的《儿童精神分析》书评：童年的意味。

18日，中国出版传媒股份有限公司财务部发放《关于费用报销和专项资金报销有关事项的通知》，规范股份公司费用报销，管理专项资金。

18日，中国出版传媒股份有限公司财务部就新华联合发行有限公司增资事项给出建议。

18日，人民文学出版社召开“《当代》长篇小说论坛”。

18日，中国图书进出口（集团）总公司承办中阿媒体对话会。

18日，现代教育出版社取得了《中华瑰宝》期刊出版许可证资质。

18日，《辽宁日报》第10版刊发世界图书出版有限公司北京分公司出版的《文化的进化》译者专访：为何只有人类文化是累积性的仍是谜。

19日，人民文学出版社召开2015年年终总结大会。

19日，荷兰博睿学术出版社亚洲业务总监贾丽思、亚洲研究策划编辑姜琴访问中华书局。

19日，中译出版社召开民主生活会，中国出版集团公司党委办公室汪武主任出席会议并对中译出版社民主生活会一系列工作进行肯定。

19日，《北京日报》刊发世界图书出版有限公司北京分公司出版的《奥斯维辛集中营的志愿者》书评：世界尽头的救赎。

20日，商务印书馆召开“三严三实”专题民主生活会。

22日，中国对外翻译有限公司翻译市场部及总调度室人员走访中国建筑工业出版社，双方就今后创新合作方式、拓宽合作范围进行了深入交流。

22日，中国图书进出口（集团）总公司承办中伊媒体对话会。

22日，世界图书出版上海有限公司综合图书事业部携童书参加在金山文化馆举办的“蓝天下，爱满家”爱心义卖会活动。

23日，中华书局原总编辑傅璇琮逝世。

24日，中华书局举办第一期“伯鸿讲堂·光明讲坛”。

26日～2月25日，荣宝斋书画经营一部举办“2016迎新春名家书画展”。

26日～2月25日，荣宝斋书画经营二部举办“丙申开岁·近现代名家书画展”。

26日～2月25日，荣宝斋书法馆举办“迎新春名家书法精品展”。

26日～2月25日，荣宝斋当代艺术馆举办“迎新春名家油画展”。

27日，中国出版传媒股份有限公司就北京新华印刷有限公司为八色轮转印刷机安装“喷胶系统”做出批复。

27日，《中国文化报》第5版刊发世界图书出版有限公司北京分公司出版的《温尼科特传》出版面世资讯。

28日，宋云彬家属宋京其、宋京毅、李平访问中华书局。

28日，新华书店总店2016年度工作会议召开。

28～29日，中国图书进出口（集团）总公司召开2016年度工作会议。

29日，中华书局召开2015年度工作总结暨表彰大会。

29日，东方出版中心举行全体员工大会。

29日，中译出版社召开2015年度总结暨表彰大会。

1月，新华书店总店经过困难职工帮扶基金管理委员会对困难申请进行审核、审批，明确了帮扶对象和帮扶标准，并于春节前将帮扶送温暖慰问金送到困难职工手里。

1月，中版集团数字传媒有限公司先后上线漫像用户端的微信版、安卓版、苹果版及画家端。

1月，中版集团数字传媒有限公司新媒体故事书创作软件入选北京图书订货会“十佳出版新技术应用企业”。

1月，“诗词中国”手机客户端使用用户累计突破200万。

1～11月，《中国大百科全书》第三版各学科或分支工作会议在各地举办。

2月

1日，商务印书馆举行2015年度工作总结表彰大会暨2016新春团拜会。

2日，中国出版传媒股份有限公司就北京中新联科技股份有限公司购置“图形光学元件制造项目”做出批复。

2日，中译出版社完成中层干部竞聘上岗工作。

2～3日，中版教材有限公司召开2015年度工作总结会。

16日，中版教材有限公司召开中层干部会议。

18日，东方出版中心制版楼改造工程专题工作会议召开。

18日，新华书店总店召开2015年度总店领导班子述职会议。

19日，国家新闻出版广电总局副局长吴尚之到中图（集团）总公司调研。

20日，中国美术出版总社举办中层干部竞争上岗演讲答辩会。

23日，中国出版集团公司党组成员、中国出版传媒股份有限公司副总经理李岩、中国出版集团公司人力资源部主任聂静到中华书局对领导班子及成员和2015年干部选拔任用情况进行考核。

23日，生活·读书·新知三联书店召开“品牌文化年”总结暨“品牌产品年”动员会，确定2016年将以品牌产品为核心大力推进图书产品的整体营销工作。

24日，中版教材有限公司印发《员工招聘管理办法》。

25日，由人民文学出版社和《收获》杂志共同主办《潮起潮落：新中国文坛沉思录》出版座谈会。

26日，中国书刊发行业协会理事长艾立民、副理事长兼秘书长纪宏、副理事长王宏经、副秘书长成永利一行莅临新华书店总店考察并就相关项目合作进行座谈协商。

26日，长安街读书会年度好书榜发布，世界图书出版有限公司北京分公司出版的《抗日战争正面战场》《偏执狂》《生命中的兵团》《文化的进化》上榜。

29日，中国出版集团公司人力资源部主任聂静到中华书局考核第一批后备干部。

29日，中国出版传媒股份有限公司用国有资本经营预算资金对子公司进行增资。

29日，人民音乐出版社期刊中心荣获“全国三八红旗集体”称号。

29日，东方出版中心领导班子内容建设会议召开，传达学习中国出版集团公司总编辑工作会议精神。

29日，新华书店总店召开各部门、所属公司2016改革发展工作务虚研讨会。

29日，中国新闻出版广电网发布世界图书出版有限公司北京分公司出版的《莱昂纳多·迪卡普里奥：在世界的中心流浪》书讯。

29日，“诗词中国”微信公众号发起“我有一壶酒”续诗活动，实现近300万阅读量，一周内收到网友续诗近3万首。

2月，中国出版集团公司向河北捐赠5万码洋图书。

2月，中国对外翻译有限公司邀请资深翻译家徐亚男女士和中英翻译领域知名权威专家陈明明先生，为中译联合国语言服务培训（UNTIT）项目授课。

2月，由“诗词中国”参与策划、命题的《中国诗词大会》第一季在中央电视台播出。

2月，《诗词中国·MOOK》创刊号出版。

3月

1日，中央文化企业国有资产监督管理领导小组办公室举行2016年度国有资本经营预算项目评审答辩。中国出版集团公司党组成员、副总裁潘凯雄带队参加。

1日，国家新闻出版广电总局审计署到中华书局审计国家出版基金在建项目。

1日，东方出版中心党委理论（中心组）学习（扩大）会召开，传达学习中国共产党第十八届中央纪律检查委员会第六次全体会议精神。

1日，新华书店总店，总经理茅院生进入中央党校第16期中青年干部二班（一年制）学习。

1日，中版教材有限公司总经理办公会研究决定对领导班子市场营销工作分工做部分调整。

2日，中国出版集团公司党组成员、中国出版传媒股份有限公司副总经理李岩，中国出版传媒股份公司出版业务部主任刘祚臣，出版部杜宇、曹永平，国际部处长贾兵伟，到现代教育出版社进行产品线调研。

2日，中国大百科全书出版社举行了学雷锋——文明乘车志愿者服务活动启动仪式。

2～5日，人民音乐出版社《歌唱艺术》杂志承办的“高等院校音乐教育专业声乐理论建设研讨会”在广州举行。

3日，中华书局召开学习贯彻落实习近平总书记“2·19”重要讲话精神专题大会。

3日，中国美术出版总社召开2016年上半年期刊选题论证会。

4日，世界图书出版有限公司北京分公司编辑做客中央人民广播电台文艺之声《品读书香》栏目，推介世界图书出版有限公司北京分公司出版的《莱昂纳多：在世界的中心流浪》。

4日，中版教材有限公司召开领导班子述职会。公司全体员工为领导班子进行考核测评。

5日，中央电视台《第一时间》在节目中推荐世界图书出版有限公司北京分公司出版的《我的哈佛日记》。

5日，北京电视台《北京您早》在节目中推荐世界图书出版有限公司北京分公司出版的《莱昂纳多：在世界的中心流浪》。

6日，中央电视台《第一时间》在节目中推荐世界图书出版有限公司北京分公司出版的《父性》。

9日，人民文学出版社召开社领导班子和社领导个人2015年度述职会议。

9日，中华书局召开2015年度优秀书刊奖及年度编辑评选会。

9日，人民音乐出版社召开专题会议，学习贯彻习近平总书记“2·19”重要讲话精神。

9日，新华联合发行公司召开支部大会，传达中国出版集团公司总裁谭跃关于学习习近平总书记“2·19”讲话精神。

11日，人民音乐出版社举办职工艺术沙龙。

12日，人民文学出版社召开中国首届“哈利·波特图书之夜”活动。

12日，谭飞、郝友做客中央人民广播电台都市之声《相约学院路》，介绍世界图书出版有限公司北京分公司出版的《莱昂纳多：在世界的中心流浪》。

15日，中国出版集团公司党群工作部汪武、赵景贤到中华书局检查2015年中华书局工会经费使用情况。

15日，人民文学出版社举办“开展岗位大练兵、争做优秀出版人”系列讲座第三讲。

16日，现代教育出版社组织员工培训，培训主题为“中国图书零售市场发展现状及数据信息对现代教育出版社发展的价值和应用”。

18日，中国出版集团公司总裁谭跃、副总裁潘凯雄赴中版集团数字传媒有限公司围绕“十三五”期间数字出版工作进行调研，并对2016年工作提出指导性意见。

18日，由人民文学出版社与安溪县联合举办黄永玉长篇小说《无愁河的浪荡汉子·八年》首发式暨小说插图展。

18日，新华书店总店党委颁布《关于在全体党员中开展“学党章党规学系列讲话做合格党员”学习教育的工作方案》。

19日，“国际文化版图研究文库”出版研讨会举行。

19日，中华书局召开《三国志》修订专家评审会。

21日，中国出版集团公司副总裁刘伯根主持召开荣宝斋上市工作领导小组工作会议。

21日，世界图书出版有限公司北京分公司出版的《燃烧的影像》入选第二期中版好书榜。

22日，中国出版集团公司、中国出版传媒股份有限公司财务部召开会议，布置国资预算项目执行情况自查工作。中国出版集团公司党组成员、副总裁潘凯雄出席会议并要求各项目承担单位高度重视、严格规范、明确责任、及时沟通、限期完成。集团公司财务部主任徐凤君从八个方面对国资预算检查自查工作进行了具体布置。

22日，人民文学出版社出版的《爆炸现场》新书发布会在北京华侨饭店举行。

22日，联合国教科文组织亚太地区非物质文化遗产国际培训中心代表团一行访问荣宝斋。

22日，中译出版社参加与杨红樱见面暨杨红樱童书馆项目汇报、研讨会。中国出版集团公司总裁谭跃、中国出版集团公司党组成员、中国出版传媒股份有限公司副总经理李岩等出席研讨会。

23日，人民文学出版社召开了中层干部及全体党员大会。

23日，全国第一家“商务印书馆乡村阅读中心”在河北省武安市阳邑中心学校揭牌。

24日，《中国国防科学技术百科全书》编纂工作启动。

24日，“《钱锺书手稿集·外文笔记》出版座谈会”召开。

24日，东方出版中心2016年党建工作会议暨“两学一做”学习教育动员部署会举行。

25日，中国出版传媒股份有限公司财务部完成2015年度合并报表工作。

25日，中国图书进出口（集团）总公司承办第二届中俄媒体论坛。

25日，中译出版社召开全体党员大会，传达习近平总书记“2·19”讲话精神，安排布置2016年各项工作。

26日，《美国文学大辞典》新书发布及研讨会举行。

26日，生活·读书·新知三联书店出版的冯象译著《智慧书》在北京首发。

26日，荣宝斋书法馆举办“正心·藏锋·内美——刘彦湖讲座及书法品鉴会”。

27日，《牡丹情缘：白先勇的昆曲之旅》新书首发式举行。

28日，人民文学出版社成立65周年茶话会在北京国际饭店举行。

28日，《“一带一路”年度报告：从愿景到行动（2016）》发布暨百人论坛专家峰会举行。

28日，乌克兰汉学协会代表团一行访问荣宝斋。

28日～4月3日，中国图书进出口（集团）总公司承办中国出版集团公司2016亚洲研究学会年会参展项目。

29日，中国出版集团公司领导到中译出版社主持召开了2016年后备干部考察测评会。

29日，中国图书进出口（集团）总公司跨境电商（深圳）有限公司成立。

29日，中版集团数字传媒有限公司与中国编辑学会、方正电子共同举办第四届大学生新媒体创意大赛。

3月，中国对外翻译有限公司总经理黄松、副总经理张晶晶等四人访问中南出版传媒集团。

3月，新华书店总店确定企业文化核心理念（店训）：克勤于邦 止于至善。

3月，新华书店总店总经理茅院生入选国家2014年文化名家暨“四个一批”人才。

3月，中译出版社从选题管理、出版物质量、质量保障体系建设和执行情况三方面开展了出版物编校质量自检自查。

3月，中版集团数字传媒有限公司建设的中国图书对外推广网（CBI网站）推出了“CBI会客厅”和“CBI观察”两档专栏类专题。

4月

4日，天天出版社作家曹文轩摘得2016年国际安徒生奖。

4日，中译出版社参加意大利博洛尼亚童书展。

5日，人民文学出版社出版的虹影《米米朵拉》新书发布会举行。

5日，现代教育出版社取得了《广告经营许可证》资质。

6日，中国大百科全书出版社“大头妈妈讲故事——赵闯和杨杨的恐龙物语”讲座在北京市西单图书大厦举办。

7日，中国出版集团公司召开集团公司总部和股份本部预算工作会议。

7日，中国出版传媒股份有限公司财务部撰写2015年度股份公司绩效考核财务数据调整事项签报，报总裁办公会审核。

8日，人民文学出版社召开党员及中层以上干部“学党章党规、学系列讲话，做合格党员”学习教育动员大会。

8日，中国美术出版总社召开2016年度经营工作会。

9日，中华书局召开《中华民国时期外交文献汇编1911—1949》新书出版座谈会。

9～28日，荣宝斋书画经营一部举办“世纪的背影——荣宝斋藏近代京派绘画展”。

10～20日，中国图书进出口（集团）总公司在澳大利亚举办墨尔本社区图书馆中国图书音像巡展。

11日，人民音乐出版社开展“两学一做”学习教育活动。

12日，中国出版集团公司、中国出版传媒股份有限公司财务部组织两个检查小组，对国资预算项目自查情况进行巡查，对发现的问题要求立即纠正。

12日，《新华字典》获评世界上“最受欢迎的字典”和“最畅销的书（定期修订）”两项吉尼斯世界纪录。

12日，人民音乐出版社举办“出版策划与品牌影响”专题讲座。

12日，现代教育出版社组织员工培训，培训主题为“提高编辑修养减少编校差错——图书编校差错例说”。

12～14日，现代教育出版社参加第45届伦敦书展。

12～14日，中译出版社参加第45届伦敦书展。

13日，中华书局召开“两学一做”学习教育动员部署会。

13日，中国图书进出口深圳公司正式启动“全球文化产品跨境交易平台”技术开发工作，进军跨境电商领域。

14日，人民文学出版社出版的贾平凹最新长篇小说《极花》新书发布会在北京召开。

14日，中国大百科全书出版社召开“两学一做”学习教育动员、部署会议。

14 日，东方出版中心 2016 年党风廉政建设大会暨廉政责任签约仪式举行。

14 日，中版教材有限公司召开 2016 年上半年印制质量评比及印刷材料合作会议。

14～16 日，人民音乐出版社音乐教材培训及经验交流会在四川省成都市举办。

16 日，生活·读书·新知三联书店出版的《无悔：陈明忠回忆录》（陈明忠 口述/李娜 整理编辑/吕正惠 校订）在北京首发。

17～21 日，荣宝斋参加“第六届中国画节·第二届中国（潍坊）民间艺术博览会·第九届中国（潍坊）文化艺术展示交易会”。

18～20 日，商务印书馆召开第三届编辑大会。

19 日，东方出版中心 2016 年一季度运营工作会议暨经济责任签约仪式举行。

19 日，荣宝斋赴美代表团走进联合国总部，应邀参加联合国中文日庆祝仪式。

20～22 日，中国出版集团公司在北京举办 2016 年第一期人力资源管理培训班。

20 日，中国出版集团公司组织专题会议，研究新华书店总店中国新华发行网项目。集团公司总裁谭跃等听取了新华发行网项目小组的汇报。

20 日，2016 年百部优秀少儿影片及连环画进校园专项工作培训研讨会举行。

20～21 日，人民文学出版社在中国石油天然气运输公司北京会议中心召开《红楼梦大辞典》修订研讨会。

21 日，中央文化企业国有资产监督管理领导小组办公室副主任刘晓华带队到中国出版集团公司及商务印书馆、荣宝斋调研。

22 日，北京三联韬奋书店创办 20 周年座谈会暨北京政务中心店揭牌仪式在韬奋图书馆举办。

22 日，新华书店总店组织在职党员、预备党员和入党积极分子赴西柏坡参观学习。

22 日，“诗词中国”总策划人包岩的特稿《诗心已共春花发：以文化自信重建“诗的国度”》在人民网文化频道首页发表。

23 日，人民文学出版社在王府井书店举办了“雪漠《深夜的蚕豆声》新书发布暨读者见面会”。

23 日，“2016 读书论坛暨《中国教育报》2015 年度推动读书十大人物揭晓仪式”举行。

23 日，中华书局举办第二个“读者开放日”。

23 日，生活·读书·新知三联书店出版的《楚亡：从项羽到韩信》和《谢觉哉家书》获得“2015 中国好书”奖。

23 日，百道网发布世界图书出版有限公司北京分公司新闻：2016 年度韩国语教育教学研讨会落下帷幕。

23 日、26 日，中国国际广播电台环球资讯频道《环球阅读》栏目播送世界图书出版有限公司北京分公司出版的《埃及艳后传》书摘。

24 日，中国大百科全书出版社“毕业修远课程——赵闯和杨杨的霸王龙”恐龙科普讲座在清华附小举办。

25～27 日，“人音·宫协钢琴之旅”菲伯尔骨干教师北京站举办。

25～28 日，新华书店总店、新华互联电子商务有限责任公司与广西新华书店集团、深圳出版发行集团就“中国新华书店跨地区协作网（一网通）”和“中国新华发行网络电子商务平台”项目合作建设进行商谈。

26 日，中国出版集团公司调研工作会在人民文学出版社召开。

27 日，中华书局召开期刊搬库工作会议。

27～29 日，中国国际广播电台环球资讯频道《环球阅读》栏目播送世界图书出版有限公司北京分公司出版的《绞杀世界》书摘。

27～30 日，中版教材有限公司联合人民出版社、人民版高中历史教材编写组在四川成都举办“2016 年全国高中历史教学研讨会”。

28 日，中国美术出版总社“纪念中国工农红军长征胜利 80 周年沈尧伊作品十年汇选”展在中国美术馆开幕。

29 日，中国出版集团公司财务部参加财政部部门决算会审，并获一次审核通过。

29日，中国出版传媒股份有限公司财务部确立2016年度股份公司经济指标，并对指标进行分解。

29日，中国图书进出口（集团）总公司、中国科学技术信息研究所（中信所）、国家科技图书文献中心（NSTL）三方签署了元数据合作协议，与NSTL成为长期战略合作伙伴。

29日，荣宝斋开展“文明服务窗口”和“优质服务标兵”创建活动工作动员大会召开。

29日，中版集团数字传媒有限公司在中国图书对外推广网（CBI网站）推出全英文专题“莎士比亚遇到汤显祖”。

29日～5月3日，中国图书进出口西安公司参加陕西丝路图书交易博览会。

29日～5月15日，荣宝斋书画经营二部举办“墨鸳鸯——荣宝斋藏近现代名家楹联作品展”。

4月，商务印书馆开展贯穿全年北京阅读季·书香机关、书香企业等系列阅读推广活动。

4月，联合国纽约总部会议出版司副司长傅鹏辉应邀到访中国对外翻译有限公司，同副总经理张晶晶就联合国翻译业务现状及未来合作趋势等方面进行深入交流。

4月，荣宝斋在“春风送暖”社会捐助活动中捐款5000元。

4月，现代教育出版社王春霞荣获中央直属机关优秀工会工作者称号。

4月，中版集团数字传媒有限公司授权山西科技出版社出版《荷兰式泰拳》。

4～12月，人民音乐出版社“菲伯尔骨干教师培训”活动在全国开展。

5月

1～7日，荣宝斋书画经营一部举办“春润京华——马海方古都风情人物画展”。

3～8日，中华书局随中国出版集团公司代表团赴伊朗参加第29届德黑兰书展。

4日，中国出版传媒股份有限公司财务部首次采取零基预算编制方法，推动全面预算管理工作，经过“三上三下”，下发《关于中国出版传媒股份有限公司本部2016年度收支预算的批复》。

4日，中国出版传媒股份有限公司财务部开展出版社图书产品自评价工作，要求所属22家公司上报自评价报告。

4日，人民文学出版社作家签名书店正式营业。

4日，中版教材有限公司组织团员青年赴韩村河考察。

5日，中国出版集团公司接到财政部财政监督检查通知书，决定对集团公司2011～2014年国有资本经营预算执行情况进行监督检查。

5日，世界图书出版上海有限公司综合图书事业部携童书参加在金山万达广场举办的国际家庭日活动。

6日，中国出版集团公司财务部参加财政部中央文化企业国有资产监督管理领导小组办公室、资产司2016年财务决算汇审会并获通过。

6日，中国出版集团公司总裁谭跃在副总裁潘凯雄陪同下，到中版数字传媒有限公司专题研究“集团数字出版综合运营平台”项目。

6日，由北京师范大学文学院学生会、党委宣传部新闻中心与人民文学出版社联合举办的虹影携新作《米米朵拉》与止庵、张国龙围绕“如何用幻想的笔来描写冷漠的现实”展开深入对谈。

7日，人民文学出版社出版的刘建宏《上半场》的新书发布会在中国人民大学八百人大教室举行。

7～8日，中华书局举办第11届中华诵·经典教育论坛。

7～22日，中国图书进出口（集团）总公司赴加拿大举办第十届中国图书文化展暨第七届全球百家华文书店中国图书联展。

8～13日，生活·读书·新知三联书店在中国传媒大学举办全国新华书店战略合作伙伴业务培训班。

9日，中国民主法制出版社开始向新华联合物流中心搬迁。

9日，中版教材有限公司召开与中译公司的

工作经验交流会。主要交流人事管理、人才培养等方面工作。

10日，财政部宁波专员办在中国出版集团公司召开“国有资本经营预算执行情况检查进点见面会”。中国出版集团公司总裁谭跃介绍了集团公司概况，副总裁潘凯雄汇报了国有资本经营预算专项资金管理及执行情况。

10日，中国出版集团公司党组书记王涛到新华书店总店听取新华发行网项目情况汇报。

10日，人民文学出版社召开中层干部会。

12日，中国出版集团公司按国资委要求，报送2015年度国有资产统计报表。

13日，中华书局举行首届手机拍书影比赛。

13日，生活·读书·新知三联书店出版的许宏著《大都无城》在北京举行首发式。

14日，“博物之旅”丛书之《发现最美的鸟》《发现最美的昆虫》新书发布会举办。

14日，中央电视台《第一时间》在节目中推荐世界图书出版有限公司北京分公司出版的《心灵的激情：弗洛伊德传》。

14～15日，商务印书馆举办“自然法青年学术论坛”。

15日，中华书局召开刘浦江与《辽史》修订本出版座谈会。

15日，《2016美术日记》年度新作在北京展出。

16日，中国出版集团公司印发《中国出版集团公司、中国出版传媒股份有限公司总部本部借调返聘管理办法（修订）》。

16日，中版教材有限公司开展“书法援疆工程”在乌鲁木齐市第116中学、第22小学建立“华文书法教室”。

17日，国家财政部驻宁波监察专员办对中华书局国有资本金预算项目进行专项检查。

17日，现代教育出版社组织全社职工赴怀柔第一党支部纪念馆开展党性教育活动。

18日，中国出版集团公司总裁谭跃赴中国美术出版总社开展调研。

18日，中国大百科全书出版社《中国少数民族古籍总目提要·满族卷》专家座谈会在北京召开。

19日，《上海出版志》（1978－2010）东方出版中心部分内容完成编撰工作。

19日，中译出版社团总支成立大会暨第一次团员大会于召开。

19～21日，中华书局承办的海外中文古籍资源建设论坛在北京召开。

19日、22日、23日，中国国际广播电台环球资讯频道《环球阅读》栏目播送世界图书出版有限公司北京分公司出版的《北大“屠夫”》。

20日，中国作家协会重点作品扶持办公室、上海市作家协会、人民文学出版社共同主办路内长篇小说《慈悲》研讨会。

20日，中华书局举行2016年度趣味运动会。

20日，中国美术出版总社召开“第一届社店战略合作联席会”。

21日，荣宝斋书法馆举办“刘涛讲座及书法品鉴会”。

21日，荣宝斋出版社主办的“空间与感知——胡抗美《中国书法章法研究》再版座谈暨学术研讨会”召开。

21日，“中华现代学术名著丛书”第二批出版座谈会暨第三批专家论证会举行。

21日，华文出版社开始向新华联合物流中心搬迁。

22日，中央电视台《第一时间》在节目中推荐世界图书出版有限公司北京分公司出版的《自我与自性》。

22～24日，中国出版集团公司财务部参加财政部2017年预算编制培训班。

23日，中央文化企业国有资产监督管理领导小组办公室主任王家新主持召开部分中央文化企业专题会议，通报国有资本经营预算和文化产业发展专项资金预算执行情况，对加快预算执行提出要求。

23日，中国出版集团公司配合财政部驻宁波专员办进行的“国有资本经营预算专项资金”的检查工作，编制“中央文化企业国有资本经营预算执行情况检查总结”。

23日，中国出版传媒股份有限公司财务部

就出售中国对外翻译有限公司涉税事项与嘉芸汇税务所进行沟通。

23日，东方出版中心图书出版主业例会举行。传达学习中国出版集团公司第二季度总编辑工作例会会议精神。

23日，中译出版社完成工会换届选举等相关工作。

23～27日，中国图书进出口（集团）总公司完成承办中央领导出访系列活动，包括在韩国举办的第八届中韩媒体高层对话、在新西兰举办的“美丽中国”图片暨中国主题图书巡回展和在澳大利亚举办的中澳媒体合作项目签约仪式各项任务。

24日，中国出版传媒股份有限公司财务部就股份公司向集团公司出售中国对外翻译有限公司事项做出债务抵消协议。

24日，人民文学出版社组织党员和入党积极分子代表到西柏坡参观学习。

25日，中国出版集团公司总裁谭跃、副总裁潘凯雄来到中版集团数字传媒有限公司，听取“中版集团以大数据带动综合运营”项目汇报。

25日，中国美术出版总社与山东工艺美术学院开展战略合作。

26日，《中国大百科全书》第三版工作小组专题工作会议召开。

26日，《第一财经》刊发世界图书出版有限公司北京分公司出版的《杨绛，走在小说边上》作者于慈江采访文章：洗净百年污秽，105岁杨绛先生“安心”回家。

26～27日，中国出版集团公司参加“2015年度人本中国奖”评选，荣获“中国人力资源开发与管理优秀企业奖”。

27日、30日、31日，中国国际广播电台环球资讯频道《环球阅读》栏目播送世界图书出版有限公司北京分公司出版的《南希与里根传奇》。

31日，中华书局宋云彬古籍整理出版基金首届理事会成立。

31日，人民音乐出版社《社会主义核心价值观少儿声乐套曲》发布会暨光盘赠送仪式在北京举行。

31日～6月1日，中央电视台新闻中心播音部、内蒙古新华发行集团、商务印书馆联合举办“放飞梦想的翅膀”之“书香七进”内蒙古公益行动。3家主办单位联合向当地农村、社区、家庭、学校、机关、企业、军营捐赠价值20余万元的精品图书。

5月“中版好书百店千柜工程”在广东省湛江市举行落地仪式。

5月，现代教育出版社开展“爱生活·爱集体”摄影展活动。

5月，中国外交部办公厅以正式公函形式通知中国出版集团公司，委托中国对外翻译有限公司完成菲律宾南海仲裁案舆论对外宣传翻译项目。

5～10月，第七届“北京外国语大学－《英语世界》杯”翻译大赛举行。

6月

1日，荣宝斋工会接待北京大学附属小学“庆祝六一”参观活动。

2日，中国出版集团公司启动“微课”大赛活动，提高集团公司网络培训平台的应用效率。

2日，商务印书馆举办第二届职工运动会。

3日，国家新闻出版广电总局出版管理司司长、全国古籍整理出版规划领导小组办公室主任周慧琳等到中华书局古联数字传媒科技有限公司进行调研。

5日，人民文学出版社第五党支部组织党员和入党积极分子在奥林匹克森林公园举行“知识竞答、奥森健走”活动。

6日，“十二五”国家重点图书出版规划项目、国家出版基金项目、2013～2025国家辞书编纂规划项目《中国民族百科全书》（共15卷）以96分的优异成绩顺利通过国家出版基金办公室实地结项验收，并获评国家出版基金优秀项目。

7日，中国大百科全书出版社主办，北京天文馆协办的《中国儿童视听百科·飞向太空》新书发布会在北京天文馆举行。

7～17 日，中华书局举办国有企业领域典型案例警示教育展。

8 日，荣宝斋与中国美术家协会共同主办的“荣宝斋中国画双年展·2016”在中国美术馆开幕。

9 日，中国出版传媒股份有限公司财务部下发《关于收取 2015 年股利的通知》。

10 日，中国出版传媒股份有限公司财务部对资金池现金流量列报方法开展专项核对辅导工作。

11 日，生活·读书·新知三联书店出版的李零著《我们的中国》（一函四册）在上海书城首发。

11～20 日，荣宝斋书画经营一部举行“呦呦鹿鸣——李延声中国画作品展”。

12 日，中国出版集团公司财务部参加财政部 2017 年部门预算编制工作布置动员大会。

12 日，人民美术出版社举办图像小说《朦胧城市》作者北京见面签售会。

12～16 日，商务印书馆举办“两学一做”暨中层管理干部培训班。

13～15 日，中华书局参加第 31 届全国古籍出版社社长年会暨 2015 年度全国优秀古籍图书评奖会。

14 日，中央文化企业国有资产监督管理领导小组办公室主任王家新约请中国出版集团公司和生活·读书·新知三联书店领导，就三联书店提升 24 小时书店服务能力问题进行了沟通。

15 日，人民文学出版社、腾讯文化和当当网主办的张炜《独药师》新书发布会在华侨大厦举行。

15 日，现代教育出版社组织员工举办关于主题出版方面的讲座。

16 日，新华发行有限公司联合党支部组织全体党员、入党积极分子赴焦庄户地道战遗址纪念馆参观学习。

16 日，中央人民广播电台都市之声《相约学院路》节目推荐世界图书出版有限公司北京分公司出版的《哈内克论哈内克》。

17 日，中国出版集团公司新媒体营销工作现场会议在荣宝斋在线召开。

17 日，中版教材有限公司“中国出版集团公司——新疆书法教育援疆工程”启动仪式在新疆维吾尔自治区乌鲁木齐八一中学举行。

18 日，“诗词中国影响力诗人”颁奖评选活动在北京举行。

18 日，第三届“诗词中国”传统诗词创作大赛启动，挑战“最大规模诗词竞赛”吉尼斯世界纪录。

18 日，“诗词中国”云科技联盟成立，全国政协委员、全国行政体制改革委员会副主任周文彰任联盟主席。

18 日，由“诗词中国”主办的“传统诗词与新媒体”“一脉骚香传域外——中日名家谈海外汉诗”“中国传统诗词文化继承与发扬”等三场主题论坛在北京举办。

20～28 日，荣宝斋当代艺术馆举办“闫平——心有飞鸟油画展”。

21 日，“中国音乐数字出版与发行平台”一期工程通过中国出版集团结项验收。

21 日，东方出版中心纪念中国共产党成立 95 周年座谈会暨重温入党誓词仪式举行。

22 日，中国出版集团公司总裁谭跃、副总裁刘伯根、潘凯雄以及集团财务部等相关部门负责人听取了新华书店总店“十三五”重点项目的汇报。

22 日，东方出版中心半年度经营工作会议举行。

22 日，荣宝斋在线召开“中国出版集团公司电商销售渠道工作会”。

23 日，人民文学出版社党委邀请中央组织部党员教育和干部测评中心主任、研究员陈燕楠为全体党员举办讲座。

27 日，中国出版集团公司财务部参加财政部 2015 年关于部门决算公开工作开展专题座谈会。

27 日，中国出版传媒股份有限公司财务部制定了 2016 年度上半年资金池收益分配方案，并下达了《关于 2016 年上半年资金池收益分配的通知》。

27日，上海印刷集团有限公司中华印刷展示馆馆长林伟成访问中华书局。

27日，东方出版中心纪念中国共产党成立95周年暨“七一”表彰大会举行。

27日，中国出版集团公司主管、新华书店总店主办，新华互联电子商务有限责任公司、中译语通（北京）科技有限公司联合运营的《国际出版》创刊。

27日，新华书店总店召开“庆祝中国共产党成立95周年暨‘两学一做’学习教育”党员大会。

27日，《中华瑰宝》杂志创刊首发式暨“小书架进课堂”公益活动启动仪式在北京香山举行。

27日，新华联合发行有限公司党支部全体党员在公司东城办公区大会议室召开领导班子讲党课活动及党小组讲党课活动。

27～28日，生活·读书·新知三联书店第六届社店战略合作联席会在黑龙江省伊春市召开。

28日，人民文学出版社和中国出版集团公司领导共同看望了抗战胜利前参加革命的离休干部程文。

28日，九三学社学苑出版社支社主委、学苑出版社总编室主任刘丰一行访问中华书局。

28日，中译出版社部分员工受中国大百科全书出版社的邀请，参加聆听由冷宽主讲的“践行雷锋精神 做合格共产党员”纪念建党95周年暨“两学一做”学习教育专题讲座。

28日，中版集团数字传媒有限公司召开党政工团干部及员工代表大会，明确数媒公司“十三五”时期的战略定位，强化工作重点。

29日，人美学院开学。

29日，东方出版中心纪念汤季宏百年诞辰座谈会举行。

29日～7月28日，首届“书法中国”优秀作品公示投票。

30日，中国出版集团公司总裁谭跃、党组书记王涛等前往现代教育出版社开展调研工作。

30日，著名诗人、作家、翻译家屠岸的创作文集——《屠岸诗文集》（八卷）出版座谈会暨图书首发式在人民文学出版社召开。

30日，《世界是通的：“一带一路”的逻辑》出版座谈会召开。

30日，牛津大学博德林图书馆中国馆馆长何大伟访问中华书局。

30日，中华书局向陕西乾县阳洪初级中学捐赠图书共182种663套/册，合计码洋20879元。

30日，中国大百科全书出版社联合微尘基金、青岛市崂山区育才小学、青岛河西小学，分别举办了两场由艺术家赵闯主讲的“恐龙的秘密”主题讲座。

30日，荣宝斋“木版水印技艺”荣获国家级非物质文化遗产十周年作品展在荣宝斋木版水印工艺坊开幕。

6月，人民音乐出版社持续深入开展“两学一做”专题教育。

6月，人民音乐出版社完成在职支部换届工作。

6月，人民音乐出版社顺利完成中小学音乐教材审读清查修订工作。

6月，中国对外翻译有限公司全资子公司中译语通科技（北京）有限公司协助承办第八届亚太翻译论坛，并参与陕西省“一带一路”语言服务及大数据平台建设。

6月，中国对外翻译有限公司副总经理张晶晶会见河南师范大学外国语学院院长梁晓冬和硕士研究生导师赵文静，并签订中国对外翻译有限公司与河南师范大学的校企合作协议。

6月，现代教育出版社的《泰中双语版中华文化启蒙读本》入选中国出版集团2016年“一带一路”主题出版重点出版物。

6月，《VISTA看天下》第349期刊发世界图书出版有限公司北京分公司出版的《北大“屠夫”》作者访谈新闻：“读书害了他？北大“屠夫”的网红生活。

6月，中版集团数字传媒有限公司制作出版的《BB BEAR学汉语》、《红色经典交互故事书》入选《“十三五”国家重点图书、音像、电子出版物出版规划》。

7月

1日，中华书局全体党员和中层干部到中国档案报社，参观中央档案馆“两学一做”学习教育专题展览。

1日，中国对外翻译有限公司总经理黄松、副总经理张晶晶等四人对联合国纽约总部和国际货币基金组织进行工作访问。

1日，现代教育出版社召开“语文专项”研讨会。

1日，中版教材有限公司召开“迎七一”专题党课。

1～3日，人民音乐出版社参加第二届北京音乐生活展。

2日，中国美术出版总社开始向新华联合物流中心搬迁。

3～6日，中版教材有限公司党总支组织公司和控股公司人民东方（书业）北京有限公司的党员、团员、入党积极分子赴延安学习考察，开展“两学一做”活动，接受革命传统教育。

4～8日，人民音乐出版社《钢琴艺术》杂志“第二届全国钢琴基础教学师资培训班”在苏州、杭州两地举行。

5～8日，人民文学出版社各党支部开展学习研讨会。

6日，中宣部副部长庹震、中宣部出版局局长郭义强、中国出版集团公司总裁谭跃等领导到中国大百科全书出版社调研。

6日，中国美术出版总社召开《中国中小学美术》编委会年会。

7日、21日、23日，北京中版联印刷物资有限公司以讲党课与集体学习的方式，组织全体员工学习了“两学一做”内涵、党章、《中国共产党问责条例》《中共中央组织部关于印发刘云山同志在部分地区和部门“两学一做”学习教育工作座谈会上的讲话通知》。

8日，中国出版传媒股份有限公司财务部下发图书产品状况评价报告。

8日，中版集团数字传媒有限公司协办2016“情画北京”大学生手绘北京大赛。

8～17日，现代教育出版社参加第二届中国童书博览会。

9日，人民文学出版社与中远船务联合在上海图书馆首发新兴产业工人诗词作品集《燃烧的激情》，并召开出版发行座谈会。

12日，中华书局召开2016上半年编辑工作会议。

12日，东方出版中心第二届职工代表大会第一次会议举行。

13～14日，中国出版集团公司在北京举办2016年第二期人力资源管理培训班。

13～19日，“国际三大音乐教学法在中国小学音乐课堂教学中的应用——教法融合全体系培训”在北京举行。

14～15日，现代教育出版社参加中国出版集团公司召开的“十三五”实施大会。

14～15日，“为中国未来而读——2016阅读行动论坛”举行。

15日，中国出版传媒股份有限公司财务部首次面对上市加期材料申报工作，模拟上市公司信息披露全流程。

15日，中国美术出版总社在第六届书香中国·北京阅读季·中国童书博览会举办连环画专场活动。

15日，世界图书出版上海有限公司党支部组织全体党员参观“日出东方——纪念中国共产党成立95周年”主题展览和“复兴之路”上海展。

16日，人民文学出版社、天天出版社和上海市作家协会共同举办的“《野芒坡》作品研讨与阅读推广”会议在上海作家协会召开。

17～23日，中华书局参加2016上海书展。

18日，人民音乐出版社与北京卡丹萨文化艺术有限共同举办“人音教育—卡丹萨国际钢琴竖琴音乐节”。

18日，生活·读书·新知三联书店《董必武家书》出版座谈会在中国出版集团公司举行。

18日，中版集团数字传媒有限公司制作录制的国家级名家郭政建、李野默、詹泽、唐烨、张云龙、任怡洁、滕奎兴、陈红等重磅系列有声读物“京味老舍”上线。

19日，中国出版集团公司党组书记王涛、新华书店总店总经理茅院生带队赴南昌，与江西出版集团公司洽谈“新华发行网”合作共建事宜。

19日，中国出版传媒股份有限公司财务部半年度财务报表分析中，在存货预警指标体系的基础上，首次对异常单位发出预警。

19～21日，中版教材有限公司召开2016年上半年工作总结会议。

19～23日，中华书局参加2016香港书展。

20日，中央文化企业国有资产监督管理领导小组办公室综合处处长湛志伟约谈中国出版集团公司财务部徐凤君、卢妍妍，就巡视组提出的宣传文化发展专项资金项目散碎问题通报了情况，要求大幅度压缩项目数量，突出支持重点。

20日，中国出版集团公司党群工作部主任姜红新、人力资源部朱建伟一行到中华书局考察。

21日，中国出版集团公司直属机关党委常务副书记、纪委书记、党群工作部主任姜红新到新华书店总店督查“两学一做”学习教育工作。

21～22日，“菊生学术论坛”第一期“近代中国的社会思潮与国家建设跨学科研讨会”举行。

22日，首届漫像文化年会在北京会议中心顺利召开。本次年会由中版集团数字传媒有限公司主办，中国动漫集团、中国美术出版总社、生活·读书·新知三联书店、北京歌华有线数字媒体有限公司支持，千龙网·中国首都网协助举办。

25日，中国出版集团公司印发《中国出版集团公司、中国出版传媒股份有限公司总部本部培训管理制度》。

25日，世界图书出版上海有限公司全体党员参加了中国浦东干部学院“新理念新思想新战略——学习习近平总书记系列重要讲话的体会”党课学习。

25日，新华联合发行有限公司党支部召开7月份党组中心组（扩大）理论学习会，专题学习贯彻习近平总书记在庆祝中国共产党成立95周年大会上的重要讲话精神。

26日，东方出版中心党委理论中心组学习（扩大）会举行。在“两学一做”学习教育中，认真学习贯彻习近平总书记在庆祝中国共产党成立95周年大会上的重要讲话精神。

26日，新华书店总店举办新华大讲堂暨“两学一做”专题党课。邀请中国出版集团原党组书记、中国出版协会副理事长李朋义做“坚定理想信念，补好精神之钙”的报告。

26日，“林纾书画展暨林纾与近现代中国文化转型学术研讨会”举行。

26日，荷兰博睿学术出版社亚洲研究策划编辑姜琴访问中华书局。

26日，全国首家“诗词中国创作基地”在新疆维吾尔自治区伊犁州那拉提落户。

27日，“2016中国网络语言文明论坛”举行。

27日，中国钱币学会周卫荣、高聪明等一行访问中华书局。

27日，荣宝斋“两学一做”专题教育党课举行。

27日，中版集团数字传媒有限公司协办首届朝鲜绘画艺术中国双年展活动。

28日，中国美术出版总社举办《长征·1936》《地球的红飘带》新书发布会。

28日，新华书店总店及所属新华国采教育网络科技有限责任公司与郑州大学、郑州大学出版社在第26届全国图书交易博览会期间举行“全国大中专教材网络采选系统”战略合作协议签约仪式。

28日，著名漫画家、畅销书作家蔡志忠携国学经典解密系列（7本）、中国传统文化经典系列（中英文对照版20本）及《漫画中国思想》亮相第26届全国图书交易博览会。

28日，中版集团数字传媒有限公司在第26届全国图书交易博览会期间举办以“重读先烈诗章”主题的“中版去听主播”选拔赛颁奖仪式，并发布了全新UI版本去听客户端。

28～30日，商务印书馆参加第26届全国图书交易博览会。

28～30日，人民音乐出版社参加第26届全国图书交易博览会。

28～30日，现代教育出版社参加第26届全国图书交易博览会。

29日，人民文学出版社、北京阅读季、尤伦斯当代艺术中心、腾讯文化、当当网联合举办“八零后的精神成长——张悦然《茧》新书发布会”。

29日，“学术商务与学术中国”出版座谈会举行。

29日，现代出版社党总支组织全体党员赴焦庄户地道战革命遗址接受革命精神再教育。

30日，中国出版传媒股份有限公司财务部配合上市工作，取得国地税和公积金合规证明。

30日，“2016海内外中国语言学者联谊会——第七届学术论坛”举行。

30日，中华书局向上海思博职业技术学院捐赠共897套/册，31503元码洋的图书。

30日，东方出版中心各党支部公推直选换届选举工作结束。

30日，中央人民广播电台都市之声《相约学院路》节目推荐世界图书出版有限公司北京分公司出版的《矮子当道》。

7月，现代出版社党总支建立党员学习交流群，取名“光明巷”，寓意“道路走向光明、思想充满阳光”。

7月，中版集团数字传媒有限公司举办的漫像文化节入选第四届北京惠民文化消费季。

8月

2日，新华书店总店召开2016上半年经营工作会议。

3～5日，中国出版集团公司财务部组织所属单位高级会计人员40余人参加国管局在国家行政学院举办的继续教育培训班。

4日，新华书店总店全国大中专教材网络采选系统项目启动会召开。

5日，天天出版社开始向新华联合物流中心搬迁。

6～14日，荣宝斋举办“荣宝斋2016当代名家书法年度提名展·纯空书法展”。

6～21日，荣宝斋“岭上云·荣宝斋当代篆刻名家邀请展”举办。

7～8日，“菊生学术论坛”第二期“西方现代性的诸思想传统跨学科研讨会”举行。

7～14日，荣宝斋举办“爱的记忆——忻东旺艺术回眸展”。

8日，中国出版集团公司收到财政部关于2016年度国有资本经营预算的批复，中国出版集团公司申报的五个项目获得国资预算资金支持。

8日，人民文学出版社召开2016年年中总结会。

8日，中版教材有限公司在广西南宁市建立营销网点。

8～13日，《中国音乐教育》杂志“第六届奥尔夫音乐艺术教育国际认证师资培训班”在深圳举行。

9日，中国出版集团公司党组成员、中国出版传媒股份有限公司副总经理孙月沐到荣宝斋在线调研期刊媒体融合工作。

9日，牛津大学博德林图书馆中国中心图书馆馆长邵玉书访问中华书局。

9日，新华书店总店颁布《新华书店总店领导干部选拔任用管理办法》。

9～12日，中国出版集团公司根据上半年经营财务情况和所属企业类型，分7组召开经营分析专题会。会议由副总裁潘凯雄主持，总裁谭跃出席并提出要求，刘伯根、李岩、孙月沐参加相关小组的座谈会。

10日，人民音乐出版社党委开展中心组专题学习。

11日，人民音乐出版社《普通高中课程标准试验教科书·音乐》修订工作启动。

12日，东方出版中心2016下半年度经营工作会议举行。

14日，生活·读书·新知三联书店出版的孙机著《从历史中醒来》在北京举行首发式。

15日，中国出版集团公司党组成员、副总裁潘凯雄参加中央第十三巡视组（巡视财政部、国家税务总局）召开的部分中央企业集团座谈会。

15日，中版文化传播（北京）有限公司、江苏书妙翰缘科技发展有限公司双方共同出资，设立诗词云科技文化（北京）有限公司。

15～19日，中国大百科全书出版社进行了为期一周的新职工岗前培训，共有40位百科新人参加了本次培训。

16日，人民音乐出版社赴中译语通有限公司参观学习。

16日，中译出版社开始向新华联合物流中心搬迁。

17日，“东升杯”全国连环画征稿大赛启动。

17日，中译出版社在2016上海书展首日举办了《把未来交给未来的我》读书分享会。

17日，G20峰会重点图书HANGZHOU AT A GLANCE（《杭州一瞥》）新书发布会举行。

17～23日，人民文学出版社参加2016上海书展暨“书香中国”，并举办多场活动。

17～23日，商务印书馆参加2016上海书展暨“书香中国”上海周。

17～23日，人民音乐出版社参加2016上海书展。

17～23日，东方出版中心参加2016上海书展。

17～23日，现代教育出版社参加2016上海书展。

18日，中国出版传媒股份有限公司财务部就出售中国对外翻译有限公司存在的过渡期间损益归属问题给出切实可行建议。

18日，中版教材有限公司召开主题为“增强党性修养，提高反腐意识”党课学习会。

18～21日，天天出版社作家曹文轩赴第35届国际儿童读物联盟（IBBY）大会领取2016年国际安徒生奖。

19日，《微观杭州》（汉英版）新书发布会举行。

19日，艺术家龚琳娜亲赴2016上海书展，与读者一起分享了新书《走自己的路》的创作故事。

19～22日，人民文学出版社参加2016南国书香节暨羊城书展，并举办多场活动。

19～22日，中国美术出版总社在2016年“南国书香节”举办多场连环画活动。

20日，中国出版传媒股份有限公司财务部根据2015年度决算资料和2016年度半年度审计报告，设计上市公司所需的披露财务报表格式。

20日，2016上海书展期间，生活·读书·新知三联书店在上海书城举办“书店里的大学公开课上海书城专场——重返历史现场：口述，文物与考古”系列讲座。

20～27日，荣宝斋当代艺术馆举办“水云游——高毅作品展”。

21日，首届“书法中国”全民书法大赛在人民美术出版社召开终评会。

22日，在中国出版集团公司召开的中华图书特殊贡献奖嘉宾恳谈会上，中译出版社举行了“‘一带一路’中国情·那些难忘的中国故事”丛书第一本《中印情缘》（中、英文版）发布和作家签约仪式。

22日，新华书店总店召开党委理论学习中心组会议，学习《中国共产党问责条例》。

22日，现代教育出版社参加中华图书特殊贡献奖嘉宾恳谈会。

23日，生活·读书·新知三联书店获颁2016上海书展暨“书香中国”上海周最有号召力的“十佳”出版社。

23日，中译出版社张高里总编辑与美国最大童书出版社之一的阿尔伯特·惠特曼出版公司John Quattrocchi总裁、Patrick McPartland副总裁达成协议，两社将建立战略合作关系，互为版权主要输出伙伴。

24日，中国出版集团公司、人民文学出版社、天天出版社联合举办的“青铜葵花图画书奖”颁奖典礼举行。

24日，商务印书馆与英国剑桥大学出版社

举行“剑桥大学出版社·商务印书馆战略合作协议签约仪式”。

24日，商务印书馆和英国牛津大学出版社举行《牛津中阶英汉双解词典》（第5版）新书发布会。

24日，中国对外翻译有限公司总经理黄松与中国社会科学院社会科学文献出版社社长谢寿光在第23届北京国际图书博览会期间代表双方签订战略合作协议。

24日，由国际出版商协会、中国出版协会主办，新华书店总店《国际出版》周报发起并承办的“2016国际出版企业高层论坛暨‘国际出版网’上线仪式”在北京举行。

24日，在第23届北京国际图书博览会上，波兰Audioteka公司、波兰书会和中版集团数字传媒有限公司共同主办了“《十字军骑士》中文版有声书发布会”。

24～28日，商务印书馆参加第23届北京国际图书博览会。

24～28日，中华书局参加第23届北京国际图书博览会。

24～28日，中国大百科全书出版社参加第23届北京国际图书博览会。

24～28日，中国美术出版总社参加第23届北京国际图书博览会。

24～28日，人民音乐出版社参加第23届北京国际图书博览会。

24～28日，第23届“北京国际图书博览会”（BIBF）上，生活·读书·新知三联书店举办《福建土楼》（俄文版）首发式和新书签约仪式、英文版《中华文明的核心价值》签约仪式。

24～28日，中国图书进出口（集团）总公司举办第23届北京国际图书博览会。北京国际图书博览会创办30周年，多项指标跃居世界第二大书展。

24～28日，现代教育出版社参加第23届北京国际图书博览会。

25日，中国出版传媒股份有限公司财务部在久其报表系统中嵌入关联方交易表格（应收应付往来、内部交易、现金流量、内部投资关系等）。

25日，商务印书馆和英国卢德里奇出版公司签订“国家治理丛书”项目合作协议。

25日，人民音乐出版社《琴颂诗经》新书首发式与“琴颂”音乐会在北京举行。

25日，罗马尼亚总统自传《跬步千里》中文版授权发布会在第23届北京国际图书博览会上举行。

26日，天天出版社举办的“《这是谁的脚印?》新书发布和创作分享会”。

26日，商务印书馆和英国牛津大学出版社共同发布《学习牛津3000词》APP。

26日，商务印书馆与新加坡名创教育出版集团举行“《全球华语大词典》海外出版发行协议”签约仪式。

26日，商务印书馆与英国牛津大学出版社、中国社会科学院语言研究所签订《新华字典》《现代汉语词典》汉英双语版合作协议。

26日，日本东方书店社长山田真史、吕宁访问中华书局。

26日，《中国大百科全书》第三版全社专题工作会议召开。

26日，生活·读书·新知三联书店入选“中国图书海外馆藏影响力出版100强”。

26日，世界图书出版有限公司北京分公司出版的《送孩子去常春藤》新书发布会在第23届北京国际图书博览会举行。

26日，世界图书出版有限公司北京分公司出版的《一个对外汉语教师的手记》新书发布会在第23届北京国际图书博览会举行。

27日～9月4日，荣宝斋书法馆举办“南北——刘彦湖、白砥书法作品展”。

29日～9月1日，中译出版社开展2016年度新员工入职培训，共有20名新员工参加培训。

30日，中国出版集团公司印发《中国出版集团公司“三个一百”人才管理办法》。

30日，东方出版中心党委理论中心组学习（扩大）会举行，传达学习党的十八大以来习近平总书记关于建设社会主义文化强化系列讲话精神及总书记关于“宣传思想文化工作”的重要论述摘编。

30日，现代教育出版社在北京举办《中国新古体诗选》首发式暨新古体诗创作研讨会。

31日，中版教材有限公司与艾德诚科技公司签署协议共同开发“《书法练习指导》”APP。

8月，荣宝斋结合原有制度规范及现实工作需要，出台了《荣宝斋规章制度汇编》。

9月

1日，中国图书进出口深圳公司博文书店在香港中文大学（深圳）正式开业，中图校园书店布局全面启动。

2日，中国出版传媒股份有限公司财务部在8月份财务快报中，首次采用久其报表系统上报关联方交易，股份公司财务部就出现的问题进行专项核对及辅导工作。

2日，人民文学出版社召开了编辑月会。

3日，人民文学出版社与北京青年报社联合举办了“贾英华讲《你所不知道的溥仪》”公益讲座。

3～9日，中华书局赴荷兰莱顿和瑞士苏黎世进行业务访问。

4日，人民文学出版社在尤伦斯当代艺术中心举办了吴亮长篇新作《朝霞》的读书会。

4～6日，中国出版集团公司财务部参加财政部举办的绩效管理培训班。

5日，中国出版传媒股份有限公司财务部为所属企业办理国有资产产权登记。

5日，人民文学出版社开始向新华联合物流中心搬迁。

5日，中国大百科全书出版社召开全社工作会议。

5日，中国大百科全书出版社2015年导师制结业典礼暨2016年新职工拜师见面会在一层报告厅举行。

6日，吴亮携其新作《朝霞》做客崔永元口述历史研究中心。

6～11日，中华书局参加莫斯科国际书展。

7～10日，由全民阅读活动组织协调办公室指导，中国图书馆学会、韬奋基金会、中国出版集团公司、中国书刊发行业协会、中国新华书店协会主办，新华书店总店《图书馆》报等单位承办的“2016全民阅读年会”在宁夏图书馆举行。

8日，中国出版集团公司向财政部办理2015年度国有资本收益申报。

8日，中国大百科全书出版社在莫斯科国际书展上举办“《中华文明史话》系列图书俄文版新书首发式暨中俄文化交流论坛”。

8日，第七届京沪港三联书店高层年会暨2016年三联国际公司董事会在辽宁丹东举行。

9日，腾讯文化发起的“带你逛人文社，探秘新中国文学出版开始之地”视频直播活动走进人民文学出版社。

9日，生活·读书·新知三联书店出版的刘统著《北上》在北京首发，同时在三联韬奋书店举办“书店里的大学公开课第八季：长征——历尽艰辛的求生之路”系列讲座（共两讲）。

9日，中央人民广播电台文艺之声《品读书香》栏目推荐世界图书出版有限公司北京分公司出版的《送孩子去常青藤》。

9～12日，世界图书出版上海有限公司参加在哈尔滨举办的第四届全国出版物馆配馆建交易会暨全国馆配商联盟秋季订货会。

9～12日，世界图书出版上海有限公司参加在西安举办的嘉汇汉唐书城第12届秋季馆配图书订货会。

10日，中华书局召开《中国文化的当下精神》出版座谈会。

11日～10月1日，中国出版集团公司组织美国佩斯大学数字化专题培训工作。

12日，中华书局成立营销工作领导小组。

12日，人民音乐出版社“中国当代音乐家”项目启动暨《野火——郭文景作品选》专辑首发式举行。

13日，中国美术出版总社成立教材编辑中心。

13日，人民音乐出版社举办“回归自然的教育”分享交流活动。

13日，中译出版社开始正式发货。

13日，世界图书出版有限公司北京分公司出版的《偏执狂》一书作者鲁格·肇嘉讲座活动在北京师范大学举行。

14日，“诗词中国”组委会与中华世纪坛联手举办的“诗意中国”中秋原创诗会在中华世纪坛南广场上演。

14日，世界图书出版有限公司北京分公司出版的《偏执狂》一书作者鲁格·肇嘉讲座活动在北京林业大学举办。

14日，世界图书出版有限公司北京分公司出版的《偏执狂》一书作者鲁格·肇嘉签售活动在单向街书店爱琴海店举办。

15日，中国出版传媒股份有限公司财务部在久其报表系统中嵌入上市公司财务中期报表模块。

17～23日，荣宝斋在当代艺术馆举办“当代中青年写实油画家推介展”。

18日，新华书店总店承担的“中国新华发行网”和“全国大中专教材采选系统”入选中国出版集团公司“十三五”时期重点建设项目。

19日，首届“书法中国”全民书法大赛获奖名单上网公示。

19日，人民美术出版社举办成立65周年纪念活动。

19日，中纪委驻中宣部纪检组组长傅自应到中国图书进出口（集团）总公司考察指导工作。

19日，中版教材有限公司在湖南省长沙市建立营销网点。

19日，中版教材有限公司开展“书法援疆工程”在新疆喀什地区伽师县双语小学、疏附县托克扎克镇中心小学建立“华文书法教室”。

20日，《哈利·波特与被诅咒的孩子》中文简体字版开始全面预售。

20日，中国大百科全书出版社团支部召开团员大会，进行团支部换届选举工作。

20日，荣宝斋参加首届丝绸之路（敦煌）国际文化博览会。

20日，中版教材有限公司根据董事会决定，由杨伯勋总经理担任公司法人，增加经营项目，变更公司章程。

20～25日，中国图书进出口（集团）总公司首次承办第二届中国—亚欧出版博览会。

21日，中华书局安排退休老干部秋游。

22日，由人民文学出版社、当当网、北京阅读季、腾讯文化联合主办的“此情可待成追忆——葛亮《北鸢》新书发布会”在西华书房举行。

22日，上海市长宁区区长顾洪辉同志带领上海市场长宁区相关委办局负责人一行六人专程到东方出版中心实地考察上海东方虹桥国际创意出版产业基地建设，并结合上海对长宁地区的发展定位，现场调研推进支持产业园区建设工程相关事项。

23～25日，中国图书进出口（集团）总公司与湖北中图长江文化会展有限公司共同举办第四届中国（武汉）期刊交易博览会。

23～29日，世界图书出版上海有限公司参加在西安举办的第三届丝路图书交易博览会（馆配专场）。

24日，由江苏省委宣传部、江苏省作家协会、江苏当代作家研究中心、人民文学出版社等单位联合主办的“江苏当代作家与中国当代文学研讨会开幕式暨‘江苏当代作家研究资料丛书’首发式”在北京中国现代文学馆举行。

24日，人民文学出版社举办葛亮新作《北鸢》的新书发布会。

24日，《新华字典》汉维版、汉哈版出版座谈会举行。

24日，生活·读书·新知三联书店出版的金冲及作品系列暨《向开国领袖学习工作方法》在北京首发。

24～25日，人民文学出版社参加在山东济南举办的“齐鲁书香节暨2016山东书展”。

25日，人民文学出版社组织“曾在天津看落晖——随《北鸢》探访天津”视频直播活动。

26日，商务印书馆、新疆人民出版社和新疆科学技术出版社举办“放飞梦想的翅膀”新疆阿勒泰公益行动，向阿勒泰市第二中学捐赠图书共计3000册。

27日，“青少年海洋教育联盟”授牌仪式活动在北京海洋馆隆重举行，中译出版社因在海洋教育方面表现突出被授予“青少年海洋教育联盟”的牌匾。

27日，中译出版社与中国民主法制出版社、人民文学出版社、商务印书馆四家单位在方庄优肯智能篮球馆举办了为期两天的篮球友谊赛。

28日，中华书局与廊坊师范学院合作成立“明史与明代文献研究中心”。

28～29日，中国美术出版总社召开《高中美术》教材修订工作编委会会议。

30日，东方出版中心制版楼外立面修缮工程通过了政府部门建筑质量监督的竣工验收。

30日，由中国电影家协会、中国商业联合会和中国广播电影电视报刊协会共同主办，北京李艳秋文化艺术工作室有限公司承办的《中华老字号》大型系列微电影《荣宝斋》创作座谈会在荣宝斋大厦三层会议室召开。

9月，中国对外翻译有限公司完成“中央宣传部外宣出版物采购项目”专项评审工作。

9月，中版集团数字传媒有限公司“我的书”栏目《毛丹青：一份充满希望与勇气的抗癌手记》，讲述了前日本NHK女主播黑木奈奈的抗癌故事，特别版短片在日本鹿儿纪念活动中播出。

9月，《中华瑰宝》2016年7月号荣获2016中国最美期刊称号。

9月，现代教育出版社制定完成《现代教育出版社有限公司“十三五”发展规划》。

9月，《诗词中国·MOOK》第二期出版。

10月

8～10日，中版教材有限公司召开生产经营专题汇报会。

9日，人民音乐出版社开始向新华联合物流中心搬迁。

9日，亚美尼亚音乐家代表团访问人民音乐出版社。

9日，荣宝斋召开2016年前三季度经营工作会议，总结并部署荣宝斋经营工作。

9～19日，荣宝斋书画经营一部举办“秋风吟·荣宝斋藏近现代名家画菊展”。

10日，中共中央宣传部批复中译语通科技（北京）有限公司试行职业经理人制度方案。

11～14日，中国出版集团公司在北京举办2016年度“三个一百”人才培训班。

12日，中华书局召开《马背上的共和国》出版、播出发布会。

12日，中国大百科全书出版社组织各党支部党员参观中国人民革命军事博物馆展出的《英雄史诗 不朽丰碑——纪念中国工农红军长征胜利80周年主题展览》。

12日～11月4日，现代教育出版社参加中国出版集团公司第二届足球比赛。

14日，人民文学出版社联合天猫图书、博库网、优酷“学渣总攻会”栏目组发起以“探秘哈利·波特，走进人民文学出版社”为主题的直播。

14～15日，中国出版集团公司、股份公司组织所属单位23位财务人员参加中国会计学会出版分会与中国书刊发行业协会联合举办的新闻出版财务管理高级研讨班。

15日，中国出版传媒股份有限公司财务部对财务情况说明书进行修订，增加“预算修正”、现金流量表分析、募投项目分析等内容。

15日，人民文学出版社在北京西单图书大厦举办《台北女孩看大陆》读者沙龙。

15日，新华书店总店召开“全国大中专教材网络采选系统”高校专家论证会。

15日，《北冥有鱼：人类学家的田野故事》新书发布暨研讨会举行。

15～23日，荣宝斋书法馆举办“荣宝斋2016当代名家书法年度提名展——魏哲书法作品展”。

16日，“古代诗词典藏本”丛书首批图书发布。

16～21日，世界图书出版上海有限公司参加在南京举办的江苏省店秋季馆配现采会。

16～23日，荣宝斋当代艺术馆举办“经典之路——荣宝斋签约特聘画家崔晓东山水画展”。

17日，《天津日报》第11版刊发世界图书出版有限公司北京分公司出版的《洞悉孩子的灵魂》书评：如何让孩子拥有透彻的灵魂?

18日，中版教材有限公司印发《关于调整员工出差住宿费标准的通知》，对员工差旅费标准做出调整。

18～22日，现代教育出版社副社长陈琦与编辑王薇参加中国出版集团“一带一路”沿线国家文化交流活动。

18～24日，商务印书馆派人员参加第68届法兰克福书展。

19日，“商务印书馆乡村阅读中心”——上庄毓英学校图书馆在安徽省绩溪县上庄毓英学校揭牌。

19日，德国国家图书馆高杏佛访问中华书局。

19日，中国大百科全书出版社出版的新媒体作品《红军长征英雄谱》在中国人民革命军事博物馆正式发布。

19日，新华书店总店第二期新华大讲堂邀请上海图书馆馆长、上海科学技术情报研究所所长陈超做了题为“全球科技创新发展态势与启示”的报告。

19日，中版数字传媒有限公司举办数字化业务培训班。

19～22日，生活·读书·新知三联书店党委组织党员和干部赴遵义、赤水等地进行学习培训，重走长征路，接受革命传统教育。

20日，中共中央政治局委员、中央书记处书记、中宣部部长刘奇葆到中国图书进出口（集团）总公司调研视察“走出去”工作情况。

20日，中国大百科全书出版社领导班子成员和中层干部参加了稻盛和夫（北京）管理顾问有限公司主办的专题培训《阿米巴经营活用一企业如何制定年度计划》。

20日，荣宝斋召开2016年安全生产工作会。

20日，中版教材有限公司决定创办《中国书法教育》杂志。

21日，中国美术出版总社主办“庆祝人民美术出版社成立65周年《中国艺术》邀请当代中国画名家交流座谈会暨创作笔会”。

21日，东方出版中心举行选题动员会。

22日，“百年学脉——‘中华现代学术名著丛书’系列讲座”第三季第一讲开讲。本次主题为“举袂朝阳作凤鸣——我所知道的余冠英先生”，主讲人是余冠英先生的家人、首都师范大学教授刘新风。

24日，中国出版集团公司党组内部巡视工作动员大会在中国图书进出口（集团）总公司十楼会议室召开。中国出版集团公司党组成员、副总裁刘伯根，第二巡视组组长张蕾，中纪委驻中宣部纪检组副组长、中国出版集团巡视工作领导小组副组长、巡视办公室主任陈桂林出席会议并做重要讲话。

24～26日，中国出版集团公司财务部参加财政部2016年度部门决算布置会议。

25日，“蓝海战略与供给侧结构性改革高峰论坛暨《蓝海战略》（扩展版）出版座谈会”举行。

25日，世界图书出版上海有限公司党支部组织全体党员参加地科联“2016上海书展暨书香中国及中国书业馆配年会暨图书馆与出版社高层论坛”。

25～27日，中国出版传媒股份有限公司财务部参加财政部2016年度财务决算布置会议。

26日，中华书局举行新员工培训总结及拜师会。

26日，“人音·珠江——教材研发与课程推广中心合作项目”签约仪式在上海举行。

26日，人民音乐出版社“人音教育菲伯尔国际教学水平考试启动仪式”在上海举行。

26日，中版教材有限公司召开中层干部工作会，在前期听取中层干部述职汇报的基础上，与大家分享班子调查研究成果，分析共同关心的问题，筹划2016年第四季度及2017年工作。

26～29日，人民音乐出版社参加2016中国（上海）国际乐器展览会。

27日，世界图书出版有限公司北京分公司被评为中国出版集团公司2015年度信息宣传工作先进单位。

27日，中版教材有限公司召开2016年印制质量评比及印刷材料合作会议。

27～28日，人民文学出版社参加了中国出版集团公司召开的2016年宣传工作会议。

27日～11月4日，荣宝斋在当代艺术馆举办“荣宝斋中青年艺术家推介展——张洪源作品展”。

28日，中国美术出版总社举办《中国艺术》《中国美术》期刊研讨会。

28日，荣宝斋与山东出版集团、山东齐鲁美术研究院战略合作签约仪式暨“荣宝斋藏品和山东人物画六人展”在山东出版美术馆举行。

29日，人民文学出版社联合北京阅读季、繁星戏剧村、腾讯文化、核桃网举行“《哈利·波特与被诅咒的孩子》中文简体字版首发式暨三强争霸赛”。

30日，我们的动物朋友——《我和草原动物朋友》《这是谁的脚印?》作家见面会在第二书房金中都馆举行。

31日，中华书局召开2016年市场分析会。

31日，荣宝斋（成都）有限公司隆重举行开业典礼。

31日，中版集团数字传媒有限公司组织举办了以第二届海峡两岸网络文学原创大赛为主的版权推荐会，向影视公司、游戏公司等推荐版权，开展合作。

11月

2日，2016商务印书馆人文社科“十大好书”评选活动举行。

2日，中华书局与中国人民大学共建实习基地揭牌。

2日，中华书局向中国人民解放军国防大学捐赠《马背上的共和国》《重读抗战家书》《重读先烈诗章》《马骏解读〈孙子兵法〉》各500册。

2日，中版教材有限公司在重庆市建立营销网点。

5日，中国出版传媒股份有限公司财务部根据集团人力部制定的《中国出版集团公司干部外派挂职交流方案》，派一名员工至江西省出版集团公司（简称“江西出版集团”）旗下上市企业中文天地出版传媒股份有限公司（简称“中文传媒”）的子公司江西中文传媒蓝海国际投资有限公司（简称“蓝海国投”）挂职交流9周，任总经理助理。

5日，“‘一带一路’百人论坛研究院成立暨学术研讨会”举行。

5日，“百年学脉——‘中华现代学术名著丛书’系列讲座”第三季第二讲开讲。

5日，荣宝斋书法馆举办“荣宝斋书法讲堂——文房拾贝·刘正成翰札书法品鉴会暨学术讲座”。

6日，中华书局召开《古琴指法谱字集成》新书发布会。

6日，中译出版社在奥林匹克森林公园开展秋季“健步走”活动，全程五公里，设有起点、终点和中间签到点，共有30多位员工参与此次活动。

7日，生活·读书·新知三联书店“2016年读者选书”评选活动正式启动，最终选出三联书店“2016年度十本好书”。

7日，中版教材有限公司党总支中心组召开专题会议，学习十八届六中全会精神，研究部署下阶段党的工作。

8日，华东师范大学·商务印书馆涵芬楼阅读体验中心揭牌。

8～10日，中国大百科全书出版社召开2017年度选题工作会议。

8～18日，人民音乐出版社两次组织中层编辑骨干进行了为期四日的驻厂学习调研活动。

9～11日，生活·读书·新知三联书店2017年度选题论证会召开。

10日，商务印书馆（南京）有限责任公司成立。

11～13日，张悦然携新书《茧》前往新疆维吾尔自治区、陕西省，举办新书分享会与签售会。

12日，《增订中国史学史》新书发布会

举行。

14日，世界图书出版有限公司北京分公司出版的《铁血骑士》在上海书城举行新书发布会。

15日，中华书局参加太平桥街道选举区人大代表投票。中华书局党委书记、副总经理周清华当选为丰台区第十六届人大代表。

15日，荣宝斋党委书记、副总经理朱涛通过选举当选北京市西城区第十六届人民代表大会代表。

15日，中版教材有限公司决定在云南营销网点尝试独立法人运作。

16日，中国出版集团公司、天天出版社、中国图书进出口（集团）总公司共同举办的“想象读者——中一罗作家关于作品与读者的深度对话”暨曹文轩作品《青铜葵花》罗马尼亚语版权签约仪式在罗马尼亚高迪亚姆斯国际书展举行。

16日，人民音乐出版社召开党委中心组学习会议。

16日，中版教材有限公司副总经理郭德生与专家一同对“《书法练习指导》”APP项目进行验收，并提出修改意见。

16～20日，受国家新闻出版广电总局委托，中国图书进出口（集团）总公司承办罗马尼亚中国主宾国活动。

16～21日，人民美术出版社参加罗马尼亚书展。

17日，东方出版中心党的十八届六中全会精神宣讲报告会举行。

17～23日，为配合国家主席习近平赴厄瓜多尔、秘鲁和智利三国的国事访问及出席亚太经合组织第二十四次领导人非正式会议，中国图书进出口（集团）总公司在中宣部的领导下，承办了系列高级访问对处宣传活动。

18日，因经营发展需要，中国对外翻译有限公司从北京市西城区物华大厦迁址至北京市石景山区中铁建设大厦。

18～20日，中国对外翻译有限公司副总经理张晶晶、中译语通科技（北京）有限公司CEO于洋受邀出席世界翻译教育联盟（World Interpreter and Translator Training Association，WITTA）会议。

19日，由天天出版社举办的“北京·上海‘双城记’——‘中国好书’作者殷健灵、史雷关于文学·城市·历史的对谈”活动在上海国际童书展举办。

19日，“百年学脉——‘中华现代学术名著丛书’系列讲座”第三季第三讲开讲。本次主题为“宗白华与二十一世纪中国美学”，主讲人为宗白华研究专家、北京大学哲学系教授章启群。

19日，人民音乐出版社《音乐研究》杂志“丝绸之路与当代音乐学术”高端论坛在安徽芜湖举办。

19～20日，人民文学出版社应邀参加《哈利·波特与被诅咒的孩子》上海读者新书分享活动。

19～27日，荣宝斋在书法馆举办“丁谦书法精品展”。

20日，《钱路书法集》《钱路篆刻集》《钱路书法·篆刻集（珍藏版）》新书发布会举行。

21日，中国美术出版总社成立中国美术期刊传媒集团。

22日，中华书局召开《海外中医珍善本古籍丛刊》新书发布会。

22日，荣宝斋雕塑院正式成立。

24日，新华书店总店召开2016年前三季度经营分析会议。

25日，商务印书馆《汉语世界》杂志创刊十周年庆典暨“中国最美期刊”设计艺术展举行。

25日，化学工业出版社社长周伟斌、党委书记张婉如、常务副社长刘海星等人到新华书店总店参观考察，与总店就双方全方位合作召开交流座谈会。双方就发展战略、经营思路、改革经验等进行了深入交流。

25日，人民音乐出版社荣获“中国版权最具影响力企业”。

26日，人民文学出版社“朝内166·文学公益讲座”第十九讲邀请上海商学院教授李强做了《历史与想象：从范蠡、西施到胡雪岩》的报告。

27日，荣宝斋（上海）拍卖有限公司于上海富豪环球东亚酒店举办"荣宝斋（上海）拍卖五周年庆典艺术品拍卖会"。

27日，"诗词中国"在千聊文化大讲堂进行语音直播。

28日，现代教育出版社取得了《出版物经营许可证》资质。

29日，中国出版传媒股份有限公司财务部清理2011年存在的特殊股利，并对特殊股利对所属企业进行增资。

29日，人民音乐出版社开展"两学一做"第三阶段党课学习。

29日，现代教育出版社召开2017年度选题工作研讨会。

29日，"诗词中国"第二家创作基地落户广东省江门市。

30日～12月2日，中国出版集团公司在北京举办2016年第三期人力资源管理培训班。

30日，东方出版中心纪律教育大会举行。

30日，第3届"诗词中国"传统诗词创作大赛征稿结束，在为期6个月的征稿过程中共收到原创投稿22.33万首。

11月，中国出版传媒股份公司人力资源部组织集团公司完成第四届中国出版政府奖子奖项——先进出版单位奖、优秀出版人物奖的评选申报工作。

11月，中版集团数字传媒有限公司启动中版少儿三网融合发布平台项目。

11月，"诗词中国"APP 2.0版正式上线。

11～12月，"诗词中国"联合中央电视台《中国诗词大会》第二季开启报名通道，最终成功推荐七人进入百人团。

12月

1日，"中国出版集团公司财务信息管理平台升级改造"项目中微信模块建设完成，实现财务数据（速报、快报、季报及决算）及财务分析的实时推送。

1日，中国出版传媒股份有限公司财务部完善产权登记登记手续。

1～2日，中国出版集团公司财务部参加财政部2016年度部门决算培训班。

2～3日，中华书局召开2017年度选题工作研讨会。

3日，"百年学脉——'中华现代学术名著丛书'系列讲座"第三季第四讲开讲。本次主题为"陈焕章与儒家经济思想巨著《孔门理财学》"，主讲人为《孔门理财学》译者、国家图书馆研究馆员韩华。

3日，现代教育出版社在中央美术学院举办英雄联盟艺术分享沙龙。

3日，首届"书法中国"全民书法大赛在京颁奖。

3日，首届"书法中国"全民书法大赛颁奖暨优秀作品展在人民美术出版社美术馆举办。

4日，《帕斯捷尔纳克传》的新书发布会在三联书店韬奋图书中心举行。

5日，"茅盾诞辰120年入职商务印书馆100年图片文献展暨茅盾·商务印书馆·中国现代文化转型高端论坛"举办。

5～12日，中国美术出版总社参加第17届大陆书展。

6日，由中国出版协会、国际出版商协会主办，《国际出版周报》承办，以"国际出版聚焦中国"为主题内容的沙龙在北京召开。

6～9日，由中国出版协会主办，中国图书进出口（集团）总公司承办的第17届大陆书展在台湾新北市辅仁大学成功举办。

7日，中国出版集团公司财务部徐凤君参加国家新闻出版广电总局2016年度高级经济师、高级会计师评审会议。

7日，荣宝斋与招商局中国基金有限公司签署战略合作协议。

7～9日，中国出版集团公司在东方出版中心会场召开"开拓创新 融合发展""十三五"数字集团建设推进会。

8日，中国大百科全书出版社出版的《共享型社会：拉丁美洲的发展前景》新书首发会在京师学堂举行，本书作者秘鲁前总统亚历杭德罗·

托莱多先生应邀出席并发表演讲。

8～9日，北京中版联印刷物资有限公司组织中国出版集团公司2017年度纸张采购评标会在东方花园酒店举行。

9日，新华书店总店赴上海参加中国出版集团公司重点项目招商融资大会。新华书店网上商城和全国大中专教材网络采选系统两个项目，得到参会领导和投资机构的好评和关注。

9～12日，人民音乐出版社《钢琴艺术》杂志“2016全国钢琴教学研讨会暨《钢琴艺术》杂志创刊二十周年庆”在上海召开。

10日，生活·读书·新知三联书店出版的辛德勇著《海昏侯刘贺》在北京首发。

10～18日，荣宝斋书画经营二部举办“东风引·荣宝斋当代名家书法邀请展”。

10～18日，荣宝斋在书法馆举办“平畴远风·吴悦石书房联书法作品展”。

12日，中国出版传媒股份有限公司财务部制定了2016年度下半年资金池收益分配方案。

13日，中译出版社出版当代著名报告文学作家何建明的新书《南京大屠杀》。

13日，中国科学文化音像出版社有限公司在人民大会堂北京厅举办《王者之路》专辑发布会。

14日，中国大百科全书出版社举办了2016年百科“伙伴计划”启动仪式暨2016年青年论坛。

14日，东方出版中心“十三五”规划实施大会举行。

15日，中国出版集团公司、股份公司财务部联合召开2016年财务工作会暨第三期培训班。

15日，荣宝斋（香港）有限公司参展水墨艺博。

15日，世界图书出版上海有限公司被聘为“国内信息化团体标准委员会单位委员”。

18日，人民文学出版社联手腾讯文化频道，特策划了“殷健灵：土山湾是一座故事的富矿”直播活动。

18日，人民美术出版社举办《榰柿楼集》读者见面会。

20日，商务印书馆“汉语盘点2016”揭晓。

20～24日，《中国音乐教育》杂志“第四届名师大讲堂暨音乐欣赏教学研讨会”在福建省福州市举行。

22日，中华书局召开《中华传统文化经典百篇》出版座谈会。

22日，中华书局组织召开民主党派员工和青年员工代表征求意见座谈会。

22日，中国大百科全书出版社召开2015年度出版物编校质量检查工作总结会议。

22～29日，中华书局各部门年终考核结束。

23～24日，中国对外翻译有限公司控股子公司——中译语通科技（北京）有限公司承办2016中国翻译协会年会“大数据与语言的融合发展”分论坛。

25日，中华书局举办“读经典，学新知”读书征文活动。

25日，中国美术出版总社举办《人美连环画家画库》新书发布暨签售会。

26日，中华书局召开《郁达夫手稿——〈她是一个弱女子〉（珍藏本）》新书发布会。

27日，“范曾迎新画展”在荣宝斋开幕。

28日，中国出版集团公司财务部根据财政部“一下”控制数及压缩部门预算10%的要求，重新调整预算项目并完成2017年部门预算“二上”编报工作。

28日，荣宝斋邀请范增先生举办“宇宙无限初心不朽”主题讲座。

28日，中版集团数字传媒有限公司录制出版的“名著名译系列有声读物”荣获第六届中华优秀出版物。

29日，新华书店总店党委2016年民主生活会召开。

29日，现代教育出版社注册资本金增到1035.5426万元。

30日，中华书局召开2016年度领导班子民主生活会。

30日，中国对外翻译有限公司完成境内翻译业务重组并购工作。

31日，生活·读书·新知三联书店“文化：

中国与世界”三十周年暨“现代西方学术文库”出版三十年纪念讨论会在北京召开。

12月，中国对外翻译有限公司“联合国语言服务培训”项目获2016年度中国出版集团“青年创新项目奖”。

12月，现代教育出版社优化部门结构，将编辑部调整为四个编辑部并专设党群办公室。

12月，“中华国学读书汇”大众国学平台建设完成。

12月，世界图书出版有限公司北京分公司出版的《奥斯维辛集中营的志愿者》入选中版好书榜年度学术文化20大好书。

2016年，国家出版基金项目“中华现代学术名著丛书”第二批、《中国当代设计全集》（全20卷）、《辞源》（第三版）和《钱锺书手稿集·外文笔记》顺利结项。

2016年，荣宝斋完成了大型工笔花卉诗笺巨著《百花齐放》及黄永玉先生《释猴》作品的研发。

2016年，荣宝斋党群部积极组织党员和广大干部职工参加各种公益活动。

索 引

INDEX

条目汉语音序索引

A

B

C

cái

cài

cáo

céng

cháng

cháo

chén

chóng

chóu

cí

cǐ

cóng

D

dà

dài

dān

dāng

E

F

G

H

L

M

N

P

Q

R

róng

S

sān

shāng

T

W

X

xiǎng

xīn

Y

字母及数字